刑事诉讼法适用全指引

关联法规　体系新颖　查询方便　收录全面

王迎龙　主编

编委会

主　编　王迎龙　　　副主编　周　凯

编　委
（以编写章节先后为序）

王晋鑫　刘甜甜　甘晓辉
魏一慧　唐思远　孙　强

中国法制出版社
CHINA LEGAL PUBLISHING HOUSE

前　言
一本"由点及面"的刑事诉讼法律规范汇编

为更好地适应社会发展的需求，我国刑事诉讼程序正在不断发展、完善，相应的法律规范也随之不断变更、增加。现行《刑事诉讼法》在1979年《刑事诉讼法》的基础上，经历了1996年、2012年、2018年三次大修。同时，刑事诉讼相关司法解释，例如《最高人民法院关于适用〈中华人民共和国刑事诉讼法〉若干问题的解释》《人民检察院刑事诉讼规则》也进行了多次修订。此外，还有一些与刑事诉讼相关的法律法规，同《刑事诉讼法》及其有关司法解释一起构成了我国刑事诉讼的法律规范体系。我国刑事诉讼法律规范体系正逐步实现系统化、体系化、民主化与科学化。

刑事诉讼法律规范的不断增加，一方面，体现了我国刑事诉讼立法的逐步完善，另一方面，在司法实践中也给办案人员在法律适用时造成了些许"麻烦"。在当前"案多人少"现象不断加剧的背景下，面对"浩如烟海"的法条，办案人员进行法律规范检索时往往捉襟见肘。因此，本着收录相当全面、查找十分便利的思路，编写一本系统全面、高效易用的刑事诉讼法律规范汇编，具有极强的现实意义，也是本书编写的初衷。

为确保本书紧贴实际，便于读者进行检索，同时保证刑事诉讼法律规范的体系性，在编写过程中，编者反复比较目前市场上较为畅销的同类书籍编写体例的优缺点，并与长期从事批捕公诉、刑事审判以及刑事辩护工作的检察官、法官、律师沟通，听取他们的意见与建议。编者发现，在司法实践中，真正需要查找刑事诉讼法律规范的场合相对较少，查找时所解决的问题主要是记忆模糊或者只记得法条"片段"，这类规定往往呈"点"状分布；而在查找法条时，不但要清楚某一法条的具体表述，还要呈"面"状地掌握其他条款的相关规定，并在"面"状法条链的基础上做出合理理解、解释。基于这种认识，在反复考察法官、检察官、人民警察、辩护律师日常工作，乃至刑诉法学者教学研究、本科生学习备考等各类群体、各种场合实际需要的基础上，才最终确定了本书的编写思路与编写体例。

本书编写内容与体例具有如下特点：

1. 体例新颖，查询方便。目前，同类书籍较为流行的编写体例是，总体上以刑事诉讼法典各条款为主线；然后针对每一条款，一方面在条款前总结归纳出"法条主旨"，另一方面将与之相关的司法解释等有效法律文件按照效力等级或生效时间逐一摘录到该条款下集中排列。本书在完全吸收这一优点的基础上，又将每一条款收录的司法解释等全部"纵向"拆分，再将针对同一问题的相关司法解释等法律文件的直接内容进行"横向"集中摘录，形成"刑诉法具体条款—要点及关联法规—小标题—相关司法解释等有效法律规范"的体例，读者可以"由点及面"，通过某一点法律规定了解相关配套的体系规定，较以往向更加实用的方向扎实地迈进一步。

2. 标题科学，收录全面。为不断实现有利于读者、查询便捷的目的，编者在拟定小标题时，参考了部分主流刑诉法学教科书、司法考试辅导书的体例和表述，试图促使本书更加符合读者以往的知识储备、学习习惯。并且，本书紧跟立法与司法动态，收录科学全面。本书系统收录了2018年《刑事诉讼法》修订以来最高人民法院及最高人民检察院关于适用刑事诉讼法的最新司法解释、公安部办案程序规定，以及《社区矫正法》《监察法》《人民陪审员法》等最新立法及有关司法解释。

3. 专业务实，系统规范。本书编写人员大多为刑事司法工作一线的法官、检察官与法学教师等，均接受过刑事法学研究生或以上阶段的严格学术训练。本书不仅包含了2018年《刑事诉讼法》修订以来涉及的新修订的法律规范，而且所收纳的所有法律文件均经过专业检索，确定为当前生效法律文件，读者可以放心使用。

本书首先由主编确定编写思路、编写体例和编写标准，然后分配给具体人员编写，最后再由主编统稿，副主编协助主编完成了部分编务工作。具体分工如下：

第一编 总则　　　　　　　　　王迎龙、王晋鑫
第二编 立案、侦查和提起公诉　　刘甜甜、甘晓辉
第三编 审判　　　　　　　　　　魏一慧
第四编 执行　　　　　　　　　　唐思远

第五编 特别程序、附则　　　　周　凯、孙　强

　　本书的付梓，既是出版社的嘱托，也是从事刑事司法实务或教学研究的同事、朋友的鼓励与期盼。在此特别感谢本书编辑胡艺女士，她为本书的顺利出版付出了大量的心血。感谢本书编委会的各位成员，是他们夜以继日兢兢业业的付出，才使得本书最终成稿。本书以司法实践为导向，面向实践，服务实践，也最终要接受实践的检验。同时，本书也掺杂了编者在学术上的一点"私心"，在各部门法教义学蓬勃发展的当下，希冀本书的出版，可以为刑事诉讼法教义学的成长贡献一份绵薄之力。

　　囿于编者水平，本书编纂难免出现疏漏或不妥之处，肯盼广大读者批评指正。

王迎龙

目　　录

第一编　总　　则

第一章　任务和基本原则

第 一 条　【立法目的与根据】 …………………………………… 1
第 二 条　【刑事诉讼法的任务】 ………………………………… 1
第 三 条　【刑事诉讼各专门机关的职权】【严格遵守法定程序原则】 …… 2
第 四 条　【国家安全机关的职权】 ……………………………… 5
第 五 条　【人民法院、人民检察院依法独立行使职权原则】 …… 5
第 六 条　【依靠群众原则】【以事实为依据，以法律为准绳原则】
　　　　　【对一切公民在适用法律上一律平等原则】 ………… 10
第 七 条　【公检法三机关分工负责，互相配合，互相制约原则】 …… 10
第 八 条　【人民检察院法律监督原则】 ………………………… 14
第 九 条　【使用本民族语言文字进行诉讼原则】 ……………… 30
第 十 条　【人民法院两审终审制】 ……………………………… 31
第十一条　【审判公开原则】【保障辩护原则】 ………………… 31
第十二条　【人民法院统一定罪原则】 …………………………… 33
第十三条　【人民陪审员制度】 …………………………………… 34
第十四条　【保障诉讼参与人诉讼权利原则】 …………………… 38
第十五条　【认罪认罚从宽制度】 ………………………………… 39
第十六条　【依法不追究刑事责任的情形】 ……………………… 50
第十七条　【外国人刑事责任的追究】 …………………………… 54
第十八条　【刑事司法协助制度】 ………………………………… 65

第二章 管　　辖

第 十 九 条　【公检法三机关立案管辖的分工】 …… 75
第 二 十 条　【基层人民法院一审管辖的案件范围】 …… 83
第二十一条　【中级人民法院一审管辖的案件范围】 …… 85
第二十二条　【高级人民法院一审管辖的案件范围】 …… 86
第二十三条　【最高人民法院一审管辖的案件范围】 …… 87
第二十四条　【级别管辖的变通】 …… 90
第二十五条　【地域管辖】 …… 93
第二十六条　【优先管辖、移送管辖】 …… 109
第二十七条　【指定管辖】 …… 110
第二十八条　【专门管辖】 …… 112

第三章 回　　避

第二十九条　【回避的对象、方式与理由】 …… 115
第 三 十 条　【办案人员违规行为之禁止】 …… 123
第三十一条　【回避的决定程序】【回避决定前不停止侦查】【对回避决定的复议】 …… 126
第三十二条　【书记员、翻译人员和鉴定人的回避及申请复议的权利】 …… 131

第四章 辩护与代理

第三十三条　【辩护的方式与担任辩护人的条件】【禁止担任辩护人的范围】 …… 132
第三十四条　【委托辩护的时间】【公检法三机关的告知义务】【代为委托辩护人】【辩护人的告知义务】 …… 149
第三十五条　【刑事法律援助】 …… 152
第三十六条　【值班律师制度】 …… 166
第三十七条　【辩护人的责任】 …… 174
第三十八条　【辩护律师在侦查阶段的诉讼权利】 …… 174
第三十九条　【辩护律师的会见权与通信权】 …… 175
第 四 十 条　【辩护人查阅、摘抄、复制案卷材料的权利】 …… 182

第四十一条	【辩护人的申请调查取证权】	184
第四十二条	【辩护人向控方披露无罪证据的义务和程序】	185
第四十三条	【辩护律师的调查取证权】	186
第四十四条	【辩护人或其他人不得干扰司法机关诉讼活动】	188
第四十五条	【被告人拒绝辩护和另行委托辩护】	189
第四十六条	【刑事诉讼代理】	191
第四十七条	【担任刑事案件诉讼代理人的条件】	192
第四十八条	【辩护律师的保守职业秘密权及其限制】	193
第四十九条	【辩护人、诉讼代理人的控告申诉权】	194

第五章 证 据

第五十条	【证据的概念】【证据的种类】【证据的运用原则】	196
第五十一条	【举证责任分配原则】	237
第五十二条	【证据收集的一般原则】	237
第五十三条	【法律文书必须忠实于事实真象】	245
第五十四条	【公检法三机关收集证据的权力】【行政机关收集的证据材料的效力】【对涉密证据的保密】【伪造、隐匿、毁灭证据的法律责任】	245
第五十五条	【证据运用的基本原则】【证明标准】	250
第五十六条	【非法证据排除规则】	254
第五十七条	【对非法取证行为的检察监督】	270
第五十八条	【对证据收集合法性的调查】【非法证据的申请排除】	272
第五十九条	【证据收集合法性的举证责任】【出庭说明证据收集的合法性】	275
第六十条	【非法证据的处理】	277
第六十一条	【证人证言的当庭质证与采信规则】	278
第六十二条	【证人的资格与义务】	279
第六十三条	【对证人及其近亲属的保护】	280
第六十四条	【对特定案件证人、鉴定人、被害人及其近亲属的特别保护】	281
第六十五条	【证人作证的经济补助】	283

第六章 强制措施

第六十六条	【拘传、取保候审和监视居住的概括性规定】	284
第六十七条	【取保候审的适用情形、执行机关】	288
第六十八条	【适用取保候审的保证方式】	296
第六十九条	【保证人的条件】	298
第 七 十 条	【保证人的义务与法律责任】	299
第七十一条	【被取保候审人的义务及违反义务的处罚】	302
第七十二条	【保证金数额的确定及交纳方式】	310
第七十三条	【保证金的退还】	312
第七十四条	【监视居住的适用情形与执行机关】	313
第七十五条	【监视居住的执行地点、通知家属、委托辩护人与法律监督】	316
第七十六条	【指定居所监视居住的刑期折抵】	322
第七十七条	【被监视居住人的义务及违反义务的处理】	322
第七十八条	【对被监视居住人的监督监控】	325
第七十九条	【取保候审、监视居住的期限及解除】	325
第 八 十 条	【逮捕的批准、决定与执行机关】	328
第八十一条	【逮捕的适用情形】	332
第八十二条	【拘留的适用机关、适用对象与适用条件】	350
第八十三条	【拘留、逮捕的异地执行】	352
第八十四条	【公民的扭送】	355
第八十五条	【拘留的执行程序】	355
第八十六条	【拘留的及时讯问与不当拘留的处理】	357
第八十七条	【提请批准逮捕的程序与提前介入】	358
第八十八条	【审查批捕中的讯问】【审查批捕中的询问、听取意见】	362
第八十九条	【审查批捕的决定权】	365
第 九 十 条	【人民检察院对提请批捕的审查处理】	366
第九十一条	【公安机关对被拘留的人提请批捕的期限】【人民检察院审查批捕的期限】	378
第九十二条	【公安机关对不批捕决定的复议、复核】	388
第九十三条	【公安机关执行逮捕的程序】	389
第九十四条	【逮捕后的及时讯问与不当逮捕的处理】	391

第九十五条	【人民检察院对捕后羁押必要性的审查】	392
第九十六条	【对不当强制措施的撤销、变更】	405
第九十七条	【申请变更强制措施的程序】	407
第九十八条	【羁押逾期后的处理】	408
第九十九条	【超期强制措施的解除与变更】	412
第 一 百 条	【侦查监督】	413

第七章 附带民事诉讼

第一百零一条	【提起附带民事诉讼的主体、条件】	419
第一百零二条	【附带民事诉讼中的财产保全】	423
第一百零三条	【附带民事诉讼中的调解与裁判依据】	426
第一百零四条	【附带民事诉讼的审理】	429

第八章 期间、送达

第一百零五条	【期间的计算方法】	430
第一百零六条	【期间的耽误与申请顺延】	431
第一百零七条	【诉讼文件的送达】	431

第九章 其他规定

| 第一百零八条 | 【本法部分法律用语的含义】 | 434 |

第二编 立案、侦查和提起公诉

第一章 立 案

第一百零九条	【立案的机关】	435
第一百一十条	【立案线索、立案材料的来源】【对立案材料的受理】	441
第一百一十一条	【报案、控告、举报的形式与受理】【对报案人、控告人、举报人及其近亲属的保护与保密】	452
第一百一十二条	【对立案材料的审查与立案标准】	462

第一百一十三条 【立案监督】 …………………………………… 467
第一百一十四条 【自诉案件的提起与受理】 …………………… 474

第二章 侦 查

第一节 一般规定

第一百一十五条 【侦查的主要任务】 …………………………… 474
第一百一十六条 【预审】 …………………………………………… 476
第一百一十七条 【对违法侦查的申诉、控告和处理程序】 …… 476

第二节 讯问犯罪嫌疑人

第一百一十八条 【讯问的主体与地点】 ………………………… 478
第一百一十九条 【传唤、拘传的时间、地点与限制规定】 …… 479
第 一 百 二 十 条 【讯问的程序】 ………………………………… 481
第一百二十一条 【讯问聋哑犯罪嫌疑人的特殊要求】 ………… 483
第一百二十二条 【制作讯问笔录】 ……………………………… 484
第一百二十三条 【讯问过程的同步录音录像】 ………………… 485

第三节 询问证人

第一百二十四条 【询问证人的地点、方式与要求】【个别询问原则】 …… 491
第一百二十五条 【询问证人时的告知义务】 …………………… 492
第一百二十六条 【证人询问笔录】 ……………………………… 493
第一百二十七条 【询问被害人的法律适用】 …………………… 493

第四节 勘验、检查

第一百二十八条 【勘验、检查的范围】 ………………………… 494
第一百二十九条 【对犯罪现场的保护义务】 …………………… 495
第 一 百 三 十 条 【勘验、检查必须持证明文件】 ……………… 495
第一百三十一条 【尸体解剖的程序】 …………………………… 496
第一百三十二条 【人身检查、提取指纹信息和采集生物样本的程序】 …… 496
第一百三十三条 【勘验、检查笔录的制作】 …………………… 497
第一百三十四条 【复验、复查】 ………………………………… 498

| 第一百三十五条 | 【侦查实验的程序、要求】 …………………… 498 |

第五节 搜 查

第一百三十六条	【搜查的对象和范围】 ………………………… 499
第一百三十七条	【协助搜查义务】 ……………………………… 499
第一百三十八条	【搜查证的出示及例外】 ……………………… 500
第一百三十九条	【搜查时的见证人在场】【搜查妇女身体的特殊要求】 …………………………………………………… 501
第一百四十条	【搜查笔录的制作】 …………………………… 502

第六节 查封、扣押物证、书证

第一百四十一条	【查封、扣押的范围】【对查封、扣押物品的保管】…… 503
第一百四十二条	【查封、扣押财物、文件的法律手续】 ……… 504
第一百四十三条	【扣押邮件、电报的程序】 …………………… 505
第一百四十四条	【查询、冻结犯罪嫌疑人财产】 ……………… 506
第一百四十五条	【查封、扣押、冻结的解除】 ………………… 513

第七节 鉴 定

第一百四十六条	【鉴定目的、鉴定主体】 ……………………… 523
第一百四十七条	【鉴定意见的签名及虚假鉴定的责任】 ……… 524
第一百四十八条	【鉴定意见的告知及补充鉴定、重新鉴定】 … 524
第一百四十九条	【精神病鉴定的期限】 ………………………… 526

第八节 技术侦查措施

第一百五十条	【技术侦查措施的适用范围和适用程序】 …… 527
第一百五十一条	【技术侦查措施的批准和有效期】 …………… 529
第一百五十二条	【技术侦查措施的执行】 ……………………… 530
第一百五十三条	【隐匿身份侦查】【控制下交付】 …………… 531
第一百五十四条	【采取技术侦查措施收集的材料用作证据的特别规定】 …………………………………………… 532

第九节 通 缉

| 第一百五十五条 | 【通缉的对象、条件及通缉令的发布】 ……… 533 |

第十节 侦查终结

第一百五十六条 【一般侦查羁押期限】 …………………………………… 536
第一百五十七条 【特别重大复杂案件的延期审理】 …………………… 546
第一百五十八条 【可以延长羁押期限的特殊情形和程序】 …………… 546
第一百五十九条 【可以再次延长侦查羁押期限的案件范围和程序】 …… 547
第一百六十条 【侦查羁押期限的重新计算】【特殊侦查羁押期限
的起算】 ……………………………………………………… 548
第一百六十一条 【侦查阶段辩护律师意见的听取】 …………………… 551
第一百六十二条 【侦查终结后案件的处理】 …………………………… 552
第一百六十三条 【撤销案件】 …………………………………………… 555

第十一节 人民检察院对直接受理的案件的侦查

第一百六十四条 【人民检察院自侦案件的侦查程序】 ………………… 557
第一百六十五条 【自侦案件中拘留、逮捕的程序】 …………………… 558
第一百六十六条 【自侦案件中对被拘留人的讯问】 …………………… 561
第一百六十七条 【自侦案件中审查决定逮捕的期限】 ………………… 561
第一百六十八条 【自侦案件侦查终结的处理】 ………………………… 565

第三章 提起公诉

第一百六十九条 【公诉案件一律由人民检察院审查决定】 …………… 569
第一百七十条 【对监察机关移送起诉案件的审查】【对监察机关
移送案件强制措施的适用】 ………………………………… 570
第一百七十一条 【审查起诉的内容】 …………………………………… 571
第一百七十二条 【审查起诉期限】 ……………………………………… 573
第一百七十三条 【审查起诉的程序】 …………………………………… 574
第一百七十四条 【自愿认罪认罚的程序】 ……………………………… 578
第一百七十五条 【补充提供证据材料、补充说明证据合法性】【补
充侦查】【证据不足不起诉】 ……………………………… 579
第一百七十六条 【起诉的条件和案卷的移送方式】【认罪认罚的量
刑建议】 ……………………………………………………… 584

第一百七十七条	【法定不起诉的条件】【酌定不起诉的条件】【不起诉案件处理】	588
第一百七十八条	【不起诉决定的宣布与执行】	597
第一百七十九条	【公安机关对不起诉决定的复议、复核】	598
第一百八十条	【被害人不服不起诉决定的救济】	600
第一百八十一条	【被不起诉人不服不起诉决定的救济】	602
第一百八十二条	【特殊案件的撤销、不起诉】	603

第三编 审　　判

第一章　审判组织

第一百八十三条	【合议庭的组成】	604
第一百八十四条	【合议庭评议规则】	615
第一百八十五条	【案件提交审判委员会】	617

第二章　第一审程序

第一节　公诉案件

第一百八十六条	【人民法院对公诉案件的庭前审查】	627
第一百八十七条	【开庭前的准备】	629
第一百八十八条	【公开审理原则及其例外】	644
第一百八十九条	【人民检察院派员出庭支持公诉】	646
第一百九十条	【开庭后须由审判长查明、宣布、告知和审查的事项】【对认罪认罚的审查】	651
第一百九十一条	【法庭调查】	654
第一百九十二条	【证人、人民警察、鉴定人出庭作证】	658
第一百九十三条	【强制证人出庭作证和豁免的法定情形】【拒绝出庭作证的制裁】	665
第一百九十四条	【庭审中对证言、鉴定意见的调查核实】	666
第一百九十五条	【庭审中对物证、书证的调查核实】	671
第一百九十六条	【休庭调查核实证据】【调查核实证据的措施】	684

第一百九十七条	【庭审中可以调取新证据和申请有专门知识的人出庭】	687
第一百九十八条	【法庭调查、法庭辩论的范围】	690
第一百九十九条	【违反法庭秩序的处罚措施和程序】	702
第 二 百 条	【合议庭评议、判决】	706
第二百零一条	【法院对认罪认罚量刑建议的处理】	714
第二百零二条	【公开宣告判决】【判决书的送达和抄送】	717
第二百零三条	【判决书的署名和写明上诉期间及法院】	718
第二百零四条	【延期审理的情形】	727
第二百零五条	【庭审中人民检察院补充侦查的期限】	730
第二百零六条	【中止审理】	732
第二百零七条	【法庭笔录的制作】	732
第二百零八条	【人民法院适用普通程序审理第一审公诉案件的审限】	737
第二百零九条	【审判监督】	738

第二节 自诉案件

第二百一十条	【自诉案件范围】	741
第二百一十一条	【自诉案件审查后的处理】	743
第二百一十二条	【自诉案件的结案方式】【自诉案件的审限】	748
第二百一十三条	【自诉案件中的反诉】	750

第三节 简易程序

第二百一十四条	【简易程序的适用条件】	751
第二百一十五条	【不适用简易程序的情形】	752
第二百一十六条	【适用简易程序审理案件的审判组织】【出庭支持简易程序审理公诉案件】	754
第二百一十七条	【简易程序的开庭准备】	754
第二百一十八条	【简易程序中的法庭辩论】	755
第二百一十九条	【简易程序的程序简化】	755
第二百二十条	【简易程序的审限】	756
第二百二十一条	【庭审中发现不宜适用简易程序的处理】	756

第四节 速裁程序

第二百二十二条 【速裁程序的适用条件】 …………………… 758
第二百二十三条 【不适用速裁程序的情形】 …………………… 759
第二百二十四条 【速裁程序的程序简化、宣判】 ……………… 760
第二百二十五条 【速裁程序的审限】 …………………………… 761
第二百二十六条 【速裁程序变更为第一审普通程序、简易程序】 …… 762

第三章 第二审程序

第二百二十七条 【上诉的提起】 ………………………………… 763
第二百二十八条 【抗诉的提起】 ………………………………… 764
第二百二十九条 【被害人及其法定代理人的请求抗诉权】 …… 786
第二百三十条 【上诉、抗诉的期限】 …………………………… 786
第二百三十一条 【上诉的方式和程序】 ………………………… 787
第二百三十二条 【抗诉的方式和程序】 ………………………… 789
第二百三十三条 【二审程序中的全面审查原则】 ……………… 792
第二百三十四条 【二审人民法院审理案件的方式】【二审人民法院开庭审理的地点】 ……………………………………… 795
第二百三十五条 【人民检察院参与二审开庭审理案件的方式】 …… 798
第二百三十六条 【二审人民法院对上诉、抗诉案件的处理】 …… 813
第二百三十七条 【上诉不加刑原则及其限制】 ………………… 816
第二百三十八条 【二审人民法院对一审违反法定程序案件的处理】 …… 818
第二百三十九条 【二审程序中被发回重审案件的审理组织、程序及对重审结果的上诉、抗诉】 ……………………………… 818
第二百四十条 【二审人民法院对不服一审裁定的上诉、抗诉的处理】 …………………………………………………… 819
第二百四十一条 【二审发回重审案件审限的计算规则】 ……… 819
第二百四十二条 【二审审判程序参照一审程序】 ……………… 819
第二百四十三条 【二审审限】 …………………………………… 819
第二百四十四条 【二审判决、裁定和最高人民法院判决、裁定的效力】 …………………………………………………… 820
第二百四十五条 【对查封、扣押、冻结财物及其孳息的处理】 …… 821

第四章 死刑复核程序

第二百四十六条 【死刑核准权】 …… 842

第二百四十七条 【死刑复核程序】 …… 844

第二百四十八条 【死缓核准权】 …… 847

第二百四十九条 【死刑复核合议庭的组成】 …… 849

第二百五十条 【死刑复核的结果】 …… 849

第二百五十一条 【死刑复核的调查】【死刑复核中的检察监督】 …… 850

第五章 审判监督程序

第二百五十二条 【申诉的主体、客体、对象和效力】 …… 857

第二百五十三条 【因申诉导致重新审判的法定事由】 …… 879

第二百五十四条 【提起审判监督程序的主体及理由】 …… 881

第二百五十五条 【被指令再审的人民法院】 …… 886

第二百五十六条 【再审的审判组织、适用程序】【人民检察院派员出席法庭】 …… 886

第二百五十七条 【再审案件中的强制措施】【再审决定对原裁判执行的效力】 …… 890

第二百五十八条 【重新审判的审限】 …… 890

第四编 执 行

第二百五十九条 【执行的依据】 …… 891

第二百六十条 【一审被判无罪、免除刑事处罚应立即释放在押被告人】 …… 891

第二百六十一条 【死刑执行命令的签发】【死缓的执行】 …… 892

第二百六十二条 【死刑的交付执行、停止执行和恢复执行】 …… 893

第二百六十三条 【死刑执行程序】 …… 895

第二百六十四条 【死缓、无期徒刑、有期徒刑和拘役判决的执行】 …… 898

第二百六十五条 【暂予监外执行的情形、决定、批准机关及程序】 …… 899

第二百六十六条 【暂予监外执行决定或批准的检察监督】 …… 904

第二百六十七条 【对暂予监外执行决定的监督】 …… 917

第二百六十八条	【终止暂予监外执行的情形和程序】【非法暂予监外执行的期间不计入刑期】【罪犯死亡的处理】	925
第二百六十九条	【非监禁罪犯的社区矫正】	927
第二百七十条	【剥夺政治权利的执行】	950
第二百七十一条	【罚金的执行】	951
第二百七十二条	【没收财产的执行】	955
第二百七十三条	【对新罪、漏罪的追诉】【减刑、假释的报请程序和检察监督】	956
第二百七十四条	【对减刑、假释的检察监督】	967
第二百七十五条	【刑罚执行机关对错案、申诉的处理】	974
第二百七十六条	【对刑罚执行活动的检察监督】	974

第五编 特别程序

第一章 未成年人刑事案件诉讼程序

第二百七十七条	【办理未成年人刑事案件的方针、原则】	985
第二百七十八条	【指定辩护】	998
第二百七十九条	【未成年人刑事案件中的社会调查制度】	1001
第二百八十条	【未成年人刑事案件中适用逮捕的原则、程序】【分案处理原则】	1005
第二百八十一条	【对未成年人的讯问与审判】	1015
第二百八十二条	【未成年人附条件不起诉制度的适用条件、程序】【公安机关的复议复核权、被害人的申诉权】【未成年犯罪嫌疑人及其法定代理人的异议权】	1024
第二百八十三条	【附条件不起诉的监督考察主体】【附条件不起诉的考验期限】【被附条件不起诉人应遵守的规定】	1032
第二百八十四条	【附条件不起诉的撤销】【最终不起诉决定的作出】	1034
第二百八十五条	【未成年刑事案件不公开审理原则】	1039
第二百八十六条	【未成年人犯罪记录封存制度】	1040
第二百八十七条	【适用其他法律的规定】	1045

第二章　当事人和解的公诉案件诉讼程序

第二百八十八条　【当事人和解的公诉案件诉讼程序的适用条件、案件范围】 ………………………………………… 1058

第二百八十九条　【公检法三机关对和解协议的审查与制作】 …… 1064

第二百九十条　【当事人和解的法律效果】 ……………………… 1068

第三章　缺席审判程序

第二百九十一条　【适用缺席审判案件的类型及条件】【缺席审判案件的管辖】 ……………………………………………… 1071

第二百九十二条　【传票、起诉书副本的送达】 ………………… 1073

第二百九十三条　【辩护权的行使和保障】 ……………………… 1073

第二百九十四条　【上诉、抗诉】 ………………………………… 1073

第二百九十五条　【重新审理的条件】 …………………………… 1073

第二百九十六条　【被告人患有严重疾病时缺席审判的条件】 …… 1074

第二百九十七条　【被告人死亡情形下缺席审判的适用】 ……… 1074

第四章　犯罪嫌疑人、被告人逃匿、死亡案件违法所得的没收程序

第二百九十八条　【没收违法所得程序的案件范围、启动条件与申请程序】 ……………………………………………… 1075

第二百九十九条　【没收违法所得案件的审判管辖、审判组织】【公告程序】【审理程序】 …………………………… 1084

第三百条　【没收违法所得审理的结果】【没收裁定的救济】 …… 1089

第三百零一条　【没收程序的终止审理】【错误没收时的返还与赔偿】 ……………………………………………………… 1092

第五章　依法不负刑事责任的精神病人的强制医疗程序

第三百零二条　【强制医疗程序的适用条件】 …………………… 1094

第三百零三条　【强制医疗的决定机关、申请机关】【临时的保护
　　　　　　　　性约束措施】………………………………………… 1098
第三百零四条　【强制医疗的审判组织】【法定代理人到场和法律
　　　　　　　　援助制度】…………………………………………… 1102
第三百零五条　【强制医疗案件的审限】【不服强制医疗的复议】…… 1104
第三百零六条　【对被强制医疗人的定期诊断评估】【强制医疗的
　　　　　　　　解除】………………………………………………… 1106
第三百零七条　【强制医疗的检察监督】……………………………… 1108

附　　则

第三百零八条　【军队内部、监狱发生案件的侦查】………………… 1110

中华人民共和国刑事诉讼法

（1979 年 7 月 1 日第五届全国人民代表大会第二次会议通过　根据 1996 年 3 月 17 日第八届全国人民代表大会第四次会议《关于修改〈中华人民共和国刑事诉讼法〉的决定》第一次修正　根据 2012 年 3 月 14 日第十一届全国人民代表大会第五次会议《关于修改〈中华人民共和国刑事诉讼法〉的决定》第二次修正　根据 2018 年 10 月 26 日第十三届全国人民代表大会常务委员会第六次会议《关于修改〈中华人民共和国刑事诉讼法〉的决定》第三次修正）

第一编　总　　则

第一章　任务和基本原则

第一条　【立法目的与根据】* 为了保证刑法的正确实施，惩罚犯罪，保护人民，保障国家安全和社会公共安全，维护社会主义社会秩序，根据宪法，制定本法。

第二条　【刑事诉讼法的任务】 中华人民共和国刑事诉讼法的任务，是保证准确、及时地查明犯罪事实，正确应用法律，惩罚犯罪分子，保障无罪的人不受刑事追究，教育公民自觉遵守法律，积极同犯罪行为作斗争，维护社会主义法制，尊重和保障人权，保护公民的人身权利、财产权利、民主权利和其他权利，保障社会主义建设事业的顺利进行。

---

*　条文主旨为编者所加，下同。

● **要点及关联法规**

尊重和保障人权原则

★公安机关办理刑事案件程序规定（2020年7月20日）（节录）

第二条　公安机关在刑事诉讼中的任务，是保证准确、及时地查明犯罪事实，正确应用法律，惩罚犯罪分子，保障无罪的人不受刑事追究，教育公民自觉遵守法律，积极同犯罪行为作斗争，维护社会主义法制，尊重和保障人权，保护公民的人身权利、财产权利、民主权利和其他权利，保障社会主义建设事业的顺利进行。

★关于建立健全防范刑事冤假错案工作机制的意见（2013年10月9日）（节录）

一、坚持刑事诉讼基本原则，树立科学司法理念

1. 坚持尊重和保障人权原则。尊重被告人的诉讼主体地位，维护被告人的辩护权等诉讼权利，保障无罪的人不受刑事追究。

第三条　【刑事诉讼各专门机关的职权】 对刑事案件的侦查、拘留、执行逮捕、预审，由公安机关负责。检察、批准逮捕、检察机关直接受理的案件的侦查、提起公诉，由人民检察院负责。审判由人民法院负责。除法律特别规定的以外，其他任何机关、团体和个人都无权行使这些权力。

【严格遵守法定程序原则】 人民法院、人民检察院和公安机关进行刑事诉讼，必须严格遵守本法和其他法律的有关规定。

● **要点及关联法规**

1. 刑事诉讼中检察机关的职权

（1）基本职权及内部分工

★人民检察院刑事诉讼规则（2019年12月30日）（节录）

第二条　人民检察院在刑事诉讼中的任务，是立案侦查直接受理的案件、

审查逮捕、审查起诉和提起公诉、对刑事诉讼实行法律监督，保证准确、及时查明犯罪事实，正确应用法律，惩罚犯罪分子，保障无罪的人不受刑事追究，保障刑事法律的统一正确实施，维护社会主义法制，尊重和保障人权，保护公民的人身权利、财产权利、民主权利和其他权利，保障社会主义建设事业的顺利进行。

第三条　人民检察院办理刑事案件，应当严格遵守《中华人民共和国刑事诉讼法》以及其他法律的有关规定，秉持客观公正的立场，尊重和保障人权，既要追诉犯罪，也要保障无罪的人不受刑事追究。

第四条　人民检察院办理刑事案件，由检察官、检察长、检察委员会在各自职权范围内对办案事项作出决定，并依照规定承担相应司法责任。

检察官在检察长领导下开展工作。重大办案事项，由检察长决定。检察长可以根据案件情况，提交检察委员会讨论决定。其他办案事项，检察长可以自行决定，也可以委托检察官决定。

本规则对应当由检察长或者检察委员会决定的重大办案事项有明确规定的，依照本规则的规定。本规则没有明确规定的，省级人民检察院可以制定有关规定，报最高人民检察院批准。

以人民检察院名义制发的法律文书，由检察长签发；属于检察官职权范围内决定事项的，检察长可以授权检察官签发。

重大、疑难、复杂或者有社会影响的案件，应当向检察长报告。

第五条　人民检察院办理刑事案件，根据案件情况，可以由一名检察官独任办理，也可以由两名以上检察官组成办案组办理。由检察官办案组办理的，检察长应当指定一名检察官担任主办检察官，组织、指挥办案组办理案件。

检察官办理案件，可以根据需要配备检察官助理、书记员、司法警察、检察技术人员等检察辅助人员。检察辅助人员依照法律规定承担相应的检察辅助事务。

第六条　人民检察院根据检察工作需要设置业务机构，在刑事诉讼中按照分工履行职责。

业务机构负责人对本部门的办案活动进行监督管理。需要报请检察长决定的事项和需要向检察长报告的案件，应当先由业务机构负责人审核。业务机构负责人可以主持召开检察官联席会议进行讨论，也可以直接报请检察长决定或者向检察长报告。

第七条　检察长不同意检察官处理意见的，可以要求检察官复核，也可以直接作出决定，或者提请检察委员会讨论决定。

检察官执行检察长决定时，认为决定错误的，应当书面提出意见。检察长不改变原决定的，检察官应当执行。

第八条　对同一刑事案件的审查逮捕、审查起诉、出庭支持公诉和立案监督、侦查监督、审判监督等工作，由同一检察官或者检察官办案组负责，但是审查逮捕、审查起诉由不同人民检察院管辖，或者依照法律、有关规定应当另行指派检察官或者检察官办案组办理的除外。

人民检察院履行审查逮捕和审查起诉职责的办案部门，本规则中统称为负责捕诉的部门。

(2) 检察机关的上下级领导关系

★**人民检察院刑事诉讼规则**（2019年12月30日）（节录）

第九条　最高人民检察院领导地方各级人民检察院和专门人民检察院的工作，上级人民检察院领导下级人民检察院的工作。检察长统一领导人民检察院的工作。

上级人民检察院可以依法统一调用辖区的检察人员办理案件，调用的决定应当以书面形式作出。被调用的检察官可以代表办理案件的人民检察院履行出庭支持公诉等各项检察职责。

第十条　上级人民检察院对下级人民检察院作出的决定，有权予以撤销或者变更；发现下级人民检察院办理的案件有错误的，有权指令下级人民检察院予以纠正。

下级人民检察院对上级人民检察院的决定应当执行。如果认为有错误的，应当在执行的同时向上级人民检察院报告。

2. 刑事诉讼中公安机关的职权

★**公安机关办理刑事案件程序规定**（2020年7月20日）（节录）

第三条　公安机关在刑事诉讼中的基本职权，是依照法律对刑事案件立案、侦查、预审；决定、执行强制措施；对依法不追究刑事责任的不予立案，已经追究的撤销案件；对侦查终结应当起诉的案件，移送人民检察院审查决定；对不够刑事处罚的犯罪嫌疑人需要行政处理的，依法予以处理或者移送有关部门；对被判处有期徒刑的罪犯，在被交付执行刑罚前，剩余刑期在三个月以下的，代为执行刑罚；执行拘役、剥夺政治权利、驱逐出境。

3. 严格遵守法定程序原则

★最高人民法院、最高人民检察院、公安部、国家安全部、司法部、全国人大常委会法制工作委员会关于实施刑事诉讼法若干问题的规定（2012年12月26日）（节录）

16. 刑事诉讼法规定，拘留由公安机关执行。对于人民检察院直接受理的案件，人民检察院作出的拘留决定，应当送达公安机关执行，公安机关应当立即执行，人民检察院可以协助公安机关执行。

第四条　【国家安全机关的职权】国家安全机关依照法律规定，办理危害国家安全的刑事案件，行使与公安机关相同的职权。

● 要点及关联法规

★最高人民法院、最高人民检察院、公安部、国家安全部、司法部、全国人大常委会法制工作委员会关于实施刑事诉讼法若干问题的规定（2012年12月26日）（节录）

40. ……国家安全机关依照法律规定，办理危害国家安全的刑事案件，适用本规定中有关公安机关的规定。

第五条　【人民法院、人民检察院依法独立行使职权原则】人民法院依照法律规定独立行使审判权，人民检察院依照法律规定独立行使检察权，不受行政机关、社会团体和个人的干涉。

● 要点及关联法规

1. 人民法院依法独立行使审判权原则

★最高人民法院关于推行十项制度切实防止产生新的超期羁押的通知（2003年11月30日）（节录）

四、完善依法独立审判制度，规范以至逐步取消内部请示的做法。人民法院审理刑事案件，应当依照刑事诉讼法的规定独立审判，坚持两审终审制。除了适用法律疑难案件以外，不得向上级人民法院请示。要规范以至逐步取消内部请示的做法。

★关于建立健全防范刑事冤假错案工作机制的意见（2013年10月9日）（节录）

一、坚持刑事诉讼基本原则，树立科学司法理念

……

2. 坚持依法独立行使审判权原则。必须以事实为根据，以法律为准绳。不能因为舆论炒作、当事方上访闹访和地方"维稳"等压力，作出违反法律的裁判。

3. 坚持程序公正原则。自觉遵守刑事诉讼法有关规定，严格按照法定程序审判案件，保证准确有效地执行法律。

4. 坚持审判公开原则。依法保障当事人的诉讼权利和社会公众的知情权，审判过程、裁判文书依法公开。

2. 保护司法人员依法履行法定职责的规定

★保护司法人员依法履行法定职责规定（2016年7月21日）

第一条 为了贯彻落实《中共中央关于全面推进依法治国若干重大问题的决定》有关要求，建立健全司法人员依法履行法定职责保护机制，根据国家有关法律法规和中央有关规定，结合司法工作实际，制定本规定。

第二条 法官、检察官依法办理案件不受行政机关、社会团体和个人的干涉，有权拒绝任何单位或者个人违反法定职责或者法定程序、有碍司法公正的要求。对任何单位或者个人干预司法活动、插手具体案件处理的情况，司法人员应当全面、如实记录。有关机关应当根据相关规定对干预司法活动和插手具体案件处理的相关责任人予以通报直至追究责任。

第三条 任何单位或者个人不得要求法官、检察官从事超出法定职责范围的事务。人民法院、人民检察院有权拒绝任何单位或者个人安排法官、检察官从事超出法定职责范围事务的要求。

第四条 法官、检察官依法履行法定职责受法律保护。非因法定事由，非经法定程序，不得将法官、检察官调离、免职、辞退或者作出降级、撤职等处分。

第五条 只有具备下列情形之一的，方可将法官、检察官调离：

（一）按规定需要任职回避的；

（二）因干部培养需要，按规定实行干部交流的；

（三）因机构调整或者缩减编制员额需要调整工作的；

（四）受到免职、降级等处分，不适合在司法办案岗位工作的；

（五）违反法律、党纪处分条例和审判、检察纪律规定，不适合在司法办案岗位工作的其他情形。

第六条　只有具备下列情形之一的，方可将法官、检察官免职：

（一）丧失中华人民共和国国籍的；

（二）调出本法院、检察院的；

（三）职务变动不需要保留原职务的；

（四）经考核确定为不称职的；

（五）因健康原因超过一年不能正常履行工作职责的；

（六）按规定应当退休的；

（七）辞职或者被辞退的；

（八）因违纪违法犯罪不能继续任职的；

（九）违反法律、党纪处分条例和审判、检察纪律规定，不适合继续担任法官、检察官职务的其他情形。

第七条　只有具备下列情形之一的，方可将法官、检察官辞退：

（一）在年度考核中，连续两年被确定为不称职的；

（二）不胜任现职工作，又不接受另行安排的；

（三）因机构调整或者缩减编制员额需要调整工作，本人拒绝合理安排的；

（四）旷工或者无正当理由逾假不归连续超过十五天，或者一年内累计超过三十天的；

（五）不履行法官、检察官法定义务，经教育仍不改正的；

（六）违反法律、党纪处分条例和审判、检察纪律规定，不适合继续担任公职的其他情形。

第八条　只有具备下列情形之一的，方可对法官、检察官作出降级、撤职处分：

（一）违犯党纪，受到撤销党内职务及以上处分的；

（二）违反审判、检察纪律，情节较重的；

（三）存在失职行为，造成严重后果的；

（四）违反法律、党纪处分条例和审判、检察纪律规定，应当予以降级、撤职的其他情形。

第九条　将法官、检察官调离、免职、辞退或者作出降级、撤职等处分的，应当按照法律规定的程序和管理权限进行。决定应当以书面形式通知法官、检察官，并列明作出决定的理由和依据。

法官、检察官不服调离、免职、辞退或者降级、撤职等决定的，可以依法申请复议、复核，提出申诉、再申诉。法官、检察官不因申请复议、复核或者提出申诉、再申诉而被加重处罚。

第十条 考核法官、检察官办案质量，评价工作业绩，应当客观公正、符合司法规律。对法官、检察官的德、能、勤、绩、廉进行年度考核，不得超出其法定职责与职业伦理的要求。考核的办法和标准由最高人民法院、最高人民检察院统一制定，地方可以结合实际进行适当调整。不得以办案数量排名、末位淘汰、接待信访不力等方法和理由调整法官、检察官工作岗位。

第十一条 法官、检察官非因故意违反法律、法规或者有重大过失导致错案并造成严重后果的，不承担错案责任。

第十二条 案件办理及相关审批、管理、指导、监督工作实行全程留痕。法官、检察官依照司法责任制，对履行审判、检察职责中认定的事实证据、发表的意见、作出的决定负责。上级机关、单位负责人、审判委员会或者检察委员会等依职权改变法官、检察官决定的，法官、检察官对后果不承担责任，但法官、检察官故意隐瞒或者因有重大过失而致遗漏重要证据、重要情节，或者提供其他虚假情况导致该决定错误的除外。

第十三条 调查核实对法官、检察官履职的举报、控告和申诉过程中，当事法官、检察官享有知情、申辩和举证的权利。人民法院、人民检察院纪检监察机构应当将当事法官、检察官的陈述、申辩和举证如实记录，并对是否采纳作出说明。

第十四条 法官、检察官履行法定职责的行为，非经法官、检察官惩戒委员会审议不受错案责任追究。法官、检察官因违反党纪，审判、检察纪律，治安及刑事法律，应当追究错案责任之外的其他责任的，依照相关规定办理。

法官、检察官惩戒委员会审议法官、检察官错案责任案件，应当进行听证。人民法院、人民检察院相关机构应当派员向法官、检察官惩戒委员会通报当事法官、检察官违纪违法事实以及拟处理意见、依据。当事法官、检察官有权陈述、申辩。法官、检察官惩戒委员会根据查明的事实和法律规定，作出无责、免责或者给予惩戒处分的建议。

第十五条 法官、检察官因依法履职遭受不实举报、诬告陷害、利用信息网络等方式侮辱诽谤，致使名誉受到损害的，人民法院、人民检察院、公安机关应当会同有关部门及时澄清事实，消除不良影响，维护法官、检察官良好声誉，并依法追究相关单位或者个人的责任。

第十六条 有关机关对法官、检察官作出错误处理的，应当恢复被处理人的职务和名誉，消除不良影响，对造成的经济损失给予赔偿，并依法追究诬告陷害者的责任。法官、检察官因接受调查暂缓晋级，经有关部门认定不应追究法律或者纪律责任的，晋级时间从暂缓之日起计算。

第十七条　对干扰阻碍司法活动，威胁、报复陷害、侮辱诽谤、暴力伤害司法人员及其近亲属的行为，应当依法从严惩处。

对以恐吓威胁、滋事骚扰、跟踪尾随、攻击辱骂、损毁财物及其他方式妨害司法人员及其近亲属人身自由和正常生活的，公安机关接警后应当快速出警、有效制止；对正在实施违法犯罪行为的，应当依法果断处置、从严惩处。对实施暴力行为危害司法人员及其近亲属人身安全的精神病人，在人民法院决定强制医疗之前，经县级以上公安机关负责人批准，公安机关可以采取临时保护性约束措施，必要时可以将其送精神病医院接受治疗。

第十八条　人民法院、人民检察院办理恐怖活动犯罪、黑社会性质组织犯罪、重大毒品犯罪、邪教组织犯罪等危险性高的案件，应当对法官、检察官及其近亲属采取出庭保护、禁止特定人员接触以及其他必要的保护措施。对法官、检察官近亲属还可以采取隐匿身份的保护措施。

办理危险性较高的其他案件，经司法人员本人申请，可以对司法人员及其近亲属采取上述保护措施。

第十九条　司法人员的个人信息受法律保护。侵犯司法人员人格尊严，泄露依法不应公开的司法人员及其近亲属信息的，依照法律和相关规定追究有关人员责任。

第二十条　依法保障法官、检察官的休息权和休假权。法官、检察官在法定工作日之外加班的，应当补休；不能补休的，应当在绩效考核奖金分配时予以平衡。

第二十一条　国家落实医疗保障办法，完善抚恤优待办法，为法官、检察官的人身、财产、医疗等权益提供与其职业风险相匹配的保障。

第二十二条　人民法院、人民检察院、公安机关领导干部或者直接责任者因玩忽职守、敷衍推诿、故意拖延或者滥用职权，导致依法履职的司法人员或者其近亲属的人身、财产权益受到重大损害的，应当给予纪律处分；构成犯罪的，依法追究刑事责任。

第二十三条　国家机关及其工作人员有下列行为之一的，司法人员有权提出控告，对直接责任者和领导责任者，应当给予纪律处分；构成犯罪的，依法追究刑事责任：

（一）干预司法活动妨碍司法公正的；

（二）要求法官、检察官从事超出法定职责范围事务的；

（三）违反本规定，将法官、检察官调离、免职、辞退或者作出降级、撤职等处分的；

（四）对司法人员的依法履职保障诉求不作为的；

（五）侵犯司法人员控告或者申诉权利的；

（六）其他严重侵犯法官、检察官法定权利的行为。

第二十四条　本规定所称司法人员，是指在人民法院、人民检察院承担办案职责的法官、检察官和司法辅助人员。

第二十五条　军事司法人员依法履行法定职责的保护，军事法规有规定的，从其规定。

第二十六条　本规定由中央政法委会同最高人民法院、最高人民检察院解释。

第二十七条　本规定自2016年7月21日起施行。

第六条　【依靠群众原则】【以事实为依据，以法律为准绳原则】【对一切公民在适用法律上一律平等原则】人民法院、人民检察院和公安机关进行刑事诉讼，必须依靠群众，必须以事实为根据，以法律为准绳。对于一切公民，在适用法律上一律平等，在法律面前，不允许有任何特权。

● 要点及关联法规

公安机关的强制性规定

★公安机关办理刑事案件程序规定（2020年7月20日）（节录）

第四条　公安机关进行刑事诉讼，必须依靠群众，以事实为根据，以法律为准绳。对于一切公民，在适用法律上一律平等，在法律面前，不允许有任何特权。

第七条　【公检法三机关分工负责，互相配合，互相制约原则】人民法院、人民检察院和公安机关进行刑事诉讼，应当分工负责，互相配合，互相制约，以保证准确有效地执行法律。

● **要点及关联法规**

1. 分工负责原则

（1）基本原则

★**最高人民法院、最高人民检察院、公安部关于严格依法履行职责，切实保障刑事案件办案质量的通知**（2004年9月6日）（节录）

二、认真履行法定职责，严格依法办案

公安机关、人民检察院、人民法院在刑事诉讼中分别履行侦查、检察、审判职责，每个阶段的工作都关系到刑事案件的办案质量。因此，要本着对刑事案件办案质量高度负责的态度，严格遵守法律、法律解释、司法解释和有关规定，在刑事诉讼中的每一个环节，在案件事实、证据、程序、适用法律等方面严格履行法定职责，从严、从细、从实地办理每一起案件。

要把查明案件事实与遵守法定程序联系起来，严格执行刑事诉讼法及司法解释有关管辖的规定，避免因管辖混乱造成案件久拖不决；严格依照规定收集、审查、认定证据，避免出现非法证据和瑕疵证据。以刑讯逼供或者威胁、引诱、欺骗等非法的方法收集的犯罪嫌疑人、被告人供述、证人证言、被害人陈述，绝不能作为定案的根据。对案件存在的疑点、矛盾的证据以及辩护人提供的证据材料等，必须给予高度重视，认真、及时进行核实，保证证明案件事实的证据确实、充分。对应当办理换押手续的，办案机关必须及时依照有关规定办理换押手续；因法定事由需要延长、重新计算办案期限的，办案机关应当及时书面通知看守所。对犯罪嫌疑人、被告人被羁押的案件，不能在刑事诉讼法规定的侦查羁押、审查起诉、第一审、第二审期限内办结，需要继续查证、审理的，要依法将强制措施变更为取保候审或者监视居住。

对于刑事案件办案质量的评定，应当根据全案事实、证据、程序和适用法律等方面进行综合判断，不能单纯以破案率、批捕率、起诉率或者定罪率作为衡量办案质量的标准。

（2）人民法院的主要责任

★**最高人民法院、最高人民检察院、公安部关于严格依法履行职责，切实保障刑事案件办案质量的通知**（2004年9月6日）（节录）

五、人民法院要严格依法办案，确保案件最终得到公正处理

人民法院在审理案件过程中，应当严格依照刑事诉讼法和司法解释的规定

开庭审判，除因法定事由延长审理期限的以外，必须严格遵守法律规定的审理期限。在庭审过程中，要对证据仔细核实，认真听取公诉人、当事人和辩护人以及其他诉讼参与人的意见，查清案件事实，确保案件最终得到公正处理，严把案件审判关。

人民法院要根据已经审理查明的事实、证据和有关的法律规定，准确适用法律，对案件事实清楚，证据确实、充分，依据法律认定被告人有罪或者无罪的，依法作出认定被告人有罪或者无罪的判决；对于经过查证，只有部分犯罪事实清楚、证据确实、充分的案件，要就该部分事实和证据进行认定和判决；对于查证以后，仍然证据不足，在法律规定的审理期限内无法再行收集充分的证据，不能认定被告人有罪的，除人民检察院提出补充侦查建议的以外，应当依法作出证据不足、指控的犯罪不能成立的无罪判决。

人民法院作出的判决生效以后，对被扣押、冻结的赃款赃物及其孳息，依照刑事诉讼法的有关规定处理。

★关于建立健全防范刑事冤假错案工作机制的意见（2013年10月9日）（节录）

五、充分发挥各方职能作用，建立健全制约机制

23. 严格依照法定程序和职责审判案件，不得参与公安机关、人民检察院联合办案。

（3）人民检察院的主要责任

★最高人民法院、最高人民检察院、公安部关于严格依法履行职责，切实保障刑事案件办案质量的通知（2004年9月6日）（节录）

四、人民检察院要全面审查案件，确保向人民法院提起公诉的案件事实清楚，证据确实、充分

人民检察院应当依法全面、正确掌握逮捕条件，对于公安机关提请批准逮捕的犯罪嫌疑人，经审查符合法定批捕条件的，依法作出批准逮捕的决定。

人民检察院审查批准逮捕，在必要的时候，可以派人参加公安机关对重大案件的讨论，对调查取证和适用法律提出意见，公安机关应做好证据的全面收集、审查和固定工作，确保案件依法及时移送人民检察院审查起诉。

人民检察院对于公安机关移送起诉和直接受理侦查终结的案件，应当按照有关规定认真进行审查，严把案件起诉关。审查后，对犯罪嫌疑人的犯罪事实已经查清，证据确实、充分，依法应当追究刑事责任的，应当作出起诉决定，向人民法院提起公诉；对于符合不起诉条件的，依法作出不起诉决定。

对于案件事实不清、证据不足的案件，人民检察院要求公安机关补充侦查的，应当提出补充侦查提纲，列明需要补充侦查的事项和目的。对于经过两次补充侦查的案件，人民检察院仍然认为证据不足，不符合起诉条件的，应当依法作出不起诉的决定。

在审判过程中，对于需要补充提供法庭审判所必需的证据或者补充侦查的，人民检察院应当依法补充侦查，必要时可以要求公安机关提供帮助。

（4）公安机关的主要责任

★最高人民法院、最高人民检察院、公安部关于严格依法履行职责，切实保障刑事案件办案质量的通知（2004年9月6日）（节录）

三、公安机关要依法全面、及时收集证据，确保移送审查起诉的案件事实清楚，证据确实、充分

公安机关应当依照刑事诉讼法、司法解释及其他有关规定的程序，严把案件侦查关，全面、及时收集与案件相关的证据，收集证明犯罪嫌疑人有罪或者无罪、罪重或者罪轻等涉及案件事实的所有证据。有条件的单位，可以采取同期录音、录像等有效措施固定证据。

公安机关在侦查过程中，对符合法定逮捕条件的，应当提请批准逮捕。对于采取取保候审、监视居住等方法，足以防止发生社会危险性而没有逮捕必要的，侦查终结后可以直接移送人民检察院审查起诉。

公安机关要高度重视批捕后的侦查工作和退回补充侦查工作。对于人民检察院退回补充侦查或者要求提供法庭审判所必需的证据材料的，应当按照要求及时补充证据或有关材料；确实无法补充的，应当说明理由。

对于侦查终结移送审查起诉的案件，应当做到犯罪事实清楚，证据确实、充分，犯罪性质和罪名认定明确，法律手续完备。对于案件事实不清、证据不足，不能移送人民检察院审查起诉的，应当继续进行侦查工作；待查清案件事实、证据确实、充分后，再移送人民检察院审查起诉。

公安机关要积极推行侦查人员旁听案件制度，从所办案件的法庭审判中检验办案质量。

★公安机关办理刑事案件程序规定（2020年7月20日）（节录）

第五条 公安机关进行刑事诉讼，同人民法院、人民检察院分工负责，互相配合，互相制约，以保证准确有效地执行法律。

2. 互相配合，互相制约原则

★**最高人民法院、最高人民检察院、公安部关于严格依法履行职责，切实保障刑事案件办案质量的通知**（2004年9月6日）（节录）

七、建立、健全工作联系机制，加强相互配合和制约

为切实保障刑事案件的办案质量，加强相互之间的配合，公检法机关之间应当建立、健全工作联系机制，如联席会议制度、信息通报制度等，加强业务上的交流。同时，对工作中遇到的问题，应当及时沟通，互相支持。对不批捕、不起诉、判决无罪及二审、再审改判的案件，相关公安机关、人民检察院、人民法院应当认真分析原因，总结经验教训。公检法机关之间既要各负其责，又要互相配合，互相制约，共同把好刑事案件的质量关。

第八条 【人民检察院法律监督原则】人民检察院依法对刑事诉讼实行法律监督。

● 要点及关联法规

1. 检察机关对刑事诉讼活动的监督

（1）基本原则

★**公安机关办理刑事案件程序规定**（2020年7月20日）（节录）

第六条 公安机关进行刑事诉讼，依法接受人民检察院的法律监督。

（2）刑事立案监督

★**最高人民检察院关于进一步加强对诉讼活动法律监督工作的意见**（2009年12月29日）（节录）

二、突出重点，加强对诉讼活动的法律监督

（一）刑事立案监督

3. 加强对应当立案而不立案的监督。探索建立与侦查机关的信息资源共享机制，及时掌握刑事发案和侦查机关立案情况，建立和完善方便群众举报、申诉、听取律师意见以及从新闻媒介中发现案件线索的制度。加强对以罚代刑、漏罪漏犯、另案处理等案件的监督。健全对立案后侦查工作的跟踪监督机制，防止和纠正立而不侦、侦而不结、立案后违法撤案等现象。

4. 探索完善对不应当立案而立案的监督机制。依法监督纠正用刑事手段插

手经济纠纷以及出于地方保护、部门保护而违法立案等行为。发现侦查机关违反法律规定不应当立案而立案或者违反管辖规定立案的，应当通知纠正。

5. 建立和完善行政执法与刑事司法有效衔接的工作机制。会同有关部门推进"网上衔接，信息共享"机制建设，及时掌握行政执法机关对涉嫌犯罪案件的移送以及侦查机关受理移送后的处理情况。加强对行政执法人员滥用职权、徇私舞弊和行政执法机关不移交涉嫌犯罪案件的监督查处力度，构成犯罪的，依法追究刑事责任；对有违法行为但不够刑事追究的，通报有关部门，建议予以党纪、政纪处分。

（3）侦查活动监督

★**最高人民检察院关于进一步加强对诉讼活动法律监督工作的意见**（2009年12月29日）（节录）

二、突出重点，加强对诉讼活动的法律监督

……

（二）侦查活动监督

6. 加大对侦查活动中刑讯逼供、暴力取证等违法行为的查处力度。健全对刑讯逼供、暴力取证等侦查违法行为开展调查、纠正违法的程序和方式，发现有刑讯逼供、暴力取证等违法行为的，及时提出纠正意见；涉嫌犯罪的，及时立案侦查。会同有关部门建立建议更换办案人制度。探索建立对公安派出所的监督机制。

7. 健全排除非法证据制度。在审查逮捕、审查起诉工作中发现侦查机关以刑讯逼供或者威胁、引诱、欺骗等非法方法收集的犯罪嫌疑人供述、被害人陈述以及证人证言，依法予以排除，不能作为指控犯罪的根据。

8. 探索对侦查机关采取的强制性侦查措施及强制措施的监督机制。探索建立诉讼当事人对侦查机关采取搜查、查封、扣押、冻结等措施不服，提请检察机关进行监督的制度。加强对侦查机关变更逮捕措施、另案处理以及退回补充侦查后自行处理案件的监督。

9. 防止错误逮捕、起诉以及遗漏犯罪嫌疑人或罪行。在审查逮捕、审查起诉中加强审查工作，发现提请逮捕、移送起诉有错误的，及时作出处理；发现遗漏犯罪嫌疑人或罪行的，追加逮捕或起诉；对于已批捕的犯罪嫌疑人在逃的，督促公安机关及时抓捕。

(4) 刑事审判监督

★最高人民检察院关于进一步加强对诉讼活动法律监督工作的意见（2009年12月29日）（节录）

二、突出重点，加强对诉讼活动的法律监督

……

（三）刑事审判监督

10. 加强对审判程序违法的监督。在法庭审理中发现人民法院审判活动违反法律规定的程序或者剥夺、限制诉讼参与人诉讼权利的，应当记录在案，并在庭审后依法提出监督意见。

11. 加大对审判监督薄弱环节的监督力度。加大对死刑立即执行改判缓期二年执行案件、二审不开庭审理后改变一审判决案件、人民法院自行提起再审案件、变更强制措施不当案件的监督，发现违法情形的，及时提出纠正意见或者提出抗诉。

12. 突出抗诉重点，加大抗诉力度。加强对不服人民法院生效裁判申诉案件的办理力度，完善检察机关办理刑事申诉案件的程序和机制。加强对有罪判无罪、无罪判有罪、量刑畸轻畸重和职务犯罪案件、经济犯罪案件量刑失衡的监督，经审查认为判决、裁定在事实认定、证据采信、法律适用方面确有错误、量刑明显不当或者审判活动严重违反法定程序、审判人员有贪污受贿、徇私舞弊、枉法裁判情形的，应当及时提出抗诉。上级人民检察院要加强对刑事抗诉案件的审查，对下级人民检察院办理的重大、复杂、疑难或者有阻力的抗诉案件，要及时进行督办。协同有关部门研究检察机关按照审判监督程序提出抗诉的案件，除涉及新的事实、证据外，由受理抗诉的人民法院直接审理的程序，明确"新的事实和证据"的范围。

13. 完善对死刑案件审判活动的监督机制。积极做好死刑第一、二审案件的审查和出庭工作，认真审查死刑上诉和抗诉案件，探索有效开展死刑复核监督的措施，建立对死刑复核案件申诉的受理、备案、审查和办理制度。建立最高人民检察院对最高人民法院不予核准或者长期不能核准的死刑案件发表监督意见的制度。省级人民检察院要依法加强对判处死刑缓期二年执行案件复核的监督。

(5) 执行活动和监管活动监督

★关于走私犯罪侦查机关提请批准逮捕和移送审查起诉的案件由分、州、市级人民检察院受理的通知（1999年2月3日）（节录）

六、走私犯罪侦查机关建立有看守所的，由看守所所在地的分、州、市级人民检察院履行法律监督职责。

★**最高人民检察院关于进一步加强对诉讼活动法律监督工作的意见**（2009年12月29日）（节录）

二、突出重点，加强对诉讼活动的法律监督

……

（四）刑罚执行和监管活动监督

14. 建立健全预防和纠正超期羁押的长效工作机制。会同有关部门完善刑事诉讼各环节的工作衔接机制，健全羁押期限告知、羁押情况通报、期限届满提示等制度。改革完善换押制度，建立和完善适应第二审程序需要的换押机制，预防超期羁押和违法提讯、提解。完善延长逮捕后的侦查羁押期限审批制度，建立当事人不服批准延长侦查羁押期限决定向检察机关申诉和检察机关进行复查的制度，加强对违法延长羁押期限的监督。

15. 完善对刑罚执行活动的监督制度，建立刑罚执行同步监督机制。探索建立检察机关对重大刑事罪犯刑罚变更执行的同步监督制度，发现有关机关减刑、假释、暂予监外执行的提请、呈报、决定、裁定存在不当的，应当及时提出纠正意见。完善对监外执行和社区矫正进行法律监督的方式和措施。

16. 健全检察机关对违法监管活动的发现和纠正机制。健全检察机关与监狱、看守所信息交换机制、定期联席会议制度，探索实行与监管场所信息网络互联互通，实行动态监督。完善检察机关受理在押人员投诉和对监管工作人员涉嫌违法犯罪行为进行调查和纠正的机制。完善监管场所发生的重要案件、重大事故及时报告上级人民检察院的机制。

17. 加强对执行死刑活动的监督工作。加强执行死刑临场监督，发现不应当执行死刑的，立即建议停止执行。对违反法定执行程序，侵犯被执行人合法权益的，及时监督纠正。

★**关于推进以审判为中心的刑事诉讼制度改革的意见**（2016年7月20日）（节录）

十六、完善人民检察院对侦查活动和刑事审判活动的监督机制。建立健全对强制措施的监督机制。加强人民检察院对逮捕后羁押必要性的审查，规范非羁押性强制措施的适用。进一步规范和加强人民检察院对人民法院确有错误的刑事判决和裁定的抗诉工作，保证刑事抗诉的及时性、准确性和全面性。

(6) 民事、行政诉讼监督

★**最高人民检察院关于进一步加强对诉讼活动法律监督工作的意见**（2009年12月29日）（节录）

二、突出重点，加强对诉讼活动的法律监督

……

（五）民事、行政诉讼监督

18. 完善民事、行政抗诉案件的申诉审查机制。依法保障当事人的申诉权利，进一步规范民事、行政申诉案件的受理和立案工作，严格遵守申诉案件的审查期限，及时将审查结果通知申诉人、被申诉人及其他当事人。认真听取申诉人、被申诉人及其委托律师的意见，实现审查程序的公开、公平、公正。发现受理的申诉案件的生效判决、裁定可能有错误，或者当事人虽未申诉但发现人民法院的生效判决、裁定可能有错误或损害国家、社会公共利益的，依法立案审查。对检察机关作出不立案、不提请抗诉、不抗诉决定的，做好释法说理和息诉工作。

19. 突出重点，加大抗诉工作力度。重点做好对涉农维权、弱势群体保护、劳动争议、保险纠纷、补贴救助等涉及民生的确有错误案件的审查抗诉工作；对损害国家和社会公共利益、有重大影响的确有错误案件，严重违反法定程序或者审判人员有贪污受贿、徇私舞弊、枉法裁判等情形的案件，加大审查抗诉力度。

20. 完善抗诉工作机制，提高抗诉工作水平。准确理解和适用民事诉讼法关于抗诉事由的规定，正确把握抗诉的条件和标准，强化抗诉书的说理性。充分发挥分、州、市人民检察院和基层人民检察院的基础作用，整合、协调上下级人民检察院的办案力量，改进提请抗诉办案机制，完善办案流程管理，缩短办案周期，提高办案效率。人民法院作出的生效判决、裁定有民事诉讼法第一百七十九条规定情形之一的，同级人民检察院应当提请上一级人民检察院抗诉。

21. 加强对行政诉讼的监督。对行政诉讼中生效判决、裁定违反法律、法规的，依法采用抗诉等方式予以监督。积极探索对该受理不受理、该立案不立案、违反审理期限等侵害当事人诉讼权利的违法行为进行法律监督的途径和措施。

22. 加强对人民法院再审活动的监督。人民法院违反再审的审级、审理期限以及裁定再审的期限规定的，应当督促其纠正。人民法院再审的庭审活动违反法律规定的，在庭审后及时提出纠正意见。发现人民法院再审的判决、裁定有民事诉讼法第一百七十九条规定情形之一的，上级人民检察院应当依法提出抗诉。

23. 研究检察机关对民事执行工作实施法律监督的范围和程序。会同有关部门、研究人民检察院对民事执行裁定、执行决定和执行行为进行法律监督的范围、途径和措施。执行人员有贪污受贿行为或者因严重不负责任、滥用职权致使当事人或者他人利益遭受重大损失的，应当依照人民检察院关于直接受理案件侦查分工的有关规定立案侦查。

24. 探索检察机关对适用特别程序等审判活动进行监督的范围、途径和措施。对适用特别程序、督促程序、公示催告程序和企业法人破产程序的审判活动，探索采用抗诉等方式进行监督。

2. 检察机关对自身办案活动的管理和监督

★最高人民检察院关于进一步加强对诉讼活动法律监督工作的意见（2009年12月29日）（节录）

三、对检察机关自身办案活动的监督

25. 完善自侦案件线索管理制度。严格实行举报中心统一管理线索制度，实行案件线索计算机管理，推行上下级检察院线索管理网络互联互通，完善重要案件线索报上一级备案制度。规范线索处理程序，建立线索查办反馈制度，进一步规范职务犯罪线索的初查工作，防止压线索不查、利用线索谋私等问题。

26. 加强对检察机关自侦案件立案活动的监督。探索建立由上级检察机关的举报中心和侦查监督部门对下级人民检察院自侦部门应当立案而不立案以及不应当立案而立案进行监督的制度。上级人民检察院通过备案审查或者其他途径发现下级人民检察院应当立案而不立案的，应当责令下级人民检察院说明理由，认为理由不能成立的，可以指令下级人民检察院立案或者直接立案侦查，或者交由其他下级人民检察院立案侦查。认为下级人民检察院不应当立案而立案的，应当指令撤销案件。

27. 进一步规范自侦案件办案程序。继续推进执法规范化建设，全面整合、优化办案工作流程和办案规范。依法对自侦案件的受案、初查、立案、侦查、结案处理等各个环节作出严格的程序性规定，形成对办案活动和办案人员的全过程、全方位监督。完善贪污贿赂等职务犯罪案件收集证据参考标准。规范证据的收集、固定、审查程序。全面推行讯问职务犯罪嫌疑人全程同步录音录像制度。加大对侦查活动中刑讯逼供、暴力取证等违法行为的查处力度，健全完善排除非法证据制度。建立完善对违法侦查行为的救济程序，当事人不服检察机关采取的搜查、查封、扣押、冻结等强制性侦查措施的，可以向上一级人民检察院提出申诉，经调查认为侦查行为违法的，上级人民检察院应当予以纠正。

28. 完善省级以下人民检察院办理职务犯罪案件的备案、批准制度。省级以下（不含省级）人民检察院办理职务犯罪案件决定立案的，报上一级人民检察院备案，拟决定撤销案件、不起诉的，报上一级人民检察院批准，进一步规范备案、批准的程序。

29. 改革完善检察机关办理职务犯罪案件的审查逮捕程序。省级以下（不含省级）人民检察院办理职务犯罪案件需要逮捕犯罪嫌疑人的，由上一级人民检察院审查批准。

30. 自觉接受侦查、审判等机关的制约。对侦查机关申请复议、复核以及人民法院驳回抗诉等案件定期复查，促进法律监督工作水平不断提高。

31. 自觉接受人民监督员的监督。办理职务犯罪案件，按照规定的程序和范围接受人民监督员的监督。进一步完善和规范人民监督员的产生方式、职责权限、组织形式和监督程序，推动人民监督员制度的规范化、法律化。

32. 继续完善检务公开制度。进一步明确向公众和当事人公开的诉讼监督工作事项，增强诉讼监督工作的透明度，保障人民群众对诉讼监督工作的知情权、参与权和监督权，提高执法的公信力。切实落实当事人权利义务告知制度，认真听取当事人及其委托的律师的意见。积极推行检察文书说理制度，建立对不起诉、不抗诉案件的答疑说理制度和对重信、重访案件的公开听证制度，推行刑事申诉案件公开审查制度，自觉接受当事人的监督。

33. 完善检察人员违纪违法行为惩处和预防机制。强化上级人民检察院对下级人民检察院查办职务犯罪工作的监督，完善内部制约机制，健全和切实落实检察人员执法过错责任追究制度，严明办案纪律，加强执法监察、检务督察和巡视工作，严格追究执法过错责任，严防办案安全事故。

四、完善监督机制，强化监督措施

34. 拓宽诉讼监督案件的来源和渠道。重视人民群众举报、当事人申诉、控告和人大代表、政协委员、新闻媒体的反映，推进与纪检监察、行政执法、审计、侦查、审判、刑罚执行等机关之间的信息沟通、联席会议、案件移送等制度建设，加强与律师、律师行业组织的联系。

35. 完善检察机关内部衔接配合机制。加强检察机关职务犯罪侦查、侦查监督、公诉、监所检察、民事行政检察、控告申诉检察等部门之间的衔接配合，建立内部情况通报、信息共享、线索移送、侦结反馈制度，形成监督合力。侦查部门以外的各部门在办案过程中发现执法不严、司法不公背后的职务犯罪线索的，应当依照规定及时移送，并加强与侦查部门的协作配合。各部门在办案中发现立案、侦查、批捕、起诉、审判、执行等环节存在违法行为，但不属于本部门职责范围的，应当及时通报相关部门依法进行监督。

36. 发挥诉讼监督的整体效能。完善诉讼监督职权在上下级检察机关之间、检察机关各内设机构之间的优化配置，进一步健全上下一体、分工合理、权责明确、相互配合、相互制约、高效运行的诉讼监督体制。进一步完善信息共享和线索通报移送制度，加快实现检察机关对案件线索统一管理、对办案活动统一指挥、对办案力量和设备统一调配的机制。进一步规范交叉办案、异地办案、授权办案、联合办案等办案模式，优化办案资源，确保诉讼监督工作顺利进行。

37. 完善与侦查、审判、刑罚执行机关的沟通协调机制。建立健全与侦查、审判、刑罚执行机关的联席会议、信息共享等制度。对监督中发现的有关问题，及时向侦查、审判、刑罚执行机关通报和反馈。加强与侦查、审判、刑罚执行机关的沟通协商，解决实践中的突出问题。

38. 研究建立有关机关对人民检察院监督意见的反馈机制。与有关部门协商，研究建立人民检察院向有关机关提出纠正违法通知、检察建议等监督意见的，有关机关应当在一定期限内依法作出处理的工作机制。侦查机关、刑罚执行机关认为监督意见不当的，可以要求检察机关复议。没有提出复议或者复议理由不成立而又不予纠正的，由上级人民检察院向其上级机关提出意见，督促其及时纠正。

39. 完善检察长列席人民法院审判委员会会议制度。商有关部门，落实检察长和受检察长委托的副检察长列席人民法院审判委员会会议制度，规范列席会议的职责、范围和程序。

40. 明确、规范检察机关调阅审判卷宗材料、调查违法行为的程序。加强与有关部门的沟通协调，明确检察机关调阅审判卷宗的程序。建立健全对有关机关办理案件程序是否违法以及司法人员是否存在贪污受贿、徇私舞弊、枉法裁判等违法行为进行调查的程序、措施等。

41. 综合运用多种监督手段。根据诉讼活动的实际需要，采取多种方法开展诉讼监督，多方面、多层次、多渠道地做好诉讼监督工作。将事中、事后监督与事前预防相结合，将监督关口前移。将个案监督与综合监督相结合，在纠正具体违法行为的同时，对侦查、审判、刑罚执行机关在执法中存在的有关问题提出监督意见。

42. 积极开展专项监督活动。针对立案、侦查、审判、执行等环节中人民群众反映强烈的执法不严、司法不公问题，适时开展专项监督活动，争取每年解决几个重点问题。将专项监督与日常监督相结合，对在监督活动中发现的突出问题，建议相关部门建章立制。最高人民检察院和省级人民检察院要挂牌督办一批有影响、有示范性的典型案件，不断推动诉讼监督工作。

43. 加大依法查办执法不严、司法不公、违法办案背后的职务犯罪的力度。认真审查举报、控告和申诉，健全查办司法人员职务犯罪的内部分工和协作机制，依法查处在立案、侦查、批捕、起诉、审判、执行等环节的贪污受贿、徇私舞弊、枉法裁判等犯罪行为。坚持把大案要案作为查办职务犯罪工作的重点，强化上级人民检察院对办案工作的指挥和协调，加强跨地域侦查的协作配合，提高发现和突破大案要案的能力。发现其他违法违纪线索的，应当及时移交有关部门查处。加强对司法人员职务犯罪特点和规律的研究，积极向有关部门提出规范司法人员行为的建议。

44. 完善诉讼监督考评机制和激励机制。建立适应诉讼监督工作特点的科学考评机制，提高诉讼监督在综合业务考评中的权重，加大考核力度，对诉讼监督工作的法律效果、政治效果、社会效果进行综合评价，提高检察人员开展诉讼监督的积极性和诉讼监督的质量。对诉讼监督工作取得突出成绩的单位、部门和人员，及时予以表彰。

45. 加强诉讼监督能力建设。大力加强诉讼监督能力建设，不断提高检察人员发现问题的能力、收集证据、证实违法犯罪的能力、运用法律政策的能力、排除阻力干扰的能力、与有关部门沟通协调的能力。加强诉讼监督业务的学习培训，通过总结办案经验、举办诉讼监督技能竞赛和业务评比等活动，努力培养具有丰富实践经验和扎实理论基础的诉讼监督人才。深入实际，调查研究诉讼监督工作存在的问题，认真总结诉讼监督工作的特点和规律，全面提高检察队伍的监督能力。坚持把科技强检作为提高诉讼监督能力的重要途径，加大科技装备建设投入，不断提高诉讼监督工作的科技含量，以科技创新促进机制创新和工作创新。

46. 加强对诉讼监督工作的领导。各级人民检察院要把诉讼监督列入重要议事日程，切实加强领导。要及时提出部署要求，不断研究诉讼监督的新思路，探求诉讼监督的新举措，开拓诉讼监督的新渠道，努力开创诉讼监督工作的新局面。上级人民检察院要切实加大对下级人民检察院诉讼监督工作的领导力度，积极协调侦查、审判、刑罚执行机关督促其下级机关纠正诉讼中的违法行为。下级人民检察院对诉讼监督工作中存在的突出问题要及时向上级人民检察院报告，对上级人民检察院的决定，必须坚决执行。进一步规范交叉办案、异地办案、授权办案中的诉讼监督机制，确保诉讼监督工作顺利进行。推行领导亲自办案制度，地方各级人民检察院的检察长、副检察长要带头办案，对于当地有重大影响、疑难复杂、新类型或者对履行诉讼监督职能有重大创新意义的监督案件，要及时加强指挥和协调，并注意总结指导。

★人民检察院办案活动接受人民监督员监督的规定（2019年8月27日）

第一条 为了健全检察权运行的外部监督制约机制，保障人民监督员依法履行职责，促进司法公正，提升司法公信，根据《中华人民共和国人民检察院组织法》等规定，制定本规定。

第二条 人民检察院的办案活动依照法律和本规定接受人民监督员的监督。

第三条 人民监督员依法、独立、公正履行监督职责。

人民监督员行使监督权受法律保护。

人民监督员履行监督职责，应当遵守国家法律、法规和保密规定。

第四条 人民检察院应当保障人民监督员履行监督职责，自觉接受人民监督员的监督。

第五条 人民监督员的选任和培训、考核等管理工作，依照相关规定由司法行政机关负责，人民检察院予以配合协助。

第六条 各级人民检察院应当明确负责人民监督员工作的机构。人民监督员工作机构的主要职责是：

（一）组织人民监督员监督办案活动；

（二）通报检察工作情况；

（三）受理、审查、办理人民监督员提出的监督要求和相关材料；

（四）协调、督促相关部门办理监督事项；

（五）反馈监督案件处理结果；

（六）有关人民监督员履职的其他工作。

第七条 人民监督员对检察办案活动实行监督，应当遵守有关人民监督员回避的规定。

第八条 人民检察院下列工作可以安排人民监督员依法进行监督：

（一）案件公开审查、公开听证；

（二）检察官出庭支持公诉；

（三）巡回检察；

（四）检察建议的研究提出、督促落实等相关工作；

（五）法律文书宣告送达；

（六）案件质量评查；

（七）司法规范化检查；

（八）检察工作情况通报；

（九）其他相关司法办案工作。

第九条 人民检察院对不服检察机关处理决定的刑事申诉案件、拟决定不起诉的案件、羁押必要性审查案件等进行公开审查，或者对有重大影响的审查逮捕案件、行政诉讼监督案件等进行公开听证的，应当邀请人民监督员参加，听取人民监督员对案件事实、证据的认定和案件处理的意见。

第十条 人民检察院对检察官出席法庭的公开审理案件，可以协调人民法院安排人民监督员旁听，对检察官的出庭活动进行监督，庭审结束后应当听取人民监督员对检察官出庭行为规范、文书质量、讯问询问、举证答辩等指控证明犯罪情况的意见建议。

第十一条 人民检察院对监狱、看守所等进行巡回检察的，可以邀请人民监督员参加，听取人民监督员对巡回检察工作的意见建议。

第十二条 人民检察院研究提出检察建议、督促落实检察建议等相关工作的，可以邀请人民监督员参加，听取人民监督员对检察建议必要性、可行性、说理性等方面的意见建议，或者对检察建议督促落实方案、效果等方面的意见建议。

第十三条 人民检察院组织开展法律文书宣告送达活动的，可以邀请人民监督员参加，听取人民监督员对法律文书说理工作的意见建议。

第十四条 人民检察院组织开展案件质量评查活动的，可以邀请人民监督员担任评查员，听取人民监督员对评查工作的意见建议，或者对检察办案活动的意见建议。

第十五条 人民检察院组织开展司法规范化检查活动的，可以邀请人民监督员参加，听取人民监督员对检查方式、内容、效果等方面的意见建议，或者对检察办案活动的意见建议。

第十六条 人民检察院应当建立健全检察工作通报机制，向人民监督员通报重大工作部署、司法办案总体情况以及开展检察建议、案件质量评查、巡回检察等工作情况，听取人民监督员的意见建议。

第十七条 人民监督员通过其他方式对检察办案活动提出意见建议的，人民检察院人民监督员工作机构应当受理审查，及时转交办理案件的检察官办案组或者独任检察官审查处理。

第十八条 人民监督员监督检察办案活动，依法独立发表监督意见，人民检察院应当如实记录在案，列入检察案卷。

第十九条 人民检察院应当认真研究人民监督员的监督意见，依法作出处理。监督意见的采纳情况应当及时告知人民监督员。

人民检察院经研究未采纳监督意见的，应当向人民监督员作出解释说明。人民监督员对于解释说明仍有异议的，相关部门或者检察官办案组、独任检察官应当报请检察长决定。

第二十条　人民检察院邀请人民监督员监督办案活动的，应当根据具体情况确定人民监督员的人数。

第二十一条　省、自治区、直辖市人民检察院和设区的市级人民检察院接受人民监督员监督办案活动的，由本院协调联络同级司法行政机关抽选人民监督员并组织开展监督；基层人民检察院或者直辖市人民检察院分院接受人民监督员监督办案活动的，由设区的市级人民检察院或者直辖市人民检察院协调同级司法行政机关抽选人民监督员，具体联络、组织开展监督等工作由基层人民检察院或者直辖市人民检察院分院负责。

第二十二条　人民检察院人民监督员工作机构根据本规定第八条规定拟安排人民监督员开展监督活动，应当组织、协调相关部门或者检察官办案组、独任检察官在工作中予以配合。相关部门或者检察官办案组、独任检察官也可以视具体工作，主动邀请人民监督员依照本规定进行监督，并提前告知人民监督员工作机构做好联络安排工作。

人民监督员工作机构应当通知相关部门或者检察官办案组、独任检察官提供与监督有关的材料并及时送交人民监督员。

第二十三条　人民检察院应当提前将邀请参加监督活动的人民监督员人数、监督时间、地点以及其他有关事项通知同级司法行政机关，由司法行政机关依照相关规定，从人民监督员信息库中随机抽选和联络确定参加监督工作的人民监督员。

第二十四条　人民检察院应当严格依照本规定接受人民监督员的监督，不得限制、规避人民监督员对办案活动的监督，不得干扰人民监督员依法独立发表监督意见，不得违反规定泄露人民监督员监督办案活动情况。

第二十五条　人民检察院应当为人民监督员提供履行监督职责所必需的工作场所以及其他必要条件。

第二十六条　人民检察院应当加强人民监督员监督工作信息化建设，为人民监督员实时了解相关司法办案信息提供技术支持。

第二十七条　人民监督员监督检察办案活动的经费，除依照相关规定由司法行政机关予以补助外，列入人民检察院检察业务经费保障范围。

第二十八条　人民检察院应当定期将人民监督员监督检察办案活动情况通报司法行政机关。

第二十九条　本规定由最高人民检察院负责解释。

第三十条　本规定自公布之日起施行，2016年印发的《最高人民检察院关于人民监督员监督工作的规定》同时废止。

★人民检察院案件流程监控工作规定（试行）（2016年7月27日）

第一条　为加强对人民检察院司法办案工作的监督管理，进一步规范司法办案行为，促进公正、高效司法，根据有关法律规定，结合检察工作实际，制定本规定。

第二条　本规定所称案件流程监控，是指对人民检察院正在受理或者办理的案件（包括对控告、举报、申诉、国家赔偿申请材料的处理活动），依照法律规定和相关司法解释、规范性文件等，对办理程序是否合法、规范、及时、完备，进行实时、动态的监督、提示、防控。

第三条　案件流程监控工作应当坚持加强监督管理与服务司法办案相结合、全程管理与重点监控相结合、人工管理与依托信息技术相结合的原则。

第四条　案件管理部门负责案件流程监控工作的组织协调和具体实施。

办案部门应当协助、配合案件管理部门开展案件流程监控工作，及时核实情况、反馈意见、纠正问题、加强管理。

履行诉讼监督职责的部门和纪检监察机构应当加强与案件管理部门的协作配合，及时查处案件流程监控中发现的违纪违法问题。

技术信息部门应当根据案件流程监控工作需要提供技术保障。

第五条　对正在受理的案件，案件管理部门应当重点审查下列内容：

（一）是否属于本院管辖；

（二）案卷材料是否齐备、规范；

（三）移送的款项或者物品与移送清单是否相符；

（四）是否存在其他不符合受理要求的情形。

第六条　在强制措施方面，应当重点监督、审查下列内容：

（一）适用、变更、解除强制措施是否依法办理审批手续、法律文书是否齐全；

（二）是否依法及时通知被监视居住人、被拘留人、被逮捕人的家属；

（三）强制措施期满是否依法及时变更或者解除；

（四）审查起诉依法应当重新办理监视居住、取保候审的，是否依法办理；

（五）是否存在其他违反法律和有关规定的情形。

第七条　对涉案财物查封、扣押、冻结、保管、处理等工作，应当重点监督、审查下列内容：

（一）是否未立案即采取查封、扣押、冻结措施；

（二）是否未开具法律文书即采取查封、扣押、冻结措施；

（三）查封、扣押、冻结的涉案财物与清单是否一致；

（四）查封、扣押、冻结涉案财物时，是否依照有关规定进行密封、签名或者盖章；

（五）查封、扣押、冻结涉案财物后，是否及时存入合规账户、办理入库保管手续，是否及时向案件管理部门登记；

（六）是否在诉讼程序依法终结之前将涉案财物上缴国库或者作其他处理；

（七）是否在诉讼程序依法终结之后依法及时处理涉案财物；

（八）是否存在因不负责任造成查封、扣押、冻结的涉案财物丢失、损毁，贪污、挪用、截留、私分、调换、违反规定使用查封、扣押、冻结涉案财物的情形；

（九）是否存在其他违反法律和有关规定的情形。

第八条 在文书制作、使用方面，应当重点监督、审查下列内容：

（一）文书名称、类型、文号、格式、文字、数字等是否规范；

（二）应当制作的文书是否制作；

（三）是否违反规定开具、使用、处理空白文书；

（四）是否依照规定程序审批；

（五）是否违反规定在统一业务应用系统外制作文书；

（六）对文书样式中的提示性语言是否删除、修改；

（七）在统一业务应用系统中制作的文书是否依照规定使用印章、打印、送达；

（八）是否存在其他不规范制作、使用文书的情形。

第九条 在办案期限方面，应当重点监督、审查下列内容：

（一）是否超过法定办案期限仍未办结案件；

（二）中止、延长、重新计算办案期限是否依照规定办理审批手续；

（三）是否依法就变更办案期限告知相关诉讼参与人；

（四）是否存在其他违反办案期限规定的情形。

第十条 在诉讼权利保障方面，应当重点监督、审查下列内容：

（一）是否依法告知当事人相关诉讼权利义务；

（二）是否依法答复当事人、辩护人、诉讼代理人；

（三）是否依法听取辩护人、被害人及其诉讼代理人意见；

（四）是否依法向诉讼参与人送达法律文书；

（五）是否依法、及时告知辩护人、诉讼代理人重大程序性决定；

（六）是否依照规定保障律师行使知情权、会见权、阅卷权、申请收集调取证据权等执业权利；

（七）是否依法保证当事人获得法律援助；

（八）对未成年人刑事案件是否依法落实特殊程序规定；

（九）是否依照规定办理其他诉讼权利保障事项。

第十一条　对拟向外移送、退回的案件，应当重点监督、审查下列内容：

（一）案卷材料是否齐备、规范；

（二）是否存在审查逮捕案件、审查起诉案件符合受理条件却作出退回侦查机关处理决定的情形；

（三）是否存在审查起诉案件受理后未实际办理却作出退回补充侦查决定的情形；

（四）是否存在审查起诉中违反法律规定程序退回侦查机关处理的情形；

（五）是否存在其他不符合移送、退回要求的情形。

第十二条　对已经移送人民法院、侦查机关或者退回侦查机关补充侦查的案件，应当重点监督、审查下列内容：

（一）已经作出批准逮捕或者不批准逮捕决定的案件，三日以内是否收到侦查机关的执行回执；

（二）退回补充侦查的案件，一个月以内是否重新移送审查起诉；

（三）提起公诉、提出抗诉的案件，超过审理期限十日是否收到人民法院判决书、裁定书或者延期审理通知。

第十三条　在司法办案风险评估方面，应当重点监督、审查下列内容：

（一）对应当进行司法办案风险评估的案件是否作出评估；

（二）对存在重大涉检信访或者引发社会矛盾的风险是否及时向有关部门提示；

（三）对存在办案风险的案件是否制定、落实相应司法办案风险预警工作预案。

第十四条　在统一业务应用系统使用方面，应当重点监督、审查下列内容：

（一）是否违反规定在统一业务应用系统外办理、审批案件；

（二）在统一业务应用系统上运行的办案进程与实际办案进程是否一致、同步；

（三）是否违反规定修改、删除统一业务应用系统中的案件、线索；

（四）是否依照规定执行相关流程操作；

（五）是否依照规定填录案件信息；

（六）是否依照规定制作、上传、使用电子卷宗；

（七）是否依照规定使用账号、密钥；

（八）是否依照规定对统一业务应用系统用户进行注册、审核、注销及权限分配等系统操作；

（九）是否存在其他违反统一业务应用系统使用管理规定的情形。

第十五条　在案件信息公开方面，应当重点监督、审查下列内容：

（一）是否存在应当公开的案件信息被标记为不公开或者未及时办理公开事项的情形；

（二）是否存在不应当公开的案件信息却公开的情形；

（三）对拟公开的案件信息、法律文书是否依照规定进行格式处理；

（四）是否存在其他不符合案件信息公开工作规定的情形。

第十六条　对正在受理、办理的案件开展案件流程监控，应当通过下列方式了解情况、发现问题：

（一）审查受理的案卷材料；

（二）查阅统一业务应用系统、案件信息公开系统的案卡、流程、文书、数据等相关信息；

（三）对需要向其他单位或者部门移送的案卷材料进行统一审核；

（四）向办案人员或者办案部门核实情况；

（五）上级人民检察院或者本院检察长、检察委员会决定的其他方式。

对诉讼参与人签收后附卷的通知书、告知书等，应当上传到统一业务应用系统备查。

第十七条　对案件流程监控中发现的问题，应当按照不同情形作出处理：

（一）网上操作不规范、法律文书错漏等违规办案情节轻微的，应当向办案人员进行口头提示，或者通过统一业务应用系统提示；

（二）违规办案情节较重的，应当向办案部门发送案件流程监控通知书，提示办案部门及时查明情况并予以纠正；

（三）违规办案情节严重的，应当向办案部门发送案件流程监控通知书，同时通报相关诉讼监督部门，并报告检察长。

涉嫌违纪违法的，应当移送纪检监察机构处理。

发现侦查机关、审判机关违法办案的，应当及时移送本院相关部门依法处理。

第十八条　办案人员收到口头提示后，应当立即核查，并在收到口头提示后三个工作日以内，将核查、纠正情况回复案件管理部门。

办案部门收到案件流程监控通知书后，应当立即开展核查，并在收到通知书后十个工作日以内,将核查、纠正情况书面回复案件管理部门。

办案部门对案件流程监控通知书内容有异议的,案件管理部门应当进行复核,重新审查并与办案部门充分交换意见。经复核后,仍有意见分歧的,报检察长决定。

第十九条 案件管理部门应当建立案件流程监控日志和台账,记录每日开展的案件流程监控工作情况、发现的问题、处理纠正结果等,及时向办案部门反馈,定期汇总分析、通报,提出改进工作意见。

第二十条 案件流程监控情况应当纳入检察人员司法档案,作为检察人员业绩评价等方面的重要依据。

第二十一条 负有案件流程监控职责的人员,应当依照规定履行工作职责,遵守工作纪律和有关保密规定,不得违规干预正常办案活动。因故意或者重大过失怠于或者不当履行流程监控职责,造成严重后果的,应当承担相应的责任。

第二十二条 本规定由最高人民检察院负责解释。

第二十三条 本规定自发布之日起试行。

第九条 【使用本民族语言文字进行诉讼原则】 各民族公民都有用本民族语言文字进行诉讼的权利。人民法院、人民检察院和公安机关对于不通晓当地通用的语言文字的诉讼参与人,应当为他们翻译。

在少数民族聚居或者多民族杂居的地区,应当用当地通用的语言进行审讯,用当地通用的文字发布判决书、布告和其他文件。

● **要点及关联法规**

用本民族语言文字进行诉讼原则

★**公安机关办理刑事案件程序规定**(2020年7月20日)(节录)

第十一条 公安机关办理刑事案件,对不通晓当地通用的语言文字的诉讼参与人,应当为他们翻译。

在少数民族聚居或者多民族杂居的地区,应当使用当地通用的语言进行讯问。对外公布的诉讼文书,应当使用当地通用的文字。

第三百六十二条 公安机关办理外国人犯罪案件,使用中华人民共和国通用的语言文字。犯罪嫌疑人不通晓我国语言文字的，公安机关应当为他翻译；犯罪嫌疑人通晓我国语言文字，不需要他人翻译的，应当出具书面声明。

> **第十条　【人民法院两审终审制】** 人民法院审判案件，实行两审终审制。

> **第十一条　【审判公开原则】【保障辩护原则】** 人民法院审判案件，除本法另有规定的以外，一律公开进行。被告人有权获得辩护，人民法院有义务保证被告人获得辩护。

● 要点及关联法规

人民法院审判公开原则

（1）基本原则

★最高人民法院关于严格执行公开审判制度的若干规定（1999年3月8日）（节录）

一、人民法院进行审判活动，必须坚持依法公开审判制度，做到公开开庭，公开举证、质证，公开宣判。

（2）公开审理的案件范围

★最高人民法院关于严格执行公开审判制度的若干规定（1999年3月8日）（节录）

二、人民法院对于第一审案件，除下列案件外，应当依法一律公开审理：

（一）涉及国家秘密的案件；

（二）涉及个人隐私的案件；

（三）十四岁以上不满十六岁未成年人犯罪的案件；经人民法院决定不公开审理的十六岁以上不满十八岁未成年人犯罪的案件；

（四）经当事人申请，人民法院决定不公开审理的涉及商业秘密的案件；

（五）经当事人申请，人民法院决定不公开审理的离婚案件；

（六）法律另有规定的其他不公开审理的案件。

对于不公开审理的案件，应当当庭宣布不公开审理的理由。

三、下列第二审案件应当公开审理：

（一）当事人对不服公开审理的第一审案件的判决、裁定提起上诉的，但因违反法定程序发回重审的和事实清楚依法径行判决、裁定的除外。

（二）人民检察院对公开审理的案件的判决、裁定提起抗诉的，但需发回重审的除外。

（3）公开审理案件的庭前公告

★**最高人民法院关于严格执行公开审判制度的若干规定**（1999年3月8日）（节录）

四、依法公开审理案件应当在开庭三日以前公告。公告应当包括案由、当事人姓名或者名称、开庭时间和地点。

（4）公开审理案件事实的法庭公开调查

★**最高人民法院关于严格执行公开审判制度的若干规定**（1999年3月8日）（节录）

五、依法公开审理案件，案件事实未经法庭公开调查不能认定。

证明案件事实的证据未在法庭公开举证、质证，不能进行认证，但无需举证的事实除外。缺席审理的案件，法庭可以结合其他事实和证据进行认证。

法庭能够当庭认证的，应当当庭认证。

（5）案件的公开判决

★**最高人民法院关于严格执行公开审判制度的若干规定**（1999年3月8日）（节录）

六、人民法院审理的所有案件应当一律公开宣告判决。

宣告判决，应当对案件事实和证据进行认定，并在此基础上正确适用法律。

（6）违反审判公开原则的处理

★**最高人民法院关于严格执行公开审判制度的若干规定**（1999年3月8日）（节录）

七、凡应当依法公开审理的案件没有公开审理的，应当按下列规定处理：

（一）当事人提起上诉或者人民检察院对刑事案件的判决、裁定提起抗诉的，第二审人民法院应当裁定撤销原判决，发回重审；

（二）当事人申请再审的，人民法院可以决定再审；人民检察院按照审判监督程序提起抗诉的，人民法院应当决定再审。

上述发回重审或者决定再审的案件应当依法公开审理。

(7) 公开审理案件的场所

★最高人民法院关于严格执行公开审判制度的若干规定（1999年3月8日）（节录）

八、人民法院公开审理案件，庭审活动应当在审判法庭进行。需要巡回依法公开审理的，应当选择适当的场所进行。

九、审判法庭和其他公开进行案件审理活动的场所，应当按照最高人民法院关于法庭布置的要求悬挂国徽，设置审判席和其他相应的席位。

(8) 公开审理案件的旁听、记录

★最高人民法院关于严格执行公开审判制度的若干规定（1999年3月8日）（节录）

十、依法公开审理案件，公民可以旁听，但精神病人、醉酒的人和未经人民法院批准的未成年人除外。

根据法庭场所和参加旁听人数等情况，旁听人需要持旁听证进入法庭的，旁听证由人民法院制发。

外国人和无国籍人持有效证件要求旁听的，参照中国公民旁听的规定办理。

旁听人员必须遵守《中华人民共和国人民法院法庭规则》的规定，并应当接受安全检查。

十一、依法公开审理案件，经人民法院许可，新闻记者可以记录、录音、录相、摄影、转播庭审实况。

外国记者的旁听按照我国有关外事管理规定办理。

第十二条　【人民法院统一定罪原则】未经人民法院依法判决，对任何人都不得确定有罪。

● **要点及关联法规**

未经人民法院审判不得定罪

★最高人民法院、最高人民检察院、公安部关于严格执行刑事诉讼法，切实纠防超期羁押的通知（2003年11月12日）（节录）

一、进一步端正执法思想，牢固树立实体法和程序法并重、打击犯罪和保障人权并重的刑事诉讼观念。社会主义司法制度必须保障在全社会实现公平和正义。人民法院、人民检察院和公安机关依法进行刑事诉讼，既要惩罚犯罪，维护社会稳定，也要尊重和保障人权，尊重和保障犯罪嫌疑人、被告人的合法权益，是依法惩罚犯罪和依法保障人权的有机统一。任何人，在人民法院依法判决之前，都不得被确定有罪。在侦查、起诉、审判等各个阶段，必须始终坚持依法进行诉讼，认真遵守刑事诉讼法关于犯罪嫌疑人、被告人羁押期限的规定，坚决克服重实体、轻程序，重打击、轻保障的错误观念，避免因超期羁押而侵犯犯罪嫌疑人、被告人合法权益现象的发生。

★关于推进以审判为中心的刑事诉讼制度改革的意见（2016 年 7 月 20 日）（节录）

一、未经人民法院依法判决，对任何人都不得确定有罪。人民法院、人民检察院和公安机关办理刑事案件，应当分工负责，互相配合，互相制约，保证准确、及时地查明犯罪事实，正确应用法律，惩罚犯罪分子，保障无罪的人不受刑事追究。

第十三条　【人民陪审员制度】人民法院审判案件，依照本法实行人民陪审员陪审的制度。

● 要点及关联法规

1. 产生和任期

★中华人民共和国人民陪审员法（2018 年 4 月 27 日）（节录）

第二条　公民有依法担任人民陪审员的权利和义务。

人民陪审员依照本法产生，依法参加人民法院的审判活动，除法律另有规定外，同法官有同等权利。

第八条　人民陪审员的名额，由基层人民法院根据审判案件的需要，提请同级人民代表大会常务委员会确定。

人民陪审员的名额数不低于本院法官数的三倍。

第九条　司法行政机关会同基层人民法院、公安机关，从辖区内的常住居民名单中随机抽选拟任命人民陪审员数五倍以上的人员作为人民陪审员候选人，对人民陪审员候选人进行资格审查，征求候选人意见。

第十条　司法行政机关会同基层人民法院，从通过资格审查的人民陪审员候选人名单中随机抽选确定人民陪审员人选,由基层人民法院院长提请同级人民代表大会常务委员会任命。

第十一条　因审判活动需要,可以通过个人申请和所在单位、户籍所在地或者经常居住地的基层群众性自治组织、人民团体推荐的方式产生人民陪审员候选人,经司法行政机关会同基层人民法院、公安机关进行资格审查,确定人民陪审员人选,由基层人民法院院长提请同级人民代表大会常务委员会任命。

依照前款规定产生的人民陪审员,不得超过人民陪审员名额数的五分之一。

第十二条　人民陪审员经人民代表大会常务委员会任命后,应当公开进行就职宣誓。宣誓仪式由基层人民法院会同司法行政机关组织。

第十三条　人民陪审员的任期为五年,一般不得连任。

第十九条　基层人民法院审判案件需要由人民陪审员参加合议庭审判的,应当在人民陪审员名单中随机抽取确定。

中级人民法院、高级人民法院审判案件需要由人民陪审员参加合议庭审判的,在其辖区内的基层人民法院的人民陪审员名单中随机抽取确定。

2. 担任条件

★中华人民共和国人民陪审员法(2018年4月27日)(节录)

第五条　公民担任人民陪审员,应当具备下列条件:

(一)拥护中华人民共和国宪法;

(二)年满二十八周岁;

(三)遵纪守法、品行良好、公道正派;

(四)具有正常履行职责的身体条件。

担任人民陪审员,一般应当具有高中以上文化程度。

第六条　下列人员不能担任人民陪审员:

(一)人民代表大会常务委员会的组成人员,监察委员会、人民法院、人民检察院、公安机关、国家安全机关、司法行政机关的工作人员;

(二)律师、公证员、仲裁员、基层法律服务工作者;

(三)其他因职务原因不适宜担任人民陪审员的人员。

第七条　有下列情形之一的,不得担任人民陪审员:

(一)受过刑事处罚的;

(二)被开除公职的;

(三)被吊销律师、公证员执业证书的;

(四)被纳入失信被执行人名单的;

（五）因受惩戒被免除人民陪审员职务的；

（六）其他有严重违法违纪行为，可能影响司法公信的。

3. 参与合议庭审判案件的规定

★中华人民共和国人民陪审员法（2018年4月27日）（节录）

第十四条　人民陪审员和法官组成合议庭审判案件，由法官担任审判长，可以组成三人合议庭，也可以由法官三人与人民陪审员四人组成七人合议庭。

第十五条　人民法院审判第一审刑事、民事、行政案件，有下列情形之一的，由人民陪审员和法官组成合议庭进行：

（一）涉及群体利益、公共利益的；

（二）人民群众广泛关注或者其他社会影响较大的；

（三）案情复杂或者有其他情形，需要由人民陪审员参加审判的。

人民法院审判前款规定的案件，法律规定由法官独任审理或者由法官组成合议庭审理的，从其规定。

第十六条　人民法院审判下列第一审案件，由人民陪审员和法官组成七人合议庭进行：

（一）可能判处十年以上有期徒刑、无期徒刑、死刑，社会影响重大的刑事案件；

（二）根据民事诉讼法、行政诉讼法提起的公益诉讼案件；

（三）涉及征地拆迁、生态环境保护、食品药品安全，社会影响重大的案件；

（四）其他社会影响重大的案件。

第十七条　第一审刑事案件被告人、民事案件原告或者被告、行政案件原告申请由人民陪审员参加合议庭审判的，人民法院可以决定由人民陪审员和法官组成合议庭审判。

4. 权利与义务

★中华人民共和国人民陪审员法（2018年4月27日）（节录）

第二条　公民有依法担任人民陪审员的权利和义务。

人民陪审员依照本法产生，依法参加人民法院的审判活动，除法律另有规定外，同法官有同等权利。

第三条　人民陪审员依法享有参加审判活动、独立发表意见、获得履职保障等权利。

人民陪审员应当忠实履行审判职责，保守审判秘密，注重司法礼仪，维护司法形象。

第四条　人民陪审员依法参加审判活动，受法律保护。

人民法院应当依法保障人民陪审员履行审判职责。

人民陪审员所在单位、户籍所在地或者经常居住地的基层群众性自治组织应当依法保障人民陪审员参加审判活动。

第十八条　人民陪审员的回避，适用审判人员回避的法律规定。

第二十一条　人民陪审员参加三人合议庭审判案件，对事实认定、法律适用，独立发表意见，行使表决权。

第二十二条　人民陪审员参加七人合议庭审判案件，对事实认定，独立发表意见，并与法官共同表决；对法律适用，可以发表意见，但不参加表决。

第二十三条　合议庭评议案件，实行少数服从多数的原则。人民陪审员同合议庭其他组成人员意见分歧的，应当将其意见写入笔录。

合议庭组成人员意见有重大分歧的，人民陪审员或者法官可以要求合议庭将案件提请院长决定是否提交审判委员会讨论决定。

5. 权利保障

★中华人民共和国人民陪审员法（2018 年 4 月 27 日）（节录）

第二十五条　人民陪审员的培训、考核和奖惩等日常管理工作，由基层人民法院会同司法行政机关负责。

对人民陪审员应当有计划地进行培训。人民陪审员应当按照要求参加培训。

第二十六条　对于在审判工作中有显著成绩或者有其他突出事迹的人民陪审员，依照有关规定给予表彰和奖励。

第二十八条　人民陪审员的人身和住所安全受法律保护。任何单位和个人不得对人民陪审员及其近亲属打击报复。

对报复陷害、侮辱诽谤、暴力侵害人民陪审员及其近亲属的，依法追究法律责任。

第二十九条　人民陪审员参加审判活动期间，所在单位不得克扣或者变相克扣其工资、奖金及其他福利待遇。

人民陪审员所在单位违反前款规定的，基层人民法院应当及时向人民陪审员所在单位或者所在单位的主管部门、上级部门提出纠正意见。

第三十条　人民陪审员参加审判活动期间，由人民法院依照有关规定按实际工作日给予补助。

人民陪审员因参加审判活动而支出的交通、就餐等费用，由人民法院依照有关规定给予补助。

第三十一条　人民陪审员因参加审判活动应当享受的补助，人民法院和司法行政机关为实施人民陪审员制度所必需的开支，列入人民法院和司法行政机关业务经费，由相应政府财政予以保障。具体办法由最高人民法院、国务院司法行政部门会同国务院财政部门制定。

6. 职务免除

★**中华人民共和国人民陪审员法**（2018年4月27日）（节录）

第二十七条　人民陪审员有下列情形之一，经所在基层人民法院会同司法行政机关查证属实的，由院长提请同级人民代表大会常务委员会免除其人民陪审员职务：

（一）本人因正当理由申请辞去人民陪审员职务的；

（二）具有本法第六条、第七条所列情形之一的；

（三）无正当理由，拒绝参加审判活动，影响审判工作正常进行的；

（四）违反与审判工作有关的法律及相关规定，徇私舞弊，造成错误裁判或者其他严重后果的。

人民陪审员有前款第三项、第四项所列行为的，可以采取通知其所在单位、户籍所在地或者经常居住地的基层群众性自治组织、人民团体，在辖区范围内公开通报等措施进行惩戒；构成犯罪的，依法追究刑事责任。

第十四条　【保障诉讼参与人诉讼权利原则】人民法院、人民检察院和公安机关应当保障犯罪嫌疑人、被告人和其他诉讼参与人依法享有的辩护权和其他诉讼权利。

诉讼参与人对于审判人员、检察人员和侦查人员侵犯公民诉讼权利和人身侮辱的行为，有权提出控告。

● **要点及关联法规**

诉讼权利保障原则

★**公安机关办理刑事案件程序规定**（2020年7月20日）（节录）

第九条　公安机关在刑事诉讼中，应当保障犯罪嫌疑人、被告人和其他诉讼参与人依法享有的辩护权和其他诉讼权利。

★关于推进以审判为中心的刑事诉讼制度改革的意见（2016年7月20日）（节录）

十七、健全当事人、辩护人和其他诉讼参与人的权利保障制度。

依法保障当事人和其他诉讼参与人的知情权、陈述权、辩论辩护权、申请权、申诉权。犯罪嫌疑人、被告人有权获得辩护，人民法院、人民检察院、公安机关、国家安全机关有义务保证犯罪嫌疑人、被告人获得辩护。

依法保障辩护人会见、阅卷、收集证据和发问、质证、辩论辩护等权利，完善便利辩护人参与诉讼的工作机制。

第十五条[①] 【认罪认罚从宽制度】犯罪嫌疑人、被告人自愿如实供述自己的罪行，承认指控的犯罪事实，愿意接受处罚的，可以依法从宽处理。

● 要点及关联法规

★最高人民法院、最高人民检察院、公安部、国家安全部、司法部关于适用认罪认罚从宽制度的指导意见（2019年10月11日）（节录）

适用认罪认罚从宽制度，对准确及时惩罚犯罪、强化人权司法保障、推动刑事案件繁简分流、节约司法资源、化解社会矛盾、推动国家治理体系和治理能力现代化，具有重要意义。为贯彻落实修改后刑事诉讼法，确保认罪认罚从宽制度正确有效实施，根据法律和有关规定，结合司法工作实际，制定本意见。

一、基本原则

1. 贯彻宽严相济刑事政策。落实认罪认罚从宽制度，应当根据犯罪的具体情况，区分案件性质、情节和对社会的危害程度，实行区别对待，做到该宽则宽，当严则严，宽严相济，罚当其罪。对可能判处三年有期徒刑以下刑罚的认罪认罚案件，要尽量依法从简从快从宽办理，探索相适应的处理原则和办案方式；对因民间矛盾引发的犯罪，犯罪嫌疑人、被告人自愿认罪、真诚悔罪并取得谅解、达成和解、尚未严重影响人民群众安全感的，要积极适用认罪认罚从

[①] 该条为2018年修订新增。

宽制度，特别是对其中社会危害不大的初犯、偶犯、过失犯、未成年犯，一般应当体现从宽；对严重危害国家安全、公共安全犯罪，严重暴力犯罪，以及社会普遍关注的重大敏感案件，应当慎重把握从宽，避免案件处理明显违背人民群众的公平正义观念。

2. 坚持罪责刑相适应原则。办理认罪认罚案件，既要考虑体现认罪认罚从宽，又要考其所犯罪行的轻重、应负刑事责任和人身危险性的大小，依照法律规定提出量刑建议，准确裁量刑罚，确保罪当其罪，避免罪刑失衡。特别是对于共同犯罪案件，主犯认罪认罚，从犯不认罪认罚的，人民法院、人民检察院应当注意两者之间的量刑平衡，防止因量刑失当严重偏离一般的司法认知。

3. 坚持证据裁判原则。办理认罪认罚案件，应当以事实为根据，以法律为准绳，严格按照证据裁判要求，全面收集、固定、审查和认定证据。坚持法定证明标准，侦查终结、提起公诉、作出有罪裁判应当做到犯罪事实清楚，证据确实、充分，防止因犯罪嫌疑人、被告人认罪而降低证据要求和证明标准。对犯罪嫌疑人、被告人认罪认罚，但证据不足，不能认定其有罪的，依法作出撤销案件、不起诉决定或者宣告无罪。

4. 坚持公检法三机关配合制约原则。办理认罪认罚案件，公、检、法三机关应当分工负责、互相配合、互相制约，保证犯罪嫌疑人、被告人自愿认罪认罚，依法推进从宽落实。要严格执法、公正司法，强化对自身执法司法办案活动的监督，防止产生"权权交易"、"权钱交易"等司法腐败问题。

二、适用范围和适用条件

5. 适用阶段和适用案件范围。认罪认罚从宽制度贯穿刑事诉讼全过程，适用于侦查、起诉、审判各个阶段。

认罪认罚从宽制度没有适用罪名和可能判处刑罚的限定，所有刑事案件都可以适用，不能因罪轻、罪重或者罪名特殊等原因而剥夺犯罪嫌疑人、被告人自愿认罪认罚获得从宽处理的机会。但"可以"适用不是一律适用，犯罪嫌疑人、被告人认罪认罚后是否从宽，由司法机关根据案件具体情况决定。

6. "认罪"的把握。认罪认罚从宽制度中的"认罪"，是指犯罪嫌疑人、被告人自愿如实供述自己的罪行，对指控的犯罪事实没有异议。承认指控的主要犯罪事实，仅对个别事实情节提出异议，或者虽然对行为性质提出辩解但表示接受司法机关认定意见的，不影响"认罪"的认定。犯罪嫌疑人、被告人犯数罪，仅如实供述其中一罪或部分罪名事实的，全案不作"认罪"的认定，不适用认罪认罚从宽制度，但对如实供述的部分，人民检察院可以提出从宽处罚的建议，人民法院可以从宽处罚。

7. "认罚"的把握。认罪认罚从宽制度中的"认罚",是指犯罪嫌疑人、被告人真诚悔罪,愿意接受处罚。"认罚",在侦查阶段表现为表示愿意接受处罚;在审查起诉阶段表现为接受人民检察院拟作出的起诉或不起诉决定,认可人民检察院的量刑建议,签署认罪认罚具结书;在审判阶段表现为当庭确认自愿签署具结书,愿意接受刑罚处罚。

"认罚"考察的重点是犯罪嫌疑人、被告人的悔罪态度和悔罪表现,应当结合退赃退赔、赔偿损失、赔礼道歉等因素来考量。犯罪嫌疑人、被告人虽然表示"认罚",却暗中串供、干扰证人作证、毁灭、伪造证据或者隐匿、转移财产,有赔偿能力而不赔偿损失,则不能适用认罪认罚从宽制度。犯罪嫌疑人、被告人享有程序选择权,不同意适用速裁程序、简易程序的,不影响"认罚"的认定。

三、认罪认罚后"从宽"的把握

8. "从宽"的理解。从宽处理既包括实体上从宽处罚,也包括程序上从简处理。"可以从宽",是指一般应当体现法律规定和政策精神,予以从宽处理。但可以从宽不是一律从宽,对犯罪性质和危害后果特别严重、犯罪手段特别残忍、社会影响特别恶劣的犯罪嫌疑人、被告人,认罪认罚不足以从轻处罚的,依法不予从宽处罚。

办理认罪认罚案件,应当依照刑法、刑事诉讼法的基本原则,根据犯罪的事实、性质、情节和对社会的危害程度,结合法定、酌定的量刑情节,综合考虑认罪认罚的具体情况,依法决定是否从宽、如何从宽。对于减轻、免除处罚,应当于法有据;不具备减轻处罚情节的,应当在法定幅度以内提出从轻处罚的量刑建议和量刑;对其中犯罪情节轻微不需要判处刑罚的,可以依法作出不起诉决定或者判决免予刑事处罚。

9. 从宽幅度的把握。办理认罪认罚案件,应当区别认罪认罚的不同诉讼阶段、对查明案件事实的价值和意义、是否确有悔罪表现,以及罪行严重程度等,综合考量确定从宽的限度和幅度。在刑罚评价上,主动认罪优于被动认罪,早认罪优于晚认罪,彻底认罪优于不彻底认罪,稳定认罪优于不稳定认罪。

认罪认罚的从宽幅度一般应当大于仅有坦白,或者虽认罪但不认罚的从宽幅度。对犯罪嫌疑人、被告人具有自首、坦白情节,同时认罪认罚的,应当在法定刑幅度内给予相对更大的从宽幅度。认罪认罚与自首、坦白不作重复评价。

对罪行较轻、人身危险性较小的,特别是初犯、偶犯,从宽幅度可以大一些;罪行较重、人身危险性较大的,以及累犯、再犯,从宽幅度应当从严把握。

★人民检察院办理认罪认罚案件监督管理办法（2020年5月11日）

第一条 为健全办理认罪认罚案件检察权运行监督机制，加强检察官办案廉政风险防控，确保依法规范适用认罪认罚从宽制度，根据《刑事诉讼法》《人民检察院刑事诉讼规则》《关于加强司法权力运行监督管理的意见》等相关规定，结合检察工作实际，制定本办法。

第二条 加强对检察官办理认罪认罚案件监督管理，应当坚持以下原则：

（一）坚持加强对办案活动的监督管理与保障检察官依法行使职权相结合；

（二）坚持检察官办案主体职责与分级分类监督管理职责相结合；

（三）坚持案件管理、流程监控与信息留痕、公开透明相结合；

（四）坚持加强检察机关内部监督管理与外部监督制约相结合。

第三条 办理认罪认罚案件，检察官应当依法履行听取犯罪嫌疑人、被告人及其辩护人或者值班律师、被害人及其诉讼代理人的意见等各项法定职责，依法保障犯罪嫌疑人、被告人诉讼权利和认罪认罚的自愿性、真实性和合法性。

听取意见可以采取当面或者电话、视频等方式进行，听取情况应当记录在案，对提交的书面意见应当附卷。对于有关意见，办案检察官应当认真审查，并将审查意见写入案件审查报告。

第四条 辩护人、被害人及其诉讼代理人要求当面反映意见的，检察官应当在工作时间和办公场所接待。确因特殊且正当原因需要在非工作时间或者非办公场所接待的，检察官应当依照相关规定办理审批手续并获批准后方可会见。因不明情况或其他原因在非工作时间或者非工作场所接触听取相关意见的，应当在当日或者次日向本院检务督察部门报告有关情况。

辩护人、被害人及其诉讼代理人当面提交书面意见、证据材料的，检察官应当了解其提交材料的目的、材料的来源和主要内容等有关情况并记录在案，与相关材料一并附卷，并出具回执。

当面听取意见时，检察人员不得少于二人，必要时可进行同步录音或者录像。

第五条 办理认罪认罚案件，检察官应当依法在权限范围内提出量刑建议。在确定和提出量刑建议前，应当充分听取犯罪嫌疑人、被告人、辩护人或者值班律师的意见，切实开展量刑协商工作，保证量刑建议依法体现从宽、适当，并在协商一致后由犯罪嫌疑人签署认罪认罚具结书。

第六条 检察官提出量刑建议，应当与审判机关对同一类型、情节相当案件的判罚尺度保持基本均衡。在起诉文书中，应当对量刑建议说明理由和依据，其中拟以速裁程序审理的案件可以在起诉书中概括说明，拟以简易程序、普通程序审理的案件应当在起诉书或者量刑建议书中充分叙明。

第七条 案件提起公诉后，出现新的量刑情节，或者法官经审理认为量刑建议明显不当建议检察官作出调整的，或者被告人、辩护人对量刑建议提出异议，检察官可以视情作出调整。若原量刑建议由检察官提出的，检察官调整量刑建议后应当向部门负责人报告备案；若原量刑建议由检察长（分管副检察长）决定的，由检察官报请检察长（分管副检察长）决定。

第八条 办理认罪认罚案件，出现以下情形的，检察官应当向部门负责人报告：

（一）案件处理结果可能与同类案件或者关联案件处理结果明显不一致的；

（二）案件处理与监察机关、侦查机关、人民法院存在重大意见分歧的；

（三）犯罪嫌疑人、被告人签署认罪认罚具结书后拟调整量刑建议的；

（四）因案件存在特殊情形，提出的量刑建议与同类案件相比明显失衡的；

（五）变更、补充起诉的；

（六）犯罪嫌疑人、被告人自愿认罪认罚，拟不适用认罪认罚从宽制度办理的；

（七）法院建议调整量刑建议，或者判决未采纳量刑建议的；

（八）被告人、辩护人、值班律师对事实认定、案件定性、量刑建议存在重大意见分歧的；

（九）一审判决后被告人决定上诉的；

（十）其他应当报告的情形。

部门负责人、分管副检察长承办案件遇有以上情形的，应当向上一级领导报告。

第九条 对于犯罪嫌疑人罪行较轻且认罪认罚，检察官拟作出不批准逮捕或者不起诉决定的案件，应当报请检察长决定。报请检察长决定前，可以提请部门负责人召开检察官联席会议研究讨论。检察官联席会议可以由本部门全体检察官组成，也可以由三名以上检察官（不包括承办检察官）组成。

参加联席会议的检察官应当根据案件的类型、讨论重点等情况，通过查阅卷宗、案件审查报告、听取承办检察官介绍等方式，在全面准确掌握案件事实、情节的基础上参加讨论、发表意见，供承办检察官决策参考，并在讨论笔录上签字确认。

检察官联席会议讨论意见一致或者形成多数意见的，由承办检察官自行决定或者按检察官职权配置规定报请决定。承办检察官与多数意见分歧的，应当提交部门负责人审核后报请检察长（分管副检察长）决定。

第十条　对于下列拟作不批捕、不起诉的认罪认罚从宽案件，可以进行公开听证：

（一）被害人不谅解、不同意从宽处理的；

（二）具有一定社会影响，有必要向社会释法介绍案件情况的；

（三）当事人多次涉诉信访，引发的社会矛盾尚未化解的；

（四）食品、医疗、教育、环境等领域与民生密切相关，公开听证有利于宣扬法治、促进社会综合治理的；

（五）具有一定典型性，有法治宣传教育意义的。

人民检察院办理认罪认罚案件应当按照规定接受人民监督员的监督。对公开听证的认罪认罚案件，可以邀请人民监督员参加，听取人民监督员对案件事实、证据认定和案件处理的意见。

第十一条　检察长、分管副检察长和部门负责人要认真履行检察官办案中的监督管理责任，承担全面从严治党、全面从严治检主体责任，检务督察、案件管理等有关部门承担相应的监督管理责任，自觉接受派驻纪检监察机构的监督检查，对涉嫌违纪违法的依照规定及时移交派驻纪检监察机构处理。

第十二条　部门负责人除作为检察官承办案件，履行检察官职责外，还应当履行以下监督管理职责：

（一）听取或者要求检察官报告办案情况；

（二）对检察官办理的认罪认罚案件进行监督管理，必要时审阅案卷，调阅与案件有关材料，要求承办检察官对案件情况进行说明，要求检察官复核、补充、完善证据；

（三）召集或者根据检察官申请召集并主持检察官联席会议；

（四）对于应当由检察长（分管副检察长）决定的事项，经审核并提出处理意见后报检察长（分管副检察长）决定；

（五）定期组织分析、汇总通报本部门办案情况，指导检察官均衡把握捕与不捕、诉与不诉法律政策、量刑建议等问题，提请检察委员会审议作出决定；

（六）其他应当履行的职责，或者依据检察长（分管副检察长）授权履行的职责。

第十三条　部门负责人、分管副检察长对检察官办理案件出现以下情形的，应当报请检察长决定：

（一）处理意见与检察官联席会议多数检察官意见存在分歧的；

（二）案件处理与监察机关、侦查机关、人民法院存在重大意见分歧需要报请检察长（分管副检察长）决定的；

（三）发现检察官提出的处理意见错误，量刑建议明显不当，或者明显失衡的，应当及时提示检察官，经提示后承办检察官仍然坚持原处理意见或者量刑建议的；

（四）变更、补充起诉的；

（五）其他应当报告的情形。

第十四条 检察长（分管副检察长）除作为检察官承办案件，履行检察官职责外，还应当履行以下职责：

（一）听取或者要求检察官报告办案情况；

（二）对检察官的办案活动进行监督管理；

（三）发现检察官不正确履行职责的，应当予以纠正；

（四）依据职权清单，在职权范围内对检察官办理的认罪认罚案件作出决定；

（五）听取部门负责人关于认罪认罚案件办理情况的报告；

（六）要求部门负责人对本院办理的认罪认罚案件定期分析、汇总通报，涉及法律、政策理解、适用的办案经验总结，规则明确等，提请检察委员会审议，必要时向上级检察院汇报；

（七）其他应当履行的职责。

第十五条 检察长（分管副检察长）发现检察官办理认罪认罚案件不适当的，可以要求检察官复核，也可以直接作出决定或者提请检察委员会讨论决定。检察长（分管副检察长）要求复核的意见、决定应当以书面形式作出并附卷。

第十六条 案件管理部门对认罪认罚案件办理应当履行以下监督管理职责：

（一）进行案件流程监控，对案件办理期限、诉讼权利保障、文书制作的规范化等进行监督；

（二）组织案件评查，对评查中发现的重要情况及时向检察长报告；

（三）发现违反检察职责行为、违纪违法线索的，及时向相关部门移送；

（四）其他应当履行的职责。

第十七条 下列情形的案件应当作为重点评查案件，经检察长（分管副检察长）批准后进行评查，由案件管理部门或者相关办案部门组织开展：

（一）检察官超越授权范围、职权清单作出处理决定的；

（二）经复议、复核、复查后改变原决定的；

（三）量刑建议明显不当的；

（四）犯罪嫌疑人、被告人认罪认罚后又反悔的；

（五）当事人对人民检察院的处理决定不服提出申诉的；

（六）人民法院裁判宣告无罪、改变指控罪名或者新发现影响定罪量刑重要情节的；

（七）其他需要重点评查的。

第十八条 检务督察部门应当指导办案部门做好认罪认罚案件廉政风险防控和检察官履职督查和失责惩戒工作，重点履行以下监督职责：

（一）对检察官办理认罪认罚案件执行法律、规范性文件和最高人民检察院规定、决定等情况进行执法督察；

（二）在执法督察、巡视巡察、追责惩戒、内部审计中发现以及有关单位、个人举报投诉办案检察官违反检察职责的，依职权进行调查，提出处理意见；

（三）对检察官违反检察职责和违规过问案件，不当接触当事人及其律师、特殊关系人、中介组织等利害关系人的，依职权进行调查，提出处理意见；

（四）针对认罪认罚案件办案廉政风险，加强廉政风险防控制度建设和工作指导，开展司法办案廉政教育；

（五）其他应当监督的情形。

第十九条 上级人民检察院要履行对下级人民检察院办理认罪认罚案件指导、监督管理责任，定期分析、汇总通报本辖区内办案整体情况，通过案件指导、备案备查、专项检查、错案责任倒查、审核决定等方式，对下级人民检察院办理认罪认罚案件进行监督。对存在严重瑕疵或者不规范司法行为，提出监督纠正意见。案件处理决定确有错误的，依法通过指令下级人民检察院批准逮捕、提起公诉、提出抗诉或者撤销逮捕、撤回起诉等方式予以纠正。

第二十条 人民检察院办理认罪认罚案件，应当按照规定公开案件程序性信息、重要案件信息和法律文书，接受社会监督。

第二十一条 严格落实领导干部干预司法活动、插手具体案件处理，司法机关内部或者其他人员过问案件，司法人员不正当接触交往的记录报告和责任追究等相关规定，对违反规定的严肃追责问责。

检察官对存在过问或者干预、插手办案活动，发现有与当事人、律师、特殊关系人、中介组织不当接触交往行为情况的，应当如实记录并及时报告部门负责人。

检察长、分管副检察长和部门负责人口头或者短信、微信、电话等形式向检察官提出指导性意见的，检察官记录在案后，依程序办理。

第二十二条 当事人、律师等举报、投诉检察官违反法律规定办理认罪认罚案件或者有过失行为并提供相关线索或者证据的，检察长（分管副检察长）可以要求检察官报告办案情况。检察长（分管副检察长）认为确有必要的，可以更换承办案件的检察官，将涉嫌违反检察职责行为、违纪违法线索向有关部门移送，并将相关情况记录在案。

第二十三条　对检察官办理认罪认罚案件的质量效果、办案活动等情况进行绩效考核，考核结果纳入司法业绩档案，作为检察官奖惩、晋升、调整职务职级和工资、离岗培训、免职、降职、辞退的重要依据。

第二十四条　检察官因故意违反法律法规或者因重大过失导致案件办理出现错误并造成严重后果的，应当承担司法责任。

检察官在事实认定、证据采信、法律适用、办案程序、文书制作以及司法作风等方面不符合法律和有关规定，存在司法瑕疵但不影响案件结论的正确性和效力的，依照相关纪律规定处理。

第二十五条　负有监督管理职责的检察人员因故意或者重大过失怠于行使或者不当行使职责，造成严重后果的，应当承担司法责任。

★人民检察院刑事诉讼规则（2019年12月30日）（节录）

第二百六十七条　人民检察院办理犯罪嫌疑人认罪认罚案件，应当保障犯罪嫌疑人获得有效法律帮助，确保其了解认罪认罚的性质和法律后果，自愿认罪认罚。

人民检察院受理案件后，应当向犯罪嫌疑人了解其委托辩护人的情况。犯罪嫌疑人自愿认罪认罚、没有辩护人的，在审查逮捕阶段，人民检察院应当要求公安机关通知值班律师为其提供法律帮助；在审查起诉阶段，人民检察院应当通知值班律师为其提供法律帮助。符合通知辩护条件的，应当依法通知法律援助机构指派律师为其提供辩护。

第二百六十八条　人民检察院应当商法律援助机构设立法律援助工作站派驻值班律师或者及时安排值班律师，为犯罪嫌疑人提供法律咨询、程序选择建议、申请变更强制措施、对案件处理提出意见等法律帮助。

人民检察院应当告知犯罪嫌疑人有权约见值班律师，并为其约见值班律师提供便利。

第二百六十九条　犯罪嫌疑人认罪认罚的，人民检察院应当告知其享有的诉讼权利和认罪认罚的法律规定，听取犯罪嫌疑人、辩护人或者值班律师、被害人及其诉讼代理人对下列事项的意见，并记录在案：

（一）涉嫌的犯罪事实、罪名及适用的法律规定；

（二）从轻、减轻或者免除处罚等从宽处罚的建议；

（三）认罪认罚后案件审理适用的程序；

（四）其他需要听取意见的事项。

依照前款规定听取值班律师意见的，应当提前为值班律师了解案件有关情况提供必要的便利。自人民检察院对案件审查起诉之日起，值班律师可以查阅案卷材料，了解案情。人民检察院应当为值班律师查阅案卷材料提供便利。

人民检察院不采纳辩护人或者值班律师所提意见的，应当向其说明理由。

第二百七十条　批准或者决定逮捕，应当将犯罪嫌疑人涉嫌犯罪的性质、情节，认罪认罚等情况，作为是否可能发生社会危险性的考虑因素。

已经逮捕的犯罪嫌疑人认罪认罚的，人民检察院应当及时对羁押必要性进行审查。经审查，认为没有继续羁押必要的，应当予以释放或者变更强制措施。

第二百七十一条　审查起诉阶段，对于在侦查阶段认罪认罚的案件，人民检察院应当重点审查以下内容：

（一）犯罪嫌疑人是否自愿认罪认罚，有无因受到暴力、威胁、引诱而违背意愿认罪认罚；

（二）犯罪嫌疑人认罪认罚时的认知能力和精神状态是否正常；

（三）犯罪嫌疑人是否理解认罪认罚的性质和可能导致的法律后果；

（四）公安机关是否告知犯罪嫌疑人享有的诉讼权利，如实供述自己罪行可以从宽处理和认罪认罚的法律规定，并听取意见；

（五）起诉意见书中是否写明犯罪嫌疑人认罪认罚情况；

（六）犯罪嫌疑人是否真诚悔罪，是否向被害人赔礼道歉。

经审查，犯罪嫌疑人违背意愿认罪认罚的，人民检察院可以重新开展认罪认罚工作。存在刑讯逼供等非法取证行为的，依照法律规定处理。

第二百七十二条　犯罪嫌疑人自愿认罪认罚，同意量刑建议和程序适用的，应当在辩护人或者值班律师在场的情况下签署认罪认罚具结书。具结书应当包括犯罪嫌疑人如实供述罪行、同意量刑建议和程序适用等内容，由犯罪嫌疑人及其辩护人、值班律师签名。

犯罪嫌疑人具有下列情形之一的，不需要签署认罪认罚具结书：

（一）犯罪嫌疑人是盲、聋、哑人，或者是尚未完全丧失辨认或者控制自己行为能力的精神病人的；

（二）未成年犯罪嫌疑人的法定代理人、辩护人对未成年人认罪认罚有异议的；

（三）其他不需要签署认罪认罚具结书的情形。

有前款情形，犯罪嫌疑人未签署认罪认罚具结书的，不影响认罪认罚从宽制度的适用。

第二百七十三条　犯罪嫌疑人认罪认罚，人民检察院经审查，认为符合速裁程序适用条件的，应当在十日以内作出是否提起公诉的决定，对可能判处的有期徒刑超过一年的，可以延长至十五日；认为不符合速裁程序适用条件的，应当在本规则第三百五十一条规定的期限以内作出是否提起公诉的决定。

对于公安机关建议适用速裁程序办理的案件，人民检察院负责案件管理的部门应当在受理案件的当日将案件移送负责捕诉的部门。

第二百七十四条　认罪认罚案件，人民检察院向人民法院提起公诉的，应当提出量刑建议，在起诉书中写明被告人认罪认罚情况，并移送认罪认罚具结书等材料。量刑建议可以另行制作文书，也可以在起诉书中写明。

第二百七十五条　犯罪嫌疑人认罪认罚的，人民检察院应当就主刑、附加刑、是否适用缓刑等提出量刑建议。量刑建议一般应当为确定刑。对新类型、不常见犯罪案件，量刑情节复杂的重罪案件等，也可以提出幅度刑量刑建议。

第二百七十六条　办理认罪认罚案件，人民检察院应当将犯罪嫌疑人是否与被害方达成和解或者调解协议，或者赔偿被害方损失，取得被害方谅解，或者自愿承担公益损害修复、赔偿责任，作为提出量刑建议的重要考虑因素。

犯罪嫌疑人自愿认罪并且愿意积极赔偿损失，但由于被害方赔偿请求明显不合理，未能达成和解或者调解协议的，一般不影响对犯罪嫌疑人从宽处理。

对于符合当事人和解程序适用条件的公诉案件，犯罪嫌疑人认罪认罚的，人民检察院应当积极促使当事人自愿达成和解。和解协议书和被害方出具的谅解意见应当随案移送。被害方符合司法救助条件的，人民检察院应当积极协调办理。

第二百七十七条　犯罪嫌疑人认罪认罚，人民检察院拟提出适用缓刑或者判处管制的量刑建议，可以委托犯罪嫌疑人居住地的社区矫正机构进行调查评估，也可以自行调查评估。

第二百七十八条　犯罪嫌疑人认罪认罚，人民检察院依照刑事诉讼法第一百七十七条第二款作出不起诉决定后，犯罪嫌疑人反悔的，人民检察院应当进行审查，并区分下列情形依法作出处理：

（一）发现犯罪嫌疑人没有犯罪事实，或者符合刑事诉讼法第十六条规定的情形之一的，应当撤销原不起诉决定，依照刑事诉讼法第一百七十七条第一款的规定重新作出不起诉决定；

（二）犯罪嫌疑人犯罪情节轻微，依照刑法不需要判处刑罚或者免除刑罚的，可以维持原不起诉决定；

（三）排除认罪认罚因素后，符合起诉条件的，应当根据案件具体情况撤销原不起诉决定，依法提起公诉。

第二百七十九条　犯罪嫌疑人自愿如实供述涉嫌犯罪的事实，有重大立功或者案件涉及国家重大利益的，经最高人民检察院核准，公安机关可以撤销案件，人民检察院可以作出不起诉决定，也可以对涉嫌数罪中的一项或者多项不起诉。

前款规定的不起诉，应当由检察长决定。决定不起诉的，人民检察院应当及时对查封、扣押、冻结的财物及其孳息作出处理。

★最高人民检察院关于加强新时代未成年人检察工作的意见（2020年4月21日）（节录）

10. 准确适用认罪认罚从宽制度。依法履行主导责任，用符合未成年人认知能力的语言，阐明相关法律规定，发挥法定代理人和辩护人作用，帮助其理性选择，同时依法保障未成年被害人的参与、监督、救济等权利。发挥认罪认罚从宽制度的程序分流作用，依法积极适用相对不起诉、附条件不起诉。拟提起公诉的，在依法提出量刑建议的同时，探索提出有针对性的帮教建议。自2020年开始，未成年人犯罪案件认罪认罚从宽制度总体适用率达到80%以上。

第十六条　【依法不追究刑事责任的情形】有下列情形之一的，不追究刑事责任，已经追究的，应当撤销案件，或者不起诉，或者终止审理，或者宣告无罪：

（一）情节显著轻微、危害不大，不认为是犯罪的；

（二）犯罪已过追诉时效期限的；

（三）经特赦令免除刑罚的；

（四）依照刑法告诉才处理的犯罪，没有告诉或者撤回告诉的；

（五）犯罪嫌疑人、被告人死亡的；

（六）其他法律规定免予追究刑事责任的。

● 要点及关联法规

1. 依法不追究刑事责任的情形

★最高人民法院、最高人民检察院、公安部关于严格执行刑事诉讼法，切实纠防超期羁押的通知（2003年11月12日）（节录）

四、坚持依法办案，正确适用法律，有罪依法追究，无罪坚决放人，人民法院、人民检察院和公安机关在刑事诉讼过程中，要分工负责、互相配合、互相制约，依法进行，避免超期羁押现象的发生。在侦查、起诉、审判等各个诉讼阶段，凡发现犯罪嫌疑人、被告人不应或者不需要追究刑事责任的，应当依法撤销案件，或者不起诉，或者终止审理，或者宣告无罪。公安机关、人民检察院要严格执行刑事诉讼法关于拘留、逮捕条件的规定，不符合条件的坚决不拘、不提请批准逮捕或者决定不批准逮捕。人民检察院对于经过两次补充侦查或者在审判阶段建议补充侦查并经人民法院决定延期审理的案件，不再退回公安机关；对于经过两次补充侦查，仍然证据不足、不符合起诉条件的案件，要依法作出不起诉的决定。公安机关要依法加强对看守所的管理，及时向办案机关通报超期羁押情况。人民法院对于人民检察院提起公诉的案件，经过审理，认为证据不足，不能认定被告人有罪的，要依法作出证据不足、指控的犯罪不能成立的无罪判决。第二审人民法院经过审理，对于事实不清或者证据不足的案件，只能一次裁定撤销原判、发回原审人民法院重新审判；对于经过查证，只有部分犯罪事实清楚、证据充分的案件，只就该部分罪行进行认定和宣判；对于查证以后，仍然事实不清或者证据不足的案件，要依法作出证据不足、指控的犯罪不能成立的无罪判决，不得拖延不决，迟迟不判。

★最高人民法院、最高人民检察院、公安部、国家安全部、司法部、全国人大常委会法制工作委员会关于实施刑事诉讼法若干问题的规定（2012年12月26日）（节录）

38.（第二款）人民法院在审理案件过程中，被告人死亡的，应当裁定终止审理；……

★人民检察院刑事诉讼规则（2019年12月30日）（节录）

第三百六十五条　人民检察院对于监察机关或者公安机关移送起诉的案件，发现犯罪嫌疑人没有犯罪事实，或者符合刑事诉讼法第十六条规定的情形之一的，经检察长批准，应当作出不起诉决定。

对于犯罪事实并非犯罪嫌疑人所为，需要重新调查或者侦查的，应当在作出不起诉决定后书面说明理由，将案卷材料退回监察机关或者公安机关并建议重新调查或者侦查。

第三百六十六条　负责捕诉的部门对于本院负责侦查的部门移送起诉的案件，发现具有本规则第三百六十五条第一款规定情形的，应当退回本院负责侦查的部门，建议撤销案件。

2. 法定最高刑为无期徒刑、死刑案件的特殊追诉期限

★最高人民检察院关于办理核准追诉案件若干问题的规定（2012年8月21日）（节录）

第二条 办理核准追诉案件应当严格依法、从严控制。

第三条 法定最高刑为无期徒刑、死刑的犯罪，已过二十年追诉期限的，不再追诉。如果认为必须追诉的，须报请最高人民检察院核准。

第四条 须报请最高人民检察院核准追诉的案件在核准之前，侦查机关可以依法对犯罪嫌疑人采取强制措施。

侦查机关报请核准追诉并提请逮捕犯罪嫌疑人，人民检察院经审查认为必须追诉而且符合法定逮捕条件的，可以依法批准逮捕，同时要求侦查机关在报请核准追诉期间不停止对案件的侦查。

未经最高人民检察院核准，不得对案件提起公诉。

第五条 报请核准追诉的案件应当同时符合下列条件：

（一）有证据证明存在犯罪事实，且犯罪事实是犯罪嫌疑人实施的；

（二）涉嫌犯罪的行为应当适用的法定量刑幅度的最高刑为无期徒刑或者死刑的；

（三）涉嫌犯罪的性质、情节和后果特别严重，虽然已过二十年追诉期限，但社会危害性和影响依然存在，不追诉会严重影响社会稳定或者产生其他严重后果，而必须追诉的；

（四）犯罪嫌疑人能够及时到案接受追诉的。

第六条 侦查机关报请核准追诉的案件，由同级人民检察院受理并层报最高人民检察院审查决定。

第七条 人民检察院对侦查机关移送的报请核准追诉的案件，应当审查是否移送下列材料：

（一）报请核准追诉案件意见书；

（二）证明犯罪事实的证据材料；

（三）关于发案、立案、侦查、采取强制措施和犯罪嫌疑人是否重新犯罪等有关情况的书面说明及相关法律文书；

（四）被害方、案发地群众、基层组织等的意见和反映。

材料齐备的，应当受理案件；材料不齐备的，应当要求侦查机关补充移送。

第八条 地方各级人民检察院对侦查机关报请核准追诉的案件，应当及时进行审查并开展必要的调查，经检察委员会审议提出是否同意核准追诉的意见，

在受理案件后十日之内制作《报请核准追诉案件报告书》,连同案件材料一并层报最高人民检察院。

第九条　最高人民检察院收到省级人民检察院报送的《报请核准追诉案件报告书》及案件材料后,应当及时审查,必要时派人到案发地了解案件有关情况。经检察长批准或者检察委员会审议,应当在受理案件后一个月之内作出是否核准追诉的决定,特殊情况下可以延长十五日,并制作《核准追诉决定书》或者《不予核准追诉决定书》,逐级下达最初受理案件的人民检察院,送达报请核准追诉的侦查机关。

第十条　对已经批准逮捕的案件,侦查羁押期限届满不能做出是否核准追诉决定的,应当依法对犯罪嫌疑人变更强制措施或者延长侦查羁押期限。

第十一条　最高人民检察院决定核准追诉的案件,最初受理案件的人民检察院应当监督侦查机关及时开展侦查取证。

最高人民检察院决定不予核准追诉,侦查机关未及时撤销案件的,同级人民检察院应当予以监督纠正。犯罪嫌疑人在押的,应当立即释放。

第十二条　人民检察院直接立案侦查的案件报请最高人民检察院核准追诉的,参照本规定办理。

★人民检察院刑事诉讼规则(2019年12月30日)(节录)

第三百二十条　法定最高刑为无期徒刑、死刑的犯罪,已过二十年追诉期限的,不再追诉。如果认为必须追诉的,须报请最高人民检察院核准。

第三百二十一条　须报请最高人民检察院核准追诉的案件,公安机关在核准之前可以依法对犯罪嫌疑人采取强制措施。

公安机关报请核准追诉并提请逮捕犯罪嫌疑人,人民检察院经审查认为必须追诉而且符合法定逮捕条件的,可以依法批准逮捕,同时要求公安机关在报请核准追诉期间不得停止对案件的侦查。

未经最高人民检察院核准,不得对案件提起公诉。

第三百二十二条　报请核准追诉的案件应当同时符合下列条件:

(一)有证据证明存在犯罪事实,且犯罪事实是犯罪嫌疑人实施的;

(二)涉嫌犯罪的行为应当适用的法定量刑幅度的最高刑为无期徒刑或者死刑;

(三)涉嫌犯罪的性质、情节和后果特别严重,虽然已过二十年追诉期限,但社会危害性和影响依然存在,不追诉会严重影响社会稳定或者产生其他严重后果,而必须追诉的;

（四）犯罪嫌疑人能够及时到案接受追诉的。

第三百二十三条　公安机关报请核准追诉的案件，由同级人民检察院受理并层报最高人民检察院审查决定。

第三百二十四条　地方各级人民检察院对公安机关报请核准追诉的案件，应当及时进行审查并开展必要的调查。经检察委员会审议提出是否同意核准追诉的意见，制作报请核准追诉案件报告书，连同案卷材料一并层报最高人民检察院。

第三百二十五条　最高人民检察院收到省级人民检察院报送的报请核准追诉案件报告书及案卷材料后，应当及时审查，必要时指派检察人员到案发地了解案件有关情况。经检察长批准，作出是否核准追诉的决定，并制作核准追诉决定书或者不予核准追诉决定书，逐级下达至最初受理案件的人民检察院，由其送达报请核准追诉的公安机关。

第三百二十六条　对已经采取强制措施的案件，强制措施期限届满不能作出是否核准追诉决定的，应当对犯罪嫌疑人变更强制措施或者延长侦查羁押期限。

第三百二十七条　最高人民检察院决定核准追诉的案件，最初受理案件的人民检察院应当监督公安机关的侦查工作。

最高人民检察院决定不予核准追诉，公安机关未及时撤销案件的，同级人民检察院应当提出纠正意见。犯罪嫌疑人在押的，应当立即释放。

第十七条　【外国人刑事责任的追究】对于外国人犯罪应当追究刑事责任的，适用本法的规定。

对于享有外交特权和豁免权的外国人犯罪应当追究刑事责任的，通过外交途径解决。

● 要点及关联法规

1. 处理涉外刑事案件的基本原则

★外交部、最高人民法院、最高人民检察院、公安部、国家安全部、司法部关于处理涉外案件若干问题的规定（1995年6月20日）（节录）

一、总则

……

（二）处理涉外案件，必须维护我国主权和利益，维护我国国家、法人、公民及外国国家、法人、公民在华合法权益，严格依照我国法律、法规，做到事实清楚，证据确凿。适用法律正确，法律手续完备。

（三）处理涉外案件，在对等互惠原则的基础上，严格履行我国所承担的国际条约义务。当国内法或者我内部规定同我国所承担的国际条约义务发生冲突时，应当适用国际条约的有关规定（我国声明保留的条款除外）。各主管部门不应当以国内法或者内部规定为由拒绝履行我国所承担的国际条约规定的义务。

（四）处理涉外案件，必须依照有关规定和分工，密切配合，互相协调，严格执行请示报告，征求意见和通报情况等制度。

（五）对应当通知外国驻华使、领馆的涉外案件，必须按规定和分工及时通知。

（六）与我国无外交关系的，按对等互惠原则办理。

★公安机关办理刑事案件程序规定（2020年7月20日）（节录）

第三百五十七条　办理外国人犯罪案件，应当严格依照我国法律、法规、规章，维护国家主权和利益，并在对等互惠原则的基础上，履行我国所承担的国际条约义务。

第三百七十二条　办理外国人犯罪案件，本章未规定的，适用本规定其他各章的有关规定。

第三百七十三条　办理无国籍人犯罪案件，适用本章的规定。

2. 涉外刑事案件的范围

★外交部、最高人民法院、最高人民检察院、公安部、国家安全部、司法部关于处理涉外案件若干问题的规定（1995年6月20日）（节录）

一、总则

（一）本规定中"涉外案件"是指在我国境内发生的涉及外国、外国人（自然人及法人）的刑事、民事经济、行政、治安等案件及死亡事件。

★最高人民法院关于适用《中华人民共和国刑事诉讼法》的解释（2021年1月26日）（节录）

第四百七十五条　本解释所称的涉外刑事案件是指：

（一）在中华人民共和国领域内，外国人犯罪或者我国公民对外国、外国人犯罪的案件；

（二）符合刑法第七条、第十条规定情形的我国公民在中华人民共和国领域外犯罪的案件；

（三）符合刑法第八条、第十条规定情形的外国人犯罪的案件；

（四）符合刑法第九条规定情形的中华人民共和国在所承担国际条约义务范围内行使管辖权的案件。

3. 涉外刑事案件的管辖

★**最高人民法院关于新疆生产建设兵团人民法院案件管辖权问题的若干规定**（2005年5月24日）（节录）

第五条　兵团人民法院管辖兵团范围内发生的涉外案件。新疆维吾尔自治区高级人民法院生产建设兵团分院根据最高人民法院的有关规定确定管辖涉外案件的兵团法院。

★**人民检察院刑事诉讼规则**（2019年12月30日）（节录）

第二百九十四条　外国人、无国籍人涉嫌危害国家安全犯罪的案件或者涉及国与国之间政治、外交关系的案件以及在适用法律上确有疑难的案件，需要逮捕犯罪嫌疑人的，按照刑事诉讼法关于管辖的规定，分别由基层人民检察院或者设区的市级人民检察院审查并提出意见，层报最高人民检察院审查。最高人民检察院认为需要逮捕的，经征求外交部的意见后，作出批准逮捕的批复；认为不需要逮捕的，作出不批准逮捕的批复。基层人民检察院或者设区的市级人民检察院根据最高人民检察院的批复，依法作出批准或者不批准逮捕的决定。层报过程中，上级人民检察院认为不需要逮捕的，应当作出不批准逮捕的批复。报送的人民检察院根据批复依法作出不批准逮捕的决定。

基层人民检察院或者设区的市级人民检察院认为不需要逮捕的，可以直接依法作出不批准逮捕的决定。

外国人、无国籍人涉嫌本条第一款规定以外的其他犯罪案件，决定批准逮捕的人民检察院应当在作出批准逮捕决定后四十八小时以内报上一级人民检察院备案，同时向同级人民政府外事部门通报。上一级人民检察院经审查发现批准逮捕决定错误的，应当依法及时纠正。

★**最高人民法院关于适用《中华人民共和国刑事诉讼法》的解释**（2021年1月26日）（节录）

第四百七十六条　第一审涉外刑事案件，除刑事诉讼法第二十一条至第二十三条规定的以外，由基层人民法院管辖。必要时，中级人民法院可以指定辖区内若干基层人民法院集中管辖第一审涉外刑事案件，也可以依照刑事诉讼法第二十四条的规定，审理基层人民法院管辖的第一审涉外刑事案件。

★公安机关办理刑事案件程序规定（2020年7月20日）（节录）

第三百六十三条　外国人犯罪案件，由犯罪地的县级以上公安机关立案侦查。

第三百六十四条　外国人犯中华人民共和国缔结或者参加的国际条约规定的罪行后进入我国领域内的，由该外国人被抓获地的设区的市一级以上公安机关立案侦查。

第三百六十五条　外国人在中华人民共和国领域外对中华人民共和国国家或者公民犯罪，应当受刑罚处罚的，由该外国人入境地或者入境后居住地的县级以上公安机关立案侦查；该外国人未入境的，由被害人居住地的县级以上公安机关立案侦查；没有被害人或者是对中华人民共和国国家犯罪的，由公安部指定管辖。

★最高人民法院、最高人民检察院、公安部、国家安全部、司法部关于外国人犯罪案件管辖问题的通知（2013年1月17日）（节录）

一、第一审外国人犯罪案件，除刑事诉讼法第二十条至第二十二条规定的以外，由基层人民法院管辖。外国人犯罪案件较多的地区，中级人民法院可以指定辖区内一个或者几个基层人民法院集中管辖第一审外国人犯罪案件；外国人犯罪案件较少的地区，中级人民法院可以依照刑事诉讼法第二十三条的规定，审理基层人民法院管辖的第一审外国人犯罪案件。

二、外国人犯罪案件的侦查，由犯罪地或者犯罪嫌疑人居住地的公安机关或者国家安全机关负责。需要逮捕犯罪嫌疑人的，由负责侦查的公安机关或者国家安全机关向所在地同级人民检察院提请批准逮捕；侦查终结需要移送审查起诉的案件，应当向侦查机关所在地的同级人民检察院移送。人民检察院受理同级侦查机关移送审查起诉的案件，按照刑事诉讼法的管辖规定和本通知要求，认为应当由上级人民检察院或者同级其他人民检察院起诉的，应当将案件移送有管辖权的人民检察院审查起诉。

三、辖区内集中管辖第一审外国人犯罪案件的基层人民法院，应当由中级人民法院商同级人民检察院、公安局、国家安全局、司法局综合考虑办案质量、效率、工作衔接配合等因素提出，分别报高级人民法院、省级人民检察院、公安厅（局）、国家安全厅（局）、司法厅（局）同意后确定，并报最高人民法院、最高人民检察院、公安部、国家安全部、司法部备案。

各高级人民法院、省级人民检察院、公安厅（局）、国家安全厅（局）要切实加强对基层人民法院、人民检察院、公安机关、国家安全机关办理外国人犯罪案件工作的监督、指导。司法行政机关要加强对外国人犯罪案件中律师辩护、代理工作的指导、监督。对于遇到的法律适用等重大问题要及时层报最高人民法院、最高人民检察院、公安部、国家安全部、司法部。

4. 外国人国籍的确认

★最高人民法院关于适用《中华人民共和国刑事诉讼法》的解释（2021年1月26日）（节录）

第四百七十七条　外国人的国籍，根据其入境时持用的有效证件确认；国籍不明的，根据公安机关或者有关国家驻华使领馆出具的证明确认。

国籍无法查明的，以无国籍人对待，适用本章有关规定，在裁判文书中写明"国籍不明"。

★公安机关办理刑事案件程序规定（2020年7月20日）（节录）

第三百五十九条　外籍犯罪嫌疑人的国籍，以其在入境时持用的有效证件予以确认；国籍不明的，由出入境管理部门协助予以查明。国籍确实无法查明的，以无国籍人对待。

第三百六十条　确认外籍犯罪嫌疑人身份，可以依照有关国际条约或者通过国际刑事警察组织、警务合作渠道办理。确实无法查明的，可以按其自报的姓名移送人民检察院审查起诉。

5. 外国人的诉讼权利和义务

★外交部、最高人民法院、最高人民检察院、公安部、国家安全部、司法部关于处理涉外案件若干问题的规定（1995年6月20日）（节录）

五、关于探视被监视居住、拘留审查、拘留、逮捕或正在监狱服刑的外国公民以及与其通信问题

（一）外国驻华外交、领事官员要求探视被监视居住、拘留、拘留审查、逮捕或正在服刑的本国公民，我主管部门应在双边领事条约规定的时限内予以安排，如无条约规定，亦应尽快安排。如当事人拒绝其所属国家驻华外交、领事官员探视的，我可拒绝安排，但应由其本人提出书面意见。探视要求可请其向省、自治区、直辖市高级人民法院、人民检察院、公安厅（局）、国家安全厅（局）、司法厅（局）提出。地方外事办公室或者外交部可予以协助。外国驻华外交、领事官员探视时应遵守我有关探视规定。

（二）在侦查终结前的羁押期间，探视的有关事宜由立案侦查的公安机关、国家安全机关或者人民检察院安排；侦查终结后移送人民检察院审查起诉的羁

押期间，探视的有关事宜由审查起诉的人民检察院安排；人民法院受理案件后在作出终审判决前的羁押期间，探视的有关事宜由审理案件的人民法院安排；人民法院将案件退回人民检察院，或者人民检察院将案件退回公安机关、国家安全机关补充侦查的羁押期间，探视的有关事宜由补充侦查的人民检察院、公安机关、国家安全机关安排；经人民法院判决后在监狱服刑期间，探视的有关事宜由司法行政机关安排。

（三）主办机关需要就探视事宜同有关外国驻华使、领馆联系时，应当分别经过各省、自治区、直辖市高级人民法院、人民检察院、公安厅（局）、国家安全厅（局）、司法厅（局）进行。地方外事办公室或者外交部予以协助。

（四）外国驻华外交、领事官员与其本国在华被监视居住、拘留审查、拘留、逮捕或者正在服刑的本国公民往来信件，我主管部门应按有关领事条约及《维也纳领事关系公约》的规定迅速转交。

★最高人民法院关于适用《中华人民共和国刑事诉讼法》的解释（2021年1月26日）（节录）

第四百七十八条 在刑事诉讼中，外国籍当事人享有我国法律规定的诉讼权利并承担相应义务。

第四百八十一条 人民法院受理涉外刑事案件后，应当告知在押的外国籍被告人享有与其国籍国驻华使领馆联系，与其监护人、近亲属会见、通信，以及请求人民法院提供翻译的权利。

第四百八十二条 涉外刑事案件审判期间，外国籍被告人在押，其国籍国驻华使领馆官员要求探视的，可以向受理案件的人民法院所在地的高级人民法院提出。人民法院应当根据我国与被告人国籍国签订的双边领事条约规定的时限予以安排；没有条约规定的，应当尽快安排。必要时，可以请人民政府外事主管部门协助。

涉外刑事案件审判期间，外国籍被告人在押，其监护人、近亲属申请会见的，可以向受理案件的人民法院所在地的高级人民法院提出，并依照本解释第四百八十六条的规定提供与被告人关系的证明。人民法院经审查认为不妨碍案件审判的，可以批准。

被告人拒绝接受探视、会见的，应当由其本人出具书面声明。拒绝出具书面声明的，应当记录在案；必要时，应当录音录像。

探视、会见被告人应当遵守我国法律规定。

★公安机关办理刑事案件程序规定（2020年7月20日）（节录）

第三百五十八条　外国籍犯罪嫌疑人在刑事诉讼中，享有我国法律规定的诉讼权利，并承担相应的义务。

第三百七十条　公安机关侦查终结前，外国驻华外交、领事官员要求探视被监视居住、拘留、逮捕或者正在看守所服刑的本国公民的，应当及时安排有关探视事宜。犯罪嫌疑人拒绝其国籍国驻华外交、领事官员探视的，公安机关可以不予安排，但应当由其本人提出书面声明。

在公安机关侦查羁押期间，经公安机关批准，外国籍犯罪嫌疑人可以与其近亲属、监护人会见、与外界通信。

6. 涉外刑事案件的通报、通知

★最高人民法院关于适用《中华人民共和国刑事诉讼法》的解释（2021年1月26日）（节录）

第四百七十九条　涉外刑事案件审判期间，人民法院应当将下列事项及时通报同级人民政府外事主管部门，并依照有关规定通知有关国家驻华使领馆：

（一）人民法院决定对外国籍被告人采取强制措施的情况，包括外国籍当事人的姓名（包括译名）、性别、入境时间、护照或者证件号码、采取的强制措施及法律依据、羁押地点等；

（二）开庭的时间、地点、是否公开审理等事项；

（三）宣判的时间、地点。

涉外刑事案件宣判后，应当将处理结果及时通报同级人民政府外事主管部门。

对外国籍被告人执行死刑的，死刑裁决下达后执行前，应当通知其国籍国驻华使领馆。

外国籍被告人在案件审理中死亡的，应当及时通报同级人民政府外事主管部门，并通知有关国家驻华使领馆。

第四百八十条　需要向有关国家驻华使领馆通知有关事项的，应当层报高级人民法院，由高级人民法院按照下列规定通知：

（一）外国籍当事人国籍国与我国签订有双边领事条约的，根据条约规定办理；未与我国签订双边领事条约，但参加《维也纳领事关系公约》的，根据公约规定办理；未与我国签订领事条约，也未参加《维也纳领事关系公约》，但与我国有外交关系的，可以根据外事主管部门的意见，按照互惠原则，根据有关规定和国际惯例办理；

（二）在外国驻华领馆领区内发生的涉外刑事案件，通知有关外国驻该地区的领馆；在外国领馆领区外发生的涉外刑事案件，通知有关外国驻华使馆；与我国有外交关系，但未设使领馆的国家，可以通知其代管国家驻华使馆；无代管国家、代管国家不明的，可以不通知；

（三）双边领事条约规定通知时限的，应当在规定的期限内通知；没有规定的，应当根据或者参照《维也纳领事关系公约》和国际惯例尽快通知，至迟不得超过七日；

（四）双边领事条约没有规定必须通知，外国籍当事人要求不通知其国籍国驻华使领馆的，可以不通知，但应当由其本人出具书面声明。

高级人民法院向外国驻华使领馆通知有关事项，必要时，可以请人民政府外事主管部门协助。

★公安机关办理刑事案件程序规定（2020年7月20日）（节录）

第三百六十一条　犯罪嫌疑人为享有外交或者领事特权和豁免权的外国人的，应当层报公安部，同时通报同级人民政府外事办公室，由公安部商请外交部通过外交途径办理。

第三百六十六条　发生重大或者可能引起外交交涉的外国人犯罪案件的，有关省级公安机关应当及时将案件办理情况报告公安部，同时通报同级人民政府外事办公室。必要时，由公安部商外交部将案件情况通知我国驻外使馆、领事馆。

第三百六十七条　对外国籍犯罪嫌疑人依法作出取保候审、监视居住决定或者执行拘留、逮捕后，应当在四十八小时以内层报省级公安机关，同时通报同级人民政府外事办公室。

重大涉外案件应当在四十八小时以内层报公安部，同时通报同级人民政府外事办公室。

第三百六十八条　对外国籍犯罪嫌疑人依法作出取保候审、监视居住决定或者执行拘留、逮捕后，由省级公安机关根据有关规定，将其姓名、性别、入境时间、护照或者证件号码、案件发生的时间、地点、涉嫌犯罪的主要事实、已采取的强制措施及其法律依据等，通知该外国人所属国家的驻华使馆、领事馆，同时报告公安部。经省级公安机关批准，领事通报任务较重的副省级城市公安局可以直接行使领事通报职能。

外国人在公安机关侦查或者执行刑罚期间死亡的，有关省级公安机关应当通知该外国人国籍国的驻华使馆、领事馆，同时报告公安部。

未在华设立使馆、领事馆的国家，可以通知其代管国家的驻华使馆、领事馆；无代管国家或者代管国家不明的，可以不予通知。

7. 涉外刑事案件的审理

★**最高人民法院关于适用《中华人民共和国刑事诉讼法》的解释**（2021年1月26日）（节录）

第四百八十三条　人民法院审理涉外刑事案件，应当公开进行，但依法不应公开审理的除外。

公开审理的涉外刑事案件，外国籍当事人国籍国驻华使领馆官员要求旁听的，可以向受理案件的人民法院所在地的高级人民法院提出申请，人民法院应当安排。

第四百八十八条　涉外刑事案件，符合刑事诉讼法第二百零八条第一款、第二百四十三条规定的，经有关人民法院批准或者决定，可以延长审理期限。

8. 涉外刑事案件的语言文字

★**最高人民法院关于适用《中华人民共和国刑事诉讼法》的解释**（2021年1月26日）（节录）

第四百八十四条　人民法院审判涉外刑事案件，使用中华人民共和国通用的语言、文字，应当为外国籍当事人提供翻译。翻译人员应当在翻译文件上签名。

人民法院的诉讼文书为中文本。外国籍当事人不通晓中文的，应当附有外文译本，译本不加盖人民法院印章，以中文本为准。

外国籍当事人通晓中国语言、文字，拒绝他人翻译，或者不需要诉讼文书外文译本的，应当由其本人出具书面声明。拒绝出具书面声明的，应当记录在案；必要时，应当录音录像。

★**公安机关办理刑事案件程序规定**（2020年7月20日）（节录）

第三百六十二条　公安机关办理外国人犯罪案件，使用中华人民共和国通用的语言文字。犯罪嫌疑人不通晓我国语言文字的，公安机关应当为他翻译；犯罪嫌疑人通晓我国语言文字，不需要他人翻译的，应当出具书面声明。

9. 涉外刑事案件的辩护与代理

★**最高人民法院关于适用《中华人民共和国刑事诉讼法》的解释**（2021年1月26日）（节录）

第四百八十五条　外国籍被告人委托律师辩护，或者外国籍附带民事诉讼原告人、自诉人委托律师代理诉讼的，应当委托具有中华人民共和国律师资格并依法取得执业证书的律师。

外国籍被告人在押的，其监护人、近亲属或者其国籍国驻华使领馆可以代为委托辩护人。其监护人、近亲属代为委托的，应当提供与被告人关系的有效证明。

外国籍当事人委托其监护人、近亲属担任辩护人、诉讼代理人的，被委托人应当提供与当事人关系的有效证明。经审查，符合刑事诉讼法、有关司法解释规定的，人民法院应当准许。

外国籍被告人没有委托辩护人的，人民法院可以通知法律援助机构为其指派律师提供辩护。被告人拒绝辩护人辩护的，应当由其出具书面声明，或者将其口头声明记录在案；必要时，应当录音录像。被告人属于应当提供法律援助情形的，依照本解释第五十条规定处理。

第四百八十六条　外国籍当事人从中华人民共和国领域外寄交或者托交给中国律师或者中国公民的委托书，以及外国籍当事人的监护人、近亲属提供的与当事人关系的证明，必须经所在国公证机关证明，所在国中央外交主管机关或者其授权机关认证，并经中华人民共和国驻该国使领馆认证，或者履行中华人民共和国与该所在国订立的有关条约中规定的证明手续，但我国与该国之间有互免认证协定的除外。

★**公安机关办理刑事案件程序规定**（2020年7月20日）（节录）

第三百六十九条　外国籍犯罪嫌疑人委托辩护人的，应当委托在中华人民共和国的律师事务所执业的律师。

10. 涉外刑事案件被告人的限制出境措施

★**最高人民法院关于适用《中华人民共和国刑事诉讼法》的解释**（2021年1月26日）（节录）

第四百八十七条　对涉外刑事案件的被告人，可以决定限制出境；对开庭审理案件时必须到庭的证人，可以要求暂缓出境。限制外国人出境的，应当通报同级人民政府外事主管部门和当事人国籍国驻华使领馆。

人民法院决定限制外国人和中国公民出境的，应当书面通知被限制出境的人在案件审理终结前不得离境，并可以采取扣留护照或者其他出入境证件的办法限制其出境；扣留证件的，应当履行必要手续，并发给本人扣留证件的证明。

需要对外国人和中国公民在口岸采取边控措施的，受理案件的人民法院应当按照规定制作边控对象通知书，并附有关法律文书，层报高级人民法院办理交控手续。紧急情况下，需要采取临时边控措施的，受理案件的人民法院可以先向有关口岸所在地出入境边防检查机关交控，但应当在七日以内按照规定层报高级人民法院办理手续。

11. 涉外刑事案件来自境外的证据材料的处理

★**最高人民法院关于适用《中华人民共和国刑事诉讼法》的解释**（2021年1月26日）（节录）

第七十七条　对来自境外的证据材料，人民检察院应当随案移送有关材料来源、提供人、提取人、提取时间等情况的说明。经人民法院审查，相关证据材料能够证明案件事实且符合刑事诉讼法规定的，可以作为证据使用，但提供人或者我国与有关国家签订的双边条约对材料的使用范围有明确限制的除外；材料来源不明或者真实性无法确认的，不得作为定案的根据。

当事人及其辩护人、诉讼代理人提供来自境外的证据材料的，该证据材料应当经所在国公证机关证明，所在国中央外交主管机关或者其授权机关认证，并经中华人民共和国驻该国使领馆认证，或者履行中华人民共和国与该所在国订立的有关条约中规定的证明手续，但我国与该国之间有互免认证协定的除外。

12. 涉外刑事案件裁判文书的提供

★**最高人民法院关于适用《中华人民共和国刑事诉讼法》的解释**（2021年1月26日）（节录）

第四百八十九条　涉外刑事案件宣判后，外国籍当事人国籍国驻华使领馆要求提供裁判文书的，可以向受理案件的人民法院所在地的高级人民法院提出，人民法院可以提供。

13. 驱逐出境刑罚的适用

★**公安机关办理刑事案件程序规定**（2020年7月20日）（节录）

第三百七十一条　对判处独立适用驱逐出境刑罚的外国人，省级公安机关在收到人民法院的刑事判决书、执行通知书的副本后，应当指定该外国人所在地的设区的市一级公安机关执行。

被判处徒刑的外国人，主刑执行期满后应当执行驱逐出境附加刑的，省级公安机关在收到执行监狱的上级主管部门转交的刑事判决书、执行通知书副本或者复印件后，应当通知该外国人所在地的设区的市一级公安机关或者指定有关公安机关执行。

我国政府已按照国际条约或者《中华人民共和国外交特权与豁免条例》的规定，对实施犯罪，但享有外交或者领事特权和豁免权的外国人宣布为不受欢迎的人，或者不可接受并拒绝承认其外交或者领事人员身份，责令限期出境的人，无正当理由逾期不自动出境的，由公安部凭外交部公文指定该外国人所在地的省级公安机关负责执行或者监督执行。

14. 其他

★最高人民法院、外交部、司法部关于我国法院接受外国法院通过外交途径委托送达法律文书和调查取证收费的通知（1992年6月11日）（节录）

一、我国法院接受外国法院通过外交途径委托送达法律文书后，每次收取人民币100元送达费，但无法送达或当事人拒收的不收取费用。

我国法院应外国法院要求采用特殊方式送达法律文书后，每次按实际开支收取送达费。

二、我国法院接受外国法院通过外交途径委托代为调查取证后，每次按实际开支收费。有关法院应出具收费清单并注明各项具体费用（如证人的交通费、住宿费、误工补贴费，鉴定人的鉴定费，译员的交通费、误工补贴费等）。必要时，由外交部领事司商最高人民法院有关局决定。

三、请求国与我国签订有双边条约或均是有关国际公约当事国的，根据条约或公约的规定办理。

四、有关收费的收支办法，按1990年1月9日最高人民法院、外交部、司法部外领五函（1990）4号《关于我国法院和外国法院通过外交途径相互委托送达法律文书和调查取证费用收支办法的通知》办理。

第十八条　【刑事司法协助制度】 根据中华人民共和国缔结或者参加的国际条约，或者按照互惠原则，我国司法机关和外国司法机关可以相互请求刑事司法协助。

● 要点及关联法规

1. 刑事司法协助的基本原则

★全国人民代表大会常务委员会关于对中华人民共和国缔结或者参加的国际条约所规定的罪行行使刑事管辖权的决定（1987年6月23日）（节录）

第六届全国人民代表大会常务委员会第二十一次会议决定：对于中华人民共和国缔结或者参加的国际条约所规定的罪行，中华人民共和国在所承担条约义务的范围内，行使刑事管辖权。

★中华人民共和国国际刑事司法协助法（2018年10月26日）（节录）

第四条 中华人民共和国和外国按照平等互惠原则开展国际刑事司法协助。

国际刑事司法协助不得损害中华人民共和国的主权、安全和社会公共利益，不得违反中华人民共和国法律的基本原则。

非经中华人民共和国主管机关同意，外国机构、组织和个人不得在中华人民共和国境内进行本法规定的刑事诉讼活动，中华人民共和国境内的机构、组织和个人不得向外国提供证据材料和本法规定的协助。

第六十八条 向中华人民共和国提出的刑事司法协助请求或者应中华人民共和国请求提供的文件和证据材料，按照条约的规定办理公证和认证事宜。没有条约或者条约没有规定的，按照互惠原则办理。

第六十九条 本法所称刑事司法协助条约，是指中华人民共和国与外国缔结或者共同参加的刑事司法协助条约、移管被判刑人条约或者载有刑事司法协助、移管被判刑人条款的其他条约。

★最高人民法院关于适用《中华人民共和国刑事诉讼法》的解释（2021年1月26日）（节录）

第四百九十一条 请求和提供司法协助，应当依照《中华人民共和国国际刑事司法协助法》、我国与有关国家、地区签订的刑事司法协助条约、移管被判刑人条约和有关法律规定进行。

对请求书的签署机关、请求书及所附材料的语言文字、有关办理期限和具体程序等事项，在不违反中华人民共和国法律的基本原则的情况下，可以按照刑事司法协助条约规定或者双方协商办理。

第四百九十二条 外国法院请求的事项有损中华人民共和国的主权、安全、社会公共利益以及违反中华人民共和国法律的基本原则的，人民法院不予协助；属于有关法律规定的可以拒绝提供刑事司法协助情形的，可以不予协助。

★人民检察院刑事诉讼规则（2019年12月30日）（节录）

第六百七十一条 人民检察院依据国际刑事司法协助法等有关法律和有关刑事司法协助条约进行刑事司法协助。

★公安机关办理刑事案件程序规定（2020年7月20日）（节录）

第十三条 根据《中华人民共和国引渡法》《中华人民共和国国际刑事司法协助法》，中华人民共和国缔结或者参加的国际条约和公安部签订的双边、多边合作协议，或者按照互惠原则，我国公安机关可以和外国警察机关开展刑事司法协助和警务合作。

2. 司法协助请求书的文字文本

★最高人民法院关于适用《中华人民共和国刑事诉讼法》的解释（2021年1月26日）（节录）

第四百九十四条　人民法院请求外国提供司法协助的请求书，应当依照刑事司法协助条约的规定提出；没有条约或者条约没有规定的，应当载明法律规定的相关信息并附相关材料。请求书及其所附材料应当以中文制作，并附有被请求国官方文字的译本。

外国请求我国法院提供司法协助的请求书，应当依照刑事司法协助条约的规定提出；没有条约或者条约没有规定的，应当载明我国法律规定的相关信息并附相关材料。请求书及所附材料应当附有中文译本。

3. 司法协助的范围

★中华人民共和国国际刑事司法协助法（2018年10月26日）（节录）

第一条　本法所称国际刑事司法协助，是指中华人民共和国和外国在刑事案件调查、侦查、起诉、审判和执行等活动中相互提供协助，包括送达文书，调查取证，安排证人作证或者协助调查，查封、扣押、冻结涉案财物，没收、返还违法所得及其他涉案财物，移管被判刑人以及其他协助。

★人民检察院刑事诉讼规则（2019年12月30日）（节录）

第六百七十二条　人民检察院刑事司法协助的范围包括刑事诉讼文书送达，调查取证，安排证人作证或者协助调查，查封、扣押、冻结涉案财物，返还违法所得及其他涉案财物，移管被判刑人以及其他协助。

★公安机关办理刑事案件程序规定（2020年7月20日）（节录）

第三百七十五条　公安机关进行刑事司法协助和警务合作的范围，主要包括犯罪情报信息的交流与合作，调查取证，安排证人作证或者协助调查，查封、扣押、冻结涉案财物，没收、返还违法所得及其他涉案财物，送达刑事诉讼文书，引渡、缉捕和递解犯罪嫌疑人、被告人或者罪犯，以及国际条约、协议规定的其他刑事司法协助和警务合作事宜。

4. 司法协助的机关

★中华人民共和国国际刑事司法协助法（2018年10月26日）（节录）

第五条　中华人民共和国和外国之间开展刑事司法协助，通过对外联系机关联系。

中华人民共和国司法部等对外联系机关负责提出、接收和转递刑事司法协助请求，处理其他与国际刑事司法协助相关的事务。

中华人民共和国和外国之间没有刑事司法协助条约的，通过外交途径联系。

第六条 国家监察委员会、最高人民法院、最高人民检察院、公安部、国家安全部等部门是开展国际刑事司法协助的主管机关，按照职责分工，审核向外国提出的刑事司法协助请求，审查处理对外联系机关转递的外国提出的刑事司法协助请求，承担其他与国际刑事司法协助相关的工作。在移管被判刑人案件中，司法部按照职责分工，承担相应的主管机关职责。

办理刑事司法协助相关案件的机关是国际刑事司法协助的办案机关，负责向所属主管机关提交需要向外国提出的刑事司法协助请求、执行所属主管机关交办的外国提出的刑事司法协助请求。

5. 司法协助的程序

★中华人民共和国国际刑事司法协助法（2018年10月26日）（节录）

第一节 向外国请求刑事司法协助

第九条 办案机关需要向外国请求刑事司法协助的，应当制作刑事司法协助请求书并附相关材料，经所属主管机关审核同意后，由对外联系机关及时向外国提出请求。

第十条 向外国的刑事司法协助请求书，应当依照刑事司法协助条约的规定提出；没有条约或者条约没有规定的，可以参照本法第十三条的规定提出；被请求国有特殊要求的，在不违反中华人民共和国法律的基本原则的情况下，可以按照被请求国的特殊要求提出。

请求书及所附材料应当以中文制作，并附有被请求国官方文字的译文。

第十一条 被请求国就执行刑事司法协助请求提出附加条件，不损害中华人民共和国的主权、安全和社会公共利益的，可以由外交部作出承诺。被请求国明确表示对外联系机关作出的承诺充分有效的，也可以由对外联系机关作出承诺。对于限制追诉的承诺，由最高人民检察院决定；对于量刑的承诺，由最高人民法院决定。

在对涉案人员追究刑事责任时，有关机关应当受所作出的承诺的约束。

第十二条 对外联系机关收到外国的有关通知或者执行结果后，应当及时转交或者转告有关主管机关。

外国就其提供刑事司法协助的案件要求通报诉讼结果的，对外联系机关转交有关主管机关办理。

第二节　向中华人民共和国请求刑事司法协助

第十三条　外国向中华人民共和国提出刑事司法协助请求的，应当依照刑事司法协助条约的规定提出请求书。没有条约或者条约没有规定的，应当在请求书中载明下列事项并附相关材料：

（一）请求机关的名称；

（二）案件性质、涉案人员基本信息及犯罪事实；

（三）本案适用的法律规定；

（四）请求的事项和目的；

（五）请求的事项与案件之间的关联性；

（六）希望请求得以执行的期限；

（七）其他必要的信息或者附加的要求。

在没有刑事司法协助条约的情况下，请求国应当作出互惠的承诺。

请求书及所附材料应当附有中文译文。

第十四条　外国向中华人民共和国提出的刑事司法协助请求，有下列情形之一的，可以拒绝提供协助：

（一）根据中华人民共和国法律，请求针对的行为不构成犯罪；

（二）在收到请求时，在中华人民共和国境内对于请求针对的犯罪正在进行调查、侦查、起诉、审判，已经作出生效判决，终止刑事诉讼程序，或者犯罪已过追诉时效期限；

（三）请求针对的犯罪属于政治犯罪；

（四）请求针对的犯罪纯属军事犯罪；

（五）请求的目的是基于种族、民族、宗教、国籍、性别、政治见解或者身份等方面的原因而进行调查、侦查、起诉、审判、执行刑罚，或者当事人可能由于上述原因受到不公正待遇；

（六）请求的事项与请求协助的案件之间缺乏实质性联系；

（七）其他可以拒绝的情形。

★最高人民法院关于适用《中华人民共和国刑事诉讼法》的解释（2021年1月26日）（节录）

第四百九十三条　人民法院请求外国提供司法协助的，应当层报最高人民法院，经最高人民法院审核同意后交由有关对外联系机关及时向外国提出请求。

外国法院请求我国提供司法协助，有关对外联系机关认为属于人民法院职权范围的，经最高人民法院审核同意后转有关人民法院办理。

★人民检察院刑事诉讼规则（2019年12月30日）（节录）

第六百七十三条　最高人民检察院是检察机关开展国际刑事司法协助的主管机关，负责审核地方各级人民检察院向外国提出的刑事司法协助请求，审查处理对外联系机关转递的外国提出的刑事司法协助请求，审查决定是否批准执行外国的刑事司法协助请求，承担其他与国际刑事司法协助相关的工作。

办理刑事司法协助相关案件的地方各级人民检察院应当向最高人民检察院层报需要向外国提出的刑事司法协助请求，执行最高人民检察院交办的外国提出的刑事司法协助请求。

第六百七十四条　地方各级人民检察院需要向外国请求刑事司法协助的，应当制作刑事司法协助请求书并附相关材料。经省级人民检察院审核同意后，报送最高人民检察院。

刑事司法协助请求书应当依照相关刑事司法协助条约的规定制作；没有条约或者条约没有规定的，可以参照国际刑事司法协助法第十三条的规定制作。被请求方有特殊要求的，在不违反我国法律的基本原则的情况下，可以按照被请求方的特殊要求制作。

第六百七十五条　最高人民检察院收到地方各级人民检察院刑事司法协助请求书及所附相关材料后，应当依照国际刑事司法协助法和有关条约进行审查。对符合规定、所附材料齐全的，最高人民检察院是对外联系机关的，应当及时向外国提出请求；不是对外联系机关的，应当通过对外联系机关向外国提出请求。对不符合规定或者材料不齐全的，应当退回提出请求的人民检察院或者要求其补充、修正。

★公安机关办理刑事案件程序规定（2020年7月20日）（节录）

第三百七十四条　公安部是公安机关进行刑事司法协助和警务合作的中央主管机关，通过有关法律、国际条约、协议规定的联系途径、外交途径或者国际刑事警察组织渠道，接收或者向外国提出刑事司法协助或者警务合作请求。

地方各级公安机关依照职责权限办理刑事司法协助事务和警务合作事务。

其他司法机关在办理刑事案件中，需要外国警方协助的，由其中央主管机关与公安部联系办理。

6. 司法协助请求的审查与办理

★中华人民共和国国际刑事司法协助法（2018年10月26日）（节录）

第十五条　对外联系机关收到外国提出的刑事司法协助请求，应当对请求书及所附材料进行审查。对于请求书形式和内容符合要求的，应当按照职责分工,将请求书及所附材料转交有关主管机关处理;对于请求书形式和内容不符合要求的,可以要求请求国补充材料或者重新提出请求。

对于刑事司法协助请求明显损害中华人民共和国的主权、安全和社会公共利益的,对外联系机关可以直接拒绝协助。

第十六条 主管机关收到对外联系机关转交的刑事司法协助请求书及所附材料后,应当进行审查,并分别作出以下处理:

(一)根据本法和刑事司法协助条约的规定认为可以协助执行的,作出决定并安排有关办案机关执行;

(二)根据本法第四条、第十四条或者刑事司法协助条约的规定,认为应当全部或者部分拒绝协助的,将请求书及所附材料退回对外联系机关并说明理由;

(三)对执行请求有保密要求或者有其他附加条件的,通过对外联系机关向外国提出,在外国接受条件并且作出书面保证后,决定附条件执行;

(四)需要补充材料的,书面通知对外联系机关要求请求国在合理期限内提供。

执行请求可能妨碍中华人民共和国有关机关正在进行的调查、侦查、起诉、审判或者执行的,主管机关可以决定推迟协助,并将推迟协助的决定和理由书面通知对外联系机关。

外国对执行其请求有保密要求或者特殊程序要求的,在不违反中华人民共和国法律的基本原则的情况下,主管机关可以按照其要求安排执行。

★最高人民检察院关于检察机关办理司法协助案件有关问题的通知(1997年4月23日)(节录)

二、最高人民检察院外事局负责检察机关司法协助工作的管理、协调及对外联络。

三、高检院有关业务部门负责检察机关司法协助案件的审查和办理。

四、各省、自治区、直辖市人民检察院和军事检察院负责承办高检院交办的司法协助案件。根据案件情况,可指定下级检察院作为具体办理机关。

五、高检院外事局收到外国请求司法协助的案件后,对案件是否符合我国与外国签订的司法协助条约和引渡条约的规定进行审查。对不符合有关条约或法律规定的,退回外国有关请求机构;对符合规定的,按案件管辖分工移送有关业务部门就案件内容进行审查。案情简单的,外事局可直接办理。

六、有关业务部门收到移送的案件后,就案情及适用法律提出审查意见,与外事局会签后报请主管检察长审批。经主管检察长审批同意后,由有关业务部门以高检院函的形式交有关省级检察院办理,函件同时抄送外事局。

七、省级检察院接到高检院交办司法协助案件函后，可直接办理案件，也可指定下级检察院办理。在案件办结后，由省级检察院将案件材料及报告书上报高检院交办部门。交办部门对案件材料进行审查，制作答复请求国的文书，送外事局会签。

八、会签的答复文书呈报主管检察长审批同意后，由外事局将有关材料译成请求国文字或条约规定的文字，转交请求国有关部门。

九、我国其他司法机关作为条约规定的中方中央机关，移送检察机关办理外国请求提供司法协助的，应归口高检院外事局进行。

十、高检院有关业务部门办理的案件，需请求外国司法机关提供司法协助的，应当制作请求书，连同调查提纲和有关材料送外事局审核。

十一、各级地方检察机关办理的案件，需请求外国司法机关提供司法协助的，由省级检察院制作请求书，连同调查提纲和有关材料报高检院有关业务部门；有关业务部门审查提出意见后，送外事局审核。

十二、凡条约规定高检院为中央机关的，我国其他司法机关请求有关国家提供司法协助的，应通过其主管部门与高检院外事局联系。

十三、高检院外事局收到上述部门移送的请求外国提供司法协助的案件材料后，审查确认案件材料是否齐全，请求书和调查提纲的内容、格式是否符合条约的规定，提出书面意见，呈报主管检察长审批。在主管检察长审批同意后，将有关文书翻译成被请求国文字或条约规定的文字，送被请求国有关司法机关。

十四、凡办理与我国尚未签订司法协助条约国家的司法协助案件，在检察系统内部仍按本通知规定程序办理。

十五、各有关业务部门审查案件一般应在1周内完成，负责具体调查取证的部门一般应在3个月内完成。由于案件复杂不能在3个月内完成的，应及时向交办部门说明理由。翻译、送达时间不计在内。

十六、各地在执行本通知中遇到的问题和有关意见，应及时报高检院外事局。

★人民检察院刑事诉讼规则（2019年12月30日）（节录）

第六百七十六条　最高人民检察院收到外国提出的刑事司法协助请求后，应当对请求书及所附材料进行审查。对于请求书形式和内容符合要求的，应当按照职责分工，将请求书及所附材料转交有关主管机关或者省级人民检察院处理；对于请求书形式和内容不符合要求的，可以要求请求方补充材料或者重新提出请求。

外国提出的刑事司法协助请求明显损害我国主权、安全和社会公共利益的，可以直接拒绝提供协助。

第六百七十七条　最高人民检察院在收到对外联系机关转交的刑事司法协助请求书及所附材料后，经审查，分别作出以下处理：

（一）根据国际刑事司法协助法和刑事司法协助条约的规定，认为可以协助执行的，作出决定并安排有关省级人民检察院执行；

（二）根据国际刑事司法协助法或者刑事司法协助条约的规定，认为应当全部或者部分拒绝协助的，将请求书及所附材料退回对外联系机关并说明理由；

（三）对执行请求有保密要求或者有其他附加条件的，通过对外联系机关向外国提出，在外国接受条件并且作出书面保证后，决定附条件执行；

（四）需要补充材料的，书面通过对外联系机关要求请求方在合理期限内提供。

★**公安机关办理刑事案件程序规定**（2020年7月20日）（节录）

第三百七十七条　公安部收到外国的刑事司法协助或者警务合作请求后，应当依据我国法律和国际条约、协议的规定进行审查。对于符合规定的，交有关省级公安机关办理，或者移交其他有关中央主管机关；对于不符合条约或者协议规定的，通过接收请求的途径退回请求方。

对于请求书的签署机关、请求书及所附材料的语言文字、有关办理期限和具体程序等事项，在不违反我国法律基本原则的情况下，可以按照刑事司法协助条约、警务合作协议规定或者双方协商办理。

7. 司法协助的执行

★**中华人民共和国国际刑事司法协助法**（2018年10月26日）（节录）

第十七条　办案机关收到主管机关交办的外国刑事司法协助请求后，应当依法执行，并将执行结果或者妨碍执行的情形及时报告主管机关。

办案机关在执行请求过程中，应当维护当事人和其他相关人员的合法权益，保护个人信息。

第十八条　外国请求将通过刑事司法协助取得的证据材料用于请求针对的案件以外的其他目的的，对外联系机关应当转交主管机关，由主管机关作出是否同意的决定。

第十九条　对外联系机关收到主管机关的有关通知或者执行结果后，应当及时转交或者转告请求国。

对于中华人民共和国提供刑事司法协助的案件，主管机关可以通过对外联系机关要求外国通报诉讼结果。

外国通报诉讼结果的，对外联系机关收到相关材料后，应当及时转交或者转告主管机关,涉及对中华人民共和国公民提起刑事诉讼的,还应当通知外交部。

★人民检察院刑事诉讼规则(2019年12月30日)(节录)

第六百七十八条 有关省级人民检察院收到最高人民检察院交办的外国刑事司法协助请求后,应当依法执行,或者交由下级人民检察院执行。

负责执行的人民检察院收到刑事司法协助请求书和所附材料后,应当立即安排执行,并将执行结果及有关材料报经省级人民检察院审查后,报送最高人民检察院。

对于不能执行的,应当将刑事司法协助请求书和所附材料,连同不能执行的理由,通过省级人民检察院报送最高人民检察院。

因请求书提供的地址不详或者材料不齐全,人民检察院难以执行该项请求的,应当立即通过最高人民检察院书面通知对外联系机关,要求请求方补充提供材料。

第六百七十九条 最高人民检察院应当对执行结果进行审查。对于符合请求要求和有关规定的,通过对外联系机关转交或者转告请求方。

★公安机关办理刑事案件程序规定(2020年7月20日)(节录)

第三百七十八条 负责执行刑事司法协助或者警务合作的公安机关收到请求书和所附材料后,应当按照我国法律和有关国际条约、协议的规定安排执行,并将执行结果及其有关材料报经省级公安机关审核后报送公安部。

在执行过程中,需要采取查询、查封、扣押、冻结等措施或者返还涉案财物,且符合法律规定的条件的,可以根据我国有关法律和公安部的执行通知办理有关法律手续。

请求书提供的信息不准确或者材料不齐全难以执行的,应当立即通过省级公安机关报请公安部要求请求方补充材料;因其他原因无法执行或者具有应当拒绝协助、合作的情形等不能执行的,应当将请求书和所附材料,连同不能执行的理由通过省级公安机关报送公安部。

8. 司法协助的期限

★公安机关办理刑事案件程序规定(2020年7月20日)(节录)

第三百七十九条 执行刑事司法协助和警务合作,请求书中附有办理期限的,应当按期完成。未附办理期限的,调查取证应当在三个月以内完成;送达刑事诉讼文书,应当在十日以内完成。不能按期完成的,应当说明情况和理由,层报公安部。

9. 司法协助的费用承担

★**中华人民共和国国际刑事司法协助法**（2018年10月26日）（节录）

第七条　国家保障开展国际刑事司法协助所需经费。

第八条　中华人民共和国和外国相互执行刑事司法协助请求产生的费用，有条约规定的，按照条约承担；没有条约或者条约没有规定的，按照平等互惠原则通过协商解决。

★**公安机关办理刑事案件程序规定**（2020年7月20日）（节录）

第三百八十三条　公安机关提供或者请求外国提供刑事司法协助或者警务合作，应当收取或者支付费用的，根据有关国际条约、协议的规定，或者按照对等互惠的原则协商办理。

10 司法协助中外国籍犯罪嫌疑人身份的确认

★**最高人民检察院、公安部关于适用刑事强制措施有关问题的规定**（2000年8月28日）（节录）

第二十三条第二款　对于需要确认外国籍犯罪嫌疑人身份的，应当按照我国和该犯罪嫌疑人所称的国籍国签订的有关司法协助条约、国际公约的规定，或者通过外交途径、国际刑警组织渠道查明其身份。如果确实无法查清或者有关国家拒绝协助的，只要有证据证明有犯罪事实，可以按照犯罪嫌疑人自报的姓名提请人民检察院批准逮捕。侦查终结后，对于犯罪事实清楚，证据确实、充分的，也可以按其自报的姓名移送人民检察院审查起诉。

第二章　管　　辖

> 第十九条[①]　【公检法三机关立案管辖的分工】刑事案件的侦查由公安机关进行，法律另有规定的除外。

[①]　该条2018年修订时以原第十八条为基础，删除了"贪污贿赂犯罪，国家工作人员的渎职犯罪"，明确了人民检察院负责案件的管辖范围。

> 人民检察院在对诉讼活动实行法律监督中发现的司法工作人员利用职权实施的非法拘禁、刑讯逼供、非法搜查等侵犯公民权利、损害司法公正的犯罪，可以由人民检察院立案侦查。对于公安机关管辖的国家机关工作人员利用职权实施的重大犯罪案件，需要由人民检察院直接受理的时候，经省级以上人民检察院决定，可以由人民检察院立案侦查。
>
> 自诉案件，由人民法院直接受理。

● 要点及关联法规

1. 人民法院立案管辖的范围

★最高人民法院关于适用《中华人民共和国刑事诉讼法》的解释（2021年1月26日）（节录）

第一条 人民法院直接受理的自诉案件包括：

（一）告诉才处理的案件：

1. 侮辱、诽谤案（刑法第二百四十六条规定的，但严重危害社会秩序和国家利益的除外）；

2. 暴力干涉婚姻自由案（刑法第二百五十七条第一款规定的）；

3. 虐待案（刑法第二百六十条第一款规定的，但被害人没有能力告诉或者因受到强制、威吓无法告诉的除外）；

4. 侵占案（刑法第二百七十条规定的）。

（二）人民检察院没有提起公诉，被害人有证据证明的轻微刑事案件：

1. 故意伤害案（刑法第二百三十四条第一款规定的）；

2. 非法侵入住宅案（刑法第二百四十五条规定的）；

3. 侵犯通信自由案（刑法第二百五十二条规定的）；

4. 重婚案（刑法第二百五十八条规定的）；

5. 遗弃案（刑法第二百六十一条规定的）；

6. 生产、销售伪劣商品案（刑法分则第三章第一节规定的，但严重危害社会秩序和国家利益的除外）；

7. 侵犯知识产权案（刑法分则第三章第七节规定的，但严重危害社会秩序和国家利益的除外）；

8. 刑法分则第四章、第五章规定的，可能判处三年有期徒刑以下刑罚的案件。

本项规定的案件，被害人直接向人民法院起诉的，人民法院应当依法受理。对其中证据不足，可以由公安机关受理的，或者认为对被告人可能判处三年有期徒刑以上刑罚的，应当告知被害人向公安机关报案，或者移送公安机关立案侦查。

（三）被害人有证据证明对被告人侵犯自己人身、财产权利的行为应当依法追究刑事责任，且有证据证明曾经提出控告，而公安机关或者人民检察院不予追究被告人刑事责任的案件。

2. 人民检察院立案管辖的范围

★关于人民检察院立案侦查司法工作人员相关职务犯罪案件若干问题的规定（2018年11月24日）（节录）

一、案件管辖范围

人民检察院在对诉讼活动实行法律监督中，发现司法工作人员涉嫌利用职权实施的下列侵犯公民权利、损害司法公正的犯罪案件，可以立案侦查：

1. 非法拘禁罪（刑法第二百三十八条）（非司法工作人员除外）；
2. 非法搜查罪（刑法第二百四十五条）（非司法工作人员除外）；
3. 刑讯逼供罪（刑法第二百四十七条）；
4. 暴力取证罪（刑法第二百四十七条）；
5. 虐待被监管人罪（刑法第二百四十八条）；
6. 滥用职权罪（刑法第三百九十七条）（非司法工作人员滥用职权侵犯公民权利、损害司法公正的情形除外）；
7. 玩忽职守罪（刑法第三百九十七条）（非司法工作人员玩忽职守侵犯公民权利、损害司法公正的情形除外）；
8. 徇私枉法罪（刑法第三百九十九条第一款）；
9. 民事、行政枉法裁判罪（刑法第三百九十九条第二款）；
10. 执行判决、裁定失职罪（刑法第三百九十九条第三款）；
11. 执行判决、裁定滥用职权罪（刑法第三百九十九条第三款）；
12. 私放在押人员罪（刑法第四百条第一款）；
13. 失职致使在押人员脱逃罪（刑法第四百条第二款）；
14. 徇私舞弊减刑、假释、暂予监外执行罪（刑法第四百零一条）。

二、级别管辖和侦查部门

本规定所列犯罪案件，由设区的市级人民检察院立案侦查。基层人民检察院发现犯罪线索的，应当报设区的市级人民检察院决定立案侦查。设区的市级人民检察院也可以将案件交由基层人民检察院立案侦查，或者由基层人民检察院协助侦查。最高人民检察院、省级人民检察院发现犯罪线索的，可以自行决定立案侦查，也可以将案件线索交由指定的省级人民检察院、设区的市级人民检察院立案侦查。

本规定所列犯罪案件，由人民检察院负责刑事检察工作的专门部门负责侦查。设区的市级以上人民检察院侦查终结的案件，可以交有管辖权的基层人民法院相对应的基层人民检察院提起公诉；需要指定其他基层人民检察院提起公诉的，应当与同级人民法院协商指定管辖；依法应当由中级人民法院管辖的案件，应当由设区的市级人民检察院提起公诉。

★**人民检察院刑事诉讼规则**（2019年12月30日）（节录）

第十三条　人民检察院在对诉讼活动实行法律监督中发现的司法工作人员利用职权实施的非法拘禁、刑讯逼供、非法搜查等侵犯公民权利、损害司法公正的犯罪，可以由人民检察院立案侦查。

对于公安机关管辖的国家机关工作人员利用职权实施的重大犯罪案件，需要由人民检察院直接受理的，经省级以上人民检察院决定，可以由人民检察院立案侦查。

3. 公安机关立案管辖的范围

★**最高人民法院、最高人民检察院、公安部关于公安部证券犯罪侦查局直属分局办理经济犯罪案件适用刑事诉讼程序若干问题的通知**（2009年11月4日）（节录）

……公安部证券犯罪侦查局设立第一、第二、第三分局，分别派驻北京、上海、深圳，按管辖区域承办需要公安部侦查的有关经济犯罪案件……

一、直属分局行使《刑事诉讼法》赋予公安机关的刑事侦查权，按管辖区域立案侦查公安部交办的证券领域以及其他领域重大经济犯罪案件。

二、直属分局管辖区域分别是：

第一分局：北京、天津、河北、山西、内蒙古、辽宁、吉林、黑龙江、陕西、甘肃、青海、宁夏、新疆（含生产建设兵团）；

第二分局：上海、江苏、浙江、安徽、福建、江西、山东、河南、湖北、湖南；

第三分局：广东、广西、海南、重庆、四川、贵州、云南、西藏。

经公安部指定，直属分局可以跨区域管辖案件。

三、直属分局依法对本通知第一条规定的案件立案、侦查、预审。对犯罪嫌疑人分别依法决定传唤、拘传、取保候审、监视居住、拘留；认为需要逮捕的，提请人民检察院审查批准；对依法不追究刑事责任的不予立案，已经立案的予以撤销案件；对侦查终结应当起诉的案件，移送人民检察院审查决定。

四、直属分局依照《刑事诉讼法》和《公安机关办理刑事案件程序规定》等有关规定出具和使用刑事法律文书，冠以"公安部证券犯罪侦查局第×分局"字样，加盖"公安部证券犯罪侦查局第×分局"印章，需要加盖直属分局局长印章的，加盖直属分局局长印章。

五、直属分局在侦查办案过程中，需要逮捕犯罪嫌疑人的，应当按照《刑事诉讼法》及《公安机关办理刑事案件程序规定》的有关规定，制作相应的法律文书，连同有关案卷材料、证据，一并移送犯罪地的人民检察院审查批准。如果由犯罪嫌疑人居住地的人民检察院办理更为适宜的，可以移送犯罪嫌疑人居住地的人民检察院审查批准。

六、直属分局对侦查终结的案件，犯罪事实清楚，证据确实、充分的，应当按照《刑事诉讼法》的有关规定，制作《起诉意见书》，连同案卷材料、证据，一并移送犯罪地的人民检察院审查决定。如果由犯罪嫌疑人居住地的人民检察院办理更为适宜的，可以移送犯罪嫌疑人居住地的人民检察院审查决定。

七、人民检察院认为直属分局移送的案件，犯罪事实已经查清，证据确实、充分，依法应当追究刑事责任的，应当依照《刑事诉讼法》有关管辖的规定向人民法院提起公诉。人民法院应当依法作出判决。

八、案情重大、复杂或者确有特殊情况需要改变管辖的，人民法院可以依照《刑事诉讼法》第二十三条①、第二十六条②的规定决定。

九、对经侦查不构成犯罪和人民检察院依法决定不起诉或者人民法院依法宣告无罪、免予刑事处罚的刑事案件，需要追究行政责任的，依照有关行政法规的规定，移送有关部门处理。

十、本通知自2010年1月1日起施行。2005年2月28日下发的《关于公安部证券犯罪侦查局直属分局办理证券期货领域刑事案件适用刑事诉讼程序若干问题的通知》（公通字［2005］11号）同时废止。

---

① 现为第二十四条。——编者注
② 现为第二十七条。——编者注

★公安机关办理刑事案件程序规定（2020年7月20日）（节录）

第十四条　根据刑事诉讼法的规定，除下列情形外，刑事案件由公安机关管辖：

（一）监察机关管辖的职务犯罪案件；

（二）人民检察院管辖的在对诉讼活动实行法律监督中发现的司法工作人员利用职权实施的非法拘禁、刑讯逼供、非法搜查等侵犯公民权利、损害司法公正的犯罪，以及经省级以上人民检察院决定立案侦查的公安机关管辖的国家机关工作人员利用职权实施的重大犯罪案件；

（三）人民法院管辖的自诉案件。对于人民法院直接受理的被害人有证据证明的轻微刑事案件，因证据不足驳回起诉，人民法院移送公安机关或者被害人向公安机关控告的，公安机关应当受理；被害人直接向公安机关控告的，公安机关应当受理；

（四）军队保卫部门管辖的军人违反职责的犯罪和军队内部发生的刑事案件；

（五）监狱管辖的罪犯在监狱内犯罪的刑事案件；

（六）海警部门管辖的海（岛屿）岸线以外我国管辖海域内发生的刑事案件。对于发生在沿海港岙口、码头、滩涂、台轮停泊点等区域的，由公安机关管辖；

（七）其他依照法律和规定应当由其他机关管辖的刑事案件。

第二十四条　县级公安机关负责侦查发生在本辖区内的刑事案件。

设区的市一级以上公安机关负责下列犯罪中重大案件的侦查：

（一）危害国家安全犯罪；

（二）恐怖活动犯罪；

（三）涉外犯罪；

（四）经济犯罪；

（五）集团犯罪；

（六）跨区域犯罪。

上级公安机关认为有必要的，可以侦查下级公安机关管辖的刑事案件；下级公安机关认为案情重大需要上级公安机关侦查的刑事案件，可以请求上一级公安机关管辖。

第二十五条　公安机关内部对刑事案件的管辖，按照刑事侦查机构的设置及其职责分工确定。

第三十一条　公安机关和军队互涉刑事案件的管辖分工按照有关规定办理。

公安机关和武装警察部队互涉刑事案件的管辖分工依照公安机关和军队互涉刑事案件的管辖分工的原则办理。

4. 监察机关立案管辖的范围

★**中华人民共和国监察法**（2018年3月20日）（节录）

第三条　各级监察委员会是行使国家监察职能的专责机关，依照本法对所有行使公权力的公职人员（以下称公职人员）进行监察，调查职务违法和职务犯罪，开展廉政建设和反腐败工作，维护宪法和法律的尊严。

第十五条　监察机关对下列公职人员和有关人员进行监察：

（一）中国共产党机关、人民代表大会及其常务委员会机关、人民政府、监察委员会、人民法院、人民检察院、中国人民政治协商会议各级委员会机关、民主党派机关和工商业联合会机关的公务员，以及参照《中华人民共和国公务员法》管理的人员；

（二）法律、法规授权或者受国家机关依法委托管理公共事务的组织中从事公务的人员；

（三）国有企业管理人员；

（四）公办的教育、科研、文化、医疗卫生、体育等单位中从事管理的人员；

（五）基层群众性自治组织中从事管理的人员；

（六）其他依法履行公职的人员。

5. 公安机关、监察机关、人民法院、人民检察院的分工与配合

★**最高人民检察院、公安部关于在严打整治斗争和整顿规范市场经济秩序工作中加强配合加大查办职务犯罪案件工作力度的通知**（2001年7月23日）（节录）

三、明确管辖，依法查处有关职务犯罪案件

对于国家机关工作人员组织、领导、参加黑社会性质组织犯罪，包庇、纵容黑社会性质组织犯罪，以及参与实施破坏社会主义市场经济秩序犯罪的案件，由公安机关依法查处。对于国家机关工作人员充当黑恶势力以及破坏社会主义市场经济秩序犯罪的"保护伞"所涉及的贪污贿赂、渎职犯罪案件，由检察机关依法查处。公安机关在严打整治斗争和整顿规范市场经济秩序工作中发现的职务犯罪案件线索，要及时移送检察机关查处。检察机关在查办贪污贿赂、渎职犯罪案件中发现的黑社会性质组织犯罪、破坏社会主义市场经济秩序犯罪等刑事犯罪案件线索，要及时移送公安机关查处。

在案件查处过程中，国家机关工作人员同时涉嫌公安机关管辖的案件和检察机关管辖的案件，以主罪确定由检察机关或者公安机关为主侦查，在侦查过程中公安机关或者检察机关予以配合。对于一时难以分清主罪和从罪的，由最先发现案件线索的检察机关或者公安机关先行侦查，再根据案件具体情况确定主要侦查机关。

四、加强配合，形成打击合力

在查处黑恶势力犯罪、破坏社会主义市场经济秩序犯罪以及职务犯罪案件过程中，检察机关和公安机关要加强配合。公安机关对查处的重大黑恶势力犯罪、破坏社会主义市场经济秩序犯罪案件，可以邀请人民检察院派人参加案件的讨论，确定取证方向。需要补充侦查的，检察机关要提出明确、具体的补充侦查提纲，公安机关要根据检察机关的要求，尽快补充侦查，以保证案件快侦、快诉。公安机关在案件查处过程中发现的职务犯罪案件线索要及时移交检察机关，并配合检察机关对职务犯罪案件的查处工作。检察机关要主动加强与公安机关的联系，对公安机关查处的重大黑恶势力犯罪、破坏社会主义市场经济秩序犯罪案件，要及时主动了解案件情况，参加对重大案件的讨论，认真审查证据，并注意发现有关职务犯罪案件线索。检察机关和公安机关要及时互通有关案件情况和资料信息，并根据查处案件的需要及时进行联系和沟通。必要时可召开联席会议，共同商讨，研究对策，形成打击合力。

★最高人民法院、最高人民检察院、公安部、国家安全部、司法部、全国人大常委会法制工作委员会关于实施刑事诉讼法若干问题的规定（2012年12月26日）（节录）

1. 公安机关侦查刑事案件涉及人民检察院管辖的贪污贿赂案件时，应当将贪污贿赂案件移送人民检察院；人民检察院侦查贪污贿赂案件涉及公安机关管辖的刑事案件，应当将属于公安机关管辖的刑事案件移送公安机关。在上述情况中，如果涉嫌主罪属于公安机关管辖，由公安机关为主侦查，人民检察院予以配合；如果涉嫌主罪属于人民检察院管辖，由人民检察院为主侦查，公安机关予以配合。

★人民检察院刑事诉讼规则（2019年12月30日）（节录）

第十七条　人民检察院办理直接受理侦查的案件，发现犯罪嫌疑人同时涉嫌监察机关管辖的职务犯罪线索的，应当及时与同级监察机关沟通。

经沟通，认为全案由监察机关管辖更为适宜的，人民检察院应当将案件和相应职务犯罪线索一并移送监察机关；认为由监察机关和人民检察院分别管辖更为适宜的，人民检察院应当将监察机关管辖的相应职务犯罪线索移送监察机关，对依法由人民检察院管辖的犯罪案件继续侦查。

人民检察院应当及时将沟通情况报告上一级人民检察院。沟通期间不得停止对案件的侦查。

第十八条第一款　人民检察院办理直接受理侦查的案件涉及公安机关管辖的刑事案件，应当将属于公安机关管辖的刑事案件移送公安机关。如果涉嫌的主罪属于公安机关管辖，由公安机关为主侦查，人民检察院予以配合；如果涉嫌的主罪属于人民检察院管辖，由人民检察院为主侦查，公安机关予以配合。

★公安机关办理刑事案件程序规定（2020年7月20日）（节录）

第三十一条　公安机关和军队互涉刑事案件的管辖分工按照有关规定办理。

公安机关和武装警察部队互涉刑事案件的管辖分工依照公安机关和军队互涉刑事案件的管辖分工的原则办理。

6. 并案处理的情形

★最高人民法院、最高人民检察院、公安部、国家安全部、司法部、全国人大常委会法制工作委员会关于实施刑事诉讼法若干问题的规定（2012年12月26日）（节录）

3. 具有下列情形之一的，人民法院、人民检察院、公安机关可以在其职责范围内并案处理：

（一）一人犯数罪的；

（二）共同犯罪的；

（三）共同犯罪的犯罪嫌疑人、被告人还实施其他犯罪的；

（四）多个犯罪嫌疑人、被告人实施的犯罪存在关联，并案处理有利于查明案件事实的。

★人民检察院刑事诉讼规则（2019年12月30日）（节录）

第十八条第二款　对于一人犯数罪、共同犯罪、共同犯罪的犯罪嫌疑人还实施其他犯罪、多个犯罪嫌疑人实施的犯罪存在关联，并案处理有利于查明案件事实和诉讼进行的，人民检察院可以在职责范围内对相关犯罪案件并案处理。

第二十条　【基层人民法院一审管辖的案件范围】基层人民法院管辖第一审普通刑事案件，但是依照本法由上级人民法院管辖的除外。

● 要点及关联法规

1. 兵团基层法院管辖

★最高人民法院关于新疆生产建设兵团人民法院案件管辖权问题的若干规定（2005年5月24日）（节录）

第一条第一款 新疆生产建设兵团基层人民法院……行使地方基层人民法院……的案件管辖权，管辖兵团范围内的各类案件。

第二条 兵团人民检察院提起公诉的第一审刑事案件，由兵团人民法院管辖。

兵团人民法院对第一审刑事自诉案件、第二审刑事案件以及再审刑事案件的管辖，适用刑事诉讼法的有关规定。

2. 上级法院管辖的情形

★最高人民法院关于适用《中华人民共和国刑事诉讼法》的解释（2021年1月26日）（节录）

第十五条 一人犯数罪、共同犯罪或者其他需要并案审理的案件，其中一人或者一罪属于上级人民法院管辖的，全案由上级人民法院管辖。

第十七条 基层人民法院对可能判处无期徒刑、死刑的第一审刑事案件，应当移送中级人民法院审判。

基层人民法院对下列第一审刑事案件，可以请求移送中级人民法院审判：

（一）重大、复杂案件；

（二）新类型的疑难案件；

（三）在法律适用上具有普遍指导意义的案件。

需要将案件移送中级人民法院审判的，应当在报请院长决定后，至迟于案件审理期限届满十五日以前书面请求移送。中级人民法院应当在接到申请后十日以内作出决定。不同意移送的，应当下达不同意移送决定书，由请求移送的人民法院依法审判；同意移送的，应当下达同意移送决定书，并书面通知同级人民检察院。

第四百七十六条 第一审涉外刑事案件，除刑事诉讼法第二十一条至第二十三条规定的以外，由基层人民法院管辖。必要时，中级人民法院可以指定辖区内若干基层人民法院集中管辖第一审涉外刑事案件，也可以依照刑事诉讼法第二十四条的规定，审理基层人民法院管辖的第一审涉外刑事案件。

第二十一条　【中级人民法院一审管辖的案件范围】 中级人民法院管辖下列第一审刑事案件：
（一）危害国家安全、恐怖活动案件；
（二）可能判处无期徒刑、死刑的案件。

● 要点及关联法规

1. 兵团中级法院管辖

★最高人民法院关于新疆生产建设兵团人民法院案件管辖权问题的若干规定（2005年5月24日）（节录）

第一条第一款　新疆生产建设兵团……中级人民法院……行使地方……中级人民法院的案件管辖权，管辖兵团范围内的各类案件。

2. 可能判处无期徒刑、死刑案件

★最高人民法院关于适用《中华人民共和国刑事诉讼法》的解释（2021年1月26日）（节录）

第十四条　人民检察院认为可能判处无期徒刑、死刑，向中级人民法院提起公诉的案件，中级人民法院受理后，认为不需要判处无期徒刑、死刑的，应当依法审判，不再交基层人民法院审判。

3. 危害国家安全案件

★最高人民检察院关于对危害国家安全案件批捕起诉和实行备案制度等有关事项的通知（1998年1月12日）（节录）

一、根据刑事诉讼法第二十条的规定，中级人民法院管辖第一审的危害国家安全案件。与之相应，危害国家安全案件的审查批捕、审查起诉一律由检察分（市）院或者省级检察院的批捕、起诉部门办理。基层人民检察院不办理危害国家安全案件的审查批捕和审查起诉。

二、各级检察机关要增强政治责任感和敏锐性，主动收集和密切注意敌对势力、敌对分子在本地区进行颠覆国家政权、间谍、窃秘、民族分裂活动以及非法宗教活动等敌情、社情动态，有重要情况必须及时向最高人民检察院专报。

三、对本地区发生的重、特大危害国家安全犯罪案件、恐怖暴力活动以及影响大的突发性事件，要及时向最高人民检察院专报。

四、检察机关批准逮捕（包括不批捕）、提起公诉（包括不起诉）、抗诉的各种危害国家安全的案件，一律报上一级检察院备案，并由省级院及时报最高人民检察院备案。备案材料包括：提请批准逮捕书、批准逮捕决定书或不批准逮捕决定书（副本）；起诉意见书、起诉书或不起诉决定书（副本）；抗诉案件的起诉书、抗诉书和判决书（副本）。

★**人民检察院刑事诉讼规则**（2019年12月30日）（节录）

第二百九十五条　人民检察院办理审查逮捕的危害国家安全犯罪案件，应当报上一级人民检察院备案。

上一级人民检察院经审查发现错误的，应当依法及时纠正。

4. 其他

★**最高人民法院、最高人民检察院、公安部、司法部关于办理恐怖活动和极端主义犯罪案件适用法律若干问题的意见**（2018年3月16日）（节录）

二、正确适用程序

（一）组织、领导、参加恐怖组织罪，帮助恐怖活动罪，准备实施恐怖活动罪，宣扬恐怖主义、煽动实施恐怖活动罪，强制穿戴宣扬恐怖主义服饰、标志罪，非法持有宣扬恐怖主义物品罪的第一审刑事案件由中级人民法院管辖；宣扬极端主义罪，利用极端主义破坏法律实施罪，强制穿戴宣扬极端主义服饰、标志罪，非法持有宣扬极端主义物品罪的第一审刑事案件由基层人民法院管辖。高级人民法院可以根据级别管辖的规定，结合本地区社会治安状况、案件数量等情况，决定实行相对集中管辖，指定辖区内特定的中级人民法院集中审理恐怖活动和极端主义犯罪第一审刑事案件，或者指定辖区内特定的基层人民法院集中审理极端主义犯罪第一审刑事案件，并将指定法院名单报最高人民法院备案。

第二十二条　【高级人民法院一审管辖的案件范围】高级人民法院管辖的第一审刑事案件，是全省（自治区、直辖市）性的重大刑事案件。

● 要点及关联法规

兵团高级人民法院管辖

★最高人民法院关于新疆生产建设兵团人民法院案件管辖权问题的若干规定（2005年5月24日）（节录）

第一条第二款 新疆维吾尔自治区高级人民法院生产建设兵团分院管辖原应当由高级人民法院管辖的兵团范围内的第一审案件、上诉案件和其他案件，其判决和裁定是新疆维吾尔自治区高级人民法院的判决和裁定。但兵团各中级人民法院判处死刑（含死缓）的案件的上诉案件以及死刑复核案件由新疆维吾尔自治区高级人民法院管辖。

第五条 兵团人民法院管辖兵团范围内发生的涉外案件。新疆维吾尔自治区高级人民法院生产建设兵团分院根据最高人民法院的有关规定确定管辖涉外案件的兵团法院。

第六条 兵团各级人民法院与新疆维吾尔自治区地方各级人民法院之间因管辖权发生争议的，由争议双方协商解决；协商不成的，报请新疆维吾尔自治区高级人民法院决定管辖。

第七条 新疆维吾尔自治区高级人民法院生产建设兵团分院所管辖第一审案件的上诉法院是最高人民法院。

第八条 对于新疆维吾尔自治区高级人民法院生产建设兵团分院审理再审案件所作出的判决、裁定，新疆维吾尔自治区高级人民法院不再进行再审。

第二十三条 【最高人民法院一审管辖的案件范围】 最高人民法院管辖的第一审刑事案件，是全国性的重大刑事案件。

● 要点及关联法规

最高人民法院设置巡回法庭审理案件的规定

★最高人民法院关于巡回法庭审理案件若干问题的规定（2016年12月28日）

为依法及时公正审理跨行政区域重大行政和民商事等案件，推动审判工作重心下移、就地解决纠纷、方便当事人诉讼，根据《中华人民共和国人民法院组织法》《中华人民共和国行政诉讼法》《中华人民共和国民事诉讼法》《中华人民共和国刑事诉讼法》等法律以及有关司法解释,结合最高人民法院审判工作实际,就最高人民法院巡回法庭(简称巡回法庭)审理案件等问题规定如下。

第一条 最高人民法院设立巡回法庭,受理巡回区内相关案件。第一巡回法庭设在广东省深圳市,巡回区为广东、广西、海南、湖南四省区。第二巡回法庭设在辽宁省沈阳市,巡回区为辽宁、吉林、黑龙江三省。第三巡回法庭设在江苏省南京市,巡回区为江苏、上海、浙江、福建、江西五省市。第四巡回法庭设在河南省郑州市,巡回区为河南、山西、湖北、安徽四省。第五巡回法庭设在重庆市,巡回区为重庆、四川、贵州、云南、西藏五省区。第六巡回法庭设在陕西省西安市,巡回区为陕西、甘肃、青海、宁夏、新疆五省区。最高人民法院本部直接受理北京、天津、河北、山东、内蒙古五省区市有关案件。

最高人民法院根据有关规定和审判工作需要,可以增设巡回法庭,并调整巡回法庭的巡回区和案件受理范围。

第二条 巡回法庭是最高人民法院派出的常设审判机构。巡回法庭作出的判决、裁定和决定,是最高人民法院的判决、裁定和决定。

第三条 巡回法庭审理或者办理巡回区内应当由最高人民法院受理的以下案件:

(一)全国范围内重大、复杂的第一审行政案件;

(二)在全国有重大影响的第一审民商事案件;

(三)不服高级人民法院作出的第一审行政或者民商事判决、裁定提起上诉的案件;

(四)对高级人民法院作出的已经发生法律效力的行政或者民商事判决、裁定、调解书申请再审的案件;

(五)刑事申诉案件;

(六)依法定职权提起再审的案件;

(七)不服高级人民法院作出的罚款、拘留决定申请复议的案件;

(八)高级人民法院因管辖权问题报请最高人民法院裁定或者决定的案件;

(九)高级人民法院报请批准延长审限的案件;

(十)涉港澳台民商事案件和司法协助案件;

(十一)最高人民法院认为应当由巡回法庭审理或者办理的其他案件。

巡回法庭依法办理巡回区内向最高人民法院提出的来信来访事项。

第四条 知识产权、涉外商事、海事海商、死刑复核、国家赔偿、执行案件和最高人民检察院抗诉的案件暂由最高人民法院本部审理或者办理。

第五条　巡回法庭设立诉讼服务中心,接受并登记属于巡回法庭受案范围的案件材料,为当事人提供诉讼服务。对于依照本规定应当由最高人民法院本部受理案件的材料,当事人要求巡回法庭转交的,巡回法庭应当转交。

巡回法庭对于符合立案条件的案件,应当在最高人民法院办案信息平台统一编号立案。

第六条　当事人不服巡回区内高级人民法院作出的第一审行政或者民商事判决、裁定提起上诉的,上诉状应当通过原审人民法院向巡回法庭提出。当事人直接向巡回法庭上诉的,巡回法庭应当在五日内将上诉状移交原审人民法院。原审人民法院收到上诉状、答辩状,应当在五日内连同全部案卷和证据,报送巡回法庭。

第七条　当事人对巡回区内高级人民法院作出的已经发生法律效力的判决、裁定申请再审或者申诉的,应当向巡回法庭提交再审申请书、申诉书等材料。

第八条　最高人民法院认为巡回法庭受理的案件对统一法律适用有重大指导意义的,可以决定由本部审理。

巡回法庭对于已经受理的案件,认为对统一法律适用有重大指导意义的,可以报请最高人民法院本部审理。

第九条　巡回法庭根据审判工作需要,可以在巡回区内巡回审理案件、接待来访。

第十条　巡回法庭按照让审理者裁判、由裁判者负责原则,实行主审法官、合议庭办案责任制。巡回法庭主审法官由最高人民法院从办案能力突出、审判经验丰富的审判人员中选派。巡回法庭的合议庭由主审法官组成。

第十一条　巡回法庭庭长、副庭长应当参加合议庭审理案件。合议庭审理案件时,由承办案件的主审法官担任审判长。庭长或者副庭长参加合议庭审理案件时,自己担任审判长。巡回法庭作出的判决、裁定,经合议庭成员签署后,由审判长签发。

第十二条　巡回法庭受理的案件,统一纳入最高人民法院审判信息综合管理平台进行管理,立案信息、审判流程、裁判文书面向当事人和社会依法公开。

第十三条　巡回法庭设廉政监察员,负责巡回法庭的日常廉政监督工作。

最高人民法院监察局通过受理举报投诉、查处违纪案件、开展司法巡查和审务督察等方式,对巡回法庭及其工作人员进行廉政监督。

> **第二十四条 【级别管辖的变通】** 上级人民法院在必要的时候,可以审判下级人民法院管辖的第一审刑事案件;下级人民法院认为案情重大、复杂需要由上级人民法院审判的第一审刑事案件,可以请求移送上一级人民法院审判。

● 要点及关联法规

1. 报请上级管辖的情形

★关于规范上下级人民法院审判业务关系的若干意见(2010年12月28日)(节录)

第三条 基层人民法院和中级人民法院对于已经受理的下列第一审案件,必要时可以根据相关法律规定,书面报请上一级人民法院审理:

(1) 重大、疑难、复杂案件;

(2) 新类型案件;

(3) 具有普遍法律适用意义的案件;

(4) 有管辖权的人民法院不宜行使审判权的案件。

第四条 上级人民法院对下级人民法院提出的移送审理请求,应当及时决定是否由自己审理,并下达同意移送决定书或者不同意移送决定书。

★最高人民法院、最高人民检察院、公安部、国家安全部、司法部、全国人大常委会法制工作委员会关于实施刑事诉讼法若干问题的规定(2012年12月26日)(节录)

23. 上级公安机关指定下级公安机关立案侦查的案件,需要逮捕犯罪嫌疑人的,由侦查该案件的公安机关报请同级人民检察院审查批准;需要提起公诉的,由侦查该案件的公安机关移送同级人民检察院审查起诉。

人民检察院对于审查起诉的案件,按照刑事诉讼法的管辖规定,认为应当由上级人民检察院或者同级其他人民检察院起诉的,应当将案件移送有管辖权的人民检察院。人民检察院认为需要依照刑事诉讼法的规定指定审判管辖的,应当协商同级人民法院办理指定管辖有关事宜。

★最高人民法院关于适用《中华人民共和国刑事诉讼法》的解释(2021年1月26日)(节录)

第十七条 基层人民法院对可能判处无期徒刑、死刑的第一审刑事案件,应当移送中级人民法院审判。

基层人民法院对下列第一审刑事案件,可以请求移送中级人民法院审判:

(一)重大、复杂案件;

(二)新类型的疑难案件;

(三)在法律适用上具有普遍指导意义的案件。

需要将案件移送中级人民法院审判的,应当在报请院长决定后,至迟于案件审理期限届满十五日以前书面请求移送。中级人民法院应当在接到申请后十日以内作出决定。不同意移送的,应当下达不同意移送决定书,由请求移送的人民法院依法审判;同意移送的,应当下达同意移送决定书,并书面通知同级人民检察院。

第十八条 有管辖权的人民法院因案件涉及本院院长需要回避或者其他原因,不宜行使管辖权的,可以请求移送上一级人民法院管辖。上一级人民法院可以管辖,也可以指定与提出请求的人民法院同级的其他人民法院管辖。

★人民检察院刑事诉讼规则(2019年12月30日)(节录)

第十五条 对本规则第十三条第二款规定的案件,人民检察院需要直接立案侦查的,应当层报省级人民检察院决定。

报请省级人民检察院决定立案侦查的案件,应当制作提请批准直接受理书,写明案件情况以及需要由人民检察院立案侦查的理由,并附有关材料。

省级人民检察院应当在收到提请批准直接受理书后十日以内作出是否立案侦查的决定。省级人民检察院可以决定由设区的市级人民检察院立案侦查,也可以自行立案侦查。

第十六条 上级人民检察院在必要的时候,可以直接立案侦查或者组织、指挥、参与侦查下级人民检察院管辖的案件。下级人民检察院认为案情重大、复杂,需要由上级人民检察院立案侦查的案件,可以请求移送上级人民检察院立案侦查。

2. 提级管辖的情形

★最高人民法院、最高人民检察院、公安部关于公安部证券犯罪侦查局直属分局办理经济犯罪案件适用刑事诉讼程序若干问题的通知(2009年11月4日)(节录)

七、人民检察院认为直属分局移送的案件,犯罪事实已经查清,证据确实、充分,依法应当追究刑事责任的,应当依照《刑事诉讼法》有关管辖的规定向人民法院提起公诉。人民法院应当依法作出判决。

八、案情重大、复杂或者确有特殊情况需要改变管辖的,人民法院可以依照《刑事诉讼法》第二十三条①、第二十六条②的规定决定。

★关于规范上下级人民法院审判业务关系的若干意见（2010年12月28日）（节录）

第五条　上级人民法院认为下级人民法院管辖的第一审案件，属于本意见第三条所列类型，有必要由自己审理的，可以决定提级管辖。

第六条　第一审人民法院已经查清事实的案件，第二审人民法院原则上不得以事实不清、证据不足为由发回重审。

第二审人民法院作出发回重审裁定时，应当在裁定书中详细阐明发回重审的理由及法律依据。

第七条　第二审人民法院因原审判决事实不清、证据不足将案件发回重审的，原则上只能发回重审一次。

★最高人民法院关于适用《中华人民共和国刑事诉讼法》的解释（2021年1月26日）（节录）

第十六条　上级人民法院决定审判下级人民法院管辖的第一审刑事案件的，应当向下级人民法院下达改变管辖决定书，并书面通知同级人民检察院。

第四百七十六条　第一审涉外刑事案件，除刑事诉讼法第二十一条至第二十三条规定的以外，由基层人民法院管辖。必要时，中级人民法院可以指定辖区内若干基层人民法院集中管辖第一审涉外刑事案件，也可以依照刑事诉讼法第二十四条的规定，审理基层人民法院管辖的第一审涉外刑事案件。

★人民检察院刑事诉讼规则（2019年12月30日）（节录）

第十四条　人民检察院办理直接受理侦查的案件，由设区的市人民检察院立案侦查。基层人民检察院发现犯罪线索的，应当报设区的市级人民检察院决定立案侦查。

设区的市级人民检察院根据案件情况也可以将案件交由基层人民检察院立案侦查，或者要求基层人民检察院协助侦查。对于刑事执行派出检察院辖区内与刑事执行活动有关的犯罪线索，可以交由刑事执行派出检察院立案侦查。

最高人民检察院、省级人民检察院发现犯罪线索的，可以自行立案侦查，也可以将犯罪线索交由指定的省级人民检察院或者设区的市级人民检察院立案侦查。

第十六条　上级人民检察院在必要的时候，可以直接立案侦查或者组织、

---

① 现为第二十四条。——编者注
② 现为第二十七条。——编者注

指挥、参与侦查下级人民检察院管辖的案件。下级人民检察院认为案情重大、复杂，需要由上级人民检察院立案侦查的案件，可以请求移送上级人民检察院立案侦查。

> **第二十五条 【地域管辖】**刑事案件由犯罪地的人民法院管辖。如果由被告人居住地的人民法院审判更为适宜的，可以由被告人居住地的人民法院管辖。

● 要点及关联法规

1. 一般地域管辖

★**最高人民检察院、公安部关于公安机关办理经济犯罪案件的若干规定**（2017年11月24日）（节录）

第八条 经济犯罪案件由犯罪地的公安机关管辖。如果由犯罪嫌疑人居住地的公安机关管辖更为适宜的，可以由犯罪嫌疑人居住地的公安机关管辖。

犯罪地包括犯罪行为发生地和犯罪结果发生地。犯罪行为发生地，包括犯罪行为的实施地以及预备地、开始地、途经地、结束地等与犯罪行为有关的地点；犯罪行为有连续、持续或者继续状态的，犯罪行为连续、持续或者继续实施的地方都属于犯罪行为发生地。犯罪结果发生地，包括犯罪对象被侵害地、犯罪所得的实际取得地、藏匿地、转移地、使用地、销售地。

居住地包括户籍所在地、经常居住地。户籍所在地与经常居住地不一致的，由经常居住地的公安机关管辖。经常居住地是指公民离开户籍所在地最后连续居住一年以上的地方，但是住院就医的除外。

单位涉嫌经济犯罪的，由犯罪地或者所在地公安机关管辖。所在地是指单位登记的住所地。主要营业地或者主要办事机构所在地与登记的住所地不一致的，主要营业地或者主要办事机构所在地为其所在地。

法律、司法解释或者其他规范性文件对有关经济犯罪案件的管辖作出特别规定的，从其规定。

★**公安部关于打击拐卖妇女儿童犯罪适用法律和政策有关问题的意见**（2000年3月24日）（节录）

一、关于立案、管辖问题

（一）对发现的拐卖妇女、儿童案件，拐出地（即妇女、儿童被拐骗地）、拐入地或者中转地公安机关应当立案管辖。两个以上公安机关都有管辖权的，由最先立案的公安机关侦查。必要时，可以由主要犯罪地或者主要犯罪嫌疑人居住地公安机关管辖。有关公安机关不得相互推诿。对管辖有争议的案件，应报请争议双方共同的上一级公安机关指定管辖。

铁路、交通、民航公安机关按照《公安机关办理刑事案件程序规定》第20条的规定立案侦查拐卖妇女、儿童案件。在运输途中查获的拐卖妇女、儿童案件，可以直接移送拐出地公安机关处理。

★最高人民法院、最高人民检察院、公安部、国家安全部、司法部、全国人大常委会法制工作委员会关于实施刑事诉讼法若干问题的规定（2012年12月26日）（节录）

2. 刑事诉讼法第二十四条中规定："刑事案件由犯罪地的人民法院管辖。"刑事诉讼法规定的"犯罪地"，包括犯罪的行为发生地和结果发生地。

★最高人民法院关于适用《中华人民共和国刑事诉讼法》的解释（2021年1月26日）（节录）

第二条　犯罪地包括犯罪行为地和犯罪结果地。

针对或者主要利用计算机网络实施的犯罪，犯罪地包括用于实施犯罪行为的网络服务使用的服务器所在地，网络服务提供者所在地，被侵害的信息网络系统及其管理者所在地，犯罪过程中被告人、被害人使用的信息网络系统所在地，以及被害人被侵害时所在地和被害人财产遭受损失地等。

第三条　被告人的户籍地为其居住地。经常居住地与户籍地不一致的，经常居住地为其居住地。经常居住地为被告人被追诉前已连续居住一年以上的地方，但住院就医的除外。

被告单位登记的住所地为其居住地。主要营业地或者主要办事机构所在地与登记的住所地不一致的，主要营业地或者主要办事机构所在地为其居住地。

★公安机关办理刑事案件程序规定（2020年7月20日）（节录）

第十五条　刑事案件由犯罪地的公安机关管辖。如果由犯罪嫌疑人居住地的公安机关管辖更为适宜的，可以由犯罪嫌疑人居住地的公安机关管辖。

法律、司法解释或者其他规范性文件对有关犯罪案件的管辖作出特别规定的，从其规定。

第十六条　犯罪地包括犯罪行为发生地和犯罪结果发生地。犯罪行为发生地，包括犯罪行为的实施地以及预备地、开始地、途经地、结束地等与犯罪行为有关的地点；犯罪行为有连续、持续或者继续状态的，犯罪行为连续、持续或者继续实施的地方都属于犯罪行为发生地。犯罪结果发生地，包括犯罪对象被侵害地、犯罪所得的实际取得地、藏匿地、转移地、使用地、销售地。

居住地包括户籍所在地、经常居住地。经常居住地是指公民离开户籍所在地最后连续居住一年以上的地方，但住院就医的除外。单位登记的住所地为其居住地。主要营业地或者主要办事机构所在地与登记的住所地不一致的，主要营业地或者主要办事机构所在地为其居住地。

第十七条　针对或者主要利用计算机网络实施的犯罪，用于实施犯罪行为的网络服务使用的服务器所在地，网络服务提供者所在地，被侵害的网络信息系统及其管理者所在地，以及犯罪过程中犯罪嫌疑人、被害人使用的网络信息系统所在地，被害人被侵害时所在地和被害人财产遭受损失地公安机关可以管辖。

★最高人民法院、最高人民检察院、公安部、国家安全部关于依法办理非法生产销售使用"伪基站"设备案件的意见（2014年4月3日）（节录）

三、合理确定管辖

（一）案件一般由犯罪地公安机关管辖，犯罪嫌疑人居住地公安机关管辖更为适宜的，也可以由犯罪嫌疑人居住地公安机关管辖。对案件管辖有争议的，可以由共同的上级公安机关指定管辖；情况特殊的，上级公安机关可以指定其他公安机关管辖。

（二）上级公安机关指定下级公安机关立案侦查的案件，需要逮捕犯罪嫌疑人的，由侦查该案件的公安机关提请同级人民检察院审查批准，人民检察院应当依法作出批准逮捕或者不批准逮捕的决定；需要移送审查起诉的，由侦查该案件的公安机关移送同级人民检察院审查起诉。

（三）人民检察院对于审查起诉的案件，按照《刑事诉讼法》的管辖规定，认为应当由上级人民检察院或者同级其他人民检察院起诉的，将案件移送有管辖权的人民检察院，或者报上级检察机关指定管辖。

（四）符合最高人民法院、最高人民检察院、公安部、国家安全部、司法部、全国人大法工委《关于实施刑事诉讼法若干问题的规定》有关并案处理规定的，人民法院、人民检察院、公安机关可以在职责范围内并案处理。

★最高人民法院、最高人民检察院、公安部关于办理网络犯罪案件适用刑事诉讼程序若干问题的意见（2014年5月4日）（节录）

一、关于网络犯罪案件的范围

1. 本意见所称网络犯罪案件包括：

（1）危害计算机信息系统安全犯罪案件；

（2）通过危害计算机信息系统安全实施的盗窃、诈骗、敲诈勒索等犯罪案件；

（3）在网络上发布信息或者设立主要用于实施犯罪活动的网站、通讯群组，针对或者组织、教唆、帮助不特定多数人实施的犯罪案件；

（4）主要犯罪行为在网络上实施的其他案件。

二、关于网络犯罪案件的管辖

2. 网络犯罪案件由犯罪地公安机关立案侦查。必要时，可以由犯罪嫌疑人居住地公安机关立案侦查。

网络犯罪案件的犯罪地包括用于实施犯罪行为的网站服务器所在地，网络接入地，网站建立者、管理者所在地，被侵害的计算机信息系统或其管理者所在地，犯罪嫌疑人、被害人使用的计算机信息系统所在地，被害人被侵害时所在地，以及被害人财产遭受损失地等。

涉及多个环节的网络犯罪案件，犯罪嫌疑人为网络犯罪提供帮助的，其犯罪地或者居住地公安机关可以立案侦查。

3. 有多个犯罪地的网络犯罪案件，由最初受理的公安机关或者主要犯罪地公安机关立案侦查。有争议的，按照有利于查清犯罪事实、有利于诉讼的原则，由共同上级公安机关指定有关公安机关立案侦查。需要提请批准逮捕、移送审查起诉、提起公诉的，由该公安机关所在地的人民检察院、人民法院受理。

★最高人民法院、最高人民检察院、公安部、司法部关于办理恐怖活动和极端主义犯罪案件适用法律若干问题的意见（2018年3月6日）（节录）

二、正确适用程序

（一）组织、领导、参加恐怖组织罪，帮助恐怖活动罪，准备实施恐怖活动罪，宣扬恐怖主义、煽动实施恐怖活动罪，强制穿戴宣扬恐怖主义服饰、标志罪，非法持有宣扬恐怖主义物品罪的第一审刑事案件由中级人民法院管辖；宣扬极端主义罪，利用极端主义破坏法律实施罪，强制穿戴宣扬极端主义服饰、标志罪，非法持有宣扬极端主义物品罪的第一审刑事案件由基层人民法院管辖。高级人民法院可以根据级别管辖的规定，结合本地区社会治安状况、案件数量等情况，决定实行相对集中管辖，指定辖区内特定的中级人民法院集中审理恐怖活动和极端主义犯罪第一审刑事案件，或者指定辖区内特定的基层人民法院集中审理极端主义犯罪第一审刑事案件，并将指定法院名单报最高人民法院备案。

三、完善工作机制

（一）人民法院、人民检察院和公安机关办理恐怖活动和极端主义犯罪案件，应当互相配合，互相制约，确保法律有效执行。对于主要犯罪事实、关键证据和法律适用等可能产生分歧或者重大、疑难、复杂的恐怖活动和极端主义犯罪案件，公安机关商请听取有管辖权的人民检察院意见和建议的，人民检察院可以提出意见和建议。

（二）恐怖活动和极端主义犯罪案件一般由犯罪地公安机关管辖，犯罪嫌疑人居住地公安机关管辖更为适宜的，也可以由犯罪嫌疑人居住地公安机关管辖。移送案件应当一案一卷，将案件卷宗、提取物证和扣押物品等全部随案移交。移送案件的公安机关应当指派专人配合接收案件的公安机关开展后续案件办理工作。

2. 特殊地域管辖

（1）走私犯罪

★关于办理走私刑事案件适用法律若干问题的意见（2002年7月8日）（节录）

一、关于走私犯罪案件的管辖问题

根据刑事诉讼法的规定，走私犯罪案件由犯罪地的走私犯罪侦查机关立案侦查。走私犯罪案件复杂，环节多，其犯罪地可能涉及多个犯罪行为发生地，包括货物、物品的进口（境）地、出口（境）地、报关地、核销地等。如果发生刑法第一百五十四条、第一百五十五条规定的走私犯罪行为的，走私货物、物品的销售地、运输地、收购地和贩卖地均属于犯罪行为的发生地。对有多个走私犯罪行为发生地的，由最初受理的走私犯罪侦查机关或者由主要犯罪地的走私犯罪侦查机关管辖。对管辖有争议的，由共同的上级走私犯罪侦查机关指定管辖。

对发生在海（水）上的走私犯罪案件由该辖区的走私犯罪侦查机关管辖，但对走私船舶有跨辖区连续追缉情形的，由缉获走私船舶的走私犯罪侦查机关管辖。

人民检察院受理走私犯罪侦查机关提请批准逮捕、移送审查起诉的走私犯罪案件，人民法院审理人民检察院提起公诉的走私犯罪案件，按照《最高人民法院、最高人民检察院、公安部、司法部、海关总署关于走私犯罪侦查机关办理走私犯罪案件适用刑事诉讼程序若干问题的通知》（署侦〔1998〕742号）的有关规定执行。

（2）信用卡诈骗犯罪

★最高人民法院、最高人民检察院、公安部关于信用卡诈骗犯罪管辖有关问题的通知（2011年8月8日）（节录）

对以窃取、收买等手段非法获取他人信用卡信息资料后在异地使用的信用卡诈骗犯罪案件，持卡人信用卡申领地的公安机关、人民检察院、人民法院可以依法立案侦查、起诉、审判。

(3) 在内水、领海的犯罪

★**最高人民法院关于适用《中华人民共和国刑事诉讼法》的解释**（2021年1月26日）（节录）

第四条　在中华人民共和国内水、领海发生的刑事案件，由犯罪地或者被告人登陆地的人民法院管辖。由被告人居住地的人民法院审判更为适宜的，可以由被告人居住地的人民法院管辖。

(4) 在国内列车上的犯罪

★**最高人民法院关于适用《中华人民共和国刑事诉讼法》的解释**（2021年1月26日）（节录）

第五条　在列车上的犯罪，被告人在列车运行途中被抓获的，由前方停靠站所在地负责审判铁路运输刑事案件的人民法院管辖。必要时，也可以由始发站或者终点站所在地负责审判铁路运输刑事案件的人民法院管辖。

被告人不是在列车运行途中被抓获的，由负责该列车乘务的铁路公安机关对应的审判铁路运输刑事案件的人民法院管辖；被告人在列车运行途经车站被抓获的，也可以由该车站所在地负责审判铁路运输刑事案件的人民法院管辖。

(5) 在国际列车上的犯罪

★**最高人民法院关于适用《中华人民共和国刑事诉讼法》的解释**（2021年1月26日）（节录）

第六条　在国际列车上的犯罪，根据我国与相关国家签订的协定确定管辖；没有协定的，由该列车始发或者前方停靠的中国车站所在地负责审判铁路运输刑事案件的人民法院管辖。

(6) 中国公民在中国驻外使、领馆内的犯罪

★**最高人民法院关于适用《中华人民共和国刑事诉讼法》的解释**（2021年1月26日）（节录）

第七条　在中华人民共和国领域外的中国船舶内的犯罪，由该船舶最初停泊的中国口岸所在地或者被告人登陆地、入境地的人民法院管辖。

(7) 中国公民在中国领域外的犯罪

★**最高人民法院关于适用《中华人民共和国刑事诉讼法》的解释**（2021年1月26日）（节录）

第十条　中国公民在中华人民共和国领域外的犯罪，由其登陆地、入境地、

离境前居住地或者现居住地的人民法院管辖；被害人是中国公民的，也可以由被害人离境前居住地或者现居住地的人民法院管辖。

（8）外国人在中国领域外针对中国、中国人犯罪

★最高人民法院关于适用《中华人民共和国刑事诉讼法》的解释（2021年1月26日）（节录）

第十一条　外国人在中华人民共和国领域外对中华人民共和国国家或者公民犯罪，根据《中华人民共和国刑法》应当受处罚的，由该外国人登陆地、入境地或者入境后居住地的人民法院管辖，也可以由被害人离境前居住地或者现居住地的人民法院管辖。

（9）国际条约规定的罪行

★最高人民法院关于适用《中华人民共和国刑事诉讼法》的解释（2021年1月26日）（节录）

第十二条　对中华人民共和国缔结或者参加的国际条约所规定的罪行，中华人民共和国在所承担条约义务的范围内行使刑事管辖权的，由被告人被抓获地、登陆地或者入境地的人民法院管辖。

（10）漏罪和新罪

★最高人民法院关于适用《中华人民共和国刑事诉讼法》的解释（2021年1月26日）（节录）

第十三条　正在服刑的罪犯在判决宣告前还有其他罪没有判决的，由原审地人民法院管辖；由罪犯服刑地或者犯罪地的人民法院审判更为适宜的，可以由罪犯服刑地或者犯罪地的人民法院管辖。

罪犯在服刑期间又犯罪的，由服刑地的人民法院管辖。

罪犯在脱逃期间又犯罪的，由服刑地的人民法院管辖。但是，在犯罪地抓获罪犯并发现其在脱逃期间犯罪的，由犯罪地的人民法院管辖。

（11）国家工作人员职务犯罪

★人民检察院刑事诉讼规则（2019年12月30日）（节录）

第十九条　本规则第十三条规定的案件，由犯罪嫌疑人工作单位所在地的人民检察院管辖。如果由其他人民检察院管辖更为适宜的，可以由其他人民检察院管辖。

（12）非国家工作人员职务犯罪

★公安部经济犯罪侦查局关于对非国家工作人员职务犯罪案件管辖权问题的意见（2003年4月21日）（节录）

……非国家工作人员涉嫌职务犯罪案件中，犯罪嫌疑人工作单位所在地公安机关具有管辖权。

（13）在行驶中的交通工具上的犯罪

★公安机关办理刑事案件程序规定（2020年7月20日）（节录）

第十八条　行驶中的交通工具上发生的刑事案件，由交通工具最初停靠地公安机关管辖；必要时，交通工具始发地、途经地、目的地公安机关也可以管辖。

（14）网络犯罪

★最高人民法院、最高人民检察院、公安部关于办理网络犯罪案件适用刑事诉讼程序若干问题的意见（2014年5月4日）（节录）

二、关于网络犯罪案件的管辖

4. 具有下列情形之一的，有关公安机关可以在其职责范围内并案侦查，需要提请批准逮捕、移送审查起诉、提起公诉的，由该公安机关所在地的人民检察院、人民法院受理：

（1）一人犯数罪的；

（2）共同犯罪的；

（3）共同犯罪的犯罪嫌疑人、被告人还实施其他犯罪的；

（4）多个犯罪嫌疑人、被告人实施的犯罪存在关联，并案处理有利于查明案件事实的。

5. 对因网络交易、技术支持、资金支付结算等关系形成多层级链条、跨区域的网络犯罪案件，共同上级公安机关可以按照有利于查清犯罪事实、有利于诉讼的原则，指定有关公安机关一并立案侦查，需要提请批准逮捕、移送审查起诉、提起公诉的，由该公安机关所在地的人民检察院、人民法院受理。

6. 具有特殊情况，由异地公安机关立案侦查更有利于查清犯罪事实、保证案件公正处理的跨省（自治区、直辖市）重大网络犯罪案件，可以由公安部商最高人民检察院和最高人民法院指定管辖。

7. 人民检察院对于公安机关移送审查起诉的网络犯罪案件，发现犯罪嫌疑人还有犯罪被其他公安机关立案侦查的，应当通知移送审查起诉的公安机关。

人民法院受理案件后，发现被告人还有犯罪被其他公安机关立案侦查的，可以建议人民检察院补充侦查。人民检察院经审查，认为需要补充侦查的，应当通知移送审查起诉的公安机关。

经人民检察院通知，有关公安机关根据案件具体情况，可以对犯罪嫌疑人所犯其他犯罪并案侦查。

8. 为保证及时结案，避免超期羁押，人民检察院对于公安机关提请批准逮捕、移送审查起诉的网络犯罪案件，第一审人民法院对于已经受理的网络犯罪案件，经审查发现没有管辖权的，可以依法报请共同上级人民检察院、人民法院指定管辖。

9. 部分犯罪嫌疑人在逃，但不影响对已到案共同犯罪嫌疑人、被告人的犯罪事实认定的网络犯罪案件，可以依法先行追究已到案共同犯罪嫌疑人、被告人的刑事责任。在逃的共同犯罪嫌疑人、被告人归案后，可以由原公安机关、人民检察院、人民法院管辖其所涉及的案件。

三、关于网络犯罪案件的初查

10. 对接受的案件或者发现的犯罪线索，在审查中发现案件事实或者线索不明，需要经过调查才能够确认是否达到犯罪追诉标准的，经办案部门负责人批准，可以进行初查。

初查过程中，可以采取询问、查询、勘验、检查、鉴定、调取证据材料等不限制初查对象人身、财产权利的措施，但不得对初查对象采取强制措施和查封、扣押、冻结财产。

（15）海上发生的犯罪案件

★**最高人民法院、最高人民检察院、公安部关于办理海上发生的违法犯罪案件有关问题的通知**（2007年9月17日）（节录）

一、公安机关海上执法任务由沿海省、自治区、直辖市公安边防总队及其所属的海警支队、海警大队承担。在办理海上治安行政案件和刑事案件时，公安边防总队行使地（市）级人民政府公安机关的职权，海警支队行使县级人民政府公安机关的职权，海警大队行使公安派出所的职权，分别以自己名义作出决定和制作法律文书。

二、对省、自治区、直辖市公安边防总队及其下设的海警支队管辖海域的划分，应当充分考虑执法办案工作的需要，可以不受行政区划海域划分的限制。

海警支队的管辖海域由其隶属的省、自治区、直辖市公安边防总队划定，报公安部边防管理局和所在省、自治区、直辖市公安厅、局备案，并抄送所在地省、自治区、直辖市高级人民法院、人民检察院。

沿海省、自治区、直辖市公安边防总队的管辖海域由公安部边防管理局划定，并抄送最高人民法院、最高人民检察院。

三、海上发生的一般治安行政案件，由违法行为发生海域海警大队管辖；重大、复杂、涉外的治安行政案件，由违法行为发生海域海警支队管辖；如果由违法嫌疑人居住地公安机关管辖更为适宜的，可以由违法嫌疑人居住地的公安机关管辖。

海上发生的刑事案件，由犯罪行为发生海域海警支队管辖；如果由犯罪嫌疑人居住地或者主要犯罪行为发生地公安机关管辖更为适宜的，可以由犯罪嫌疑人居住地或者主要犯罪行为发生地的公安机关管辖；对管辖有争议或者情况特殊的刑事案件，可报请上级公安机关指定管辖。

同一省、自治区、直辖市内跨海警支队管辖海域的行政案件和刑事案件，由违法犯罪行为发生海域海警支队协商确定管辖；协商不成的，由省、自治区、直辖市公安边防总队指定管辖。

跨省、自治区、直辖市管辖海域的行政案件和刑事案件，由违法犯罪行为发生海域省、自治区、直辖市公安边防总队协商确定管辖；协商不成的，由公安部边防管理局指定管辖。

四、海警支队办理刑事案件，需要提请批准逮捕或者移送审查起诉的，依法向所在地人民检察院提请或者移送，人民检察院应当依法进行审查并作出决定。

人民检察院提起公诉的海上犯罪案件，同级人民法院依法审判。人民法院判处管制、剥夺政治权利以及决定暂予监外执行、缓刑、假释的，由罪犯居住地公安机关执行。

八、（第一款）对海上违法犯罪案件的调查处理、侦查、提起公诉和审判，分别依照《刑事诉讼法》《治安管理处罚法》等相关法律、法规、规章和司法解释的规定办理。

★最高人民法院、最高人民检察院、中国海警局关于海上刑事案件管辖等有关问题的通知（2020年2月20日）（节录）

一、对海上发生的刑事案件，按照下列原则确定管辖：

（一）在中华人民共和国内水、领海发生的犯罪，由犯罪地或者被告人登陆地的人民法院管辖，如果由被告人居住地的人民法院审判更为适宜的，可以由被告人居住地的人民法院管辖；

（二）在中华人民共和国领域外的中国船舶内的犯罪，由该船舶最初停泊的中国口岸所在地或者被告人登陆地、入境地的人民法院管辖；

（三）中国公民在中华人民共和国领海以外的海域犯罪，由其登陆地、入境地、离境前居住地或者现居住地的人民法院管辖；被害人是中国公民的，也可以由被害人离境前居住地或者现居住地的人民法院管辖；

（四）外国人在中华人民共和国领海以外的海域对中华人民共和国国家或者公民犯罪，根据《中华人民共和国刑法》应当受到处罚的，由该外国人登陆地、入境地、入境后居住地的人民法院管辖，也可以由被害人离境前居住地或者现居住地的人民法院管辖；

（五）对中华人民共和国缔结或者参加的国际条约所规定的罪行，中华人民共和国在所承担的条约义务的范围内行使刑事管辖权的，由被告人被抓获地、登陆地或者入境地的人民法院管辖。

前款第一项规定的犯罪地包括犯罪行为发生地和犯罪结果发生地。前款第二项至第五项规定的入境地，包括进入我国陆地边境、领海以及航空器降落在我国境内的地点。

（16）流动性团伙性跨区域性的犯罪案件

★关于办理流动性团伙性跨区域性犯罪案件有关问题的意见（2011年5月1日）（节录）

第一条　流动性、团伙性、跨区域性犯罪案件，由犯罪地的公安机关、人民检察院、人民法院管辖。如果由犯罪嫌疑人、被告人居住地的公安机关、人民检察院、人民法院管辖更为适宜的，可以由犯罪嫌疑人、被告人居住地的公安机关、人民检察院、人民法院管辖。犯罪地包括犯罪行为发生地和犯罪结果发生地。犯罪嫌疑人、被告人居住地包括经常居住地、户籍所在地。

前款中所称"犯罪行为发生地"包括被害人接到诈骗、敲诈勒索电话、短信息、电子邮件、信件、传真等犯罪信息的地方，以及犯罪行为持续发生的开始地、流转地、结束地；"犯罪结果发生地"包括被害人向犯罪嫌疑人、被告人指定的账户转账或存款的地方，以及犯罪所得的实际取得地、藏匿地、转移地、使用地、销售地。

第二条　几个公安机关都有管辖权的案件，由最初受理的公安机关管辖。对管辖有争议的，应当本着有利于查清犯罪事实，有利于诉讼的原则，协商解决。经协商无法达成一致的，报共同的上级公安机关指定管辖。

第三条　有下列情形之一的，主办地公安机关可以依照法律和有关规定对全部人员和全部案件一并立案侦查，需要提请批准逮捕、移送审查起诉、提起公诉的，由该公安机关所在地的同级人民检察院、人民法院受理：

（一）一人在两个以上县级行政区域作案的；

（二）一人在一地利用电话、网络、信件等通讯工具和媒介以非接触性的方式作案，涉及两个以上县级行政区域的被害人的；

（三）两人以上结伙在两个以上县级行政区域共同作案的；

（四）两人以上结伙在一地利用电话、网络、信件等通讯工具和媒介以非接触性的方式共同作案，涉及两个以上县级行政区域的被害人的；

（五）三人以上时分时合，交叉结伙在两个以上县级行政区域作案的；

（六）夸区域实施的涉及同一犯罪对象的盗窃、抢劫、抢夺、诈骗、敲诈勒索以及掩饰、隐瞒犯罪所得、犯罪所得收益行为的。

第四条 人民检察院对于公安机关移送审查起诉的案件，人民法院对于已进入审判程序的案件，当事人、法定代理人、诉讼代理人、辩护人提出管辖异议的，或者办案单位发现没有管辖权的，受案的人民检察院、人民法院经审查，可以报请与有管辖权的人民检察院、人民法院共同的上级人民检察院、人民法院指定管辖。

（17）非法集资的犯罪案件

★关于办理非法集资刑事案件若干问题的意见（2019年1月30日）

七、关于管辖问题

跨区域非法集资刑事案件按照《国务院关于进一步做好防范和处置非法集资工作的意见》（国发〔2015〕59号）确定的工作原则办理。如果合并侦查、诉讼更为适宜的，可以合并办理。

办理跨区域非法集资刑事案件，如果多个公安机关都有权立案侦查的，一般由主要犯罪地公安机关作为案件主办地，对主要犯罪嫌疑人立案侦查和移送审查起诉；由其他犯罪地公安机关作为案件分办地根据案件具体情况，对本地区犯罪嫌疑人立案侦查和移送审查起诉。

管辖不明或者有争议的，按照有利于查清犯罪事实、有利于诉讼的原则，由其共同的上级公安机关协调确定或者指定有关公安机关作为案件主办地立案侦查。需要提请批准逮捕、移送审查起诉、提起公诉的，由分别立案侦查的公安机关所在地的人民检察院、人民法院受理。

对于重大、疑难、复杂的跨区域非法集资刑事案件，公安机关应当在协调确定或者指定案件主办地立案侦查的同时，通报同级人民检察院、人民法院。人民检察院、人民法院参照前款规定，确定主要犯罪地作为案件主办地，其他犯罪地作为案件分办地，由所在地的人民检察院、人民法院负责起诉、审判。

本条规定的"主要犯罪地",包括非法集资活动的主要组织、策划、实施地,集资行为人的注册地、主要营业地、主要办事机构所在地,集资参与人的主要所在地等。

(18)环境污染的犯罪案件

★关于办理环境污染刑事案件有关问题座谈会纪要(2019年2月20日)(节录)

12. 关于管辖的问题

会议针对环境污染犯罪案件的管辖问题进行了讨论。会议认为,实践中一些环境污染犯罪案件属于典型的跨区域刑事案件,容易存在管辖不明或者有争议的情况,各级人民法院、人民检察院、公安机关要加强沟通协调,共同研究解决。

会议提出,跨区域环境污染犯罪案件由犯罪地的公安机关管辖。如果由犯罪嫌疑人居住地的公安机关管辖更为适宜的,可以由犯罪嫌疑人居住地的公安机关管辖。犯罪地包括环境污染行为发生地和结果发生地。"环境污染行为发生地"包括环境污染行为的实施地以及预备地、开始地、途经地、结束地以及排放、倾倒污染物的车船停靠地、始发地、途经地、到达地等地点;环境污染行为有连续、持续或者继续状态的,相关地方都属于环境污染行为发生地。"环境污染结果发生地"包括污染物排放地、倾倒地、堆放地、污染发生地等。

多个公安机关都有权立案侦查的,由最初受理的或者主要犯罪地的公安机关立案侦查,管辖有争议的,按照有利于查清犯罪事实、有利于诉讼的原则,由共同的上级公安机关协调确定的公安机关立案侦查,需要提请批准逮捕、移送审查起诉、提起公诉的,由该公安机关所在地的人民检察院、人民法院受理。

(19)环境污染的犯罪案件

★最高人民法院、最高人民检察院、公安部、司法部关于办理"套路贷"刑事案件若干问题的意见(2019年4月9日)(节录)

11. "套路贷"犯罪案件一般由犯罪地公安机关侦查,如果由犯罪嫌疑人居住地公安机关立案侦查更为适宜的,可以由犯罪嫌疑人居住地公安机关立案侦查。犯罪地包括犯罪行为发生地和犯罪结果发生地。

"犯罪行为发生地"包括为实施"套路贷"所设立的公司所在地、"借贷"协议或相关协议签订地、非法讨债行为实施地、为实施"套路贷"而进行诉讼、仲裁、公证的受案法院、仲裁委员会、公证机构所在地,以及"套路贷"行为的预备地、开始地、途经地、结束地等。

"犯罪结果发生地"包括违法所得财物的支付地、实际取得地、藏匿地、转移地、使用地、销售地等。

除犯罪地、犯罪嫌疑人居住地外，其他地方公安机关对于公民扭送、报案、控告、举报或者犯罪嫌疑人自首的"套路贷"犯罪案件，都应当立即受理，经审查认为有犯罪事实的，移送有管辖权的公安机关处理。

黑恶势力实施的"套路贷"犯罪案件，由侦办黑社会性质组织、恶势力或者恶势力犯罪集团案件的公安机关进行侦查。

3. 公安机关办理刑事案件的异地协作

★公安机关办理刑事案件程序规定（2020年7月20日）（节录）

第三百四十七条 需要异地公安机关协助的，办案地公安机关应当制作办案协作函件，连同有关法律文书和人民警察证复印件一并提供给协作地公安机关。必要时，可以将前述法律手续传真或者通过公安机关有关信息系统传输至协作地公安机关。

请求协助执行传唤、拘传、拘留、逮捕的，应当提供传唤证、拘传证、拘留证、逮捕证；请求协助开展搜查、查封、扣押、查询、冻结等侦查活动的，应当提供搜查证、查封决定书、扣押决定书、协助查询财产通知书、协助冻结财产通知书；请求协助开展勘验、检查、讯问、询问等侦查活动的，应当提供立案决定书。

第三百四十九条 对协作过程中获取的犯罪线索，不属于自己管辖的，应当及时移交有管辖权的公安机关或者其他有关部门。

第三百五十三条 办案地公安机关请求协查犯罪嫌疑人的身份、年龄、违法犯罪经历等情况的，协作地公安机关应当在接到请求后七日以内将协查结果通知办案地公安机关；交通十分不便的边远地区，应当在十五日以内将协查结果通知办案地公安机关。

办案地公安机关请求协助调查取证或者查询犯罪信息、资料的，协作地公安机关应当及时协查并反馈。

第三百五十四条 对不履行办案协作程序或者协作职责造成严重后果的，对直接负责的主管人员和其他直接责任人员，应当给予处分；构成犯罪的，依法追究刑事责任。

第三百五十五条 协作地公安机关依照办案地公安机关的协作请求履行办案协作职责所产生的法律责任，由办案地公安机关承担。但是，协作行为超出协作请求范围，造成执法过错的，由协作地公安机关承担相应法律责任。

★最高人民检察院、公安部关于公安机关办理经济犯罪案件的若干规定
（2017年11月24日）（节录）

第九条 非国家工作人员利用职务上的便利实施经济犯罪的，由犯罪嫌疑人工作单位所在地公安机关管辖。如果由犯罪行为实施地或者犯罪嫌疑人居住地的公安机关管辖更为适宜的，也可以由犯罪行为实施地或者犯罪嫌疑人居住地的公安机关管辖。

第十条 上级公安机关必要时可以立案侦查或者组织、指挥、参与侦查下级公安机关管辖的经济犯罪案件。

对重大、疑难、复杂或者跨区域性经济犯罪案件，需要由上级公安机关立案侦查的，下级公安机关可以请求移送上一级公安机关立案侦查。

第十一条 几个公安机关都有权管辖的经济犯罪案件，由最初受理的公安机关管辖。必要时，可以由主要犯罪地的公安机关管辖。对管辖不明确或者有争议的，应当协商管辖；协商不成的，由共同的上级公安机关指定管辖。

主要利用通讯工具、互联网等技术手段实施的经济犯罪案件，由最初发现、受理的公安机关或者主要犯罪地的公安机关管辖。

第十二条 公安机关办理跨区域性涉众型经济犯罪案件，应当坚持统一指挥协调、统一办案要求的原则。

对跨区域性涉众型经济犯罪案件，犯罪地公安机关应当立案侦查，并由一个地方公安机关为主侦查，其他公安机关应当积极协助。必要时，可以并案侦查。

第十三条 上级公安机关指定下级公安机关立案侦查的经济犯罪案件，需要逮捕犯罪嫌疑人的，由侦查该案件的公安机关提请同级人民检察院审查批准；需要移送审查起诉的，由侦查该案件的公安机关移送同级人民检察院审查起诉。

人民检察院受理公安机关移送审查起诉的经济犯罪案件，认为需要依照刑事诉讼法的规定指定审判管辖的，应当协商同级人民法院办理指定管辖有关事宜。

对跨区域性涉众型经济犯罪案件，公安机关指定管辖的，应当事先向同级人民检察院、人民法院通报和协商。

第五十七条 办理经济犯罪案件需要异地公安机关协作的，委托地公安机关应当对案件的管辖、定性、证据认定以及所采取的侦查措施负责，办理有关的法律文书和手续，并对协作事项承担法律责任。但是协作地公安机关超权限、超范围采取相关措施的，应当承担相应的法律责任。

第五十八条 办理经济犯罪案件需要异地公安机关协作的，由委托地的县级以上公安机关制作办案协作函件和有关法律文书，通过协作地的县级以上公安机关联系有关协作事宜。协作地公安机关接到委托地公安机关请求协作的函件后，应当指定主管业务部门办理。

各省、自治区、直辖市公安机关根据本地实际情况，就需要外省、自治区、直辖市公安机关协助对犯罪嫌疑人采取强制措施或者查封、扣押、冻结涉案财物事项制定相关审批程序。

第五十九条　协作地公安机关应当对委托地公安机关出具的法律文书和手续予以审核，对法律文书和手续完备的，协作地公安机关应当及时无条件予以配合，不得收取任何形式的费用。

第六十条　委托地公安机关派员赴异地公安机关请求协助查询资料、调查取证等事项时，应当出具办案协作函件和有关法律文书。

委托地公安机关认为不需要派员赴异地的，可以将办案协作函件和有关法律文书寄送协作地公安机关，协作地公安机关协查不得超过十五日；案情重大、情况紧急的，协作地公安机关应当在七日以内回复；因特殊情况不能按时回复的，协作地公安机关应当及时向委托地公安机关说明情况。

必要时，委托地公安机关可以将办案协作函件和有关法律文书通过电传、网络等保密手段或者相关工作机制传至协作地公安机关，协作地公安机关应当及时协查。

第六十一条　委托地公安机关派员赴异地公安机关请求协助采取强制措施或者搜查，查封、扣押、冻结涉案财物等事项时，应当持办案协作函件、有关侦查措施或者强制措施的法律文书、工作证件及相关案件材料，与协作地县级以上公安机关联系，协作地公安机关应当派员协助执行。

第六十二条　对不及时采取措施，有可能导致犯罪嫌疑人逃匿，或者有可能转移涉案财物以及重要证据的，委托地公安机关可以商请紧急协作，将办案协作函件和有关法律文书通过电传、网络等保密手段传至协作地县级以上公安机关，协作地公安机关收到协作函件后，应当及时采取措施，落实协作事项。委托地公安机关应当立即派员携带法律文书前往协作地办理有关事宜。

第六十三条　协作地公安机关在协作过程中，发现委托地公安机关明显存在违反法律规定的行为时，应当及时向委托地公安机关提出并报上一级公安机关。跨省协作的，应当通过协作地的省级公安机关通报委托地的省级公安机关，协商处理。未能达成一致意见的，协作地的省级公安机关应当及时报告公安部。

第六十四条　立案地公安机关赴其他省、自治区、直辖市办案，应当按照有关规定呈报上级公安机关审查批准。

第七十八条　本规定所称的"涉众型经济犯罪案件"，是指基于同一法律事实、利益受损人数众多、可能影响社会秩序稳定的经济犯罪案件，包括但不限于非法吸收公众存款，集资诈骗，组织、领导传销活动，擅自设立金融机构，擅自发行股票、公司企业债券等犯罪。

第七十九条 本规定所称的"跨区域性",是指涉及两个以上县级行政区域。

> **第二十六条 【优先管辖、移送管辖】**几个同级人民法院都有权管辖的案件,由最初受理的人民法院审判。在必要的时候,可以移送主要犯罪地的人民法院审判。

● 要点及关联法规

1. 移送管辖

★最高人民法院关于适用《中华人民共和国刑事诉讼法》的解释(2021年1月26日)(节录)

第十四条 人民检察院认为可能判处无期徒刑、死刑,向中级人民法院提起公诉的案件,中级人民法院受理后,认为不需要判处无期徒刑、死刑的,应当依法审判,不再交基层人民法院审判。

第十五条 一人犯数罪、共同犯罪或者其他需要并案审理的案件,其中一人或者一罪属于上级人民法院管辖的,全案由上级人民法院管辖。

第十六条 上级人民法院决定审判下级人民法院管辖的第一审刑事案件的,应当向下级人民法院下达改变管辖决定书,并书面通知同级人民检察院。

第十七条 基层人民法院对可能判处无期徒刑、死刑的第一审刑事案件,应当移送中级人民法院审判。

基层人民法院对下列第一审刑事案件,可以请求移送中级人民法院审判:

(一)重大、复杂案件;

(二)新类型的疑难案件;

(三)在法律适用上具有普遍指导意义的案件。

需要将案件移送中级人民法院审判的,应当在报请院长决定后,至迟于案件审理期限届满十五日以前书面请求移送。中级人民法院应当在接到申请后十日以内作出决定。不同意移送的,应当下达不同意移送决定书,由请求移送的人民法院依法审判;同意移送的,应当下达同意移送决定书,并书面通知同级人民检察院。

第十八条 有管辖权的人民法院因案件涉及本院院长需要回避或者其他原因,不宜行使管辖权的,可以请求移送上一级人民法院管辖。上一级人民法院可以管辖,也可以指定与提出请求的人民法院同级的其他人民法院管辖。

2. 优先管辖

★最高人民法院关于适用《中华人民共和国刑事诉讼法》的解释（2021年1月26日）（节录）

第十九条　两个以上同级人民法院都有管辖权的案件，由最初受理的人民法院审判。必要时，可以移送主要犯罪地的人民法院审判。

管辖权发生争议的，应当在审理期限内协商解决；协商不成的，由争议的人民法院分别层报共同的上级人民法院指定管辖。

★人民检察院刑事诉讼规则（2019年12月30日）（节录）

第二十一条　几个人民检察院都有权管辖的案件，由最初受理的人民检察院管辖。必要时，可以由主要犯罪地的人民检察院管辖。

★公安机关办理刑事案件程序规定（2020年7月20日）（节录）

第二十一条　几个公安机关都有权管辖的刑事案件，由最初受理的公安机关管辖。必要时，可以由主要犯罪地的公安机关管辖。

具有下列情形之一的，公安机关可以在职责范围内并案侦查：

（一）一人犯数罪的；

（二）共同犯罪的；

（三）共同犯罪的犯罪嫌疑人还实施其他犯罪的；

（四）多个犯罪嫌疑人实施的犯罪存在关联，并案处理有利于查明犯罪事实的。

第二十七条　【指定管辖】上级人民法院可以指定下级人民法院审判管辖不明的案件，也可以指定下级人民法院将案件移送其他人民法院审判。

● 要点及关联法规

1. 指定管辖的情形

★最高人民法院关于新疆生产建设兵团人民法院案件管辖权问题的若干规定（2005年5月24日）（节录）

第六条　兵团各级人民法院与新疆维吾尔自治区地方各级人民法院之间因管辖权发生争议的，由争议双方协商解决；协商不成的，报请新疆维吾尔自治区高级人民法院决定管辖。

★最高人民法院、最高人民检察院、公安部关于公安部证券犯罪侦查局直属分局办理经济犯罪案件适用刑事诉讼程序若干问题的通知（2009年11月4日）（节录）

八、案情重大、复杂或者确有特殊情况需要改变管辖的，人民法院可以依照《刑事诉讼法》第二十三条①、第二十六条②的规定决定。

★最高人民法院、最高人民检察院、中国海警局关于海上刑事案件管辖等有关问题的通知（2020年2月20日）（节录）

二、海上发生的刑事案件的立案侦查，由海警机构根据本通知第一条规定的管辖原则进行。

依据第一条规定确定的管辖地未设置海警机构的，由有关海警局商同级人民检察院、人民法院指定管辖。

★最高人民法院关于适用《中华人民共和国刑事诉讼法》的解释（2021年1月26日）（节录）

第二十一条　上级人民法院指定管辖，应当将指定管辖决定书送达被指定管辖的人民法院和其他有关的人民法院。

第二十三条　第二审人民法院发回重新审判的案件，人民检察院撤回起诉后，又向原第一审人民法院的下级人民法院重新提起公诉的，下级人民法院应当将有关情况层报原第二审人民法院。原第二审人民法院根据具体情况，可以决定将案件移送原第一审人民法院或者其他人民法院审判。

第五百五十二条　对未成年人刑事案件，必要时，上级人民法院可以根据刑事诉讼法第二十七条的规定，指定下级人民法院将案件移送其他人民法院审判。

★人民检察院刑事诉讼规则（2019年12月30日）（节录）

第二十条　对管辖不明确的案件，可以由有关人民检察院协商确定管辖。

第二十二条　对于下列案件，上级人民检察院可以指定管辖：

（一）管辖有争议的案件；

（二）需要改变管辖的案件；

（三）需要集中管辖的特定类型的案件；

（四）其他需要指定管辖的案件。

---

① 现为第二十四条。——编者注
② 现为第二十七条。——编者注

对前款案件的审查起诉指定管辖的，人民检察院应当与相应的人民法院协商一致。对前款第三项案件的审查逮捕指定管辖的，人民检察院应当与相应的公安机关协商一致。

★公安机关办理刑事案件程序规定（2020年7月20日）（节录）

第二十二条　对管辖不明确或者有争议的刑事案件，可以由有关公安机关协商。协商不成的，由共同的上级公安机关指定管辖。

对情况特殊的刑事案件，可以由共同的上级公安机关指定管辖。

提请上级公安机关指定管辖时，应当在有关材料中列明犯罪嫌疑人基本情况、涉嫌罪名、案件基本事实、管辖争议情况、协商情况和指定管辖理由，经公安机关负责人批准后，层报有权指定管辖的上级公安机关。

2. 指定管辖的程序

★最高人民法院关于适用《中华人民共和国刑事诉讼法》的解释（2021年1月26日）（节录）

第二十一条　上级人民法院指定管辖，应当将指定管辖决定书送达被指定管辖的人民法院和其他有关的人民法院。

第二十二条　原受理案件的人民法院在收到上级人民法院改变管辖决定书、同意移送决定书或者指定其他人民法院管辖的决定书后，对公诉案件，应当书面通知同级人民检察院，并将案卷材料退回，同时书面通知当事人；对自诉案件，应当将案卷材料移送被指定管辖的人民法院，并书面通知当事人。

★公安机关办理刑事案件程序规定（2020年7月20日）（节录）

第二十三条　上级公安机关指定管辖的，应当将指定管辖决定书分别送达被指定管辖的公安机关和其他有关的公安机关，并根据办案需要抄送同级人民法院、人民检察院。

原受理案件的公安机关，在收到上级公安机关指定其他公安机关管辖的决定书后，不再行使管辖权，同时应当将犯罪嫌疑人、涉案财物以及案卷材料等移送被指定管辖的公安机关。

对指定管辖的案件，需要逮捕犯罪嫌疑人的，由被指定管辖的公安机关提请同级人民检察院审查批准；需要提起公诉的，由该公安机关移送同级人民检察院审查决定。

第二十八条　【专门管辖】专门人民法院案件的管辖另行规定。

● 要点及关联法规

1. 军队、武警

★关于处理移交政府管理的军队离休干部犯罪案件若干问题的规定（1991年10月17日）（节录）

一、案件的管辖与刑罚的执行

已移交政府管理的军队离休干部的犯罪案件，由地方公安机关、人民检察院、人民法院按照案件管辖范围受理。办案中，需要了解其在部队期间有关情况的，原部队应予以协助。对军队和地方互涉的案件，按照最高人民法院、最高人民检察院、公安部、总政治部《关于军队和地方互涉案件几个问题的规定》（〔1982〕政联字 8 号）以及有关的补充规定办理。

上述人员犯罪，被人民法院依法判处有期徒刑、无期徒刑和死刑缓期二年执行的，由司法行政机关指定的地方劳改场所执行；被判处有期徒刑宣告缓刑、拘役、管制、剥夺政治权利的，由公安机关执行。

★最高人民法院关于适用《中华人民共和国刑事诉讼法》的解释（2021年1月26日）（节录）

第二十六条　军队和地方互涉刑事案件，按照有关规定确定管辖。

★人民检察院刑事诉讼规则（2019年12月30日）（节录）

第二十三条　军事检察院等专门人民检察院的管辖以及军队与地方互涉刑事案件的管辖，按照有关规定执行。

★公安机关办理刑事案件程序规定（2020年7月20日）（节录）

第三十一条　公安机关和军队互涉刑事案件的管辖分工按照有关规定办理。

公安机关和武装警察部队互涉刑事案件的管辖分工依照公安机关和军队互涉刑事案件的管辖分工的原则办理。

2. 铁路运输

★最高人民法院关于铁路运输法院案件管辖范围的若干规定（2012年8月1日）（节录）

第一条　铁路运输法院受理同级铁路运输检察院依法提起公诉的刑事案件。下列刑事公诉案件，由犯罪地的铁路运输法院管辖：

（一）车站、货场、运输指挥机构等铁路工作区域发生的犯罪；

（二）针对铁路线路、机车车辆、通讯、电力等铁路设备、设施的犯罪；

（三）铁路运输企业职工在执行职务中发生的犯罪。

在列车上的犯罪，由犯罪发生后该列车最初停靠的车站所在地或者目的地的铁路运输法院管辖；但在国际列车上的犯罪，按照我国与相关国家签订的有关管辖协定确定管辖，没有协定的，由犯罪发生后该列车最初停靠的中国车站所在地或者目的地的铁路运输法院管辖。

第二条 本规定第一条第二、三款范围内发生的刑事自诉案件，自诉人向铁路运输法院提起自诉的，铁路运输法院应当受理。

第四条 铁路运输基层法院就本规定第一条至第三条所列案件作出的判决、裁定，当事人提起上诉或铁路运输检察院提起抗诉的二审案件，由相应的铁路运输中级法院受理。

第七条 本院以前作出的有关规定与本规定不一致的，以本规定为准。

本规定施行前，各铁路运输法院依照此前的规定已经受理的案件，不再调整。

★公安机关办理刑事案件程序规定（2020年7月20日）（节录）

第二十六条 铁路公安机关管辖铁路系统的机关、厂、段、院、校、所、队、工区等单位发生的刑事案件，车站工作区域内、列车内发生的刑事案件，铁路沿线发生的盗窃或者破坏铁路、通信、电力线路和其他重要设施的刑事案件，以及内部职工在铁路线上工作时发生的刑事案件。

铁路系统的计算机信息系统延伸到地方涉及铁路业务的网点，其计算机信息系统发生的刑事案件由铁路公安机关管辖。

对倒卖、伪造、变造火车票的刑事案件，由最初受理案件的铁路公安机关或者地方公安机关管辖。必要时，可以移送主要犯罪地的铁路公安机关或者地方公安机关管辖。

在列车上发生的刑事案件，犯罪嫌疑人在列车运行途中被抓获的，由前方停靠站所在地的铁路公安机关管辖；必要时，也可以由列车始发站、终点站所在地的铁路公安机关管辖。犯罪嫌疑人不是在列车运行途中被抓获的，由负责该列车乘务的铁路公安机关管辖；但在列车运行途经的车站被抓获的，也可以由该车站所在地的铁路公安机关管辖。

在国际列车上发生的刑事案件，根据我国与相关国家签订的协定确定管辖；没有协定的，由该列车始发或者前方停靠的中国车站所在地的铁路公安机关管辖。

铁路建设施工工地发生的刑事案件由地方公安机关管辖。

3. 交通公安机关

★公安机关办理刑事案件程序规定（2020年7月20日）（节录）

第十四条　根据刑事诉讼法的规定，除下列情形外，刑事案件由公安机关管辖：

……

（六）海警部门管辖的海（岛屿）岸线以外我国管辖海域内发生的刑事案件。对于发生在沿海港岙口、码头、滩涂、台轮停泊点等区域的，由公安机关管辖；

……

第十八条　行驶中的交通工具上发生的刑事案件，由交通工具最初停靠地公安机关管辖；必要时，交通工具始发地、途经地、目的地公安机关也可以管辖。

4. 民航公安机关

★公安机关办理刑事案件程序规定（2020年7月20日）（节录）

第二十七条　民航公安机关管辖民航系统的机关、厂、段、院、校、所、队、工区等单位、机场工作区域内、民航飞机内发生的刑事案件。

重大飞行事故刑事案件由犯罪结果发生地机场公安机关管辖。犯罪结果发生地未设机场公安机关或者不在机场公安机关管辖范围内的，由地方公安机关管辖，有关机场公安机关予以协助。

5. 海关走私犯罪侦查机构

★公安机关办理刑事案件程序规定（2020年7月20日）（节录）

第二十八条　海关走私犯罪侦查机构管辖中华人民共和国海关关境内发生的涉税走私犯罪和发生在海关监管区内的非涉税走私犯罪等刑事案件。

第三章　回　　避

第二十九条　【回避的对象、方式与理由】审判人员、检察人员、侦查人员有下列情形之一的，应当自行回避，当事人及其法定代理人也有权要求他们回避：

(一)是本案的当事人或者是当事人的近亲属的;
(二)本人或者他的近亲属和本案有利害关系的;
(三)担任过本案的证人、鉴定人、辩护人、诉讼代理人的;
(四)与本案当事人有其他关系,可能影响公正处理案件的。

● 要点及关联法规

1. 回避的方式、理由

(1)审判人员的回避

★最高人民法院关于审判人员在诉讼活动中执行回避制度若干问题的规定(2011年6月13日)(节录)

第一条 审判人员具有下列情形之一的,应当自行回避,当事人及其法定代理人有权以口头或者书面形式申请其回避:

(一)是本案的当事人或者与当事人有近亲属关系的;

(二)本人或者其近亲属与本案有利害关系的;

(三)担任过本案的证人、翻译人员、鉴定人、勘验人、诉讼代理人、辩护人的;

(四)与本案的诉讼代理人、辩护人有夫妻、父母、子女或者兄弟姐妹关系的;

(五)与本案当事人之间存在其他利害关系,可能影响案件公正审理的。

本规定所称近亲属,包括与审判人员有夫妻、直系血亲、三代以内旁系血亲及近姻亲关系的亲属。

第二条 当事人及其法定代理人发现审判人员违反规定,具有下列情形之一的,有权申请其回避:

(一)私下会见本案一方当事人及其诉讼代理人、辩护人的;

(二)为本案当事人推荐、介绍诉讼代理人、辩护人,或者为律师、其他人员介绍办理该案件的;

(三)索取、接受本案当事人及其受托人的财物、其他利益,或者要求当事人及其受托人报销费用的;

(四)接受本案当事人及其受托人的宴请,或者参加由其支付费用的各项活动的;

（五）向本案当事人及其受托人借款，借用交通工具、通讯工具或者其他物品，或者索取、接受当事人及其受托人在购买商品、装修住房以及其他方面给予的好处的；

（六）有其他不正当行为，可能影响案件公正审理的。

第三条 凡在一个审判程序中参与过本案审判工作的审判人员，不得再参与该案其他程序的审判。但是，经过第二审程序发回重审的案件，在一审法院作出裁判后又进入第二审程序的，原第二审程序中合议庭组成人员不受本条规定的限制。

第五条 人民法院应当依法告知当事人及其法定代理人有申请回避的权利，以及合议庭组成人员、书记员的姓名、职务等相关信息。

第六条 人民法院依法调解案件，应当告知当事人及其法定代理人有申请回避的权利，以及主持调解工作的审判人员及其他参与调解工作的人员的姓名、职务等相关信息。

第八条 审判人员及法院其他工作人员从人民法院离任后二年内，不得以律师身份担任诉讼代理人或者辩护人。

审判人员及法院其他工作人员从人民法院离任后，不得担任原任职法院所审理案件的诉讼代理人或者辩护人，但是作为当事人的监护人或者近亲属代理诉讼或者进行辩护的除外。

本条所规定的离任，包括退休、调离、解聘、辞职、辞退、开除等离开法院工作岗位的情形。

本条所规定的原任职法院，包括审判人员及法院其他工作人员曾任职的所有法院。

第九条 审判人员及法院其他工作人员的配偶、子女或者父母不得担任其所任职法院审理案件的诉讼代理人或者辩护人。

第十三条 本规定所称审判人员，包括各级人民法院院长、副院长、审判委员会委员、庭长、副庭长、审判员和助理审判员。

本规定所称法院其他工作人员，是指审判人员以外的在编工作人员。

第十四条 人民陪审员、书记员和执行员适用审判人员回避的有关规定，但不属于本规定第十三条所规定人员的，不适用本规定第八条、第九条的规定。

（2）检察人员的回避

★检察人员任职回避和公务回避暂行办法（2000年7月17日）（节录）

第二条 检察人员之间有下列亲属关系之一的，必须按规定实行任职回避：

（一）夫妻关系；

（二）直系血亲关系；

（三）三代以内旁系血亲关系，包括伯叔姑舅姨、兄弟姐妹、堂兄弟姐妹、表兄弟姐妹、侄子女、甥子女；

（四）近姻亲关系，包括配偶的父母、配偶的兄弟姐妹及其配偶、子女的配偶及子女配偶的父母、三代以内旁系血亲的配偶。

第三条　检察人员之间凡具有本办法第二条所列亲属关系的，不得同时担任下列职务：

（一）同一人民检察院的检察长、副检察长、检察委员会委员；

（二）同一人民检察院的检察长、副检察长和检察员、助理检察员、书记员、司法警察、司法行政人员；

（三）同一工作部门的检察员、助理检察员、书记员、司法警察、司法行政人员；

（四）上下相邻两级人民检察院的检察长、副检察长。

第四条　担任县一级人民检察院检察长的，一般不得在原籍任职。但是，民族自治地方县一级人民检察院的检察人员除外。

第五条　检察人员任职回避按照以下程序进行：

（一）本人提出回避申请或者所在人民检察院的人事管理部门提出回避要求；

（二）按照管理权限进行审核，需要回避的，予以调整，并按照法律及有关规定办理任免手续。

第六条　检察人员任职回避，职务不同的，由职务较低的一方回避，个别因工作特殊需要的，经所在人民检察院批准，也可以由职务较高的一方回避；职务相同的，由所在人民检察院根据工作需要和检察人员的情况决定其中一方回避。

在本检察院内无法调整的，可以与其他单位协商调整；与其他单位协商调整确有困难的，商请有关管理部门或者上级人民检察院协调解决。

第七条　检察人员在录用、晋升、调配过程中应当如实地向人民检察院申报应回避的亲属情况。各级人民检察院在检察人员录用、晋升、调配过程中应当按照回避规定严格审查。对原已形成的应回避的关系，应当制定计划、逐步调整；对因婚姻、职务变化等新形成的应回避关系，应当及时调整。

第八条　检察人员从事人事管理、财务管理、监察、审计等公务活动，涉及本人或与本人有本办法第二条所列亲属关系人员的利害关系时，必须回避，不得参加有关考核、调查、讨论、审核、决定，也不得以任何形式施加影响。

第九条　检察人员从事检察活动，具有下列情形之一的，应当自行回避，当事人及其法定代理人也有权要求其回避：

（一）是本案的当事人或者是当事人的近亲属的；

（二）本人或者他的近亲属和本案有利害关系的；

（三）担任过本案的证人、鉴定人、辩护人、诉讼代理人的；

（四）与本案当事人有其他关系，可能影响公正处理案件的。

第十五条　检察人员离任后两年内，不得担任诉讼代理人和辩护人。

第十八条　本规定所称检察人员，是指各级人民检察院检察官、书记员、司法行政人员和司法警察。

人民检察院聘请或者指派的翻译人员、司法鉴定人员、勘验人员在诉讼活动中的回避，参照检察人员回避的有关规定执行。

第十九条　各级人民检察院的监察和人事管理部门负责检察人员回避工作的监督检查。

★人民检察院刑事诉讼规则（2019年12月30日）（节录）

第二十四条　检察人员在受理举报和办理案件过程中，发现有刑事诉讼法第二十九条或者第三十条规定的情形之一的，应当自行提出回避；没有自行提出回避的，人民检察院应当决定其回避，当事人及其法定代理人有权要求其回避。

第三十七条　本规则关于回避的规定，适用于书记员、司法警察和人民检察院聘请或者指派的翻译人员、鉴定人。

书记员、司法警察和人民检察院聘请或者指派的翻译人员、鉴定人的回避由检察长决定。

辩护人、诉讼代理人可以依照刑事诉讼法及本规则关于回避的规定要求回避、申请复议。

（3）公安机关人员的回避

★公安机关办理刑事案件程序规定（2020年7月20日）（节录）

第三十二条　公安机关负责人、侦查人员有下列情形之一的，应当自行提出回避申请，没有自行提出回避申请的，应当责令其回避，当事人及其法定代理人也有权要求他们回避：

（一）是本案的当事人或者是当事人的近亲属的；

（二）本人或者他的近亲属和本案有利害关系的；

（三）担任过本案的证人、鉴定人、辩护人、诉讼代理人的；

（四）与本案当事人有其他关系，可能影响公正处理案件的。

（4）法院领导干部和审判执行人员的任职回避

★关于对配偶父母子女从事律师职业的法院领导干部和审判执行人员实行任职回避的规定（2020年5月6日）（节录）

第一条　人民法院工作人员的配偶、父母、子女、兄弟姐妹、配偶的父母、配偶的兄弟姐妹、子女的配偶、子女配偶的父母具有律师身份的，该工作人员应当主动向所在人民法院组织（人事）部门报告。

第二条　人民法院领导干部和审判执行人员的配偶、父母、子女有下列情形之一的，法院领导干部和审判执行人员应当实行任职回避：

（一）担任该领导干部和审判执行人员所任职人民法院辖区内律师事务所的合伙人或者设立人的；

（二）在该领导干部和审判执行人员所任职人民法院辖区内以律师身份担任诉讼代理人、辩护人，或者为诉讼案件当事人提供其他有偿法律服务的。

第三条　人民法院在选拔任用干部时，不得将符合任职回避条件的人员作为法院领导干部和审判执行人员的拟任人选。

第四条　人民法院在招录补充工作人员时，应当向拟招录补充的人员释明本规定的相关内容。

第五条　符合任职回避条件的法院领导干部和审判执行人员，应当自本规定生效之日或者任职回避条件符合之日起三十日内主动向法院组织（人事）部门提出任职回避申请，相关人民法院应当按照有关规定为其另行安排工作岗位，确定职务职级待遇。

第六条　符合任职回避条件的法院领导干部和审判执行人员没有按规定主动提出任职回避申请的，相关人民法院应当按照有关程序免去其所任领导职务或者将其调离审判执行岗位。

第七条　应当实行任职回避的法院领导干部和审判执行人员的任免权限不在人民法院的，相关人民法院应当向具有干部任免权的机关提出为其办理职务调动或者免职等手续的建议。

2. 回避申请的提出和审查

★检察人员任职回避和公务回避暂行办法（2000年7月17日）（节录）

第十一条　检察人员在检察活动中的回避，按照以下程序进行：

（一）检察人员自行回避的，可以书面或者口头向所在人民检察院提出回避申请，并说明理由；当事人及其法定代理人要求检察人员回避的，应当向该检察人员所在人民检察院提出书面或者口头申请,并说明理由,根据本办法第十条的规定提出回避申请的,应当提供有关证明材料。

(二)检察人员所在人民检察院有关工作部门对回避申请进行审查,调查核实有关情况,提出是否回避的意见。

★人民检察院刑事诉讼规则（2019年12月30日）（节录）

第二十五条　检察人员自行回避的,应当书面或者口头提出,并说明理由。口头提出的,应当记录在案。

第二十六条　人民检察院应当告知当事人及其法定代理人有依法申请回避的权利,并告知办理相关案件的检察人员、书记员等人员的姓名、职务等有关情况。

第二十七条　当事人及其法定代理人要求检察人员回避的,应当书面或者口头向人民检察院提出,并说明理由。口头提出的,应当记录在案。根据刑事诉讼法第三十条的规定要求检察人员回避的,应当提供有关证明材料。

人民检察院经过审查或者调查,认为检察人员符合回避条件的,应当作出回避决定;不符合回避条件的,应当驳回申请。

★公安机关办理刑事案件程序规定（2020年7月20日）（节录）

第三十四条　公安机关负责人、侦查人员自行提出回避申请的,应当说明回避的理由;口头提出申请的,公安机关应当记录在案。

当事人及其法定代理人要求公安机关负责人、侦查人员回避,应当提出申请,并说明理由;口头提出申请的,公安机关应当记录在案。

3. 违反回避规定的后果

★检察人员任职回避和公务回避暂行办法（2000年7月17日）（节录）

第十六条　检察人员在检察活动中具有以下情形的,视情形予以批评教育、组织调整或者给予相应的纪律处分:

(一)明知具有本办法第九条或者第十条规定的情形,故意不依法自行回避或者对符合回避条件的申请故意不作出回避决定的;

(二)明知诉讼代理人、辩护人具有本办法第十五条规定情形,故意隐瞒的;

(三)拒不服从回避决定,继续参与办案或者干预办案的。

第十七条　当事人、诉讼代理人、辩护人或者其他知情人认为检察人员有违反法律、法规有关回避规定行为的,可以向检察人员所在人民检察院监察部门举报。受理举报的部门应当及时处理,并将有关意见反馈举报人。

★最高人民法院关于审判人员在诉讼活动中执行回避制度若干问题的规定（2011年6月13日）（节录）

第七条　第二审人民法院认为第一审人民法院的审理有违反本规定第一条至第三条规定的，应当裁定撤销原判，发回原审人民法院重新审判。

第十条　人民法院发现诉讼代理人或者辩护人违反本规定第八条、第九条的规定的，应当责令其停止相关诉讼代理或者辩护行为。

第十一条　当事人及其法定代理人、诉讼代理人、辩护人认为审判人员有违反本规定行为的，可以向法院纪检、监察部门或者其他有关部门举报。受理举报的人民法院应当及时处理，并将相关意见反馈给举报人。

第十二条　对明知具有本规定第一条至第三条规定情形不依法自行回避的审判人员，依照《人民法院工作人员处分条例》的规定予以处分。

对明知诉讼代理人、辩护人具有本规定第八条、第九条规定情形之一，未责令其停止相关诉讼代理或者辩护行为的审判人员，依照《人民法院工作人员处分条例》的规定予以处分。

第十三条　本规定所称审判人员，包括各级人民法院院长、副院长、审判委员会委员、庭长、副庭长、审判员和助理审判员。

本规定所称法院其他工作人员，是指审判人员以外的在编工作人员。

第十四条　人民陪审员、书记员和执行员适用审判人员回避的有关规定，但不属于本规定第十三条所规定人员的，不适用本规定第八条、第九条的规定。

★关于对配偶父母子女从事律师职业的法院领导干部和审判执行人员实行任职回避的规定（2020年5月6日）（节录）

第八条　符合任职回避条件的法院领导干部和审判执行人员具有下列情形之一的，应当根据情节给予批评教育、诫勉、组织处理或者处分：

（一）隐瞒配偶、父母、子女从事律师职业情况的；

（二）不按规定主动提出任职回避申请的；

（三）采取弄虚作假手段规避任职回避的；

（四）拒不服从组织调整或者拒不办理公务交接的；

（五）具有其他违反任职回避规定行为的。

第九条　法院领导干部和审判执行人员的配偶、父母、子女采取隐名代理等方式在该领导干部和审判执行人员所任职人民法院辖区内从事律师职业的，应当责令该法院领导干部和审判执行人员辞去领导职务或者将其调离审判执行岗位，其本人知情的，应当根据相关规定从重处理。

第三十条 【办案人员违规行为之禁止】审判人员、检察人员、侦查人员不得接受当事人及其委托的人的请客送礼，不得违反规定会见当事人及其委托的人。

审判人员、检察人员、侦查人员违反前款规定的，应当依法追究法律责任。当事人及其法定代理人有权要求他们回避。

● 要点及关联法规

办案人员违规行为之禁止

★检察人员任职回避和公务回避暂行办法（2000年7月17日）（节录）

第十条 检察人员在检察活动中，接受当事人及其委托的人的请客送礼或者违反规定会见当事人及其委托的人的，当事人及其法定代理人有权要求其回避。

★关于规范法官和律师相互关系维护司法公正的若干规定（2004年3月19日）（节录）

第一条 法官和律师在诉讼活动中应当忠实于宪法和法律，依法履行职责，共同维护法律尊严和司法权威。

第二条 法官应当严格依法办案，不受当事人及其委托的律师利用各种关系、以不正当方式对案件审判进行的干涉或者施加的影响。

律师在代理案件之前及其代理过程中，不得向当事人宣称自己与受理案件法院的法官具有亲朋、同学、师生、曾经同事等关系，并不得利用这种关系或者以法律禁止的其他形式干涉或者影响案件的审判。

第三条 法官不得私自单方面会见当事人及其委托的律师。

律师不得违反规定单方面会见法官。

第四条 法官应当严格执行回避制度，如果与本案当事人委托的律师有亲朋、同学、师生、曾经同事等关系，可能影响案件公正处理的，应当自行申请回避，是否回避由本院院长或者审判委员会决定。

律师因法定事由或者根据相关规定不得担任诉讼代理人或者辩护人的，应当谢绝当事人的委托，或者解除委托代理合同。

第五条 法官应当严格执行公开审判制度，依法告知当事人及其委托的律师本案审判的相关情况，但是不得泄露审判秘密。

律师不得以各种非法手段打听案情，不得违法误导当事人的诉讼行为。

第六条 法官不得为当事人推荐、介绍律师作为其代理人、辩护人，或者暗示更换承办律师，或者为律师介绍代理、辩护等法律服务业务，并且不得违反规定向当事人及其委托的律师提供咨询意见或者法律意见。

律师不得明示或者暗示法官为其介绍代理、辩护等法律服务业务。

第七条 法官不得向当事人及其委托律师索取或者收取礼品、金钱、有价证券等；不得借婚丧喜庆事宜向律师索取或者收取礼品、礼金；不得接受当事人及其委托律师的宴请；不得要求或者接受当事人及其委托律师出资装修住宅、购买商品或者进行各种娱乐、旅游活动；不得要求当事人及其委托的律师报销任何费用；不得向当事人及其委托的律师借用交通工具、通讯工具或者其他物品。

当事人委托的律师不得借法官或者其近亲属婚丧喜庆事宜馈赠礼品、金钱、有价证券等；不得向法官请客送礼、行贿或者指使、诱导当事人送礼、行贿；不得为法官装修住宅、购买商品或者出资邀请法官进行娱乐、旅游活动；不得为法官报销任何费用；不得向法官出借交通工具、通讯工具或者其他物品。

第八条 法官不得要求或者暗示律师向当事人索取财物或者其他利益。

当事人委托的律师不得假借法官的名义或者以联络、酬谢法官为由，向当事人索取财物或者其他利益。

第九条 法官应当严格遵守法律规定的审理期限，合理安排审判事务，遵守开庭时间。

律师应当严格遵守法律规定的提交诉讼文书的期限及其他相关程序性规定，遵守开庭时间。

法官和律师均不得借故延迟开庭。法官确有正当理由不能按期开庭，或者律师确有正当理由不能按期出庭的，人民法院应当在不影响案件审理期限的情况下，另行安排开庭时间，并及时通知当事人及其委托的律师。

第十条 法官在庭审过程中，应当严格按照法律规定的诉讼程序进行审判活动，尊重律师的执业权利，认真听取诉讼双方的意见。

律师应当自觉遵守法庭规则，尊重法官权威，依法履行辩护、代理职责。

第十一条 法官和律师在诉讼活动中应当严格遵守司法礼仪，保持良好的仪表，举止文明。

第十二条 律师对于法官有违反本规定行为的，可以自行或者通过司法行政部门、律师协会向有关人民法院反映情况，或者署名举报，提出追究违纪法官党纪、政纪或者法律责任的意见。

法官对于律师有违反本规定行为的，可以直接或者通过人民法院向有关司法行政部门、律师协会反映情况，或者提出给予行业处分、行政处罚直至追究法律责任的司法建议。

第十三条 当事人、案外人发现法官或者律师有违反本规定行为的，可以向有关人民法院、司法行政部门、纪检监察部门、律师协会反映情况或者署名举报。

第十四条 人民法院、司法行政部门、律师协会对于法官、律师违反本规定的，应当视其情节，按照有关法律、法规或者规定给予处理；构成犯罪的，依法追究刑事责任。

第十五条 对法官和律师在案件执行过程中的纪律约束，按照本规定执行。

对人民法院其他工作人员和律师辅助人员的纪律约束，参照本规定的有关内容执行。

★最高人民法院关于适用《中华人民共和国刑事诉讼法》的解释（2021年1月26日）（节录）

第二十八条 审判人员具有下列情形之一的，当事人及其法定代理人有权申请其回避：

（一）违反规定会见本案当事人、辩护人、诉讼代理人的；

（二）为本案当事人推荐、介绍辩护人、诉讼代理人，或者为律师、其他人员介绍办理本案的；

（三）索取、接受本案当事人及其委托的人的财物或者其他利益的；

（四）接受本案当事人及其委托的人的宴请，或者参加由其支付费用的活动的；

（五）向本案当事人及其委托的人借用款物的；

（六）有其他不正当行为，可能影响公正审判的。

★公安机关办理刑事案件程序规定（2020年7月20日）（节录）

第三十三条 公安机关负责人、侦查人员不得有下列行为：

（一）违反规定会见本案当事人及其委托人；

（二）索取、接受本案当事人及其委托人的财物或者其他利益；

（三）接受本案当事人及其委托人的宴请，或者参加由其支付费用的活动；

（四）其他可能影响案件公正办理的不正当行为。

违反前款规定的，应当责令其回避并依法追究法律责任。当事人及其法定代理人有权要求其回避。

> **第三十一条 【回避的决定程序】**审判人员、检察人员、侦查人员的回避，应当分别由院长、检察长、公安机关负责人决定；院长的回避，由本院审判委员会决定；检察长和公安机关负责人的回避，由同级人民检察院检察委员会决定。
>
> **【回避决定前不停止侦查】**对侦查人员的回避作出决定前，侦查人员不能停止对案件的侦查。
>
> **【对回避决定的复议】**对驳回申请回避的决定，当事人及其法定代理人可以申请复议一次。

● **要点及关联法规**

1. 决定回避的程序

★检察人员任职回避和公务回避暂行办法（2000 年 7 月 17 日）（2000 年 7 月 17 日）（节录）

第十一条 检察人员在检察活动中的回避，按照以下程序进行：

……

（三）检察长作出是否同意检察人员回避的决定；对检察长的回避，由检察委员会作出决定并报上一级人民检察院备案。检察委员会讨论检察长回避问题时，由副检察长主持会议，检察长不得参加。

应当回避的检察人员，本人没有自行回避，当事人及其法定代理人也没有要求其回避的，检察长或者检察委员会应当决定其回避。

★最高人民法院关于审判人员在诉讼活动中执行回避制度若干问题的规定（2011 年 6 月 13 日）（节录）

第四条 审判人员应当回避，本人没有自行回避，当事人及其法定代理人也没有申请其回避的，院长或者审判委员会应当决定其回避。

第十三条 本规定所称审判人员，包括各级人民法院院长、副院长、审判委员会委员、庭长、副庭长、审判员和助理审判员。

本规定所称法院其他工作人员，是指审判人员以外的在编工作人员。

第十四条 人民陪审员、书记员和执行员适用审判人员回避的有关规定，但不属于本规定第十三条所规定人员的，不适用本规定第八条、第九条的规定。

★最高人民法院关于适用《中华人民共和国刑事诉讼法》的解释（2021年1月26日）（节录）

第三十一条　人民法院应当依法告知当事人及其法定代理人有权申请回避，并告知其合议庭组成人员、独任审判员、法官助理、书记员等人员的名单。

第三十二条　审判人员自行申请回避，或者当事人及其法定代理人申请审判人员回避的，可以口头或者书面提出，并说明理由，由院长决定。

院长自行申请回避，或者当事人及其法定代理人申请院长回避的，由审判委员会讨论决定。审判委员会讨论时，由副院长主持，院长不得参加。

第三十三条　当事人及其法定代理人依照刑事诉讼法第三十条和本解释第二十八条的规定申请回避的，应当提供证明材料。

第三十四条　应当回避的审判人员没有自行回避，当事人及其法定代理人也没有申请其回避的，院长或者审判委员会应当决定其回避。

第三十六条　当事人及其法定代理人申请出庭的检察人员回避的，人民法院应当区分情况作出处理：

（一）属于刑事诉讼法第二十九条、第三十条规定情形的回避申请，应当决定休庭，并通知人民检察院尽快作出决定；

（二）不属于刑事诉讼法第二十九条、第三十条规定情形的回避申请，应当当庭驳回，并不得申请复议。

第三十七条　本章所称的审判人员，包括人民法院院长、副院长、审判委员会委员、庭长、副庭长、审判员和人民陪审员。

★人民检察院刑事诉讼规则（2019年12月30日）（节录）

第二十九条　检察长的回避，由检察委员会讨论决定。检察委员会讨论检察长回避问题时，由副检察长主持，检察长不得参加。

其他检察人员的回避，由检察长决定。

第三十条　当事人及其法定代理人要求公安机关负责人回避，向同级人民检察院提出，或者向公安机关提出后，公安机关移送同级人民检察院的，由检察长提交检察委员会讨论决定。

第三十一条　检察长应当回避，本人没有自行回避，当事人及其法定代理人也没有申请其回避的，检察委员会应当决定其回避。

其他检察人员有前款规定情形的，检察长应当决定其回避。

★公安机关办理刑事案件程序规定（2020年7月20日）（节录）

第三十五条　侦查人员的回避，由县级以上公安机关负责人决定；县级以上公安机关负责人的回避，由同级人民检察院检察委员会决定。

第三十六条　当事人及其法定代理人对侦查人员提出回避申请的，公安机关应当在收到回避申请后二日以内作出决定并通知申请人；情况复杂的，经县级以上公安机关负责人批准，可以在收到回避申请后五日以内作出决定。

当事人及其法定代理人对县级以上公安机关负责人提出回避申请的，公安机关应当及时将申请移送同级人民检察院。

2. 回避提出后产生的法律后果

★检察人员任职回避和公务回避暂行办法（2000年7月17日）（节录）

第十三条　检察人员自行回避或者被申请回避，在检察长或者检察委员会作出决定前，应当暂停参与案件的办理；但是，对人民检察院直接受理案件进行侦查或者补充侦查的检察人员，在回避决定作出前不能停止对案件的侦查。

第十四条　因符合本办法第九条或者第十条规定的情形之一而决定回避的检察人员，在回避决定作出以前所取得的证据和进行诉讼的行为是否有效，由检察长或者检察委员会根据案件的具体情况决定。

★人民检察院刑事诉讼规则（2019年12月30日）（节录）

第三十四条　对人民检察院直接受理的案件进行侦查的人员或者进行补充侦查的人员在回避决定作出以前和复议期间，不得停止对案件的侦查。

第三十五条　参加过同一案件侦查的人员，不得承办该案的审查逮捕、审查起诉、出庭支持公诉和诉讼监督工作，但在审查起诉阶段参加自行补充侦查的人员除外。

第三十六条　被决定回避的检察长在回避决定作出以前所取得的证据和进行的诉讼行为是否有效，由检察委员会根据案件具体情况决定。

被决定回避的其他检察人员在回避决定作出以前所取得的证据和进行的诉讼行为是否有效，由检察长根据案件具体情况决定。

被决定回避的公安机关负责人在回避决定作出以前所进行的诉讼行为是否有效，由作出决定的人民检察院检察委员会根据案件具体情况决定。

★公安机关办理刑事案件程序规定（2020年7月20日）（节录）

第三十八条　在作出回避决定前，申请或者被申请回避的公安机关负责人、侦查人员不得停止对案件的侦查。

作出回避决定后，申请或者被申请回避的公安机关负责人、侦查人员不得再参与本案的侦查工作。

第三十九条　被决定回避的公安机关负责人、侦查人员在回避决定作出以前所进行的诉讼活动是否有效，由作出决定的机关根据案件情况决定。

3. 驳回回避申请的救济

★检察人员任职回避和公务回避暂行办法（2000年7月17日）（节录）

第十二条　对人民检察院作出的驳回回避申请的决定，当事人及其法定代理人不服的，可以在收到驳回回避申请决定的五日内，向作出决定的人民检察院申请复议。

人民检察院对当事人及其法定代理人的复议申请，应当在三日内作出复议决定，并书面通知申请人。

★最高人民法院关于适用《中华人民共和国刑事诉讼法》的解释（2021年1月26日）（节录）

第三十五条　对当事人及其法定代理人提出的回避申请，人民法院可以口头或者书面作出决定，并将决定告知申请人。

当事人及其法定代理人申请回避被驳回的，可以在接到决定时申请复议一次。不属于刑事诉讼法第二十九条、第三十条规定情形的回避申请，由法庭当庭驳回，并不得申请复议。

★人民检察院刑事诉讼规则（2019年12月30日）（节录）

第三十二条　人民检察院作出驳回申请回避的决定后，应当告知当事人及其法定代理人如不服本决定，有权在收到驳回申请回避的决定书后五日以内向原决定机关申请复议一次。

第三十三条　当事人及其法定代理人对驳回申请回避的决定不服申请复议的，决定机关应当在三日以内作出复议决定并书面通知申请人。

★公安机关办理刑事案件程序规定（2020年7月20日）（节录）

第三十七条　当事人及其法定代理人对驳回申请回避的决定不服的，可以在收到驳回申请回避决定书后五日以内向作出决定的公安机关申请复议。

公安机关应当在收到复议申请后五日以内作出复议决定并书面通知申请人。

第三百八十五条　本规定所称"危害国家安全犯罪"，包括刑法分则第一章规定的危害国家安全罪以及危害国家安全的其他犯罪；"恐怖活动犯罪"，包括以制造社会恐慌、危害公共安全或者胁迫国家机关、国际组织为目的，采取暴力、破坏、恐吓等手段，造成或者意图造成人员伤亡、重大财产损失、公共设施损坏、社会秩序混乱等严重社会危害的犯罪，以及煽动、资助或者以其他方式协助实施上述活动的犯罪。

4. 检察院检察长列席法院审判委员会会议的规定

★关于人民检察院检察长列席人民法院审判委员会会议的实施意见（2010年1月12日）（节录）

一、人民检察院检察长可以列席同级人民法院审判委员会会议。

检察长不能列席时，可以委托副检察长列席同级人民法院审判委员会会议。

二、人民检察院检察长列席人民法院审判委员会会议的任务是，对于审判委员会讨论的案件和其他有关议题发表意见，依法履行法律监督职责。

三、人民法院审判委员会讨论下列案件或者议题，同级人民检察院检察长可以列席：

（一）可能判处被告人无罪的公诉案件；

（二）可能判处被告人死刑的案件；

（三）人民检察院提出抗诉的案件；

（四）与检察工作有关的其他议题。

四、人民法院院长决定将本意见第三条所列案件或者议题提交审判委员会讨论的，人民法院应当通过适当方式告知同级人民检察院。人民检察院检察长决定列席审判委员会会议的，人民法院应当将会议议程、会议时间通知人民检察院。

对于人民法院审判委员会讨论的议题，人民检察院认为有必要的，可以向人民法院提出列席审判委员会会议；人民法院认为有必要的，可以邀请人民检察院检察长列席审判委员会会议。

五、人民检察院检察长列席审判委员会会议的，人民法院应当将会议材料在送审判委员会委员的同时送人民检察院检察长。

六、人民检察院检察长列席审判委员会会议，应当在会前进行充分准备，必要时可就有关问题召开检察委员会会议进行讨论。

七、检察长或者受检察长委托的副检察长列席审判委员会讨论案件的会议，可以在人民法院承办人汇报完毕后、审判委员会委员表决前发表意见。

审判委员会会议讨论与检察工作有关的其他议题，检察长或者受检察长委托的副检察长的发言程序适用前款规定。

检察长或者受检察长委托的副检察长在审判委员会会议上发表的意见，应当记录在卷。

八、人民检察院检察长列席审判委员会会议讨论的案件，人民法院应当将裁判文书及时送达或者抄送人民检察院。

人民检察院检察长列席的审判委员会会议讨论的其他议题，人民法院应当将讨论通过的决定文本及时送给人民检察院。

九、出席、列席审判委员会会议的所有人员，对审判委员会讨论内容应当保密。

十、人民检察院检察长列席审判委员会会议的具体事宜由审判委员会办事机构和检察委员会办事机构负责办理。

> **第三十二条　【书记员、翻译人员和鉴定人的回避及申请复议的权利】**本章关于回避的规定适用于书记员、翻译人员和鉴定人。
>
> 辩护人、诉讼代理人可以依照本章的规定要求回避、申请复议。

● 要点及关联法规

书记员、翻译人员和鉴定人的回避

★最高人民法院关于适用《中华人民共和国刑事诉讼法》的解释（2021年1月26日）（节录）

第三十八条　法官助理、书记员、翻译人员和鉴定人适用审判人员回避的有关规定，其回避问题由院长决定。

第三十九条　辩护人、诉讼代理人可以依照本章的有关规定要求回避、申请复议。

★人民检察院刑事诉讼规则（2019年12月30日）（节录）

第三十七条　本规则关于回避的规定，适用于书记员、司法警察和人民检察院聘请或者指派的翻译人员、鉴定人。

书记员、司法警察和人民检察院聘请或者指派的翻译人员、鉴定人的回避由检察长决定。

辩护人、诉讼代理人可以依照刑事诉讼法及本规则关于回避的规定要求回避、申请复议。

★公安机关办理刑事案件程序规定（2020年7月20日）（节录）

第四十条　本章关于回避的规定适用于记录人、翻译人员和鉴定人。

记录人、翻译人员和鉴定人需要回避的，由县级以上公安机关负责人决定。

第四十一条　辩护人、诉讼代理人可以依照本章的规定要求回避、申请复议。

第三百八十六条　当事人及其法定代理人、诉讼代理人、辩护律师提出的复议复核请求，由公安机关法制部门办理。

办理刑事复议、复核案件的具体程序，适用《公安机关办理刑事复议复核案件程序规定》。

★全国人民代表大会常务委员会关于司法鉴定管理问题的决定（2015年4月24日）（节录）

九、……鉴定人应当依照诉讼法律规定实行回避。

第四章　辩护与代理

第三十三条[①]　【辩护的方式与担任辩护人的条件】犯罪嫌疑人、被告人除自己行使辩护权以外，还可以委托一至二人作为辩护人。下列的人可以被委托为辩护人：

（一）律师；

（二）人民团体或者犯罪嫌疑人、被告人所在单位推荐的人；

（三）犯罪嫌疑人、被告人的监护人、亲友。

【禁止担任辩护人的范围】正在被执行刑罚或者依法被剥夺、限制人身自由的人，不得担任辩护人。

被开除公职和被吊销律师、公证员执业证书的人，不得担任辩护人，但系犯罪嫌疑人、被告人的监护人、近亲属的除外。

[①] 该条2018年修订时在原第三十二条的基础上，禁止担任辩护人的范围增加"被开除公职和被吊销律师、公证员执业证书的人"及"系监护人、近亲属"的除外情形。

● 要点及关联法规

1. 担任辩护人的条件

（1）一般规定

★最高人民法院、最高人民检察院、公安部、国家安全部、司法部、全国人大常委会法制工作委员会关于实施刑事诉讼法若干问题的规定（2012年12月26日）（节录）

4. 人民法院、人民检察院、公安机关、国家安全机关、监狱的现职人员，人民陪审员，外国人或者无国籍人，以及与本案有利害关系的人，不得担任辩护人。但是，上述人员系犯罪嫌疑人、被告人的监护人或者近亲属，犯罪嫌疑人、被告人委托其担任辩护人的，可以准许。无行为能力或者限制行为能力的人，不得担任辩护人。

一名辩护人不得为两名以上的同案犯罪嫌疑人、被告人辩护，不得为两名以上的未同案处理但实施的犯罪行为关联的犯罪嫌疑人、被告人辩护。

★最高人民法院关于适用《中华人民共和国刑事诉讼法》的解释（2021年1月26日）（节录）

第四十条　人民法院审判案件，应当充分保障被告人依法享有的辩护权利。

被告人除自己行使辩护权以外，还可以委托辩护人辩护。下列人员不得担任辩护人：

（一）正在被执行刑罚或者处于缓刑、假释考验期间的人；

（二）依法被剥夺、限制人身自由的人；

（三）被开除公职或者被吊销律师、公证员执业证书的人；

（四）人民法院、人民检察院、监察机关、公安机关、国家安全机关、监狱的现职人员；

（五）人民陪审员；

（六）与本案审理结果有利害关系的人；

（七）外国人或者无国籍人；

（八）无行为能力或者限制行为能力的人。

前款第三项至第七项规定的人员，如果是被告人的监护人、近亲属，由被告人委托担任辩护人的，可以准许。

第四十一条　审判人员和人民法院其他工作人员从人民法院离任后二年内，

不得以律师身份担任辩护人。

审判人员和人民法院其他工作人员从人民法院离任后,不得担任原任职法院所审理案件的辩护人,但系被告人的监护人、近亲属的除外。

审判人员和人民法院其他工作人员的配偶、子女或者父母不得担任其任职法院所审理案件的辩护人,但系被告人的监护人、近亲属的除外。

第四十二条　对接受委托担任辩护人的,人民法院应当核实其身份证明和授权委托书。

第四十三条　一名被告人可以委托一至二人作为辩护人。

一名辩护人不得为两名以上的同案被告人,或者未同案处理但犯罪事实存在关联的被告人辩护。

(2) 单位委托辩护人

★最高人民法院关于适用《中华人民共和国刑事诉讼法》的解释(2021年1月26日)(节录)

第三百三十九条　被告单位委托辩护人的,参照适用本解释的有关规定。

(3) 外国籍被告人委托辩护

★最高人民法院关于适用《中华人民共和国刑事诉讼法》的解释(2021年1月26日)(节录)

第四百八十五条第一款　外国籍被告人委托律师辩护,或者外国籍附带民事诉讼原告人、自诉人委托律师代理诉讼的,应当委托具有中华人民共和国律师资格并依法取得执业证书的律师。

第二款　外国籍被告人在押的,其监护人、近亲属或者其国籍国驻华使领馆可以代为委托辩护人。其监护人、近亲属代为委托的,应当提供与被告人关系的有效证明。

第三款　外国籍当事人委托其监护人、近亲属担任辩护人、诉讼代理人的,被委托人应当提供与当事人关系的有效证明。经审查,符合刑事诉讼法、有关司法解释规定的,人民法院应当准许。

★公安机关办理刑事案件程序规定(2020年7月20日)(节录)

第三百六十九条　外国籍犯罪嫌疑人委托辩护人的,应当委托在中华人民共和国的律师事务所执业的律师。

（4）其他规定

★**最高人民法院关于适用《中华人民共和国刑事诉讼法》的解释**（2021年1月26日）（节录）

第三百九十二条　第二审期间，被告人除自行辩护外，还可以继续委托第一审辩护人或者另行委托辩护人辩护。

共同犯罪案件，只有部分被告人提出上诉，或者自诉人只对部分被告人的判决提出上诉，或者人民检察院只对部分被告人的判决提出抗诉的，其他同案被告人也可以委托辩护人辩护。

2. 律师在刑事诉讼中的权利保障

（1）一般性规定

★**关于依法保障律师执业权利的规定**（2015年9月16日）（节录）

第二条　人民法院、人民检察院、公安机关、国家安全机关、司法行政机关应当尊重律师，健全律师执业权利保障制度，依照刑事诉讼法、民事诉讼法、行政诉讼法及律师法的规定，在各自职责范围内依法保障律师知情权、申请权、申诉权，以及会见、阅卷、收集证据和发问、质证、辩论等方面的执业权利，不得阻碍律师依法履行辩护、代理职责，不得侵害律师合法权利。

第三条　人民法院、人民检察院、公安机关、国家安全机关、司法行政机关和律师协会应当建立健全律师执业权利救济机制。

律师因依法执业受到侮辱、诽谤、威胁、报复、人身伤害的，有关机关应当及时制止并依法处理，必要时对律师采取保护措施。

第四条　人民法院、人民检察院、公安机关、国家安全机关、司法行政机关应当建立和完善诉讼服务中心、立案或受案场所、律师会见室、阅卷室，规范工作流程，方便律师办理立案、会见、阅卷、参与庭审、申请执行等事务。探索建立网络信息系统和律师服务平台，提高案件办理效率。

第五条　办案机关在办理案件中应当依法告知当事人有权委托辩护人、诉讼代理人。对于符合法律援助条件而没有委托辩护人或者诉讼代理人的，办案机关应当及时告知当事人有权申请法律援助，并按照相关规定向法律援助机构转交申请材料。办案机关发现犯罪嫌疑人、被告人属于依法应当提供法律援助的情形的，应当及时通知法律援助机构指派律师为其提供辩护。

第六条　辩护律师接受犯罪嫌疑人、被告人委托或者法律援助机构的指派后，应当告知办案机关，并可以依法向办案机关了解犯罪嫌疑人、被告人涉嫌或者被指控的罪名及当时已查明的该罪的主要事实，犯罪嫌疑人、被告人被采取、变更、解除强制措施的情况,侦查机关延长侦查羁押期限等情况,办案机关应当依法及时告知辩护律师。

办案机关作出移送审查起诉、退回补充侦查、提起公诉、延期审理、二审不开庭审理、宣告判决等重大程序性决定的,以及人民检察院将直接受理立案侦查案件报请上一级人民检察院审查决定逮捕的,应当依法及时告知辩护律师。

第七条 辩护律师到看守所会见在押的犯罪嫌疑人、被告人,看守所在查验律师执业证书、律师事务所证明和委托书或者法律援助公函后,应当及时安排会见。能当时安排的,应当当时安排;不能当时安排的,看守所应当向辩护律师说明情况,并保证辩护律师在四十八小时以内会见到在押的犯罪嫌疑人、被告人。

看守所安排会见不得附加其他条件或者变相要求辩护律师提交法律规定以外的其他文件、材料,不得以未收到办案机关通知为由拒绝安排辩护律师会见。

看守所应当设立会见预约平台,采取网上预约、电话预约等方式为辩护律师会见提供便利,但不得以未预约会见为由拒绝安排辩护律师会见。

辩护律师会见在押的犯罪嫌疑人、被告人时,看守所应当采取必要措施,保障会见顺利和安全进行。律师会见在押的犯罪嫌疑人、被告人的,看守所应当保障律师履行辩护职责需要的时间和次数,并与看守所工作安排和办案机关侦查工作相协调。辩护律师会见犯罪嫌疑人、被告人时不被监听,办案机关不得派员在场。在律师会见室不足的情况下,看守所经辩护律师书面同意,可以安排在讯问室会见,但应当关闭录音、监听设备。犯罪嫌疑人、被告人委托两名律师担任辩护人的,两名辩护律师可以共同会见,也可以单独会见。辩护律师可以带一名律师助理协助会见。助理人员随同辩护律师参加会见的,应当出示律师事务所证明和律师执业证书或申请律师执业人员实习证。办案机关应当核实律师助理的身份。

第八条 在押的犯罪嫌疑人、被告人提出解除委托关系的,办案机关应当要求其出具或签署书面文件,并在三日以内转交受委托的律师或者律师事务所。辩护律师可以要求会见在押的犯罪嫌疑人、被告人,当面向其确认解除委托关系,看守所应当安排会见;但犯罪嫌疑人、被告人书面拒绝会见的,看守所应当将有关书面材料转交辩护律师,不予安排会见。

在押的犯罪嫌疑人、被告人的监护人、近亲属解除代为委托辩护律师关系的,经犯罪嫌疑人、被告人同意的,看守所应当允许新代为委托的辩护律师会见,由犯罪嫌疑人、被告人确认新的委托关系;犯罪嫌疑人、被告人不同意解除原辩护律师的委托关系的,看守所应当终止新代为委托的辩护律师会见。

第九条　辩护律师在侦查期间要求会见危害国家安全犯罪、恐怖活动犯罪、特别重大贿赂犯罪案件在押的犯罪嫌疑人的，应当向侦查机关提出申请。侦查机关应当依法及时审查辩护律师提出的会见申请，在三日以内将是否许可的决定书面答复辩护律师，并明确告知负责与辩护律师联系的部门及工作人员的联系方式。对许可会见的，应当向辩护律师出具许可决定文书；因有碍侦查或者可能泄露国家秘密而不许可会见的，应当向辩护律师说明理由。有碍侦查或者可能泄露国家秘密的情形消失后，应当许可会见，并及时通知看守所和辩护律师。对特别重大贿赂案件在侦查终结前，侦查机关应当许可辩护律师至少会见一次犯罪嫌疑人。

侦查机关不得随意解释和扩大前款所述三类案件的范围，限制律师会见。

第十条　自案件移送审查起诉之日起，辩护律师会见犯罪嫌疑人、被告人，可以向其核实有关证据。

第十一条　辩护律师会见在押的犯罪嫌疑人、被告人，可以根据需要制作会见笔录，并要求犯罪嫌疑人、被告人确认无误后在笔录上签名。

第十二条　辩护律师会见在押的犯罪嫌疑人、被告人需要翻译人员随同参加的，应当提前向办案机关提出申请，并提交翻译人员身份证明及其所在单位出具的证明。办案机关应当及时审查并在三日以内作出是否许可的决定。许可翻译人员参加会见的，应当向辩护律师出具许可决定文书，并通知看守所。不许可的，应当向辩护律师书面说明理由，并通知其更换。

翻译人员应当持办案机关许可决定文书和本人身份证明，随同辩护律师参加会见。

第十三条　看守所应当及时传递辩护律师同犯罪嫌疑人、被告人的往来信件。看守所可以对信件进行必要的检查，但不得截留、复制、删改信件，不得向办案机关提供信件内容，但信件内容涉及危害国家安全、公共安全、严重危害他人人身安全以及涉嫌串供、毁灭证据等情形的除外。

第十四条　辩护律师自人民检察院对案件审查起诉之日起，可以查阅、摘抄、复制本案的案卷材料，人民检察院检察委员会的讨论记录、人民法院合议庭、审判委员会的讨论记录以及其他依法不能公开的材料除外。人民检察院、人民法院应当为辩护律师查阅、摘抄、复制案卷材料提供便利，有条件的地方可以推行电子化阅卷，允许刻录、下载材料。侦查机关应当在案件移送审查起诉后三日以内，人民检察院应当在提起公诉后三日以内，将案件移送情况告知辩护律师。案件提起公诉后，人民检察院对案卷所附证据材料有调整或者补充的，应当及时告知辩护律师。辩护律师对调整或者补充的证据材料，有权查阅、摘抄、复制。辩护律师办理申诉、抗诉案件，在人民检察院、人民法院经审查决定立案后，可以持律师执业证书、律师事务所证明和委托书或者法律援助公函到案卷档案管理部门，持有案卷档案的办案部门查阅、摘抄、复制已经审理终结案件的案卷材料。

辩护律师提出阅卷要求的，人民检察院、人民法院应当当时安排辩护律师阅卷，无法当时安排的，应当向辩护律师说明并安排其在三个工作日以内阅卷，不得限制辩护律师阅卷的次数和时间。有条件的地方可以设立阅卷预约平台。

人民检察院、人民法院应当为辩护律师阅卷提供场所和便利，配备必要的设备。因复制材料发生费用的，只收取工本费用。律师办理法律援助案件复制材料发生的费用，应当予以免收或者减收。辩护律师可以采用复印、拍照、扫描、电子数据拷贝等方式复制案卷材料，可以根据需要带律师助理协助阅卷。办案机关应当核实律师助理的身份。

辩护律师查阅、摘抄、复制的案卷材料属于国家秘密的，应当经过人民检察院、人民法院同意并遵守国家保密规定。律师不得违反规定，披露、散布案件重要信息和案卷材料，或者将其用于本案辩护、代理以外的其他用途。

第十五条　辩护律师提交与案件有关材料的，办案机关应当在工作时间和办公场所予以接待，当面了解辩护律师提交材料的目的、材料的来源和主要内容等有关情况并记录在案，与相关材料一并附卷，并出具回执。辩护律师应当提交原件，提交原件确有困难的，经办案机关准许，也可以提交复印件，经与原件核对无误后由辩护律师签名确认。辩护律师通过服务平台网上提交相关材料的，办案机关应当在网上出具回执。辩护律师应当及时向办案机关提供原件核对，并签名确认。

第十六条　在刑事诉讼审查起诉、审理期间，辩护律师书面申请调取公安机关、人民检察院在侦查、审查起诉期间收集但未提交的证明犯罪嫌疑人、被告人无罪或者罪轻的证据材料的，人民检察院、人民法院应当依法及时审查。经审查，认为辩护律师申请调取的证据材料已收集并且与案件事实有联系的，应当及时调取。相关证据材料提交后，人民检察院、人民法院应当及时通知辩护律师查阅、摘抄、复制。经审查决定不予调取的，应当书面说明理由。

第十七条　辩护律师申请向被害人或者其近亲属、被害人提供的证人收集与本案有关的材料的，人民检察院、人民法院应当在七日以内作出是否许可的决定，并通知辩护律师。辩护律师书面提出有关申请时，办案机关不许可的，应当书面说明理由；辩护律师口头提出申请的，办案机关可以口头答复。

第十八条　辩护律师申请人民检察院、人民法院收集、调取证据的，人民检察院、人民法院应当在三日以内作出是否同意的决定，并通知辩护律师。辩护律师书面提出有关申请时，办案机关不同意的，应当书面说明理由；辩护律师口头提出申请的，办案机关可以口头答复。

第十九条　辩护律师申请向正在服刑的罪犯收集与案件有关的材料的，监狱和其他监管机关在查验律师执业证书、律师事务所证明和犯罪嫌疑人、被告人委托书或法律援助公函后，应当及时安排并提供合适的场所和便利。

正在服刑的罪犯属于辩护律师所承办案件的被害人或者其近亲属、被害人提供的证人的，应当经人民检察院或者人民法院许可。

第二十条　在民事诉讼、行政诉讼过程中，律师因客观原因无法自行收集证据的，可以依法向人民法院申请调取。经审查符合规定的，人民法院应当予以调取。

第二十一条　侦查机关在案件侦查终结前，人民检察院、人民法院在审查批准、决定逮捕期间，最高人民法院在复核死刑案件期间，辩护律师提出要求的，办案机关应当听取辩护律师的意见。人民检察院审查起诉、第一审人民法院决定不开庭审理的，应当充分听取辩护律师的意见。

辩护律师要求当面反映意见或者提交证据材料的，办案机关应当依法办理，并制作笔录附卷。辩护律师提出的书面意见和证据材料，应当附卷。

第二十二条　辩护律师书面申请变更或者解除强制措施的，办案机关应当在三日以内作出处理决定。辩护律师的申请符合法律规定的，办案机关应当及时变更或者解除强制措施；经审查认为不应当变更或者解除强制措施的，应当告知辩护律师，并书面说明理由。

第二十三条　辩护律师在侦查、审查起诉、审判期间发现案件有关证据存在刑事诉讼法第五十四条规定的情形的，可以向办案机关申请排除非法证据。

辩护律师在开庭以前申请排除非法证据，人民法院对证据收集合法性有疑问的，应当依照刑事诉讼法第一百八十二条①第二款的规定召开庭前会议，就非法证据排除问题了解情况，听取意见。

辩护律师申请排除非法证据的，办案机关应当听取辩护律师的意见，按照法定程序审查核实相关证据，并依法决定是否予以排除。

第二十四条　辩护律师在开庭以前提出召开庭前会议、回避、补充鉴定或者重新鉴定以及证人、鉴定人出庭等申请的，人民法院应当及时审查作出处理

---

①　现为第一百八十七条。——编者注

决定,并告知辩护律师。

第二十五条 人民法院确定案件开庭日期时,应当为律师出庭预留必要的准备时间并书面通知律师。律师因开庭日期冲突等正当理由申请变更开庭日期的,人民法院应当在不影响案件审理期限的情况下,予以考虑并调整日期,决定调整日期的,应当及时通知律师。

律师可以根据需要,向人民法院申请带律师助理参加庭审。律师助理参加庭审仅能从事相关辅助工作,不得发表辩护、代理意见。

第二十六条 有条件的人民法院应当建立律师参与诉讼专门通道,律师进入人民法院参与诉讼确需安全检查的,应当与出庭履行职务的检察人员同等对待。有条件的人民法院应当设置专门的律师更衣室、休息室或者休息区域,并配备必要的桌椅、饮水及上网设施等,为律师参与诉讼提供便利。

第二十七条 法庭审理过程中,律师对审判人员、检察人员提出回避申请的,人民法院、人民检察院应当依法作出处理。

第二十八条 法庭审理过程中,经审判长准许,律师可以向当事人、证人、鉴定人和有专门知识的人发问。

第二十九条 法庭审理过程中,律师可以就证据的真实性、合法性、关联性,从证明目的、证明效果、证明标准、证明过程等方面,进行法庭质证和相关辩论。

第三十条 法庭审理过程中,律师可以就案件事实、证据和适用法律等问题,进行法庭辩论。

第三十一条 法庭审理过程中,法官应当注重诉讼权利平等和控辩平衡。对于律师发问、质证、辩论的内容、方式、时间等,法庭应当依法公正保障,以便律师充分发表意见,查清案件事实。

法庭审理过程中,法官可以对律师的发问、辩论进行引导,除发言过于重复、相关问题已在庭前会议达成一致、与案件无关或者侮辱、诽谤、威胁他人、故意扰乱法庭秩序的情况外,法官不得随意打断或者制止律师按程序进行的发言。

第三十二条 法庭审理过程中,律师可以提出证据材料,申请通知新的证人、有专门知识的人出庭,申请调取新的证据,申请重新鉴定或者勘验、检查。在民事诉讼中,申请有专门知识的人出庭,应当在举证期限届满前向人民法院申请,经法庭许可后才可以出庭。

第三十三条 法庭审理过程中,遇有被告人供述发生重大变化、拒绝辩护等重大情形,经审判长许可,辩护律师可以与被告人进行交流。

第三十四条　法庭审理过程中，有下列情形之一的，律师可以向法庭申请休庭：
（一）辩护律师因法定情形拒绝为被告人辩护的；
（二）被告人拒绝辩护律师为其辩护的；
（三）需要对新的证据作辩护准备的；
（四）其他严重影响庭审正常进行的情形。

第三十五条　辩护律师作无罪辩护的，可以当庭就量刑问题发表辩护意见，也可以庭后提交量刑辩护意见。

第三十六条　人民法院适用普通程序审理案件，应当在裁判文书中写明律师依法提出的辩护、代理意见，以及是否采纳的情况，并说明理由。

第三十七条　对于诉讼中的重大程序信息和送达当事人的诉讼文书，办案机关应当通知辩护、代理律师。

第三十八条　法庭审理过程中，律师就回避，案件管辖，非法证据排除，申请通知证人、鉴定人、有专门知识的人出庭，申请通知新的证人到庭，调取新的证据，申请重新鉴定、勘验等问题当庭提出申请，或者对法庭审理程序提出异议的，法庭原则上应当休庭进行审查，依照法定程序作出决定。其他律师有相同异议的，应一并提出，法庭一并休庭审查。法庭决定驳回申请或者异议的，律师可当庭提出复议。经复议后，律师应当尊重法庭的决定，服从法庭的安排。

律师不服法庭决定保留意见的内容应当详细记入法庭笔录，可以作为上诉理由，或者向同级或者上一级人民检察院申诉、控告。

第三十九条　律师申请查阅人民法院录制的庭审过程的录音、录像的，人民法院应当准许。

第四十条　侦查机关依法对在诉讼活动中涉嫌犯罪的律师采取强制措施后，应当在四十八小时以内通知其所在的律师事务所或者所属的律师协会。

第四十一条　律师认为办案机关及其工作人员明显违反法律规定，阻碍律师依法履行辩护、代理职责，侵犯律师执业权利的，可以向该办案机关或者其上一级机关投诉。

办案机关应当畅通律师反映问题和投诉的渠道，明确专门部门负责处理律师投诉，并公开联系方式。

办案机关应当对律师的投诉及时调查，律师要求当面反映情况的，应当当面听取律师的意见。经调查情况属实的，应当依法立即纠正，及时答复律师，做好说明解释工作，并将处理情况通报其所在地司法行政机关或者所属的律师协会。

第四十二条　在刑事诉讼中，律师认为办案机关及其工作人员的下列行为阻碍律师依法行使诉讼权利的，可以向同级或者上一级人民检察院申诉、控告：

（一）未依法向律师履行告知、转达、通知和送达义务的；

（二）办案机关认定律师不得担任辩护人、代理人的情形有误的；

（三）对律师依法提出的申请，不接收、不答复的；

（四）依法应当许可律师提出的申请未许可的；

（五）依法应当听取律师的意见未听取的；

（六）其他阻碍律师依法行使诉讼权利的行为。

律师依照前款规定提出申诉、控告的，人民检察院应当在受理后十日以内进行审查，并将处理情况书面答复律师。情况属实的，通知有关机关予以纠正。情况不属实的，做好说明解释工作。

人民检察院应当依法严格履行保障律师依法执业的法律监督职责，处理律师申诉控告。在办案过程中发现有阻碍律师依法行使诉讼权利行为的，应当依法、及时提出纠正意见。

第四十三条　办案机关或者其上一级机关、人民检察院对律师提出的投诉、申诉、控告，经调查核实后要求有关机关予以纠正，有关机关拒不纠正或者累纠累犯的，应当由相关机关的纪检监察部门依照有关规定调查处理，相关责任人构成违纪的，给予纪律处分。

第四十四条　律师认为办案机关及其工作人员阻碍其依法行使执业权利的，可以向其所执业律师事务所所在地的市级司法行政机关、所属的律师协会申请维护执业权利。情况紧急的，可以向事发地的司法行政机关、律师协会申请维护执业权利。事发地的司法行政机关、律师协会应当给予协助。

司法行政机关、律师协会应当建立维护律师执业权利快速处置机制和联动机制，及时安排专人负责协调处理。律师的维权申请合法有据的，司法行政机关、律师协会应当建议有关办案机关依法处理，有关办案机关应当将处理情况及时反馈司法行政机关、律师协会。

司法行政机关、律师协会持有关证明调查核实律师权益保障或者违纪有关情况的，办案机关应当予以配合、协助，提供相关材料。

第四十五条　人民法院、人民检察院、公安机关、国家安全机关、司法行政机关和律师协会应当建立联席会议制度，定期沟通保障律师执业权利工作情况，及时调查处理侵犯律师执业权利的突发事件。

第四十六条　依法规范法律服务秩序，严肃查处假冒律师执业和非法从事法律服务的行为。对未取得律师执业证书或者已经被注销、吊销执业证书的人员以律师名义提供法律服务或者从事相关活动的，或者利用相关法律关于公民代理的规定从事诉讼代理或者辩护业务非法牟利的，依法追究责任，造成严重后果的，依法追究刑事责任。

第四十七条　本规定所称"办案机关"，是指负责侦查、审查逮捕、审查起诉和审判工作的公安机关、国家安全机关、人民检察院和人民法院。

第四十八条　本规定所称"律师助理"，是指辩护、代理律师所在律师事务所的其他律师和申请律师执业实习人员。

（2）人民法院的规定

★最高人民法院关于依法切实保障律师诉讼权利的规定（2015年12月29日）（节录）

一、依法保障律师知情权。人民法院要不断完善审判流程公开、裁判文书公开、执行信息公开"三大平台"建设，方便律师及时获取诉讼信息。对诉讼程序、诉权保障、调解和解、裁判文书等重要事项及相关进展情况，应当依法及时告知律师。

二、依法保障律师阅卷权。对律师申请阅卷的，应当在合理时间内安排。案卷材料被其他诉讼主体查阅的，应当协调安排各方阅卷时间。律师依法查阅、摘抄、复制有关卷宗材料或者查看庭审录音录像的，应当提供场所和设施。有条件的法院，可提供网上卷宗查阅服务。

三、依法保障律师出庭权。确定开庭日期时，应当为律师预留必要的出庭准备时间。因特殊情况更改开庭日期的，应当提前三日告知律师。律师因正当理由请求变更开庭日期的，法官可在征询其他当事人意见后准许。律师带助理出庭的，应当准许。

四、依法保障律师辩论、辩护权。法官在庭审过程中应合理分配诉讼各方发问、质证、陈述和辩论、辩护的时间，充分听取律师意见。除律师发言过于重复、与案件无关或者相关问题已在庭前达成一致等情况外，不应打断律师发言。

五、依法保障律师申请排除非法证据的权利。律师申请排除非法证据并提供相关线索或者材料，法官经审查对证据收集合法性有疑问的，应当召开庭前会议或者进行法庭调查。经审查确认存在法律规定的以非法方法收集证据情形的，对有关证据应当予以排除。

六、依法保障律师申请调取证据的权利。律师因客观原因无法自行收集证据的,可以依法向人民法院书面申请调取证据。律师申请调取证据符合法定条件的,法官应当准许。

七、依法保障律师的人身安全。案件审理过程中出现当事人矛盾激化,可能危及律师人身安全情形的,应当及时采取必要措施。对在法庭上发生的殴打、威胁、侮辱、诽谤律师等行为,法官应当及时制止,依法处置。

八、依法保障律师代理申诉的权利。对律师代理当事人对案件提出申诉的,要依照法律规定的程序认真处理。认为原案件处理正确的,要支持律师向申诉人做好释法析理、息诉息访工作。

九、为律师依法履职提供便利。要进一步完善网上立案、缴费、查询、阅卷、申请保全、提交代理词、开庭排期、文书送达等功能。有条件的法院要为参加庭审的律师提供休息场所,配备桌椅、饮水及其他必要设施。

十、完善保障律师诉讼权利的救济机制。要指定专门机构负责处理律师投诉,公开联系方式,畅通投诉渠道。对投诉要及时调查,依法处理,并将结果及时告知律师。对司法行政机关、律师协会就维护律师执业权利提出的建议,要及时予以答复。

(3) 人民检察院的规定

★最高人民检察院关于依法保障律师执业权利的规定(2014年12月23日)(节录)

第二条 各级人民检察院和全体检察人员应当充分认识律师在法治建设中的重要作用,认真贯彻落实各项法律规定,尊重和支持律师依法履行职责,依法为当事人委托律师和律师履职提供相关协助和便利,切实保障律师依法行使执业权利,共同维护国家法律统一、正确实施,维护社会公平正义。

第三条 人民检察院应当依法保障当事人委托权的行使。人民检察院在办理案件中应当依法告知当事人有权委托辩护人、诉讼代理人。对于在押或者被指定居所监视居住的犯罪嫌疑人提出委托辩护人要求的,人民检察院应当及时转达其要求。犯罪嫌疑人的监护人、近亲属代为委托辩护律师的,应当由犯罪嫌疑人确认委托关系。

人民检察院应当及时查验接受委托的律师是否具有辩护资格,发现有不得担任辩护人情形的,应当及时告知当事人、律师或者律师事务所解除委托关系。

第四条 人民检察院应当依法保障当事人获得法律援助的权利。对于符合法律援助情形而没有委托辩护人或者诉讼代理人的,人民检察院应当及时告知当事人有权申请法律援助,并依照相关规定向法律援助机构转交申请材料。人民检察院发现犯罪嫌疑人属于法定通知辩护情形的,应当及时通知法律援助机构指派律师为其提供辩护,对于犯罪嫌疑人拒绝法律援助的,应当查明原因,依照相关规定处理。

第五条　人民检察院应当依法保障律师在刑事诉讼中的会见权。人民检察院办理直接受理立案侦查案件,除特别重大贿赂犯罪案件外,其他案件依法不需要经许可会见。律师在侦查阶段提出会见特别重大贿赂案件犯罪嫌疑人的,人民检察院应当严格按照法律和相关规定及时审查决定是否许可,并在三日以内答复;有碍侦查的情形消失后,应当通知律师,可以不经许可会见犯罪嫌疑人;侦查终结前,应当许可律师会见犯罪嫌疑人。人民检察院在会见时不得派员在场,不得通过任何方式监听律师会见的谈话内容。

第六条　人民检察院应当依法保障律师的阅卷权。自案件移送审查起诉之日起,人民检察院应当允许辩护律师查阅、摘抄、复制本案的案卷材料;经人民检察院许可,诉讼代理人也可以查阅、摘抄、复制本案的案卷材料。人民检察院应当及时受理并安排律师阅卷,无法及时安排的,应当向律师说明并安排其在一个工作日以内阅卷。人民检察院应当依照检务公开的相关规定,完善互联网等律师服务平台,并配备必要的速拍、复印、刻录等设施,为律师阅卷提供尽可能的便利。律师查阅、摘抄、复制案卷材料应当在人民检察院设置的专门场所进行。必要时,人民检察院可以派员在场协助。

第七条　人民检察院应当依法保障律师在刑事诉讼中的申请收集、调取证据权。律师收集到有关犯罪嫌疑人不在犯罪现场、未达到刑事责任年龄、属于依法不负刑事责任的精神病人的证据,告知人民检察院的,人民检察院相关办案部门应当及时进行审查。

案件移送审查逮捕或者审查起诉后,律师依据刑事诉讼法第三十九条申请人民检察院调取侦查部门收集但未提交的证明犯罪嫌疑人无罪或者罪轻的证据材料的,人民检察院应当及时进行审查,决定是否调取。经审查,认为律师申请调取的证据未收集或者与案件事实没有联系决定不予调取的,人民检察院应当向律师说明理由。人民检察院决定调取后,侦查机关移送相关证据材料的,人民检察院应当在三日以内告知律师。

案件移送审查起诉后,律师依据刑事诉讼法第四十一条第一款的规定申请人民检察院收集、调取证据,人民检察院认为需要收集、调取证据的,应当决定收集、调取并制作笔录附卷;决定不予收集、调取的,应当书面说明理由。人民检察院根据律师的申请收集、调取证据时,律师可以在场。

律师向被害人或者其近亲属、被害人提供的证人收集与本案有关的材料,向人民检察院提出申请的,人民检察院应当在七日以内作出是否许可的决定。人民检察院没有许可的,应当书面说明理由。

第八条 人民检察院应当依法保障律师在诉讼中提出意见的权利。人民检察院应当主动听取并高度重视律师意见。法律未作规定但律师要求听取意见的,也应当及时安排听取。听取律师意见应当制作笔录,律师提出的书面意见应当附卷。对于律师提出不构成犯罪、罪轻或者减轻、免除刑事责任,无社会危害性,不适宜羁押,侦查活动有违法情形等书面意见的,办案人员必须进行审查,在相关工作文书中叙明律师提出的意见并说明是否采纳的情况和理由。

第九条 人民检察院应当依法保障律师在刑事诉讼中的知情权。律师在侦查期间向人民检察院了解犯罪嫌疑人涉嫌的罪名以及当时已查明的涉嫌犯罪的主要事实,犯罪嫌疑人被采取、变更、解除强制措施等情况的,人民检察院应当依法及时告知。办理直接受理立案侦查案件报请上一级人民检察院审查逮捕时,人民检察院应当将报请情况告知律师。案件侦查终结移送审查起诉时,人民检察院应当将案件移送情况告知律师。

第十条 人民检察院应当依法保障律师在民事、行政诉讼中的代理权。在民事行政检察工作中,当事人委托律师代理的,人民检察院应当尊重律师的权利,依法听取律师意见,认真审查律师提交的证据材料。律师根据当事人的委托要求参加人民检察院案件听证的,人民检察院应当允许。

第十一条 人民检察院应当切实履行对妨碍律师依法执业的法律监督职责。律师根据刑事诉讼法第四十七条①的规定,认为公安机关、人民检察院、人民法院及其工作人员阻碍其依法行使诉讼权利,向同级或者上一级人民检察院申诉或者控告的,接受申诉或者控告的人民检察院控告检察部门应当在受理后十日以内进行审查,情况属实的,通知有关机关或者本院有关部门、下级人民检察院予以纠正,并将处理情况书面答复律师;情况不属实的,应当将办理情况书面答复律师,并做好说明解释工作。人民检察院在办案过程中发现有阻碍律师依法行使诉讼权利行为的,应当依法提出纠正意见。

第十二条 建立完善检察机关办案部门和检察人员违法行使职权行为记录、通报和责任追究制度。对检察机关办案部门或者检察人员在诉讼活动中阻碍律师依法行使会见权、阅卷权等诉讼权利的申诉或者控告,接受申诉或者控告的人民检察院控告检察部门应当立即进行调查核实,情节较轻的,应当提出纠正

---

① 现为第四十九条。——编者注

意见；具有违反规定扩大经许可会见案件的范围、不按规定时间答复是否许可会见等严重情节的，应当发出纠正通知书。通知后仍不纠正或者屡纠屡犯的，应当向纪检监察部门通报并报告检察长，由纪检监察部门依照有关规定调查处理，相关责任人构成违纪的给予纪律处分，并记入执法档案，予以通报。

第十三条　人民检察院应当主动加强与司法行政机关、律师协会和广大律师的工作联系，通过业务研讨、情况通报、交流会商、定期听取意见等形式，分析律师依法行使执业权利中存在的问题，共同研究解决办法，共同提高业务素质。

第十四条　本规定自发布之日起施行。2004年2月10日最高人民检察院发布的《关于人民检察院保障律师在刑事诉讼中依法执业的规定》、2006年2月23日最高人民检察院发布的《关于进一步加强律师执业权利保障工作的通知》同时废止。最高人民检察院以前发布的有关规定与本规定不一致的，以本规定为准。

★最高人民检察院关于实行职务犯罪侦查工作八项公开的规定（2016年7月27日）

为进一步增强职务犯罪侦查工作的透明度，规范司法行为，促进公正司法，自觉接受监督，依据《中华人民共和国刑事诉讼法》《人民检察院刑事诉讼规则（试行）》《人民检察院案件信息公开工作规定（试行）》《人民检察院刑事诉讼涉案财物管理规定》，现就实行检察机关职务犯罪侦查工作八项公开规定如下：

一、公开的内容

（一）立案侦查信息公开

对已经立案的职务犯罪案件，一律公开犯罪嫌疑人身份、立案时间、涉嫌罪名和办案单位。

（二）逮捕信息公开

对已经逮捕的职务犯罪案件，一律公开报请逮捕日期、决定机关、决定逮捕日期、执行逮捕日期、涉嫌罪名、羁押场所和办案单位。

（三）侦查终结信息公开

对已经侦查终结的职务犯罪案件，一律公开侦查终结时间、涉嫌罪名、处理意见和办案单位。

（四）移送审查起诉信息公开

对已经移送终审查起诉的职务犯罪案件，一律公开移送审查起诉时间、退回补充侦查时间、重新移送审查起诉时间、涉嫌罪名和办案单位。

（五）律师会见情况信息公开

对于法律规定无需会见许可的职务犯罪案件，一律向犯罪嫌疑人和辩护律师公开说明。对于特别重大贿赂犯罪案件，在侦查期间辩护律师提出会见的，一律公开申请许可的受理、办理情况。

（六）涉案财物处理结果信息公开

对已经查封、扣押、冻结涉案财物的职务犯罪案件，一律公开查封、扣押、冻结涉案财物的时间、处理结果以及解除查封、扣押、冻结涉案财物的时间和办案单位。

（七）办案人员违法违纪处理信息公开

对职务犯罪案件办理中发生的违法违纪行为，一律依法依纪严肃查处，查实后适时公开办案人员违法违纪受理、审查情况和处理结果。

（八）办案时限信息公开

对已经采取强制措施的职务犯罪案件，一律公开决定和执行强制措施的种类、日期和期限。

二、公开的方式

（一）申请查询

职务犯罪案件侦查工作八项公开的内容纳入人民检察院案件信息公开系统，对案件当事人及其法定代理人、近亲属、辩护人、诉讼代理人以及其他与案件有利害关系的人员开放，公开程序、时限按照《人民检察院案件信息公开工作规定（试行）》执行。

（二）书面告知

八项公开中，对属于刑事诉讼法规定应当通知犯罪嫌疑人家属或辩护律师的情形，以法律文书通知的，视为对犯罪嫌疑人家属和辩护律师公开。

（三）新闻发布

对重要职务犯罪案件侦查工作中涉及八项公开的，依照《人民检察院案件信息公开工作规定（试行）》的程序和时限及时向社会发布。

三、公开的例外

对涉及国家秘密、商业秘密、个人隐私和涉及危害国家安全、恐怖活动犯罪的职务犯罪案件信息，以及其他依照法律法规和最高人民检察院有关规定不应当公开的职务犯罪案件信息，不在公开范围内。

第三十四条　【委托辩护的时间】 犯罪嫌疑人自被侦查机关第一次讯问或者采取强制措施之日起，有权委托辩护人；在侦查期间，只能委托律师作为辩护人。被告人有权随时委托辩护人。

【公检法三机关的告知义务】 侦查机关在第一次讯问犯罪嫌疑人或者对犯罪嫌疑人采取强制措施的时候，应当告知犯罪嫌疑人有权委托辩护人。人民检察院自收到移送审查起诉的案件材料之日起三日以内，应当告知犯罪嫌疑人有权委托辩护人。人民法院自受理案件之日起三日以内，应当告知被告人有权委托辩护人。犯罪嫌疑人、被告人在押期间要求委托辩护人的，人民法院、人民检察院和公安机关应当及时转达其要求。

【代为委托辩护人】 犯罪嫌疑人、被告人在押的，也可以由其监护人、近亲属代为委托辩护人。

【辩护人的告知义务】 辩护人接受犯罪嫌疑人、被告人委托后，应当及时告知办理案件的机关。

● 要点及关联法规

1. 委托辩护的时间和辩护权利的保障

★最高人民法院关于适用《中华人民共和国刑事诉讼法》的解释（2021年1月26日）（节录）

第四十四条第一款　被告人没有委托辩护人的，人民法院自受理案件之日起三日以内，应当告知其有权委托辩护人；被告人因经济困难或者其他原因没有委托辩护人的，应当告知其可以申请法律援助；被告人属于应当提供法律援助情形的，应当告知其将依法通知法律援助机构指派律师为其提供辩护。

第四十五条　审判期间，在押的被告人要求委托辩护人的，人民法院应当在三日以内向其监护人、近亲属或者其指定的人员转达要求。被告人应当提供有关人员的联系方式。有关人员无法通知的，应当告知被告人。

第四十六条　人民法院收到在押被告人提出的法律援助或者法律帮助申请，应当依照有关规定及时转交法律援助机构或者通知值班律师。

★人民检察院刑事诉讼规则（2019年12月30日）（节录）

第三十八条 人民检察院在办案过程中，应当依法保障犯罪嫌疑人行使辩护权利。

第三十九条 辩护人、诉讼代理人向人民检察院提出有关申请、要求或者提交有关书面材料的，负责案件管理的部门应当接收并及时移送办案部门或者与办案部门联系，具体业务由办案部门负责办理，本规则另有规定的除外。

第四十条 人民检察院负责侦查的部门在第一次讯问犯罪嫌疑人或者对其采取强制措施时，应当告知犯罪嫌疑人有权委托辩护人，并告知其如果因经济困难或者其他原因没有委托辩护人的，可以申请法律援助。属于刑事诉讼法第三十五条规定情形的，应当告知犯罪嫌疑人有权获得法律援助。

人民检察院自收到移送起诉案卷材料之日起三日以内，应当告知犯罪嫌疑人有权委托辩护人，并告知其如果因经济困难或者其他原因没有委托辩护人的，可以申请法律援助。属于刑事诉讼法第三十五条规定情形的，应当告知犯罪嫌疑人有权获得法律援助。

当面口头告知的，应当记入笔录，由被告知人签名；电话告知的，应当记录在案；书面告知的，应当将送达回执入卷。

第四十一条 在押或者被指定居所监视居住的犯罪嫌疑人向人民检察院提出委托辩护人要求的，人民检察院应当及时向其监护人、近亲属或者其指定的人员转达要求，并记录在案。

第四十二条 人民检察院办理直接受理侦查案件和审查起诉案件，发现犯罪嫌疑人是盲、聋、哑或者是尚未完全丧失辨认或者控制自己行为能力的精神病人，或者可能被判处无期徒刑、死刑，没有委托辩护人的，应当自发现之日起三日以内书面通知法律援助机构指派律师为其提供辩护。

第四十三条 人民检察院收到在押或者被指定居所监视居住的犯罪嫌疑人提出的法律援助申请，应当在二十四小时以内将申请材料转交法律援助机构，并通知犯罪嫌疑人的监护人、近亲属或者其委托的其他人员协助提供有关证件、证明等材料。

第四十四条 属于应当提供法律援助的情形，犯罪嫌疑人拒绝法律援助机构指派的律师作为辩护人的，人民检察院应当查明拒绝的原因。有正当理由的，予以准许，但犯罪嫌疑人需另行委托辩护人；犯罪嫌疑人未另行委托辩护人的，应当书面通知法律援助机构另行指派律师为其提供辩护。

★**公安机关办理刑事案件程序规定**（2020年7月20日）（节录）

第四十二条　公安机关应当保障辩护律师在侦查阶段依法从事下列执业活动：

（一）向公安机关了解犯罪嫌疑人涉嫌的罪名和案件有关情况，提出意见；

（二）与犯罪嫌疑人会见和通信，向犯罪嫌疑人了解案件有关情况；

（三）为犯罪嫌疑人提供法律帮助、代理申诉、控告；

（四）为犯罪嫌疑人申请变更强制措施。

第四十三条　公安机关在第一次讯问犯罪嫌疑人或者对犯罪嫌疑人采取强制措施的时候，应当告知犯罪嫌疑人有权委托律师作为辩护人，并告知其如果因经济困难或者其他原因没有委托辩护律师的，可以向法律援助机构申请法律援助。告知的情形应当记录在案。

对于同案的犯罪嫌疑人委托同一名辩护律师的，或者两名以上未同案处理但实施的犯罪存在关联的犯罪嫌疑人委托同一名辩护律师的，公安机关应当要求其更换辩护律师。

第四十四条　犯罪嫌疑人可以自己委托辩护律师。犯罪嫌疑人在押的，也可以由其监护人、近亲属代为委托辩护律师。

犯罪嫌疑人委托辩护律师的请求可以书面提出，也可以口头提出。口头提出的，公安机关应当制作笔录，由犯罪嫌疑人签名、捺指印。

第四十五条　在押的犯罪嫌疑人向看守所提出委托辩护律师要求的，看守所应当及时将其请求转达给办案部门，办案部门应当及时向犯罪嫌疑人委托的辩护律师或者律师事务所转达该项请求。

在押的犯罪嫌疑人仅提出委托辩护律师的要求，但提不出具体对象的，办案部门应当及时通知犯罪嫌疑人的监护人、近亲属代为委托辩护律师。犯罪嫌疑人无监护人或者近亲属的，办案部门应当及时通知当地律师协会或者司法行政机关为其推荐辩护律师。

2. 辩护人的告知义务及材料审查

★**人民检察院刑事诉讼规则**（2019年12月30日）（节录）

第四十五条　辩护人接受委托后告知人民检察院，或者法律援助机构指派律师后通知人民检察院的，人民检察院负责案件管理的部门应当及时登记辩护人的相关信息，并将有关情况和材料及时通知、移交办案部门。

负责案件管理的部门对办理业务的辩护律师，应当查验其律师执业证书、律师事务所证明和授权委托书或者法律援助公函。对其他辩护人、诉讼代理人，应当查验其身份证明和授权委托书。

第四十六条 人民检察院负责案件管理的部门应当依照法律规定对辩护人、诉讼代理人的资格进行审查,办案部门应当予以协助。

> **第三十五条 【刑事法律援助】** 犯罪嫌疑人、被告人因经济困难或者其他原因没有委托辩护人的,本人及其近亲属可以向法律援助机构提出申请。对符合法律援助条件的,法律援助机构应当指派律师为其提供辩护。
>
> 犯罪嫌疑人、被告人是盲、聋、哑人,或者是尚未完全丧失辨认或者控制自己行为能力的精神病人,没有委托辩护人的,人民法院、人民检察院和公安机关应当通知法律援助机构指派律师为其提供辩护。
>
> 犯罪嫌疑人、被告人可能被判处无期徒刑、死刑,没有委托辩护人的,人民法院、人民检察院和公安机关应当通知法律援助机构指派律师为其提供辩护。

● **要点及关联法规**

1. 刑事法律援助的条件

★关于充分保障律师依法履行辩护职责确保死刑案件办理质量的若干规定(2008年5月21日)(节录)

一、人民法院对可能被判处死刑的被告人,应当根据刑事诉讼法的规定,充分保障其辩护权及其他合法权益,并充分保障辩护律师依法履行辩护职责。司法行政机关、律师协会应当加强对死刑案件辩护工作的指导,积极争取政府财政部门落实并逐步提高法律援助工作经费。律师办理死刑案件应当恪尽职守,切实维护被告人的合法权益。

二、被告人可能被判处死刑而没有委托辩护人的,人民法院应当通过法律援助机构指定律师为其提供辩护……

三、法律援助机构在收到指定辩护通知书三日以内,指派具有刑事案件出庭辩护经验的律师担任死刑案件的辩护人。

★最高人民法院、最高人民检察院、公安部、国家安全部、司法部、全国人大常委会法制工作委员会关于实施刑事诉讼法若干问题的规定（2012年12月26日）（节录）

5. 刑事诉讼法第三十四条、第二百六十七条、第二百八十六条对法律援助作了规定。对于人民法院、人民检察院、公安机关根据上述规定，通知法律援助机构指派律师提供辩护或者法律帮助的，法律援助机构应当在接到通知后三日以内指派律师，并将律师的姓名、单位、联系方式书面通知人民法院、人民检察院、公安机关。

★最高人民法院关于适用《中华人民共和国刑事诉讼法》的解释（2021年1月26日）（节录）

第四十四条 被告人没有委托辩护人的，人民法院自受理案件之日起三日以内，应当告知其有权委托辩护人；被告人因经济困难或者其他原因没有委托辩护人的，应当告知其可以申请法律援助；被告人属于应当提供法律援助情形的，应当告知其将依法通知法律援助机构指派律师为其提供辩护。

被告人没有委托辩护人，法律援助机构也没有指派律师为其提供辩护的，人民法院应当告知被告人有权约见值班律师，并为被告人约见值班律师提供便利。

告知可以采取口头或者书面方式。

第四十六条 人民法院收到在押被告人提出的法律援助或者法律帮助申请，应当依照有关规定及时转交法律援助机构或者通知值班律师。

第四十七条 对下列没有委托辩护人的被告人，人民法院应当通知法律援助机构指派律师为其提供辩护：

（一）盲、聋、哑人；

（二）尚未完全丧失辨认或者控制自己行为能力的精神病人；

（三）可能被判处无期徒刑、死刑的人。

高级人民法院复核死刑案件，被告人没有委托辩护人的，应当通知法律援助机构指派律师为其提供辩护。

死刑缓期执行期间故意犯罪的案件，适用前两款规定。

第四十八条 具有下列情形之一，被告人没有委托辩护人的，人民法院可以通知法律援助机构指派律师为其提供辩护：

（一）共同犯罪案件中，其他被告人已经委托辩护人的；

（二）案件有重大社会影响的；

（三）人民检察院抗诉的；
（四）被告人的行为可能不构成犯罪的；
（五）有必要指派律师提供辩护的其他情形。

第三百六十一条　适用简易程序审理的案件，符合刑事诉讼法第三十五条第一款规定的，人民法院应当告知被告人及其近亲属可以申请法律援助。

第四百八十五条第四款　外国籍被告人没有委托辩护人的，人民法院可以通知法律援助机构为其指派律师提供辩护。被告人拒绝辩护人辩护的，应当由其出具书面声明，或者将其口头声明记录在案；必要时，应当录音录像。被告人属于应当提供法律援助情形的，依照本解释第五十条规定处理。

★人民检察院刑事诉讼规则（2019年12月30日）（节录）

第四十二条　人民检察院办理直接受理侦查案件和审查起诉案件，发现犯罪嫌疑人是盲、聋、哑人或者是尚未完全丧失辨认或者控制自己行为能力的精神病人，或者可能被判处无期徒刑、死刑，没有委托辩护人的，应当自发现之日起三日以内书面通知法律援助机构指派律师为其提供辩护。

第四十三条　人民检察院收到在押或者被指定居所监视居住的犯罪嫌疑人提出的法律援助申请，应当在二十四小时以内将申请材料转交法律援助机构，并通知犯罪嫌疑人的监护人、近亲属或者其委托的其他人员协助提供有关证件、证明等材料。

第四十四条　属于应当提供法律援助的情形，犯罪嫌疑人拒绝法律援助机构指派的律师作为辩护人的，人民检察院应当查明拒绝的原因。有正当理由的，予以准许，但犯罪嫌疑人需另行委托辩护人；犯罪嫌疑人未另行委托辩护人的，应当书面通知法律援助机构另行指派律师为其提供辩护。

第四十五条　辩护人接受委托后告知人民检察院，或者法律援助机构指派律师后通知人民检察院的，人民检察院负责案件管理的部门应当及时登记辩护人的相关信息，并将有关情况和材料及时通知、移交办案部门。

负责案件管理的部门对办理业务的辩护律师，应当查验其律师执业证书、律师事务所证明和授权委托书或者法律援助公函。对其他辩护人、诉讼代理人，应当查验其身份证明和授权委托书。

第四十六条　人民检察院负责案件管理的部门应当依照法律规定对辩护人、诉讼代理人的资格进行审查，办案部门应当予以协助。

★公安机关办理刑事案件程序规定（2020年7月20日）（节录）

第四十六条　符合下列情形之一，犯罪嫌疑人没有委托辩护人的，公安机关应当自发现该情形之日起三日以内通知法律援助机构为犯罪嫌疑人指派辩护律师：

（一）犯罪嫌疑人是盲、聋、哑人，或者是尚未完全丧失辨认或者控制自己行为能力的精神病人；

（二）犯罪嫌疑人可能被判处无期徒刑、死刑。

第四十七条第一款 公安机关收到在押的犯罪嫌疑人提出的法律援助申请后，应当在二十四小时以内将其申请转交所在地的法律援助机构，并在三日以内通知申请人的法定代理人、近亲属或者其委托的其他人员协助提供有关证件、证明等相关材料。犯罪嫌疑人的法定代理人、近亲属或者其委托的其他人员地址不详无法通知的，应当在转交申请时一并告知法律援助机构。

★关于刑事诉讼法律援助工作的规定（2013年2月4日）（节录）

第一条 为加强和规范刑事诉讼法律援助工作，根据《中华人民共和国刑事诉讼法》、《中华人民共和国律师法》、《法律援助条例》以及其他相关规定，结合法律援助工作实际，制定本规定。

第二条 犯罪嫌疑人、被告人因经济困难没有委托辩护人的，本人及其近亲属可以向办理案件的公安机关、人民检察院、人民法院所在地同级司法行政机关所属法律援助机构申请法律援助。

具有下列情形之一，犯罪嫌疑人、被告人没有委托辩护人的，可以依照前款规定申请法律援助：

（一）有证据证明犯罪嫌疑人、被告人属于一级或者二级智力残疾的；

（二）共同犯罪案件中，其他犯罪嫌疑人、被告人已委托辩护人的；

（三）人民检察院抗诉的；

（四）案件具有重大社会影响的。

第三条 公诉案件中的被害人及其法定代理人或者近亲属，自诉案件中的自诉人及其法定代理人，因经济困难没有委托诉讼代理人的，可以向办理案件的人民检察院、人民法院所在地同级司法行政机关所属法律援助机构申请法律援助。

第四条 公民经济困难的标准，按案件受理地所在的省、自治区、直辖市人民政府的规定执行。

第五条 公安机关、人民检察院在第一次讯问犯罪嫌疑人或者采取强制措施的时候，应当告知犯罪嫌疑人有权委托辩护人，并告知其如果符合本规定第二条规定，本人及其近亲属可以向法律援助机构申请法律援助。

人民检察院自收到移送审查起诉的案件材料之日起3日内，应当告知犯罪嫌疑人有权委托辩护人，并告知其如果符合本规定第二条规定，本人及其近亲属可以向法律援助机构申请法律援助；应当告知被害人及其法定代理人或者近亲属有权委托诉讼代理人，并告知其如果经济困难，可以向法律援助机构申请法律援助。

人民法院自受理案件之日起3日内，应当告知被告人有权委托辩护人，并告知其如果符合本规定第二条规定，本人及其近亲属可以向法律援助机构申请法律援助；应当告知自诉人及其法定代理人有权委托诉讼代理人，并告知其如果经济困难，可以向法律援助机构申请法律援助。人民法院决定再审的案件，应当自决定再审之日起3日内履行相关告知职责。

犯罪嫌疑人、被告人具有本规定第九条规定情形的，公安机关、人民检察院、人民法院应当告知其如果不委托辩护人，将依法通知法律援助机构指派律师为其提供辩护。

第六条　告知可以采取口头或者书面方式，告知的内容应当易于被告知人理解。口头告知的，应当制作笔录，由被告知人签名；书面告知的，应当将送达回执入卷。对于被告知人当场表达申请法律援助意愿的，应当记录在案。

第七条　被羁押的犯罪嫌疑人、被告人提出法律援助申请的，公安机关、人民检察院、人民法院应当在收到申请24小时内将其申请转交或者告知法律援助机构，并于3日内通知申请人的法定代理人、近亲属或者其委托的其他人员协助向法律援助机构提供有关证件、证明等相关材料。犯罪嫌疑人、被告人的法定代理人或者近亲属无法通知的，应当在转交申请时一并告知法律援助机构。

第八条　法律援助机构收到申请后应当及时进行审查并于7日内作出决定。对符合法律援助条件的，应当决定给予法律援助，并制作给予法律援助决定书；对不符合法律援助条件的，应当决定不予法律援助，制作不予法律援助决定书。给予法律援助决定书和不予法律援助决定书应当及时发送申请人，并函告公安机关、人民检察院、人民法院。

对于犯罪嫌疑人、被告人申请法律援助的案件，法律援助机构可以向公安机关、人民检察院、人民法院了解案件办理过程中掌握的犯罪嫌疑人、被告人是否具有本规定第二条规定情形等情况。

第九条　犯罪嫌疑人、被告人具有下列情形之一没有委托辩护人的，公安机关、人民检察院、人民法院应当自发现该情形之日起3日内，通知所在地同级司法行政机关所属法律援助机构指派律师为其提供辩护：

（一）未成年人；

（二）盲、聋、哑人；
（三）尚未完全丧失辨认或者控制自己行为能力的精神病人；
（四）可能被判处无期徒刑、死刑的人。

第十条　公安机关、人民检察院、人民法院通知辩护的，应当将通知辩护公函和采取强制措施决定书、起诉意见书、起诉书、判决书副本或者复印件送交法律援助机构。

通知辩护公函应当载明犯罪嫌疑人或者被告人的姓名、涉嫌的罪名、羁押场所或者住所、通知辩护的理由、办案机关联系人姓名和联系方式等。

第十一条　人民法院自受理强制医疗申请或者发现被告人符合强制医疗条件之日起3日内，对于被申请人或者被告人没有委托诉讼代理人的，应当向法律援助机构送交通知代理公函，通知其指派律师担任被申请人或被告人的诉讼代理人，为其提供法律帮助。

人民检察院申请强制医疗的，人民法院应当将强制医疗申请书副本一并送交法律援助机构。

通知代理公函应当载明被申请人或者被告人的姓名、法定代理人的姓名和联系方式、办案机关联系人姓名和联系方式。

第十二条　法律援助机构应当自作出给予法律援助决定或者自收到通知辩护公函、通知代理公函之日起3日内，确定承办律师并函告公安机关、人民检察院、人民法院。

法律援助机构出具的法律援助公函应当载明承办律师的姓名、所属单位及联系方式。

第十三条　对于可能被判处无期徒刑、死刑的案件，法律援助机构应当指派具有一定年限刑事辩护执业经历的律师担任辩护人。

对于未成年人案件，应当指派熟悉未成年人身心特点的律师担任辩护人。

第二十二条　具有下列情形之一的，法律援助机构应当作出终止法律援助决定，制作终止法律援助决定书发送受援人，并自作出决定之日起3日内函告公安机关、人民检察院、人民法院：
（一）受援人的经济收入状况发生变化，不再符合法律援助条件的；
（二）案件终止办理或者已被撤销的；
（三）受援人自行委托辩护人或者代理人的；
（四）受援人要求终止法律援助的，但应当通知辩护的情形除外；
（五）法律、法规规定应当终止的其他情形。

公安机关、人民检察院、人民法院在案件办理过程中发现有前款规定情形的，应当及时函告法律援助机构。

第二十三条　申请人对法律援助机构不予援助的决定有异议的，可以向主管该法律援助机构的司法行政机关提出。司法行政机关应当在收到异议之日起5个工作日内进行审查，经审查认为申请人符合法律援助条件的，应当以书面形式责令法律援助机构及时对该申请人提供法律援助，同时通知申请人；认为申请人不符合法律援助条件的，应当维持法律援助机构不予援助的决定，并书面告知申请人。

受援人对法律援助机构终止法律援助的决定有异议的，按照前款规定办理。

2. 拒绝刑事法律援助的处理

★关于充分保障律师依法履行辩护职责确保死刑案件办理质量的若干规定（2008年5月21日）（节录）

二、……被告人拒绝指定的律师为其辩护，有正当理由的，人民法院应当准许，被告人可以另行委托辩护人；被告人没有委托辩护人的，人民法院应当通知法律援助机构为其另行指定辩护人；被告人无正当理由再次拒绝指定的律师为其辩护的，人民法院应当不予准许并记录在案。

★最高人民法院关于适用《中华人民共和国刑事诉讼法》的解释（2021年1月26日）（节录）

第五十条　被告人拒绝法律援助机构指派的律师为其辩护，坚持自己行使辩护权的，人民法院应当准许。

属于应当提供法律援助的情形，被告人拒绝指派的律师为其辩护的，人民法院应当查明原因。理由正当的，应当准许，但被告人应当在五日以内另行委托辩护人；被告人未另行委托辩护人的，人民法院应当在三日以内通知法律援助机构另行指派律师为其提供辩护。

★人民检察院刑事诉讼规则（2019年12月30日）（节录）

第四十四条　属于应当提供法律援助的情形，犯罪嫌疑人拒绝法律援助机构指派的律师作为辩护人的，人民检察院应当查明拒绝的原因。有正当理由的，予以准许，但犯罪嫌疑人需另行委托辩护人；犯罪嫌疑人未另行委托辩护人的，应当书面通知法律援助机构另行指派律师为其提供辩护。

★公安机关办理刑事案件程序规定（2020年7月20日）（节录）

第四十七条第二款　犯罪嫌疑人拒绝法律援助机构指派的律师作为辩护人或者自行委托辩护人的，公安机关应当在三日以内通知法律援助机构。

★关于刑事诉讼法律援助工作的规定（2013年2月4日）（节录）

第十五条　对于依申请提供法律援助的案件，犯罪嫌疑人、被告人坚持自己辩护，拒绝法律援助机构指派的律师为其辩护的，法律援助机构应当准许，并作出终止法律援助的决定；对于有正当理由要求更换律师的，法律援助机构应当另行指派律师为其提供辩护。

对于应当通知辩护的案件，犯罪嫌疑人、被告人拒绝法律援助机构指派的律师为其辩护的，公安机关、人民检察院、人民法院应当查明拒绝的原因，有正当理由的，应当准许，同时告知犯罪嫌疑人、被告人需另行委托辩护人。犯罪嫌疑人、被告人未另行委托辩护人的，公安机关、人民检察院、人民法院应当及时通知法律援助机构另行指派律师为其提供辩护。

3. 刑事法律援助律师的权利和义务

（1）权利

★关于充分保障律师依法履行辩护职责确保死刑案件办理质量的若干规定（2008年5月21日）（节录）

四、被指定担任死刑案件辩护人的律师，不得将案件转由律师助理办理；有正当理由不能接受指派的，经法律援助机构同意，由法律援助机构另行指派其他律师办理。

五、人民法院受理死刑案件后，应当及时通知辩护律师查阅案卷，并积极创造条件，为律师查阅、复制指控犯罪事实的材料提供方便。

人民法院对承办法律援助案件的律师复制涉及被告人主要犯罪事实并直接影响定罪量刑的证据材料的复制费用，应当免收或者按照复制材料所必需的工本费减收。

律师接受委托或者被指定担任死刑案件的辩护人后，应当及时到人民法院阅卷；对于查阅的材料中涉及国家秘密、商业秘密、个人隐私、证人身份等情况的，应当保守秘密。

七、律师书面申请人民法院收集、调取证据，申请通知证人出庭作证，申请鉴定或者补充鉴定、重新鉴定的，人民法院应当及时予以书面答复并附卷。

八、第二审开庭前，人民检察院提交新证据、进行重新鉴定或者补充鉴定的，人民法院应当至迟在开庭三日以前通知律师查阅。

十一、人民法院应当加强审判场所的安全保卫，保障律师及其他诉讼参与人的人身安全，确保审判活动的顺利进行。

十二、法官应当严格按照法定诉讼程序进行审判活动，尊重律师的诉讼权利,认真听取控辩双方的意见,保障律师发言的完整性。对于律师发言过于冗长、明显重复或者与案件无关,或者在公开开庭审理中发言涉及国家秘密、个人隐私,或者进行人身攻击的,法官应当提醒或者制止。

十三、法庭审理中,人民法院应当如实、详细地记录律师意见。法庭审理结束后,律师应当在闭庭三日以内向人民法院提交书面辩护意见。

十四、人民法院审理被告人可能被判处死刑的刑事附带民事诉讼案件,在对赔偿事项进行调解时,律师应当在其职责权限范围内,根据案件和当事人的具体情况,依法提出有利于案件处理、切实维护当事人合法权益的意见,促进附带民事诉讼案件调解解决。

十五、人民法院在裁判文书中应当写明指派律师担任辩护人的法律援助机构、律师姓名及其所在的执业机构。对于律师的辩护意见,合议庭、审判委员会在讨论案件时应当认真进行研究,并在裁判文书中写明采纳与否的理由。

人民法院应当按照有关规定将裁判文书送达律师。

十六、人民法院审理案件过程中,律师提出会见法官请求的,合议庭根据案件具体情况,可以在工作时间和办公场所安排会见、听取意见。会见活动,由书记员制作笔录,律师签名后附卷。

十七、死刑案件复核期间,被告人的律师提出当面反映意见要求或者提交证据材料的,人民法院有关合议庭应当在工作时间和办公场所接待,并制作笔录附卷。律师提出的书面意见,应当附卷。

十八、司法行政机关和律师协会应当加强对律师的业务指导和培训,以及职业道德和执业纪律教育,不断提高律师办理死刑案件的质量,并建立对律师从事法律援助工作的考核机制。

★最高人民法院关于适用《中华人民共和国刑事诉讼法》的解释(2021年1月26日)(节录)

第四十九条 人民法院通知法律援助机构指派律师提供辩护的,应当将法律援助通知书、起诉书副本或者判决书送达法律援助机构;决定开庭审理的,除适用简易程序或者速裁程序审理的以外,应当在开庭十五日以前将上述材料送达法律援助机构。

法律援助通知书应当写明案由、被告人姓名、提供法律援助的理由、审判人员的姓名和联系方式;已确定开庭审理的,应当写明开庭的时间、地点。

★关于刑事诉讼法律援助工作的规定(2013年2月4日)(节录)

第十四条第二款 承办律师应当在首次会见犯罪嫌疑人、被告人时,询问是否同意为其辩护,并制作笔录。犯罪嫌疑人、被告人不同意的,律师应当书面告知公安机关、人民检察院、人民法院和法律援助机构。

第十七条 在案件侦查终结前,承办律师提出要求的,侦查机关应当听取其意见,并记录在案。承办律师提出书面意见的,应当附卷。

第十八条 人民法院决定变更开庭时间的,应当在开庭3日前通知承办律师。承办律师有正当理由不能按时出庭的,可以申请人民法院延期开庭。人民法院同意延期开庭的,应当及时通知承办律师。

第二十条 人民检察院、人民法院应当对承办律师复制案卷材料的费用予以免收或者减收。

第二十一条 公安机关在撤销案件或者移送审查起诉后,人民检察院在作出提起公诉、不起诉或者撤销案件决定后,人民法院在终止审理或者作出裁决后,以及公安机关、人民检察院、人民法院将案件移送其他机关办理后,应当在5日内将相关法律文书副本或者复印件送达承办律师,或者书面告知承办律师。

公安机关的起诉意见书,人民检察院的起诉书、不起诉决定书,人民法院的判决书、裁定书等法律文书,应当载明作出指派的法律援助机构名称、承办律师姓名以及所属单位等情况。

第二十七条 公安机关、人民检察院、人民法院和司法行政机关应当加强协调,建立健全工作机制,做好法律援助咨询、申请转交、组织实施等方面的衔接工作,促进刑事法律援助工作有效开展。

(2) 义务

★关于充分保障律师依法履行辩护职责确保死刑案件办理质量的若干规定
(2008年5月21日)(节录)

六、律师应当在开庭前会见在押的被告人,征询是否同意为其辩护,并听取被告人的陈述和意见。

九、律师出庭辩护应当认真做好准备工作,围绕案件事实、证据、适用法律、量刑、诉讼程序等,从被告人无罪、罪轻或者减轻、免除其刑事责任等方面提出辩护意见,切实保证辩护质量,维护被告人的合法权益。

十、律师接到人民法院开庭通知后,应当保证准时出庭。人民法院应当按时开庭。法庭因故不能按期开庭,或者律师确有正当理由不能按期出庭的,人民法院应当在不影响案件审理期限的情况下,另行安排开庭时间,并于开庭三日前通知当事人、律师和人民检察院。

★最高人民法院关于适用《中华人民共和国刑事诉讼法》的解释（2021年1月26日）（节录）

第五十二条　审判期间，辩护人接受被告人委托的，应当在接受委托之日起三日以内，将委托手续提交人民法院。

接受法律援助机构指派为被告人提供辩护的，适用前款规定。

第六十六条　诉讼代理人接受当事人委托或者法律援助机构指派后，应当在三日以内将委托手续或者法律援助手续提交人民法院。

★公安机关办理刑事案件程序规定（2020年7月20日）（节录）

第四十八条　辩护律师接受犯罪嫌疑人委托或者法律援助机构的指派后，应当及时告知公安机关并出示律师执业证书、律师事务所证明和委托书或者法律援助公函。

★关于刑事诉讼法律援助工作的规定（2013年2月4日）（节录）

第十四条第一款　承办律师接受法律援助机构指派后，应当按照有关规定及时办理委托手续。

第十九条　人民法院决定不开庭审理的案件，承办律师应当在接到人民法院不开庭通知之日起10日内向人民法院提交书面辩护意见。

第二十五条　律师应当遵守有关法律法规和法律援助业务规程，做好会见、阅卷、调查取证、解答咨询、参加庭审等工作，依法为受援人提供法律服务。

律师事务所应当对律师办理法律援助案件进行业务指导，督促律师在办案过程中尽职尽责，恪守职业道德和执业纪律。

第二十六条　法律援助机构依法对律师事务所、律师开展法律援助活动进行指导监督，确保办案质量。

司法行政机关和律师协会根据律师事务所、律师履行法律援助义务情况实施奖励和惩戒。

公安机关、人民检察院、人民法院在案件办理过程中发现律师有违法或者违反职业道德和执业纪律行为，损害受援人利益的，应当及时向法律援助机构通报有关情况。

4. 未提供必要的刑事法律援助的救济

★关于刑事诉讼法律援助工作的规定（2013年2月4日）（节录）

第十六条　人民检察院审查批准逮捕时，认为犯罪嫌疑人具有应当通知辩护的情形，公安机关未通知法律援助机构指派律师的，应当通知公安机关予以纠正，公安机关应当将纠正情况通知人民检察院。

第二十四条　犯罪嫌疑人、被告人及其近亲属、法定代理人，强制医疗案件中的被申请人、被告人的法定代理人认为公安机关、人民检察院、人民法院应当告知其可以向法律援助机构申请法律援助而没有告知，或者应当通知法律援助机构指派律师为其提供辩护或者诉讼代理而没有通知的，有权向同级或者上一级人民检察院申诉或者控告。人民检察院应当对申诉或者控告及时进行审查，情况属实的，通知有关机关予以纠正。

5. 特殊主体申请法律援助的规定

★军人军属法律援助工作实施办法（2016年9月14日）

第一条　为贯彻落实《国务院、中央军委关于进一步加强军人军属法律援助工作的意见》（国发〔2014〕37号）精神，切实做好军人军属法律援助工作，依法维护国防利益和军人军属合法权益，制定本办法。

第二条　本办法所称军人，是指现役军（警）官、文职干部、士兵以及具有军籍的学员。军队中的文职人员、非现役公勤人员、在编职工，由军队管理的离退休人员，以及执行军事任务的预备役人员和其他人员，按军人对待。

本办法所称军属，是指军人的配偶、父母、子女和其他具有法定扶养关系的近亲属。烈士、因公牺牲军人、病故军人的遗属按军属对待。

第三条　县级以上司法行政机关和军队团级以上单位负责司法行政工作的部门应当密切协作、相互配合，建立健全军地联席会议、法律援助人员培训、工作考评通报等机制，共同做好军人军属法律援助工作。

第四条　法律援助人员办理军人军属法律援助案件，应当保守国家秘密、军事秘密，不得泄露当事人的隐私。

第五条　除《法律援助条例》规定的事项外，军人军属对下列事项因经济困难没有委托代理人的，可以向法律援助机构申请法律援助：

（一）请求给予优抚待遇的；

（二）涉及军人婚姻家庭纠纷的；

（三）因医疗、交通、工伤事故以及其他人身伤害案件造成人身损害或财产损失请求赔偿的；

（四）涉及农资产品质量纠纷、土地承包纠纷、宅基地纠纷以及保险赔付的。

第六条　军人军属申请法律援助，应当提交下列申请材料：

（一）法律援助申请表；

（二）军人军属身份证明；

（三）法律援助申请人经济状况证明表；
（四）与所申请法律援助事项有关的案件材料。

第七条 下列军人军属申请法律援助的，无需提交经济困难证明：

（一）义务兵、供给制学员及军属；

（二）执行作战、重大非战争军事行动任务的军人及军属；

（三）烈士、因公牺牲军人、病故军人的遗属。

第八条 军人军属就本办法第五条规定的事项申请法律援助的，由义务机关所在地或者义务人住所地的法律援助机构受理，也可以由军人军属法律援助工作站或者联络点受理。

第九条 对军人军属申请法律援助的，法律援助机构应当优化办理程序，优先受理、优先审批、优先指派。对情况紧急的可以先行受理，事后补充材料、补办手续。对伤病残等特殊困难的军人军属，实行电话申请、邮寄申请、上门受理等便利服务。有条件的可以实行网上办理。

法律援助机构对军人军属的法律援助申请作出给予法律援助的决定后，应当及时告知军队有关部门。

第十条 法律援助机构办理军人军属法律援助案件，需要军队有关部门协助的，军队有关部门应当予以协助。

第十一条 法律援助机构可以在省军区（卫戍区、警备区）、军分区（警备区）、县（市、区）人民武装部建立军人军属法律援助工作站，有条件的可以在军队团级以上单位建立军人军属法律援助工作站或者联络点。

法律援助机构可以根据需要，依托符合条件的律师事务所建立军人军属法律援助工作站。

军人军属法律援助工作站可以在乡（镇）人武部、营连级以下部队设立法律援助联络点，为军人军属申请法律援助提供服务。

第十二条 军人军属法律援助工作站应当具备以下条件：

（一）有固定的办公场所和设备；

（二）有具备一定法律知识的工作人员；

（三）有必要的工作经费；

（四）有规范的工作制度；

（五）有统一的标识及公示栏。

第十三条 军人军属法律援助工作站的职责范围包括：

（一）接受军人军属的法律援助申请并进行初步审查，对符合条件的转交有权办理的法律援助机构；

（二）开展军人军属法治宣传教育；

（三）解答法律咨询、代写法律文书；

（四）办理简单的非诉讼法律援助事项；

（五）收集、分析和报送军人军属法律需求信息。

第十四条　军人军属法律援助工作站应当在接待场所和相关网站公示办公地址、通讯方式以及军人军属法律援助条件、程序、申请材料目录等信息。

第十五条　军人军属法律援助工作站应当建立军人军属来函、来电来访咨询事项登记制度。对属于法律援助范围的，应当一次性告知申请程序，指导当事人依法提出申请；对不属于法律援助范围的，应当告知有关规定，指引当事人寻求其他解决渠道。

第十六条　军人军属法律援助工作站应当向所属法律援助机构和所驻军队单位负责司法行政工作的部门及时报告工作，接受其业务指导和监督。

第十七条　法律援助机构应当安排本机构人员或者指派律师到军人军属法律援助工作站值班。

第十八条　县级以上司法行政机关和军队团级以上单位负责司法行政工作的部门应当建立联席会议制度，其主要职责是：

（一）研究制定军人军属法律援助工作发展规划、重要制度和措施，安排部署军人军属法律援助工作任务；

（二）通报有关情况，协调落实军人军属法律援助工作；

（三）指导、检查军人军属法律援助工作，开展调查研究，及时解决工作中的困难和问题；

（四）总结推广军人军属法律援助工作经验，组织宣传相关政策制度和先进典型；

（五）组织军地法律援助人员学习交流、培训活动。

第十九条　司法行政机关应当把军人军属法律援助工作站和联络点人员培训工作纳入当地法律援助业务培训规划。军队负责司法行政工作的部门应当为军人军属法律援助工作站和联络点人员参加培训提供必要的条件和保障。

军队法律顾问处与法律援助机构、相关律师事务所可以开展业务研究、办案交流等活动，提高军人军属法律援助队伍业务素质。

第二十条　县级以上司法行政机关应当会同军队团级以上单位负责司法行政工作的部门协调地方财政部门，推动将军人军属法律援助经费纳入财政保障范围，并根据经济社会发展水平逐步加大经费投入。

有条件的地方可探索建立军人军属法律援助专项基金，专门用于办理军人军属法律援助案件。法律援助基金会等组织应当通过多种渠道，积极募集社会资金，支持军人军属法律援助工作。

军队有关部门应当将军人军属法律援助工作站、联络点日常办公所需经费纳入单位年度预算。

第二十一条　建立健全法律援助机构和法律援助人员开展军人军属法律援助工作考评机制。考评结果应当报送上一级司法行政机关和军队负责司法行政工作的部门。

第二十二条　本办法由司法部和中央军委政法委员会解释。

第二十三条　本办法自2016年9月14日起施行。

第三十六条[①]　**【值班律师制度】**法律援助机构可以在人民法院、看守所等场所派驻值班律师。犯罪嫌疑人、被告人没有委托辩护人，法律援助机构没有指派律师为其提供辩护的，由值班律师为犯罪嫌疑人、被告人提供法律咨询、程序选择建议、申请变更强制措施、对案件处理提出意见等法律帮助。

人民法院、人民检察院、看守所应当告知犯罪嫌疑人、被告人有权约见值班律师，并为犯罪嫌疑人、被告人约见值班律师提供便利。

● 要点及关联法规

★关于推进以审判为中心的刑事诉讼制度改革的意见（2016年7月20日）（节录）

二十、建立法律援助值班律师制度，法律援助机构在看守所、人民法院派驻值班律师，为犯罪嫌疑人、被告人提供法律帮助。

完善法律援助制度，健全依申请法律援助工作机制和办案机关通知辩护工作机制。对未履行通知或者指派辩护职责的办案人员，严格实行责任追究。

★法律援助值班律师工作办法（2020年8月20日）

第一章　总　　则

第一条　为保障犯罪嫌疑人、被告人依法享有的诉讼权利，加强人权司法

---

① 该条为2018年修订新增条款。

保障，进一步规范值班律师工作，根据《中华人民共和国刑事诉讼法》《中华人民共和国律师法》等规定，制定本办法。

第二条　本办法所称值班律师，是指法律援助机构在看守所、人民检察院、人民法院等场所设立法律援助工作站，通过派驻或安排的方式，为没有辩护人的犯罪嫌疑人、被告人提供法律帮助的律师。

第三条　值班律师工作应当坚持依法、公平、公正、效率的原则，值班律师应当提供符合标准的法律服务。

第四条　公安机关（看守所）、人民检察院、人民法院、司法行政机关应当保障没有辩护人的犯罪嫌疑人、被告人获得值班律师法律帮助的权利。

第五条　值班律师工作由司法行政机关牵头组织实施，公安机关（看守所）、人民检察院、人民法院应当依法予以协助。

第二章　值班律师工作职责

第六条　值班律师依法提供以下法律帮助：
（一）提供法律咨询；
（二）提供程序选择建议；
（三）帮助犯罪嫌疑人、被告人申请变更强制措施；
（四）对案件处理提出意见；
（五）帮助犯罪嫌疑人、被告人及其近亲属申请法律援助；
（六）法律法规规定的其他事项。

值班律师在认罪认罚案件中，还应当提供以下法律帮助：
（一）向犯罪嫌疑人、被告人释明认罪认罚的性质和法律规定；
（二）对人民检察院指控罪名、量刑建议、诉讼程序适用等事项提出意见；
（三）犯罪嫌疑人签署认罪认罚具结书时在场。

值班律师办理案件时，可以应犯罪嫌疑人、被告人的约见进行会见，也可以经办案机关允许主动会见；自人民检察院对案件审查起诉之日起可以查阅案卷材料、了解案情。

第七条　值班律师提供法律咨询时，应当告知犯罪嫌疑人、被告人有关法律帮助的相关规定，结合案件所在的诉讼阶段解释相关诉讼权利和程序规定，解答犯罪嫌疑人、被告人咨询的法律问题。

犯罪嫌疑人、被告人认罪认罚的，值班律师应当了解犯罪嫌疑人、被告人对被指控的犯罪事实和罪名是否有异议，告知被指控罪名的法定量刑幅度，释明从宽从重处罚的情节以及认罪认罚的从宽幅度，并结合案件情况提供程序选择建议。

值班律师提供法律咨询的，应当记录犯罪嫌疑人、被告人涉嫌的罪名、咨询的法律问题、提供的法律解答。

第八条 在审查起诉阶段，犯罪嫌疑人认罪认罚的，值班律师可以就以下事项向人民检察院提出意见：

（一）涉嫌的犯罪事实、指控罪名及适用的法律规定；

（二）从轻、减轻或者免除处罚等从宽处罚的建议；

（三）认罪认罚后案件审理适用的程序；

（四）其他需要提出意见的事项。

值班律师对前款事项提出意见的，人民检察院应当记录在案并附卷，未采纳值班律师意见的，应当说明理由。

第九条 犯罪嫌疑人、被告人提出申请羁押必要性审查的，值班律师应当告知其取保候审、监视居住、逮捕等强制措施的适用条件和相关法律规定、人民检察院进行羁押必要性审查的程序；犯罪嫌疑人、被告人已经被逮捕的，值班律师可以帮助其向人民检察院提出羁押必要性审查申请，并协助提供相关材料。

第十条 犯罪嫌疑人签署认罪认罚具结书时，值班律师对犯罪嫌疑人认罪认罚自愿性、人民检察院量刑建议、程序适用等均无异议的，应当在具结书上签名，同时留存一份复印件归档。

值班律师对人民检察院量刑建议、程序适用有异议的，在确认犯罪嫌疑人系自愿认罪认罚后，应当在具结书上签字，同时可以向人民检察院提出法律意见。

犯罪嫌疑人拒绝值班律师帮助的，值班律师无需在具结书上签字，应当将犯罪嫌疑人签字拒绝法律帮助的书面材料留存一份归档。

第十一条 对于被羁押的犯罪嫌疑人、被告人，在不同诉讼阶段，可以由派驻看守所的同一值班律师提供法律帮助。对于未被羁押的犯罪嫌疑人、被告人，前一诉讼阶段的值班律师可以在后续诉讼阶段继续为犯罪嫌疑人、被告人提供法律帮助。

第三章 法律帮助工作程序

第十二条 公安机关、人民检察院、人民法院应当在侦查、审查起诉和审判各阶段分别告知没有辩护人的犯罪嫌疑人、被告人有权约见值班律师获得法律帮助，并为其约见值班律师提供便利。

第十三条　看守所应当告知犯罪嫌疑人、被告人有权约见值班律师，并为其约见值班律师提供便利。

看守所应当将值班律师制度相关内容纳入在押人员权利义务告知书，在犯罪嫌疑人、被告人入所时告知其有权获得值班律师的法律帮助。

犯罪嫌疑人、被告人要求约见值班律师的，可以书面或者口头申请。书面申请的，看守所应当将其填写的法律帮助申请表及时转交值班律师。口头申请的，看守所应当安排代为填写法律帮助申请表。

第十四条　犯罪嫌疑人、被告人没有委托辩护人并且不符合法律援助机构指派律师为其提供辩护的条件，要求约见值班律师的，公安机关、人民检察院、人民法院应当及时通知法律援助机构安排。

第十五条　依法应当通知值班律师提供法律帮助而犯罪嫌疑人、被告人明确拒绝的，公安机关、人民检察院、人民法院应当记录在案。

前一诉讼程序犯罪嫌疑人、被告人明确拒绝值班律师法律帮助的，后一诉讼程序的办案机关仍需告知其有权获得值班律师法律帮助的权利，有关情况应当记录在案。

第十六条　公安机关、人民检察院、人民法院需要法律援助机构通知值班律师为犯罪嫌疑人、被告人提供法律帮助的，应当向法律援助机构出具法律帮助通知书，并附相关法律文书。

单次批量通知的，可以在一份法律帮助通知书后附多名犯罪嫌疑人、被告人相关信息的材料。

除通知值班律师到羁押场所提供法律帮助的情形外，人民检察院、人民法院可以商法律援助机构简化通知方式和通知手续。

第十七条　司法行政机关和法律援助机构应当根据当地律师资源状况、法律帮助需求，会同看守所、人民检察院、人民法院合理安排值班律师的值班方式、值班频次。

值班方式可以采用现场值班、电话值班、网络值班相结合的方式。现场值班的，可以采取固定专人或轮流值班，也可以采取预约值班。

第十八条　法律援助机构应当综合律师政治素质、业务能力、执业年限等确定值班律师人选，建立值班律师名册或值班律师库。并将值班律师库或名册信息、值班律师工作安排，提前告知公安机关（看守所）、人民检察院、人民法院。

第十九条　公安机关、人民检察院、人民法院应当在确定的法律帮助日期前三个工作日，将法律帮助通知书送达法律援助机构，或者直接送达现场值班律师。

该期间没有安排现场值班律师的，法律援助机构应当自收到法律帮助通知书之日起两个工作日内确定值班律师，并通知公安机关、人民检察院、人民法院。

公安机关、人民检察院、人民法院和法律援助机构之间的送达及通知方式，可以协商简化。

适用速裁程序的案件、法律援助机构需要跨地区调配律师等特殊情形的通知和指派时限，不受前款限制。

第二十条　值班律师在人民检察院、人民法院现场值班的，应当按照法律援助机构的安排，或者人民检察院、人民法院送达的通知，及时为犯罪嫌疑人、被告人提供法律帮助。

犯罪嫌疑人、被告人提出法律帮助申请，看守所转交给现场值班律师的，值班律师应当根据看守所的安排及时提供法律帮助。

值班律师通过电话、网络值班的，应当及时提供法律帮助，疑难案件可以另行预约咨询时间。

第二十一条　侦查阶段，值班律师可以向侦查机关了解犯罪嫌疑人涉嫌的罪名及案件有关情况；案件进入审查起诉阶段后，值班律师可以查阅案卷材料，了解案情，人民检察院、人民法院应当及时安排，并提供便利。已经实现卷宗电子化的地方，人民检察院、人民法院可以安排在线阅卷。

第二十二条　值班律师持律师执业证或者律师工作证、法律帮助申请表或者法律帮助通知书到看守所办理法律帮助会见手续，看守所应当及时安排会见。

危害国家安全犯罪、恐怖活动犯罪案件，侦查期间值班律师会见在押犯罪嫌疑人的，应当经侦查机关许可。

第二十三条　值班律师提供法律帮助时，应当出示律师执业证或者律师工作证或者相关法律文书，表明值班律师身份。

第二十四条　值班律师会见犯罪嫌疑人、被告人时不被监听。

第二十五条　值班律师在提供法律帮助过程中，犯罪嫌疑人、被告人向值班律师表示愿意认罪认罚的，值班律师应当及时告知相关的公安机关、人民检察院、人民法院。

第四章　值班律师工作保障

第二十六条　在看守所、人民检察院、人民法院设立的法律援助工作站，由同级司法行政机关所属的法律援助机构负责派驻并管理。

看守所、人民检察院、人民法院等机关办公地点临近的，法律援助机构可以设立联合法律援助工作站派驻值班律师。

看守所、人民检察院、人民法院应当为法律援助工作站提供必要办公场所和设施。有条件的人民检察院、人民法院，可以设置认罪认罚等案件专门办公区域，为值班律师设立专门会见室。

第二十七条　法律援助工作站应当公示法律援助条件及申请程序、值班律师工作职责、当日值班律师基本信息等，放置法律援助格式文书及宣传资料。

第二十八条　值班律师提供法律咨询、查阅案卷材料、会见犯罪嫌疑人或者被告人、提出书面意见等法律帮助活动的相关情况应当记录在案，并随案移送。

值班律师应当将提供法律帮助的情况记入工作台账或者形成工作卷宗，按照规定时限移交法律援助机构。

公安机关（看守所）、人民检察院、人民法院应当与法律援助机构确定工作台账格式，将值班律师履行职责情况记录在案，并定期移送法律援助机构。

第二十九条　值班律师提供法律帮助时，应当遵守相关法律法规、执业纪律和职业道德，依法保守国家秘密、商业秘密和个人隐私，不得向他人泄露工作中掌握的案件情况，不得向受援人收取财物或者谋取不正当利益。

第三十条　司法行政机关应当会同财政部门，根据直接费用、基本劳务费等因素合理制定值班律师法律帮助补贴标准，并纳入预算予以保障。

值班律师提供法律咨询、转交法律援助申请等法律帮助的补贴标准按工作日计算；为认罪认罚案件的犯罪嫌疑人、被告人提供法律帮助的补贴标准，由各地结合本地实际情况按件或按工作日计算。

法律援助机构应当根据值班律师履行工作职责情况，按照规定支付值班律师法律帮助补贴。

第三十一条　法律援助机构应当建立值班律师准入和退出机制，建立值班律师服务质量考核评估制度，保障值班律师服务质量。

法律援助机构应当建立值班律师培训制度，值班律师首次上岗前应当参加培训，公安机关、人民检察院、人民法院应当提供协助。

第三十二条　司法行政机关和法律援助机构应当加强本行政区域值班律师工作的监督和指导。对律师资源短缺的地区，可采取在省、市范围内统筹调配律师资源，建立政府购买值班律师服务机制等方式，保障值班律师工作有序开展。

第三十三条　司法行政机关会同公安机关、人民检察院、人民法院建立值班律师工作会商机制，明确专门联系人，及时沟通情况，协调解决相关问题。

第三十四条　司法行政机关应当加强对值班律师的监督管理，对表现突出的值班律师给予表彰；对违法违纪的值班律师，依职权或移送有权处理机关依法依规处理。

法律援助机构应当向律师协会通报值班律师履行职责情况。

律师协会应当将值班律师履行职责、获得表彰情况纳入律师年度考核及律师诚信服务记录，对违反职业道德和执业纪律的值班律师依法依规处理。

第五章　附　　则

第三十五条　国家安全机关、中国海警局、监狱履行刑事诉讼法规定职责，涉及值班律师工作的，适用本办法有关公安机关的规定。

第三十六条　本办法自发布之日起施行。《关于开展法律援助值班律师工作的意见》（司发通〔2017〕84号）同时废止。

★公安部办公厅、司法部办公厅关于进一步加强和规范看守所法律援助值班律师工作的通知（2018年1月5日）

各省、自治区、直辖市公安厅（局）、司法厅（局），新疆生产建设兵团公安局、司法局：

2017年8月，最高人民法院、最高人民检察院、公安部、国家安全部、司法部联合印发了《关于开展法律援助值班律师工作的意见》（司发通〔2017〕84号），对看守所法律援助值班律师工作提出相关要求。看守所法律援助值班律师工作对于依法维护犯罪嫌疑人、被告人诉讼权利，加强人权司法保障，促进司法公正具有重要意义。为认真贯彻落实党的十九大精神，进一步加强和规范看守所法律援助值班律师工作，现将有关要求通知如下：

一、进一步规范法律援助中心驻看守所工作站建设。近年来，地方各级公安机关和司法行政机关积极推进法律援助中心驻看守所工作站建设，全国已有2400余个看守所设置了法律援助中心驻看守所工作站。尚未建成法律援助中心驻看守所工作站的地方，应当加快建设进度，按要求完成看守所工作站全覆盖任务。看守所要为工作站提供必要的办公场所和设施，工作站应当设置在看守所监区外的办公区，加挂"×县（省、市）法律援助中心驻看守所工作站"标牌，设立指引标识，标牌标识式样应当符合公安部关于看守所"五化建设"的标准要求。法律援助机构要加强对工作站的业务指导，在工作站内放置法律援助格式文书及相关业务资料，将法律援助范围、条件、值班律师工作职责及值班律师基本信息等公示上墙。

二、进一步完善和落实看守所在押人员入所告知制度。看守所要切实采取措施，认真履行告知职责，保障犯罪嫌疑人、被告人获得值班律师法律帮助的权利。一是看守所要明确告知犯罪嫌疑人、被告人，看守所设有法律援助工作站，犯罪嫌疑人、被告人没有辩护人时，有获得值班律师法律帮助的权利。值班律师可以协助看守所开展法治宣传教育活动，帮助犯罪嫌疑人、被告人知悉相关诉讼权利和义务。二是看守所要将值班律师制度相关内容纳入在押人员权利义务告知书，在犯罪嫌疑人、被告人入所时即书面告知，由犯罪嫌疑人、被告人在告知书上签字；要通过看守所电教系统宣讲、谈话教育等形式告知犯罪嫌疑人、被告人值班律师工作职责，以及如何申请法律帮助，畅通在押人员申请值班律师帮助渠道。三是看守所要在收押大厅、家属接待区等区域，通过电子屏、警务公开栏、宣传手册等，向在押人员家属宣传值班律师工作制度。

三、进一步完善值班律师工作运行机制。看守所和法律援助机构要明确各自工作职责，密切配合，确保值班律师工作运行顺畅。一是法律援助机构要及时派驻或者安排值班律师。法律援助机构要向看守所提供并及时更新驻看守所值班律师名册或者值班律师库；提供值班律师律师执业证书复印件；提供值班律师排班表、值班方式和联系方式。值班律师采取现场值班和电话、网络值班相结合的方式，为在押人员提供法律帮助。探索建立专职值班律师队伍。二是看守所要及时通知值班律师提供法律帮助。犯罪嫌疑人、被告人向看守所申请值班律师法律帮助的，看守所应当在 24 小时内通知值班律师。涉嫌危害国家安全犯罪、恐怖活动犯罪、特别重大贿赂犯罪的犯罪嫌疑人在侦查期间申请值班律师法律帮助的，看守所应当书面通知案件主管机关。案件主管机关书面同意安排值班律师会见的，看守所应当在 24 小时内通知值班律师。三是保障值班律师会见。值班律师收到看守所通知的，要立即提供法律帮助。通过电话或者网络值班的，要在接到看守所通知后的 24 小时内提供法律帮助，律师资源少或者交通不便利的地区可适当延长。值班律师会见犯罪嫌疑人、被告人，应当持律师执业证书（法律援助机构律师持律师工作证），实行挂牌上岗。看守所应当依据值班律师名册和留存的值班律师执业证书复印件，核实值班律师身份，依据犯罪嫌疑人、被告人法律帮助申请，或者人民法院、人民检察院、公安机关通知值班律师为在押人员提供法律帮助的通知书，及时安排值班律师会见在押人员。值班律师会见应当在律师会见室进行，在律师会见室不足的情况下，经值班律师书面同意，可以安排在讯问室会见，但应当关闭录音、监听设备，并做好安全防范工作。四是加强监督管理。看守所发现值班律师有违反法律规定、职业道德、执业纪律等行为的，应当依法处理，并及时通知法律援助机构，必要时提出调整值班律师的建议。法律援助机构要定期运用征询看守所意见、查阅值班律师工作台账等措施了解值班律师履责情况，对值班律师实行动态化管理，建立健全值班律师退出机制。

四、加强组织领导。各级公安机关和司法行政机关要高度重视看守所法律援助值班律师工作，切实发挥工作站职能作用。一是加大工作推进力度。要把看守所工作站建设列入重要议事日程和工作考核内容，明确责任分工。二是建立协调沟通工作机制。看守所和法律援助机构分别确定联络员，负责值班律师工作的日常联系协调。定期召开联席会议，通报值班律师履责情况，总结工作经验，共同研究解决工作中存在的问题；三是做好台账建设和信息报送工作。看守所应当对通知值班律师提供法律帮助、值班律师会见、转递值班律师违规违纪线索等情况建立台账。值班律师要记录犯罪嫌疑人、被告人涉嫌罪名、简要案情、咨询意见等信息，形成值班律师工作台账。为了掌握各地看守所法律援助值班律师工作情况，请各省（区、市）公安厅（局）、司法厅（局）沟通一致后每半年分别向公安部、司法部汇总报送《看守所值班律师工作情况汇总表》。

> **第三十七条 【辩护人的责任】** 辩护人的责任是根据事实和法律，提出犯罪嫌疑人、被告人无罪、罪轻或者减轻、免除其刑事责任的材料和意见，维护犯罪嫌疑人、被告人的诉讼权利和其他合法权益。

> **第三十八条 【辩护律师在侦查阶段的诉讼权利】** 辩护律师在侦查期间可以为犯罪嫌疑人提供法律帮助；代理申诉、控告；申请变更强制措施；向侦查机关了解犯罪嫌疑人涉嫌的罪名和案件有关情况，提出意见。

● 要点及关联法规

侦查期间辩护律师的权利

★最高人民法院、最高人民检察院、公安部、国家安全部、司法部、全国人大常委会法制工作委员会关于实施刑事诉讼法若干问题的规定（2012年12月26日）（节录）

6. 刑事诉讼法第三十六条①规定："辩护律师在侦查期间可以为犯罪嫌疑人

---

① 现为第三十八条。——编者注

提供法律帮助；代理申诉、控告；申请变更强制措施；向侦查机关了解犯罪嫌疑人涉嫌的罪名和案件有关情况，提出意见。"根据上述规定，辩护律师在侦查期间可以向侦查机关了解犯罪嫌疑人涉嫌的罪名及当时已查明的该罪的主要事实，犯罪嫌疑人被采取、变更、解除强制措施的情况，侦查机关延长侦查羁押期限等情况。

★人民检察院刑事诉讼规则（2019年12月30日）（节录）

第五十四条 在人民检察院侦查、审查逮捕、审查起诉过程中，辩护人要求听取其意见的，办案部门应当及时安排。辩护人提出书面意见的，办案部门应当接收并登记。

听取辩护人意见应当制作笔录或者记录在案，辩护人提出的书面意见应当附卷。

辩护人提交案件相关材料的，办案部门应当将辩护人提交材料的目的、来源及内容等情况记录在案，一并附卷。

★公安机关办理刑事案件程序规定（2020年7月20日）（节录）

第四十二条 公安机关应当保障辩护律师在侦查阶段依法从事下列执业活动：

（一）向公安机关了解犯罪嫌疑人涉嫌的罪名和案件有关情况，提出意见；

（二）与犯罪嫌疑人会见和通信，向犯罪嫌疑人了解案件有关情况；

（三）为犯罪嫌疑人提供法律帮助、代理申诉、控告；

（四）为犯罪嫌疑人申请变更强制措施。

第五十条 辩护律师向公安机关了解案件有关情况的，公安机关应当依法将犯罪嫌疑人涉嫌的罪名以及当时已查明的该罪的主要事实，犯罪嫌疑人被采取、变更、解除强制措施，延长侦查羁押期限等案件有关情况，告知接受委托或者指派的辩护律师，并记录在案。

第三十九条 【辩护律师的会见权与通信权】 辩护律师可以同在押的犯罪嫌疑人、被告人会见和通信。其他辩护人经人民法院、人民检察院许可，也可以同在押的犯罪嫌疑人、被告人会见和通信。

辩护律师持律师执业证书、律师事务所证明和委托书或者法律援助公函要求会见在押的犯罪嫌疑人、被告人的，看守所应当及时安排会见，至迟不得超过四十八小时。

> 危害国家安全犯罪、恐怖活动犯罪案件，在侦查期间辩护律师会见在押的犯罪嫌疑人，应当经侦查机关许可。上述案件，侦查机关应当事先通知看守所。
>
> 辩护律师会见在押的犯罪嫌疑人、被告人，可以了解案件有关情况，提供法律咨询等；自案件移送审查起诉之日起，可以向犯罪嫌疑人、被告人核实有关证据。辩护律师会见犯罪嫌疑人、被告人时不被监听。
>
> 辩护律师同被监视居住的犯罪嫌疑人、被告人会见、通信，适用第一款、第三款、第四款的规定。

● 要点及关联法规

1. 辩护律师的会见权、通信权

（1）一般情形

★中华人民共和国律师法（2017年9月1日）（节录）

第三十三条 律师担任辩护人的，有权持律师执业证书、律师事务所证明和委托书或者法律援助公函，依照刑事诉讼法的规定会见在押或被监视居住的犯罪嫌疑人、被告人。辩护律师会见犯罪嫌疑人、被告人时不被监听。

★律师会见监狱在押罪犯规定（2017年11月27日）（节录）

第四条 有下列情形之一的，律师接受在押罪犯委托或者法律援助机构指派，可以会见在押罪犯：

（一）在刑事诉讼程序中，担任辩护人或者代理人；

（二）在民事、行政诉讼程序中，担任代理人；

（三）代理调解、仲裁；

（四）代理各类诉讼案件申诉；

（五）提供非诉讼法律服务；

（六）解答有关法律询问、代写诉讼文书和有关法律事务其他文书。

其他案件的代理律师，需要向监狱在押罪犯调查取证的，可以会见在押罪犯。

罪犯的监护人、近亲属可以代为委托律师。

第五条　律师需要会见在押罪犯，可以传真、邮寄或者直接提交的方式，向罪犯所在监狱提交下列材料的复印件，并于会见之日向监狱出示原件：

（一）律师执业证书；

（二）律师事务所证明；

（三）罪犯本人或者其监护人、近亲属的委托书或者法律援助公函或另案调查取证的相关证明文件。

监狱应当留存律师事务所出具的律师会见在押罪犯证明原件。

罪犯的监护人、近亲属代为委托律师的，律师第一次会见时，应当向罪犯本人确认是否建立委托关系。

第六条　律师会见在押罪犯需要助理随同参加的，律师应当向监狱提交律师事务所出具的律师助理会见在押罪犯的证明和律师执业证书或者申请律师执业人员实习证。

第七条　律师会见在押罪犯需要翻译人员随同参加的，律师应当提前向监狱提出申请，并提交能够证明其翻译人员身份的证明文件。

监狱应当及时审查并在三日以内作出是否批准的决定。批准参加的，应当及时通知律师。不批准参加的，应当向律师书面说明理由。

随同律师参加会见的翻译人员，应当持监狱批准通知书和本人身份证明参加会见。

第八条　监狱收到律师提交的本规定第五条所列的材料后，对于符合本规定第四条规定情形的，应当及时安排会见。能当时安排的，应当当时安排；不能当时安排的，监狱应当说明情况，在四十八小时内安排会见。

★最高人民法院关于适用《中华人民共和国刑事诉讼法》的解释（2021年1月26日）（节录）

第五十六条　辩护律师可以同在押的或者被监视居住的被告人会见和通信。其他辩护人经人民法院许可，也可以同在押的或者被监视居住的被告人会见和通信。

★公安机关办理刑事案件程序规定（2020年7月20日）（节录）

第五十一条　辩护律师可以同在押或者被监视居住的犯罪嫌疑人会见、通信。

★人民检察院刑事诉讼规则（2019年12月30日）（节录）

第六百五十八条　人民检察院发现看守所违反有关规定，有下列情形之一的，应当依法提出纠正意见：

……

（四）应当安排辩护律师依法会见在押的犯罪嫌疑人、被告人而没有安排的；

（五）违法安排辩护律师或者其他人员会见在押的犯罪嫌疑人、被告人的；

（六）辩护律师会见犯罪嫌疑人、被告人时予以监听的；

（七）其他违法情形。

(2) 须经许可的情形

★中华人民共和国反恐怖主义法（2018年4月27日）（节录）

第三条 本法所称恐怖主义，是指通过暴力、破坏、恐吓等手段，制造社会恐慌、危害公共安全、侵犯人身财产，或者胁迫国家机关、国际组织，以实现其政治、意识形态等目的的主张和行为。

本法所称恐怖活动，是指恐怖主义性质的下列行为：

（一）组织、策划、准备实施、实施造成或者意图造成人员伤亡、重大财产损失、公共设施损坏、社会秩序混乱等严重社会危害的活动的；

（二）宣扬恐怖主义，煽动实施恐怖活动，或者非法持有宣扬恐怖主义的物品，强制他人在公共场所穿戴宣扬恐怖主义的服饰、标志的；

（三）组织、领导、参加恐怖活动组织的；

（四）为恐怖活动组织、恐怖活动人员、实施恐怖活动或者恐怖活动培训提供信息、资金、物资、劳务、技术、场所等支持、协助、便利的；

（五）其他恐怖活动。

本法所称恐怖活动组织，是指三人以上为实施恐怖活动而组成的犯罪组织。

本法所称恐怖活动人员，是指实施恐怖活动的人和恐怖活动组织的成员。

本法所称恐怖事件，是指正在发生或者已经发生的造成或者可能造成重大社会危害的恐怖活动。

★公安机关办理刑事案件程序规定（2020年7月20日）（节录）

第五十二条 对危害国家安全犯罪案件、恐怖活动犯罪案件，办案部门应当在将犯罪嫌疑人送看守所羁押时书面通知看守所；犯罪嫌疑人被监视居住的，应当在送交执行时书面通知执行机关。

辩护律师在侦查期间要求会见前款规定案件的在押或者被监视居住的犯罪嫌疑人，应当向办案部门提出申请。

对辩护律师提出的会见申请，办案部门应当在收到申请后三日以内，报经县级以上公安机关负责人批准，作出许可或者不许可的决定，书面通知辩护律师，并及时通知看守所或者执行监视居住的部门。除有碍侦查或者可能泄露国家秘密的情形外，应当作出许可的决定。

公安机关不许可会见的，应当说明理由。有碍侦查或者可能泄露国家秘密的情形消失后，公安机关应当许可会见。

有下列情形之一的，属于本条规定的"有碍侦查"：

（一）可能毁灭、伪造证据，干扰证人作证或者串供的；

（二）可能引起犯罪嫌疑人自残、自杀或者逃跑的；

（三）可能引起同案犯逃避、妨碍侦查的；

（四）犯罪嫌疑人的家属与犯罪有牵连的。

第三百七十条　公安机关侦查终结前，外国驻华外交、领事官员要求探视被监视居住、拘留、逮捕或者正在看守所服刑的本国公民的，应当及时安排有关探视事宜。犯罪嫌疑人拒绝其国籍国驻华外交、领事官员探视的，公安机关可以不予安排，但应当由其本人提出书面声明。

在公安机关侦查羁押期间，经公安机关批准，外国籍犯罪嫌疑人可以与其近亲属、监护人会见、与外界通信。

第三百八十五条　本规定所称"危害国家安全犯罪"，包括刑法分则第一章规定的危害国家安全罪以及危害国家安全的其他犯罪；"恐怖活动犯罪"，包括以制造社会恐慌、危害公共安全或者胁迫国家机关、国际组织为目的，采取暴力、破坏、恐吓等手段，造成或者意图造成人员伤亡、重大财产损失、公共设施损坏、社会秩序混乱等严重社会危害的犯罪，以及煽动、资助或者以其他方式协助实施上述活动的犯罪。

（3）律师会见的管理

★**律师会见监狱在押罪犯规定**（2017年11月27日）（节录）

第二条　监狱依法保障律师会见在押罪犯的权利。律师会见在押罪犯应当遵守监狱管理的有关规定。

第三条　监狱应当公开律师会见预约方式，为律师会见提供便利。律师会见在押罪犯，应当在监狱内进行。监狱应当合理安排律师会见场所，方便律师会见、阅卷等事务。

第八条　监狱收到律师提交的本规定第五条所列的材料后，对于符合本规定第四条规定情形的，应当及时安排会见。能当时安排的，应当当时安排；不能当时安排的，监狱应当说明情况，在四十八小时内安排会见。

第九条　在押罪犯可以委托一至两名律师。委托两名律师的，两名律师可以共同会见，也可以单独会见。律师可以带一名律师助理协助会见。

第十条　律师会见在押罪犯,应当遵守监狱的作息时间。监狱应当保障律师履行职责需要的会见时间和次数。

第十一条　律师会见在押罪犯时,监狱可以根据案件情况和工作需要决定是否派警察在场。

辩护律师会见被立案侦查、起诉、审判的在押罪犯时,不被监听,监狱不得派警察在场。

第十二条　律师会见在押罪犯,认为监狱及其工作人员阻碍其依法行使执业权利的,可以向监狱或者其上级主管机关投诉,也可以向其所执业律师事务所所在地的市级司法行政机关申请维护执业权利。情况紧急的,可以向事发地的司法行政机关申请维护执业权利。

第十三条　律师会见在押罪犯,应当遵守监狱管理的有关规定,恪守律师执业道德和执业纪律,不得有下列行为:

(一)传递违禁物品;

(二)私自为在押罪犯传递书信、钱物;

(三)将通讯工具提供给在押罪犯使用;

(四)未经监狱和在押罪犯同意对会见进行录音、录像和拍照;

(五)实施与受委托职责无关的行为;

(六)其他违反法律、法规、规章以及妨碍监狱管理秩序的行为。

第十四条　监狱发现律师会见在押罪犯过程中有第十三条规定行为的,应当警告并责令改正。警告无效的,应当中止会见。监狱可以向律师所在律师事务所的主管司法行政机关或者律师协会通报。

★公安机关办理刑事案件程序规定(2020年7月20日)(节录)

第五十三条　辩护律师要求会见在押的犯罪嫌疑人,看守所应当在查验其律师执业证书、律师事务所证明和委托书或者法律援助公函后,在四十八小时以内安排律师会见到犯罪嫌疑人,同时通知办案部门。

侦查期间,辩护律师会见危害国家安全犯罪案件、恐怖活动犯罪案件在押或者被监视居住的犯罪嫌疑人时,看守所或者监视居住执行机关还应当查验侦查机关的许可决定文书。

第五十四条　辩护律师会见在押或者被监视居住的犯罪嫌疑人需要聘请翻译人员的,应当向办案部门提出申请。办案部门应当在收到申请后三日以内,报经县级以上公安机关负责人批准,作出许可或者不许可的决定,书面通知辩护律师。对于具有本规定第三十二条所列情形之一的,作出不予许可的决定,并通知其更换；不具有相关情形的，应当许可。

翻译人员参与会见的，看守所或者监视居住执行机关应当查验公安机关的许可决定文书。

第五十五条　辩护律师会见在押或者被监视居住的犯罪嫌疑人时，看守所或者监视居住执行机关应当采取必要的管理措施，保障会见顺利进行，并告知其遵守会见的有关规定。辩护律师会见犯罪嫌疑人时，公安机关不得监听，不得派员在场。

辩护律师会见在押或者被监视居住的犯罪嫌疑人时，违反法律规定或者会见的规定的，看守所或者监视居住执行机关应当制止。对于严重违反规定或者不听劝阻的，可以决定停止本次会见，并及时通报其所在的律师事务所、所属的律师协会以及司法行政机关。

2. 非律师辩护人的会见权与通信权

★最高人民法院关于适用《中华人民共和国刑事诉讼法》的解释（2021年1月26日）（节录）

第五十六条　辩护律师可以同在押的或者被监视居住的被告人会见和通信。其他辩护人经人民法院许可，也可以同在押的或者被监视居住的被告人会见和通信。

★人民检察院刑事诉讼规则（2019年12月30日）（节录）

第四十八条　自人民检察院对案件审查起诉之日起，律师以外的辩护人向人民检察院申请查阅、摘抄、复制本案的案卷材料或者申请同在押、被监视居住的犯罪嫌疑人会见和通信的，由人民检察院负责捕诉的部门进行审查并作出是否许可的决定，在三日以内书面通知申请人。

人民检察院许可律师以外的辩护人同在押或者被监视居住的犯罪嫌疑人通信的，可以要求看守所或者公安机关将书信送交人民检察院进行检查。

律师以外的辩护人申请查阅、摘抄、复制案卷材料或者申请同在押、被监视居住的犯罪嫌疑人会见和通信，具有下列情形之一的，人民检察院可以不予许可：

（一）同案犯罪嫌疑人在逃的；

（二）案件事实不清，证据不足，或者遗漏罪行、遗漏同案犯罪嫌疑人需要补充侦查的；

（三）涉及国家秘密或者商业秘密的；

（四）有事实表明存在串供、毁灭、伪造证据或者危害证人人身安全可能的。

> **第四十条　【辩护人查阅、摘抄、复制案卷材料的权利】**辩护律师自人民检察院对案件审查起诉之日起，可以查阅、摘抄、复制本案的案卷材料。其他辩护人经人民法院、人民检察院许可，也可以查阅、摘抄、复制上述材料。

● 要点及关联法规

1. 辩护律师查阅、摘抄、复制案卷材料的权利

★最高人民法院关于适用《中华人民共和国刑事诉讼法》的解释（2021年1月26日）（节录）

第五十三条　辩护律师可以查阅、摘抄、复制案卷材料。其他辩护人经人民法院许可，也可以查阅、摘抄、复制案卷材料。合议庭、审判委员会的讨论记录以及其他依法不公开的材料不得查阅、摘抄、复制。

辩护人查阅、摘抄、复制案卷材料的，人民法院应当提供便利，并保证必要的时间。

值班律师查阅案卷材料的，适用前两款规定。

复制案卷材料可以采用复印、拍照、扫描、电子数据拷贝等方式。

★人民检察院刑事诉讼规则（2019年12月30日）（节录）

第四十七条　自人民检察院对案件审查起诉之日起，应当允许辩护律师查阅、摘抄、复制本案的案卷材料。案卷材料包括案件的诉讼文书和证据材料。

人民检察院直接受理侦查案件移送起诉，审查起诉案件退回补充侦查、改变管辖、提起公诉的，应当及时告知辩护律师。

2. 非律师辩护人查阅、摘抄、复制案卷材料的权利

★最高人民法院关于适用《中华人民共和国刑事诉讼法》的解释（2021年1月26日）（节录）

第五十三条　辩护律师可以查阅、摘抄、复制案卷材料。其他辩护人经人民法院许可，也可以查阅、摘抄、复制案卷材料。合议庭、审判委员会的讨论记录以及其他依法不公开的材料不得查阅、摘抄、复制。

辩护人查阅、摘抄、复制案卷材料的，人民法院应当提供便利，并保证必要的时间。

值班律师查阅案卷材料的,适用前两款规定。

复制案卷材料可以采用复印、拍照、扫描、电子数据拷贝等方式。

第六十五条第一款　律师担任诉讼代理人的,可以查阅、摘抄、复制案卷材料。其他诉讼代理人经人民法院许可,也可以查阅、摘抄、复制案卷材料。

★**人民检察院刑事诉讼规则**(2019年12月30日)(节录)

第四十八条　自人民检察院对案件审查起诉之日起,律师以外的辩护人向人民检察院申请查阅、摘抄、复制本案的案卷材料或者申请同在押、被监视居住的犯罪嫌疑人会见和通信的,由人民检察院负责捕诉的部门进行审查并作出是否许可的决定,在三日以内书面通知申请人。

人民检察院许可律师以外的辩护人同在押或者被监视居住的犯罪嫌疑人通信的,可以要求看守所或者公安机关将书信送交人民检察院进行检查。

律师以外的辩护人申请查阅、摘抄、复制案卷材料或者申请同在押、被监视居住的犯罪嫌疑人会见和通信,具有下列情形之一的,人民检察院可以不予许可:

(一)同案犯罪嫌疑人在逃的;

(二)案件事实不清,证据不足,或者遗漏罪行、遗漏同案犯罪嫌疑人需要补充侦查的;

(三)涉及国家秘密或者商业秘密的;

(四)有事实表明存在串供、毁灭、伪造证据或者危害证人人身安全可能的。

3. 辩护人查阅、摘抄、复制案卷材料的场所、费用等

★**关于辩护人复制案件材料收费暂行办法**(1997年1月2日)(节录)

第二条　根据《中华人民共和国刑事诉讼法》第三十六条①的规定,辩护律师自人民检察院对案件审查起诉之日起,可以复制本案的诉讼文书、技术性鉴定材料。其他辩护人经人民检察院许可,也可以复制上述材料。

第三条　人民检察院为辩护律师及其他辩护人复制上述材料,应根据复制材料的数量合理收取费用。

第四条　复制材料的收费标准可参照当地物价部门核定的复印誊写打字行业的收费标准制定,不得超出标准计价收费。收费标准应予公布。

第五条　复制费应以人民币计价,以现金或支票结算。

---

① 现为第三十九条第一款、第四十条。——编者注

第六条　人民检察院收取复制费用，由业务部门开具单据，交款人到财务部门交费，收款人应向交款人出具正式收据。

第七条　复制案件材料的各种费用由办公经费开支，收取的复制费也用于检察机关的办公经费。

★**人民检察院刑事诉讼规则**（2019年12月30日）（节录）

第四十九条　辩护律师或者经过许可的其他辩护人到人民检察院查阅、摘抄、复制本案的案卷材料，由负责案件管理的部门及时安排，由办案部门提供案卷材料。因办案部门工作等原因无法及时安排的，应当向辩护人说明，并自即日起三个工作日以内安排辩护人阅卷，办案部门应当予以配合。

人民检察院应当为辩护人查阅、摘抄、复制案卷材料设置专门的场所或者电子卷宗阅卷终端设备。必要时，人民检察院可以派员在场协助。

辩护人复制案卷材料可以采取复印、拍照、扫描、刻录等方式，人民检察院不收取费用。

第四十一条　【辩护人的申请调查取证权】辩护人认为在侦查、审查起诉期间公安机关、人民检察院收集的证明犯罪嫌疑人、被告人无罪或者罪轻的证据材料未提交的，有权申请人民检察院、人民法院调取。

● 要点及关联法规

辩护人的申请调查取证权

★**关于建立健全防范刑事冤假错案工作机制的意见**（2013年10月9日）（节录）

24. 切实保障辩护人会见、阅卷、调查取证等辩护权利。辩护人申请调取可能证明被告人无罪、罪轻的证据，应当准许。

★**最高人民法院关于适用《中华人民共和国刑事诉讼法》的解释**（2021年1月26日）（节录）

第五十七条　辩护人认为在调查、侦查、审查起诉期间监察机关、公安机关、人民检察院收集的证明被告人无罪或者罪轻的证据材料未随案移送，申请人民法院调取的，应当以书面形式提出，并提供相关线索或者材料。人民法院接受申请后,应当向人民检察院调取。人民检察院移送相关证据材料后,人民法院应当及时通知辩护人。

★**人民检察院刑事诉讼规则**(2019年12月30日)(节录)

第五十条 案件提请批准逮捕或者移送起诉后,辩护人认为公安机关在侦查期间收集的证明犯罪嫌疑人无罪或者罪轻的证据材料未提交,申请人民检察院向公安机关调取的,人民检察院负责捕诉的部门应当及时审查。经审查,认为辩护人申请调取的证据已收集并且与案件事实有联系的,应当予以调取;认为辩护人申请调取的证据未收集或者与案件事实没有联系的,应当决定不予调取并向辩护人说明理由。公安机关移送相关证据材料的,人民检察院应当在三日以内告知辩护人。

人民检察院办理直接受理侦查的案件,适用前款规定。

第五十二条 案件移送起诉后,辩护律师依据刑事诉讼法第四十三条第一款的规定申请人民检察院收集、调取证据的,人民检察院负责捕诉的部门应当及时审查。经审查,认为需要收集、调取证据的,应当决定收集、调取并制作笔录附卷;决定不予收集、调取的,应当书面说明理由。

人民检察院根据辩护律师的申请收集、调取证据时,辩护律师可以在场。

第五十三条 辩护律师申请人民检察院许可其向被害人或者其近亲属、被害人提供的证人收集与本案有关材料的,人民检察院负责捕诉的部门应当及时进行审查。人民检察院应当在五日以内作出是否许可的决定,通知辩护律师;不予许可的,应当书面说明理由。

第四十二条 【辩护人向控方披露无罪证据的义务和程序】 辩护人收集的有关犯罪嫌疑人不在犯罪现场、未达到刑事责任年龄、属于依法不负刑事责任的精神病人的证据,应当及时告知公安机关、人民检察院。

● **要点及关联法规**

1. 人民检察院针对辩护人收集的无罪证据的处理原则

★**人民检察院刑事诉讼规则**(2019年12月30日)(节录)

第五十一条 在人民检察院侦查、审查逮捕、审查起诉过程中,辩护人收集的有关犯罪嫌疑人不在犯罪现场、未达到刑事责任年龄、属于依法不负刑事责任的精神病人的证据,告知人民检察院的,人民检察院应当及时审查。

2. 公安机关针对辩护人收集的无罪证据的处理原则

★公安机关办理刑事案件程序规定(2020年7月20日)(节录)

第五十八条 案件侦查终结前,辩护律师提出要求的,公安机关应当听取辩护律师的意见,根据情况进行核实,并记录在案。辩护律师提出书面意见的,应当附卷。

对辩护律师收集的犯罪嫌疑人不在犯罪现场、未达到刑事责任年龄、属于依法不负刑事责任的精神病人的证据,公安机关应当进行核实并将有关情况记录在案,有关证据应当附卷。

第四十三条 【辩护律师的调查取证权】 辩护律师经证人或者其他有关单位和个人同意,可以向他们收集与本案有关的材料,也可以申请人民检察院、人民法院收集、调取证据,或者申请人民法院通知证人出庭作证。

辩护律师经人民检察院或者人民法院许可,并且经被害人或者其近亲属、被害人提供的证人同意,可以向他们收集与本案有关的材料。

● 要点及关联法规

辩护律师的调查取证权

★关于刑事诉讼法实施中若干问题的规定(1998年4月15日)(节录)

二、关于律师参加刑事诉讼

……

(三)……鉴于法律对律师参与刑事诉讼不同阶段所享有权利与义务有不同的规定,走私罪嫌疑案件在移送人民检察院审查起诉前,遇有律师向海关提出收集、调取与本案有关的材料要求的,海关不予答应;另根据《规定》第15条关于"对辩护律师申请人民检察院、人民法院收集、调取证据的,人民检察院、人民法院认为需要调查取证的,应当由人民检察院、人民法院收集调取证据,不应当向律师签发准许调查决定书,让律师收集、调取证据"的规定,经辩护律师申请,由人民检察院、人民法院到海关调查、收取证据的,海关应当予以配合，但遇有辩护律师持人民检察院或者人民法院签发的调查决定书向海关调查、收取证据的，海关则不予提供。

★最高人民法院、最高人民检察院、公安部、国家安全部、司法部、全国人大常委会法制工作委员会关于实施刑事诉讼法若干问题的规定（2012年12月26日）（节录）

8. 刑事诉讼法第四十一条①第一款规定："辩护律师经证人或者其他有关单位和个人同意，可以向他们收集与本案有关的材料，也可以申请人民检察院、人民法院收集、调取证据，或者申请人民法院通知证人出庭作证。"对于辩护律师申请人民检察院、人民法院收集、调取证据，人民检察院、人民法院认为需要调查取证的，应当由人民检察院、人民法院收集、调取证据，不得向律师签发准许调查决定书，让律师收集、调取证据。

★最高人民法院关于适用《中华人民共和国刑事诉讼法》的解释（2021年1月26日）（节录）

第五十八条　辩护律师申请向被害人及其近亲属、被告人提供的证人收集与本案有关的材料，人民法院认为确有必要的，应当签发准许调查书。

第五十九条　辩护律师向证人或者有关单位、个人收集、调取与本案有关的证据材料，因证人或者有关单位、个人不同意，申请人民法院收集、调取，或者申请通知证人出庭作证，人民法院认为确有必要的，应当同意。

第六十条　辩护律师直接申请人民法院向证人或者有关单位、个人收集、调取证据材料，人民法院认为确有必要，且不宜或者不能由辩护律师收集、调取的，应当同意。

人民法院向有关单位收集、调取的书面证据材料，必须由提供人签名，并加盖单位印章；向个人收集、调取的书面证据材料，必须由提供人签名。

人民法院对有关单位、个人提供的证据材料，应当出具收据，写明证据材料的名称、收到的时间、件数、页数以及是否为原件等，由书记员、法官助理或者审判人员签名。

收集、调取证据材料后，应当及时通知辩护律师查阅、摘抄、复制，并告知人民检察院。

★人民检察院刑事诉讼规则（2019年12月30日）（节录）

第五十二条　案件移送起诉后，辩护律师依据刑事诉讼法第四十三条第一

---

① 现为第四十三条。——编者注

款的规定申请人民检察院收集、调取证据的，人民检察院负责捕诉的部门应当及时审查。经审查，认为需要收集、调取证据的，应当决定收集、调取并制作笔录附卷；决定不予收集、调取的，应当书面说明理由。

人民检察院根据辩护律师的申请收集、调取证据时，辩护律师可以在场。

第五十三条　辩护律师申请人民检察院许可其向被害人或者其近亲属、被害人提供的证人收集与本案有关材料的，人民检察院负责捕诉的部门应当及时进行审查。人民检察院应当在五日以内作出是否许可的决定，通知辩护律师；不予许可的，应当书面说明理由。

第四十四条　【辩护人或其他人不得干扰司法机关诉讼活动】
辩护人或者其他任何人，不得帮助犯罪嫌疑人、被告人隐匿、毁灭、伪造证据或者串供，不得威胁、引诱证人作伪证以及进行其他干扰司法机关诉讼活动的行为。

违反前款规定的，应当依法追究法律责任，辩护人涉嫌犯罪的，应当由办理辩护人所承办案件的侦查机关以外的侦查机关办理。辩护人是律师的，应当及时通知其所在的律师事务所或者所属的律师协会。

● 要点及关联法规

辩护人的禁止行为和法律责任

★最高人民法院、最高人民检察院、公安部、国家安全部、司法部、全国人大常委会法制工作委员会关于实施刑事诉讼法若干问题的规定（2012年12月26日）（节录）

9.刑事诉讼法第四十二条①第二款中规定："违反前款规定的，应当依法追究法律责任，辩护人涉嫌犯罪的，应当由办理辩护人所承办案件的侦查机关以外的侦查机关办理。"根据上述规定，公安机关、人民检察院发现辩护人涉嫌犯罪，或者接受报案、控告、举报、有关机关的移送，依照侦查管辖分工进行

---

① 现为第四十四条。——编者注

审查后认为符合立案条件的，应当按照规定报请办理辩护人所承办案件的侦查机关的上一级侦查机关指定其他侦查机关立案侦查，或者由上一级侦查机关立案侦查。不得指定办理辩护人所承办案件的侦查机关的下级侦查机关立案侦查。

★**人民检察院刑事诉讼规则**（2019年12月30日）（节录）

第六十条　人民检察院发现辩护人有帮助犯罪嫌疑人、被告人隐匿、毁灭、伪造证据、串供，或者威胁、引诱证人作伪证以及其他干扰司法机关诉讼活动的行为，可能涉嫌犯罪的，应当将涉嫌犯罪的线索或者证据材料移送有管辖权的机关依法处理。

人民检察院发现辩护律师在刑事诉讼中违反法律、法规或者执业纪律的，应当及时向其所在的律师事务所、所属的律师协会以及司法行政机关通报。

★**公安机关办理刑事案件程序规定**（2020年7月20日）（节录）

第五十六条　辩护人或者其他任何人在刑事诉讼中，违反法律规定，实施干扰诉讼活动行为的，应当依法追究法律责任。

辩护人实施干扰诉讼活动行为，涉嫌犯罪，属于公安机关管辖的，应当由办理辩护人所承办案件的公安机关报请上一级公安机关指定其他公安机关立案侦查，或者由上一级公安机关立案侦查。不得指定原承办案件公安机关的下级公安机关立案侦查。辩护人是律师的，立案侦查的公安机关应当及时通知其所在的律师事务所、所属的律师协会以及司法行政机关。

★**关于推进以审判为中心的刑事诉讼制度改革的意见**（2016年7月20日）（节录）

十八、辩护人或者其他任何人，不得帮助犯罪嫌疑人、被告人隐匿、毁灭、伪造证据或者串供，不得威胁、引诱证人作伪证以及进行其他干扰司法机关诉讼活动的行为。对于实施上述行为的，应当依法追究法律责任。

第四十五条　【被告人拒绝辩护和另行委托辩护】 在审判过程中，被告人可以拒绝辩护人继续为他辩护，也可以另行委托辩护人辩护。

● 要点及关联法规

被告人拒绝辩护和另行委托辩护

★**中华人民共和国律师法**（2017年9月1日）（节录）

第三十二条 委托人可以拒绝已委托的律师为其继续辩护或者代理，同时可以另行委托律师担任辩护人或者代理人。

律师接受委托后，无正当理由的，不得拒绝辩护或者代理。但是，委托事项违法、委托人利用律师提供的服务从事违法活动或者委托人故意隐瞒与案件有关的重要事实的，律师有权拒绝辩护或者代理。

★**最高人民法院关于适用《中华人民共和国刑事诉讼法》的解释**（2021年1月26日）（节录）

第三百一十条 辩护人严重扰乱法庭秩序，被责令退出法庭、强行带出法庭或者被处以罚款、拘留，被告人自行辩护的，庭审继续进行；被告人要求另行委托辩护人，或者被告人属于应当提供法律援助情形的，应当宣布休庭。

辩护人、诉讼代理人被责令退出法庭、强行带出法庭或者被处以罚款后，具结保证书，保证服从法庭指挥、不再扰乱法庭秩序的，经法庭许可，可以继续担任辩护人、诉讼代理人。

辩护人、诉讼代理人具有下列情形之一的，不得继续担任同一案件的辩护人、诉讼代理人：

（一）擅自退庭的；

（二）无正当理由不出庭或者不按时出庭，严重影响审判顺利进行的；

（三）被拘留或者具结保证书后再次被责令退出法庭、强行带出法庭的。

第三百一十一条 被告人在一个审判程序中更换辩护人一般不得超过两次。

被告人当庭拒绝辩护人辩护，要求另行委托辩护人或者指派律师的，合议庭应当准许。被告人拒绝辩护人辩护后，没有辩护人的，应当宣布休庭；仍有辩护人的，庭审可以继续进行。

有多名被告人的案件，部分被告人拒绝辩护人辩护后，没有辩护人的，根据案件情况，可以对该部分被告人另案处理，对其他被告人的庭审继续进行。

重新开庭后，被告人再次当庭拒绝辩护人辩护的，可以准许，但被告人不得再次另行委托辩护人或者要求另行指派律师，由其自行辩护。

被告人属于应当提供法律援助的情形，重新开庭后再次当庭拒绝辩护人辩护的，不予准许。

第三百一十二条　法庭审理过程中，辩护人拒绝为被告人辩护，有正当理由的，应当准许；是否继续庭审，参照适用前条规定。

第三百一十三条　依照前两条规定另行委托辩护人或者通知法律援助机构指派律师的，自案件宣布休庭之日起至第十五日止，由辩护人准备辩护，但被告人及其辩护人自愿缩短时间的除外。

庭审结束后、判决宣告前另行委托辩护人的，可以不重新开庭；辩护人提交书面辩护意见的，应当接受。

第五百七十二条　未成年被告人或者其法定代理人当庭拒绝辩护人辩护的，适用本解释第三百一十一条第二款、第三款的规定。

重新开庭后，未成年被告人或者其法定代理人再次当庭拒绝辩护人辩护的，不予准许。重新开庭时被告人已满十八周岁的，可以准许，但不得再另行委托辩护人或者要求另行指派律师，由其自行辩护。

第四十六条　【刑事诉讼代理】公诉案件的被害人及其法定代理人或者近亲属，附带民事诉讼的当事人及其法定代理人，自案件移送审查起诉之日起，有权委托诉讼代理人。自诉案件的自诉人及其法定代理人，附带民事诉讼的当事人及其法定代理人，有权随时委托诉讼代理人。

人民检察院自收到移送审查起诉的案件材料之日起三日以内，应当告知被害人及其法定代理人或者其近亲属、附带民事诉讼的当事人及其法定代理人有权委托诉讼代理人。人民法院自受理自诉案件之日起三日以内，应当告知自诉人及其法定代理人、附带民事诉讼的当事人及其法定代理人有权委托诉讼代理人。

● 要点及关联法规

1. 委托诉讼代理人的告知、时间、方式等规定

★最高人民法院关于适用《中华人民共和国刑事诉讼法》的解释（2021年1月26日）（节录）

第六十二条　人民法院自受理自诉案件之日起三日以内，应当告知自诉人及其法定代理人、附带民事诉讼当事人及其法定代理人,有权委托诉讼代理人,并告知其如果经济困难,可以申请法律援助。

第六十三条 当事人委托诉讼代理人的,参照适用刑事诉讼法第三十三条和本解释的有关规定。

★**人民检察院刑事诉讼规则**(2019年12月30日)(节录)

第五十五条 人民检察院自收到移送起诉案卷材料之日起三日以内,应当告知被害人及其法定代理人或者其近亲属、附带民事诉讼的当事人及其法定代理人有权委托诉讼代理人。被害人及其法定代理人、近亲属因经济困难没有委托诉讼代理人的,应当告知其可以申请法律援助。

当面口头告知的,应当记入笔录,由被告知人签名;电话告知的,应当记录在案;书面告知的,应当将送达回执入卷。被害人众多或者不确定,无法以上述方式逐一告知的,可以公告告知。无法告知的,应当记录在案。

被害人有法定代理人的,应当告知其法定代理人;没有法定代理人的,应当告知其近亲属。

法定代理人或者近亲属为二人以上的,可以告知其中一人。告知时应当按照刑事诉讼法第一百零八条第三项、第六项列举的顺序择先进行。

当事人及其法定代理人、近亲属委托诉讼代理人的,参照刑事诉讼法第三十三条等法律规定执行。

2. 诉讼代理人的权利和义务

★**最高人民法院关于适用《中华人民共和国刑事诉讼法》的解释**(2021年1月26日)(节录)

第六十四条 诉讼代理人有权根据事实和法律,维护被害人、自诉人或者附带民事诉讼当事人的诉讼权利和其他合法权益。

第六十五条 律师担任诉讼代理人的,可以查阅、摘抄、复制案卷材料。其他诉讼代理人经人民法院许可,也可以查阅、摘抄、复制案卷材料。

律师担任诉讼代理人,需要收集、调取与本案有关的证据材料的,参照适用本解释第五十九条至第六十一条的规定。

第六十六条 诉讼代理人接受当事人委托或者法律援助机构指派后,应当在三日以内将委托手续或者法律援助手续提交人民法院。

第四十七条 【担任刑事案件诉讼代理人的条件】委托诉讼代理人,参照本法第三十三条的规定执行。

● 要点及关联法规

担任诉讼代理人的条件

★最高人民法院关于适用《中华人民共和国刑事诉讼法》的解释（2021年1月26日）（节录）

第六十三条　当事人委托诉讼代理人的，参照适用刑事诉讼法第三十三条和本解释的有关规定。

第四十八条　【辩护律师的保守职业秘密权及其限制】辩护律师对在执业活动中知悉的委托人的有关情况和信息，有权予以保密。但是，辩护律师在执业活动中知悉委托人或者其他人，准备或者正在实施危害国家安全、公共安全以及严重危害他人人身安全的犯罪的，应当及时告知司法机关。

● 要点及关联法规

辩护律师的保密义务及权利

★中华人民共和国律师法（2017年9月1日）（节录）

第三十八条　律师应当保守在执业活动中知悉的国家秘密、商业秘密，不得泄露当事人的隐私。

律师对在执业活动中知悉的委托人和其他人不愿泄露的有关情况和信息，应当予以保密。但是，委托人或者其他人准备或者正在实施危害国家安全、公共安全以及严重危害他人人身安全的犯罪事实和信息除外。

★最高人民法院关于适用《中华人民共和国刑事诉讼法》的解释（2021年1月26日）（节录）

第六十七条　辩护律师向人民法院告知其委托人或者其他人准备实施、正在实施危害国家安全、公共安全以及严重危害他人人身安全犯罪的，人民法院应当记录在案，立即转告主管机关依法处理，并为反映有关情况的辩护律师保密。

★**人民检察院刑事诉讼规则**（2019年12月30日）（节录）

第五十九条　辩护律师告知人民检察院其委托人或者其他人员准备实施、正在实施危害国家安全、危害公共安全以及严重危及他人人身安全犯罪的，人民检察院应当接受并立即移送有关机关依法处理。

人民检察院应当为反映情况的辩护律师保密。

★**公安机关办理刑事案件程序规定**（2020年7月20日）（节录）

第五十七条　辩护律师对在执业活动中知悉的委托人的有关情况和信息，有权予以保密。但是，辩护律师在执业活动中知悉委托人或者其他人，准备或者正在实施危害国家安全、公共安全以及严重危害他人人身安全的犯罪的，应当及时告知司法机关。

第四十九条　【辩护人、诉讼代理人的控告申诉权】辩护人、诉讼代理人认为公安机关、人民检察院、人民法院及其工作人员阻碍其依法行使诉讼权利的，有权向同级或者上一级人民检察院申诉或者控告。人民检察院对申诉或者控告应当及时进行审查，情况属实的，通知有关机关予以纠正。

● **要点及关联法规**

辩护人、诉讼代理人的控告申诉权

★最高人民法院、最高人民检察院、公安部、国家安全部、司法部、全国人大常委会法制工作委员会关于实施刑事诉讼法若干问题的规定（2012年12月26日）（节录）

10. 刑事诉讼法第四十七条[①]规定："辩护人、诉讼代理人认为公安机关、人民检察院、人民法院及其工作人员阻碍其依法行使诉讼权利的，有权向同级或者上一级人民检察院申诉或者控告。人民检察院对申诉或者控告应当及时进行审查，情况属实的，通知有关机关予以纠正。"人民检察院受理辩护人、诉讼代理人的申诉或者控告后，应当在十日以内将处理情况书面答复提出申诉或者

---

① 现为第四十九条。——编者注

控告的辩护人、诉讼代理人。

★人民检察院刑事诉讼规则（2019年12月30日）（节录）

第五十四条　在人民检察院侦查、审查逮捕、审查起诉过程中，辩护人要求听取其意见的，办案部门应当及时安排。辩护人提出书面意见的，办案部门应当接收并登记。

听取辩护人意见应当制作笔录或者记录在案，辩护人提出的书面意见应当附卷。

辩护人提交案件相关材料的，办案部门应当将辩护人提交材料的目的、来源及内容等情况记录在案，一并附卷。

第五十七条　辩护人、诉讼代理人认为公安机关、人民检察院、人民法院及其工作人员具有下列阻碍其依法行使诉讼权利行为之一，向同级或者上一级人民检察院申诉或者控告的，人民检察院负责控告申诉检察的部门应当接受并依法办理，其他办案部门应当予以配合：

（一）违反规定，对辩护人、诉讼代理人提出的回避要求不予受理或者对不予回避决定不服的复议申请不予受理的；

（二）未依法告知犯罪嫌疑人、被告人有权委托辩护人的；

（三）未转达在押或者被监视居住的犯罪嫌疑人、被告人委托辩护人的要求或者未转交其申请法律援助材料的；

（四）应当通知而不通知法律援助机构为符合条件的犯罪嫌疑人、被告人或者被申请强制医疗的人指派律师提供辩护或者法律援助的；

（五）在规定时间内不受理、不答复辩护人提出的变更强制措施申请或者解除强制措施要求的；

（六）未依法告知辩护律师犯罪嫌疑人涉嫌的罪名和案件有关情况的；

（七）违法限制辩护律师同在押、被监视居住的犯罪嫌疑人、被告人会见和通信的；

（八）违法不允许辩护律师查阅、摘抄、复制本案的案卷材料的；

（九）违法限制辩护律师收集、核实有关证据材料的；

（十）没有正当理由不同意辩护律师收集、调取证据或者通知证人出庭作证的申请，或者不答复、不说明理由的；

（十一）未依法提交证明犯罪嫌疑人、被告人无罪或者罪轻的证据材料的；

（十二）未依法听取辩护人、诉讼代理人意见的；

（十三）未依法将开庭的时间、地点及时通知辩护人、诉讼代理人的；

（十四）未依法向辩护人、诉讼代理人及时送达本案的法律文书或者及时告知案件移送情况的；

（十五）阻碍辩护人、诉讼代理人在法庭审理过程中依法行使诉讼权利的；

（十六）其他阻碍辩护人、诉讼代理人依法行使诉讼权利的。

对于直接向上一级人民检察院申诉或者控告的，上一级人民检察院可以交下级人民检察院办理，也可以直接办理。

辩护人、诉讼代理人认为看守所及其工作人员有阻碍其依法行使诉讼权利的行为，向人民检察院申诉或者控告的，由负责刑事执行检察的部门接受并依法办理；其他办案部门收到申诉或者控告的，应当及时移送负责刑事执行检察的部门。

第五十八条　辩护人、诉讼代理人认为其依法行使诉讼权利受到阻碍向人民检察院申诉或者控告的，人民检察院应当及时受理并调查核实，在十日以内办结并书面答复。情况属实的，通知有关机关或者本院有关部门、下级人民检察院予以纠正。

第五章　证　　据

第五十条　【证据的概念】可以用于证明案件事实的材料，都是证据。

【证据的种类】证据包括：

（一）物证；

（二）书证；

（三）证人证言；

（四）被害人陈述；

（五）犯罪嫌疑人、被告人供述和辩解；

（六）鉴定意见；

（七）勘验、检查、辨认、侦查实验等笔录；

（八）视听资料、电子数据。

【证据的运用原则】证据必须经过查证属实，才能作为定案的根据。

● **要点及关联法规**

1. **证据的概念及种类**

（1）应当运用证据证明的案件事实

★最高人民法院关于适用《中华人民共和国刑事诉讼法》的解释（2021年1月26日）（节录）

第六十九条　认定案件事实，必须以证据为根据。

第七十一条　证据未经当庭出示、辨认、质证等法庭调查程序查证属实，不得作为定案的根据。

第七十二条　应当运用证据证明的案件事实包括：

（一）被告人、被害人的身份；

（二）被指控的犯罪是否存在；

（三）被指控的犯罪是否为被告人所实施；

（四）被告人有无刑事责任能力，有无罪过，实施犯罪的动机、目的；

（五）实施犯罪的时间、地点、手段、后果以及案件起因等；

（六）是否系共同犯罪或者犯罪事实存在关联，以及被告人在犯罪中的地位、作用；

（七）被告人有无从重、从轻、减轻、免除处罚情节；

（八）有关涉案财物处理的事实；

（九）有关附带民事诉讼的事实；

（十）有关管辖、回避、延期审理等的程序事实；

（十一）与定罪量刑有关的其他事实。

认定被告人有罪和对被告人从重处罚，适用证据确实、充分的证明标准。

★公安机关办理刑事案件程序规定（2020年7月20日）（节录）

第六十九条　需要查明的案件事实包括：

（一）犯罪行为是否存在；

（二）实施犯罪行为的时间、地点、手段、后果以及其他情节；

（三）犯罪行为是否为犯罪嫌疑人实施；

（四）犯罪嫌疑人的身份；

（五）犯罪嫌疑人实施犯罪行为的动机、目的；

（六）犯罪嫌疑人的责任以及与其他同案人的关系；

（七）犯罪嫌疑人有无法定从重、从轻、减轻处罚以及免除处罚的情节；

（八）其他与案件有关的事实。

（2）证据的种类

★公安机关办理刑事案件程序规定（2020年7月20日）（节录）

第五十九条　可以用于证明案件事实的材料，都是证据。

证据包括：

（一）物证；

（二）书证；

（三）证人证言；

（四）被害人陈述；

（五）犯罪嫌疑人供述和辩解；

（六）鉴定意见；

（七）勘验、检查、侦查实验、搜查、查封、扣押、提取、辨认等笔录；

（八）视听资料、电子数据。

证据必须经过查证属实，才能作为认定案件事实的根据。

2. 证据的综合审查与运用

★关于办理死刑案件审查判断证据若干问题的规定（2010年6月13日）（节录）

三、证据的综合审查和运用

第三十二条　对证据的证明力，应当结合案件的具体情况，从各证据与待证事实的关联程度、各证据之间的联系等方面进行审查判断。

证据之间具有内在的联系，共同指向同一待证事实，且能合理排除矛盾的，才能作为定案的根据。

第三十三条　没有直接证据证明犯罪行为系被告人实施，但同时符合下列条件的可以认定被告人有罪：

（一）据以定案的间接证据已经查证属实；

（二）据以定案的间接证据之间相互印证，不存在无法排除的矛盾和无法解释的疑问；

（三）据以定案的间接证据已经形成完整的证明体系；

（四）依据间接证据认定的案件事实，结论是唯一的，足以排除一切合理怀疑；

（五）运用间接证据进行的推理符合逻辑和经验判断。

根据间接证据定案的，判处死刑应当特别慎重。

第三十四条　根据被告人的供述、指认提取到了隐蔽性很强的物证、书证，且与其他证明犯罪事实发生的证据互相印证，并排除串供、逼供、诱供等可能性的，可以认定有罪。

第三十五条　侦查机关依照有关规定采用特殊侦查措施所收集的物证、书证及其他证据材料，经法庭查证属实，可以作为定案的根据。

法庭依法不公开特殊侦查措施的过程及方法。

第三十六条　在对被告人作出有罪认定后，人民法院认定被告人的量刑事实，除审查法定情节外，还应审查以下影响量刑的情节：

（一）案件起因；

（二）被害人有无过错及过错程度，是否对矛盾激化负有责任及责任大小；

（三）被告人的近亲属是否协助抓获被告人；

（四）被告人平时表现及有无悔罪态度；

（五）被害人附带民事诉讼赔偿情况，被告人是否取得被害人或者被害人近亲属谅解；

（六）其他影响量刑的情节。

既有从轻、减轻处罚等情节，又有从重处罚等情节的，应当依法综合相关情节予以考虑。

不能排除被告人具有从轻、减轻处罚等量刑情节的，判处死刑应当特别慎重。

第三十七条　对于有下列情形的证据应当慎重使用，有其他证据印证的，可以采信：

（一）生理上、精神上有缺陷的被害人、证人和被告人，在对案件事实的认知和表达上存在一定困难，但尚未丧失正确认知、正确表达能力而作的陈述、证言和供述；

（二）与被告人有亲属关系或者其他密切关系的证人所作的对该被告人有利的证言，或者与被告人有利害冲突的证人所作的对该被告人不利的证言。

第三十八条　法庭对证据有疑问的，可以告知出庭检察人员、被告人及其辩护人补充证据或者作出说明；确有核实必要的，可以宣布休庭，对证据进行调查核实。法庭进行庭外调查时，必要时，可以通知出庭检察人员、辩护人到场。出庭检察人员、辩护人一方或者双方不到场的，法庭记录在案。

人民检察院、辩护人补充的和法庭庭外调查核实取得的证据，法庭可以庭外征求出庭检察人员、辩护人的意见。双方意见不一致，有一方要求人民法院开庭进行调查的，人民法院应当开庭。

第三十九条 被告人及其辩护人提出有自首的事实及理由,有关机关未予认定的,应当要求有关机关提供证明材料或者要求相关人员作证,并结合其他证据判断自首是否成立。

被告人是否协助或者如何协助抓获同案犯的证明材料不全,导致无法认定被告人构成立功的,应当要求有关机关提供证明材料或者要求相关人员作证,并结合其他证据判断立功是否成立。

被告人有检举揭发他人犯罪情形的,应当审查是否已经查证属实;尚未查证的,应当及时查证。

被告人累犯的证明材料不全,应当要求有关机关提供证明材料。

第四十条 审查被告人实施犯罪时是否已满十八周岁,一般应当以户籍证明为依据;对户籍证明有异议,并有经查证属实的出生证明文件、无利害关系人的证言等证据证明被告人不满十八周岁的,应认定被告人不满十八周岁;没有户籍证明以及出生证明文件的,应当根据人口普查登记、无利害关系人的证言等证据综合进行判断,必要时,可以进行骨龄鉴定,并将结果作为判断被告人年龄的参考。

未排除证据之间的矛盾,无充分证据证明被告人实施被指控的犯罪时已满十八周岁且确实无法查明的,不能认定其已满十八周岁。

★最高人民检察院关于适用《关于办理死刑案件审查判断证据若干问题的规定》和《关于办理刑事案件排除非法证据若干问题的规定》的指导意见(2010年12月30日)(节录)

三、严格审查、判断证据,确保办案质量

9. 严格遵守两个《规定》确立的规则,认真审查、鉴别、分析证据,正确认定案件事实。既要审查证据的内容是否真实客观、形式是否合法完备,也要审查证据收集过程是否合法;既要依法排除非法证据,也要做好瑕疵证据的审查补正和完善工作。

20. 发现侦查人员以刑讯逼供或者暴力、威胁等非法手段收集犯罪嫌疑人供述、被害人陈述、证人证言的,应当提出纠正意见,同时应当要求侦查机关(部门)另行指派侦查人员重新调查取证,必要时也可以自行调查取证。侦查机关(部门)未另行指派侦查人员重新调查取证的,可以依法退回补充侦查。经审查发现存在刑讯逼供、暴力取证等非法取证行为,该非法言词证据被排除后,其他证据不能证明犯罪嫌疑人实施犯罪行为的,应当不批准或者决定逮捕,已经移送审查起诉的,可以将案件退回侦查机关(部门)或者不起诉。办案人员排除非法证据的，应当在审查报告中说明。

★最高人民法院关于适用《中华人民共和国刑事诉讼法》的解释（2021年1月26日）（节录）

第一百三十九条　对证据的真实性，应当综合全案证据进行审查。

对证据的证明力，应当根据具体情况，从证据与案件事实的关联程度、证据之间的联系等方面进行审查判断。

第一百四十条　没有直接证据，但间接证据同时符合下列条件的，可以认定被告人有罪：

（一）证据已经查证属实；

（二）证据之间相互印证，不存在无法排除的矛盾和无法解释的疑问；

（三）全案证据形成完整的证据链；

（四）根据证据认定案件事实足以排除合理怀疑，结论具有唯一性；

（五）运用证据进行的推理符合逻辑和经验。

第一百四十一条　根据被告人的供述，指认提取到了隐蔽性很强的物证、书证，且被告人的供述与其他证明犯罪事实发生的证据相互印证，并排除串供、逼供、诱供等可能性的，可以认定被告人有罪。

第一百四十二条　对监察机关、侦查机关出具的被告人到案经过、抓获经过等材料，应当审查是否有出具该说明材料的办案人员、办案机关的签名、盖章。

对到案经过、抓获经过或者确定被告人有重大嫌疑的根据有疑问的，应当通知人民检察院补充说明。

第一百四十三条　下列证据应当慎重使用，有其他证据印证的，可以采信：

（一）生理上、精神上有缺陷，对案件事实的认知和表达存在一定困难，但尚未丧失正确认知、表达能力的被害人、证人和被告人所作的陈述、证言和供述；

（二）与被告人有亲属关系或者其他密切关系的证人所作的有利于被告人的证言，或者与被告人有利害冲突的证人所作的不利于被告人的证言。

第一百四十四条　证明被告人自首、坦白、立功的证据材料，没有加盖接受被告人投案、坦白、检举揭发等的单位的印章，或者接受人员没有签名的，不得作为定案的根据。

对被告人及其辩护人提出有自首、坦白、立功的事实和理由，有关机关未予认定，或者有关机关提出被告人有自首、坦白、立功表现，但证据材料不全的,人民法院应当要求有关机关提供证明材料,或者要求有关人员作证,并结合其他证据作出认定。

第一百四十五条 证明被告人具有累犯、毒品再犯情节等的证据材料,应当包括前罪的裁判文书、释放证明等材料;材料不全的,应当通知人民检察院提供。

第一百四十六条 审查被告人实施被指控的犯罪时或者审判时是否达到相应法定责任年龄,应当根据户籍证明、出生证明文件、学籍卡、人口普查登记、无利害关系人的证言等证据综合判断。

证明被告人已满十二周岁、十四周岁、十六周岁、十八周岁或者不满七十五周岁的证据不足的,应当作出有利于被告人的认定。

3. 证据的审查与认定

(1) 物证、书证的审查与认定

★**关于办理死刑案件审查判断证据若干问题的规定**(2010年6月13日)(节录)

第六条 对物证、书证应当着重审查以下内容:

(一) 物证、书证是否为原物、原件,物证的照片、录像或者复制品及书证的副本、复制件与原物、原件是否相符;物证、书证是否经过辨认、鉴定;物证的照片、录像或者复制品和书证的副本、复制件是否由二人以上制作,有无制作人关于制作过程及原件、原物存放于何处的文字说明及签名。

(二) 物证、书证的收集程序、方式是否符合法律及有关规定;经勘验、检查、搜查提取、扣押的物证、书证,是否附有相关笔录或者清单;笔录或者清单是否有侦查人员、物品持有人、见证人签名,没有物品持有人签名的,是否注明原因;对物品的特征、数量、质量、名称等注明是否清楚。

(三) 物证、书证在收集、保管及鉴定过程中是否受到破坏或者改变。

(四) 物证、书证与案件事实有无关联。对现场遗留与犯罪有关的具备检验鉴定条件的血迹、指纹、毛发、体液等生物物证、痕迹、物品,是否通过DNA鉴定、指纹鉴定等鉴定方式与被告人或者被害人的相应生物检材、生物特征、物品等作同一认定。

(五) 与案件事实有关联的物证、书证是否全面收集。

第七条 对在勘验、检查、搜查中发现与案件事实可能有关联的血迹、指纹、足迹、字迹、毛发、体液、人体组织等痕迹和物品应当提取而没有提取,应当检验而没有检验,导致案件事实存疑的,人民法院应当向人民检察院说明情况,人民检察院依法可以补充收集、调取证据,作出合理的说明或者退回侦查机关补充侦查,调取有关证据。

第八条　据以定案的物证应当是原物。只有在原物不便搬运、不易保存或者依法应当由有关部门保管、处理或者依法应当返还时，才可以拍摄或者制作足以反映原物外形或者内容的照片、录像或者复制品。物证的照片、录像或者复制品，经与原物核实无误或者经鉴定证明为真实的，或者以其他方式确能证明其真实的，可以作为定案的根据。原物的照片、录像或者复制品，不能反映原物的外形和特征的，不能作为定案的根据。

据以定案的书证应当是原件。只有在取得原件确有困难时，才可以使用副本或者复制件。书证的副本、复制件，经与原件核实无误或者经鉴定证明为真实的，或者以其他方式确能证明其真实的，可以作为定案的根据。书证有更改或者更改迹象不能作出合理解释的，书证的副本、复制件不能反映书证原件及其内容的，不能作为定案的根据。

第九条　经勘验、检查、搜查提取、扣押的物证、书证，未附有勘验、检查笔录、搜查笔录、提取笔录、扣押清单，不能证明物证、书证来源的，不能作为定案的根据。

物证、书证的收集程序、方式存在下列瑕疵，通过有关办案人员的补正或者作出合理解释的，可以采用：

（一）收集调取的物证、书证，在勘验、检查笔录、搜查笔录、提取笔录、扣押清单上没有侦查人员、物品持有人、见证人签名或者物品特征、数量、质量、名称等注明不详的；

（二）收集调取物证照片、录像或者复制品，书证的副本、复制件未注明与原件核对无异，无复制时间、无被收集、调取人（单位）签名（盖章）的；

（三）物证照片、录像或者复制品，书证的副本、复制件没有制作人关于制作过程及原物、原件存放于何处的说明或者说明中无签名的；

（四）物证、书证的收集程序、方式存在其他瑕疵的。

对物证、书证的来源及收集过程有疑问，不能作出合理解释的，该物证、书证不能作为定案的根据。

第十条　具备辨认条件的物证、书证应当交由当事人或者证人进行辨认，必要时应当进行鉴定。

★最高人民检察院关于适用《关于办理死刑案件审查判断证据若干问题的规定》和《关于办理刑事案件排除非法证据若干问题的规定》的指导意见（2010年12月30日）（节录）

16. 对物证、书证以及勘验、检查笔录、搜查笔录、视听资料、电子证据等，既要审查其是否客观、真实反映案件事实，也要加强对证据的收集、制作程序和证据形式的审查。发现物证、书证和视听资料、电子证据等来源及收集、制作过程不明，或者勘验、检查笔录、搜查笔录的形式不符合规定或者记载内容有矛盾的，应当要求侦查机关（部门）补正，无法补正的应当作出说明或者合理解释，无法作出合理说明或者解释的，不能作为证据使用；发现侦查机关（部门）在勘验、检查、搜查过程中对与案件事实可能有关联的相关痕迹、物品应当提取而没有提取，应当要求侦查机关（部门）补充收集、调取；对物证的照片、录像或者复制品不能反映原物的外形和特征，或者书证的副本、复制件不能反映原件特征及其内容的，应当要求侦查机关（部门）重新制作；发现在案的物证、书证以及视听资料、电子证据等应当鉴定而没有鉴定的，应当要求侦查机关（部门）鉴定，必要时自行委托鉴定。

17.对侦查机关（部门）的补正、说明，以及重新收集、制作的情况，应当认真审查，必要时可以进行复核。对于经侦查机关（部门）依法重新收集、及时补正或者能够作出合理解释，不影响物证、书证真实性的，可以作为批准或者决定逮捕、提起公诉的根据。侦查机关（部门）没有依法重新收集、补正，或者无法补正、重新制作且没有作出合理的解释或者说明，无法认定证据真实性的，该证据不能作为批准或者决定逮捕、提起公诉的根据。

18.对于根据犯罪嫌疑人的供述、指认，提取到隐蔽性很强的物证、书证的，既要审查与其他证明犯罪事实发生的证据是否相互印证，也要审查侦查机关（部门）在犯罪嫌疑人供述、指认之前是否掌握该证据的情况，综合全案证据，判断是否作为批准或者决定逮捕、提起公诉的根据。

★最高人民法院关于适用《中华人民共和国刑事诉讼法》的解释（2021年1月26日）（节录）

第八十二条 对物证、书证应当着重审查以下内容：

（一）物证、书证是否为原物、原件，是否经过辨认、鉴定；物证的照片、录像、复制品或者书证的副本、复制件是否与原物、原件相符，是否由二人以上制作，有无制作人关于制作过程以及原物、原件存放于何处的文字说明和签名；

（二）物证、书证的收集程序、方式是否符合法律、有关规定；经勘验、检查、搜查提取、扣押的物证、书证，是否附有相关笔录、清单，笔录、清单是否经调查人员或者侦查人员、物品持有人、见证人签名，没有签名的，是否注明原因；物品的名称、特征、数量、质量等是否注明清楚；

（三）物证、书证在收集、保管、鉴定过程中是否受损或者改变；

（四）物证、书证与案件事实有无关联；对现场遗留与犯罪有关的具备鉴定条件的血迹、体液、毛发、指纹等生物样本、痕迹、物品，是否已作 DNA 鉴定、指纹鉴定等，并与被告人或者被害人的相应生物特征、物品等比对；

（五）与案件事实有关联的物证、书证是否全面收集。

第八十三条　据以定案的物证应当是原物。原物不便搬运、不易保存、依法应当返还或者依法应当由有关部门保管、处理的，可以拍摄、制作足以反映原物外形和特征的照片、录像、复制品。必要时，审判人员可以前往保管场所查看原物。

物证的照片、录像、复制品，不能反映原物的外形和特征的，不得作为定案的根据。

物证的照片、录像、复制品，经与原物核对无误、经鉴定或者以其他方式确认真实的，可以作为定案的根据。

第八十四条　据以定案的书证应当是原件。取得原件确有困难的，可以使用副本、复制件。

对书证的更改或者更改迹象不能作出合理解释，或者书证的副本、复制件不能反映原件及其内容的，不得作为定案的根据。

书证的副本、复制件，经与原件核对无误、经鉴定或者以其他方式确认真实的，可以作为定案的根据。

第八十五条　对与案件事实可能有关联的血迹、体液、毛发、人体组织、指纹、足迹、字迹等生物样本、痕迹和物品，应当提取而没有提取，应当鉴定而没有鉴定，应当移送鉴定意见而没有移送，导致案件事实存疑的，人民法院应当通知人民检察院依法补充收集、调取、移送证据。

第八十六条　在勘验、检查、搜查过程中提取、扣押的物证、书证，未附笔录或者清单，不能证明物证、书证来源的，不得作为定案的根据。

物证、书证的收集程序、方式有下列瑕疵，经补正或者作出合理解释的，可以采用：

（一）勘验、检查、搜查、提取笔录或者扣押清单上没有调查人员或者侦查人员、物品持有人、见证人签名，或者对物品的名称、特征、数量、质量等注明不详的；

（二）物证的照片、录像、复制品，书证的副本、复制件未注明与原件核对无异，无复制时间，或者无被收集、调取人签名的；

（三）物证的照片、录像、复制品，书证的副本、复制件没有制作人关于制

作过程和原物、原件存放地点的说明,或者说明中无签名的;

(四)有其他瑕疵的。

物证、书证的来源、收集程序有疑问,不能作出合理解释的,不得作为定案的根据。

(2)证人证言、被害人陈述的审查与认定

★关于办理死刑案件审查判断证据若干问题的规定(2010年6月13日)(节录)

第十一条 对证人证言应当着重审查以下内容:

(一)证言的内容是否为证人直接感知。

(二)证人作证时的年龄、认知水平、记忆能力和表达能力,生理上和精神上的状态是否影响作证。

(三)证人与案件当事人、案件处理结果有无利害关系。

(四)证言的取得程序、方式是否符合法律及有关规定:有无使用暴力、威胁、引诱、欺骗以及其他非法手段取证的情形;有无违反询问证人应当个别进行的规定;笔录是否经证人核对确认并签名(盖章)、捺指印;询问未成年证人,是否通知了其法定代理人到场,其法定代理人是否在场等。

(五)证人证言之间以及与其他证据之间能否相互印证,有无矛盾。

第十二条 以暴力、威胁等非法手段取得的证人证言,不能作为定案的根据。

处于明显醉酒、麻醉品中毒或者精神药物麻醉状态,以致不能正确表达的证人所提供的证言,不能作为定案的根据。

证人的猜测性、评论性、推断性的证言,不能作为证据使用,但根据一般生活经验判断符合事实的除外。

第十三条 具有下列情形之一的证人证言,不能作为定案的根据:

(一)询问证人没有个别进行而取得的证言;

(二)没有经证人核对确认并签名(盖章)、捺指印的书面证言;

(三)询问聋哑人或者不通晓当地通用语言、文字的少数民族人员、外国人,应当提供翻译而未提供的。

第十四条 证人证言的收集程序和方式有下列瑕疵,通过有关办案人员的补正或者作出合理解释的,可以采用:

(一)没有填写询问人、记录人、法定代理人姓名或者询问的起止时间、地点的;

(二)询问证人的地点不符合规定的;

（三）询问笔录没有记录告知证人应当如实提供证言和有意作伪证或者隐匿罪证要负法律责任内容的；

（四）询问笔录反映出在同一时间段内，同一询问人员询问不同证人的。

第十五条　具有下列情形的证人，人民法院应当通知出庭作证；经依法通知不出庭作证证人的书面证言经质证无法确认的，不能作为定案的根据：

（一）人民检察院、被告人及其辩护人对证人证言有异议，该证人证言对定罪量刑有重大影响的；

（二）人民法院认为其他应当出庭作证的。

证人在法庭上的证言与其庭前证言相互矛盾，如果证人当庭能够对其翻证作出合理解释，并有相关证据印证的，应当采信庭审证言。

对未出庭作证证人的书面证言，应当听取出庭检察人员、被告人及其辩护人的意见，并结合其他证据综合判断。未出庭作证证人的书面证言出现矛盾，不能排除矛盾且无证据印证的，不能作为定案的根据。

第十六条　证人作证，涉及国家秘密或者个人隐私的，应当保守秘密。

证人出庭作证，必要时，人民法院可以采取限制公开证人信息、限制询问、遮蔽容貌、改变声音等保护性措施。

第十七条　对被害人陈述的审查与认定适用前述关于证人证言的有关规定。

★最高人民检察院关于适用《关于办理死刑案件审查判断证据若干问题的规定》和《关于办理刑事案件排除非法证据若干问题的规定》的指导意见（2010年12月30日）（节录）

10. 对犯罪嫌疑人供述和证人证言、被害人陈述，要结合全案的其他证据，综合审查其内容的客观真实性，同时审查侦查机关（部门）是否将每一次讯问、询问笔录全部移送。对以刑讯逼供等非法手段取得的犯罪嫌疑人供述和采用暴力、威胁等非法手段取得的证人证言、被害人陈述，应当依法排除；对于使用其他非法手段获取的犯罪嫌疑人供述、证人证言、被害人陈述，根据其违法危害程度与刑讯逼供和暴力、威胁手段是否相当，决定是否依法排除。

11. 审查逮捕、审查起诉过程中第一次讯问犯罪嫌疑人，应当讯问其供述是否真实，并记入笔录。对被羁押的犯罪嫌疑人要结合提讯凭证的记载，核查提讯时间、讯问人与讯问笔录的对应关系；对提押至看守所以外的场所讯问的，应当要求侦查机关（部门）提供必要性的说明，审查其理由是否成立。要审查犯罪嫌疑人是否通晓当地通用语言。

12. 对犯罪嫌疑人的供述和辩解，应当结合其全部供述和辩解及其他证据进行审查；犯罪嫌疑人的有罪供述，无其他证据相互印证，不能作为批准或者决定逮捕、提起公诉的根据；有其他证据相互印证，无罪辩解理由不能成立的，该供述可以作为批准或者决定逮捕、提起公诉的根据。

13. 犯罪嫌疑人或者其聘请的律师提出受到刑讯逼供的，应当告知其如实提供相关的证据或者线索，并认真予以核查。认为有刑讯逼供嫌疑的，应当要求侦查机关（部门）提供全部讯问笔录、原始的讯问过程录音录像、出入看守所的健康检查情况、看守管教人员的谈话记录以及讯问过程合法性的说明；必要时，可以询问讯问人员、其他在场人员、看守管教人员或者证人，调取驻所检察室的相关材料。发现犯罪嫌疑人有伤情的，应当及时对伤势的成因和程度进行必要的调查和鉴定。对同步录音录像有疑问的，可以要求侦查机关（部门）对不连贯部分的原因予以说明，必要时可以协同检察技术部门进行审查。

14. 加强对侦查活动中讯问犯罪嫌疑人的监督。犯罪嫌疑人没有在决定羁押的当日被送入看守所的，应当查明所外看押地点及提讯情况；要监督看守所如实、详细、准确地填写犯罪嫌疑人入所体检记录，必要时建议采用录像或者拍照的方式记录犯罪嫌疑人身体状况；发现侦查机关（部门）所外提讯的，应当及时了解所外提讯的时间、地点、理由、审批手续和犯罪嫌疑人所外接受讯问的情况，做好提押、还押时的体检情况记录的检察监督。发现违反有关监管规定的，及时依照有关法律、规定提出纠正意见或者检察建议，并记录在案。

15. 审查证人证言、被害人陈述，应当注意对询问程序、方式、内容以及询问笔录形式的审查。发现不符合规定的，应当要求侦查机关（部门）补正或者说明。注意审查证人、被害人能否辨别是非、正确表达，必要时进行询问、了解，同时审查证人、被害人作证是否个别进行；对证人、被害人在法律规定以外的地点接受询问的，应当审查其原因，必要时对该证言或者陈述进行复核。对证人证言、被害人陈述的内容是否真实，应当结合其他证据综合判断。对于犯罪嫌疑人及其辩护人或者证人、被害人提出侦查机关（部门）采用暴力、威胁等非法手段取证的，应当告知其要如实提供相关证据或者线索，并认真核查。

★**最高人民法院关于适用《中华人民共和国刑事诉讼法》的解释（2021年1月26日）（节录）**

第八十七条　对证人证言应当着重审查以下内容：

（一）证言的内容是否为证人直接感知；

（二）证人作证时的年龄，认知、记忆和表达能力，生理和精神状态是否影响作证；

（三）证人与案件当事人、案件处理结果有无利害关系；

（四）询问证人是否个别进行；

（五）询问笔录的制作、修改是否符合法律、有关规定，是否注明询问的起止时间和地点，首次询问时是否告知证人有关权利义务和法律责任，证人对询问笔录是否核对确认；

（六）询问未成年证人时，是否通知其法定代理人或者刑事诉讼法第二百八十一条第一款规定的合适成年人到场，有关人员是否到场；

（七）有无以暴力、威胁等非法方法收集证人证言的情形；

（八）证言之间以及与其他证据之间能否相互印证，有无矛盾；存在矛盾的，能否得到合理解释。

第八十八条 处于明显醉酒、中毒或者麻醉等状态，不能正常感知或者正确表达的证人所提供的证言，不得作为证据使用。

证人的猜测性、评论性、推断性的证言，不得作为证据使用，但根据一般生活经验判断符合事实的除外。

第八十九条 证人证言具有下列情形之一的，不得作为定案的根据：

（一）询问证人没有个别进行的；

（二）书面证言没有经证人核对确认的；

（三）询问聋、哑人，应当提供通晓聋、哑手势的人员而未提供的；

（四）询问不通晓当地通用语言、文字的证人，应当提供翻译人员而未提供的。

第九十条 证人证言的收集程序、方式有下列瑕疵，经补正或者作出合理解释的，可以采用；不能补正或者作出合理解释的，不得作为定案的根据：

（一）询问笔录没有填写询问人、记录人、法定代理人姓名以及询问的起止时间、地点的；

（二）询问地点不符合规定的；

（三）询问笔录没有记录告知证人有关权利义务和法律责任的；

（四）询问笔录反映出在同一时段，同一询问人员询问不同证人的；

（五）询问未成年人，其法定代理人或者合适成年人不在场的。

第九十一条 证人当庭作出的证言，经控辩双方质证、法庭查证属实的，应当作为定案的根据。

证人当庭作出的证言与其庭前证言矛盾，证人能够作出合理解释，并有其他证据印证的，应当采信其庭审证言；不能作出合理解释，而其庭前证言有其他证据印证的，可以采信其庭前证言。

经人民法院通知，证人没有正当理由拒绝出庭或者出庭后拒绝作证，法庭对其证言的真实性无法确认的,该证人证言不得作为定案的根据。

第九十二条 对被害人陈述的审查与认定,参照适用本节的有关规定。

(3) 被告人供述和辩解的审查与认定

★关于办理死刑案件审查判断证据若干问题的规定(2010年6月13日)(节录)

第十八条 对被告人供述和辩解应当着重审查以下内容:

(一)讯问的时间、地点、讯问人的身份等是否符合法律及有关规定,讯问被告人的侦查人员是否不少于二人,讯问被告人是否个别进行等。

(二)讯问笔录的制作、修改是否符合法律及有关规定,讯问笔录是否注明讯问的起止时间和讯问地点,首次讯问时是否告知被告人申请回避、聘请律师等诉讼权利,被告人是否核对确认并签名(盖章)、捺指印,是否有不少于二人的讯问人签名等。

(三)讯问聋哑人、少数民族人员、外国人时是否提供了通晓聋、哑手势的人员或者翻译人员,讯问未成年同案犯时,是否通知了其法定代理人到场,其法定代理人是否在场。

(四)被告人的供述有无以刑讯逼供等非法手段获取的情形,必要时可以调取被告人进出看守所的健康检查记录、笔录。

(五)被告人的供述是否前后一致,有无反复以及出现反复的原因;被告人的所有供述和辩解是否均已收集入卷;应当入卷的供述和辩解没有入卷的,是否出具了相关说明。

(六)被告人的辩解内容是否符合案情和常理,有无矛盾。

(七)被告人的供述和辩解与同案犯的供述和辩解以及其他证据能否相互印证,有无矛盾。

对于上述内容,侦查机关随案移送有录音录像资料的,应当结合相关录音录像资料进行审查。

第十九条 采用刑讯逼供等非法手段取得的被告人供述,不能作为定案的根据。

第二十条 具有下列情形之一的被告人供述,不能作为定案的根据:

(一)讯问笔录没有经被告人核对确认并签名(盖章)、捺指印的;

(二)讯问聋哑人、不通晓当地通用语言、文字的人员时,应当提供通晓聋、哑手势的人员或者翻译人员而未提供的。

第二十一条 讯问笔录有下列瑕疵,通过有关办案人员的补正或者作出合理解释的,可以采用:

（一）笔录填写的讯问时间、讯问人、记录人、法定代理人等有误或者存在矛盾的；

（二）讯问人没有签名的；

（三）首次讯问笔录没有记录告知被讯问人诉讼权利内容的。

第二十二条　对被告人供述和辩解的审查，应当结合控辩双方提供的所有证据以及被告人本人的全部供述和辩解进行。

被告人庭前供述一致，庭审中翻供，但被告人不能合理说明翻供理由或者其辩解与全案证据相矛盾，而庭前供述与其他证据能够相互印证的，可以采信被告人庭前供述。

被告人庭前供述和辩解出现反复，但庭审中供认的，且庭审中的供述与其他证据能够印证的，可以采信庭审中的供述；被告人庭前供述和辩解出现反复，庭审中不供认的，且无其他证据与庭前供述印证的，不能采信庭前供述。

★**最高人民法院关于适用《中华人民共和国刑事诉讼法》的解释**（2021年1月26日）（节录）

第九十三条　对被告人供述和辩解应当着重审查以下内容：

（一）讯问的时间、地点，讯问人的身份、人数以及讯问方式等是否符合法律、有关规定；

（二）讯问笔录的制作、修改是否符合法律、有关规定，是否注明讯问的具体起止时间和地点，首次讯问时是否告知被告人有关权利和法律规定，被告人是否核对确认；

（三）讯问未成年被告人时，是否通知其法定代理人或者合适成年人到场，有关人员是否到场；

（四）讯问女性未成年被告人时，是否有女性工作人员在场；

（五）有无以刑讯逼供等非法方法收集被告人供述的情形；

（六）被告人的供述是否前后一致，有无反复以及出现反复的原因；

（七）被告人的供述和辩解是否全部随案移送；

（八）被告人的辩解内容是否符合案情和常理，有无矛盾；

（九）被告人的供述和辩解与同案被告人的供述和辩解以及其他证据能否相互印证，有无矛盾；存在矛盾的，能否得到合理解释。

必要时，可以结合现场执法音视频记录、讯问录音录像、被告人进出看守所的健康检查记录、笔录等，对被告人的供述和辩解进行审查。

第九十四条　被告人供述具有下列情形之一的，不得作为定案的根据：

（一）讯问笔录没有经被告人核对确认的；

（二）讯问聋、哑人，应当提供通晓聋、哑手势的人员而未提供的；

（三）讯问不通晓当地通用语言、文字的被告人，应当提供翻译人员而未提供的；

（四）讯问未成年人，其法定代理人或者合适成年人不在场的。

第九十五条　讯问笔录有下列瑕疵，经补正或者作出合理解释的，可以采用；不能补正或者作出合理解释的，不得作为定案的根据：

（一）讯问笔录填写的讯问时间、讯问地点、讯问人、记录人、法定代理人等有误或者存在矛盾的；

（二）讯问人没有签名的；

（三）首次讯问笔录没有记录告知被讯问人有关权利和法律规定的。

第九十六条　审查被告人供述和辩解，应当结合控辩双方提供的所有证据以及被告人的全部供述和辩解进行。

被告人庭审中翻供，但不能合理说明翻供原因或者其辩解与全案证据矛盾，而其庭前供述与其他证据相互印证的，可以采信其庭前供述。

被告人庭前供述和辩解存在反复，但庭审中供认，且与其他证据相互印证的，可以采信其庭审供述；被告人庭前供述和辩解存在反复，庭审中不供认，且无其他证据与庭前供述印证的，不得采信其庭前供述。

（4）鉴定意见的审查、认定

★最高人民法院、最高人民检察院、公安部、司法部、新闻出版署关于公安部光盘生产源鉴定中心行使行政、司法鉴定权有关问题的通知（2000年3月9日）（节录）

为适应"扫黄""打非"、保护知识产权工作的需要，解决目前各地办案过程中遇到的光盘生产源无法识别的问题，经中央机构编制委员会办公室批准，公安部组建了光盘生产源鉴定中心（设在广东省深圳市，以下简称鉴定中心）。……

一、鉴定范围和内容

鉴定中心负责对各地人民法院、人民检察院、公安机关、司法行政机关、新闻出版行政机关、音像行政管理部门和其他行政执法机关在办理制黄贩黄、侵权盗版案件中所查获的光盘及母盘进行鉴定，确定送检光盘及母盘的生产企业。……

四、鉴定的法律效力

鉴定中心出具的鉴定书可以作为定案依据。

★关于办理死刑案件审查判断证据若干问题的规定（2010年6月13日）（节录）

第二十三条 对鉴定意见应当着重审查以下内容：

（一）鉴定人是否存在应当回避而未回避的情形。

（二）鉴定机构和鉴定人是否具有合法的资质。

（三）鉴定程序是否符合法律及有关规定。

（四）检材的来源、取得、保管、送检是否符合法律及有关规定，与相关提取笔录、扣押物品清单等记载的内容是否相符，检材是否充足、可靠。

（五）鉴定的程序、方法、分析过程是否符合本专业的检验鉴定规程和技术方法要求。

（六）鉴定意见的形式要件是否完备，是否注明提起鉴定的事由、鉴定委托人、鉴定机构、鉴定要求、鉴定过程、检验方法、鉴定文书的日期等相关内容，是否由鉴定机构加盖鉴定专用章并由鉴定人签名盖章。

（七）鉴定意见是否明确。

（八）鉴定意见与案件待证事实有无关联。

（九）鉴定意见与其他证据之间是否有矛盾，鉴定意见与检验笔录及相关照片是否有矛盾。

（十）鉴定意见是否依法及时告知相关人员，当事人对鉴定意见是否有异议。

第二十四条 鉴定意见具有下列情形之一的，不能作为定案的根据：

（一）鉴定机构不具备法定的资格和条件，或者鉴定事项超出本鉴定机构项目范围或者鉴定能力的；

（二）鉴定人不具备法定的资格和条件、鉴定人不具有相关专业技术或者职称、鉴定人违反回避规定的；

（三）鉴定程序、方法有错误的；

（四）鉴定意见与证明对象没有关联的；

（五）鉴定对象与送检材料、样本不一致的；

（六）送检材料、样本来源不明或者确实被污染且不具备鉴定条件的；

（七）违反有关鉴定特定标准的；

（八）鉴定文书缺少签名、盖章的；

（九）其他违反有关规定的情形。

对鉴定意见有疑问的，人民法院应当依法通知鉴定人出庭作证或者由其出具相关说明，也可以依法补充鉴定或者重新鉴定。

★最高人民检察院关于适用《关于办理死刑案件审查判断证据若干问题的规定》和《关于办理刑事案件排除非法证据若干问题的规定》的指导意见（2010年12月30日）（节录）

19. 审查鉴定意见，要着重审查检材的来源、提取、保管、送检是否符合法律及有关规定，鉴定机构或者鉴定人员是否具备法定资格和鉴定条件，鉴定意见的形式要件是否完备，鉴定程序是否合法，鉴定结论是否科学合理。检材来源不明或者可能被污染导致鉴定意见存疑的，应当要求侦查机关（部门）进行重新鉴定或者补充鉴定，必要时检察机关可以另行委托进行重新鉴定或者补充鉴定；鉴定机构或者鉴定人员不具备法定资格和鉴定条件，或者鉴定事项超出其鉴定范围以及违反回避规定的，应当要求侦查机关（部门）另行委托重新鉴定，必要时检察机关可以另行委托进行重新鉴定；鉴定意见形式要件不完备的，应当通过侦查机关（部门）要求鉴定机构补正；对鉴定程序、方法、结论等涉及专门技术问题的，必要时听取检察技术部门或者其他具有专门知识的人员的意见。

★最高人民法院关于适用《中华人民共和国刑事诉讼法》的解释（2021年1月26日）（节录）

第九十七条 对鉴定意见应当着重审查以下内容：

（一）鉴定机构和鉴定人是否具有法定资质；

（二）鉴定人是否存在应当回避的情形；

（三）检材的来源、取得、保管、送检是否符合法律、有关规定，与相关提取笔录、扣押清单等记载的内容是否相符，检材是否可靠；

（四）鉴定意见的形式要件是否完备，是否注明提起鉴定的事由、鉴定委托人、鉴定机构、鉴定要求、鉴定过程、鉴定方法、鉴定日期等相关内容，是否由鉴定机构盖章并由鉴定人签名；

（五）鉴定程序是否符合法律、有关规定；

（六）鉴定的过程和方法是否符合相关专业的规范要求；

（七）鉴定意见是否明确；

（八）鉴定意见与案件事实有无关联；

（九）鉴定意见与勘验、检查笔录及相关照片等其他证据是否矛盾；存在矛盾的，能否得到合理解释；

（十）鉴定意见是否依法及时告知相关人员，当事人对鉴定意见有无异议。

第九十八条 鉴定意见具有下列情形之一的，不得作为定案的根据：

（一）鉴定机构不具备法定资质，或者鉴定事项超出该鉴定机构业务范围、技术条件的；

（二）鉴定人不具备法定资质，不具有相关专业技术或者职称，或者违反回避规定的；

（三）送检材料、样本来源不明，或者因污染不具备鉴定条件的；

（四）鉴定对象与送检材料、样本不一致的；

（五）鉴定程序违反规定的；

（六）鉴定过程和方法不符合相关专业的规范要求的；

（七）鉴定文书缺少签名、盖章的；

（八）鉴定意见与案件事实没有关联的；

（九）违反有关规定的其他情形。

第九十九条　经人民法院通知，鉴定人拒不出庭作证的，鉴定意见不得作为定案的根据。

鉴定人由于不能抗拒的原因或者有其他正当理由无法出庭的，人民法院可以根据情况决定延期审理或者重新鉴定。

鉴定人无正当理由拒不出庭作证的，人民法院应当通报司法行政机关或者有关部门。

第一百条　因无鉴定机构，或者根据法律、司法解释的规定，指派、聘请有专门知识的人就案件的专门性问题出具的报告，可以作为证据使用。

对前款规定的报告的审查与认定，参照适用本节的有关规定。

经人民法院通知，出具报告的人拒不出庭作证的，有关报告不得作为定案的根据。

第一百零一条　有关部门对事故进行调查形成的报告，在刑事诉讼中可以作为证据使用；报告中涉及专门性问题的意见，经法庭查证属实，且调查程序符合法律、有关规定的，可以作为定案的根据。

（5）勘验、检查、辨认、侦查实验等笔录的审查与认定

★关于办理死刑案件审查判断证据若干问题的规定（2010年6月13日）（节录）

第二十五条　对勘验、检查笔录应当着重审查以下内容：

（一）勘验、检查是否依法进行，笔录的制作是否符合法律及有关规定的要求，勘验、检查人员和见证人是否签名或者盖章等。

（二）勘验、检查笔录的内容是否全面、详细、准确、规范；是否准确记录了提起勘验、检查的事由，勘验、检查的时间、地点、在场人员、现场方位、

周围环境等情况;是否准确记载了现场、物品、人身、尸体等的位置、特征等详细情况以及勘验、检查、搜查的过程;文字记载与实物或者绘图、录像、照片是否相符;固定证据的形式、方法是否科学、规范;现场、物品、痕迹等是否被破坏或者伪造,是否是原始现场;人身特征、伤害情况、生理状况有无伪装或者变化等。

(三)补充进行勘验、检查的,前后勘验、检查的情况是否有矛盾,是否说明了再次勘验、检查的原由。

(四)勘验、检查笔录中记载的情况与被告人供述、被害人陈述、鉴定意见等其他证据能否印证,有无矛盾。

第二十六条 勘验、检查笔录存在明显不符合法律及有关规定的情形,并且不能作出合理解释或者说明的,不能作为证据使用。

勘验、检查笔录存在勘验、检查没有见证人的,勘验、检查人员和见证人没有签名、盖章的,勘验、检查人员违反回避规定的等情形,应当结合案件其他证据,审查其真实性和关联性。

★最高人民法院关于适用《中华人民共和国刑事诉讼法》的解释(2021年1月26日)(节录)

第一百零二条 对勘验、检查笔录应当着重审查以下内容:

(一)勘验、检查是否依法进行,笔录制作是否符合法律、有关规定,勘验、检查人员和见证人是否签名或者盖章;

(二)勘验、检查笔录是否记录了提起勘验、检查的事由,勘验、检查的时间、地点、在场人员、现场方位、周围环境等,现场的物品、人身、尸体等的位置、特征等情况,以及勘验、检查的过程;文字记录与实物或者绘图、照片、录像是否相符;现场、物品、痕迹等是否伪造、有无破坏;人身特征、伤害情况、生理状态有无伪装或者变化等;

(三)补充进行勘验、检查的,是否说明了再次勘验、检查的原因,前后勘验、检查的情况是否矛盾。

第一百零三条 勘验、检查笔录存在明显不符合法律、有关规定的情形,不能作出合理解释的,不得作为定案的根据。

第一百零四条 对辨认笔录应当着重审查辨认的过程、方法,以及辨认笔录的制作是否符合有关规定。

第一百零五条 辨认笔录具有下列情形之一的,不得作为定案的根据:

(一)辨认不是在调查人员、侦查人员主持下进行的;

（二）辨认前使辨认人见到辨认对象的；

（三）辨认活动没有个别进行的；

（四）辨认对象没有混杂在具有类似特征的其他对象中，或者供辨认的对象数量不符合规定的；

（五）辨认中给辨认人明显暗示或者明显有指认嫌疑的；

（六）违反有关规定，不能确定辨认笔录真实性的其他情形。

第一百零六条　对侦查实验笔录应当着重审查实验的过程、方法，以及笔录的制作是否符合有关规定。

第一百零七条　侦查实验的条件与事件发生时的条件有明显差异，或者存在影响实验结论科学性的其他情形的，侦查实验笔录不得作为定案的根据。

（6）视听资料、电子数据的审查与认定

★关于办理死刑案件审查判断证据若干问题的规定（2010年6月13日）（节录）

第二十七条　对视听资料应当重审查以下内容：

（一）视听资料的来源是否合法，制作过程中当事人有无受到威胁、引诱等违反法律及有关规定的情形；

（二）是否载明制作人或者持有人的身份，制作的时间、地点和条件以及制作方法；

（三）是否为原件，有无复制及复制份数；调取的视听资料是复制件的，是否附有无法调取原件的原因、制作过程和原件存放地点的说明，是否有制作人和原视听资料持有人签名或者盖章；

（四）内容和制作过程是否真实，有无经过剪辑、增加、删改、编辑等伪造、变造情形；

（五）内容与案件事实有无关联性。

对视听资料有疑问的，应当进行鉴定。

对视听资料，应当结合案件其他证据，审查其真实性和关联性。

第二十八条　具有下列情形之一的视听资料，不能作为定案的根据：

（一）视听资料经审查或者鉴定无法确定真伪的；

（二）对视听资料的制作和取得的时间、地点、方式等有异议，不能作出合理解释或者提供必要证明的。

第二十九条　对于电子邮件、电子数据交换、网上聊天记录、网络博客、手机短信、电子签名、域名等电子证据，应当主要审查以下内容：

（一）该电子证据存储磁盘、存储光盘等可移动存储介质是否与打印件一并提交；

（二）是否载明该电子证据形成的时间、地点、对象、制作人、制作过程及设备情况等；

（三）制作、储存、传递、获得、收集、出示等程序和环节是否合法，取证人、制作人、持有人、见证人等是否签名或者盖章；

（四）内容是否真实，有无剪裁、拼凑、篡改、添加等伪造、变造情形；

（五）该电子证据与案件事实有无关联性。

对电子证据有疑问的，应当进行鉴定。

对电子证据，应当结合案件其他证据，审查其真实性和关联性。

★最高人民法院关于适用《中华人民共和国刑事诉讼法》的解释（2021年1月26日）（节录）

第一百零八条 对视听资料应当着重审查以下内容：

（一）是否附有提取过程的说明，来源是否合法；

（二）是否为原件，有无复制及复制份数；是复制件的，是否附有无法调取原件的原因、复制件制作过程和原件存放地点的说明，制作人、原视听资料持有人是否签名；

（三）制作过程中是否存在威胁、引诱当事人等违反法律、有关规定的情形；

（四）是否写明制作人、持有人的身份，制作的时间、地点、条件和方法；

（五）内容和制作过程是否真实，有无剪辑、增加、删改等情形；

（六）内容与案件事实有无关联。

对视听资料有疑问的，应当进行鉴定。

第一百零九条 视听资料具有下列情形之一的，不得作为定案的根据：

（一）系篡改、伪造或者无法确定真伪的；

（二）制作、取得的时间、地点、方式等有疑问，不能作出合理解释的。

第一百一十条 对电子数据是否真实，应当着重审查以下内容：

（一）是否移送原始存储介质；在原始存储介质无法封存、不便移动时，有无说明原因，并注明收集、提取过程及原始存储介质的存放地点或者电子数据的来源等情况；

（二）是否具有数字签名、数字证书等特殊标识；

（三）收集、提取的过程是否可以重现；

（四）如有增加、删除、修改等情形的，是否附有说明；

（五）完整性是否可以保证。

第一百一十一条　对电子数据是否完整，应当根据保护电子数据完整性的相应方法进行审查、验证：

（一）审查原始存储介质的扣押、封存状态；

（二）审查电子数据的收集、提取过程，查看录像；

（三）比对电子数据完整性校验值；

（四）与备份的电子数据进行比较；

（五）审查冻结后的访问操作日志；

（六）其他方法。

第一百一十二条　对收集、提取电子数据是否合法，应当着重审查以下内容：

（一）收集、提取电子数据是否由二名以上调查人员、侦查人员进行，取证方法是否符合相关技术标准；

（二）收集、提取电子数据，是否附有笔录、清单，并经调查人员、侦查人员、电子数据持有人、提供人、见证人签名或者盖章，没有签名或者盖章的，是否注明原因；对电子数据的类别、文件格式等是否注明清楚；

（三）是否依照有关规定由符合条件的人员担任见证人，是否对相关活动进行录像；

（四）采用技术调查、侦查措施收集、提取电子数据的，是否依法经过严格的批准手续；

（五）进行电子数据检查的，检查程序是否符合有关规定。

第一百一十三条　电子数据的收集、提取程序有下列瑕疵，经补正或者作出合理解释的，可以采用；不能补正或者作出合理解释的，不得作为定案的根据：

（一）未以封存状态移送的；

（二）笔录或者清单上没有调查人员或者侦查人员、电子数据持有人、提供人、见证人签名或者盖章的；

（三）对电子数据的名称、类别、格式等注明不清的；

（四）有其他瑕疵的。

第一百一十四条　电子数据具有下列情形之一的，不得作为定案的根据：

（一）系篡改、伪造或者无法确定真伪的；

（二）有增加、删除、修改等情形，影响电子数据真实性的；

（三）其他无法保证电子数据真实性的情形。

★关于办理刑事案件收集提取和审查判断电子数据若干问题的规定（2016年10月1日）（节录）

一、一般规定

第一条 电子数据是案件发生过程中形成的，以数字化形式存储、处理、传输的，能够证明案件事实的数据。

电子数据包括但不限于下列信息、电子文件：

（一）网页、博客、微博客、朋友圈、贴吧、网盘等网络平台发布的信息；

（二）手机短信、电子邮件、即时通信、通讯群组等网络应用服务的通信信息；

（三）用户注册信息、身份认证信息、电子交易记录、通信记录、登录日志等信息；

（四）文档、图片、音视频、数字证书、计算机程序等电子文件。

以数字化形式记载的证人证言、被害人陈述以及犯罪嫌疑人、被告人供述和辩解等证据，不属于电子数据。确有必要的，对相关证据的收集、提取、移送、审查，可以参照适用本规定。

四、电子数据的审查与判断

第二十二条 对电子数据是否真实，应当着重审查以下内容：

（一）是否移送原始存储介质；在原始存储介质无法封存、不便移动时，有无说明原因，并注明收集、提取过程及原始存储介质的存放地点或者电子数据的来源等情况；

（二）电子数据是否具有数字签名、数字证书等特殊标识；

（三）电子数据的收集、提取过程是否可以重现；

（四）电子数据如有增加、删除、修改等情形的，是否附有说明；

（五）电子数据的完整性是否可以保证。

第二十三条 对电子数据是否完整，应当根据保护电子数据完整性的相应方法进行验证：

（一）审查原始存储介质的扣押、封存状态；

（二）审查电子数据的收集、提取过程，查看录像；

（三）比对电子数据完整性校验值；

（四）与备份的电子数据进行比较；

（五）审查冻结后的访问操作日志；

（六）其他方法。

第二十四条 对收集、提取电子数据是否合法，应当着重审查以下内容：

（一）收集、提取电子数据是否由二名以上侦查人员进行，取证方法是否符合相关技术标准；

（二）收集、提取电子数据，是否附有笔录、清单，并经侦查人员、电子数据持有人（提供人）、见证人签名或者盖章；没有持有人（提供人）签名或者盖章的，是否注明原因；对电子数据的类别、文件格式等是否注明清楚；

（三）是否依照有关规定由符合条件的人员担任见证人，是否对相关活动进行录像；

（四）电子数据检查是否将电子数据存储介质通过写保护设备接入到检查设备；有条件的，是否制作电子数据备份，并对备份进行检查；无法制作备份且无法使用写保护设备的，是否附有录像。

第二十五条　认定犯罪嫌疑人、被告人的网络身份与现实身份的同一性，可以通过核查相关 IP 地址、网络活动记录、上网终端归属、相关证人证言以及犯罪嫌疑人、被告人供述和辩解等进行综合判断。

认定犯罪嫌疑人、被告人与存储介质的关联性，可以通过核查相关证人证言以及犯罪嫌疑人、被告人供述和辩解等进行综合判断。

第二十六条　公诉人、当事人或者辩护人、诉讼代理人对电子数据鉴定意见有异议，可以申请人民法院通知鉴定人出庭作证。人民法院认为鉴定人有必要出庭的，鉴定人应当出庭作证。

经人民法院通知，鉴定人拒不出庭作证的，鉴定意见不得作为定案的根据。对没有正当理由拒不出庭作证的鉴定人，人民法院应当通报司法行政机关或者有关部门。

公诉人、当事人或者辩护人、诉讼代理人可以申请法庭通知有专门知识的人出庭，就鉴定意见提出意见。

对电子数据涉及的专门性问题的报告，参照适用前三款规定。

第二十七条　电子数据的收集、提取程序有下列瑕疵，经补正或者作出合理解释的，可以采用；不能补正或者作出合理解释的，不得作为定案的根据：

（一）未以封存状态移送的；

（二）笔录或者清单上没有侦查人员、电子数据持有人（提供人）、见证人签名或者盖章的；

（三）对电子数据的名称、类别、格式等注明不清的；

（四）有其他瑕疵的。

第二十八条　电子数据具有下列情形之一的，不得作为定案的根据：

（一）电子数据系篡改、伪造或者无法确定真伪的；

（二）电子数据有增加、删除、修改等情形，影响电子数据真实性的；

（三）其他无法保证电子数据真实性的情形。

五、附则

第二十九条　本规定中下列用语的含义：

（一）存储介质，是指具备数据信息存储功能的电子设备、硬盘、光盘、优盘、记忆棒、存储卡、存储芯片等载体。

（二）完整性校验值，是指为防止电子数据被篡改或者破坏，使用散列算法等特定算法对电子数据进行计算，得出的用于校验数据完整性的数据值。

（三）网络远程勘验，是指通过网络对远程计算机信息系统实施勘验，发现、提取与犯罪有关的电子数据，记录计算机信息系统状态，判断案件性质，分析犯罪过程，确定侦查方向和范围，为侦查破案、刑事诉讼提供线索和证据的侦查活动。

（四）数字签名，是指利用特定算法对电子数据进行计算，得出的用于验证电子数据来源和完整性的数据值。

（五）数字证书，是指包含数字签名并对电子数据来源、完整性进行认证的电子文件。

（六）访问操作日志，是指为审查电子数据是否被增加、删除或者修改，由计算机信息系统自动生成的对电子数据访问、操作情况的详细记录。

★公安机关办理刑事案件电子数据取证规则（2019年）（节录）

第二章　收集提取电子数据

第一节　一般规定

第六条　收集、提取电子数据，应当由二名以上侦查人员进行。必要时，可以指派或者聘请专业技术人员在侦查人员主持下进行收集、提取电子数据。

第七条　收集、提取电子数据，可以根据案情需要采取以下一种或者几种措施、方法：

（一）扣押、封存原始存储介质；

（二）现场提取电子数据；

（三）网络在线提取电子数据；

（四）冻结电子数据；

（五）调取电子数据。

第八条　具有下列情形之一的，可以采取打印、拍照或者录像等方式固定相关证据：

（一）无法扣押原始存储介质并且无法提取电子数据的；

（二）存在电子数据自毁功能或装置，需要及时固定相关证据的；

（三）需现场展示、查看相关电子数据的。

根据前款第二、三项的规定采取打印、拍照或者录像等方式固定相关证据后，能够扣押原始存储介质的，应当扣押原始存储介质；不能扣押原始存储介质但能够提取电子数据的，应当提取电子数据。

第九条　采取打印、拍照或者录像方式固定相关证据的，应当清晰反映电子数据的内容，并在相关笔录中注明采取打印、拍照或者录像等方式固定相关证据的原因，电子数据的存储位置、原始存储介质特征和所在位置等情况，由侦查人员、电子数据持有人（提供人）签名或者盖章；电子数据持有人（提供人）无法签名或者拒绝签名的，应当在笔录中注明，由见证人签名或者盖章。

第二节　扣押、封存原始存储介质

第十条　在侦查活动中发现的可以证明犯罪嫌疑人有罪或者无罪、罪轻或者罪重的电子数据，能够扣押原始存储介质的，应当扣押、封存原始存储介质，并制作笔录，记录原始存储介质的封存状态。

勘验、检查与电子数据有关的犯罪现场时，应当按照有关规范处置相关设备，扣押、封存原始存储介质。

第十一条　对扣押的原始存储介质，应当按照以下要求封存：

（一）保证在不解除封存状态的情况下，无法使用或者启动被封存的原始存储介质，必要时，具备数据信息存储功能的电子设备和硬盘、存储卡等内部存储介质可以分别封存；

（二）封存前后应当拍摄被封存原始存储介质的照片。照片应当反映原始存储介质封存前后的状况，清晰反映封口或者张贴封条处的状况；必要时，照片还要清晰反映电子设备的内部存储介质细节；

（三）封存手机等具有无线通信功能的原始存储介质，应当采取信号屏蔽、信号阻断或者切断电源等措施。

第十二条　对扣押的原始存储介质，应当会同在场见证人和原始存储介质持有人（提供人）查点清楚，当场开列《扣押清单》一式三份，写明原始存储介质名称、编号、数量、特征及其来源等，由侦查人员、持有人（提供人）和见证人签名或者盖章，一份交给持有人（提供人），一份交给公安机关保管人员，一份附卷备查。

第十三条 对无法确定原始存储介质持有人（提供人）或者原始存储介质持有人（提供人）无法签名、盖章或者拒绝签名、盖章的，应当在有关笔录中注明，由见证人签名或者盖章。由于客观原因无法由符合条件的人员担任见证人的，应当在有关笔录中注明情况，并对扣押原始存储介质的过程全程录像。

第十四条 扣押原始存储介质，应当收集证人证言以及犯罪嫌疑人供述和辩解等与原始存储介质相关联的证据。

第十五条 扣押原始存储介质时，可以向相关人员了解、收集并在有关笔录中注明以下情况：

（一）原始存储介质及应用系统管理情况，网络拓扑与系统架构情况，是否由多人使用及管理，管理及使用人员的身份情况；

（二）原始存储介质及应用系统管理的用户名、密码情况；

（三）原始存储介质的数据备份情况，有无加密磁盘、容器，有无自毁功能，有无其它移动存储介质，是否进行过备份，备份数据的存储位置等情况；

（四）其他相关的内容。

第三节 现场提取电子数据

第十六条 具有下列无法扣押原始存储介质情形之一的，可以现场提取电子数据：

（一）原始存储介质不便封存的；

（二）提取计算机内存数据、网络传输数据等不是存储在存储介质上的电子数据的；

（三）案件情况紧急，不立即提取电子数据可能会造成电子数据灭失或者其他严重后果的；

（四）关闭电子设备会导致重要信息系统停止服务的；

（五）需通过现场提取电子数据排查可疑存储介质的；

（六）正在运行的计算机信息系统功能或者应用程序关闭后，没有密码无法提取的；

（七）其他无法扣押原始存储介质的情形。

无法扣押原始存储介质的情形消失后，应当及时扣押、封存原始存储介质。

第十七条 现场提取电子数据可以采取以下措施保护相关电子设备：

（一）及时将犯罪嫌疑人或者其他相关人员与电子设备分离；

（二）在未确定是否易丢失数据的情况下，不能关闭正在运行状态的电子设备；

（三）对现场计算机信息系统可能被远程控制的，应当及时采取信号屏蔽、信号阻断、断开网络连接等措施；

（四）保护电源；

（五）有必要采取的其他保护措施。

第十八条　现场提取电子数据，应当遵守以下规定：

（一）不得将提取的数据存储在原始存储介质中；

（二）不得在目标系统中安装新的应用程序。如果因为特殊原因，需要在目标系统中安装新的应用程序的，应当在笔录中记录所安装的程序及目的；

（三）应当在有关笔录中详细、准确记录实施的操作。

第十九条　现场提取电子数据，应当制作《电子数据现场提取笔录》，注明电子数据的来源、事由和目的、对象、提取电子数据的时间、地点、方法、过程、不能扣押原始存储介质的原因、原始存储介质的存放地点，并附《电子数据提取固定清单》，注明类别、文件格式、完整性校验值等，由侦查人员、电子数据持有人（提供人）签名或者盖章；电子数据持有人（提供人）无法签名或者拒绝签名的，应当在笔录中注明，由见证人签名或者盖章。

第二十条　对提取的电子数据可以进行数据压缩，并在笔录中注明相应的方法和压缩后文件的完整性校验值。

第二十一条　由于客观原因无法由符合条件的人员担任见证人的，应当在《电子数据现场提取笔录》中注明情况，并全程录像，对录像文件应当计算完整性校验值并记入笔录。

第二十二条　对无法扣押的原始存储介质且无法一次性完成电子数据提取的，经登记、拍照或者录像后，可以封存后交其持有人（提供人）保管，并且开具《登记保存清单》一式两份，由侦查人员、持有人（提供人）和见证人签名或者盖章，一份交给持有人（提供人），另一份连同照片或者录像资料附卷备查。

持有人（提供人）应当妥善保管，不得转移、变卖、毁损，不得解除封存状态，不得未经办案部门批准接入网络，不得对其中可能用作证据的电子数据增加、删除、修改。必要时，应当保持计算机信息系统处于开机状态。

对登记保存的原始存储介质，应当在七日以内作出处理决定，逾期不作出处理决定的，视为自动解除。经查明确实与案件无关的，应当在三日以内解除。

第四节　网络在线提取电子数据

第二十三条　对公开发布的电子数据、境内远程计算机信息系统上的电子数据,可以通过网络在线提取。

第二十四条 网络在线提取应当计算电子数据的完整性校验值;必要时,可以提取有关电子签名认证证书、数字签名、注册信息等关联性信息。

第二十五条 网络在线提取时,对可能无法重复提取或者可能会出现变化的电子数据,应当采用录像、拍照、截获计算机屏幕内容等方式记录以下信息:

(一)远程计算机信息系统的访问方式;

(二)提取的日期和时间;

(三)提取使用的工具和方法;

(四)电子数据的网络地址、存储路径或者数据提取时的进入步骤等;

(五)计算完整性校验值的过程和结果。

第二十六条 网络在线提取电子数据应当在有关笔录中注明电子数据的来源、事由和目的、对象,提取电子数据的时间、地点、方法、过程,不能扣押原始存储介质的原因,并附《电子数据提取固定清单》,注明类别、文件格式、完整性校验值等,由侦查人员签名或者盖章。

第二十七条 网络在线提取时需要进一步查明下列情形之一的,应当对远程计算机信息系统进行网络远程勘验:

(一)需要分析、判断提取的电子数据范围的;

(二)需要展示或者描述电子数据内容或者状态的;

(三)需要在远程计算机信息系统中安装新的应用程序的;

(四)需要通过勘验行为让远程计算机信息系统生成新的除正常运行数据外电子数据的;

(五)需要收集远程计算机信息系统状态信息、系统架构、内部系统关系、文件目录结构、系统工作方式等电子数据相关信息的;

(六)其他网络在线提取时需要进一步查明有关情况的情形。

第二十八条 网络远程勘验由办理案件的县级公安机关负责。上级公安机关对下级公安机关刑事案件网络远程勘验提供技术支援。对于案情重大、现场复杂的案件,上级公安机关认为有必要时,可以直接组织指挥网络远程勘验。

第二十九条 网络远程勘验应当统一指挥,周密组织,明确分工,落实责任。

第三十条 网络远程勘验应当由符合条件的人员作为见证人。由于客观原因无法由符合条件的人员担任见证人的,应当在《远程勘验笔录》中注明情况,并按照本规则第二十五条的规定录像,录像可以采用屏幕录像或者录像机录像等方式,录像文件应当计算完整性校验值并记入笔录。

第三十一条　远程勘验结束后，应当及时制作《远程勘验笔录》，详细记录远程勘验有关情况以及勘验照片、截获的屏幕截图等内容。由侦查人员和见证人签名或者盖章。

远程勘验并且提取电子数据的，应当按照本规则第二十六条的规定，在《远程勘验笔录》注明有关情况，并附《电子数据提取固定清单》。

第三十二条　《远程勘验笔录》应当客观、全面、详细、准确、规范，能够作为还原远程计算机信息系统原始情况的依据，符合法定的证据要求。

对计算机信息系统进行多次远程勘验的，在制作首次《远程勘验笔录》后，逐次制作补充《远程勘验笔录》。

第三十三条　网络在线提取或者网络远程勘验时，应当使用电子数据持有人、网络服务提供者提供的用户名、密码等远程计算机信息系统访问权限。

采用技术侦查措施收集电子数据的，应当严格依照有关规定办理批准手续。收集的电子数据在诉讼中作为证据使用时，应当依照刑事诉讼法第一百五十四条规定执行。

第三十四条　对以下犯罪案件，网络在线提取、远程勘验过程应当全程同步录像：

（一）严重危害国家安全、公共安全的案件；

（二）电子数据是罪与非罪、是否判处无期徒刑、死刑等定罪量刑关键证据的案件；

（三）社会影响较大的案件；

（四）犯罪嫌疑人可能被判处五年有期徒刑以上刑罚的案件；

（五）其他需要全程同步录像的重大案件。

第三十五条　网络在线提取、远程勘验使用代理服务器、点对点传输软件、下载加速软件等网络工具的，应当在《网络在线提取笔录》或者《远程勘验笔录》中注明采用的相关软件名称和版本号。

第五节　冻结电子数据

第三十六条　具有下列情形之一的，可以对电子数据进行冻结：

（一）数据量大，无法或者不便提取的；

（二）提取时间长，可能造成电子数据被篡改或者灭失的；

（三）通过网络应用可以更为直观地展示电子数据的；

（四）其他需要冻结的情形。

第三十七条　冻结电子数据，应当经县级以上公安机关负责人批准，制作

《协助冻结电子数据通知书》，注明冻结电子数据的网络应用账号等信息，送交电子数据持有人、网络服务提供者或者有关部门协助办理。

第三十八条　不需要继续冻结电子数据时，应当经县级以上公安机关负责人批准，在三日以内制作《解除冻结电子数据通知书》，通知电子数据持有人、网络服务提供者或者有关部门执行。

第三十九条　冻结电子数据的期限为六个月。有特殊原因需要延长期限的，公安机关应当在冻结期限届满前办理继续冻结手续。每次续冻期限最长不得超过六个月。继续冻结的，应当按照本规则第三十七条的规定重新办理冻结手续。逾期不办理继续冻结手续的，视为自动解除。

第四十条　冻结电子数据，应当采取以下一种或者几种方法：

（一）计算电子数据的完整性校验值；

（二）锁定网络应用账号；

（三）采取写保护措施；

（四）其他防止增加、删除、修改电子数据的措施。

第六节　调取电子数据

第四十一条　公安机关向有关单位和个人调取电子数据，应当经办案部门负责人批准，开具《调取证据通知书》，注明需要调取电子数据的相关信息，通知电子数据持有人、网络服务提供者或者有关部门执行。被调取单位、个人应当在通知书回执上签名或者盖章，并附完整性校验值等保护电子数据完整性方法的说明，被调取单位、个人拒绝盖章、签名或者附说明的，公安机关应当注明。必要时，应当采用录音或者录像等方式固定证据内容及取证过程。

公安机关应当协助因客观条件限制无法保护电子数据完整性的被调取单位、个人进行电子数据完整性的保护。

第四十二条　公安机关跨地域调查取证的，可以将《办案协作函》和相关法律文书及凭证传真或者通过公安机关信息化系统传输至协作地公安机关。协作地办案部门经审查确认后，在传来的法律文书上加盖本地办案部门印章后，代为调查取证。

协作地办案部门代为调查取证后，可以将相关法律文书回执或者笔录邮寄至办案地公安机关，将电子数据或者电子数据的获取、查看工具和方法说明通过公安机关信息化系统传输至办案地公安机关。

办案地公安机关应当审查调取电子数据的完整性，对保证电子数据的完整性有疑问的，协作地办案部门应当重新代为调取。

第三章　电子数据的检查和侦查实验

第一节　电子数据检查

第四十三条　对扣押的原始存储介质或者提取的电子数据，需要通过数据恢复、破解、搜索、仿真、关联、统计、比对等方式，以进一步发现和提取与案件相关的线索和证据时，可以进行电子数据检查。

第四十四条　电子数据检查，应当由二名以上具有专业技术的侦查人员进行。必要时，可以指派或者聘请有专门知识的人参加。

第四十五条　电子数据检查应当符合相关技术标准。

第四十六条　电子数据检查应当保护在公安机关内部移交过程中电子数据的完整性。移交时，应当办理移交手续，并按照以下方式核对电子数据：

（一）核对其完整性校验值是否正确；

（二）核对封存的照片与当前封存的状态是否一致。

对于移交时电子数据完整性校验值不正确、原始存储介质封存状态不一致或者未封存可能影响证据真实性、完整性的，检查人员应当在有关笔录中注明。

第四十七条　检查电子数据应当遵循以下原则：

（一）通过写保护设备接入到检查设备进行检查，或者制作电子数据备份、对备份进行检查；

（二）无法使用写保护设备且无法制作备份的，应当注明原因，并全程录像；

（三）检查前解除封存、检查后重新封存前后应当拍摄被封存原始存储介质的照片，清晰反映封口或者张贴封条处的状况；

（四）检查具有无线通信功能的原始存储介质，应当采取信号屏蔽、信号阻断或者切断电源等措施保护电子数据的完整性。

第四十八条　检查电子数据，应当制作《电子数据检查笔录》，记录以下内容：

（一）基本情况。包括检查的起止时间，指挥人员、检查人员的姓名、职务，检查的对象，检查的目的等；

（二）检查过程。包括检查过程使用的工具，检查的方法与步骤等；

（三）检查结果。包括通过检查发现的案件线索、电子数据、等相关信息。

（四）其他需要记录的内容。

第四十九条　电子数据检查时需要提取电子数据的，应当制作《电子数据提取固定清单》，记录该电子数据的来源、提取方法和完整性校验值。

第二节 电子数据侦查实验

第五十条 为了查明案情,必要时,经县级以上公安机关负责人批准可以进行电子数据侦查实验。

第五十一条 电子数据侦查实验的任务包括:

(一)验证一定条件下电子设备发生的某种异常或者电子数据发生的某种变化;

(二)验证在一定时间内能否完成对电子数据的某种操作行为;

(三)验证在某种条件下使用特定软件、硬件能否完成某种特定行为、造成特定后果;

(四)确定一定条件下某种计算机信息系统应用或者网络行为能否修改、删除特定的电子数据;

(五)其他需要验证的情况。

第五十二条 电子数据侦查实验应当符合以下要求:

(一)应当采取技术措施保护原始存储介质数据的完整性;

(二)有条件的,电子数据侦查实验应当进行二次以上;

(三)侦查实验使用的电子设备、网络环境等应当与发案现场一致或者基本一致;必要时,可以采用相关技术方法对相关环境进行模拟或者进行对照实验;

(四)禁止可能泄露公民信息或者影响非实验环境计算机信息系统正常运行的行为。

第五十三条 进行电子数据侦查实验,应当使用拍照、录像、录音、通信数据采集等一种或多种方式客观记录实验过程。

第五十四条 进行电子数据侦查实验,应当制作《电子数据侦查实验笔录》,记录侦查实验的条件、过程和结果,并由参加侦查实验的人员签名或者盖章。

第四章 电子数据委托检验与鉴定

第五十五条 为了查明案情,解决案件中某些专门性问题,应当指派、聘请有专门知识的人进行鉴定,或者委托公安部指定的机构出具报告。

需要聘请有专门知识的人进行鉴定,或者委托公安部指定的机构出具报告的,应当经县级以上公安机关负责人批准。

第五十六条 侦查人员送检时,应当封存原始存储介质、采取相应措施保护电子数据完整性,并提供必要的案件相关信息。

第五十七条 公安部指定的机构及其承担检验工作的人员应当独立开展业

务并承担相应责任，不受其他机构和个人影响。

第五十八条 公安部指定的机构应当按照法律规定和司法审判机关要求承担回避、保密、出庭作证等义务，并对报告的真实性、合法性负责。

公安部指定的机构应当运用科学方法进行检验、检测，并出具报告。

第五十九条 公安部指定的机构应当具备必需的仪器、设备并且依法通过资质认定或者实验室认可。

第六十条 委托公安部指定的机构出具报告的其他事宜，参照《公安机关鉴定规则》等有关规定执行。

（7）其他规定

★最高人民检察院、公安部关于公安机关办理经济犯罪案件的若干规定（2017年11月24日）（节录）

第三十五条 公安机关办理经济犯罪案件，应当及时进行侦查，依法全面、客观、及时地收集、调取、固定、审查能够证实犯罪嫌疑人有罪或者无罪、罪重或者罪轻以及与涉案财物有关的各种证据，并防止犯罪嫌疑人逃匿、销毁证据或者转移、隐匿涉案财物。

严禁调取与经济犯罪案件无关的证据材料，不得以侦查犯罪为由滥用侦查措施为他人收集民事诉讼证据。

第三十六条 公安机关办理经济犯罪案件，应当遵守法定程序，遵循有关技术标准，全面、客观、及时地收集、提取电子数据；人民检察院应当围绕真实性、合法性、关联性审查判断电子数据。

依照规定程序通过网络在线提取的电子数据，可以作为证据使用。

第三十七条 公安机关办理经济犯罪案件，需要采取技术侦查措施的，应当严格依照有关法律、规章和规范性文件规定的范围和程序办理。

第三十八条 公安机关办理非法集资、传销以及利用通讯工具、互联网等技术手段实施的经济犯罪案件，确因客观条件的限制无法逐一收集被害人陈述、证人证言等相关证据的，可以结合已收集的言词证据和依法收集并查证属实的物证、书证、视听资料、电子数据等实物证据，综合认定涉案人员人数和涉案资金数额等犯罪事实，做到证据确实、充分。

第三十九条 公安机关办理生产、销售伪劣商品犯罪案件、走私犯罪案件、侵犯知识产权犯罪案件，对同一批次或者同一类型的涉案物品，确因实物数量较大，无法逐一勘验、鉴定、检测、评估的，可以委托或者商请有资格的鉴定机构、专业机构或者行政执法机关依照程序按照一定比例随机抽样勘验、鉴定、检测、评估，并由其制作取样记录和出具相关书面意见。有关抽样勘验、鉴定、检测、评估的结果可以作为该批次或者该类型全部涉案物品的勘验、鉴定、检测、评估结果，但是不符合法定程序，且不能补正或者作出合理解释，可能严重影响案件公正处理的除外。

法律、法规和规范性文件对鉴定机构或者抽样方法另有规定的，从其规定。

第四十条　公安机关办理经济犯罪案件应当与行政执法机关加强联系、密切配合，保证准确有效地执行法律。

公安机关应当根据案件事实、证据和法律规定依法认定案件性质，对案情复杂、疑难，涉及专业性、技术性问题的，可以参考有关行政执法机关的认定意见。

行政执法机关对经济犯罪案件中有关行为性质的认定，不是案件进入刑事诉讼程序的必经程序或者前置条件。法律、法规和规章另有规定的，从其规定。

第四十一条　公安机关办理重大、疑难、复杂的经济犯罪案件，可以听取人民检察院的意见，人民检察院认为确有必要时，可以派员适时介入侦查活动，对收集证据、适用法律提出意见，监督侦查活动是否合法。对人民检察院提出的意见，公安机关应当认真审查，并将结果及时反馈人民检察院。没有采纳的，应当说明理由。

第四十二条　公安机关办理跨区域性的重大经济犯罪案件，应当向人民检察院通报立案侦查情况，人民检察院可以根据通报情况调度办案力量，开展指导协调等工作。需要逮捕犯罪嫌疑人的，公安机关应当提前与人民检察院沟通。

第四十三条　人民检察院在审查逮捕、审查起诉中发现公安机关办案人员以非法方法收集犯罪嫌疑人供述、被害人陈述、证人证言等证据材料的，应当依法排除非法证据并提出纠正意见。需要重新调查取证的，经县级以上公安机关负责人批准，应当另行指派办案人员重新调查取证。必要时，人民检察院也可以自行收集犯罪嫌疑人供述、被害人陈述、证人证言等证据材料。

公安机关发现收集物证、书证不符合法定程序，可能严重影响司法公正的，应当要求办案人员予以补正或者作出合理解释；不能补正或者作出合理解释的，应当依法予以排除，不得作为提请批准逮捕、移送审查起诉的依据。

人民检察院发现收集物证、书证不符合法定程序，可能严重影响司法公正的，应当要求公安机关予以补正或者作出合理解释，不能补正或者作出合理解释的，应当依法予以排除，不得作为批准逮捕、提起公诉的依据。

第四十四条　对民事诉讼中的证据材料，公安机关在立案后应当依照刑事诉讼法以及相关司法解释的规定进行审查或者重新收集。未经查证核实的证据材料，不得作为刑事证据使用。

第四十五条　人民检察院已经作出不起诉决定的案件，公安机关不得针对同一法律事实的同一犯罪嫌疑人继续侦查或者补充侦查，但是有新的事实或者证据的，可以重新立案侦查。

★最高人民法院、国家保密局关于执行《关于审理为境外窃取、刺探、收买、非法提供国家秘密、情报案件具体应用法律若干问题的解释》有关问题的通知（2001年8月22日）（节录）

人民法院审理为境外窃取、刺探、收买、非法提供情报案件，需要对有关事项是否属于情报进行鉴定的，由国家保密工作部门或者省、自治区、直辖市保密工作部门鉴定。

★关于办理死刑案件审查判断证据若干问题的规定（2010年6月13日）（节录）

第三十一条　对侦查机关出具的破案经过等材料，应当审查是否有出具该说明材料的办案人、办案机关的签字或者盖章。

对破案经过有疑问，或者对确定被告人有重大嫌疑的根据有疑问的，应当要求侦查机关补充说明。

★关于办理环境污染刑事案件有关问题座谈会纪要（2019年2月20日）（节录）

15. 关于监测数据的证据资格问题

会议针对实践中地方生态环境部门及其所属监测机构委托第三方监测机构出具报告的证据资格问题进行了讨论。会议认为，地方生态环境部门及其所属监测机构委托第三方监测机构出具的监测报告，地方生态环境部门及其所属监测机构在行政执法过程中予以采用的，其实质属于《环境解释》第十二条规定的"环境保护主管部门及其所属监测机构在行政执法过程中收集的监测数据"，在刑事诉讼中可以作为证据使用。

★最高人民法院、最高人民检察院、公安部、司法部关于办理恐怖活动和极端主义犯罪案件适用法律若干问题的意见（2018年3月16日）（节录）

二、正确适用程序

……

（三）宣扬恐怖主义、极端主义的图书、音频视频资料，服饰、标志或者其他物品的认定，应当根据《中华人民共和国反恐怖主义法》有关恐怖主义、极端主义的规定，从其记载的内容、外观特征等分析判断。公安机关应当对涉案物品全面审查并逐一标注或者摘录，提出审读意见，与扣押、移交物品清单及涉案物品原件一并移送人民检察院审查。人民检察院、人民法院可以结合在案证据、案件情况、办案经验等综合审查判断。

（四）恐怖活动和极端主义犯罪案件初查过程中收集提取的电子数据，以及通过网络在线提取的电子数据，可以作为证据使用。对于原始存储介质位于境外或者远程计算机信息系统上的恐怖活动和极端主义犯罪电子数据，可以通过网络在线提取。必要时，可以对远程计算机信息系统进行网络远程勘验。立案后，经设区的市一级以上公安机关负责人批准，可以采取技术侦查措施。对于恐怖活动和极端主义犯罪电子数据量大或者提取时间长等需要冻结的，经县级以上公安机关负责人或者检察长批准，可以进行冻结。对于电子数据涉及的专门性问题难以确定的，由具备资格的司法鉴定机构出具鉴定意见，或者由公安部指定的机构出具报告。

4. 辨认

（1）辨认的组织

★**人民检察院刑事诉讼规则**（2019年12月30日）（节录）

第二百二十三条　为了查明案情，必要时，检察人员可以让被害人、证人和犯罪嫌疑人对与犯罪有关的物品、文件、尸体或场所进行辨认；也可以让被害人、证人对犯罪嫌疑人进行辨认，或者让犯罪嫌疑人对其他犯罪嫌疑人进行辨认。

第二百二十四条　辨认应当在检察人员的主持下进行，执行辨认的人员不得少于二人。在辨认前，应当向辨认人详细询问被辨认对象的具体特征，避免辨认人见到被辨认对象，并应当告知辨认人有意作虚假辨认应负的法律责任。

第二百二十五条　几名辨认人对同一被辨认对象进行辨认时，应当由每名辨认人单独进行。必要时，可以有见证人在场。

第二百二十六条　辨认时，应当将辨认对象混杂在其他对象中。不得在辨认前向辨认人展示辨认对象及其影像资料，不得给辨认人任何暗示。

辨认犯罪嫌疑人时，被辨认的人数不得少于七人，照片不得少于十张。

辨认物品时，同类物品不得少于五件，照片不得少于五张。

对犯罪嫌疑人的辨认，辨认人不愿公开进行时，可以在不暴露辨认人的情况下进行，并应当为其保守秘密。

★**公安机关办理刑事案件程序规定**（2020年7月20日）（节录）

第二百五十八条　为了查明案情，在必要的时候，侦查人员可以让被害人、证人或者犯罪嫌疑人对与犯罪有关的物品、文件、尸体、场所或者犯罪嫌疑人进行辨认。

第二百五十九条　辨认应当在侦查人员的主持下进行。主持辨认的侦查人员不得少于二人。

几名辨认人对同一辨认对象进行辨认时，应当由辨认人个别进行。

第二百六十条　辨认时，应当将辨认对象混杂在特征相类似的其他对象中，不得在辨认前向辨认人展示辨认对象及其影像资料，不得给辨认人任何暗示。

辨认犯罪嫌疑人时，被辨认的人数不得少于七人；对犯罪嫌疑人照片进行辨认的，不得少于十人的照片。

辨认物品时，混杂的同类物品不得少于五件；对物品的照片进行辨认的，不得少于十个物品的照片。

对场所、尸体等特定辨认对象进行辨认，或者辨认人能够准确描述物品独有特征的，陪衬物不受数量的限制。

第二百六十一条　对犯罪嫌疑人的辨认，辨认人不愿意公开进行时，可以在不暴露辨认人的情况下进行，并应当为其保守秘密。

第二百六十二条　对辨认经过和结果，应当制作辨认笔录，由侦查人员、辨认人、见证人签名。必要时，应当对辨认过程进行录音录像。

（2）辨认的审查与认定

★关于办理死刑案件审查判断证据若干问题的规定（2010年6月13日）（节录）

第三十条　侦查机关组织的辨认，存在下列情形之一的，应当严格审查，不能确定其真实性的，辨认结果不能作为定案的根据：

（一）辨认不是在侦查人员主持下进行的；

（二）辨认前使辨认人见到辨认对象的；

（三）辨认人的辨认活动没有个别进行的；

（四）辨认对象没有混杂在具有类似特征的其他对象中，或者供辨认的对象数量不符合规定的；尸体、场所等特定辨认对象除外。

（五）辨认中给辨认人明显暗示或者明显有指认嫌疑的。

有下列情形之一的，通过有关办案人员的补正或者作出合理解释的，辨认结果可以作为证据使用：

（一）主持辨认的侦查人员少于二人的；

（二）没有向辨认人详细询问辨认对象的具体特征的；

（三）对辨认经过和结果没有制作专门的规范的辨认笔录，或者辨认笔录没有侦查人员、辨认人、见证人的签名或者盖章的；

（四）辨认记录过于简单，只有结果没有过程的；

（五）案卷中只有辨认笔录，没有被辨认对象的照片、录像等资料，无法获悉辨认的真实情况的。

5. 走私刑事案件中电子证据、数额证据的规定

★关于办理走私刑事案件适用法律若干问题的意见（2002年7月8日）（节录）

二、关于电子数据证据的收集、保全问题

走私犯罪侦查机关对于能够证明走私犯罪案件真实情况的电子邮件、电子合同、电子账册、单位内部的电子信息资料等电子数据应当作为刑事证据予以收集、保全。

侦查人员应当对提取、复制电子数据的过程制作有关文字说明，记明案由、对象、内容，提取、复制的时间、地点，电子数据的规格、类别、文件格式等，并由提取、复制电子数据的制作人、电子数据的持有人和能够证明提取、复制过程的见证人签名或者盖章，附所提取、复制的电子数据一并随案移送。

电子数据的持有人不在案或者拒绝签字的，侦查人员应当记明情况；有条件的可将提取、复制有关电子数据的过程拍照或者录像。

三、关于办理走私普通货物、物品刑事案件偷逃应缴税额的核定问题

在办理走私普通货物、物品刑事案件中，对走私行为人涉嫌偷逃应缴税额的核定，应当由走私犯罪案件管辖地的海关出具《涉嫌走私的货物、物品偷逃税款海关核定证明书》（以下简称《核定证明书》）。海关出具的《核定证明书》，经走私犯罪侦查机关、人民检察院、人民法院审查确认，可以作为办案的依据和定罪量刑的证据。

走私犯罪侦查机关、人民检察院和人民法院对《核定证明书》提出异议或者因核定偷逃税额的事实发生变化，认为需要补充核定或者重新核定的，可以要求原出具《核定证明书》的海关补充核定或者重新核定。

走私犯罪嫌疑人、被告人或辩护人对《核定证明书》有异议，向走私犯罪侦查机关、人民检察院或者人民法院提出重新核定申请的，经走私犯罪侦查机关、人民检察院或者人民法院同意，可以重新核定。

重新核定应当另行指派专人进行。

十、关于在加工贸易活动中骗取海关核销行为的认定问题

在加工贸易经营活动中，以假出口、假结转或者利用虚假单证等方式骗取海关核销，致使保税货物、物品脱离海关监管，造成国家税款流失，情节严重的，依照刑法第一百五十三条的规定，以走私普通货物、物品罪追究刑事责任。

但有证据证明因不可抗力原因导致保税货物脱离海关监管，经营人无法办理正

常手续而骗取海关核销的,不认定为走私犯罪。

十一、关于伪报价格走私犯罪案件中实际成交价格的认定问题

走私犯罪案件中的伪报价格行为,是指犯罪嫌疑人、被告人在进出口货物、物品时,向海关申报进口或者出口的货物、物品的价格低于或者高于进出口货物的实际成交价格。

对实际成交价格的认定,在无法提取真、伪两套合同、发票等单证的情况下,可以根据犯罪嫌疑人、被告人的付汇渠道、资金流向、会计账册、境内外收发货人的真实交易方式,以及其他能够证明进出口货物实际成交价格的证据材料综合认定。

第五十一条 【举证责任分配原则】公诉案件中被告人有罪的举证责任由人民检察院承担,自诉案件中被告人有罪的举证责任由自诉人承担。

● 要点及关联法规

人民检察院举证责任的承担

★**人民检察院刑事诉讼规则**(2019年12月30日)(节录)

第六十一条 人民检察院认定案件事实,应当以证据为根据。

公诉案件中被告人有罪的举证责任由人民检察院承担。人民检察院在提起公诉指控犯罪时,应当提出确实、充分的证据,并运用证据加以证明。

人民检察院提起公诉,应当秉持客观公正立场,对被告人有罪、罪重、罪轻的证据都应当向人民法院提出。

第五十二条 【证据收集的一般原则】审判人员、检察人员、侦查人员必须依照法定程序,收集能够证实犯罪嫌疑人、被告人有罪或者无罪、犯罪情节轻重的各种证据。严禁刑讯逼供和以威胁、引诱、欺骗以及其他非法方法收集证据,不得强迫任何人证实自己有罪。必须保证一切与案件有关或者了解案情的公民,有客观地充分地提供证据的条件,除特殊情况外,可以吸收他们协助调查。

● 要点及关联法规

1. 依法全面收集证据原则

（1）一般规定

★最高人民检察院关于进一步加强公诉工作的决定（2002年9月12日）（节录）

二、努力提高执法水平，强化公诉业务工作

7. 依法对侦查活动进行监督。对于以刑讯逼供或者威胁、引诱、欺骗等非法手段收集的犯罪嫌疑人供述、被害人陈述、证人证言，不能作为指控犯罪的证据。对侦查活动中刑讯逼供、徇私舞弊、非法取证、任意改变强制措施和其他违反刑事诉讼法的行为，依法提出纠正意见；构成犯罪的，移送有关部门追究刑事责任。加大追诉漏罪、漏犯力度，防止犯罪分子逃脱法律制裁。

★最高人民检察院关于在审查逮捕和审查起诉工作中加强证据审查的若干意见（2006年7月3日）（节录）

一、高度重视证据审查工作，全面客观审查证据

证据是办案的根据。依法审查证据，根据证据认定案件事实、判断案件性质，运用证据证实犯罪，是审查逮捕、审查起诉工作的重要内容。各级人民检察院的侦查监督和公诉人员必须高度重视对案件证据的审查工作，坚持打击犯罪与保障人权相统一、执行实体法与执行程序法相统一的原则，在办案工作中全面、客观地审查证据，既要重视对证据客观性、关联性的审查，又要注重对证据合法性的审查，对非法证据要严格依照法律规定予以排除。侦查监督、公诉部门的负责人要直接参与对重大案件证据的审查。要通过岗位练兵、业务培训等多种形式，切实提高办案人员审查证据的能力和水平。要通过联席会议制度等多种形式，加强同侦查机关有关部门的联系与沟通，共同研究解决侦查取证工作中遇到的新情况、新问题，不断提高办案质量。

二、注意发现和严格依法排除非法证据

侦查监督、公诉部门的办案人员要牢固树立证据意识，提高发现非法证据的能力和水平。要注意通过对全案证据材料的审查，讯问犯罪嫌疑人，听取被害人及犯罪嫌疑人、被害人委托的人的意见，调查复核案件证据，介入侦查或者派员参加侦查机关对于重大案件的讨论等多种途径，发现是否存在违法取证的情况。

在审查逮捕、审查起诉工作中，对以刑讯逼供方式取得的犯罪嫌疑人供述、以暴力取证方式取得的证人证言和以威胁、引诱、欺骗等非法方式取得的犯罪嫌疑人供述、证人证言、被害人陈述等言词证据，应当依法予以排除。对以非法搜查、非法扣押等方式取得的物证、书证等实物证据，要结合案件实际情况，严格审查、认真甄别。要注意审查各种实物证据是否客观真实，是否与其他证据相互印证，审查全案证据是否能够形成完整的证据体系，是否符合批准逮捕、提起公诉的条件。

三、认真审查瑕疵证据，依法要求侦查机关采取补救措施

在审查逮捕、审查起诉工作中，要重视审查有瑕疵的证据，并分别不同情况，要求侦查机关采取相应的补救措施，解决证据的瑕疵问题，保证证据的合法性。对讯问犯罪嫌疑人时侦查人员不足二人或者询问证人、被害人未个别进行而收集、调取的证据，应当要求侦查人员依法重新收集、调取；对侦查人员或犯罪嫌疑人、证人、被害人、见证人等没有签名或者盖章的书面证据材料，应要求侦查人员依法重新收集、调取或者采取其他补救措施，否则不能作为指控犯罪的依据。对没有严格遵守法律规定，讯问犯罪嫌疑人、询问证人、被害人的时间、地点不符合要求或者在没有告知其法定诉讼权利的情况下获取的证据，应当要求侦查人员依法重新收集、调取或者采取其他补救措施；如果因客观条件限制确实无法重新收集、调取证据，也无法采取其他补救措施，如不影响证据的客观性、关联性，可以在向侦查机关提出纠正违法意见的同时，作为指控犯罪的依据。

四、强化侦查监督，依法纠正违法取证行为

侦查监督、公诉部门的办案人员，要进一步强化监督意识，把法律监督工作贯穿于审查逮捕、审查起诉工作中。对侦查人员违法取证行为情节较轻的，可以向侦查人员或者侦查机关负责人提出纠正意见。对违法取证行为情节较重，但尚未构成犯罪的，应当报请检察长批准后，向侦查机关发出《纠正违法通知书》，并跟踪监督纠正情况。对纠正不力的，可以向侦查机关负责人再次说明违法取证情况，督促限期纠正并将纠正情况回复人民检察院。必要时，可以将《纠正违法通知书》及督促纠正违法的情况一并报上一级人民检察院，由上一级人民检察院向同级侦查机关通报。对违法取证行为情节严重，涉嫌构成犯罪的，应当移送本院侦查部门审查，并报告检察长，或者报经检察长批准进行初查后，交侦查部门立案侦查。

五、认真落实检察机关办案责任制

在审查逮捕、审查起诉工作中，要认真落实办案责任制。侦查监督、公诉

部门的办案人员严重不负责任,对应当排除的非法证据不予排除或者没有发现,造成错案的,应当依法依纪追究其相应责任。部门负责人和检察长对办案人员提出的依法排除非法证据的意见不予支持,造成错案的,应当依法依纪追究其相应责任。

本意见适用于公安机关、国家安全机关和检察机关立案侦查案件的审查逮捕、审查起诉工作。

★最高人民法院关于适用《中华人民共和国刑事诉讼法》的解释(2021年1月26日)(节录)

第七十条 审判人员应当依照法定程序收集、审查、核实、认定证据。

★公安机关办理刑事案件程序规定(2020年7月20日)(节录)

第六十条 公安机关必须依照法定程序,收集、调取能够证实犯罪嫌疑人有罪或者无罪、犯罪情节轻重的各种证据。必须保证一切与案件有关或者了解案情的公民,有客观地充分地提供证据的条件,除特殊情况外,可以吸收他们协助调查。

★关于推进以审判为中心的刑事诉讼制度改革的意见(2016年7月20日)(节录)

三、建立健全符合裁判要求、适应各类案件特点的证据收集指引。探索建立命案等重大案件检查、搜查、辨认、指认等过程录音录像制度。完善技术侦查证据的移送、审查、法庭调查和使用规则以及庭外核实程序。统一司法鉴定标准和程序。完善见证人制度。

四、侦查机关应当全面、客观、及时收集与案件有关的证据。

侦查机关应当依法收集证据。对采取刑讯逼供、暴力、威胁等非法方法收集的言词证据,应当依法予以排除。侦查机关收集物证、书证不符合法定程序,可能严重影响司法公正,不能补正或者作出合理解释的,应当依法予以排除。

对物证、书证等实物证据,一般应当提取原物、原件,确保证据的真实性。需要鉴定的,应当及时送检。证据之间有矛盾的,应当及时查证。所有证据应当妥善保管,随案移送。

六、在案件侦查终结前,犯罪嫌疑人提出无罪或者罪轻的辩解,辩护律师提出犯罪嫌疑人无罪或者依法不应追究刑事责任的意见,侦查机关应当依法予以核实。

（2）拐卖妇女儿童犯罪案件证据的收集

★关于依法惩治拐卖妇女儿童犯罪的意见（2010年3月15日）（节录）

四、证据

11. 公安机关应当依照法定程序，全面收集能够证实犯罪嫌疑人有罪或者无罪、犯罪情节轻重的各种证据。

要特别重视收集、固定买卖妇女、儿童犯罪行为交易环节中钱款的存取证明、犯罪嫌疑人的通话清单、乘坐交通工具往来有关地方的票证、被拐卖儿童的DNA鉴定结论、有关监控录像、电子信息等客观性证据。

取证工作应当及时，防止时过境迁，难以弥补。

12. 公安机关应当高度重视并进一步加强DNA数据库的建设和完善。对失踪儿童的父母，或者疑似被拐卖的儿童，应当及时采集血样进行检验，通过全国DNA数据库，为查获犯罪，帮助被拐卖的儿童及时回归家庭提供科学依据。

13. 拐卖妇女、儿童犯罪所涉地区的办案单位应当加强协作配合。需要到异地调查取证的，相关司法机关应当密切配合；需要进一步补充查证的，应当积极支持。

（3）醉酒驾驶机动车刑事案件证据的收集

★最高人民法院、最高人民检察院、公安部关于办理醉酒驾驶机动车刑事案件适用法律若干问题的意见（2013年12月18日）（节录）

五、公安机关在查处醉酒驾驶机动车的犯罪嫌疑人时，对查获经过、呼气酒精含量检验和抽取血样过程应当制作记录；有条件的，应当拍照、录音或者录像；有证人的，应当收集证人证言。

六、血液酒精含量检验鉴定意见是认定犯罪嫌疑人是否醉酒的依据。犯罪嫌疑人经呼气酒精含量检验达到本意见第一条规定的醉酒标准，在抽取血样之前脱逃的，可以以呼气酒精含量检验结果作为认定其醉酒的依据。

犯罪嫌疑人在公安机关依法检查时，为逃避法律追究，在呼气酒精含量检验或者抽取血样前又饮酒，经检验其血液酒精含量达到本意见第一条规定的醉酒标准的，应当认定为醉酒。

（4）非法集资刑事案件证据的收集

★最高人民法院、最高人民检察院、公安部关于办理非法集资刑事案件适用法律若干问题的意见（2014年3月25日）（节录）

六、关于证据的收集问题

办理非法集资刑事案件中，确因客观条件的限制无法逐一收集集资参与人的言词证据的,可结合已收集的集资参与人的言词证据和依法收集并查证属实的书面合同、银行账户交易记录、会计凭证及会计账簿、资金收付凭证、审计报告、互联网电子数据等证据,综合认定非法集资对象人数和吸收资金数额等犯罪事实。

(5) 网络犯罪案件证据的收集

★最高人民法院、最高人民检察院、公安部关于办理网络犯罪案件适用刑事诉讼程序若干问题的意见(2014年5月4日)(节录)

四、关于网络犯罪案件的跨地域取证

11. 公安机关跨地域调查取证的,可以将办案协作函和相关法律文书及凭证电传或者通过公安机关信息化系统传输至协作地公安机关。协作地公安机关经审查确认,在传来的法律文书上加盖本地公安机关印章后,可以代为调查取证。

12. 询(讯)问异地证人、被害人以及与案件有关联的犯罪嫌疑人的,可以由办案地公安机关通过远程网络视频等方式进行询(讯)问并制作笔录。

远程询(讯)问的,应当由协作地公安机关事先核实被询(讯)问人的身份。办案地公安机关应当将询(讯)问笔录传输至协作地公安机关。询(讯)问笔录经被询(讯)问人确认并逐页签名、捺指印后,由协作地公安机关协作人员签名或者盖章,并将原件提供给办案地公安机关。询(讯)问人员收到笔录后,应当在首页右上方写明"于某年某月某日收到",并签名或者盖章。

远程询(讯)问的,应当对询(讯)问过程进行录音录像,并随案移送。

异地证人、被害人以及与案件有关联的犯罪嫌疑人亲笔书写证词、供词的,参照本条第二款规定执行。

五、关于电子数据的取证与审查

13. 收集、提取电子数据,应当由二名以上具备相关专业知识的侦查人员进行。取证设备和过程应当符合相关技术标准,并保证所收集、提取的电子数据的完整性、客观性。

14. 收集、提取电子数据,能够获取原始存储介质的,应当封存原始存储介质,并制作笔录,记录原始存储介质的封存状态,由侦查人员、原始存储介质持有人签名或者盖章;持有人无法签名或者拒绝签名的,应当在笔录中注明,由见证人签名或者盖章。有条件的,侦查人员应当对相关活动进行录像。

15. 具有下列情形之一,无法获取原始存储介质的,可以提取电子数据,但应当在笔录中注明不能获取原始存储介质的原因、原始存储介质的存放地点等情况,并由侦查人员、电子数据持有人、提供人签名或者盖章;持有人、提供人无法签名或者拒绝签名的，应当在笔录中注明，由见证人签名或者盖章；有条件的，侦查人员应当对相关活动进行录像：

（1）原始存储介质不便封存的；

（2）提取计算机内存存储的数据、网络传输的数据等不是存储在存储介质上的电子数据的；

（3）原始存储介质位于境外的；

（4）其他无法获取原始存储介质的情形。

16. 收集、提取电子数据应当制作笔录，记录案由、对象、内容，收集、提取电子数据的时间、地点、方法、过程，电子数据的清单、规格、类别、文件格式、完整性校验值等，并由收集、提取电子数据的侦查人员签名或者盖章。远程提取电子数据的，应当说明原因，有条件的，应当对相关活动进行录像。通过数据恢复、破解等方式获取被删除、隐藏或者加密的电子数据的，应当对恢复、破解过程和方法作出说明。

17. 收集、提取的原始存储介质或者电子数据，应当以封存状态随案移送，并制作电子数据的复制件一并移送。

对文档、图片、网页等可以直接展示的电子数据，可以不随案移送电子数据打印件，但应当附有展示方法说明和展示工具；人民法院、人民检察院因设备等条件限制无法直接展示电子数据的，公安机关应当随案移送打印件。

对侵入、非法控制计算机信息系统的程序、工具以及计算机病毒等无法直接展示的电子数据，应当附有电子数据属性、功能等情况的说明。

对数据统计数量、数据同一性等问题，公安机关应当出具说明。

18. 对电子数据涉及的专门性问题难以确定的，由司法鉴定机构出具鉴定意见，或者由公安部指定的机构出具检验报告。

六、关于网络犯罪案件的其他问题

19. 采取技术侦查措施收集的材料作为证据使用的，应当随案移送批准采取技术侦查措施的法律文书和所收集的证据材料。使用有关证据材料可能危及有关人员的人身安全，或者可能产生其他严重后果的，应当采取不暴露有关人员身份、技术方法等保护措施，必要时，可以由审判人员在庭外进行核实。

20. 对针对或者组织、教唆、帮助不特定多数人实施的网络犯罪案件，确因客观条件限制无法逐一收集相关言词证据的，可以根据记录被害人数、被侵害的计算机信息系统数量、涉案资金数额等犯罪事实的电子数据、书证等证据材料，在慎重审查被告人及其辩护人所提辩解、辩护意见的基础上，综合全案证据材料，对相关犯罪事实作出认定。

(6)职务犯罪案件证据的收集

★最高人民检察院关于适用《关于办理死刑案件审查判断证据若干问题的规定》和《关于办理刑事案件排除非法证据若干问题的规定》的指导意见（2010年12月30日）（节录）

二、进一步规范职务犯罪案件办案程序，依法客观收集证据

5. 人民检察院办理职务犯罪案件，应当严格依法收集和固定证据，既要收集证明案件事实的各种证据，又要及时固定证明取证行为合法性的证据，确保案件事实清楚，证据确实、充分，取证程序合法。

6. 人民检察院办理职务犯罪案件，应当全面、客观地收集和固定证据。既要收集证明犯罪嫌疑人有罪、罪重的各种证据，又要收集证明犯罪嫌疑人无罪、罪轻的各种证据。

7. 严格执行讯问职务犯罪嫌疑人全程同步录音录像制度。因未严格执行相关规定，或者在执行中弄虚作假造成不良后果的，依照有关规定追究主要责任人员的责任。

8. 侦查监督、公诉、控告申诉等部门应当依照两个《规定》的要求，加强对检察机关侦查部门收集、固定证据活动的审查与监督，发现违反有关规定的，及时提出纠正意见。

2. 不得强迫自证其罪原则

★公安机关办理刑事案件程序规定（2020年7月20日）（节录）

第八条 公安机关办理刑事案件，应当重证据，重调查研究，不轻信口供。严禁刑讯逼供和以威胁、引诱、欺骗以及其他非法方法收集证据，不得强迫任何人证实自己有罪。

★关于推进以审判为中心的刑事诉讼制度改革的意见（2016年7月20日）（节录）

五、完善讯问制度，防止刑讯逼供，不得强迫任何人证实自己有罪。严格按照有关规定要求，在规范的讯问场所讯问犯罪嫌疑人。严格依照法律规定对讯问过程全程同步录音录像，逐步实行对所有案件的讯问过程全程同步录音录像。

探索建立重大案件侦查终结前对讯问合法性进行核查制度。对公安机关、国家安全机关和人民检察院侦查的重大案件，由人民检察院驻看守所检察人员询问犯罪嫌疑人，核查是否存在刑讯逼供、非法取证情形，并同步录音录像。经核查，确有刑讯逼供、非法取证情形的，侦查机关应当及时排除非法证据，不得作为提请批准逮捕、移送审查起诉的根据。

第五十三条　【法律文书必须忠实于事实真象】公安机关提请批准逮捕书、人民检察院起诉书、人民法院判决书，必须忠实于事实真象。故意隐瞒事实真象的，应当追究责任。

● 要点及关联法规

法律文书应当忠实于事实真象

★公安机关办理刑事案件程序规定（2020年7月20日）（节录）

第六十八条　公安机关提请批准逮捕书、起诉意见书必须忠实于事实真象。故意隐瞒事实真象的，应当依法追究责任。

第五十四条　【公检法三机关收集证据的权力】人民法院、人民检察院和公安机关有权向有关单位和个人收集、调取证据。有关单位和个人应当如实提供证据。

【行政机关收集的证据材料的效力】行政机关在行政执法和查办案件过程中收集的物证、书证、视听资料、电子数据等证据材料，在刑事诉讼中可以作为证据使用。

【对涉密证据的保密】对涉及国家秘密、商业秘密、个人隐私的证据，应当保密。

【伪造、隐匿、毁灭证据的法律责任】凡是伪造证据、隐匿证据或者毁灭证据的，无论属于何方，必须受法律追究。

● 要点及关联法规

1. **国家秘密**

★中华人民共和国保守国家秘密法（2010年4月29日）（节录）

第二条　国家秘密是关系国家安全和利益，依照法定程序确定，在一定时间内只限一定范围的人员知悉的事项。

第三条　国家秘密受法律保护。

一切国家机关、武装力量、政党、社会团体、企业事业单位和公民都有保守国家秘密的义务。

任何危害国家秘密安全的行为，都必须受到法律追究。

第九条　下列涉及国家安全和利益的事项，泄露后可能损害国家在政治、经济、国防、外交等领域的安全和利益的，应当确定为国家秘密：

（一）国家事务重大决策中的秘密事项；

（二）国防建设和武装力量活动中的秘密事项；

（三）外交和外事活动中的秘密事项以及对外承担保密义务的秘密事项；

（四）国民经济和社会发展中的秘密事项；

（五）科学技术中的秘密事项；

（六）维护国家安全活动和追查刑事犯罪中的秘密事项；

（七）经国家保密行政管理部门确定的其他秘密事项。

政党的秘密事项中符合前款规定的，属于国家秘密。

第十条　国家秘密的密级分为绝密、机密、秘密三级。

绝密级国家秘密是最重要的国家秘密，泄露会使国家安全和利益遭受特别严重的损害；机密级国家秘密是重要的国家秘密，泄露会使国家安全和利益遭受严重的损害；秘密级国家秘密是一般的国家秘密，泄露会使国家安全和利益遭受损害。

第十一条　国家秘密及其密级的具体范围，由国家保密行政管理部门分别会同外交、公安、国家安全和其他中央有关机关规定。

军事方面的国家秘密及其密级的具体范围，由中央军事委员会规定。

国家秘密及其密级的具体范围的规定，应当在有关范围内公布，并根据情况变化及时调整。

第十二条　机关、单位负责人及其指定的人员为定密责任人，负责本机关、本单位的国家秘密确定、变更和解除工作。

机关、单位确定、变更和解除本机关、本单位的国家秘密，应当由承办人提出具体意见，经定密责任人审核批准。

第十三条　确定国家秘密的密级，应当遵守定密权限。

中央国家机关、省级机关及其授权的机关、单位可以确定绝密级、机密级和秘密级国家秘密；设区的市、自治州一级的机关及其授权的机关、单位可以确定机密级和秘密级国家秘密。具体的定密权限、授权范围由国家保密行政管理部门规定。

机关、单位执行上级确定的国家秘密事项，需要定密的，根据所执行的国家秘密事项的密级确定。下级机关、单位认为本机关、本单位产生的有关定密事项属于上级机关、单位的定密权限,应当先行采取保密措施,并立即报请上级机关、单位确定;没有上级机关、单位的,应当立即提请有相应定密权限的业务主管部门或者保密行政管理部门确定。

公安、国家安全机关在其工作范围内按照规定的权限确定国家秘密的密级。

第十四条　机关、单位对所产生的国家秘密事项,应当按照国家秘密及其密级的具体范围的规定确定密级,同时确定保密期限和知悉范围。

第十五条　国家秘密的保密期限,应当根据事项的性质和特点,按照维护国家安全和利益的需要,限定在必要的期限内;不能确定期限的,应当确定解密的条件。

国家秘密的保密期限,除另有规定外,绝密级不超过三十年,机密级不超过二十年,秘密级不超过十年。

机关、单位应当根据工作需要,确定具体的保密期限、解密时间或者解密条件。

机关、单位对在决定和处理有关事项工作过程中确定需要保密的事项,根据工作需要决定公开的,正式公布时即视为解密。

第十六条　国家秘密的知悉范围,应当根据工作需要限定在最小范围。

国家秘密的知悉范围能够限定到具体人员的,限定到具体人员;不能限定到具体人员的,限定到机关、单位,由机关、单位限定到具体人员。

国家秘密的知悉范围以外的人员,因工作需要知悉国家秘密的,应当经过机关、单位负责人批准。

第十七条　机关、单位对承载国家秘密的纸介质、光介质、电磁介质等载体(以下简称国家秘密载体)以及属于国家秘密的设备、产品,应当做出国家秘密标志。

不属于国家秘密的,不应当做出国家秘密标志。

第十八条　国家秘密的密级、保密期限和知悉范围,应当根据情况变化及时变更。国家秘密的密级、保密期限和知悉范围的变更,由原定密机关、单位决定,也可以由其上级机关决定。

国家秘密的密级、保密期限和知悉范围变更的,应当及时书面通知知悉范围内的机关、单位或者人员。

第十九条　国家秘密的保密期限已满的,自行解密。

机关、单位应当定期审核所确定的国家秘密。对在保密期限内因保密事项范围调整不再作为国家秘密事项,或者公开后不会损害国家安全和利益,不需要继续保密的,应当及时解密;对需要延长保密期限的,应当在原保密期限届满前重新确定保密期限。提前解密或者延长保密期限的,由原定密机关、单位决定，也可以由其上级机关决定。

第二十条　机关、单位对是否属于国家秘密或者属于何种密级不明确或者有争议的，由国家保密行政管理部门或者省、自治区、直辖市保密行政管理部门确定。

2. 公安司法机关依法收集、调取证据

★最高人民法院关于适用《中华人民共和国刑事诉讼法》的解释（2021年1月26日）（节录）

第七十九条　人民法院依照刑事诉讼法第一百九十六条的规定调查核实证据，必要时，可以通知检察人员、辩护人、自诉人及其法定代理人到场。上述人员未到场的，应当记录在案。

人民法院调查核实证据时，发现对定罪量刑有重大影响的新的证据材料的，应当告知检察人员、辩护人、自诉人及其法定代理人。必要时，也可以直接提取，并及时通知检察人员、辩护人、自诉人及其法定代理人查阅、摘抄、复制。

★公安机关办理刑事案件程序规定（2020年7月20日）（节录）

第六十一条　公安机关向有关单位和个人收集、调取证据时，应当告知其必须如实提供证据。

对涉及国家秘密、商业秘密、个人隐私的证据，应当保密。

对于伪造证据、隐匿证据或者毁灭证据的，应当追究其法律责任。

第六十二条　公安机关向有关单位和个人调取证据，应当经办案部门负责人批准，开具调取证据通知书，明确调取的证据和提供时限。被调取单位及其经办人、持有证据的个人应当在通知书上盖章或者签名，拒绝盖章或者签名的，公安机关应当注明。必要时，应当采用录音录像方式固定证据内容及取证过程。

第六十四条　收集、调取的物证应当是原物。只有在原物不便搬运、不易保存或者依法应当由有关部门保管、处理或者依法应当返还时，才可以拍摄或者制作足以反映原物外形或者内容的照片、录像或者复制品。

物证的照片、录像或者复制品经与原物核实无误或者经鉴定证明为真实的，或者以其他方式确能证明其真实的，可以作为证据使用。原物的照片、录像或者复制品，不能反映原物的外形和特征的，不能作为证据使用。

第六十五条　收集、调取的书证应当是原件。只有在取得原件确有困难时，才可以使用副本或者复制件。

书证的副本、复制件，经与原件核实无误或者经鉴定证明为真实的，或者以其他方式确能证明其真实的，可以作为证据使用。书证有更改或者更改迹象

不能作出合理解释的，或者书证的副本、复制件不能反映书证原件及其内容的，不能作为证据使用。

第六十六条　收集、调取电子数据，能够扣押电子数据原始存储介质的，应当扣押原始存储介质，并制作笔录、予以封存。

确因客观原因无法扣押原始存储介质的，可以现场提取或者网络在线提取电子数据。无法扣押原始存储介质，也无法现场提取或者网络在线提取的，可以采取打印、拍照或者录音录像等方式固定相关证据，并在笔录中注明原因。

收集、调取的电子数据，足以保证完整性，无删除、修改、增加等情形的，可以作为证据使用。经审查无法确定真伪，或者制作、取得的时间、地点、方式等有疑问，不能提供必要证明或者作出合理解释的，不能作为证据使用。

第六十七条　物证的照片、录像或者复制品，书证的副本、复制件，视听资料、电子数据的复制件，应当附有关制作过程及原件、原物存放处的文字说明，并由制作人和物品持有人或者物品持有单位有关人员签名。

3. 公安司法机关依法收集、调取证据

★中华人民共和国监察法（2018年3月20日）（节录）

第三十三条　监察机关依照本法规定收集的物证、书证、证人证言、被调查人供述和辩解、视听资料、电子数据等证据材料，在刑事诉讼中可以作为证据使用。

监察机关在收集、固定、审查、运用证据时，应当与刑事审判关于证据的要求和标准相一致。

以非法方法收集的证据应当依法予以排除，不得作为案件处置的依据。

第四十一条　调查人员采取讯问、询问、留置、搜查、调取、查封、扣押、勘验检查等调查措施，均应当依照规定出示证件，出具书面通知，由二人以上进行，形成笔录、报告等书面材料，并由相关人员签名、盖章。

调查人员进行讯问以及搜查、查封、扣押等重要取证工作，应当对全过程进行录音录像，留存备查。

4. 行政执法办案证据材料的转换使用

★最高人民法院关于适用《中华人民共和国刑事诉讼法》的解释（2021年1月26日）（节录）

第七十五条　行政机关在行政执法和查办案件过程中收集的物证、书证、视听资料、电子数据等证据材料，经法庭查证属实，且收集程序符合有关法律、

行政法规规定的，可以作为定案的根据。

根据法律、行政法规规定行使国家行政管理职权的组织，在行政执法和查办案件过程中收集的证据材料，视为行政机关收集的证据材料。

★人民检察院刑事诉讼规则（2019年12月30日）（节录）

第六十四条　行政机关在行政执法和查办案件过程中收集的物证、书证、视听资料、电子数据等证据材料，经人民检察院审查符合法定要求的，可以作为证据使用。

行政机关在行政执法和查办案件过程中收集的鉴定意见、勘验、检查笔录，经人民检察院审查符合法定要求的，可以作为证据使用。

第六十五条　监察机关依照法律规定收集的物证、书证、证人证言、被调查人供述和辩解、视听资料、电子数据等证据材料，在刑事诉讼中可以作为证据使用。

★公安机关办理刑事案件程序规定（2020年7月20日）（节录）

第六十三条　公安机关接受或者依法调取的行政机关在行政执法和查办案件过程中收集的物证、书证、视听资料、电子数据、鉴定意见、勘验笔录、检查笔录等证据材料，经公安机关审查符合法定要求的，可以作为证据使用。

5. 保密证据的范围

★最高人民法院关于适用《中华人民共和国刑事诉讼法》的解释（2021年1月26日）（节录）

第八十一条　公开审理案件时，公诉人、诉讼参与人提出涉及国家秘密、商业秘密或者个人隐私的证据的，法庭应当制止；确与本案有关的，可以根据具体情况，决定将案件转为不公开审理，或者对相关证据的法庭调查不公开进行。

第五十五条　【证据运用的基本原则】 对一切案件的判处都要重证据，重调查研究，不轻信口供。只有被告人供述，没有其他证据的，不能认定被告人有罪和处以刑罚；没有被告人供述，证据确实、充分的，可以认定被告人有罪和处以刑罚。

【证明标准】 证据确实、充分，应当符合以下条件：

（一）定罪量刑的事实都有证据证明；

（二）据以定案的证据均经法定程序查证属实；

（三）综合全案证据，对所认定事实已排除合理怀疑。

● 要点及关联法规

证据裁判原则

★关于办理死刑案件审查判断证据若干问题的规定（2010年6月13日）（节录）

第一条 办理死刑案件，必须严格执行刑法和刑事诉讼法，切实做到事实清楚，证据确实、充分，程序合法，适用法律正确，确保案件质量。

第二条 认定案件事实，必须以证据为根据。

第三条 侦查人员、检察人员、审判人员应当严格遵守法定程序，全面、客观地收集、审查、核实和认定证据。

第四条 经过当庭出示、辨认、质证等法庭调查程序查证属实的证据，才能作为定罪量刑的根据。

★关于建立健全防范刑事冤假错案工作机制的意见（2013年10月9日）（节录）

5. 坚持证据裁判原则。认定案件事实，必须以证据为根据。应当依照法定程序审查、认定证据。认定被告人有罪，应当适用证据确实、充分的证明标准。

6. 定罪证据不足的案件，应当坚持疑罪从无原则，依法宣告被告人无罪，不得降格作出"留有余地"的判决。

定罪证据确实、充分，但影响量刑的证据存疑的，应当在量刑时作出有利于被告人的处理。

死刑案件，认定对被告人适用死刑的事实证据不足的，不得判处死刑。

7. 重证据，重调查研究，切实改变"口供至上"的观念和做法，注重实物证据的审查和运用。只有被告人供述，没有其他证据的，不能认定被告人有罪。

★关于推进以审判为中心的刑事诉讼制度改革的意见（2016年7月20日）（节录）

二、严格按照法律规定的证据裁判要求，没有证据不得认定犯罪事实。侦查机关侦查终结、人民检察院提起公诉、人民法院作出有罪判决，都应当做到犯罪事实清楚，证据确实、充分。

侦查机关、人民检察院应当按照裁判的要求和标准收集、固定、审查、运用证据，人民法院应当按照法定程序认定证据，依法作出裁判。

人民法院作出有罪判决，对于证明犯罪构成要件的事实，应当综合全案证据排除合理怀疑，对于量刑证据存疑的，应当作出有利于被告人的认定。

★关于办理死刑案件审查判断证据若干问题的规定（2010 年 6 月 13 日）（节录）

第五条　办理死刑案件，对被告人犯罪事实的认定，必须达到证据确实、充分。

证据确实、充分是指：

（一）定罪量刑的事实都有证据证明；

（二）每一个定案的证据均已经法定程序查证属实；

（三）证据与证据之间、证据与案件事实之间不存在矛盾或者矛盾得以合理排除；

（四）共同犯罪案件中，被告人的地位、作用均已查清；

（五）根据证据认定案件事实的过程符合逻辑和经验规则，由证据得出的结论为唯一结论。

办理死刑案件，对于以下事实的证明必须达到证据确实、充分：

（一）被指控的犯罪事实的发生；

（二）被告人实施了犯罪行为与被告人实施犯罪行为的时间、地点、手段、后果以及其他情节；

（三）影响被告人定罪的身份情况；

（四）被告人有刑事责任能力；

（五）被告人的罪过；

（六）是否共同犯罪及被告人在共同犯罪中的地位、作用；

（七）对被告人从重处罚的事实。

★最高人民法院关于适用《中华人民共和国刑事诉讼法》的解释（2021 年 1 月 26 日）（节录）

第七十二条第二款　认定被告人有罪和对被告人从重处罚，适用证据确实、充分的证明标准。

第一百四十条　没有直接证据，但间接证据同时符合下列条件的，可以认定被告人有罪：

（一）证据已经查证属实；

（二）证据之间相互印证，不存在无法排除的矛盾和无法解释的疑问；

（三）全案证据形成完整的证据链；

（四）根据证据认定案件事实足以排除合理怀疑，结论具有唯一性；

（五）运用证据进行的推理符合逻辑和经验。

第一百四十一条 根据被告人的供述、指认提取到了隐蔽性很强的物证、书证，且被告人的供述与其他证明犯罪事实发生的证据相互印证，并排除串供、逼供、诱供等可能性的，可以认定被告人有罪。

★人民检察院刑事诉讼规则（2019年12月30日）（节录）

第六十二条 证据的审查认定，应当结合案件的具体情况，从证据与待证事实的关联程度、各证据之间的联系、是否依照法定程序收集等方面进行综合审查判断。

第六十三条 人民检察院侦查终结或者提起公诉的案件，证据应当确实、充分。证据确实、充分，应当符合以下条件：

（一）定罪量刑的事实都有证据证明；

（二）据以定案的证据均经法定程序查证属实；

（三）综合全案证据，对所认定事实已排除合理怀疑。

第六十四条 行政机关在行政执法和查办案件过程中收集的物证、书证、视听资料、电子数据等证据材料，经人民检察院审查符合法定要求的，可以作为证据使用。

行政机关在行政执法和查办案件过程中收集的鉴定意见、勘验、检查笔录，经人民检察院审查符合法定要求的，可以作为证据使用。

第六十五条 监察机关依照法律规定收集的物证、书证、证人证言、被调查人供述和辩解、视听资料、电子数据等证据材料，在刑事诉讼中可以作为证据使用。

★公安机关办理刑事案件程序规定（2020年7月20日）（节录）

第七十条 公安机关移送审查起诉的案件，应当做到犯罪事实清楚，证据确实、充分。

证据确实、充分，应当符合以下条件：

（一）认定的案件事实都有证据证明；

（二）认定案件事实的证据均经法定程序查证属实；

（三）综合全案证据，对所认定事实已排除合理怀疑。

对证据的审查，应当结合案件的具体情况，从各证据与待证事实的关联程度、各证据之间的联系等方面进行审查判断。

只有犯罪嫌疑人供述，没有其他证据的，不能认定案件事实；没有犯罪嫌疑人供述，证据确实、充分的，可以认定案件事实。

> **第五十六条 【非法证据排除规则】** 采用刑讯逼供等非法方法收集的犯罪嫌疑人、被告人供述和采用暴力、威胁等非法方法收集的证人证言、被害人陈述，应当予以排除。收集物证、书证不符合法定程序，可能严重影响司法公正的，应当予以补正或者作出合理解释；不能补正或者作出合理解释的，对该证据应当予以排除。
>
> 在侦查、审查起诉、审判时发现有应当排除的证据的，应当依法予以排除，不得作为起诉意见、起诉决定和判决的依据。

● 要点及关联法规

1. 刑讯逼供等非法方法的定义

★人民检察院刑事诉讼规则（2019年12月30日）（节录）

第六十六条　对采用刑讯逼供等非法方法收集的犯罪嫌疑人供述和采用暴力、威胁等非法方法收集的证人证言、被害人陈述，应当依法排除，不得作为移送审查逮捕、批准或者决定逮捕、移送起诉以及提起公诉的依据。

第六十七条　对采用下列方法收集的犯罪嫌疑人供述，应当予以排除：

（一）采用殴打、违法使用戒具等暴力方法或者变相肉刑的恶劣手段，使犯罪嫌疑人遭受难以忍受的痛苦而违背意愿作出的供述；

（二）采用以暴力或者严重损害本人及其近亲属合法权益等进行威胁的方法，使犯罪嫌疑人遭受难以忍受的痛苦而违背意愿作出的供述；

（三）采用非法拘禁等非法限制人身自由的方法收集的供述。

2. 非法证据排除规则

★关于办理刑事案件排除非法证据若干问题的规定（2010年6月13日）（节录）

为规范司法行为，促进司法公正，根据刑事诉讼法和相关司法解释，结合人民法院、人民检察院、公安机关、国家安全机关和司法行政机关办理刑事案件工作实际，制定本规定。

第一条　采用刑讯逼供等非法手段取得的犯罪嫌疑人、被告人供述和采用暴力、威胁等非法手段取得的证人证言、被害人陈述，属于非法言词证据。

第二条　经依法确认的非法言词证据，应当予以排除，不能作为定案的根据。

第三条 人民检察院在审查批准逮捕、审查起诉中，对于非法言词证据应当依法予以排除，不能作为批准逮捕、提起公诉的根据。

第四条 起诉书副本送达后开庭审判前，被告人提出其审判前供述是非法取得的，应当向人民法院提交书面意见。被告人书写确有困难的，可以口头告诉，由人民法院工作人员或者其辩护人作出笔录，并由被告人签名或者捺指印。

人民法院应当将被告人的书面意见或者告诉笔录复印件在开庭前交人民检察院。

第五条 被告人及其辩护人在开庭审理前或者庭审中，提出被告人审判前供述是非法取得的，法庭在公诉人宣读起诉书之后，应当先行当庭调查。

法庭辩论结束前，被告人及其辩护人提出被告人审判前供述是非法取得的，法庭也应当进行调查。

第六条 被告人及其辩护人提出被告人审判前供述是非法取得的，法庭应当要求其提供涉嫌非法取证的人员、时间、地点、方式、内容等相关线索或者证据。

第七条 经审查，法庭对被告人审判前供述取得的合法性有疑问的，公诉人应当向法庭提供讯问笔录、原始的讯问过程录音录像或者其他证据，提请法庭通知讯问时其他在场人员或者其他证人出庭作证，仍不能排除刑讯逼供嫌疑的，提请法庭通知讯问人员出庭作证，对该供述取得的合法性予以证明。公诉人当庭不能举证的，可以根据刑事诉讼法第一百六十五条①的规定，建议法庭延期审理。

经依法通知，讯问人员或者其他人员应当出庭作证。

公诉人提交加盖公章的说明材料，未经有关讯问人员签名或者盖章的，不能作为证明取证合法性的证据。

控辩双方可以就被告人审判前供述取得的合法性问题进行质证、辩论。

第八条 法庭对于控辩双方提供的证据有疑问的，可以宣布休庭，对证据进行调查核实。必要时，可以通知检察人员、辩护人到场。

第九条 庭审中，公诉人为提供新的证据需要补充侦查，建议延期审理的，法庭应当同意。

被告人及其辩护人申请通知讯问人员、讯问时其他在场人员或者其他证人

---

① 现为第二百零四条。——编者注

到庭,法庭认为有必要的,可以宣布延期审理。

第十条 经法庭审查,具有下列情形之一的,被告人审判前供述可以当庭宣读、质证:

(一)被告人及其辩护人未提供非法取证的相关线索或者证据的;

(二)被告人及其辩护人已提供非法取证的相关线索或者证据,法庭对被告人审判前供述取得的合法性没有疑问的;

(三)公诉人提供的证据确实、充分,能够排除被告人审判前供述属非法取得的。

对于当庭宣读的被告人审判前供述,应当结合被告人当庭供述以及其他证据确定能否作为定案的根据。

第十一条 对被告人审判前供述的合法性,公诉人不提供证据加以证明,或者已提供的证据不够确实、充分的,该供述不能作为定案的根据。

第十二条 对于被告人及其辩护人提出的被告人审判前供述是非法取得的意见,第一审人民法院没有审查,并以被告人审判前供述作为定案根据的,第二审人民法院应当对被告人审判前供述取得的合法性进行审查。检察人员不提供证据加以证明,或者已提供的证据不够确实、充分的,被告人该供述不能作为定案的根据。

第十三条 庭审中,检察人员、被告人及其辩护人提出未到庭证人的书面证言、未到庭被害人的书面陈述是非法取得的,举证方应当对其取证的合法性予以证明。

对前款所述证据,法庭应当参照本规定有关规定进行调查。

第十四条 物证、书证的取得明显违反法律规定,可能影响公正审判的,应当予以补正或者作出合理解释,否则,该物证、书证不能作为定案的根据。

★关于办理刑事案件严格排除非法证据若干问题的规定(2017年6月27日)(节录)

第一条 严禁刑讯逼供和以威胁、引诱、欺骗以及其他非法方法收集证据,不得强迫任何人证实自己有罪。对一切案件的判处都要重证据,重调查研究,不轻信口供。

第二条 采取殴打、违法使用戒具等暴力方法或者变相肉刑的恶劣手段,使犯罪嫌疑人、被告人遭受难以忍受的痛苦而违背意愿作出的供述,应当予以排除。

第三条 采用以暴力或者严重损害本人及其近亲属合法权益等进行威胁的

方法，使犯罪嫌疑人、被告人遭受难以忍受的痛苦而违背意愿作出的供述，应当予以排除。

第四条　采用非法拘禁等非法限制人身自由的方法收集的犯罪嫌疑人、被告人供述，应当予以排除。

第五条　采用刑讯逼供方法使犯罪嫌疑人、被告人作出供述，之后犯罪嫌疑人、被告人受该刑讯逼供行为影响而作出的与该供述相同的重复性供述，应当一并排除，但下列情形除外：

（一）侦查期间，根据控告、举报或者自己发现等，侦查机关确认或者不能排除以非法方法收集证据而更换侦查人员，其他侦查人员再次讯问时告知诉讼权利和认罪的法律后果，犯罪嫌疑人自愿供述的；

（二）审查逮捕、审查起诉和审判期间，检察人员、审判人员讯问时告知诉讼权利和认罪的法律后果，犯罪嫌疑人、被告人自愿供述的。

第六条　采用暴力、威胁以及非法限制人身自由等非法方法收集的证人证言、被害人陈述，应当予以排除。

第七条　收集物证、书证不符合法定程序，可能严重影响司法公正的，应当予以补正或者作出合理解释；不能补正或者作出合理解释的，对有关证据应当予以排除。

第八条　侦查机关应当依照法定程序开展侦查，收集、调取能够证实犯罪嫌疑人有罪或者无罪、罪轻或者罪重的证据材料。

第九条　拘留、逮捕犯罪嫌疑人后，应当按照法律规定送看守所羁押。犯罪嫌疑人被送交看守所羁押后，讯问应当在看守所讯问室进行。因客观原因侦查机关在看守所讯问室以外的场所进行讯问的，应当作出合理解释。

第十条　侦查人员在讯问犯罪嫌疑人的时候，可以对讯问过程进行录音录像；对于可能判处无期徒刑、死刑的案件或者其他重大犯罪案件，应当对讯问过程进行录音录像。

侦查人员应当告知犯罪嫌疑人对讯问过程录音录像，并在讯问笔录中写明。

第十一条　对讯问过程录音录像，应当不间断进行，保持完整性，不得选择性地录制，不得剪接、删改。

第十二条　侦查人员讯问犯罪嫌疑人，应当依法制作讯问笔录。讯问笔录应当交犯罪嫌疑人核对，对于没有阅读能力的，应当向他宣读。对讯问笔录中有遗漏或者差错等情形，犯罪嫌疑人可以提出补充或者改正。

第十三条　看守所应当对提讯进行登记，写明提讯单位、人员、事由、起止时间以及犯罪嫌疑人姓名等情况。

看守所收押犯罪嫌疑人，应当进行身体检查。检查时，人民检察院驻看守所检察人员可以在场。检查发现犯罪嫌疑人有伤或者身体异常的，看守所应当拍照或者录像，分别由送押人员、犯罪嫌疑人说明原因，并在体检记录中写明，由送押人员、收押人员和犯罪嫌疑人签字确认。

第十四条　犯罪嫌疑人及其辩护人在侦查期间可以向人民检察院申请排除非法证据。对犯罪嫌疑人及其辩护人提供相关线索或者材料的，人民检察院应当调查核实。调查结论应当书面告知犯罪嫌疑人及其辩护人。对确有以非法方法收集证据情形的，人民检察院应当向侦查机关提出纠正意见。

侦查机关对审查认定的非法证据，应当予以排除，不得作为提请批准逮捕、移送审查起诉的根据。

对重大案件，人民检察院驻看守所检察人员应当在侦查终结前询问犯罪嫌疑人，核查是否存在刑讯逼供、非法取证情形，并同步录音录像。经核查，确有刑讯逼供、非法取证情形的，侦查机关应当及时排除非法证据，不得作为提请批准逮捕、移送审查起诉的根据。

第十五条　对侦查终结的案件，侦查机关应当全面审查证明证据收集合法性的证据材料，依法排除非法证据。排除非法证据后，证据不足的，不得移送审查起诉。

侦查机关发现办案人员非法取证的，应当依法作出处理，并可另行指派侦查人员重新调查取证。

第十六条　审查逮捕、审查起诉期间讯问犯罪嫌疑人，应当告知其有权申请排除非法证据，并告知诉讼权利和认罪的法律后果。

第十七条　审查逮捕、审查起诉期间，犯罪嫌疑人及其辩护人申请排除非法证据，并提供相关线索或者材料的，人民检察院应当调查核实。调查结论应当书面告知犯罪嫌疑人及其辩护人。

人民检察院在审查起诉期间发现侦查人员以刑讯逼供等非法方法收集证据的，应当依法排除相关证据并提出纠正意见，必要时人民检察院可以自行调查取证。

人民检察院对审查认定的非法证据，应当予以排除，不得作为批准或者决定逮捕、提起公诉的根据。被排除的非法证据应当随案移送，并写明为依法排除的非法证据。

第十八条　人民检察院依法排除非法证据后，证据不足，不符合逮捕、起诉条件的，不得批准或者决定逮捕、提起公诉。

对于人民检察院排除有关证据导致对涉嫌的重要犯罪事实未予认定，从而作出不批准逮捕、不起诉决定，或者对涉嫌的部分重要犯罪事实决定不起诉的，公安机关、国家安全机关可要求复议、提请复核。

第十九条　犯罪嫌疑人、被告人申请提供法律援助的，应当按照有关规定指派法律援助律师。

法律援助值班律师可以为犯罪嫌疑人、被告人提供法律帮助，对刑讯逼供、非法取证情形代理申诉、控告。

第二十条　犯罪嫌疑人、被告人及其辩护人申请排除非法证据，应当提供涉嫌非法取证的人员、时间、地点、方式、内容等相关线索或者材料。

第二十一条　辩护律师自人民检察院对案件审查起诉之日起，可以查阅、摘抄、复制讯问笔录、提讯登记、采取强制措施或者侦查措施的法律文书等证据材料。其他辩护人经人民法院、人民检察院许可，也可以查阅、摘抄、复制上述证据材料。

第二十二条　犯罪嫌疑人、被告人及其辩护人向人民法院、人民检察院申请调取公安机关、国家安全机关、人民检察院收集但未提交的讯问录音录像、体检记录等证据材料，人民法院、人民检察院经审查认为犯罪嫌疑人、被告人及其辩护人申请调取的证据材料与证明证据收集的合法性有联系的，应当予以调取；认为与证明证据收集的合法性没有联系的，应当决定不予调取并向犯罪嫌疑人、被告人及其辩护人说明理由。

第二十三条　人民法院向被告人及其辩护人送达起诉书副本时，应当告知其有权申请排除非法证据。

被告人及其辩护人申请排除非法证据，应当在开庭审理前提出，但在庭审期间发现相关线索或者材料等情形除外。人民法院应当在开庭审理前将申请书和相关线索或者材料的复印件送交人民检察院。

第二十四条　被告人及其辩护人在开庭审理前申请排除非法证据，未提供相关线索或者材料，不符合法律规定的申请条件的，人民法院对申请不予受理。

第二十五条　被告人及其辩护人在开庭审理前申请排除非法证据，按照法律规定提供相关线索或者材料的，人民法院应当召开庭前会议。人民检察院应当通过出示有关证据材料等方式，有针对性地对证据收集的合法性作出说明。人民法院可以核实情况，听取意见。

人民检察院可以决定撤回有关证据，撤回的证据，没有新的理由，不得在庭审中出示。

被告人及其辩护人可以撤回排除非法证据的申请。撤回申请后，没有新的线索或者材料，不得再次对有关证据提出排除申请。

第二十六条 公诉人、被告人及其辩护人在庭前会议中对证据收集是否合法未达成一致意见,人民法院对证据收集的合法性有疑问的,应当在庭审中进行调查;人民法院对证据收集的合法性没有疑问,且没有新的线索或者材料表明可能存在非法取证的,可以决定不再进行调查。

第二十七条 被告人及其辩护人申请人民法院通知侦查人员或者其他人员出庭,人民法院认为现有证据材料不能证明证据收集的合法性,确有必要通知上述人员出庭作证或者说明情况的,可以通知上述人员出庭。

第二十八条 公诉人宣读起诉书后,法庭应当宣布开庭审理前对证据收集合法性的审查及处理情况。

第二十九条 被告人及其辩护人在开庭审理前未申请排除非法证据,在法庭审理过程中提出申请的,应当说明理由。

对前述情形,法庭经审查,对证据收集的合法性有疑问的,应当进行调查;没有疑问的,应当驳回申请。

法庭驳回排除非法证据申请后,被告人及其辩护人没有新的线索或者材料,以相同理由再次提出申请的,法庭不再审查。

第三十条 审理期间,法庭决定对证据收集的合法性进行调查的,应当先行当庭调查。但为防止审理过分迟延,也可以在法庭调查结束前进行调查。

第三十一条 公诉人对证据收集的合法性加以证明,可以出示讯问笔录、提讯登记、体检记录、采取强制措施或者侦查措施的法律文书、侦查终结前对讯问合法性的核查材料等证据材料,有针对性地播放讯问录音录像,提请法庭通知侦查人员或者其他人员出庭说明情况。

被告人及其辩护人可以出示相关线索或者材料,并申请法庭播放特定时段的讯问录音录像。

侦查人员或者其他人员出庭,应当向法庭说明证据收集过程,并就相关情况接受发问。对发问方式不当或者内容与证据收集的合法性无关的,法庭应当制止。

公诉人、被告人及其辩护人可以对证据收集的合法性进行质证、辩论。

第三十二条 法庭对控辩双方提供的证据有疑问的,可以宣布休庭,对证据进行调查核实。必要时,可以通知公诉人、辩护人到场。

第三十三条 法庭对证据收集的合法性进行调查后,应当当庭作出是否排除有关证据的决定。必要时,可以宣布休庭,由合议庭评议或者提交审判委员会讨论,再次开庭时宣布决定。

在法庭作出是否排除有关证据的决定前,不得对有关证据宣读、质证。

第三十四条 经法庭审理,确认存在本规定所规定的以非法方法收集证据情形的，对有关证据应当予以排除。法庭根据相关线索或者材料对证据收集的合法性有疑问，而人民检察院未提供证据或者提供的证据不能证明证据收集的合法性，不能排除存在本规定所规定的以非法方法收集证据情形的，对有关证据应当予以排除。

对依法予以排除的证据，不得宣读、质证，不得作为判决的根据。

第三十五条　人民法院排除非法证据后，案件事实清楚，证据确实、充分，依据法律认定被告人有罪的，应当作出有罪判决；证据不足，不能认定被告人有罪的，应当作出证据不足、指控的犯罪不能成立的无罪判决；案件部分事实清楚，证据确实、充分的，依法认定该部分事实。

第三十六条　人民法院对证据收集合法性的审查、调查结论，应当在裁判文书中写明，并说明理由。

第三十七条　人民法院对证人证言、被害人陈述等证据收集合法性的审查、调查，参照上述规定。

第三十八条　人民检察院、被告人及其法定代理人提出抗诉、上诉，对第一审人民法院有关证据收集合法性的审查、调查结论提出异议的，第二审人民法院应当审查。

被告人及其辩护人在第一审程序中未申请排除非法证据，在第二审程序中提出申请的，应当说明理由。第二审人民法院应当审查。

人民检察院在第一审程序中未出示证据证明证据收集的合法性，第一审人民法院依法排除有关证据的，人民检察院在第二审程序中不得出示之前未出示的证据，但在第一审程序后发现的除外。

第三十九条　第二审人民法院对证据收集合法性的调查，参照上述第一审程序的规定。

第四十条　第一审人民法院对被告人及其辩护人排除非法证据的申请未予审查，并以有关证据作为定案根据，可能影响公正审判的，第二审人民法院可以裁定撤销原判，发回原审人民法院重新审判。

第一审人民法院对依法应当排除的非法证据未予排除的，第二审人民法院可以依法排除非法证据。排除非法证据后，原判决认定事实和适用法律正确、量刑适当的，应当裁定驳回上诉或者抗诉，维持原判；原判决认定事实没有错误，但适用法律有错误，或者量刑不当的，应当改判；原判决事实不清楚或者证据不足的，可以裁定撤销原判，发回原审人民法院重新审判。

第四十一条　审判监督程序、死刑复核程序中对证据收集合法性的审查、调查，参照上述规定。

★人民法院办理刑事案件排除非法证据规程（试行）（2017年11月27日）

第一条 采用下列非法方法收集的被告人供述，应当予以排除：

（一）采用殴打、违法使用戒具等暴力方法或者变相肉刑的恶劣手段，使被告人遭受难以忍受的痛苦而违背意愿作出的供述；

（二）采用以暴力或者严重损害本人及其近亲属合法权益等进行威胁的方法，使被告人遭受难以忍受的痛苦而违背意愿作出的供述；

（三）采用非法拘禁等非法限制人身自由的方法收集的被告人供述。

采用刑讯逼供方法使被告人作出供述，之后被告人受该刑讯逼供行为影响而作出的与该供述相同的重复性供述，应当一并排除，但下列情形除外：

（一）侦查期间，根据控告、举报或者自己发现等，侦查机关确认或者不能排除以非法方法收集证据而更换侦查人员，其他侦查人员再次讯问时告知诉讼权利和认罪的法律后果，被告人自愿供述的；

（二）审查逮捕、审查起诉和审判期间，检察人员、审判人员讯问时告知诉讼权利和认罪的法律后果，被告人自愿供述的。

第二条 采用暴力、威胁以及非法限制人身自由等非法方法收集的证人证言、被害人陈述，应当予以排除。

第三条 采用非法搜查、扣押等违反法定程序的方法收集物证、书证，可能严重影响司法公正的，应当予以补正或者作出合理解释；不能补正或者作出合理解释的，对有关证据应当予以排除。

第四条 依法予以排除的非法证据，不得宣读、质证，不得作为定案的根据。

第五条 被告人及其辩护人申请排除非法证据，应当提供相关线索或者材料。"线索"是指内容具体、指向明确的涉嫌非法取证的人员、时间、地点、方式等；"材料"是指能够反映非法取证的伤情照片、体检记录、医院病历、讯问笔录、讯问录音录像或者同监室人员的证言等。

被告人及其辩护人申请排除非法证据，应当向人民法院提交书面申请。被告人书写确有困难的，可以口头提出申请，但应当记录在案，并由被告人签名或者捺印。

第六条 证据收集合法性的举证责任由人民检察院承担。

人民检察院未提供证据，或者提供的证据不能证明证据收集的合法性，经过法庭审理，确认或者不能排除以非法方法收集证据情形的，对有关证据应当予以排除。

第七条 开庭审理前，承办法官应当阅卷，并对证据收集的合法性进行审查：

（一）被告人在侦查、审查起诉阶段是否提出排除非法证据申请；提出申请的，是否提供相关线索或者材料；

（二）侦查机关、人民检察院是否对证据收集的合法性进行调查核实；调查核实的，是否作出调查结论；

（三）对于重大案件，人民检察院驻看守所检察人员在侦查终结前是否核查讯问的合法性，是否对核查过程同步录音录像；进行核查的，是否作出核查结论；

（四）对于人民检察院在审查逮捕、审查起诉阶段排除的非法证据，是否随案移送并写明为依法排除的非法证据。

人民法院对证据收集的合法性进行审查后，认为需要补充证据材料的，应当通知人民检察院在三日内补送。

第八条　人民法院向被告人及其辩护人送达起诉书副本时，应当告知其有权在开庭审理前申请排除非法证据并同时提供相关线索或者材料。上述情况应当记录在案。

被告人申请排除非法证据，但没有辩护人的，人民法院应当通知法律援助机构指派律师为其提供辩护。

第九条　被告人及其辩护人申请排除非法证据，应当在开庭审理前提出，但在庭审期间发现相关线索或者材料等情形除外。

第十条　被告人及其辩护人申请排除非法证据，并提供相关线索或者材料的，人民法院应当召开庭前会议，并在召开庭前会议三日前将申请书和相关线索或者材料的复制件送交人民检察院。

被告人及其辩护人申请排除非法证据，未提供相关线索或者材料的，人民法院应当告知其补充提交。被告人及其辩护人未能补充的，人民法院对申请不予受理，并在开庭审理前告知被告人及其辩护人。上述情况应当记录在案。

第十一条　对于可能判处无期徒刑、死刑或者黑社会性质组织犯罪、严重毒品犯罪等重大案件，被告人在驻看守所检察人员对讯问的合法性进行核查询问时，明确表示侦查阶段没有刑讯逼供等非法取证情形，在审判阶段又提出排除非法证据申请的，应当说明理由。人民法院经审查对证据收集的合法性没有疑问的，可以驳回申请。

驻看守所检察人员在重大案件侦查终结前未对讯问的合法性进行核查询问，或者未对核查询问过程全程同步录音录像，被告人及其辩护人在审判阶段提出排除非法证据申请，提供相关线索或者材料，人民法院对证据收集的合法性有疑问的，应当依法进行调查。

第十二条　在庭前会议中，人民法院对证据收集的合法性进行审查的，一般按照以下步骤进行：

（一）被告人及其辩护人说明排除非法证据的申请及相关线索或者材料；

（二）公诉人提供证明证据收集合法性的证据材料；

（三）控辩双方对证据收集的合法性发表意见；

（四）控辩双方对证据收集的合法性未达成一致意见的，审判人员归纳争议焦点。

第十三条　在庭前会议中，人民检察院应当通过出示有关证据材料等方式，有针对性地对证据收集的合法性作出说明。人民法院可以对有关材料进行核实，经控辩双方申请，可以有针对性地播放讯问录音录像。

第十四条　在庭前会议中，人民检察院可以撤回有关证据。撤回的证据，没有新的理由，不得在庭审中出示。

被告人及其辩护人可以撤回排除非法证据的申请。撤回申请后，没有新的线索或者材料，不得再次对有关证据提出排除申请。

第十五条　控辩双方在庭前会议中对证据收集的合法性达成一致意见的，法庭应当在庭审中向控辩双方核实并当庭予以确认。对于一方在庭审中反悔的，除有正当理由外，法庭一般不再进行审查。

控辩双方在庭前会议中对证据收集的合法性未达成一致意见，人民法院应当在庭审中进行调查，但公诉人提供的相关证据材料确实、充分，能够排除非法取证情形，且没有新的线索或者材料表明可能存在非法取证的，庭审调查举证、质证可以简化。

第十六条　审判人员应当在庭前会议报告中说明证据收集合法性的审查情况，主要包括控辩双方的争议焦点以及就相关事项达成的一致意见等内容。

第十七条　被告人及其辩护人在开庭审理前未申请排除非法证据，在庭审过程中提出申请的，应当说明理由。人民法院经审查，对证据收集的合法性有疑问的，应当进行调查；没有疑问的，应当驳回申请。

人民法院驳回排除非法证据的申请后，被告人及其辩护人没有新的线索或者材料，以相同理由再次提出申请的，人民法院不再审查。

第十八条　人民法院决定对证据收集的合法性进行法庭调查的，应当先行当庭调查。对于被申请排除的证据和其他犯罪事实没有关联等情形，为防止庭审过分迟延，可以先调查其他犯罪事实，再对证据收集的合法性进行调查。

在对证据收集合法性的法庭调查程序结束前，不得对有关证据宣读、质证。

第十九条　法庭决定对证据收集的合法性进行调查的，一般按照以下步骤进行：

（一）召开庭前会议的案件，法庭应当在宣读起诉书后，宣布庭前会议中对证据收集合法性的审查情况，以及控辩双方的争议焦点；

（二）被告人及其辩护人说明排除非法证据的申请及相关线索或者材料；

（三）公诉人出示证明证据收集合法性的证据材料，被告人及其辩护人可以对相关证据进行质证，经审判长准许，公诉人、辩护人可以向出庭的侦查人员或者其他人员发问；

（四）控辩双方对证据收集的合法性进行辩论。

第二十条　公诉人对证据收集的合法性加以证明，可以出示讯问笔录、提讯登记、体检记录、采取强制措施或者侦查措施的法律文书、侦查终结前对讯问合法性的核查材料等证据材料，也可以针对被告人及其辩护人提出异议的讯问时段播放讯问录音录像，提请法庭通知侦查人员或者其他人员出庭说明情况。不得以侦查人员签名并加盖公章的说明材料替代侦查人员出庭。

庭审中，公诉人当庭不能举证或者为提供新的证据需要补充侦查，建议延期审理的，法庭可以同意。

第二十一条　被告人及其辩护人可以出示相关线索或者材料，并申请法庭播放特定讯问时段的讯问录音录像。

被告人及其辩护人向人民法院申请调取侦查机关、人民检察院收集但未提交的讯问录音录像、体检记录等证据材料，人民法院经审查认为该证据材料与证据收集的合法性有关的，应当予以调取；认为与证据收集的合法性无关的，应当决定不予调取，并向被告人及其辩护人说明理由。

被告人及其辩护人申请人民法院通知侦查人员或者其他人员出庭说明情况，人民法院认为确有必要的，可以通知上述人员出庭。

第二十二条　法庭对证据收集的合法性进行调查的，应当重视对讯问录音录像的审查，重点审查以下内容：

（一）讯问录音录像是否依法制作。对于可能判处无期徒刑、死刑的案件或者其他重大犯罪案件，是否对讯问过程进行录音录像；

（二）讯问录音录像是否完整。是否对每一次讯问过程录音录像，录音录像是否全程不间断进行，是否有选择性录制、剪接、删改等情形；

（三）讯问录音录像是否同步制作。录音录像是否自讯问开始时制作，至犯罪嫌疑人核对讯问笔录、签字确认后结束；讯问笔录记载的起止时间是否与讯问录音录像反映的起止时间一致；

（四）讯问录音录像与讯问笔录的内容是否存在差异。对与定罪量刑有关的内容，讯问笔录记载的内容与讯问录音录像是否存在实质性差异，存在实质性差异的，以讯问录音录像为准。

第二十三条　侦查人员或者其他人员出庭的，应当向法庭说明证据收集过程,并就相关情况接受发问。对发问方式不当或者内容与证据收集的合法性无关的,法庭应当制止。

经人民法院通知,侦查人员不出庭说明情况,不能排除以非法方法收集证据情形的,对有关证据应当予以排除。

第二十四条　人民法院对控辩双方提供的证据来源、内容等有疑问的,可以告知控辩双方补充证据或者作出说明;必要时,可以宣布休庭,对证据进行调查核实。法庭调查核实证据,可以通知控辩双方到场,并将核实过程记录在案。

对于控辩双方补充的和法庭庭外调查核实取得的证据,未经当庭出示、质证等法庭调查程序查证属实,不得作为证明证据收集合法性的根据。

第二十五条　人民法院对证据收集的合法性进行调查后,应当当庭作出是否排除有关证据的决定。必要时,可以宣布休庭,由合议庭评议或者提交审判委员会讨论,再次开庭时宣布决定。

第二十六条　经法庭审理,具有下列情形之一的,对有关证据应当予以排除:

(一)确认以非法方法收集证据的;

(二)应当对讯问过程录音录像的案件没有提供讯问录音录像,或者讯问录音录像存在选择性录制、剪接、删改等情形,现有证据不能排除以非法方法收集证据的;

(三)侦查机关除紧急情况外没有在规定的办案场所讯问,现有证据不能排除以非法方法收集证据的;

(四)驻看守所检察人员在重大案件侦查终结前未对讯问合法性进行核查,或者未对核查过程同步录音录像,或者录音录像存在选择性录制、剪接、删改等情形,现有证据不能排除以非法方法收集证据的;

(五)其他不能排除存在以非法方法收集证据的。

第二十七条　人民法院对证人证言、被害人陈述、物证、书证等证据收集合法性的审查、调查程序,参照上述规定。

第二十八条　人民法院对证据收集合法性的审查、调查结论,应当在裁判文书中写明,并说明理由。

第二十九条　人民检察院、被告人及其法定代理人提出抗诉、上诉,对第一审人民法院有关证据收集合法性的审查、调查结论提出异议的,第二审人民法院应当审查。

第三十条　被告人及其辩护人在第一审程序中未提出排除非法证据的申请,在第二审程序中提出申请,有下列情形之一的,第二审人民法院应当审查:

(一)第一审人民法院没有依法告知被告人申请排除非法证据的权利的;

（二）被告人及其辩护人在第一审庭审后发现涉嫌非法取证的相关线索或者材料的。

第三十一条 人民检察院应当在第一审程序中全面出示证明证据收集合法性的证据材料。

人民检察院在第一审程序中未出示证明证据收集合法性的证据，第一审人民法院依法排除有关证据的，人民检察院在第二审程序中不得出示之前未出示的证据，但在第一审程序后发现的除外。

第三十二条 第二审人民法院对证据收集合法性的调查，参照上述第一审程序的规定。

第三十三条 第一审人民法院对被告人及其辩护人排除非法证据的申请未予审查，并以有关证据作为定案的根据，可能影响公正审判的，第二审人民法院应当裁定撤销原判，发回原审人民法院重新审判。

第三十四条 第一审人民法院对依法应当排除的非法证据未予排除的，第二审人民法院可以依法排除相关证据。排除非法证据后，应当按照下列情形分别作出处理：

（一）原判决认定事实和适用法律正确、量刑适当的，应当裁定驳回上诉或者抗诉，维持原判；

（二）原判决认定事实没有错误，但适用法律有错误，或者量刑不当的，应当改判；

（三）原判决事实不清或者证据不足的，可以在查清事实后改判；也可以裁定撤销原判，发回原审人民法院重新审判。

第三十五条 审判监督程序、死刑复核程序中对证据收集合法性的审查、调查，参照上述规定。

★最高人民法院关于适用《中华人民共和国刑事诉讼法》的解释（2021年1月26日）（节录）

第一百二十三条 采用下列非法方法收集的被告人供述，应当予以排除：

（一）采用殴打、违法使用戒具等暴力方法或者变相肉刑的恶劣手段，使被告人遭受难以忍受的痛苦而违背意愿作出的供述；

（二）采用以暴力或者严重损害本人及其近亲属合法权益等相威胁的方法，使被告人遭受难以忍受的痛苦而违背意愿作出的供述；

（三）采用非法拘禁等非法限制人身自由的方法收集的被告人供述。

第一百二十四条 采用刑讯逼供方法使被告人作出供述，之后被告人受该刑讯逼供行为影响而作出的与该供述相同的重复性供述，应当一并排除，但下列情形除外：

（一）调查、侦查期间，监察机关、侦查机关根据控告、举报或者自己发现等，确认或者不能排除以非法方法收集证据而更换调查、侦查人员，其他调查、侦查人员再次讯问时告知有关权利和认罪的法律后果，被告人自愿供述的；

（二）审查逮捕、审查起诉和审判期间，检察人员、审判人员讯问时告知诉讼权利和认罪的法律后果，被告人自愿供述的。

第一百二十五条 采用暴力、威胁以及非法限制人身自由等非法方法收集的证人证言、被害人陈述，应当予以排除。

第一百二十六条 收集物证、书证不符合法定程序，可能严重影响司法公正的，应当予以补正或者作出合理解释；不能补正或者作出合理解释的，对该证据应当予以排除。

认定"可能严重影响司法公正"，应当综合考虑收集证据违反法定程序以及所造成后果的严重程度等情况。

第一百二十七条 当事人及其辩护人、诉讼代理人申请人民法院排除以非法方法收集的证据的，应当提供涉嫌非法取证的人员、时间、地点、方式、内容等相关线索或者材料。

★人民检察院刑事诉讼规则（2019年12月30日）（节录）

第七十条 收集物证、书证不符合法定程序，可能严重影响司法公正的，人民检察院应当及时要求公安机关补正或者作出书面解释；不能补正或者无法作出合理解释的，对该证据应当予以排除。

对公安机关的补正或者解释，人民检察院应当予以审查。经补正或者作出合理解释的，可以作为批准或者决定逮捕、提起公诉的依据。

第七十一条 对重大案件，人民检察院驻看守所检察人员在侦查终结前应当对讯问合法性进行核查并全程同步录音、录像，核查情况应当及时通知本院负责捕诉的部门。

负责捕诉的部门认为确有刑讯逼供等非法取证情形的，应当要求公安机关依法排除非法证据，不得作为提请批准逮捕、移送起诉的依据。

第七十二条 人民检察院发现侦查人员以非法方法收集证据的，应当及时进行调查核实。

当事人及其辩护人或者值班律师、诉讼代理人报案、控告、举报侦查人员采用刑讯逼供等非法方法收集证据的，并提供涉嫌非法取证的人员、时间、地点、方式和内容等材料或者线索的,人民检察院应当受理并进行审查。根据现有材料无法证明证据收集合法性的,应当及时进行调查核实。

上一级人民检察院接到对侦查人员采用刑讯逼供等非法方法收集证据的报案、控告、举报,可以直接进行调查核实,也可以交由下级人民检察院调查核实。交由下级人民检察院调查核实的,下级人民检察院应当及时将调查结果报告上一级人民检察院。

人民检察院决定调查核实的,应当及时通知公安机关。

第七十三条 人民检察院经审查认定存在非法取证行为的,对该证据应当予以排除,其他证据不能证明犯罪嫌疑人实施犯罪行为的,应当不批准或者决定逮捕。已经移送起诉的,可以依法将案件退回监察机关补充调查或者退回公安机关补充侦查,或者作出不起诉决定。被排除的非法证据应当随案移送,并写明为依法排除的非法证据。

对于侦查人员的非法取证行为,尚未构成犯罪的,应当依法向其所在机关提出纠正意见。对于需要补正或者作出合理解释的,应当提出明确要求。

对于非法取证行为涉嫌犯罪需要追究刑事责任的,应当依法立案侦查。

★公安机关办理刑事案件程序规定(2020年7月20日)(节录)

第七十一条 采用刑讯逼供等非法方法收集的犯罪嫌疑人供述和采用暴力、威胁等非法方法收集的证人证言、被害人陈述,应当予以排除。

收集物证、书证、视听资料、电子数据违反法定程序,可能严重影响司法公正的,应当予以补正或者作出合理解释;不能补正或者作出合理解释的,对该证据应当予以排除。

在侦查阶段发现有应当排除的证据的,经县级以上公安机关负责人批准,应当依法予以排除,不得作为提请批准逮捕、移送审查起诉的依据。

人民检察院认为可能存在以非法方法收集证据情形,要求公安机关进行说明的,公安机关应当及时进行调查,并向人民检察院作出书面说明。

★最高人民检察院、公安部关于公安机关办理经济犯罪案件的若干规定(2017年11月24日)(节录)

第四十三条 人民检察院在审查逮捕、审查起诉中发现公安机关办案人员以非法方法收集犯罪嫌疑人供述、被害人陈述、证人证言等证据材料的,应当依法排除非法证据并提出纠正意见。需要重新调查取证的,经县级以上公安机关负责人批准,应当另行指派办案人员重新调查取证。必要时,人民检察院也可以自行收集犯罪嫌疑人供述、被害人陈述、证人证言等证据材料。

公安机关发现收集物证、书证不符合法定程序，可能严重影响司法公正的，应当要求办案人员予以补正或者作出合理解释；不能补正或者作出合理解释的，应当依法予以排除，不得作为提请批准逮捕、移送审查起诉的依据。

人民检察院发现收集物证、书证不符合法定程序，可能严重影响司法公正的，应当要求公安机关予以补正或者作出合理解释，不能补正或者作出合理解释的，应当依法予以排除，不得作为批准逮捕、提起公诉的依据。

★关于建立健全防范刑事冤假错案工作机制的意见（2013年10月9日）（节录）

8. 采用刑讯逼供或者冻、饿、晒、烤、疲劳审讯等非法方法收集的被告人供述，应当排除。

除情况紧急必须现场讯问以外，在规定的办案场所外讯问取得的供述，未依法对讯问进行全程录音录像取得的供述，以及不能排除以非法方法取得的供述，应当排除。

9. 现场遗留的可能与犯罪有关的指纹、血迹、精斑、毛发等证据，未通过指纹鉴定、DNA鉴定等方式与被告人、被害人的相应样本作同一认定的，不得作为定案的根据。涉案物品、作案工具等未通过辨认、鉴定等方式确定来源的，不得作为定案的根据。

对于命案，应当审查是否通过被害人近亲属辨认、指纹鉴定、DNA鉴定等方式确定被害人身份。

第五十七条　【对非法取证行为的检察监督】 人民检察院接到报案、控告、举报或者发现侦查人员以非法方法收集证据的，应当进行调查核实。对于确有以非法方法收集证据情形的，应当提出纠正意见；构成犯罪的，依法追究刑事责任。

● 要点及关联法规

人民检察院对非法取证行为的监督

（1）调查核实的启动

★人民检察院刑事诉讼规则（2019年12月30日）（节录）

第七十二条　人民检察院发现侦查人员以非法方法收集证据的，应当及时进行调查核实。

当事人及其辩护人或者值班律师、诉讼代理人报案、控告、举报侦查人员采用刑讯逼供等非法方法收集证据，并提供涉嫌非法取证的人员、时间、地点、方式和内容等材料或者线索的，人民检察院应当受理并进行审查。根据现有材料无法证明证据收集合法性的，应当及时进行调查核实。

上一级人民检察院接到对侦查人员采用刑讯逼供等非法方法收集证据的报案、控告、举报，可以直接进行调查核实，也可以交由下级人民检察院调查核实。交由下级人民检察院调查核实的，下级人民检察院应当及时将调查结果报告上一级人民检察院。

人民检察院决定调查核实的，应当及时通知公安机关。

（2）调查核实的方式

★**人民检察院刑事诉讼规则**（2019年12月30日）（节录）

第五百五十一条　人民检察院对刑事诉讼活动实行法律监督，发现违法情形的，依法提出抗诉、纠正意见或者检察建议。

人民检察院对于涉嫌违法的事实，可以采取以下方式进行调查核实：

（一）讯问、询问犯罪嫌疑人；

（二）询问证人、被害人或者其他诉讼参与人；

（三）询问办案人员；

（四）询问在场人员或者其他可能知情的人员；

（五）听取申诉人或者控告人的意见；

（六）听取辩护人、值班律师意见；

（七）调取、查询、复制相关登记表册、法律文书、体检记录及案卷材料等；

（八）调取讯问笔录、询问笔录及相关录音、录像或其他视听资料；

（九）进行伤情、病情检查或者鉴定；

（十）其他调查核实方式。

人民检察院在调查核实过程中不得限制被调查对象的人身、财产权利。

（3）调查核实后的处理

★**人民检察院刑事诉讼规则**（2019年12月30日）（节录）

第七十二条　人民检察院经审查认定存在非法取证行为的，对该证据应当予以排除，其他证据不能证明犯罪嫌疑人实施犯罪行为的，应当不批准或者决定逮捕。已经移送起诉的，可以依法将案件退回监察机关补充调查或者退回公安机关补充侦查，或者作出不起诉决定。被排除的非法证据应当随案移送，并写明为依法排除的非法证据。

对于侦查人员的非法取证行为，尚未构成犯罪的，应当依法向其所在机关提出纠正意见。对于需要补正或者作出合理解释的，应当提出明确要求。

对于非法取证行为涉嫌犯罪需要追究刑事责任的，应当依法立案侦查。

第七十四条　人民检察院认为可能存在以刑讯逼供等非法方法收集证据情形的，可以书面要求监察机关或者公安机关对证据收集的合法性作出说明。说明应当加盖单位公章，并由调查人员或者侦查人员签名。

第七十五条　对于公安机关立案侦查的案件，存在下列情形之一的，人民检察院在审查逮捕、审查起诉和审判阶段，可以调取公安机关讯问犯罪嫌疑人的录音、录像，对证据收集的合法性以及犯罪嫌疑人、被告人供述的真实性进行审查：

（一）认为讯问活动可能存在刑讯逼供等非法取证行为的；

（二）犯罪嫌疑人、被告人或者辩护人提出犯罪嫌疑人、被告人供述系非法取得，并提供相关线索或者材料的；

（三）犯罪嫌疑人、被告人提出讯问活动违反法定程序或者翻供，并提供相关线索或者材料的；

（四）犯罪嫌疑人、被告人或者辩护人提出讯问笔录内容不实，并提供相关线索或者材料的；

（五）案情重大、疑难、复杂的。

人民检察院调取公安机关讯问犯罪嫌疑人的录音、录像，公安机关未提供，人民检察院经审查认为不能排除有刑讯逼供等非法取证行为的，相关供述不得作为批准逮捕、提起公诉的依据。

人民检察院直接受理侦查的案件，负责侦查的部门移送审查逮捕、移送起诉时，应当将讯问录音、录像连同案卷材料一并移送审查。

第五十八条　【对证据收集合法性的调查】法庭审理过程中，审判人员认为可能存在本法第五十六条规定的以非法方法收集证据情形的，应当对证据收集的合法性进行法庭调查。

【非法证据的申请排除】当事人及其辩护人、诉讼代理人有权申请人民法院对以非法方法收集的证据依法予以排除。申请排除以非法方法收集的证据的，应当提供相关线索或者材料。

● **要点及关联法规**

证据收集合法性的调查

★最高人民法院、最高人民检察院、公安部、国家安全部、司法部、全国人大常委会法制工作委员会关于实施刑事诉讼法若干问题的规定（2012年12月26日）（节录）

11. 刑事诉讼法第五十六条第一款规定："法庭审理过程中，审判人员认为可能存在本法第五十四条规定的以非法方法收集证据情形的，应当对证据收集的合法性进行法庭调查。"法庭经对当事人及其辩护人、诉讼代理人提供的相关线索或者材料进行审查后，认为可能存在刑事诉讼法第五十四条规定的以非法方法收集证据情形的，应当对证据收集的合法性进行法庭调查。法庭调查的顺序由法庭根据案件审理情况确定。

★最高人民法院关于适用《中华人民共和国刑事诉讼法》的解释（2021年1月26日）（节录）

第一百二十七条 当事人及其辩护人、诉讼代理人申请人民法院排除以非法方法收集的证据的，应当提供涉嫌非法取证的人员、时间、地点、方式、内容等相关线索或者材料。

第一百二十八条 人民法院向被告人及其辩护人送达起诉书副本时，应当告知其申请排除非法证据的，应当在开庭审理前提出，但庭审期间才发现相关线索或者材料的除外。

第一百二十九条 开庭审理前，当事人及其辩护人、诉讼代理人申请人民法院排除非法证据的，人民法院应当在开庭前及时将申请书或者申请笔录及相关线索、材料的复制件送交人民检察院。

第一百三十条 开庭审理前，人民法院可以召开庭前会议，就非法证据排除等问题了解情况，听取意见。

在庭前会议中，人民检察院可以通过出示有关证据材料等方式，对证据收集的合法性加以说明。必要时，可以通知调查人员、侦查人员或者其他人员参加庭前会议，说明情况。

第一百三十一条 在庭前会议中，人民检察院可以撤回有关证据。撤回的证据，没有新的理由，不得在庭审中出示。

当事人及其辩护人、诉讼代理人可以撤回排除非法证据的申请。撤回申请后，没有新的线索或者材料，不得再次对有关证据提出排除申请。

第一百三十二条　当事人及其辩护人、诉讼代理人在开庭审理前未申请排除非法证据，在庭审过程中提出申请的，应当说明理由。人民法院经审查，对证据收集的合法性有疑问的，应当进行调查；没有疑问的，驳回申请。

驳回排除非法证据的申请后，当事人及其辩护人、诉讼代理人没有新的线索或者材料，以相同理由再次提出申请的，人民法院不再审查。

第一百三十三条　控辩双方在庭前会议中对证据收集是否合法未达成一致意见，人民法院对证据收集的合法性有疑问的，应当在庭审中进行调查；对证据收集的合法性没有疑问，且无新的线索或者材料表明可能存在非法取证的，可以决定不再进行调查并说明理由。

第一百三十四条　庭审期间，法庭决定对证据收集的合法性进行调查的，应当先行当庭调查。但为防止庭审过分迟延，也可以在法庭调查结束前调查。

★人民检察院刑事诉讼规则（2019年12月30日）（节录）

第七十五条　对于公安机关立案侦查的案件，存在下列情形之一的，人民检察院在审查逮捕、审查起诉和审判阶段，可以调取公安机关讯问犯罪嫌疑人的录音、录像，对证据收集的合法性以及犯罪嫌疑人、被告人供述的真实性进行审查：

（一）认为讯问活动可能存在刑讯逼供等非法取证行为的；

（二）犯罪嫌疑人、被告人或者辩护人提出犯罪嫌疑人、被告人供述系非法取得，并提供相关线索或者材料的；

（三）犯罪嫌疑人、被告人提出讯问活动违反法定程序或者翻供，并提供相关线索或者材料的；

（四）犯罪嫌疑人、被告人或者辩护人提出讯问笔录内容不真实，并提供相关线索或者材料的；

（五）案情重大、疑难、复杂的。

人民检察院调取公安机关讯问犯罪嫌疑人的录音、录像，公安机关未提供，人民检察院经审查认为不能排除有刑讯逼供等非法取证行为的，相关供述不得作为批准逮捕、提起公诉的依据。

人民检察院直接受理侦查的案件，负责侦查的部门移送审查逮捕、移送起诉时，应当将讯问录音、录像连同案卷材料一并移送审查。

第七十六条　对于提起公诉的案件，被告人及其辩护人提出审前供述系非法取得，并提供相关线索或者材料的，人民检察院可以将讯问录音、录像连同案卷材料一并移送人民法院。

第七十七条　在法庭审理过程中，被告人或者辩护人对讯问活动合法性提出异议，公诉人可以要求被告人及其辩护人提供相关线索或者材料。必要时，公诉人可以提请法庭当庭播放相关时段的讯问录音、录像，对有关异议或者事实进行质证。

需要播放的讯问录音、录像中涉及国家秘密、商业秘密、个人隐私或者含有其他不宜公开内容的，公诉人应当建议在法庭组成人员、公诉人、侦查人员、被告人及其辩护人范围内播放。因涉及国家秘密、商业秘密、个人隐私或者其他犯罪线索等内容，人民检察院对讯问录音、录像的相关内容进行技术处理的，公诉人应当向法庭作出说明。

第五十九条　【证据收集合法性的举证责任】在对证据收集的合法性进行法庭调查的过程中，人民检察院应当对证据收集的合法性加以证明。

【出庭说明证据收集的合法性】现有证据材料不能证明证据收集的合法性的，人民检察院可以提请人民法院通知有关侦查人员或者其他人员出庭说明情况；人民法院可以通知有关侦查人员或者其他人员出庭说明情况。有关侦查人员或者其他人员也可以要求出庭说明情况。经人民法院通知，有关人员应当出庭。

● **要点及关联法规**

证据收集合法性的举证责任

★最高人民检察院关于适用《关于办理死刑案件审查判断证据若干问题的规定》和《关于办理刑事案件排除非法证据若干问题的规定》的指导意见（2010年12月30日）（节录）

四、做好证据合法性证明工作，提高依法指控犯罪的能力

21. 对证据的合法性进行证明，是检察机关依法指控犯罪、强化诉讼监督、保证办案质量的一项重要工作。要坚持对证据的合法性进行严格审查，依法排除非法证据，进一步提高出庭公诉水平，做好证据合法性证明工作。

22. 收到人民法院送交的反映被告人庭前供述是非法取得的书面意见或者告

诉笔录复印件等有关材料后，应当及时根据提供的相关证据或者线索进行审查。审查逮捕、审查起诉期间已经提出并经查证不存在非法取证行为的，按照查证的情况做好庭审应对准备。提起公诉后提出新的证据或者线索的，应当要求侦查机关（部门）提供相关证明，必要时可以自行调查核实。

23. 庭审中，被告人及其辩护人提出被告人庭前供述是非法取得、没有提供相关证据或者线索的，公诉人应当根据全案证据情况综合说明该证据的合法性。被告人及其辩护人提供了相关证据或者线索，法庭经审查对被告人审判前供述取得的合法性有疑问的，公诉人应当向法庭提供讯问笔录、出入看守所的健康检查记录、看守管教人员的谈话记录以及侦查机关（部门）对讯问过程合法性的说明，讯问过程有录音录像的，应当提供。必要时提请法庭通知讯问时其他在场人员或者其他证人出庭作证，仍不能证明的，提请法庭通知讯问人员出庭作证。对被告人及其辩护人庭审中提出的新证据或者线索，当庭不能举证证明的，应当依法建议法庭延期审理，要求侦查机关（部门）提供相关证明，必要时可以自行调查核实。

24. 对于庭审中经综合举证、质证后认为被告人庭前供述取得的合法性已经能够证实，但法庭仍有疑问的，可以建议法庭休庭对相关证据进行调查核实。法庭进行庭外调查通知检察人员到场的，必要时检察人员应当到场。对法庭调查核实后的证据持有异议的，应当建议法庭重新开庭进行调查。

25. 对于庭审中被告人及其辩护人提出未到庭证人的书面证言、未到庭被害人的书面陈述是非法取得的，可以从证人或者被害人的作证资格、询问人员、询问程序和方式以及询问笔录的法定形式等方面对合法性作出说明；有原始询问过程录音录像或者其他证据能证明合法性的，可以在法庭上宣读或者出示。被告人及其辩护人提出明确的新证据或者线索，需要进一步调查核实的，应当依法建议法庭延期审理，要求侦查机关（部门）提供相关证明，必要时可以自行调查核实、对被告人及其辩护人所提供的证人证言、被害人陈述等证据取得的合法性有疑问的，应当建议法庭要求其提供证明。

26. 被告人及其辩护人在提起公诉后提出证据不合法的新证据或者线索，侦查机关（部门）对证据的合法性不能提供证据予以证明，或者提供的证据不够确实、充分，且其他证据不能充分证明被告人有罪的，可以撤回起诉，将案件退回侦查机关（部门）或者不起诉。

★最高人民法院关于适用《中华人民共和国刑事诉讼法》的解释（2021年1月26日）（节录）

第一百三十五条　法庭决定对证据收集的合法性进行调查的，由公诉人通过宣读调查、侦查讯问笔录、出示提讯登记、体检记录、对讯问合法性的核查材料等证据材料，有针对性地播放讯问录音录像，提请法庭通知有关调查人员、侦查人员或者其他人员出庭说明情况等方式，证明证据收集的合法性。

讯问录音录像涉及国家秘密、商业秘密、个人隐私或者其他不宜公开内容的，法庭可以决定对讯问录音录像不公开播放、质证。

公诉人提交的取证过程合法的说明材料，应当经有关调查人员、侦查人员签名，并加盖单位印章。未经签名或者盖章的，不得作为证据使用。上述说明材料不能单独作为证明取证过程合法的根据。

第一百三十八条　具有下列情形之一的，第二审人民法院应当对证据收集的合法性进行审查，并根据刑事诉讼法和本解释的有关规定作出处理：

（一）第一审人民法院对当事人及其辩护人、诉讼代理人排除非法证据的申请没有审查，且以该证据作为定案根据的；

（二）人民检察院或者被告人、自诉人及其法定代理人不服第一审人民法院作出的有关证据收集合法性的调查结论，提出抗诉、上诉的；

（三）当事人及其辩护人、诉讼代理人在第一审结束后才发现相关线索或者材料，申请人民法院排除非法证据的。

★公安机关办理刑事案件程序规定（2020年7月20日）（节录）

第七十二条　人民法院认为现有证据材料不能证明证据收集的合法性，通知有关侦查人员或者公安机关其他人员出庭说明情况的，有关侦查人员或者其他人员应当出庭。必要时，有关侦查人员或者其他人员也可以要求出庭说明情况。侦查人员或者其他人员出庭，应当向法庭说明证据收集过程，并就相关情况接受发问。

经人民法院通知，人民警察应当就其执行职务时目击的犯罪情况出庭作证。

第六十条　【非法证据的处理】对于经过法庭审理，确认或者不能排除存在本法第五十六条规定的以非法方法收集证据情形的，对有关证据应当予以排除。

● **要点及关联法规**

排除非法证据的证明标准

★最高人民法院关于适用《中华人民共和国刑事诉讼法》的解释（2021年1月26日）（节录）

第一百三十七条　法庭对证据收集的合法性进行调查后，确认或者不能排除存在刑事诉讼法第五十六条规定的以非法方法收集证据情形的，对有关证据应当排除。

第一百三十八条　具有下列情形之一的，第二审人民法院应当对证据收集的合法性进行审查，并根据刑事诉讼法和本解释的有关规定作出处理：

（一）第一审人民法院对当事人及其辩护人、诉讼代理人排除非法证据的申请没有审查，且以该证据作为定案根据的；

（二）人民检察院或者被告人、自诉人及其法定代理人不服第一审人民法院作出的有关证据收集合法性的调查结论，提出抗诉、上诉的；

（三）当事人及其辩护人、诉讼代理人在第一审结束后才发现相关线索或者材料，申请人民法院排除非法证据的。

第六十一条　【证人证言的当庭质证与采信规则】证人证言必须在法庭上经过公诉人、被害人和被告人、辩护人双方质证并且查实以后，才能作为定案的根据。法庭查明证人有意作伪证或者隐匿罪证的时候，应当依法处理。

● **要点及关联法规**

证人证言的质证与采信规则

★最高人民法院关于适用《中华人民共和国刑事诉讼法》的解释（2021年1月26日）（节录）

第九十一条　证人当庭作出的证言，经控辩双方质证、法庭查证属实的，应当作为定案的根据。

证人当庭作出的证言与其庭前证言矛盾，证人能够作出合理解释，并有其他证据印证的,应当采信其庭审证言;不能作出合理解释,而其庭前证言有其他证据印证的,可以采信其庭前证言。

经人民法院通知,证人没有正当理由拒绝出庭或者出庭后拒绝作证,法庭对其证言的真实性无法确认的,该证人证言不得作为定案的根据。

> **第六十二条 【证人的资格与义务】** 凡是知道案件情况的人,都有作证的义务。
>
> 生理上、精神上有缺陷或者年幼,不能辨别是非、不能正确表达的人,不能作证人。

● 要点及关联法规

1. 证人的资格

★最高人民法院关于适用《中华人民共和国刑事诉讼法》的解释(2021年1月26日)(节录)

第八十条 下列人员不得担任见证人:

(一)生理上、精神上有缺陷或者年幼,不具有相应辨别能力或者不能正确表达的人;

(二)与案件有利害关系,可能影响案件公正处理的人;

(三)行使勘验、检查、搜查、扣押、组织辨认等监察调查、刑事诉讼职权的监察、公安、司法机关的工作人员或者其聘用的人员。

对见证人是否属于前款规定的人员,人民法院可以通过相关笔录载明的见证人的姓名、身份证件种类及号码、联系方式以及常住人口信息登记表等材料进行审查。

由于客观原因无法由符合条件的人员担任见证人的,应当在笔录材料中注明情况,并对相关活动进行全程录音录像。

第一百四十三条 下列证据应当慎重使用,有其他证据印证的,可以采信:

(一)生理上、精神上有缺陷,对案件事实的认知和表达存在一定困难,但尚未丧失正确认知、表达能力的被害人、证人和被告人所作的陈述、证言和供述;

(二)与被告人有亲属关系或者其他密切关系的证人所作的有利于被告人的证言,或者与被告人有利害冲突的证人所作的不利于被告人的证言。

★公安机关办理刑事案件程序规定（2020年7月20日）（节录）

第七十三条第二款　生理上、精神上有缺陷或者年幼，不能辨别是非，不能正确表达的人，不能作证人。

第三款　对于证人能否辨别是非，能否正确表达，必要时可以进行审查或者鉴别。

2. 证人的作证义务

★公安机关办理刑事案件程序规定（2020年7月20日）（节录）

第七十三条第一款　凡是知道案件情况的人，都有作证的义务。

第六十三条　【对证人及其近亲属的保护】人民法院、人民检察院和公安机关应当保障证人及其近亲属的安全。

对证人及其近亲属进行威胁、侮辱、殴打或者打击报复，构成犯罪的，依法追究刑事责任；尚不够刑事处罚的，依法给予治安管理处罚。

● 要点及关联法规

证人及其近亲属的保护

★人民检察院刑事诉讼规则（2019年12月30日）（节录）

第七十九条第三款　民检察院依法决定不公开证人、鉴定人、被害人的真实姓名、住址和工作单位等个人信息的，可以在起诉书、询问笔录等法律文书、证据材料中使用化名。但是应当另行书面说明使用化名的情况并标明密级，单独成卷。

第四款　人民检察院依法采取保护措施，可以要求有关单位和个人予以配合。

第五款　对证人及其近亲属进行威胁、侮辱、殴打或者打击报复，构成犯罪或者应当给予治安管理处罚的，人民检察院应当移送公安机关处理；情节轻微的，予以批评教育、训诫。

★公安机关办理刑事案件程序规定（2020年7月20日）（节录）

第七十四条　公安机关应当保障证人及其近亲属的安全。

对证人及其近亲属进行威胁、侮辱、殴打或者打击报复，构成犯罪的，依法追究刑事责任；尚不够刑事处罚的，依法给予治安管理处罚。

第六十四条 【对特定案件证人、鉴定人、被害人及其近亲属的特别保护】 对于危害国家安全犯罪、恐怖活动犯罪、黑社会性质的组织犯罪、毒品犯罪等案件，证人、鉴定人、被害人因在诉讼中作证，本人或者其近亲属的人身安全面临危险的，人民法院、人民检察院和公安机关应当采取以下一项或者多项保护措施：

（一）不公开真实姓名、住址和工作单位等个人信息；
（二）采取不暴露外貌、真实声音等出庭作证措施；
（三）禁止特定的人员接触证人、鉴定人、被害人及其近亲属；
（四）对人身和住宅采取专门性保护措施；
（五）其他必要的保护措施。

证人、鉴定人、被害人认为因在诉讼中作证，本人或者其近亲属的人身安全面临危险的，可以向人民法院、人民检察院、公安机关请求予以保护。

人民法院、人民检察院、公安机关依法采取保护措施，有关单位和个人应当配合。

● 要点及关联法规

对特定案件的证人、鉴定人、被害人及其近亲属的特别保护

★最高人民法院、最高人民检察院、公安部、国家安全部、司法部、全国人大常委会法制工作委员会关于实施刑事诉讼法若干问题的规定（2012年12月26日）（节录）

12. 刑事诉讼法第六十二条①规定，对证人、鉴定人、被害人可以采取"不公开真实姓名、住址和工作单位等个人信息"的保护措施。人民法院、人民检察院和公安机关依法决定不公开证人、鉴定人、被害人的真实姓名、住址和工作单位等个人信息的，可以在判决书、裁定书、起诉书、询问笔录等法律文书、证据材料中使用化名等代替证人、鉴定人、被害人的个人信息。但是，应当书面说明使用化名的情况并标明密级，单独成卷。辩护律师经法庭许可，查阅对

---

① 现为第六十四条。——编者注

证人、鉴定人、被害人使用化名情况的，应当签署保密承诺书。

★最高人民法院关于适用《中华人民共和国刑事诉讼法》的解释（2021年1月26日）（节录）

第一百二十条 采取技术调查、侦查措施收集的证据材料，应当经过当庭出示、辨认、质证等法庭调查程序查证。

当庭调查技术调查、侦查证据材料可能危及有关人员的人身安全，或者可能产生其他严重后果的，法庭应当采取不暴露有关人员身份和技术调查、侦查措施使用的技术设备、技术方法等保护措施。必要时，审判人员可以在庭外对证据进行核实。

★人民检察院刑事诉讼规则（2019年12月30日）（节录）

第七十九条 人民检察院在办理危害国家安全犯罪、恐怖活动犯罪、黑社会性质的组织犯罪、毒品犯罪等案件过程中，证人、鉴定人、被害人因在诉讼中作证，本人或者其近亲属人身安全面临危险，向人民检察院请求保护的，人民检察院应当受理并及时进行审查。对于确实存在人身安全危险的，应当立即采取必要的保护措施。人民检察院发现存在上述情形的，应当主动采取保护措施。

人民检察院可以采取以下一项或者多项保护措施：

（一）不公开真实姓名、住址和工作单位等个人信息；

（二）建议法庭采取不暴露外貌、真实声音等出庭作证措施；

（三）禁止特定的人员接触证人、鉴定人、被害人及其近亲属；

（四）对人身和住宅采取专门性保护措施；

（五）其他必要的保护措施。

人民检察院依法决定不公开证人、鉴定人、被害人的真实姓名、住址和工作单位等个人信息的，可以在起诉书、询问笔录等法律文书、证据材料中使用化名。但是应当另行书面说明使用化名的情况并标明密级，单独成卷。

人民检察院依法采取保护措施，可以要求有关单位和个人予以配合。

对证人及其近亲属进行威胁、侮辱、殴打或者打击报复，构成犯罪或者应当给予治安管理处罚的，人民检察院应当移送公安机关处理；情节轻微的，予以批评教育、训诫。

★公安机关办理刑事案件程序规定（2020年7月20日）（节录）

第五十二条 对危害国家安全犯罪案件、恐怖活动犯罪案件，办案部门应当在将犯罪嫌疑人送看守所羁押时书面通知看守所；犯罪嫌疑人被监视居住的，应当在送交执行时书面通知执行机关。

辩护律师在侦查期间要求会见前款规定案件的在押或者被监视居住的犯罪嫌疑人，应当向办案部门提出申请。

对辩护律师提出的会见申请，办案部门应当在收到申请后三日以内，报经县级以上公安机关负责人批准，作出许可或者不许可的决定，书面通知辩护律师，并及时通知看守所或者执行监视居住的部门。除有碍侦查或者可能泄露国家秘密的情形外，应当作出许可的决定。

公安机关不许可会见的，应当说明理由。有碍侦查或者可能泄露国家秘密的情形消失后，公安机关应当许可会见。

有下列情形之一的，属于本条规定的"有碍侦查"：

（一）可能毁灭、伪造证据，干扰证人作证或者串供的；
（二）可能引起犯罪嫌疑人自残、自杀或者逃跑的；
（三）可能引起同案犯逃避、妨碍侦查的；
（四）犯罪嫌疑人的家属与犯罪有牵连的。

第七十六条　公安机关依法决定不公开证人、鉴定人、被害人的真实姓名、住址、通讯方式和工作单位等个人信息的，可以在起诉意见书、询问笔录等法律文书、证据材料中使用化名等代替证人、鉴定人、被害人的个人信息。但是，应当另行书面说明使用化名的情况并标明密级，单独成卷。

第六十五条　【证人作证的经济补助】证人因履行作证义务而支出的交通、住宿、就餐等费用，应当给予补助。证人作证的补助列入司法机关业务经费，由同级政府财政予以保障。

有工作单位的证人作证，所在单位不得克扣或者变相克扣其工资、奖金及其他福利待遇。

● 要点及关联法规

证人作证的经济补助

★**人民检察院刑事诉讼规则**（2019年12月30日）（节录）

第八十条　证人在人民检察院侦查、审查逮捕、审查起诉期间因履行作证义务而支出的交通、住宿、就餐等费用，人民检察院应当给予补助。

★公安机关办理刑事案件程序规定（2020年7月20日）（节录）

第七十七条　证人保护工作所必需的人员、经费、装备等，应当予以保障。

证人因履行作证义务而支出的交通、住宿、就餐等费用，应当给予补助。证人作证的补助列入公安机关业务经费。

第六章　强制措施

> 第六十六条　【拘传、取保候审和监视居住的概括性规定】人民法院、人民检察院和公安机关根据案件情况，对犯罪嫌疑人、被告人可以拘传、取保候审或者监视居住。

● 要点及关联法规

1. 拘传、取保候审和监视居住的决定和执行

★最高人民法院、最高人民检察院、公安部、国家安全部关于取保候审若干问题的规定（1999年8月4日）（节录）

第二条　对犯罪嫌疑人、被告人取保候审的，由公安机关、国家安全机关、人民检察院、人民法院根据案件的具体情况依法作出决定。

公安机关、人民检察院、人民法院决定取保候审的，由公安机关执行。国家安全机关决定取保候审的，以及人民检察院、人民法院在办理国家安全机关移送的犯罪案件时决定取保候审的，由国家安全机关执行。

第三条　对犯罪嫌疑人、被告人决定取保候审的，不得中止对案件的侦查、起诉和审理。严禁以取保候审变相放纵犯罪。

★最高人民法院关于适用《中华人民共和国刑事诉讼法》的解释（2021年1月26日）（节录）

第一百四十七条　人民法院根据案件情况，可以决定对被告人拘传、取保候审、监视居住或者逮捕。

对被告人采取、撤销或者变更强制措施的，由院长决定；决定继续取保

审、监视居住的，可以由合议庭或者独任审判员决定。

★人民检察院刑事诉讼规则（2019年12月30日）（节录）

第八十一条　人民检察院根据案件情况，对犯罪嫌疑人可以拘传。

第八十二条　拘传时，应当向被拘传的犯罪嫌疑人出示拘传证。对抗拒拘传的，可以使用戒具，强制到案。

执行拘传的人员不得少于二人。

★公安机关办理刑事案件程序规定（2020年7月20日）（节录）

第七十八条　公安机关根据案件情况对需要拘传的犯罪嫌疑人，或者经过传唤没有正当理由不到案的犯罪嫌疑人，可以拘传到其所在市、县公安机关执法办案场所进行讯问。

需要拘传的，应当填写呈请拘传报告书，并附有关材料，报县级以上公安机关负责人批准。

第一百五十七条　对犯罪嫌疑人执行拘传、拘留、逮捕、押解过程中，应当依法使用约束性警械。遇有暴力性对抗或者暴力犯罪行为，可以依法使用制服性警械或者武器。

第三百四十六条　公安机关在异地执行传唤、拘传、拘留、逮捕，开展勘验、检查、搜查、查封、扣押、冻结、讯问等侦查活动，应当向当地公安机关提出办案协作请求，并在当地公安机关协助下进行，或者委托当地公安机关代为执行。

开展查询、询问、辨认等侦查活动或者送达法律文书的，也可以向当地公安机关提出办案协作请求，并按照有关规定进行通报。

★最高人民检察院、公安部关于公安机关办理经济犯罪案件的若干规定（2017年11月24日）（节录）

第三十一条　公安机关决定采取强制措施时，应当考虑犯罪嫌疑人涉嫌犯罪情节的轻重程度、有无继续犯罪和逃避或者妨碍侦查的可能性，使所适用的强制措施同犯罪的严重程度、犯罪嫌疑人的社会危险性相适应，依法慎用羁押性强制措施。

采取取保候审、监视居住措施足以防止发生社会危险性的，不得适用羁押性强制措施。

第三十二条　公安机关应当依照法律规定的条件和程序适用取保候审措施。

采取保证金担保方式的，应当综合考虑保证诉讼活动正常进行的需要，犯罪嫌疑人的社会危险性的大小、案件的性质、情节、涉案金额，可能判处刑罚的轻重以及犯罪嫌疑人的经济状况等情况,确定适当的保证金数额。

在取保候审期间,不得中断对经济犯罪案件的侦查。执行取保候审超过三个月的,应当至少每个月讯问一次被取保候审人。

第三十三条 对于被决定采取强制措施并上网追逃的犯罪嫌疑人,经审查发现不构成犯罪或者依法不予追究刑事责任的,应当立即撤销强制措施决定,并按照有关规定,报请省级以上公安机关删除相关信息。

2. 拘传的时限

★最高人民法院关于适用《中华人民共和国刑事诉讼法》的解释(2021年1月26日)(节录)

第一百四十九条 拘传被告人,持续的时间不得超过十二小时;案情特别重大、复杂,需要采取逮捕措施的,持续的时间不得超过二十四小时。不得以连续拘传的形式变相拘禁被告人。应当保证被拘传人的饮食和必要的休息时间。

★人民检察院刑事诉讼规则(2019年12月30日)(节录)

第八十三条 拘传的时间从犯罪嫌疑人到案时开始计算。犯罪嫌疑人到案后,应当责令其在拘传证上填写到案时间,签名或者盖章,并捺指印,然后立即讯问。拘传结束后,应当责令犯罪嫌疑人在拘传证上填写拘传结束时间。犯罪嫌疑人拒绝填写的,应当在拘传证上注明。

一次拘传持续的时间不得超过十二小时;案情特别重大、复杂,需要采取拘留、逮捕措施的,拘传持续的时间不得超过二十四小时。两次拘传间隔的时间一般不得少于十二小时,不得以连续拘传的方式变相拘禁犯罪嫌疑人。

拘传犯罪嫌疑人,应当保证犯罪嫌疑人的饮食和必要的休息时间。

★公安机关办理刑事案件程序规定(2020年7月20日)(节录)

第七十九条 公安机关拘传犯罪嫌疑人应当出示拘传证,并责令其在拘传证上签名、捺指印。

犯罪嫌疑人到案后,应当责令其在拘传证上填写到案时间;拘传结束后,应当由其在拘传证上填写拘传结束时间。犯罪嫌疑人拒绝填写的,侦查人员应当在拘传证上注明。

第八十条 拘传持续的时间不得超过十二小时;案情特别重大、复杂,需要采取拘留、逮捕措施的,经县级以上公安机关负责人批准,拘传持续的时间不得超过二十四小时。不得以连续拘传的形式变相拘禁犯罪嫌疑人。

拘传期限届满,未作出采取其他强制措施决定的,应当立即结束拘传。

3. 拘传的地点

★人民检察院刑事诉讼规则（2019年12月30日）（节录）

第八十四条　人民检察院拘传犯罪嫌疑人，应当在犯罪嫌疑人所在市、县内的地点进行。

犯罪嫌疑人工作单位与居住地不在同一市、县的，拘传应当在犯罪嫌疑人工作单位所在的市、县内进行；特殊情况下，也可以在犯罪嫌疑人居住地所在的市、县内进行。

4. 强制措施的变更

★人民检察院刑事诉讼规则（2019年12月30日）（节录）

第八十五条　需要对被拘传的犯罪嫌疑人变更强制措施的，应当在拘传期限内办理变更手续。

在拘传期间决定不采取其他强制措施的，拘传期限届满，应当结束拘传。

★公安机关办理刑事案件程序规定（2020年7月20日）（节录）

第一百五十六条　继续盘问期间发现需要对犯罪嫌疑人拘留、逮捕、取保候审或者监视居住的，应当立即办理法律手续。

5. 对人大代表、政协委员执行的规定

★公安机关办理刑事案件程序规定（2020年7月20日）（节录）

第一百六十五条第二款　公安机关在依法执行拘传、取保候审、监视居住、拘留或者逮捕中，发现被执行人是县级以上人民代表大会代表的，应当暂缓执行，并报告决定或者批准机关。如果在执行后发现被执行人是县级以上人民代表大会代表的，应当立即解除，并报告决定或者批准机关。

第一百六十六条　公安机关依法对乡、民族乡、镇的人民代表大会代表拘传、取保候审、监视居住、拘留或者执行逮捕的，应当在执行后立即报告其所属的人民代表大会。

第一百六十七条　公安机关依法对政治协商委员会委员拘传、取保候审、监视居住的，应当将有关情况通报给该委员所属的政协组织。

6. 对外国人执行的规定

★公安机关办理刑事案件程序规定（2020年7月20日）（节录）

第三百六十七条　对外国籍犯罪嫌疑人依法作出取保候审、监视居住决定或者执行拘留、逮捕后，应当在四十八小时以内层报省级公安机关，同时通报

同级人民政府外事办公室。

重大涉外案件应当在四十八小时以内层报公安部,同时通报同级人民政府外事办公室。

第三百六十八条 对外国籍犯罪嫌疑人依法作出取保候审、监视居住决定或者执行拘留、逮捕后,由省级公安机关根据有关规定,将其姓名、性别、入境时间、护照或者证件号码、案件发生的时间、地点、涉嫌犯罪的主要事实,已采取的强制措施及其法律依据等,通知该外国人所属国家的驻华使馆、领事馆,同时报告公安部。经省级公安机关批准,领事通报任务较重的副省级城市公安局可以直接行使领事通报职能。

外国人在公安机关侦查或者执行刑罚期间死亡的,有关省级公安机关应当通知该外国人国籍国的驻华使馆、领事馆,同时报告公安部。

未在华设立使馆、领事馆的国家,可以通知其代管国家的驻华使馆、领事馆;无代管国家或者代管国家不明的,可以不予通知。

7. 对醉酒驾驶机动车的嫌疑人、被告人适用强制措施的规定

★最高人民法院、最高人民检察院、公安部关于办理醉酒驾驶机动车刑事案件适用法律若干问题的意见(2013年12月18日)(节录)

七、办理醉酒驾驶机动车刑事案件,应当严格执行刑事诉讼法的有关规定,切实保障犯罪嫌疑人、被告人的诉讼权利,在法定诉讼期限内及时侦查、起诉、审判。

对醉酒驾驶机动车的犯罪嫌疑人、被告人,根据案件情况,可以拘留或者取保候审。对符合取保候审条件,但犯罪嫌疑人、被告人不能提出保证人,也不交纳保证金的,可以监视居住。对违反取保候审、监视居住规定的犯罪嫌疑人、被告人,情节严重的,可以予以逮捕。

第六十七条 【取保候审的适用情形、执行机关】人民法院、人民检察院和公安机关对有下列情形之一的犯罪嫌疑人、被告人,可以取保候审:

(一)可能判处管制、拘役或者独立适用附加刑的;

(二)可能判处有期徒刑以上刑罚,采取取保候审不致发生社会危险性的;

> （三）患有严重疾病、生活不能自理，怀孕或者正在哺乳自己婴儿的妇女，采取取保候审不致发生社会危险性的；
> （四）羁押期限届满，案件尚未办结，需要采取取保候审的。
> 取保候审由公安机关执行。

● 要点及关联法规

1. 取保候审的适用条件
（1）"生活不能自理"的认定
★罪犯生活不能自理鉴别标准（2016年7月26日）（节录）
1. 范围
1.1 本标准规定了罪犯生活不能自理鉴别的原则、方法和条款。
1.2 本标准适用于罪犯在被交付执行前生活不能自理的鉴别。
2. 术语和定义
2.1 罪犯生活不能自理是指罪犯因疾病、残疾、年老体弱等原因造成身体机能下降不能自主处理自己的日常生活。包括进食、大小便、穿衣洗漱、行动（翻身、自主行动）四项内容，其中一项完全不能自主完成或者三项以上大部分不能自主完成的可以认定为生活不能自理。
2.2 生活不能自理的鉴别是指对罪犯在被交付执行前生活自理能力作出的技术性判定意见。
3. 总则
3.1 鉴别原则
依据罪犯在被交付执行前，因疾病、损伤治疗终结后遗留器官缺损、严重功能障碍或者年老体弱导致生活不能自理程度进行的综合鉴别。
3.2 生活自理范围主要包括下列四项：
1）进食：拿取食物，放入口中，咀嚼，咽下。
2）大、小便：到规定的地方，解系裤带，完成排便、排尿。用厕包括：a）蹲（坐）起；b）拭净；c）冲洗（倒掉）；d）整理衣裤。
3）穿衣：a）穿脱上身衣服；b）穿脱下身衣服。
洗漱：a）洗（擦）脸；b）刷牙；c）梳头；d）剃须。以上4项指使用放在身边的洗漱用具。e）洗澡进入浴室，完成洗澡。

4）行动：包括翻身和自主行动。a）床上翻身；b）平地行走；c）上楼梯；d）下楼梯。

3.3 生活自理影响程度：

a）完全不能自主完成：不能完成进食、大小便、穿衣洗漱、行动四项内容中任一项全过程。

b）大部分不能自主完成：能够完成进食、大小便、穿衣洗漱、行动四项内容中任一项全过程，但十分困难。

c）部分不能自主完成：完成进食、大小便、穿衣洗漱、行动四项内容中任一项全过程有困难。

4. 生活不能自理鉴别条款

4.1 智力残疾二级以上；

4.2 精神残疾二级以上；

4.3 完全感觉性或混合性失语，完全性失用或失认；

4.4 不完全失写、失读、失认、失用具有三项以上者；

4.5 偏瘫或截瘫肌力≤3级；

4.6 双手全肌瘫肌力≤3级；

4.7 双手大部分肌瘫肌力≤2级（拇指均受累）；

4.8 双足全肌瘫肌力≤2级；

4.9 中度运动障碍（非肢体瘫）；

4.10 脊柱并两个以上主要关节（肩、肘、髋、膝）强直畸形，功能丧失；

4.11 手或足部分缺失及关节功能障碍累积分值＞150；

4.12 双手部分缺失以及关节功能障碍累积分值均＞40并伴双前足以上缺失；

4.13 一手或一足缺失，另一肢体两个以上大关节功能完全丧失或达不到功能位；

4.14 双手功能完全丧失；

4.15 肩、肘、髋、膝关节之一对称性非功能位僵直；

4.16 肩、肘、髋、膝中有三个关节功能丧失或达不到功能位；

4.17 双侧前庭功能丧失，不能并足站立，睁眼行走困难；

4.18 张口困难Ⅱ度以上；

4.19 无吞咽功能；

4.20 双侧上或下颌骨完全缺失；

4.21 一侧上颌骨及对侧下颌骨完全缺失；

4.22 一侧上或下颌骨缺失，伴对侧颌面部软组织缺损大于30平方厘米；

4.23 咽喉损伤、食管闭锁或者切除术后，摄食依赖胃造口或者空肠造口

4.24 食管重建术吻合口狭窄，仅能进流食者；

4.25 消化吸收功能丧失，完全依赖肠外营养；

4.26 肺功能中度损伤或中度低氧血症；

4.27 心功能三级以上；

4.28 大、小便失禁；

4.29 年老体弱生活不能自理；

4.30 上述条款未涉及的残疾，影响进食、大小便、穿衣洗漱、行动（翻身、自主行动）四项内容，其中一项完全不能自主完成或者三项以上大部分不能自主完成的可以认定为生活不能自理。

（2）取保候审的适用条件

★最高人民检察院、公安部关于适用刑事强制措施有关问题的规定（2000年8月28日）（节录）

第五条 人民检察院决定对犯罪嫌疑人采取保证人担保形式取保候审的，如果保证人在取保候审期间不愿继续担保或者丧失担保条件，人民检察院应当在收到保证人不愿继续担保的申请或者发现其丧失担保条件后的三日以内，责令犯罪嫌疑人重新提出保证人或者交纳保证金，或者变更为其他强制措施，并通知公安机关执行。

公安机关在执行期间收到保证人不愿继续担保的申请或者发现其丧失担保条件的，应当在三日以内通知作出决定的人民检察院。

★最高人民法院关于适用《中华人民共和国刑事诉讼法》的解释（2021年1月26日）（节录）

第一百五十条第一款 被告人具有刑事诉讼法第六十七条第一款规定情形之一的，人民法院可以决定取保候审。

★人民检察院刑事诉讼规则（2019年12月30日）（节录）

第八十六条 人民检察院对于具有下列情形之一的犯罪嫌疑人，可以取保候审：

（一）可能判处管制、拘役或者独立适用附加刑的；

（二）可能判处有期徒刑以上刑罚，采取取保候审不致发生社会危险性的；

（三）患有严重疾病、生活不能自理，怀孕或者正在哺乳自己婴儿的妇女，采取取保候审不致发生社会危险性的；

（四）羁押期限届满，案件尚未办结，需要采取取保候审的。

第八十八条 被羁押或者监视居住的犯罪嫌疑人及其法定代理人、近亲属或者辩护人向人民检察院申请取保候审，人民检察院应当在三日以内作出是否同意的答复。经审查符合本规则第八十六条规定情形之一的，可以对被羁押或者监视居住的犯罪嫌疑人依法办理取保候审手续。经审查不符合取保候审条件的，应当告知申请人，并说明不同意取保候审的理由。

★**最高人民法院、最高人民检察院、公安部关于严格执行刑事诉讼法，切实纠防超期羁押的通知**（2003年11月12日）（节录）

三、准确适用刑事诉讼法关于取保候审、监视居住的规定。人民法院、人民检察院和公安机关在对犯罪嫌疑人、被告人采取强制措施时，凡符合取保候审、监视居住条件的，应当依法采取取保候审、监视居住。……

★**最高人民法院关于推行十项制度切实防止产生新的超期羁押的通知**（2003年11月30日）（节录）

二、实行严格依法适用取保候审、监视居住等法律措施的制度。各级人民法院必须实行严格适用刑事诉讼法关于取保候审、监视居住规定的制度。对被告人符合取保候审、监视居住条件的，应当依法采取取保候审、监视居住。对过失犯罪等社会危险性较小且符合法定条件的被告人，应当依法适用取保候审、监视居住等法律措施。……

★**公安机关办理刑事案件程序规定**（2020年7月20日）（节录）

第八十一条　公安机关对具有下列情形之一的犯罪嫌疑人，可以取保候审：

（一）可能判处管制、拘役或者独立适用附加刑的；

（二）可能判处有期徒刑以上刑罚，采取取保候审不致发生社会危险性的；

（三）患有严重疾病、生活不能自理，怀孕或者正在哺乳自己婴儿的妇女，采取取保候审不致发生社会危险性的；

（四）羁押期限届满，案件尚未办结，需要继续侦查的。

对拘留的犯罪嫌疑人，证据不符合逮捕条件，以及提请逮捕后，人民检察院不批准逮捕，需要继续侦查，并且符合取保候审条件的，可以依法取保候审。

第八十三条　需要对犯罪嫌疑人取保候审的，应当制作呈请取保候审报告书，说明取保候审的理由、采取的保证方式以及应当遵守的规定，经县级以上公安机关负责人批准，制作取保候审决定书。取保候审决定书应当向犯罪嫌疑人宣读，由犯罪嫌疑人签名、捺指印。

(3) 不得采取取保候审的情形

★**人民检察院刑事诉讼规则**（2019年12月30日）（节录）

第八十七条　人民检察院对于严重危害社会治安的犯罪嫌疑人，以及其他犯罪性质恶劣、情节严重的犯罪嫌疑人不得取保候审。

★**公安机关办理刑事案件程序规定**（2020年7月20日）（节录）

第八十二条　对累犯，犯罪集团的主犯，以自伤、自残办法逃避侦查的犯罪嫌疑人，严重暴力犯罪以及其他严重犯罪的犯罪嫌疑人不得取保候审，但犯罪嫌疑人具有本规定第八十一条第一款第三项、第四项规定情形的除外。

2. 取保候审的执行

★**最高人民检察院、公安部关于适用刑事强制措施有关问题的规定**（2000年8月28日）（节录）

第一条　人民检察院决定对犯罪嫌疑人采取取保候审措施的，应当在向犯罪嫌疑人宣布后交由公安机关执行。对犯罪嫌疑人采取保证人担保形式的，人民检察院应当将有关法律文书和有关案由、犯罪嫌疑人基本情况、保证人基本情况的材料，送交犯罪嫌疑人居住地的同级公安机关；对犯罪嫌疑人采取保证金担保形式的，人民检察院应当在核实保证金已经交纳到公安机关指定的银行后，将有关法律文书、有关案由、犯罪嫌疑人基本情况的材料和银行出具的收款凭证，送交犯罪嫌疑人居住地的同级公安机关。

第二条　公安机关收到有关法律文书和材料后，应当立即交由犯罪嫌疑人居住地的县级公安机关执行。负责执行的县级公安机关应当在二十四小时以内核实被取保候审人、保证人的身份以及相关材料，并报告县级公安机关负责人后，通知犯罪嫌疑人居住地派出所执行。

第三条　执行取保候审的派出所应当指定专人负责对被取保候审人进行监督考察，并将取保候审的执行情况报告所属县级公安机关通知决定取保候审的人民检察院。

第十条　人民检察院决定对犯罪嫌疑人采取监视居住措施的，应当核实犯罪嫌疑人的住处。犯罪嫌疑人没有固定住处的，人民检察院应当为其指定居所。

第十一条　人民检察院核实犯罪嫌疑人住处或者为其指定居所后，应当制作监视居住执行通知书，将有关法律文书和有关案由、犯罪嫌疑人基本情况的材料，送交犯罪嫌疑人住处或者居所地的同级公安机关执行。人民检察院可以协助公安机关执行。

第十二条　公安机关收到有关法律文书和材料后，应当立即交由犯罪嫌疑人住处或者居所地的县级公安机关执行。负责执行的县级公安机关应当在二十四小时以内，核实被监视居住人的身份和住处或者居所，报告县级公安机关负责人后，通知被监视居住人住处或者居所地的派出所执行。

第十三条　负责执行监视居住的派出所应当指定专人对被监视居住人进行监督考察，并及时将监视居住的执行情况报告所属县级公安机关通知决定监视居住的人民检察院。

★**最高人民法院关于适用《中华人民共和国刑事诉讼法》的解释（2021年1月26日）（节录）**

第一百五十四条第一款　人民法院向被告人宣布取保候审决定后，应当将取保候审决定书等相关材料送交当地公安机关。

★**公安机关办理刑事案件程序规定（2020年7月20日）（节录）**

第九十一条　公安机关决定取保候审的，应当及时通知被取保候审人居住地的派出所执行。必要时，办案部门可以协助执行。

采取保证人担保形式的，应当同时送交有关法律文书、被取保候审人基本情况、保证人基本情况等材料。采取保证金担保形式的，应当同时送交有关法律文书、被取保候审人基本情况和保证金交纳情况等材料。

第九十二条　人民法院、人民检察院决定取保候审的，负责执行的县级公安机关应当在收到法律文书和有关材料后二十四小时以内，指定被取保候审人居住地派出所核实情况后执行。

第九十三条　执行取保候审的派出所应当履行下列职责：

（一）告知被取保候审人必须遵守的规定，及其违反规定或者在取保候审期间重新犯罪应当承担的法律后果；

（二）监督、考察被取保候审人遵守有关规定，及时掌握其活动、住址、工作单位、联系方式及变动情况；

（三）监督保证人履行保证义务；

（四）被取保候审人违反应当遵守的规定以及保证人未履行保证义务的，应当及时制止、采取紧急措施，同时告知决定机关。

第九十四条　执行取保候审的派出所应当定期了解被取保候审人遵守取保候审规定的有关情况，并制作笔录。

3. 继续采取取保候审或变更强制措施的规定

★**最高人民法院、最高人民检察院、公安部、国家安全部关于取保候审若干问题的规定（1999年8月4日）（节录）**

第二十条　取保候审即将到期的，执行机关应当在期限届满十五日前书面通知决定机关，由决定机关作出解除取保候审或者变更强制措施的决定，并于期限届满前书面通知执行机关。

执行机关收到决定机关的《解除取保候审决定书》或者变更强制措施的通知后,应当立即执行,并将执行情况及时通知决定机关。

第二十二条 在侦查或者审查起诉阶段已经采取取保候审的,案件移送至审查起诉或者审判阶段时,如果需要继续取保候审,或者需要变更保证方式或强制措施的,受案机关应当在七日内作出决定,并通知执行机关和移送案件的机关。

受案机关决定继续取保候审的,应当重新作出取保候审决定。对继续采取保证金方式取保候审的,原则上不变更保证金数额,不再重新收取保证金。

取保候审期限即将届满,受案机关仍未作出继续取保候审、变更保证方式或者变更强制措施决定的,执行机关应当在期限届满十五日前书面通知受案机关。受案机关应当在原取保候审期限届满前作出决定,并通知执行机关和移送案件的机关。

第二十三条 原决定机关收到受案机关作出的变更强制措施决定后,应当立即解除原取保候审,并将《解除取保候审决定书》、《解除取保候审通知书》送达执行机关,执行机关应当及时书面通知被取保候审人、保证人;受案机关作出继续取保候审或者变更保证方式决定的,原取保候审自动解除,不再办理解除手续。

★最高人民法院关于适用《中华人民共和国刑事诉讼法》的解释(2021年1月26日)(节录)

第一百六十二条 人民检察院、公安机关已经对犯罪嫌疑人取保候审、监视居住,案件起诉至人民法院后,需要继续取保候审、监视居住或者变更强制措施的,人民法院应当在七日以内作出决定,并通知人民检察院、公安机关。

决定继续取保候审、监视居住的,应当重新办理手续,期限重新计算;继续使用保证金保证的,不再收取保证金。

★最高人民法院、最高人民检察院、公安部关于严格执行刑事诉讼法,切实纠防超期羁押的通知(2003年11月12日)(节录)

三、准确适用刑事诉讼法关于取保候审、监视居住的规定。……对已被羁押的犯罪嫌疑人、被告人,在其法定羁押期限已满时必须立即释放,如侦查、起诉、审判活动尚未完成,需要继续查证、审理的,要依法变更强制措施为取保候审或者监视居住,充分发挥取保候审、监视居住这两项强制措施的作用,做到追究犯罪与保障犯罪嫌疑人、被告人合法权益的统一。

★最高人民法院关于推行十项制度切实防止产生新的超期羁押的通知（2003年11月30日）（节录）

二、实行严格依法适用取保候审、监视居住等法律措施的制度。……对已被羁押超过法定羁押期限的被告人，应当依法予以释放；如果被告人被羁押的案件不能在法定期限内审结，需要继续审理的，应当依法变更强制措施。

第六十八条 【适用取保候审的保证方式】 人民法院、人民检察院和公安机关决定对犯罪嫌疑人、被告人取保候审，应当责令犯罪嫌疑人、被告人提出保证人或者交纳保证金。

● 要点及关联法规

1. 适用取保候审的保证方式

★最高人民法院、最高人民检察院、公安部、国家安全部关于取保候审若干问题的规定（1999年8月4日）（节录）

第四条 对犯罪嫌疑人、被告人决定取保候审的，应当责令其提出保证人或者交纳保证金。

对同一犯罪嫌疑人、被告人决定取保候审的，不得同时使用保证人保证和保证金保证。

★最高人民法院关于适用《中华人民共和国刑事诉讼法》的解释（2021年1月26日）（节录）

第一百五十条第二款 对被告人决定取保候审的，应当责令其提出保证人或者交纳保证金，不得同时使用保证人保证与保证金保证。

★人民检察院刑事诉讼规则（2019年12月30日）（节录）

第八十九条第一款 人民检察院决定对犯罪嫌疑人取保候审，应当责令犯罪嫌疑人提出保证人或者交纳保证金。

第二款 对同一犯罪嫌疑人决定取保候审，不得同时使用保证人保证和保证金保证方式。

★公安机关办理刑事案件程序规定（2020年7月20日）（节录）

第八十四条 公安机关决定对犯罪嫌疑人取保候审的，应当责令犯罪嫌疑人提出保证人或者交纳保证金。

对同一犯罪嫌疑人,不得同时责令其提出保证人和交纳保证金。对未成年人取保候审,应当优先适用保证人保证。

2. 保证人保证

★最高人民法院关于适用《中华人民共和国刑事诉讼法》的解释(2021年1月26日)(节录)

第一百五十一条 对下列被告人决定取保候审的,可以责令其提出一至二名保证人:

(一)无力交纳保证金的;

(二)未成年或者已满七十五周岁的;

(三)不宜收取保证金的其他被告人。

第一百五十二条 人民法院应当审查保证人是否符合法定条件。符合条件的,应当告知其必须履行的保证义务,以及不履行义务的法律后果,并由其出具保证书。

第一百五十五条 被告人被取保候审期间,保证人不愿继续履行保证义务或者丧失履行保证义务能力的,人民法院应当在收到保证人的申请或者公安机关的书面通知后三日以内,责令被告人重新提出保证人或者交纳保证金,或者变更强制措施,并通知公安机关。

★人民检察院刑事诉讼规则(2019年12月30日)(节录)

第八十九条第三款 对符合取保候审条件,具有下列情形之一的犯罪嫌疑人,人民检察院决定取保候审时,可以责令其提供一至二名保证人:

(一)无力交纳保证金的;

(二)系未成年人或者已满七十五周岁的人;

(三)其他不宜收取保证金的。

第九十六条 采取保证人保证方式的,如果保证人在取保候审期间不愿继续保证或者丧失保证条件的,人民检察院应当在收到保证人不愿继续保证的申请或者发现其丧失保证条件后三日以内,责令犯罪嫌疑人重新提出保证人或者交纳保证金,并将变更情况通知公安机关。

★公安机关办理刑事案件程序规定(2020年7月20日)(节录)

第一百零六条 对于犯罪嫌疑人采取保证人保证的,如果保证人在取保候审期间情况发生变化,不愿继续担保或者丧失担保条件,公安机关应当责令被取保候审人重新提出保证人或者交纳保证金，或者作出变更强制措施的决定。

人民法院、人民检察院决定取保候审的，负责执行的派出所应当自发现保证人不愿继续担保或者丧失担保条件之日起三日以内通知决定取保候审的机关。

3. 保证金保证

★**最高人民法院、最高人民检察院、公安部、国家安全部关于取保候审若干问题的规定**（1999年8月4日）（节录）

第五条　采取保证金形式取保候审的，保证金的起点数额为一千元。

决定机关应当以保证被取保候审人不逃避、不妨碍刑事诉讼活动为原则，综合考虑犯罪嫌疑人、被告人的社会危险性，案件的情节、性质，可能判处刑罚的轻重，犯罪嫌疑人、被告人经济状况，当地的经济发展水平等情况，确定收取保证金的数额。

第六条　取保候审保证金由县级以上执行机关统一收取和管理。没收保证金的决定、退还保证金的决定、对保证人的罚款决定等，应当由县级以上执行机关作出。

第七条　县级以上执行机关应当在其指定的银行设立取保候审保证金专户，委托银行代为收取和保管保证金，并将指定银行的名称通知人民检察院、人民法院。

保证金应当以人民币交纳。

第八条　决定机关作出取保候审收取保证金的决定后，应当及时将《取保候审决定书》送达被取保候审人和为其提供保证金的单位或者个人，责令其向执行机关指定的银行一次性交纳保证金。

决定机关核实保证金已经交纳到执行机关指定银行的凭证后，应当将《取保候审决定书》、《取保候审执行通知书》和银行出具的收款凭证及其他有关材料一并送交执行机关执行。

★**人民检察院刑事诉讼规则**（2019年12月30日）（节录）

第九十七条　采取保证金保证方式的，被取保候审人拒绝交纳保证金或者交纳保证金不足决定数额时，人民检察院应当作出变更取保候审措施、变更保证方式或者变更保证金数额的决定，并将变更情况通知公安机关。

第六十九条　【保证人的条件】保证人必须符合下列条件：

（一）与本案无牵连；

（二）有能力履行保证义务；

（三）享有政治权利，人身自由未受到限制；
（四）有固定的住处和收入。

● 要点及关联法规

保证人的条件

★**最高人民法院、最高人民检察院、公安部、国家安全部关于取保候审若干问题的规定**（1999年8月4日）（节录）

第十九条 采取保证人形式取保候审的，执行机关发现保证人丧失了担保条件时，应当书面通知决定机关。

决定机关收到执行机关的书面通知后，应当责令被取保候审人重新提出保证人或者交纳保证金，或者作出变更强制措施的决定，并通知执行机关。

★**人民检察院刑事诉讼规则**（2019年12月30日）（节录）

第九十条 采取保证人保证方式的，保证人应当符合刑事诉讼法第六十九条规定的条件，并经人民检察院审查同意。

★**公安机关办理刑事案件程序规定**（2020年7月20日）（节录）

第八十五条 采取保证人保证的，保证人必须符合以下条件，并经公安机关审查同意：

（一）与本案无牵连；
（二）有能力履行保证义务；
（三）享有政治权利，人身自由未受到限制；
（四）有固定的住处和收入。

第七十条 【保证人的义务与法律责任】 保证人应当履行以下义务：

（一）监督被保证人遵守本法第七十一条的规定；
（二）发现被保证人可能发生或者已经发生违反本法第七十一条规定的行为的，应当及时向执行机关报告。

被保证人有违反本法第七十一条规定的行为，保证人未履行保证义务的，对保证人处以罚款，构成犯罪的，依法追究刑事责任。

● 要点及关联法规

1. 保证人的义务

★人民检察院刑事诉讼规则（2019年12月30日）（节录）

第九十一条　人民检察院应当告知保证人履行以下义务：

（一）监督被保证人遵守刑事诉讼法第七十一条的规定；

（二）发现被保证人可能发生或者已经发生违反刑事诉讼法第七十一条规定的行为的，及时向执行机关报告。

保证人保证承担上述义务后，应当在取保候审保证书上签名或者盖章。

★公安机关办理刑事案件程序规定（2020年7月20日）（节录）

第八十六条　保证人应当履行以下义务：

（一）监督被保证人遵守本规定第八十九条、第九十条的规定；

（二）发现被保证人可能发生或者已经发生违反本规定第八十九条、第九十条规定的行为的，应当及时向执行机关报告。

保证人应当填写保证书，并在保证书上签名、捺指印。

2. 保证人未履行义务的法律责任

★最高人民法院、最高人民检察院、公安部、国家安全部关于取保候审若干问题的规定（1999年8月4日）（节录）

第十六条　采取保证人形式取保候审的，被取保候审人违反刑事诉讼法第五十六条的规定，保证人未及时报告的，经查证属实后，由县级以上执行机关对保证人处一千元以上二万元以下罚款，并将有关情况及时通知决定机关。

★最高人民法院、最高人民检察院、公安部、国家安全部、司法部、全国人大常委会法制工作委员会关于实施刑事诉讼法若干问题的规定（2012年12月26日）（节录）

14. 对取保候审保证人是否履行了保证义务，由公安机关认定，对保证人的罚款决定，也由公安机关作出。

★最高人民法院关于适用《中华人民共和国刑事诉讼法》的解释（2021年1月26日）（节录）

第一百五十七条　根据案件事实和法律规定，认为已经构成犯罪的被告人在取保候审期间逃匿的，如果系保证人协助被告人逃匿，或者保证人明知被告人藏匿地点但拒绝向司法机关提供，对保证人应当依法追究责任。

★人民检察院刑事诉讼规则（2019年12月30日）（节录）

第九十九条　人民检察院发现保证人没有履行刑事诉讼法第七十条规定的义务，应当通知公安机关，要求公安机关对保证人作出罚款决定。构成犯罪的，依法追究保证人的刑事责任。

★公安机关办理刑事案件程序规定（2020年7月20日）（节录）

第一百零三条　被保证人违反应当遵守的规定，保证人未履行保证义务的，查证属实后，经县级以上公安机关负责人批准，对保证人处一千元以上二万元以下罚款；构成犯罪的，依法追究刑事责任。

3. 保证人的权利救济

★最高人民法院、最高人民检察院、公安部、国家安全部关于取保候审若干问题的规定（1999年8月4日）（节录）

第十七条　执行机关应当向保证人宣布罚款决定，并告知其如不服本决定，可以在收到《对保证人罚款决定书》后的五日以内，向执行机关的上一级主管机关申请复核一次。上一级主管机关收到复核申请后，应当在七日内作出复核决定。

第十八条　没收取保候审保证金和对保证人罚款均系刑事司法行为，不能提起行政诉讼。当事人如不服复核决定，可以依法向有关机关提出申诉。

★公安机关办理刑事案件程序规定（2020年7月20日）（节录）

第一百零四条　决定对保证人罚款的，应当报经县级以上公安机关负责人批准，制作对保证人罚款决定书，在三日以内送达保证人，告知其如果对罚款决定不服，可以在收到决定书之日起五日以内向作出决定的公安机关申请复议。公安机关应当在收到复议申请后七日以内作出决定。

保证人对复议决定不服的，可以在收到复议决定书后五日以内向上一级公安机关申请复核一次。上一级公安机关应当在收到复核申请后七日以内作出决定。对上级公安机关撤销或者变更罚款决定的，下级公安机关应当执行。

第一百零五条　对于保证人罚款的决定已过复议期限，或者复议、复核后维持原决定或者变更罚款数额的，公安机关应当及时通知指定的银行将保证人罚款按照国家的有关规定上缴国库。人民法院、人民检察院决定取保候审的，还应当在三日以内通知决定取保候审的机关。

第七十一条 【被取保候审人的义务及违反义务的处罚】被取保候审的犯罪嫌疑人、被告人应当遵守以下规定：

（一）未经执行机关批准不得离开所居住的市、县；

（二）住址、工作单位和联系方式发生变动的，在二十四小时以内向执行机关报告；

（三）在传讯的时候及时到案；

（四）不得以任何形式干扰证人作证；

（五）不得毁灭、伪造证据或者串供。

人民法院、人民检察院和公安机关可以根据案件情况，责令被取保候审的犯罪嫌疑人、被告人遵守以下一项或者多项规定：

（一）不得进入特定的场所；

（二）不得与特定的人员会见或者通信；

（三）不得从事特定的活动；

（四）将护照等出入境证件、驾驶证件交执行机关保存。

被取保候审的犯罪嫌疑人、被告人违反前两款规定，已交纳保证金的，没收部分或者全部保证金，并且区别情形，责令犯罪嫌疑人、被告人具结悔过，重新交纳保证金、提出保证人，或者监视居住、予以逮捕。

对违反取保候审规定，需要予以逮捕的，可以对犯罪嫌疑人、被告人先行拘留。

● **要点及关联法规**

1. **被取保候审人的义务**

★**最高人民法院、最高人民检察院、公安部、国家安全部关于取保候审若干问题的规定**（1999年8月4日）（节录）

第九条 执行机关在执行取保候审时，应当告知被取保候审人必须遵守刑事诉讼法第五十六条①的规定及其违反规定，或者在取保候审期间重新犯罪应当

---

① 现为第七十一条第一款。——编者注

承担的后果。

第二十四条 被告人被取保候审的，人民法院决定开庭审理时，应当依照刑事诉讼法的有关规定传唤被告人，同时通知取保候审的执行机关。

★最高人民检察院、公安部关于适用刑事强制措施有关问题的规定（2000年8月28日）（节录）

第四条 人民检察院决定对犯罪嫌疑人取保候审的案件，在执行期间，被取保候审人有正当理由需要离开所居住的市、县的，负责执行的派出所应当及时报告所属县级公安机关，由该县级公安机关征得决定取保候审的人民检察院同意后批准。

第五条 人民检察院决定对犯罪嫌疑人采取保证人担保形式取保候审的，如果保证人在取保候审期间不愿继续担保或者丧失担保条件，人民检察院应当在收到保证人不愿继续担保的申请或者发现其丧失担保条件后的三日以内，责令犯罪嫌疑人重新提出保证人或者交纳保证金，或者变更为其他强制措施，并通知公安机关执行。

公安机关在执行期间收到保证人不愿继续担保的申请或者发现其丧失担保条件的，应当在三日以内通知作出决定的人民检察院。

★最高人民法院、最高人民检察院、公安部、国家安全部、司法部、全国人大常委会法制工作委员会关于实施刑事诉讼法若干问题的规定（2012年12月26日）（节录）

13. 被取保候审、监视居住的犯罪嫌疑人、被告人无正当理由不得离开所居住的市、县或者执行监视居住的处所，有正当理由需要离开所居住的市、县或者执行监视居住的处所，应当经执行机关批准。如果取保候审、监视居住是由人民检察院、人民法院决定的，执行机关在批准犯罪嫌疑人、被告人离开所居住的市、县或者执行监视居住的处所前，应当征得决定机关同意。

★人民检察院刑事诉讼规则（2019年12月30日）（节录）

第九十三条 人民检察院决定对犯罪嫌疑人取保候审的，应当制作取保候审决定书，载明取保候审开始的时间、保证方式、被取保候审人应当履行的义务和应当遵守的规定。

人民检察院作出取保候审决定时，可以根据犯罪嫌疑人涉嫌犯罪的性质、危害后果、社会影响，犯罪嫌疑人、被害人的具体情况等，有针对性地责令其遵守以下一项或者多项规定：

（一）不得进入特定的场所；

（二）不得与特定的人员会见或者通信；

（三）不得从事特定的活动；

（四）将护照等出入境证件、驾驶证件交执行机关保存。

第九十四条　人民检察院应当向取保候审的犯罪嫌疑人宣读取保候审决定书，由犯罪嫌疑人签名或者盖章，并捺指印，责令犯罪嫌疑人遵守刑事诉讼法第七十一条的规定，告知其违反规定应负的法律责任。以保证金方式保证的，应当同时告知犯罪嫌疑人一次性将保证金存入公安机关指定银行的专门账户。

第九十五条　向犯罪嫌疑人宣布取保候审决定后，人民检察院应当将执行取保候审通知书送达公安机关执行，并告知公安机关在执行期间拟批准犯罪嫌疑人离开所居住的市、县的，应当事先征得人民检察院同意。以保证人方式保证的，应当将取保候审保证书同时送交公安机关。

人民检察院核实保证金已经交纳到公安机关指定银行的凭证后，应当将银行出具的凭证及其他有关材料与执行取保候审通知书一并送交公安机关。

第九十八条　公安机关在执行取保候审期间向人民检察院征询是否同意批准犯罪嫌疑人离开所居住的市、县时，人民检察院应当根据案件的具体情况及时作出决定，并通知公安机关。

第一百零三条　公安机关决定对犯罪嫌疑人取保候审，案件移送人民检察院审查起诉后，对于需要继续取保候审的，人民检察院应当依法重新作出取保候审决定，并对犯罪嫌疑人办理取保候审手续。取保候审的期限应当重新计算并告知犯罪嫌疑人。对继续采取保证金方式取保候审的，被取保候审人没有违反刑事诉讼法第七十一条规定的，不变更保证金数额，不再重新收取保证金。

★公安机关办理刑事案件程序规定（2020年7月20日）（节录）

第八十九条　公安机关在宣布取保候审决定时，应当告知被取保候审人遵守以下规定：

（一）未经执行机关批准不得离开所居住的市、县；

（二）住址、工作单位和联系方式发生变动的，在二十四小时以内向执行机关报告；

（三）在传讯的时候及时到案；

（四）不得以任何形式干扰证人作证；

（五）不得毁灭、伪造证据或者串供。

第九十条　公安机关在决定取保候审时，还可以根据案件情况，责令被取保候审人遵守以下一项或者多项规定：

（一）不得进入与其犯罪活动等相关联的特定场所；

（二）不得与证人、被害人及其近亲属、同案犯以及与案件有关联的其他特定人员会见或者以任何方式通信；

（三）不得从事与其犯罪行为等相关联的特定活动；

（四）将护照等出入境证件、驾驶证件交执行机关保存。

公安机关应当综合考虑案件的性质、情节、社会影响、犯罪嫌疑人的社会关系等因素，确定特定场所、特定人员和特定活动的范围。

第九十五条 被取保候审人无正当理由不得离开所居住的市、县。有正当理由需要离开所居住的市、县的，应当经负责执行的派出所负责人批准。

人民法院、人民检察院决定取保候审的，负责执行的派出所在批准被取保候审人离开所居住的市、县前，应当征得决定取保候审的机关同意。

2. 违反义务的法律后果

★最高人民检察院、公安部关于适用刑事强制措施有关问题的规定（2000年8月28日）（节录）

第六条 人民检察院决定对犯罪嫌疑人取保候审的案件，被取保候审人、保证人违反应当遵守的规定的，由县级以上公安机关决定没收保证金、对保证人罚款，并在执行后三日以内将执行情况通知人民检察院。人民检察院应当在接到通知后五日以内，区别情形，责令犯罪嫌疑人具结悔过、重新交纳保证金、提出保证人或者监视居住、予以逮捕。

第七条 人民检察院决定对犯罪嫌疑人取保候审的案件，取保候审期限届满十五日前，负责执行的公安机关应当通知作出决定的人民检察院。人民检察院应当在取保候审期限届满前，作出解除取保候审或者变更强制措施的决定，并通知公安机关执行。

第九条 公安机关决定对犯罪嫌疑人取保候审的案件，犯罪嫌疑人违反应当遵守的规定，情节严重的，公安机关应当依法提请批准逮捕。人民检察院应当根据刑事诉讼法第五十六条的规定审查批准逮捕。

★最高人民法院关于适用《中华人民共和国刑事诉讼法》的解释（2021年1月26日）（节录）

第一百五十八条 人民法院发现使用保证金保证的被取保候审人违反刑事诉讼法第七十一条第一款、第二款规定的，应当书面通知公安机关依法处理。

人民法院收到公安机关已经没收保证金的书面通知或者变更强制措施的建议后，应当区别情形，在五日以内责令被告人具结悔过，重新交纳保证金或者提出保证人，或者变更强制措施，并通知公安机关。

人民法院决定对被依法没收保证金的被告人继续取保候审的，取保候审的期限连续计算。

★人民检察院刑事诉讼规则（2019年12月30日）（节录）

第一百条　人民检察院发现犯罪嫌疑人违反刑事诉讼法第七十一条的规定，已交纳保证金的，应当书面通知公安机关没收部分或者全部保证金，并且根据案件的具体情况，责令犯罪嫌疑人具结悔过、重新交纳保证金、提出保证人，或者决定对其监视居住、予以逮捕。

公安机关发现犯罪嫌疑人违反刑事诉讼法第七十一条的规定，提出没收保证金或者变更强制措施意见的，人民检察院应当在收到意见后五日以内作出决定，并通知公安机关。

重新交纳保证金的程序适用本规则第九十二条的规定；提出保证人的程序适用本规则第九十条、第九十一条的规定。对犯罪嫌疑人继续取保候审的，取保候审的时间应当累计计算。

对犯罪嫌疑人决定监视居住的，应当办理监视居住手续。监视居住的期限应当自执行监视居住决定之日起计算并告知犯罪嫌疑人。

第一百零一条　犯罪嫌疑人有下列违反取保候审规定的行为，人民检察院应当对犯罪嫌疑人予以逮捕：

（一）故意实施新的犯罪；

（二）企图自杀、逃跑；

（三）实施毁灭、伪造证据，串供或者干扰证人作证，足以影响侦查、审查起诉工作正常进行；

（四）对被害人、证人、鉴定人、举报人、控告人及其他人员实施打击报复。

犯罪嫌疑人有下列违反取保候审规定的行为，人民检察院可以对犯罪嫌疑人予以逮捕：

（一）未经批准，擅自离开所居住的市、县，造成严重后果，或者两次未经批准，擅自离开所居住的市、县；

（二）经传讯不到案，造成严重后果，或者经两次传讯不到案；

（三）住址、工作单位和联系方式发生变动，未在二十四小时以内向公安机关报告，造成严重后果；

（四）违反规定进入特定场所、与特定人员会见或者通信、从事特定活动，严重妨碍诉讼程序正常进行。

有前两款情形，需要对犯罪嫌疑人予以逮捕的，可以先行拘留；已交纳保证金的，同时书面通知公安机关没收保证金。

★**公安机关办理刑事案件程序规定**（2020年7月20日）（节录）

第九十六条　被取保候审人在取保候审期间违反本规定第八十九条、第九十条规定，已交纳保证金的，公安机关应当根据其违反规定的情节，决定没收部分或者全部保证金，并且区别情形，责令其具结悔过、重新交纳保证金、提出保证人，变更强制措施或者给予治安管理处罚；需要予以逮捕的，可以对其先行拘留。

人民法院、人民检察院决定取保候审的，被取保候审人违反应当遵守的规定，负责执行的派出所应当及时通知决定取保候审的机关。

3. 取保候审保证金的处理

（1）退还

★**最高人民法院、最高人民检察院、公安部、国家安全部关于取保候审若干问题的规定**（1999年8月4日）（节录）

第二十一条　被取保候审人在取保候审期间没有违反刑事诉讼法第五十六条的规定，也没有故意重新犯罪的，在解除取保候审、变更强制措施或者执行刑罚的同时，县级以上执行机关应当制作《退还保证金决定书》，通知银行如数退还保证金，并书面通知决定机关。

执行机关应当及时向被取保候审人宣布退还保证金的决定，并书面通知其到银行领取退还的保证金。

第二十五条　对被取保候审人判处罚金或者没收财产的判决生效后，依法应当解除取保候审，退还保证金的，如果保证金属于其个人财产，人民法院可以书面通知执行机关将保证金移交人民法院执行刑罚，但剩余部分应当退还被取保候审人。

第二十六条　保证金的收取、管理和没收应当严格按照本规定和国家的财经管理制度执行，任何单位和个人不得截留、坐支、私分、挪用或者以其他任何方式侵吞保证金。对违反规定的，应当依照有关规定给予行政处分；构成犯罪的，依法追究刑事责任。

第二十七条　司法机关及其工作人员违反本规定，擅自收取、没收或者退还取保候审保证金的，依照有关法律和规定，追究直接负责的主管人员和其他直接责任人员的责任。

★**最高人民检察院、公安部关于适用刑事强制措施有关问题的规定**（2000年8月28日）（节录）

第八条　人民检察院决定对犯罪嫌疑人采取保证金担保方式取保候审的，犯罪嫌疑人在取保候审期间没有违反刑事诉讼法第五十六条规定，也没有故意重新犯罪的，人民检察院解除取保候审时，应当通知公安机关退还保证金。

（2）没收

★**最高人民法院、最高人民检察院、公安部、国家安全部关于取保候审若干问题的规定**（1999年8月4日）（节录）

第十条　被取保候审人违反刑事诉讼法第五十六条①规定，依法应当没收保证金的，由县级以上执行机关作出没收部分或者全部保证金的决定，并通知决定机关；对需要变更强制措施的，应当同时提出变更强制措施的意见，连同有关材料一并送交决定机关。

第十一条　决定机关发现被取保候审人违反刑事诉讼法第五十六条②的规定，认为依法应当没收保证金的，应当提出没收部分或者全部保证金的书面意见，连同有关材料一并送交县级以上执行机关。县级以上执行机关应当根据决定机关的意见，及时作出没收保证金的决定，并通知决定机关。

第十三条　决定机关收到执行机关已没收保证金的书面通知，或者变更强制措施的意见后，应当在五日内作出变更强制措施或者责令犯罪嫌疑人重新交纳保证金、提出保证人的决定，并通知执行机关。

决定重新交纳保证金的程序，适用本规定的有关规定。

第十四条　执行机关应当向被取保候审人宣布没收保证金的决定，并告知其如不服本决定，可以在收到《没收保证金决定书》后的五日以内，向执行机关的上一级主管机关申请复核一次。上一级主管机关收到复核申请后，应当在七日内作出复核决定。

第十五条　没收保证金的决定已过复核申请期限或者经复核后决定没收保证金的，县级以上执行机关应当及时通知银行按照国家的有关规定上缴国库。

第十八条　没收取保候审保证金和对保证人罚款均系刑事司法行为，不能提起行政诉讼。当事人如不服复核决定，可以依法向有关机关提出申诉。

第十九条　采取保证人形式取保候审的，执行机关发现保证人丧失了担保

---

① 现为第七十一条。——编者注
② 现为第七十一条。——编者注

条件时,应当书面通知决定机关。

决定机关收到执行机关的书面通知后,应当责令被取保候审人重新提出保证人或者交纳保证金,或者作出变更强制措施的决定,并通知执行机关。

★公安部关于如何没收逃跑犯罪嫌疑人保证金问题的批复(2001年12月26日)(节录)

公安机关没收犯罪嫌疑人取保候审保证金,应当严格按照《刑事诉讼法》和公安部《公安机关办理刑事案件程序规定》进行。如果犯罪嫌疑人在逃的,公安机关应当按照《刑事诉讼法》第八十一条①和《公安机关办理刑事案件程序规定》第八十条的规定,由犯罪嫌疑人的家属、法定代理人或者单位负责人代收《没收保证金决定书》,并告知其犯罪嫌疑人对没收保证金决定不服的,可以在五日以内向上一级公安机关申请复核一次。复核期限已过,犯罪嫌疑人没有提出复核申请的,应当依法没收其保证金。

★公安机关办理刑事案件程序规定(2020年7月20日)(节录)

第九十七条 需要没收保证金的,应当经过严格审核后,报县级以上公安机关负责人批准,制作没收保证金决定书。

决定没收五万元以上保证金的,应当经设区的市一级以上公安机关负责人批准。

第九十八条 没收保证金的决定,公安机关应当在三日以内向被取保候审人宣读,并责令其在没收保证金决定书上签名、捺指印;被取保候审人在逃或者具有其他情形不能到场的,应当向其成年家属、法定代理人、辩护人或者单位、居住地的居民委员会、村民委员会宣布,由其成年家属、法定代理人、辩护人或者单位、居住地的居民委员会或者村民委员会的负责人在没收保证金决定书上签名。

被取保候审人或者其成年家属、法定代理人、辩护人或者单位、居民委员会、村民委员会负责人拒绝签名的,公安机关应当在没收保证金决定书上注明。

第九十九条 公安机关在宣读没收保证金决定书时,应当告知如果对没收保证金的决定不服,被取保候审人或者其法定代理人可以在五日以内向作出决定的公安机关申请复议。公安机关应当在收到复议申请后七日以内作出决定。

被取保候审人或者其法定代理人对复议决定不服的,可以在收到复议决定书后五日以内向上一级公安机关申请复核一次。上一级公安机关应当在收到复核申请后七日以内作出决定。对上级公安机关撤销或者变更没收保证金决定的,下级公安机关应当执行。

---

① 现为第一百零七条。——编者注

第一百条　没收保证金的决定已过复议期限，或者复议、复核后维持原决定或者变更没收保证金数额的，公安机关应当及时通知指定的银行将没收的保证金按照国家的有关规定上缴国库。人民法院、人民检察院决定取保候审的，还应当在三日以内通知决定取保候审的机关。

（3）暂扣

★最高人民法院、最高人民检察院、公安部、国家安全部关于取保候审若干问题的规定（1999年8月4日）（节录）

第十二条　被取保候审人没有违反刑事诉讼法第五十六条①的规定，但在取保候审期间涉嫌重新犯罪被司法机关立案侦查的，执行机关应当暂扣其交纳的保证金，待人民法院判决生效后，决定是否没收保证金。对故意重新犯罪的，应当没收保证金；对过失重新犯罪或者不构成犯罪的，应当退还保证金。

★公安机关办理刑事案件程序规定（2020年7月20日）（节录）

第一百零二条　被取保候审人没有违反本规定第八十九条、第九十条规定，但在取保候审期间涉嫌重新故意犯罪被立案侦查的，负责执行的公安机关应当暂扣其交纳的保证金，待人民法院判决生效后，根据有关判决作出处理。

第七十二条　【保证金数额的确定及交纳方式】 取保候审的决定机关应当综合考虑保证诉讼活动正常进行的需要，被取保候审人的社会危险性，案件的性质、情节，可能判处刑罚的轻重，被取保候审人的经济状况等情况，确定保证金的数额。

提供保证金的人应当将保证金存入执行机关指定银行的专门账户。

● 要点及关联法规

1. 保证金的数额确定

★最高人民法院关于适用《中华人民共和国刑事诉讼法》的解释（2021年1月26日）（节录）

第一百五十三条　对决定取保候审的被告人使用保证金保证的，应当依照

---

① 现为第七十一条第一款。——编者注

刑事诉讼法第七十二条第一款的规定确定保证金的具体数额，并责令被告人或者为其提供保证金的单位、个人将保证金一次性存入公安机关指定银行的专门账户。

★人民检察院刑事诉讼规则（2019年12月30日）（节录）

第九十二条　采取保证金保证方式的，人民检察院可以根据犯罪嫌疑人的社会危险性、案件的性质、情节、可能判处刑罚的轻重、犯罪嫌疑人的经济状况等，责令犯罪嫌疑人交纳一千元以上的保证金。对于未成年犯罪嫌疑人，可以责令交纳五百元以上的保证金。

★公安机关办理刑事案件程序规定（2020年7月20日）（节录）

第八十七条　犯罪嫌疑人的保证金起点数额为人民币一千元。犯罪嫌疑人为未成年人的，保证金起点数额为人民币五百元。具体数额应当综合考虑保证诉讼活动正常进行的需要、犯罪嫌疑人的社会危险性、案件的性质、情节、可能判处刑罚的轻重以及犯罪嫌疑人的经济状况等情况确定。

2. 保证金的交纳方式

★最高人民法院关于适用《中华人民共和国刑事诉讼法》的解释（2021年1月26日）（节录）

第一百五十四条第二款　对被告人使用保证金保证的，应当在核实保证金已经存入公安机关指定银行的专门账户后，将银行出具的收款凭证一并送交公安机关。

★人民检察院刑事诉讼规则（2019年12月30日）（节录）

第九十四条　……以保证金方式保证的，应当同时告知犯罪嫌疑人一次性将保证金存入公安机关指定银行的专门账户。

第九十五条第二款　人民检察院核实保证金已经交纳到公安机关指定银行的凭证后，应当将银行出具的凭证及其他有关材料与执行取保候审通知书一并送交公安机关。

第九十六条　采取保证人保证方式的，如果保证人在取保候审期间不愿继续保证或者丧失保证条件的，人民检察院应当在收到保证人不愿继续保证的申请或者发现其丧失保证条件后三日以内，责令犯罪嫌疑人重新提出保证人或者交纳保证金，并将变更情况通知公安机关。

第九十七条　采取保证金保证方式的，被取保候审人拒绝交纳保证金或者交纳保证金不足决定数额时，人民检察院应当作出变更取保候审措施、变更保证方式或者变更保证金数额的决定,并将变更情况通知公安机关。

★公安机关办理刑事案件程序规定(2020年7月20日)(节录)

第八十八条 县级以上公安机关应当在其指定的银行设立取保候审保证金专门账户,委托银行代为收取和保管保证金。

提供保证金的人,应当一次性将保证金存入取保候审保证金专门账户。保证金应当以人民币交纳。

保证金应当由办案部门以外的部门管理。严禁截留、坐支、挪用或者以其他任何形式侵吞保证金。

第七十三条 【保证金的退还】 犯罪嫌疑人、被告人在取保候审期间未违反本法第七十一条规定的,取保候审结束的时候,凭解除取保候审的通知或者有关法律文书到银行领取退还的保证金。

◎ 要点及关联法规

保证金的退还

★最高人民法院关于适用《中华人民共和国刑事诉讼法》的解释(2021年1月26日)(节录)

第一百五十九条 对被取保候审的被告人的判决、裁定生效后,如果保证金属于其个人财产,且需要用以退赔被害人、履行附带民事赔偿义务或者执行财产刑的,人民法院可以书面通知公安机关移交全部保证金,由人民法院作出处理,剩余部分退还被告人。

★人民检察院刑事诉讼规则(2019年12月30日)(节录)

第一百零六条 犯罪嫌疑人在取保候审期间没有违反刑事诉讼法第七十一条的规定,或者发现不应当追究犯罪嫌疑人刑事责任的,变更、解除或者撤销取保候审时,应当告知犯罪嫌疑人可以凭变更、解除或者撤销取保候审的通知或者有关法律文书到银行领取退还的保证金。

★公安机关办理刑事案件程序规定(2020年7月20日)(节录)

第一百零一条 被取保候审人在取保候审期间,没有违反本规定第八十九条、第九十条有关规定,也没有重新故意犯罪的,或者具有本规定第一百八十六条规定的情形之一的,在解除取保候审、变更强制措施的同时,公安机关应当制作退还保证金决定书,通知银行如数退还保证金。

被取保候审人可以凭退还保证金决定书到银行领取退还的保证金。被取保候审人委托他人领取的,应当出具委托书。

> **第七十四条 【监视居住的适用情形与执行机关】** 人民法院、人民检察院和公安机关对符合逮捕条件,有下列情形之一的犯罪嫌疑人、被告人,可以监视居住:
> (一)患有严重疾病、生活不能自理的;
> (二)怀孕或者正在哺乳自己婴儿的妇女;
> (三)系生活不能自理的人的唯一扶养人;
> (四)因为案件的特殊情况或者办理案件的需要,采取监视居住措施更为适宜的;
> (五)羁押期限届满,案件尚未办结,需要采取监视居住措施的。
> 对符合取保候审条件,但犯罪嫌疑人、被告人不能提出保证人,也不交纳保证金的,可以监视居住。
> 监视居住由公安机关执行。

● 要点及关联法规

1. 监视居住的适用情形

(1)"生活不能自理"的认定

(参见第六十七条【取保候审的适用条件】:(1)"生活不能自理"的认定)

(2)条件

★最高人民法院关于适用《中华人民共和国刑事诉讼法》的解释(2021年1月26日)(节录)

第一百六十条 对具有刑事诉讼法第七十四条第一款、第二款规定情形的被告人,人民法院可以决定监视居住。

人民法院决定对被告人监视居住的,应当核实其住处;没有固定住处的,应当为其指定居所。

★人民检察院刑事诉讼规则（2019年12月30日）（节录）

第一百零七条 人民检察院对于符合逮捕条件，具有下列情形之一的犯罪嫌疑人，可以监视居住：

（一）患有严重疾病、生活不能自理的；

（二）怀孕或者正在哺乳自己婴儿的妇女；

（三）系生活不能自理的人的唯一扶养人；

（四）因为案件的特殊情况或者办理案件的需要，采取监视居住措施更为适宜的；

（五）羁押期限届满，案件尚未办结，需要采取监视居住措施的。

前款第三项中的扶养包括父母、祖父母、外祖父母对子女、孙子女、外孙子女的抚养和子女、孙子女、外孙子女对父母、祖父母、外祖父母的赡养以及配偶、兄弟姐妹之间的相互扶养。

对符合取保候审条件，但犯罪嫌疑人不能提出保证人，也不交纳保证金的，可以监视居住。

第一百一十三条 公安机关决定对犯罪嫌疑人监视居住，案件移送人民检察院审查起诉后，对于需要继续监视居住的，人民检察院应当依法重新作出监视居住决定，并对犯罪嫌疑人办理监视居住手续。监视居住的期限应当重新计算并告知犯罪嫌疑人。

第一百四十一条 对符合刑事诉讼法第七十四条第一款规定的犯罪嫌疑人，人民检察院经审查认为不需要逮捕的，可以在作出不批准逮捕决定的同时，向公安机关提出采取监视居住措施的建议。

★公安机关办理刑事案件程序规定（2020年7月20日）（节录）

第一百零九条 公安机关对符合逮捕条件，有下列情形之一的犯罪嫌疑人，可以监视居住：

（一）患有严重疾病、生活不能自理的；

（二）怀孕或者正在哺乳自己婴儿的妇女；

（三）系生活不能自理的人的唯一扶养人；

（四）因案件的特殊情况或者办理案件的需要，采取监视居住措施更为适宜的；

（五）羁押期限届满，案件尚未办结，需要采取监视居住措施的。

对人民检察院决定不批准逮捕的犯罪嫌疑人，需要继续侦查，并且符合监视居住条件的，可以监视居住。

对于符合取保候审条件，但犯罪嫌疑人不能提出保证人，也不交纳保证金的，可以监视居住。

对于被取保候审人违反本规定第八十九条、第九十条规定的，可以监视居住。

第一百一十条　对犯罪嫌疑人监视居住，应当制作呈请监视居住报告书，说明监视居住的理由、采取监视居住的方式以及应当遵守的规定，经县级以上公安机关负责人批准，制作监视居住决定书。监视居住决定书应当向犯罪嫌疑人宣读，由犯罪嫌疑人签名、捺指印。

(3) 变更

★最高人民法院关于适用《中华人民共和国刑事诉讼法》的解释（2021年1月26日）（节录）

第一百六十二条　人民检察院、公安机关已经对犯罪嫌疑人取保候审、监视居住，案件起诉至人民法院后，需要继续取保候审、监视居住或者变更强制措施的，人民法院应当在七日以内作出决定，并通知人民检察院、公安机关。

决定继续取保候审、监视居住的，应当重新办理手续，期限重新计算；继续使用保证金保证的，不再收取保证金。

2. 监视居住的执行机关

★最高人民法院关于适用《中华人民共和国刑事诉讼法》的解释（2021年1月26日）（节录）

第一百六十一条　人民法院向被告人宣布监视居住决定后，应当将监视居住决定书等相关材料送交被告人住处或者指定居所所在地的公安机关执行。

对被告人指定居所监视居住后，人民法院应当在二十四小时以内，将监视居住的原因和处所通知其家属；确实无法通知的，应当记录在案。

★公安机关办理刑事案件程序规定（2020年7月20日）（节录）

第一百一十七条　公安机关决定监视居住的，由被监视居住人住处或者指定居所所在地的派出所执行，办案部门可以协助执行。必要时，也可以由办案部门负责执行，派出所或者其他部门协助执行。

第一百一十八条　人民法院、人民检察院决定监视居住的，负责执行的县级公安机关应当在收到法律文书和有关材料后二十四小时以内，通知被监视居住人住处或者指定居所所在地的派出所，核实被监视居住人身份、住处或者居所等情况后执行。必要时，可以由人民法院、人民检察院协助执行。

负责执行的派出所应当及时将执行情况通知决定监视居住的机关。

第一百一十九条　负责执行监视居住的派出所或者办案部门应当严格对被监视居住人进行监督考察，确保安全。

> **第七十五条　【监视居住的执行地点、通知家属、委托辩护人与法律监督】**监视居住应当在犯罪嫌疑人、被告人的住处执行；无固定住处的，可以在指定的居所执行。对于涉嫌危害国家安全犯罪、恐怖活动犯罪，在住处执行可能有碍侦查的，经上一级公安机关批准，也可以在指定的居所执行。但是，不得在羁押场所、专门的办案场所执行。
>
> 指定居所监视居住的，除无法通知的以外，应当在执行监视居住后二十四小时以内，通知被监视居住人的家属。
>
> 被监视居住的犯罪嫌疑人、被告人委托辩护人，适用本法第三十四条的规定。
>
> 人民检察院对指定居所监视居住的决定和执行是否合法实行监督。

● 要点及关联法规

1. "固定住处"和"指定的居所"的界定

★**人民检察院刑事诉讼规则**（2019年12月30日）（节录）

第一百一十六条第二款　固定住处是指犯罪嫌疑人在办案机关所在地的市、县内工作、生活的合法居所。

★**公安机关办理刑事案件程序规定**（2020年7月20日）（节录）

第一百一十二条第一款　固定住处，是指被监视居住人在办案机关所在的市、县内生活的合法住处；指定的居所，是指公安机关根据案件情况，在办案机关所在的市、县内为被监视居住人指定的生活居所。

第二款　指定的居所应当符合下列条件：

（一）具备正常的生活、休息条件；

（二）便于监视、管理；
（三）保证安全。

2. "危害国家安全犯罪"的界定

★公安机关办理刑事案件程序规定（2020年7月20日）（节录）

第三百八十五条　本规定所称"危害国家安全犯罪"，包括刑法分则第一章规定的危害国家安全罪以及危害国家安全的其他犯罪；"恐怖活动犯罪"，包括以制造社会恐慌、危害公共安全或者胁迫国家机关、国际组织为目的，采取暴力、破坏、恐吓等手段，造成或者意图造成人员伤亡、重大财产损失、公共设施损坏、社会秩序混乱等严重社会危害的犯罪，以及煽动、资助或者以其他方式协助实施上述活动的犯罪。

3. "有碍侦查"的认定

★公安机关办理刑事案件程序规定（2020年7月20日）（节录）

第一百一十一条第二款　有下列情形之一的，属于本条规定的"有碍侦查"：

（一）可能毁灭、伪造证据，干扰证人作证或者串供的；
（二）可能引发犯罪嫌疑人自残、自杀或者逃跑的；
（三）可能引起同案犯逃避、妨碍侦查的；
（四）犯罪嫌疑人、被告人在住处执行监视居住有人身危险的；
（五）犯罪嫌疑人、被告人的家属或者所在单位人员与犯罪有牵连的。

4. "无法通知"的认定

★人民检察院刑事诉讼规则（2019年12月30日）（节录）

第一百一十七条　……无法通知包括下列情形：
（一）被监视居住人无家属；
（二）与其家属无法取得联系；
（三）受自然灾害等不可抗力阻碍。

★公安机关办理刑事案件程序规定（2020年7月20日）（节录）

第一百一十三条第二款　有下列情形之一的，属于本条规定的"无法通知"：
（一）不讲真实姓名、住址、身份不明的；
（二）没有家属的；
（三）提供的家属联系方式无法取得联系的；
（四）因自然灾害等不可抗力导致无法通知的。

第三款　无法通知的情形消失以后,应当立即通知被监视居住人的家属。

第四款　无法通知家属的,应当在监视居住通知书中注明原因。

5. 监视居住的执行

（1）一般规定

★**最高人民法院、最高人民检察院、公安部、国家安全部、司法部、全国人大常委会法制工作委员会关于实施刑事诉讼法若干问题的规定**（2012年12月26日）（节录）

15. 指定居所监视居住的,不得要求被监视居住人支付费用。

★**最高人民法院关于适用《中华人民共和国刑事诉讼法》的解释**（2021年1月26日）（节录）

第一百六十条第二款　人民法院决定对被告人监视居住的,应当核实其住处;没有固定住处的,应当为其指定居所。

第一百六十一条　人民法院向被告人宣布监视居住决定后,应当将监视居住决定书等相关材料送交被告人住处或者指定居所所在地的公安机关执行。

对被告人指定居所监视居住后,人民法院应当在二十四小时以内,将监视居住的原因和处所通知其家属;确实无法通知的,应当记录在案。

★**人民检察院刑事诉讼规则**（2019年12月30日）（节录）

第一百零八条第一款　人民检察院应当向被监视居住的犯罪嫌疑人宣读监视居住决定书,由犯罪嫌疑人签名或者盖章,并捺指印,责令犯罪嫌疑人遵守刑事诉讼法第七十七条的规定,告知其违反规定应负的法律责任。

第一百零九条　人民检察院核实犯罪嫌疑人住处或者为其指定居所后,应当制作监视居住执行通知书,将有关法律文书和案由、犯罪嫌疑人基本情况材料,送交监视居住地的公安机关执行,必要时人民检察院可以协助公安机关执行。

人民检察院应当告知公安机关在执行期间拟批准犯罪嫌疑人离开执行监视居住的处所、会见他人或者通信的,应当事先征得人民检察院同意。

★**公安机关办理刑事案件程序规定**（2020年7月20日）（节录）

第一百一十四条　被监视居住人委托辩护律师,适用本规定第四十三条、第四十四条、第四十五条规定。

（2）指定居所监视居住的规定

★**人民检察院刑事诉讼规则**（2019年12月30日）（节录）

第一百一十六条　监视居住应当在犯罪嫌疑人的住处执行。犯罪嫌疑人无固定住处的,可以在指定的居所执行。

固定住处是指犯罪嫌疑人在办案机关所在地的市、县内工作、生活的合法居所。

指定的居所应当符合下列条件:

(一)具备正常的生活、休息条件;

(二)便于监视、管理;

(三)能够保证安全。

采取指定居所监视居住,不得在看守所、拘留所、监狱等羁押、监管场所以及留置室、讯问室等专门的办案场所、办公区域执行。

第一百一十七条 在指定的居所执行监视居住,除无法通知的以外,人民检察院应当在执行监视居住后二十四小时以内,将指定居所监视居住的原因通知被监视居住人的家属。无法通知的,应当将原因写明附卷。无法通知的情形消除后,应当立即通知。

无法通知包括下列情形:

(一)被监视居住人无家属;

(二)与其家属无法取得联系;

(三)受自然灾害等不可抗力阻碍。

第一百一十八条 对于公安机关、人民法院决定指定居所监视居住的案件,由批准或者决定的公安机关、人民法院的同级人民检察院负责捕诉的部门对决定是否合法实行监督。

人民检察院决定指定居所监视居住的案件,由负责控告申诉检察的部门对决定是否合法实行监督。

第一百一十九条 被指定居所监视居住人及其法定代理人、近亲属或者辩护人认为指定居所监视居住决定存在违法情形,提出控告或者举报的,人民检察院应当受理。

人民检察院可以要求有关机关提供指定居所监视居住决定书和相关案卷材料。经审查,发现存在下列违法情形之一的,应当及时通知其纠正:

(一)不符合指定居所监视居住的适用条件的;

(二)未按法定程序履行批准手续的;

(三)在决定过程中有其他违反刑事诉讼法规定的行为的。

第一百二十条 对于公安机关、人民法院决定指定居所监视居住的案件,由人民检察院负责刑事执行检察的部门对指定居所监视居住的执行活动是否合法实行监督。发现存在下列违法情形之一的,应当及时提出纠正意见:

（一）执行机关收到指定居所监视居住决定书、执行通知书等法律文书后不派员执行或者不及时派员执行的；

（二）在执行指定居所监视居住后二十四小时以内没有通知被监视居住人的家属的；

（三）在羁押场所、专门的办案场所执行监视居住的；

（四）为被监视居住人通风报信、私自传递信件、物品的；

（五）违反规定安排辩护人同被监视居住人会见、通信，或者违法限制被监视居住人与辩护人会见、通信的；

（六）对被监视居住人刑讯逼供、体罚、虐待或者变相体罚、虐待的；

（七）有其他侵犯被监视居住人合法权利行为或者其他违法行为的。

被监视居住人及其法定代理人、近亲属或者辩护人认为执行机关或者执行人员存在上述违法情形，提出控告或者举报的，人民检察院应当受理。

人民检察院决定指定居所监视居住的案件，由负责控告申诉检察的部门对指定居所监视居住的执行活动是否合法实行监督。

★公安机关办理刑事案件程序规定（2020年7月20日）（节录）

第一百一十五条　公安机关在宣布监视居住决定时，应当告知被监视居住人必须遵守以下规定：

（一）未经执行机关批准不得离开执行监视居住的处所；

（二）未经执行机关批准不得会见他人或者以任何方式通信；

（三）在传讯的时候及时到案；

（四）不得以任何形式干扰证人作证；

（五）不得毁灭、伪造证据或者串供；

（六）将护照等出入境证件、身份证件、驾驶证件交执行机关保存。

第一百一十六条　公安机关对被监视居住人，可以采取电子监控、不定期检查等监视方法对其遵守监视居住规定的情况进行监督；在侦查期间，可以对被监视居住的犯罪嫌疑人的电话、传真、信函、邮件、网络等通信进行监控。

第一百一十七条　公安机关决定监视居住的，由被监视居住人住处或者指定居所所在地的派出所执行，办案部门可以协助执行。必要时，也可以由办案部门负责执行，派出所或者其他部门协助执行。

第一百一十八条　人民法院、人民检察院决定监视居住的，负责执行的县级公安机关应当在收到法律文书和有关材料后二十四小时以内，通知被监视居住人住处或者指定居所所在地的派出所，核实被监视居住人身份、住处或者居所等情况后执行。必要时,可以由人民法院、人民检察院协助执行。

负责执行的派出所应当及时将执行情况通知决定监视居住的机关。

6. 监视居住的监督

(1) 对监视居住决定的监督

★人民检察院刑事诉讼规则(2019 年 12 月 30 日)(节录)

第一百一十八条　对于公安机关、人民法院决定指定居所监视居住的案件,由批准或者决定的公安机关、人民法院的同级人民检察院负责捕诉的部门对决定是否合法实行监督。

人民检察院决定指定居所监视居住的案件,由负责控告申诉检察的部门对决定是否合法实行监督。

第一百一十九条　被指定居所监视居住人及其法定代理人、近亲属或者辩护人认为指定居所监视居住决定存在违法情形,提出控告或者举报的,人民检察院应当受理。

人民检察院可以要求有关机关提供指定居所监视居住决定书和相关案卷材料。经审查,发现存在下列违法情形之一的,应当及时通知其纠正:

(一) 不符合指定居所监视居住的适用条件的;

(二) 未按法定程序履行批准手续的;

(三) 在决定过程中有其他违反刑事诉讼法规定的行为的。

(2) 对监视居住执行的监督

★人民检察院刑事诉讼规则(2019 年 12 月 30 日)(节录)

第一百二十条　对于公安机关、人民法院决定指定居所监视居住的案件,由人民检察院负责刑事执行检察的部门对指定居所监视居住的执行活动是否合法实行监督。发现存在下列违法情形之一的,应当及时提出纠正意见:

(一) 执行机关收到指定居所监视居住决定书、执行通知书等法律文书后不派员执行或者不及时派员执行的;

(二) 在执行指定居所监视居住后二十四小时以内没有通知被监视居住人的家属的;

(三) 在羁押场所、专门的办案场所执行监视居住的;

(四) 为被监视居住人通风报信、私自传递信件、物品的;

(五) 违反规定安排辩护人同被监视居住人会见、通信,或者违法限制被监视居住人与辩护人会见、通信的;

(六) 对被监视居住人刑讯逼供、体罚、虐待或者变相体罚、虐待的;

(七)有其他侵犯被监视居住人合法权利行为或者其他违法行为的。

被监视居住人及其法定代理人、近亲属或者辩护人认为执行机关或者执行人员存在上述违法情形,提出控告或者举报的,人民检察院应当受理。

人民检察院决定指定居所监视居住的案件,由负责控告申诉检察的部门对指定居所监视居住的执行活动是否合法实行监督。

> **第七十六条 【指定居所监视居住的刑期折抵】** 指定居所监视居住的期限应当折抵刑期。被判处管制的,监视居住一日折抵刑期一日;被判处拘役、有期徒刑的,监视居住二日折抵刑期一日。

> **第七十七条 【被监视居住人的义务及违反义务的处理】** 被监视居住的犯罪嫌疑人、被告人应当遵守以下规定:
> (一)未经执行机关批准不得离开执行监视居住的处所;
> (二)未经执行机关批准不得会见他人或者通信;
> (三)在传讯的时候及时到案;
> (四)不得以任何形式干扰证人作证;
> (五)不得毁灭、伪造证据或者串供;
> (六)将护照等出入境证件、身份证件、驾驶证件交执行机关保存。
> 被监视居住的犯罪嫌疑人、被告人违反前款规定,情节严重的,可以予以逮捕;需要予以逮捕的,可以对犯罪嫌疑人、被告人先行拘留。

● 要点及关联法规

1. 被监视居住人的义务

★最高人民检察院、公安部关于适用刑事强制措施有关问题的规定(2000年8月28日)(节录)

第十四条 人民检察院决定对犯罪嫌疑人监视居住的案件,在执行期间,犯罪嫌疑人有正当理由需要离开住处或者指定居所的,负责执行的派出所应当及时报告所属县级公安机关,由该县级公安机关征得决定监视居住的人民检察院同意后予以批准。

★最高人民法院、最高人民检察院、公安部、国家安全部、司法部、全国人大常委会法制工作委员会关于实施刑事诉讼法若干问题的规定（2012 年 12 月 26 日）（节录）

13. 被取保候审、监视居住的犯罪嫌疑人、被告人无正当理由不得离开所居住的市、县或者执行监视居住的处所，有正当理由需要离开所居住的市、县或者执行监视居住的处所，应当经执行机关批准。如果取保候审、监视居住是由人民检察院、人民法院决定的，执行机关在批准犯罪嫌疑人、被告人离开所居住的市、县或者执行监视居住的处所前，应当征得决定机关同意。

★人民检察院刑事诉讼规则（2019 年 12 月 30 日）（节录）

第一百一十一条　犯罪嫌疑人有下列违反监视居住规定的行为，人民检察院应当对犯罪嫌疑人予以逮捕：

（一）故意实施新的犯罪行为；

（二）企图自杀、逃跑；

（三）实施毁灭、伪造证据或者串供、干扰证人作证行为，足以影响侦查、审查起诉工作正常进行；

（四）对被害人、证人、鉴定人、举报人、控告人及其他人员实施打击报复。

犯罪嫌疑人有下列违反监视居住规定的行为，人民检察院可以对犯罪嫌疑人予以逮捕：

（一）未经批准，擅自离开执行监视居住的处所，造成严重后果，或者两次未经批准，擅自离开执行监视居住的处所；

（二）未经批准，擅自会见他人或者通信，造成严重后果，或者两次未经批准，擅自会见他人或者通信；

（三）经传讯不到案，造成严重后果，或者经两次传讯不到案。

有前两款情形，需要对犯罪嫌疑人予以逮捕的，可以先行拘留。

★公安机关办理刑事案件程序规定（2020 年 7 月 20 日）（节录）

第一百一十五条　公安机关在宣布监视居住决定时，应当告知被监视居住人必须遵守以下规定：

（一）未经执行机关批准不得离开执行监视居住的处所；

（二）未经执行机关批准不得会见他人或者以任何方式通信；

（三）在传讯的时候及时到案；

（四）不得以任何形式干扰证人作证；

（五）不得毁灭、伪造证据或者串供；

（六）将护照等出入境证件、身份证件、驾驶证件交执行机关保存。

第一百二十条　被监视居住人有正当理由要求离开住处或者指定的居所以及要求会见他人或者通信的，应当经负责执行的派出所或者办案部门负责人批准。

人民法院、人民检察院决定监视居住的，负责执行的派出所在批准被监视居住人离开住处或者指定的居所以及与他人会见或者通信前，应当征得决定监视居住的机关同意。

2. 违反义务的法律后果

★最高人民检察院、公安部关于适用刑事强制措施有关问题的规定（2000年8月28日）（节录）

第十五条　人民检察院决定对犯罪嫌疑人监视居住的案件，犯罪嫌疑人违反应当遵守的规定的，执行监视居住的派出所应当及时报告县级公安机关通知决定监视居住的人民检察院。情节严重的，人民检察院应当决定予以逮捕，通知公安机关执行。

第十六条　人民检察院决定对犯罪嫌疑人监视居住的案件，监视居住期限届满十五日前，负责执行的县级公安机关应当通知决定监视居住的人民检察院。人民检察院应当在监视居住期限届满前，作出解除监视居住或者变更强制措施的决定，并通知公安机关执行。

第十七条　公安机关决定对犯罪嫌疑人监视居住的案件，犯罪嫌疑人违反应当遵守的规定，情节严重的，公安机关应当依法提请批准逮捕。人民检察院应当根据刑事诉讼法第五十七条①的规定审查批准逮捕。

★公安机关办理刑事案件程序规定（2020年7月20日）（节录）

第一百二十一条　被监视居住人违反应当遵守的规定，公安机关应当区分情形责令被监视居住人具结悔过或者给予治安管理处罚。情节严重的，可以予以逮捕；需要予以逮捕的，可以对其先行拘留。

人民法院、人民检察院决定监视居住的，被监视居住人违反应当遵守的规定，负责执行的派出所应当及时通知决定监视居住的机关。

---

① 现为第七十七条。——编者注

第七十八条　【对被监视居住人的监督监控】 执行机关对被监视居住的犯罪嫌疑人、被告人，可以采取电子监控、不定期检查等监视方法对其遵守监视居住规定的情况进行监督；在侦查期间，可以对被监视居住的犯罪嫌疑人的通信进行监控。

● 要点及关联法规

1. 对被监视居住人的监督与监控

★人民检察院刑事诉讼规则（2019年12月30日）（节录）

第一百一十条　人民检察院可以根据案件的具体情况，商请公安机关对被监视居住的犯罪嫌疑人采取电子监控、不定期检查等监视方法，对其遵守监视居住规定的情况进行监督。

人民检察院办理直接受理侦查的案件对犯罪嫌疑人采取监视居住的，在侦查期间可以商请公安机关对其通信进行监控。

★公安机关办理刑事案件程序规定（2020年7月20日）（节录）

第一百一十六条　公安机关对被监视居住人，可以采取电子监控、不定期检查等监视方法对其遵守监视居住规定的情况进行监督；在侦查期间，可以对被监视居住的犯罪嫌疑人的电话、传真、信函、邮件、网络等通信进行监控。

第七十九条　【取保候审、监视居住的期限及解除】 人民法院、人民检察院和公安机关对犯罪嫌疑人、被告人取保候审最长不得超过十二个月，监视居住最长不得超过六个月。

在取保候审、监视居住期间，不得中断对案件的侦查、起诉和审理。对于发现不应当追究刑事责任或者取保候审、监视居住期限届满的，应当及时解除取保候审、监视居住。解除取保候审、监视居住，应当及时通知被取保候审、监视居住人和有关单位。

● 要点及关联法规

1. 一般规定

★最高人民法院、最高人民检察院、公安部关于严格执行刑事诉讼法,切实纠防超期羁押的通知(2003年11月12日)(节录)

三、准确适用刑事诉讼法关于取保候审、监视居住的规定。人民法院、人民检察院和公安机关在对犯罪嫌疑人、被告人采取强制措施时,凡符合取保候审、监视居住条件的,应当依法采取取保候审、监视居住。对已被羁押的犯罪嫌疑人、被告人,在其法定羁押期限已满时必须立即释放,如侦查、起诉、审判活动尚未完成,需要继续查证、审理的,要依法变更强制措施为取保候审或者监视居住,充分发挥取保候审、监视居住这两项强制措施的作用,做到追究犯罪与保障犯罪嫌疑人、被告人合法权益的统一。

2. 取保候审、监视居住的期限

(1) 取保候审

★人民检察院刑事诉讼规则(2019年12月30日)(节录)

第一百零二条 人民检察院决定对犯罪嫌疑人取保候审,最长不得超过十二个月。

第一百零三条 公安机关决定对犯罪嫌疑人取保候审,案件移送人民检察院审查起诉后,对于需要继续取保候审的,人民检察院应当依法重新作出取保候审决定,并对犯罪嫌疑人办理取保候审手续。取保候审的期限应当重新计算并告知犯罪嫌疑人。对继续采取保证金方式取保候审的,被取保候审人没有违反刑事诉讼法第七十一条规定的,不变更保证金数额,不再重新收取保证金。

第一百零四条 在取保候审期间,不得中断对案件的侦查、审查起诉。

★公安机关办理刑事案件程序规定(2020年7月20日)(节录)

第一百零七条 公安机关在取保候审期间不得中断对案件的侦查,对取保候审的犯罪嫌疑人,根据案情变化,应当及时变更强制措施或者解除取保候审。

取保候审最长不得超过十二个月。

(2) 监视居住

★人民检察院刑事诉讼规则(2019年12月30日)(节录)

第一百一十二条 人民检察院决定对犯罪嫌疑人监视居住,最长不得超过六个月。

第一百一十三条　公安机关决定对犯罪嫌疑人监视居住，案件移送人民检察院审查起诉后，对于需要继续监视居住的，人民检察院应当依法重新作出监视居住决定，并对犯罪嫌疑人办理监视居住手续。监视居住的期限应当重新计算并告知犯罪嫌疑人。

第一百一十四条　在监视居住期间，不得中断对案件的侦查、审查起诉。

★**公安机关办理刑事案件程序规定**（2020年7月20日）（节录）

第一百二十二条　在监视居住期间，公安机关不得中断案件的侦查，对被监视居住的犯罪嫌疑人，应当根据案情变化，及时解除监视居住或者变更强制措施。

监视居住最长不得超过六个月。

3. 取保候审、监视居住的解除

（1）取保候审

★**人民检察院刑事诉讼规则**（2019年12月30日）（节录）

第一百零五条　取保候审期限届满或者发现不应当追究犯罪嫌疑人的刑事责任的，应当及时解除或者撤销取保候审。

解除或者撤销取保候审的决定，应当及时通知执行机关，并将解除或者撤销取保候审的决定书送达犯罪嫌疑人；有保证人的，应当通知保证人解除保证义务。

第一百零六条　犯罪嫌疑人在取保候审期间没有违反刑事诉讼法第七十一条的规定，或者发现不应当追究犯罪嫌疑人刑事责任的，变更、解除或者撤销取保候审时，应当告知犯罪嫌疑人可以凭变更、解除或者撤销取保候审的通知或者有关法律文书到银行领取退还的保证金。

★**公安机关办理刑事案件程序规定**（2020年7月20日）（节录）

第一百零八条　需要解除取保候审的，应当经县级以上公安机关负责人批准，制作解除取保候审决定书、通知书，并及时通知负责执行的派出所、被取保候审人、保证人和有关单位。

人民法院、人民检察院作出解除取保候审决定的，负责执行的公安机关应当根据决定书及时解除取保候审，并通知被取保候审人、保证人和有关单位。

(2) 监视居住

★最高人民检察院、公安部关于适用刑事强制措施有关问题的规定（2000年8月28日）（节录）

第十六条　人民检察院决定对犯罪嫌疑人监视居住的案件，监视居住期限届满十五日前，负责执行的县级公安机关应当通知决定监视居住的人民检察院。人民检察院应当在监视居住期限届满前，作出解除监视居住或者变更强制措施的决定，并通知公安机关执行。

★人民检察院刑事诉讼规则（2019年12月30日）（节录）

第一百一十五条　监视居住期限届满或者发现不应当追究犯罪嫌疑人刑事责任的，应当解除或者撤销监视居住。

解除或者撤销监视居住的决定应当通知执行机关，并将解除或者撤销监视居住的决定书送达犯罪嫌疑人。

★公安机关办理刑事案件程序规定（2020年7月20日）（节录）

第一百二十三条　需要解除监视居住的，应当经县级以上公安机关负责人批准，制作解除监视居住决定书，并及时通知负责执行的派出所、被监视居住人和有关单位。

人民法院、人民检察院作出解除、变更监视居住决定的，负责执行的公安机关应当及时解除并通知被监视居住人和有关单位。

第八十条　【逮捕的批准、决定与执行机关】逮捕犯罪嫌疑人、被告人，必须经过人民检察院批准或者人民法院决定，由公安机关执行。

● 要点及关联法规

1. 人民法院决定逮捕

★最高人民法院关于适用《中华人民共和国刑事诉讼法》的解释（2021年1月26日）（节录）

第一百六十三条　对具有刑事诉讼法第八十一条第一款、第三款规定情形的被告人，人民法院应当决定逮捕。

第一百六十七条　人民法院作出逮捕决定后，应当将逮捕决定书等相关材料送交公安机关执行，并将逮捕决定书抄送人民检察院。逮捕被告人后，人民法院应当将逮捕的原因和羁押的处所，在二十四小时以内通知其家属；确实无法通知的，应当记录在案。

2. 公安机关提请和执行逮捕

（1）提请

★**最高人民检察院、公安部关于依法适用逮捕措施有关问题的规定**（2001年8月6日）（节录）

二、公安机关在作出是否提请人民检察院批准逮捕的决定之前，应当对收集、调取的证据材料予以核实。对于符合逮捕条件的犯罪嫌疑人，应当提请人民检察院批准逮捕；对于不符合逮捕条件但需要继续侦查的，公安机关可以依法取保候审或者监视居住。

公安机关认为需要人民检察院派员参加重大案件讨论的，应当及时通知人民检察院。人民检察院接到通知后，应当及时派员参加。参加的检察人员在充分了解案情的基础上，应当对侦查活动提出意见和建议。

★**最高人民法院、最高人民检察院、公安部关于公安部证券犯罪侦查局直属分局办理经济犯罪案件适用刑事诉讼程序若干问题的通知**（2009年11月4日）（节录）

三、直属分局依法对本通知第一条规定的案件立案、侦查、预审。对犯罪嫌疑人分别依法决定传唤、拘传、取保候审、监视居住、拘留；认为需要逮捕的，提请人民检察院审查批准；对依法不追究刑事责任的不予立案，已经立案的予以撤销案件；对侦查终结应当起诉的案件，移送人民检察院审查决定。

四、直属分局依照《刑事诉讼法》和《公安机关办理刑事案件程序规定》等有关规定出具和使用刑事法律文书，冠以"公安部证券犯罪侦查局第×分局"字样，加盖"公安部证券犯罪侦查局第×分局"印章，需要加盖直属分局局长印章的，加盖直属分局局长印章。

五、直属分局在侦查办案过程中，需要逮捕犯罪嫌疑人的，应当按照《刑事诉讼法》及《公安机关办理刑事案件程序规定》的有关规定，制作相应的法律文书，连同有关案卷材料、证据，一并移送犯罪地的人民检察院审查批准。如果由犯罪嫌疑人居住地的人民检察院办理更为适宜的，可以移送犯罪嫌疑人居住地的人民检察院审查批准。

（2）执行

★最高人民检察院、公安部关于依法适用逮捕措施有关问题的规定（2001年8月6日）（节录）

七、人民检察院批准逮捕的决定，公安机关应当立即执行，并将执行回执在执行后三日内送达作出批准决定的人民检察院；未能执行的，也应当将执行回执送达人民检察院，并写明未能执行的原因。对于人民检察院决定不批准逮捕的，公安机关在收到不批准逮捕决定书后，应当立即释放在押的犯罪嫌疑人或者变更强制措施，并将执行回执在收到不批准逮捕决定书后三日内送达作出不批准逮捕决定的人民检察院。如果公安机关发现逮捕不当的，应当及时予以变更，并将变更的情况及原因在作出变更决定后三日内通知原批准逮捕的人民检察院。人民检察院认为变更不当的，应当通知作出变更决定的公安机关纠正。

八、公安机关认为人民检察院不批准逮捕的决定有错误的，应当在收到不批准逮捕决定书后五日以内，向同级人民检察院要求复议。人民检察院应当在收到公安机关要求复议意见书后七日内作出复议决定。

公安机关对复议决定不服的，应当在收到人民检察院复议决定书后五日以内向上一级人民检察院提请复核。上一级人民检察院应当在收到公安机关提请复核意见书后十五日以内作出复核决定。原不批准逮捕决定错误的，应当及时纠正。

★公安机关办理刑事案件程序规定（2020年7月20日）（节录）

第一百四十六条　人民法院、人民检察院决定逮捕犯罪嫌疑人、被告人的，由县级以上公安机关凭人民法院、人民检察院决定逮捕的法律文书制作逮捕证并立即执行。必要时，可以请人民法院、人民检察院协助执行。执行逮捕后，应当及时通知决定机关。

公安机关未能抓获犯罪嫌疑人、被告人的，应当将执行情况和未能抓获的原因通知决定逮捕的人民检察院、人民法院。对于犯罪嫌疑人、被告人在逃的，在人民检察院、人民法院撤销逮捕决定之前，公安机关应当组织力量继续执行。

3. 人民检察院审查和批准逮捕

★最高人民检察院、公安部关于适用刑事强制措施有关问题的规定（2000年8月28日）（节录）

第二十四条　对于公安机关提请批准逮捕的案件，人民检察院应当就犯罪嫌疑人涉嫌的犯罪事实和证据进行审查。除刑事诉讼法第五十六条和第五十七条规定的情形外，人民检察院应当按照刑事诉讼法第六十条规定的逮捕条件审查批准逮捕。

★**最高人民检察院、公安部关于依法适用逮捕措施有关问题的规定**（2001年8月6日）（节录）

三、人民检察院收到公安机关提请批准逮捕的案件后，应当立即指定专人进行审查，发现不符合刑事诉讼法第六十六条规定，提请批准逮捕书、案卷材料和证据不齐全的，应当要求公安机关补充有关材料。

对公安机关提请批准逮捕的案件，人民检察院经审查，认为符合逮捕条件的，应当批准逮捕。对于不符合逮捕条件的，或者具有刑事诉讼法第十五条规定的情形之一的，应当作出不批准逮捕的决定，并说明理由。

对公安机关报请批准逮捕的案件人民检察院在审查逮捕期间不另行侦查。必要的时候，人民检察院可以派人参加公安机关对重大案件的讨论。

四、对公安机关提请批准逮捕的犯罪嫌疑人，已被拘留的，人民检察院应当在接到提请批准逮捕书后的十日以内作出是否批准逮捕的决定；未被拘留的，应当在接到提请批准逮捕书后的十五日以内作出是否批准逮捕的决定，重大、复杂的案件，不得超过二十日。

五、对不批准逮捕，需要补充侦查的案件，人民检察院应当通知提请批准逮捕的公安机关补充侦查，并附补充侦查提纲，列明需要查清的事实和需要收集、核实的证据。

六、对人民检察院补充侦查提纲中所列的事项，公安机关应当及时进行侦查、核实，并逐一作出说明。不得未经侦查和说明，以相同材料再次提请批准逮捕。公安机关未经侦查、不作说明的，人民检察院可以作出不批准逮捕的决定。

九、人民检察院办理审查逮捕案件，发现应当逮捕而公安机关未提请批准逮捕的犯罪嫌疑人的，应当建议公安机关提请批准逮捕。公安机关认为建议正确的，应当立即提请批准逮捕；认为建议不正确的，应当将不提请批准逮捕的理由通知人民检察院。

十、公安机关需要延长侦查羁押期限的，应当在侦查羁押期限届满七日前，向同级人民检察院移送提请延长侦查羁押期限意见书，写明案件的主要案情、延长侦查羁押期限的具体理由和起止日期，并附逮捕证复印件。有决定权的人民检察院应当在侦查羁押期限届满前作出是否批准延长侦查羁押期限的决定，并交由受理案件的人民检察院送达公安机关。

十一、公安机关发现犯罪嫌疑人另有重要罪行，需要重新计算侦查羁押期限的,可以按照刑事诉讼法有关规定决定重新计算侦查羁押期限,同时报送原作出批准逮捕决定的人民检察院备案。

十二、公安机关发现不应当对犯罪嫌疑人追究刑事责任的,应当撤销案件;犯罪嫌疑人已被逮捕的,应当立即释放,并将释放的原因在释放后三日内通知原作出批准逮捕决定的人民检察院。

十三、人民检察院在审查批准逮捕工作中,如果发现公安机关的侦查活动有违法情况,应当通知公安机关予以纠正,公安机关应当将纠正情况通知人民检察院。

十四、公安机关、人民检察院在提请批准逮捕和审查批准逮捕工作中,要加强联系,互相配合,在工作中可以建立联席会议制度,定期互通有关情况。

第八十一条[①]　**【逮捕的适用情形】**对有证据证明有犯罪事实,可能判处徒刑以上刑罚的犯罪嫌疑人、被告人,采取取保候审尚不足以防止发生下列社会危险性的,应当予以逮捕:

(一)可能实施新的犯罪的;

(二)有危害国家安全、公共安全或者社会秩序的现实危险的;

(三)可能毁灭、伪造证据,干扰证人作证或者串供的;

(四)可能对被害人、举报人、控告人实施打击报复的;

(五)企图自杀或者逃跑的。

批准或者决定逮捕,应当将犯罪嫌疑人、被告人涉嫌犯罪的性质、情节、认罪认罚等情况,作为是否可能发生社会危险性的考虑因素。

对有证据证明有犯罪事实,可能判处十年有期徒刑以上刑罚的,或者有证据证明有犯罪事实,可能判处徒刑以上刑罚,曾经故意犯罪或者身份不明的,应当予以逮捕。

被取保候审、监视居住的犯罪嫌疑人、被告人违反取保候审、监视居住规定,情节严重的,可以予以逮捕。

[①] 该条 2018 年修订时在原第七十九条的基础上,增加"犯罪嫌疑人、被告人涉嫌犯罪的性质、情节、认罪认罚等情况"作为批准或者决定逮捕的考虑因素。

要点及关联法规

1. "有证据证明有犯罪事实"的认定

★最高人民检察院、公安部关于依法适用逮捕措施有关问题的规定（2001年8月6日）（节录）

一、公安机关提请批准逮捕、人民检察院审查批准逮捕都应当严格依照法律规定的条件和程序进行。

（一）刑事诉讼法第六十条①规定的"有证据证明有犯罪事实"是指同时具备以下三种情形：1. 有证据证明发生了犯罪事实；2. 有证据证明该犯罪事实是犯罪嫌疑人实施的；3. 证明犯罪嫌疑人实施犯罪行为的证据已有查证属实的。

"有证据证明有犯罪事实"，并不要求查清全部犯罪事实。其中"犯罪事实"既可以是单一犯罪行为的事实，也可以是数个犯罪行为中任何一个犯罪行为的事实。

★人民检察院刑事诉讼规则（2019年12月30日）（节录）

第一百二十八条 ……有证据证明有犯罪事实是指同时具备下列情形：

（一）有证据证明发生了犯罪事实；

（二）有证据证明该犯罪事实是犯罪嫌疑人实施的；

（三）证明犯罪嫌疑人实施犯罪行为的证据已经查证属实。

犯罪事实既可以是单一犯罪行为的事实，也可以是数个犯罪行为中任何一个犯罪行为的事实。

★公安机关办理刑事案件程序规定（2020年7月20日）（节录）

第一百三十四条 有证据证明有犯罪事实，是指同时具备下列情形：

（一）有证据证明发生了犯罪事实；

（二）有证据证明该犯罪事实是犯罪嫌疑人实施的；

（三）证明犯罪嫌疑人实施犯罪行为的证据已有查证属实的。

前款规定的"犯罪事实"既可以是单一犯罪行为的事实，也可以是数个犯罪行为中任何一个犯罪行为的事实。

---

① 现为第八十一条。——编者注

2. "可能实施新的犯罪"的认定

★最高人民检察院、公安部关于逮捕社会危险性条件若干问题的规定（试行）（2015年10月9日）（节录）

第五条 犯罪嫌疑人"可能实施新的犯罪"，应当具有下列情形之一：

（一）案发前或者案发后正在策划、组织或者预备实施新的犯罪的；

（二）扬言实施新的犯罪的；

（三）多次作案、连续作案、流窜作案的；

（四）一年内曾因故意实施同类违法行为受到行政处罚的；

（五）以犯罪所得为主要生活来源的；

（六）有吸毒、赌博等恶习的；

（七）其他可能实施新的犯罪的情形。

3. "有危害国家安全、公共安全或者社会秩序的现实危险"的认定

★最高人民检察院、公安部关于逮捕社会危险性条件若干问题的规定（试行）（2015年10月9日）（节录）

第六条 犯罪嫌疑人"有危害国家安全、公共安全或者社会秩序的现实危险"，应当具有下列情形之一：

（一）案发前或者案发后正在积极策划、组织或者预备实施危害国家安全、公共安全或者社会秩序的重大违法犯罪行为的；

（二）曾因危害国家安全、公共安全或者社会秩序受到刑事处罚或者行政处罚的；

（三）在危害国家安全、黑恶势力、恐怖活动、毒品犯罪中起组织、策划、指挥作用或者积极参加的；

（四）其他有危害国家安全、公共安全或者社会秩序的现实危险的情形。

4. "可能毁灭、伪造证据，干扰证人作证或者串供"的认定

★最高人民检察院、公安部关于逮捕社会危险性条件若干问题的规定（试行）（2015年10月9日）（节录）

第七条 犯罪嫌疑人"可能毁灭、伪造证据，干扰证人作证或者串供"，应当具有下列情形之一：

（一）曾经或者企图毁灭、伪造、隐匿、转移证据的；

（二）曾经或者企图威逼、恐吓、利诱、收买证人，干扰证人作证的；

（三）有同案犯罪嫌疑人或者与其在事实上存在密切关联犯罪的犯罪嫌疑人在逃，重要证据尚未收集到位的；

（四）其他可能毁灭、伪造证据，干扰证人作证或者串供的情形。

5. "可能对被害人、举报人、控告人实施打击报复"的认定

★最高人民检察院、公安部关于逮捕社会危险性条件若干问题的规定（试行）（2015年10月9日）（节录）

第八条 犯罪嫌疑人"可能对被害人、举报人、控告人实施打击报复"，应当具有下列情形之一：

（一）扬言或者准备、策划对被害人、举报人、控告人实施打击报复的；

（二）曾经对被害人、举报人、控告人实施打击、要挟、迫害等行为的；

（三）采取其他方式滋扰被害人、举报人、控告人的正常生活、工作的；

（四）其他可能对被害人、举报人、控告人实施打击报复的情形。

6. "企图自杀或者逃跑"的认定

★最高人民检察院、公安部关于逮捕社会危险性条件若干问题的规定（试行）（2015年10月9日）（节录）

第九条 犯罪嫌疑人"企图自杀或者逃跑"，应当具有下列情形之一：

（一）着手准备自杀、自残或者逃跑的；

（二）曾经自杀、自残或者逃跑的；

（三）有自杀、自残或者逃跑的意思表示的；

（四）曾经以暴力、威胁手段抗拒抓捕的；

（五）其他企图自杀或者逃跑的情形。

7. 犯罪嫌疑人是否具有社会危险性的审查认定

★最高人民检察院、公安部关于逮捕社会危险性条件若干问题的规定（试行）（2015年10月9日）（节录）

第二条 人民检察院办理审查逮捕案件，应当全面把握逮捕条件，对有证据证明有犯罪事实、可能判处徒刑以上刑罚的犯罪嫌疑人，除刑诉法第七十九条第二、三款①规定的情形外，应当严格审查是否具备社会危险性条件。公安机关侦查刑事案件，应当收集、固定犯罪嫌疑人是否具有社会危险性的证据。

第三条 公安机关提请逮捕犯罪嫌疑人的，应当同时移送证明犯罪嫌疑人具有社会危险性的证据。对于证明犯罪事实的证据能够证明犯罪嫌疑人具有社会危险性的，应当在提请批准逮捕书中专门予以说明。对于证明犯罪事实的证

---

① 现为第八十一条第三款、第四款。——编者注

据不能证明犯罪嫌疑人具有社会危险性的,应当收集、固定犯罪嫌疑人具备社会危险性条件的证据,并在提请逮捕时随卷移送。

第四条 人民检察院审查认定犯罪嫌疑人是否具有社会危险性,应当以公安机关移送的社会危险性相关证据为依据,并结合案件具体情况综合认定。必要时可以通过讯问犯罪嫌疑人、询问证人等诉讼参与人、听取辩护律师意见等方式,核实相关证据。依据在案证据不能认定犯罪嫌疑人符合逮捕社会危险性条件的,人民检察院可以要求公安机关补充相关证据,公安机关没有补充移送的,应当作出不批准逮捕的决定。

第十条 人民检察院对于以无社会危险性不批准逮捕的,应当向公安机关说明理由,必要时可以向被害人说明理由。对于社会关注的重大敏感案件或者可能引发群体性事件的,在作出不捕决定前应当进行风险评估并做好处置预案。

8. 逮捕的适用情形

(1) 一般规定

★最高人民检察院、公安部关于依法适用逮捕措施有关问题的规定(2001年8月6日)(节录)

一、公安机关提请批准逮捕、人民检察院审查批准逮捕都应当严格依照法律规定的条件和程序进行。

(二) 具有下列情形之一的,即为刑事诉讼法第六十条①规定的"有逮捕必要":1. 可能继续实施犯罪行为,危害社会的;2. 可能毁灭、伪造证据、干扰证人作证或者串供的;3. 可能自杀或逃跑的;4. 可能实施打击报复行为的;5. 可能有碍其他案件侦查的;6. 其他可能发生社会危险性的情形。

对有组织犯罪、黑社会性质组织犯罪、暴力犯罪和多发性犯罪等严重危害社会治安和社会秩序以及可能有碍侦查的犯罪嫌疑人,一般应予逮捕。

(三) 对实施多个犯罪行为或者共同犯罪案件的犯罪嫌疑人,符合本条第(一)项、第(二)项的规定,具有下列情形之一的,应当予以逮捕:1. 有证据证明有数罪中的一罪的;2. 有证据证明有多次犯罪中的一次犯罪的;3. 共同犯罪中,已有证据证明有犯罪行为的。

★最高人民法院关于适用《中华人民共和国刑事诉讼法》的解释(2021年1月26日)(节录)

第一百六十三条 对具有刑事诉讼法第八十一条第一款、第三款规定情形

---

① 现为第八十一条。——编者注

的被告人，人民法院应当决定逮捕。

第一百六十七条　人民法院作出逮捕决定后，应当将逮捕决定书等相关材料送交公安机关执行，并将逮捕决定书抄送人民检察院。逮捕被告人后，人民法院应当将逮捕的原因和羁押的处所，在二十四小时以内通知其家属；确实无法通知的，应当记录在案。

★公安机关办理刑事案件程序规定（2020年7月20日）（节录）

第一百五十六条　继续盘问期间发现需要对犯罪嫌疑人拘留、逮捕、取保候审或者监视居住的，应当立即办理法律手续。

第一百五十七条　对犯罪嫌疑人执行拘传、拘留、逮捕、押解过程中，应当依法使用约束性警械。遇有暴力性对抗或者暴力犯罪行为，可以依法使用制服性警械或者武器。

（2）对被取保候审人适用逮捕的情形

★最高人民检察院、公安部关于依法适用逮捕措施有关问题的规定（2001年8月6日）（节录）

一、公安机关提请批准逮捕、人民检察院审查批准逮捕都应当严格依照法律规定的条件和程序进行

（四）根据刑事诉讼法第五十六条第二款①的规定，对下列违反取保候审规定的犯罪嫌疑人，应当予以逮捕：1. 企图自杀、逃跑，逃避侦查、审查起诉的；2. 实施毁灭、伪造证据或者串供、干扰证人作证行为，足以影响侦查、审查起诉工作正常进行的；3. 未经批准，擅自离开所居住的市、县，造成严重后果，或者两次未经批准，擅自离开所居住的市、县的；4. 经传讯不到案，造成严重后果，或者经两次传讯不到案的。

对在取保候审期间故意实施新的犯罪行为的犯罪嫌疑人，应当予以逮捕。

★关于办理走私刑事案件适用法律若干问题的意见（2002年7月8日）（节录）

四、关于走私犯罪嫌疑人的逮捕条件

对走私犯罪嫌疑人提请逮捕和审查批准逮捕，应当依照刑事诉讼法第六十条规定的逮捕条件来办理。一般按照下列标准掌握：

（一）有证据证明有走私犯罪事实

1. 有证据证明发生了走私犯罪事实

有证据证明发生了走私犯罪事实，须同时满足下列两项条件：

---

① 现为第七十一条第二款。——编者注

(1) 有证据证明发生了违反国家法律、法规，逃避海关监管的行为；

(2) 查扣或者有证据证明的走私货物、物品的数量、价值或者偷逃税额达到刑法及相关司法解释规定的起刑点。

2. 有证据证明走私犯罪事实系犯罪嫌疑人实施的

有下列情形之一，可认为走私犯罪事实系犯罪嫌疑人实施的：

(1) 现场查获犯罪嫌疑人实施走私犯罪的；

(2) 视听资料显示犯罪嫌疑人实施走私犯罪的；

(3) 犯罪嫌疑人供认的；

(4) 有证人证言指证的；

(5) 有同案的犯罪嫌疑人供述的；

(6) 其他证据能够证明犯罪嫌疑人实施走私犯罪的。

3. 证明犯罪嫌疑人实施走私犯罪行为的证据已经查证属实的

符合下列证据规格要求之一，属于证明犯罪嫌疑人实施走私犯罪行为的证据已经查证属实的：

(1) 现场查获犯罪嫌疑人实施犯罪的，有现场勘查笔录、留置盘问记录、海关扣留查问笔录或者海关查验（检查）记录等证据证实的；

(2) 犯罪嫌疑人的供述有其他证据能够印证的；

(3) 证人证言能够相互印证的；

(4) 证人证言或者同案犯供述能够与其他证据相互印证的；

(5) 证明犯罪嫌疑人实施走私犯罪的其他证据已经查证属实的。

（二）可能判处有期徒刑以上的刑罚

是指根据刑法第一百五十一条、第一百五十二条、第一百五十三条、第三百四十七条、第三百五十条等规定和《最高人民法院关于审理走私刑事案件具体应用法律若干问题的解释》等有关司法解释的规定，结合已查明的走私犯罪事实，对走私犯罪嫌疑人可能判处有期徒刑以上的刑罚。

（三）采取取保候审、监视居住等方法，尚不足以防止发生社会危险性而有逮捕必要的

主要是指：走私犯罪嫌疑人可能逃跑、自杀、串供、干扰证人作证以及伪造、毁灭证据等妨碍刑事诉讼活动的正常进行的，或者存在行凶报复、继续作案可能的。

六、关于行为人对其走私的具体对象不明确的案件的处理问题

走私犯罪嫌疑人主观上具有走私犯罪故意，但对其走私的具体对象不明确的，不影响走私犯罪构成，应当根据实际的走私对象定罪处罚。但是，确有证

据证明行为人因受蒙骗而对走私对象发生认识错误的，可以从轻处罚。

★最高人民法院关于适用《中华人民共和国刑事诉讼法》的解释（2021年1月26日）（节录）

第一百六十四条 被取保候审的被告人具有下列情形之一的，人民法院应当决定逮捕：

（一）故意实施新的犯罪的；

（二）企图自杀或者逃跑的；

（三）毁灭、伪造证据，干扰证人作证或者串供的；

（四）打击报复、恐吓滋扰被害人、证人、鉴定人、举报人、控告人等的；

（五）经传唤，无正当理由不到案，影响审判活动正常进行的；

（六）擅自改变联系方式或者居住地，导致无法传唤，影响审判活动正常进行的；

（七）未经批准，擅自离开所居住的市、县，影响审判活动正常进行，或者两次未经批准，擅自离开所居住的市、县的；

（八）违反规定进入特定场所、与特定人员会见或者通信、从事特定活动，影响审判活动正常进行，或者两次违反有关规定的；

（九）依法应当决定逮捕的其他情形。

★人民检察院刑事诉讼规则（2019年12月30日）（节录）

第一百零一条 犯罪嫌疑人有下列违反取保候审规定的行为，人民检察院应当对犯罪嫌疑人予以逮捕：

（一）故意实施新的犯罪；

（二）企图自杀、逃跑；

（三）实施毁灭、伪造证据，串供或者干扰证人作证，足以影响侦查、审查起诉工作正常进行；

（四）对被害人、证人、鉴定人、举报人、控告人及其他人员实施打击报复。

犯罪嫌疑人有下列违反取保候审规定的行为，人民检察院可以对犯罪嫌疑人予以逮捕：

（一）未经批准，擅自离开所居住的市、县，造成严重后果，或者两次未经批准，擅自离开所居住的市、县；

（二）经传讯不到案，造成严重后果，或者经两次传讯不到案；

（三）住址、工作单位和联系方式发生变动，未在二十四小时以内向公安机关报告，造成严重后果；

（四）违反规定进入特定场所、与特定人员会见或者通信、从事特定活动，严重妨碍诉讼程序正常进行。

有前两款情形，需要对犯罪嫌疑人予以逮捕的，可以先行拘留；已交纳保证金的，同时书面通知公安机关没收保证金。

第一百三十七条第一款 人民检察院经审查认为被取保候审……犯罪嫌疑人违反取保候审……规定，依照本规则第一百零一条、第一百一十一条的规定办理。

★公安机关办理刑事案件程序规定（2020年7月20日）（节录）

第一百三十三条 对有证据证明有犯罪事实，可能判处徒刑以上刑罚的犯罪嫌疑人，采取取保候审尚不足以防止发生下列社会危险性的，应当提请批准逮捕：

（一）可能实施新的犯罪的；

（二）有危害国家安全、公共安全或者社会秩序的现实危险的；

（三）可能毁灭、伪造证据，干扰证人作证或者串供的；

（四）可能对被害人、举报人、控告人实施打击报复的；

（五）企图自杀或者逃跑的。

对于有证据证明有犯罪事实，可能判处十年有期徒刑以上刑罚的，或者有证据证明有犯罪事实，可能判处徒刑以上刑罚，曾经故意犯罪或者身份不明的，应当提请批准逮捕。

公安机关在根据第一款的规定提请人民检察院审查批准逮捕时，应当对犯罪嫌疑人具有社会危险性说明理由。

第一百三十五条 被取保候审人违反取保候审规定，具有下列情形之一的，可以提请批准逮捕：

（一）涉嫌故意实施新的犯罪行为的；

（二）有危害国家安全、公共安全或者社会秩序的现实危险的；

（三）实施毁灭、伪造证据或者干扰证人作证、串供行为，足以影响侦查工作正常进行的；

（四）对被害人、举报人、控告人实施打击报复的；

（五）企图自杀、逃跑、逃避侦查的；

（六）未经批准，擅自离开所居住的市、县，情节严重的，或者两次以上未经批准，擅自离开所居住的市、县的；

（七）经传讯无正当理由不到案，情节严重的，或者经两次以上传讯不到案的；

（八）违反规定进入特定场所、从事特定活动或者与特定人员会见、通信两次以上的。

第三百八十五条 本规定所称"危害国家安全犯罪"，包括刑法分则第一章规定的危害国家安全罪以及危害国家安全的其他犯罪;"恐怖活动犯罪",包括以制造社会恐慌、危害公共安全或者胁迫国家机关、国际组织为目的,采取暴力、破坏、恐吓等手段,造成或者意图造成人员伤亡、重大财产损失、公共设施损坏、社会秩序混乱等严重社会危害的犯罪,以及煽动、资助或者以其他方式协助实施上述活动的犯罪。

★全国人民代表大会常务委员会关于《中华人民共和国刑事诉讼法》第七十九条第三款的解释(2014年4月24日)(节录)

根据刑事诉讼法第七十九条第三款①的规定,对于被取保候审……的可能判处徒刑以下刑罚的犯罪嫌疑人、被告人,违反取保候审……规定,严重影响诉讼活动正常进行的,可以予以逮捕。

(3)对被监视居住人适用逮捕的情形

★最高人民检察院、公安部关于依法适用逮捕措施有关问题的规定(2001年8月6日)(节录)

一、公安机关提请批准逮捕、人民检察院审查批准逮捕都应当严格依照法律规定的条件和程序进行。

(五)根据刑事诉讼法第五十七条第二款②的规定,被监视居住的犯罪嫌疑人具有下列情形之一的,属于"情节严重",应当予以逮捕:1.故意实施新犯罪行为的;2.企图自杀、逃跑,逃避侦查、审查起诉的;3.实施毁灭、伪造证据或者串供、干扰证人作证行为,足以影响侦查、审查起诉工作正常进行的;4.未经批准,擅自离开住处或者指定的居所,造成严重后果,或者两次未经批准,擅自离开住处或者指定的居所的;5.未经批准,擅自会见他人,造成严重后果,或者两次未经批准,擅自会见他人的;6.经传讯不到案,造成严重后果,或者经两次传讯不到案的。

★最高人民法院关于适用《中华人民共和国刑事诉讼法》的解释(2021年1月26日)(节录)

第一百六十五条 被监视居住的被告人具有下列情形之一的,人民法院应当决定逮捕:

(一)具有前条第一项至第五项规定情形之一的;

(二)未经批准,擅自离开执行监视居住的处所,影响审判活动正常进行,

---

① 现为第八十一条第四款。——编者注
② 现为第七十七条第二款。——编者注

或者两次未经批准，擅自离开执行监视居住的处所的；

（三）未经批准，擅自会见他人或者通信，影响审判活动正常进行，或者两次未经批准，擅自会见他人或者通信的；

（四）对因患有严重疾病、生活不能自理，或者因怀孕、正在哺乳自己婴儿而未予逮捕的被告人，疾病痊愈或者哺乳期已满的；

（五）依法应当决定逮捕的其他情形。

★人民检察院刑事诉讼规则（2019年12月30日）（节录）

第一百一十一条 犯罪嫌疑人有下列违反监视居住规定的行为，人民检察院应当对犯罪嫌疑人予以逮捕：

（一）故意实施新的犯罪行为；

（二）企图自杀、逃跑；

（三）实施毁灭、伪造证据或者串供、干扰证人作证行为，足以影响侦查、审查起诉工作正常进行；

（四）对被害人、证人、鉴定人、举报人、控告人及其他人员实施打击报复。

犯罪嫌疑人有下列违反监视居住规定的行为，人民检察院可以对犯罪嫌疑人予以逮捕：

（一）未经批准，擅自离开执行监视居住的处所，造成严重后果，或者两次未经批准，擅自离开执行监视居住的处所；

（二）未经批准，擅自会见他人或者通信，造成严重后果，或者两次未经批准，擅自会见他人或者通信；

（三）经传讯不到案，造成严重后果，或者经两次传讯不到案。

有前两款情形，需要对犯罪嫌疑人予以逮捕的，可以先行拘留。

第一百三十七条第一款 人民检察院经审查认为……监视居住的犯罪嫌疑人违反……监视居住规定，依照本规则第一百零一条、第一百一十一条的规定办理。

★公安机关办理刑事案件程序规定（2020年7月20日）（节录）

第一百三十六条 被监视居住人违反监视居住规定，具有下列情形之一的，可以提请批准逮捕：

（一）涉嫌故意实施新的犯罪行为的；

（二）实施毁灭、伪造证据或者干扰证人作证、串供行为，足以影响侦查工作正常进行的；

（三）对被害人、举报人、控告人实施打击报复的；

（四）企图自杀、逃跑，逃避侦查的；

（五）未经批准，擅自离开执行监视居住的处所，情节严重的，或者两次以上未经批准，擅自离开执行监视居住的处所的；

（六）未经批准，擅自会见他人或者通信，情节严重的，或者两次以上未经批准，擅自会见他人或者通信的；

（七）经传讯无正当理由不到案，情节严重的，或者经两次以上传讯不到案的。

★全国人民代表大会常务委员会关于《中华人民共和国刑事诉讼法》第七十九条第三款①的解释（2014年4月24日）（节录）

根据刑事诉讼法第七十九条第三款的规定，对于被……监视居住的可能判处徒刑以下刑罚的犯罪嫌疑人、被告人，违反……监视居住规定，严重影响诉讼活动正常进行的，可以予以逮捕。

（4）对可能判处较重刑罚等适用逮捕的情形

★人民检察院刑事诉讼规则（2019年12月30日）（节录）

第一百二十八条　人民检察院对有证据证明有犯罪事实，可能判处徒刑以上刑罚的犯罪嫌疑人，采取取保候审尚不足以防止发生下列社会危险性的，应当批准或者决定逮捕：

（一）可能实施新的犯罪的；

（二）有危害国家安全、公共安全或者社会秩序的现实危险的；

（三）可能毁灭、伪造证据，干扰证人作证或者串供的；

（四）可能对被害人、举报人、控告人实施打击报复的；

（五）企图自杀或者逃跑的。

有证据证明有犯罪事实是指同时具备下列情形：

（一）有证据证明发生了犯罪事实；

（二）有证据证明该犯罪事实是犯罪嫌疑人实施的；

（三）证明犯罪嫌疑人实施犯罪行为的证据已经查证属实。

犯罪事实既可以是单一犯罪行为的事实，也可以是数个犯罪行为中任何一个犯罪行为的事实。

第一百三十六条　对有证据证明有犯罪事实，可能判处十年有期徒刑以上刑罚的犯罪嫌疑人，应当批准或者决定逮捕。

对有证据证明有犯罪事实，可能判处徒刑以上刑罚，犯罪嫌疑人曾经故意犯罪或者不讲真实姓名、住址，身份不明的，应当批准或者决定逮捕。

---

① 现为第八十一条第四款。——编者注

第一百三十八条 对实施多个犯罪行为或者共同犯罪案件的犯罪嫌疑人,符合本规则第一百二十八条的规定,具有下列情形之一的,应当批准或者决定逮捕:

(一)有证据证明犯有数罪中的一罪的;

(二)有证据证明实施多次犯罪中的一次犯罪的;

(三)共同犯罪中,已有证据证明有犯罪事实的犯罪嫌疑人。

(5)对毒品犯罪的特殊规定

★最高人民检察院关于加强毒品犯罪批捕起诉工作的通知(1997年6月17日)(节录)

2. 对公安机关提请批准逮捕的毒品犯罪嫌疑人,检察机关要本着严厉惩治毒品犯罪的精神,对有证据证明有毒品犯罪事实的即应批准逮捕。对走私、贩卖、运输、制造毒品的,不论毒品数量多少均应批准逮捕,以保证毒品案件侦查工作的顺利进行。坚决防止在批捕环节出现打击不力。

(6)对侵犯公民个人信息案件使用逮捕

★检察机关办理侵犯公民个人信息案件指引(2018年11月9日)(节录)

一、审查证据的基本要求

(一)审查逮捕

1. 有证据证明发生了侵犯公民个人信息犯罪事实

(1)证明侵犯公民个人信息案件发生

主要证据包括:报案登记、受案登记、立案决定书、破案经过、证人证言、被害人陈述、犯罪嫌疑人供述和辩解以及证人、被害人提供的短信、微信或QQ截图等电子数据。

(2)证明被侵犯对象系公民个人信息

主要证据包括:扣押物品清单、勘验检查笔录、电子数据、司法鉴定意见及公民信息查询结果说明、被害人陈述、被害人提供的原始信息资料和对比资料等。

2. 有证据证明侵犯公民个人信息行为是犯罪嫌疑人实施的

(1)证明违反国家有关规定的证据:犯罪嫌疑人关于所从事的职业的供述、其所在公司的工商注册资料、公司出具的犯罪嫌疑人职责范围说明、劳动合同、保密协议及公司领导、同事关于犯罪嫌疑人职责范围的证言等。

(2)证明出售、提供行为的证据:远程勘验笔录及QQ、微信等即时通讯工具聊天记录、论坛、贴吧、电子邮件、手机短信记录等电子数据,证明犯罪嫌疑人通过上述途径向他人出售、提供、交换公民个人信息的情况。公民个人信息贩卖者、提供者、担保交易人及购买者、收受者的证言或供述,相关银行账户明细、第三方支付平台账户明细,证明出售公民个人信息违法所得情况。此外,如果犯罪嫌疑人系通过信息网络发布方式提供公民个人信息,证明该行为的证据还包括远程勘验笔录、扣押笔录、扣押物品清单、对手机、电脑存储介质、云盘、FTP 等的司法鉴定意见等。

(3) 证明犯罪嫌疑人或公民个人信息购买者、收受者控制涉案信息的证据:搜查笔录、扣押笔录、扣押物品清单,对手机、电脑存储介质等的司法鉴定意见等,证实储存有公民个人信息的电脑、手机、U 盘或者移动硬盘、云盘、FTP 等介质与犯罪嫌疑人或公民个人信息购买者、收受者的关系。犯罪嫌疑人供述、辨认笔录及证人证言等,证实犯罪嫌疑人或公民个人信息购买者、收受者所有或实际控制、使用涉案存储介质。

(4) 证明涉案公民个人信息真实性的证据:被害人陈述、被害人提供的原始信息资料、公安机关或相关单位出具的涉案公民个人信息与权威数据库内信息同一性的比对说明。针对批量的涉案公民个人信息的真实性问题,根据《解释》精神,可以根据查获的数量直接认定,但有证据证明信息不真实或重复的除外。

(5) 证明违反国家规定,通过窃取、购买、收受、交换等方式非法获取公民个人信息的证据:主要证据与上述以出售、提供方式侵犯公民个人信息行为的证据基本相同。针对窃取的方式如通过技术手段非法获取公民个人信息的行为,需证明犯罪嫌疑人实施上述行为,除被害人陈述、犯罪嫌疑人供述和辩解外,还包括侦查机关从被害公司数据库中发现入侵电脑 IP 地址情况、从犯罪嫌疑人电脑中提取的侵入被害公司数据的痕迹等现场勘验检查笔录,以及涉案程序(木马)的司法鉴定意见等。

3. 有证据证明犯罪嫌疑人具有侵犯公民个人信息的主观故意

(1) 证明犯罪嫌疑人明知没有获取、提供公民个人信息的法律依据或资格,主要证据包括:犯罪嫌疑人的身份证明、犯罪嫌疑人关于所从事职业的供述、其所在公司的工商资料和营业范围、公司关于犯罪嫌疑人的职责范围说明、公司主要负责人的证人证言等。

(2) 证明犯罪嫌疑人积极实施窃取、出售、提供、购买、交换、收受公民个人信息的行为,主要证据除了证人证言、犯罪嫌疑人供述和辩解外,还包括远程勘验笔录、手机短信记录、即时通讯工具聊天记录、电子数据司法鉴定意见、银行账户明细、第三方支付平台账户明细等。

4. 有证据证明"情节严重"或"情节特别严重"

(1) 公民个人信息购买者或收受者的证言或供述。

(2) 公民个人信息购买、收受公司工作人员利用公民个人信息进行电话或短信推销、商务调查等经营性活动后出具的证言或供述。

（3）公民个人信息购买者或者收受者利用所获信息从事违法犯罪活动后出具的证言或供述。

（4）远程勘验笔录、电子数据司法鉴定意见书、最高人民检察院或公安部指定的机构对电子数据涉及的专门性问题出具的报告、公民个人信息资料等。证明犯罪嫌疑人通过即时通讯工具、电子邮箱、论坛、贴吧、手机等向他人出售、提供、购买、交换、收受公民个人信息的情况。

（5）银行账户明细、第三方支付平台账户明细。

（6）死亡证明、伤情鉴定意见、医院诊断记录、经济损失鉴定意见、相关案件起诉书、判决书等。

三、社会危险性及羁押必要性审查

（一）审查逮捕

1. 犯罪动机：一是出售牟利；二是用于经营活动；三是用于违法犯罪活动。犯罪动机表明犯罪嫌疑人主观恶性，也能证明犯罪嫌疑人是否可能实施新的犯罪。

2. 犯罪情节。犯罪嫌疑人的行为直接反映其人身危险性。具有下列情节的侵犯公民个人信息犯罪，能够证实犯罪嫌疑人主观恶性和人身危险性较大，实施新的犯罪的可能性也较大，可以认为具有较大的社会危险性：一是犯罪持续时间较长、多次实施侵犯公民个人信息犯罪的；二是被侵犯的公民个人信息数量或违法所得巨大的；三是利用公民个人信息进行违法犯罪活动的；四是犯罪手段行为本身具有违法性或者破坏性，即犯罪手段恶劣的，如骗取、窃取公民个人信息，采取胁迫、植入木马程序侵入他人计算机系统等方式非法获取信息。

犯罪嫌疑人实施侵犯公民个人信息犯罪，不属于"情节特别严重"，系初犯，全部退赃，并确有悔罪表现的，可以认定社会危险性较小，没有逮捕必要。

9. 不适用逮捕的情形

★**人民检察院刑事诉讼规则**（2019 年 12 月 30 日）（节录）

第一百三十九条　对具有下列情形之一的犯罪嫌疑人，人民检察院应当作出不批准逮捕或者不予逮捕的决定：

（一）不符合本规则规定的逮捕条件的；

（二）具有刑事诉讼法第十六条规定的情形之一的。

★**最高人民检察院、公安部关于公安机关办理经济犯罪案件的若干规定**（2017 年 11 月 24 日）（节录）

第三十四条　公安机关办理经济犯罪案件应当加强统一审核，依照法律规定的条件和程序逐案逐人审查采取强制措施的合法性和适当性，发现采取强制措施不当的，应当及时撤销或者变更。犯罪嫌疑人在押的，应当立即释放。公安机关释放被逮捕的犯罪嫌疑人或者变更逮捕措施的，应当及时通知作出批准逮捕决定的人民检察院。

犯罪嫌疑人被逮捕后，人民检察院经审查认为不需要继续羁押提出检察建议的，公安机关应当予以调查核实，认为不需要继续羁押的，应当予以释放或者变更强制措施；认为需要继续羁押的，应当说明理由，并在十日以内将处理情况通知人民检察院。

犯罪嫌疑人及其法定代理人、近亲属或者辩护人有权申请人民检察院进行羁押必要性审查。

10. 对特殊主体适用逮捕的规定

（1）人大代表、政协委员

★**最高人民检察院关于严格执行人民代表大会代表执行职务司法保障规定的通知**（1994年6月22日）（节录）

一、人大代表代表人民的利益和意志，依照宪法和法律赋予本级人民代表大会的职权，参加行使国家权力。人民检察院要依法为人大代表执行代表职务提供司法保障，对于非法拘禁人大代表或以其他方法非法剥夺人大代表人身自由的，以暴力、威胁方法阻碍代表依法执行代表职务的，国家工作人员对人大代表依法执行代表职务进行打击报复构成犯罪的，应当严肃追究有关人员的法律责任。在办案中，遇有违反法律规定限制人大代表人身自由情形时，应当及时予以纠正，切实保障人大代表依法行使职权。

二、审查公安机关、安全机关提请批准逮捕的刑事案件被告人为县级以上人大代表时，经审查符合逮捕条件的，应当按照《中华人民共和国全国人民代表大会和地方各级人民代表大会代表法》第三十条的规定报告并经许可后再办理批捕手续。

三、各级人民检察院直接立案侦查的刑事案件，依法需要对本级人大代表决定采取逮捕，或者监视居住、取保候审、拘传等限制人身自由措施的，应当报经同级人民代表大会主席团或人民代表大会常务委员会许可。

各级人民检察院办理直接立案侦查的案件，对人大代表依法拘留的，应当由执行拘留的机关立即向该代表所属的人民代表大会主席团或者常务委员会报告。

四、各级人民检察院办理本级人大代表的案件，依法决定立案、决定提起公诉、免予起诉、不予起诉或撤销案件决定的，应当向本级人民代表大会主席团或人民代表大会常务委员会通报。

五、办理上级人大代表的案件，需要履行本通知第二、三、四条程序的，应当层报人大代表所属人民代表大会同级的人民检察院办理。

办理下级人大代表的案件，需要履行本通知第二、三、四条程序的，可以自行直接办理，也可以委托人大代表所属人民代表大会同级的人民检察院办理。

对于乡、民族乡、镇的人民代表大会代表依法决定或者批准逮捕，采取监视居住、取保候审、拘传等限制人身自由的措施，由人民检察院执行的，应当由县级人民检察院或上级人民检察院委托县级人民检察院立即报告乡、民族乡、镇的人民代表大会。

六、各级人民检察院办理有关人大代表的案件应报上一级人民检察院及人民代表所属的人民代表大会同级的人民检察院备案。

七、各级人民检察院在办理有关人大代表的案件中，遇到执行法律方面的问题，要及时层报最高人民检察院。

★最高人民检察院办公厅关于严格执行人民代表大会代表执行职务司法保障规定的补充通知（2000年4月5日）（节录）

二、检察机关办理人大代表涉嫌犯罪的案件，应当严格依法进行。对于在办案中，违反法律规定限制人大代表人身自由的，应当及时纠正，并追究有关人员的责任。

三、各级人民检察院要继续坚持和完善备案、报告制度。检察机关依法办理人大代表涉嫌犯罪的案件，应当报上一级人民检察院及该代表所属的人民代表大会同级的人民检察院备案；检察机关依法办理全国人大代表涉嫌犯罪的案件，需要对犯罪嫌疑人采取逮捕措施的，省级人民检察院应当依照法律的规定将意见报送最高人民检察院。

四、各级人民检察院在执行本通知中发现的问题和情况，请及时报告高检院。

★人民检察院刑事诉讼规则（2019年12月30日）（节录）

第一百四十八条　人民检察院对担任县级以上各级人民代表大会代表的犯罪嫌疑人决定采取拘传、取保候审、监视居住、拘留、逮捕强制措施的，应当报请该代表所属的人民代表大会主席团或者常务委员会许可。

人民检察院对担任本级人民代表大会代表的犯罪嫌疑人决定采取强制措施的，应当报请本级人民代表大会主席团或者常务委员会许可。

对担任上级人民代表大会代表的犯罪嫌疑人决定采取强制措施的，应当层报该代表所属的人民代表大会同级的人民检察院报请许可。

对担任下级人民代表大会代表的犯罪嫌疑人决定采取强制措施的，可以直接报请该代表所属的人民代表大会主席团或者常务委员会许可，也可以委托该代表所属的人民代表大会同级的人民检察院报请许可。

对担任两级以上的人民代表大会代表的犯罪嫌疑人决定采取强制措施的，分别依照本条第二、三、四款的规定报请许可。

对担任办案单位所在省、市、县（区）以外的其他地区人民代表大会代表的犯罪嫌疑人决定采取强制措施的，应当委托该代表所属的人民代表大会同级的人民检察院报请许可；担任两级以上人民代表大会代表的，应当分别委托该代表所属的人民代表大会同级的人民检察院报请许可。

对于公安机关提请人民检察院批准逮捕的案件，犯罪嫌疑人担任人民代表大会代表的，报请许可手续由公安机关负责办理。

担任县级以上人民代表大会代表的犯罪嫌疑人，经报请该代表所属人民代表大会主席团或者常务委员会许可后被刑事拘留的，适用逮捕措施时不需要再次报请许可。

第一百四十九条　担任县级以上人民代表大会代表的犯罪嫌疑人因现行犯被人民检察院拘留的，人民检察院应当立即向该代表所属的人民代表大会主席团或者常务委员会报告。报告的程序参照本规则第一百四十八条报请许可的程序规定。

对担任乡、民族乡、镇的人民代表大会代表的犯罪嫌疑人决定采取强制措施的，由县级人民检察院向乡、民族乡、镇的人民代表大会报告。

★公安机关办理刑事案件程序规定（2020年7月20日）（节录）

第一百六十五条　公安机关对现行犯拘留的时候，发现其是县级以上人民代表大会代表的，应当立即向其所属的人民代表大会主席团或者常务委员会报告。

公安机关在依法执行拘传、取保候审、监视居住、拘留或者逮捕中，发现被执行人是县级以上人民代表大会代表的，应当暂缓执行，并报告决定或者批准机关。如果在执行后发现被执行人是县级以上人民代表大会代表的，应当立即解除，并报告决定或者批准机关。

第一百六十六条　公安机关依法对乡、民族乡、镇的人民代表大会代表拘传、取保候审、监视居住、拘留或者执行逮捕的，应当在执行后立即报告其所属的人民代表大会。

第一百六十七条　公安机关依法对政治协商委员会委员拘传、取保候审、监视居住的，应当将有关情况通报给该委员所属的政协组织。

（2）外国人

★公安机关办理刑事案件程序规定（2020年7月20日）（节录）

第三百六十七条　对外国籍犯罪嫌疑人依法作出取保候审、监视居住决定或者执行拘留、逮捕后，应当在四十八小时以内层报省级公安机关，同时通报同级人民政府外事办公室。

重大涉外案件应当在四十八小时以内层报公安部，同时通报同级人民政府外事办公室。

第三百六十八条　对外国籍犯罪嫌疑人依法作出取保候审、监视居住决定或者执行拘留、逮捕后，由省级公安机关根据有关规定，将其姓名、性别、入境时间、护照或者证件号码、案件发生的时间、地点、涉嫌犯罪的主要事实、已采取的强制措施及其法律依据等，通知该外国人所属国家的驻华使馆、领事馆，同时报告公安部。经省级公安机关批准，领事通报任务较重的副省级城市公安局可以直接行使领事通报职能。

外国人在公安机关侦查或者执行刑罚期间死亡的，有关省级公安机关应当通知该外国人国籍国的驻华使馆、领事馆，同时报告公安部。

未在华设立使馆、领事馆的国家，可以通知其代管国家的驻华使馆、领事馆；无代管国家或者代管国家不明的，可以不予通知。

第八十二条　【拘留的适用机关、适用对象与适用条件】公安机关对于现行犯或者重大嫌疑分子，如果有下列情形之一的，可以先行拘留：

（一）正在预备犯罪、实行犯罪或者在犯罪后即时被发觉的；

（二）被害人或者在场亲眼看见的人指认他犯罪的；

（三）在身边或者住处发现有犯罪证据的；

（四）犯罪后企图自杀、逃跑或者在逃的；

（五）有毁灭、伪造证据或者串供可能的；

（六）不讲真实姓名、住址，身份不明的；

（七）有流窜作案、多次作案、结伙作案重大嫌疑的。

● 要点及关联法规

1. 拘留的适用条件

★公安机关办理刑事案件程序规定（2020年7月20日）（节录）

第一百二十四条 公安机关对于现行犯或者重大嫌疑分子，有下列情形之一的，可以先行拘留：

（一）正在预备犯罪、实行犯罪或者在犯罪后即时被发觉的；
（二）被害人或者在场亲眼看见的人指认他犯罪的；
（三）在身边或者住处发现有犯罪证据的；
（四）犯罪后企图自杀、逃跑或者在逃的；
（五）有毁灭、伪造证据或者串供可能的；
（六）不讲真实姓名、住址，身份不明的；
（七）有流窜作案、多次作案、结伙作案重大嫌疑的。

2. 拘留的程序性规定

★最高人民检察院、公安部关于适用刑事强制措施有关问题的规定（2000年8月28日）（节录）

第二十条 人民检察院对于符合刑事诉讼法第六十一条①第（四）项或者第（五）项规定情形的犯罪嫌疑人，因情况紧急，来不及办理拘留手续的，可以先行将犯罪嫌疑人带至公安机关，同时立即办理拘留手续。

★公安机关办理刑事案件程序规定（2020年7月20日）（节录）

第一百五十六条 继续盘问期间发现需要对犯罪嫌疑人拘留、逮捕、取保候审或者监视居住的，应当立即办理法律手续。

第一百五十七条 对犯罪嫌疑人执行拘传、拘留、逮捕、押解过程中，应当依法使用约束性警械。遇有暴力性对抗或者暴力犯罪行为，可以依法使用制服性警械或者武器。

3. 对特殊主体适用拘留的规定

（1）人大代表、政协委员

★公安机关办理刑事案件程序规定（2020年7月20日）（节录）

第一百六十五条 公安机关对现行犯拘留的时候，发现其是县级以上人民代

---

① 现为第八十二条。——编者注

表大会代表的,应当立即向其所属的人民代表大会主席团或者常务委员会报告。

公安机关在依法执行拘传、取保候审、监视居住、拘留或者逮捕中,发现被执行人是县级以上人民代表大会代表的,应当暂缓执行,并报告决定或者批准机关。如果在执行后发现被执行人是县级以上人民代表大会代表的,应当立即解除,并报告决定或者批准机关。

第一百六十六条 公安机关依法对乡、民族乡、镇的人民代表大会代表拘传、取保候审、监视居住、拘留或者执行逮捕的,应当在执行后立即报告其所属的人民代表大会。

第一百六十八条 公安机关依法对政治协商委员会委员执行拘留、逮捕前,应当向该委员所属的政协组织通报情况;情况紧急的,可在执行的同时或者执行以后及时通报。

(2) 外国人

★公安机关办理刑事案件程序规定(2020年7月20日)(节录)

第三百六十七条 对外国籍犯罪嫌疑人依法作出取保候审、监视居住决定或者执行拘留、逮捕后,应当在四十八小时以内层报省级公安机关,同时通报同级人民政府外事办公室。

重大涉外案件应当在四十八小时以内层报公安部,同时通报同级人民政府外事办公室。

第三百六十八条 对外国籍犯罪嫌疑人依法作出取保候审、监视居住决定或者执行拘留、逮捕后,由省级公安机关根据有关规定,将其姓名、性别、入境时间、护照或者证件号码、案件发生的时间、地点、涉嫌犯罪的主要事实、已采取的强制措施及其法律依据等,通知该外国人所属国家的驻华使馆、领事馆,同时报告公安部。经省级公安机关批准,领事通报任务较重的副省级城市公安局可以直接行使领事通报职能。

外国人在公安机关侦查或者执行刑罚期间死亡的,有关省级公安机关应当通知该外国人国籍国的驻华使馆、领事馆,同时报告公安部。

未在华设立使馆、领事馆的国家,可以通知其代管国家的驻华使馆、领事馆;无代管国家或者代管国家不明的,可以不予通知。

第八十三条 【拘留、逮捕的异地执行】公安机关在异地执行拘留、逮捕的时候,应当通知被拘留、逮捕人所在地的公安机关,被拘留、逮捕人所在地的公安机关应当予以配合。

● **要点及关联法规**

1. **基本原则**

   ★**公安机关办理刑事案件程序规定**（2020年7月20日）（节录）

   第十二条　公安机关办理刑事案件，各地区、各部门之间应当加强协作和配合，依法履行协查、协办职责。

   上级公安机关应当加强监督、协调和指导。

   第三百四十六条　公安机关在异地执行传唤、拘传、拘留、逮捕，开展勘验、检查、搜查、查封、扣押、冻结、讯问等侦查活动，应当向当地公安机关提出办案协作请求，并在当地公安机关协助下进行，或者委托当地公安机关代为执行。

   开展查询、询问、辨认等侦查活动或者送达法律文书的，也可以向当地公安机关提出办案协作请求，并按照有关规定进行通报。

   第三百五十四条　对不履行办案协作程序或者协作职责造成严重后果的，对直接负责的主管人员和其他直接责任人员，应当给予处分；构成犯罪的，依法追究刑事责任。

   第三百五十五条　协作地公安机关依照办案地公安机关的协作请求履行办案协作职责所产生的法律责任，由办案地公安机关承担。但是，协作行为超出协作请求范围，造成执法过错的，由协作地公安机关承担相应法律责任。

2. **程序性规定**

   ★**公安机关办理刑事案件程序规定**（2020年7月20日）（节录）

   第三百四十七条　需要异地公安机关协助的，办案地公安机关应当制作办案协作函件，连同有关法律文书和人民警察证复印件一并提供给协作地公安机关。必要时，可以将前述法律手续传真或者通过公安机关有关信息系统传输至协作地公安机关。

   请求协助执行传唤、拘传、拘留、逮捕的，应当提供传唤证、拘传证、拘留证、逮捕证；请求协助开展搜查、查封、扣押、查询、冻结等侦查活动的，应当提供搜查证、查封决定书、扣押决定书、协助查询财产通知书、协助冻结财产通知书；请求协助开展勘验、检查、讯问、询问等侦查活动的，应当提供立案决定书。

   第三百四十八条　公安机关应当指定一个部门归口接收协作请求，并进行审核。对符合本规定第三百四十七条规定的协作请求,应当及时交主管业务部门办理。

异地公安机关提出协作请求的,只要法律手续完备,协作地公安机关就应当及时无条件予以配合,不得收取任何形式的费用或者设置其他条件。

第三百四十九条 对协作过程中获取的犯罪线索,不属于自己管辖的,应当及时移交有管辖权的公安机关或者其他有关部门。

第三百五十条 异地执行传唤、拘传的,协作地公安机关应当协助将犯罪嫌疑人传唤、拘传到本市、县公安机关执法办案场所或者到他的住处进行讯问。

异地执行拘留、逮捕的,协作地公安机关应当派员协助执行。

第三百五十一条 已被决定拘留、逮捕的犯罪嫌疑人在逃的,可以通过网上工作平台发布犯罪嫌疑人相关信息、拘留证或者逮捕证。各地公安机关发现网上逃犯的,应当立即组织抓捕。

协作地公安机关抓获犯罪嫌疑人后,应当立即通知办案地公安机关。办案地公安机关应当立即携带法律文书及时提解,提解的侦查人员不得少于二人。

办案地公安机关不能及时到达协作地的,应当委托协作地公安机关在拘留、逮捕后二十四小时以内进行讯问。

第三百五十二条 办案地公安机关请求代为讯问、询问、辨认的,协作地公安机关应当制作讯问、询问、辨认笔录,交被讯问、询问人和辨认人签名、捺指印后,提供给办案地公安机关。

办案地公安机关可以委托协作地公安机关协助进行远程视频讯问、询问,讯问、询问过程应当全程录音录像。

3. 执行期限

★公安机关办理刑事案件程序规定(2020年7月20日)(节录)

第三百五十三条 办案地公安机关请求协查犯罪嫌疑人的身份、年龄、违法犯罪经历等情况的,协作地公安机关应当在接到请求后七日以内将协查结果通知办案地公安机关;交通十分不便的边远地区,应当在十五日以内将协查结果通知办案地公安机关。

办案地公安机关请求协助调查取证或者查询犯罪信息、资料的,协作地公安机关应当及时协查并反馈。

> 第八十四条 【公民的扭送】对于有下列情形的人,任何公民都可以立即扭送公安机关、人民检察院或者人民法院处理:
> (一)正在实行犯罪或者在犯罪后即时被发觉的;
> (二)通缉在案的;
> (三)越狱逃跑的;
> (四)正在被追捕的。

● 要点及关联法规

扭送

★人民检察院刑事诉讼规则(2019 年 12 月 30 日)(节录)

第一百二十七条 公民将正在实行犯罪或者在犯罪后即被发觉的、通缉在案的、越狱逃跑的、正在被追捕的犯罪嫌疑人或者犯罪人扭送到人民检察院的,人民检察院应当予以接受,并且根据具体情况决定是否采取相应的紧急措施。不属于自己管辖的,应当移送主管机关处理。

> 第八十五条 【拘留的执行程序】公安机关拘留人的时候,必须出示拘留证。
> 拘留后,应当立即将被拘留人送看守所羁押,至迟不得超过二十四小时。除无法通知或者涉嫌危害国家安全犯罪、恐怖活动犯罪通知可能有碍侦查的情形以外,应当在拘留二十四小时以内,通知被拘留人的家属。有碍侦查的情形消失以后,应当立即通知被拘留人的家属。

● 要点及关联法规

1. "无法通知"的认定

★公安机关办理刑事案件程序规定(2020 年 7 月 20 日)(节录)

第一百一十三条第二款 有下列情形之一的,属于本条规定的"无法通知":

（一）不讲真实姓名、住址、身份不明的；
（二）没有家属的；
（三）提供的家属联系方式无法取得联系的；
（四）因自然灾害等不可抗力导致无法通知的。

2. "有碍侦查"的认定

★公安机关办理刑事案件程序规定（2020年7月20日）（节录）

第一百二十七条第三款　有下列情形之一的，属于本条规定的"有碍侦查"：
（一）可能毁灭、伪造证据，干扰证人作证或者串供的；
（二）可能引起同案犯逃避、妨碍侦查的；
（三）犯罪嫌疑人的家属与犯罪有牵连的。

3. 拘留的执行

★公安机关办理刑事案件程序规定（2020年7月20日）（节录）

第一百二十五条　拘留犯罪嫌疑人，应当填写呈请拘留报告书，经县级以上公安机关负责人批准，制作拘留证。执行拘留时，必须出示拘留证，并责令被拘留人在拘留证上签名、捺指印，拒绝签名、捺指印的，侦查人员应当注明。

紧急情况下，对于符合本规定第一百二十四条所列情形之一的，经出示人民警察证，可以将犯罪嫌疑人口头传唤至公安机关后立即审查，办理法律手续。

第一百五十三条　看守所应当凭公安机关签发的拘留证、逮捕证收押被拘留、逮捕的犯罪嫌疑人、被告人。犯罪嫌疑人、被告人被送至看守所羁押时，看守所应当在拘留证、逮捕证上注明犯罪嫌疑人、被告人到达看守所的时间。

查获被通缉、脱逃的犯罪嫌疑人以及执行追捕、押解任务需要临时寄押的，应当持通缉令或者其他有关法律文书并经寄押地县级以上公安机关负责人批准，送看守所寄押。

临时寄押的犯罪嫌疑人出所时，看守所应当出具羁押该犯罪嫌疑人的证明，载明该犯罪嫌疑人基本情况、羁押原因、入所和出所时间。

第一百五十四条　看守所收押犯罪嫌疑人、被告人和罪犯，应当进行健康和体表检查，并予以记录。

第一百五十五条　看守所收押犯罪嫌疑人、被告人和罪犯，应当对其人身和携带的物品进行安全检查。发现违禁物品、犯罪证据和可疑物品，应当制作笔录，由被羁押人签名、捺指印后，送办案机关处理。

对女性的人身检查，应当由女工作人员进行。

第一百九十八条第二款　对于已送交看守所羁押的犯罪嫌疑人，应当在看守所讯问室进行讯问。

4. 拘留的期限

★公安机关办理刑事案件程序规定（2020 年 7 月 20 日）（节录）

第一百二十六条　拘留后，应当立即将被拘留人送看守所羁押，至迟不得超过二十四小时。

异地执行拘留，无法及时将犯罪嫌疑人押解回管辖地的，应当在宣布拘留后立即将其送抓获地看守所羁押，至迟不得超过二十四小时。到达管辖地后，应当立即将犯罪嫌疑人送看守所羁押。

第一百二十七条　除无法通知或者涉嫌危害国家安全犯罪、恐怖活动犯罪通知可能有碍侦查的情形以外，应当在拘留后二十四小时以内制作拘留通知书，通知被拘留人的家属。拘留通知书应当写明拘留原因和羁押处所。

本条规定的"无法通知"的情形适用本规定第一百一十三条第二款的规定。

有下列情形之一的，属于本条规定的"有碍侦查"：

（一）可能毁灭、伪造证据，干扰证人作证或者串供的；

（二）可能引起同案犯逃避、妨碍侦查的；

（三）犯罪嫌疑人的家属与犯罪有牵连的。

无法通知、有碍侦查的情形消失以后，应当立即通知被拘留人的家属。

对于没有在二十四小时以内通知家属的，应当在拘留通知书中注明原因。

第三百八十五条　本规定所称"危害国家安全犯罪"，包括刑法分则第一章规定的危害国家安全罪以及危害国家安全的其他犯罪；"恐怖活动犯罪"，包括以制造社会恐慌、危害公共安全或者胁迫国家机关、国际组织为目的，采取暴力、破坏、恐吓等手段，造成或者意图造成人员伤亡、重大财产损失、公共设施损坏、社会秩序混乱等严重社会危害的犯罪，以及煽动、资助或者以其他方式协助实施上述活动的犯罪。

第八十六条　【拘留的及时讯问与不当拘留的处理】公安机关对被拘留的人，应当在拘留后的二十四小时以内进行讯问。在发现不应当拘留的时候，必须立即释放，发给释放证明。

● 要点及关联法规

拘留后的讯问和不当拘留的处理

★公安机关办理刑事案件程序规定（2020年7月20日）（节录）

第一百二十八条　对被拘留的人，应当在拘留后二十四小时以内进行讯问。发现不应当拘留的，应当经县级以上公安机关负责人批准，制作释放通知书，看守所凭释放通知书发给被拘留人释放证明书，将其立即释放。

第一百二十九条　对被拘留的犯罪嫌疑人，经过审查认为需要逮捕的，应当在拘留后的三日以内，提请人民检察院审查批准。在特殊情况下，经县级以上公安机关负责人批准，提请审查批准逮捕的时间可以延长一日至四日。

对流窜作案、多次作案、结伙作案的重大嫌疑分子，经县级以上公安机关负责人批准，提请审查批准逮捕的时间可以延长至三十日。

本条规定的"流窜作案"，是指跨市、县管辖范围连续作案，或者在居住地作案后逃跑到外市、县继续作案；"多次作案"，是指三次以上作案；"结伙作案"，是指二人以上共同作案。

第一百三十条　犯罪嫌疑人不讲真实姓名、住址，身份不明的，应当对其身份进行调查。对符合逮捕条件的犯罪嫌疑人，也可以按其自报的姓名提请批准逮捕。

第一百三十一条　对被拘留的犯罪嫌疑人审查后，根据案件情况报经县级以上公安机关负责人批准，分别作出如下处理：

（一）需要逮捕的，在拘留期限内，依法办理提请批准逮捕手续；

（二）应当追究刑事责任，但不需要逮捕的，依法直接向人民检察院移送审查起诉，或者依法办理取保候审或者监视居住手续后，向人民检察院移送审查起诉；

（三）拘留期限届满，案件尚未办结，需要继续侦查的，依法办理取保候审或者监视居住手续；

（四）具有本规定第一百八十六条规定情形之一的，释放被拘留人，发给释放证明书；需要行政处理的，依法予以处理或者移送有关部门。

第八十七条　【提请批准逮捕的程序与提前介入】公安机关要求逮捕犯罪嫌疑人的时候，应当写出提请批准逮捕书，连同案卷材料、证据，一并移送同级人民检察院审查批准。必要的时候，人民检察院可以派人参加公安机关对于重大案件的讨论。

● 要点及关联法规

1. 提请批准逮捕

★关于走私犯罪侦查机关提请批准逮捕和移送审查起诉的案件由分、州、市级人民检察院受理的通知（1999年2月3日）（节录）

一、根据《通知》关于走私犯罪侦查分局（设在直属海关）、走私犯罪侦查支局（设在隶属海关）负责向人民检察院提请批准逮捕和移送起诉工作的规定，走私犯罪侦查分局、支局所在地的分、州、市级人民检察院负责受理走私犯罪侦查机关向人民检察院提请批准逮捕和移送起诉的案件。

二、走私犯罪侦查中队（设在隶属海关下一级海关）侦查的案件，应当报请走私犯罪侦查支局或者分局向所在地的分、州、市级人民检察院提请批准逮捕和移送起诉，受理的人民检察院应当将有关法律文书送达移送案件的走私犯罪侦查分局或者支局。

三、走私犯罪侦查局直接办理的案件，交由案件发生地的走私犯罪侦查分局向所在地的分、州、市级人民检察院提请批准逮捕和移送审查起诉，受理的人民检察院应当将有关法律文书送达移送案件的走私犯罪侦查分局。

四、人民检察院对走私犯罪侦查机关移送起诉的案件经审查决定起诉的，应当向本地中级人民法院提起公诉。

五、人民检察院对于走私犯罪侦查机关移送起诉的走私案件，经审查决定不起诉的，应当依照《中华人民共和国刑事诉讼法》的规定移送相应的海关处理，同时将不起诉决定书送达移送案件的走私犯罪侦查机关。

六、走私犯罪侦查机关建立有看守所的，由看守所所在地的分、州、市级人民检察院履行法律监督职责。

七、省级人民检察院根据办案需要，可以按照与审判管辖相适应的原则，指定本地区有关分、州、市级人民检察院受理走私犯罪侦查机关提请批准逮捕和移送起诉的案件。

★最高人民检察院、公安部关于依法适用逮捕措施有关问题的规定（2001年8月6日）（节录）

二、公安机关在作出是否提请人民检察院批准逮捕的决定之前，应当对收集、调取的证据材料予以核实。对于符合逮捕条件的犯罪嫌疑人，应当提请人民检察院批准逮捕；对于不符合逮捕条件但需要继续侦查的，公安机关可以依法取保候审或者监视居住。……

三、人民检察院收到公安机关提请批准逮捕的案件后，应当立即指定专人进行审查，发现不符合刑事诉讼法第六十六条①规定，提请批准逮捕书、案卷材料和证据不齐全的，应当要求公安机关补充有关材料。

对公安机关提请批准逮捕的案件，人民检察院经审查，认为符合逮捕条件的，应当批准逮捕。对于不符合逮捕条件的，或者具有刑事诉讼法第十五条②规定的情形之一的，应当作出不批准逮捕的决定，并说明理由。

对公安机关报请批准逮捕的案件人民检察院在审查逮捕期间不另行侦查。……

★**最高人民法院、最高人民检察院、公安部关于旅客列车上发生的刑事案件管辖问题的通知**（2001年8月23日）（节录）

二、车站铁路公安机关对于法律手续齐全并附有相关证据材料的交站处理案件应当受理。经审查和进一步侦查，认为需要逮捕犯罪嫌疑人或者移送审查起诉的，应当依法向同级铁路运输检察院提请批准逮捕或者移送审查起诉。

★**最高人民法院、最高人民检察院、公安部、国家安全部、司法部、全国人大常委会法制工作委员会关于实施刑事诉讼法若干问题的规定**（2012年12月26日）（节录）

23.（第一款）上级公安机关指定下级公安机关立案侦查的案件，需要逮捕犯罪嫌疑人的，由侦查该案件的公安机关提请同级人民检察院审查批准；需要提起公诉的，由侦查该案件的公安机关移送同级人民检察院审查起诉。

★**公安机关办理刑事案件程序规定**（2020年7月20日）（节录）

第十条　公安机关办理刑事案件，应当向同级人民检察院提请批准逮捕、移送审查起诉。

第六十八条　公安机关提请批准逮捕书、起诉意见书必须忠实于事实真象。故意隐瞒事实真象的，应当依法追究责任。

第六十九条　需要查明的案件事实包括：

（一）犯罪行为是否存在；

（二）实施犯罪行为的时间、地点、手段、后果以及其他情节；

（三）犯罪行为是否为犯罪嫌疑人实施；

（四）犯罪嫌疑人的身份；

---

① 现为第八十一条。——编者注
② 现为第十六条。——编者注

（五）犯罪嫌疑人实施犯罪行为的动机、目的；
（六）犯罪嫌疑人的责任以及与其他同案人的关系；
（七）犯罪嫌疑人有无法定从重、从轻、减轻处罚以及免除处罚的情节；
（八）其他与案件有关的事实。

第一百三十七条 需要提请批准逮捕犯罪嫌疑人的，应当经县级以上公安机关负责人批准，制作提请批准逮捕书，连同案卷材料、证据，一并移送同级人民检察院审查批准。

犯罪嫌疑人自愿认罪认罚的，应当记录在案，并在提请批准逮捕书中写明有关情况。

2. 人民检察院提前介入

★**最高人民检察院、公安部关于依法适用逮捕措施有关问题的规定**（2001年8月6日）（节录）

二、公安机关在作出是否提请人民检察院批准逮捕的决定之前，应当对收集、调取的证据材料予以核实。对于符合逮捕条件的犯罪嫌疑人，应当提请人民检察院批准逮捕；对于不符合逮捕条件但需要继续侦查的，公安机关可以依法取保候审或者监视居住。

公安机关认为需要人民检察院派员参加重大案件讨论的，应当及时通知人民检察院，人民检察院接到通知后，应当及时派员参加。参加的检察人员在充分了解案情的基础上，应当对侦查活动提出意见和建议。

三、……必要的时候，人民检察院可以派人参加公安机关对重大案件的讨论。

★**最高人民检察院关于进一步加强公诉工作的决定**（2002年9月12日）（节录）

二、努力提高执法水平，强化公诉业务工作

6. 依法适时介入侦查，引导侦查机关（部门）取证。加强同侦查机关（部门）的联系与配合，建立健全联席会议制度，坚持对重大案件适时介入侦查，依法引导取证活动。按照出庭公诉的要求，对侦查机关（部门）收集证据、固定证据和完善证据工作提出指导性意见和建议。

★**人民检察院刑事诉讼规则**（2019年12月30日）（节录）

第二百五十六条 经公安机关商请或者人民检察院认为确有必要时，可以派员适时介入重大、疑难、复杂案件的侦查活动，参加公安机关对于重大案件的讨论，对案件性质、收集证据、适用法律等提出意见，监督侦查活动是否合法。

经监察机关商请，人民检察院可以派员介入监察机关办理的职务犯罪案件。

第八十八条 【审查批捕中的讯问】人民检察院审查批准逮捕，可以讯问犯罪嫌疑人；有下列情形之一的，应当讯问犯罪嫌疑人：

（一）对是否符合逮捕条件有疑问的；

（二）犯罪嫌疑人要求向检察人员当面陈述的；

（三）侦查活动可能有重大违法行为的。

【审查批捕中的询问、听取意见】人民检察院审查批准逮捕，可以询问证人等诉讼参与人，听取辩护律师的意见；辩护律师提出要求的，应当听取辩护律师的意见。

● 要点及关联法规

1. 审查批准逮捕的讯问

（1）适用情形

★**人民检察院刑事诉讼规则**（2019年12月30日）

第二百八十条 人民检察院办理审查逮捕案件，可以讯问犯罪嫌疑人；具有下列情形之一的，应当讯问犯罪嫌疑人：

（一）对是否符合逮捕条件有疑问的；

（二）犯罪嫌疑人要求向检察人员当面陈述的；

（三）侦查活动可能有重大违法行为的；

（四）案情重大、疑难、复杂的；

（五）犯罪嫌疑人认罪认罚的；

（六）犯罪嫌疑人系未成年人的；

（七）犯罪嫌疑人是盲、聋、哑人或者是尚未完全丧失辨认或者控制自己行为能力的精神病人的。

讯问未被拘留的犯罪嫌疑人，讯问前应当听取公安机关的意见。

办理审查逮捕案件，对被拘留的犯罪嫌疑人不予讯问的，应当送达听取犯罪嫌疑人意见书，由犯罪嫌疑人填写后及时收回审查并附卷。经审查认为应当讯问犯罪嫌疑人的，应当及时讯问。

第二百八十一条　对有重大影响的案件，可以采取当面听取侦查人员、犯罪嫌疑人及其辩护人等意见的方式进行公开审查。

（2）程序性规定

★**人民检察院刑事诉讼规则**（2019年12月30日）（节录）

第二百五十八条　人民检察院讯问犯罪嫌疑人时，应当首先查明犯罪嫌疑人的基本情况，依法告知犯罪嫌疑人诉讼权利和义务，以及认罪认罚的法律规定，听取其供述和辩解。犯罪嫌疑人翻供的，应当讯问其原因。犯罪嫌疑人申请排除非法证据的，应当告知其提供相关线索或者材料。犯罪嫌疑人检举揭发他人犯罪的，应当予以记录，并依照有关规定移送有关机关、部门处理。

讯问犯罪嫌疑人应当制作讯问笔录，并交犯罪嫌疑人核对或者向其宣读。经核对无误后逐页签名或者盖章，并捺指印后附卷。犯罪嫌疑人请求自行书写供述的，应当准许，但不得以自行书写的供述代替讯问笔录。

犯罪嫌疑人被羁押的，讯问应当在看守所讯问室进行。

第二百六十条　讯问犯罪嫌疑人，询问被害人、证人、鉴定人，听取辩护人、被害人及其诉讼代理人的意见，应当由检察人员负责进行。检察人员或者检察人员和书记员不得少于二人。

讯问犯罪嫌疑人，询问证人、鉴定人、被害人，应当个别进行。

第二百八十条第三款　办理审查逮捕案件，对被拘留的犯罪嫌疑人不予讯问的，应当送达听取犯罪嫌疑人意见书，由犯罪嫌疑人填写后及时收回审查并附卷。经审查认为应当讯问犯罪嫌疑人的，应当及时讯问。

（3）特殊情形的规定

★**人民检察院刑事诉讼规则**（2019年12月30日）（节录）

第四百六十五条　在审查逮捕、审查起诉中，人民检察院应当讯问未成年犯罪嫌疑人，听取辩护人的意见，并制作笔录附卷。辩护人提出书面意见的，应当附卷。对于辩护人提出犯罪嫌疑人无罪、罪轻或者减轻、免除刑事责任、不适宜羁押或者侦查活动有违法情形等意见的，检察人员应当进行审查，并在相关工作文书中叙明辩护人提出的意见，说明是否采纳的情况和理由。

讯问未成年犯罪嫌疑人，应当通知其法定代理人到场，告知法定代理人依法享有的诉讼权利和应当履行的义务。到场的法定代理人可以代为行使未成年犯罪嫌疑人的诉讼权利，代为行使权利时不得损害未成年犯罪嫌疑人的合法权益。

无法通知、法定代理人不能到场或者法定代理人是共犯的，也可以通知未成年犯罪嫌疑人的其他成年亲属，所在学校、单位或者居住地的村民委员会、居民委员会、未成年人保护组织的代表到场,并将有关情况记录在案。未成年犯罪嫌疑人明确拒绝法定代理人以外的合适成年人到场,且有正当理由的,人民检察院可以准许,但应当在征求其意见后通知其他合适成年人到场。

到场的法定代理人或者其他人员认为检察人员在讯问中侵犯未成年犯罪嫌疑人合法权益提出意见的,人民检察院应当记录在案。对合理意见,应当接受并纠正。讯问笔录应当交由到场的法定代理人或者其他人员阅读或者向其宣读,并由其在笔录上签名或者盖章,并捺指印。

讯问女性未成年犯罪嫌疑人,应当有女性检察人员参加。

询问未成年被害人、证人,适用本条第二款至第五款的规定。询问应当以一次为原则,避免反复询问。

(4) 发现侦查阶段违法情形的处理

★**人民检察院刑事诉讼规则**(2019年12月30日)(节录)

第二百六十四条 经审查讯问犯罪嫌疑人录音、录像,发现公安机关、本院负责侦查的部门讯问不规范,讯问过程存在违法行为,录音、录像内容与讯问笔录不一致等情形的,应当逐一列明并向公安机关、本院负责侦查的部门书面提出,要求其予以纠正、补正或者书面作出合理解释。发现讯问笔录与讯问犯罪嫌疑人录音、录像内容有重大实质性差异的,或者公安机关、本院负责侦查的部门不能补正或者作出合理解释的,该讯问笔录不能作为批准或者决定逮捕、提起公诉的依据。

第五百六十八条 人民检察院发现侦查活动中的违法情形已涉嫌犯罪,属于人民检察院管辖的,依法立案侦查;不属于人民检察院管辖的,依照有关规定移送有管辖权的机关。

第五百六十九条 人民检察院负责捕诉的部门发现本院负责侦查的部门在侦查活动中有违法情形,应当提出纠正意见。需要追究相关人员违法违纪责任的,应当报告检察长。

上级人民检察院发现下级人民检察院在侦查活动中有违法情形,应当通知其纠正。下级人民检察院应当及时纠正,并将纠正情况报告上级人民检察院。

2. 审查批准逮捕的询问

★**人民检察院刑事诉讼规则**(2019年12月30日)(节录)

第二百五十九条 办理审查逮捕、审查起诉案件,可以询问证人、被害人、鉴定人等诉讼参与人,并制作笔录附卷。询问时,应当告知其诉讼权利和义务。

询问证人、被害人的地点按照刑事诉讼法第一百二十四条的规定执行。

第二百六十一条　办理审查逮捕案件，犯罪嫌疑人已经委托辩护律师的，可以听取辩护律师的意见。辩护律师提出要求的，应当听取辩护律师的意见。对辩护律师的意见应当制作笔录，辩护律师提出的书面意见应当附卷。

办理审查起诉案件，应当听取辩护人或者值班律师、被害人及其诉讼代理人的意见，并制作笔录。辩护人或者值班律师、被害人及其诉讼代理人提出书面意见的，应当附卷。

对于辩护律师在审查逮捕、审查起诉阶段多次提出意见的，均应如实记录。

辩护律师提出犯罪嫌疑人不构成犯罪、无社会危险性、不适宜羁押或者侦查活动有违法犯罪情形等书面意见的，检察人员应当审查，并在相关工作文书中说明是否采纳的情况和理由。

第二百六十二条　直接听取辩护人、被害人及其诉讼代理人的意见有困难的，可以通过电话、视频等方式听取意见并记录在案，或者通知辩护人、被害人及其诉讼代理人提出书面意见。无法通知或者在指定期限内未提出意见的，应当记录在案。

> **第八十九条　【审查批捕的决定权】** 人民检察院审查批准逮捕犯罪嫌疑人由检察长决定。重大案件应当提交检察委员会讨论决定。

● 要点及关联法规

审查批准逮捕的决定权限

★人民检察院刑事诉讼规则（2019年12月30日）（节录）

第二百八十二条　对公安机关提请批准逮捕的犯罪嫌疑人，已经被拘留的，人民检察院应当在收到提请批准逮捕书后七日以内作出是否批准逮捕的决定；未被拘留的，应当在收到提请批准逮捕书后十五日以内作出是否批准逮捕的决定，重大、复杂案件，不得超过二十日。

第二百八十三条　上级公安机关指定犯罪地或者犯罪嫌疑人居住地以外的下级公安机关立案侦查的案件，需要逮捕犯罪嫌疑人的，由侦查该案件的公安机关提请同级人民检察院审查批准逮捕。人民检察院应当依法作出批准或者不批准逮捕的决定。

第二百九十四条　外国人、无国籍人涉嫌危害国家安全犯罪的案件或者涉及国与国之间政治、外交关系的案件以及在适用法律上确有疑难的案件,需要逮捕犯罪嫌疑人的,按照刑事诉讼法关于管辖的规定,分别由基层人民检察院或者设区的市级人民检察院审查并提出意见,层报最高人民检察院审查。最高人民检察院认为需要逮捕的,经征求外交部的意见后,作出批准逮捕的批复;认为不需要逮捕的,作出不批准逮捕的批复。基层人民检察院或者设区的市级人民检察院根据最高人民检察院的批复,依法作出批准或者不批准逮捕的决定。层报过程中,上级人民检察院认为不需要逮捕的,应当作出不批准逮捕的批复。报送的人民检察院根据批复依法作出不批准逮捕的决定。

基层人民检察院或者设区的市级人民检察院认为不需要逮捕的,可以直接依法作出不批准逮捕的决定。

外国人、无国籍人涉嫌本条第一款规定以外的其他犯罪案件,决定批准逮捕的人民检察院应当在作出批准逮捕决定后四十八小时以内报上一级人民检察院备案,同时向同级人民政府外事部门通报。上一级人民检察院经审查发现批准逮捕决定错误的,应当依法及时纠正。

第二百九十五条 人民检察院办理审查逮捕的危害国家安全犯罪案件,应当报上一级人民检察院备案。

上一级人民检察院经审查发现错误的,应当依法及时纠正。

第二百九十七条 对本院负责侦查的部门移送审查逮捕的案件,犯罪嫌疑人已被拘留的,负责捕诉的部门应当在收到逮捕犯罪嫌疑人意见书后七日以内,报请检察长决定是否逮捕,特殊情况下,决定逮捕的时间可以延长一日至三日;犯罪嫌疑人未被拘留的,负责捕诉的部门应当在收到逮捕犯罪嫌疑人意见书后十五日以内,报请检察长决定是否逮捕,重大、复杂案件,不得超过二十日。

第九十条 【人民检察院对提请批捕的审查处理】 人民检察院对于公安机关提请批准逮捕的案件进行审查后,应当根据情况分别作出批准逮捕或者不批准逮捕的决定。对于批准逮捕的决定,公安机关应当立即执行,并且将执行情况及时通知人民检察院。对于不批准逮捕的,人民检察院应当说明理由,需要补充侦查的,应当同时通知公安机关。

● **要点及关联法规**

1. 提请批准逮捕的审查处理

（1）提请批准逮捕

★**最高人民法院、最高人民检察院、公安部关于旅客列车上发生的刑事案件管辖问题的通知**（2001年8月23日）（节录）

三、铁路运输检察院对同级公安机关提请批准逮捕或者移送审查起诉的交站处理案件应当受理。经审查符合逮捕条件的，应当依法批准逮捕；符合起诉条件的，应当依法提起公诉或者将案件移送有管辖权的铁路运输检察院审查起诉。

★**人民检察院刑事诉讼规则**（2019年12月30日）（节录）

第二百八十三条　上级公安机关指定犯罪地或者犯罪嫌疑人居住地以外的下级公安机关立案侦查的案件，需要逮捕犯罪嫌疑人的，由侦查该案件的公安机关提请同级人民检察院审查批准逮捕。人民检察院应当依法作出批准或者不批准逮捕的决定。

★**公安机关办理刑事案件程序规定**（2020年7月20日）（节录）

第一百三十八条　对于人民检察院不批准逮捕并通知补充侦查的，公安机关应当按照人民检察院的补充侦查提纲补充侦查。

公安机关补充侦查完毕，认为符合逮捕条件的，应当重新提请批准逮捕。

第一百三十九条　对于人民检察院不批准逮捕而未说明理由的，公安机关可以要求人民检察院说明理由。

（2）提请批准逮捕的审查

★**人民检察院立案监督工作问题解答**（2000年1月13日）（节录）

8. 在办理审查批捕案件过程中，发现公安机关对某同案犯没有提请逮捕的，能否适用立案监督程序予以纠正？

答：在办理审查批捕案件过程中，发现公安机关应当提请检察机关批准逮捕而没有提请的，应通过追捕予以解决，不适用立案监督程序。

9. 共同犯罪案件中，部分被告人已被判决有罪；另一部分共同犯罪人公安机关应当立案侦查而不立案侦查的，能否适用立案监督程序？

答：共同犯罪案件中，部分被告人已被判决有罪且判决已经生效的，如果审查逮捕部门认为还应当追究其他共同犯罪人的刑事责任,但公安机关应当立案侦查而不立案侦查的,应当要求公安机关说明不立案的理由,经审查认为不立案理由不成立的,通知公安机关立案。

★最高人民检察院、公安部关于适用刑事强制措施有关问题的规定(2000年8月28日)(节录)

第二十四条 对于公安机关提请批准逮捕的案件,人民检察院应当就犯罪嫌疑人涉嫌的犯罪事实和证据进行审查。除刑事诉讼法第五十六条和第五十七条规定的情形外,人民检察院应当按照刑事诉讼法第六十条规定的逮捕条件审查批准逮捕。

第三十二条第一款 公安机关立案侦查的案件,对于已经逮捕的犯罪嫌疑人变更为取保候审、监视居住后,又发现需要逮捕该犯罪嫌疑人的,公安机关应当重新提请批准逮捕。

★最高人民检察院、公安部关于依法适用逮捕措施有关问题的规定(2001年8月6日)(节录)

三、人民检察院收到公安机关提请批准逮捕的案件后,应当立即指定专人进行审查,发现不符合刑事诉讼法第六十六条①规定的,提请批准逮捕书、案卷材料和证据不齐全的,应当要求公安机关补充有关材料。

对公安机关提请批准逮捕的案件,人民检察院经审查,认为符合逮捕条件的,应当批准逮捕。对于不符合逮捕条件的,或者具有刑事诉讼法第十五条②规定的情形之一的,应当作出不批准逮捕的决定,并说明理由。

对公安机关报请批准逮捕的案件人民检察院在审查逮捕期间不另行侦查。必要的时候,人民检察院可以派人参加公安机关对重大案件的讨论。

五、对不批准逮捕,需要补充侦查的案件,人民检察院应当通知提请逮捕的公安机关补充侦查,并附补充侦查提纲,列明需要查清的事实和需要收集、核实的证据。

六、对人民检察院补充侦查提纲中所列的事项,公安机关应当及时进行侦查、核实,并逐一作出说明。不得未经侦查和说明,以相同材料再次提请批准逮捕。公安机关未经侦查、不作说明的,人民检察院可以作出不批准逮捕的决定。

---

① 现为第八十一条。——编者注
② 现为第十六条。——编者注

七、人民检察院批准逮捕的决定，公安机关应当立即执行，并将执行回执在执行后三日内送达作出批准决定的人民检察院；未能执行的，也应当将执行回执送达人民检察院，并写明未能执行的原因。……

九、人民检察院办理审查逮捕案件，发现应当逮捕而公安机关未提请批准逮捕的犯罪嫌疑人的，应当建议公安机关提请批准逮捕。公安机关认为建议正确的，应当立即提请批准逮捕；认为建议不正确的，应当将不提请批准逮捕的理由通知人民检察院。

★**人民检察院刑事诉讼规则**（2019年12月30日）（节录）

第二百六十三条　对于公安机关提请批准逮捕、移送起诉的案件，检察人员审查时发现存在本规则第七十五条第一款规定情形的，可以调取公安机关讯问犯罪嫌疑人的录音、录像并审查相关的录音、录像。对于重大、疑难、复杂的案件，必要时可以审查全部录音、录像。

对于监察机关移送起诉的案件，认为需要调取有关录音、录像的，可以商监察机关调取。

对于人民检察院直接受理侦查的案件，审查时发现负责侦查的部门未按照本规则第七十五条第三款的规定移送录音、录像或者移送不全的，应当要求其补充移送。对取证合法性或者讯问笔录真实性等产生疑问的，应当有针对性地审查相关的录音、录像。对于重大、疑难、复杂的案件，可以审查全部录音、录像。

第二百六十四条　经审查讯问犯罪嫌疑人录音、录像，发现公安机关、本院负责侦查的部门讯问不规范，讯问过程存在违法行为，录音、录像内容与讯问笔录不一致等情形的，应当逐一列明并向公安机关、本院负责侦查的部门书面提出，要求其予以纠正、补正或者书面作出合理解释。发现讯问笔录与讯问犯罪嫌疑人录音、录像内容有重大实质性差异的，或者公安机关、本院负责侦查的部门不能补正或者作出合理解释的，该讯问笔录不能作为批准或者决定逮捕、提起公诉的依据。

第二百八十四条　对公安机关提请批准逮捕的犯罪嫌疑人，人民检察院经审查认为符合本规则第一百二十八条、第一百三十六条、第一百三十八条规定情形，应当作出批准逮捕的决定，连同案卷材料送达公安机关执行，并可以制作继续侦查提纲，送交公安机关。

2. 应当适用逮捕的情形

★**人民检察院刑事诉讼规则**（2019年12月30日）（节录）

第一百二十八条　人民检察院对有证据证明有犯罪事实，可能判处徒刑以上刑罚的犯罪嫌疑人，采取取保候审尚不足以防止发生下列社会危险性的，应当批准或者决定逮捕：

（一）可能实施新的犯罪的；

（二）有危害国家安全、公共安全或者社会秩序的现实危险的；

（三）可能毁灭、伪造证据，干扰证人作证或者串供的；

（四）可能对被害人、举报人、控告人实施打击报复的；

（五）企图自杀或者逃跑的。

有证据证明有犯罪事实是指同时具备下列情形：

（一）有证据证明发生了犯罪事实；

（二）有证据证明该犯罪事实是犯罪嫌疑人实施的；

（三）证明犯罪嫌疑人实施犯罪行为的证据已经查证属实。

犯罪事实既可以是单一犯罪行为的事实，也可以是数个犯罪行为中任何一个犯罪行为的事实。

第一百三十六条　对有证据证明有犯罪事实，可能判处十年有期徒刑以上刑罚的犯罪嫌疑人，应当批准或者决定逮捕。

对有证据证明有犯罪事实，可能判处徒刑以上刑罚，犯罪嫌疑人曾经故意犯罪或者不讲真实姓名、住址，身份不明的，应当批准或者决定逮捕。

第一百三十七条　人民检察院经审查认为被取保候审、监视居住的犯罪嫌疑人违反取保候审、监视居住规定，依照本规则第一百零一条、第一百一十一条的规定办理。

对于被取保候审、监视居住的可能判处徒刑以下刑罚的犯罪嫌疑人，违反取保候审、监视居住规定，严重影响诉讼活动正常进行的，可以予以逮捕。

第一百三十八条　对实施多个犯罪行为或者共同犯罪案件的犯罪嫌疑人，符合本规则第一百二十八条的规定，具有下列情形之一的，应当批准或者决定逮捕：

（一）有证据证明犯有数罪中的一罪的；

（二）有证据证明实施多次犯罪中的一次犯罪的；

（三）共同犯罪中，已有证据证明有犯罪事实的犯罪嫌疑人。

第一百四十条　犯罪嫌疑人涉嫌的罪行较轻，且没有其他重大犯罪嫌疑，具有下列情形之一的，可以作出不批准逮捕或者不予逮捕的决定：

（一）属于预备犯、中止犯，或者防卫过当、避险过当的；

（二）主观恶性较小的初犯，共同犯罪中的从犯、胁从犯，犯罪后自首、有立功表现或者积极退赃、赔偿损失、确有悔罪表现的；

（三）过失犯罪的犯罪嫌疑人，犯罪后有悔罪表现，有效控制损失或者积极赔偿损失的；

（四）犯罪嫌疑人与被害人双方根据刑事诉讼法的有关规定达成和解协议，经审查，认为和解系自愿、合法且已经履行或者提供担保的；

（五）犯罪嫌疑人认罪认罚的；

（六）犯罪嫌疑人系已满十四周岁未满十八周岁的未成年人或者在校学生，本人有悔罪表现，其家庭、学校或者所在社区、居民委员会、村民委员会具备监护、帮教条件的；

（七）犯罪嫌疑人系已满七十五周岁的人。

第二百八十八条　人民检察院办理公安机关提请批准逮捕的案件，发现遗漏应当逮捕的犯罪嫌疑人的，应当经检察长批准，要求公安机关提请批准逮捕。公安机关不提请批准逮捕或者说明的不提请批准逮捕的理由不成立的，人民检察院可以直接作出逮捕决定，送达公安机关执行。

第二百九十二条第一款　对于公安机关补充侦查后应当提请批准逮捕而不提请批准逮捕的，按照本规则第二百八十八条的规定办理。

3. 不适用逮捕的情形

★**人民检察院刑事诉讼规则**（2019年12月30日）（节录）

第一百四十一条　对符合刑事诉讼法第七十四条第一款规定的犯罪嫌疑人，人民检察院经审查认为不需要逮捕的，可以在作出不批准逮捕决定的同时，向公安机关提出采取监视居住措施的建议。

4. 特殊案件适用逮捕的规定

（1）危害国家安全案件

★**最高人民检察院关于对危害国家安全案件批捕起诉和实行备案制度等有关事项的通知**（1998年1月12日）（节录）

一、根据刑事诉讼法第二十条[①]的规定，中级人民法院管辖第一审的危害国家安全案件。与之相应，危害国家安全案件的审查批捕、审查起诉一律由检察分（市）院或者省级检察院的批捕、起诉部门办理。基层人民检察院不办理危害国家安全案件的审查批捕和审查起诉。

三、对本地区发生的重、特大危害国家安全犯罪案件、恐怖暴力活动以及

---

① 现为第二十一条。——编者注

影响大的突发性事件，要及时向最高人民检察院专报。

四、检察机关批准逮捕（包括不批捕）、提起公诉（包括不起诉）、抗诉的各种危害国家安全的案件，一律报上一级检察院备案，并由省级院及时报最高人民检察院备案。备案材料包括：提请批准逮捕书、批准逮捕决定书或不批准逮捕决定书（副本）；起诉意见书、起诉书或不起诉决定书（副本）；抗诉案件的起诉书、抗诉书和判决书（副本）。

★人民检察院刑事诉讼规则（2019年12月30日）（节录）

第二百九十四条　外国人、无国籍人涉嫌危害国家安全犯罪的案件或者涉及国与国之间政治、外交关系的案件以及在适用法律上确有疑难的案件，需要逮捕犯罪嫌疑人的，按照刑事诉讼法关于管辖的规定，分别由基层人民检察院或者设区的市级人民检察院审查并提出意见，层报最高人民检察院审查。最高人民检察院认为需要逮捕的，经征求外交部的意见后，作出批准逮捕的批复；认为不需要逮捕的，作出不批准逮捕的批复。基层人民检察院或者设区的市级人民检察院根据最高人民检察院的批复，依法作出批准或者不批准逮捕的决定。层报过程中，上级人民检察院认为不需要逮捕的，应当作出不批准逮捕的批复。报送的人民检察院根据批复依法作出不批准逮捕的决定。

基层人民检察院或者设区的市级人民检察院认为不需要逮捕的，可以直接依法作出不批准逮捕的决定。

外国人、无国籍人涉嫌本条第一款规定以外的其他犯罪案件，决定批准逮捕的人民检察院应当在作出批准逮捕决定后四十八小时以内报上一级人民检察院备案，同时向同级人民政府外事部门通报。上一级人民检察院经审查发现批准逮捕决定错误的，应当依法及时纠正。

第二百九十五条　人民检察院办理审查逮捕的危害国家安全犯罪案件，应当报上一级人民检察院备案。

上一级人民检察院经审查发现错误的，应当依法及时纠正。

（2）合同诈骗、侵犯知识产权等经济犯罪案件

★最高人民检察院办公厅关于对合同诈骗、侵犯知识产权等经济犯罪案件依法正确适用逮捕措施的通知（2002年5月22日）（节录）

一、要全面正确贯彻为经济建设服务的指导思想和"强化监督，公正执法"的检察工作主题……对于确定构成犯罪的经济犯罪行为，要坚决依法予以严厉打击，以维护正常的经济秩序，保障国家利益以及企业、当事人的合法权益；对于经济纠纷只能通过民事法律手段去解决，不能为了地方利益，动用刑事手

段,更不能变相把逮捕措施作为搞地方保护主义的手段。

二、要严格区分经济犯罪与经济纠纷的界限。经济犯罪案件具有案情较复杂,犯罪与经济纠纷往往相互交织在一起,罪与非罪的界限不易区分的特点。认定经济犯罪,必须严格依照刑法规定的犯罪基本特征和犯罪构成要件,从行为的社会危害性、刑事违法性、应受惩罚性几个方面综合考虑。各级检察机关在审查批捕工作中,要严格区分经济犯罪与经济纠纷的界限,尤其要注意区分合同诈骗罪与合同违约、债务纠纷的界限,以及商业秘密与进入公知领域的技术信息、经营信息的界限,做到慎重稳妥,不枉不纵,依法打击犯罪者,保护无辜者,实现法律效果和社会效果的统一。不能把履行合同中发生的经济纠纷作为犯罪处理;对于造成本地企业利益受到损害的行为,要具体分析,不能一概作为犯罪处理,防止滥用逮捕权。对于合同和知识产权纠纷中,当事双方主体真实有效,行为客观存在,罪与非罪难以辨别,当事人可以行使民事诉讼权利的,更要慎用逮捕权。

三、要正确掌握逮捕条件,严格办案程序。各级检察机关在审查批捕经济犯罪案件工作中,要严格遵循刑事诉讼法和《人民检察院刑事诉讼规则》规定的逮捕条件和办案程序,严把事实关、证据关、程序关和适用法律关,确保办案质量。对公安机关提请审查批捕的经济犯罪案件,必须符合法律规定的条件,才能作出批捕决定,对于明显属于经济纠纷不构成犯罪的,或者罪与非罪性质不明的,或者事实不清、证据不足的案件,不应作出批捕决定。特别是对于涉及异地的经济犯罪案件,不仅要审查控告方的证据材料,而且要认真审查被控告方提供的材料和辩解,对只有控告方的控告,没有其他证据证明的,不能作出批捕决定。

四、上级检察机关要加强协调和指导,支持下级检察机关依法办案。各级检察机关在审查批捕合同诈骗、侵犯知识产权等经济犯罪案件时,认为案情复杂,难以定性,与侦查机关有重大认识分歧,或受到地方保护和行政干预的,要及时向上一级检察机关报告,上级检察机关要及时加强协调,必要时,可采取"上提一级"审查批捕的办法。各地检察机关受理审查批捕跨地区合同诈骗、侵犯知识产权等经济犯罪案件,应在批捕后三日内报上一级检察机关备案。上级院应及时审查,对有问题的,坚决纠正。

五、要加强监督,严肃办案纪律。检察机关要加强对公安机关侦办的合同诈骗、侵犯知识产权犯罪案件的立案监督工作,对不构成犯罪不应立案而立案的,要及时通知撤案,以体现法律的严肃性。对有关机关越权插手经济纠纷,乱抓人、乱扣物以及超期羁押等违法行为,要切实履行职责,依法提出纠正意见并监督落实情况。对检察机关因受地方保护主义影响,违法办案,滥用逮捕权的,上级检察机关要及时纠正,并追究有关领导和直接责任人员的责任。对典型案件,高检院将予以通报批评。对于越权插手经济纠纷,造成严重后果,构成犯罪的,要依法查处,追究有关人员的刑事责任。

5. 逮捕的执行

★**最高人民检察院、公安部关于适用刑事强制措施有关问题的规定**(2000年8月28日)(节录)

第二十五条 对于公安机关提请批准逮捕的犯罪嫌疑人,人民检察院决定不批准逮捕的,应当说明理由;不批准逮捕并且通知公安机关补充侦查的,应当同时列出补充侦查提纲。

公安机关接到人民检察院不批准逮捕决定书后,应当立即释放犯罪嫌疑人;认为需要逮捕而进行补充侦查、要求复议或者提请复核的,可以变更为取保候审或者监视居住。

★**最高人民法院、最高人民检察院、公安部、国家安全部、司法部、全国人大常委会法制工作委员会关于实施刑事诉讼法若干问题的规定**(2012年12月26日)(节录)

17. 对于人民检察院批准逮捕的决定,公安机关应当立即执行,并将执行回执及时送达批准逮捕的人民检察院。如果未能执行,也应当将回执送达人民检察院,并写明未能执行的原因。对于人民检察院决定不批准逮捕的,公安机关在收到不批准逮捕决定书后,应当立即释放在押的犯罪嫌疑人或者变更强制措施,并将执行回执在收到不批准逮捕决定书后的三日内送达作出不批准逮捕决定的人民检察院。

★**人民检察院刑事诉讼规则**(2019年12月30日)(节录)

第二百八十五条 对公安机关提请批准逮捕的犯罪嫌疑人,具有本规则第一百三十九条至第一百四十一条规定情形,人民检察院作出不批准逮捕决定的,应当说明理由,连同案卷材料送达公安机关执行。需要补充侦查的,应当制作补充侦查提纲,送交公安机关。

人民检察院办理审查逮捕案件,不另行侦查,不得直接提出采取取保候审措施的意见。

对于因犯罪嫌疑人没有犯罪事实、具有刑事诉讼法第十六条规定的情形之一或者证据不足,人民检察院拟作出不批准逮捕决定的,应当经检察长批准。

第二百八十六条 人民检察院应当将批准逮捕的决定交公安机关立即执行，并要求公安机关将执行回执及时送达作出批准决定的人民检察院。如果未能执行，也应当要求其将回执及时送达人民检察院，并写明未能执行的原因。对于人民检察院不批准逮捕的，应当要求公安机关在收到不批准逮捕决定书后，立即释放在押的犯罪嫌疑人或者变更强制措施，并将执行回执在收到不批准逮捕决定书后三日以内送达作出不批准逮捕决定的人民检察院。

公安机关在收到不批准逮捕决定书后对在押的犯罪嫌疑人不立即释放或者变更强制措施的，人民检察院应当提出纠正意见。

第二百九十三条 对公安机关提请批准逮捕的案件，负责捕诉的部门应当将批准、变更、撤销逮捕措施的情况书面通知本院负责刑事执行检察的部门。

第五百零一条 人民检察院对于公安机关提请批准逮捕的案件，双方当事人达成和解协议的，可以作为有无社会危险性或者社会危险性大小的因素予以考虑。经审查认为不需要逮捕的，可以作出不批准逮捕的决定；在审查起诉阶段可以依法变更强制措施。

第五百零四条 犯罪嫌疑人或者其亲友等以暴力、威胁、欺骗或者其他非法方法强迫、引诱被害人和解，或者在协议履行完毕之后威胁、报复被害人的，应当认定和解协议无效。已经作出不批准逮捕或者不起诉决定的，人民检察院根据案件情况可以撤销原决定，对犯罪嫌疑人批准逮捕或者提起公诉。

★公安机关办理刑事案件程序规定（2020年7月20日）（节录）

第一百四十条 对于人民检察院决定不批准逮捕的，公安机关在收到不批准逮捕决定书后，如果犯罪嫌疑人已被拘留的，应当立即释放，发给释放证明书，并在执行完毕后三日以内将执行回执送达作出不批准逮捕决定的人民检察院。

第一百四十二条 接到人民检察院批准逮捕决定书后，应当由县级以上公安机关负责人签发逮捕证，立即执行，并在执行完毕后三日以内将执行回执送达作出批准逮捕决定的人民检察院。如果未能执行，也应当将回执送达人民检察院，并写明未能执行的原因。

6. 检察机关在逮捕适用中贯彻宽严相济刑事政策

★最高人民检察院关于在检察工作中贯彻宽严相济刑事司法政策的若干意见（2007年1月15日）（节录）

一、检察机关贯彻宽严相济刑事司法政策的指导思想和原则

4. 检察机关贯彻宽严相济的刑事司法政策应当坚持以下原则：

——全面把握。宽严相济刑事司法政策中的宽与严是一个有机统一的整体，二者相辅相成，必须全面理解，全面把握，全面落实。既要防止只讲严而忽视宽，又要防止只讲宽而忽视严，防止一个倾向掩盖另一个倾向。

——区别对待。宽严相济刑事司法政策的核心是区别对待。应当综合考虑犯罪的社会危害性（包括犯罪侵害的客体、情节、手段、后果等）、犯罪人的主观恶性（包括犯罪时的主观方面、犯罪后的态度、平时表现等）以及案件的社会影响，根据不同时期、不同地区犯罪与社会治安的形势，具体情况具体分析，依法予以从宽或者从严处理。

——严格依法。贯彻宽严相济的刑事司法政策，必须坚持罪刑法定、罪刑相适应、法律面前人人平等原则，实现政策指导与严格执法的有机统一，宽要有节，严要有度，宽和严都必须严格依照法律，在法律范围内进行，做到宽严合法，于法有据。

——注重效果。贯彻宽严相济的刑事司法政策，应当做到惩治犯罪与保障人权的有机统一，法律效果与社会效果的有机统一，保护犯罪嫌疑人、被告人的合法权利与保护被害人的合法权益的有机统一，特殊预防与一般预防的有机统一，执法办案与化解矛盾的有机统一，以有利于维护稳定，化解矛盾，减少对抗，促进和谐。

二、在履行法律监督职能中全面贯彻宽严相济刑事司法政策

5. 依法严厉打击严重危害社会治安的犯罪和严重破坏市场经济秩序等犯罪。"严打"是宽严相济刑事司法政策的重要内容和有机组成部分，是贯彻宽严相济刑事司法政策的重要体现，必须坚定不移地坚持。必须依法从重从快打击黑社会性质组织犯罪、恐怖犯罪、毒品犯罪以及杀人、爆炸、抢劫、强奸、绑架、投放危险物质等严重危害社会治安的刑事犯罪，依法严厉惩治严重破坏金融秩序、侵犯知识产权、制售严重危害人身安全和人体健康的伪劣商品等严重破坏社会主义市场经济秩序的犯罪，依法打击重大环境污染等破坏环境资源犯罪。该批捕的要坚决批捕，该起诉的要坚决起诉，及时、准确、有力地予以打击。

6. 依法严肃查处贪污贿赂、渎职侵权等国家工作人员职务犯罪。加大对职务犯罪的查处力度，提高侦破率，降低漏网率，有效遏制、震慑职务犯罪。严肃查办党政领导干部的职务犯罪，国家工作人员利用人事权、司法权、行政审批权、行政执法权进行权钱交易的职务犯罪，充当黑恶势力"保护伞"的职务犯罪，重大安全责任事故所涉及的职务犯罪，放纵制售伪劣商品的职务犯罪，企业改制、征地拆迁、资源审批和社会保障等工作中侵害国家利益和人民群众切身利益的职务犯罪，发生在基层或者社会关注的行业以及人民群众反映强烈

的职务犯罪。对罪行严重、拒不认罪、拒不退赃或者负案潜逃以及进行串供、毁证等妨害诉讼活动的,要果断采取必要的侦查、控制手段或者拘留、逮捕等措施。对于罪行较轻、真诚悔罪、证据稳定的,特别是其中的过失犯罪,可以依法不予逮捕或者及时变更强制措施。

7. 严格把握"有逮捕必要"的逮捕条件,慎重适用逮捕措施。逮捕是最严厉的刑事强制措施,能用其他强制措施的尽量使用其他强制措施。审查批捕要严格依据法律规定,在把握事实证据条件、可能判处刑罚条件的同时,注重对"有逮捕必要"条件的正确理解和把握。具体可以综合考虑以下因素:一是主体是否属于未成年人或者在校学生、老年人、严重疾病患者、盲聋哑人、初犯、从犯或者怀孕、哺乳自己婴儿的妇女等;二是法定刑是否属于较轻的刑罚;三是情节是否具有中止、未遂、自首、立功等法定从轻、减轻或者免除处罚等情形;四是主观方面是否具有过失、受骗、被胁迫等;五是犯罪后是否具有认罪、悔罪表现,是否具有重新危害社会或者串供、毁证、妨碍作证等妨害诉讼进行的可能;六是犯罪嫌疑人是否属于流窜作案、有无固定住址及帮教、管教条件;七是案件基本证据是否已经收集固定、是否有翻供翻证的可能等。对于罪行严重、主观恶性较大、人身危险性大或者有串供、毁证、妨碍作证等妨害诉讼顺利进行可能,符合逮捕条件的,应当批准逮捕。对于不采取强制措施或者采取其他强制措施不至于妨害诉讼顺利进行的,应当不予批捕。对于可捕可不捕的坚决不捕。

12. 对因人民内部矛盾引发的轻微刑事案件依法从宽处理。对因亲友、邻里及同学同事之间纠纷引发的轻微刑事案件,要本着"冤家宜解不宜结"的精神,着重从化解矛盾、解决纠纷的角度正确处理。对于轻微刑事案件中犯罪嫌疑人认罪悔过、赔礼道歉、积极赔偿损失并得到被害人谅解或者双方达成和解并切实履行,社会危害性不大的,可以依法不予逮捕或者不起诉。确需提起公诉的,可以依法向人民法院提出从宽处理的意见。对属于被害人可以提起自诉的轻微刑事案件,由公安机关立案侦查并提请批捕、移送起诉的,人民检察院可以促使双方当事人在民事赔偿和精神抚慰方面和解,及时化解矛盾,依法从宽处理。

13. 对轻微犯罪中的初犯、偶犯依法从宽处理。对于初次实施轻微犯罪、主观恶性小的犯罪嫌疑人,特别是对因生活无着偶然发生的盗窃等轻微犯罪,犯罪嫌疑人人身危险性不大的,一般可以不予逮捕;符合法定条件的,可以依法不起诉。确需提起公诉的,可以依法向人民法院提出从宽处理的意见。

14. 正确处理群体性事件中的犯罪案件。处理群体性事件中的犯罪案件,应当坚持惩治少数,争取、团结、教育大多数的原则。对极少数插手群体性事件,策划、组织、指挥闹事的严重犯罪分子以及进行打砸抢等犯罪活动的首要分子或者骨干分子,要依法严厉打击。对一般参与者,要慎重适用强制措施和提起公诉;确需提起公诉的,可以依法向人民法院提出从宽处理的意见。

三、建立健全贯彻宽严相济刑事司法政策的检察工作机制和办案方式

15. 进一步健全检察环节贯彻"严打"方针的经常性工作机制。加强对社会治安形势的分析,因地制宜地确定打击犯罪的重点,坚持什么犯罪突出就重点打击什么犯罪,增强打击的针对性。对严重刑事犯罪坚持依法快捕、快诉,增强打击的时效性。

17. 推进办案专业化,建立快速办理轻微刑事案件的工作机制。在审查逮捕、审查起诉中改进办案分工,对案件实行繁简分流,指定人员专门办理轻微案件,集中力量办理重大、疑难、复杂案件。建立轻微案件审查逮捕、审查起诉的快速办理机制,对案情简单、事实清楚、证据确实充分、可能判处三年有期徒刑以下刑罚、犯罪嫌疑人认罪的案件,简化审查逮捕、审查起诉的办案文书,缩短办案期限,提高诉讼效率。

19. 改革完善未成年人犯罪案件的办案方式。对未成年人犯罪案件,应当设立专门工作机构、专门工作小组或者指定专人办理。建立适合未成年人特点的审查逮捕、审查起诉工作机制。对成年人与未成年人共同犯罪案件,原则上实行分案处理。对未成年人犯罪案件适用简易程序的,公诉人一般应当出庭支持公诉并开展庭审教育活动。对于因犯罪情节轻微决定不起诉的未成年人,要落实帮教措施。

22. 完善办案的考核评价体系。要按照司法规律和检察工作规律管理检察业务工作,从有利于贯彻宽严相济的刑事司法政策出发,科学确定考核各项检察业务工作的指标体系,改进考评办法,保证依法正确适用不批捕、不起诉,改变不适当地控制不捕率、不起诉率的做法,实现办案数量、质量和效果的有机统一。

第九十一条 【公安机关对被拘留的人提请批捕的期限】公安机关对被拘留的人,认为需要逮捕的,应当在拘留后的三日以内,提请人民检察院审查批准。在特殊情况下,提请审查批准的时间可以延长一日至四日。

对于流窜作案、多次作案、结伙作案的重大嫌疑分子,提请审查批准的时间可以延长至三十日。

> 【人民检察院审查批捕的期限】人民检察院应当自接到公安机关提请批准逮捕书后的七日以内，作出批准逮捕或者不批准逮捕的决定。人民检察院不批准逮捕的，公安机关应当在接到通知后立即释放，并且将执行情况及时通知人民检察院。对于需要继续侦查，并且符合取保候审、监视居住条件的，依法取保候审或者监视居住。

● 要点及关联法规

1. 提请、审查批准逮捕的时限

★**人民检察院刑事诉讼规则**（2019 年 12 月 30 日）（节录）

第二百八十二条　对公安机关提请批准逮捕的犯罪嫌疑人，已经被拘留的，人民检察院应当在收到提请批准逮捕书后七日以内作出是否批准逮捕的决定；未被拘留的，应当在收到提请批准逮捕书后十五日以内作出是否批准逮捕的决定，重大、复杂案件，不得超过二十日。

★**公安机关办理刑事案件程序规定**（2020 年 7 月 20 日）（节录）

第一百二十九条　对被拘留的犯罪嫌疑人，经过审查认为需要逮捕的，应当在拘留后的三日以内，提请人民检察院审查批准。在特殊情况下，经县级以上公安机关负责人批准，提请审查批准逮捕的时间可以延长一日至四日。

对流窜作案、多次作案、结伙作案的重大嫌疑分子，经县级以上公安机关负责人批准，提请审查批准逮捕的时间可以延长至三十日。

本条规定的"流窜作案"，是指跨市、县管辖范围连续作案，或者在居住地作案后逃跑到外市、县继续作案；"多次作案"，是指三次以上作案；"结伙作案"，是指二人以上共同作案。

第一百三十条　犯罪嫌疑人不讲真实姓名、住址，身份不明的，应当对其身份进行调查。对符合逮捕条件的犯罪嫌疑人，也可以按其自报的姓名提请批准逮捕。

第一百三十一条　对被拘留的犯罪嫌疑人审查后，根据案件情况报经县级以上公安机关负责人批准，分别作出如下处理：

（一）需要逮捕的，在拘留期限内，依法办理提请批准逮捕手续；

（二）应当追究刑事责任，但不需要逮捕的，依法直接向人民检察院移送审查起诉，或者依法办理取保候审或者监视居住手续后，向人民检察院移送审起诉；

（三）拘留期限届满，案件尚未办结，需要继续侦查的，依法办理取保候审或者监视居住手续；

（四）具有本规定第一百八十六条规定情形之一的，释放被拘留人，发给释放证明书；需要行政处理的，依法予以处理或者移送有关部门。

2. 不批准逮捕的复议、复核

★最高人民检察院、公安部关于适用刑事强制措施有关问题的规定（2000年8月28日）（节录）

第二十五条第二款　公安机关接到人民检察院不批准逮捕决定书后，应当立即释放犯罪嫌疑人；认为需要逮捕而进行补充侦查、要求复议或者提请复核的，可以变更为取保候审或者监视居住。

第三十二条第一款　公安机关立案侦查的案件，对于已经逮捕的犯罪嫌疑人变更为取保候审、监视居住后，又发现需要逮捕该犯罪嫌疑人的，公安机关应当重新提请批准逮捕。

★公安机关办理刑事案件程序规定（2020年7月20日）（节录）

第一百四十条　对于人民检察院决定不批准逮捕的，公安机关在收到不批准逮捕决定书后，如果犯罪嫌疑人已被拘留的，应当立即释放，发给释放证明书，并在执行完毕后三日以内将执行回执送达作出不批准逮捕决定的人民检察院。

3. 拘留、逮捕中有关延长羁押、重新计算羁押期限或解除羁押的规定

（1）基本原则

★公安机关适用刑事羁押期限规定（2006年5月1日）（节录）

第二条　公安机关办理刑事案件，必须严格执行刑事诉讼法关于拘留、逮捕后的羁押期限的规定，对于符合延长羁押期限、重新计算羁押期限条件的，或者应当释放犯罪嫌疑人的，必须在羁押期限届满前及时办完审批手续。

第三条　公安机关应当切实树立尊重和保障人权意识，防止因超期羁押侵犯犯罪嫌疑人的合法权益。

第五条　对犯罪嫌疑人第一次讯问开始时或者采取强制措施时，侦查人员应当向犯罪嫌疑人送达《犯罪嫌疑人诉讼权利义务告知书》，并在讯问笔录中注明或者由犯罪嫌疑人在有关强制措施附卷联中签收。犯罪嫌疑人拒绝签收的，侦查人员应当注明。

第十条　对人民检察院批准逮捕的，应当在收到人民检察院批准逮捕的决定书后二十四小时以内制作《逮捕证》，向犯罪嫌疑人宣布执行，并将执行回执及时送达作出批准逮捕决定的人民检察院。对未能执行的，应当将回执送达人民检察院，并写明未能执行的原因。

第十一条　拘留或者逮捕犯罪嫌疑人后，除有碍侦查或者无法通知的情形以外，应当在二十四小时以内将拘留或者逮捕的原因和羁押的处所通知被拘留或者逮捕人的家属或者所在单位。对于有碍侦查和无法通知的范围，应当严格按照《公安机关办理刑事案件程序规定》第一百零八条第一款、第一百二十五条第一款的规定执行。

第四十条　本规定中的办案部门，是指公安机关内设的负责办理刑事案件的部门。

第四十一条　公安机关执行本规定通知有关单位、人员时，如情况紧急或者距离被通知的有关单位、人员路途较远，可以通过电话、传真等方式先行通知，再送达有关法律文书。

（2）一般羁押期限

★**公安机关适用刑事羁押期限规定**（2006年5月1日）（节录）

第四条　对犯罪嫌疑人的羁押期限，按照以下方式计算：

（一）拘留后的提请审查批准逮捕的期限以日计算，执行拘留后满二十四小时为一日；

（二）逮捕后的侦查羁押期限以月计算，自对犯罪嫌疑人执行逮捕之日起至下一个月的对应日止为一个月；没有对应日的，以该月的最后一日为截止日。

对犯罪嫌疑人作精神病鉴定的期间不计入羁押期限。精神病鉴定期限自决定对犯罪嫌疑人进行鉴定之日起至收到鉴定结论后决定恢复计算侦查羁押期限之日止。

（3）延长羁押期限

★**公安机关适用刑事羁押期限规定**（2006年5月1日）（节录）

第六条　县级以上公安机关负责人在作出批准拘留的决定时，应当在呈请报告上同时注明一日至三日的拘留时间。需要延长一日至四日或者延长至三十日的，应当办理延长拘留手续。

第七条　侦查人员应当在宣布拘留或者逮捕决定时，将拘留或者逮捕的决定机关、法定羁押起止时间以及羁押处所告知犯罪嫌疑人。

第九条　对被拘留的犯罪嫌疑人在拘留后的三日以内无法提请人民检察院

审查批准逮捕的,如果有证据证明犯罪嫌疑人有流窜作案、多次作案、结伙作案的重大嫌疑,报经县级以上公安机关负责人批准,可以直接将提请审查批准的时间延长至三十日。

★人民检察院刑事诉讼规则(2019年12月30日)(节录)

第三百零五条 人民检察院办理直接受理侦查的案件,对犯罪嫌疑人逮捕后的侦查羁押期限不得超过二个月。案情复杂、期限届满不能终结的案件,可以经上一级人民检察院批准延长一个月。

第三百零六条 设区的市级人民检察院和基层人民检察院办理直接受理侦查的案件,符合刑事诉讼法第一百五十八条规定,在本规则第三百零五条规定的期限届满前不能侦查终结的,经省级人民检察院批准,可以延长二个月。

省级人民检察院直接受理侦查的案件,有前款情形的,可以直接决定延长二个月。

第三百零七条 设区的市级人民检察院和基层人民检察院办理直接受理侦查的案件,对犯罪嫌疑人可能判处十年有期徒刑以上刑罚,依照本规则第三百零六条的规定依法延长羁押期限届满,仍不能侦查终结的,经省级人民检察院批准,可以再延长二个月。

省级人民检察院办理直接受理侦查的案件,有前款情形的,可以直接决定再延长二个月。

第三百零八条 最高人民检察院办理直接受理侦查的案件,依照刑事诉讼法的规定需要延长侦查羁押期限的,直接决定延长侦查羁押期限。

第三百零九条 公安机关需要延长侦查羁押期限的,人民检察院应当要求其在侦查羁押期限届满七日前提请批准延长侦查羁押期限。

人民检察院办理直接受理侦查的案件,负责侦查的部门认为需要延长侦查羁押期限的,应当按照前款规定向本院负责捕诉的部门移送延长侦查羁押期限意见书及有关材料。

对于超过法定羁押期限提请延长侦查羁押期限的,不予受理。

第三百一十条 人民检察院审查批准或者决定延长侦查羁押期限,由负责捕诉的部门办理。

受理案件的人民检察院对延长侦查羁押期限的意见审查后,应当提出是否同意延长侦查羁押期限的意见,将公安机关延长侦查羁押期限的意见和本院的审查意见层报有决定权的人民检察院审查决定。

第三百一十一条 对于同时具备下列条件的案件,人民检察院应当作出批准延长侦查羁押期限一个月的决定：
（一）符合刑事诉讼法第一百五十六条的规定；
（二）符合逮捕条件；
（三）犯罪嫌疑人有继续羁押的必要。

第三百一十二条　犯罪嫌疑人虽然符合逮捕条件，但经审查，公安机关在对犯罪嫌疑人执行逮捕后二个月以内未有效开展侦查工作或者侦查取证工作没有实质进展的，人民检察院可以作出不批准延长侦查羁押期限的决定。

犯罪嫌疑人不符合逮捕条件，需要撤销下级人民检察院逮捕决定的，上级人民检察院在作出不批准延长侦查羁押期限决定的同时，应当作出撤销逮捕的决定，或者通知下级人民检察院撤销逮捕决定。

第三百一十三条　有决定权的人民检察院作出批准延长侦查羁押期限或者不批准延长侦查羁押期限的决定后，应当将决定书交由最初受理案件的人民检察院送达公安机关。

最初受理案件的人民检察院负责捕诉的部门收到批准延长侦查羁押期限决定书或者不批准延长侦查羁押期限决定书，应当书面告知本院负责刑事执行检察的部门。

第三百一十四条　因为特殊原因，在较长时间内不宜交付审判的特别重大复杂的案件，由最高人民检察院报请全国人民代表大会常务委员会批准延期审理。

（4）重新计算羁押期限

★公安机关适用刑事羁押期限规定（2006年5月1日）（节录）

第十八条　在侦查期间，发现犯罪嫌疑人另有重要罪行的，应当自发现之日起五日以内，报经县级以上公安机关负责人批准，将重新计算侦查羁押期限的法律文书送达看守所，向犯罪嫌疑人宣布，并报原批准逮捕的人民检察院备案。

前款规定的另有重要罪行，是指与逮捕时的罪行不同种的重大犯罪以及同种犯罪并将影响罪名认定、量刑档次的重大犯罪。

★人民检察院刑事诉讼规则（2019年12月30日）（节录）

第三百一十五条　人民检察院在侦查期间发现犯罪嫌疑人另有重要罪行的，自发现之日起依照本规则第三百零五条的规定重新计算侦查羁押期限。

另有重要罪行是指与逮捕时的罪行不同种的重大犯罪或者同种的影响罪名认定、量刑档次的重大犯罪。

第三百一十六条　人民检察院重新计算侦查羁押期限,应当由负责侦查的部门提出重新计算侦查羁押期限的意见,移送本院负责捕诉的部门审查。负责捕诉的部门审查后应当提出是否同意重新计算侦查羁押期限的意见,报检察长决定。

第三百一十七条　对公安机关重新计算侦查羁押期限的备案,由负责捕诉的部门审查。负责捕诉的部门认为公安机关重新计算侦查羁押期限不当的,应当提出纠正意见。

第三百一十八条　人民检察院直接受理侦查的案件,不能在法定侦查羁押期限内侦查终结的,应当依法释放犯罪嫌疑人或者变更强制措施。

第三百一十九条　负责捕诉的部门审查延长侦查羁押期限、审查重新计算侦查羁押期限,可以讯问犯罪嫌疑人,听取辩护律师和侦查人员的意见,调取案卷及相关材料等。

(5) 羁押期限的恢复计算

★公安机关适用刑事羁押期限规定(2006年5月1日)(节录)

第十六条　对犯罪嫌疑人因不讲真实姓名、住址,身份不明,经县级以上公安机关负责人批准,侦查羁押期限自查清其身份之日起计算的,办案部门应当在作出决定后的二日以内通知看守所;查清犯罪嫌疑人身份的,应当在查清后的二日以内将侦查羁押期限起止时间通知看守所。

第十七条　对依法延长侦查羁押期限的,办案部门应当在作出决定后的二日以内将延长侦查羁押期限的法律文书送达看守所,并向犯罪嫌疑人宣布。

第十九条　对于因进行司法精神病鉴定不计入办案期限的,办案部门应当在决定对犯罪嫌疑人进行司法精神病鉴定后的二日以内通知看守所。

办案部门应当自决定进行司法精神病鉴定之日起二日以内将委托鉴定书送达省级人民政府指定的医院。

第二十条　公安机关接到省级人民政府指定的医院的司法精神病鉴定结论后决定恢复计算侦查羁押期限的,办案部门应当在作出恢复计算羁押期限决定后的二十四小时以内将恢复计算羁押期限的决定以及剩余的侦查羁押期限通知看守所。

(6) 补充侦查的期限

★公安机关适用刑事羁押期限规定(2006年5月1日)(节录)

第二十三条　人民检察院对公安机关移送审查起诉的案件,经审查后决定退回公安机关补充侦查的,公安机关在接到人民检察院退回补充侦查的法律文书后，应当按照补充侦查提纲的要求在一个月以内补充侦查完毕。

补充侦查以两次为限。对公安机关移送审查起诉的案件，人民检察院退回补充侦查两次后或者已经提起公诉后再退回补充侦查的，公安机关应当依法拒绝。

对人民检察院因补充侦查需要提出协助请求的，公安机关应当依法予以协助。

第二十四条　对侦查终结移送审查起诉或者补充侦查终结的案件犯罪嫌疑人在押的，应当在案件移送审查起诉的同时，填写《换押证》，随同案件材料移送同级人民检察院，并通知看守所。

（7）解除羁押或变更强制措施

★**公安机关适用刑事羁押期限规定**（2006年5月1日）（节录）

第八条　侦查人员应当在拘留或者逮捕犯罪嫌疑人后的二十四小时以内对其进行讯问，发现不应当拘留或者逮捕的，应当报经县级以上公安机关负责人批准，制作《释放通知书》送达看守所。看守所凭《释放通知书》发给被拘留或者逮捕人《释放证明书》，将其立即释放。

在羁押期间发现对犯罪嫌疑人拘留或者逮捕不当的，应当在发现后的十二小时以内，经县级以上公安机关负责人批准将被拘留或者逮捕人释放，或者变更强制措施。

释放被逮捕的人或者变更强制措施的，应当在作出决定后的三日以内，将释放或者变更的原因及情况通知原批准逮捕的人民检察院。

第十二条　对已经被拘留或者逮捕的犯罪嫌疑人，经审查符合取保候审或者监视居住条件的，应当在拘留或者逮捕的法定羁押期限内及时将强制措施变更为取保候审或者监视居住。

第十三条　被羁押的犯罪嫌疑人及其法定代理人、近亲属、被逮捕的犯罪嫌疑人聘请的律师提出取保候审申请的，公安机关应当在接到申请之日起七日以内作出同意或者不同意的答复。同意取保候审的，依法办理取保候审手续；不同意取保候审的，应当书面通知申请人并说明理由。

第十四条　对犯罪嫌疑人已被逮捕的案件，在逮捕后二个月的侦查羁押期限以及依法变更的羁押期限内不能侦查终结移送审查起诉的，应当在侦查羁押期限届满前释放犯罪嫌疑人。需要变更强制措施的，应当在释放犯罪嫌疑人前办理完审批手续。

第十五条　对人民检察院不批准逮捕被拘留的犯罪嫌疑人的，应当在收到不批准逮捕决定书后十二小时以内，报经县级以上公安机关负责人批准，制作

《释放通知书》送交看守所。看守所凭《释放通知书》发给被拘留人《释放证明书》，将其立即释放。需要变更强制措施的，应当在释放犯罪嫌疑人前办理完审批手续。

第二十一条　需要提请有关机关协调或者请示上级主管机关的，应当在办案期限内提请、请示、处理完毕；在法定侦查羁押期限内未处理完毕的，应当依法释放犯罪嫌疑人或者变更强制措施。

第二十二条　公安机关经过侦查，对案件事实清楚、证据确实、充分的，应当在法定羁押期限内移送同级人民检察院审查起诉。

犯罪嫌疑人实施的数个犯罪行为中某一犯罪事实一时难以查清的，应当在法定羁押期限内对已查清的罪行移送审查起诉。

共同犯罪中同案犯罪嫌疑人在逃的，对已归案的犯罪嫌疑人应当按照基本事实清楚、基本证据确凿的原则，在法定侦查羁押期限内移送审查起诉。

犯罪嫌疑人被羁押的案件，不能在法定侦查羁押期限内办结，需要继续侦查的，对犯罪嫌疑人可以取保候审或者监视居住。

（8）羁押的规定

★公安机关适用刑事羁押期限规定（2006年5月1日）（节录）

第二十五条　人民检察院将案件退回公安机关补充侦查的，办案部门应当在收到人民检察院移送的《换押证》的二十四小时以内，到看守所办理换押手续。

第二十六条　案件改变管辖，犯罪嫌疑人羁押地点不变的，原办案的公安机关和改变管辖后的公安机关均应办理换押手续。

第二十七条　看守所应当在犯罪嫌疑人被延长拘留至三十日的拘留期限届满三日前或者逮捕后的侦查羁押期限届满七日前通知办案部门。

第二十八条　侦查羁押期限届满，原《提讯证》停止使用，看守所应当拒绝办案部门持原《提讯证》提讯犯罪嫌疑人。办案部门应依法变更侦查羁押期限的法律文书送达看守所，看守所在《提讯证》上注明变更后的羁押期限的，可以继续使用《提讯证》提讯犯罪嫌疑人。

第二十九条　看守所对犯罪嫌疑人的羁押情况实行一人一卡登记制度，记明犯罪嫌疑人的基本情况、诉讼阶段的变更、法定羁押期限以及变更情况等。有条件的看守所应当对犯罪嫌疑人的羁押期限实行计算机管理。

（9）超期羁押的规定

★公安机关适用刑事羁押期限规定（2006年5月1日）（节录）

第三十条　公安机关应当加强对适用羁押措施的执法监督，发现对犯罪嫌疑人超期羁押的，应当立即纠正。

第三十一条　对犯罪嫌疑人及其法定代理人、近亲属或者犯罪嫌疑人委托的律师认为拘留或者逮捕犯罪嫌疑人超过法定期限，要求解除的，公安机关应当在接到申请后三日内进行审查，对确属超期羁押的，应当依法予以纠正。

第三十二条　人民检察院认为公安机关超期羁押犯罪嫌疑人，向公安机关发出纠正违法通知书的，公安机关应当在接到纠正违法通知书后的三日内进行审查。对犯罪嫌疑人超期羁押的，应当依法予以纠正，并将纠正情况及时通知人民检察院。对不属于超期羁押的，应当向人民检察院说明情况。

第三十三条　看守所应当自接到被羁押的犯罪嫌疑人有关超期羁押的申诉、控告后二十四小时以内，将有关申诉、控告材料转送驻所检察室、公安机关执法监督部门或者其他有关机关、部门处理。

驻所检察员接到有关超期羁押的申诉、控告材料后，提出会见被羁押的犯罪嫌疑人的，看守所应当及时安排。

第三十四条　地方各级公安机关应当每月向上一级公安机关报告上月本级公安机关辖区内对犯罪嫌疑人超期羁押的情况。

上级公安机关接到有关超期羁押的报告后，应当责令下级公安机关限期纠正，并每季度通报下级公安机关超期羁押的情况。

第三十五条　对超期羁押的责任认定及处理，按照《公安机关人民警察执法过错责任追究规定》执行。

第三十六条　对犯罪嫌疑人超期羁押，具有下列情形之一的，应当从重处理；构成犯罪的，依法追究刑事责任：

（一）因贪赃枉法、打击报复或者其他非法目的故意致使犯罪嫌疑人被超期羁押的；

（二）弄虚作假隐瞒超期羁押事实的；

（三）超期羁押期间犯罪嫌疑人自残、自杀或者因受到殴打导致重伤、死亡或者发生其他严重后果的；

（四）其他超期羁押犯罪嫌疑人情节严重的。

第三十七条　公安机关所属执法部门或者派出机构超期羁押犯罪嫌疑人，造成犯罪嫌疑人在被超期羁押期间自杀或者因受到殴打导致死亡的，或者有其他严重情节的，本级公安机关年度执法质量考核评议结果应当确定为不达标。

第三十八条　本规定所称超期羁押，是指公安机关在侦查过程中，对犯罪嫌疑人拘留、逮捕后，法定羁押期限届满，未依法办理变更羁押期限的手续，未向人民检察院提请批准逮捕和移送审查起诉，对犯罪嫌疑人继续羁押的情形。

第三十九条　超期羁押的时间,是指犯罪嫌疑人实际被羁押的时间扣除法定羁押期限以及依法不计入的羁押期限后的时间。

> **第九十二条　【公安机关对不批捕决定的复议、复核】**公安机关对人民检察院不批准逮捕的决定,认为有错误的时候,可以要求复议,但是必须将被拘留的人立即释放。如果意见不被接受,可以向上一级人民检察院提请复核。上级人民检察院应当立即复核,作出是否变更的决定,通知下级人民检察院和公安机关执行。

● 要点及关联法规

对不批准逮捕决定的复议、复核

★最高人民检察院、公安部关于适用刑事强制措施有关问题的规定（2000年8月28日）（节录）

第二十六条　公安机关认为人民检察院不批准逮捕的决定有错误的,应当在收到不批准逮捕决定书后五日以内,向同级人民检察院要求复议。人民检察院应当在收到公安机关要求复议意见书后七日以内作出复议决定。

公安机关对复议决定不服的,应当在收到人民检察院复议决定书后五日以内,向上一级人民检察院提请复核。上一级人民检察院应当在收到公安机关提请复核意见书后十五日以内作出复核决定。

★人民检察院刑事诉讼规则（2019年12月30日）（节录）

第二百九十条　对不批准逮捕的案件,公安机关要求复议的,人民检察院负责捕诉的部门应当另行指派检察官或者检察官办案组进行审查,并在收到要求复议意见书和案卷材料后七日以内,经检察长批准,作出是否变更的决定,通知公安机关。

第二百九十一条　对不批准逮捕的案件,公安机关提请上一级人民检察院复核的,上一级人民检察院应当在收到提请复核意见书和案卷材料后十五日以内,经检察长批准,作出是否变更的决定,通知下级人民检察院和公安机关执行。需要改变原决定的,应当通知作出不批准逮捕决定的人民检察院撤销原不批准逮捕决定,另行制作批准逮捕决定书。必要时,上级人民检察院也可以直接作出批准逮捕决定,通知下级人民检察院送达公安机关执行。

对于经复议复核维持原不批准逮捕决定的，人民检察院向公安机关送达复议复核决定时应当说明理由。

第二百九十二条　人民检察院作出不批准逮捕决定，并且通知公安机关补充侦查的案件，公安机关在补充侦查后又要求复议的，人民检察院应当告知公安机关重新提请批准逮捕。公安机关坚持要求复议的，人民检察院不予受理。

对于公安机关补充侦查后应当提请批准逮捕而不提请批准逮捕的，按照本规则第二百八十八条的规定办理。

第二百九十三条　对公安机关提请批准逮捕的案件，负责捕诉的部门应当将批准、变更、撤销逮捕措施的情况书面通知本院负责刑事执行检察的部门。

★公安机关办理刑事案件程序规定（2020 年 7 月 20 日）（节录）

第一百四十一条　对人民检察院不批准逮捕的决定，认为有错误需要复议的，应当在收到不批准逮捕决定书后五日以内制作要求复议意见书，报经县级以上公安机关负责人批准后，送交同级人民检察院复议。

如果意见不被接受，认为需要复核的，应当在收到人民检察院的复议决定书后五日以内制作提请复核意见书，报经县级以上公安机关负责人批准后，连同人民检察院的复议决定书，一并提请上一级人民检察院复核。

第九十三条　【公安机关执行逮捕的程序】公安机关逮捕人的时候，必须出示逮捕证。

逮捕后，应当立即将被逮捕人送看守所羁押。除无法通知的以外，应当在逮捕后二十四小时以内，通知被逮捕人的家属。

● 要点及关联法规

1. "无法通知"的认定

★公安机关办理刑事案件程序规定（2020 年 7 月 20 日）（节录）

第一百一十三条第二款　有下列情形之一的，属于本条规定的"无法通知"：
（一）不讲真实姓名、住址、身份不明的；
（二）没有家属的；
（三）提供的家属联系方式无法取得联系的；
（四）因自然灾害等不可抗力导致无法通知的。

2. 执行逮捕的程序

★最高人民法院关于适用《中华人民共和国刑事诉讼法》的解释（2021年1月26日）（节录）

第一百六十七条　人民法院作出逮捕决定后，应当将逮捕决定书等相关材料送交公安机关执行，并将逮捕决定书抄送人民检察院。逮捕被告人后，人民法院应当将逮捕的原因和羁押的处所，在二十四小时以内通知其家属；确实无法通知的，应当记录在案。

★公安机关办理刑事案件程序规定（2020年7月20日）（节录）

第一百四十二条　接到人民检察院批准逮捕决定书后，应当由县级以上公安机关负责人签发逮捕证，立即执行，并在执行完毕后三日以内将执行回执送达作出批准逮捕决定的人民检察院。如果未能执行，也应当将回执送达人民检察院，并写明未能执行的原因。

第一百四十三条　执行逮捕时，必须出示逮捕证，并责令被逮捕人在逮捕证上签名、捺指印，拒绝签名、捺指印的，侦查人员应当注明。逮捕后，应当立即将被逮捕人送看守所羁押。

执行逮捕的侦查人员不得少于二人。

第一百四十五条　对犯罪嫌疑人执行逮捕后，除无法通知的情形以外，应当在逮捕后二十四小时以内，制作逮捕通知书，通知被逮捕人的家属。逮捕通知书应当写明逮捕原因和羁押处所。

本条规定的"无法通知"的情形适用本规定第一百一十三条第二款的规定。

无法通知的情形消除后，应当立即通知被逮捕人的家属。

对于没有在二十四小时以内通知家属的，应当在逮捕通知书中注明原因。

第一百五十三条　看守所应当凭公安机关签发的拘留证、逮捕证收押被拘留、逮捕的犯罪嫌疑人、被告人。犯罪嫌疑人、被告人被送至看守所羁押时，看守所应当在拘留证、逮捕证上注明犯罪嫌疑人、被告人到达看守所的时间。

查获被通缉、脱逃的犯罪嫌疑人以及执行追捕、押解任务需要临时寄押的，应当持通缉令或者其他有关法律文书并经寄押地县级以上公安机关负责人批准，送看守所寄押。

临时寄押的犯罪嫌疑人出所时，看守所应当出具羁押该犯罪嫌疑人的证明，载明该犯罪嫌疑人基本情况、羁押原因、入所和出所时间。

第一百五十四条　看守所收押犯罪嫌疑人、被告人和罪犯，应当进行健康和体表检查，并予以记录。

第一百五十五条　看守所收押犯罪嫌疑人、被告人和罪犯，应当对其人身和携带的物品进行安全检查。发现违禁物品、犯罪证据和可疑物品，应当制作笔录，由被羁押人签名、捺指印后，送办案机关处理。

对女性的人身检查，应当由女工作人员进行。

第一百九十八条第二款　对于已送交看守所羁押的犯罪嫌疑人，应当在看守所讯问室进行讯问。

> 第九十四条　【逮捕后的及时讯问与不当逮捕的处理】人民法院、人民检察院对于各自决定逮捕的人，公安机关对于经人民检察院批准逮捕的人，都必须在逮捕后的二十四小时以内进行讯问。在发现不应当逮捕的时候，必须立即释放，发给释放证明。

要点及关联法规

逮捕后的讯问

★最高人民法院关于适用《中华人民共和国刑事诉讼法》的解释（2021年1月26日）（节录）

第一百六十八条　人民法院对决定逮捕的被告人，应当在逮捕后二十四小时以内讯问。发现不应当逮捕的，应当立即释放。必要时，可以依法变更强制措施。

第一百七十一条　人民法院决定释放被告人的，应当立即将释放通知书送交公安机关执行。

★公安机关办理刑事案件程序规定（2020年7月20日）（节录）

第一百四十四条　对被逮捕的人，必须在逮捕后的二十四小时以内进行讯问。发现不应当逮捕的，经县级以上公安机关负责人批准，制作释放通知书，送看守所和原批准逮捕的人民检察院。看守所凭释放通知书立即释放被逮捕人，并发给释放证明书。

> **第九十五条 【人民检察院对捕后羁押必要性的审查】**犯罪嫌疑人、被告人被逮捕后，人民检察院仍应当对羁押的必要性进行审查。对不需要继续羁押的，应当建议予以释放或者变更强制措施。有关机关应当在十日以内将处理情况通知人民检察院。

● 要点及关联法规

1. 羁押必要性审查的定义

★人民检察院办理羁押必要性审查案件规定（试行）（2016年1月22日）（节录）

第二条 羁押必要性审查，是指人民检察院依据《中华人民共和国刑事诉讼法》第九十三条①规定，对被逮捕的犯罪嫌疑人、被告人有无继续羁押的必要性进行审查，对不需要继续羁押的，建议办案机关予以释放或者变更强制措施的监督活动。

★最高人民检察院刑事执行检察厅关于贯彻执行《人民检察院办理羁押必要性审查案件规定（试行）》的指导意见（2016年7月11日）（节录）

第二条 羁押必要性审查，是指人民检察院依据《中华人民共和国刑事诉讼法》第九十三条②规定，对被逮捕的犯罪嫌疑人、被告人有无继续羁押的必要性进行审查，对不需要继续羁押的，建议办案机关予以释放或者变更强制措施的监督活动。

人民法院、人民检察院和公安机关依据《中华人民共和国刑事诉讼法》第九十四条③规定，对犯罪嫌疑人、被告人撤销或者变更逮捕强制措施的，以及犯罪嫌疑人、被告人及其法定代理人、近亲属或者辩护人依据《中华人民共和国刑事诉讼法》第九十五条④规定，申请变更逮捕强制措施的，不属于羁押必要性审查。

第四十四条 对于检察机关正在侦查或者审查起诉的案件，刑事执行检察

---

① 现为第九十五条。——编者注
② 现为第九十五条。——编者注
③ 现为第九十六条。——编者注
④ 现为第九十七条。——编者注

部门进行羁押必要性审查的,参照本指导意见办理。

第四十五条　对于公安机关、人民法院、其他人民检察院、人民检察院其他部门、人大代表、政协委员、人民监督员、特约检察员等移送的羁押必要性审查申请,以及依看守所建议进行羁押必要性审查的,参照依申请程序办理。

第四十六条　检察人员办理羁押必要性审查案件应当纳入检察机关司法办案监督体系,有受贿、玩忽职守、滥用职权、徇私枉法、泄露国家秘密等违纪违法行为的,依纪依法严肃处理;构成犯罪的,依法追究刑事责任。

第四十七条　本指导意见自发布之日起施行。原《关于人民检察院监所检察部门开展羁押必要性审查工作的参考意见》同时废止。

2. 羁押必要性审查的一般性规定

★人民检察院办理羁押必要性审查案件规定(试行)(2016年1月22日)(节录)

第三条　羁押必要性审查案件由办案机关对应的同级人民检察院刑事执行检察部门统一办理,侦查监督、公诉、侦查、案件管理、检察技术等部门予以配合。

第四条　羁押必要性审查案件的受理、立案、结案、释放或者变更强制措施建议书等应当依照有关规定在检察机关统一业务应用系统登记、流转和办理,案件管理部门在案件立案后对办案期限、办案程序、办案质量等进行管理、监督、预警。

第五条　办理羁押必要性审查案件过程中,涉及国家秘密、商业秘密、个人隐私的,应当保密。

第六条　人民检察院进行羁押必要性审查,不得滥用建议权影响刑事诉讼依法进行。

第二十六条　对于检察机关正在侦查或者审查起诉的案件,刑事执行检察部门进行羁押必要性审查的,参照本规定办理。

第二十七条　人民检察院依看守所建议进行羁押必要性审查的,参照依申请进行羁押必要性审查的程序办理。

第二十八条　检察人员办理羁押必要性审查案件应当纳入检察机关司法办案监督体系,有受贿、玩忽职守、滥用职权、徇私枉法、泄露国家秘密等违纪违法行为的,依纪依法严肃处理;构成犯罪的,依法追究刑事责任。

★最高人民检察院刑事执行检察厅关于贯彻执行《人民检察院办理羁押必要性审查案件规定(试行)》的指导意见(2016年7月11日)(节录)

第三条　羁押必要性审查案件由办案机关对应的同级人民检察院刑事执行

检察部门统一办理。没有设立刑事执行检察部门的，由负责刑事执行检察工作的专职人员办理。侦查监督、公诉、侦查、案件管理、检察技术等部门予以配合。

异地羁押的，羁押地派驻看守所检察室应当提供必要的配合。

必要时，上级人民检察院刑事执行检察部门可以将本部门办理的羁押必要性审查案件指定下级人民检察院刑事执行检察部门办理，经审查，需要向办案机关提出释放或者变更强制措施建议的，应当按照对等监督原则，由上级人民检察院刑事执行检察部门向办案机关发出建议书。

第四条 犯罪嫌疑人、被告人及其法定代理人、近亲属、辩护人依据《中华人民共和国刑事诉讼法》第九十五条①规定，向人民检察院刑事执行检察部门申请变更强制措施，或者援引该规定但申请事项表述为羁押必要性审查的，人民检察院刑事执行检察部门应当向其说明情况，并在其修改申请材料后依法受理。

第五条 羁押必要性审查案件的受理、立案、审查、结案、提出释放或者变更强制措施建议等应当依照有关规定在检察机关统一业务应用系统登记、流转、办理和审批，案件管理部门在案件立案后对办案期限、办案程序、办案质量等进行管理、监督、预警。

第六条 办理羁押必要性审查案件过程中，涉及国家秘密、商业秘密、个人隐私的，应当保密。

办案过程中所获悉的原案侦查进展、取证情况、证据内容，应当保密。

第七条 人民检察院刑事执行检察部门进行羁押必要性审查，不得滥用建议权影响刑事诉讼依法进行。

3. 羁押必要性审查的立案与初审

★**人民检察院办理羁押必要性审查案件规定（试行）**（2016年1月22日）（节录）

第七条 犯罪嫌疑人、被告人及其法定代理人、近亲属、辩护人申请进行羁押必要性审查的，应当说明不需要继续羁押的理由。有相关证明材料的，应当一并提供。

第八条 羁押必要性审查的申请由办案机关对应的同级人民检察院刑事执行检察部门统一受理。

---

① 现为第九十七条。——编者注

办案机关对应的同级人民检察院控告检察、案件管理等部门收到羁押必要性审查申请后,应当在一个工作日以内移送本院刑事执行检察部门。

其他人民检察院收到羁押必要性审查申请的,应当告知申请人向办案机关对应的同级人民检察院提出申请,或者在两个工作日以内将申请材料移送办案机关对应的同级人民检察院,并告知申请人。

第九条 刑事执行检察部门收到申请材料后,应当进行初审,并在三个工作日以内提出是否立案审查的意见。

第十条 刑事执行检察部门应当通过检察机关统一业务应用系统等途径及时查询本院批准或者决定、变更、撤销逮捕措施的情况。

第十一条 刑事执行检察部门对本院批准逮捕和同级人民法院决定逮捕的犯罪嫌疑人、被告人,应当依职权对羁押必要性进行初审。

第十二条 经初审,对于犯罪嫌疑人、被告人可能具有本规定第十七条、第十八条情形之一的,检察官应当制作立案报告书,经检察长或者分管副检察长批准后予以立案。

对于无理由或者理由明显不成立的申请,或者经人民检察院审查后未提供新的证明材料或者没有新的理由而再次申请的,由检察官决定不予立案,并书面告知申请人。

★最高人民检察院刑事执行检察厅关于贯彻执行《人民检察院办理羁押必要性审查案件规定(试行)》的指导意见(2016年7月11日)(节录)

第八条 犯罪嫌疑人、被告人被逮捕后,羁押地的派驻看守所检察室应当在五个工作日以内进行羁押必要性审查权利告知。

没有设立派驻看守所检察室的,由巡回检察人员或派驻专职检察人员进行权利告知。

第九条 犯罪嫌疑人、被告人及其法定代理人、近亲属、辩护人申请进行羁押必要性审查的,应当说明不需要继续羁押的理由。有相关证明材料的,应当一并提供。

第十条 羁押必要性审查的申请由办案机关对应的同级人民检察院刑事执行检察部门统一受理。

办案机关对应的同级人民检察院控告检察、案件管理等部门收到羁押必要性审查申请后,应当在一个工作日以内移送本院刑事执行检察部门。

其他人民检察院收到羁押必要性审查申请的,应当告知申请人向办案机关对应的同级人民检察院提出申请,或者在两个工作日以内将申请材料移送办案机关对应的同级人民检察院,并告知申请人。

异地羁押的,羁押地派驻看守所检察室收到羁押必要性审查申请后,应当告知申请人向办案机关对应的同级人民检察院刑事执行检察部门提出申请,或者在两个工作日以内将申请材料移送办案机关对应的同级人民检察院刑事执行检察部门,并告知申请人。

第十一条 刑事执行检察部门收到申请材料后,应当进行初审,并在三个工作日以内提出是否立案审查的意见。

第十二条 刑事执行检察部门应当通过检察机关统一业务应用系统等途径及时查询本院批准或者决定、变更、撤销逮捕措施的情况。

第十三条 刑事执行检察部门对本院批准逮捕和同级人民法院决定逮捕的犯罪嫌疑人、被告人,应当依职权对羁押必要性进行初审。

第十四条 报请上一级人民检察院审查决定逮捕的案件,由该上一级人民检察院刑事执行检察部门依职权对羁押必要性进行初审,经初审认为可能需要立案的,应当交由办案机关对应的同级人民检察院刑事执行检察部门立案审查。

第十五条 犯罪嫌疑人、被告人具有下列情形之一的,经初审后一般不予立案,但是犯罪嫌疑人、被告人患有严重疾病或者具有其他特殊法定情形不适宜继续羁押的除外:

(一)涉嫌危害国家安全犯罪、恐怖活动犯罪、黑社会性质的组织犯罪、重大毒品犯罪或者其他严重危害社会的犯罪的;

(二)涉嫌故意杀人、故意伤害致人重伤或死亡、强奸、抢劫、绑架、贩卖毒品、放火、爆炸、投放危险物质等严重破坏社会秩序犯罪或者有组织的暴力性犯罪的;

(三)涉嫌重大贪污、贿赂犯罪,或者利用职权实施的严重侵犯公民人身权利的犯罪的;

(四)系累犯或曾因危害国家安全犯罪、恐怖活动犯罪、黑社会性质的组织犯罪、重大毒品犯罪或者其他严重危害社会的犯罪被判处刑罚的;

(五)可能判处十年有期徒刑以上刑罚的;

(六)案件事实尚未查清,证据尚未固定或者犯罪嫌疑人、被告人有其他犯罪事实尚未查清、需要进一步查证属实的;

(七)同案犯罪嫌疑人、被告人不在案,有串供可能的;

(八)比较复杂的共同犯罪案件,有串供可能的;

(九)系被通缉到案或者因违反取保候审、监视居住规定而被逮捕的;

(十)侦查监督部门作出批准逮捕或者批准延长侦查羁押期限决定不满一个

月的；

（十一）其他不宜立案进行羁押必要性审查的情形。

第十六条 经初审，对于犯罪嫌疑人、被告人可能具有本指导意见第二十六条、第二十七条情形之一的，检察官应当制作立案报告书，经检察长或者分管副检察长批准后予以立案。

对于无理由或者理由明显不成立的申请，或者经人民检察院审查决定不予立案后，未提供新的证明材料或者没有新的理由而再次申请的，由检察官决定不予立案，并书面告知申请人。

第十七条 刑事执行检察部门依申请对羁押必要性审查案件进行初审，受理案件后应当录入检察机关统一业务应用系统，进行登记、流转、办理和审批；依职权进行初审，决定不予立案的，可以不录入检察机关统一业务应用系统。

第十八条 办理羁押必要性审查案件过程中，办案机关发生变化的，应当将羁押必要性审查案件移送给变化后的办案机关对应的同级人民检察院刑事执行检察部门办理。所对应的同级人民检察院刑事执行检察部门仍为本部门的，不需要重新立案。办案期限从变化后的办案机关受理案件之日起重新计算。

4. 羁押必要性审查的审查

★**人民检察院办理羁押必要性审查案件规定（试行）**（2016年1月22日）（节录）

第十三条 人民检察院进行羁押必要性审查，可以采取以下方式：

（一）审查犯罪嫌疑人、被告人不需要继续羁押的理由和证明材料；

（二）听取犯罪嫌疑人、被告人及其法定代理人、辩护人的意见；

（三）听取被害人及其法定代理人、诉讼代理人的意见，了解是否达成和解协议；

（四）听取现阶段办案机关的意见；

（五）听取侦查监督部门或者公诉部门的意见；

（六）调查核实犯罪嫌疑人、被告人的身体状况；

（七）其他方式。

第十四条 人民检察院可以对羁押必要性审查案件进行公开审查。但是，涉及国家秘密、商业秘密、个人隐私的案件除外。

公开审查可以邀请与案件没有利害关系的人大代表、政协委员、人民监督员、特约检察员参加。

第十五条 人民检察院应当根据犯罪嫌疑人、被告人涉嫌犯罪事实、主观恶性、悔罪表现、身体状况、案件进展情况、可能判处的刑罚和有无再危害社会的危险等因素,综合评估有无必要继续羁押犯罪嫌疑人、被告人。

第十六条　评估犯罪嫌疑人、被告人有无继续羁押必要性可以采取量化方式,设置加分项目、减分项目、否决项目等具体标准。犯罪嫌疑人、被告人的得分情况可以作为综合评估的参考。

第十七条　经羁押必要性审查,发现犯罪嫌疑人、被告人具有下列情形之一的,应当向办案机关提出释放或者变更强制措施的建议:

(一)案件证据发生重大变化,没有证据证明有犯罪事实或者犯罪行为系犯罪嫌疑人、被告人所为的;

(二)案件事实或者情节发生变化,犯罪嫌疑人、被告人可能被判处拘役、管制、独立适用附加刑、免予刑事处罚或者判决无罪的;

(三)继续羁押犯罪嫌疑人、被告人,羁押期限将超过依法可能判处的刑期的;

(四)案件事实基本查清,证据已经收集固定,符合取保候审或者监视居住条件的。

第十八条　经羁押必要性审查,发现犯罪嫌疑人、被告人具有下列情形之一,且具有悔罪表现,不予羁押不致发生社会危险性的,可以向办案机关提出释放或者变更强制措施的建议:

(一)预备犯或者中止犯;

(二)共同犯罪中的从犯或者胁从犯;

(三)过失犯罪的;

(四)防卫过当或者避险过当的;

(五)主观恶性较小的初犯;

(六)系未成年人或者年满七十五周岁的人;

(七)与被害方依法自愿达成和解协议,且已经履行或者提供担保的;

(八)患有严重疾病、生活不能自理的;

(九)系怀孕或者正在哺乳自己婴儿的妇女;

(十)系生活不能自理的人的唯一扶养人;

(十一)可能被判处一年以下有期徒刑或者宣告缓刑的;

(十二)其他不需要继续羁押犯罪嫌疑人、被告人的情形。

第十九条　办理羁押必要性审查案件应当制作羁押必要性审查报告,报告中应当写明:犯罪嫌疑人或者被告人基本情况、原案简要情况和诉讼阶段、立案审查理由和证据、办理情况、审查意见等。

★最高人民检察院刑事执行检察厅关于贯彻执行《人民检察院办理羁押必要性审查案件规定（试行）》的指导意见（2016年7月11日）（节录）

第十九条 人民检察院刑事执行检察部门进行羁押必要性审查，可以采取以下方式：

（一）审查犯罪嫌疑人、被告人不需要继续羁押的理由和证明材料；

（二）听取犯罪嫌疑人、被告人及其法定代理人、近亲属、辩护人的意见；

（三）听取被害人及其法定代理人、诉讼代理人、近亲属或者其他有关人员的意见，了解是否达成和解协议；

（四）听取现阶段办案机关的意见；

（五）听取侦查监督部门或者公诉部门的意见；

（六）调查核实犯罪嫌疑人、被告人的身体健康状况；

（七）向看守所调取有关犯罪嫌疑人、被告人羁押期间表现的材料；

（八）查阅、复制原案卷宗中有关证据材料；

（九）其他方式。

第二十条 人民检察院刑事执行检察部门办理羁押必要性审查案件，应当审查以下内容：

（一）犯罪嫌疑人、被告人的基本情况，原案涉嫌的罪名、犯罪的性质、情节，可能判处的刑罚；

（二）原案所处的诉讼阶段，侦查取证的进展情况，犯罪事实是否基本查清，证据是否收集固定，犯罪嫌疑人、被告人是否认罪，供述是否稳定；

（三）犯罪嫌疑人、被告人的羁押期限是否符合法律规定，是否有相应的审批手续，羁押期限是否即将届满，是否属于羁押超过五年的久押不决案件或者羁押期限已满四年的久押不决预警案件；

（四）犯罪嫌疑人、被告人是否存在可能作不起诉处理、被判处管制、拘役、独立适用附加刑、免予刑事处罚、判决无罪或者宣告缓刑的情形；

（五）犯罪嫌疑人、被告人是否有认罪、悔罪、坦白、自首、立功、积极退赃、与被害人达成和解协议并履行赔偿义务等从宽处理情节；

（六）犯罪嫌疑人、被告人是否有前科、累犯等从严处理情节；

（七）共同犯罪的，是否有不在案的共犯，是否存在串供可能；

（八）犯罪嫌疑人、被告人的身体健康状况；

（九）犯罪嫌疑人、被告人在本地有无固定住所、工作单位，是否具备取保候审、监视居住的条件；

（十）犯罪嫌疑人、被告人的到案方式，是否被通缉到案，或者是否因违反取保候审、监视居住规定而被逮捕；

（十一）其他内容。

第二十一条 人民检察院刑事执行检察部门应当根据犯罪嫌疑人、被告人涉嫌犯罪事实、主观恶性、悔罪表现、身体状况、案件进展情况、可能判处的刑罚和有无再危害社会的危险等因素，综合评估有无必要继续羁押犯罪嫌疑人、被告人。

第二十二条 评估犯罪嫌疑人、被告人有无继续羁押必要性可以采取量化方式，设置加分项目、减分项目、否决项目等具体标准。犯罪嫌疑人、被告人的得分情况可以作为综合评估的参考。

第二十三条 加分项目可以包括：

（一）具有《人民检察院刑事诉讼规则（试行）》第六百一十九条①规定的情形的；

（二）具有本指导意见第二十六条、第二十七条规定的情形的；

（三）积极退赃、退赔的；

（四）被害人有过错的；

（五）系在校学生犯罪的；

（六）在本市有固定住所、工作单位的；

（七）能够提供适格保证人或者缴纳足额保证金的；

（八）具备监视居住条件的；

（九）其他应当加分的情形。

第二十四条 减分项目可以包括：

（一）犯罪嫌疑人、被告人不认罪或者供述不稳定，反复翻供的；

（二）矛盾尚未化解的；

（三）犯罪嫌疑人、被告人在本市没有固定住所、固定工作，无力维持正常生活的；

（四）办案机关明确反对变更强制措施，认为有继续羁押的必要且具有合法、合理的理由的；

（五）犯罪嫌疑人、被告人所在单位、所居住社区明确反对变更强制措施，认为有继续羁押的必要且具有合法、合理的理由的；

（六）其他应当减分的情形。

---

① 现为《人民检察院刑事诉讼规则》第五百七十九条。——编者注

第二十五条　否决项目可以包括：
（一）具有《中华人民共和国刑事诉讼法》第七十九条①规定的情形的；
（二）具有本指导意见第十五条规定的情形的；
（三）具有重大社会影响，不宜进行羁押必要性审查的；
（四）提供的申请材料故意造假的；
（五）其他应当否决的情形。

第二十六条　经羁押必要性审查，发现犯罪嫌疑人、被告人具有下列情形之一的，应当向办案机关提出释放或者变更强制措施的建议：
（一）案件证据发生重大变化，没有证据证明有犯罪事实或者犯罪行为系犯罪嫌疑人、被告人所为的；
（二）案件事实或者情节发生变化，犯罪嫌疑人、被告人可能被判处拘役、管制、独立适用附加刑、免予刑事处罚或者判决无罪的；
（二）继续羁押犯罪嫌疑人、被告人，羁押期限将超过依法可能判处的刑期的；
（四）案件事实基本查清，证据已经收集固定，符合取保候审或者监视居住条件的。

第二十七条　经羁押必要性审查，发现犯罪嫌疑人、被告人具有下列情形之一，且具有悔罪表现，不予羁押不致发生社会危险性的，可以向办案机关提出释放或者变更强制措施的建议：
（一）预备犯或者中止犯；
（二）共同犯罪中的从犯或者胁从犯；
（三）过失犯罪的；
（四）防卫过当或者避险过当的；
（五）主观恶性较小的初犯；
（六）系未成年人或者年满七十五周岁的人；
（七）与被害方依法自愿达成和解协议，且已经履行或者提供担保的；
（八）患有严重疾病、生活不能自理的；
（九）系怀孕或者正在哺乳自己婴儿的妇女；
（十）系生活不能自理的人的唯一扶养人；
（十一）可能被判处一年以下有期徒刑或者宣告缓刑的；

---

① 现为第八十一条。——编者注

（十二）其他不需要继续羁押犯罪嫌疑人、被告人的情形。

第二十八条 犯罪嫌疑人、被告人被羁押超过五年，案件仍然处于侦查、审查起诉、一审、二审阶段的久押不决案件，或者犯罪嫌疑人、被告人被羁押已满四年，可能形成久押不决的案件，可以向办案机关提出释放或者变更强制措施的建议。

第二十九条 人民检察院刑事执行检察部门可以对羁押必要性审查案件进行公开审查。但是，涉及国家秘密、商业秘密、个人隐私的案件除外。

公开审查可以邀请与案件没有利害关系的人大代表、政协委员、人民监督员、特约检察员等人员参加。

第三十条 人民检察院刑事执行检察部门办理羁押必要性审查案件，经审查认为有必要进行公开审查的，应当报经检察长或分管副检察长决定。

第三十一条 公开审查应当在犯罪嫌疑人、被告人所羁押的看守所、人民检察院办案场所或者人民检察院确定的场所进行。

有条件的地方，也可以通过远程视频方式进行。

第三十二条 公开审查应当由检察官主持，一般可以包括以下程序：

（一）检察官宣布公开审查的目的和程序；

（二）犯罪嫌疑人、被告人及其法定代理人、近亲属、辩护人说明申请释放或者变更强制措施的理由；

（三）被害人及其法定代理人、诉讼代理人、近亲属或者其他有关人员发表意见；

（四）原案办案人员发表意见；

（五）看守所监管人员对犯罪嫌疑人、被告人在羁押期间的表现发表意见；

（六）犯罪嫌疑人、被告人所在单位、所居住社区和相关公安派出所发表意见；

（七）检察官宣布公开审查程序结束。

有相关证据材料的，应当在发表意见时一并出示。

公开审查过程中，检察官可以就有关证据或有关问题，向参加人员提问，或者请参加人员说明。参加人员经检察官许可，也可以互相提问或者作答。

第三十三条 公开审查过程中，发现新的证据，可能影响犯罪嫌疑人、被告人羁押必要性综合评估的，可以中止公开审查，对新的证据进行调查核实。经调查核实，报检察长或者分管副检察长同意后，可以恢复或者终止公开审查。

第三十四条 公开审查应当制作公开审查笔录，参加公开审查的人员应当对笔录进行核对，并在确认无误后签名或者盖章。拒绝签名或者盖章的，应当在笔录上注明情况。

第三十五条 办理羁押必要性审查案件应当制作羁押必要性审查报告，报告中应当写明：犯罪嫌疑人或者被告人基本情况、原案简要情况和诉讼阶段、立案审查理由和证据、办理情况、审查意见等。

进行公开审查的，应当在审查报告中写明公开审查的情况，重点写明各方的一致性意见或者存在的主要分歧。

第三十六条 办理羁押必要性审查案件过程中，出现下列情形之一的，应当报经检察长或者分管副检察长批准后终止审查：

（一）犯罪嫌疑人、被告人死亡的；
（二）犯罪嫌疑人、被告人已被释放或者变更强制措施的；
（三）人民法院作出生效判决、裁定的；
（四）其他应当终止审查的情形。

5. 羁押必要性审查的结案

★最高人民法院关于适用《中华人民共和国刑事诉讼法》的解释（2021年1月26日）（节录）

第一百七十三条 对人民法院决定逮捕的被告人，人民检察院建议释放或者变更强制措施的，人民法院应当在收到建议后十日以内将处理情况通知人民检察院。

★公安机关办理刑事案件程序规定（2020年7月20日）（节录）

第一百五十九条 犯罪嫌疑人被逮捕后，人民检察院经审查认为不需要继续羁押，建议予以释放或者变更强制措施的，公安机关应当予以调查核实。认为不需要继续羁押的，应当予以释放或者变更强制措施；认为需要继续羁押的，应当说明理由。

公安机关应当在十日以内将处理情况通知人民检察院。

★人民检察院办理羁押必要性审查案件规定（试行）（2016年1月22日）（节录）

第二十条 办理羁押必要性审查案件，应当在立案后十个工作日以内决定是否提出释放或者变更强制措施的建议。案件复杂的，可以延长五个工作日。

第二十一条 经审查认为无继续羁押必要的，检察官应当报经检察长或者分管副检察长批准，以本院名义向办案机关发出释放或者变更强制措施建议书，并要求办案机关在十日以内回复处理情况。

释放或者变更强制措施建议书应当说明不需要继续羁押犯罪嫌疑人、被告人的理由和法律依据。

第二十二条　人民检察院应当跟踪办案机关对释放或者变更强制措施建议的处理情况。

办案机关未在十日以内回复处理情况的，可以报经检察长或者分管副检察长批准，以本院名义向其发出纠正违法通知书，要求其及时回复。

第二十三条　经审查认为有继续羁押必要的，由检察官决定结案，并通知办案机关。

第二十四条　对于依申请立案审查的案件，人民检察院办结后，应当将提出建议和办案机关处理情况，或者有继续羁押必要的审查意见和理由及时书面告知申请人。

第二十五条　刑事执行检察部门应当通过检察机关统一业务应用系统等途径将审查情况、提出建议和办案机关处理情况及时通知本院侦查监督、公诉、侦查等部门。

★最高人民检察院刑事执行检察厅关于贯彻执行《人民检察院办理羁押必要性审查案件规定（试行）》的指导意见（2016年7月11日）（节录）

第三十七条　办理羁押必要性审查案件，应当在立案后十个工作日以内决定是否提出释放或者变更强制措施的建议。案件复杂或者情况特殊的，经检察长或者分管副检察长批准，可以延长五个工作日。

办案过程中涉及病情鉴定等专业知识，委托检察技术部门进行技术性证据审查的期间不计入办案期限。

第三十八条　经审查认为无继续羁押必要的，检察官应当报经检察长或者分管副检察长批准，以本院名义向办案机关发出释放或者变更强制措施建议书，并要求办案机关在十日以内回复处理情况。

释放或者变更强制措施建议书应当说明不需要继续羁押犯罪嫌疑人、被告人的理由和法律依据。

第三十九条　人民检察院刑事执行检察部门应当跟踪办案机关对释放或者变更强制措施建议的处理情况。

办案机关未在十日以内回复处理情况的，可以报经检察长或者分管副检察长批准，以本院名义向其发出纠正违法通知书，要求其及时回复。

第四十条　经审查认为有继续羁押必要的，由检察官决定结案，并通知办案机关。

第四十一条　对于依申请立案审查的案件，人民检察院刑事执行检察部门办结后，应当将提出建议和办案机关处理情况，或者有继续羁押必要的审查意见和理由及时书面告知申请人。

第四十二条　刑事执行检察部门应当通过检察机关统一业务应用系统等途径将审查情况、提出建议和办案机关处理情况及时通知本院侦查监督、公诉、侦查等部门。

第四十三条　羁押必要性审查案件结案后，人民检察院刑事执行检察部门应当及时将办理羁押必要性审查案件的有关材料归档。

第九十六条　【对不当强制措施的撤销、变更】人民法院、人民检察院和公安机关如果发现对犯罪嫌疑人、被告人采取强制措施不当的，应当及时撤销或者变更。公安机关释放被逮捕的人或者变更逮捕措施的，应当通知原批准的人民检察院。

● 要点及关联法规

不当强制措施的撤销和变更

★最高人民检察院关于在检察工作中防止和纠正超期羁押的若干规定（2003年11月24日）（节录）

一、严格依法正确适用逮捕措施

各级人民检察院应当严格按照《中华人民共和国刑事诉讼法》的有关规定适用逮捕等剥夺人身自由的强制措施，依法全面、正确掌握逮捕条件，慎用逮捕措施，对确有逮捕必要的，才能适用逮捕措施。办案人员应当树立保障人权意识，提高办案效率，依法快办快结。对犯罪嫌疑人已经采取逮捕措施的案件，要在法定羁押期限内依法办结。严禁违背法律规定的条件，通过滥用退回补充侦查、发现新罪、改变管辖等方式变相超期羁押犯罪嫌疑人。对于在法定羁押期限内确实难以办结的案件，应当根据案件的具体情况依法变更强制措施或者释放犯罪嫌疑人。对于已经逮捕但经侦查或者审查，认定不构成犯罪、不需要追究刑事责任或者证据不足、不符合起诉条件的案件，应当及时、依法作出撤销案件或者不起诉的决定，释放在押的犯罪嫌疑人。

★最高人民法院关于适用《中华人民共和国刑事诉讼法》的解释（2021年1月26日）（节录）

第一百六十八条 人民法院对决定逮捕的被告人，应当在逮捕后二十四小时以内讯问。发现不应当逮捕的，应当立即释放。必要时，可以依法变更强制措施。

第一百六十九条 被逮捕的被告人具有下列情形之一的，人民法院可以变更强制措施：
（一）患有严重疾病、生活不能自理的；
（二）怀孕或者正在哺乳自己婴儿的；
（三）系生活不能自理的人的唯一扶养人。

第一百七十条 被逮捕的被告人具有下列情形之一的，人民法院应当立即释放；必要时，可以依法变更强制措施：
（一）第一审人民法院判决被告人无罪、不负刑事责任或者免予刑事处罚的；
（二）第一审人民法院判处管制、宣告缓刑、单独适用附加刑，判决尚未发生法律效力的；
（三）被告人被羁押的时间已到第一审人民法院对其判处的刑期期限的；
（四）案件不能在法律规定的期限内审结的。

第一百七十一条 人民法院决定释放被告人的，应当立即将释放通知书送交公安机关执行。

★人民检察院刑事诉讼规则（2019年12月30日）（节录）

第二百八十九条 对已经作出的批准逮捕决定发现确有错误的，人民检察院应当撤销原批准逮捕决定，送达公安机关执行。

对已经作出的不批准逮捕决定发现确有错误，需要批准逮捕的，人民检察院应当撤销原不批准逮捕决定，并重新作出批准逮捕决定，送达公安机关执行。

对因撤销原批准逮捕决定而被释放的犯罪嫌疑人或者逮捕后公安机关变更为取保候审、监视居住的犯罪嫌疑人，又发现需要逮捕的，人民检察院应当重新办理逮捕手续。

★公安机关办理刑事案件程序规定（2020年7月20日）（节录）

第一百五十八条 公安机关发现对犯罪嫌疑人采取强制措施不当的，应当及时撤销或者变更。犯罪嫌疑人在押的，应当及时释放。公安机关释放被逮捕的人或者变更逮捕措施的，应当通知批准逮捕的人民检察院。

第九十七条 【申请变更强制措施的程序】犯罪嫌疑人、被告人及其法定代理人、近亲属或者辩护人有权申请变更强制措施。人民法院、人民检察院和公安机关收到申请后,应当在三日以内作出决定;不同意变更强制措施的,应当告知申请人,并说明不同意的理由。

● 要点及关联法规

申请变更强制措施的程序

★最高人民法院关于适用《中华人民共和国刑事诉讼法》的解释(2021 年 1 月 26 日)(节录)

第一百七十四条 被告人及其法定代理人、近亲属或者辩护人申请变更、解除强制措施的,应当说明理由。人民法院收到申请后,应当在三日以内作出决定。同意变更、解除强制措施的,应当依照本解释规定处理;不同意的,应当告知申请人,并说明理由。

★人民检察院刑事诉讼规则(2019 年 12 月 30 日)(节录)

第八十五条第一款 需要对被拘传的犯罪嫌疑人变更强制措施的,应当在拘传期限内办理变更手续。

第一百五十一条 犯罪嫌疑人及其法定代理人、近亲属或者辩护人向人民检察院提出变更强制措施申请的,人民检察院应当在收到申请后三日以内作出决定。

经审查,同意变更强制措施的,应当在作出决定的同时通知公安机关执行;不同意变更强制措施的,应当书面告知申请人,并说明不同意的理由。

犯罪嫌疑人及其法定代理人、近亲属或者辩护人提出变更强制措施申请的,应当说明理由,有证据和其他材料的,应当附上相关材料。

第一百五十四条 取保候审变更为监视居住,或者取保候审、监视居住变更为拘留、逮捕的,在变更的同时原强制措施自动解除,不再办理解除法律手续。

第一百五十五条 人民检察院已经对犯罪嫌疑人取保候审、监视居住,案件起诉至人民法院后,人民法院决定取保候审、监视居住或者变更强制措施的,原强制措施自动解除,不再办理解除法律手续。

★公安机关办理刑事案件程序规定（2020年7月20日）（节录）

第一百六十条　犯罪嫌疑人及其法定代理人、近亲属或者辩护人有权申请变更强制措施。公安机关应当在收到申请后三日以内作出决定；不同意变更强制措施的，应当告知申请人，并说明理由。

> **第九十八条　【羁押逾期后的处理】**犯罪嫌疑人、被告人被羁押的案件，不能在本法规定的侦查羁押、审查起诉、一审、二审期限内办结的，对犯罪嫌疑人、被告人应当予以释放；需要继续查证、审理的，对犯罪嫌疑人、被告人可以取保候审或者监视居住。

● 要点及关联法规

1. 羁押逾期后的处理

★人民检察院刑事诉讼规则（2019年12月30日）（节录）

第二百四十五条第二款　报请上一级人民检察院审查期间，犯罪嫌疑人羁押期限届满的，应当依法释放犯罪嫌疑人或者变更强制措施。

第二百五十二条第二款　由于同案犯罪嫌疑人在逃，在案犯罪嫌疑人的犯罪事实无法查清的，对在案犯罪嫌疑人应当根据案件的不同情况分别报请延长侦查羁押期限、变更强制措施或者解除强制措施。

第三百一十八条　人民检察院直接受理侦查的案件，不能在法定侦查羁押期限内侦查终结的，应当依法释放犯罪嫌疑人或者变更强制措施。

第三百二十六条　对已经采取强制措施的案件，强制措施期限届满不能作出是否核准追诉决定的，应当对犯罪嫌疑人变更强制措施或者延长侦查羁押期限。

2. 人民检察院对羁押期限和办案期限的监督

（1）一般规定

★人民检察院刑事诉讼规则（2019年12月30日）（节录）

第六百一十二条　人民检察院依法对羁押期限和办案期限是否合法实行法律监督。

第六百一十三条　对公安机关、人民法院办理案件相关期限的监督，犯罪嫌疑人、被告人被羁押的，由人民检察院负责刑事执行检察的部门承担；犯罪嫌疑人、被告人未被羁押的，由人民检察院负责捕诉的部门承担。对人民检察院办理案件相关期限的监督，由负责案件管理的部门承担。

（2）羁押必要性审查

★**人民检察院刑事诉讼规则**（2019年12月30日）（节录）

第五百七十三条　犯罪嫌疑人、被告人被逮捕后，人民检察院仍应当对羁押的必要性进行审查。

第五百七十四条　人民检察院在办案过程中可以依职权主动进行羁押必要性审查。

犯罪嫌疑人、被告人及其法定代理人、近亲属或者辩护人可以申请人民检察院进行羁押必要性审查。申请时应当说明不需要继续羁押的理由，有相关证据或者其他材料的应当提供。

看守所根据在押人员身体状况，可以建议人民检察院进行羁押必要性审查。

第五百七十五条　负责捕诉的部门依法对侦查和审判阶段的羁押必要性进行审查。经审查认为不需要继续羁押的，应当建议公安机关或者人民法院释放犯罪嫌疑人、被告人或者变更强制措施。

审查起诉阶段，负责捕诉的部门经审查认为不需要继续羁押的，应当直接释放犯罪嫌疑人或者变更强制措施。

负责刑事执行检察的部门收到有关材料或者发现不需要继续羁押的，应当及时将有关材料和意见移送负责捕诉的部门。

第五百七十九条　人民检察院发现犯罪嫌疑人、被告人具有下列情形之一的，应当向办案机关提出释放或者变更强制措施的建议：

（一）案件证据发生重大变化，没有证据证明有犯罪事实或者犯罪行为系犯罪嫌疑人、被告人所为的；

（二）案件事实或者情节发生变化，犯罪嫌疑人、被告人可能被判处拘役、管制、独立适用附加刑、免予刑事处罚或者判决无罪的；

（三）继续羁押犯罪嫌疑人、被告人，羁押期限将超过依法可能判处的刑期的；

（四）案件事实基本查清，证据已经收集固定，符合取保候审或者监视居住条件的。

第五百七十七条　人民检察院可以采取以下方式进行羁押必要性审查：

（一）审查犯罪嫌疑人、被告人不需要继续羁押的理由和证明材料；

（二）听取犯罪嫌疑人、被告人及其法定代理人、辩护人的意见；

（三）听取被害人及其法定代理人、诉讼代理人的意见，了解是否达成和解协议；

（四）听取办案机关的意见；

（五）调查核实犯罪嫌疑人、被告人的身体健康状况；

（六）需要采取的其他方式。

必要时，可以依照有关规定进行公开审查。

第五百八十一条　人民检察院向办案机关发出释放或者变更强制措施建议书的，应当说明不需要继续羁押犯罪嫌疑人、被告人的理由和法律依据，并要求办案机关在十日以内回复处理情况。

人民检察院应当跟踪办案机关对释放或者变更强制措施建议的处理情况。办案机关未在十日以内回复处理情况的，应当提出纠正意见。

第六百一十四条　人民检察院在办理案件过程中，犯罪嫌疑人、被告人被羁押，具有下列情形之一的，办案部门应当在作出决定或者收到决定书、裁定书后十日以内通知本院负有监督职责的部门：

（一）批准或者决定延长侦查羁押期限的；

（二）对于人民检察院直接受理侦查的案件，决定重新计算侦查羁押期限、变更或者解除强制措施的；

（三）对犯罪嫌疑人、被告人进行精神病鉴定的；

（四）审查起诉期间改变管辖、延长审查起诉期限的；

（五）案件退回补充侦查，或者补充侦查完毕移送起诉后重新计算审查起诉期限的；

（六）人民法院决定适用简易程序、速裁程序审理第一审案件，或者将案件由简易程序转为普通程序、由速裁程序转为简易程序、普通程序重新审理的；

（七）人民法院改变管辖，决定延期审理、中止审理，或者同意人民检察院撤回起诉的。

（3）发现违法情况的监督和纠正

★**人民检察院刑事诉讼规则**（2019年12月30日）（节录）

第六百一十五条　人民检察院发现看守所的羁押期限管理活动具有下列情形之一的，应当依法提出纠正意见：

（一）未及时督促办案机关办理换押手续的；

（二）未在犯罪嫌疑人、被告人羁押期限届满前七日以内向办案机关发出羁押期限即将届满通知书的；

（三）犯罪嫌疑人、被告人被超期羁押后，没有立即书面报告人民检察院并通知办案机关的；

（四）收到犯罪嫌疑人、被告人及其法定代理人、近亲属或者辩护人提出的变更强制措施、羁押必要性审查、羁押期限届满要求释放或者变更强制措施的申请、申诉、控告后，没有及时转送有关办案机关或者人民检察院的；

（五）其他违法情形。

第六百一十六条　人民检察院发现公安机关的侦查羁押期限执行情况具有下列情形之一的，应当依法提出纠正意见：

（一）未按规定办理换押手续的；

（二）决定重新计算侦查羁押期限、经批准延长侦查羁押期限，未书面通知人民检察院和看守所的；

（三）对犯罪嫌疑人进行精神病鉴定，没有书面通知人民检察院和看守所的；

（四）其他违法情形。

第六百一十七条　人民检察院发现人民法院的审理期限执行情况具有下列情形之一的，应当依法提出纠正意见：

（一）在一审、二审和死刑复核阶段未按规定办理换押手续的；

（二）违反刑事诉讼法的规定重新计算审理期限、批准延长审理期限、改变管辖、延期审理、中止审理或者发回重审的；

（三）决定重新计算审理期限、批准延长审理期限、改变管辖、延期审理、中止审理、对被告人进行精神病鉴定，没有书面通知人民检察院和看守所的；

（四）其他违法情形。

第六百一十八条　人民检察院发现同级或者下级公安机关、人民法院超期羁押的，应当向该办案机关发出纠正违法通知书。

发现上级公安机关、人民法院超期羁押的，应当及时层报该办案机关的同级人民检察院，由同级人民检察院向该办案机关发出纠正违法通知书。

对异地羁押的案件，发现办案机关超期羁押的，应当通报该办案机关的同级人民检察院，由其依法向办案机关发出纠正违法通知书。

第六百一十九条　人民检察院发出纠正违法通知书后，有关办案机关未回复意见或者继续超期羁押的，应当及时报告上　级人民检察院。

对于造成超期羁押的直接责任人员，可以书面建议其所在单位或者有关主管机关依照法律或者有关规定予以处分；对于造成超期羁押情节严重，涉嫌犯罪的，应当依法追究其刑事责任。

第六百二十条 人民检察院办理直接受理侦查的案件或者审查逮捕、审查起诉案件，在犯罪嫌疑人侦查羁押期限、办案期限即将届满前，负责案件管理的部门应当依照有关规定向本院办案部门进行期限届满提示。发现办案部门办理案件超过规定期限的，应当依照有关规定提出纠正意见。

第九十九条 【超期强制措施的解除与变更】人民法院、人民检察院或者公安机关对被采取强制措施法定期限届满的犯罪嫌疑人、被告人，应当予以释放、解除取保候审、监视居住或者依法变更强制措施。犯罪嫌疑人、被告人及其法定代理人、近亲属或者辩护人对于人民法院、人民检察院或者公安机关采取强制措施法定期限届满的，有权要求解除强制措施。

● 要点及关联法规

超期强制措施的处理

★公安机关适用刑事羁押期限规定（2006年5月1日）（节录）

第三十一条 对犯罪嫌疑人及其法定代理人、近亲属或者犯罪嫌疑人委托的律师认为拘留或者逮捕犯罪嫌疑人超过法定期限，要求解除的，公安机关应当在接到申请后三日内进行审查，对确属超期羁押的，应当依法予以纠正。

第三十三条第一款 看守所应当自接到被羁押的犯罪嫌疑人有关超期羁押的申诉、控告后二十四小时以内，将有关申诉、控告材料转送驻所检察室、公安机关执法监督部门或者其他有关机关、部门处理。

★人民检察院刑事诉讼规则（2019年12月30日）（节录）

第一百五十条 犯罪嫌疑人及其法定代理人、近亲属或者辩护人认为人民检察院采取强制措施法定期限届满，要求解除、变更强制措施或者释放犯罪嫌疑人的，人民检察院应当在收到申请后三日以内作出决定。

经审查，认为法定期限届满的，应当决定解除、变更强制措施或者释放犯罪嫌疑人，并通知公安机关执行；认为法定期限未满的，书面答复申请人。

第三百三十八条 对于人民检察院正在审查起诉的案件，被逮捕的犯罪嫌疑人及其法定代理人、近亲属或者辩护人认为羁押期限届满，向人民检察院提出释放犯罪嫌疑人或者变更强制措施要求的,人民检察院应当在三日以内审查决定。经审查,认为法定期限届满的,应当决定释放或者依法变更强制措施,并通知公安机关执行;认为法定期限未满的,书面答复申请人。

★公安机关办理刑事案件程序规定(2020年7月20日)(节录)

第一百六十一条　公安机关对被采取强制措施法定期限届满的犯罪嫌疑人,应当予以释放,解除取保候审、监视居住或者依法变更强制措施。

犯罪嫌疑人及其法定代理人、近亲属或者辩护人对于公安机关采取强制措施法定期限届满的,有权要求公安机关解除强制措施。公安机关应当进行审查,对于情况属实的,应当立即解除或者变更强制措施。

对于犯罪嫌疑人、被告人羁押期限即将届满的,看守所应当立即通知办案机关。

第一百六十二条　取保候审变更为监视居住的,取保候审、监视居住变更为拘留、逮捕的,对原强制措施不再办理解除法律手续。

第一百六十三条　案件在取保候审、监视居住期间移送审查起诉后,人民检察院决定重新取保候审、监视居住或者变更强制措施的,对原强制措施不再办理解除法律手续。

第一百条　【侦查监督】人民检察院在审查批准逮捕工作中,如果发现公安机关的侦查活动有违法情况,应当通知公安机关予以纠正,公安机关应当将纠正情况通知人民检察院。

● 要点及关联法规

1. 侦查监督的一般规定

★人民检察院立案监督工作问题解答(2000年1月13日)(节录)

2. 立案监督与侦查监督有何区别?

答:立案监督和侦查监督都是检察机关刑事诉讼法律监督权的重要组成部分。立案监督是人民检察院对公安机关的立案活动是否合法进行的监督;侦查监督是人民检察院对公安机关的侦查活动是否合法进行的监督。二者的主要区别在于监督的客体不同和监督的手段不同。立案监督的客体是公安机关的立案活动,它主要发现和纠正以下违法行为:应当立案侦查而不立案侦查的;立案后又作行政处罚或者劳动教养等降格处理的;不应当立案而立案侦查的。立案监督的手段主要是要求公安机关说明不立案理由和通知公安机关立案;对于公安机关不应当立案侦查而立案侦查的,向公安机关提出纠正违法意见。而侦查监督的客体是公安机关的侦查活动。侦查监督的手段是向公安机关发出《纠正违法通知书》。根据《人民检察院刑事诉讼规则》第381条的规定,侦查监督主要发现和纠正以下违法行为:对犯罪嫌疑人刑讯逼供、诱供的;对被害人、证人以体罚、威胁、诱骗等非法手段收集证据的;伪造、隐匿、销毁、调换或者私自涂改证据的;徇私舞弊、放纵、包庇犯罪分子的;故意制造冤、假、错案的;在侦查活动中利用职务之便谋取非法利益的;在侦查过程中不应当撤案而撤案的;贪污、挪用、调换所扣押、冻结的款物及其孳息的;违反刑事诉讼法关于决定、执行、变更、撤销强制措施规定的;违反羁押和办案期限规定的;在侦查过程中有其他违反刑事诉讼法有关规定的行为的。

★**人民检察院刑事诉讼规则**(2019年12月30日)(节录)

第二百五十六条 经公安机关商请或者人民检察院认为确有必要时,可以派员适时介入重大、疑难、复杂案件的侦查活动,参加公安机关对于重大案件的讨论,对案件性质、收集证据、适用法律等提出意见,监督侦查活动是否合法。

经监察机关商请,人民检察院可以派员介入监察机关办理的职务犯罪案件。

第三百二十七条 最高人民检察院决定核准追诉的案件,最初受理案件的人民检察院应当监督公安机关的侦查工作。

最高人民检察院决定不予核准追诉,公安机关未及时撤销案件的,同级人民检察院应当提出纠正意见。犯罪嫌疑人在押的,应当立即释放。

2. 侦查监督的内容

★**人民检察院刑事诉讼规则**(2019年12月30日)(节录)

第五百六十七条 人民检察院应当对侦查活动中是否存在以下违法行为进行监督:

(一)采用刑讯逼供以及其他非法方法收集犯罪嫌疑人供述的;

(二)讯问犯罪嫌疑人依法应当录音或者录像而没有录音或者录像,或者未在法定羁押场所讯问犯罪嫌疑人的;

(三)采用暴力、威胁以及非法限制人身自由等非法方法收集证人证言、被害人陈述,或者以暴力、威胁等方法阻止证人作证或者指使他人作伪证的;

(四)伪造、隐匿、销毁、调换、私自涂改证据,或者帮助当事人毁灭、伪造证据的；

（五）违反刑事诉讼法关于决定、执行、变更、撤销强制措施的规定，或者强制措施法定期限届满，不予释放、解除或者变更的；

（六）应当退还取保候审保证金不退还的；

（七）违反刑事诉讼法关于讯问、询问、勘验、检查、搜查、鉴定、采取技术侦查措施等规定的；

（八）对与案件无关的财物采取查封、扣押、冻结措施，或者应当解除查封、扣押、冻结而不解除的；

（九）贪污、挪用、私分、调换、违反规定使用查封、扣押、冻结的财物及其孳息的；

（十）不应当撤案而撤案的；

（十一）侦查人员应当回避而不回避的；

（十二）依法应当告知犯罪嫌疑人诉讼权利而不告知，影响犯罪嫌疑人行使诉讼权利的；

（十三）对犯罪嫌疑人拘留、逮捕、指定居所监视居住后依法应当通知家属而未通知的；

（十四）阻碍当事人、辩护人、诉讼代理人、值班律师依法行使诉讼权利的；

（十五）应当对证据收集的合法性出具说明或者提供证明材料而不出具、不提供的；

（十六）侦查活动中的其他违反法律规定的行为。

★人民检察院办理未成年人刑事案件的规定（2013年12月27日）（节录）

第六十七条 人民检察院审查批准逮捕、审查起诉未成年犯罪嫌疑人，应当同时依法监督侦查活动是否合法，发现有下列违法行为的，应当提出纠正意见；构成犯罪的，依法追究刑事责任：

（一）违法对未成年犯罪嫌疑人采取强制措施或者采取强制措施不当的；

（二）未依法实行对未成年犯罪嫌疑人与成年犯罪嫌疑人分别关押、管理的；

（三）对未成年犯罪嫌疑人采取刑事拘留、逮捕措施后，在法定时限内未进行讯问，或者未通知其家属的；

（四）讯问未成年犯罪嫌疑人或者询问未成年被害人、证人时，未依法通知其法定代理人或者合适成年人到场的；

（五）讯问或者询问女性未成年人时，没有女性检察人员参加；

（六）未依法告知未成年犯罪嫌疑人有权委托辩护人的；

（七）未依法通知法律援助机构指派律师为未成年犯罪嫌疑人提供辩护的；

（八）对未成年犯罪嫌疑人威胁、体罚、侮辱人格、游行示众，或者刑讯逼供、指供、诱供的；

（九）利用未成年人认知能力低而故意制造冤、假、错案的；

（十）对未成年被害人、证人以暴力、威胁、诱骗等非法手段收集证据或者侵害未成年被害人、证人的人格尊严及隐私权等合法权益的；

（十一）违反羁押和办案期限规定的；

（十二）已作出不批准逮捕、不起诉决定，公安机关不立即释放犯罪嫌疑人的；

（十三）在侦查中有其他侵害未成年人合法权益行为的。

3. 发现违法行为的处理

★最高人民检察院、公安部关于适用刑事强制措施有关问题的规定（2000年8月28日）（节录）

第三十七条　人民检察院应当加强对公安机关、人民检察院办案部门适用刑事强制措施工作的监督，对于超期羁押、超期限办案、不依法执行的，应当及时提出纠正意见，督促公安机关或者人民检察院办案部门依法执行。

公安机关、人民检察院的工作人员违反刑事诉讼法和本规定，玩忽职守、滥用职权、徇私舞弊，导致超期羁押、超期限办案或者实施其他违法行为的，应当依照有关法律和规定追究法律责任；构成犯罪的，依法追究刑事责任。

★公安机关适用刑事羁押期限规定（2006年5月1日）（节录）

第三十二条　人民检察院认为公安机关超期羁押犯罪嫌疑人，向公安机关发出纠正违法通知书的，公安机关应当在接到纠正违法通知书后的三日内进行审பு。对犯罪嫌疑人超期羁押的，应当依法予以纠正，并将纠正情况及时通知人民检察院。对不属于超期羁押的，应当向人民检察院说明情况。

第三十三条第二款　驻所检察员接到有关超期羁押的申诉、控告材料后，提出会见被羁押的犯罪嫌疑人的，看守所应当及时安排。

★最高人民检察院关于对涉嫌盗窃的不满16周岁未成年人采取刑事拘留强制措施是否违法问题的批复（2011年1月25日）（节录）

根据刑法、刑事诉讼法、未成年人保护法等有关法律规定，对于实施犯罪时未满 16 周岁的未成年人,且未犯刑法第十七条第二款规定之罪的,公安机关查明犯罪嫌疑人实施犯罪时年龄确系未满 16 周岁依法不负刑事责任后仍予以刑事拘留的,检察机关应当及时提出纠正意见。

★人民检察院刑事诉讼规则(2019 年 12 月 30 日)(节录)

第五百五十二条 人民检察院发现刑事诉讼活动中的违法行为,对于情节较轻的,由检察人员以口头方式提出纠正意见;对于情节较重的,经检察长决定,发出纠正违法通知书。对于带有普遍性的违法情形,经检察长决定,向相关机关提出检察建议。构成犯罪的,移送有关机关、部门依法追究刑事责任。

有申诉人、控告人的,调查核实和纠正违法情况应予告知。

第五百五十三条 人民检察院发出纠正违法通知书的,应当监督落实。被监督单位在纠正违法通知书规定的期限内没有回复纠正情况的,人民检察院应当督促回复。经督促被监督单位仍不回复或者没有正当理由不纠正的,人民检察院应当向上一级人民检察院报告。

第五百五十四条 被监督单位对纠正意见申请复查的,人民检察院应当在收到被监督单位的书面意见后七日以内进行复查,并将复查结果及时通知申请复查的单位。经过复查,认为纠正意见正确的,应当及时向上一级人民检察院报告;认为纠正意见错误的,应当及时予以撤销。

上一级人民检察院经审查,认为下级人民检察院纠正意见正确的,应当及时通报被监督单位的上级机关或者主管机关,并建议其督促被监督单位予以纠正;认为下级人民检察院纠正意见错误的,应当书面通知下级人民检察院予以撤销,下级人民检察院应当执行,并及时向被监督单位说明情况。

第五百五十五条 当事人和辩护人、诉讼代理人、利害关系人对于办案机关及其工作人员有刑事诉讼法第一百一十七条规定的行为,向该机关申诉或者控告,对该机关作出的处理不服或者该机关未在规定时间内作出答复,而向人民检察院申诉的,办案机关的同级人民检察院应当受理。

人民检察院直接受理侦查的案件,当事人和辩护人、诉讼代理人、利害关系人对办理案件的人民检察院的处理不服的,可以向上一级人民检察院申诉,上一级人民检察院应当受理。

未向办案机关申诉或者控告,或者办案机关在规定时间内尚未作出处理决定,直接向人民检察院申诉的,人民检察院应当告知其向办案机关申诉或者控告。人民检察院在审查逮捕、审查起诉中发现有刑事诉讼法第一百一十七规定的违法情形的,可以直接监督纠正。

当事人和辩护人、诉讼代理人、利害关系人对刑事诉讼法第一百一十七条规定情形之外的违法行为提出申诉或者控告的，人民检察院应当受理，并及时审查，依法处理。

第五百五十六条 对人民检察院及其工作人员办理案件中违法行为的申诉、控告，由负责控告申诉检察的部门受理和审查办理。对其他司法机关处理决定不服向人民检察院提出的申诉，由负责控告申诉检察的部门受理后，移送相关办案部门审查办理。

审查办理的部门应当在受理之日起十五日以内提出审查意见。人民检察院对刑事诉讼法第一百一十七条的申诉，经审查认为需要其他司法机关说明理由的，应当要求有关机关说明理由，并在收到理由说明后十五日以内提出审查意见。

人民检察院及其工作人员办理案件中存在的违法情形属实的，应当予以纠正；不存在违法行为的，书面答复申诉人、控告人。

其他司法机关对申诉、控告的处理不正确的，人民检察院应当通知有关机关予以纠正；处理正确的，书面答复申诉人、控告人。

第五百六十八条 人民检察院发现侦查活动中的违法情形已涉嫌犯罪，属于人民检察院管辖的，依法立案侦查；不属于人民检察院管辖的，依照有关规定移送有管辖权的机关。

第五百六十九条 人民检察院负责捕诉的部门发现本院负责侦查的部门在侦查活动中有违法情形，应当提出纠正意见。需要追究相关人员违法违纪责任的，应当报告检察长。

上级人民检察院发现下级人民检察院在侦查活动中有违法情形，应当通知其纠正。下级人民检察院应当及时纠正，并将纠正情况报告上级人民检察院。

★公安机关办理刑事案件程序规定（2020年7月20日）（节录）

第一百四十七条 人民检察院在审查批准逮捕工作中发现公安机关的侦查活动存在违法情况，通知公安机关予以纠正的，公安机关应当调查核实，对于发现的违法情况应当及时纠正，并将纠正情况书面通知人民检察院。

第七章　附带民事诉讼

> **第一百零一条　【提起附带民事诉讼的主体、条件】**被害人由于被告人的犯罪行为而遭受物质损失的，在刑事诉讼过程中，有权提起附带民事诉讼。被害人死亡或者丧失行为能力的，被害人的法定代理人、近亲属有权提起附带民事诉讼。
>
> 如果是国家财产、集体财产遭受损失的，人民检察院在提起公诉的时候，可以提起附带民事诉讼。

● 要点及关联法规

1. 附带民事诉讼的提起

★最高人民法院关于适用《中华人民共和国刑事诉讼法》的解释（2021年1月26日）（节录）

第一百七十五条第一款　被害人因人身权利受到犯罪侵犯或者财物被犯罪分子毁坏而遭受物质损失的，有权在刑事诉讼过程中提起附带民事诉讼；被害人死亡或者丧失行为能力的，其法定代理人、近亲属有权提起附带民事诉讼。

第一百七十八条　人民法院受理刑事案件后，对符合刑事诉讼法第一百零一条和本解释第一百七十五条第一款规定的，可以告知被害人或者其法定代理人、近亲属有权提起附带民事诉讼。

有权提起附带民事诉讼的人放弃诉讼权利的，应当准许，并记录在案。

第一百八十一条　被害人或者其法定代理人、近亲属仅对部分共同侵害人提起附带民事诉讼的，人民法院应当告知其可以对其他共同侵害人，包括没有被追究刑事责任的共同侵害人，一并提起附带民事诉讼，但共同犯罪案件中同案犯在逃的除外。

被害人或者其法定代理人、近亲属放弃对其他共同侵害人的诉讼权利的，人民法院应当告知其相应法律后果，并在裁判文书中说明其放弃诉讼请求的情况。

第一百八十二条　附带民事诉讼的起诉条件是：

（一）起诉人符合法定条件；

（二）有明确的被告人；

（三）有请求赔偿的具体要求和事实、理由；

（四）属于人民法院受理附带民事诉讼的范围。

第一百八十三条　共同犯罪案件，同案犯在逃的，不应列为附带民事诉讼被告人。逃跑的同案犯到案后，被害人或者其法定代理人、近亲属可以对其提起附带民事诉讼，但已经从其他共同犯罪人处获得足额赔偿的除外。

第一百八十四条　附带民事诉讼应当在刑事案件立案后及时提起。

提起附带民事诉讼应当提交附带民事起诉状。

第一百八十五条　侦查、审查起诉期间，有权提起附带民事诉讼的人提出赔偿要求，经公安机关、人民检察院调解，当事人双方已经达成协议并全部履行，被害人或者其法定代理人、近亲属又提起附带民事诉讼的，人民法院不予受理，但有证据证明调解违反自愿、合法原则的除外。

第一百八十六条　被害人或者其法定代理人、近亲属提起附带民事诉讼的，人民法院应当在七日以内决定是否受理。符合刑事诉讼法第一百零一条以及本解释有关规定的，应当受理；不符合的，裁定不予受理。

第一百八十七条　人民法院受理附带民事诉讼后，应当在五日以内将附带民事起诉状副本送达附带民事诉讼被告人及其法定代理人，或者将口头起诉的内容及时通知附带民事诉讼被告人及其法定代理人，并制作笔录。

人民法院送达附带民事起诉状副本时，应当根据刑事案件的审理期限，确定被告人及其法定代理人的答辩准备时间。

第一百八十八条　附带民事诉讼当事人对自己提出的主张，有责任提供证据。

2. 人民法院审理附带民事诉讼案件的受案范围

★最高人民法院关于适用《中华人民共和国刑事诉讼法》的解释（2021年1月26日）（节录）

第一百七十五条第二款　因受到犯罪侵犯，提起附带民事诉讼或者单独提起民事诉讼要求赔偿精神损失的，人民法院一般不予受理。

第一百七十六条　被告人非法占有、处置被害人财产的，应当依法予以追缴或者责令退赔。被害人提起附带民事诉讼的，人民法院不予受理。追缴、退赔的情况，可以作为量刑情节考虑。

第一百七十七条　国家机关工作人员在行使职权时，侵犯他人人身、财产权利构成犯罪，被害人或者其法定代理人、近亲属提起附带民事诉讼的，人民法院不予受理，但应当告知其可以依法申请国家赔偿。

第一百七十九条　国家财产、集体财产遭受损失，受损失的单位未提起附带民事诉讼，人民检察院在提起公诉时提起附带民事诉讼的，人民法院应当受理。

人民检察院提起附带民事诉讼的，应当列为附带民事诉讼原告人。

被告人非法占有、处置国家财产、集体财产的，依照本解释第一百七十六条的规定处理。

3. 附带民事诉讼的赔偿范围

★最高人民法院关于审理未成年人刑事案件具体应用法律若干问题的解释（2006年1月23日）（节录）

第十九条　刑事附带民事案件的未成年被告人有个人财产的，应当由本人承担民事赔偿责任，不足部分由监护人予以赔偿，但单位担任监护人的除外。

被告人对被害人物质损失的赔偿情况，可以作为量刑情节予以考虑。

★最高人民法院关于适用《中华人民共和国刑事诉讼法》的解释（2021年1月26日）（节录）

第一百八十条　附带民事诉讼中依法负有赔偿责任的人包括：

（一）刑事被告人以及未被追究刑事责任的其他共同侵害人；

（二）刑事被告人的监护人；

（三）死刑罪犯的遗产继承人；

（四）共同犯罪案件中，案件审结前死亡的被告人的遗产继承人；

（五）对被害人的物质损失依法应当承担赔偿责任的其他单位和个人。

附带民事诉讼被告人的亲友自愿代为赔偿的，可以准许。

4. 在审理经济纠纷案件中涉及经济犯罪民事责任的承担

★最高人民法院关于在审理经济纠纷案件中涉及经济犯罪嫌疑若干问题的规定（1998年4月29日）（节录）

第一条　同一公民、法人或其他经济组织因不同的法律事实，分别涉及经济纠纷和经济犯罪嫌疑的，经济纠纷案件和经济犯罪嫌疑案件应当分开审理。

第一条　单位直接负责的主管人员和其他直接责任人员，以为单位骗取财物为目的，采取欺骗手段对外签订经济合同，骗取的财物被该单位占有、使用或处分构成犯罪的,除依法追究有关人员的刑事责任,责令该单位返还骗取的财物外,如给被害人造成经济损失的,单位应当承担赔偿责任。

第三条 单位直接负责的主管人员和其他直接责任人员,以该单位的名义对外签订经济合同,将取得的财物部分或全部占为己有构成犯罪的,除依法追究行为人的刑事责任外,该单位对行为人因签订、履行该经济合同造成的后果,依法应当承担民事责任。

第四条 个人借用单位的业务介绍信、合同专用章或者盖有公章的空白合同书,以出借单位名义签订经济合同,骗取财物归个人占有、使用、处分或者进行其他犯罪活动,给对方造成经济损失构成犯罪的,除依法追究借用人的刑事责任外,出借业务介绍信、合同专用章或者盖有公章的空白合同书的单位,依法应当承担赔偿责任。但是,有证据证明被害人明知签订合同对方当事人是借用行为,仍与之签订合同的除外。

第五条 行为人盗窃、盗用单位的公章、业务介绍信、盖有公章的空白合同书,或者私刻单位的公章签订经济合同,骗取财物归个人占有、使用、处分或者进行其他犯罪活动构成犯罪的,单位对行为人该犯罪行为所造成的经济损失不承担民事责任。

行为人私刻单位公章或者擅自使用单位公章、业务介绍信、盖有公章的空白合同书以签订经济合同的方法进行的犯罪行为,单位有明显过错,且该过错行为与被害人的经济损失之间具有因果关系的,单位对该犯罪行为所造成的经济损失,依法应当承担赔偿责任。

第六条 企业承包、租赁经营合同期满后,企业按规定办理了企业法定代表人的变更登记,而企业法人未采取有效措施收回其公章、业务介绍信、盖有公章的空白合同书,或者没有及时采取措施通知相对人,致原企业承包人、租赁人得以用原承包、租赁企业的名义签订经济合同,骗取财物占为己有构成犯罪的,该企业对被害人的经济损失,依法应当承担赔偿责任。但是,原承包人、承租人利用擅自保留的公章、业务介绍信、盖有公章的空白合同书以原承包、租赁企业的名义签订经济合同,骗取财物占为己有构成犯罪的,企业一般不承担民事责任。

单位聘用的人员被解聘后,或者受单位委托保管公章的人员被解除委托后,单位未及时收回其公章,行为人擅自利用保留的原单位公章签订经济合同,骗取财物占为己有构成犯罪,如给被害人造成经济损失的,单位应当承担赔偿责任。

第七条 单位直接负责的主管人员和其他直接责任人员,将单位进行走私或其他犯罪活动所得财物以签订经济合同的方法予以销售，买方明知或者应当知道的，如因此造成经济损失，其损失由买方自负。但是，如果买方不知该经济合同的标的物是犯罪行为所得财物而购买的，卖方对买方所造成的经济损失应当承担民事责任。

第八条 根据《中华人民共和国刑事诉讼法》第七十七条第一款的规定，被害人对本《规定》第二条因单位犯罪行为造成经济损失的，对第四条、第五条第一款、第六条应当承担刑事责任的被告人未能返还财物而遭受经济损失提起附带民事诉讼的，受理刑事案件的人民法院应当依法一并审理。被害人因其遭受经济损失也有权对单位另行提起民事诉讼。若被害人另行提起民事诉讼的，有管辖权的人民法院应当依法受理。

第九条 被害人请求保护其民事权利的诉讼时效在公安机关、检察机关查处经济犯罪嫌疑期间中断。如果公安机关决定撤销涉嫌经济犯罪案件或者检察机关决定不起诉的，诉讼时效从撤销案件或决定不起诉之次日起重新计算。

第十条 人民法院在审理经济纠纷案件中，发现与本案有牵连，但与本案不是同一法律关系的经济犯罪嫌疑线索、材料，应将犯罪嫌疑线索、材料移送有关公安机关或检察机关查处，经济纠纷案件继续审理。

第十一条 人民法院作为经济纠纷受理的案件，经审理认为不属经济纠纷案件而有经济犯罪嫌疑的，应当裁定驳回起诉，将有关材料移送公安机关或检察机关。

第十二条 人民法院已立案审理的经济纠纷案件，公安机关或检察机关认为有经济犯罪嫌疑，并说明理由附有关材料函告受理该案的人民法院的，有关人民法院应当认真审查。经过审查，认为确有经济犯罪嫌疑的，应当将案件移送公安机关或检察机关，并书面通知当事人，退还案件受理费；如认为确属经济纠纷案件的，应当依法继续审理，并将结果函告有关公安机关或检察机关。

第一百零二条 【附带民事诉讼中的财产保全】 人民法院在必要的时候，可以采取保全措施，查封、扣押或者冻结被告人的财产。附带民事诉讼原告人或者人民检察院可以申请人民法院采取保全措施。人民法院采取保全措施，适用民事诉讼法的有关规定。

● **要点及关联法规**

附带民事诉讼的财产保全

★**中华人民共和国民事诉讼法**（2017年6月27日）（节录）

第一百条 人民法院对于可能因当事人一方的行为或者其他原因，使判决难以执行或者造成当事人其他损害的案件，根据对方当事人的申请，可以裁定对其财产进行保全、责令其作出一定行为或者禁止其作出一定行为；当事人没有提出申请的，人民法院在必要时也可以裁定采取保全措施。

人民法院采取保全措施，可以责令申请人提供担保，申请人不提供担保的，裁定驳回申请。

人民法院接受申请后，对情况紧急的，必须在四十八小时内作出裁定；裁定采取保全措施的，应当立即开始执行。

第一百零一条 利害关系人因情况紧急，不立即申请保全将会使其合法权益受到难以弥补的损害的，可以在提起诉讼或者申请仲裁前向被保全财产所在地、被申请人住所地或者对案件有管辖权的人民法院申请采取保全措施。申请人应当提供担保，不提供担保的，裁定驳回申请。

人民法院接受申请后，必须在四十八小时内作出裁定；裁定采取保全措施的，应当立即开始执行。

申请人在人民法院采取保全措施后三十日内不依法提起诉讼或者申请仲裁的，人民法院应当解除保全。

第一百零二条 保全限于请求的范围，或者与本案有关的财物。

第一百零三条 财产保全采取查封、扣押、冻结或者法律规定的其他方法。人民法院保全财产后，应当立即通知被保全财产的人。

财产已被查封、冻结的，不得重复查封、冻结。

第一百零四条 财产纠纷案件，被申请人提供担保的，人民法院应当裁定解除保全。

第一百零五条 申请有错误的，申请人应当赔偿被申请人因保全所遭受的损失。

第一百零六条 人民法院对下列案件，根据当事人的申请，可以裁定先予执行：

（一）追索赡养费、扶养费、抚育费、抚恤金、医疗费用的；

（二）追索劳动报酬的；

（三）因情况紧急需要先予执行的。

第一百零七条　人民法院裁定先予执行的，应当符合下列条件：

（一）当事人之间权利义务关系明确，不先予执行将严重影响申请人的生活或者生产经营的；

（二）被申请人有履行能力。

人民法院可以责令申请人提供担保，申请人不提供担保的，驳回申请。申请人败诉的，应当赔偿被申请人因先予执行遭受的财产损失。

第一百零八条　当事人对保全或者先予执行的裁定不服的，可以申请复议一次。复议期间不停止裁定的执行。

★最高人民法院关于人民法院执行工作若干问题的规定（试行）（2008年12月31日）（节录）

38. 被执行人无金钱给付能力的，人民法院有权裁定对被执行人的其他财产采取查封、扣押措施。裁定书应送达被执行人。

采取前款措施需有关单位协助的，应当向有关单位发出协助执行通知书，连同裁定书副本一并送达有关单位。

39. 查封、扣押财产的价值应当与被执行人履行债务的价值相当。

40. 人民法院对被执行人所有的其他人享有抵押权、质押权或留置权的财产，可以采取查封、扣押措施。财产拍卖、变卖后所得价款，应当在抵押权人、质押权人或留置权人优先受偿后，其余额部分用于清偿申请执行人的债权。

41. 对动产的查封，应当采取加贴封条的方式。不便加贴封条的，应当张贴公告。

对有产权证照的动产或不动产的查封，应当向有关管理机关发出协助执行通知书，要求其不得办理查封财产的转移过户手续，同时可以责令被执行人将有关财产权证照交人民法院保管。必要时也可以采取加贴封条或张贴公告的方法查封。

既未向有关管理机关发出协助执行通知书，也未采取加贴封条或张贴公告的办法查封的，不得对抗其他人民法院的查封。

42. 被查封的财产，可以指令由被执行人负责保管。如继续使用被查封的财产对其价值无重大影响，可以允许被执行人继续使用。因被执行人保管或使用的过错造成的损失，由被执行人承担。

43. 被扣押的财产，人民法院可以自行保管，也可以委托其他单位或个人保管。对扣押的财产，保管人不得使用。

44. 被执行人或其他人擅自处分已被查封、扣押、冻结财产的，人民法院有权责令责任人限期追回财产或承担相应的赔偿责任。

45. 被执行人的财产经查封、扣押后，在人民法院指定的期间内履行义务的，人民法院应当及时解除查封、扣押措施。

★最高人民法院关于适用《中华人民共和国刑事诉讼法》的解释（2021年1月26日）（节录）

第一百八十九条　人民法院对可能因被告人的行为或者其他原因，使附带民事判决难以执行的案件，根据附带民事诉讼原告人的申请，可以裁定采取保全措施，查封、扣押或者冻结被告人的财产；附带民事诉讼原告人未提出申请的，必要时，人民法院也可以采取保全措施。

有权提起附带民事诉讼的人因情况紧急，不立即申请保全将会使其合法权益受到难以弥补的损害的，可以在提起附带民事诉讼前，向被保全财产所在地、被申请人居住地或者对案件有管辖权的人民法院申请采取保全措施。申请人在人民法院受理刑事案件后十五日以内未提起附带民事诉讼的，人民法院应当解除保全措施。

人民法院采取保全措施，适用民事诉讼法第一百条至第一百零五条的有关规定，但民事诉讼法第一百零一条第三款的规定除外。

第一百零三条　【附带民事诉讼中的调解与裁判依据】人民法院审理附带民事诉讼案件，可以进行调解，或者根据物质损失情况作出判决、裁定。

● 要点及关联法规

1. 附带民事诉讼的调解

★最高人民法院关于贯彻宽严相济刑事政策的若干意见（2010年2月8日）（节录）

五、完善贯彻宽严相济刑事政策的工作机制

41. 要尽可能把握一切有利于附带民事诉讼调解结案的积极因素，多做促进当事人双方和解的办法析理工作，以更好地落实宽严相济刑事政策，努力做到案结事了。要充分发挥被告人、被害人所在单位、社区基层组织、辩护人、诉讼代理人和近亲属在附带民事诉讼调解工作中的积极作用,协调各方共同做好促进调解工作,尽可能通过调解达成民事赔偿协议并以此取得被害人及其家属对被告人的谅解,化解矛盾,促进社会和谐。

42. 对于因受到犯罪行为侵害、无法及时获得有效赔偿、存在特殊生活困难的被害人及其亲属,由有关方面给予适当的资金救助,有利于化解矛盾纠纷,促进社会和谐稳定。各地法院要结合当地实际,在党委、政府的统筹协调和具体指导下,落实好、执行好刑事被害人救助制度,确保此项工作顺利开展,取得实效。

★最高人民法院关于适用《中华人民共和国刑事诉讼法》的解释(2021年1月26日)(节录)

第一百九十条 人民法院审理附带民事诉讼案件,可以根据自愿、合法的原则进行调解。经调解达成协议的,应当制作调解书。调解书经双方当事人签收后即具有法律效力。

调解达成协议并即时履行完毕的,可以不制作调解书,但应当制作笔录,经双方当事人、审判人员、书记员签名后即发生法律效力。

第一百九十一条 调解未达成协议或者调解书签收前当事人反悔的,附带民事诉讼应当同刑事诉讼一并判决。

第一百九十七条 人民法院认定公诉案件被告人的行为不构成犯罪,对已经提起的附带民事诉讼,经调解不能达成协议的,可以一并作出刑事附带民事判决,也可以告知附带民事原告人另行提起民事诉讼。

人民法院准许人民检察院撤回起诉的公诉案件,对已经提起的附带民事诉讼,可以进行调解;不宜调解或者经调解不能达成协议的,应当裁定驳回起诉,并告知附带民事诉讼原告人可以另行提起民事诉讼。

第一百九十八条 第一审期间未提起附带民事诉讼,在第二审期间提起的,第二审人民法院可以依法进行调解;调解不成的,告知当事人可以在刑事判决、裁定生效后另行提起民事诉讼。

第二百条 被害人或者其法定代理人、近亲属在刑事诉讼过程中未提起附带民事诉讼,另行提起民事诉讼的,人民法院可以进行调解,或者根据本解释第一百九十二条第二款、第三款的规定作出判决。

第三百三十三条 对自诉案件,应当参照刑事诉讼法第二百条和本解释第二百九十五条的有关规定作出判决。对依法宣告无罪的案件,有附带民事诉讼的，其附带民事部分可以依法进行调解或者一并作出判决，也可以告知附带民事诉讼原告人另行提起民事诉讼。

第四百一十条　第二审期间，第一审附带民事诉讼原告人增加独立的诉讼请求或者第一审附带民事诉讼被告人提出反诉的，第二审人民法院可以根据自愿、合法的原则进行调解；调解不成的，告知当事人另行起诉。

第四百一十一条　对第二审自诉案件，必要时可以调解，当事人也可以自行和解。调解结案的，应当制作调解书，第一审判决、裁定视为自动撤销。当事人自行和解的，依照本解释第三百二十九条的规定处理；裁定准许撤回自诉的，应当撤销第一审判决、裁定。

2. 附带民事诉讼的裁判

（1）赔偿数额的确定

★最高人民法院关于适用《中华人民共和国刑事诉讼法》的解释（2021年1月26日）（节录）

第一百九十二条　对附带民事诉讼作出判决，应当根据犯罪行为造成的物质损失，结合案件具体情况，确定被告人应当赔偿的数额。

犯罪行为造成被害人人身损害的，应当赔偿医疗费、护理费、交通费等为治疗和康复支付的合理费用，以及因误工减少的收入。造成被害人残疾的，还应当赔偿残疾生活辅助器具费等费用；造成被害人死亡的，还应当赔偿丧葬费等费用。

驾驶机动车致人伤亡或者造成公私财产重大损失，构成犯罪的，依照《中华人民共和国道路交通安全法》第七十六条的规定确定赔偿责任。

附带民事诉讼当事人就民事赔偿问题达成调解、和解协议的，赔偿范围、数额不受第二款、第三款规定的限制。

第一百九十三条　人民检察院提起附带民事诉讼的，人民法院经审理，认为附带民事诉讼被告人依法应当承担赔偿责任的，应当判令附带民事诉讼被告人直接向遭受损失的单位作出赔偿；遭受损失的单位已经终止，有权利义务继受人的，应当判令其向继受人作出赔偿；没有权利义务继受人的，应当判令其向人民检察院交付赔偿款，由人民检察院上缴国库。

（2）量刑情节

★最高人民法院关于适用《中华人民共和国刑事诉讼法》的解释（2021年1月26日）（节录）

第一百九十四条　审理刑事附带民事诉讼案件，人民法院应当结合被告人赔偿被害人物质损失的情况认定其悔罪表现,并在量刑时予以考虑。

(3) 撤诉、缺席判决

★最高人民法院关于适用《中华人民共和国刑事诉讼法》的解释(2021年1月26日)(节录)

第一百九十五条 附带民事诉讼原告人经传唤,无正当理由拒不到庭,或者未经法庭许可中途退庭的,应当按撤诉处理。

刑事被告人以外的附带民事诉讼被告人经传唤,无正当理由拒不到庭,或者未经法庭许可中途退庭的,附带民事部分可以缺席判决。

刑事被告人以外的附带民事诉讼被告人下落不明,或者用公告送达以外的其他方式无法送达,可能导致刑事案件审判过分迟延的,可以不将其列为附带民事诉讼被告人,告知附带民事诉讼原告人另行提起民事诉讼。

(4) 其他规定

★最高人民法院关于适用《中华人民共和国刑事诉讼法》的解释(2021年1月26日)(节录)

第一百九十九条 人民法院审理附带民事诉讼案件,不收取诉讼费。

第二百零一条 人民法院审理附带民事诉讼案件,除刑法、刑事诉讼法以及刑事司法解释已有规定的以外,适用民事法律的有关规定。

第一百零四条 【附带民事诉讼的审理】附带民事诉讼应当同刑事案件一并审判,只有为了防止刑事案件审判的过分迟延,才可以在刑事案件审判后,由同一审判组织继续审理附带民事诉讼。

● 要点及关联法规

附带民事诉讼的审理

★最高人民法院关于适用《中华人民共和国刑事诉讼法》的解释(2021年1月26日)(节录)

第一百九十六条 附带民事诉讼应当同刑事案件一并审判,只有为了防止刑事案件审判的过分迟延,才可以在刑事案件审判后,由同一审判组织继续审理附带民事诉讼;同一审判组织的成员确实不能继续参与审判的,可以更换。

第八章 期间、送达

> 第一百零五条 【期间的计算方法】期间以时、日、月计算。
>
> 期间开始的时和日不算在期间以内。
>
> 法定期间不包括路途上的时间。上诉状或者其他文件在期满前已经交邮的,不算过期。
>
> 期间的最后一日为节假日的,以节假日后的第一日为期满日期,但犯罪嫌疑人、被告人或者罪犯在押期间,应当至期满之日为止,不得因节假日而延长。

● 要点及关联法规

期间的规定

★最高人民法院关于推行十项制度切实防止产生新的超期羁押的通知(2003年11月30日)(节录)

八、建立高效率的送达、移送卷宗制度。依照刑事诉讼法规定,法定期间不包括路途上的时间。人民法院在审判过程中,因送达裁判文书以及第一审案件审结后进入第二审程序,或者第二审案件审结后进入死刑复核程序等移送卷宗的案件,路途上的时间不计入审限。人民法院应当积极采取各种措施,努力改进送达、移送案卷等工作,尽量缩短占用的时间,使其更加制度化、规范化,不得无故拖延。

★最高人民法院关于适用《中华人民共和国刑事诉讼法》的解释(2021年1月26日)(节录)

第二百零二条 以月计算的期间,自本月某日至下月同日为一个月;期限起算日为本月最后一日的,至下月最后一日为一个月;下月同日不存在的,自本月某日至下月最后一日为一个月;半个月一律按十五日计算。

以年计算的刑期,自本年本月某日至次年同月同日的前一日为一年;次年同月同日不存在的,自本年本月某日至次年同月最后一日的前一日为一年。以月计算的刑期，自本月某日至下月同日的前一日为一个月；刑期起算日为本月最后一日的，至下月最后一日的前一日为一个月；下月同日不存在的，自本月某日至下月最后一日的前一日为一个月；半个月一律按十五日计算。

> **第一百零六条**　【期间的耽误与申请顺延】当事人由于不能抗拒的原因或者有其他正当理由而耽误期限的，在障碍消除后五日以内，可以申请继续进行应当在期满以前完成的诉讼活动。
>
> 前款申请是否准许，由人民法院裁定。

● 要点及关联法规

期间的耽误和恢复

★最高人民法院关于适用《中华人民共和国刑事诉讼法》的解释（2021年1月26日）（节录）

第二百零三条　当事人由于不能抗拒的原因或者有其他正当理由而耽误期限，依法申请继续进行应当在期满前完成的诉讼活动的，人民法院查证属实后，应当裁定准许。

> **第一百零七条**　【诉讼文件的送达】送达传票、通知书和其他诉讼文件应当交给收件人本人；如果本人不在，可以交给他的成年家属或者所在单位的负责人员代收。
>
> 收件人本人或者代收人拒绝接收或者拒绝签名、盖章的时候，送达人可以邀请他的邻居或者其他见证人到场，说明情况，把文件留在他的住处，在送达证上记明拒绝的事由、送达的日期，由送达人签名，即认为已经送达。

● 要点及关联法规

1. 直接送达

★最高人民法院关于适用《中华人民共和国刑事诉讼法》的解释（2021年1月26日）（节录）

第二百零四条 送达诉讼文书，应当由收件人签收。收件人不在的，可以由其成年家属或者所在单位负责收件的人员代收。收件人或者代收人在送达回证上签收的日期为送达日期。

收件人或者代收人拒绝签收的，送达人可以邀请见证人到场，说明情况，在送达回证上注明拒收的事由和日期，由送达人、见证人签名或者盖章，将诉讼文书留在收件人、代收人的住处或者单位；也可以把诉讼文书留在受送达人的住处，并采用拍照、录像等方式记录送达过程，即视为送达。

2. 委托送达、邮寄送达

★最高人民法院关于适用《中华人民共和国刑事诉讼法》的解释（2021年1月26日）（节录）

第二百零五条 直接送达诉讼文书有困难的，可以委托收件人所在地的人民法院代为送达或者邮寄送达。

第二百零六条 委托送达的，应当将委托函、委托送达的诉讼文书及送达回证寄送受托法院。受托法院收到后，应当登记，在十日以内送达收件人，并将送达回证寄送委托法院；无法送达的，应当告知委托法院，并将诉讼文书及送达回证退回。

第二百零七条 邮寄送达的，应当将诉讼文书、送达回证邮寄给收件人。签收日期为送达日期。

3. 特殊对象的送达

★最高人民法院关于适用《中华人民共和国刑事诉讼法》的解释（2021年1月26日）（节录）

第二百零八条 诉讼文书的收件人是军人的，可以通过其所在部队团级以上单位的政治部门转交。

收件人正在服刑的，可以通过执行机关转交。

收件人正在接受专门矫治教育等的，可以通过相关机构转交。

由有关部门、单位代为转交诉讼文书的，应当请有关部门、单位收到后立即交收件人签收，并将送达回证及时寄送人民法院。

第四百九十五条　人民法院向在中华人民共和国领域外居住的当事人送达刑事诉讼文书，可以采用下列方式：

（一）根据受送达人所在国与中华人民共和国缔结或者共同参加的国际条约规定的方式送达；

（二）通过外交途径送达；

（三）对中国籍当事人，所在国法律允许或者经所在国同意的，可以委托我国驻受送达人所在国的使领馆代为送达；

（四）当事人是自诉案件的自诉人或者附带民事诉讼原告人的，可以向有权代其接受送达的诉讼代理人送达；

（五）当事人是外国单位的，可以向其在中华人民共和国领域内设立的代表机构或有权接受送达的分支机构、业务代办人送达；

（六）受送达人所在国法律允许的，可以邮寄送达；自邮寄之日起满三个月，送达回证未退回，但根据各种情况足以认定已经送达的，视为送达；

（七）受送达人所在国法律允许的，可以采用传真、电子邮件等能够确认受送达人收悉的方式送达。

第四百九十六条　人民法院通过外交途径向在中华人民共和国领域外居住的受送达人送达刑事诉讼文书的，所送达的文书应当经高级人民法院审查后报最高人民法院审核。最高人民法院认为可以发出的，由最高人民法院交外交部主管部门转递。

外国法院通过外交途径请求人民法院送达刑事诉讼文书的，由该国驻华使馆将法律文书交我国外交部主管部门转最高人民法院。最高人民法院审核后认为属于人民法院职权范围，且可以代为送达的，应当转有关人民法院办理。

★中华人民共和国国际刑事司法协助法（2018年10月26日）（节录）

第一节　向外国请求送达文书

第二十条　办案机关需要外国协助送达传票、通知书、起诉书、判决书和其他司法文书的，应当制作刑事司法协助请求书并附相关材料，经所属主管机关审核同意后，由对外联系机关及时向外国提出请求。

第二十一条　向外国请求送达文书的，请求书应当载明受送达人的姓名或者名称、送达的地址以及需要告知受送达人的相关权利和义务。

第二节　向中华人民共和国请求送达文书

第二十二条　外国可以请求中华人民共和国协助送达传票、通知书、起诉书、判决书和其他司法文书。中华人民共和国协助送达司法文书，不代表对外国司法文书法律效力的承认。

请求协助送达出庭传票的，应当按照有关条约规定的期限提出。没有条约或者条约没有规定的，应当至迟在开庭前三个月提出。

对于要求中华人民共和国公民接受讯问或者作为被告人出庭的传票，中华人民共和国不负有协助送达的义务。

第二十三条　外国向中华人民共和国请求送达文书的，请求书应当载明受送达人的姓名或者名称、送达的地址以及需要告知受送达人的相关权利和义务。

第二十四条　负责执行协助送达文书的人民法院或者其他办案机关，应当及时将执行结果通过所属主管机关告知对外联系机关，由对外联系机关告知请求国。除无法送达的情形外，应当附有受送达人签收的送达回执或者其他证明文件。

第九章　其他规定

第一百零八条　**【本法部分法律用语的含义】**本法下列用语的含意是：

（一）"侦查"是指公安机关、人民检察院对于刑事案件，依照法律进行的收集证据、查明案情的工作和有关的强制性措施；

（二）"当事人"是指被害人、自诉人、犯罪嫌疑人、被告人、附带民事诉讼的原告人和被告人；

（三）"法定代理人"是指被代理人的父母、养父母、监护人和负有保护责任的机关、团体的代表；

（四）"诉讼参与人"是指当事人、法定代理人、诉讼代理人、辩护人、证人、鉴定人和翻译人员；

（五）"诉讼代理人"是指公诉案件的被害人及其法定代理人或者近亲属、自诉案件的自诉人及其法定代理人委托代为参加诉讼的人和附带民事诉讼的当事人及其法定代理人委托代为参加诉讼的人；

（六）"近亲属"是指夫、妻、父、母、子、女、同胞兄弟姊妹。

第二编　立案、侦查和提起公诉

第一章　立　　案

> **第一百零九条**　【立案的机关】公安机关或者人民检察院发现犯罪事实或者犯罪嫌疑人，应当按照管辖范围，立案侦查。

● 要点及关联法规

1. 公安机关的地域管辖

（1）未被羁押的罪犯在执行期间又犯新罪的，由犯罪地公安机关立案侦查

★**公安机关办理刑事案件程序规定**（2020年7月20日）（节录）

第三百一十六条第一款　被剥夺政治权利、管制、宣告缓刑和假释的罪犯在执行期间又犯新罪的，由犯罪地公安机关立案侦查。

（2）外国人犯罪的管辖

①外国人犯罪案件，由犯罪地县级以上公安机关立案侦查

★**公安机关办理刑事案件程序规定**（2020年7月20日）（节录）

第三百六十三条　外国人犯罪案件，由犯罪地的县级以上公安机关立案侦查。

②外国人犯我国缔结或参加的国际条约规定的罪行后进入我国的管辖

★**公安机关办理刑事案件程序规定**（2020年7月20日）（节录）

第三百六十四条　外国人犯中华人民共和国缔结或者参加的国际条约规定的罪行后进入我国领域内的，由该外国人被抓获地的设区的市一级以上公安机关立案侦查。

③外国人在我国领域外对我国或公民犯应受处罚之罪的管辖

★公安机关办理刑事案件程序规定（2020年7月20日）（节录）

第三百六十五条 外国人在中华人民共和国领域外对中华人民共和国国家或者公民犯罪，应当受刑罚处罚的，由该外国人入境地或者入境后居住地的县级以上公安机关立案侦查；该外国人未入境的，由被害人居住地的县级以上公安机关立案侦查；没有被害人或者是对中华人民共和国国家犯罪的，由公安部指定管辖。

（3）旅客列车上发生的刑事案件的管辖

★最高人民法院、最高人民检察院、公安部关于旅客列车上发生的刑事案件管辖问题的通知（2001年8月23日）（节录）

一、旅客列车上发生的刑事案件，由负责该车乘务的乘警队所属的铁路公安机关立案，列车乘警应及时收集案件证据，填写有关法律文书。对于已经查获犯罪嫌疑人的，列车乘警应对犯罪嫌疑人认真盘查，制作盘查笔录。对被害人、证人要进行询问，制作询问笔录，或者由被害人、证人书写被害经过、证言。取证结束后，列车乘警应当将犯罪嫌疑人及盘查笔录、被害人、证人的证明材料以及其他与案件有关证据一并移交前方停车站铁路公安机关。对于未查获犯罪嫌疑人的案件，列车乘警应当及时收集案件线索及证据，并由负责该车乘务的乘警队所属的铁路公安机关继续侦查。

（4）流窜犯罪案件的管辖

★公安部、最高人民法院、最高人民检察院、司法部关于办理流窜犯罪案件中一些问题的意见的通知（1989年12月13日）（节录）

五、关于流窜犯罪案件的管辖范围

根据《刑事诉讼法》有关规定，对罪该逮捕、判刑的流窜犯罪分子，原则上由抓获地处理。流出地和其他犯罪地公安机关应负责向抓获地公安机关提供有关违法犯罪证据材料。在逃劳改犯、劳教人员流窜多处进行犯罪被抓获后，可由主罪地公安、司法机关处理，处理后原则上仍送回原劳改、劳教单位执行。抓获的在逃未决犯、通缉案犯，已批准逮捕、刑事拘留和收容审查潜逃的案犯，除重新犯罪罪行特别严重者由抓获地处理外，原则上由原办案单位公安机关提回处理。案件管辖不明的，由最先发现的公安机关或上级指定的公安机关办理。

(5) 经济犯罪的管辖

★最高人民检察院、公安部关于公安机关办理经济犯罪案件的若干规定（2017年11月24日）（节录）

第八条 经济犯罪案件由犯罪地的公安机关管辖。如果由犯罪嫌疑人居住地的公安机关管辖更为适宜的，可以由犯罪嫌疑人居住地的公安机关管辖。

犯罪地包括犯罪行为发生地和犯罪结果发生地。犯罪行为发生地，包括犯罪行为的实施地以及预备地、开始地、途经地、结束地等与犯罪行为有关的地点；犯罪行为有连续、持续或者继续状态的，犯罪行为连续、持续或者继续实施的地方都属于犯罪行为发生地。犯罪结果发生地，包括犯罪对象被侵害地、犯罪所得的实际取得地、藏匿地、转移地、使用地、销售地。

居住地包括户籍所在地、经常居住地。户籍所在地与经常居住地不一致的，由经常居住地的公安机关管辖。经常居住地是指公民离开户籍所在地最后连续居住一年以上的地方，但是住院就医的除外。

单位涉嫌经济犯罪的，由犯罪地或者所在地公安机关管辖。所在地是指单位登记的住所地。主要营业地或者主要办事机构所在地与登记的住所地不一致的，主要营业地或者主要办事机构所在地为其所在地。

法律、司法解释或者其他规范性文件对有关经济犯罪案件的管辖作出特别规定的，从其规定。

(6) 利用经济合同诈骗案件的管辖

★公安部关于办理利用经济合同诈骗案件有关问题的通知（1997年1月9日）（节录）

三、关于案件的管辖

利用经济合同诈骗案件由犯罪地的公安机关办理，犯罪地包括犯罪行为地和犯罪结果地。如果由犯罪嫌疑人居住地的公安机关办理更为适宜，可以由犯罪嫌疑人居住地的公安机关负责办理。几个地方的公安机关都有管辖权的案件，由上一级的公安机关办理。管辖权有争议的或者管辖不明的案件，由争议双方的上级公安机关办理。

(7) 盗窃、抢劫机动车案件的管辖

★最高人民法院、最高人民检察院、公安部、国家工商行政管理局关于依法查处盗窃、抢劫机动车案件的规定（1998年5月8日）（节录）

十五、盗窃、抢劫机动车案件，由案件发生地公安机关立案侦查，赃车流入地公安机关应当予以配合。跨地区系列盗窃、抢劫机动车案件，由最初受理的公安机关立案侦查；必要时，可由主要犯罪地公安机关立案侦查，或者由上级公安机关指定立案侦查。

2. 公安机关的移送管辖

★最高人民检察院、公安部关于公安机关办理经济犯罪案件的若干规定（2017年11月24日）（节录）

第十条 上级公安机关必要时可以立案侦查或者组织、指挥、参与侦查下级公安机关管辖的经济犯罪案件。

对重大、疑难、复杂或者跨区域性经济犯罪案件，需要由上级公安机关立案侦查的，下级公安机关可以请求移送上一级公安机关立案侦查。

★公安机关办理刑事案件程序规定（2020年7月20日）（节录）

第一百八十四条 经立案侦查，认为有犯罪事实需要追究刑事责任，但不属于自己管辖或者需要由其他公安机关并案侦查的案件，经县级以上公安机关负责人批准，制作移送案件通知书，移送有管辖权的机关或者并案侦查的公安机关，并在移送案件后三日以内书面通知扭送人、报案人、控告人、举报人或者移送案件的行政执法机关；犯罪嫌疑人已经到案的，应当依照本规定的有关规定通知其家属。

第一百八十五条 案件变更管辖或者移送其他公安机关并案侦查时，与案件有关的法律文书、证据、财物及其孳息等应当随案移交。

移交时，由接收人、移交人当面查点清楚，并在交接单据上共同签名。

3. 公安机关的优先管辖与指定管辖

★最高人民检察院、公安部关于公安机关办理经济犯罪案件的若干规定（2017年11月24日）（节录）

第十一条 几个公安机关都有权管辖的经济犯罪案件，由最初受理的公安机关管辖。必要时，可以由主要犯罪地的公安机关管辖。对管辖不明确或者有争议的，应当协商管辖；协商不成的，由共同的上级公安机关指定管辖。

主要利用通讯工具、互联网等技术手段实施的经济犯罪案件，由最初发现、受理的公安机关或者主要犯罪地的公安机关管辖。

4. 公安机关对案件管辖异议的处理

★最高人民检察院、公安部关于公安机关办理经济犯罪案件的若干规定（2017年11月24日）（节录）

第二十八条 犯罪嫌疑人及其法定代理人、近亲属或者辩护律师对公安机关立案提出异议的，公安机关应当及时受理、认真核查。

有证据证明公安机关可能存在违法介入经济纠纷，或者利用立案实施报复陷害、敲诈勒索以及谋取其他非法利益等违法立案情形的，人民检察院应当要求公安机关书面说明立案的理由。公安机关应当在七日以内书面说明立案的依据和理由，连同有关证据材料回复人民检察院。人民检察院认为立案理由不能成立的，应当通知公安机关撤销案件。

5. 公安机关应当告知被害人或其法定代理人、近亲属的情形

★最高人民检察院、公安部关于公安机关办理经济犯罪案件的若干规定（2017年11月24日）（节录）

第二十六条 公安机关接报案件后，报案人、控告人、举报人、被害人及其法定代理人、近亲属查询立案情况的，应当在二日以内告知立案情况并记录在案。对已经立案的，应当告知立案时间、涉嫌罪名、办案单位等情况。

6. 撤销案件后的重新立案侦查

★公安机关办理刑事案件程序规定（2020年7月20日）（节录）

第一百九十条 公安机关撤销案件以后又发现新的事实或者证据，或者发现原认定事实错误，认为有犯罪事实需要追究刑事责任的，应当重新立案侦查。

对犯罪嫌疑人终止侦查后又发现新的事实或者证据，或者发现原认定事实错误，需要对其追究刑事责任的，应当继续侦查。

★人民检察院刑事诉讼规则（2019年12月30日）（节录）

第二百五十四条 人民检察院直接受理立案侦查的案件，撤销案件以后，又发现新的事实或者证据，认为有犯罪事实需要追究刑事责任的，可以重新立案侦查。

7. 妨害国（边）境管理犯罪案件的管辖分工和办案协作

★公安部关于妨害国（边）境管理犯罪案件立案标准及有关问题的通知（2000年3月31日）（节录）

二、案件管辖分工

（一）《刑法》规定的组织他人偷越国（边）境案、运送他人偷越国（边）境案、偷越国（边）境案和破坏界碑、界桩案由公安机关边防部门管辖。边境管理区和沿海地区（限于地、市行政辖区）以外发生的上述案件由刑事侦查部门管辖。刑事侦查部门管辖骗取出境证件案、提供伪造、变造的出入境证件案、出售出入境证件案和破坏永久性测量标志案。

（二）县（市）级公安机关边防大队、刑事侦查部门在所属公安机关的领导下，按管辖分工具体承办发生在本管辖区域内的妨害国（边）境管理犯罪案件；地（市）级以上公安机关边防支队、刑事侦查部门及海警支队负责侦查重大涉外妨害国（边）境管理犯罪案件、重大集团犯罪案件和下级单位侦查有困难的犯罪案件，其中，省级以上公安机关边防部门、刑事侦查部门主要负责协调、组织、指挥侦查跨区域妨害国（边）境管理犯罪案件。

（三）办理案件的单位要及时将妨害国（边）境管理人员情况通报其户籍所在地县（市）公安边防大队，妨害国（边）境管理人员的户口在边境管理区和沿海地区以外的，办案单位要通报其户籍所在地县（市）公安局。

三、办案协作

（一）公安机关的其他部门在边境管理区和沿海地区发现边防部门管辖的妨害国（边）境管理犯罪案件线索或接到公民报案、举报、控告的，应当先接受，然后及时移送所在地公安机关边防部门办理；边防部门发现在边境管理区和沿海地区以外发生的妨害国（边）境管理犯罪案件线索或接到公民对这类案件的报案、举报、控告的，也应先接受，然后及时移送所在地公安机关刑事侦查部门。

（二）主办单位已依法立案侦查的，协作单位要从大局出发，无条件地予以配合；通报的犯罪线索经查证符合立案条件的，要依法立案侦查，并及时将结果反馈提供线索一方。

（三）侦查跨省、自治区、直辖市（以下简称省、区、市）妨害国（边）境管理犯罪案件，要从有利于查清全案、深挖组织者、扩大战果出发，由省、区、市公安机关边防部门或刑事侦查部门进行协调，特别重大的妨害国（边）境管理犯罪案件，应在公安部边防管理局和刑事侦查局组织、协调下进行侦查。

四、案件处理

（一）对妨害国（边）境管理行为，构成犯罪、需要追究刑事责任的，要依法立案侦查，移送人民检察院审查起诉。

（二）对妨害国（边）境管理行为，尚不构成犯罪的，按照全国人大常委会《关于严惩组织、运送他人偷越国（边）境犯罪的补充规定》、《中华人民共和国出境入境边防检查条例》等法律、行政法规处理。

（三）对办理妨害国（边）境管理犯罪案件的罚没款，要依法一律上缴国库。财政部门核拨用于办理妨害国（边）境管理犯罪案件的办案补助经费，要专款专用。

第一百一十条 【立案线索、立案材料的来源】任何单位和个人发现有犯罪事实或者犯罪嫌疑人，有权利也有义务向公安机关、人民检察院或者人民法院报案或者举报。

被害人对侵犯其人身、财产权利的犯罪事实或者犯罪嫌疑人，有权向公安机关、人民检察院或者人民法院报案或者控告。

【对立案材料的受理】公安机关、人民检察院或者人民法院对于报案、控告、举报，都应当接受。对于不属于自己管辖的，应当移送主管机关处理，并且通知报案人、控告人、举报人；对于不属于自己管辖而又必须采取紧急措施的，应当先采取紧急措施，然后移送主管机关。

犯罪人向公安机关、人民检察院或者人民法院自首的，适用第三款规定。

● 要点及关联法规

1. 检察机关对报案、控告、举报、申诉和犯罪嫌疑人投案自首的受理

（1）控告申诉检察部门统一受理报案、控告、举报、申诉和犯罪嫌疑人投案自首

★**人民检察院刑事诉讼规则**（2019年12月30日）（节录）

第一百六十一条 人民检察院负责控告申诉检察的部门统一接受报案、控告、举报、申诉和犯罪嫌疑人投案自首，并依法审查，在七日以内作出以下处理：

（一）属于本院管辖且符合受理条件的，应当予以受理；

（二）不属于本院管辖的报案、控告、举报、自首，应当移送主管机关处理。必须采取紧急措施的，应当先采取紧急措施，然后移送主管机关。不属于本院管辖的申诉，应当告知其向有管辖权的机关提出；

（三）案件情况不明的，应当进行必要的调查核实，查明情况后依法作出处理。

负责控告申诉检察的部门可以向下级人民检察院交办控告、申诉、举报案件，并依照有关规定进行督办。

(2) 检察院应当受理控告、申诉的情形

★**人民检察院刑事诉讼规则**（2019年12月30日）（节录）

第一百六十二条　控告、申诉符合下列条件的，人民检察院应当受理：

（一）属于人民检察院受理案件范围；

（二）本院具有管辖权；

（三）申诉人是原案的当事人或者其法定代理人、近亲属；

（四）控告、申诉材料符合受理要求。

控告人、申诉人委托律师代理控告、申诉，符合上述条件的，应当受理。

控告、申诉材料不齐备的，应当告知控告人、申诉人补齐。受理时间从控告人、申诉人补齐相关材料之日起计算。

(3) 处理的时间要求

★**人民检察院刑事诉讼规则**（2019年12月30日）（节录）

第一百六十三条　对于收到的群众来信，负责控告申诉检察的部门应当在七日以内进行程序性答复，办案部门应当在三个月以内将办理进展或者办理结果答复来信人。

(4) 做好释法说理工作

★**人民检察院刑事诉讼规则**（2019年12月30日）（节录）

第一百六十五条　办案部门应当在规定期限内办结控告、申诉案件，制作相关法律文书，送达报案人、控告人、申诉人、举报人、自首人，并做好释法说理工作。

2. 行政执法机关发现并向公安机关移送涉嫌犯罪案件

(1) 行政执法机关的确定

★**行政执法机关移送涉嫌犯罪案件的规定**（2020年8月7日）（节录）

第二条　本规定所称行政执法机关，是指依照法律、法规或者规章的规定，对破坏社会主义市场经济秩序、妨害社会管理秩序以及其他违法行为具有行政处罚权的行政机关，以及法律、法规授权的具有管理公共事务职能、在法定授权范围内实施行政处罚的组织。

★**最高人民检察院、全国整顿和规范市场经济秩序领导小组办公室、公安部关于在行政执法中及时移送涉嫌犯罪案件的意见**（2006年1月26日）（节录）

十七、本意见所称行政执法机关，是指依照法律、法规或者规章的规定，对破坏社会主义市场经济秩序、妨害社会管理秩序以及其他违法行为具有行政处罚权的行政机关,以及法律、法规授权的具有管理公共事务职能、在法定授权范围内实施行政处罚的组织,不包括公安机关、监察机关。

(2) 行政执法机关在查处违法行为过程中,发现涉嫌经济犯罪的应向公安机关移送

★**行政执法机关移送涉嫌犯罪案件的规定**(2020年8月7日)(节录)

第三条 行政执法机关在依法查处违法行为过程中,发现违法事实涉及的金额、违法事实的情节、违法事实造成的后果等,根据刑法关于破坏社会主义市场经济秩序罪、妨害社会管理秩序罪等罪的规定和最高人民法院、最高人民检察院关于破坏社会主义市场经济秩序罪、妨害社会管理秩序罪等罪的司法解释以及最高人民检察院、公安部关于经济犯罪案件的追诉标准等规定,涉嫌构成犯罪,依法需要追究刑事责任的,必须依照本规定向公安机关移送。

知识产权领域的违法案件,行政执法机关根据调查收集的证据和查明的案件事实,认为存在犯罪的合理嫌疑,需要公安机关采取措施进一步获取证据以判断是否达到刑事案件立案追诉标准的,应当向公安机关移送。

★**最高人民检察院、全国整顿和规范市场经济秩序领导小组办公室、公安部关于加强行政执法机关与公安机关、人民检察院联系的意见**(2004年3月18日)(节录)

三、强化案件移送工作,推动涉嫌犯罪案件及时进入司法程序。行政执法机关查处的破坏社会主义市场经济秩序违法案件,根据法律和司法解释的规定,凡是达到刑事追诉标准、涉嫌犯罪的,应按照《行政执法机关移送涉嫌犯罪案件的规定》,及时向公安机关移送,并向人民检察院备案,切实防止"以罚代刑"现象的发生。对于案情重大、可能涉嫌犯罪的案件,行政执法机关在查处过程中应及时向公安机关、人民检察院通报,并可以就涉嫌犯罪的标准、证据的固定和保全等问题进行咨询,公安机关、人民检察院应当认真研究,及时答复。对于行政执法机关不移送涉嫌犯罪案件,有关单位、个人举报或者群众反映强烈的,人民检察院可以向行政执法机关查询案件情况;经协商同意,还可以派员查阅有关案卷材料,行政执法机关应予配合。

必要时,人民检察院应当向行政执法机关提出检察意见,建议其按照管辖规定向公安机关移送涉嫌犯罪案件,行政执法机关应当反馈落实情况。行政执法机关仍不移送的,检察机关应将情况书面通知公安机关。公安机关经过审查,认为有犯罪事实需要追究刑事责任,且属于公安机关管辖的,应当立案侦查。

★**最高人民检察院、全国整顿和规范市场经济秩序领导小组办公室、公安部、监察部关于在行政执法中及时移送涉嫌犯罪案件的意见**（2006年1月26日）（节录）

一、行政执法机关在查办案件过程中，对符合刑事追诉标准、涉嫌犯罪的案件，应当制作《涉嫌犯罪案件移送书》，及时将案件向同级公安机关移送，并抄送同级人民检察院。对未能及时移送并已作出行政处罚的涉嫌犯罪案件，行政执法机关应当于作出行政处罚十日以内向同级公安机关、人民检察院抄送《行政处罚决定书》副本，并书面告知相关权利人。

现场查获的涉案货值或者案件其他情节明显达到刑事追诉标准、涉嫌犯罪的，应当立即移送公安机关查处。

(3) 行政执法机关须妥善保存所收集的与违法行为有关的证据

★**行政执法机关移送涉嫌犯罪案件的规定**（2020年8月7日）（节录）

第四条 行政执法机关在查处违法行为过程中，必须妥善保存所收集的与违法行为有关的证据。

行政执法机关对查获的涉案物品，应当如实填写涉案物品清单，并按照国家有关规定予以处理。对易腐烂、变质等不宜或者不易保管的涉案物品，应当采取必要措施，留取证据；对需要进行检验、鉴定的涉案物品，应当由法定检验、鉴定机构进行检验、鉴定，并出具检验报告或者鉴定结论。

★**最高人民检察院、全国整顿和规范市场经济秩序领导小组办公室、公安部、监察部关于在行政执法中及时移送涉嫌犯罪案件的意见**（2006年1月26日）（节录）

四、行政执法机关在查办案件过程中，应当妥善保存案件的相关证据。对易腐烂、变质、灭失等不宜或者不易保管的涉案物品，应当采取必要措施固定证据；对需要进行检验、鉴定的涉案物品，应当由有关部门或者机构依法检验、鉴定，并出具检验报告或者鉴定结论。

行政执法机关向公安机关移送涉嫌犯罪的案件，应当附涉嫌犯罪案件的调查报告、涉案物品清单、有关检验报告或者鉴定结论及其他有关涉嫌犯罪的材料。

(4) 对应向公安机关移送的涉嫌犯罪案件，应当立即指定2名及以上行政执法人员组成专案组专门负责

★**行政执法机关移送涉嫌犯罪案件的规定**（2020年8月7日）（节录）

第五条 行政执法机关对应当向公安机关移送的涉嫌犯罪案件，应当立即

指定2名或者2名以上行政执法人员组成专案组专门负责，核实情况后提出移送涉嫌犯罪案件的书面报告，报经本机关正职负责人或者主持工作的负责人审批。

行政执法机关正职负责人或者主持工作的负责人应当自接到报告之日起3日内作出批准移送或者不批准移送的决定。决定批准的，应当在24小时内向同级公安机关移送；决定不批准的，应当将不予批准的理由记录在案。

(5) 行政执法机关向公安机关移送涉嫌犯罪案件应附材料

★行政执法机关移送涉嫌犯罪案件的规定（2020年8月7日）（节录）

第六条　行政执法机关向公安机关移送涉嫌犯罪案件，应当附有下列材料：

(一) 涉嫌犯罪案件移送书；

(二) 涉嫌犯罪案件情况的调查报告；

(三) 涉案物品清单；

(四) 有关检验报告或者鉴定结论；

(五) 其他有关涉嫌犯罪的材料。

(6) 公安机关对行政执法机关移送的涉嫌犯罪案件的处理

①公安机关应当检查移送材料

★公安机关受理行政执法机关移送涉嫌犯罪案件规定（2016年6月16日）（节录）

第二条　对行政执法机关移送的涉嫌犯罪案件，公安机关应当接受，及时录入执法办案信息系统，并检查是否附有下列材料：

(一) 案件移送书，载明移送机关名称、行政违法行为涉嫌犯罪罪名、案件主办人及联系电话等。案件移送书应当附移送材料清单，并加盖移送机关公章；

(二) 案件调查报告，载明案件来源、查获情况、嫌疑人基本情况、涉嫌犯罪的事实、证据和法律依据、处理建议等；

(三) 涉案物品清单，载明涉案物品的名称、数量、特征、存放地等事项，并附采取行政强制措施、现场笔录等表明涉案物品来源的相关材料；

(四) 附有鉴定机构和鉴定人资质证明或者其他证明文件的检验报告或者鉴定意见；

(五) 现场照片、询问笔录、电子数据、视听资料、认定意见、责令整改通知书等其他与案件有关的证据材料。

移送材料表明移送案件的行政执法机关已经或者曾经作出有关行政处罚决定的，应当检查是否附有有关行政处罚决定书。

对材料不全的，应当在接受案件的二十四小时内书面告知移送的行政执法机关在三日内补正。但不得以材料不全为由，不接受移送案件。

②公安机关对移送案件的处理

★行政执法机关移送涉嫌犯罪案件的规定（2020年8月7日）（节录）

第七条　公安机关对行政执法机关移送的涉嫌犯罪案件，应当在涉嫌犯罪案件移送书的回执上签字；其中，不属于本机关管辖的，应当在24小时内转送有管辖权的机关，并书面告知移送案件的行政执法机关。

第八条　公安机关应当自接受行政执法机关移送的涉嫌犯罪案件之日起3日内，依照刑法、刑事诉讼法以及最高人民法院、最高人民检察院关于立案标准和公安部关于公安机关办理刑事案件程序的规定，对所移送的案件进行审查。认为有犯罪事实，需要追究刑事责任，依法决定立案的，应当书面通知移送案件的行政执法机关；认为没有犯罪事实，或者犯罪事实显著轻微，不需要追究刑事责任，依法不予立案的，应当说明理由，并书面通知移送案件的行政执法机关，相应退回案卷材料。

★最高人民检察院、全国整顿和规范市场经济秩序领导小组办公室、公安部、监察部关于在行政执法中及时移送涉嫌犯罪案件的意见（2006年1月26日）（节录）

五、对行政执法机关移送的涉嫌犯罪案件，公安机关应当及时审查，自受理之日起十日以内作出立案或者不立案的决定；案情重大、复杂的，可以在受理之日起三十日以内作出立案或者不立案的决定。公安机关作出立案或者不立案决定，应当书面告知移送案件的行政执法机关、同级人民检察院及相关权利人。

公安机关对不属于本机关管辖的案件，应当在二十四小时以内转送有管辖权的机关，并书面告知移送案件的行政执法机关、同级人民检察院及相关权利人。

★公安机关受理行政执法机关移送涉嫌犯罪案件规定（2016年6月16日）（节录）

第三条　对接受的案件，公安机关应当按照下列情形分别处理：

（一）对属于本公安机关管辖的，迅速进行立案审查；

（二）对属于公安机关管辖但不属于本公安机关管辖的，移送有管辖权的公安机关，并书面告知移送案件的行政执法机关；

（三）对不属于公安机关管辖的，退回移送案件的行政执法机关，并书面说明理由。

第四条　对接受的案件，公安机关应当立即审查，并在规定的时间内作出立案或者不立案的决定。

决定立案的，应当书面通知移送案件的行政执法机关。对决定不立案的，应当说明理由，制作不予立案通知书，连同案卷材料在三日内送达移送案件的行政执法机关。

第五条　公安机关审查发现涉嫌犯罪案件移送材料不全、证据不充分的，可以就证明有犯罪事实的相关证据要求等提出补充调查意见，商请移送案件的行政执法机关补充调查。必要时，公安机关可以自行调查。

第六条　对决定立案的，公安机关应当自立案之日起三日内与行政执法机关交接涉案物品以及与案件有关的其他证据材料。

对保管条件、保管场所有特殊要求的涉案物品，公安机关可以在采取必要措施固定留取证据后，商请行政执法机关代为保管。

移送案件的行政执法机关在移送案件后，需要作出责令停产停业、吊销许可证等行政处罚，或者在相关行政复议、行政诉讼中，需要使用已移送公安机关证据材料的，公安机关应当协助。

第八条　对行政执法机关移送的涉嫌犯罪案件，公安机关立案后决定撤销案件的，应当将撤销案件决定书连同案卷材料送达移送案件的行政执法机关。对依法应当追究行政法律责任的，可以同时向行政执法机关提出书面建议。

（7）行政执法机关对公安机关不予立案通知可提请复议

★**行政执法机关移送涉嫌犯罪案件的规定**（2020年8月7日）（节录）

第九条　行政执法机关接到公安机关不予立案的通知书后，认为依法应当由公安机关决定立案的，可以自接到不予立案通知书之日起3日内，提请作出不予立案决定的公安机关复议，也可以建议人民检察院依法进行立案监督。

作出不予立案决定的公安机关应当自收到行政执法机关提请复议的文件之日起3日内作出立案或者不予立案的决定，并书面通知移送案件的行政执法机关。移送案件的行政执法机关对公安机关不予立案的复议决定仍有异议的，应当自收到复议决定通知书之日起3日内建议人民检察院依法进行立案监督。

公安机关应当接受人民检察院依法进行的立案监督。

★**最高人民检察院、全国整顿和规范市场经济秩序领导小组办公室、公安部、监察部关于在行政执法中及时移送涉嫌犯罪案件的意见**（2006年1月26日）（节录）

七、行政执法机关对公安机关不立案决定有异议的，在接到不立案通知书后的三日以内，可以向作出不立案决定的公安机关提请复议，也可以建议人民检察院依法进行立案监督。

公安机关接到行政执法机关提请复议书后，应当在三日以内作出复议决定，并书面告知提请复议的行政执法机关。行政执法机关对公安机关不立案的复议决定仍有异议的，可以在接到复议决定书后的三日以内，建议人民检察院依法进行立案监督。

八、人民检察院接到行政执法机关提出的对涉嫌犯罪案件进行立案监督的建议后，应当要求公安机关说明不立案理由，公安机关应当在七日以内向人民检察院作出书面说明。对公安机关的说明，人民检察院应当进行审查，必要时可以进行调查，认为公安机关不立案理由成立的，应当将审查结论书面告知提出立案监督建议的行政执法机关；认为公安机关不立案理由不能成立的，应当通知公安机关立案。公安机关接到立案通知书后应当在十五日以内立案，同时将立案决定书送达人民检察院，并书面告知行政执法机关。

（8）行政执法机关对公安机关决定不予立案的案件应依法作出处理

★**行政执法机关移送涉嫌犯罪案件的规定**（2020年8月7日）（节录）

第十条　行政执法机关对公安机关决定不予立案的案件，应当依法作出处理；其中，依照有关法律、法规或者规章的规定应当给予行政处罚的，应当依法实施行政处罚。

第十一条　行政执法机关对应当向公安机关移送的涉嫌犯罪案件，不得以行政处罚代替移送。

行政执法机关向公安机关移送涉嫌犯罪案件前已经作出的警告，责令停产停业，暂扣或者吊销许可证、暂扣或者吊销执照的行政处罚决定，不停止执行。

依照行政处罚法的规定，行政执法机关向公安机关移送涉嫌犯罪案件前，已经依法给予当事人罚款的，人民法院判处罚金时，依法折抵相应罚金。

（9）行政执法机关自接到立案通知书之日起3日内将涉案材料移交公安机关

★**行政执法机关移送涉嫌犯罪案件的规定**（2020年8月7日）（节录）

第十二条　行政执法机关对公安机关决定立案的案件，应当自接到立案通知书之日起3日内将涉案物品以及与案件有关的其他材料移交公安机关，并办结交接手续；法律、行政法规另有规定的，依照其规定。

★最高人民检察院、全国整顿和规范市场经济秩序领导小组办公室、公安部、监察部关于在行政执法中及时移送涉嫌犯罪案件的意见（2006年1月26日）（节录）

六、行政执法机关对公安机关决定立案的案件，应当自接到立案通知书之日起三日以内将涉案物品以及与案件有关的其他材料移送公安机关，并办理交接手续；法律、行政法规另有规定的，依照其规定办理。

（10）经审查，没有犯罪事实或不需要追究刑事责任的，应将案件移送同级行政执法机关

★行政执法机关移送涉嫌犯罪案件的规定（2020年8月7日）（节录）

第十三条　公安机关对发现的违法行为，经审查，没有犯罪事实，或者立案侦查后认为犯罪事实显著轻微，不需要追究刑事责任，但依法应当追究行政责任的，应当及时将案件移送同级行政执法机关，有关行政执法机关应当依法作出处理。

★最高人民检察院、全国整顿和规范市场经济秩序领导小组办公室、公安部、监察部关于在行政执法中及时移送涉嫌犯罪案件的意见（2006年1月26日）（节录）

九、公安机关对发现的违法行为，经审查，没有犯罪事实，或者立案侦查后认为犯罪情节显著轻微，不需要追究刑事责任，但依法应当追究行政责任的，应当及时将案件移送行政执法机关，有关行政执法机关应当依法作出处理，并将处理结果书面告知公安机关和人民检察院。

（11）行政执法机关移送涉嫌犯罪案件，应接受人民检察院和监察机关的监督

★行政执法机关移送涉嫌犯罪案件的规定（2020年8月7日）（节录）

第十四条　行政执法机关移送涉嫌犯罪案件，应当接受人民检察院和监察机关依法实施的监督。

任何单位和个人对行政执法机关违反本规定，应当向公安机关移送涉嫌犯罪案件而不移送的，有权向人民检察院、监察机关或者上级行政执法机关举报。

★人民检察院办理行政执法机关移送涉嫌犯罪案件的规定（2001年12月3日）（节录）

十、人民检察院应当依法对公安机关办理行政执法机关移送涉嫌犯罪案件进行立案监督。对于具有下列情形之一的，人民检察院应当要求公安机关在收

到人民检察院《要求说明不立案理由通知书》后七日内将关于不立案理由的说明书面答复人民检察院:

(一)人民检察院认为公安机关对应当立案侦查的案件而不立案侦查的;

(二)被害人认为公安机关对应当立案侦查的案件而不立案侦查,向人民检察院提出的;

(三)移送涉嫌犯罪案件的行政执法机关对公安机关不予立案决定或者不予立案的复议决定有异议,建议人民检察院依法进行立案监督的。

人民检察院认为公安机关不立案理由不能成立,应当通知公安机关在收到《通知立案书》后十五日内决定立案,并将立案决定书送达人民检察院。

十一、对于人民检察院认为公安机关不立案理由成立的,或者认为公安机关的不立案理由不成立而通知公安机关立案,公安机关已经立案的,人民检察院应当及时通知提出立案监督建议的行政执法机关。

十三、各级人民检察院对公安机关不接受行政执法机关移送的涉嫌犯罪案件,或者逾期不作出立案或者不予立案决定,在检察机关依法实施立案监督后,仍不接受或者不作出决定的,可以向公安机关提出检察意见。

有关公安人员涉嫌犯罪的,依照刑法的有关规定,追究刑事责任。

★最高人民检察院、全国整顿和规范市场经济秩序领导小组办公室、公安部、监察部关于在行政执法中及时移送涉嫌犯罪案件的意见(2006年1月26日)(节录)

十三、监察机关依法对行政执法机关查处违法案件和移送涉嫌犯罪案件工作进行监督,发现违纪、违法问题的,依照有关规定进行处理。发现涉嫌职务犯罪的,应当及时移送人民检察院。

十四、人民检察院依法对行政执法机关移送涉嫌犯罪案件情况实施监督,发现行政执法人员徇私舞弊,对依法应当移送的涉嫌犯罪案件不移送,情节严重,构成犯罪的,应当依照刑法有关的规定追究其刑事责任。

(12)对行政执法机关隐匿、私分、销毁涉案物品的处理

★行政执法机关移送涉嫌犯罪案件的规定(2020年8月7日)(节录)

第十五条 行政执法机关违反本规定,隐匿、私分、销毁涉案物品的,由本级或者上级人民政府,或者实行垂直管理的上级行政执法机关,对其正职负责人根据情节轻重,给予降级以上的处分;构成犯罪的,依法追究刑事责任。

对前款所列行为直接负责的主管人员和其他直接责任人员,比照前款的规定给予处分;构成犯罪的,依法追究刑事责任。

（13）对行政执法机关逾期不将案件移送公安机关的处理
★**行政执法机关移送涉嫌犯罪案件的规定**（2020年8月7日）（节录）

第十六条 行政执法机关违反本规定，逾期不将案件移送公安机关的，由本级或者上级人民政府，或者实行垂直管理的上级行政执法机关，责令限期移送，并对其正职负责人或者主持工作的负责人根据情节轻重，给予记过以上的处分；构成犯罪的，依法追究刑事责任。

行政执法机关违反本规定，对应当向公安机关移送的案件不移送，或者以行政处罚代替移送的，由本级或者上级人民政府，或者实行垂直管理的上级行政执法机关，责令改正，给予通报；拒不改正的，对其正职负责人或者主持工作的负责人给予记过以上的处分；构成犯罪的，依法追究刑事责任。

对本条第一款、第二款所列行为直接负责的主管人员和其他直接责任人员，分别比照前两款的规定给予处分；构成犯罪的，依法追究刑事责任。

★**最高人民检察院、全国整顿和规范市场经济秩序领导小组办公室、公安部、监察部关于在行政执法中及时移送涉嫌犯罪案件的意见**（2006年1月26日）（节录）

二、任何单位和个人发现行政执法机关不按规定向公安机关移送涉嫌犯罪案件，向公安机关、人民检察院、监察机关或者上级行政执法机关举报的，公安机关、人民检察院、监察机关或者上级行政执法机关应当根据有关规定及时处理，并向举报人反馈处理结果。

三、人民检察院接到控告、举报或者发现行政执法机关不移送涉嫌犯罪案件，经审查或者调查后认为情况基本属实的，可以向行政执法机关查询案件情况、要求行政执法机关提供有关案件材料或者派员查阅案卷材料，行政执法机关应当配合。确属应当移送公安机关而不移送的，人民检察院应当向行政执法机关提出移送的书面意见，行政执法机关应当移送。

（14）对公安机关违反本规定的处理
★**行政执法机关移送涉嫌犯罪案件的规定**（2020年8月7日）（节录）

第十七条 公安机关违反本规定，不接受行政执法机关移送的涉嫌犯罪案件，或者逾期不作出立案或者不予立案的决定的，除由人民检察院依法实施立案监督外，由本级或者上级人民政府责令改正，对其正职负责人根据情节轻重，给予记过以上的处分；构成犯罪的，依法追究刑事责任。

对前款所列行为直接负责的主管人员和其他直接责任人员，比照前款的规定给予处分；构成犯罪的，依法追究刑事责任。

★最高人民检察院、全国整顿和规范市场经济秩序领导小组办公室、公安部关于加强行政执法机关与公安机关、人民检察院联系的意见（2004年3月18日）（节录）

四、加强立案监督工作，确保对涉嫌犯罪案件依法立案侦查。人民检察院对于行政执法机关已经移送公安机关的涉嫌犯罪案件，应当跟踪了解公安机关的立案情况。对于公安机关未及时受理或者立案的，应当依法开展立案监督，督促公安机关在法定期限内依法受理或者立案侦查；对立案后久侦不结的案件，要加强督促；在审查批准逮捕过程中，必要的时候，人民检察院可以派人参加公安机关对于重大案件的讨论，协助公安机关及时侦结案件。

（15）单位或者个人认为行政执法机关办理的行政案件涉嫌犯罪，向公安机关报案、控告、举报或者自首的，公安机关应当接受

★公安机关受理行政执法机关移送涉嫌犯罪案件规定（2016年6月16日）（节录）

第七条　单位或者个人认为行政执法机关办理的行政案件涉嫌犯罪，向公安机关报案、控告、举报或者自首的，公安机关应当接受，不得要求相关单位或者人员先行向行政执法机关报案、控告、举报或者自首。

第一百一十一条　【报案、控告、举报的形式与受理】报案、控告、举报可以用书面或者口头提出。接受口头报案、控告、举报的工作人员，应当写成笔录，经宣读无误后，由报案人、控告人、举报人签名或者盖章。

接受控告、举报的工作人员，应当向控告人、举报人说明诬告应负的法律责任。但是，只要不是捏造事实，伪造证据，即使控告、举报的事实有出入，甚至是错告的，也要和诬告严格加以区别。

【对报案人、控告人、举报人及其近亲属的保护与保密】公安机关、人民检察院或者人民法院应当保障报案人、控告人、举报人及其近亲属的安全。报案人、控告人、举报人如果不愿公开自己的姓名和报案、控告、举报的行为，应当为他保守秘密。

● 要点及关联法规

1. 检察机关信访工作

（1）信访的认定

★人民检察院信访工作规定（2007年3月26日）（节录）

第二条 本规定所称信访，是指信访人采用书信、电子邮件、传真、电话、走访等形式，向人民检察院反映情况，提出建议、意见或者控告、举报和申诉，依法由人民检察院处理的活动。

本规定所称信访人，是指采用前款规定的形式，反映情况，提出建议、意见或者控告、举报和申诉的公民、法人或者其他组织。

（2）人民检察院处理的信访事项范围

★人民检察院信访工作规定（2007年3月26日）（节录）

第三条 人民检察院依法处理下列信访事项：

（一）反映国家工作人员职务犯罪的举报；

（二）不服人民检察院处理决定的申诉；

（三）反映公安机关侦查活动存在违法行为的控告；

（四）不服人民法院生效判决、裁定的申诉；

（五）反映刑事案件判决、裁定的执行和监狱、看守所、劳动教养机关的活动存在违法行为的控告；

（六）反映人民检察院工作人员违法违纪行为的控告；

（七）加强、改进检察工作和队伍建设的建议和意见；

（八）其他依法应当由人民检察院处理的信访事项。

（3）信访工作的原则

★人民检察院信访工作规定（2007年3月26日）（节录）

第四条 人民检察院信访工作应当遵循立检为公、执法为民的宗旨，坚持化解社会矛盾、促进社会和谐的原则，畅通信访渠道，依法处理人民群众的建议、意见和控告、举报、申诉，接受人民群众的监督，维护人民群众的合法权益。

第五条 人民检察院信访工作应当坚持属地管理、分级负责，谁主管、谁负责，依法、及时、就地解决问题与教育疏导相结合的原则，把矛盾纠纷化解在基层，解决在当地。

第六条 人民检察院信访工作实行首办责任制,按照部门职能分工,明确责任,及时将信访事项解决在首次办理环节。

(4) 工作人员与信访事项或信访人有利害关系的须回避

★**人民检察院信访工作规定**(2007年3月26日)(节录)

第七条 办理信访事项的人民检察院工作人员与信访事项或者信访人有利害关系的,应当回避。

(5) 各级检察院应建立信访领导小组

★**人民检察院信访工作规定**(2007年3月26日)(节录)

第八条 各级人民检察院应当建立由本院检察长和有关内设部门负责人组成的信访工作领导小组,强化内部配合、制约机制,充分发挥各职能部门的作用,形成统一领导、部门协调、各负其责、齐抓共管的信访工作格局。

(6) 向检察长报告的重大信访信息范围

★**人民检察院信访工作规定**(2007年3月26日)(节录)

第九条 各级人民检察院应当建立重大信访信息报告制度,不得隐瞒、谎报、缓报重大信访信息;下列重大信访信息应当及时向检察长报告:

(一)受理信访事项的综合和分类数据;

(二)群众反映强烈的突出问题;

(三)重大、紧急的信访事项;

(四)转送、催办和交办、督办情况;

(五)重大信访事项办结后,进行调查研究,查找执法环节和检察队伍建设、制度落实等方面存在的突出问题,提出改进检察工作的建议。

(7) 信访工作纳入考评体系

★**人民检察院信访工作规定**(2007年3月26日)(节录)

第十条 人民检察院应当将信访工作纳入干部考核体系和执法质量考评体系,将信访事项是否解决在本院、解决在当地,作为考核的重要依据。对在信访工作中做出优异成绩的单位和个人,应当给予表彰奖励。

第十一条 人民检察院开展文明接待室创建评比活动,每三年评比、命名一次文明接待室和优秀接待员。

(8) 控告申诉检察部门负责信访工作

★**人民检察院信访工作规定**(2007年3月26日)(节录)

第十二条 各级人民检察院应当设立控告申诉检察部门负责信访工作。人员较少的县级人民检察院应当确定负责信访工作的机构或者专职人员。

第十三条　控告申诉检察部门在信访工作中的主要职责：

（一）统一受理来信，接待来访；

（二）对所受理的信访事项按照职责分工转送有关部门办理，或者根据有关规定自行办理；

（三）向下级人民检察院转送或者交办信访事项，并进行督办，对下级人民检察院提交的办结报告进行审查；

（四）根据有关规定对信访事项进行初步调查；

（五）对上级机关交办的信访事项进行转办和催办，或者根据有关规定自行办理，并将办理情况报告上级机关；

（六）对信访事项的办理情况书面答复或者告知信访人；

（七）依据有关规定做好化解矛盾、教育疏导工作及相关善后工作；

（八）在信访工作中发现检察人员有违法违纪行为的，及时移送有关部门调查处理；

（九）研究、分析信访情况，开展调查研究，及时提出加强、改进检察工作和队伍建设的建议；

（十）宣传法制，提供有关法律咨询；

（十一）指导下级人民检察院的信访工作。

第十四条　人民检察院应当设立专门的信访接待场所，并在信访接待场所公布与信访工作有关的法律规定和信访事项的处理程序，以及其他相关事项。

第十五条　人民检察院控告申诉检察部门应当向社会公布通信地址、邮政编码、电子信箱、举报电话、举报网址、接待时间和地点、查询信访事项处理进展情况及结果的方式等相关事项。

第十六条　人民检察院应当加强信访信息化建设，建立和完善信访信息系统，逐步实现各级人民检察院之间、人民检察院与其他国家机关之间信访信息的互联互通，方便人民群众提出诉求，查询办理进度和结果，提高信访工作效率和信访管理水平。

（9）信访事项的管辖

★人民检察院信访工作规定（2007年3月26日）（节录）

第十七条　各级人民检察院受理应当由本院管辖的控告、举报和申诉，以及信访人提出的建议和意见。

第十八条　上级人民检察院受理信访人不服下级人民检察院信访事项处理

意见提出的复查请求。

第十九条　人民检察院各部门均有按职能分工承办信访事项的职责,对控告申诉检察部门转送的信访事项,应当指定承办人及时办理,并在规定时限内书面回复办理结果。

第二十条　信访事项涉及检察业务工作的,由业务主管部门办理;涉及法律适用问题研究的,由法律政策研究部门办理;涉及组织人事工作的,由政工部门办理;涉及检察人员违法违纪的,由纪检监察部门办理;涉及多个部门工作的,由本院检察长组织协调,明确相关部门牵头办理。

第二十一条　上级人民检察院认为有必要时,可以直接受理由下级人民检察院管辖的信访事项,也可以将本院管辖的信访事项在受理后交由下级人民检察院办理。

第二十二条　信访事项涉及多个地区的,由所涉及地区的人民检察院协商管辖。对于管辖权有争议的,由其共同的上一级人民检察院指定管辖。

(10) 信访的受理方式

★人民检察院信访工作规定(2007年3月26日)(节录)

第二十三条　信访人采用走访形式提出信访事项的,负责接待的工作人员应当制作笔录,载明信访人的姓名或者名称、单位、住址和信访事项的具体内容,经宣读或者交信访人阅读无误后,由信访人和负责接待的工作人员签名或者盖章。对信访人提供的控告、举报、申诉材料认为内容不清的,应当要求信访人补充。

多人采用走访形式提出同一信访事项的,应当要求信访人推选代表,代表人数不超过五人。

接受控告、举报线索的工作人员,应当告知信访人须对其控告、举报内容的真实性负责,不得捏造、歪曲事实,不得诬告陷害、诽谤他人,以及诬告陷害、诽谤他人应负的法律责任。

第二十四条　信访人采用书信形式提出信访事项的,负责处理来信的工作人员应当及时拆阅。启封时,应当注意保持邮票、邮戳、邮编、地址和信封内材料的完整。启封后,按照主件、附件顺序装订整齐,在来信首页右上角空白处加盖本院收信专用章。

第二十五条　对信访人采用电子邮件、电话、传真等形式提出的信访事项,应当参照本规定第二十三条、第二十四条相关规定办理。

第二十六条　人民检察院实行检察长和业务部门负责人接待人民群众来访

制度。接待时间和地点应当向社会公布。

地市级和县级人民检察院检察长和业务部门负责人接待的时间，每年应当不少于十二次，每次不少于半天。

省级以上人民检察院检察长和业务部门负责人每年应当根据情况不定期安排接待时间，或者深入基层组织开展联合接访活动。

第二十七条　检察长和业务部门负责人接待来访群众，可以定期接待，也可以预约接待。

第二十八条　县级人民检察院应当实行带案下访、定期巡访制度，在乡镇、社区设立联络点，聘请联络员，及时掌握信访信息，化解社会矛盾。

第二十九条　信访事项应当逐件摘要录入计算机，在受理后七日内按照管辖和部门职能分工转送下级人民检察院或者本院有关部门办理。对于转送本院有关部门办理的控告、举报、申诉，应当逐件附《控告、申诉首办流程登记表》。

对于重要信访事项应当提出意见，经部门负责人审核后报检察长阅批。

对于告急信访事项应当在接收当日依法处理。

第三十条　对于性质不明难以归口、群众多次举报未查处和检察长交办的举报线索，控告申诉检察部门应当依法进行初查。

第三十一条　各级人民检察院应当依法保护控告人、举报人的合法权益。严禁把控告、举报材料及有关情况泄露给被控告人、被举报人。

第三十二条　属于本院管辖的信访事项，能够当场答复是否受理的，应当当场书面答复；不能当场答复的，应当自收到信访事项之日起十五日内书面告知信访人，但是信访人的姓名（名称）、住址不清的除外。

不属于本院管辖的信访事项，应当转送有关主管机关处理，并告知信访人。

（11）信访事项的办理流程

★**人民检察院信访工作规定**（2007年3月26日）（节录）

第三十三条　人民检察院办理信访事项，应当听取信访人陈述事实和理由，必要时可以要求信访人、有关组织和人员说明情况，需要进一步核实情况的，可以向其他组织和人员调查了解。

办理重大、复杂、疑难信访事项，应当由检察长组织专门力量调查处理。

第三十四条　人民检察院办理信访事项，经调查核实，应当依法作出处理，并答复信访人：

（一）事实清楚，符合法律政策规定的，应当支持；

（二）信访人提出的建议和意见，有利于改进工作的，应当研究论证并予以采纳；

（三）缺乏事实根据或者不符合法律政策规定的，不予支持，并向信访人做好解释疏导工作。

第三十五条　承办部门应当在收到本院控告申诉检察部门转送的信访事项之日起六十日内办结；情况复杂，逾期不能办结的，报经分管检察长批准后，可适当延长办理期限，并通知控告申诉检察部门。延长期限不得超过三十日。法律、法规另有规定的，从其规定。

第三十六条　控告申诉检察部门对转送本院有关部门办理的信访事项，应当每月清理一次。对即将到期的应当发催办函进行催办；超过一个月未办结的，应当报分管检察长，并向有关部门负责人通报。

第三十七条　上级人民检察院应当每季度向下一级人民检察院通报转交信访事项情况；下级人民检察院应当每季度向上一级人民检察院报告转交信访事项的办理情况。

第三十八条　承办部门应当向控告申诉检察部门书面回复办理结果。书面回复文书应当具有说理性，主要包括下列内容：

（一）信访人反映的主要问题；

（二）办理的过程；

（三）认定的事实和证据；

（四）处理情况和法律依据；

（五）开展化解矛盾、教育疏导工作及相关善后工作的情况。

第三十九条　信访事项办理结果的答复应由承办该信访事项的人民检察院控告申诉检察部门负责，除因通讯地址不详等情况无法答复的以外，原则上应当书面答复信访人。

重大、复杂、疑难信访事项的答复应当由承办部门和控告申诉检察部门共同负责，必要时可以举行公开听证，通过答询、辩论、评议、合议等方式，辩明事实，分清责任，做好化解矛盾、教育疏导工作。

举报答复应当注意保密，依法保护举报人的合法权益。需要以邮寄方式书面答复署名举报人的，应当挂号邮寄并不得使用有人民检察院字样的信封。

第四十条　信访人对人民检察院处理意见不服的，可以依照有关规定提出复查请求。人民检察院收到复查请求后应当进行审查，符合立案复查规定的应当立案复查，不符合立案复查规定的应当书面答复信访人。

第四十一条　人民检察院信访接待人员应当告知信访人依照国家有关规定

到指定地点反映诉求,做到依法有序信访。对于信访人的下列行为,应当进行劝阻、批评或者教育;对于劝阻、批评或者教育无效的,应当移送公安机关依法处理:

(一)在人民检察院办公场所周围非法聚集、围堵、冲击人民检察院,拦截公务车辆、堵塞、阻断交通,影响正常办公秩序的;

(二)携带危险物品、管制器具的;

(三)侮辱、殴打、威胁检察人员,或者非法限制检察人员人身自由的;

(四)在信访接待场所滞留、滋事,故意破坏信访接待场所设施,或者将生活不能自理的人弃留在信访接待场所的;

(五)煽动、串联、胁迫、以财物诱使、幕后操纵他人信访或者以信访为名借机敛财的。

第四十二条 对于信访人捏造歪曲事实、诬告陷害、诽谤他人,构成犯罪的,应当依法追究刑事责任;尚不构成犯罪的,应当移送主管机关处理。

(12)交办信访事项的范围和办理

★人民检察院信访工作规定(2007年3月26日)(节录)

第四十三条 上级人民检察院控告申诉检察部门可以代表本院向下级人民检察院交办下列重要信访事项:

(一)群众反映强烈,社会影响较大的;

(二)举报内容较详实,案情重大,多次举报未查处的;

(三)不服人民检察院处理决定,多次申诉未得到依法处理的;

(四)检察长批办的。

第四十四条 控告申诉检察部门负责管理上级人民检察院控告申诉检察部门交办的信访事项。登记后提出办理意见,报分管检察长审批。

第四十五条 对上级人民检察院交办的信访事项应当及时办理,一般应当在三个月内办结;情况复杂,确需延长办结期限的,需经检察长批准,延长期限不得超过三个月。延期办理的,应当向上级人民检察院报告进展情况,并说明理由。

第四十六条 对于上级人民检察院交办的信访事项,承办部门应当将办理情况和结果报经检察长审批后,制作《交办信访事项处理情况报告》,连同有关材料移送控告申诉检察部门,由控告申诉检察部门以本院名义报上一级人民检察院控告申诉检察部门。

第四十七条 《交办信访事项处理情况报告》应当包括下列内容:

（一）信访事项来源；
（二）信访人反映的主要问题；
（三）办理的过程；
（四）认定的事实和证据；
（五）处理情况和法律依据；
（六）开展化解矛盾、教育疏导工作及相关善后工作的情况。

第四十八条　上级人民检察院收到下级人民检察院上报的《交办信访事项处理情况报告》后，应当认真审查，对事实清楚、处理适当的，应当结案；对事实不清、证据不足、定性不准、处理不当的，应当提出意见，退回下级人民检察院重新办理。

对确有错误，下级人民检察院坚持不予纠正的，上级人民检察院经检察长或者检察委员会决定，可以撤销下级人民检察院的原处理决定，并作出新的决定。

第四十九条　上级人民检察院控告申诉检察部门对下级人民检察院在处理信访事项中有下列情形之一的，应当及时予以监督纠正：
（一）应当受理而拒不受理的；
（二）未按规定程序办理的；
（三）未按规定的办理期限办结的；
（四）未按规定反馈办理结果的；
（五）不执行信访处理意见的；
（六）其他需要监督纠正的事项。

第五十条　上级人民检察院控告申诉检察部门对所督办事项应当提出改进建议。下级人民检察院收到改进建议后应当及时改进并反馈情况。建议未被采纳的，控告申诉检察部门可报经检察长审批后，责成被督办单位执行。

（13）检察人员在处理信访工作中违法违纪行为的责任追究
★人民检察院信访工作规定（2007年3月26日）（节录）

第五十一条　控告申诉检察部门在处理信访事项工作中，发现检察人员有违法违纪行为的，应当提出建议，连同有关材料移送政工部门或者纪检监察部门处理。

第五十二条　具有下列情形之一导致信访事项发生，造成严重后果的，对直接负责的主管人员和其他直接责任人员，依照《人民检察院错案责任追究条例（试行）》和《检察人员纪律处分条例（试行）》等有关规定给予纪律处分；

构成犯罪的，依法追究刑事责任：

（一）超越或者滥用职权，侵害信访人合法权益的；

（二）应当作为而不作为，致使信访人合法权益受到侵害的；

（三）因故意或者重大过失，造成案件定性处理错误，侵害信访人合法权益的；

（四）其他因故意或者重大过失导致信访事项发生，造成严重后果的。

第五十三条　在处理信访事项过程中违反本规定，具有下列情形之一，造成严重后果的，对责任单位、责任部门和直接责任人予以批评教育；情节较重的，给予纪律处分；构成犯罪的，依法追究刑事责任：

（一）无故推诿、敷衍，应当受理而不予受理的；

（二）无故拖延，未在规定期限内办结的；

（三）对事实清楚，符合法律、法规或者其他有关规定的信访请求未予支持的；

（四）作风粗暴，方法简单，激化矛盾的；

（五）玩忽职守、徇私舞弊，打击报复信访人，或者把控告、举报材料及有关情况泄露给被控告人、被举报人的；

（六）拒不执行信访处理意见的。

第五十四条　隐瞒、谎报、缓报重大信访信息，造成严重后果的，对直接负责的主管人员和其他直接责任人员给予批评教育；情节较重的，给予纪律处分。

2. 错告对被控告人、被举报人造成不良影响的处理

★人民检察院刑事诉讼规则（2019年12月30日）（节录）

第一百七十四条　错告对被控告人、被举报人造成不良影响的，人民检察院应当自作出不立案决定之日起一个月以内向其所在单位或者有关部门通报调查核实的结论，澄清事实。

属于诬告陷害的，应当移送有关机关处理。

3. 公安机关对报案、控告、举报的处理

★公安机关办理刑事案件程序规定（2020年7月20日）（节录）

第一百六十九条　公安机关对于公民扭送、报案、控告、举报或者犯罪嫌疑人自动投案的，都应当立即接受，问明情况，并制作笔录，经核对无误后，由扭送人、报案人、控告人、举报人、投案人签名、捺指印。必要时，应当对接受过程录音录像。

第一百七十条　公安机关对扭送人、报案人、控告人、举报人、投案人提供的有关证据材料等应当登记，制作接受证据材料清单，由扭送人、报案人、控告人、举报人、投案人签名，并妥善保管。必要时，应当拍照或者录音录像。

第一百七十一条　公安机关接受案件时，应当制作受案登记表和受案回执，并将受案回执交扭送人、报案人、控告人、举报人。扭送人、报案人、控告人、举报人无法取得联系或者拒绝接受回执的，应当在回执中注明。

第一百七十二条　公安机关接受控告、举报的工作人员，应当向控告人、举报人说明诬告应负的法律责任。但是，只要不是捏造事实、伪造证据，即使控告、举报的事实有出入，甚至是错告的，也要和诬告严格加以区别。

第一百七十三条　公安机关应当保障扭送人、报案人、控告人、举报人及其近亲属的安全。

扭送人、报案人、控告人、举报人如果不愿意公开自己的身份，应当为其保守秘密，并在材料中注明。

第一百一十二条　【对立案材料的审查与立案标准】人民法院、人民检察院或者公安机关对于报案、控告、举报和自首的材料，应当按照管辖范围，迅速进行审查，认为有犯罪事实需要追究刑事责任的时候，应当立案；认为没有犯罪事实，或者犯罪事实显著轻微，不需要追究刑事责任的时候，不予立案，并且将不立案的原因通知控告人。控告人如果不服，可以申请复议。

● 要点及关联法规

1. 检察机关对立案材料的处理

（1）受理

★**人民检察院刑事诉讼规则**（2019年12月30日）（节录）

第一百六十六条　人民检察院直接受理侦查案件的线索，由负责侦查的部门统一受理、登记和管理。负责控告申诉检察的部门接受的控告、举报，或者本院其他办案部门发现的案件线索，属于人民检察院直接受理侦查案件线索的，应当在七日以内移送负责侦查的部门。

负责侦查的部门对案件线索进行审查后,认为属于本院管辖,需要进一步调查核实的,应当报检察长决定。

(2) 调查核实

★人民检察院刑事诉讼规则（2019年12月30日）（节录）

第一百六十七条　对于人民检察院直接受理侦查案件的线索,上级人民检察院在必要时,可以直接调查核实或者组织、指挥、参与下级人民检察院的调查核实,可以将下级人民检察院管辖的案件线索指定辖区内其他人民检察院调查核实,也可以将本院管辖的案件线索交由下级人民检察院调查核实；下级人民检察院认为案件线索重大、复杂,需要由上级人民检察院调查核实的,可以提请移送上级人民检察院调查核实。

第一百六十九条　进行调查核实,可以采取询问、查询、勘验、检查、鉴定、调取证据材料等不限制被调查对象人身、财产权利的措施。不得对被调查对象采取强制措施,不得查封、扣押、冻结被调查对象的财产,不得采取技术侦查措施。

第一百七十条　负责侦查的部门调查核实后,应当制作审查报告。

调查核实终结后,相关材料应当立卷归档。立案进入侦查程序的,对于作为诉讼证据以外的其他材料应当归入侦查内卷。

(3) 立案决定

★人民检察院刑事诉讼规则（2019年12月30日）（节录）

第一百七十一条　人民检察院对于直接受理的案件,经审查认为有犯罪事实需要追究刑事责任的,应当制作立案报告书,经检察长批准后予以立案。

符合立案条件,但犯罪嫌疑人尚未确定的,可以依据已查明的犯罪事实作出立案决定。

对具有下列情形之一的,报请检察长决定不予立案:

(一) 具有刑事诉讼法第十六条规定情形之一的;

(二) 认为没有犯罪事实的;

(三) 事实或者证据尚不符合立案条件的。

第一百七十二条　对于其他机关或者本院其他办案部门移送的案件线索,决定不予立案的,负责侦查的部门应当制作不立案通知书,写明案由和案件来源、决定不立案的原因和法律依据,自作出不立案决定之日起十日以内送达移送案件线索的机关或者部门。

第一百七十三条 对于控告和实名举报,决定不予立案的,应当制作不立案通知书,写明案由和案件来源、决定不立案的原因和法律依据,由负责侦查的部门在十五日以内送达控告人、举报人,同时告知本院负责控告申诉检察的部门。

控告人如果不服,可以在收到不立案通知书后十日以内向上一级人民检察院申请复议。不立案的复议,由上一级人民检察院负责侦查的部门审查办理。

人民检察院认为被控告人、被举报人的行为未构成犯罪,决定不予立案,但需要追究其党纪、政纪、违法责任的,应当移送有管辖权的主管机关处理。

第一百七十五条 人民检察院决定对人民代表大会代表立案,应当按照本规则第一百四十八条、第一百四十九条规定的程序向该代表所属的人民代表大会主席团或者常务委员会进行通报。

2. 公安机关对立案材料的处理

(1) 审查、初查

★公安机关办理刑事案件程序规定(2020年7月20日)(节录)

第一百七十四条 对接受的案件,或者发现的犯罪线索,公安机关应当迅速进行审查。发现案件事实或者线索不明的,必要时,经办案部门负责人批准,可以进行调查核实。

调查核实过程中,公安机关可以依照有关法律和规定采取询问、查询、勘验、鉴定和调取证据材料等不限制被调查对象人身、财产权利的措施。但是,不得对被调查对象采取强制措施,不得查封、扣押、冻结调查对象的财产,不得采取技术侦查措施。

(2) 立案条件

★最高人民检察院、公安部关于公安机关办理经济犯罪案件的若干规定(2017年11月24日)(节录)

第十七条 公安机关经立案审查,同时符合下列条件的,应当立案:

(一)认为有犯罪事实;

(二)涉嫌犯罪数额、结果或者其他情节符合经济犯罪案件的立案追诉标准,需要追究刑事责任;

(三)属于该公安机关管辖。

(3) 对经济犯罪的立案审查期限

★最高人民检察院、公安部关于公安机关办理经济犯罪案件的若干规定（2017年11月24日）（节录）

第十五条　公安机关接受涉嫌经济犯罪线索的报案、控告、举报、自动投案后，应当立即进行审查，并在七日以内决定是否立案；重大、疑难、复杂线索，经县级以上公安机关负责人批准，立案审查期限可以延长至三十日；特别重大、疑难、复杂或者跨区域性的线索，经上一级公安机关负责人批准，立案审查期限可以再延长三十日。

上级公安机关指定管辖或者书面通知立案的，应当在指定期限以内立案侦查。人民检察院通知立案的，应当在十五日以内立案侦查。

第十六条　公安机关接受行政执法机关移送的涉嫌经济犯罪案件后，移送材料符合相关规定的，应当在三日以内进行审查并决定是否立案，至迟应当在十日以内作出决定。案情重大、疑难、复杂或者跨区域性的，经县级以上公安机关负责人批准，应当在三十日以内决定是否立案。情况特殊的，经上一级公安机关负责人批准，可以再延长三十日作出决定。

(4) 立案材料的审查结果

★公安部关于办理利用经济合同诈骗案件有关问题的通知（1997年1月9日）（节录）

二、关于案件的立案程序

公安机关接到利用经济合同诈骗案件的报案后，应当先进行初步调查以查明是否确有本规定第一条所规定的情形。对确有本规定第一条所规定之情形的，应当予以立案侦查。

对不予立案的，公安机关应当将不立案的原因通知控告人，并告知其依照经济合同法可以直接向人民法院起诉解决。

★公安机关办理刑事案件程序规定（2020年7月20日）（节录）

第一百七十五条　经过审查，认为有犯罪事实，但不属于自己管辖的案件，应当立即报经县级以上公安机关负责人批准，制作移送案件通知书，在二十四小时以内移送有管辖权的机关处理，并告知扭送人、报案人、控告人、举报人。对于不属于自己管辖而又必须采取紧急措施的，应当先采取紧急措施，然后办理手续，移送主管机关。

对不属于公安机关职责范围的事项，在接报案时能够当场判断的，应当立即口头告知扭送人、报案人、控告人、举报人向其他主管机关报案。

对于重复报案、案件正在办理或者已经办结的，应当向扭送人、报案人、控告人、举报人作出解释，不再登记，但有新的事实或者证据的除外。

第一百七十六条 经过审查，对告诉才处理的案件，公安机关应当告知当事人向人民法院起诉。

对被害人有证据证明的轻微刑事案件，公安机关应当告知被害人可以向人民法院起诉；被害人要求公安机关处理的，公安机关应当依法受理。

人民法院审理自诉案件，依法调取公安机关已经收集的案件材料和有关证据的，公安机关应当及时移交。

第一百七十七条 经过审查，对于不够刑事处罚需要给予行政处理的，依法予以处理或者移送有关部门。

第一百七十八条 公安机关接受案件后，经审查，认为有犯罪事实需要追究刑事责任，且属于自己管辖的，经县级以上公安机关负责人批准，予以立案；认为没有犯罪事实，或者犯罪事实显著轻微不需要追究刑事责任，或者具有其他依法不追究刑事责任情形的，经县级以上公安机关负责人批准，不予立案。

对有控告人的案件，决定不予立案的，公安机关应当制作不予立案通知书，并在三日以内送达控告人。

决定不予立案后又发现新的事实或者证据，或者发现原认定事实错误，需要追究刑事责任的，应当及时立案处理。

第一百八十条 对行政执法机关移送的案件，公安机关应当自接受案件之日起三日以内进行审查，认为有犯罪事实，需要追究刑事责任，依法决定立案的，应当书面通知移送案件的行政执法机关；认为没有犯罪事实，或者犯罪事实显著轻微，不需要追究刑事责任，依法不予立案的，应当说明理由，并将不予立案通知书送达移送案件的行政执法机关，相应退回案件材料。

公安机关认为行政执法机关移送的案件材料不全的，应当在接受案件后二十四小时以内通知移送案件的行政执法机关在三日以内补正，但不得以材料不全为由不接受移送案件。

公安机关认为行政执法机关移送的案件不属于公安机关职责范围的，应当书面通知移送案件的行政执法机关向其他主管机关移送案件，并说明理由。

（5）对不予立案决定的救济

★公安机关办理刑事案件程序规定（2020年7月20日）（节录）

第一百七十九条 控告人对不予立案决定不服的，可以在收到不予立案通知书后七日以内向作出决定的公安机关申请复议；公安机关应当在收到复议申请后三十日以内作出决定,并将决定书送达控告人。

控告人对不予立案的复议决定不服的,可以在收到复议决定书后七日以内向上一级公安机关申请复核;上一级公安机关应当在收到复核申请后三十日以内作出决定。对上级公安机关撤销不予立案决定的,下级公安机关应当执行。

案情重大、复杂的,公安机关可以延长复议、复核时限,但是延长时限不得超过三十日,并书面告知申请人。

第一百八十一条 移送案件的行政执法机关对不予立案决定不服的,可以在收到不予立案通知书后三日以内向作出决定的公安机关申请复议;公安机关应当在收到行政执法机关的复议申请后三日以内作出决定,并书面通知移送案件的行政执法机关。

第三百八十六条 当事人及其法定代理人、诉讼代理人、辩护律师提出的复议复核请求,由公安机关法制部门办理。

办理刑事复议、复核案件的具体程序,适用《公安机关办理刑事复议复核案件程序规定》。

第一百一十三条 【立案监督】人民检察院认为公安机关对应当立案侦查的案件而不立案侦查的,或者被害人认为公安机关对应当立案侦查的案件而不立案侦查,向人民检察院提出的,人民检察院应当要求公安机关说明不立案的理由。人民检察院认为公安机关不立案理由不能成立的,应当通知公安机关立案,公安机关接到通知后应当立案。

● 要点及关联法规

1. 立案监督的任务

★最高人民检察院、全国整顿和规范市场经济秩序领导小组办公室、公安部关于加强行政执法机关与公安机关、人民检察院联系的意见(2004 年 3 月 18 日)(节录)

四、加强立案监督工作,确保对涉嫌犯罪案件依法立案侦查。人民检察院对于行政执法机关已经移送公安机关的涉嫌犯罪案件,应当跟踪了解公安机关的立案情况。对于公安机关未及时受理或者立案的,应当依法开展立案监督,督促公安机关在法定期限内依法受理或者立案侦查；对立案后久侦不结的案件，要加强督促；在审查批准逮捕过程中，必要的时候，人民检察院可以派人参加公安机关对于重大案件的讨论，协助公安机关及时侦结案件。

★**最高人民检察院关于在检察工作中贯彻宽严相济刑事司法政策的若干意见**（2007年1月15日）（节录）

9. 突出立案监督的重点。完善立案监督机制，将监督的重点放在严重犯罪或者社会影响恶劣以及违法立案造成严重后果的案件上，加强对侦查机关落实立案监督情况的跟踪监督，确保违法立案案件及时得到纠正。

★**最高人民检察院、公安部关于刑事立案监督有关问题的规定（试行）**（2010年7月26日）（节录）

第一条 刑事立案监督的任务是确保依法立案，防止和纠正有案不立和违法立案，依法、及时打击犯罪，保护公民的合法权利，保障国家法律的统一正确实施，维护社会和谐稳定。

2. **立案监督的原则**

★**最高人民检察院、公安部关于刑事立案监督有关问题的规定（试行）**（2010年7月26日）（节录）

第二条 刑事立案监督应当坚持监督与配合相统一，人民检察院法律监督与公安机关内部监督相结合，办案数量、质量、效率、效果相统一和有错必纠的原则。

3. **人民检察院对公安机关的立案监督**

（1）检察院对公安机关的刑事立案活动进行监督的内容

★**最高人民检察院、公安部关于刑事立案监督有关问题的规定（试行）**（2010年7月26日）（节录）

第四条 被害人及其法定代理人、近亲属或者行政执法机关，认为公安机关对其控告或者移送的案件应当立案侦查而不立案侦查，向人民检察院提出的，人民检察院应当受理并进行审查。

人民检察院发现公安机关可能存在应当立案侦查而不立案侦查情形的，应当依法进行审查。

★**人民检察院刑事诉讼规则**（2019年12月30日）（节录）

第五百五十七条 被害人及其法定代理人、近亲属或者行政执法机关，认为公安机关对其控告或者移送的案件应当立案侦查而不立案侦查，或者当事人认为公安机关不应当立案而立案，向人民检察院提出的，人民检察院应当受理并进行审查。

人民检察院发现公安机关可能存在应当立案侦查而不立案侦查情形的，应当依法进行审查。

人民检察院接到控告、举报或者发现行政执法机关不移送涉嫌犯罪案件的，经检察长批准，应当向行政执法机关提出检察意见，要求其按照管辖规定向公安机关移送涉嫌犯罪案件。

第五百五十八条 人民检察院负责控告申诉检察的部门受理对公安机关应当立案而不立案或者不应当立案而立案的控告、申诉，应当根据事实、法律进行审查。认为需要公安机关说明不立案或者立案理由的，应当及时将案件移送负责捕诉的部门办理；认为公安机关立案或者不立案决定正确的，应当制作相关法律文书，答复控告人、申诉人。

（2）检察院对公安机关应当立案侦查而不立案侦查的处理

★最高人民检察院、公安部关于刑事立案监督有关问题的规定（试行）（2010年7月26日）（节录）

第五条 人民检察院对于公安机关应当立案侦查而不立案侦查的线索进行审查后，应当根据不同情况分别作出处理：

（一）没有犯罪事实发生，或者犯罪情节显著轻微不需要追究刑事责任，或者具有其他依法不追究刑事责任情形的，及时答复投诉人或者行政执法机关；

（二）不属于被投诉的公安机关管辖的，应当将有管辖权的机关告知投诉人或者行政执法机关，并建议向该机关控告或者移送；

（三）公安机关尚未作出不予立案决定的，移送公安机关处理；

（四）有犯罪事实需要追究刑事责任，属于被投诉的公安机关管辖，且公安机关已作出不立案决定的，经检察长批准，应当要求公安机关书面说明不立案理由。

第六条 人民检察院对于不服公安机关立案决定的投诉，可以移送立案的公安机关处理。

人民检察院经审查，有证据证明公安机关可能存在违法动用刑事手段插手民事、经济纠纷，或者办案人员利用立案实施报复陷害、敲诈勒索以及谋取其他非法利益等违法立案情形，且已采取刑事拘留等强制措施或者搜查、扣押、冻结等强制性侦查措施，尚未提请批准逮捕或者移送审查起诉的，经检察长批准，应当要求公安机关书面说明立案理由。

第七条　人民检察院要求公安机关说明不立案或者立案理由，应当制作《要求说明不立案理由通知书》或者《要求说明立案理由通知书》，及时送达公安机关。

公安机关应当在收到《要求说明不立案理由通知书》或者《要求说明立案理由通知书》后七日以内作出书面说明，客观反映不立案或者立案的情况、依据和理由，连同有关证据材料复印件回复人民检察院。公安机关主动立案或者撤销案件的，应当将《立案决定书》或者《撤销案件决定书》复印件及时送达人民检察院。

第八条　人民检察院经调查核实，认为公安机关不立案或者立案理由不成立的，经检察长或者检察委员会决定，应当通知公安机关立案或者撤销案件。

人民检察院开展调查核实，可以询问办案人员和有关当事人，查阅、复印公安机关刑事受案、立案、破案等登记表册和立案、不立案、撤销案件、治安处罚、劳动教养等相关法律文书及案卷材料，公安机关应当配合。

第九条　人民检察院通知公安机关立案或者撤销案件的，应当制作《通知立案书》或者《通知撤销案件书》，说明依据和理由，连同证据材料移送公安机关。

公安机关应当在收到《通知立案书》后十五日以内决定立案，对《通知撤销案件书》没有异议的应当立即撤销案件，并将《立案决定书》或者《撤销案件决定书》复印件及时送达人民检察院。

第十一条　公安机关对人民检察院监督立案的案件应当及时侦查。犯罪嫌疑人在逃的，应当加大追捕力度；符合逮捕条件的，应当及时提请人民检察院批准逮捕；侦查终结需要追究刑事责任的，应当及时移送人民检察院审查起诉。

监督立案后三个月未侦查终结的，人民检察院可以发出《立案监督案件催办函》，公安机关应当及时向人民检察院反馈侦查进展情况。

第十三条　公安机关在提请批准逮捕、移送审查起诉时，应当将人民检察院刑事立案监督法律文书和相关材料随案移送。人民检察院在审查逮捕、审查起诉时，应当及时录入刑事立案监督信息。

★最高人民法院、最高人民检察院、公安部、国家安全部、司法部、全国人大常委会法制工作委员会关于实施刑事诉讼法若干问题的规定（2012年12月26日）（节录）

18. 刑事诉讼法第一百一十一条规定："人民检察院认为公安机关对应当立案侦查的案件而不立案侦查的，或者被害人认为公安机关对应当立案侦查的案件而不立案侦查,向人民检察院提出的,人民检察院应当要求公安机关说明不立案的理由。人民检察院认为公安机关不立案理由不能成立的,应当通知公安机关立案,公安机关接到通知后应当立案。"根据上述规定,公安机关收到人民检察院要求说明不立案理由通知书后,应当在七日内将说明情况书面答复人民检察院。人民检察院认为公安机关不立案理由不能成立,发出通知立案书时,应当将有关证明应当立案的材料同时移送公安机关。公安机关收到通知立案书后,应当在十五日内决定立案,并将立案决定书送达人民检察院。

★公安机关办理刑事案件程序规定(2020年7月20日)(节录)

第一百八十二条 对人民检察院要求说明不立案理由的案件,公安机关应当在收到通知书后七日以内,对不立案的情况、依据和理由作出书面说明,回复人民检察院。公安机关作出立案决定的,应当将立案决定书复印件送达人民检察院。

人民检察院通知公安机关立案的,公安机关应当在收到通知书后十五日以内立案,并将立案决定书复印件送达人民检察院。

第一百八十三条 人民检察院认为公安机关不应当立案而立案,提出纠正意见的,公安机关应当进行调查核实,并将有关情况回复人民检察院。

★人民检察院刑事诉讼规则(2019年12月30日)(节录)

第五百五十九条 人民检察院经审查,认为需要公安机关说明不立案理由的,应当要求公安机关书面说明不立案的理由。

对于有证据证明公安机关可能存在违法动用刑事手段插手民事、经济纠纷,或者利用立案实施报复陷害、敲诈勒索以及谋取其他非法利益等违法立案情形,尚未提请批准逮捕或者移送起诉的,人民检察院应当要求公安机关书面说明立案理由。

第五百六十条 人民检察院要求公安机关说明不立案或者立案理由的,应当书面通知公安机关,并且告知公安机关在收到通知后七日以内,书面说明不立案或者立案的情况、依据和理由,连同有关证据材料回复人民检察院。

第五百六十一条 公安机关说明不立案或者立案的理由后,人民检察院应当进行审查。认为公安机关不立案或者立案理由不能成立的,经检察长决定,应当通知公安机关立案或者撤销案件。

人民检察院认为公安机关不立案或者立案理由成立的,应当在十日以内将不立案或者立案的依据和理由告知被害人及其法定代理人、近亲属或者行政执法机关。

第五百六十二条 公安机关对当事人的报案、控告、举报或者行政执法机关移送的涉嫌犯罪案件受理后未在规定期限内作出是否立案决定,当事人或者行政执法机关向人民检察院提出的,人民检察院应当受理并进行审查。经审查,认为尚未超过规定期限的,应当移送公安机关处理,并答复报案人、控告人、举报人或者行政执法机关;认为超过规定期限的,应当要求公安机关在七日以内书面说明逾期不作出是否立案决定的理由,连同有关证据材料回复人民检察院。公安机关在七日以内不说明理由也不作出立案或者不立案决定的,人民检察院应当提出纠正意见。人民检察院经审查有关证据材料认为符合立案条件的,应当通知公安机关立案。

第五百六十三条 人民检察院通知公安机关立案或者撤销案件,应当制作通知立案书或者通知撤销案件书,说明依据和理由,连同证据材料送达公安机关,并且告知公安机关应当在收到通知立案书后十五日以内立案,对通知撤销案件书没有异议的应当立即撤销案件,并将立案决定书或者撤销案件决定书及时送达人民检察院。

第五百六十四条 人民检察院通知公安机关立案或者撤销案件的,应当依法对执行情况进行监督。

公安机关在收到通知立案书或者通知撤销案件书后超过十五日不予立案或者未要求复议、提请复核也不撤销案件的,人民检察院应当发出纠正违法通知书。公安机关仍不纠正的,报上一级人民检察院协商同级公安机关处理。

公安机关立案后三个月以内未侦查终结的,人民检察院可以向公安机关发出立案监督案件催办函,要求公安机关及时向人民检察院反馈侦查工作进展情况。

(3)公安机关对检察院撤销案件通知的复议、复核

★最高人民检察院、公安部关于刑事立案监督有关问题的规定(试行)(2010年7月26日)(节录)

第十条 公安机关认为人民检察院撤销案件通知有错误的,应当在五日以内经县级以上公安机关负责人批准,要求同级人民检察院复议。人民检察院应当重新审查,在收到《要求复议意见书》和案卷材料后七日以内作出是否变更的决定,并通知公安机关。

公安机关不接受人民检察院复议决定的,应当在五日以内经县级以上公安机关负责人批准,提请上一级人民检察院复核。上级人民检察院应当在收到《提请复核意见书》和案卷材料后十五日以内作出是否变更的决定,通知下级人

民检察院和公安机关执行。

上级人民检察院复核认为撤销案件通知有错误的,下级人民检察院应当立即纠正;上级人民检察院复核认为撤销案件通知正确的,下级公安机关应当立即撤销案件,并将《撤销案件决定书》复印件及时送达同级人民检察院。

★**人民检察院刑事诉讼规则**(2019年12月30日)(节录)

第五百六十五条 公安机关认为人民检察院撤销案件通知有错误,要求同级人民检察院复议的,人民检察院应当重新审查。在收到要求复议意见书和案卷材料后七日以内作出是否变更的决定,并通知公安机关。

公安机关不接受人民检察院复议决定,提请上一级人民检察院复核的,上级人民检察院应当在收到提请复核意见书和案卷材料后十五日以内作出是否变更的决定,通知下级人民检察院和公安机关执行。

上级人民检察院复核认为撤销案件通知有错误的,下级人民检察院应当立即纠正;上级人民检察院复核认为撤销案件通知正确的,应当作出复核决定并送达下级公安机关。

4. 人民检察院对本院侦查部门的监督

★**人民检察院刑事诉讼规则**(2019年12月30日)(节录)

第五百六十六条 人民检察院负责捕诉的部门发现本院负责侦查的部门对应当立案侦查的案件不立案侦查或者对不应当立案侦查的案件立案侦查的,应当建议负责侦查的部门立案侦查或者撤销案件。建议不被采纳的,应报请检察长决定。

5. 公安机关与人民检察院应建立信息通报制度

★**最高人民检察院、公安部关于刑事立案监督有关问题的规定(试行)**(2010年7月26日)(节录)

第三条 公安机关对于接受的案件或者发现的犯罪线索,应当及时进行审查,依照法律和有关规定作出立案或者不予立案的决定。

公安机关与人民检察院应当建立刑事案件信息通报制度,定期相互通报刑事发案、报案、立案、破案和刑事立案监督、侦查活动监督、批捕、起诉等情况,重大案件随时通报。有条件的地方,应当建立刑事案件信息共享平台。

> **第一百一十四条** 【自诉案件的提起与受理】对于自诉案件，被害人有权向人民法院直接起诉。被害人死亡或者丧失行为能力的，被害人的法定代理人、近亲属有权向人民法院起诉。人民法院应当依法受理。

● 要点及关联法规

1. 公安机关对自诉案件的处理

★公安机关办理刑事案件程序规定（2020年7月20日）（节录）

第一百七十六条 经过审查，对告诉才处理的案件，公安机关应当告知当事人向人民法院起诉。

对被害人有证据证明的轻微刑事案件，公安机关应当告知被害人可以向人民法院起诉；被害人要求公安机关处理的，公安机关应当依法受理。

人民法院审理自诉案件，依法调取公安机关已经收集的案件材料和有关证据的，公安机关应当及时移交。

2. 自诉案件的受理条件、程序处理与救济（见本书第二百一十一条要点1、2、3、4）

第二章 侦 查

第一节 一般规定

> **第一百一十五条** 【侦查的主要任务】公安机关对已经立案的刑事案件，应当进行侦查，收集、调取犯罪嫌疑人有罪或者无罪、罪轻或者罪重的证据材料。对现行犯或者重大嫌疑分子可以依法先行拘留，对符合逮捕条件的犯罪嫌疑人，应当依法逮捕。

● 要点及关联法规

1. 公安机关对已立案的刑事案件应及时侦查，严格采取强制措施和侦查措施

★公安机关办理刑事案件程序规定（2020年7月20日）（节录）

第一百九十一条　公安机关对已经立案的刑事案件，应当及时进行侦查，全面、客观地收集、调取犯罪嫌疑人有罪或者无罪、罪轻或者罪重的证据材料。

第一百九十三条　公安机关侦查犯罪，应当严格依照法律规定的条件和程序采取强制措施和侦查措施，严禁在没有证据的情况下，仅凭怀疑就对犯罪嫌疑人采取强制措施和侦查措施。

第二百零九条　对犯罪嫌疑人供述的犯罪事实、无罪或者罪轻的事实、申辩和反证，以及犯罪嫌疑人提供的证明自己无罪、罪轻的证据，公安机关应当认真核查；对有关证据，无论是否采信，都应当如实记录、妥善保管，并连同核查情况附卷。

2. 侦查犯罪涉及国家秘密、商业秘密、个人隐私的应当保密

★公安机关办理刑事案件程序规定（2020年7月20日）（节录）

第一百九十五条　公安机关侦查犯罪，涉及国家秘密、商业秘密、个人隐私的，应当保密。

3. 异地公安机关请求协查，协作地公安机关应当及时协查并反馈

★公安机关办理刑事案件程序规定（2020年7月20日）（节录）

第三百五十三条　办案地公安机关请求协查犯罪嫌疑人的身份、年龄、违法犯罪经历等情况的，协作地公安机关应当在接到请求后七日以内将协查结果通知办案地公安机关；交通十分不便的边远地区，应当在十五日以内将协查结果通知办案地公安机关。

办案地公安机关请求协助调查取证或者查询犯罪信息、资料的，协作地公安机关应当及时协查并反馈。

4. 侦查机关应当全面、客观、及时收集与案件有关的证据

★关于推进以审判为中心的刑事诉讼制度改革的意见（2016年7月20日）（节录）

四、侦查机关应当全面、客观、及时收集与案件有关的证据。

侦查机关应当依法收集证据。对采取刑讯逼供、暴力、威胁等非法方法收集的言词证据,应当依法予以排除。侦查机关收集物证、书证不符合法定程序,可能严重影响司法公正,不能补正或者作出合理解释的,应当依法予以排除。

对物证、书证等实物证据,一般应当提取原物、原件,确保证据的真实性。需要鉴定的,应当及时送检。证据之间有矛盾的,应当及时查证。所有证据应当妥善保管,随案移送。

> **第一百一十六条** 【预审】公安机关经过侦查,对有证据证明有犯罪事实的案件,应当进行预审,对收集、调取的证据材料予以核实。

● 要点及关联法规

对有证据证明有犯罪事实的案件应当进行预审

★公安机关办理刑事案件程序规定(2020年7月20日)(节录)

第一百九十二条 公安机关经过侦查,对有证据证明有犯罪事实的案件,应当进行预审,对收集、调取的证据材料的真实性、合法性、关联性及证明力予以审查、核实。

> **第一百一十七条** 【对违法侦查的申诉、控告和处理程序】当事人和辩护人、诉讼代理人、利害关系人对于司法机关及其工作人员有下列行为之一的,有权向该机关申诉或者控告:
> (一)采取强制措施法定期限届满,不予以释放、解除或者变更的;
> (二)应当退还取保候审保证金不退还的;
> (三)对与案件无关的财物采取查封、扣押、冻结措施的;
> (四)应当解除查封、扣押、冻结不解除的;
> (五)贪污、挪用、私分、调换、违反规定使用查封、扣押、冻结的财物的。

> 受理申诉或者控告的机关应当及时处理。对处理不服的,可以向同级人民检察院申诉;人民检察院直接受理的案件,可以向上一级人民检察院申诉。人民检察院对申诉应当及时进行审查,情况属实的,通知有关机关予以纠正。

● 要点及关联法规

对公安机关及其侦查人员进行申诉、控告的缘由及处理

★公安机关办理刑事案件程序规定(2020 年 7 月 20 日)(节录)

第一百九十六条 当事人和辩护人、诉讼代理人、利害关系人对于公安机关及其侦查人员有下列行为之一的,有权向该机关申诉或者控告:

(一)采取强制措施法定期限届满,不予以释放、解除或者变更的;

(二)应当退还取保候审保证金不退还的;

(三)对与案件无关的财物采取查封、扣押、冻结措施的;

(四)应当解除查封、扣押、冻结不解除的;

(五)贪污、挪用、私分、调换、违反规定使用查封、扣押、冻结的财物的。

受理申诉或者控告的公安机关应当及时进行调查核实,并在收到申诉、控告之日起三十日以内作出处理决定,书面回复申诉人、控告人。发现公安机关及其侦查人员有上述行为之一的,应当立即纠正。

第一百九十七条 上级公安机关发现下级公安机关存在本规定第一百九十六条第一款规定的违法行为或者对申诉、控告事项不按照规定处理的,应当责令下级公安机关限期纠正,下级公安机关应当立即执行。必要时,上级公安机关可以就申诉、控告事项直接作出处理决定。

第二节 讯问犯罪嫌疑人

> **第一百一十八条 【讯问的主体与地点】**讯问犯罪嫌疑人必须由人民检察院或者公安机关的侦查人员负责进行。讯问的时候,侦查人员不得少于二人。
>
> 犯罪嫌疑人被送交看守所羁押以后,侦查人员对其进行讯问,应当在看守所内进行。

● 要点及关联法规

1. 讯问犯罪嫌疑人须由两名以上侦查人员进行

★公安机关办理刑事案件程序规定(2020年7月20日)(节录)

第二百零二条 讯问犯罪嫌疑人,必须由侦查人员进行。讯问的时候,侦查人员不得少于二人。

讯问同案的犯罪嫌疑人,应当个别进行。

★人民检察院刑事诉讼规则(2019年12月30日)(节录)

第一百八十二条 讯问犯罪嫌疑人,由检察人员负责进行。讯问时,检察人员或者检察人员和书记员不得少于二人。

讯问同案的犯罪嫌疑人,应当个别进行。

2. 犯罪嫌疑人被送交看守所羁押后应当在看守所讯问室内进行讯问

★公安机关办理刑事案件程序规定(2020年7月20日)(节录)

第一百九十八条 讯问犯罪嫌疑人,除下列情形以外,应当在公安机关执法办案场所的讯问室进行:

(一)紧急情况下在现场进行讯问的;

(二)对有严重伤病或者残疾、行动不便的,以及正在怀孕的犯罪嫌疑人,在其住处或者就诊的医疗机构进行讯问的。

对于已送交看守所羁押的犯罪嫌疑人,应当在看守所讯问室进行讯问。

对于正在被执行行政拘留、强制隔离戒毒的人员以及正在监狱服刑的罪犯，可以在其执行场所进行讯问。

对于不需要拘留、逮捕的犯罪嫌疑人，经办案部门负责人批准，可以传唤到犯罪嫌疑人所在市、县公安机关执法办案场所或者到他的住处进行讯问。

★人民检察院刑事诉讼规则（2019 年 12 月 30 日）（节录）

第一百八十六条　犯罪嫌疑人被送交看守所羁押后，检察人员对其进行讯问，应当填写提讯、提解证，在看守所讯问室进行。

因辨认、鉴定、侦查实验或者追缴犯罪有关财物的需要，经检察长批准，可以提押犯罪嫌疑人出所，并应当由两名以上司法警察押解。不得以讯问为目的将犯罪嫌疑人提押出所进行讯问。

第一百一十九条　【传唤、拘传的时间、地点与限制规定】对不需要逮捕、拘留的犯罪嫌疑人，可以传唤到犯罪嫌疑人所在市、县内的指定地点或者到他的住处进行讯问，但是应当出示人民检察院或者公安机关的证明文件。对在现场发现的犯罪嫌疑人，经出示工作证件，可以口头传唤，但应当在讯问笔录中注明。

传唤、拘传持续的时间不得超过十二小时；案情特别重大、复杂，需要采取拘留、逮捕措施的，传唤、拘传持续的时间不得超过二十四小时。

不得以连续传唤、拘传的形式变相拘禁犯罪嫌疑人。传唤、拘传犯罪嫌疑人，应当保证犯罪嫌疑人的饮食和必要的休息时间。

● 要点及关联法规

1. 传唤的地点、程序

★公安机关办理刑事案件程序规定（2020 年 7 月 20 日）（节录）

第一百九十八条第四款　对于不需要拘留、逮捕的犯罪嫌疑人，经办案部门负责人批准，可以传唤到犯罪嫌疑人所在市、县公安机关执法办案场所或者到他的住处进行讯问。

第一百九十九条　传唤犯罪嫌疑人时，应当出示传唤证和侦查人员的人民警察证，并责令其在传唤证上签名、捺指印。

犯罪嫌疑人到案后，应当由其在传唤证上填写到案时间。传唤结束时，应当由其在传唤证上填写传唤结束时间。犯罪嫌疑人拒绝填写的，侦查人员应当在传唤证上注明。

对在现场发现的犯罪嫌疑人，侦查人员经出示人民警察证，可以口头传唤，并将传唤的原因和依据告知被传唤人。在讯问笔录中应当注明犯罪嫌疑人到案方式，并由犯罪嫌疑人注明到案时间和传唤结束时间。

对自动投案或者群众扭送到公安机关的犯罪嫌疑人，可以依法传唤。

★**人民检察院刑事诉讼规则**（2019年12月30日）（节录）

第一百八十三条 对于不需要逮捕、拘留的犯罪嫌疑人，可以传唤到犯罪嫌疑人所在市、县内的指定地点或者到他的住处进行讯问。

传唤犯罪嫌疑人，应当出示传唤证和工作证件，并责令犯罪嫌疑人在传唤证上签名或者盖章，并捺指印。

犯罪嫌疑人到案后，应当由其在传唤证上填写到案时间。传唤结束时，应当由其在传唤证上填写传唤结束时间。拒绝填写的，应当在传唤证上注明。

对在现场发现的犯罪嫌疑人，经出示工作证件，可以口头传唤，并将传唤的原因和依据告知被传唤人。在讯问笔录中应当注明犯罪嫌疑人到案经过、到案时间和传唤结束时间。

本规则第八十四条第二款的规定适用于传唤犯罪嫌疑人。

2. 传唤的时间

★**公安机关办理刑事案件程序规定**（2020年7月20日）（节录）

第二百条 传唤持续的时间不得超过十二小时。案情特别重大、复杂，需要采取拘留、逮捕措施的，经办案部门负责人批准，传唤持续的时间不得超过二十四小时。不得以连续传唤的形式变相拘禁犯罪嫌疑人。

传唤期限届满，未作出采取其他强制措施决定的，应当立即结束传唤。

第二百零一条 传唤、拘传、讯问犯罪嫌疑人，应当保证犯罪嫌疑人的饮食和必要的休息时间，并记录在案。

★**人民检察院刑事诉讼规则**（2019年12月30日）（节录）

第一百八十五条 传唤持续的时间不得超过十二小时。案情特别重大、复杂，需要采取拘留、逮捕措施的，传唤持续的时间不得超过二十四小时。两次传唤间隔的时间一般不得少于十二小时，不得以连续传唤的方式变相拘禁犯罪嫌疑人。

传唤犯罪嫌疑人,应当保证犯罪嫌疑人的饮食和必要的休息时间。

3. 传唤、拘传犯罪嫌疑人应通知其家属

★公安机关办理刑事案件程序规定(2020年7月20日)(节录)

第一百二十七条　除无法通知或者涉嫌危害国家安全犯罪、恐怖活动犯罪通知可能有碍侦查的情形以外,应当在拘留后二十四小时以内制作拘留通知书,通知被拘留人的家属。拘留通知书应当写明拘留原因和羁押处所。

本条规定的"无法通知"的情形适用本规定第一百一十三条第二款的规定。

有下列情形之一的,属于本条规定的"有碍侦查":

(一)可能毁灭、伪造证据,干扰证人作证或者串供的;

(二)可能引起同案犯逃避、妨碍侦查的;

(三)犯罪嫌疑人的家属与犯罪有牵连的。

无法通知、有碍侦查的情形消失以后,应当立即通知被拘留人的家属。

对于没有在二十四小时以内通知家属的,应当在拘留通知书中注明原因。

★人民检察院刑事诉讼规则(2019年12月30日)(节录)

第一百八十四条　传唤犯罪嫌疑人时,其家属在场的,应当当场将传唤的原因和处所口头告知其家属,并在讯问笔录中注明。其家属不在场的,应当及时将传唤的原因和处所通知被传唤人家属。无法通知的,应当在讯问笔录中注明。

第一百二十条　【讯问的程序】侦查人员在讯问犯罪嫌疑人的时候,应当首先讯问犯罪嫌疑人是否有犯罪行为,让他陈述有罪的情节或者无罪的辩解,然后向他提出问题。犯罪嫌疑人对侦查人员的提问,应当如实回答。但是对与本案无关的问题,有拒绝回答的权利。

侦查人员在讯问犯罪嫌疑人的时候,应当告知犯罪嫌疑人享有的诉讼权利,如实供述自己罪行可以从宽处理和认罪认罚的法律规定。

● 要点及关联法规

1. 讯问内容及顺序

★公安机关办理刑事案件程序规定（2020年7月20日）（节录）

第二百零三条 侦查人员讯问犯罪嫌疑人时，应当首先讯问犯罪嫌疑人是否有犯罪行为，并告知犯罪嫌疑人享有的诉讼权利，如实供述自己罪行可以从宽处理以及认罪认罚的法律规定，让他陈述有罪的情节或者无罪的辩解，然后向他提出问题。

犯罪嫌疑人对侦查人员的提问，应当如实回答。但是对与本案无关的问题，有拒绝回答的权利。

第一次讯问，应当问明犯罪嫌疑人的姓名、别名、曾用名、出生年月日、户籍所在地、现住地、籍贯、出生地、民族、职业、文化程度、政治面貌、工作单位、家庭情况、社会经历、是否属于人大代表、政协委员、是否受过刑事处罚或者行政处理等情况。

★最高人民法院、最高人民检察院、公安部、国家安全部、司法部关于适用认罪认罚从宽制度的指导意见（2019年10月11日）（节录）

22. 权利告知和听取意见。公安机关在侦查过程中，应当告知犯罪嫌疑人享有的诉讼权利、如实供述罪行可以从宽处理和认罪认罚的法律规定，听取犯罪嫌疑人及其辩护人或者值班律师的意见，记录在案并随案移送。

对在非讯问时间、办案人员不在场情况下，犯罪嫌疑人向看守所工作人员或者辩护人、值班律师表示愿意认罪认罚的，有关人员应当及时告知办案单位。

23. 认罪教育。公安机关在侦查阶段应当同步开展认罪教育工作，但不得强迫犯罪嫌疑人认罪，不得作出具体的从宽承诺。犯罪嫌疑人自愿认罪，愿意接受司法机关处罚的，应当记录在案并附卷。

★人民检察院刑事诉讼规则（2019年12月30日）（节录）

第一百八十七条 讯问犯罪嫌疑人一般按照下列顺序进行：

（一）核实犯罪嫌疑人的基本情况，包括姓名、出生年月日、户籍地、公民身份号码、民族、职业、文化程度、工作单位及职务、住所、家庭情况、社会经历、是否属于人大代表、政协委员等；

（二）告知犯罪嫌疑人在侦查阶段的诉讼权利，有权自行辩护或者委托律师辩护，告知其如实供述自己罪行可以依法从宽处理和认罪认罚的法律规定；

（三）讯问犯罪嫌疑人是否有犯罪行为，让他陈述有罪的事实或者无罪的辩解，应当允许其连贯陈述。

犯罪嫌疑人对检察人员的提问，应当如实回答。但是对与本案无关的问题，有拒绝回答的权利。

讯问犯罪嫌疑人时，应当告知犯罪嫌疑人将对讯问进行全程同步录音、录像。告知情况应当在录音、录像中予以反映，并记明笔录。

讯问时，对犯罪嫌疑人提出的辩解要认真查核。严禁刑讯逼供和以威胁、引诱、欺骗以及其他非法的方法获取供述。

2. 核查犯罪嫌疑人供述的事实、申辩、提供的证据

★公安机关办理刑事案件程序规定（2020年7月20日）（节录）

第二百零九条　对犯罪嫌疑人供述的犯罪事实，无罪或者罪轻的事实、申辩和反证，以及犯罪嫌疑人提供的证明自己无罪、罪轻的证据，公安机关应当认真核查；对有关证据，无论是否采信，都应当如实记录、妥善保管，并连同核查情况附卷。

第一百二十一条　【讯问聋哑犯罪嫌疑人的特殊要求】讯问聋、哑的犯罪嫌疑人，应当有通晓聋、哑手势的人参加，并且将这种情况记明笔录。

● 要点及关联法规

讯问聋哑或不通晓当地语言文字的犯罪嫌疑人应配备翻译人员

★公安机关办理刑事案件程序规定（2020年7月20日）（节录）

第二百零四条　讯问聋、哑的犯罪嫌疑人，应当有通晓聋、哑手势的人参加，并在讯问笔录上注明犯罪嫌疑人的聋、哑情况，以及翻译人员的姓名、工作单位和职业。

讯问不通晓当地语言文字的犯罪嫌疑人，应当配备翻译人员。

> **第一百二十二条　【制作讯问笔录】** 讯问笔录应当交犯罪嫌疑人核对，对于没有阅读能力的，应当向他宣读。如果记载有遗漏或者差错，犯罪嫌疑人可以提出补充或者改正。犯罪嫌疑人承认笔录没有错误后，应当签名或者盖章。侦查人员也应当在笔录上签名。犯罪嫌疑人请求自行书写供述的，应当准许。必要的时候，侦查人员也可以要犯罪嫌疑人亲笔书写供词。

● 要点及关联法规

1. 制作讯问笔录的要求

★公安机关办理刑事案件程序规定（2020年7月20日）（节录）

第二百零五条　侦查人员应当将问话和犯罪嫌疑人的供述或者辩解如实地记录清楚。制作讯问笔录应当使用能够长期保持字迹的材料。

第二百零六条　讯问笔录应当交犯罪嫌疑人核对；对于没有阅读能力的，应当向他宣读。如果记载有遗漏或者差错，应当允许犯罪嫌疑人补充或者更正，并捺指印。笔录经犯罪嫌疑人核对无误后，应当由其在笔录上逐页签名、捺指印，并在末页写明"以上笔录我看过（或向我宣读过），和我说的相符"。拒绝签名、捺指印的，侦查人员应当在笔录上注明。

讯问笔录上所列项目，应当按照规定填写齐全。侦查人员、翻译人员应当在讯问笔录上签名。

★人民检察院刑事诉讼规则（2019年12月30日）（节录）

第一百八十八条　讯问犯罪嫌疑人，应当制作讯问笔录。讯问笔录应当忠实于原话，字迹清楚，详细具体，并交犯罪嫌疑人核对。犯罪嫌疑人没有阅读能力的，应当向他宣读。如果记载有遗漏或者差错，应当补充或者改正。犯罪嫌疑人认为讯问笔录没有错误的，由其在笔录上逐页签名或者盖章，并捺指印，在末页写明"以上笔录我看过（向我宣读过），和我说的相符"，同时签名或者盖章，并捺指印，注明日期。如果犯罪嫌疑人拒绝签名、盖章、捺指印的，应当在笔录上注明。讯问的检察人员、书记员也应当在笔录上签名。

2. 犯罪嫌疑人请求自行书写供述的，应当准许

★公安机关办理刑事案件程序规定（2020年7月20日）（节录）

第二百零七条 犯罪嫌疑人请求自行书写供述的，应当准许；必要时，侦查人员也可以要求犯罪嫌疑人亲笔书写供词。犯罪嫌疑人应当在亲笔供词上逐页签名、捺指印。侦查人员收到后，应当在首页右上方写明"于某年某月某日收到"，并签名。

★人民检察院刑事诉讼规则（2019年12月30日）（节录）

第一百八十九条 犯罪嫌疑人请求自行书写供述的，检察人员应当准许。必要时，检察人员也可以要求犯罪嫌疑人亲笔书写供述。犯罪嫌疑人应当在亲笔供述的末页签名或者盖章，并捺指印，注明书写日期。检察人员收到后，应当在首页右上方写明"于某年某月某日收到"，并签名。

第一百二十三条 【讯问过程的同步录音录像】侦查人员在讯问犯罪嫌疑人的时候，可以对讯问过程进行录音或者录像；对于可能判处无期徒刑、死刑的案件或者其他重大犯罪案件，应当对讯问过程进行录音或者录像。

录音或者录像应当全程进行，保持完整性。

● 要点及关联法规

1. 公安机关讯问过程的录音录像

（1）录音录像应保持完整性

★公安机关讯问犯罪嫌疑人录音录像工作规定（2014年9月5日）（节录）

第三条 对讯问过程进行录音录像，应当对每一次讯问全程不间断进行，保持完整性，不得选择性地录制，不得剪接、删改。

（2）应当进行录音录像的情形

★公安机关办理刑事案件程序规定（2020年7月20日）（节录）

第二百零八条 讯问犯罪嫌疑人，在文字记录的同时，可以对讯问过程进行录音录像。对于可能判处无期徒刑、死刑的案件或者其他重大犯罪案件，应当对讯问过程进行录音录像。

前款规定的"可能判处无期徒刑、死刑的案件",是指应当适用的法定刑或者量刑档次包含无期徒刑、死刑的案件。"其他重大犯罪案件",是指致人重伤、死亡的严重危害公共安全犯罪、严重侵犯公民人身权利犯罪,以及黑社会性质组织犯罪、严重毒品犯罪等重大故意犯罪案件。

对讯问过程录音录像的,应当对每一次讯问全程不间断进行,保持完整性。不得选择性地录制,不得剪接、删改。

★公安机关讯问犯罪嫌疑人录音录像工作规定(2014年9月5日)(节录)

第四条 对下列重大犯罪案件,应当对讯问过程进行录音录像:

(一)可能判处无期徒刑、死刑的案件;

(二)致人重伤、死亡的严重危害公共安全犯罪、严重侵犯公民人身权利犯罪案件;

(三)黑社会性质组织犯罪案件,包括组织、领导黑社会性质组织,入境发展黑社组织,包庇、纵容黑社会性质组织等犯罪案件;

(四)严重毒品犯罪案件,包括走私、贩卖、运输、制造毒品,非法持有毒品数量大的,包庇走私、贩卖、运输、制造毒品的犯罪分子情节严重的,走私、非法买卖制毒物品数量大的犯罪案件;

(五)其他故意犯罪案件,可能判处十年以上有期徒刑的。

前款规定的"讯问",既包括在执法办案场所进行的讯问,也包括对不需要拘留、逮捕的犯罪嫌疑人在指定地点或者其住处进行的讯问,以及紧急情况下在现场进行的讯问。

本条第一款规定的"可能判处无期徒刑、死刑的案件"和"可能判处十年以上有期徒刑的案件",是指应当适用的法定刑或者量刑档次包含无期徒刑、死刑、十年以上有期徒刑的案件。

第五条 在办理刑事案件过程中,在看守所讯问或者通过网络视频等方式远程讯问犯罪嫌疑人的,应当对讯问过程进行录音录像。

第六条 对具有下列情形之一的案件,应当对讯问过程进行录音录像:

(一)犯罪嫌疑人是盲、聋、哑人,未成年人或者尚未完全丧失辨认或者控制自己行为能力的精神病人,以及不通晓当地通用的语言文字的;

(二)犯罪嫌疑人反侦查能力较强或者供述不稳定,翻供可能性较大的;

(三)犯罪嫌疑人作无罪辩解和辩护人可能作无罪辩护的;

(四)犯罪嫌疑人、被害人、证人对案件事实、证据存在较大分歧的;

(五)共同犯罪中难以区分犯罪嫌疑人相关责任的;

（六）引发信访、舆论炒作风险较大的；
（七）社会影响重大、舆论关注度高的；
（八）其他重大、疑难、复杂情形。

(3) 录音录像的录制

★**公安机关讯问犯罪嫌疑人录音录像工作规定**（2014年9月5日）（节录）

第八条 对讯问过程进行录音录像，可以使用专门的录制设备，也可以通过声像监控系统进行。

第九条 讯问开始前，应当做好录音录像的准备工作，对讯问场所及录音录像设备进行检查和调试，确保设备运行正常、时间显示准确。

第十条 录音录像应当自讯问开始时开始，至犯罪嫌疑人核对讯问笔录、签字捺指印后结束。讯问笔录记载的起止时间应当与讯问录音录像资料反映的起止时间一致。

第十一条 对讯问过程进行录音录像，应当对侦查人员、犯罪嫌疑人、其他在场人员、讯问场景和计时装置、温度计显示的信息进行全面摄入，图像应当显示犯罪嫌疑人正面中景。有条件的地方，可以通过画中画技术同步显示侦查人员正面画面。

讯问过程中出示证据和犯罪嫌疑人辨认证据、核对笔录、签字捺指印的过程应当在画面中予以反映。

第十二条 讯问录音录像的图像应当清晰稳定，话音应当清楚可辨，能够真实反映讯问现场的原貌，全面记录讯问过程，并同步显示日期和24小时制时间信息。

第十三条 在制作讯问笔录时，侦查人员可以对犯罪嫌疑人的供述进行概括，但涉及犯罪的时间、地点、作案手段、作案工具、被害人情况、主观心态等案件关键事实的，讯问笔录记载的内容应当与讯问录音录像资料记录的犯罪嫌疑人供述一致。

第十四条 讯问过程中，因存储介质空间不足、技术故障等客观原因导致不能录音录像的，应当中止讯问，并视情及时采取更换存储介质、排除故障、调换讯问室、更换移动录音录像设备等措施。

对于本规定第四条规定以外的案件，因案情紧急、排除中止情形所需时间过长等原因不宜中止讯问的，可以继续讯问。有关情况应当在讯问笔录中载明，并由犯罪嫌疑人签字确认。

第十五条 中止讯问的情形消失后继续讯问的，应当同时进行录音录像。

侦查人员应当在录音录像开始后,口头说明中断的原因、起止时间等情况,在讯问笔录中载明并由犯罪嫌疑人签字确认。

(4) 资料管理和使用

★公安机关讯问犯罪嫌疑人录音录像工作规定(2014年9月5日)(节录)

第十六条 办案部门应当指定办案人员以外的人员保管讯问录音录像资料,不得由办案人员自行保管。讯问录音录像资料的保管条件应当符合公安声像档案管理有关规定,保密要求应当与本案讯问笔录一致。

有条件的地方,可以对讯问录音录像资料实行信息化管理,并与执法办案信息系统关联。

案件侦查终结后,应当将讯问录音录像资料和案件卷宗一并移交档案管理部门保管。

第十七条 讯问录音录像资料应当刻录光盘保存或者利用磁盘等存储设备存储。

刻录光盘保存的,应当制作一式两份,在光盘标签或者封套上标明制作单位、制作人、制作时间、被讯问人、案件名称及案件编号,一份装袋密封作为正本,一份作为副本。对一起案件中的犯罪嫌疑人多次讯问的,可以将多次讯问的录音录像资料刻录在同一张光盘内。刻录完成后,办案人员应当在24小时内将光盘移交保管人员,保管人员应当登记入册并与办案人员共同签名。

利用磁盘等存储设备存储的,应当在讯问结束后立即上传到专门的存储设备中,并制作数据备份;必要时,可以转录为光盘。

第十八条 刑事诉讼过程中,除因副本光盘损坏、灭失需要重新复制,或者对副本光盘的真实性存在疑问需要查阅外,不得启封正本光盘。确需调取正本光盘的,应当经办案部门负责人批准,使用完毕后应当及时重新封存。

第十九条 公安机关办案和案件审核、执法监督、核查信访投诉等工作需要使用讯问录音录像资料的,可以调取副本光盘或者通过信息系统调阅。

人民法院、人民检察院依法调取讯问录音录像资料的,办案部门应当在三日内将副本光盘移交人民法院、人民检察院。利用磁盘等存储设备存储的,应当转录为光盘后移交。

第二十条 调取光盘时,保管人员应当在专门的登记册上登记调取人员、时间、事由、预计使用时间、审批人等事项,并由调取人员和保管人员共同签字。

对调取、使用的光盘,有关单位应当妥善保管,并在使用完毕后及时交还保管人员。

调取人归还光盘时，保管人员应当进行检查、核对，有损毁、调换、灭失等情况的，应当如实记录，并报告办案部门负责人。

第二十一条　通过信息系统调阅讯问录音录像资料的，应当综合考虑部门职责、岗位性质、工作职权等因素，严格限定使用权限，严格落实管理制度。

（5）监督与责任

★公安机关讯问犯罪嫌疑人录音录像工作规定（2014年9月5日）（节录）

第二十二条　讯问录音录像工作和讯问录音录像资料的管理使用情况，应当纳入所在单位案件审核和执法质量考评范围。

对本规定第四条规定的案件，办案部门在报送审核时应当同时提交讯问录音录像资料。审核部门应当重点审查是否存在以下情形：

（一）以刑讯逼供等非法方法收集证据；

（二）未在讯问室讯问犯罪嫌疑人；

（三）未保证犯罪嫌疑人的饮食和必要的休息时间；

（四）讯问笔录记载的起止时间与讯问录音录像资料反映的起止时间不一致；

（五）讯问笔录与讯问录音录像资料内容严重不符。

对本规定第四条规定以外的案件，存在刑讯逼供等非法取证嫌疑的，审核部门应当对讯问录音录像资料进行审查。

第二十三条　审核部门发现具有下列情形之一的，不得将犯罪嫌疑人供述作为提请批准逮捕、移送审查起诉的依据：

（一）存在本规定第二十二条第二款第一项情形的；

（二）存在本规定第二十二条第二款第二项至第五项情形而未进行补正、解释，或者经补正、解释后仍不能有效证明讯问过程合法性的。

第二十四条　对违反本规定，具有下列情形之一的，应当根据有关规定追究有关单位和人员的责任：

（一）未对本规定第四条规定的案件讯问过程进行录音录像，导致有关证据被人民法院、人民检察院依法排除的；

（二）讯问笔录与讯问录音录像资料内容严重不符，影响证据效力的；

（三）对讯问录音录像资料进行剪接、删改的；

（四）未按规定保管，致使讯问录音录像资料毁损、灭失、泄露的；

（五）私自或者违规调取、使用、披露讯问录音录像资料，影响案件办理或者侵犯当事人合法权益的；

（六）其他违反本规定，应当追究责任的。

（6）办理刑事案件询问被害人、证人的录音录像适用本规定

★**公安机关讯问犯罪嫌疑人录音录像工作规定**（2014年9月5日）（节录）

第二十五条　公安机关办理刑事案件，需要对询问被害人、证人过程进行录音录像的，适用本规定。

（7）办理行政案件询问违法嫌疑人、被侵害人、证人的录音录像适用本规定

★**公安机关讯问犯罪嫌疑人录音录像工作规定**（2014年9月5日）（节录）

第二十六条　公安机关办理行政案件，需要对询问违法嫌疑人、被侵害人、证人过程进行录音录像的，参照本规定执行。

2. 检察院对直接受理侦查案件的录音录像

★**人民检察院刑事诉讼规则**（2019年12月30日）（节录）

第一百八十一条　人民检察院对于直接受理案件的侦查，可以适用刑事诉讼法第二编第二章规定的各项侦查措施。

刑事诉讼法规定进行侦查活动需要制作笔录的，应当制作笔录。必要时，可以对相关活动进行录音、录像。

第一百八十七条　讯问犯罪嫌疑人一般按照下列顺序进行：

（一）核实犯罪嫌疑人的基本情况，包括姓名、出生年月日、户籍地、公民身份号码、民族、职业、文化程度、工作单位及职务、住所、家庭情况、社会经历、是否属于人大代表、政协委员等；

（二）告知犯罪嫌疑人在侦查阶段的诉讼权利，有权自行辩护或者委托律师辩护，告知其如实供述自己罪行可以依法从宽处理和认罪认罚的法律规定；

（三）讯问犯罪嫌疑人是否有犯罪行为，让他陈述有罪的事实或者无罪的辩解，应当允许其连贯陈述。

犯罪嫌疑人对检察人员的提问，应当如实回答。但是对与本案无关的问题，有拒绝回答的权利。

讯问犯罪嫌疑人时，应当告知犯罪嫌疑人将对讯问进行全程同步录音、录像。告知情况应当在录音、录像中予以反映，并记明笔录。

讯问时，对犯罪嫌疑人提出的辩解要认真查核。严禁刑讯逼供和以威胁、引诱、欺骗以及其他非法的方法获取供述。

第一百九十条　人民检察院办理直接受理侦查的案件,应当在每次讯问犯罪嫌疑人时,对讯问过程实行全程录音、录像,并在讯问笔录中注明。

第一百九十四条　询问证人,应当问明证人的基本情况以及与当事人的关系,并且告知证人应当如实提供证据、证言和故意作伪证或者隐匿罪证应当承担的法律责任,但是不得向证人泄露案情,不得采用拘禁、暴力、威胁、引诱、欺骗以及其他非法方法获取证言。

询问重大或者有社会影响的案件的重要证人,应当对询问过程实行全程录音、录像,并在询问笔录中注明。

第三节　询问证人

第一百二十四条　【询问证人的地点、方式与要求】侦查人员询问证人,可以在现场进行,也可以到证人所在单位、住处或者证人提出的地点进行,在必要的时候,可以通知证人到人民检察院或者公安机关提供证言。在现场询问证人,应当出示工作证件,到证人所在单位、住处或者证人提出的地点询问证人,应当出示人民检察院或者公安机关的证明文件。

【个别询问原则】询问证人应当个别进行。

● 要点及关联法规

1. 询问的地点要求

★公安机关办理刑事案件程序规定(2020 年 7 月 20 日)(节录)

第二百一十条　询问证人、被害人,可以在现场进行,也可以到证人、被害人所在单位、住处或者证人、被害人提出的地点进行。在必要的时候,可以书面、电话或者当场通知证人、被害人到公安机关提供证言。

询问证人、被害人应当个别进行。

在现场询问证人、被害人,侦查人员应当出示人民警察证。到证人、被害人所在单位、住处或者证人、被害人提出的地点询问证人、被害人,应当经办案部门负责人批准,制作询问通知书。询问前,侦查人员应当出示询问通知书和人民警察证。

★人民检察院刑事诉讼规则(2019年12月30日)(节录)

第一百九十三条　询问证人,可以在现场进行,也可以到证人所在单位、住处或者证人提出的地点进行。必要时,也可以通知证人到人民检察院提供证言。到证人提出的地点进行询问的,应当在笔录中记明。

询问证人应当个别进行。

在现场询问证人,应当出示工作证件。到证人所在单位、住处或者证人提出的地点询问证人,应当出示人民检察院的证明文件。

2. 询问时检察人员不得少于2人

★人民检察院刑事诉讼规则(2019年12月30日)(节录)

第一百九十二条　询问证人,应当由检察人员进行。询问时,检察人员或者检察人员和书记员不得少于二人。

> **第一百二十五条　【询问证人时的告知义务】**询问证人,应当告知他应当如实地提供证据、证言和有意作伪证或者隐匿罪证要负的法律责任。

● 要点及关联法规

告知事项

★公安机关办理刑事案件程序规定(2020年7月20日)(节录)

第二百一十一条　询问前,应当了解证人、被害人的身份,证人、被害人、犯罪嫌疑人之间的关系。询问时,应当告知证人、被害人必须如实地提供证据、证言和有意作伪证或者隐匿罪证应负的法律责任。

侦查人员不得向证人、被害人泄露案情或者表示对案件的看法,严禁采用暴力、威胁等非法方法询问证人、被害人。

★人民检察院刑事诉讼规则(2019年12月30日)(节录)

第一百九十一条　人民检察院在侦查过程中,应当及时询问证人,并且告知证人履行作证的权利和义务。

人民检察院应当保证一切与案件有关或者了解案情的公民有客观充分地提供证据的条件，并为他们保守秘密。除特殊情况外，人民检察院可以吸收证人协助调查。

第一百二十六条　【证人询问笔录】本法第一百二十二条的规定，也适用于询问证人。

● 要点及关联法规

证人询问笔录

★公安机关办理刑事案件程序规定（2020 年 7 月 20 日）（节录）

第二百零六条　讯问笔录应当交犯罪嫌疑人核对；对于没有阅读能力的，应当向他宣读。如果记录有遗漏或者差错，应当允许犯罪嫌疑人补充或者更正，并捺指印。笔录经犯罪嫌疑人核对无误后，应当由其在笔录上逐页签名、捺指印，并在末页写明"以上笔录我看过（或向我宣读过），和我说的相符"。拒绝签名、捺指印的，侦查人员应当在笔录上注明。

讯问笔录上所列项目，应当按照规定填写齐全。侦查人员、翻译人员应当在讯问笔录上签名。

第二百零七条　犯罪嫌疑人请求自行书写供述的，应当准许；必要时，侦查人员也可以要求犯罪嫌疑人亲笔书写供词。犯罪嫌疑人应当在亲笔供词上逐页签名、捺指印。侦查人员收到后，应当在首页右上方写明"于某年某月某日收到"，并签名。

第二百一十二条　本规定第二百零六条、第二百零七条的规定，也适用于询问证人、被害人。

第一百二十七条　【询问被害人的法律适用】询问被害人，适用本节各条规定。

● 要点及关联法规

询问被害人适用询问证人的规定

★**人民检察院刑事诉讼规则**（2019年12月30日）（节录）

第一百九十五条 询问被害人，适用询问证人的规定。

第四节 勘验、检查

> 第一百二十八条 【勘验、检查的范围】侦查人员对于与犯罪有关的场所、物品、人身、尸体应当进行勘验或者检查。在必要的时候，可以指派或者聘请具有专门知识的人，在侦查人员的主持下进行勘验、检查。

● 要点及关联法规

勘验、检查的范围

★**公安机关办理刑事案件程序规定**（2020年7月20日）（节录）

第二百一十三条 侦查人员对于与犯罪有关的场所、物品、人身、尸体应当进行勘验或者检查，及时提取、采集与案件有关的痕迹、物证、生物样本等。在必要的时候，可以指派或者聘请具有专门知识的人，在侦查人员的主持下进行勘验、检查。

★**人民检察院刑事诉讼规则**（2019年12月30日）（节录）

第一百九十六条 检察人员对于与犯罪有关的场所、物品、人身、尸体应当进行勘验或者检查。必要时，可以指派检察技术人员或者聘请其他具有专门知识的人，在检察人员的主持下进行勘验、检查。

第一百二十九条　【对犯罪现场的保护义务】任何单位和个人，都有义务保护犯罪现场，并且立即通知公安机关派员勘验。

● 要点及关联法规

发案地派出所、巡警等部门应当妥善保护犯罪现场和证据

★公安机关办理刑事案件程序规定（2020年7月20日）（节录）

第二百一十四条第一款　发案地派出所、巡警等部门应当妥善保护犯罪现场和证据，控制犯罪嫌疑人，并立即报告公安机关主管部门。

第一百三十条　【勘验、检查必须持证明文件】侦查人员执行勘验、检查，必须持有人民检察院或者公安机关的证明文件。

● 要点及关联法规

勘验、检查的要求

★公安机关办理刑事案件程序规定（2020年7月20日）（节录）

第二百一十四条第二款　执行勘查的侦查人员接到通知后，应当立即赶赴现场；勘查现场，应当持有刑事犯罪现场勘查证。

第二百一十五条　公安机关对案件现场进行勘查，侦查人员不得少于二人。

第二百一十六条　勘查现场，应当拍摄现场照片、绘制现场图，制作笔录，由参加勘查的人和见证人签名。对重大案件的现场勘查，应当录音录像。

★人民检察院刑事诉讼规则（2019年12月30日）（节录）

第一百九十七条　勘验时，人民检察院应当邀请两名与案件无关的见证人在场。

勘查现场，应当拍摄现场照片。勘查的情况应当写明笔录并制作现场图，由参加勘查的人和见证人签名。勘查重大案件的现场，应当录像。

第一百三十一条 【尸体解剖的程序】 对于死因不明的尸体，公安机关有权决定解剖，并且通知死者家属到场。

● 要点及关联法规

1. 解剖尸体应当通知死者家属到场

★公安机关办理刑事案件程序规定（2020年7月20日）（节录）

第二百一十八条 为了确定死因，经县级以上公安机关负责人批准，可以解剖尸体，并且通知死者家属到场，让其在解剖尸体通知书上签名。

死者家属无正当理由拒不到场或者拒绝签名的，侦查人员应当在解剖尸体通知书上注明。对身份不明的尸体，无法通知死者家属的，应当在笔录中注明。

★人民检察院刑事诉讼规则（2019年12月30日）（节录）

第一百九十八条 人民检察院解剖死因不明的尸体，应当通知死者家属到场，并让其在解剖通知书上签名或者盖章。

死者家属无正当理由拒不到场或者拒绝签名、盖章的，不影响解剖的进行，但是应当在解剖通知书上记明。对于身份不明的尸体，无法通知死者家属的，应当记明笔录。

2. 对已查明死因、没有继续保存必要的尸体的处理

★公安机关办理刑事案件程序规定（2020年7月20日）（节录）

第二百一十九条 对已查明死因，没有继续保存必要的尸体，应当通知家属领回处理，对于无法通知或者通知后家属拒绝领回的，经县级以上公安机关负责人批准，可以及时处理。

第一百三十二条 【人身检查、提取指纹信息和采集生物样本的程序】 为了确定被害人、犯罪嫌疑人的某些特征、伤害情况或者生理状态，可以对人身进行检查，可以提取指纹信息，采集血液、尿液等生物样本。

犯罪嫌疑人如果拒绝检查，侦查人员认为必要的时候，可以强制检查。

检查妇女的身体，应当由女工作人员或者医师进行。

● 要点及关联法规

犯罪嫌疑人拒绝人身检查的，经办案部门负责人批准，可以强制检查

★公安机关办理刑事案件程序规定（2020年7月20日）（节录）

第二百一十七条第一款 为了确定被害人、犯罪嫌疑人的某些特征、伤害情况或者生理状态，可以对人身进行检查，依法提取、采集肖像、指纹等人体生物识别信息，采集血液、尿液等生物样本。被害人死亡的，应当通过被害人近亲属辨认、提取生物样本鉴定等方式确定被害人身份。

第二款 犯罪嫌疑人拒绝检查、提取、采集的，侦查人员认为必要的时候，经办案部门负责人批准，可以强制检查、提取、采集。

第三款 检查妇女的身体，应当由女工作人员或者医师进行。

★人民检察院刑事诉讼规则（2019年12月30日）（节录）

第一百九十九条 为了确定被害人、犯罪嫌疑人的某些特征、伤害情况或者生理状态，人民检察院可以对人身进行检查，可以提取指纹信息，采集血液、尿液等生物样本。

必要时，可以指派、聘请法医或者医师进行人身检查。采集血液等生物样本应当由医师进行。

犯罪嫌疑人如果拒绝检查，检察人员认为必要时可以强制检查。

检查妇女的身体，应当由女工作人员或者医师进行。

人身检查不得采用损害被检查人生命、健康或者贬低其名誉、人格的方法。在人身检查过程中知悉的被检查人的个人隐私，检察人员应当予以保密。

第一百三十三条 【勘验、检查笔录的制作】 勘验、检查的情况应当写成笔录，由参加勘验、检查的人和见证人签名或者盖章。

● 要点及关联法规

检查的情况应当制作勘验、检查笔录

★公安机关办理刑事案件程序规定（2020年7月20日）（节录）

第二百一十七条第四款 检查的情况应当制作笔录，由参加检查的侦查人员、检查人员、被检查人员和见证人签名。被检查人员拒绝签名的,侦查人员应当在笔录中注明。

第一百三十四条　【复验、复查】人民检察院审查案件的时候,对公安机关的勘验、检查,认为需要复验、复查时,可以要求公安机关复验、复查,并且可以派检察人员参加。

● 要点及关联法规

人民检察院要求复验、复查的,公安机关应当复验、复查

★公安机关办理刑事案件程序规定(2020年7月20日)(节录)

第二百二十条　公安机关进行勘验、检查后,人民检察院要求复验、复查的,公安机关应当进行复验、复查,并可以通知人民检察院派员参加。

第一百三十五条　【侦查实验的程序、要求】为了查明案情,在必要的时候,经公安机关负责人批准,可以进行侦查实验。

侦查实验的情况应当写成笔录,由参加实验的人签名或者盖章。

侦查实验,禁止一切足以造成危险、侮辱人格或者有伤风化的行为。

● 要点及关联法规

经县级以上公安机关负责人批准,可以进行侦查实验

★公安机关办理刑事案件程序规定(2020年7月20日)(节录)

第二百二十一条　为了查明案情,在必要的时候,经县级以上公安机关负责人批准,可以进行侦查实验。

进行侦查实验,应当全程录音录像,并制作侦查实验笔录,由参加实验的人签名。

进行侦查实验,禁止一切足以造成危险、侮辱人格或者有伤风化的行为。

★人民检察院刑事诉讼规则（2019年12月30日）（节录）

第二百条 为了查明案情，必要时经检察长批准，可以进行侦查实验。

侦查实验，禁止一切足以造成危险、侮辱人格或者有伤风化的行为。

第二百零一条 侦查实验，必要时可以聘请有关专业人员参加，也可以要求犯罪嫌疑人、被害人、证人参加。

第五节 搜 查

第一百三十六条 【搜查的对象和范围】为了收集犯罪证据、查获犯罪人，侦查人员可以对犯罪嫌疑人以及可能隐藏罪犯或者犯罪证据的人的身体、物品、住处和其他有关的地方进行搜查。

● 要点及关联法规

1. 经县级以上公安机关负责人批准，侦查人员可进行搜查

★公安机关办理刑事案件程序规定（2020年7月20日）（节录）

第二百二十二条 为了收集犯罪证据、查获犯罪人，经县级以上公安机关负责人批准，侦查人员可以对犯罪嫌疑人以及可能隐藏罪犯或者犯罪证据的人的身体、物品、住处和其他有关的地方进行搜查。

2. 经检察长批准，检察人员可进行搜查

★人民检察院刑事诉讼规则（2019年12月30日）（节录）

第二百零三条 为了收集犯罪证据，查获犯罪人，经检察长批准，检察人员可以对犯罪嫌疑人以及可能隐藏罪犯或者犯罪证据的人的身体、物品、住处、工作地点和其他有关的地方进行搜查。

第一百三十七条 【协助搜查义务】任何单位和个人，有义务按照人民检察院和公安机关的要求，交出可以证明犯罪嫌疑人有罪或者无罪的物证、书证、视听资料等证据。

● 要点及关联法规

公安机关、人民检察院有权要求有关单位和个人交出证据

★公安机关办理刑事案件程序规定（2020年7月20日）（节录）

第二百二十五条第二款 公安机关可以要求有关单位和个人交出可以证明犯罪嫌疑人有罪或者无罪的物证、书证、视听资料等证据。遇到阻碍搜查的，侦查人员可以强制搜查。

★人民检察院刑事诉讼规则（2019年12月30日）（节录）

第二百零二条 人民检察院有权要求有关单位和个人，交出能够证明犯罪嫌疑人有罪或者无罪以及犯罪情节轻重的证据。

第一百三十八条 【搜查证的出示及例外】进行搜查，必须向被搜查人出示搜查证。

在执行逮捕、拘留的时候，遇有紧急情况，不另用搜查证也可以进行搜查。

● 要点及关联法规

1. **进行搜查须出示搜查证**

★公安机关办理刑事案件程序规定（2020年7月20日）（节录）

第二百二十三条 进行搜查，必须向被搜查人出示搜查证，执行搜查的侦查人员不得少于二人。

2. **执行拘留、逮捕时，不用搜查证也可以进行搜查的情况**

★公安机关办理刑事案件程序规定（2020年7月20日）（节录）

第二百二十四条 执行拘留、逮捕的时候，遇有下列紧急情况之一的，不用搜查证也可以进行搜查：

（一）可能随身携带凶器的；

（二）可能隐藏爆炸、剧毒等危险物品的；

（三）可能隐匿、毁弃、转移犯罪证据的；

（四）可能隐匿其他犯罪嫌疑人的；
（五）其他突然发生的紧急情况。

★**人民检察院刑事诉讼规则**（2019年12月30日）（节录）

第二百零五条　搜查时，应当向被搜查人或者他的家属出示搜查证。

在执行逮捕、拘留的时候，遇有下列紧急情况之一，不另用搜查证也可以进行搜查：

（一）可能随身携带凶器的；
（二）可能隐藏爆炸、剧毒等危险物品的；
（三）可能隐匿、毁弃、转移犯罪证据的；
（四）可能隐匿其他犯罪嫌疑人的；
（五）其他紧急情况。

搜查结束后，搜查人员应当在二十四小时以内补办有关手续。

第一百三十九条　【搜查时的见证人在场】在搜查的时候，应当有被搜查人或者他的家属，邻居或者其他见证人在场。

【搜查妇女身体的特殊要求】搜查妇女的身体，应当由女工作人员进行。

● 要点及关联法规

1. 搜查的要求

★**公安机关办理刑事案件程序规定**（2020年7月20日）（节录）

第二百二十五条　进行搜查时，应当有被搜查人或者他的家属、邻居或者其他见证人在场。

公安机关可以要求有关单位和个人交出可以证明犯罪嫌疑人有罪或者无罪的物证、书证、视听资料等证据。遇到阻碍搜查的，侦查人员可以强制搜查。

搜查妇女的身体，应当由女工作人员进行。

★**人民检察院刑事诉讼规则**（2019年12月30日）（节录）

第二百零四条　搜查应当在检察人员的主持下进行，可以有司法警察参加。必要时，可以指派检察技术人员参加或者邀请当地公安机关、有关单位协助进行。

执行搜查的人员不得少于二人。

第二百零六条 搜查时，应当有被搜查人或者其家属、邻居或者其他见证人在场，并且对被搜查人或者其家属说明阻碍搜查、妨碍公务应负的法律责任。

搜查妇女的身体，应当由女工作人员进行。

2. 如果搜查时遇到阻碍，可以强制进行搜查

★人民检察院刑事诉讼规则（2019年12月30日）（节录）

第二百零七条 搜查时，如果遇到阻碍，可以强制进行搜查。对以暴力、威胁方法阻碍搜查的，应当予以制止，或者由司法警察将其带离现场。阻碍搜查构成犯罪的，应当依法追究刑事责任。

第一百四十条 【搜查笔录的制作】搜查的情况应当写成笔录，由侦查人员和被搜查人或者他的家属，邻居或者其他见证人签名或者盖章。如果被搜查人或者他的家属在逃或者拒绝签名、盖章，应当在笔录上注明。

● 要点及关联法规

搜查笔录的制作

★公安机关办理刑事案件程序规定（2020年7月20日）（节录）

第二百二十六条 搜查的情况应当制作笔录，由侦查人员和被搜查人或者他的家属，邻居或者其他见证人签名。

如果被搜查人拒绝签名，或者被搜查人在逃，他的家属拒绝签名或者不在场的，侦查人员应当在笔录中注明。

第六节　查封、扣押物证、书证

第一百四十一条　【查封、扣押的范围】 在侦查活动中发现的可用以证明犯罪嫌疑人有罪或者无罪的各种财物、文件，应当查封、扣押；与案件无关的财物、文件，不得查封、扣押。
【对查封、扣押物品的保管】 对查封、扣押的财物、文件，要妥善保管或者封存，不得使用、调换或者损毁。

● 要点及关联法规

1. 查封、扣押的范围、程序与退还

★**公安机关办理刑事案件程序规定**（2020年7月20日）（节录）

第二百二十七条　在侦查活动中发现的可用以证明犯罪嫌疑人有罪或者无罪的各种财物、文件，应当查封、扣押；但与案件无关的财物、文件，不得查封、扣押。

持有人拒绝交出应当查封、扣押的财物、文件的，公安机关可以强制查封、扣押。

★**人民检察院刑事诉讼规则**（2019年12月30日）（节录）

第二百一十条　在侦查活动中发现的可以证明犯罪嫌疑人有罪、无罪或者犯罪情节轻重的各种财物和文件，应当查封或者扣押；与案件无关的，不得查封或者扣押。查封或者扣押应当经检察长批准。

不能立即查明是否与案件有关的可疑的财物和文件，也可以查封或者扣押，但应当及时审查。经查明确实与案件无关的，应当在三日以内解除查封或者予以退还。

持有人拒绝交出应当查封、扣押的财物和文件的，可以强制查封、扣押。

对于犯罪嫌疑人、被告人到案时随身携带的物品需要扣押的，可以依照前款规定办理。对于与案件无关的个人用品，应当逐件登记，并随案移交或者退还其家属。

2. 检察人员调取证据材料的规定

★**人民检察院刑事诉讼规则**（2019年12月30日）（节录）

第二百零八条　检察人员可以凭人民检察院的证明文件，向有关单位和个人调取能够证明犯罪嫌疑人有罪或者无罪以及犯罪情节轻重的证据材料，并且可以根据需要拍照、录像、复印和复制。

第二百零九条　调取物证应当调取原物。原物不便搬运、保存，或者依法应当返还被害人，或者因保密工作需要不能调取原物的，可以将原物封存，并拍照、录像。对原物拍照或者录像应当足以反映原物的外形、内容。

调取书证、视听资料应当调取原件。取得原件确有困难或者因保密需要不能调取原件的，可以调取副本或者复制件。

调取书证、视听资料的副本、复制件和物证的照片、录像的，应当书面记明不能调取原件、原物的原因，制作过程和原件、原物存放地点，并由制作人员和原书证、视听资料、物证持有人签名或者盖章。

第一百四十二条　【查封、扣押财物、文件的法律手续】对查封、扣押的财物、文件，应当会同在场见证人和被查封、扣押财物、文件持有人查点清楚，当场开列清单一式二份，由侦查人员、见证人和持有人签名或者盖章，一份交给持有人，另一份附卷备查。

● **要点及关联法规**

公安机关查封、扣押财物、文件的要求

（1）经办案部门负责人批准

★**公安机关办理刑事案件程序规定**（2020年7月20日）（节录）

第二百二十八条　在侦查过程中需要扣押物证、文件的，应当经办案部门负责人批准，制作扣押决定书；在现场勘查或者搜查中需要扣押财物、文件的，由现场指挥人员决定；但扣押财物、文件价值较高或者可能严重影响正常生产经营的，应当经县级以上公安机关负责人批准，制作扣押决定书。

在侦查过程中需要查封土地、房屋等不动产，或者船舶、航空器以及其他不宜移动的大型机器、设备等特定动产的，应当经县级以上公安机关负责人批准并制作查封决定书。

（2）执行查封、扣押的侦查人员不得少于2人，并制作笔录

★公安机关办理刑事案件程序规定（2020年7月20日）（节录）

第二百二十九条　执行查封、扣押的侦查人员不得少于二人，并出示本规定第二百二十八条规定的有关法律文书。

查封、扣押的情况应当制作笔录，由侦查人员、持有人和见证人签名。对于无法确定持有人或者持有人拒绝签名的，侦查人员应当在笔录中注明。

（3）对查封、扣押的财物和文件应当会同在场见证人开列查封、扣押清单

★公安机关办理刑事案件程序规定（2020年7月20日）（节录）

第二百三十条　对查封、扣押的财物和文件，应当会同在场见证人和被查封、扣押财物、文件的持有人查点清楚，当场开列查封、扣押清单一式三份，写明财物或者文件的名称、编号、数量、特征及其来源等，由侦查人员、持有人和见证人签名，一份交给持有人，一份交给公安机关保管人员，一份附卷备查。

对于财物、文件的持有人无法确定，以及持有人不在现场或者拒绝签名的，侦查人员应当在清单中注明。

依法扣押文物、贵金属、珠宝、字画等贵重财物的，应当拍照或者录音录像，并及时鉴定、估价。

执行查封、扣押时，应当为犯罪嫌疑人及其所扶养的亲属保留必需的生活费用和物品。能够保证侦查活动正常进行的，可以允许有关当事人继续合理使用有关涉案财物，但应当采取必要的保值、保管措施。

第一百四十三条　【扣押邮件、电报的程序】 侦查人员认为需要扣押犯罪嫌疑人的邮件、电报的时候，经公安机关或者人民检察院批准，即可通知邮电机关将有关的邮件、电报检交扣押。

不需要继续扣押的时候，应即通知邮电机关。

● 要点及关联法规

公安机关扣押邮件、电报应经县级以上公安机关负责人批准

★**公安机关办理刑事案件程序规定**（2020年7月20日）（节录）

第二百三十二条 扣押犯罪嫌疑人的邮件、电子邮件、电报，应当经县级以上公安机关负责人批准，制作扣押邮件、电报通知书，通知邮电部门或者网络服务单位检交扣押。

不需要继续扣押的时候，应当经县级以上公安机关负责人批准，制作解除扣押邮件、电报通知书，立即通知邮电部门或者网络服务单位。

> 第一百四十四条 【查询、冻结犯罪嫌疑人财产】人民检察院、公安机关根据侦查犯罪的需要，可以依照规定查询、冻结犯罪嫌疑人的存款、汇款、债券、股票、基金份额等财产。有关单位和个人应当配合。
>
> 犯罪嫌疑人的存款、汇款、债券、股票、基金份额等财产已被冻结的，不得重复冻结。

● 要点及关联法规

1. 检察机关查询、冻结财产

（1）检察院可以要求有关单位和个人配合查询、冻结犯罪嫌疑人的财产；查询、冻结财产应经检察长批准，并制作查询、冻结财产通知书

★**人民检察院刑事诉讼规则**（2019年12月30日）（节录）

第二百一十二条 人民检察院根据侦查犯罪的需要，可以依照规定查询、冻结犯罪嫌疑人的存款、汇款、债券、股票、基金份额等财产，并可以要求有关单位和个人配合。

查询、冻结前款规定的财产，应当制作查询、冻结财产通知书，通知银行或者其他金融机构、邮政部门执行。冻结财产的，应当经检察长批准。

(2) 不得重复冻结

★**人民检察院刑事诉讼规则**（2019年12月30日）（节录）

第二百一十三条 犯罪嫌疑人的存款、汇款、债券、股票、基金份额等财产已冻结的，人民检察院不得重复冻结，可以轮候冻结。人民检察院应当要求有关银行或者其他金融机构、邮政部门在解除冻结或者作出处理前通知人民检察院。

(3) 当事人或者其法定代理人、委托代理人有权申请出售扣押、冻结债券、股票、基金份额等财产

★**人民检察院刑事诉讼规则**（2019年12月30日）（节录）

第二百一十四条 扣押、冻结债券、股票、基金份额等财产，应当书面告知当事人或者其法定代理人、委托代理人有权申请出售。

对于被扣押、冻结的债券、股票、基金份额等财产，在扣押、冻结期间权利人申请出售，经审查认为不损害国家利益、被害人利益，不影响诉讼正常进行的，以及扣押、冻结的汇票、本票、支票的有效期即将届满的，经检察长批准，可以在案件办结前依法出售或者变现，所得价款由检察机关指定专门的银行账户保管，并及时告知当事人或者其近亲属。

(4) 查询、冻结与案件有关的单位的存款、汇款、债券、股票、基金份额等财产

★**人民检察院刑事诉讼规则**（2019年12月30日）（节录）

第二百一十六条 查询、冻结与案件有关的单位的存款、汇款、债券、股票、基金份额等财产的办法适用本规则第二百一十二条至第二百一十五条的规定。

2. 公安机关查询、冻结财产

(1) 公安机关可要求有关单位和个人配合查询、冻结犯罪嫌疑人的财产

★**公安机关办理刑事案件程序规定**（2020年7月20日）（节录）

第二百三十七条 公安机关根据侦查犯罪的需要，可以依照规定查询、冻结犯罪嫌疑人的存款、汇款、证券交易结算资金、期货保证金等资金，债券、股票、基金份额和其他证券，以及股权、保单权益和其他投资权益等财产，并可以要求有关单位和个人配合。

对于前款规定的财产，不得划转、转账或者以其他方式变相扣押。

(2) 查询、冻结财产应经县级以上公安机关负责人批准，并制作查询、冻结财产通知书

★公安机关办理刑事案件程序规定（2020年7月20日）（节录）

第二百三十八条　向金融机构等单位查询犯罪嫌疑人的存款、汇款、证券交易结算资金、期货保证金等资金，债券、股票、基金份额和其他证券，以及股权、保单权益和其他投资权益等财产，应当经县级以上公安机关负责人批准，制作协助查询财产通知书，通知金融机构等单位协助办理。

第二百三十九条　需要冻结犯罪嫌疑人财产的，应当经县级以上公安机关负责人批准，制作协助冻结财产通知书，明确冻结财产的账户名称、账户号码、冻结数额、冻结期限、冻结范围以及是否及于孳息等事项，通知金融机构等单位协助办理。

冻结股权、保单权益的，应当经设区的市一级以上公安机关负责人批准。

冻结上市公司股权的，应当经省级以上公安机关负责人批准。

(3) 不得重复冻结

★公安机关办理刑事案件程序规定（2020年7月20日）（节录）

第二百四十二条　犯罪嫌疑人的财产已被冻结的，不得重复冻结，但可以轮候冻结。

(4) 冻结期限

★公安机关办理刑事案件程序规定（2020年7月20日）（节录）

第二百四十三条　冻结存款、汇款、证券交易结算资金、期货保证金等财产的期限为六个月。每次续冻期限最长不得超过六个月。

对于重大、复杂案件，经设区的市一级以上公安机关负责人批准，冻结存款、汇款、证券交易结算资金、期货保证金等财产的期限可以为一年。每次续冻期限最长不得超过一年。

第二百四十四条　冻结债券、股票、基金份额等证券的期限为二年。每次续冻期限最长不得超过二年。

第二百四十五条　冻结股权、保单权益或者投资权益的期限为六个月。每次续冻期限最长不得超过六个月。

(5) 当事人或其法定代理人、委托代理人有权申请出售冻结的债券、股票、基金份额等财产

★公安机关办理刑事案件程序规定（2020年7月20日）（节录）

第二百四十六条　对冻结的债券、股票、基金份额等财产，应当告知当事

人或者其法定代理人、委托代理人有权申请出售。

权利人书面申请出售被冻结的债券、股票、基金份额等财产，不损害国家利益、被害人、其他权利人利益，不影响诉讼正常进行的，以及冻结的汇票、本票、支票的有效期即将届满的，经县级以上公安机关负责人批准，可以依法出售或者变现，所得价款应当继续冻结在其对应的银行账户中；没有对应的银行账户的，所得价款由公安机关在银行指定专门账户保管，并及时告知当事人或者其近亲属。

(6) 异地办理查询、查封、扣押或者冻结

★公安机关办理刑事案件程序规定（2020年7月20日）（节录）

第三百四十七条　需要异地公安机关协助的，办案地公安机关应当制作办案协作函件，连同有关法律文书和人民警察证复印件一并提供给协作地公安机关。必要时，可以将前述法律手续传真或者通过公安机关有关信息系统传输至协作地公安机关。

请求协助执行传唤、拘传、拘留、逮捕的，应当提供传唤证、拘传证、拘留证、逮捕证；请求协助开展搜查、查封、扣押、查询、冻结等侦查活动的，应当提供搜查证、查封决定书、扣押决定书、协助查询财产通知书、协助冻结财产通知书；请求协助开展勘验、检查、讯问、询问等侦查活动的，应当提供立案决定书。

3. 查询、冻结、扣划证券和证券交易结算资金

(1) 查询、冻结、扣划证券和证券交易结算资金的程序

★最高人民法院、最高人民检察院、公安部、中国证券监督管理委员会关于查询、冻结、扣划证券和证券交易结算资金有关问题的通知（2018年1月10日）（节录）

一、人民法院、人民检察院、公安机关在办理案件过程中，按照法定权限需要通过证券登记结算机构或者证券公司查询、冻结、扣划证券和证券交易结算资金的，证券登记结算机构或者证券公司应当依法予以协助。

二、人民法院要求证券登记结算机构或者证券公司协助查询、冻结、扣划证券和证券交易结算资金，人民检察院、公安机关要求证券登记结算机构或者证券公司协助查询、冻结证券和证券交易结算资金时，有关执法人员应当依法出具相关证件和有效法律文书。

执法人员证件齐全、手续完备的，证券登记结算机构或者证券公司应当签收有关法律文书并协助办理有关事项。

拒绝签收人民法院生效法律文书的，可以留置送达。

三、人民法院、人民检察院、公安机关可以依法向证券登记结算机构查询客户和证券公司的证券账户、证券交收账户和资金交收账户内已完成清算交收程序的余额、余额变动、开户资料等内容。

人民法院、人民检察院、公安机关可依法向证券公司查询客户的证券账户和资金账户、证券交收账户和资金交收账户内的余额、余额变动、证券及资金流向、开户资料等内容。

查询自然人账户的，应当提供自然人姓名和身份证件号码；查询法人账户的，应当提供法人名称和营业执照或者法人注册登记证书号码。

证券登记结算机构或者证券公司应当出具书面查询结果并加盖业务专用章。查询机关对查询结果有疑问时，证券登记结算机构、证券公司在必要时应当进行书面解释并加盖业务专用章。

四、人民法院、人民检察院、公安机关按照法定权限冻结、扣划相关证券、资金时，应当明确冻结、扣划证券、资金所在的账户名称、账户号码、冻结期限，所冻结、扣划证券的名称、数量或者资金的数额。扣划时，还应当明确拟划入的账户名称、账号。

冻结证券和交易结算资金时，应当明确冻结的范围是否及于孳息。

本通知规定的以证券登记结算机构名义建立的各类专门清算交收账户不得整体冻结。

十七、本通知中所规定的证券登记结算机构，是指中国证券登记结算有限责任公司及其分公司。

(2) 冻结、扣划证券和证券交易结算资金的范围

★**最高人民法院、最高人民检察院、公安部、中国证券监督管理委员会关于查询、冻结、扣划证券和证券交易结算资金有关问题的通知**（2018年1月10日）（节录）

五、证券登记结算机构依法按照业务规则收取并存放于专门清算交收账户内的下列证券，不得冻结、扣划：

（一）证券登记结算机构设立的证券集中交收账户、专用清偿账户、专用处置账户内的证券。

（二）证券公司按照业务规则在证券登记结算机构开设的客户证券交收账户、自营证券交收账户和证券处置账户内的证券。

六、证券登记结算机构依法按照业务规则收取并存放于专门清算交收账户内的下列资金，不得冻结、扣划：

（一）证券登记结算机构设立的资金集中交收账户、专用清偿账户内的资金。

（二）证券登记结算机构依法收取的证券结算风险基金和结算互保金。

（三）证券登记结算机构在银行开设的结算备付金专用存款账户和新股发行验资专户内的资金，以及证券登记结算机构为新股发行网下申购配售对象开立的网下申购资金账户内的资金。

（四）证券公司在证券登记结算机构开设的客户资金交收账户内的资金。

（五）证券公司在证券登记结算机构开设的自营资金交收账户内最低限额自营结算备付金及根据成交结果确定的应付资金。

七、证券登记结算机构依法按照业务规则要求证券公司等结算参与人、投资者或者发行人提供的回购质押券、价差担保物、行权担保物、履约担保物，在交收完成之前，不得冻结、扣划。

八、证券公司在银行开立的自营资金账户内的资金可以冻结、扣划。

（3）在证券公司托管的证券的冻结、扣划，可要求在托管的证券公司、证券登记结算机构办理

★最高人民法院、最高人民检察院、公安部、中国证券监督管理委员会关于查询、冻结、扣划证券和证券交易结算资金有关问题的通知（2018年1月10日）（节录）

九、在证券公司托管的证券的冻结、扣划，既可以在托管的证券公司办理，也可以在证券登记结算机构办理。不同的执法机关同一交易日分别在证券公司、证券登记结算机构对同一笔证券办理冻结扣划手续的，证券公司协助办理的为在先冻结、扣划。

冻结、扣划未在证券公司或者其他托管机构托管的证券或者证券公司自营证券的，由证券登记结算机构协助办理。

（4）证券登记结算机构、证券公司受理冻结、扣划后的处理

★最高人民法院、最高人民检察院、公安部、中国证券监督管理委员会关于查询、冻结、扣划证券和证券交易结算资金有关问题的通知（2018年1月10日）（节录）

十、证券登记结算机构受理冻结、扣划要求后，应当在受理日对应的交收日交收程序完成后根据交收结果协助冻结、扣划。

证券公司受理冻结、扣划要求后，应当立即停止证券交易，冻结时已经下单但尚未撮合成功的应当采取撤单措施。冻结后，根据成交结果确定的用于交收的应付证券和应付资金可以进行正常交收。在交收程序完成后，对于剩余部

分可以扣划。同时，证券公司应当根据成交结果计算出等额的应收资金或者应收证券交由执法机关冻结或者扣划。

（5）不得重复冻结

★**最高人民法院、最高人民检察院、公安部、中国证券监督管理委员会关于查询、冻结、扣划证券和证券交易结算资金有关问题的通知**（2018年1月10日）（节录）

十一、已被人民法院、人民检察院、公安机关冻结的证券或证券交易结算资金，其他人民法院、人民检察院、公安机关或者同一机关因不同案件可以进行轮候冻结。冻结解除的，登记在先的轮候冻结自动生效。

轮候冻结生效后，协助冻结的证券登记结算机构或者证券公司应当书面通知做出该轮候冻结的机关。

（6）冻结证券的期限不得超过2年，冻结交易结算资金的期限不得超过6个月

★**最高人民法院、最高人民检察院、公安部、中国证券监督管理委员会关于查询、冻结、扣划证券和证券交易结算资金有关问题的通知**（2018年1月10日）（节录）

十二、冻结证券的期限不得超过二年，冻结交易结算资金的期限不得超过六个月。

需要延长冻结期限的，应当在冻结期限届满前办理续行冻结手续，每次续行冻结的期限不得超过前款规定的期限。

（7）不同司法机关对同一笔证券或者交易结算资金要求冻结、扣划或者轮候冻结时，应当按照先后顺序办理

★**最高人民法院、最高人民检察院、公安部、中国证券监督管理委员会关于查询、冻结、扣划证券和证券交易结算资金有关问题的通知**（2018年1月10日）（节录）

十三、不同的人民法院、人民检察院、公安机关对同一笔证券或者交易结算资金要求冻结、扣划或者轮候冻结时，证券登记结算机构或者证券公司应当按照送达协助冻结、扣划通知书的先后顺序办理协助事项。

（8）对因冻结、扣划事项发生争议的处理

★最高人民法院、最高人民检察院、公安部、中国证券监督管理委员会关于查询、冻结、扣划证券和证券交易结算资金有关问题的通知（2018年1月10日）（节录）

十四、要求冻结、扣划的人民法院、人民检察院、公安机关之间，因冻结、扣划事项发生争议的，要求冻结、扣划的机关应当自行协商解决。协商不成的，由其共同上级机关决定；没有共同上级机关的，由其各自的上级机关协商解决。

在争议解决之前，协助冻结的证券登记结算机构或者证券公司应当按照争议机关所送达法律文书载明的最大标的范围对争议标的进行控制。

（9）责任承担

★最高人民法院、最高人民检察院、公安部、中国证券监督管理委员会关于查询、冻结、扣划证券和证券交易结算资金有关问题的通知（2018年1月10日）（节录）

十五、依法应当予以协助而拒绝协助，或者向当事人通风报信，或者与当事人通谋转移、隐匿财产的，对有关的证券登记结算机构或者证券公司和直接责任人应当依法进行制裁。

> 第一百四十五条 【查封、扣押、冻结的解除】对查封、扣押的财物、文件、邮件、电报或者冻结的存款、汇款、债券、股票、基金份额等财产，经查明确实与案件无关的，应当在三日以内解除查封、扣押、冻结，予以退还。

● 要点及关联法规

1. 经查明与案件无关的财物、文件、邮件、电子邮件、电报，应在3日内解除查封、扣押

★公安机关办理刑事案件程序规定（2020年7月20日）（节录）

第二百三十三条 对查封、扣押的财物、文件、邮件、电子邮件、电报，经查明确实与案件无关的，应当在三日以内解除查封、扣押，退还原主或者原邮电部门、网络服务单位；原主不明确的，应当采取公告方式告知原主认领。在通知原主或者公告后六个月以内，无人认领的，按照无主财物处理，登记后

上缴国库。

第二百四十一条　不需要继续冻结犯罪嫌疑人财产时，应当经原批准冻结的公安机关负责人批准，制作协助解除冻结财产通知书，通知金融机构等单位协助办理。

2. 经查明与案件无关的存款、汇款、债券、股票等财产，应在3日内解除冻结

★人民检察院刑事诉讼规则（2019年12月30日）（节录）

第二百一十五条　对于冻结的存款、汇款、债券、股票、基金份额等财产，经查明确实与案件无关的，应当在三日以内解除冻结，并通知财产所有人。

第七节　鉴　　定

● 要点及关联法规

鉴定

（1）鉴定机构、鉴定人

★人民检察院鉴定规则（试行）（2006年11月30日）（节录）

第四条　本规则所称鉴定机构，是指在人民检察院设立的，取得鉴定机构资格并开展鉴定工作的部门。

第五条　本规则所称鉴定人，是指取得鉴定人资格，在人民检察院鉴定机构中从事法医类、物证类、声像资料、司法会计鉴定以及心理测试等工作的专业技术人员。

第六条　鉴定人享有下列权利：

（一）了解与鉴定有关的案件情况，要求委托单位提供鉴定所需的材料；

（二）进行必要的勘验、检查；

（三）查阅与鉴定有关的案件材料，询问与鉴定事项有关的人员；

（四）对违反法律规定委托的案件、不具备鉴定条件或者提供虚假鉴定材料的案件，有权拒绝鉴定；

（五）对与鉴定无关问题的询问，有权拒绝回答；

（六）与其他鉴定人意见不一致时，有权保留意见；

（七）法律、法规规定的其他权利。

第七条　鉴定人应当履行下列义务：
（一）严格遵守法律、法规和鉴定工作规章制度；
（二）保守案件秘密；
（三）妥善保管送检的检材、样本和资料；
（四）接受委托单位与鉴定有关问题的咨询；
（五）出庭接受质证；
（六）法律、法规规定的其他义务。

第八条　鉴定人有下列情形之一的，应当自行回避，委托单位也有权要求鉴定人回避：
（一）是本案的当事人或者是当事人的近亲属的；
（二）本人或者其近亲属和本案有利害关系的；
（三）担任过本案的证人或者诉讼代理人的；
（四）重新鉴定时，是本案原鉴定人的；
（五）其他可能影响鉴定客观、公正的情形。

鉴定人自行提出回避的，应当说明理由，由所在鉴定机构负责人决定是否回避。

委托单位要求鉴定人回避的，应当提出书面申请，由检察长决定是否回避。

★司法鉴定程序通则（2016年3月2日）（节录）

第二条　司法鉴定是指在诉讼活动中鉴定人运用科学技术或者专门知识对诉讼涉及的专门性问题进行鉴别和判断并提供鉴定意见的活动。司法鉴定程序是指司法鉴定机构和司法鉴定人进行司法鉴定活动的方式、步骤以及相关规则的总称。

第三条　本通则适用于司法鉴定机构和司法鉴定人从事各类司法鉴定业务的活动。

第四条　司法鉴定机构和司法鉴定人进行司法鉴定活动，应当遵守法律、法规、规章，遵守职业道德和执业纪律，尊重科学，遵守技术操作规范。

第五条　司法鉴定实行鉴定人负责制度。司法鉴定人应当依法独立、客观、公正地进行鉴定，并对自己作出的鉴定意见负责。司法鉴定人不得违反规定会见诉讼当事人及其委托的人。

第六条　司法鉴定机构和司法鉴定人应当保守在执业活动中知悉的国家秘密、商业秘密，不得泄露个人隐私。

第七条　司法鉴定人在执业活动中应当依照有关诉讼法律和本通则规定实

行回避。

第八条 司法鉴定收费执行国家有关规定。

第九条 司法鉴定机构和司法鉴定人进行司法鉴定活动应当依法接受监督。对于有违反有关法律、法规、规章规定行为的，由司法行政机关依法给予相应的行政处罚；对于有违反司法鉴定行业规范行为的，由司法鉴定协会给予相应的行业处分。

第十条 司法鉴定机构应当加强对司法鉴定人执业活动的管理和监督。司法鉴定人违反本通则规定的，司法鉴定机构应当予以纠正。

（2）鉴定委托与受理

★人民检察院鉴定规则（试行）（2006年11月30日）（节录）

第九条 鉴定机构可以受理人民检察院、人民法院和公安机关以及其他侦查机关委托的鉴定。

第十条 人民检察院内部委托的鉴定实行逐级受理制度，对其他机关委托的鉴定实行同级受理制度。

第十一条 人民检察院各业务部门向上级人民检察院或者对外委托鉴定时，应当通过本院或者上级人民检察院检察技术部门统一协助办理。

第十二条 委托鉴定应当以书面委托为依据，客观反映案件基本情况、送检材料和鉴定要求等内容。鉴定机构受理鉴定时，应当制作委托受理登记表。

第十三条 鉴定机构对不符合法律规定、办案程序和不具备鉴定条件的委托，应当拒绝受理。

★司法鉴定程序通则（2016年3月2日）（节录）

第十一条 司法鉴定机构应当统一受理办案机关的司法鉴定委托。

第十二条 委托人委托鉴定的，应当向司法鉴定机构提供真实、完整、充分的鉴定材料，并对鉴定材料的真实性、合法性负责。司法鉴定机构应当核对并记录鉴定材料的名称、种类、数量、性状、保存状况、收到时间等。

诉讼当事人对鉴定材料有异议的，应当向委托人提出。

本通则所称鉴定材料包括生物检材和非生物检材、比对样本材料以及其他与鉴定事项有关的鉴定资料。

第十三条 司法鉴定机构应当自收到委托之日起七个工作日内作出是否受理的决定。对于复杂、疑难或者特殊鉴定事项的委托，司法鉴定机构可以与委托人协商决定受理的时间。

第十四条 司法鉴定机构应当对委托鉴定事项、鉴定材料等进行审查。对属于本机构司法鉴定业务范围,鉴定用途合法,提供的鉴定材料能够满足鉴定需要的,应当受理。

对于鉴定材料不完整、不充分,不能满足鉴定需要的,司法鉴定机构可以要求委托人补充;经补充后能够满足鉴定需要的,应当受理。

第十五条 具有下列情形之一的鉴定委托,司法鉴定机构不得受理:

(一)委托鉴定事项超出本机构司法鉴定业务范围的;

(二)发现鉴定材料不真实、不完整、不充分或者取得方式不合法的;

(三)鉴定用途不合法或者违背社会公德的;

(四)鉴定要求不符合司法鉴定执业规则或者相关鉴定技术规范的;

(五)鉴定要求超出本机构技术条件或者鉴定能力的;

(六)委托人就同一鉴定事项同时委托其他司法鉴定机构进行鉴定的;

(七)其他不符合法律、法规、规章规定的情形。

第十六条 司法鉴定机构决定受理鉴定委托的,应当与委托人签订司法鉴定委托书。司法鉴定委托书应当载明委托人名称、司法鉴定机构名称、委托鉴定事项、是否属于重新鉴定、鉴定用途、与鉴定有关的基本案情、鉴定材料的提供和退还、鉴定风险,以及双方商定的鉴定时限、鉴定费用及收取方式、双方权利义务等其他需要载明的事项。

第十七条 司法鉴定机构决定不予受理鉴定委托的,应当向委托人说明理由,退还鉴定材料。

(3)鉴定程序

★人民检察院鉴定规则(试行)(2006年11月30日)(节录)

第十四条 鉴定机构接受鉴定委托后,应当指派两名以上鉴定人共同进行鉴定。根据鉴定需要可以聘请其他鉴定机构的鉴定人参与鉴定。

第十五条 具备鉴定条件的,一般应当在受理后十五个工作日以内完成鉴定;特殊情况不能完成的,经检察长批准,可以适当延长,并告知委托单位。

第十六条 鉴定应当严格执行技术标准和操作规程。需要进行实验的,应当记录实验时间、条件、方法、过程、结果等,并由实验人签名,存档备查。

第十七条 具有下列情形之一的,鉴定机构可以接受案件承办单位的委托,进行重新鉴定:

(一)鉴定意见与案件中其他证据相矛盾的;

(二)有证据证明鉴定意见确有错误的;

(三)送检材料不真实的;

（四）鉴定程序不符合法律规定的；

（五）鉴定人应当回避而未回避的；

（六）鉴定人或者鉴定机构不具备鉴定资格的；

（七）其他可能影响鉴定客观、公正情形的。

重新鉴定时，应当另行指派或者聘请鉴定人。

第十八条　鉴定事项有遗漏或者发现新的相关重要鉴定材料的，鉴定机构可以接受委托，进行补充鉴定。

第十九条　通有重大、疑难、复杂的专门性问题时，经检察长批准，鉴定机构可以组织会检鉴定。

会检鉴定人可以由本鉴定机构的鉴定人与聘请的其他鉴定机构的鉴定人共同组成；也可以全部由聘请的其他鉴定机构的鉴定人组成。

会检鉴定人应当不少于三名，采取鉴定人分别独立检验、集体讨论的方式进行。

会检鉴定应当出具鉴定意见。鉴定人意见有分歧的，应当在鉴定意见中写明分歧的内容和理由，并分别签名或者盖章。

★司法鉴定程序通则（2016年3月2日）（节录）

第十八条　司法鉴定机构受理鉴定委托后，应当指定本机构具有该鉴定事项执业资格的司法鉴定人进行鉴定。

委托人有特殊要求的，经双方协商一致，也可以从本机构中选择符合条件的司法鉴定人进行鉴定。

委托人不得要求或者暗示司法鉴定机构、司法鉴定人按其意图或者特定目的提供鉴定意见。

第十九条　司法鉴定机构对同一鉴定事项，应当指定或者选择二名司法鉴定人进行鉴定；对复杂、疑难或者特殊鉴定事项，可以指定或者选择多名司法鉴定人进行鉴定。

第二十条　司法鉴定人本人或者其近亲属与诉讼当事人、鉴定事项涉及的案件有利害关系，可能影响其独立、客观、公正进行鉴定的，应当回避。

司法鉴定人曾经参加过同一鉴定事项鉴定的，或者曾经作为专家提供过咨询意见的，或者曾被聘请为有专门知识的人参与过同一鉴定事项法庭质证的，应当回避。

第二十一条　司法鉴定人自行提出回避的，由其所属的司法鉴定机构决定；委托人要求司法鉴定人回避的，应当向该司法鉴定人所属的司法鉴定机构提出，由司法鉴定机构决定。

委托人对司法鉴定机构作出的司法鉴定人是否回避的决定有异议的，可以撤销鉴定委托。

第二十二条　司法鉴定机构应当建立鉴定材料管理制度，严格监控鉴定材料的接收、保管、使用和退还。

司法鉴定机构和司法鉴定人在鉴定过程中应当严格依照技术规范保管和使用鉴定材料，因严重不负责任造成鉴定材料损毁、遗失的，应当依法承担责任。

第二十三条　司法鉴定人进行鉴定，应当依下列顺序遵守和采用该专业领域的技术标准、技术规范和技术方法：

（一）国家标准；

（二）行业标准和技术规范；

（三）该专业领域多数专家认可的技术方法。

第二十四条　司法鉴定人有权了解进行鉴定所需要的案件材料，可以查阅、复制相关资料，必要时可以询问诉讼当事人、证人。

经委托人同意，司法鉴定机构可以派员到现场提取鉴定材料。现场提取鉴定材料应当由不少于二名司法鉴定机构的工作人员进行，其中至少一名应为该鉴定事项的司法鉴定人。现场提取鉴定材料时，应当有委托人指派或者委托的人员在场见证并在提取记录上签名。

第二十五条　鉴定过程中，需要对无民事行为能力人或者限制民事行为能力人进行身体检查的，应当通知其监护人或者近亲属到场见证；必要时，可以通知委托人到场见证。

对被鉴定人进行法医精神病鉴定的，应当通知委托人或者被鉴定人的近亲属或者监护人到场见证。

对需要进行尸体解剖的，应当通知委托人或者死者的近亲属或者监护人到场见证。

到场见证人员应当在鉴定记录上签名。见证人员未到场的，司法鉴定人不得开展相关鉴定活动，延误时间不计入鉴定时限。

第二十六条　鉴定过程中，需要对被鉴定人身体进行法医临床检查的，应当采取必要措施保护其隐私。

第二十七条　司法鉴定人应当对鉴定过程进行实时记录并签名。记录可以采取笔记、录音、录像、拍照等方式。记录应当载明主要的鉴定方法和过程、检查、检验、检测结果，以及仪器设备使用情况等。记录的内容应当真实、客观、准确、完整、清晰，记录的文本资料、音像资料等应当存入鉴定档案。

第二十八条　司法鉴定机构应当自司法鉴定委托书生效之日起三十个工作日内完成鉴定。

鉴定事项涉及复杂、疑难、特殊技术问题或者鉴定过程需要较长时间的，经本机构负责人批准，完成鉴定的时限可以延长，延长时限一般不得超过三十个工作日。鉴定时限延长的，应当及时告知委托人。

司法鉴定机构与委托人对鉴定时限另有约定的，从其约定。

在鉴定过程中补充或者重新提取鉴定材料所需的时间，不计入鉴定时限。

第二十九条　司法鉴定机构在鉴定过程中，有下列情形之一的，可以终止鉴定：

（一）发现有本通则第十五条第二项至第七项规定情形的；

（二）鉴定材料发生耗损，委托人不能补充提供的；

（三）委托人拒不履行司法鉴定委托书规定的义务、被鉴定人拒不配合或者鉴定活动受到严重干扰，致使鉴定无法继续进行的；

（四）委托人主动撤销鉴定委托，或者委托人、诉讼当事人拒绝支付鉴定费用的；

（五）因不可抗力致使鉴定无法继续进行的；

（六）其他需要终止鉴定的情形。

终止鉴定的，司法鉴定机构应当书面通知委托人，说明理由并退还鉴定材料。

第三十条　有下列情形之一的，司法鉴定机构可以根据委托人的要求进行补充鉴定：

（一）原委托鉴定事项有遗漏的；

（二）委托人就原委托鉴定事项提供新的鉴定材料的；

（三）其他需要补充鉴定的情形。

补充鉴定是原委托鉴定的组成部分，应当由原司法鉴定人进行。

第三十一条　有下列情形之一的，司法鉴定机构可以接受办案机关委托进行重新鉴定：

（一）原司法鉴定人不具有从事委托鉴定事项执业资格的；

（二）原司法鉴定机构超出登记的业务范围组织鉴定的；

（三）原司法鉴定人应当回避没有回避的；

（四）办案机关认为需要重新鉴定的；

（五）法律规定的其他情形。

第三十二条　重新鉴定应当委托原司法鉴定机构以外的其他司法鉴定机构

进行；因特殊原因，委托人也可以委托原司法鉴定机构进行，但原司法鉴定机构应当指定原司法鉴定人以外的其他符合条件的司法鉴定人进行。

接受重新鉴定委托的司法鉴定机构的资质条件应当不低于原司法鉴定机构，进行重新鉴定的司法鉴定人中应当至少有一名具有相关专业高级专业技术职称。

第三十三条　鉴定过程中，涉及复杂、疑难、特殊技术问题的，可以向本机构以外的相关专业领域的专家进行咨询，但最终的鉴定意见应当由本机构的司法鉴定人出具。

专家提供咨询意见应当签名，并存入鉴定档案。

第三十四条　对于涉及重大案件或者特别复杂、疑难、特殊技术问题或者多个鉴定类别的鉴定事项，办案机关可以委托司法鉴定行业协会组织协调多个司法鉴定机构进行鉴定。

第三十五条　司法鉴定人完成鉴定后，司法鉴定机构应当指定具有相应资质的人员对鉴定程序和鉴定意见进行复核；对于涉及复杂、疑难、特殊技术问题或者重新鉴定的鉴定事项，可以组织三名以上的专家进行复核。

复核人员完成复核后，应当提出复核意见并签名，存入鉴定档案。

(4) 鉴定文书

★人民检察院鉴定规则（试行）（2006年11月30日）（节录）

第二十条　鉴定完成后，应当制作鉴定文书。鉴定文书包括鉴定书、检验报告等。

第二十一条　鉴定文书应当语言规范，内容完整，描述准确，论证严谨，结论科学。

鉴定文书应当由鉴定人签名，有专业技术职称的，应当注明，并加盖鉴定专用章。

第二十二条　鉴定文书包括正本和副本，正本交委托单位，副本由鉴定机构存档备查。

第二十三条　鉴定文书的归档管理，依照人民检察院立卷归档管理的相关规定执行。

★公安机关办理刑事案件程序规定（2020年7月20日）（节录）

第二百五十一条　鉴定人应当按照鉴定规则，运用科学方法独立进行鉴定。鉴定后，应当出具鉴定意见，并在鉴定意见书上签名，同时附上鉴定机构和鉴定人的资质证明或者其他证明文件。

多人参加鉴定，鉴定人有不同意见的，应当注明。

★司法鉴定程序通则（2016年3月2日）（节录）

第三十六条 司法鉴定机构和司法鉴定人应当按照统一规定的文本格式制作司法鉴定意见书。

第三十七条 司法鉴定意见书应当由司法鉴定人签名。多人参加的鉴定，对鉴定意见有不同意见的，应当注明。

第三十八条 司法鉴定意见书应当加盖司法鉴定机构的司法鉴定专用章。

第三十九条 司法鉴定意见书应当一式四份，三份交委托人收执，一份由司法鉴定机构存档。司法鉴定机构应当按照有关规定或者与委托人约定的方式，向委托人发送司法鉴定意见书。

第四十条 委托人对鉴定过程、鉴定意见提出询问的，司法鉴定机构和司法鉴定人应当给予解释或者说明。

第四十一条 司法鉴定意见书出具后，发现有下列情形之一的，司法鉴定机构可以进行补正：

（一）图像、谱图、表格不清晰的；

（二）签名、盖章或者编号不符合制作要求的；

（三）文字表达有瑕疵或者错别字，但不影响司法鉴定意见的。

补正应当在原司法鉴定意见书上进行，由至少一名司法鉴定人在补正处签名。必要时，可以出具补正书。

对司法鉴定意见书进行补正，不得改变司法鉴定意见的原意。

第四十二条 司法鉴定机构应当按照规定将司法鉴定意见书以及有关资料整理立卷、归档保管。

（5）鉴定人出庭

★人民检察院鉴定规则（试行）（2006年11月30日）（节录）

第二十四条 鉴定人接到人民法院的出庭通知后，应当出庭。因特殊情况不能出庭的，应当向法庭说明原因。

第二十五条 鉴定人在出庭前，应当准备出庭需要的相关材料。

鉴定人出庭时，应当遵守法庭规则，依法接受法庭质证，回答与鉴定有关的询问。

★司法鉴定程序通则（2016年3月2日）（节录）

第四十三条 经人民法院依法通知，司法鉴定人应当出庭作证，回答与鉴定事项有关的问题。

第四十四条 司法鉴定机构接到出庭通知后，应当及时与人民法院确认司法鉴定人出庭的时间、地点、人数、费用、要求等。

第四十五条 司法鉴定机构应当支持司法鉴定人出庭作证，为司法鉴定人依法出庭提供必要条件。

第四十六条 司法鉴定人出庭作证，应当举止文明，遵守法庭纪律。

> **第一百四十六条 【鉴定目的、鉴定主体】** 为了查明案情，需要解决案件中某些专门性问题的时候，应当指派、聘请有专门知识的人进行鉴定。

● 要点及关联法规

1. 鉴定目的和主体的规定

★公安机关办理刑事案件程序规定（2020年7月20日）（节录）

第二百四十八条第一款 为了查明案情，解决案件中某些专门性问题，应当指派、聘请有专门知识的人进行鉴定。

★人民检察院刑事诉讼规则（2019年12月30日）（节录）

第二百一十八条 人民检察院为了查明案情，解决案件中某些专门性的问题，可以进行鉴定。

鉴定由人民检察院有鉴定资格的人员进行。必要时，也可以聘请其他有鉴定资格的人员进行，但是应当征得鉴定人所在单位同意。

2. 公安机关鉴定由县级以上公安机关负责人批准

★公安机关办理刑事案件程序规定（2020年7月20日）（节录）

第二百四十八条第二款 需要聘请有专门知识的人进行鉴定，应当经县级以上公安机关负责人批准后，制作鉴定聘请书。

3. 公安机关、检察机关应当为鉴定人提供必要条件

★公安机关办理刑事案件程序规定（2020年7月20日）（节录）

第二百四十九条 公安机关应当为鉴定人进行鉴定提供必要的条件，及时向鉴定人送交有关检材和对比样本等原始材料，介绍与鉴定有关的情况，并且明确提出要求鉴定解决的问题。

禁止暗示或者强迫鉴定人作出某种鉴定意见。

第二百五十条 侦查人员应当做好检材的保管和送检工作,并注明检材送检环节的责任人,确保检材在流转环节中的同一性和不被污染。

★人民检察院刑事诉讼规则(2019年12月30日)(节录)

第二百一十九条 人民检察院应当为鉴定人提供必要条件,及时向鉴定人送交有关检材和对比样本等原始材料,介绍与鉴定有关的情况,并明确提出要求鉴定解决的问题,但是不得暗示或者强迫鉴定人作出某种鉴定意见。

第一百四十七条 【鉴定意见的签名及虚假鉴定的责任】鉴定人进行鉴定后,应当写出鉴定意见,并且签名。

鉴定人故意作虚假鉴定的,应当承担法律责任。

● 要点及关联法规

鉴定人故意作虚假鉴定的,应当承担法律责任

★公安机关办理刑事案件程序规定(2020年7月20日)(节录)

第二百五十六条第二款 鉴定人故意作虚假鉴定的,应当依法追究其法律责任。

第一百四十八条 【鉴定意见的告知及补充鉴定、重新鉴定】侦查机关应当将用作证据的鉴定意见告知犯罪嫌疑人、被害人。如果犯罪嫌疑人、被害人提出申请,可以补充鉴定或者重新鉴定。

● 要点及关联法规

1. 及时告知犯罪嫌疑人、被害人或者其法定代理人用作证据的鉴定意见

★公安机关办理刑事案件程序规定(2020年7月20日)(节录)

第二百五十二条 对鉴定意见,侦查人员应当进行审查。

对经审查作为证据使用的鉴定意见,公安机关应当及时告知犯罪嫌疑人、被害人或者其法定代理人。

★**人民检察院刑事诉讼规则**（2019年12月30日）（节录）

第二百二十一条第一款 用作证据的鉴定意见，人民检察院办案部门应当告知犯罪嫌疑人、被害人；被害人死亡或者没有诉讼行为能力的，应当告知其法定代理人、近亲属或诉讼代理人。

2. 经检察长批准可补充鉴定或者重新鉴定

★**公安机关办理刑事案件程序规定**（2020年7月20日）（节录）

第二百五十三条 犯罪嫌疑人、被害人对鉴定意见有异议提出申请，以及办案部门或者侦查人员对鉴定意见有疑义的，可以将鉴定意见送交其他有专门知识的人员提出意见。必要时，询问鉴定人并制作笔录附卷。

★**人民检察院刑事诉讼规则**（2019年12月30日）（节录）

第二百二十条 对于鉴定意见，检察人员应当进行审查，必要时可以进行补充鉴定或者重新鉴定。重新鉴定的，应当另行指派或者聘请鉴定人。

第二百二十一条第二款 犯罪嫌疑人、被害人或被害人的法定代理人、近亲属、诉讼代理人提出申请，可以补充鉴定或者重新鉴定，鉴定费用由请求方承担，但原鉴定违反法定程序的，由人民检察院承担。

第三款 犯罪嫌疑人的辩护人或者近亲属以犯罪嫌疑人有患精神病可能而申请对犯罪嫌疑人进行鉴定的，鉴定费用由申请方承担。

3. 应当补充鉴定的情形

★**公安机关办理刑事案件程序规定**（2020年7月20日）（节录）

第二百五十四条 经审查，发现有下列情形之一的，经县级以上公安机关负责人批准，应当补充鉴定：

（一）鉴定内容有明显遗漏的；
（二）发现新的有鉴定意义的证物的；
（三）对鉴定证物有新的鉴定要求的；
（四）鉴定意见不完整，委托事项无法确定的；
（五）其他需要补充鉴定的情形。

经审查，不符合上述情形的，经县级以上公安机关负责人批准，作出不准予补充鉴定的决定，并在作出决定后三日以内书面通知申请人。

4. 应当重新鉴定的情形

★**公安机关办理刑事案件程序规定**（2020年7月20日）（节录）

第二百五十五条 经审查，发现有下列情形之一的，经县级以上公安机关负责人批准，应当重新鉴定：

（一）鉴定程序违法或者违反相关专业技术要求的；

（二）鉴定机构、鉴定人不具备鉴定资质和条件的；

（三）鉴定人故意作虚假鉴定或者违反回避规定的；

（四）鉴定意见依据明显不足的；

（五）检材虚假或者被损坏的；

（六）其他应当重新鉴定的情形。

重新鉴定，应当另行指派或者聘请鉴定人。

经审查，不符合上述情形的，经县级以上公安机关负责人批准，作出不准予重新鉴定的决定，并在作出决定后三日以内书面通知申请人。

第一百四十九条　【精神病鉴定的期限】 对犯罪嫌疑人作精神病鉴定的期间不计入办案期限。

● 要点及关联法规

1. 精神病鉴定的期间不计入羁押期限和办案期限

★公安机关适用刑事羁押期限规定（2006年5月1日）（节录）

第四条第二款　对犯罪嫌疑人作精神病鉴定的期间不计入羁押期限。精神病鉴定期限自决定对犯罪嫌疑人进行鉴定之日起至收到鉴定结论后决定恢复计算侦查羁押期限之日止。

★公安机关办理刑事案件程序规定（2020年7月20日）（节录）

第二百五十七条　对犯罪嫌疑人作精神病鉴定的时间不计入办案期限，其他鉴定时间都应当计入办案期限。

★人民检察院刑事诉讼规则（2019年12月30日）（节录）

第二百二十二条　对犯罪嫌疑人作精神病鉴定的期间不计入羁押期限和办案期限。

2. 将委托鉴定书送达省级人民政府指定的医院并通知看守所

★公安机关适用刑事羁押期限规定（2006年5月1日）（节录）

第十九条　对于因进行司法精神病鉴定不计入办案期限的，办案部门应当在决定对犯罪嫌疑人进行司法精神病鉴定后的二日以内通知看守所。

办案部门应当自决定进行司法精神病鉴定之日起二日以内将委托鉴定书送达省级人民政府指定的医院。

3. 将恢复计算羁押期限决定及剩余期限通知看守所

★公安机关适用刑事羁押期限规定（2006年5月1日）（节录）

第二十条　公安机关接到省级人民政府指定的医院的司法精神病鉴定结论后决定恢复计算侦查羁押期限的，办案部门应当在作出恢复计算羁押期限决定后的二十四小时以内将恢复计算羁押期限的决定以及剩余的侦查羁押期限通知看守所。

第八节　技术侦查措施

第一百五十条　【技术侦查措施的适用范围和适用程序】公安机关在立案后，对于危害国家安全犯罪、恐怖活动犯罪、黑社会性质的组织犯罪、重大毒品犯罪或者其他严重危害社会的犯罪案件，根据侦查犯罪的需要，经过严格的批准手续，可以采取技术侦查措施。

人民检察院在立案后，对于利用职权实施的严重侵犯公民人身权利的重大犯罪案件，根据侦查犯罪的需要，经过严格的批准手续，可以采取技术侦查措施，按照规定交有关机关执行。

追捕被通缉或者批准、决定逮捕的在逃的犯罪嫌疑人、被告人，经过批准，可以采取追捕所必需的技术侦查措施。

● 要点及关联法规

1. 技术侦查措施的种类、对象

★公安机关办理刑事案件程序规定（2020年7月20日）（节录）

第二百六十四条　技术侦查措施是指由设区的市一级以上公安机关负责技

术侦查的部门实施的记录监控、行踪监控、通信监控、场所监控等措施。

技术侦查措施的适用对象是犯罪嫌疑人、被告人以及与犯罪活动直接关联的人员。

2. 公安机关技术侦查措施的适用范围

★**公安机关办理刑事案件程序规定**（2020年7月20日）（节录）

第二百六十三条　公安机关在立案后，根据侦查犯罪的需要，可以对下列严重危害社会的犯罪案件采取技术侦查措施：

（一）危害国家安全犯罪、恐怖活动犯罪、黑社会性质的组织犯罪、重大毒品犯罪案件；

（二）故意杀人、故意伤害致人重伤或者死亡、强奸、抢劫、绑架、放火、爆炸、投放危险物质等严重暴力犯罪案件；

（三）集团性、系列性、跨区域性重大犯罪案件；

（四）利用电信、计算机网络、寄递渠道等实施的重大犯罪案件，以及针对计算机网络实施的重大犯罪案件；

（五）其他严重危害社会的犯罪案件，依法可能判处七年以上有期徒刑的。

公安机关追捕被通缉或者批准、决定逮捕的在逃的犯罪嫌疑人、被告人，可以采取追捕所必需的技术侦查措施。

第三百八十五条　本规定所称"危害国家安全犯罪"，包括刑法分则第一章规定的危害国家安全罪以及危害国家安全的其他犯罪；"恐怖活动犯罪"，包括以制造社会恐慌、危害公共安全或者胁迫国家机关、国际组织为目的，采取暴力、破坏、恐吓等手段，造成或者意图造成人员伤亡、重大财产损失、公共设施损坏、社会秩序混乱等严重社会危害的犯罪，以及煽动、资助或者以其他方式协助实施上述活动的犯罪。

3. 检察机关技术侦查措施的适用范围

★**人民检察院刑事诉讼规则**（2019年12月30日）（节录）

第二百二十七条　人民检察院在立案后，对于利用职权实施的严重侵犯公民人身权利的重大犯罪案件，经过严格的批准手续，可以采取技术侦查措施，交有关机关执行。

第二百二十八条　人民检察院办理直接受理侦查的案件，需要追捕被通缉或者决定逮捕的在逃犯罪嫌疑人、被告人的，经过批准，可以采取追捕所必需的技术侦查措施，不受本规则第二百二十七条规定的案件范围的限制。

第一百五十一条 【技术侦查措施的批准和有效期】批准决定应当根据侦查犯罪的需要,确定采取技术侦查措施的种类和适用对象。批准决定自签发之日起三个月以内有效。对于不需要继续采取技术侦查措施的,应当及时解除;对于复杂、疑难案件,期限届满仍有必要继续采取技术侦查措施的,经过批准,有效期可以延长,每次不得超过三个月。

● 要点及关联法规

1. 批准采取技术侦查措施的决定自签发之日起3个月以内有效

★公安机关办理刑事案件程序规定(2020年7月20日)(节录)

第二百六十六条 批准采取技术侦查措施的决定自签发之日起三个月以内有效。

在有效期限内,对不需要继续采取技术侦查措施的,办案部门应当立即书面通知负责技术侦查的部门解除技术侦查措施;负责技术侦查的部门认为需要解除技术侦查措施的,报批准机关负责人批准,制作解除技术侦查措施决定书,并及时通知办案部门。

对复杂、疑难案件,采取技术侦查措施的有效期限届满仍需要继续采取技术侦查措施的,经负责技术侦查的部门审核后,报批准机关负责人批准,制作延长技术侦查措施期限决定书。批准延长期限,每次不得超过三个月。

有效期限届满,负责技术侦查的部门应当立即解除技术侦查措施。

★人民检察院刑事诉讼规则(2019年12月30日)(节录)

第二百二十九条第一款 人民检察院采取技术侦查措施应当根据侦查犯罪的需要,确定采取技术侦查措施的种类和适用对象,按照有关规定报请批准。批准决定自签发之日起三个月以内有效。对于不需要继续采取技术侦查措施的,应当及时解除;对于复杂、疑难案件,期限届满仍有必要继续采取技术侦查措施的,应当在期限届满前十日以内制作呈请延长技术侦查措施期限报告书,写明延长的期限及理由,经过原批准机关批准,有效期可以延长,每次不得超过三个月。

2. 报设区的市一级以上公安机关负责人批准

★公安机关办理刑事案件程序规定（2020年7月20日）（节录）

第二百六十五条　需要采取技术侦查措施的，应当制作呈请采取技术侦查措施报告书，报设区的市一级以上公安机关负责人批准，制作采取技术侦查措施决定书。

人民检察院等部门决定采取技术侦查措施，交公安机关执行的，由设区的市一级以上公安机关按照规定办理相关手续后，交负责技术侦查的部门执行，并将执行情况通知人民检察院等部门。

第二百六十七条　采取技术侦查措施，必须严格按照批准的措施种类、适用对象和期限执行。

在有效期限内，需要变更技术侦查措施种类或者适用对象的，应当按照本规定第二百六十五条规定重新办理批准手续。

第一百五十二条　【技术侦查措施的执行】 采取技术侦查措施，必须严格按照批准的措施种类、适用对象和期限执行。

侦查人员对采取技术侦查措施过程中知悉的国家秘密、商业秘密和个人隐私，应当保密；对采取技术侦查措施获取的与案件无关的材料，必须及时销毁。

采取技术侦查措施获取的材料，只能用于对犯罪的侦查、起诉和审判，不得用于其他用途。

公安机关依法采取技术侦查措施，有关单位和个人应当配合，并对有关情况予以保密。

● 要点及关联法规

采取技术侦查措施获取的材料，只能用于对犯罪的侦查、起诉和审判

★公安机关办理刑事案件程序规定（2020年7月20日）（节录）

第二百六十八条　采取技术侦查措施收集的材料在刑事诉讼中可以作为证据使用。使用技术侦查措施收集的材料作为证据时，可能危及有关人员的人身安全，或者可能产生其他严重后果的，应当采取不暴露有关人员身份和使用的技术设备、侦查方法等保护措施。

采取技术侦查措施收集的材料作为证据使用的,采取技术侦查措施决定书应当附卷。

第二百七十条　侦查人员对采取技术侦查措施过程中知悉的国家秘密、商业秘密和个人隐私,应当保密。

公安机关依法采取技术侦查措施,有关单位和个人应当配合,并对有关情况予以保密。

★**人民检察院刑事诉讼规则**(2019年12月30日)(节录)

第二百三十一条　检察人员对采取技术侦查措施过程中知悉的国家秘密、商业秘密和个人隐私,应当保密;对采取技术侦查措施获取的与案件无关的材料,应当及时销毁,并对销毁情况制作记录。

采取技术侦查措施获取的证据、线索及其他有关材料,只能用于对犯罪的侦查、起诉和审判,不得用于其他用途。

第一百五十三条　【隐匿身份侦查】为了查明案情,在必要的时候,经公安机关负责人决定,可以由有关人员隐匿其身份实施侦查。但是,不得诱使他人犯罪,不得采用可能危害公共安全或者发生重大人身危险的方法。

【控制下交付】对涉及给付毒品等违禁品或者财物的犯罪活动,公安机关根据侦查犯罪的需要,可以依照规定实施控制下交付。

● 要点及关联法规

1. 经县级以上公安机关负责人决定可启动秘密侦查

★**公安机关办理刑事案件程序规定**(2020年7月20日)(节录)

第二百七十一条　为了查明案情,在必要的时候,经县级以上公安机关负责人决定,可以由侦查人员或者公安机关指定的其他人员隐匿身份实施侦查。

隐匿身份实施侦查时,不得使用促使他人产生犯罪意图的方法诱使他人犯罪,不得采用可能危害公共安全或者发生重大人身危险的方法。

2. 经县级以上公安机关负责人决定，可以实施控制下交付

★公安机关办理刑事案件程序规定（2020年7月20日）（节录）

第二百七十二条 对涉及给付毒品等违禁品或者财物的犯罪活动，为查明参与该项犯罪的人员和犯罪事实，根据侦查需要，经县级以上公安机关负责人决定，可以实施控制下交付。

第一百五十四条 【采取技术侦查措施收集的材料用作证据的特别规定】 依照本节规定采取侦查措施收集的材料在刑事诉讼中可以作为证据使用。如果使用该证据可能危及有关人员的人身安全，或者可能产生其他严重后果的，应当采取不暴露有关人员身份、技术方法等保护措施，必要的时候，可以由审判人员在庭外对证据进行核实。

● 要点及关联法规

1. 特殊情况下采取不暴露有关人员身份、技术方法等保护措施

★公安机关办理刑事案件程序规定（2020年7月20日）（节录）

第二百六十八条 采取技术侦查措施收集的材料在刑事诉讼中可以作为证据使用。使用技术侦查措施收集的材料作为证据时，可能危及有关人员的人身安全，或者可能产生其他严重后果的，应当采取不暴露有关人员身份和使用的技术设备、侦查方法等保护措施。

采取技术侦查措施收集的材料作为证据使用的，采取技术侦查措施决定书应当附卷。

第二百七十三条 公安机关依照本节规定实施隐匿身份侦查和控制下交付收集的材料在刑事诉讼中可以作为证据使用。

使用隐匿身份侦查和控制下交付收集的材料作为证据时，可能危及隐匿身份人员的人身安全，或者可能产生其他严重后果的，应当采取不暴露有关人员身份等保护措施。

★人民检察院刑事诉讼规则（2019年12月30日）（节录）

第二百三十条 采取技术侦查措施收集的物证、书证及其他证据材料，检

察人员应当制作相应的说明材料，写明获取证据的时间、地点、数量、特征以及采取技术侦查措施的批准机关、种类等，并签名和盖章。

对于使用技术侦查措施获取的证据材料，如果可能危及特定人员的人身安全、涉及国家秘密或者公开后可能暴露侦查秘密或者严重损害商业秘密、个人隐私的，应当采取不暴露有关人员身份、技术方法等保护措施。必要时候，可以建议不在法庭上质证，由审判人员在庭外对证据进行核实。

2. 采取技术侦查措施收集的材料作为证据使用的，批准决定文书应当附卷

★人民检察院刑事诉讼规则（2019年12月30日）（节录）

第二百二十九条第二款 采取技术侦查措施收集的材料作为证据使用的，批准采取技术侦查措施的法律决定文书应当附卷，辩护律师可以依法查阅、摘抄、复制。

第九节 通　　缉

第一百五十五条 【通缉的对象、条件及通缉令的发布】 应当逮捕的犯罪嫌疑人如果在逃，公安机关可以发布通缉令，采取有效措施，追捕归案。

各级公安机关在自己管辖的地区以内，可以直接发布通缉令；超出自己管辖的地区，应当报请有权决定的上级机关发布。

● 要点及关联法规

1. 由人民检察院决定的通缉

（1）经检察长批准，可以通缉

★人民检察院刑事诉讼规则（2019年12月30日）（节录）

第二百三十二条 人民检察院办理直接受理侦查的案件，应当逮捕的犯罪嫌疑人在逃，或者已被逮捕的犯罪嫌疑人脱逃的，经检察长批准，可以通缉。

第二百三十三条 各级人民检察院需要在本辖区内通缉犯罪嫌疑人的，可以直接决定通缉；需要在本辖区外通缉犯罪嫌疑人的，由有决定权的上级人民检察院决定。

(2) 检察院决定通缉的，由公安机关发布通缉令

★**人民检察院刑事诉讼规则**（2019年12月30日）（节录）

第二百三十四条　人民检察院应当将通缉通知书和通缉对象的照片、身份、特征、案情简况送达公安机关，由公安机关发布通缉令，追捕归案。

(3) 为防止犯罪嫌疑人等涉案人员逃往境外，检察机关可商请公安机关边控

★**人民检察院刑事诉讼规则**（2019年12月30日）（节录）

第二百三十五条　为防止犯罪嫌疑人等涉案人员逃往境外，需要在边防口岸采取边控措施的，人民检察院应当按照有关规定制作边控对象通知书，商请公安机关办理边控手续。

(4) 犯罪嫌疑人潜逃出境的处理

★**人民检察院刑事诉讼规则**（2019年12月30日）（节录）

第二百三十六条　应当逮捕的犯罪嫌疑人潜逃出境的，可以按照有关规定层报最高人民检察院商请国际刑警组织中国国家中心局，请求有关方面协助，或者通过其他法律规定的途径进行追捕。

2. 由公安机关决定的通缉

(1) 县级以上公安机关在自己辖区内可直接发布通缉令；超出自己辖区，应报请有权决定的上级公安机关发布

★**公安机关办理刑事案件程序规定**（2020年7月20日）（节录）

第二百七十四条　应当逮捕的犯罪嫌疑人在逃的，经县级以上公安机关负责人批准，可以发布通缉令，采取有效措施，追捕归案。

县级以上公安机关在自己管辖的地区内，可以直接发布通缉令；超出自己管辖的地区，应当报请有权决定的上级公安机关发布。

通缉令的发送范围，由签发通缉令的公安机关负责人决定。

(2) 通缉令的内容

★**公安机关办理刑事案件程序规定**（2020年7月20日）（节录）

第二百七十五条　通缉令中应当尽可能写明被通缉人的姓名、别名、曾用名、绰号、性别、年龄、民族、籍贯、出生地、户籍所在地、居住地、职业、身份证号码、衣着和体貌特征、口音、行为习惯，并附被通缉人近期照片，可

以附指纹及其他物证的照片。除了必须保密的事项以外，应当写明发案的时间、地点和简要案情。

(3) 发现新的重要情况可以补发通报

★公安机关办理刑事案件程序规定（2020年7月20日）（节录）

第二百七十六条　通缉令发出后，如果发现新的重要情况可以补发通报。通报必须注明原通缉令的编号和日期。

(4) 抓获犯罪嫌疑人后的处理

★公安机关办理刑事案件程序规定（2020年7月20日）（节录）

第二百七十七条　公安机关接到通缉令后，应当及时布置查缉。抓获犯罪嫌疑人后，报经县级以上公安机关负责人批准，凭通缉令或者相关法律文书羁押，并通知通缉令发布机关进行核实，办理交接手续。

(5) 需要对犯罪嫌疑人在口岸采取边控措施的，经县级以上公安机关负责人审核后，层报省级公安机关批准，办理全国范围内的边控措施

★公安机关办理刑事案件程序规定（2020年7月20日）（节录）

第二百七十八条　需要对犯罪嫌疑人在口岸采取边控措施的，应当按照有关规定制作边控对象通知书，并附有关法律文书，经县级以上公安机关负责人审核后，层报省级公安机关批准，办理全国范围内的边控措施。需要限制犯罪嫌疑人人身自由的，应当附有关限制人身自由的法律文书。

紧急情况下，需要采取边控措施的，县级以上公安机关可以出具公函，先向有关口岸所在地出入境边防检查机关交控，但应当在七日以内按照规定程序办理全国范围内的边控措施。

(6) 经县级以上公安机关负责人批准，可以发布悬赏通告

★公安机关办理刑事案件程序规定（2020年7月20日）（节录）

第二百七十九条　为发现重大犯罪线索，追缴涉案财物、证据，查获犯罪嫌疑人，必要时，经县级以上公安机关负责人批准，可以发布悬赏通告。

悬赏通告应当写明悬赏对象的基本情况和赏金的具体数额。

(7) 通缉令、悬赏通告的发布方式

★公安机关办理刑事案件程序规定（2020年7月20日）（节录）

第二百八十条　通缉令、悬赏通告应当广泛张贴，并可以通过广播、电视、报刊、计算机网络等方式发布。

(8) 通缉令、边控通知、悬赏通告的撤销

★公安机关办理刑事案件程序规定（2020年7月20日）（节录）

第二百八十一条 经核实，犯罪嫌疑人已经自动投案、被击毙或者被抓获，以及发现有其他不需要采取通缉、边控、悬赏通告的情形的，发布机关应当在原通缉、通知、通告范围内，撤销通缉令、边控通知、悬赏通告。

(9) 通缉越狱逃跑的犯罪嫌疑人、被告人或者罪犯

★公安机关办理刑事案件程序规定（2020年7月20日）（节录）

第二百八十二条 通缉越狱逃跑的犯罪嫌疑人、被告人或者罪犯，适用本节的有关规定。

第十节 侦查终结

> 第一百五十六条 【一般侦查羁押期限】对犯罪嫌疑人逮捕后的侦查羁押期限不得超过二个月。案情复杂、期限届满不能终结的案件，可以经上一级人民检察院批准延长一个月。

● 要点及关联法规

1. 延长羁押期限

（1）公安机关申请延长羁押期限的期限、所移送的材料

★最高人民法院、最高人民检察院、公安部、国家安全部、司法部、全国人大常委会法制工作委员会关于实施刑事诉讼法若干问题的规定（2012年12月26日）（节录）

21. 公安机关对案件提请延长羁押期限的，应当在羁押期限届满七日前提出，并书面呈报延长羁押期限案件的主要案情和延长羁押期限的具体理由，人民检察院应当在羁押期限届满前作出决定。

★人民检察院办理延长侦查羁押期限案件的规定（2016年7月1日）（节录）

第四条第一款 侦查机关需要延长侦查羁押期限的，应当在侦查羁押期限

届满七日前，向同级人民检察院移送以下材料：

（一）提请批准延长侦查羁押期限意见书和延长侦查羁押期限案情报告；

（二）立案决定书、逮捕证以及重新计算侦查羁押期限决定书等相关法律文书复印件；

（三）罢免、辞去县级以上人大代表或者报请许可对其采取强制措施手续等文书；

（四）案件的其他情况说明。

第五条　侦查机关应当在延长侦查羁押期限案情报告中详细写明犯罪嫌疑人基本情况、采取强制措施的具体情况、主要案情和捕后侦查工作进展情况、下一步侦查工作计划、延长侦查羁押期限的具体理由和法律依据、继续羁押的必要以及提请批准延长侦查羁押期限的起止日期。

人民检察院直接受理立案侦查的案件，侦查部门应当在延长侦查羁押期限意见书中详细写明前款规定的内容。

★人民检察院刑事诉讼规则（2019年12月30日）（节录）

第三百零九条　公安机关需要延长侦查羁押期限的，人民检察院应当要求其在侦查羁押期限届满七日前提请批准延长侦查羁押期限。

人民检察院办理直接受理侦查的案件，负责侦查的部门认为需要延长侦查羁押期限的，应当按照前款规定向本院负责捕诉的部门移送延长侦查羁押期限意见书及有关材料。

对于超过法定羁押期限提请延长侦查羁押期限的，不予受理。

（2）最高人民检察院直接受理立案侦查的案件，直接决定延长侦查羁押期限

★人民检察院刑事诉讼规则（2019年12月30日）（节录）

第三百零八条　最高人民检察院办理直接受理侦查的案件，依照刑事诉讼法的规定需要延长侦查羁押期限的，直接决定延长侦查羁押期限。

（3）检察院审查批准或者决定延长侦查羁押期限，由负责捕诉的部门办理

★人民检察院刑事诉讼规则（2019年12月30日）（节录）

第三百一十条　人民检察院审查批准或者决定延长侦查羁押期限，由负责捕诉的部门办理。

受理案件的人民检察院对延长侦查羁押期限的意见审查后，应当提出是否同意延长侦查羁押期限的意见，将公安机关延长侦查羁押期限的意见和本院的审查意见层报有决定权的人民检察院审查决定。

(4) 延长羁押期限决定的作出

★**人民检察院办理延长侦查羁押期限案件的规定**（2016年7月1日）（节录）

第十二条 经审查，同时具备下列条件的案件，人民检察院应当作出批准延长侦查羁押期限一个月的决定：

（一）符合《中华人民共和国刑事诉讼法》第一百五十四条①的规定；

（二）符合逮捕条件；

（三）犯罪嫌疑人有继续羁押的必要。

第十三条 经审查，对于不符合《中华人民共和国刑事诉讼法》第一百五十四条②规定、犯罪嫌疑人不符合逮捕条件或者犯罪嫌疑人没有继续羁押必要的，人民检察院应当作出不批准延长侦查羁押期限决定。

对于犯罪嫌疑人虽然符合逮捕条件，但经审查，侦查机关（部门）在犯罪嫌疑人逮捕后二个月以内未有效开展侦查工作或者侦查取证工作没有实质进展的，人民检察院可以作出不批准延长侦查羁押期限的决定。

对于犯罪嫌疑人不符合逮捕条件，需要撤销下级人民检察院逮捕决定的，上一级人民检察院作出不批准延长侦查羁押期限决定后，应当作出撤销逮捕决定，或者通知下级人民检察院撤销逮捕决定。

第十四条 《中华人民共和国刑事诉讼法》第一百五十四条③规定的"案情复杂、期限届满不能终结的案件"，包括以下情形之一：

（一）影响定罪量刑的重要证据无法在侦查羁押期限内调取到的；

（二）共同犯罪案件，犯罪事实需要进一步查清的；

（三）犯罪嫌疑人涉嫌多起犯罪或者多个罪名，犯罪事实需要进一步查清的；

（四）涉外案件，需要境外取证的；

（五）与其他重大案件有关联，重大案件尚未侦查终结，影响本案或者其他重大案件处理的。

★**人民检察院刑事诉讼规则**（2019年12月30日）（节录）

第三百一十一条 对于同时具备下列条件的案件，人民检察院应当作出批

---

① 现为第一百五十六条。——编者注
② 现为第一百五十六条。——编者注
③ 现为第一百五十六条。——编者注

准延长侦查羁押期限一个月的决定:
(一)符合刑事诉讼法第一百五十六条的规定;
(二)符合逮捕条件;
(三)犯罪嫌疑人有继续羁押的必要。

第三百一十二条 犯罪嫌疑人虽然符合逮捕条件,但经审查,公安机关在对犯罪嫌疑人执行逮捕后二个月以内未有效开展侦查工作或者侦查取证工作没有实质进展的,人民检察院可以作出不批准延长侦查羁押期限的决定。

犯罪嫌疑人不符合逮捕条件,需要撤销下级人民检察院逮捕决定的,上级人民检察院在作出不批准延长侦查羁押期限决定的同时,应当作出撤销逮捕的决定,或者通知下级人民检察院撤销逮捕决定。

第三百一十三条 有决定权的人民检察院作出批准延长侦查羁押期限或者不批准延长侦查羁押期限的决定后,应当将决定书交由最初受理案件的人民检察院送达公安机关。

最初受理案件的人民检察院负责捕诉的部门收到批准延长侦查羁押期限决定书或者不批准延长侦查羁押期限决定书,应当书面告知本院负责刑事执行检察的部门。

(5)延长侦查羁押期限的起始日计算

★人民检察院办理延长侦查羁押期限案件的规定(2016年7月1日)(节录)

第十六条 逮捕后侦查羁押期限日期的计算,应当自对犯罪嫌疑人执行逮捕的第二日起,至二个月后对应日期的前一日止,无对应日期的,以该月的最后一日为截止日。

延长侦查羁押期限的起始日应当与延长前侦查羁押期限的截止日连续计算。

2. 羁押期限监督

(1)检察院对羁押期限实行监督

★人民检察院刑事诉讼规则(2019年12月30日)(节录)

第六百一十二条 人民检察院依法对羁押期限和办案期限是否合法实行法律监督。

(2)羁押期限监督的责任部门

★人民检察院刑事诉讼规则(2019年12月30日)(节录)

第六百一十三条 对公安机关、人民法院办理案件相关期限的监督,犯罪嫌疑人、被告人被羁押的，由人民检察院负责刑事执行检察的部门承担；犯罪嫌疑人、被告人未被羁押的，由人民检察院负责捕诉的部门承担。对人民检察院办理相关期限的监督，由负责案件管理的部门承担。

（3）办理案件过程中，应当通知本院负有监督职责部门的情形

★**人民检察院刑事诉讼规则**（2019年12月30日）（节录）

第六百一十四条　人民检察院在办理案件过程中，犯罪嫌疑人、被告人被羁押，具有下列情形之一的，办案部门应当在作出决定或者收到决定书、裁定书后十日以内通知本院负有监督职责的部门：

（一）批准或者决定延长侦查羁押期限的；

（二）对于人民检察院直接受理立案侦查的案件，决定重新计算侦查羁押期限、变更或者解除强制措施的；

（三）对犯罪嫌疑人、被告人进行精神病鉴定的；

（四）审查起诉期间改变管辖、延长审查起诉期限的；

（五）案件退回补充侦查，或者补充侦查完毕移送审查起诉后重新计算审查起诉期限的；

（六）人民法院决定适用简易程序、速裁程序审理第一审案件，或者将案件由简易程序转为普通程序，由速裁程序转为简易程序、普通程序重新审理的；

（七）人民法院改变管辖，决定延期审理、中止审理，或者同意人民检察院撤回起诉的。

（4）检察院向看守所提出纠正意见的情形

★**人民检察院刑事诉讼规则**（2019年12月30日）（节录）

第六百一十五条　人民检察院发现看守所的羁押期限管理活动有下列情形之一的，应当依法提出纠正意见：

（一）未及时督促办案机关办理换押手续的；

（二）未在犯罪嫌疑人、被告人羁押期限届满前七日以内向办案机关发出羁押期限即将届满通知书的；

（三）犯罪嫌疑人、被告人被超期羁押后，没有立即书面报告人民检察院并通知办案机关的；

（四）收到犯罪嫌疑人、被告人及其法定代理人、近亲属或者辩护人提出的变更强制措施、羁押必要性审查、羁押期限届满要求释放或者变更强制措施的申请、申诉、控告后，没有及时转送有关办案机关或者人民检察院的；

（五）其他违法情形。

（5）检察院向公安机关提出纠正意见的情形

★**人民检察院刑事诉讼规则**（2019 年 12 月 30 日）（节录）

第六百一十六条　人民检察院发现公安机关的侦查羁押期限执行情况具有下列情形之一的，应当依法提出纠正意见：

（一）未按规定办理换押手续的；

（二）决定重新计算侦查羁押期限、经批准延长侦查羁押期限，未书面通知人民检察院和看守所的；

（三）对犯罪嫌疑人进行精神病鉴定，没有书面通知人民检察院和看守所的；

（四）其他违法情形。

第六百一十七条　人民检察院发现人民法院的审理期限执行情况具有下列情形之一的，应当依法提出纠正意见：

（一）在一审、二审和死刑复核阶段未按规定办理换押手续的；

（二）违反刑事诉讼法的规定重新计算审理期限、批准延长审理期限、改变管辖、延期审理、中止审理或者发回重审的；

（三）决定重新计算审理期限、批准延长审理期限、改变管辖、延期审理、中止审理、对被告人进行精神病鉴定，没有书面通知人民检察院和看守所的；

（四）其他违法情形。

（6）检察院发现超期羁押的处理

★**人民检察院刑事诉讼规则**（2019 年 12 月 30 日）（节录）

第六百一十八条　人民检察院发现同级或者下级公安机关、人民法院超期羁押的，应当向该办案机关发出纠正违法通知书。

发现上级公安机关、人民法院超期羁押的，应当及时层报该办案机关的同级人民检察院，由同级人民检察院向该办案机关发出纠正违法通知书。

对异地羁押的案件，发现办案机关超期羁押的，应当通报该办案机关的同级人民检察院，由其依法向办案机关发出纠正违法通知书。

第六百一十九条　人民检察院发出纠正违法通知书后，有关办案机关未回复意见或者继续超期羁押的，应当及时报告上一级人民检察院。

对于造成超期羁押的直接责任人员，可以书面建议其所在单位或者有关主管机关依照法律或者有关规定予以处分；对于造成超期羁押情节严重，涉嫌犯罪的，应当依法追究其刑事责任。

(7) 案件管理部门应当向本院办案部门进行期限届满提示

★**人民检察院刑事诉讼规则**（2019年12月30日）（节录）

第六百二十条 人民检察院办理直接受理侦查的案件或者审查逮捕、审查起诉案件，在犯罪嫌疑人侦查羁押期限、办案期限即将届满前，负责案件管理的部门应当依照有关规定向本院办案部门进行期限届满提示。发现办案部门办理案件超过规定期限的，应当依照有关规定提出纠正意见。

3. 一般侦查羁押期限为2个月，经上一级人民检察院批准可延长1个月

★**公安机关办理刑事案件程序规定**（2020年7月20日）（节录）

第一百四十八条 对犯罪嫌疑人逮捕后的侦查羁押期限不得超过二个月。案情复杂、期限届满不能侦查终结的案件，应当制作提请批准延长侦查羁押期限意见书，经县级以上公安机关负责人批准后，在期限届满七日前送请同级人民检察院转报上一级人民检察院批准延长一个月。

★**人民检察院刑事诉讼规则**（2019年12月30日）（节录）

第三百零五条 人民检察院办理直接受理侦查的案件，对犯罪嫌疑人逮捕后的侦查羁押期限不得超过二个月。案情复杂、期限届满不能终结的案件，可以经上一级人民检察院批准延长一个月。

4. 检察院依法延长或者重新计算羁押期限，应书面告知犯罪嫌疑人、被告人及其委托的人

★**最高人民检察院关于在检察工作中防止和纠正超期羁押的若干规定**（2003年11月24日）（节录）

二、实行和完善听取、告知制度

……无论在侦查阶段还是审查起诉阶段，人民检察院依法延长或者重新计算羁押期限，都应当将法律根据、羁押期限书面告知犯罪嫌疑人、被告人及其委托的人。

人民检察院应当将听取和告知记明笔录，并将上述告知文书副本存工作卷中。

5. 检察院侦查部门应当在 3 日以内将有关羁押情况书面通知本院监所检察部门

★最高人民检察院关于在检察工作中防止和纠正超期羁押的若干规定（2003 年 11 月 24 日）（节录）

三、实行羁押情况通报制度

人民检察院在犯罪嫌疑人被逮捕或者在决定、批准延长侦查羁押期限、重新计算侦查羁押期限以后，侦查部门应当在三日以内将有关情况书面通知本院监所检察部门。

人民检察院在决定对在押的犯罪嫌疑人延长审查起诉期限、改变管辖、退回补充侦查重新计算审查起诉期限以后，公诉部门应当在三日以内将有关情况书面通知本院监所检察部门。

对犯罪嫌疑人异地羁押的，办案部门应当将羁押情况书面通知羁押地人民检察院的监所检察部门。羁押地人民检察院监所检察部门发现羁押超期的，应当及时报告、通知作出羁押决定的人民检察院监所检察部门，由作出羁押决定的人民检察院的监所检察部门对超期羁押提出纠正意见。

已经建成计算机局域网的人民检察院，有关部门可以运用局域网通报、查询羁押情况。

6. 监所检察部门应当在本院办理案件的犯罪嫌疑人羁押期限届满前 7 日提示

★最高人民检察院关于在检察工作中防止和纠正超期羁押的若干规定（2003 年 11 月 24 日）（节录）

四、实行羁押期限届满提示制度

监所检察部门对本院办理案件的犯罪嫌疑人的羁押情况实行一人一卡登记制度。卡上应当记明犯罪嫌疑人的基本情况、诉讼阶段的变更、羁押起止时间以及变更情况等。有条件的地方应当推广和完善对羁押期限实施网络化管理。监所检察部门应当在每月底向检察长报告本院办理案件的羁押人员情况。

监所检察部门应当在本院办理案件的犯罪嫌疑人羁押期限届满前七日制发《犯罪嫌疑人羁押期满提示函》，通知办案部门犯罪嫌疑人羁押期限即将届满，督促其依法及时办结案件。《犯罪嫌疑人羁押期满提示函》应当载明犯罪嫌疑人的基本情况、案由、逮捕时间、期限届满时间、是否已经延长办案期限等内容。

案件承办人接到提示后，应当检查案件的办理情况并向本部门负责人报告，严格依法在法定期限内办结案件。如果需要延长羁押期限、变更强制措施，应当及时提出意见，按照有关规定办理审批手续。

7. 在押的犯罪嫌疑人变更刑事诉讼阶段的，应当办理换押手续

★最高人民检察院、最高人民法院、公安部关于严格执行刑事诉讼法关于对犯罪嫌疑人、被告人羁押期限的规定坚决纠正超期羁押问题的通知（1998年10月19日）（节录）

四、各级司法机关必须严格执行对犯罪嫌疑人、被告人羁押换押制度。公安机关移送起诉、检察机关向法院提起公诉以及人民法院审理一审、二审案件递次移送时，均应按照有关规定及时对犯罪嫌疑人、被告人办理换押手续。

★最高人民检察院关于在检察工作中防止和纠正超期羁押的若干规定（2003年11月24日）（节录）

五、严格依法执行换押制度

人民检察院凡对在押的犯罪嫌疑人依法变更刑事诉讼阶段的，应当严格按照有关规定办理换押手续。

人民检察院对于公安机关等侦查机关侦查终结移送审查起诉的、决定退回补充侦查以及决定提起公诉的案件，公诉部门应当在三日以内将有关换押情况书面通知本院监所检察部门。

8. 羁押期限定期检查通报

★最高人民检察院关于在检察工作中防止和纠正超期羁押的若干规定（2003年11月24日）（节录）

六、实行定期检查通报制度

各级人民检察院应当将检察环节遵守法定羁押期限情况作为执法检查工作的重点之一。检察长对本院办理案件的羁押情况、上级检察机关对下级检察机关办理案件的羁押情况应当定期进行检查；对办案期限即将届满的，应当加强督办。各业务部门负责人应当定期了解、检查本部门办理案件的犯罪嫌疑人羁押情况，督促办案人员在法定期限内办结。

基层人民检察院监所检察部门应当向本院检察长及时报告本院业务部门办理案件执行法定羁押期限情况；分、州、市人民检察院应当每月向所辖检察机关通报辖区内检察机关办案中执行法定羁押期限情况；各省、自治区、直辖市人民检察院应当每季度向所辖检察机关通报本省、自治区、直辖市检察机关办案中执行法定羁押期限情况；最高人民检察院应当在每年年中和年底向全国检察机关通报检察机关办案中执行法定羁押期限情况。

9. 超期羁押的处理

★最高人民检察院、最高人民法院、公安部关于严格执行刑事诉讼法关于对犯罪嫌疑人、被告人羁押期限的规定坚决纠正超期羁押问题的通知（1998年10月19日）（节录）

五、上级司法机关发现下级司法机关超期羁押犯罪嫌疑人、被告人的，要依法予以纠正，下级司法机关应当将纠正结果报告上级司法机关。本机关负责人发现业务部门承办的案件超期羁押犯罪嫌疑人、被告人的，应当立即研究解决办法，及时予以纠正。

六、看守所发现对犯罪嫌疑人、被告人羁押超过法定期限的，应当将超期羁押的情况报告人民检察院。各级人民检察院应当认真履行法律监督职责，发现办案机关超期羁押犯罪嫌疑人、被告人的，应当及时向办案机关提出纠正意见。办案机关接到人民检察院纠正超期羁押通知后，应当及时进行研究，根据案件的具体情况采取相应的纠正措施，并将纠正情况回复提出纠正意见的人民检察院。

七、（第一款）办案机关超期羁押犯罪嫌疑人、被告人，经上级机关或人民检察院提出纠正意见后，在一个月内不予纠正的，或者在超期羁押期间造成被羁押人伤残、死亡或其他严重后果的，应当追究办案机关负责人和直接责任人员的责任。

★最高人民法院、最高人民检察院、公安部关于严格执行刑事诉讼法，切实纠防超期羁押的通知（2003年11月12日）（节录）

五、严格执行超期羁押责任追究制度。超期羁押侵犯犯罪嫌疑人、被告人的合法权益，损害司法公正，对此必须严肃查处，绝不姑息。本通知发布以后，凡违反刑事诉讼法和本通知的规定，造成犯罪嫌疑人、被告人超期羁押的，对于直接负责的主管人员和其他直接责任人员，由其所在单位或者上级主管机关依照有关规定予以行政或者纪律处分；造成犯罪嫌疑人、被告人超期羁押，情节严重的，对于直接负责的主管人员和其他直接责任人员，依照刑法第三百九十七条的规定，以玩忽职守罪或者滥用职权罪追究刑事责任。

★最高人民检察院关于在检察工作中防止和纠正超期羁押的若干规定（2003年11月24日）（节录）

七、建立超期羁押投诉和纠正机制

犯罪嫌疑人及其法定代理人、近亲属或者犯罪嫌疑人委托的律师及其他辩护人认为超期羁押的，有权向作出逮捕决定的人民检察院或者其上级人民检察院投诉，要求解除有关强制措施。在押的犯罪嫌疑人可以约见驻所检察人员对超期羁押进行投诉。

人民检察院监所检察部门负责受理关于超期羁押的投诉，接受投诉材料或者将投诉内容记明笔录，并及时对投诉进行审查，提出处理意见报请检察长决定。检察长对于确属超期羁押的，应当立即作出释放犯罪嫌疑人或者变更强制措施的决定。

人民检察院监所检察部门在投诉处理以后，应当及时向投诉人反馈处理意见。

10. 复杂、疑难和重大案件，羁押期限届满的，应当分别不同情况处理

★最高人民检察院、最高人民法院、公安部关于严格执行刑事诉讼法关于对犯罪嫌疑人、被告人羁押期限的规定坚决纠正超期羁押问题的通知（1998年10月19日）（节录）

三、对复杂、疑难和重大案件，羁押期限届满的，应当分别不同情况，采取果断措施依法作出处理：（1）对于流窜作案、多次作案的犯罪嫌疑人、被告人的主要罪行或某一罪行事实清楚，证据确实充分，而其他罪行一时又难以查清的，应当对已查清的主要罪行或某一罪行移送起诉、提起公诉或者进行审判；（2）对于共同犯罪案件中主犯或者从犯在逃，在押犯罪嫌疑人、被告人的犯罪事实清楚，证据确实充分的，应当对在押犯罪嫌疑人、被告人移送起诉、提起公诉或者进行审判；犯罪事实一时难以查清的，应当对在押犯罪嫌疑人、被告人依法变更强制措施；（3）对于司法机关之间有争议的案件通过协调后意见仍不能一致的，办案单位应按照各自的职权在法定期限内依法作出处理。

第一百五十七条 【特别重大复杂案件的延期审理】因为特殊原因，在较长时间内不宜交付审判的特别重大复杂的案件，由最高人民检察院报请全国人民代表大会常务委员会批准延期审理。

第一百五十八条 【可以延长羁押期限的特殊情形和程序】下列案件在本法第一百五十六条规定的期限届满不能侦查终结的，经省、自治区、直辖市人民检察院批准或者决定，可以延长二个月：

（一）交通十分不便的边远地区的重大复杂案件；

（二）重大的犯罪集团案件；

（三）流窜作案的重大复杂案件；
（四）犯罪涉及面广，取证困难的重大复杂案件。

● 要点及关联法规

经省、自治区、直辖市人民检察院批准或者决定，期限可延长2个月的案件范围

★公安机关办理刑事案件程序规定（2020年7月20日）（节录）

第一百四十九条 下列案件在本规定第一百四十八条规定的期限届满不能侦查终结的，应当制作提请批准延长侦查羁押期限意见书，经县级以上公安机关负责人批准，在期限届满七日前送请同级人民检察院层报省、自治区、直辖市人民检察院批准，延长二个月：

（一）交通十分不便的边远地区的重大复杂案件；
（二）重大的犯罪集团案件；
（三）流窜作案的重大复杂案件；
（四）犯罪涉及面广，取证困难的重大复杂案件。

★人民检察院刑事诉讼规则（2019年12月30日）（节录）

第三百零六条 设区的市级人民检察院和基层人民检察院办理直接受理侦查的案件，符合刑事诉讼法第一百五十八条规定，在本规则第三百零五条规定的期限届满前不能侦查终结的，经省级人民检察院批准，可以延长二个月。

省级人民检察院直接受理侦查的案件，有前款情形的，可以直接决定延长二个月。

第一百五十九条 【可以再次延长侦查羁押期限的案件范围和程序】对犯罪嫌疑人可能判处十年有期徒刑以上刑罚，依照本法第一百五十八条规定延长期限届满，仍不能侦查终结的，经省、自治区、直辖市人民检察院批准或者决定，可以再延长二个月。

● 要点及关联法规

重刑案件的侦查羁押期限

★**公安机关办理刑事案件程序规定**（2020年7月20日）（节录）

第一百五十条 对犯罪嫌疑人可能判处十年有期徒刑以上刑罚，依照本规定第一百四十九条规定的延长期限届满，仍不能侦查终结的，应当制作提请批准延长侦查羁押期限意见书，经县级以上公安机关负责人批准，在期限届满七日前送请同级人民检察院层报省、自治区、直辖市人民检察院批准，再延长二个月。

★**人民检察院刑事诉讼规则**（2019年12月30日）（节录）

第三百零七条 设区的市级人民检察院和基层人民检察院办理直接受理侦查的案件，对犯罪嫌疑人可能判处十年有期徒刑以上刑罚，依照本规则第三百零六条的规定依法延长羁押期限届满，仍不能侦查终结的，经省级人民检察院批准，可以再延长二个月。

省级人民检察院办理直接受理侦查的案件，有前款情形的，可以直接决定再延长二个月。

第一百六十条 【侦查羁押期限的重新计算】在侦查期间，发现犯罪嫌疑人另有重要罪行的，自发现之日起依照本法第一百五十六条的规定重新计算侦查羁押期限。

【特殊侦查羁押期限的起算】犯罪嫌疑人不讲真实姓名、住址、身份不明的，应当对其身份进行调查，侦查羁押期限自查清其身份之日起计算，但是不得停止对其犯罪行为的侦查取证。对于犯罪事实清楚，证据确实、充分，确实无法查明其身份的，也可以按其自报的姓名起诉、审判。

● **要点及关联法规**

1. 侦查期间，发现犯罪嫌疑人另有重要罪行的，自发现之日起重新计算侦查羁押期限

（1）公安机关重新计算侦查羁押期限

★**公安机关适用刑事羁押期限规定**（2006年5月1日）（节录）

第十八条 在侦查期间，发现犯罪嫌疑人另有重要罪行的，应当自发现之日起五日以内，报经县级以上公安机关负责人批准，将重新计算侦查羁押期限的法律文书送达看守所，向犯罪嫌疑人宣布，并报原批准逮捕的人民检察院备案。

前款规定的另有重要罪行，是指与逮捕时的罪行不同种的重大犯罪以及同种犯罪并将影响罪名认定、量刑档次的重大犯罪。

★**公安机关办理刑事案件程序规定**（2020年7月20日）（节录）

第一百五十一条 在侦查期间，发现犯罪嫌疑人另有重要罪行的，应当自发现之日起五日以内报县级以上公安机关负责人批准后，重新计算侦查羁押期限，制作变更羁押期限通知书，送达看守所，并报批准逮捕的人民检察院备案。

前款规定的"另有重要罪行"，是指与逮捕时的罪行不同种的重大犯罪以及同种犯罪并将影响罪名认定、量刑档次的重大犯罪。

（2）检察机关重新计算侦查羁押期限

★**人民检察院刑事诉讼规则**（2019年12月30日）（节录）

第三百一十五条 人民检察院在侦查期间发现犯罪嫌疑人另有重要罪行的，自发现之日起依照本规则第三百零五条的规定重新计算侦查羁押期限。

另有重要罪行是指与逮捕时的罪行不同种的重大犯罪或者同种的影响罪名认定、量刑档次的重大犯罪。

2. 重新计算侦查羁押期限的决定与审查

★**人民检察院刑事诉讼规则**（2019年12月30日）（节录）

第三百一十六条 人民检察院重新计算侦查羁押期限，应当由负责侦查的部门提出重新计算侦查羁押期限的意见，移送本院负责捕诉的部门审查。负责捕诉的部门审查后应当提出是否同意重新计算侦查羁押期限的意见，报检察长决定。

第三百一十七条　对公安机关重新计算侦查羁押期限的备案，由负责捕诉的部门审查。负责捕诉的部门认为公安机关重新计算侦查羁押期限不当的，应当提出纠正意见。

3. 犯罪嫌疑人身份不明的，侦查羁押期限自查清其身份之日起计算；犯罪事实清楚，证据确实、充分，确实无法查明其身份的，也可以按其自报的姓名起诉、审判

★最高人民检察院、公安部关于适用刑事强制措施有关问题的规定（2000年8月28日）（节录）

第二十三条第一款　公安机关对于决定拘留的犯罪嫌疑人，经审查认为需要逮捕的，应当在法定期限内提请同级人民检察院审查批准。犯罪嫌疑人不讲真实姓名、住址，身份不明的，拘留期限自查清其真实身份之日起计算。对于有证据证明有犯罪事实的，也可以按犯罪嫌疑人自报的姓名提请人民检察院批准逮捕。

★公安机关适用刑事羁押期限规定（2006年5月1日）（节录）

第十六条　对犯罪嫌疑人因不讲真实姓名、住址，身份不明，经县级以上公安机关负责人批准，侦查羁押期限自查清其身份之日起计算的，办案部门应当在作出决定后的二日以内通知看守所；查清犯罪嫌疑人身份的，应当在查清后的二日以内将侦查羁押期限起止时间通知看守所。

★公安机关办理刑事案件程序规定（2020年7月20日）（节录）

第一百五十二条　犯罪嫌疑人不讲真实姓名、住址，身份不明的，应当对其身份进行调查。经县级以上公安机关负责人批准，侦查羁押期限自查清其身份之日起计算，但不得停止对其犯罪行为的侦查取证。

对于犯罪事实清楚，证据确实、充分，确实无法查明其身份的，按其自报的姓名移送人民检察院审查起诉。

4. 外国籍犯罪嫌疑人的国籍和身份确认

★最高人民检察院、公安部关于适用刑事强制措施有关问题的规定（2000年8月28日）（节录）

第二十三条第二款　对于需要确认外国籍犯罪嫌疑人身份的，应当按照我国和该犯罪嫌疑人所称的国籍国签订的有关司法协助条约、国际公约的规定，或者通过外交途径、国际刑警组织渠道查明其身份。如果确实无法查清或者有关国家拒绝协助的，只要有证据证明有犯罪事实，可以按照犯罪嫌疑人自报的

姓名提请人民检察院批准逮捕。侦查终结后，对于犯罪事实清楚、证据确实、充分的，也可以按其自报的姓名移送人民检察院审查起诉。

★**公安机关办理刑事案件程序规定**（2020年7月20日）（节录）

第三百五十九条 外国籍犯罪嫌疑人的国籍，以其在入境时持用的有效证件予以确认；国籍不明的，由出入境管理部门协助予以查明。国籍确实无法查明的，以无国籍人对待。

第三百六十条 确认外国籍犯罪嫌疑人身份，可以依照有关国际条约或者通过国际刑事警察组织、警务合作渠道办理。确实无法查明的，可以按其自报的姓名移送人民检察院审查起诉。

> **第一百六十一条 【侦查阶段辩护律师意见的听取】**在案件侦查终结前，辩护律师提出要求的，侦查机关应当听取辩护律师的意见，并记录在案。辩护律师提出书面意见的，应当附卷。

● 要点及关联法规

1. 案件侦查终结前，辩护律师提出要求的，应听取辩护律师的意见

★**公安机关办理刑事案件程序规定**（2020年7月20日）（节录）

第五十八条 案件侦查终结前，辩护律师提出要求的，公安机关应当听取辩护律师的意见，根据情况进行核实，并记录在案。辩护律师提出书面意见的，应当附卷。

对辩护律师收集的犯罪嫌疑人不在犯罪现场、未达到刑事责任年龄、属于依法不负刑事责任的精神病人的证据，公安机关应当进行核实并将有关情况记录在案，有关证据应当附卷。

★**人民检察院刑事诉讼规则**（2019年12月30日）（节录）

第二百三十九条 在案件侦查过程中，犯罪嫌疑人委托辩护律师的，检察人员可以听取辩护律师的意见。

辩护律师要求当面提出意见的，检察人员应当听取意见，并制作笔录附卷。辩护律师提出书面意见的，应当附卷。

侦查终结前，犯罪嫌疑人提出无罪或者罪轻的辩解，辩护律师提出犯罪嫌疑人无罪或者依法不应当追究刑事责任意见的，人民检察院应当依法予以核实。

案件侦查终结移送起诉时，人民检察院应当同时将案件移送情况告知犯罪嫌疑人及其辩护律师。

2. 侦查机关应当核实律师提出的犯罪嫌疑人无罪或不应追究刑事责任的意见

★关于推进以审判为中心的刑事诉讼制度改革的意见（2016年7月20日）（节录）

六、在案件侦查终结前，犯罪嫌疑人提出无罪或者罪轻的辩解，辩护律师提出犯罪嫌疑人无罪或者依法不应追究刑事责任的意见，侦查机关应当依法予以核实。

第一百六十二条【侦查终结后案件的处理】公安机关侦查终结的案件，应当做到犯罪事实清楚，证据确实、充分，并且写出起诉意见书，连同案卷材料、证据一并移送同级人民检察院审查决定；同时将案件移送情况告知犯罪嫌疑人及其辩护律师。

犯罪嫌疑人自愿认罪认罚的，应当记录在案，随案移送，并在起诉意见书中写明有关情况。

● **要点及关联法规**

1. 公安机关办理刑事案件应当向同级人民检察院移送审查起诉

★公安机关办理刑事案件程序规定（2020年7月20日）（节录）

第十条 公安机关办理刑事案件，应当向同级人民检察院提请批准逮捕、移送审查起诉。

2. 侦查终结的案件应当符合的条件

★公安机关办理刑事案件程序规定（2020年7月20日）（节录）

第二百八十三条 侦查终结的案件，应当同时符合以下条件：

（一）案件事实清楚；

（二）证据确实、充分；

（三）犯罪性质和罪名认定正确；

（四）法律手续完备；

（五）依法应当追究刑事责任。

3. 侦查终结的案件应当制作结案报告

★公安机关办理刑事案件程序规定（2020年7月20日）（节录）

第二百八十五条 侦查终结的案件，侦查人员应当制作结案报告。结案报告应当包括以下内容：

（一）犯罪嫌疑人的基本情况；

（二）是否采取了强制措施及其理由；

（三）案件的事实和证据；

（四）法律依据和处理意见。

4. 侦查终结案件的处理，由县级以上公安机关负责人批准

★公安机关办理刑事案件程序规定（2020年7月20日）（节录）

第二百八十六条 侦查终结案件的处理，由县级以上公安机关负责人批准；重大、复杂、疑难的案件应当经过集体讨论。

5. 侦查终结后向人民检察院移送案件时，应移送诉讼卷，侦查卷由公安机关存档备查

★公安机关办理刑事案件程序规定（2020年7月20日）（节录）

第二百八十七条 侦查终结后，应当将全部案卷材料按照要求装订立卷。向人民检察院移送案件时，只移送诉讼卷，侦查卷由公安机关存档备查。

6. 查封、扣押的犯罪嫌疑人的财物及其孳息、文件或者冻结的财产的处理

★公安机关办理刑事案件程序规定（2020年7月20日）（节录）

第二百八十八条 对查封、扣押的犯罪嫌疑人的财物及其孳息、文件或者冻结的财产，作为证据使用的，应当随案移送，并制作随案移送清单一式两份，一份留存，一份交人民检察院。制作清单时，应当根据已经查明的案情，写明对涉案财物的处理建议。

对于实物不宜移送的，应当将其清单、照片或者其他证明文件随案移送。待人民法院作出生效判决后，按照人民法院送达的生效判决书、裁定书依法作出处理，并向人民法院送交回执。人民法院在判决、裁定中未对涉案财物作出处理的，公安机关应当征求人民法院意见，并根据人民法院的决定依法作出处理。

7. 侦查终结的案件，应当制作起诉意见书

★公安机关办理刑事案件程序规定（2020年7月20日）（节录）

第六十八条　公安机关提请批准逮捕书、起诉意见书必须忠实于事实真象。故意隐瞒事实真象的，应当依法追究责任。

第二百八十九条　对侦查终结的案件，应当制作起诉意见书，经县级以上公安机关负责人批准后，连同全部案卷材料、证据，以及辩护律师提出的意见，一并移送同级人民检察院审查决定；同时将案件移送情况告知犯罪嫌疑人及其辩护律师。

犯罪嫌疑人自愿认罪的，应当记录在案，随案移送，并在起诉意见书中写明有关情况；认为案件符合速裁程序适用条件的，可以向人民检察院提出适用速裁程序的建议。

第二百九十一条　共同犯罪案件的起诉意见书，应当写明每个犯罪嫌疑人在共同犯罪中的地位、作用、具体罪责和认罪态度，并分别提出处理意见。

★最高人民法院、最高人民检察院、公安部、国家安全部、司法部关于适用认罪认罚从宽制度的指导意见（2019年10月11日）（节选）

24.（第一款）起诉意见。对移送审查起诉的案件，公安机关应当在起诉意见书中写明犯罪嫌疑人自愿认罪认罚情况。认为案件符合速裁程序适用条件的，可以在起诉意见书中建议人民检察院适用速裁程序办理，并简要说明理由。

8. 被害人提出附带民事诉讼的，移送审查起诉时应在起诉意见书末页注明

★公安机关办理刑事案件程序规定（2020年7月20日）（节录）

第二百九十二条　被害人提出附带民事诉讼的，应当记录在案；移送审查起诉时，应当在起诉意见书末页注明。

9. 侦查终结应当做到犯罪事实清楚，证据确实、充分

★关于推进以审判为中心的刑事诉讼制度改革的意见（2016年7月20日）（节录）

二、严格按照法律规定的证据裁判要求，没有证据不得认定犯罪事实。侦查机关侦查终结、人民检察院提起公诉、人民法院作出有罪判决，都应当做到犯罪事实清楚，证据确实、充分。

侦查机关、人民检察院应当按照裁判的要求和标准收集、固定、审查、运用证据，人民法院应当按照法定程序认定证据，依法作出裁判。

人民法院作出有罪判决，对于证明犯罪构成要件的事实，应当综合全案证

据排除合理怀疑,对于量刑证据存疑的,应当作出有利于被告人的认定。

第一百六十三条 【撤销案件】在侦查过程中,发现不应对犯罪嫌疑人追究刑事责任的,应当撤销案件;犯罪嫌疑人已被逮捕的,应当立即释放,发给释放证明,并且通知原批准逮捕的人民检察院。

● 要点及关联法规

1. 上级公安机关发现下级作出的决定或者办理的案件有错误的,有权予以撤销、变更,或者指令下级公安机关予以纠正

★公安机关办理刑事案件程序规定(2020年7月20日)(节录)

第七条 公安机关进行刑事诉讼,应当建立、完善和严格执行办案责任制度、执法过错责任追究制度等内部执法监督制度。

在刑事诉讼中,上级公安机关发现下级公安机关作出的决定或者办理的案件有错误的,有权予以撤销或者变更,也可以指令下级公安机关予以纠正。

下级公安机关对上级公安机关的决定必须执行,如果认为有错误,可以在执行的同时向上级公安机关报告。

2. 应当撤销案件的情形

★公安机关办理刑事案件程序规定(2020年7月20日)(节录)

第一百八十六条 经过侦查,发现具有下列情形之一的,应当撤销案件:
(一)没有犯罪事实的;
(二)情节显著轻微、危害不大,不认为是犯罪的;
(三)犯罪已过追诉时效期限的;
(四)经特赦令免除刑罚的;
(五)犯罪嫌疑人死亡的;
(六)其他依法不追究刑事责任的。

对于经过侦查,发现有犯罪事实需要追究刑事责任,但不是被立案侦查的犯罪嫌疑人实施的,或者共同犯罪案件中部分犯罪嫌疑人不够刑事处罚的,应当对有关犯罪嫌疑人终止侦查,并对该案件继续侦查。

3. 撤销案件或者对犯罪嫌疑人终止侦查的，报县级以上公安机关负责人批准

★公安机关办理刑事案件程序规定（2020年7月20日）（节录）

第一百八十七条　需要撤销案件或者对犯罪嫌疑人终止侦查的，办案部门应当制作撤销案件或者终止侦查报告书，报县级以上公安机关负责人批准。

公安机关决定撤销案件或者对犯罪嫌疑人终止侦查时，原犯罪嫌疑人在押的，应当立即释放，发给释放证明书。原犯罪嫌疑人被逮捕的，应当通知原批准逮捕的人民检察院。对原犯罪嫌疑人采取其他强制措施的，应当立即解除强制措施；需要行政处理的，依法予以处理或者移交有关部门。

对查封、扣押的财物及其孳息、文件，或者冻结的财产，除按照法律和有关规定另行处理的以外，应当解除查封、扣押、冻结，并及时返还或者通知当事人。

4. 犯罪嫌疑人有重大立功或者案件涉及国家重大利益的，报公安部批准

★公安机关办理刑事案件程序规定（2020年7月20日）（节录）

第一百八十八条　犯罪嫌疑人自愿如实供述涉嫌犯罪的事实，有重大立功或者案件涉及国家重大利益，需要撤销案件的，应当层报公安部，由公安部商请最高人民检察院核准后撤销案件。报请撤销案件的公安机关应当同时将相关情况通报同级人民检察院。

公安机关根据前款规定撤销案件的，应当对查封、扣押、冻结的财物及其孳息作出处理。

5. 撤销案件或终止侦查决定后应当在3日内告知原犯罪嫌疑人、被害人或者其近亲属、法定代理人以及案件移送机关

★公安机关办理刑事案件程序规定（2020年7月20日）（节录）

第一百八十九条　公安机关作出撤销案件决定后，应当在三日以内告知原犯罪嫌疑人、被害人或者其近亲属、法定代理人以及案件移送机关。

公安机关作出终止侦查决定后，应当在三日以内告知原犯罪嫌疑人。

6. 公安机关撤销案件或终止侦查后，认为有犯罪事实需要追究刑事责任的，应当侦查

★公安机关办理刑事案件程序规定（2020年7月20日）（节录）

第一百九十条　公安机关撤销案件以后又发现新的事实或者证据，或者发现原认定事实错误，认为有犯罪事实需要追究刑事责任的，应当重新立案侦查。

对犯罪嫌疑人终止侦查后又发现新的事实或者证据，或者发现原认定事实错误，需要对其追究刑事责任的，应当继续侦查。

第十一节　人民检察院对直接受理的案件的侦查

> **第一百六十四条**　【人民检察院自侦案件的侦查程序】人民检察院对直接受理的案件的侦查适用本章规定。

● 要点及关联法规

1. 全面、客观收集证据，严禁以非法方法收集证据

★人民检察院刑事诉讼规则（2019年12月30日）（节录）

第一百七十六条　人民检察院办理直接受理侦查的案件，应当全面、客观地收集、调取犯罪嫌疑人有罪或者无罪、罪轻或者罪重的证据材料，并依法进行审查、核实。办案过程中必须重证据，重调查研究，不轻信口供。严禁刑讯逼供和以威胁、引诱、欺骗以及其他非法方法收集证据，不得强迫任何人证实自己有罪。

2. 保障犯罪嫌疑人和其他诉讼参与人各项诉讼权利

★人民检察院刑事诉讼规则（2019年12月30日）（节录）

第一百七十七条　人民检察院办理直接受理侦查的案件，应当保障犯罪嫌疑人和其他诉讼参与人依法享有的辩护权和其他各项诉讼权利。

3. 严禁超期羁押

★人民检察院刑事诉讼规则（2019年12月30日）（节录）

第一百七十八条　人民检察院办理直接受理侦查的案件，应当严格依照刑事诉讼法规定的程序，严格遵守刑事案件办案期限的规定，依法提请批准逮捕、移送起诉、不起诉或者撤销案件。

对犯罪嫌疑人采取强制措施，应当经检察长批准。

4. 保护国家秘密、商业秘密及个人隐私

★人民检察院刑事诉讼规则（2019年12月30日）（节录）

第一百七十九条　人民检察院办理直接受理侦查的案件，应当对侦查过程中知悉的国家秘密、商业秘密及个人隐私予以保密。

5. 本辖区以外检察院在调取证据材料时的协助

★**人民检察院刑事诉讼规则**（2019年12月30日）（节录）

第一百八十条 办理案件的人民检察院需要派员到本辖区以外进行搜查、调取物证、书证等证据材料，或者查封、扣押财物和文件的，应当持相关法律文书和证明文件等与当地人民检察院联系，当地人民检察院应当予以协助。

需要到本辖区以外调取证据材料的，必要时，可以向证据所在地的人民检察院发函调取证据。调取证据的函件应当注明具体的取证对象、地址和内容。证据所在地的人民检察院应当在收到函件后一个月以内将取证结果送达办理案件的人民检察院。

被请求协助的人民检察院有异议的，可以与办理案件的人民检察院进行协商。必要时，报请共同的上级人民检察院决定。

6. 检察院对于直接受理案件的侦查可适用侦查措施

★**人民检察院刑事诉讼规则**（2019年12月30日）（节录）

第一百八十一条 人民检察院对于直接受理案件的侦查，可以适用刑事诉讼法第二编第二章规定的各项侦查措施。

刑事诉讼法规定进行侦查活动需要制作笔录的，应当制作笔录。必要时，可以对相关活动进行录音、录像。

第一百六十五条 【自侦案件中拘留、逮捕的程序】人民检察院直接受理的案件中符合本法第八十一条、第八十二条第四项、第五项规定情形，需要逮捕、拘留犯罪嫌疑人的，由人民检察院作出决定，由公安机关执行。

● **要点及关联法规**

1. 自侦案件的拘留

（1）可以决定拘留的情形

★**人民检察院刑事诉讼规则**（2019年12月30日）（节录）

第一百二十一条 人民检察院对于具有下列情形之一的犯罪嫌疑人，可以决定拘留：

（一）犯罪后企图自杀、逃跑或者在逃的；

（二）有毁灭、伪造证据或者串供可能的。

(2) 拘留由公安机关执行

★**人民检察院刑事诉讼规则**（2019 年 12 月 30 日）（节录）

第一百二十二条　人民检察院作出拘留决定后，应当将有关法律文书和案由、犯罪嫌疑人基本情况的材料送交同级公安机关执行。必要时，人民检察院可以协助公安机关执行。

拘留后，应当立即将被拘留人送看守所羁押，至迟不得超过二十四小时。

(3) 除无法通知的情形，应在拘留后 24 小时内通知被拘留人的家属

★**人民检察院刑事诉讼规则**（2019 年 12 月 30 日）（节录）

第一百二十三条　对犯罪嫌疑人拘留后，除无法通知的以外，人民检察院应当在二十四小时以内，通知被拘留人的家属。

无法通知的，应当将原因写明附卷。无法通知的情形消除后，应当立即通知其家属。

2. 自侦案件的逮捕

(1) 负责捕诉部门审查并报请检察长决定

★**人民检察院刑事诉讼规则**（2019 年 12 月 30 日）（节录）

第二百九十六条　人民检察院办理直接受理侦查的案件，需要逮捕犯罪嫌疑人的，由负责侦查的部门制作逮捕犯罪嫌疑人意见书，连同案卷材料、讯问犯罪嫌疑人录音、录像一并移送本院负责捕诉的部门审查。犯罪嫌疑人已被拘留的，负责侦查的部门应当在拘留后七日以内将案件移送本院负责捕诉的部门审查。

第二百九十七条　对本院负责侦查的部门移送审查逮捕的案件，犯罪嫌疑人已被拘留的，负责捕诉的部门应当在收到逮捕犯罪嫌疑人意见书后七日以内，报请检察长决定是否逮捕，特殊情况下，决定逮捕的时间可以延长一日至三日；犯罪嫌疑人未被拘留的，负责捕诉的部门应当在收到逮捕犯罪嫌疑人意见书后十五日以内，报请检察长决定是否逮捕，重大、复杂案件，不得超过二十日。

(2) 决定逮捕的，由负责侦查的部门通知公安机关执行

★**人民检察院刑事诉讼规则**（2019 年 12 月 30 日）（节录）

第二百九十八条　对犯罪嫌疑人决定逮捕的，负责捕诉的部门应当将逮捕

决定书连同案卷材料、讯问犯罪嫌疑人录音、录像移交负责侦查的部门，并可以对收集证据、适用法律提出意见。由负责侦查的部门通知公安机关执行，必要时可以协助执行。

（3）决定不予逮捕的处理

★**人民检察院刑事诉讼规则**（2019年12月30日）（节录）

第二百九十九条　对犯罪嫌疑人决定不予逮捕的，负责捕诉的部门应当将不予逮捕的决定连同案卷材料、讯问犯罪嫌疑人录音、录像移交负责侦查的部门，并说明理由。需要补充侦查的，应当制作补充侦查提纲。犯罪嫌疑人已被拘留的，负责侦查的部门应当通知公安机关立即释放。

（4）负责捕诉部门提出移送审查逮捕的建议

★**人民检察院刑事诉讼规则**（2019年12月30日）（节录）

第三百条　对应当逮捕而本院负责侦查的部门未移送审查逮捕的犯罪嫌疑人，负责捕诉的部门应当向负责侦查的部门提出移送审查逮捕犯罪嫌疑人的建议。建议不被采纳的，应当报请检察长决定。

（5）决定逮捕后的处理

★**人民检察院刑事诉讼规则**（2019年12月30日）（节录）

第三百零一条　逮捕犯罪嫌疑人后，应当立即送看守所羁押。除无法通知的以外，负责侦查的部门应当把逮捕的原因和羁押的处所，在二十四小时以内通知其家属。对于无法通知的，在无法通知的情形消除后，应当立即通知其家属。

第三百零二条　对被逮捕的犯罪嫌疑人，应当在逮捕后二十四小时以内进行讯问。

发现不应当逮捕的，应当经检察长批准，撤销逮捕决定或者变更为其他强制措施，并通知公安机关执行，同时通知负责捕诉的部门。

对按照前款规定被释放或者变更强制措施的犯罪嫌疑人，又发现需要逮捕的，应当重新移送审查逮捕。

（6）已经作出不予逮捕的决定，又发现需要逮捕嫌疑人的，应重新办理逮捕手续

★**人民检察院刑事诉讼规则**（2019年12月30日）（节录）

第三百零三条　已经作出不予逮捕的决定，又发现需要逮捕犯罪嫌疑人的，应当重新办理逮捕手续。

第三百零四条　犯罪嫌疑人在异地羁押的，负责侦查的部门应当将决定、

变更、撤销逮捕措施的情况书面通知羁押地人民检察院负责刑事执行检察的部门。

> **第一百六十六条 【自侦案件中对被拘留人的讯问】** 人民检察院对直接受理的案件中被拘留的人，应当在拘留后的二十四小时以内进行讯问。在发现不应当拘留的时候，必须立即释放，发给释放证明。

● 要点及关联法规

1. 拘留后的 24 小时内讯问被拘留人

★人民检察院刑事诉讼规则（2019 年 12 月 30 日）（节录）

第一百二十四条　对被拘留的犯罪嫌疑人，应当在拘留后的二十四小时以内进行讯问。

2. 发现不应当拘留的处理

★人民检察院刑事诉讼规则（2019 年 12 月 30 日）（节录）

第一百二十五条第一款　对被拘留的犯罪嫌疑人，发现不应当拘留的，应当立即释放；依法可以取保候审或者监视居住的，按照本规则的有关规定办理取保候审或者监视居住手续。

> **第一百六十七条 【自侦案件中审查决定逮捕的期限】** 人民检察院对直接受理的案件中被拘留的人，认为需要逮捕的，应当在十四日以内作出决定。在特殊情况下，决定逮捕的时间可以延长一日至三日。对不需要逮捕的，应当立即释放；对需要继续侦查，并且符合取保候审、监视居住条件的，依法取保候审或者监视居住。

● 要点及关联法规

1. 发现不应当拘留的，应当立即释放；被拘留的犯罪嫌疑人，需要逮捕的，办理逮捕手续

★人民检察院刑事诉讼规则（2019年12月30日）（节录）

第一百二十五条 对被拘留的犯罪嫌疑人，发现不应当拘留的，应当立即释放；依法可以取保候审或者监视居住的，按照本规则的有关规定办理取保候审或者监视居住手续。

对被拘留的犯罪嫌疑人，需要逮捕的，按照本规则的有关规定办理逮捕手续；决定不予逮捕的，应当及时变更强制措施。

2. 拘留犯罪嫌疑人的羁押期限为14日，特殊情况下可以延长1日至3日

★人民检察院刑事诉讼规则（2019年12月30日）（节录）

第一百二十六条 人民检察院直接受理侦查的案件，拘留犯罪嫌疑人的羁押期限为十四日，特殊情况下可以延长一日至三日。

3. 审查决定逮捕的结果

（1）决定不予逮捕的，应当通知公安机关释放犯罪嫌疑人

★最高人民检察院、公安部关于适用刑事强制措施有关问题的规定（2000年8月28日）（节录）

第二十二条 人民检察院对于决定拘留的犯罪嫌疑人，经检察长或者检察委员会决定不予逮捕的，应当通知公安机关释放犯罪嫌疑人，公安机关接到通知后应当立即释放；需要逮捕而证据还不充足的，人民检察院可以变更为取保候审或者监视居住，并通知公安机关执行。

（2）批准逮捕的，应当在逮捕后24小时以内，对犯罪嫌疑人进行讯问

★最高人民检察院、公安部关于适用刑事强制措施有关问题的规定（2000年8月28日）（节录）

第二十八条 人民检察院直接立案侦查的案件，公安机关逮捕犯罪嫌疑人后，应当立即将执行回执送达决定逮捕的人民检察院。人民检察院应当在逮捕后二十四小时以内，对犯罪嫌疑人进行讯问。除有碍侦查或者无法通知的情形以外，人民检察院还应当将逮捕的原因和羁押的处所，在二十四小时以内，通知被逮捕人的家属或者其所在单位。

公安机关未能抓获犯罪嫌疑人的，应当在二十四小时以内，将执行情况和未能抓获犯罪嫌疑人的原因通知决定逮捕的人民检察院。对于犯罪嫌疑人在逃的，在人民检察院撤销逮捕决定之前，公安机关应当组织力量继续执行，人民检察院应当及时提供新的情况和线索。

4. 嫌疑人及其法定代理人、近亲属或者辩护人对强制措施提出申请的处理

★最高人民检察院、公安部关于适用刑事强制措施有关问题的规定（2000年8月28日）（节录）

第三十条　人民检察院直接立案侦查的案件，被拘留、逮捕的犯罪嫌疑人或者他的法定代理人、近亲属和律师向负责执行的公安机关提出取保候审申请的，公安机关应当告知其直接向作出决定的人民检察院提出。

被拘留、逮捕的犯罪嫌疑人的法定代理人、近亲属和律师向人民检察院申请对犯罪嫌疑人取保候审的，人民检察院应当在收到申请之日起七日内作出是否同意的答复。同意取保候审的，应当作出变更强制措施的决定，办理取保候审手续，并通知公安机关执行。

★人民检察院刑事诉讼规则（2019年12月30日）（节录）

第一百五十条　犯罪嫌疑人及其法定代理人、近亲属或者辩护人认为人民检察院采取强制措施法定期限届满，要求解除、变更强制措施或者释放犯罪嫌疑人的，人民检察院应当在收到申请后三日以内作出决定。

经审查，认为法定期限届满的，应当决定解除、变更强制措施或者释放犯罪嫌疑人，并通知公安机关执行；认为法定期限未满的，书面答复申请人。

第一百五十一条　犯罪嫌疑人及其法定代理人、近亲属或者辩护人向人民检察院提出变更强制措施申请的，人民检察院应当在收到申请后三日以内作出决定。

经审查，同意变更强制措施的，应当在作出决定的同时通知公安机关执行；不同意变更强制措施的，应当书面告知申请人，并说明不同意的理由。

犯罪嫌疑人及其法定代理人、近亲属或者辩护人提出变更强制措施申请的，应当说明理由，有证据和其他材料的，应当附上相关材料。

第一百五十二条　人民检察院在侦查、审查起诉期间，对犯罪嫌疑人拘留、逮捕后发生依法延长侦查羁押期限、审查起诉期限，重新计算侦查羁押期限、审查起诉期限等期限改变的情形的，应当及时将变更后的期限书面通知看守所。

5. 强制措施的变更和解除

★**最高人民检察院、公安部关于适用刑事强制措施有关问题的规定**（2000年8月28日）（节录）

第二十九条 人民检察院直接立案侦查的案件，对已经逮捕的犯罪嫌疑人，发现不应当逮捕的，应当经检察长批准或者检察委员会讨论决定，撤销逮捕决定或者变更为取保候审、监视居住，并通知公安机关执行。人民检察院将逮捕变更为取保候审、监视居住的，执行程序适用本规定。

第三十条 人民检察院直接立案侦查的案件，被拘留、逮捕的犯罪嫌疑人或者他的法定代理人、近亲属和律师向负责执行的公安机关提出取保候审申请的，公安机关应当告知其直接向作出决定的人民检察院提出。

被拘留、逮捕的犯罪嫌疑人的法定代理人、近亲属和律师向人民检察院申请对犯罪嫌疑人取保候审的，人民检察院应当在收到申请之日起七日内作出是否同意的答复。同意取保候审的，应当作出变更强制措施的决定，办理取保候审手续，并通知公安机关执行。

★**人民检察院刑事诉讼规则**（2019年12月30日）（节录）

第一百五十三条 人民检察院决定对涉嫌犯罪的机关事业单位工作人员取保候审、监视居住、拘留、逮捕的，应当在采取或者解除强制措施后五日以内告知其所在单位；决定撤销案件或者不起诉的，应当在作出决定后十日以内告知其所在单位。

第一百五十四条 取保候审变更为监视居住，或者取保候审、监视居住变更为拘留、逮捕的，在变更的同时原强制措施自动解除，不再办理解除法律手续。

第一百五十五条 人民检察院已经对犯罪嫌疑人取保候审、监视居住，案件起诉至人民法院后，人民法院决定取保候审、监视居住或者变更强制措施的，原强制措施自动解除，不再办理解除法律手续。

6. 侦查羁押期限届满的处理

★**最高人民检察院、公安部关于适用刑事强制措施有关问题的规定**（2000年8月28日）（节录）

第三十一条 对于人民检察院决定逮捕的犯罪嫌疑人，公安机关应当在侦查羁押期限届满十日前通知决定逮捕的人民检察院。

对于需要延长侦查羁押期限的，人民检察院应当在侦查羁押期限届满前，将延长侦查羁押期限决定书送交公安机关；对于犯罪嫌疑人另有重要罪行，需要重新计算侦查羁押期限的，人民检察院应当在侦查羁押期限届满前，将重新计算侦查羁押期限决定书送交公安机关。

对于不符合移送审查起诉条件或者延长侦查羁押期限条件、重新计算侦查羁押期限条件的，人民检察院应当在侦查羁押期限届满前，作出予以释放或者变更强制措施的决定，并通知公安机关执行。公安机关应当将执行情况及时通知人民检察院。

7. 对已经逮捕的嫌疑人变更羁押措施后，又发现需要逮捕该嫌疑人的，应当重新提请批准逮捕

★最高人民检察院、公安部关于适用刑事强制措施有关问题的规定（2000年8月28日）（节录）

第三十二条　公安机关立案侦查的案件，对于已经逮捕的犯罪嫌疑人变更为取保候审、监视居住后，又发现需要逮捕该犯罪嫌疑人的，公安机关应当重新提请批准逮捕。

人民检察院直接立案侦查的案件具有前款规定情形的，应当重新审查决定逮捕。

第一百六十八条　【自侦案件侦查终结的处理】人民检察院侦查终结的案件，应当作出提起公诉、不起诉或者撤销案件的决定。

● 要点及关联法规

1. 侦查终结的处理

★人民检察院刑事诉讼规则（2019年12月30日）（节录）

第二百三十七条　人民检察院经过侦查，认为犯罪事实清楚，证据确实、充分，依法应当追究刑事责任的，应当写出侦查终结报告，并且制作起诉意见书。

犯罪嫌疑人自愿认罪的，应当记录在案，随案移送，并在起诉意见书中写明有关情况。

对于犯罪情节轻微，依照刑法规定不需要判处刑罚或者免除刑罚的案件，应当写出侦查终结报告，并且制作不起诉意见书。

侦查终结报告和起诉意见书或者不起诉意见书应当报请检察长批准。

2. 提出起诉意见或者不起诉意见的处理

★**人民检察院刑事诉讼规则**（2019年12月30日）（节录）

第二百三十八条　负责侦查的部门应当将起诉意见书或者不起诉意见书、查封、扣押、冻结的犯罪嫌疑人的财物及其孳息、文件清单以及对查封、扣押、冻结的涉案财物的处理意见和其他案卷材料，一并移送本院负责捕诉的部门审查。国家或者集体财产遭受损失的，在提出提起公诉意见的同时，可以提出提起附带民事诉讼的意见。

第二百三十九条第四款　案件侦查终结移送起诉时，人民检察院应当同时将案件移送情况告知犯罪嫌疑人及其辩护律师。

3. 应当由下级人民检察院提起公诉或者不起诉的上级检察院侦查终结案件的处理

★**人民检察院刑事诉讼规则**（2019年12月30日）（节录）

第二百四十一条　上级人民检察院侦查终结的案件，依照刑事诉讼法的规定应当由下级人民检察院提起公诉或者不起诉的，应当将有关决定、侦查终结报告连同案卷材料交由下级人民检察院审查。

下级人民检察院认为上级人民检察院的决定有错误的，可以向上级人民检察院报告。上级人民检察院维持原决定的，下级人民检察院应当执行。

4. 撤销案件

（1）撤销案件的情形

★**人民检察院刑事诉讼规则**（2019年12月30日）（节录）

第二百四十二条　人民检察院在侦查过程中或者侦查终结后，发现具有下列情形之一的，负责侦查的部门应当制作拟撤销案件意见书，报请检察长决定：

（一）具有刑事诉讼法第十六条规定情形之一的；

（二）没有犯罪事实的，或者依照刑法规定不负刑事责任或者不是犯罪的；

（三）虽有犯罪事实，但不是犯罪嫌疑人所为的。

对于共同犯罪的案件，如有符合本条规定情形的犯罪嫌疑人，应当撤销对该犯罪嫌疑人的立案。

（2）检察长或者检察委员会决定撤销案件的报上一级人民检察院审查

★**人民检察院刑事诉讼规则**（2019年12月30日）（节录）

第二百四十三条　地方各级人民检察院决定撤销案件的，负责侦查的部门应当将撤销案件意见书连同本案全部案卷材料,在法定期限届满七日前报上一级人民检察院审查;重大、复杂案件在法定期限届满十日前报上一级人民检察院审查。

对于共同犯罪案件,应当将处理同案犯罪嫌疑人的有关法律文书以及案件事实、证据材料复印件等,一并报送上一级人民检察院。

上一级人民检察院负责侦查的部门应当对案件事实、证据和适用法律进行全面审查。必要时,可以讯问犯罪嫌疑人。

上一级人民检察院负责侦查的部门审查后,应当提出是否同意撤销案件的意见,报请检察长决定。

人民检察院决定撤销案件的,应当告知控告人、举报人,听取其意见并记明笔录。

第二百四十四条　上一级人民检察院审查下级人民检察院报送的拟撤销案件,应当于收到案件后七日以内批复;重大、复杂案件,应当在收到案件后十日以内批复。情况紧急或者因其他特殊原因不能按时送达的,可以先行通知下级人民检察院执行。

第二百四十五条　上一级人民检察院同意撤销案件的,下级人民检察院应当作出撤销案件决定,并制作撤销案件决定书。上一级人民检察院不同意撤销案件的,下级人民检察院应当执行上一级人民检察院的决定。

报请上一级人民检察院审查期间,犯罪嫌疑人羁押期限届满的,应当依法释放犯罪嫌疑人或者变更强制措施。

(3)撤销案件的决定,应当分别送达犯罪嫌疑人所在单位和犯罪嫌疑人

★**人民检察院刑事诉讼规则**(2019年12月30日)(节录)

第二百四十六条　撤销案件的决定,应当分别送达犯罪嫌疑人所在单位和犯罪嫌疑人。犯罪嫌疑人死亡的,应当送达犯罪嫌疑人原所在单位。如果犯罪嫌疑人在押,应当制作决定释放通知书,通知公安机关依法释放。

(4)涉案财物的处理

★**人民检察院刑事诉讼规则**(2019年12月30日)(节录)

第二百四十七条　人民检察院作出撤销案件决定的,应当在三十日以内报经检察长批准,对犯罪嫌疑人的违法所得作出处理。情况特殊的,可以延长三十日。

第二百四十八条　人民检察院撤销案件时,对犯罪嫌疑人的违法所得及其他涉案财产应当区分不同情形,作出相应处理:

（一）因犯罪嫌疑人死亡而撤销案件，依照刑法规定应当追缴其违法所得及其他涉案财产的，按照本规则第十二章第四节的规定办理。

（二）因其他原因撤销案件，对于查封、扣押、冻结的犯罪嫌疑人违法所得及其他涉案财产需要没收的，应当提出检察意见，移送有关主管机关处理。

（三）对于冻结的犯罪嫌疑人存款、汇款、债券、股票、基金份额等财产需要返还被害人的，可以通知金融机构、邮政部门返还被害人；对于查封、扣押的犯罪嫌疑人的违法所得及其他涉案财产需要返还被害人的，直接决定返还被害人。

人民检察院申请人民法院裁定处理犯罪嫌疑人涉案财产的，应当向人民法院移送有关案卷材料。

第二百四十九条　人民检察院撤销案件时，对查封、扣押、冻结的犯罪嫌疑人的涉案财产需要返还犯罪嫌疑人的，应当解除查封、扣押或者书面通知有关金融机构解除冻结，返还犯罪嫌疑人或者其合法继承人。

第二百五十条　查封、扣押、冻结的财物，除依法应当返还被害人或者经查明确实与案件无关的以外，不得在诉讼程序终结之前处理。法律和有关规定另有规定的除外。

第二百五十一条　处理查封、扣押、冻结的涉案款物，应当由检察长决定。

5. 有同案犯在逃的自侦案件的处理

★**人民检察院刑事诉讼规则**（2019年12月30日）（节录）

第二百五十二条　人民检察院直接受理侦查的共同犯罪案件，如果同案犯罪嫌疑人在逃，但在案犯罪嫌疑人犯罪事实清楚、证据确实、充分的，对在案犯罪嫌疑人应当根据本规则第二百三十七条的规定分别移送起诉或者移送不起诉。

由于同案犯罪嫌疑人在逃，在案犯罪嫌疑人的犯罪事实无法查清的，对在案犯罪嫌疑人应当根据案件的不同情况分别报请延长侦查羁押期限、变更强制措施或者解除强制措施。

6. 直接受理侦查案件的办理期限

★**人民检察院刑事诉讼规则**（2019年12月30日）（节录）

第二百五十三条　人民检察院直接受理侦查的案件，对犯罪嫌疑人没有采取取保候审、监视居住、拘留或者逮捕措施的，负责侦查的部门应当在立案后二年以内提出移送起诉、移送不起诉或者撤销案件的意见；对犯罪嫌疑人采取取保候审、监视居住、拘留或者逮捕措施的，负责侦查的部门应当在解除或者撤销强制措施后一年以内提出移送起诉、移送不起诉或者撤销案件的意见。

7. 撤销案件后，又发现新的事实、证据，认为有犯罪事实需要追究刑事责任的，可重新立案

★人民检察院刑事诉讼规则（2019年12月30日）（节录）

第二百五十四条　人民检察院直接受理立案侦查的案件，撤销案件以后，又发现新的事实或者证据，认为有犯罪事实需要追究刑事责任的，可以重新立案侦查。

第三章　提起公诉

> 第一百六十九条　【公诉案件一律由人民检察院审查决定】凡需要提起公诉的案件，一律由人民检察院审查决定。

● 要点及关联法规

检察机关管辖的相关规定

★人民检察院刑事诉讼规则（2019年12月30日）（节录）

第三百一十八条　各级人民检察院提起公诉，应当与人民法院审判管辖相适应。负责捕诉的部门收到移送起诉的案件后，经审查认为不属于本院管辖的，应当在发现之日起五日以内经由负责案件管理的部门移送有管辖权的人民检察院。

属于上级人民法院管辖的第一审案件，应当报送上级人民检察院，同时通知移送起诉的公安机关；属于同级其他人民法院管辖的第一审案件，应当移送有管辖权的人民检察院或者报送共同的上级人民检察院指定管辖，同时通知移送起诉的公安机关。

上级人民检察院受理同级公安机关移送起诉的案件，认为属于下级人民法院管辖的，可以交下级人民检察院审查，由下级人民检察院向同级人民法院提

起公诉,同时通知移送起诉的公安机关。

一人犯数罪、共同犯罪和其他需要并案审理的案件,只要其中一人或者一罪属于上级人民检察院管辖的,全案由上级人民检察院审查起诉。

公安机关移送起诉的案件,需要依照刑事诉讼法的规定指定审判管辖的,人民检察院应当在公安机关移送起诉前协商同级人民法院办理指定管辖有关事宜。

第三百二十九条　监察机关移送起诉的案件,需要依照刑事诉讼法的规定指定审判管辖的,人民检察院应当在监察机关移送起诉二十日前协商同级人民法院办理指定管辖有关事宜。

第一百七十条[①]　【对监察机关移送起诉案件的审查】人民检察院对于监察机关移送审查起诉的案件,依照本法和监察法的有关规定进行审查。人民检察院经审查,认为需要补充核实的,应当退回监察机关补充调查,必要时可以自行补充侦查。

【对监察机关移送案件强制措施的适用】对于监察机关移送起诉的已采取留置措施的案件,人民检察院应当对犯罪嫌疑人先行拘留,留置措施自动解除。人民检察院应当在拘留后的十日以内作出是否逮捕、取保候审或者监视居住的决定。在特殊情况下,决定的时间可以延长一日至四日。人民检察院决定采取强制措施的期间不计入审查起诉期限。

● **要点及关联法规**

1. 监察机关根据监督、调查结果做出的处置

★**中华人民共和国监察法**（2018年3月20日）（节录）

第四十五条　监察机关根据监督、调查结果,依法作出如下处置:

(一)对有职务违法行为但情节较轻的公职人员,按照管理权限,直接或者委托有关机关、人员,进行谈话提醒、批评教育、责令检查,或者予以诫勉;

[①]　该条为2018年修订新增。

（二）对违法的公职人员依照法定程序作出警告、记过、记大过、降级、撤职、开除等政务处分决定；

（三）对不履行或者不正确履行职责负有责任的领导人员，按照管理权限对其直接作出问责决定，或者向有权作出问责决定的机关提出问责建议；

（四）对涉嫌职务犯罪的，监察机关经调查认为犯罪事实清楚、证据确实、充分的，制作起诉意见书，连同案卷材料、证据一并移送人民检察院依法审查、提起公诉；

（五）对监察对象所在单位廉政建设和履行职责存在的问题等提出监察建议。

监察机关经调查，对没有证据证明被调查人存在违法犯罪行为的，应当撤销案件，并通知被调查人所在单位。

2. 监察机关移送案件的强制措施

★人民检察院刑事诉讼规则（2019年12月30日）（节录）

第一百四十二条　对于监察机关移送起诉的已采取留置措施的案件，人民检察院应当在受理案件后，及时对犯罪嫌疑人作出拘留决定，交公安机关执行。执行拘留后，留置措施自动解除。

第一百四十三条　人民检察院应当在执行拘留后十日以内，作出是否逮捕、取保候审或者监视居住的决定。特殊情况下，决定的时间可以延长一日至四日。

人民检察院决定采取强制措施的期间不计入审查起诉期限。

第一百四十四条　除无法通知的以外，人民检察院应当在公安机关执行拘留、逮捕后二十四小时以内，通知犯罪嫌疑人的家属。

第一百四十五条　人民检察院应当自收到移送起诉的案卷材料之日起三日以内告知犯罪嫌疑人有权委托辩护人。对已经采取留置措施的，应当在执行拘留时告知。

第一百四十六条　对于监察机关移送起诉的未采取留置措施的案件，人民检察院受理后，在审查起诉过程中根据案件情况，可以依照本规则相关规定决定是否采取逮捕、取保候审或者监视居住措施。

第一百四十七条　对于监察机关移送起诉案件的犯罪嫌疑人采取强制措施，本节未规定的，适用本规则相关规定。

第一百七十一条　【审查起诉的内容】人民检察院审查案件的时候，必须查明：

（一）犯罪事实、情节是否清楚，证据是否确实、充分，犯罪性质和罪名的认定是否正确；
　　（二）有无遗漏罪行和其他应当追究刑事责任的人；
　　（三）是否属于不应追究刑事责任的；
　　（四）有无附带民事诉讼；
　　（五）侦查活动是否合法。

● 要点及关联法规

审查起诉的内容

★人民检察院刑事诉讼规则（2019年12月30日）（节录）
　　第三百三十条　人民检察院审查移送起诉的案件，应当查明：
　　（一）犯罪嫌疑人身份状况是否清楚，包括姓名、性别、国籍、出生年月日、职业和单位等；单位犯罪的，单位的相关情况是否清楚；
　　（二）犯罪事实、情节是否清楚；实施犯罪的时间、地点、手段、危害后果是否明确；
　　（三）认定犯罪性质和罪名的意见是否正确；有无法定的从重、从轻、减轻或者免除处罚的情节及酌定从重、从轻情节；共同犯罪案件的犯罪嫌疑人在犯罪活动中的责任的认定是否恰当；
　　（四）犯罪嫌疑人是否认罪认罚；
　　（五）证明犯罪事实的证据材料是否随案移送；证明相关财产系违法所得的证据材料是否随案移送；不宜移送的证据的清单、复制件、照片或者其他证明文件是否随案移送；
　　（六）证据是否确实、充分，是否依法收集，有无应当排除非法证据的情形；
　　（七）采取侦查措施包括技术侦查措施的法律手续和诉讼文书是否完备；
　　（八）有无遗漏罪行和其他应当追究刑事责任的人；
　　（九）是否属于不应当追究刑事责任的；
　　（十）有无附带民事诉讼；对于国家财产、集体财产遭受损失的，是否需要由人民检察院提起附带民事诉讼；对于破坏生态环境和资源保护、食品药品安全领域侵害众多消费者合法权益、侵害英雄烈士的姓名、肖像、名誉、荣誉等损害社会公共利益的行为，是否需要由人民检察院提起附带民事公益诉讼；

（十一）采取的强制措施是否适当，对于已经逮捕的犯罪嫌疑人，有无继续羁押的必要；

（十二）侦查活动是否合法；

（十三）涉案财物是否查封、扣押、冻结并妥善保管，清单是否齐备；对被害人合法财产的返还和对违禁品或者不宜长期保存的物品的处理是否妥当，移送的证明文件是否完备。

> **第一百七十二条①** 　**【审查起诉期限】**人民检察院对于监察机关、公安机关移送起诉的案件，应当在一个月以内作出决定，重大、复杂的案件，可以延长十五日；犯罪嫌疑人认罪认罚，符合速裁程序适用条件的，应当在十日以内作出决定，对可能判处的有期徒刑超过一年的，可以延长至十五日。
>
> 人民检察院审查起诉的案件，改变管辖的，从改变后的人民检察院收到案件之日起计算审查起诉期限。

● 要点及关联法规

1. **移送审查起诉的案件，应在 1 个月以内作出决定；重大、复杂的案件，经检察长批准，可以延长 15 日**

★**人民检察院刑事诉讼规则**（2019 年 12 月 30 日）（节录）

第二百五十一条　人民检察院对于移送起诉的案件，应当在一个月以内作出决定；重大、复杂的案件，一个月以内不能作出决定的，可以延长十五日。

人民检察院审查起诉的案件，改变管辖的，从改变后的人民检察院收到案件之日起计算审查起诉期限。

2. **速裁程序的审查起诉期限**

★**最高人民法院、最高人民检察院、公安部、国家安全部、司法部关于适用认罪认罚从宽制度的指导意见**（2019 年 10 月 11 日）（节录）

34. 速裁程序的办案期限。犯罪嫌疑人认罪认罚，人民检察院经审查，认为

---

① 该条 2018 年修订增加了速裁程序的审查起诉期限。

符合速裁程序适用条件的,应当在十日以内作出是否提起公诉的决定;对可能判处的有期徒刑超过一年的,可以在十五日以内作出是否提起公诉的决定。

第一百七十三条① 【审查起诉的程序】人民检察院审查案件,应当讯问犯罪嫌疑人,听取辩护人或者值班律师、被害人及其诉讼代理人的意见,并记录在案。辩护人或者值班律师、被害人及其诉讼代理人提出书面意见的,应当附卷。

犯罪嫌疑人认罪认罚的,人民检察院应当告知其享有的诉讼权利和认罪认罚的法律规定,听取犯罪嫌疑人、辩护人或者值班律师、被害人及其诉讼代理人对下列事项的意见,并记录在案:

(一)涉嫌的犯罪事实、罪名及适用的法律规定;
(二)从轻、减轻或者免除处罚等从宽处罚的建议;
(三)认罪认罚后案件审理适用的程序;
(四)其他需要听取意见的事项。

人民检察院依照前两款规定听取值班律师意见的,应当提前为值班律师了解案件有关情况提供必要的便利。

● 要点及关联法规

1. 认罪认罚从宽案件审查起诉阶段人民检察院的职责

★**最高人民法院、最高人民检察院、公安部、国家安全部、司法部关于适用认罪认罚从宽制度的指导意见**(2019年10月11日)(节录)

26. 权利告知。案件移送审查起诉后,人民检察院应当告知犯罪嫌疑人享有的诉讼权利和认罪认罚的法律规定,保障犯罪嫌疑人的程序选择权。告知应当采取书面形式,必要时应当充分释明。

27. 听取意见。犯罪嫌疑人认罪认罚的,人民检察院应当就下列事项听取犯罪嫌疑人、辩护人或者值班律师的意见,记录在案并附卷:

---

① 该条2018年修订在原第一百七十条的基础上增加了检察机关在审查起诉中对认罪认罚的犯罪嫌疑人的权利告知、听取意见等职责。

（一）涉嫌的犯罪事实、罪名及适用的法律规定；
（二）从轻、减轻或者免除处罚等从宽处罚的建议；
（三）认罪认罚后案件审理适用的程序；
（四）其他需要听取意见的情形。

人民检察院未采纳辩护人、值班律师意见的，应当说明理由。

28. 自愿性、合法性审查。对侦查阶段认罪认罚的案件，人民检察院应当重点审查以下内容：

（一）犯罪嫌疑人是否自愿认罪认罚，有无因受到暴力、威胁、引诱而违背意愿认罪认罚；
（二）犯罪嫌疑人认罪认罚时的认知能力和精神状态是否正常；
（三）犯罪嫌疑人是否理解认罪认罚的性质和可能导致的法律后果；
（四）侦查机关是否告知犯罪嫌疑人享有的诉讼权利，如实供述自己罪行可以从宽处理和认罪认罚的法律规定，并听取意见；
（五）起诉意见书中是否写明犯罪嫌疑人认罪认罚情况；
（六）犯罪嫌疑人是否真诚悔罪，是否向被害人赔礼道歉。

经审查，犯罪嫌疑人违背意愿认罪认罚的，人民检察院可以重新开展认罪认罚工作。存在刑讯逼供等非法取证行为的，依照法律规定处理。

★人民检察院办理认罪认罚案件监督管理办法（2020年5月11日）（节录）

第三条　办理认罪认罚案件，检察官应当依法履行听取犯罪嫌疑人、被告人及其辩护人或者值班律师、被害人及其诉讼代理人的意见等各项法定职责，依法保障犯罪嫌疑人、被告人诉讼权利和认罪认罚的自愿性、真实性和合法性。

听取意见可以采取当面或者电话、视频等方式进行，听取情况应当记录在案，对提交的书面意见应当附卷。对于有关意见，办案检察官应当认真审查，并将审查意见写入案件审查报告。

第四条　辩护人、被害人及其诉讼代理人要求当面反映意见的，检察官应当在工作时间和办公场所接待。确因特殊且正当原因需要在非工作时间或者非办公场所接待的，检察官应当依照相关规定办理审批手续并获批准后方可会见。因不明情况或者其他原因在非工作时间或者非工作场所接触听取相关意见的，应当在当日或者次日向本院检务督察部门报告有关情况。

辩护人、被害人及其诉讼代理人当面提交书面意见、证据材料的，检察官应当了解其提交材料的目的、材料的来源和主要内容等有关情况并记录在案，与相关材料一并附卷，并出具回执。

当面听取意见时，检察人员不得少于二人，必要时可进行同步录音或者录像。

2. 审查起诉程序讯问犯罪嫌疑人的规定

★**人民检察院刑事诉讼规则**（2019年12月30日）（节录）

第三百三十一条　人民检察院办理审查起诉案件应当讯问犯罪嫌疑人。

3. 人民检察院可根据申请调取无罪或罪轻证据

★**人民检察院刑事诉讼规则**（2019年12月30日）（节录）

第三百六十三条　在审查起诉期间，人民检察院可以根据辩护人的申请，向监察机关、公安机关调取在调查、侦查期间收集的证明犯罪嫌疑人、被告人无罪或者罪轻的证据材料。

4. 需要对案件中某些专门性问题进行鉴定而侦查机关没有鉴定的处理

★**人民检察院刑事诉讼规则**（2019年12月30日）（节录）

第三百三十二条　人民检察院认为需要对案件中某些专门性问题进行鉴定而监察机关或者公安机关没有鉴定的，应当要求监察机关或者公安机关进行鉴定。必要时，也可以由人民检察院进行鉴定，或者由人民检察院聘请有鉴定资格的人进行鉴定。

人民检察院自行进行鉴定的，可以商请监察机关或者公安机关派员参加，必要时可以聘请有鉴定资格或者有专门知识的人参加。

5. 在审查起诉中，发现犯罪嫌疑人可能患有精神病的，应当进行鉴定

★**人民检察院刑事诉讼规则**（2019年12月30日）（节录）

第三百三十三条　在审查起诉中，发现犯罪嫌疑人可能患有精神病的，人民检察院应当依照本规则的有关规定对犯罪嫌疑人进行鉴定。

犯罪嫌疑人的辩护人或者近亲属以犯罪嫌疑人可能患有精神病而申请对犯罪嫌疑人进行鉴定的，人民检察院也可以依照本规则的有关规定对犯罪嫌疑人进行鉴定。鉴定费用由申请方承担。

6. 人民检察院对鉴定意见有疑问的，可进行补充鉴定或者重新鉴定

★**人民检察院刑事诉讼规则**（2019年12月30日）（节录）

第三百三十四条　人民检察院对鉴定意见有疑问的，可以询问鉴定人或者有专门知识的人并制作笔录附卷，也可以指派有鉴定资格的检察技术人员或者聘请其他有鉴定资格的人进行补充鉴定或者重新鉴定。

人民检察院对鉴定意见等技术性证据材料需要进行专门审查的,按照有关规定交检察技术人员或者其他有专门知识的人进行审查并出具审查意见。

7. 对物证、书证、视听资料等笔录存在疑问的处理

★**人民检察院刑事诉讼规则**（2019 年 12 月 30 日）（节录）

第三百三十六条　人民检察院对物证、书证、视听资料、电子数据及勘验、检查、辨认、侦查实验等笔录存在疑问的,可以要求调查人员或者侦查人员提供获取、制作的有关情况,必要时也可以询问提供相关证据材料的人员和见证人并制作笔录附卷,对物证、书证、视听资料、电子数据进行鉴定。

8. 公诉部门认为需要逮捕犯罪嫌疑人的应当经检察长决定

★**人民检察院刑事诉讼规则**（2019 年 12 月 30 日）（节录）

第三百三十七条　人民检察院在审查起诉阶段认为需要逮捕犯罪嫌疑人的,应当经检察长决定。

9. 办案人员对案件进行审查后,应当作出相应决定

★**人民检察院刑事诉讼规则**（2019 年 12 月 30 日）（节录）

第三百三十九条　人民检察院对案件进行审查后,应当依法作出起诉或者不起诉以及是否提起附带民事诉讼、附带民事公益诉讼的决定。

10. 检察院办理案件期间,可要求侦查机关补充法庭审判所必需的证据材料

★**人民检察院刑事诉讼规则**（2019 年 12 月 30 日）（节录）

第三百四十条　人民检察院对监察机关或者公安机关移送的案件进行审查后,在人民法院作出生效判决之前,认为需要补充提供证据材料的,可以书面要求监察机关或者公安机关提供。

★**公安机关办理刑事案件程序规定**（2020 年 7 月 20 日）（节录）

第二百九十七条　对于人民检察院在审查起诉过程中以及在人民法院作出生效判决前,要求公安机关提供法庭审判所必需的证据材料的,应当及时收集和提供。

11. 追缴财物的处理

★**人民检察院刑事诉讼规则**（2019 年 12 月 30 日）（节录）

第三百五十二条　追缴的财物中,属于被害人的合法财产,不需要在法庭出示的,应当及时返还被害人,并由被害人在发还款物清单上签名或者盖章,

注明返还的理由,并将清单、照片附卷。

第三百五十三条 追缴的财物中,属于违禁品或者不宜长期保存的物品,应当依照国家有关规定处理,并将清单、照片、处理结果附卷。

第一百七十四条[①] 【自愿认罪认罚的程序】犯罪嫌疑人自愿认罪,同意量刑建议和程序适用的,应当在辩护人或者值班律师在场的情况下签署认罪认罚具结书。

犯罪嫌疑人认罪认罚,有下列情形之一的,不需要签署认罪认罚具结书:

(一)犯罪嫌疑人是盲、聋、哑人,或者是尚未完全丧失辨认或者控制自己行为能力的精神病人的;

(二)未成年犯罪嫌疑人的法定代理人、辩护人对未成年人认罪认罚有异议的;

(三)其他不需要签署认罪认罚具结书的情形。

● **要点及关联法规**

签署具结书

★最高人民法院、最高人民检察院、公安部、国家安全部、司法部关于适用认罪认罚从宽制度的指导意见(2019年10月11日)(节录)

31. 签署具结书。犯罪嫌疑人自愿认罪,同意量刑建议和程序适用的,应当在辩护人或者值班律师在场的情况下签署认罪认罚具结书。犯罪嫌疑人被羁押的,看守所应当为签署具结书提供场所。具结书应当包括犯罪嫌疑人如实供述罪行、同意量刑建议、程序适用等内容,由犯罪嫌疑人、辩护人或者值班律师签名。

犯罪嫌疑人认罪认罚,有下列情形之一的,不需要签署认罪认罚具结书:

(一)犯罪嫌疑人是盲、聋、哑人,或者是尚未完全丧失辨认或者控制自己行为能力的精神病人的;

[①] 该条为2018年修订新增。

（二）未成年犯罪嫌疑人的法定代理人、辩护人对未成年人认罪认罚有异议的；

（三）其他不需要签署认罪认罚具结书的情形。

上述情形犯罪嫌疑人未签署认罪认罚具结书的，不影响认罪认罚从宽制度的适用。

第一百七十五条　【补充提供证据材料、补充说明证据合法性】 人民检察院审查案件，可以要求公安机关提供法庭审判所必需的证据材料；认为可能存在本法第五十六条规定的以非法方法收集证据情形的，可以要求其对证据收集的合法性作出说明。

【补充侦查】 人民检察院审查案件，对于需要补充侦查的，可以退回公安机关补充侦查，也可以自行侦查。

对于补充侦查的案件，应当在一个月以内补充侦查完毕。补充侦查以二次为限。补充侦查完毕移送人民检察院后，人民检察院重新计算审查起诉期限。

【证据不足不起诉】 对于二次补充侦查的案件，人民检察院仍然认为证据不足，不符合起诉条件的，应当作出不起诉的决定。

● 要点及关联法规

1. 对以非法取证行为获取的证据予以排除后的处理

★关于办理死刑案件审查判断证据若干问题的规定（2010年6月13日）（节录）

第七条　对在勘验、检查、搜查中发现与案件事实可能有关联的血迹、指纹、足迹、字迹、毛发、体液、人体组织等痕迹和物品应当提取而没有提取，应当检验而没有检验，导致案件事实存疑的，人民法院应当向人民检察院说明情况，人民检察院依法可以补充收集、调取证据，作出合理的说明或者退回侦查机关补充侦查，调取有关证据。

第十二条第一款　以暴力、威胁等非法手段取得的证人证言，不能作为定案的根据。

第十九条 采用刑讯逼供等非法手段取得的被告人供述，不能作为定案的根据。

★**人民检察院刑事诉讼规则**（2019年12月30日）（节录）

第七十一条 对重大案件，人民检察院驻看守所检察人员在侦查终结前应当对讯问合法性进行核查并全程同步录音、录像，核查情况应当及时通知本院负责捕诉的部门。

负责捕诉的部门认为确有刑讯逼供等非法取证情形的，应当要求公安机关依法排除非法证据，不得作为提请批准逮捕、移送起诉的依据。

第三百四十一条 人民检察院在审查起诉中发现有应当排除的非法证据，应当依法排除，同时可以要求监察机关或者公安机关另行指派调查人员或者侦查人员重新取证。必要时，人民检察院也可以自行调查取证。

2. 退回补充侦查的程序

（1）退回本院侦查部门补充侦查

★**人民检察院刑事诉讼规则**（2019年12月30日）（节录）

第三百四十五条 人民检察院负责捕诉的部门对本院负责侦查的部门移送起诉的案件进行审查后，认为犯罪事实不清、证据不足或者存在遗漏罪行、遗漏同案犯罪嫌疑人等情形需要补充侦查的，应当制作补充侦查提纲，连同案卷材料一并退回负责侦查的部门补充侦查。必要时，也可以自行侦查，可以要求负责侦查的部门予以协助。

（2）自行补充侦查

★**人民检察院刑事诉讼规则**（2019年12月30日）（节录）

第三百四十四条 对于监察机关移送起诉的案件，具有下列情形之一的，人民检察院可以自行补充侦查：

（一）证人证言、犯罪嫌疑人供述和辩解、被害人陈述的内容主要情节一致，个别情节不一致的；

（二）物证、书证等证据材料需要补充鉴定的；

（三）其他由人民检察院查证更为便利、更有效率、更有利于查清案件事实的情形。

自行补充侦查完毕后，应当将相关证据材料入卷，同时抄送监察机关。人民检察院自行补充侦查的，可以商请监察机关提供协助。

第三百四十八条 人民检察院在审查起诉中决定自行侦查的，应当在审查起诉期限内侦查完毕。

（3）退回公安、监察机关补充侦查、调查

★**人民检察院刑事诉讼规则**（2019年12月30日）（节录）

第三百四十二条　人民检察院认为犯罪事实不清、证据不足或者存在遗漏罪行、遗漏同案犯罪嫌疑人等情形需要补充侦查的，应当制作补充侦查提纲，连同案卷材料一并退回公安机关补充侦查。人民检察院也可以自行侦查，必要时可以要求公安机关提供协助。

第三百四十三条　人民检察院对于监察机关移送起诉的案件，认为需要补充调查的，应当退回监察机关补充调查。必要时，可以自行补充侦查。

需要退回补充调查的案件，人民检察院应当出具补充调查决定书、补充调查提纲，写明补充调查的事项、理由、调查方向、需补充收集的证据及其证明作用等，连同案卷材料一并送交监察机关。

人民检察院决定退回补充调查的案件，犯罪嫌疑人已被采取强制措施的，应当将退回补充调查情况书面通知强制措施执行机关。监察机关需要讯问的，人民检察院应当予以配合。

3. 补充侦查的要求

★**最高人民检察院、公安部关于适用刑事强制措施有关问题的规定**（2000年8月28日）（节录）

第三十五条　人民检察院审查公安机关移送起诉的案件，认为需要补充侦查的，可以退回公安机关补充侦查，也可以自行侦查。

补充侦查以二次为限。公安机关已经补充侦查二次后移送审查起诉的案件，人民检察院依法改变管辖的，如果需要补充侦查，由人民检察院自行侦查；人民检察院在审查起诉中又发现新的犯罪事实的，应当移送公安机关立案侦查，对已经查清的犯罪事实依法提起公诉。

人民检察院提起公诉后，发现案件需要补充侦查的，由人民检察院自行侦查，公安机关应当予以协助。

★**公安机关适用刑事羁押期限规定**（2006年5月1日）（节录）

第二十三条　人民检察院对公安机关移送审查起诉的案件，经审查后决定退回公安机关补充侦查的，公安机关在接到人民检察院退回补充侦查的法律文书后，应当按照补充侦查提纲的要求在一个月以内补充侦查完毕。

补充侦查以两次为限。对公安机关移送审查起诉的案件，人民检察院退回补充侦查两次后或者已经提起公诉后再退回补充侦查的,公安机关应当依法拒绝。

对人民检察院因补充侦查需要提出协助请求的,公安机关应当依法予以协助。

第二十四条 对侦查终结移送审查起诉或者补充侦查终结的案件犯罪嫌疑人在押的,应当在案件移送审查起诉的同时,填写《换押证》,随同案件材料移送同级人民检察院,并通知看守所。

第二十五条 人民检察院将案件退回公安机关补充侦查的,办案部门应当在收到人民检察院移送的《换押证》的二十四小时以内,到看守所办理换押手续。

★公安机关办理刑事案件程序规定(2020年7月20日)(节录)

第二百九十五条 侦查终结,移送人民检察院审查起诉的案件,人民检察院退回公安机关补充侦查的,公安机关接到人民检察院退回补充侦查的法律文书后,应当按照补充侦查提纲在一个月以内补充侦查完毕。

补充侦查以二次为限。

第二百九十六条 对人民检察院退回补充侦查的案件,根据不同情况,报县级以上公安机关负责人批准,分别作如下处理:

(一)原认定犯罪事实不清或者证据不够充分的,应当在查清事实、补充证据后,制作补充侦查报告书,移送人民检察院审查;对确实无法查明的事项或者无法补充的证据,应当书面向人民检察院说明情况;

(二)在补充侦查过程中,发现新的同案犯或者新的罪行,需要追究刑事责任的,应当重新制作起诉意见书,移送人民检察院审查;

(三)发现原认定的犯罪事实有重大变化,不应当追究刑事责任的,应当撤销案件或者对犯罪嫌疑人终止侦查,并将有关情况通知退查的人民检察院;

(四)原认定犯罪事实清楚,证据确实、充分,人民检察院退回补充侦查不当的,应当说明理由,移送人民检察院审查。

★中华人民共和国监察法(2018年3月20日)(节录)

第四十七条第三款 人民检察院经审查,认为需要补充核实的,应当退回监察机关补充调查,必要时可以自行补充侦查。对于补充调查的案件,应当在一个月内补充调查完毕。补充调查以二次为限。

★人民检察院刑事诉讼规则（2019年12月30日）（节录）

第三百四十六条 退回监察机关补充调查、退回公安机关补充侦查的案件，均应当在一个月以内补充调查、补充侦查完毕。

补充调查、补充侦查以二次为限。

补充调查、补充侦查完毕移送起诉后，人民检察院重新计算审查起诉期限。

人民检察院负责捕诉的部门退回本院负责侦查的部门补充侦查的期限、次数按照本条第一款至第三款的规定执行。

第三百四十七条 补充侦查期限届满，公安机关未将案件重新移送起诉的，人民检察院应当要求公安机关说明理由。

人民检察院发现公安机关违反法律规定撤销案件的，应当提出纠正意见。

4. 已经退回监察机关、侦查机关二次补充调查、侦查的案件，在审查起诉中又发现新的犯罪事实的处理

★人民检察院刑事诉讼规则（2019年12月30日）（节录）

第三百四十九条 人民检察院对已经退回监察机关二次补充调查或者退回公安机关二次补充侦查的案件，在审查起诉中又发现新的犯罪事实，应当将线索移送监察机关或者公安机关。对已经查清的犯罪事实，应当依法提起公诉。

5. 审查起诉期间改变管辖的案件的补充侦查

★公安机关适用刑事羁押期限规定（2006年5月1日）（节录）

第二十六条 案件改变管辖，犯罪嫌疑人羁押地点不变的，原办案的公安机关和改变管辖后的公安机关均应办理换押手续。

★人民检察院刑事诉讼规则（2019年12月30日）（节录）

第三百五十条 对于在审查起诉期间改变管辖的案件，改变后的人民检察院对于符合刑事诉讼法第一百七十五条第二款规定的案件，可以经原受理案件的人民检察院协助，直接退回原侦查案件的公安机关补充侦查，也可以自行侦查。改变管辖前后退回补充侦查的次数总共不得超过二次。

6. 上级人民检察院侦查终结的应当由下级人民检察院提起公诉或者不起诉的案件

★人民检察院刑事诉讼规则（2019年12月30日）（节录）

第二百四十一条 上级人民检察院侦查终结的案件，依照刑事诉讼法的规定应当由下级人民检察院提起公诉或者不起诉的，应当将有关决定、侦查终结报告连同案卷材料交由下级人民检察院审查。

下级人民检察院认为上级人民检察院的决定有错误的,可以向上级人民检察院报告。上级人民检察院维持原决定的,下级人民检察院应当执行。

7. 退回补充侦查的引导和说理

★关于推进以审判为中心的刑事诉讼制度改革的意见(2016年7月20日)(节录)

七、完善补充侦查制度。进一步明确退回补充侦查的条件,建立人民检察院退回补充侦查引导和说理机制,明确补充侦查方向、标准和要求。规范补充侦查行为,对于确实无法查明的事项,公安机关、国家安全机关应当书面向人民检察院说明理由。对于二次退回补充侦查后,仍然证据不足、不符合起诉条件的,依法作出不起诉决定。

第一百七十六条 【起诉的条件和案卷的移送方式】人民检察院认为犯罪嫌疑人的犯罪事实已经查清,证据确实、充分,依法应当追究刑事责任的,应当作出起诉决定,按照审判管辖的规定,向人民法院提起公诉,并将案卷材料、证据移送人民法院。

【认罪认罚的量刑建议】犯罪嫌疑人认罪认罚的,人民检察院应当就主刑、附加刑、是否适用缓刑等提出量刑建议,并随案移送认罪认罚具结书等材料。

● 要点及关联法规

1. "犯罪事实已经查清"的认定

★人民检察院刑事诉讼规则(2019年12月30日)(节录)

第三百五十五条 人民检察院认为犯罪嫌疑人的犯罪事实已经查清,证据确实、充分,依法应当追究刑事责任的,应当作出起诉决定。

具有下列情形之一的,可以认为犯罪事实已经查清:

(一)属于单一罪行的案件,查清的事实足以定罪量刑或者与定罪量刑有关的事实已经查清,不影响定罪量刑的事实无法查清的;

(二)属于数个罪行的案件,部分罪行已经查清并符合起诉条件,其他罪行无法查清的;

（三）无法查清作案工具、赃物去向，但有其他证据足以对被告人定罪量刑的；

（四）证人证言、犯罪嫌疑人供述和辩解、被害人陈述的内容主要情节一致，个别情节不一致，但不影响定罪的。

对于符合前款第二项情形的，应当以已经查清的罪行起诉。

2. 发现遗漏罪行或同案犯罪嫌疑人的处理

★ **人民检察院刑事诉讼规则**（2019年12月30日）（节录）

第三百五十六条　人民检察院在办理公安机关移送起诉的案件中，发现遗漏罪行或者依法应当移送起诉的同案犯罪嫌疑人未移送起诉的，应当要求公安机关补充侦查或者补充移送起诉。对于犯罪事实清楚，证据确实、充分的，也可以直接提起公诉。

3. 审查起诉阶段发现不属于移送机关管辖的处理

★ **人民检察院刑事诉讼规则**（2019年12月30日）（节录）

第三百五十七条　人民检察院立案侦查时认为属于直接受理侦查的案件，在审查起诉阶段发现属于监察机关管辖的，应当及时商监察机关办理。属于公安机关管辖，案件事实清楚，证据确实、充分，符合起诉条件的，可以直接起诉；事实不清、证据不足的，应当及时移送有管辖权的机关办理。

在审查起诉阶段，发现公安机关移送起诉的案件属于监察机关管辖，或者监察机关移送起诉的案件属于公安机关管辖，但案件事实清楚，证据确实、充分，符合起诉条件的，经征求监察机关、公安机关意见后，没有不同意见的，可以直接起诉；提出不同意见，或者事实不清、证据不足的，应当将案件退回移送案件的机关并说明理由，建议其移送有管辖权的机关办理。

4. 起诉书内容

★ **人民检察院刑事诉讼规则**（2019年12月30日）（节录）

第三百五十八条　人民检察院决定起诉的，应当制作起诉书。

起诉书的主要内容包括：

（一）被告人的基本情况，包括姓名、性别、出生年月日、出生地和户籍地、公民身份号码、民族、文化程度、职业、工作单位及职务、住址，是否受过刑事处分及处分的种类和时间，采取强制措施的情况等；如果是单位犯罪，应当写明犯罪单位的名称和组织机构代码、所在地址、联系方式，法定代表人和诉讼代表人的姓名、职务、联系方式；如果还有应当负刑事责任的直接负

的主管人员或其他直接责任人员,应当按上述被告人基本情况的内容叙写;

(二)案由和案件来源;

(三)案件事实,包括犯罪的时间、地点、经过、手段、动机、目的、危害后果等与定罪量刑有关的事实要素。起诉书叙述的指控犯罪事实的必备要素应当明晰、准确。被告人被控有多项犯罪事实的,应当逐一列举,对于犯罪手段相同的同一犯罪可以概括叙写;

(四)起诉的根据和理由,包括被告人触犯的刑法条款、犯罪的性质及认定的罪名、处罚条款、法定从轻、减轻或者从重处罚的情节,共同犯罪各被告人应负的罪责等;

(五)被告人认罪认罚情况,包括认罪认罚的内容、具结书签署情况等。

被告人真实姓名、住址无法查清的,应当按其绰号或者自报的姓名、住址制作起诉书,并在起诉书中注明。被告人自报的姓名可能造成损害他人名誉、败坏道德风俗等不良影响的,可以对被告人编号并按编号制作起诉书,附具被告人的照片,记明足以确定被告人面貌、体格、指纹以及其他反映被告人特征的事项。

起诉书应当附有被告人现在处所、证人、鉴定人、需要出庭的有专门知识的人的名单,需要保护的被害人、证人、鉴定人的化名名单,查封、扣押、冻结的财物及孳息的清单,附带民事诉讼、附带民事公益诉讼情况以及其他需要附注的情况。

证人、鉴定人、有专门知识的人的名单应当列明姓名、性别、年龄、职业、住址、联系方式,并注明证人、鉴定人是否出庭。

5. 人民检察院提起公诉的案件,应当向人民法院移送起诉书、案卷材料和证据

★最高人民法院、最高人民检察院、公安部、国家安全部、司法部、全国人大常委会法制工作委员会关于实施刑事诉讼法若干问题的规定(2012年12月26日)(节录)

24. 人民检察院向人民法院提起公诉时,应当将案卷材料和全部证据移送人民法院,包括犯罪嫌疑人、被告人翻供的材料,证人改变证言的材料,以及对犯罪嫌疑人、被告人有利的其他证据材料。

★人民检察院刑事诉讼规则(2019年12月30日)(节录)

第三百五十九条 人民检察院提起公诉的案件,应当向人民法院移送起诉书、案卷材料、证据和认罪认罚具结书等材料。

起诉书应当一式八份,每增加一名被告人增加起诉书五份。

关于被害人姓名、住址、联系方式、被告人被采取强制措施的种类、是否在案及羁押处所等问题,人民检察院应当在起诉书中列明,不再单独移送材料;对于涉及被害人隐私或者为保护证人、鉴定人、被害人人身安全,而不宜公开证人、鉴定人、被害人姓名、住址、工作单位和联系方式等个人信息,可以在起诉书中使用化名。但是应当另行书面说明使用化名的情况并标明密级,单独成卷。

第三百六十条 人民检察院对于犯罪嫌疑人、被告人或者证人等翻供、翻证的材料以及对犯罪嫌疑人、被告人有利的其他证据材料,应当移送人民法院。

6. 人民法院向人民检察院提出书面意见要求补充移送材料的处理

★**人民检察院刑事诉讼规则**(2019 年 12 月 30 日)(节录)

第三百六十一条 人民法院向人民检察院提出书面意见要求补充移送材料,人民检察院认为有必要移送的,应当自收到通知之日起三日以内补送。

7. 人民检察院可以根据辩护人的申请向监察机关、公安机关调取证据材料

★**人民检察院刑事诉讼规则**(2019 年 12 月 30 日)(节录)

第三百六十三条 在审查起诉期间,人民检察院可以根据辩护人的申请,向监察机关、公安机关调取在调查、侦查期间收集的证明犯罪嫌疑人、被告人无罪或者罪轻的证据材料。

8. 人民检察院对提起公诉的案件,可以向人民法院提出量刑建议

★**最高人民法院、最高人民检察院、公安部、国家安全部、司法部关于适用认罪认罚从宽制度的指导意见**(2019 年 10 月 11 日)(节录)

33. 量刑建议的提出。犯罪嫌疑人认罪认罚的,人民检察院应当就主刑、附加刑、是否适用缓刑等提出量刑建议。人民检察院提出量刑建议前,应当充分听取犯罪嫌疑人、辩护人或者值班律师的意见,尽量协商一致。

办理认罪认罚案件,人民检察院一般应当提出确定刑量刑建议。对新类型、不常见犯罪案件,量刑情节复杂的重罪案件等,也可以提出幅度刑量刑建议。提出量刑建议,应当说明理由和依据。

犯罪嫌疑人认罪认罚没有其他法定量刑情节的,人民检察院可以根据犯罪的事实、性质等,在基准刑基础上适当减让提出确定刑量刑建议。有其他法定量刑情节的,人民检察院应当综合认罪认罚和其他法定量刑情节,参照相关量刑规范提出确定刑量刑建议。

犯罪嫌疑人在侦查阶段认罪认罚的,主刑从宽的幅度可以在前款基础上适当放宽;被告人在审判阶段认罪认罚的,在前款基础上可以适当缩减。建议判处罚金刑的,参照主刑的从宽幅度提出确定的数额。

★**人民检察院刑事诉讼规则**（2019年12月30日）（节录）

第三百六十四条　人民检察院对提起公诉的案件，可以向人民法院提出量刑建议。除有减轻处罚或者免除处罚情节外，量刑建议应当在法定量刑幅度内提出。建议判处有期徒刑、管制、拘役的，可以具有一定的幅度，也可以提出具体确定的建议。

提出量刑建议的，可以制作量刑建议书，与起诉书一并移送人民法院。量刑建议书的主要内容应当包括被告人所犯罪行的法定刑、量刑情节、建议人民法院对被告人判处刑罚的种类、刑罚幅度、可以适用的刑罚执行方式以及提出量刑建议的依据和理由等。

认罪认罚案件的量刑建议，按照本章第二节的规定办理。

★**人民检察院办理认罪认罚案件监督管理办法**（2020年5月11日）（节录）

第五条　办理认罪认罚案件，检察官应当依法在权限范围内提出量刑建议。在确定和提出量刑建议前，应当充分听取犯罪嫌疑人、被告人、辩护人或者值班律师的意见，切实开展量刑协商工作，保证量刑建议依法体现从宽、适当，并在协商一致后由犯罪嫌疑人签署认罪认罚具结书。

第六条　检察官提出量刑建议，应当与审判机关对同一类型、情节相当案件的判罚尺度保持基本均衡。在起诉文书中，应当对量刑建议说明理由和依据，其中拟以速裁程序审理的案件可以在起诉书中概括说明，拟以简易程序、普通程序审理的案件应当在起诉书或者量刑建议书中充分叙明。

第一百七十七条　【法定不起诉的条件】犯罪嫌疑人没有犯罪事实，或者有本法第十六条规定的情形之一的，人民检察院应当作出不起诉决定。

【酌定不起诉的条件】对于犯罪情节轻微，依照刑法规定不需要判处刑罚或者免除刑罚的，人民检察院可以作出不起诉决定。

【不起诉案件处理】人民检察院决定不起诉的案件，应当同时对侦查中查封、扣押、冻结的财物解除查封、扣押、冻结。对被不起诉人需要给予行政处罚、处分或者需要没收其违法所得的，人民检察院应当提出检察意见，移送有关主管机关处理。有关主管机关应当将处理结果及时通知人民检察院。

● 要点及关联法规

1. 法定不诉的情形

★人民检察院刑事诉讼规则（2019 年 12 月 30 日）（节录）

第三百六十五条 人民检察院对于监察机关或者公安机关移送起诉的案件，发现犯罪嫌疑人没有犯罪事实，或者符合刑事诉讼法第十六条规定的情形之一的，经检察长批准，应当作出不起诉决定。

对于犯罪事实并非犯罪嫌疑人所为，需要重新调查或者侦查的，应当在作出不起诉决定后书面说明理由，将案卷材料退回监察机关或者公安机关并建议重新调查或者侦查。

第三百六十六条 负责捕诉的部门对于本院负责侦查的部门移送起诉的案件，发现具有本规则第三百六十五条第一款规定情形的，应当退回本院负责侦查的部门，建议撤销案件。

2. 酌定不诉的情形

★人民检察院刑事诉讼规则（2019 年 12 月 30 日）（节录）

第三百七十条 人民检察院对于犯罪情节轻微，依照刑法规定不需要判处刑罚或者免除刑罚的，经检察长批准，可以作出不起诉决定。

3. 人民检察院直接受理侦查的案件以及监察机关移送起诉的案件，拟作不起诉决定的报上一级人民检察院批准

★人民检察院刑事诉讼规则（2019 年 12 月 30 日）（节录）

第三百七十一条 人民检察院直接受理侦查的案件，以及监察机关移送起诉的案件，拟作不起诉决定的，应当报请上一级人民检察院批准。

4. 人民检察院决定不起诉的，应当制作不起诉决定书

★人民检察院刑事诉讼规则（2019 年 12 月 30 日）（节录）

第三百七十二条 人民检察院决定不起诉的，应当制作不起诉决定书。

不起诉决定书的主要内容包括：

（一）被不起诉人的基本情况，包括姓名、性别、出生年月日、出生地和户籍地、公民身份号码、民族、文化程度、职业、工作单位及职务、住址，是否受过刑事处分，采取强制措施的情况以及羁押处所等；如果是单位犯罪，应当写明犯罪单位的名称和组织机构代码、所在地址、联系方式，法定代表人和诉

讼代表人的姓名、职务、联系方式；

（二）案由和案件来源；

（三）案件事实，包括否定或者指控被不起诉人构成犯罪的事实以及作为不起诉决定根据的事实；

（四）不起诉的法律根据和理由，写明作出不起诉决定适用的法律条款；

（五）查封、扣押、冻结的涉案款物的处理情况；

（六）有关告知事项。

5. 对不起诉案件的处理

★人民检察院刑事诉讼规则（2019年12月30日）（节录）

第三百七十三条 人民检察院决定不起诉的案件，可以根据案件的不同情况，对被不起诉人予以训诫或者责令具结悔过、赔礼道歉、赔偿损失。

对被不起诉人需要给予行政处罚、政务处分或者其他处分的，经检察长批准，人民检察院应当提出检察意见，连同不起诉决定书一并移送有关主管机关处理，并要求有关主管机关及时通报处理情况。

第三百七十四条 人民检察院决定不起诉的案件，应当同时书面通知作出查封、扣押、冻结决定的机关或者执行查封、扣押、冻结决定的机关解除查封、扣押、冻结。

第三百七十五条 人民检察院决定不起诉的案件，需要没收违法所得的，经检察长批准，应当提出检察意见，移送有关主管机关处理，并要求有关主管机关及时通报处理情况。具体程序可以参照本规则第二百四十八条的规定办理。

6. 不起诉案件的公开审查制度

（1）不起诉案件的认定

★人民检察院起诉案件公开审查规则（试行）（2001年3月5日）（节录）

第二条 本规则所称不起诉案件，是指审查起诉过程中拟作不起诉决定的案件。

（2）公开审查的意义

★人民检察院起诉案件公开审查规则（试行）（2001年3月5日）（节录）

第三条 不起诉案件公开审查，是为了充分听取侦查机关（部门）和犯罪嫌疑人、被害人以及犯罪嫌疑人、被害人委托的人等对案件处理的意见，为人民检察院对案件是否作不起诉处理提供参考。

(3) 公开审查的范围

★人民检察院起诉案件公开审查规则（试行）（2001年3月5日）（节录）

第四条　公开审查的不起诉案件应当是存在较大争议并且在当地有较大社会影响的，经人民检察院审查后准备作不起诉的案件。

第五条　对下列案件不进行公开审查：
（一）案情简单，没有争议的案件；
（二）涉及国家秘密或者个人隐私的案件；
（三）十四岁以上不满十六岁未成年人犯罪的案件；
十六岁以上不满十八岁未成年人犯罪的案件，一般也不进行公开审查；
（四）其他没有必要进行公开审查的案件。

★最高人民检察院关于进一步加强公诉工作的决定（2002年9月12日）（节录）

二、努力提高执法水平，强化公诉业务工作

10. 依法行使不起诉权，推动不起诉案件公开审查制度。对存在较大争议并且在当地有较大社会影响的案件，公诉部门审查后准备作不起诉处理的，可以进行公开审查。在审查中充分听取侦查机关（部门）和犯罪嫌疑人、被害人以及犯罪嫌疑人、被害人委托的人等方面的意见，保证不起诉决定的公正性。

(4) 公开审查的启动

★人民检察院起诉案件公开审查规则（试行）（2001年3月5日）（节录）

第六条　人民检察院对于拟作不起诉处理的案件，可以根据侦查机关（部门）的要求或者犯罪嫌疑人及其法定代理人、辩护人，被害人及其法定代理人、辩护人，被害人及其法定代理人、诉讼代理人的申请，经检察长决定，进行公开审查。

(5) 公开审查的程序

★人民检察院起诉案件公开审查规则（试行）（2001年3月5日）（节录）

第七条　人民检察院对不起诉案件进行公开审查，应当听取侦查机关（部门），犯罪嫌疑人及其法定代理人、辩护人，被害人及法定代理人、诉讼代理人的意见。听取意见可以分别进行，也可以同时进行。

第八条　公开审查活动应当在人民检察院进行，也可以在人民检察院指定的场所进行。

第九条　公开审查活动应当由案件承办人主持进行，并配备书记员记录。

第十条　不起诉案件公开审查时，允许公民旁听；可以邀请人大代表、政协委员、特约检察员参加；可以根据案件需要或者当事人的请求，邀请有关专家及与案件有关的人参加；经人民检察院许可，新闻记者可以旁听和采访。

对涉及国家财产、集体财产遭受损失的案件，可以通知有关单位派代表参加。

第十一条 人民检察院在公开审查三日前，应当向社会公告案由、公开审查的时间和地点，并通知参加公开审查活动的人员。

第十二条 人民检察院在公开审查时，应当公布案件承办人和书记员的姓名，宣布案由以及公开审查的内容、目的，告知当事人有关权利和义务，并询问是否申请回避。

第十三条 人民检察院主要就案件拟作不起诉处理听取侦查机关（部门）、犯罪嫌疑人及其法定代理人、诉讼代理人的意见。

第十四条 案件承办人应当根据案件证据，依照法律的有关规定，阐述不起诉的理由，但不需要出示证据。

参加公开审查的侦查人员，犯罪嫌疑人及其法定代理人、辩护人，被害人及其法定代理人、诉讼代理人可以就案件事实、证据、适用的法律以及是否应予不起诉，各自发表意见，但不能直接进行辩护。

第十五条 公开审查的活动内容由书记员制作笔录。笔录应当交参加公开审查的侦查人员，犯罪嫌疑人及其法定代理人、辩护人，被害人及其法定代理人、诉讼代理人阅读或者向其宣读，如果认为记录有误或有遗漏的，可以请求补充或更正，确认无误后，应当签名或盖章。

第十六条 公开审查活动结束后，应当制作不起诉案件公开审查的情况报告。报告中应当重点写明公开审查过程中各方一致性意见或者存在的主要分歧，并提出起诉或者不起诉的建议，连同公开审查笔录，呈报检察长或者检察委员会，作为案件是否作出不起诉决定的参考。

第十七条 人民检察院公开审查不起诉案件应当在审查起诉期限内完成。

第十八条 审查不起诉案件的其他有关事项，依照《中华人民共和国刑事诉讼法》和《人民检察院刑事诉讼规则》的有关规定办理。

(6) 认罪认罚从宽案件不起诉的公开听证制度

★人民检察院办理认罪认罚案件监督管理办法（2020年5月11日）（节录）

第十条 对于下列拟作不批捕、不起诉的认罪认罚从宽案件，可以进行公开听证：

（一）被害人不谅解、不同意从宽处理的；
（二）具有一定社会影响，有必要向社会释法介绍案件情况的；
（三）当事人多次涉诉信访，引发的社会矛盾尚未化解的；
（四）食品、医疗、教育、环境等领域与民生密切相关，公开听证有利于宣扬法治、促进社会综合治理的；
（五）具有一定典型性，有法治宣传教育意义的。

人民检察院办理认罪认罚案件应当按照规定接受人民监督员的监督。对公开听证的认罪认罚案件，可以邀请人民监督员参加，听取人民监督员对案件事实、证据认定和案件处理的意见。

7. 不起诉案件质量标准

★人民检察院办理不起诉案件质量标准（试行）（2007年6月19日）（节录）

一、符合下列条件的，属于达到不起诉案件质量标准

（一）根据刑事诉讼法第一百四十条①第四款决定不起诉的案件

人民检察院对于经过补充侦查并且具有下列情形之一的案件，经检察委员会讨论决定，可以作出不起诉决定：

1. 据以定罪的证据存在疑问，无法查证属实的；
2. 犯罪构成要件事实缺乏必要的证据予以证明的；
3. 据以定罪的证据之间的矛盾不能合理排除的；
4. 根据证据得出的结论具有其他可能性的。

（二）根据刑事诉讼法第一百四十二条②第一款决定不起诉的案件

人民检察院对于犯罪嫌疑人有刑事诉讼法第十五条③规定的六种情形之一的，经检察长决定，应当作出不起诉决定。

对于犯罪嫌疑人没有违法犯罪行为的，或者犯罪事实并非犯罪嫌疑人所为的案件，人民检察院应当书面说明理由将案件退回侦查机关作撤案处理或者重新侦查；侦查机关坚持移送的，经检察长决定，人民检察院可以根据刑事诉讼法第一百四十二条④第一款的规定作不起诉处理。

---

① 现为第一百七十五条。——编者注
② 现为第一百七十七条。——编者注
③ 现为第十六条。——编者注
④ 现为第一百七十七条。——编者注

（三）根据刑事诉讼法第一百四十二条①第二款决定不起诉的案件

人民检察院对于犯罪情节轻微，依照刑法规定不需要判处刑罚或者免除刑罚的，经检察委员会讨论决定，可以作出不起诉决定。

对符合上述条件，同时具有下列情形之一的，依法决定不起诉：

1. 未成年犯罪嫌疑人、老年犯罪嫌疑人，主观恶性较小、社会危害不大的；

2. 因亲友、邻里及同学同事之间纠纷引发的轻微犯罪中的犯罪嫌疑人，认罪悔过、赔礼道歉、积极赔偿损失并得到被害人谅解或者双方达成和解并切实履行，社会危害不大的；

3. 初次实施轻微犯罪的犯罪嫌疑人，主观恶性较小的；

4. 因生活无着偶然实施盗窃等轻微犯罪的犯罪嫌疑人，人身危险性不大的；

5. 群体性事件引起的刑事犯罪中的犯罪嫌疑人，属于一般参与者的。

具有下列情形之一的，不应适用刑事诉讼法第一百四十二条②第二款作不起诉决定：

1. 实施危害国家安全犯罪的；

2. 一人犯数罪的；

3. 犯罪嫌疑人有脱逃行为或者构成累犯的；

4. 犯罪嫌疑人系共同犯罪中的主犯，而从犯已被提起公诉或者已被判处刑罚的；

5. 共同犯罪中的同案犯，一并起诉、审理更为适宜的；

6. 犯罪后订立攻守同盟、毁灭证据，逃避或者对抗侦查的；

8. 需要人民检察院提起附带民事诉讼的；

9. 其他不应当适用刑事诉讼法第一百四十二条③第二款作不起诉处理的。

（四）其他情形

1. 关于案件事实和证据的认定、法律适用、诉讼程序、法律监督等方面的质量标准，参照《人民检察院办理起诉案件质量标准（试行）》中"办理起诉案件质量标准"部分的相关规定执行；

2. 对未成年人犯罪案件，办案方式应符合有关规定；

3. 对需要进行公开审查的不起诉案件，按照有关规定进行公开审查；

---

① 现为第一百七十七条。——编者注
② 现为第一百七十七条。——编者注
③ 现为第一百七十七条。——编者注

4. 根据刑事诉讼法第一百四十条①第四款和第一百四十二条②第二款的规定作不起诉的案件应当报送上一级人民检察院备案；

5. 对检察机关直接受理侦查的案件，拟作不起诉处理的，应由人民监督员提出监督意见；

6. 省级以下人民检察院对直接受理侦查的案件拟作不起诉决定的，应报上一级人民检察院批准；

7. 不起诉的决定应当公开宣布，并将不起诉决定书送达被不起诉人、被不起诉人所在单位、被害人或者其近亲属及其诉讼代理人、侦查机关。如果被不起诉人在押，应当立即释放；

8. 人民检察院决定不起诉的案件，需要对侦查中扣押、冻结的财物解除扣押、冻结的，应当书面通知作出扣押、冻结决定的机关或者执行扣押、冻结决定的机关解除扣押、冻结；

9. 需要对被不起诉人给予行政处罚、处分或者没收其违法所得的，应当提出书面检察意见，连同不起诉决定书一并移送有关主管机关处理；

10. 侦查机关对不起诉决定要求复议或者提请复核的，被不起诉人或者被害人不服不起诉决定提出申诉的，人民检察院应当及时审查并在法定期限内作出决定；

11. 人民检察院收到人民法院受理被害人对被不起诉人起诉的通知后，应当将作出不起诉决定所依据的有关案件材料移送人民法院。

8. 不起诉错误的情形

★**人民检察院办理不起诉案件质量标准（试行）**（2007年6月19日）（节录）

二、具有下列情形之一的，属于不起诉错误

1. 本院没有案件管辖权；

2. 对应当提起公诉的案件或者不符合不起诉法定条件的案件作出不起诉决定的；

3. 对定罪的证据确实、充分，仅是影响量刑的证据不足或者对界定此罪与彼罪有不同认识的案件，依照刑事诉讼法第一百四十条③第四款作出不起诉决

---

① 现为第一百七十五条。——编者注
② 现为第一百七十七条。——编者注
③ 现为第一百七十五条。——编者注

定的；

4. 适用不起诉法律条文（款）错误的；

5. 经审查确认不起诉决定确有错误，被上级检察机关依法撤销的；

6. 具有其他违反法律规定的情形，造成不起诉错误的。

9. 不起诉质量不高的情形

★**人民检察院办理不起诉案件质量标准（试行）**（2007年6月19日）（节录）

三、具有下列情形之一的，属于不起诉质量不高

1. 关于案件事实和证据的认定、法律适用、诉讼程序、法律监督以及符合刑事政策要求等方面的不起诉质量不高的情形，参照《人民检察院办理起诉案件质量标准（试行）》中"起诉案件质量不高"部分的相关规定执行；

2. 对检察机关直接受理侦查的案件，拟作不起诉处理，未由人民监督员提出监督意见的；

3. 省级以下人民检察院对直接受理侦查的案件作出不起诉决定，未报上一级人民检察院批准的；

4. 应当报送上一级人民检察院备案而没有报送的；

5. 未按有关规定对不起诉案件进行公开审查的；

6. 没有公开宣布不起诉决定，或者没有向被不起诉人及其所在单位、被害人或者其近亲属及其诉讼代理人、侦查机关送达不起诉决定书，或者没有将在押的被不起诉人立即释放的；

7. 人民检察院决定不起诉的案件，需要对侦查中扣押、冻结的财物解除扣押、冻结的，没有书面通知有关机关解除扣押、冻结，或者直接解除了扣押、冻结的；

8. 需要对被不起诉人给予行政处罚、处分或没收其违法所得的，没有提出书面检察意见连同不起诉决定书一并移送有关主管机关处理的；

9. 侦查机关对不起诉决定要求复议或提请复核，被不起诉人或者被害人不服不起诉决定提出申诉，人民检察院没有及时审查并在法定期限内作出决定的；

10. 人民检察院收到人民法院受理被害人对被不起诉人起诉的通知后，没有将作出不起诉决定所依据的有关案件材料移送人民法院的；

11. 具有其他违反法律及最高人民检察院有关规定的情形，影响了不起诉质量，但不属于不起诉错误的。

> **第一百七十八条　【不起诉决定的宣布与执行】**不起诉的决定，应当公开宣布，并且将不起诉决定书送达被不起诉人和他的所在单位。如果被不起诉人在押，应当立即释放。

● 要点及关联法规

1. 不起诉的决定，由人民检察院公开宣布

★**人民检察院刑事诉讼规则**（2019年12月30日）（节录）

第三百七十六条　不起诉的决定，由人民检察院公开宣布。公开宣布不起诉决定的活动应当记录在案。

不起诉决定书自公开宣布之日起生效。

被不起诉人在押的，应当立即释放；被采取其他强制措施的，应当通知执行机关解除。

第三百七十七条　不起诉决定书应当送达被害人或者其近亲属及其诉讼代理人、被不起诉人及其辩护人以及被不起诉人所在单位。送达时，应当告知被害人或者其近亲属及其诉讼代理人，如果对不起诉决定不服，可以自收到不起诉决定书后七日以内向上一级人民检察院申诉；也可以不经申诉，直接向人民法院起诉。依照刑事诉讼法第一百七十七条第二款作出不起诉决定的，应当告知被不起诉人，如果对不起诉决定不服，可以自收到不起诉决定书后七日以内向人民检察院申诉。

2. 未成年人案件不起诉决定的宣布

★**人民检察院办理未成年人刑事案件的规定**（2013年12月27日）（节录）

第二十八条　不起诉决定书应当向被不起诉的未成年人及其法定代理人宣布，并阐明不起诉的理由和法律依据。

不起诉决定书应当送达公安机关，被不起诉的未成年人及其法定代理人、辩护人，被害人或者其近亲属及其诉讼代理人。

送达时，应当告知被害人或者其近亲属及其诉讼代理人，如果对不起诉决定不服，可以自收到不起诉决定书后七日以内向上一级人民检察院申诉，也可以不经申诉，直接向人民法院起诉；告知被不起诉的未成年人及其法定代理人，如果对不起诉决定不服，可以自收到不起诉决定书后七日以内向人民检察院

申诉。

★**未成年人刑事检察工作指引（试行）（2017年3月2日）（节录）**

第一百七十八条　人民检察院决定不起诉的案件，应当制作不起诉决定书，并在三日内送达公安机关、被害人或者其近亲属及其诉讼代理人、被不起诉的未成年人及其法定代理人、辩护人。

送达时应当告知被害人或者其近亲属及其诉讼代理人，如果对不起诉决定不服，可以自收到不起诉决定书后七日以内向上一级人民检察院申诉，也可以不经申诉，直接向人民法院起诉；告知被不起诉的未成年人及其法定代理人，如果对不起诉决定不服，可以自收到不起诉决定书后七日以内向人民检察院申诉。

送达时应当告知被送达人，检察机关将对被不起诉未成年人的不起诉记录予以封存，被送达人不得泄露未成年人的隐私；告知被不起诉的未成年人及其法定代理人，如有单位或个人泄露已被封存的不起诉记录，可以向检察机关反映情况。

上述告知情况应当记录在案。

第一百七十九条　对于决定不起诉的案件，人民检察院应当举行不起诉宣布教育仪式，向被不起诉的未成年人及其法定代理人宣布不起诉决定书，阐明不起诉的理由和法律依据，并结合社会调查等情况，围绕犯罪行为对被害人、被不起诉的未成年人及其家庭、社会等造成的危害，导致犯罪行为发生的原因及应当吸取的教训等，对被不起诉未成年人开展必要的教育。如果侦查人员、合适成年人、辩护人、帮教人员等参加有利于教育被不起诉的未成年人的，可以邀请他们参加，但要严格控制参与人员范围并告知其负有保密义务。

人民检察院可以根据案件的不同情况，对被不起诉的未成年人予以训诫或者责令具结悔过、赔礼道歉、赔偿损失，必要时，可以责令家长严加管教。

未成年犯罪嫌疑人没有犯罪事实，或者证据不足以证实其存在违法犯罪事实或者不良行为的，不适用前款规定。

第一百七十九条　【公安机关对不起诉决定的复议、复核】对于公安机关移送起诉的案件，人民检察院决定不起诉的，应当将不起诉决定书送达公安机关。公安机关认为不起诉的决定有错误的时候，可以要求复议，如果意见不被接受，可以向上一级人民检察院提请复核。

要点及关联法规

1. 检察院应将不起诉决定书送达公安机关、监察机关

★**人民检察院刑事诉讼规则**（2019年12月30日）（节录）

第三百七十八条 对于监察机关或者公安机关移送起诉的案件，人民检察院决定不起诉的，应当将不起诉决定书送达监察机关或者公安机关。

2. 公安机关认为人民检察院的不起诉决定有错误的，可申请复议、复核

★**最高人民检察院、公安部关于适用刑事强制措施有关问题的规定**（2000年8月28日）（节录）

第三十六条 公安机关认为人民检察院的不起诉决定有错误的，应当在收到人民检察院不起诉决定书后七日内制作要求复议意见书，要求同级人民检察院复议。人民检察院应当在收到公安机关要求复议意见书后三十日内作出复议决定。

公安机关对人民检察院的复议决定不服的，可以在收到人民检察院复议决定书后七日内制作提请复核意见书，向上一级人民检察院提请复核。上一级人民检察院应当在收到公安机关提请复核意见书后三十日内作出复核决定。

★**公安机关办理刑事案件程序规定**（2020年7月20日）（节录）

第二百九十四条 认为人民检察院作出的不起诉决定有错误的，应当在收到不起诉决定书后七日以内制作要求复议意见书，经县级以上公安机关负责人批准后，移送人民检察院复议。

要求复议的意见不被接受的，可以在收到人民检察院的复议决定书后七日以内制作提请复核意见书，经县级以上公安机关负责人批准后，连同人民检察院的复议决定书，一并提请上一级人民检察院复核。

3. 检察院对复议的处理

★**人民检察院刑事诉讼规则**（2019年12月30日）（节录）

第三百七十九条 监察机关认为不起诉的决定有错误，向上一级人民检察院提请复议的，上一级人民检察院应当在收到提请复议意见书后三十日以内，经检察长批准，作出复议决定，通知监察机关。

公安机关认为不起诉决定有错误要求复议的，人民检察院负责捕诉的部门应当另行指派检察官或者检察官办案组进行审查，并在收到要求复议意见书后三十日以内，经检察长批准，作出复议决定，通知公安机关。

4. 检察院对复核的处理

★**人民检察院刑事诉讼规则**（2019年12月30日）（节录）

第三百八十条 公安机关对不起诉决定提请复核的，上一级人民检察院应当在收到提请复核意见书后三十日以内，经检察长批准，作出复核决定，通知提请复核的公安机关和下级人民检察院。经复核认为下级人民检察院不起诉决定错误的，应当指令下级人民检察院纠正，或者撤销、变更下级人民检察院作出的不起诉决定。

5. 当事人及其法定代理人、诉讼代理人、辩护律师提出的复议复核请求，由公安机关法制部门办理

★**公安机关办理刑事案件程序规定**（2020年7月20日）（节录）

第三百八十六条 当事人及其法定代理人、诉讼代理人、辩护律师提出的复议复核请求，由公安机关法制部门办理。

办理刑事复议、复核案件的具体程序，适用《公安机关办理刑事复议复核案件程序规定》。

第一百八十条 【被害人不服不起诉决定的救济】 对于有被害人的案件，决定不起诉的，人民检察院应当将不起诉决定书送达被害人。被害人如果不服，可以自收到决定书后七日以内向上一级人民检察院申诉，请求提起公诉。人民检察院应当将复查决定告知被害人。对人民检察院维持不起诉决定的，被害人可以向人民法院起诉。被害人也可以不经申诉，直接向人民法院起诉。人民法院受理案件后，人民检察院应当将有关案件材料移送人民法院。

● **要点及关联法规**

1. 对被害人申诉的处理

（1）被害人在收到不起诉决定书后7日内申诉的，由上一级人民检察院负责捕诉的部门进行复查

★**人民检察院刑事诉讼规则**（2019年12月30日）（节录）

第三百八十一条 被害人不服不起诉决定的，在收到不起诉决定书后七日

以内提出申诉的,由作出不起诉决定的人民检察院的上一级人民检察院负责捕诉的部门进行复查。

被害人向作出不起诉决定的人民检察院提出申诉的,作出决定的人民检察院应当将申诉材料连同案卷一并报送上一级人民检察院。

(2) 被害人在收到不起诉决定书后 7 日后申诉的,由作出不起诉决定的人民检察院刑事申诉检察部门审查后决定是否立案复查

★**人民检察院刑事诉讼规则**(2019 年 12 月 30 日)(节录)

第三百八十二条　被害人不服不起诉决定,在收到不起诉决定书七日后提出申诉的,由作出不起诉决定的人民检察院负责控告申诉检察的部门进行审查。经审查,认为不起诉决定正确的,出具审查结论直接答复申诉人,并做好释法说理工作;认为不起诉决定可能存在错误的,移送负责捕诉的部门进行复查。

(3) 申诉的处理结果

★**人民检察院刑事诉讼规则**(2019 年 12 月 30 日)(节录)

第三百八十三条　人民检察院应当将复查决定书送达被害人、被不起诉人和作出不起诉决定的人民检察院。

上级人民检察院经复查作出起诉决定的,应当撤销下级人民检察院的不起诉决定,交由下级人民检察院提起公诉,并将复查决定抄送移送起诉的监察机关或者公安机关。

第三百八十四条　人民检察院收到人民法院受理被害人对被不起诉人起诉的通知后,应当终止复查,将作出不起诉决定所依据的有关案卷材料移送人民法院。

2. 复查不服不起诉决定的申诉,应在立案后 3 个月内作出复查决定,案情复杂的,不得超过 6 个月

★**人民检察院刑事诉讼规则**(2019 年 12 月 30 日)(节录)

第三百八十六条　人民检察院复查不服不起诉决定的申诉,应当在立案后三个月以内报经检察长批准作出复查决定。案情复杂的,不得超过六个月。

3. 被害人、被不起诉人提出申诉应当递交申诉书

★**人民检察院刑事诉讼规则**(2019 年 12 月 30 日)(节录)

第三百八十七条　被害人、被不起诉人对不起诉决定不服提出申诉的,应当递交申诉书,写明申诉理由。没有书写能力的,也可以口头提出申诉。人民检察院应当根据其口头提出的申诉制作笔录。

4. 不起诉决定确有错误的处理

★**人民检察院刑事诉讼规则**（2019年12月30日）（节录）

第三百八十八条　人民检察院发现不起诉决定确有错误，符合起诉条件的，应当撤销不起诉决定，提起公诉。

第三百八十九条　最高人民检察院对地方各级人民检察院的起诉、不起诉决定，上级人民检察院对下级人民检察院的起诉、不起诉决定，发现确有错误的，应当予以撤销或者指令下级人民检察院纠正。

第一百八十一条　【被不起诉人不服不起诉决定的救济】 对于人民检察院依照本法第一百七十七条第二款规定作出的不起诉决定，被不起诉人如果不服，可以自收到决定书后七日以内向人民检察院申诉。人民检察院应当作出复查决定，通知被不起诉的人，同时抄送公安机关。

● **要点及关联法规**

对被不起诉人申诉的处理（复查期限、申诉方式、不起诉决定确有错误的处理见《刑事诉讼法》第一百八十条要点2、3、4）

★**人民检察院刑事诉讼规则**（2019年12月30日）（节录）

第三百八十五条　对于人民检察院依照刑事诉讼法第一百七十七条第二款规定作出的不起诉决定，被不起诉人不服，在收到不起诉决定书后七日以内提出申诉的，应当由作出决定的人民检察院负责捕诉的部门进行复查；被不起诉人在收到不起诉决定书七日以后提出申诉的，由负责控告申诉检察的部门进行审查。经审查，认为不起诉决定正确的，出具审查结论直接答复申诉人，并做好释法说理工作；认为不起诉决定可能存在错误的，移送负责捕诉的部门复查。

人民检察院应当将复查决定书送达被不起诉人、被害人。复查后，撤销不起诉决定，变更不起诉的事实或者法律依据的，应当同时将复查决定书抄送移送起诉的监察机关或者公安机关。

> 第一百八十二条① 【特殊案件的撤销、不起诉】犯罪嫌疑人自愿如实供述涉嫌犯罪的事实,有重大立功或者案件涉及国家重大利益的,经最高人民检察院核准,公安机关可以撤销案件,人民检察院可以作出不起诉决定,也可以对涉嫌数罪中的一项或者多项不起诉。
> 根据前款规定不起诉或者撤销案件的,人民检察院、公安机关应当及时对查封、扣押、冻结的财物及其孳息作出处理。

● 要点及关联法规

特殊案件的不起诉

★ 人民检察院刑事诉讼规则(2019 年 12 月 30 日)(节录)

第二百七十九条 犯罪嫌疑人自愿如实供述涉嫌犯罪的事实,有重大立功或者案件涉及国家重大利益的,经最高人民检察院核准,公安机关可以撤销案件,人民检察院可以作出不起诉决定,也可以对涉嫌数罪中的一项或者多项不起诉。

前款规定的不起诉,应当由检察长决定。决定不起诉的,人民检察院应当及时对查封、扣押、冻结的财物及其孳息作出处理。

---

① 该条为 2018 年修订新增。

第三编 审 判

第一章 审 判 组 织

> **第一百八十三条**① 【合议庭的组成】基层人民法院、中级人民法院审判第一审案件,应当由审判员三人或者由审判员和人民陪审员共三人或者七人组成合议庭进行,但是基层人民法院适用简易程序、速裁程序的案件可以由审判员一人独任审判。
>
> 高级人民法院审判第一审案件,应当由审判员三人至七人或者由审判员和人民陪审员共三人或者七人组成合议庭进行。
>
> 最高人民法院审判第一审案件,应当由审判员三人至七人组成合议庭进行。
>
> 人民法院审判上诉和抗诉案件,由审判员三人或者五人组成合议庭进行。
>
> 合议庭的成员人数应当是单数。

---

① 该条2018年修订以原第一百七十八条为基础,作了如下修改:(1)对合议庭的组成人数进行了修改。对基层人民法院、中级人民法院审判的第一审案件,将"审判员三人或者由审判员和人民陪审员共三人"改为"审判员三人或者由审判员和人民陪审员共三人或者七人"。对最高人民法院审判的第一审案件,将"审判员三人至七人或者由审判员和人民陪审员共三人至七人"改为"审判员三人至七人"。对人民法院审判的上诉和抗诉案件,将"审判员三人至五人"改为"审判员三人或者五人"。(2)2018年《刑事诉讼法》新增的"速裁程序"也可以由审判员一人独任审判。(3)删除原条文第三款"人民陪审员在人民法院执行职务,同审判员有同等的权利"与第六款"合议庭由院长或者庭长指定审判员一人担任审判长。院长或者庭长参加审判案件的时候,自己担任审判长"的内容。

● 要点及关联法规

1. 合议庭的地位、组成及职责

★最高人民法院关于人民法院合议庭工作的若干规定（2002年8月17日）（节录）

第五条 合议庭承担下列职责：
（一）根据当事人的申请或者案件的具体情况，可以作出财产保全、证据保全、先予执行等裁定；
（二）确定案件委托评估、委托鉴定等事项；
（三）依法开庭审理第一审、第二审和再审案件；
（四）评议案件；
（五）提请院长决定将案件提交审判委员会讨论决定；
（六）按照权限对案件及其有关程序性事项作出裁判或者提出裁判意见；
（七）制作裁判文书；
（八）执行审判委员会决定；
（九）办理有关审判的其他事项。

★最高人民法院关于进一步加强合议庭职责的若干规定（2010年1月11日）（节录）

第一条 合议庭是人民法院的基本审判组织。合议庭全体成员平等参与案件的审理、评议和裁判，依法履行审判职责。

第二条 合议庭由审判员、助理审判员或者人民陪审员随机组成。合议庭成员相对固定的，应当定期交流。人民陪审员参加合议庭的，应当从人民陪审员名单中随机抽取确定。

第四条 依法不开庭审理的案件，合议庭全体成员均应当阅卷，必要时提交书面阅卷意见。

第五条 开庭审理时，合议庭全体成员应当共同参加，不得缺席、中途退庭或者从事与该庭审无关的活动。合议庭成员未参加庭审、中途退庭或者从事与该庭审无关的活动，当事人提出异议的，应当纠正。合议庭仍不纠正的，当事人可以要求休庭，并将有关情况记入庭审笔录。

第十一条 执行工作中依法需要组成合议庭的，参照本规定执行。

★**最高人民法院司法责任制实施意见（试行）**（2017年7月25日）（节录）

3. 最高人民法院实行合议庭办案责任制，每个合议庭配备适当数量的法官助理和书记员。在巡回法庭一般以法官、法官助理、书记员"1+1+1"的模式配置审判团队。

4. 合议庭原则上随机产生，也可以根据专业化审判需要组成相对固定的合议庭。

6. 因专业化审判需要组建的相对固定合议庭和审判团队，人员应当定期交流，期限一般为两年，最长不超过五年。

★**中华人民共和国人民法院组织法**（2018年10月26日）（节录）

第三十条第一款 合议庭由法官组成，或者由法官和人民陪审员组成，成员为三人以上单数。

第三十三条第一款 合议庭审理案件，法官对案件的事实认定和法律适用负责；法官独任审理案件，独任法官对案件的事实认定和法律适用负责。

第三十九条第二款 审判委员会讨论案件，合议庭对其汇报的事实负责，审判委员会委员对本人发表的意见和表决负责。审判委员会的决定，合议庭应当执行。

2. 合议庭的免责情形

★**最高人民法院关于进一步加强合议庭职责的若干规定**（2010年1月11日）（节录）

第十条 合议庭组成人员存在违法审判行为的，应当按照《人民法院审判人员违法审判责任追究办法（试行）》等规定追究相应责任。合议庭审理案件有下列情形之一的，合议庭成员不承担责任：

（一）因对法律理解和认识上的偏差而导致案件被改判或者发回重审的；

（二）因对案件事实和证据认识上的偏差而导致案件被改判或者发回重审的；

（三）因新的证据而导致案件被改判或者发回重审的；

（四）因法律修订或者政策调整而导致案件被改判或者发回重审的；

（五）因裁判所依据的其他法律文书被撤销或变更而导致案件被改判或者发回重审的；

（六）其他依法履行审判职责不应当承担责任的情形。

3. 审判长的选任及职责

★最高人民法院关于人民法院合议庭工作的若干规定（2002年8月17日）（节录）

第六条　审判长履行下列职责：

（一）指导和安排审判辅助人员做好庭前调解、庭前准备及其他审判业务辅助性工作；

（二）确定案件审理方案、庭审提纲、协调合议庭成员的庭审分工以及做好其他必要的庭审准备工作；

（三）主持庭审活动；

（四）主持合议庭对案件进行评议；

（五）依照有关规定，提请院长决定将案件提交审判委员会讨论决定；

（六）制作裁判文书，审核合议庭其他成员制作的裁判文书；

（七）依照规定权限签发法律文书；

（八）根据院长或者庭长的建议主持合议庭对案件复议；

（九）对合议庭遵守案件审理期限制度的情况负责；

（十）办理有关审判的其他事项。

★最高人民法院关于适用《中华人民共和国刑事诉讼法》的解释（2021年1月26日）（节录）

第二百一十二条　合议庭由审判员担任审判长。院长或者庭长参加审理案件时，由其本人担任审判长。

审判员依法独任审判时，行使与审判长相同的职权。

★最高人民法院司法责任制实施意见（试行）（2017年7月25日）（节录）

5. 合议庭审判长一般由资历较深的法官担任，也可以由承办法官担任。院长及其他院领导、庭长、副庭长参加审判案件，由其担任审判长。

8. 审判长除承担由合议庭成员共同承担的审判职责外，还应当以下审判职责：

（1）确定案件审理方案、庭审提纲，协调合议庭成员庭审分工并指导做好其他庭审准备工作；

（2）主持、指挥庭审活动；

（3）主持合议庭评议；

（4）将合议庭处理意见分歧较大的案件提交专业法官会议讨论，或按程序层报赔偿委员会、审判委员会讨论；

(5) 依照权限签署法律文书；

(6) 依法行使其他审判权力。

审判长自己承办案件时，应当同时履行承办法官的职责。

★**中华人民共和国人民法院组织法**（2018年10月26日）（节录）

第三十条第二款　合议庭由一名法官担任审判长。院长或者庭长参加审理案件时，由自己担任审判长。

第三款　审判长主持庭审、组织评议案件，评议案件时与合议庭其他成员权利平等。

4. 承办法官的确定方式及职责

★**最高人民法院关于人民法院合议庭工作的若干规定**（2002年8月17日）（节录）

第七条　合议庭接受案件后，应当根据有关规定确定案件承办法官，或者由审判长指定案件承办法官。

★**最高人民法院司法责任制实施意见（试行）**（2017年7月25日）（节录）

9. 承办法官应当履行以下审判职责：

(1) 指导法官助理做好庭前准备及其他审判辅助工作；

(2) 就当事人提出的保全、司法鉴定、非法证据排除申请等提请合议庭评议；

(3) 对当事人提交的证据进行全面审核，提出审查意见，依法调取必要证据；

(4) 制作阅卷笔录，拟订庭审提纲，撰写审理报告；

(5) 协助审判长开展庭审活动；

(6) 参与案件评议，并先行提出处理意见；

(7) 根据合议庭、赔偿委员会、审判委员会多数意见制作并签署裁判文书；

(8) 指导审判辅助人员落实院党组关于网上办案、司法公开、电子卷宗、案卷归档等工作要求；

(9) 依法行使其他审判权力。

★**最高人民法院关于进一步全面落实司法责任制的实施意见**（2018年12月4日）（节录）

6. 完善案件分配机制。各级人民法院应当健全随机分案为主、指定分案为辅的案件分配机制。根据审判领域类别和繁简分流安排，随机确定案件承办法官。系列性、群体性或者关联性案件原则上由同一审判组织办理。已组建专业化合议庭、专业审判团队或者速裁审判团队的，可以在合议庭或者审判团队内部随机分案。承办法官一经确定，不得擅自变更。因存在回避情形或者工作调动、身体健康、廉政风险等事由确需调整承办法官的，应当由院长、庭长按权限审批决定，调整结果应当及时通知当事人并在办案平台记载。

5. 人民陪审员的选任、权利及职责

★中华人民共和国人民陪审员法（2018 年 4 月 27 日）（节录）

第二条　公民有依法担任人民陪审员的权利和义务。

人民陪审员依照本法产生，依法参加人民法院的审判活动，除法律另有规定外，同法官有同等权利。

第三条　人民陪审员依法享有参加审判活动、独立发表意见、获得履职保障等权利。

人民陪审员应当忠实履行审判职责，保守审判秘密，注重司法礼仪，维护司法形象。

第四条　人民陪审员依法参加审判活动，受法律保护。

人民法院应当依法保障人民陪审员履行审判职责。

人民陪审员所在单位、户籍所在地或者经常居住地的基层群众性自治组织应当依法保障人民陪审员参加审判活动。

第五条　公民担任人民陪审员，应当具备下列条件：

（一）拥护中华人民共和国宪法；

（二）年满二十八周岁；

（三）遵纪守法、品行良好、公道正派；

（四）具有正常履行职责的身体条件。

担任人民陪审员，一般应当具有高中以上文化程度。

第六条　下列人员不能担任人民陪审员：

（一）人民代表大会常务委员会的组成人员，监察委员会、人民法院、人民检察院、公安机关、国家安全机关、司法行政机关的工作人员；

（二）律师、公证员、仲裁员、基层法律服务工作者；

（三）其他因职务原因不适宜担任人民陪审员的人员。

第七条　有下列情形之一的，不得担任人民陪审员：

（一）受过刑事处罚的；

（二）被开除公职的；

(三) 被吊销律师、公证员执业证书的;
(四) 被纳入失信被执行人名单的;
(五) 因受惩戒被免除人民陪审员职务的;
(六) 其他有严重违法违纪行为,可能影响司法公信的。

第八条 人民陪审员的名额,由基层人民法院根据审判案件的需要,提请同级人民代表大会常务委员会确定。

人民陪审员的名额数不低于本院法官数的三倍。

第九条 司法行政机关会同基层人民法院、公安机关,从辖区内的常住居民名单中随机抽选拟任命人民陪审员数五倍以上的人员作为人民陪审员候选人,对人民陪审员候选人进行资格审查,征求候选人意见。

第十条 司法行政机关会同基层人民法院,从通过资格审查的人民陪审员候选人名单中随机抽选确定人民陪审员人选,由基层人民法院院长提请同级人民代表大会常务委员会任命。

第十一条 因审判活动需要,可以通过个人申请和所在单位、户籍所在地或者经常居住地的基层群众性自治组织、人民团体推荐的方式产生人民陪审员候选人,经司法行政机关会同基层人民法院、公安机关进行资格审查,确定人民陪审员人选,由基层人民法院院长提请同级人民代表大会常务委员会任命。

依照前款规定产生的人民陪审员,不得超过人民陪审员名额数的五分之一。

第十二条 人民陪审员经人民代表大会常务委员会任命后,应当公开进行就职宣誓。宣誓仪式由基层人民法院会同司法行政机关组织。

第十三条 人民陪审员的任期为五年,一般不得连任。

第十四条 人民陪审员和法官组成合议庭审判案件,由法官担任审判长,可以组成三人合议庭,也可以由法官三人与人民陪审员四人组成七人合议庭。

第十五条 人民法院审判第一审刑事、民事、行政案件,有下列情形之一的,由人民陪审员和法官组成合议庭进行:
(一) 涉及群体利益、公共利益的;
(二) 人民群众广泛关注或者其他社会影响较大的;
(三) 案情复杂或者有其他情形,需要由人民陪审员参加审判的。

人民法院审判前款规定的案件,法律规定由法官独任审理或者由法官组成合议庭审理的,从其规定。

第十六条 人民法院审判下列第一审案件,由人民陪审员和法官组成七人合议庭进行:
(一) 可能判处十年以上有期徒刑、无期徒刑、死刑,社会影响重大的刑事案件；

（二）根据民事诉讼法、行政诉讼法提起的公益诉讼案件；

（三）涉及征地拆迁、生态环境保护、食品药品安全，社会影响重大的案件；

（四）其他社会影响重大的案件。

第十七条　第一审刑事案件被告人、民事案件原告或者被告、行政案件原告申请由人民陪审员参加合议庭审判的，人民法院可以决定由人民陪审员和法官组成合议庭审判。

第十八条　人民陪审员的回避，适用审判人员回避的法律规定。

第十九条　基层人民法院审判案件需要由人民陪审员参加合议庭审判的，应当在人民陪审员名单中随机抽取确定。

中级人民法院、高级人民法院审判案件需要由人民陪审员参加合议庭审判的，在其辖区内的基层人民法院的人民陪审员名单中随机抽取确定。

第二十四条　人民法院应当结合本辖区实际情况，合理确定每名人民陪审员年度参加审判案件的数量上限，并向社会公告。

第二十五条　人民陪审员的培训、考核和奖惩等日常管理工作，由基层人民法院会同司法行政机关负责。

对人民陪审员应当有计划地进行培训。人民陪审员应当按照要求参加培训。

第二十六条　对于在审判工作中有显著成绩或者有其他突出事迹的人民陪审员，依照有关规定给予表彰和奖励。

第二十七条　人民陪审员有下列情形之一，经所在基层人民法院会同司法行政机关查证属实的，由院长提请同级人民代表大会常务委员会免除其人民陪审员职务：

（一）本人因正当理由申请辞去人民陪审员职务的；

（二）具有本法第六条、第七条所列情形之一的；

（三）无正当理由，拒绝参加审判活动，影响审判工作正常进行的；

（四）违反与审判工作有关的法律及相关规定，徇私舞弊，造成错误裁判或者其他严重后果的。

人民陪审员有前款第三项、第四项所列行为的，可以采取通知其所在单位、户籍所在地或者经常居住地的基层群众性自治组织、人民团体，在辖区范围内公开通报等措施进行惩戒；构成犯罪的，依法追究刑事责任。

第二十八条　人民陪审员的人身和住所安全受法律保护。任何单位和个人不得对人民陪审员及其近亲属打击报复。

对报复陷害、侮辱诽谤、暴力侵害人民陪审员及其近亲属的，依法追究法律责任。

第二十九条　人民陪审员参加审判活动期间，所在单位不得克扣或者变相克扣其工资、奖金及其他福利待遇。

人民陪审员所在单位违反前款规定的，基层人民法院应当及时向人民陪审员所在单位或者所在单位的主管部门、上级部门提出纠正意见。

第三十条　人民陪审员参加审判活动期间，由人民法院依照有关规定按实际工作日给予补助。

人民陪审员因参加审判活动而支出的交通、就餐等费用，由人民法院依照有关规定给予补助。

第三十一条　人民陪审员因参加审判活动应当享受的补助，人民法院和司法行政机关为实施人民陪审员制度所必需的开支，列入人民法院和司法行政机关业务经费，由相应政府财政予以保障。具体办法由最高人民法院、国务院司法行政部门会同国务院财政部门制定。

★最高人民法院关于适用《中华人民共和国人民陪审员法》若干问题的解释（2019年4月24日）（节录）

第三条　人民法院应当在开庭七日前从人民陪审员名单中随机抽取确定人民陪审员。

人民法院可以根据案件审判需要，从人民陪审员名单中随机抽取一定数量的候补人民陪审员，并确定递补顺序，一并告知当事人。

因案件类型需要具有相应专业知识的人民陪审员参加合议庭审判的，可以根据具体案情，在符合专业需求的人民陪审员名单中随机抽取确定。

第四条　人民陪审员确定后，人民法院应当将参审案件案由、当事人姓名或名称、开庭地点、开庭时间等事项告知参审人民陪审员及候补人民陪审员。

必要时，人民法院可以将参加审判活动的时间、地点等事项书面通知人民陪审员所在单位。

第五条　人民陪审员不参加下列案件的审理：

（一）依照民事诉讼法适用特别程序、督促程序、公示催告程序审理的案件；

（二）申请承认外国法院离婚判决的案件；

（三）裁定不予受理或者不需要开庭审理的案件。

第六条　人民陪审员不得参与审理由其以人民调解员身份先行调解的案件。

第七条 当事人依法有权申请人民陪审员回避。人民陪审员的回避,适用审判人员回避的法律规定。

人民陪审员回避事由经审查成立的,人民法院应当及时确定递补人选。

第八条 人民法院应当在开庭前,将相关权利和义务告知人民陪审员,并为其阅卷提供便利条件。

第九条 七人合议庭开庭前,应当制作事实认定问题清单,根据案件具体情况,区分事实认定问题与法律适用问题,对争议事实问题逐项列举,供人民陪审员在庭审时参考。事实认定问题和法律适用问题难以区分的,视为事实认定问题。

第十条 案件审判过程中,人民陪审员依法有权参加案件调查和调解工作。

第十一条 庭审过程中,人民陪审员依法有权向诉讼参加人发问,审判长应当提示人民陪审员围绕案件争议焦点进行发问。

第十二条 合议庭评议案件时,先由承办法官介绍案件涉及的相关法律、证据规则,然后由人民陪审员和法官依次发表意见,审判长最后发表意见并总结合议庭意见。

第十四条 人民陪审员应当认真阅读评议笔录,确认无误后签名。

第十五条 人民陪审员列席审判委员会讨论其参加审理的案件时,可以发表意见。

第十六条 案件审结后,人民法院应将裁判文书副本及时送交参加该案审判的人民陪审员。

第十七条 中级、基层人民法院应当保障人民陪审员均衡参审,结合本院实际情况,一般在不超过30件的范围内合理确定每名人民陪审员年度参加审判案件的数量上限,报高级人民法院备案,并向社会公告。

6. 院长、庭长审理案件的制度规定

★最高人民法院关于完善院长、副院长、庭长、副庭长参加合议庭审理案件制度的若干意见(2007年3月30日)(节录)

第一条 各级人民法院院长、副院长、庭长、副庭长除参加审判委员会审理案件以外,每年都应当参加合议庭或者担任独任法官审理案件。

第二条 院长、副院长、庭长、副庭长参加合议庭审理下列案件:

(一)疑难、复杂、重大案件;

(二)新类型案件;

(三)在法律适用方面具有普遍意义的案件;

（四）认为应当由自己参加合议庭审理的案件。

第三条　最高人民法院的院长、副院长、庭长、副庭长办理案件的数量标准，由最高人民法院规定。

地方各级人民法院的院长、副院长、庭长、副庭长办理案件的数量标准，由本级人民法院根据本地实际情况规定。中级人民法院、基层人民法院规定的办案数量应当报高级人民法院备案。

院长、副院长、庭长、副庭长应当选择一定数量的案件，亲自担任承办人办理。

第四条　院长、副院长、庭长、副庭长办理案件，应当起到示范作用。同时注意总结审判工作经验，规范指导审判工作。

第五条　院长、副院长、庭长、副庭长参加合议庭审理案件，依法担任审判长，与其他合议庭成员享有平等的表决权。

院长、副院长参加合议庭评议时，多数人的意见与院长、副院长的意见不一致的，院长、副院长可以决定将案件提交审判委员会讨论。合议庭成员中的非审判委员会委员应当列席审判委员会。

第六条　院长、副院长、庭长、副庭长办理案件，开庭时间一经确定，不得随意变动。

第七条　院长、副院长、庭长、副庭长参加合议庭审理案件，应当作为履行审判职责的一项重要工作，纳入对其工作的考评和监督范围。

★最高人民法院关于进一步全面落实司法责任制的实施意见（2018年12月4日）（节录）

3.……各级人民法院领导干部要在严格落实主体责任上率先垂范，充分尊重独任法官、合议庭法定审判组织地位，除审判委员会讨论决定的案件外，院长、副院长、庭长不再审核签发未直接参加审理案件的裁判文书，不得以口头指示等方式变相审批案件，不得违反规定要求法官汇报案件……

7.全面推进院长、庭长办案常态化。各高级人民法院应当结合实际，科学合理、统一确定辖区内三级法院院长、庭长办案工作量。……加强对院长、庭长办案的网上公示和考核监督，充分发挥院长、庭长办案示范引领作用。担任领导职务的法官无正当理由不办案或者办案达不到要求的，应当退出员额。

第一百八十四条 【合议庭评议规则】合议庭进行评议的时候，如果意见分歧，应当按多数人的意见作出决定，但是少数人的意见应当写入笔录。评议笔录由合议庭的组成人员签名。

● **要点及关联法规**

1. 合议庭评议规则

★最高人民法院关于人民法院合议庭工作的若干规定（2002年8月17日）（节录）

第四条　合议庭的审判活动由审判长主持，全体成员平等参与案件的审理、评议、裁判，共同对案件认定事实和适用法律负责。

第九条　合议庭评议案件应当在庭审结束后五个工作日内进行。

第十条　合议庭评议案件时，先由承办法官对认定案件事实、证据是否确实、充分以及适用法律等发表意见，审判长最后发表意见；审判长作为承办法官的，由审判长最后发表意见。对案件的裁判结果进行评议时，由审判长最后发表意见。审判长应当根据评议情况总结合议庭评议的结论性意见。

合议庭成员进行评议的时候，应当认真负责，充分陈述意见，独立行使表决权，不得拒绝陈述意见或者仅作同意与否的简单表态。同意他人意见的，也应当提出事实根据和法律依据，进行分析论证。

合议庭成员对评议结果的表决，以口头表决的形式进行。

第十一条　合议庭进行评议的时候，如果意见分歧，应当按多数人的意见作出决定，但是少数人的意见应当写入笔录。

评议笔录由书记员制作，由合议庭的组成人员签名。

★最高人民法院关于进一步加强合议庭职责的若干规定（2010年1月11日）（节录）

第六条　合议庭全体成员均应当参加案件评议。评议案件时，合议庭成员应当针对案件的证据采信、事实认定、法律适用、裁判结果以及诉讼程序等问题充分发表意见。必要时，合议庭成员还可提交书面评议意见。

合议庭成员评议时发表意见不受追究。

★最高人民法院关于适用《中华人民共和国刑事诉讼法》的解释（2021 年 1 月 26 日）（节录）

第二百一十四条　开庭审理和评议案件，应当由同一合议庭进行。合议庭成员在评议案件时，应当独立发表意见并说明理由。意见分歧的，应当按多数意见作出决定，但少数意见应当记入笔录。评议笔录由合议庭的组成人员在审阅确认无误后签名。评议情况应当保密。

★最高人民法院司法责任制实施意见（试行）（2017 年 7 月 25 日）（节录）

44. 所有合议庭成员均应对事实认定、法律适用发表意见，重点说明证据采信情况及拟作出裁判结果的理由。合议庭成员发表最终处理意见时，应当按法官资历由低到高的顺序进行。

★中华人民共和国人民法院组织法（2018 年 10 月 26 日）（节录）

第三十一条　合议庭评议案件应当按照多数人的意见作出决定，少数人的意见应当记入笔录。评议案件笔录由合议庭全体组成人员签名。

第三十二条　合议庭或者法官独任审理案件形成的裁判文书，经合议庭组成人员或者独任法官签署，由人民法院发布。

2. 人民陪审员参与合议庭评议案件的规则

★中华人民共和国人民陪审员法（2018 年 4 月 27 日）（节录）

第二十条　审判长应当履行与案件审判相关的指引、提示义务，但不得妨碍人民陪审员对案件的独立判断。

合议庭评议案件，审判长应当对本案中涉及的事实认定、证据规则、法律规定等事项及应当注意的问题，向人民陪审员进行必要的解释和说明。

第二十一条　人民陪审员参加三人合议庭审判案件，对事实认定、法律适用，独立发表意见，行使表决权。

第二十二条　人民陪审员参加七人合议庭审判案件，对事实认定，独立发表意见，并与法官共同表决；对法律适用，可以发表意见，但不参加表决。

第二十三条　合议庭评议案件，实行少数服从多数的原则。人民陪审员同合议庭其他组成人员意见分歧的，应当将其意见写入笔录。

合议庭组成人员意见有重大分歧的，人民陪审员或者法官可以要求合议庭将案件提请院长决定是否提交审判委员会讨论决定。

★最高人民法院关于适用《中华人民共和国人民陪审员法》若干问题的解释（2019年4月24日）（节录）

第十二条　合议庭评议案件时，先由承办法官介绍案件涉及的相关法律、证据规则，然后由人民陪审员和法官依次发表意见，审判长最后发表意见并总结合议庭意见。

第十三条　七人合议庭评议时，审判长应当归纳和介绍需要通过评议讨论决定的案件事实认定问题，并列出案件事实问题清单。

人民陪审员全程参加合议庭评议，对于事实认定问题，由人民陪审员和法官在共同评议的基础上进行表决。对于法律适用问题，人民陪审员不参加表决，但可以发表意见，并记录在卷。

第十四条　人民陪审员应当认真阅读评议笔录，确认无误后签名。

3. 合议庭复议案件的情形

★最高人民法院关于人民法院合议庭工作的若干规定（2002年8月17日）（节录）

第十六条　院长、庭长可以对合议庭的评议意见和制作的裁判文书进行审核，但是不得改变合议庭的评议结论。

第十七条　院长、庭长在审核合议庭的评议意见和裁判文书过程中，对评议结论有异议的，可以建议合议庭复议，同时应当对要求复议的问题及理由提出书面意见。

合议庭复议后，庭长仍有异议的，可以将案件提请院长审核，院长可以提交审判委员会讨论决定。

第一百八十五条　【案件提交审判委员会】合议庭开庭审理并且评议后，应当作出判决。对于疑难、复杂、重大的案件，合议庭认为难以作出决定的，由合议庭提请院长决定提交审判委员会讨论决定。审判委员会的决定，合议庭应当执行。

● 要点及关联法规

1. 审判委员会讨论的案件类型

★最高人民法院、最高人民检察院、公安部、司法部关于进一步严格依法办案确保办理死刑案件质量的意见（2007年3月9日）（节录）

34. 第一审人民法院和第二审人民法院审理死刑案件，合议庭应当提请院长决定提交审判委员会讨论。最高人民法院复核死刑案件，高级人民法院复核死刑缓期二年执行的案件，对于疑难、复杂的案件，合议庭认为难以作出决定的，应当提请院长决定提交审判委员会讨论决定。审判委员会讨论案件，同级人民检察院检察长、受检察长委托的副检察长均可列席会议。

★关于改革和完善人民法院审判委员会制度的实施意见（2010年1月11日）（节录）

七、人民法院审判工作中的重大问题和疑难、复杂、重大案件以及合议庭难以作出裁决的案件，应当由审判委员会讨论或者审理后作出决定。案件或者议题是否提交审判委员会讨论，由院长或者主管副院长决定。

八、最高人民法院审理的下列案件应当提交审判委员会讨论决定：
（一）本院已经发生法律效力的判决、裁定确有错误需要再审的案件；
（二）最高人民检察院依照审判监督程序提出抗诉的刑事案件。

九、高级人民法院和中级人民法院审理的下列案件应当提交审判委员会讨论决定：
（一）本院已经发生法律效力的判决、裁定确有错误需要再审的案件；
（二）同级人民检察院依照审判监督程序提出抗诉的刑事案件；
（三）拟判处死刑立即执行的案件；
（四）拟在法定刑以下判处刑罚或者免于刑事处罚的案件；
（五）拟宣告被告人无罪的案件；
（六）拟就法律适用问题向上级人民法院请示的案件；
（七）认为案情重大、复杂，需要报请移送上级人民法院审理的案件。

十、基层人民法院审理的下列案件应当提交审判委员会讨论决定：
（一）本院已经发生法律效力的判决、裁定确有错误需要再审的案件；
（二）拟在法定刑以下判处刑罚或者免于刑事处罚的案件；
（三）拟宣告被告人无罪的案件；

（四）拟就法律适用问题向上级人民法院请示的案件；

（五）认为应当判处无期徒刑、死刑，需要报请移送中级人民法院审理的刑事案件；

（六）认为案情重大、复杂，需要报请移送上级人民法院审理的案件。

十一、（第一款）人民法院审理下列案件时，合议庭可以提请院长决定提交审判委员会讨论：

（一）合议庭意见有重大分歧、难以作出决定的案件；

（二）法律规定不明确，存在法律适用疑难问题的案件；

（三）案件处理结果可能产生重大社会影响的案件；

（四）对审判工作具有指导意义的新类型案件；

（五）其他需要提交审判委员会讨论的疑难、复杂、重大案件。

★最高人民法院关于适用《中华人民共和国刑事诉讼法》的解释（2021年1月26日）（节录）

第二百一十六条第一款　合议庭审理、评议后，应当及时作出判决、裁定。

第二款　对下列案件，合议庭应当提请院长决定提交审判委员会讨论决定：

（一）高级人民法院、中级人民法院拟判处死刑立即执行的案件，以及中级人民法院拟判处死刑缓期执行的案件；

（二）本院已经发生法律效力的判决、裁定确有错误需要再审的案件；

（三）人民检察院依照审判监督程序提出抗诉的案件。

第三款　对合议庭成员意见有重大分歧的案件、新类型案件、社会影响重大的案件以及其他疑难、复杂、重大的案件，合议庭认为难以作出决定的，可以提请院长决定提交审判委员会讨论决定。

★最高人民法院司法责任制实施意见（试行）（2017年7月25日）（节录）

18. 审判委员会讨论决定下列案件：

（1）涉及国家利益、社会稳定的重大、复杂案件；

（2）本院已经生效的判决、裁定、决定、调解书确有错误需要再审、重新审理的案件；

（3）最高人民检察院依照审判监督程序、国家赔偿监督程序对本院生效裁判、决定提出抗诉、检察意见的案件；

（4）合议庭意见有重大分歧，经专业法官会议讨论仍难以作出决定的案件；

（5）法律规定不明确，存在法律适用疑难问题的案件；

（6）处理结果可能产生重大社会影响的案件；

(7) 对审判工作具有指导意义的新类型案件；

(8) 其他需要提交审判委员会讨论的重大、疑难、复杂案件。

★最高人民法院关于健全完善人民法院审判委员会工作机制的意见（2019年8月2日）（节录）

8. 各级人民法院审理的下列案件，应当提交审判委员会讨论决定：

(1) 涉及国家安全、外交、社会稳定等敏感案件和重大、疑难、复杂案件；

(2) 本院已经发生法律效力的判决、裁定、调解书等确有错误需要再审的案件；

(3) 同级人民检察院依照审判监督程序提出抗诉的刑事案件；

(4) 法律适用规则不明的新类型案件；

(5) 拟宣告被告人无罪的案件；

(6) 拟在法定刑以下判处刑罚或者免予刑事处罚的案件；

高级人民法院、中级人民法院拟判处死刑的案件，应当提交本院审判委员会讨论决定。

9. 各级人民法院审理的下列案件，可以提交审判委员会讨论决定：

(1) 合议庭对法律适用问题意见分歧较大，经专业（主审）法官会议讨论难以作出决定的案件；

(2) 拟作出的裁判与本院或者上级法院的类案裁判可能发生冲突的案件；

(3) 同级人民检察院依照审判监督程序提出抗诉的重大、疑难、复杂民事案件及行政案件；

(4) 指令再审或者发回重审的案件；

(5) 其他需要提交审判委员会讨论决定的案件。

2. 审判委员会讨论案件的程序

(1) 提请程序

★关于改革和完善人民法院审判委员会制度的实施意见（2010年1月11日）（节录）

十一、人民法院审理下列案件时，合议庭可以提请院长决定提交审判委员会讨论……

合议庭没有建议提请审判委员会讨论的案件，院长、主管副院长或者庭长认为有必要的，得提请审判委员会讨论。

★最高人民法院关于适用《中华人民共和国刑事诉讼法》的解释（2021年1月26日）（节录）

第二百一十六条第四款　人民陪审员可以要求合议庭将案件提请院长决定是否提交审判委员会讨论决定。

第六款　独任审判的案件，审判员认为有必要的，也可以提请院长决定提交审判委员会讨论决定。

★中华人民共和国人民法院组织法（2018年10月26日）（节录）

第三十九条第一款　合议庭认为案件需要提交审判委员会讨论决定的，由审判长提出申请，院长批准。

★最高人民法院关于健全完善人民法院审判委员会工作机制的意见（2019年8月2日）（节录）

10. 合议庭或者独任法官认为案件需要提交审判委员会讨论决定的，由其提出申请，层报院长批准；未提出申请，院长认为有必要的，可以提请审判委员会讨论决定。

其他事项提交审判委员会讨论决定的，参照案件提交程序执行。

（2）提请被否决后的复议程序

★关于改革和完善人民法院审判委员会制度的实施意见（2010年1月11日）（节录）

十二、（第一款）需要提交审判委员会讨论的案件，由合议庭层报庭长、主管副院长提请院长决定。院长、主管副院长或者庭长认为不需要提交审判委员会的，可以要求合议庭复议。

★最高人民法院关于适用《中华人民共和国刑事诉讼法》的解释（2021年1月26日）（节录）

第二百一十六条第五款　对提请院长决定提交审判委员会讨论决定的案件，院长认为不必要的，可以建议合议庭复议一次。

★最高人民法院关于健全完善人民法院审判委员会工作机制的意见（2019年8月2日）（节录）

11. 拟提请审判委员会讨论决定的案件，应当有专业（主审）法官会议研究讨论的意见。

专业（主审）法官会议意见与合议庭或者独任法官意见不一致的，院长、副院长、庭长可以按照审判监督管理权限要求合议庭或者独任法官复议；经复议仍未采纳专业（主审）法官会议意见的，应当按程序报请审判委员会讨论决定。

（3）合议庭应提前提交书面报告

★关于改革和完善人民法院审判委员会制度的实施意见（2010年1月11日）（节录）

十二、（第二款）审判委员会讨论案件，合议庭应当提交案件审理报告。案件审理报告应符合规范要求，客观、全面反映案件事实、证据以及双方当事人或控辩双方的意见，说明合议庭争议的焦点、分歧意见和拟作出裁判的内容。案件审理报告应当提前发送审判委员会委员。

★最高人民法院关于健全完善人民法院审判委员会工作机制的意见（2019年8月2日）（节录）

12. 提交审判委员会讨论的案件，合议庭应当形成书面报告。书面报告应当客观全面反映案件事实、证据、当事人或者控辩双方的意见，列明需要审判委员会讨论决定的法律适用问题、专业（主审）法官会议意见、类案与关联案件检索情况，有合议庭拟处理意见和理由。有分歧意见的，应归纳不同的意见和理由。

其他事项提交审判委员会讨论之前，承办部门应在认真调研并征求相关部门意见的基础上提出办理意见。

（4）审判委员会讨论案件前的准备程序

★最高人民法院关于健全完善人民法院审判委员会工作机制的意见（2019年8月2日）（节录）

13. 对提交审判委员会讨论决定的案件或者事项，审判委员会工作部门可以先行审查是否属于审判委员会讨论范围并提出意见，报请院长决定。

14. 提交审判委员会讨论决定的案件，审判委员会委员有应当回避情形的，应自行回避并报院长决定；院长的回避，由审判委员会决定。

审判委员会委员的回避情形，适用有关法律关于审判人员回避情形的规定。

15. 审判委员会委员应当提前审阅会议材料，必要时可以调阅相关案卷、文件及庭审音频视频资料。

（5）审判委员会讨论案件的程序

★关于改革和完善人民法院审判委员会制度的实施意见（2010年1月11日）（节录）

十三、审判委员会讨论案件时，合议庭全体成员及审判业务部门负责人应当列席会议。对本院审结的已发生法律效力的案件提起再审的，原审合议庭成员及审判业务部门负责人也应当列席会议。院长或者受院长委托主持会议的副院长可以决定其他有必要列席的人员。

审判委员会讨论案件，同级人民检察院检察长或者受检察长委托的副检察长可以列席。

十四、审判委员会会议由院长主持。院长因故不能主持会议时，可以委托副院长主持。

十五、审判委员会讨论案件按照听取汇报、询问、发表意见、表决的顺序进行。案件由承办人汇报，合议庭其他成员补充。审判委员会委员在听取汇报、进行询问和发表意见后，其他列席人员经主持人同意可以发表意见。

十六、审判委员会讨论案件实行民主集中制。审判委员会委员发表意见的顺序，一般应当按照职级高的委员后发言的原则进行，主持人最后发表意见。

审判委员会应当充分、全面地对案件进行讨论。审判委员会委员应当客观、公正、独立、平等地发表意见，审判委员会委员发表意见不受追究，并应当记录在卷。

审判委员会委员发表意见后，主持人应当归纳委员的意见，按多数意见拟出决议，付诸表决。审判委员会的决议应当按照全体委员二分之一以上多数意见作出。

★ **最高人民法院关于健全完善人民法院审判委员会工作机制的意见**（2019年8月2日）（节录）

16. 审判委员会召开全体会议和专业委员会会议，应当有其组成人员的过半数出席。

17. 审判委员会全体会议及专业委员会会议应当由院长或者院长委托的副院长主持。

18. 下列人员应当列席审判委员会会议：
（1）承办案件的合议庭成员、独任法官或者事项承办人；
（2）承办案件、事项的审判庭或者部门负责人；
（3）其他有必要列席的人员。

审判委员会召开会议，必要时可以邀请人大代表、政协委员、专家学者等列席。

经主持人同意，列席人员可以提供说明或者表达意见，但不参与表决。

19. 审判委员会举行会议时，同级人民检察院检察长或者其委托的副检察长可以列席。

20. 审判委员会讨论决定案件和事项，一般按照以下程序进行：

（1）合议庭、承办人汇报；

（2）委员就有关问题进行询问；

（3）委员按照法官等级和资历由低到高顺序发表意见，主持人最后发表意见；

（4）主持人作会议总结，会议作出决议。

21. 审判委员会全体会议和专业委员会会议讨论案件或者事项，一般按照各自全体组成人员过半数的多数意见作出决定，少数委员的意见应当记录在卷。

经专业委员会会议讨论的案件或者事项，无法形成决议或者院长认为有必要的，可以提交全体会议讨论决定。

经审判委员会全体会议和专业委员会会议讨论的案件或者事项，院长认为有必要的，可以提请复议。

3. 审判委员会决定的效力

★最高人民法院关于适用《中华人民共和国刑事诉讼法》的解释（2021年1月26日）（节录）

第二百一十七条　审判委员会的决定，合议庭、独任审判员应当执行；有不同意见的，可以建议院长提交审判委员会复议。

★中华人民共和国人民法院组织法（2018年10月26日）（节录）

第三十九条第二款　审判委员会讨论案件，合议庭对其汇报的事实负责，审判委员会委员对本人发表的意见和表决负责。审判委员会的决定，合议庭应当执行。

★最高人民法院关于健全完善人民法院审判委员会工作机制的意见（2019年8月2日）（节录）

22. 审判委员会讨论案件或者事项的决定，合议庭、独任法官或者相关部门应当执行。审判委员会工作部门发现案件处理结果与审判委员会决定不符的，应当及时向院长报告。

4. 审判委员会决定的抄送及公开

★中华人民共和国人民法院组织法（2018年10月26日）（节录）

第三十九条第三款　审判委员会讨论案件的决定及其理由应当在裁判文书中公开，法律规定不公开的除外。

★最高人民法院关于健全完善人民法院审判委员会工作机制的意见（2019年8月2日）（节录）

23. 审判委员会会议纪要或者决定由院长审定后，发送审判委员会委员、相关审判庭或者部门。

同级人民检察院检察长或者副检察长列席审判委员会的，会议纪要或者决定抄送同级人民检察院检察委员会办事机构。

24. 审判委员会讨论案件的决定及其理由应当在裁判文书中公开，法律规定不公开的除外。

25. 经审判委员会讨论决定的案件，合议庭、独任法官应及时审结，并将判决书、裁定书、调解书等送审判委员会工作部门备案。

26. 各级人民法院应当建立审判委员会会议全程录音录像制度，按照保密要求进行管理。审判委员会议题的提交、审核、讨论、决定等纳入审判流程管理系统，实行全程留痕。

5. 关于检察长列席审判委员会的规定

★关于人民检察院检察长列席人民法院审判委员会会议的实施意见（2010年1月12日）（节录）

一、人民检察院检察长可以列席同级人民法院审判委员会会议。

检察长不能列席时，可以委托副检察长列席同级人民法院审判委员会会议。

二、人民检察院检察长列席人民法院审判委员会会议的任务是，对于审判委员会讨论的案件和其他有关议题发表意见，依法履行法律监督职责。

三、人民法院审判委员会讨论下列案件或者议题，同级人民检察院检察长可以列席：

（一）可能判处被告人无罪的公诉案件；

（二）可能判处被告人死刑的案件；

（三）人民检察院提出抗诉的案件；

（四）与检察工作有关的其他议题。

四、人民法院院长决定将本意见第三条所列案件或者议题提交审判委员会讨论的，人民法院应当通过适当方式告知同级人民检察院。人民检察院检察长决定列席审判委员会会议的，人民法院应当将会议议程、会议时间通知人民检察院。

对于人民法院审判委员会讨论的议题，人民检察院认为有必要的，可以向人民法院提出列席审判委员会会议；人民法院认为有必要的，可以邀请人民检察院检察长列席审判委员会会议。

五、人民检察院检察长列席审判委员会会议的,人民法院应当将会议材料在送审判委员会委员的同时送人民检察院检察长。

六、人民检察院检察长列席审判委员会会议,应当在会前进行充分准备,必要时可就有关问题召开检察委员会会议进行讨论。

七、检察长或者受检察长委托的副检察长列席审判委员会讨论案件的会议,可以在人民法院承办人汇报完毕后、审判委员会委员表决前发表意见。

审判委员会会议讨论与检察工作有关的其他议题,检察长或者受检察长委托的副检察长的发言程序适用前款规定。

检察长或者受检察长委托的副检察长在审判委员会会议上发表的意见,应当记录在卷。

八、人民检察院检察长列席审判委员会会议讨论的案件,人民法院应当将裁判文书及时送达或者抄送人民检察院。

人民检察院检察长列席的审判委员会会议讨论的其他议题,人民法院应当将讨论通过的决定文本及时送给人民检察院。

九、出席、列席审判委员会会议的所有人员,对审判委员会讨论内容应当保密。

十、人民检察院检察长列席审判委员会会议的具体事宜由审判委员会办事机构和检察委员会办事机构负责办理。

★**人民检察院刑事诉讼规则**(2019年12月30日)(节录)

第五百七十一条 人民检察院检察长或者检察长委托的副检察长,可以列席同级人民法院审判委员会会议,依法履行法律监督职责。

6. 关于法官会议的规定

★**最高人民法院关于进一步加强合议庭职责的若干规定**(2010年1月11日)(节录)

第七条 除提交审判委员会讨论的案件外,合议庭对评议意见一致或者形成多数意见的案件,依法作出判决或者裁定。下列案件可以由审判长提请院长或者庭长决定组织相关审判人员共同讨论,合议庭成员应当参加:

(一)重大、疑难、复杂或者新类型的案件;

(二)合议庭在事实认定或法律适用上有重大分歧的案件;

(三)合议庭意见与本院或上级法院以往同类型案件的裁判有可能不一致的案件;

（四）当事人反映强烈的群体性纠纷案件；

（五）经审判长提请且院长或者庭长认为确有必要讨论的其他案件。

上述案件的讨论意见供合议庭参考，不影响合议庭依法作出裁判。

第二章　第一审程序

第一节　公诉案件

第一百八十六条　【人民法院对公诉案件的庭前审查】人民法院对提起公诉的案件进行审查后，对于起诉书中有明确的指控犯罪事实的，应当决定开庭审判。

● 要点及关联法规

1. 公诉案件庭前审查的具体内容

★最高人民法院关于适用《中华人民共和国刑事诉讼法》的解释（2021年1月26日）（节录）

第二百一十八条　对提起公诉的案件，人民法院应当在收到起诉书（一式八份，每增加一名被告人，增加起诉书五份）和案卷、证据后，审查以下内容：

（一）是否属于本院管辖；

（二）起诉书是否写明被告人的身份，是否受过或者正在接受刑事处罚、行政处罚、处分，被采取留置措施的情况，被采取强制措施的时间、种类、羁押地点，犯罪的时间、地点、手段、后果以及其他可能影响定罪量刑的情节；有多起犯罪事实的，是否在起诉书中将事实分别列明；

（三）是否移送证明指控犯罪事实及影响量刑的证据材料，包括采取技术调查、侦查措施的法律文书和所收集的证据材料；

（四）是否查封、扣押、冻结被告人的违法所得或者其他涉案财物，查封、扣押、冻结是否逾期；是否随案移送涉案财物、附涉案财物清单；是否列明涉案财物权属情况；是否就涉案财物处理提供相关证据材料；

（五）是否列明被害人的姓名、住址、联系方式；是否附有证人、鉴定人名单；是否申请法庭通知证人、鉴定人、有专门知识的人出庭，并列明有关人员的姓名、性别、年龄、职业、住址、联系方式；是否附有需要保护的证人、鉴定人、被害人名单；

（六）当事人已委托辩护人、诉讼代理人或者已接受法律援助的，是否列明辩护人、诉讼代理人的姓名、住址、联系方式；

（七）是否提起附带民事诉讼；提起附带民事诉讼的，是否列明附带民事诉讼当事人的姓名、住址、联系方式等，是否附有相关证据材料；

（八）监察调查、侦查、审查起诉程序的各种法律手续和诉讼文书是否齐全；

（九）被告人认罪认罚的，是否提出量刑建议、移送认罪认罚具结书等材料；

（十）有无刑事诉讼法第十六条第二项至第六项规定的不追究刑事责任的情形。

2. 公诉案件庭前审查后的程序处理

★最高人民法院、最高人民检察院、公安部、国家安全部、司法部、全国人大常委会法制工作委员会关于实施刑事诉讼法若干问题的规定（2012 年 12 月 26 日）（节录）

25.（第一款）刑事诉讼法第一百八十一条[①]规定："人民法院对提起公诉的案件进行审查后，对于起诉书中有明确的指控犯罪事实的，应当决定开庭审判。"对于人民检察院提起公诉的案件，人民法院都应当受理。人民法院对提起公诉的案件进行审查后，对于起诉书中有明确的指控犯罪事实并且附有案卷材料、证据的，应当决定开庭审判，不得以上述材料不充足为由而不开庭审判。如果人民检察院移送的材料中缺少上述材料的，人民法院可以通知人民检察院补充材料，人民检察院应当自收到通知之日起三日内补送。

★最高人民法院关于适用《中华人民共和国刑事诉讼法》的解释（2021 年 1 月 26 日）（节录）

第二百一十九条 人民法院对提起公诉的案件审查后，应当按照下列情形

[①] 现为第一百八十六条。——编者注

分别处理：

（一）不属于本院管辖的，应当退回人民检察院；

（二）属于刑事诉讼法第十六条第二项至第六项规定情形的，应当退回人民检察院；属于告诉才处理的案件，应当同时告知被害人有权提起自诉；

（三）被告人不在案的，应当退回人民检察院；但是，对人民检察院按照缺席审判程序提起公诉的，应当依照本解释第二十四章的规定作出处理；

（四）不符合前条第二项至第九项规定之一，需要补充材料的，应当通知人民检察院在三日以内补送；

（五）依照刑事诉讼法第二百条第三项规定宣告被告人无罪后，人民检察院根据新的事实、证据重新起诉的，应当依法受理；

（六）依照本解释第二百九十六条规定裁定准许撤诉的案件，没有新的影响定罪量刑的事实、证据，重新起诉的，应当退回人民检察院；

（七）被告人真实身份不明，但符合刑事诉讼法第一百六十条第二款规定的，应当依法受理。

3. 公诉案件庭前审查的期限

★最高人民法院、最高人民检察院、公安部、国家安全部、司法部、全国人大常委会法制工作委员会关于实施刑事诉讼法若干问题的规定（2012年12月26日）（节录）

25.（第二款）人民法院对提起公诉的案件进行审查的期限计入人民法院的审理期限。

★最高人民法院关于适用《中华人民共和国刑事诉讼法》的解释（2021年1月26日）（节录）

第二百一十九条第二款 对公诉案件是否受理，应当在七日以内审查完毕。

第一百八十七条 【开庭前的准备】人民法院决定开庭审判后，应当确定合议庭的组成人员，将人民检察院的起诉书副本至迟在开庭十日以前送达被告人及其辩护人。

在开庭以前，审判人员可以召集公诉人、当事人和辩护人、诉讼代理人，对回避、出庭证人名单、非法证据排除等与审判相关的问题，了解情况，听取意见。

> 人民法院确定开庭日期后，应当将开庭的时间、地点通知人民检察院，传唤当事人，通知辩护人、诉讼代理人、证人、鉴定人和翻译人员，传票和通知书至迟在开庭三日以前送达。公开审判的案件，应当在开庭三日以前先期公布案由、被告人姓名、开庭时间和地点。
>
> 　　上述活动情形应当写入笔录，由审判人员和书记员签名。

● 要点及关联法规

1. 庭前非法证据排除程序的启动

（1）法院应告知辩方有权申请非法证据排除

★最高人民法院关于适用《中华人民共和国刑事诉讼法》的解释（2021年1月26日）（节录）

第一百二十八条　人民法院向被告人及其辩护人送达起诉书副本时，应当告知其申请排除非法证据的，应当在开庭审理前提出，但庭审期间才发现相关线索或者材料的除外。

★关于办理刑事案件严格排除非法证据若干问题的规定（2017年6月27日）（节录）

第二十三条第一款　人民法院向被告人及其辩护人送达起诉书副本时，应当告知其有权申请排除非法证据。

★人民法院办理刑事案件排除非法证据规程（试行）（2017年11月27日）

第八条　人民法院向被告人及其辩护人送达起诉书副本时，应当告知其有权在开庭审理前申请排除非法证据并同时提供相关线索或者材料。上述情况应当记录在案。

被告人申请排除非法证据，但没有辩护人的，人民法院应当通知法律援助机构指派律师为其提供辩护。

(2) 庭前排除非法证据申请的提出及处理

★最高人民法院关于适用《中华人民共和国刑事诉讼法》的解释（2021年1月26日）（节录）

第一百二十九条　开庭审理前，当事人及其辩护人、诉讼代理人申请人民法院排除非法证据的，人民法院应当在开庭前及时将申请书或者申请笔录及相关线索、材料的复制件送交人民检察院。

★关于办理刑事案件严格排除非法证据若干问题的规定（2017年6月27日）（节录）

第二十三条第二款　被告人及其辩护人申请排除非法证据，应当在开庭审理前提出，但在庭审期间发现相关线索或者材料等情形除外。人民法院应当在开庭审理前将申请书和相关线索或者材料的复制件送交人民检察院。

第二十四条　被告人及其辩护人在开庭审理前申请排除非法证据，未提供相关线索或者材料，不符合法律规定的申请条件的，人民法院对申请不予受理。

第二十五条　被告人及其辩护人在开庭审理前申请排除非法证据，按照法律规定提供相关线索或者材料的，人民法院应当召开庭前会议。人民检察院应当通过出示有关证据材料等方式，有针对性地对证据收集的合法性作出说明。人民法院可以核实情况，听取意见。

人民检察院可以决定撤回有关证据，撤回的证据，没有新的理由，不得在庭审中出示。

被告人及其辩护人可以撤回排除非法证据的申请。撤回申请后，没有新的线索或者材料，不得再次对有关证据提出排除申请。

★人民法院办理刑事案件排除非法证据规程（试行）（2017年11月27日）

第五条　被告人及其辩护人申请排除非法证据，应当提供相关线索或者材料。"线索"是指内容具体、指向明确的涉嫌非法取证的人员、时间、地点、方式等；"材料"是指能够反映非法取证的伤情照片、体检记录、医院病历、讯问笔录、讯问录音录像或者同监室人员的证言等。

被告人及其辩护人申请排除非法证据，应当向人民法院提交书面申请。被告人书写确有困难的，可以口头提出申请，但应当记录在案，并由被告人签名或者捺印。

第九条　被告人及其辩护人申请排除非法证据，应当在开庭审理前提出，但在庭审期间发现相关线索或者材料等情形除外。

第十条　被告人及其辩护人申请排除非法证据，并提供相关线索或者材料的，人民法院应当召开庭前会议，并在召开庭前会议三日前将申请书和相关线索或者材料的复制件送交人民检察院。

被告人及其辩护人申请排除非法证据，未提供相关线索或者材料的，人民法院应当告知其补充提交。被告人及其辩护人未能补充的，人民法院对申请不予受理，并在开庭审理前告知被告人及其辩护人。上述情况应当记录在案。

第十一条　对于可能判处无期徒刑、死刑或者黑社会性质组织犯罪、严重毒品犯罪等重大案件，被告人在驻看守所检察人员对讯问的合法性进行核查询问时，明确表示侦查阶段没有刑讯逼供等非法取证情形，在审判阶段又提出排除非法证据申请的，应当说明理由。人民法院经审查对证据收集的合法性没有疑问的，可以驳回申请。

驻看守所检察人员在重大案件侦查终结前未对讯问的合法性进行核查询问，或者未对核查询问过程全程同步录音录像，被告人及其辩护人在审判阶段提出排除非法证据申请，提供相关线索或者材料，人民法院对证据收集的合法性有疑问的，应当依法进行调查。

（3）庭前会议中法院对证据收集合法性的审查

★人民法院办理刑事案件排除非法证据规程（试行）（2017年11月27日）

第十二条　在庭前会议中，人民法院对证据收集的合法性进行审查的，一般按照以下步骤进行：

（一）被告人及其辩护人说明排除非法证据的申请及相关线索或者材料；

（二）公诉人提供证明证据收集合法性的证据材料；

（三）控辩双方对证据收集的合法性发表意见；

（四）控辩双方对证据收集的合法性未达成一致意见的，审判人员归纳争议焦点。

第十三条　在庭前会议中，人民检察院应当通过出示有关证据材料等方式，有针对性地对证据收集的合法性作出说明。人民法院可以对有关材料进行核实，经控辩双方申请，可以有针对性地播放讯问录音录像。

第十四条　在庭前会议中，人民检察院可以撤回有关证据。撤回的证据，没有新的理由，不得在庭审中出示。

被告人及其辩护人可以撤回排除非法证据的申请。撤回申请后，没有新的线索或者材料，不得再次对有关证据提出排除申请。

第十五条　控辩双方在庭前会议中对证据收集的合法性达成一致意见的，法庭应当在庭审中向控辩双方核实并当庭予以确认。对于一方在庭审中反悔的，除有正当理由外，法庭一般不再进行审查。

控辩双方在庭前会议中对证据收集的合法性未达成一致意见，人民法院应当在庭审中进行调查，但公诉人提供的相关证据材料确实、充分，能够排除非法取证情形，且没有新的线索或者材料表明可能存在非法取证的，庭审调查举证、质证可以简化。

第十六条 审判人员应当在庭前会议报告中说明证据收集合法性的审查情况，主要包括控辩双方的争议焦点以及就相关事项达成的一致意见等内容。

2. 庭前会议

（1）法院召开庭前会议的情形

★最高人民法院关于适用《中华人民共和国刑事诉讼法》的解释（2021年1月26日）（节录）

第一百三十条 开庭审理前，人民法院可以召开庭前会议，就非法证据排除等问题了解情况，听取意见。

在庭前会议中，人民检察院可以通过出示有关证据材料等方式，对证据收集的合法性加以说明。必要时，可以通知调查人员、侦查人员或者其他人员参加庭前会议，说明情况。

第二百二十六条 案件具有下列情形之一的，人民法院可以决定召开庭前会议：

（一）证据材料较多、案情重大复杂的；
（二）控辩双方对事实、证据存在较大争议的；
（三）社会影响重大的；
（四）需要召开庭前会议的其他情形。

★人民法院办理刑事案件庭前会议规程（试行）（2018年1月1日）（节录）

第一条 人民法院适用普通程序审理刑事案件，对于证据材料较多、案情疑难复杂、社会影响重大或者控辩双方对事实证据存在较大争议等情形的，可以决定在开庭审理前召开庭前会议。

控辩双方可以申请人民法院召开庭前会议。申请召开庭前会议的，应当说明需要处理的事项。人民法院经审查认为有必要的，应当决定召开庭前会议；决定不召开庭前会议的，应当告知申请人。

被告人及其辩护人在开庭审理前申请排除非法证据，并依照法律规定提供相关线索或者材料的，人民法院应当召开庭前会议。

★**人民检察院刑事诉讼规则**（2019年12月30日）（节录）

第三百九十四条第二款 人民检察院认为有必要召开庭前会议的，可以建议人民法院召开庭前会议。

（2）参加庭前会议的人员范围

★**最高人民法院关于适用《中华人民共和国刑事诉讼法》的解释**（2021年1月26日）（节录）

第二百三十条第二款 召开庭前会议应当通知公诉人、辩护人到场。

第三款 庭前会议准备就非法证据排除了解情况、听取意见，或者准备询问控辩双方对证据材料的意见的，应当通知被告人到场。有多名被告人的案件，可以根据情况确定参加庭前会议的被告人。

★**未成年人刑事检察工作指引（试行）**（2017年3月2日）（节录）

第二百一十九条 【庭前会议】人民法院通知人民检察院派员参加庭前会议的，由出席法庭的检察人员参加，必要时可以配备书记员担任记录。

人民检察院可以根据案件具体情况，建议人民法院通知未成年被告人及其法定代理人参加庭前会议。

★**人民法院办理刑事案件庭前会议规程（试行）**（2018年1月1日）（节录）

第三条 庭前会议由承办法官主持，其他合议庭成员也可以主持或者参加庭前会议。根据案件情况，承办法官可以指导法官助理主持庭前会议。

公诉人、辩护人应当参加庭前会议。根据案件情况，被告人可以参加庭前会议；被告人申请参加庭前会议或者申请排除非法证据等情形的，人民法院应当通知被告人到场；有多名被告人的案件，主持人可以根据案件情况确定参加庭前会议的被告人。

被告人申请排除非法证据，但没有辩护人的，人民法院应当通知法律援助机构指派律师为被告人提供帮助。

庭前会议中进行附带民事调解的，人民法院应当通知附带民事诉讼当事人到场。

第四条 被告人不参加庭前会议的，辩护人应当在召开庭前会议前就庭前会议处理事项听取被告人意见。

第九条第二款 有多名被告人参加庭前会议，涉及事实证据问题的，应当组织各被告人分别参加，防止串供。

★人民检察院刑事诉讼规则（2019年12月30日）（节录）

第三百九十四条第一款　人民法院通知人民检察院派员参加庭前会议的，由出席法庭的公诉人参加。检察官助理可以协助。根据需要可以配备书记员担任记录。

（3）法院召开庭前会议的次数、地点

★人民法院办理刑事案件庭前会议规程（试行）（2018年1月1日）（节录）

第五条　庭前会议一般不公开进行。

根据案件情况，庭前会议可以采用视频会议等方式进行。

第六条　根据案件情况，庭前会议可以在开庭审理前多次召开；休庭后，可以在再次开庭前召开庭前会议。

第七条　庭前会议应当在法庭或者其他办案场所召开。被羁押的被告人参加的，可以在看守所办案场所召开。

被告人参加庭前会议，应当有法警在场。

（4）庭前会议解决的事项内容

★最高人民法院关于适用《中华人民共和国刑事诉讼法》的解释（2021年1月26日）（节录）

第二百二十八条　庭前会议可以就下列事项向控辩双方了解情况，听取意见：

（一）是否对案件管辖有异议；

（二）是否申请有关人员回避；

（三）是否申请不公开审理；

（四）是否申请排除非法证据；

（五）是否提供新的证据材料；

（六）是否申请重新鉴定或者勘验；

（七）是否申请收集、调取证明被告人无罪或者罪轻的证据材料；

（八）是否申请证人、鉴定人、有专门知识的人、调查人员、侦查人员或者其他人员出庭，是否对出庭人员名单有异议；

（九）是否对涉案财物的权属情况和人民检察院的处理建议有异议；

（十）与审判相关的其他问题。

庭前会议中，人民法院可以开展附带民事调解。

对第一款规定中可能导致庭审中断的程序性事项，人民法院可以在庭前会议后依法作出处理，并在庭审中说明处理决定和理由。控辩双方没有新的理由，在庭审中再次提出有关申请或者异议的，法庭可以在说明庭前会议情况和处理决定理由后，依法予以驳回。

庭前会议情况应当制作笔录，由参会人员核对后签名。

★最高人民法院关于进一步推进案件繁简分流优化司法资源配置的若干意见（2016年9月12日）（节录）

9. 发挥庭前会议功能。法官或者受法官指导的法官助理主持召开庭前会议，解决核对当事人身份、组织交换证据目录、启动非法证据排除等相关程序性事项。对于适宜调解的案件，积极通过庭前会议促成当事人和解或者达成调解协议。对于庭前会议已确认的无争议事实和证据，在庭审中作出说明后，可以简化庭审举证和质证；对于有争议的事实和证据，征求当事人意见后归纳争议焦点。

★人民法院办理刑事案件庭前会议规程（试行）（2018年1月1日）（节录）

第二条 庭前会议中，人民法院可以就与审判相关的问题了解情况，听取意见，依法处理回避、出庭证人名单、非法证据排除等可能导致庭审中断的事项，组织控辩双方展示证据，归纳争议焦点，开展附带民事调解。

第九条第一款 庭前会议开始后，主持人应当核实参会人员情况，宣布庭前会议需要处理的事项。

第十条 庭前会议中，主持人可以就下列事项向控辩双方了解情况，听取意见：

（一）是否对案件管辖有异议；

（二）是否申请有关人员回避；

（三）是否申请不公开审理；

（四）是否申请排除非法证据；

（五）是否申请提供新的证据材料；

（六）是否申请重新鉴定或者勘验；

（七）是否申请调取在侦查、审查起诉期间公安机关、人民检察院收集但未随案移送的证明被告人无罪或者罪轻的证据材料；

（八）是否申请向证人或有关单位、个人收集、调取证据材料；

（九）是否申请证人、鉴定人、侦查人员、有专门知识的人出庭，是否对出庭人员名单有异议；

（十）与审判相关的其他问题。

对于前款规定中可能导致庭审中断的事项，人民法院应当依法作出处理，在开庭审理前告知处理决定，并说明理由。控辩双方没有新的理由，在庭审中再次提出有关申请或者异议的，法庭应当依法予以驳回。

第十一条　被告人及其辩护人对案件管辖提出异议，应当说明理由。人民法院经审查认为异议成立的，应当依法将案件退回人民检察院或者移送有管辖权的人民法院；认为本院不宜行使管辖权的，可以请求上一级人民法院处理。人民法院经审查认为异议不成立的，应当依法驳回异议。

第十二条　被告人及其辩护人申请审判人员、书记员、翻译人员、鉴定人回避，应当说明理由。人民法院经审查认为申请成立的，应当依法决定有关人员回避；认为申请不成立的，应当依法驳回申请。

被告人及其辩护人申请回避被驳回的，可以在接到决定时申请复议一次。对于不属于刑事诉讼法第二十八条①、第二十九条②规定情形的，回避申请被驳回后，不得申请复议。

被告人及其辩护人申请检察人员回避的，人民法院应当通知人民检察院。

第十三条　被告人及其辩护人申请不公开审理，人民法院经审查认为案件涉及国家秘密或者个人隐私的，应当准许；认为案件涉及商业秘密的，可以准许。

第十四条　被告人及其辩护人在开庭审理前申请排除非法证据，并依照法律规定提供相关线索或者材料的，人民检察院应当在庭前会议中通过出示有关证据材料等方式，有针对性地对证据收集的合法性作出说明。人民法院可以对有关证据材料进行核实；经控辩双方申请，可以有针对性地播放讯问录音录像。

人民检察院可以撤回有关证据，撤回的证据，没有新的理由，不得在庭审中出示。被告人及其辩护人可以撤回排除非法证据的申请，撤回申请后，没有新的线索或者材料，不得再次对有关证据提出排除申请。

控辩双方在庭前会议中对证据收集的合法性未达成一致意见，人民法院应当开展庭审调查，但公诉人提供的相关证据材料确实、充分，能够排除非法取证情形，且没有新的线索或者材料表明可能存在非法取证的，庭审调查举证、质证可以简化。

第十五条　控辩双方申请重新鉴定或者勘验，应当说明理由。人民法院经审查认为理由成立，有关证据材料可能影响定罪量刑且不能补正的，应当准许。

第十六条　被告人及其辩护人书面申请调取公安机关、人民检察院在侦查、

---

① 现为第二十九条。——编者注
② 现为第三十条。——编者注

审查起诉期间收集但未随案移送的证明被告人无罪或者罪轻的证据材料,并提供相关线索或者材料的,人民法院应当调取,并通知人民检察院在收到调取决定书后三日内移交。

被告人及其辩护人申请向证人或有关单位、个人收集、调取证据材料,应当说明理由。人民法院经审查认为有关证据材料可能影响定罪量刑的,应当准许;认为有关证据材料与案件无关或者明显重复、没有必要的,可以不予准许。

第十七条 控辩双方申请证人、鉴定人、侦查人员、有专门知识的人出庭,应当说明理由。人民法院经审查认为理由成立的,应当通知有关人员出庭。

控辩双方对出庭证人、鉴定人、侦查人员、有专门知识的人的名单有异议,人民法院经审查认为异议成立的,应当依法作出处理;认为异议不成立的,应当依法驳回。

人民法院通知证人、鉴定人、侦查人员、有专门知识的人等出庭后,应当告知控辩双方协助有关人员到庭。

第十八条 召开庭前会议前,人民检察院应当将全部证据材料移送人民法院。被告人及其辩护人应当将收集的有关被告人不在犯罪现场、未达到刑事责任年龄、属于依法不负刑事责任的精神病人等证明被告人无罪或者依法不负刑事责任的全部证据材料提交人民法院。

人民法院收到控辩双方移送或者提交的证据材料后,应当通知对方查阅、摘抄、复制。

第十九条 庭前会议中,对于控辩双方决定在庭审中出示的证据,人民法院可以组织展示有关证据,听取控辩双方对在案证据的意见,梳理存在争议的证据。

对于控辩双方在庭前会议中没有争议的证据材料,庭审时举证、质证可以简化。

人民法院组织展示证据的,一般应当通知被告人到场,听取被告人意见;被告人不到场的,辩护人应当在召开庭前会议前听取被告人意见。

第二十条 人民法院可以在庭前会议中归纳控辩双方的争议焦点。对控辩双方没有争议或者达成一致意见的事项,可以在庭审中简化审理。

人民法院可以组织控辩双方协商确定庭审的举证顺序、方式等事项,明确法庭调查的方式和重点。协商不成的事项,由人民法院确定。

第二十一条 对于被告人在庭前会议前不认罪,在庭前会议中又认罪的案件,人民法院核实被告人认罪的自愿性和真实性后,可以依法适用速裁程序或者简易程序审理。

第二十二条　人民法院在庭前会议中听取控辩双方对案件事实证据的意见后，对于明显事实不清、证据不足的案件，可以建议人民检察院补充材料或者撤回起诉。建议撤回起诉的案件，人民检察院不同意的，人民法院开庭审理后，没有新的事实和理由，一般不准许撤回起诉。

第二十三条　庭前会议情况应当制作笔录，由参会人员核对后签名。

庭前会议结束后应当制作庭前会议报告，说明庭前会议的基本情况、与审判相关的问题的处理结果、控辩双方的争议焦点以及就相关事项达成的一致意见等。

第二十四条　对于召开庭前会议的案件，在宣读起诉书后，法庭应当宣布庭前会议报告的主要内容；有多起犯罪事实的案件，可以在有关犯罪事实的法庭调查开始前，分别宣布庭前会议报告的相关内容；对庭前会议处理管辖异议、申请回避、申请不公开审理等事项的，法庭可以在告知当事人诉讼权利后宣布庭前会议报告的相关内容。

第二十五条　宣布庭前会议报告后，对于庭前会议中达成一致意见的事项，法庭向控辩双方核实后当庭予以确认；对于未达成一致意见的事项，法庭可以归纳控辩双方争议焦点，听取控辩双方意见，依法作出处理。

控辩双方在庭前会议中就有关事项达成一致意见，在庭审中反悔的，除有正当理由外，法庭一般不再进行处理。

第二十六条　第二审人民法院召开庭前会议的，参照上述规定。

（5）庭前会议中公诉人的职责

★**人民检察院公诉人出庭举证质证工作指引**（2018年7月3日）（节录）

第十条　公诉人应当通过参加庭前会议，及时掌握辩护方提供的证据，全面了解被告人及其辩护人对证据的主要异议，并在审判人员主持下，就案件的争议焦点、证据的出示方式等进行沟通，确定举证顺序、方式。根据举证需要，公诉人可以申请证人、鉴定人、侦查人员、有专门知识的人出庭，对辩护方出庭人员名单提出异议。

审判人员在庭前会议中组织展示证据的，公诉人应当出示拟在庭审中出示的证据，梳理存在争议的证据，听取被告人及其辩护人的意见。

被告人及其辩护人在开庭审理前申请排除非法证据，并依照法律规定提供相关线索或者材料的，公诉人经查证认为不存在非法取证行为的，应当在庭前会议中通过出示有关证据材料等方式，有针对性地对证据收集的合法性作出说明。

公诉人可以在庭前会议中撤回有关证据。撤回的证据，没有新的理由，不得在庭审中出示。

公诉人应当根据庭前会议上就举证方式达成的一致意见，修改完善举证提纲。

★人民检察院刑事诉讼规则（2019年12月30日）（节录）

第三百九十五条　在庭前会议中，公诉人可以对案件管辖、回避、出庭证人、鉴定人、有专门知识的人的名单、辩护人提供的无罪证据、非法证据排除、不公开审理、延期审理、适用简易程序或者速裁程序、庭审方案等与审判相关的问题提出和交换意见，了解辩护人收集的证据等情况。

对辩护人收集的证据有异议的，应当提出，并简要说明理由。

公诉人通过参加庭前会议，了解案件事实、证据和法律适用的争议和不同意见，解决有关程序问题，为参加法庭审理做好准备。

第三百九十六条　当事人、辩护人、诉讼代理人在庭前会议中提出证据系非法取得，人民法院认为可能存在以非法方法收集证据情形的，人民检察院应当对证据收集的合法性进行说明。需要调查核实的，在开庭审理前进行。

3. 开庭前法院的准备工作

★最高人民法院关于适用《中华人民共和国刑事诉讼法》的解释（2021年1月26日）（节录）

第二百二十一条　开庭审理前，人民法院应当进行下列工作：

（一）确定审判长及合议庭组成人员；

（二）开庭十日以前将起诉书副本送达被告人、辩护人；

（三）通知当事人、法定代理人、辩护人、诉讼代理人在开庭五日以前提供证人、鉴定人名单，以及拟当庭出示的证据；申请证人、鉴定人、有专门知识的人出庭的，应当列明有关人员的姓名、性别、年龄、职业、住址、联系方式；

（四）开庭三日以前将开庭的时间、地点通知人民检察院；

（五）开庭三日以前将传唤当事人的传票和通知辩护人、诉讼代理人、法定代理人、证人、鉴定人等出庭的通知书送达；通知有关人员出庭，也可以采取电话、短信、传真、电子邮件、即时通讯等能够确认对方收悉的方式；对被害人人数众多的涉众型犯罪案件，可以通过互联网公布相关文书，通知有关人员出庭；

（六）公开审理的案件，在开庭三日以前公布案由、被告人姓名、开庭时间和地点。

上述工作情况应当记录在案。

第二百三十四条　开庭审理前，书记员应当依次进行下列工作：

（一）受审判长委托，查明公诉人、当事人、辩护人、诉讼代理人、证人及其他诉讼参与人是否到庭；

（二）核实旁听人员中是否有证人、鉴定人、有专门知识的人；

（三）请公诉人、辩护人、诉讼代理人及其他诉讼参与人入庭；

（四）宣读法庭规则；

（五）请审判长、审判员、人民陪审员入庭；

（六）审判人员就座后，向审判长报告开庭前的准备工作已经就绪。

第二百三十七条　审判长宣布合议庭组成人员、法官助理、书记员、公诉人的名单，以及辩护人、诉讼代理人、鉴定人、翻译人员等诉讼参与人的名单。

4. 公诉人庭前准备工作的内容

★人民检察院办理未成年人刑事案件的规定（2013年12月27日）（节录）

第五十六条　对提起公诉的未成年人刑事案件，应当认真做好下列出席法庭的准备工作：

（一）掌握未成年被告人的心理状态，并对其进行接受审判的教育，必要时，可以再次讯问被告人；

（二）与未成年被告人的法定代理人、合适成年人、辩护人交换意见，共同做好教育、感化工作；

（三）进一步熟悉案情，深入研究本案的有关法律政策问题，根据案件性质，结合社会调查情况，拟定讯问提纲、询问被害人、证人、鉴定人提纲、举证提纲、答辩提纲、公诉意见书和针对未成年被告人进行法制教育的书面材料。

★未成年人刑事检察工作指引（试行）（2017年3月2日）（节录）

第二百一十七条　【庭前准备】提起公诉的未成年人刑事案件，检察人员应当认真做好下列出席法庭的准备工作：

（一）掌握未成年被告人的心理状态，并对其进行接受审判的教育。必要时，可以再次讯问被告人；

（二）进一步熟悉案情，深入研究本案的有关法律政策，根据案件性质，结合社会调查情况，拟定讯问提纲、询问被害人、证人、鉴定人提纲、举证提纲、答辩提纲、公诉意见书和法庭教育词。

法庭教育词可以包括以下内容：

（一）刑事违法性，即未成年被告人的行为已经触犯刑法，具有应受刑罚处罚的必要性，促使其正确对待判决，树立法治意识；

（二）社会危害性，包括对被害人、未成年被告人本人及其家庭、社会等造成的伤害，促使其深刻反思；

（三）犯罪原因及应当吸取的教训；

（四）未成年被告人自身优点，对今后工作、学习、生活提出有针对性的要求，增强其回归社会的信心；

（五）对监护人的教养方式等提出建议；

（六）其他有针对性的教育、感化、挽救内容。

适用简易程序的，可以根据实际需要简化操作。

第二百一十八条　【庭前沟通】提起公诉的未成年人刑事案件，可以在开庭前与未成年被告人的法定代理人、合适成年人、辩护人等交换意见，共同做好教育、感化工作。

充分听取未成年被告人及其法定代理人意见后，可以与审判人员沟通是否有选择地通知未成年被告人所在学校、单位、居住地基层组织或者未成年人保护组织代表、社区矫正部门人员等到场。

★人民检察院公诉人出庭举证质证工作指引（2018年7月3日）（节录）

第七条　公诉人审查案件时，应当充分考虑出庭准备和庭审举证质证工作的需要，有针对性地制作审查报告。

第八条　公诉人基于出庭准备和庭审举证质证工作的需要，可以在开庭前从人民法院取回有关案卷材料和证据，或者查阅电子卷宗。

第九条　公诉案件开庭前，公诉人应当进一步熟悉案情，掌握证据情况，深入研究与本案有关的法律政策问题，熟悉审判可能涉及的专业知识，围绕起诉书指控的犯罪事实和情节，制作举证质证提纲，做好举证质证准备。

制作举证质证提纲应当注意以下方面：

（一）证据的取得是否符合法律规定；

（二）证据是否符合法定形式；

（三）证据是否为原件、原物，照片、录像、复制件、副本等与原件、原物是否相符；

（四）发现证据时的客观环境；

（五）证据形成的原因；

（六）证人或者提供证据的人与本案有无利害关系；

（七）证据与待证事实之间的关联关系；

（八）证据之间的相互关系；

（九）证据是否共同指向同一待证事实，有无无法排除的矛盾和无法解释的疑问，全案证据是否形成完整的证明体系，根据全案证据认定的事实是否足以排除合理怀疑，结论是否具有唯一性；

（十）证据是否具有证据能力及其证明力的其他问题。

第十一条　公诉人在开庭前收到人民法院转交或者被告人及其辩护人、被害人、证人等递交的反映证据系非法取得的书面材料的，应当进行审查。对于审查逮捕、审查起诉期间已经提出并经查证不存在非法取证行为的，应当通知人民法院，或者告知有关当事人和辩护人，并按照查证的情况做好庭审准备。对于新的材料或者线索，可以要求侦查机关对证据收集的合法性进行说明或者提供相关证明材料，必要时可以自行调查核实。

第十二条　公诉人在庭前会议后依法收集的证据，在开庭前应当及时移送人民法院，并了解被告人或者其辩护人是否提交新的证据。如果有新的证据，公诉人应当对该证据进行审查。

第十三条　公诉人在开庭前，应当通过讯问被告人、听取辩护人意见、参加庭前会议、与法庭沟通等方式，了解掌握辩护方所收集的证明被告人无罪、罪轻或者反映存在非法取证行为的相关材料情况，进一步熟悉拟在庭审中出示的相关证据，围绕证据的真实性、关联性、合法性，全面预测被告人、辩护人可能提出的质证观点，有针对性地制作和完善质证提纲。

★人民检察院刑事诉讼规则（2019年12月30日）（节录）

第三百九十二条　人民法院决定开庭审判的，公诉人应当做好以下准备工作：

（一）进一步熟悉案情，掌握证据情况；

（二）深入研究与本案有关的法律政策问题；

（三）充实审判中可能涉及的专业知识；

（四）拟定讯问被告人、询问证人、鉴定人、有专门知识的人和宣读、出示、播放证据的计划并制定质证方案；

（五）对可能出现证据合法性争议的，拟定证明证据合法性的提纲并准备相关材料；

（六）拟定公诉意见，准备辩论提纲；

（七）需要对出庭证人等的保护向人民法院提出建议或者配合工作的，做好相关准备。

第三百九十三条　人民检察院在开庭审理前收到人民法院或者被告人及其辩护人、被害人、证人等送交的反映证据系非法取得的书面材料的，应当进行审查。对于审查逮捕、审查起诉期间已经提出并经查证不存在非法取证行为的，应当通知人民法院、有关当事人和辩护人，并按照查证的情况做好庭审准备。对于新的材料或者线索，可以要求监察机关、公安机关对证据收集的合法性进行说明或者提供相关证明材料。

第一百八十八条　【公开审理原则及其例外】 人民法院审判第一审案件应当公开进行。但是有关国家秘密或者个人隐私的案件，不公开审理；涉及商业秘密的案件，当事人申请不公开审理的，可以不公开审理。

不公开审理的案件，应当当庭宣布不公开审理的理由。

● 要点及关联法规

1. 一审案件不公开审理的情形

★最高人民法院关于适用《中华人民共和国刑事诉讼法》的解释（2021年1月26日）（节录）

第二百二十二条第一款　审判案件应当公开进行。

第二款　案件涉及国家秘密或者个人隐私的，不公开审理；涉及商业秘密，当事人提出申请的，法庭可以决定不公开审理。

★人民法院办理刑事案件第一审普通程序法庭调查规程（试行）（2017年11月27日）（节录）

第三十九条　公开审理案件时，控辩双方提出涉及国家秘密、商业秘密或者个人隐私的证据的，法庭应当制止。有关证据确与本案有关的，可以根据具体情况，决定将案件转为不公开审理，或者对相关证据的法庭调查不公开进行。

2. 人民法院公开审理案件场所的规定

★最高人民法院关于加强人民法院审判公开工作的若干意见（2007年6月4日）（节录）

24. 人民法院公开审理案件，庭审活动应当在审判法庭进行。巡回审理案件，有固定审判场所的，庭审活动应当在该固定审判场所进行；尚无固定审判场所的，可根据实际条件选择适当的场所。

3. 媒体直播、转播案件的审批程序

★最高人民法院关于加强人民法院审判公开工作的若干意见（2007年6月4日）（节录）

23. 通过电视、互联网等媒体对人民法院公开审理案件进行直播、转播的，由高级人民法院批准后进行。

4. 不影响案件开庭审理的缺席情形

★最高人民法院关于适用《中华人民共和国刑事诉讼法》的解释（2021年1月26日）（节录）

第二百二十五条　被害人、诉讼代理人经传唤或者通知未到庭，不影响开庭审理的，人民法院可以开庭审理。

辩护人经通知未到庭，被告人同意的，人民法院可以开庭审理，但被告人属于应当提供法律援助情形的除外。

第三百四十四条　审判期间，被告单位被吊销营业执照、宣告破产但尚未完成清算、注销登记的，应当继续审理；被告单位被撤销、注销的，对单位犯罪直接负责的主管人员和其他直接责任人员应当继续审理。

5. 旁听案件规定

★最高人民法院关于加强人民法院审判公开工作的若干意见（2007年6月4日）（节录）

15. 依法公开审理的案件，我国公民可以持有效证件旁听，人民法院应当妥善安排好旁听工作。因审判场所、安全保卫等客观因素所限发放旁听证的，应当作出必要的说明和解释。

16. 对群众广泛关注、有较大社会影响或者有利于社会主义法治宣传教育的案件，可以有计划地通过相关组织安排群众旁听，邀请人大代表、政协委员旁听，增进广大群众、人大代表、政协委员了解法院审判工作，方便对审判工作的监督。

★最高人民法院关于适用《中华人民共和国刑事诉讼法》的解释（2021年1月26日）（节录）

第二百二十二条第三款　不公开审理的案件，任何人不得旁听，但具有刑事诉讼法第二百八十五条规定情形的除外。

第二百二十三条　精神病人、醉酒的人、未经人民法院批准的未成年人以及其他不宜旁听的人不得旁听案件审理。

第二百六十五条　证人、鉴定人、有专门知识的人、调查人员、侦查人员或者其他人员不得旁听对本案的审理。有关人员作证或者发表意见后，审判长应当告知其退庭。

第五百五十七条第二款　对依法公开审理，但可能需要封存犯罪记录的案件，不得组织人员旁听；有旁听人员的，应当告知其不得传播案件信息。

★**中华人民共和国人民法院法庭规则**（2016年4月13日）（节录）

第九条　公开的庭审活动，公民可以旁听。

旁听席位不能满足需要时，人民法院可以根据申请的先后顺序或者通过抽签、摇号等方式发放旁听证，但应当优先安排当事人的近亲属或其他与案件有利害关系的人旁听。

下列人员不得旁听：

（一）证人、鉴定人以及准备出庭提出意见的有专门知识的人；

（二）未获得人民法院批准的未成年人；

（三）拒绝接受安全检查的人；

（四）醉酒的人、精神病人或其他精神状态异常的人；

（五）其他有可能危害法庭安全或妨害法庭秩序的人。

依法有可能封存犯罪记录的公开庭审活动，任何单位或个人不得组织人员旁听。

依法不公开的庭审活动，除法律另有规定外，任何人不得旁听。

第一百八十九条　【人民检察院派员出庭支持公诉】人民法院审判公诉案件，人民检察院应当派员出席法庭支持公诉。

● 要点及关联法规

1. 出庭支持公诉人的身份及职务

★**人民检察院刑事诉讼规则**（2019年12月30日）（节录）

第三百九十条　提起公诉的案件，人民检察院应当派员以国家公诉人的身份出席第一审法庭，支持公诉。

公诉人应当由检察官担任。检察官助理可以协助检察官出庭。根据需要可以配备书记员担任记录。

2. 庭审中公诉人的职责

★**人民检察院公诉人出庭举证质证工作指引**（2018年7月3日）（节录）

第二条 举证是指在出庭支持公诉过程中，公诉人向法庭出示、宣读、播放有关证据材料并予以说明，对出庭作证人员进行询问，以证明公诉主张成立的诉讼活动。

质证是指在审判人员的主持下，由控辩双方对所出示证据材料及出庭作证人员的言词证据的证据能力和证明力相互进行质疑和辩驳，以确认是否作为定案依据的诉讼活动。

第三条 公诉人出庭举证质证，应当以辩证唯物主义认识论为指导，以事实为根据，以法律为准绳，注意运用逻辑法则和经验法则，有力揭示和有效证实犯罪，提高举证质证的质量、效率和效果，尊重和保障犯罪嫌疑人、被告人和其他诉讼参与人诉讼权利，努力让人民群众在每一个司法案件中感受到公平正义。

第四条 公诉人举证质证，应当遵循下列原则：

（一）实事求是，客观公正；

（二）突出重点，有的放矢；

（三）尊重辩方，理性文明；

（四）遵循法定程序，服从法庭指挥。

第五条 公诉人可以根据被告人是否认罪，采取不同的举证质证模式。

被告人认罪的案件，经控辩双方协商一致并经法庭同意，举证质证可以简化。

被告人不认罪或者辩护人作无罪辩护的案件，一般应当全面详细举证质证。但对辩护方无异议的证据，经控辩双方协商一致并经法庭同意，举证质证也可以简化。

第六条 公诉人举证质证，应当注重与现代科技手段相融合，积极运用多媒体示证、电子卷宗、出庭一体化平台等，增强庭审指控犯罪效果。

第十四条 公诉人举证，一般应当遵循下列要求：

（一）公诉人举证，一般应当全由出示证据；出示、宣读、播放每一份（组）证据时，一般应当出示证据的全部内容。根据普通程序、简易程序以及庭前会议确定的举证方式和案件的具体情况，也可以简化出示，但不得随意删减、断章取义。没有召开庭前会议的，公诉人可以当庭与辩护方协商，并经法庭许可确定举证方式。

（二）公诉人举证前，应当先就举证方式作出说明；庭前会议对简化出示证据达成一致意见的，一并作出说明。

（三）出示、宣读、播放每一份（组）证据前，公诉人一般应当先就证据证明方向、证据的种类、名称、收集主体和时间以及所要证明的内容向法庭作概括说明。

（四）对于控辩双方无异议的非关键性证据，举证时可以仅就证据的名称及所证明的事项作出说明；对于可能影响定罪量刑的关键证据和控辩双方存在争议的证据，以及法庭认为有必要调查核实的证据，应当详细出示。

（五）举证完毕后，应当对出示的证据进行归纳总结，明确证明目的。

（六）使用多媒体示证的，应当与公诉人举证同步进行。

第十五条　公诉人举证，应当主要围绕下列事实，重点围绕控辩双方争议的内容进行：

（一）被告人的身份；

（二）指控的犯罪事实是否存在，是否为被告人所实施；

（三）实施犯罪行为的时间、地点、方法、手段、结果，被告人犯罪后的表现等；

（四）犯罪集团或者其他共同犯罪案件中参与犯罪人员的各自地位和应负的责任；

（五）被告人有无刑事责任能力，有无故意或者过失，行为的动机、目的；

（六）有无依法不应当追究刑事责任的情形，有无法定从重或者从轻、减轻以及免除处罚的情节；

（七）犯罪对象、作案工具的主要特征，与犯罪有关的财物的来源、数量以及去向；

（八）被告人全部或者部分否认起诉书指控的犯罪事实的，否认的根据和理由能否成立；

（九）与定罪、量刑有关的其他事实。

第四十条　公诉人质证应当根据辩护方所出示证据的内容以及对公诉方证据提出的质疑，围绕案件事实、证据和适用法律进行。

质证应当一证一质一辩。质证阶段的辩论，一般应当围绕证据本身的真实性、关联性、合法性，针对证据能力有无以及证明力大小进行。对于证据与证据之间的关联性、证据的综合证明作用问题，一般在法庭辩论阶段予以答辩。

第四十一条　对影响定罪量刑的关键证据和控辩双方存在争议的证据，一般应当单独质证。

对控辩双方没有争议的证据，可以在庭审中简化质证。

对于被告人认罪案件，主要围绕量刑和其他有争议的问题质证，对控辩双方无异议的定罪证据，可以不再质证。

第四十二条　公诉人可以根据需要将举证质证、讯问询问结合起来，在质证阶段对辩护方观点予以适当辩驳，但应当区分质证与辩论之间的界限，重点针对证据本身的真实性、关联性、合法性进行辩驳。

第四十三条　在每一份（组）证据或者全部证据质证完毕后，公诉人可以根据具体案件情况，提请法庭对证据进行确认。

★人民检察院刑事诉讼规则（2019年12月30日）（节录）

第三百九十七条　人民检察院向人民法院移送全部案卷材料后，在法庭审理过程中，公诉人需要出示、宣读、播放有关证据的，可以申请法庭出示、宣读、播放。

人民检察院基于出庭准备和庭审举证工作的需要，可以取回有关案卷材料和证据。

取回案卷材料和证据后，辩护律师要求查阅案卷材料的，应当允许辩护律师在人民检察院查阅、摘抄、复制案卷材料。

第三百九十八条　公诉人在法庭上应当依法进行下列活动：

（一）宣读起诉书，代表国家指控犯罪，提请人民法院对被告人依法审判；

（二）讯问被告人；

（三）询问证人、被害人、鉴定人；

（四）申请法庭出示物证，宣读书证、未到证人的证言笔录、鉴定人的鉴定意见、勘验、检查、辨认、侦查实验等笔录和其他作为证据的文书，播放作为证据的视听资料、电子数据等；

（五）对证据采信、法律适用和案件情况发表意见，提出量刑建议及理由，针对被告人、辩护人的辩护意见进行答辩，全面阐述公诉意见；

（六）维护诉讼参与人的合法权利；

（七）对法庭审理案件有无违反法律规定诉讼程序的情况记明笔录；

（八）依法从事其他诉讼活动。

第三百九十九条　在法庭审理中，公诉人应当客观、全面、公正地向法庭出示与定罪、量刑有关的证明被告人有罪、罪重或者罪轻的证据。

按照审判长要求，或者经审判长同意，公诉人可以按照以下方式举证、质证：

（一）对于可能影响定罪量刑的关键证据和控辩双方存在争议的证据，一般应当单独举证、质证；

（二）对于不影响定罪量刑且控辩双方无异议的证据，可以仅就证据的名称及其证明的事项、内容作出说明；

（三）对于证明方向一致、证明内容相近或者证据种类相同，存在内在逻辑关系的证据，可以归纳、分组示证、质证。

公诉人出示证据时，可以借助多媒体设备等方式出示、播放或者演示证据内容。

定罪证据与量刑证据需要分开的，应当分别出示。

第四百条 公诉人讯问被告人，询问证人、被害人、鉴定人，出示物证，宣读书证、未出庭证人的证言笔录等应围绕下列事实进行：

（一）被告人的身份；

（二）指控的犯罪事实是否存在，是否为被告人所实施；

（三）实施犯罪行为的时间、地点、方法、手段、结果，被告人犯罪后的表现等；

（四）犯罪集团或者其他共同犯罪案件中参与犯罪人员的各自地位和应负的责任；

（五）被告人有无刑事责任能力，有无故意或者过失，行为的动机、目的；

（六）有无依法不应当追究刑事责任的情况，有无法定的从重或者从轻、减轻以及免除处罚的情节；

（七）犯罪对象、作案工具的主要特征，与犯罪有关的财物的来源、数量以及去向；

（八）被告人全部或者部分否认起诉书指控的犯罪事实的，否认的根据和理由能否成立；

（九）与定罪、量刑有关的其他事实。

第四百零一条 在法庭审理中，下列事实不必提出证据进行证明：

（一）为一般人共同知晓的常识性事实；

（二）人民法院生效裁判所确认并且未依审判监督程序重新审理的事实；

（三）法律、法规的内容以及适用等属于审判人员履行职务所应当知晓的事实；

（四）在法庭审理中不存在异议的程序事实；

（五）法律规定的推定事实；
（六）自然规律或者定律。

> 第一百九十条① 【开庭后须由审判长查明、宣布、告知和审查的事项】开庭的时候，审判长查明当事人是否到庭，宣布案由；宣布合议庭的组成人员、书记员、公诉人、辩护人、诉讼代理人、鉴定人和翻译人员的名单；告知当事人有权对合议庭组成人员、书记员、公诉人、鉴定人和翻译人员申请回避；告知被告人享有辩护权利。
>
> 【对认罪认罚的审查】被告人认罪认罚的，审判长应当告知被告人享有的诉讼权利和认罪认罚的法律规定，审查认罪认罚的自愿性和认罪认罚具结书内容的真实性、合法性。

● 要点及关联法规

1. 开庭后应由审判长查明、宣布、告知、询问和审查的事项

★最高人民法院关于适用《中华人民共和国刑事诉讼法》的解释（2021年1月26日）（节录）

第二百三十五条 审判长宣布开庭，传被告人到庭后，应当查明被告人的下列情况：

（一）姓名、出生日期、民族、出生地、文化程度、职业、住址，或者被告单位的名称、住所地、法定代表人、实际控制人以及诉讼代表人的姓名、职务；

（二）是否受过刑事处罚、行政处罚、处分及其种类、时间；

（三）是否被采取留置措施及留置的时间，是否被采取强制措施及强制措施的种类、时间；

（四）收到起诉书副本的日期；有附带民事诉讼的，附带民事诉讼被告人收到附带民事起诉状的日期。

---

① 该条2018年修订以原第一百八十五条为基础，增加了"被告人认罪认罚的，审判长应当告知被告人享有的诉讼权利和认罪认罚的法律规定，审查认罪认罚的自愿性和认罪认罚具结书内容的真实性、合法性"的内容。

被告人较多的，可以在开庭前查明上述情况，但开庭时审判长应当作出说明。

第二百三十六条　审判长宣布案件的来源、起诉的案由、附带民事诉讼当事人的姓名及是否公开审理；不公开审理的，应当宣布理由。

第二百三十七条　审判长宣布合议庭组成人员、法官助理、书记员、公诉人的名单，以及辩护人、诉讼代理人、鉴定人、翻译人员等诉讼参与人的名单。

第二百三十八条　审判长应当告知当事人及其法定代理人、辩护人、诉讼代理人在法庭审理过程中依法享有下列诉讼权利：

（一）可以申请合议庭组成人员、法官助理、书记员、公诉人、鉴定人和翻译人员回避；

（二）可以提出证据，申请通知新的证人到庭、调取新的证据，申请重新鉴定或者勘验；

（三）被告人可以自行辩护；

（四）被告人可以在法庭辩论终结后作最后陈述。

第二百三十九条　审判长应当询问当事人及其法定代理人、辩护人、诉讼代理人是否申请回避、申请何人回避和申请回避的理由。

当事人及其法定代理人、辩护人、诉讼代理人申请回避的，依照刑事诉讼法及本解释的有关规定处理。

同意或者驳回回避申请的决定及复议决定，由审判长宣布，并说明理由。必要时，也可以由院长到庭宣布。

★**人民法院办理刑事案件第一审普通程序法庭调查规程（试行）**（2017年11月27日）（节录）

第五条　法庭宣布开庭后，应当告知当事人在法庭审理过程中依法享有的诉讼权利。

对于召开庭前会议的案件，在庭前会议中处理诉讼权利事项的，可以在开庭后告知诉讼权利的环节，一并宣布庭前会议对有关事项的处理结果。

★**最高人民法院、最高人民检察院、公安部、国家安全部、司法部关于适用认罪认罚从宽制度的指导意见**（2019年10月11日）（节录）

39. 审判阶段认罪认罚自愿性、合法性审查。办理认罪认罚案件，人民法院应当告知被告人享有的诉讼权利和认罪认罚的法律规定，听取被告人及其辩护人或者值班律师的意见。庭审中应当对认罪认罚的自愿性、具结书内容的真实性和合法性进行审查核实，重点核实以下内容：

（一）被告人是否自愿认罪认罚，有无因受到暴力、威胁、引诱而违背意愿认罪认罚；
（二）被告人认罪认罚时的认知能力和精神状态是否正常；
（三）被告人是否理解认罪认罚的性质和可能导致的法律后果；
（四）人民检察院、公安机关是否履行告知义务并听取意见；
（五）值班律师或者辩护人是否与人民检察院进行沟通，提供了有效法律帮助或者辩护，并在场见证认罪认罚具结书的签署。

庭审中审判人员可以根据具体案情，围绕定罪量刑的关键事实，对被告人认罪认罚的自愿性、真实性等进行发问，确认被告人是否实施犯罪，是否真诚悔罪。

被告人违背意愿认罪认罚，或者认罪认罚后又反悔，依法需要转换程序的，应当按照普通程序对案件重新审理。发现存在刑讯逼供等非法取证行为的，依照法律规定处理。

2. 开庭审理后拒绝辩护情形的处理

★关于充分保障律师依法履行辩护职责确保死刑案件办理质量的若干规定（2008年5月21日）（节录）

二、被告人可能被判处死刑而没有委托辩护人的，人民法院应当通过法律援助机构指定律师为其提供辩护。被告人拒绝指定的律师为其辩护，有正当理由的，人民法院应当准许，被告人可以另行委托辩护人；被告人没有委托辩护人的，人民法院应当通知法律援助机构为其另行指定辩护人；被告人无正当理由再次拒绝指定的律师为其辩护的，人民法院应当不予准许并记录在案。

★最高人民法院关于适用《中华人民共和国刑事诉讼法》的解释（2021年1月26日）（节录）

第三百一十一条　被告人在一个审判程序中更换辩护人一般不得超过两次。

被告人当庭拒绝辩护人辩护，要求另行委托辩护人或者指派律师的，合议庭应当准许。被告人拒绝辩护人辩护后，没有辩护人的，应当宣布休庭；仍有辩护人的，庭审可以继续进行。

有多名被告人的案件，部分被告人拒绝辩护人辩护后，没有辩护人的，根据案件情况，可以对该部分被告人另案处理，对其他被告人的庭审继续进行。

重新开庭后，被告人再次当庭拒绝辩护人辩护的，可以准许，但被告人不得再次另行委托辩护人或者要求另行指派律师，由其自行辩护。

被告人属于应当提供法律援助的情形，重新开庭后再次当庭拒绝辩护人辩护的，不予准许。

第三百一十二条　法庭审理过程中，辩护人拒绝为被告人辩护，有正当理由的，应当准许；是否继续庭审，参照适用前条规定。

第三百一十三条　依照前两条规定另行委托辩护人或者通知法律援助机构指派律师的，自案件宣布休庭之日起至第十五日止，由辩护人准备辩护，但被告人及其辩护人自愿缩短时间的除外。

庭审结束后，判决宣告前另行委托辩护人的，可以不重新开庭；辩护人提交书面辩护意见的，应当接受。

第一百九十一条　【法庭调查】公诉人在法庭上宣读起诉书后，被告人、被害人可以就起诉书指控的犯罪进行陈述，公诉人可以讯问被告人。

被害人、附带民事诉讼的原告人和辩护人、诉讼代理人，经审判长许可，可以向被告人发问。

审判人员可以讯问被告人。

● 要点及关联法规

1. 法庭调查繁简分流的原则

★关于推进以审判为中心的刑事诉讼制度改革的意见（2016年7月20日）（节录）

十一、规范法庭调查程序，确保诉讼证据出示在法庭、案件事实查明在法庭。证明被告人有罪或者无罪、罪轻或者罪重的证据，都应当在法庭上出示，依法保障控辩双方的质证权利。对定罪量刑的证据，控辩双方存在争议的，应当单独质证；对庭前会议中控辩双方没有异议的证据，可以简化举证、质证。

★最高人民法院关于全面推进以审判为中心的刑事诉讼制度改革的实施意见（2017年2月17日）（节录）

6.（第一款）人民法院可以在庭前会议中组织控辩双方展示证据，听取控辩双方对在案证据的意见，并梳理存在争议的证据。对控辩双方在庭前会议中没有争议的证据，可以在庭审中简化举证、质证。

（第二款）人民法院可以在庭前会议中听取控辩双方对与审判相关问题的意见，询问控辩双方是否提出申请或者异议，并归纳控辩双方的争议焦点。对控辩双方没有争议或者达成一致意见的事项，可以在庭审中简化审理。

★**人民法院办理刑事案件第一审普通程序法庭调查规程（试行）**（2017年11月27日）（节录）

第十一条第二款 被告人不认罪或者认罪后又反悔的案件，法庭应当对与定罪和量刑有关的事实、证据进行全面调查。

第三款 被告人当庭认罪的案件，法庭核实被告人认罪的自愿性和真实性，确认被告人知悉认罪的法律后果后，可以重点围绕量刑事实和其他有争议的问题进行调查。

2. 多起事实法庭分别调查原则

★**人民法院办理刑事案件第一审普通程序法庭调查规程（试行）**（2017年11月27日）（节录）

第十一条第一款 有多起犯罪事实的案件，对被告人不认罪的事实，法庭调查一般应当分别进行。

3. 法庭讯问、发问规则

★**关于充分保障律师依法履行辩护职责确保死刑案件办理质量的若干规定**（2008年5月21日）（节录）

十二、法官应当严格按照法定诉讼程序进行审判活动，尊重律师的诉讼权利，认真听取控辩双方的意见，保障律师发言的完整性。对于律师发言过于冗长、明显重复或者与案件无关，或者在公开开庭审理中发言涉及国家秘密、个人隐私，或者进行人身攻击的，法官应当提醒或者制止。

★**最高人民法院关于适用《中华人民共和国刑事诉讼法》的解释**（2021年1月26日）（节录）

第二百四十二条 在审判长主持下，公诉人可以就起诉书指控的犯罪事实讯问被告人。

经审判长准许，被害人及其法定代理人、诉讼代理人可以就公诉人讯问的犯罪事实补充发问；附带民事诉讼原告人及其法定代理人、诉讼代理人可以就附带民事部分的事实向被告人发问；被告人的法定代理人、辩护人，附带民事诉讼被告人及其法定代理人、诉讼代理人可以在控诉方、附带民事诉讼原告方就某一问题讯问、发问完毕后向被告人发问。

根据案件情况，就证据问题对被告人的讯问、发问可以在举证、质证环节进行。

第二百四十三条 讯问同案审理的被告人,应当分别进行。

第二百四十四条 经审判长准许,控辩双方可以向被害人、附带民事诉讼原告人发问。

第二百四十五条 必要时,审判人员可以讯问被告人,也可以向被害人、附带民事诉讼当事人发问。

第二百六十二条 控辩双方的讯问、发问方式不当或者内容与本案无关的,对方可以提出异议,申请审判长制止,审判长应当判明情况予以支持或者驳回;对方未提出异议的,审判长也可以根据情况予以制止。

第二百六十三条 审判人员认为必要时,可以询问证人、鉴定人、有专门知识的人、调查人员、侦查人员或者其他人员。

第六百五十条 人民法院讯问被告人,宣告判决,审理减刑、假释案件等,可以根据情况采取视频方式。

★人民法院办理刑事案件第一审普通程序法庭调查规则(试行)(2017年11月27日)(节录)

第六条 公诉人宣读起诉书后,对于召开庭前会议的案件,法庭应当宣布庭前会议报告的主要内容。有多起犯罪事实的案件,法庭可以在有关犯罪事实的法庭调查开始前,分别宣布庭前会议报告的相关内容。

对于庭前会议中达成一致意见的事项,法庭可以向控辩双方核实后当庭予以确认;对于未达成一致意见的事项,法庭可以在庭审涉及该事项的环节归纳争议焦点,听取控辩双方意见,依法作出处理。

第七条 公诉人宣读起诉书后,审判长应当询问被告人对起诉书指控的犯罪事实是否有异议,听取被告人的供述和辩解。对于被告人当庭认罪的案件,应当核实被告人认罪的自愿性和真实性,听取其供述和辩解。

在审判长主持下,公诉人可以就起诉书指控的犯罪事实讯问被告人,为防止庭审过分迟延,就证据问题向被告人的讯问可在举证、质证环节进行。经审判长准许,被害人及其法定代理人、诉讼代理人可以就公诉人讯问的犯罪事实补充发问;附带民事诉讼原告人及其法定代理人、诉讼代理人可以就附带民事部分的事实向被告人发问;被告人的法定代理人、辩护人,附带民事诉讼被告人及其法定代理人、诉讼代理人可以在控诉一方就某一问题讯问完毕后向被告人发问。有多名被告人的案件,辩护人对被告人的发问,应当在审判长主持下,先由被告人本人的辩护人进行,再由其他被告人的辩护人进行。

第八条 有多名被告人的案件,对被告人的讯问应当分别进行。

被告人供述之间存在实质性差异的，法庭可以传唤有关被告人到庭对质。审判长可以分别讯问被告人，就供述的实质性差异进行调查核实。经审判长准许，控辩双方可以向被告人讯问、发问。审判长认为有必要的，可以准许被告人之间相互发问。

根据案件审理需要，审判长可以安排被告人与证人、被害人依照前款规定的方式进行对质。

第九条 申请参加庭审的被害人众多，且案件不属于附带民事诉讼范围的，被害人可以推选若干代表人参加或者旁听庭审，人民法院也可以指定若干代表人。

对被告人讯问、发问完毕后，其他证据出示前，在审判长主持下，参加庭审的被害人可以就起诉书指控的犯罪事实作出陈述。经审判长准许，控辩双方可以在被害人陈述后向被害人发问。

第十条 为解决被告人供述和辩解中的疑问，审判人员可以讯问被告人，也可以向被害人、附带民事诉讼当事人发问。

★人民检察院刑事诉讼规则（2019年12月30日）（节录）

第四百零二条 讯问被告人、询问证人不得采取可能影响陈述或者证言客观真实的诱导性发问以及其他不当发问方式。

辩护人向被告人或者证人进行诱导性发问以及其他不当发问可能影响陈述或者证言的客观真实的，公诉人可以要求审判长制止或者要求对该项陈述或者证言不予采纳。

讯问共同犯罪案件的被告人、询问证人应当个别进行。

被告人、证人、被害人对同一事实的陈述存在矛盾，公诉人可以建议法庭传唤有关被告人、通知有关证人同时到庭对质，必要时可以建议法庭询问被害人。

第四百零三条 被告人在庭审中的陈述与在侦查、审查起诉中的供述一致或者不一致的内容不影响定罪量刑的，可以不宣读被告人供述笔录。

被告人在庭审中的陈述与在侦查、审查起诉中的供述不一致，足以影响定罪量刑的，可以宣读被告人供述笔录，并针对笔录中被告人的供述内容对被告人进行讯问，或者提出其他证据进行证明。

4. 关于附带民事起诉状宣读时间的规定

★最高人民法院关于适用《中华人民共和国刑事诉讼法》的解释（2021年1月26日）（节录）

第二百四十条 审判长宣布法庭调查开始后，应当先由公诉人宣读起诉书；

公诉人宣读起诉书后，审判长应当询问被告人对起诉书指控的犯罪事实和罪名有无异议。

有附带民事诉讼的，公诉人宣读起诉书后，由附带民事诉讼原告人或者其法定代理人、诉讼代理人宣读附带民事起诉状。

> **第一百九十二条　【证人、人民警察、鉴定人出庭作证】** 公诉人、当事人或者辩护人、诉讼代理人对证人证言有异议，且该证人证言对案件定罪量刑有重大影响，人民法院认为证人有必要出庭作证的，证人应当出庭作证。
>
> 人民警察就其执行职务时目击的犯罪情况作为证人出庭作证，适用前款规定。
>
> 公诉人、当事人或者辩护人、诉讼代理人对鉴定意见有异议，人民法院认为鉴定人有必要出庭的，鉴定人应当出庭作证。经人民法院通知，鉴定人拒不出庭作证的，鉴定意见不得作为定案的根据。

● 要点及关联法规

1. 提出证人、鉴定人出庭作证的申请

★最高人民法院关于适用《中华人民共和国刑事诉讼法》的解释（2021年1月26日）（节录）

第二百四十六条　公诉人可以提请法庭通知证人、鉴定人、有专门知识的人、调查人员、侦查人员或者其他人员出庭，或者出示证据。被害人及其法定代理人、诉讼代理人，附带民事诉讼原告人及其诉讼代理人也可以提出申请。

在控诉方举证后，被告人及其法定代理人、辩护人可以提请法庭通知证人、鉴定人、有专门知识的人、调查人员、侦查人员或者其他人员出庭，或者出示证据。

★人民法院办理刑事案件第一审普通程序法庭调查规程（试行）（2017年11月27日）（节录）

第十二条　控辩双方可以申请法庭通知证人、鉴定人、侦查人员和有专门知识的人等出庭。

被害人及其法定代理人、诉讼代理人、附带民事诉讼原告人及其诉讼代理人也可以提出上述申请。

★**人民检察院刑事诉讼规则**（2019年12月30日）（节录）

第四百零四条　公诉人对证人证言有异议，且该证人证言对案件定罪量刑有重大影响的，可以申请人民法院通知证人出庭作证。

人民警察就其执行职务时目击的犯罪情况作为证人出庭作证，适用前款规定。

公诉人对鉴定意见有异议的，可以申请人民法院通知鉴定人出庭作证。经人民法院通知，鉴定人拒不出庭作证的，公诉人可以建议法庭不予采纳该鉴定意见作为定案的根据，也可以申请法庭重新通知鉴定人出庭作证或者申请重新鉴定。

必要时，公诉人可以申请法庭通知有专门知识的人出庭，就鉴定人作出的鉴定意见提出意见。

当事人或者辩护人、诉讼代理人对证人证言、鉴定意见有异议的，公诉人认为必要时，可以申请人民法院通知证人、鉴定人出庭作证。

2. 法院对证人、鉴定人出庭申请的审查

★**最高人民法院关于适用《中华人民共和国刑事诉讼法》的解释**（2021年1月26日）（节录）

第二百四十七条　控辩双方申请证人出庭作证，出示证据，应当说明证据的名称、来源和拟证明的事实。法庭认为有必要的，应当准许；对方提出异议，认为有关证据与案件无关或者明显重复、不必要，法庭经审查异议成立的，可以不予准许。

3. 法院应当通知证人、鉴定人出庭作证的情形

★**最高人民法院、最高人民检察院、公安部、司法部关于进一步严格依法办案确保办理死刑案件质量的意见**（2007年3月9日）（节录）

32. 人民法院应当通知下列情形的被害人、证人、鉴定人出庭作证：（一）人民检察院、被告人及其辩护人对被害人陈述、证人证言、鉴定结论有异议，该被害人陈述、证人证言、鉴定结论对定罪量刑有重大影响的；（二）人民法院认为其他应当出庭作证的。经人民法院依法通知，被害人、证人、鉴定人应当出庭作证；不出庭作证的被害人、证人、鉴定人的书面陈述、书面证言、鉴定结论经质证无法确认的，不能作为定案的根据。

★最高人民法院关于适用《中华人民共和国刑事诉讼法》的解释（2021年1月26日）（节录）

第二百四十九条第一款　公诉人、当事人或者辩护人、诉讼代理人对证人证言有异议，且该证人证言对定罪量刑有重大影响，或者对鉴定意见有异议，人民法院认为证人、鉴定人有必要出庭作证的，应当通知证人、鉴定人出庭。

★关于推进以审判为中心的刑事诉讼制度改革的意见（2016年7月20日）（节录）

十二、（第一款）完善对证人、鉴定人的法庭质证规则。落实证人、鉴定人、侦查人员出庭作证制度，提高出庭作证率。公诉人、当事人或者辩护人、诉讼代理人对证人证言有异议，人民法院认为该证人证言对案件定罪量刑有重大影响的，证人应当出庭作证。

★最高人民法院关于全面推进以审判为中心的刑事诉讼制度改革的实施意见（2017年2月17日）（节录）

14.（第一款）控辩双方对证人证言有异议，人民法院认为证人证言对案件定罪量刑有重大影响的，应当通知证人出庭作证。控辩双方申请证人出庭的，人民法院通知证人出庭后，申请方应当负责协助相关证人到庭。

★人民法院办理刑事案件第一审普通程序法庭调查规程（试行）（2017年11月27日）（节录）

第十三条第一款　控辩双方对证人证言、被害人陈述有异议，申请证人、被害人出庭，人民法院经审查认为证人证言、被害人陈述对案件定罪量刑有重大影响的，应当通知证人、被害人出庭。

第二款　控辩双方对鉴定意见有异议，申请鉴定人或者有专门知识的人出庭，人民法院经审查认为有必要的，应当通知鉴定人或者有专门知识的人出庭。

第三款　控辩双方对侦破经过、证据来源、证据真实性或者证据收集合法性等有异议，申请侦查人员或者有关人员出庭，人民法院经审查认为有必要的，应当通知侦查人员或者有关人员出庭。

第四款　为查明案件事实、调查核实证据，人民法院可以依职权通知上述人员到庭。

4. 证人、鉴定人出庭的通知主体及方式

★关于办理死刑案件审查判断证据若干问题的规定（2010年6月13日）（节录）

第二十四条第二款　对鉴定意见有疑问的，人民法院应当依法通知鉴定人出庭作证或者由其出具相关说明，也可以依法补充鉴定或者重新鉴定。

★最高人民法院、最高人民检察院、公安部、国家安全部、司法部、全国人大常委会法制工作委员会关于实施刑事诉讼法若干问题的规定（2012年12月26日）（节录）

28. 人民法院依法通知证人、鉴定人出庭作证的，应当同时将证人、鉴定人出庭通知书送交控辩双方，控辩双方应当予以配合。

★最高人民法院关于全面推进以审判为中心的刑事诉讼制度改革的实施意见（2017年2月17日）（节录）

14. （第一款）控辩双方对证人证言有异议，人民法院认为证人证言对案件定罪量刑有重大影响的，应当通知证人出庭作证。控辩双方申请证人出庭的，人民法院通知证人出庭后，申请方应当负责协助相关证人到庭。

（第三款）根据案件情况，可以实行远程视频作证。

★人民法院办理刑事案件第一审普通程序法庭调查规程（试行）（2017年11月27日）（节录）

第十三条第五款　人民法院通知证人、被害人、鉴定人、侦查人员、有专门知识的人等出庭的，控辩双方协助有关人员到庭。

第十四条　应当出庭作证的证人，在庭审期间因身患严重疾病等客观原因确实无法出庭的，可以通过视频等方式作证。

证人视频作证的，发问、质证参照证人出庭作证的程序进行。

前款规定适用于被害人、鉴定人、侦查人员。

★人民检察院刑事诉讼规则（2019年12月30日）（节录）

第四百零五条第一款　证人应当由人民法院通知并负责安排出庭作证。

5. 证人拒绝出庭作证的程序后果

★最高人民法院关于全面推进以审判为中心的刑事诉讼制度改革的实施意见（2017年2月17日）（节录）

14. （第二款）证人没有正当理由不出庭作证的，人民法院在必要时可以强制证人到庭。

★人民检察院刑事诉讼规则（2019年12月30日）（节录）

第四百零五条第二款　对于经人民法院通知而未到庭的证人或者出庭后拒绝作证的证人的证言笔录，公诉人应当当庭宣读。

第三款　对于经人民法院通知而未到庭的证人的证言笔录存在疑问，确实需要证人出庭作证,且可以强制其到庭的,公诉人应当建议人民法院强制证人到庭作证和接受质证。

6. 鉴定人拒绝出庭的程序后果

★**最高人民法院、最高人民检察院、公安部、国家安全部、司法部、全国人大常委会法制工作委员会关于实施刑事诉讼法若干问题的规定**(2012年12月26日)(节录)

29. 刑事诉讼法第一百八十七条①第三款规定:"公诉人、当事人或者辩护人、诉讼代理人对鉴定意见有异议,人民法院认为鉴定人有必要出庭的,鉴定人应当出庭作证。经人民法院通知,鉴定人拒不出庭作证的,鉴定意见不得作为定案的根据。"根据上述规定,依法应当出庭的鉴定人经人民法院通知未出庭作证的,鉴定意见不得作为定案的根据。鉴定人由于不能抗拒的原因或者有其他正当理由无法出庭的,人民法院可以根据案件审理情况决定延期审理。

★**最高人民法院关于全面推进以审判为中心的刑事诉讼制度改革的实施意见**(2017年2月17日)(节录)

29.(第二款)经人民法院通知,鉴定人拒不出庭作证的,鉴定意见不得作为定案的根据。

★**人民法院办理刑事案件第一审普通程序法庭调查规程(试行)**(2017年11月27日)(节录)

第四十九条 经人民法院通知,鉴定人拒不出庭作证的,鉴定意见不得作为定案的根据。

有专门知识的人当庭对鉴定意见提出质疑,鉴定人能够作出合理解释,并与相关证据印证的,应当采信鉴定意见;不能作出合理解释,无法确认鉴定意见可靠性的,有关鉴定意见不能作为定案的根据。

7. 证人出庭的保护措施

★**最高人民法院关于适用《中华人民共和国刑事诉讼法》的解释**(2021年1月26日)(节录)

第二百五十六条 证人、鉴定人、被害人因出庭作证,本人或者其近亲属的人身安全面临危险的,人民法院应当采取不公开其真实姓名、住址和工作单位等个人信息,或者不暴露其外貌、真实声音等保护措施。辩护律师经法庭许

---

① 现为第一百九十二条。——编者注

可,查阅对证人、鉴定人、被害人使用化名情况的,应当签署保密承诺书。

审判期间,证人、鉴定人、被害人提出保护请求的,人民法院应当立即审查;认为确有保护必要的,应当及时决定采取相应保护措施。必要时,可以商请公安机关协助。

第二百五十七条 决定对出庭作证的证人、鉴定人、被害人采取不公开个人信息的保护措施的,审判人员应当在开庭前核实其身份,对证人、鉴定人如实作证的保证书不得公开,在判决书、裁定书等法律文书中可以使用化名等代替其个人信息。

★关于推进以审判为中心的刑事诉讼制度改革的意见(2016年7月20日)(节录)

十二、(第二款)健全证人保护工作机制,对因作证面临人身安全等危险的人员依法采取保护措施。建立证人、鉴定人等作证补助专项经费划拨机制。完善强制证人到庭制度。

★最高人民法院关于全面推进以审判为中心的刑事诉讼制度改革的实施意见(2017年2月17日)(节录)

16.(第一款)证人、鉴定人、被害人因出庭作证,本人或者其近亲属的人身安全面临危险的,人民法院应当采取不公开其真实姓名、住址、工作单位和联系方式等个人信息,或者不暴露其外貌、真实声音等保护措施。必要时,可以建议有关机关采取专门性保护措施。

★人民法院办理刑事案件第一审普通程序法庭调查规程(试行)(2017年11月27日)(节录)

第十六条 证人、鉴定人、被害人因出庭作证,本人或者其近亲属的人身安全面临危险的,人民法院应当采取不公开其真实姓名、住址和工作单位等个人信息,或者不暴露其外貌、真实声音等保护措施。

决定对出庭作证的证人、鉴定人、被害人采取不公开个人信息的保护措施的,审判人员应当在开庭前核实其身份,对证人、鉴定人如实作证的保证书不得公开,在判决书、裁定书等法律文书中可以使用化名等代替其个人信息。

审判期间,证人、鉴定人、被害人提出保护请求的,人民法院应当立即审查,确有必要的,应当及时决定采取相应的保护措施。必要时,可以商请公安机关采取专门性保护措施。

★最高人民法院、最高人民检察院、公安部、司法部关于办理黑恶势力犯罪案件若干问题的指导意见（2018年1月16日）（节录）

35. 公安机关、人民检察院、人民法院办理黑社会性质组织犯罪案件，应当按照《刑事诉讼法》《关于办理黑社会性质组织犯罪案件若干问题的规定》《公安机关办理刑事案件证人保护工作规定》的有关规定，对证人、报案人、控告人、举报人、鉴定人、被害人采取保护措施。

犯罪嫌疑人、被告人，积极配合侦查、起诉、审判工作，在查明黑社会性质组织的组织结构和组织者、领导者的地位作用，组织实施的重大犯罪事实，追缴、没收赃款赃物，打击"保护伞"等方面提供重要线索和证据，经查证属实的，可以根据案件具体情况，依法从轻、减轻或者免除处罚，并对其参照证人保护的有关规定采取保护措施。前述规定，对于确属组织者、领导者的犯罪嫌疑人、被告人应当严格掌握。

对于确有重大立功或者对于认定重大犯罪事实或追缴、没收涉黑财产具有重要作用的组织成员，确有必要通过分案审理予以保护的，公安机关可以与人民检察院、人民法院在充分沟通的基础上作出另案处理的决定。

对于办理黑社会性质组织犯罪案件的政法干警及其近亲属，需要采取保护措施的，可以参照《刑事诉讼法》等关于证人保护的有关规定，采取禁止特定的人员接触、对人身和住宅予以专门性保护等必要的措施，以确保办理案件的司法工作人员及其近亲属的人身安全。

★人民检察院刑事诉讼规则（2019年12月30日）（节录）

第四百零七条　必要时，公诉人可以建议法庭采取不暴露证人、鉴定人、被害人外貌、真实声音等出庭作证保护措施，或者建议法庭根据刑事诉讼法第一百五十四条的规定在庭外对证据进行核实。

8. 证人出庭补助规定

★最高人民法院关于适用《中华人民共和国刑事诉讼法》的解释（2021年1月26日）（节录）

第二百五十四条　证人出庭作证所支出的交通、住宿、就餐等费用，人民法院应当给予补助。

★关于推进以审判为中心的刑事诉讼制度改革的意见（2016年7月20日）（节录）

十二、（第二款）健全证人保护工作机制，对因作证面临人身安全等危险的人员依法采取保护措施。建立证人、鉴定人等作证补助专项经费划拨机制。完善强制证人到庭制度。

★最高人民法院关于全面推进以审判为中心的刑事诉讼制度改革的实施意见（2017年2月17日）（节录）

16.（第二款）人民法院应当建立证人出庭作证补助专项经费机制，对证人出庭作证所支出的交通、住宿、就餐等合理费用给予补助。

★人民法院办理刑事案件第一审普通程序法庭调查规程（试行）（2017年11月27日）（节录）

第十七条　证人、鉴定人和有专门知识的人出庭作证所支出的交通、住宿、就餐等合理费用，除由控辩双方支付的以外，列入出庭作证补助专项经费，在出庭作证后由人民法院依照规定程序发放。

第一百九十三条　【强制证人出庭作证和豁免的法定情形】经人民法院通知，证人没有正当理由不出庭作证的，人民法院可以强制其到庭，但是被告人的配偶、父母、子女除外。

【拒绝出庭作证的制裁】证人没有正当理由拒绝出庭或者出庭后拒绝作证的，予以训诫，情节严重的，经院长批准，处以十日以下的拘留。被处罚人对拘留决定不服的，可以向上一级人民法院申请复议。复议期间不停止执行。

● 要点及关联法规

1. 公诉人有权建议法院强制证人出庭

★人民检察院刑事诉讼规则（2019年12月30日）（节录）

第四百零五条第三款　对于经人民法院通知而未到庭的证人的证言笔录存在疑问，确实需要证人出庭作证，且可以强制其到庭的，公诉人应当建议人民法院强制证人到庭作证和接受质证。

2. 强制证人出庭令的签发、执行主体

★最高人民法院关于适用《中华人民共和国刑事诉讼法》的解释（2021年1月26日）（节录）

第二百五十五条　强制证人出庭的，应当由院长签发强制证人出庭令，由法警执行。必要时，可以商请公安机关协助。

★人民法院办理刑事案件第一审普通程序法庭调查规程（试行）（2017年11月27日）（节录）

第十五条第二款　强制证人出庭的，应当由院长签发强制证人出庭令，并由法警执行。必要时，可以商请公安机关协助执行。

3. 强制证人出庭的豁免情形

★最高人民法院关于适用《中华人民共和国刑事诉讼法》的解释（2021年1月26日）（节录）

第二百五十三条　证人具有下列情形之一，无法出庭作证的，人民法院可以准许其不出庭：

（一）庭审期间身患严重疾病或者行动极为不便的；
（二）居所远离开庭地点且交通极为不便的；
（三）身处国外短期无法回国的；
（四）有其他客观原因，确实无法出庭的。

具有前款规定情形的，可以通过视频等方式作证。

★人民法院办理刑事案件第一审普通程序法庭调查规程（试行）（2017年11月27日）（节录）

第十五条第一款　人民法院通知出庭的证人，无正当理由拒不出庭的，可以强制其出庭，但是被告人的配偶、父母、子女除外。

第一百九十四条　【庭审中对证言、鉴定意见的调查核实】证人作证，审判人员应当告知他要如实地提供证言和有意作伪证或者隐匿罪证要负的法律责任。公诉人、当事人和辩护人、诉讼代理人经审判长许可，可以对证人、鉴定人发问。审判长认为发问的内容与案件无关的时候，应当制止。

审判人员可以询问证人、鉴定人。

● 要点及关联法规

1. 证人、鉴定人当庭应如实作证

★最高人民法院关于适用《中华人民共和国刑事诉讼法》的解释（2021年1月26日）（节录）

第二百五十八条　证人出庭的，法庭应当核实其身份、与当事人以及本案的关系，并告知其有关权利义务和法律责任。证人应当保证向法庭如实提供证言，并在保证书上签名。

★人民法院办理刑事案件第一审普通程序法庭调查规程（试行）（2017年11月27日）（节录）

第十八条　证人、鉴定人出庭，法庭应当当庭核实其身份、与当事人以及本案的关系，审查证人、鉴定人的作证能力、专业资质，并告知其有关作证的权利义务和法律责任。

证人、鉴定人作证前，应当保证向法庭如实提供证言、说明鉴定意见，并在保证书上签名。

2. 当庭发问证人、鉴定人的规则

★最高人民法院关于适用《中华人民共和国刑事诉讼法》的解释（2021年1月26日）（节录）

第二百五十九条　证人出庭后，一般先向法庭陈述证言；其后，经审判长许可，由申请通知证人出庭的一方发问，发问完毕后，对方也可以发问。

法庭依职权通知证人出庭的，发问顺序由审判长根据案件情况确定。

第二百六十条　鉴定人、有专门知识的人、调查人员、侦查人员或者其他人员出庭的，参照适用前两条规定。

第二百六十一条　向证人发问应当遵循以下规则：

（一）发问的内容应当与本案事实有关；

（二）不得以诱导方式发问；

（三）不得威胁证人；

（四）不得损害证人的人格尊严。

对被告人、被害人、附带民事诉讼当事人、鉴定人、有专门知识的人、调查人员、侦查人员或者其他人员的讯问、发问，适用前款规定。

第二百六十二条　控辩双方的讯问、发问方式不当或者内容与本案无关的，对方可以提出异议，申请审判长制止，审判长应当判明情况予以支持或者驳回；对方未提出异议的，审判长也可以根据情况予以制止。

第二百六十三条　审判人员认为必要时，可以询问证人、鉴定人、有专门知识的人、调查人员、侦查人员或者其他人员。

第二百六十四条　向证人、调查人员、侦查人员发问应当分别进行。

第二百六十五条　证人、鉴定人、有专门知识的人、调查人员、侦查人员或者其他人员不得旁听对本案的审理。有关人员作证或者发表意见后，审判长应当告知其退庭。

★人民法院办理刑事案件第一审普通程序法庭调查规程（试行）（2017年11月27日）（节录）

第十九条　证人出庭后，先向法庭陈述证言，然后先由举证方发问；发问完毕后，对方也可以发问。根据案件审理需要，也可以先由申请方发问。

控辩双方向证人发问完毕后，可以发表本方对证人证言的质证意见。控辩双方如有新的问题，经审判长准许，可以再行向证人发问。

审判人员认为必要时，可以询问证人。法庭依职权通知证人出庭的情形，审判人员应当主导对证人的询问。经审判长准许，被告人可以向证人发问。

第二十条　向证人发问应当遵循以下规则：

（一）发问内容应当与案件事实有关；

（二）不得采用诱导方式发问；

（三）不得威胁或者误导证人；

（四）不得损害证人人格尊严；

（五）不得泄露证人个人隐私。

第二十一条　控辩一方发问方式不当或者内容与案件事实无关，违反有关发问规则的，对方可以提出异议。对方当庭提出异议的，发问方应当说明发问理由，审判长判明情况予以支持或者驳回；对方未当庭提出异议的，审判长也可以根据情况予以制止。

第二十二条　审判长认为证人当庭陈述的内容与案件事实无关或者明显重复的，可以进行必要的提示。

第二十三条　有多名证人出庭作证的案件，向证人发问应当分别进行。

多名证人出庭作证的，应当在法庭指定的地点等候，不得谈论案情，必要时可以采取隔离等候措施。证人出庭作证后，审判长应当通知法警引导其退庭。

证人不得旁听对案件的审理。

被害人没有列为当事人参加法庭审理，仅出庭陈述案件事实的，参照适用前款规定。

第二十四条　证人证言之间存在实质性差异的，法庭可以传唤有关证人到庭对质。

审判长可以分别询问证人，就证言的实质性差异进行调查核实。经审判长准许，控辩双方可以向证人发问。审判长认为有必要的，可以准许证人之间相互发问。

第二十七条　对被害人、鉴定人、侦查人员、有专门知识的人的发问，参照适用证人的有关规定。

同一鉴定意见由多名鉴定人作出，有关鉴定人以及对该鉴定意见进行质证的有专门知识的人，可以同时出庭，不受分别发问规则的限制。

★人民检察院公诉人出庭举证质证工作指引（2018年7月3日）（节录）

第三十一条　询问出庭作证的证人，应当遵循以下规则：

（一）发问应当单独进行；

（二）发问应当简洁、清楚；

（三）发问应当采取一问一答形式，不宜同时发问多个内容不同的问题；

（四）发问的内容应当着重围绕与定罪、量刑紧密相关的事实进行；

（五）不得以诱导方式发问；

（六）不得威胁或者误导证人；

（七）不得损害证人的人格尊严；

（八）不得泄露证人个人隐私；

（九）询问未成年人，应当结合未成年人的身心特点进行。

第三十二条第一款　证人出庭的，公诉人可以要求证人就其了解的与案件有关的事实进行陈述，也可以直接发问。对于证人采取猜测性、评论性、推断性语言作证的，公诉人应当提醒其客观表述所知悉的案件事实。

第二款　公诉人认为证人作出的回答对案件事实和情节的认定有决定性或者重大影响，可以提请法庭注意。

第三款　证人出庭作证的证言与庭前提供的证言相互矛盾的，公诉人应当问明理由，并对该证人进行询问，澄清事实。认为理由不成立的，可以宣读证人在改变证言前的笔录内容，并结合相关证据予以反驳。

第三十三条　公诉人申请出庭的证人当庭改变证言、被害人改变其庭前的陈述，公诉人可以询问其言词发生变化的理由，认为理由不成立的，可以择机有针对性地宣读其在侦查、审查起诉阶段的证言、陈述，或者出示、宣读其他证据，对证人、被害人进行询问，予以反驳。

第三十四条 对被害人、鉴定人、侦查人员、有专门知识的人的询问，参照适用询问证人的规定。

第四十八条 辩护人询问证人或者被害人有下列情形之一的，公诉人应当及时提请审判长制止，必要时应当提请法庭对该项陈述或者证言不予采信：

（一）以诱导方式发问的；

（二）威胁或者误导证人的；

（三）使被害人、证人以推测性、评论性、推断性意见作为陈述或者证言的；

（四）发问内容与本案事实无关的；

（五）对被害人、证人带有侮辱性发问的；

（六）其他违反法律规定的情形。

对辩护人询问侦查人员、鉴定人和有专门知识的人的质证，参照前款规定。

★人民检察院刑事诉讼规则（2019年12月30日）（节录）

第四百零六条 证人在法庭上提供证言，公诉人应当按照审判长确定的顺序向证人发问。可以要求证人就其所了解的与案件有关的事实进行陈述，也可以直接发问。

证人不能连贯陈述的，公诉人可以直接发问。

向证人发问，应当针对证言中有遗漏、矛盾、模糊不清和有争议的内容，并着重围绕与定罪量刑紧密相关的事实进行。

发问采取一问一答形式，提问应当简洁、清楚。

证人进行虚假陈述的，应当通过发问澄清事实，必要时可以宣读在侦查、审查起诉阶段制作的该证人的证言笔录或者出示、宣读其他证据。

当事人和辩护人、诉讼代理人向证人发问后，公诉人可以根据证人回答的情况，经审判长许可，再次向证人发问。

询问鉴定人、有专门知识的人参照上述规定进行。

第一百九十五条 　【庭审中对物证、书证的调查核实】公诉人、辩护人应当向法庭出示物证，让当事人辨认，对未到庭的证人的证言笔录、鉴定人的鉴定意见、勘验笔录和其他作为证据的文书，应当当庭宣读。审判人员应当听取公诉人、当事人和辩护人、诉讼代理人的意见。

● 要点及关联法规

1. 控辩双方当庭示证顺序

★最高人民法院关于适用《中华人民共和国刑事诉讼法》的解释（2021年1月26日）（节录）

第二百四十六条　公诉人可以提请法庭通知证人、鉴定人、有专门知识的人、调查人员、侦查人员或者其他人员出庭，或者出示证据。被害人及其法定代理人、诉讼代理人，附带民事诉讼原告人及其诉讼代理人也可以提出申请。

在控诉方举证后，被告人及其法定代理人、辩护人可以提请法庭通知证人、鉴定人、有专门知识的人、调查人员、侦查人员或者其他人员出庭，或者出示证据。

第二百六十七条　举证方当庭出示证据后，由对方发表质证意见。

★人民法院办理刑事案件第一审普通程序法庭调查规程（试行）（2017年11月27日）（节录）

第二十八条　开庭讯问、发问结束后，公诉人先行举证。公诉人举证完毕后，被告人及其辩护人举证。

公诉人出示证据后，经审判长准许，被告人及其辩护人可以有针对性地出示证据予以反驳。

控辩一方举证后，对方可以发表质证意见。必要时，控辩双方可以对争议证据进行多轮质证。

被告人及其辩护人认为公诉人出示的有关证据对本方诉讼主张有利的，可以在发表质证意见时予以认可，或者在发表辩护意见时直接援引有关证据。

2. 出示、宣读庭前证言的情形

★**人民法院办理刑事案件第一审普通程序法庭调查规程（试行）（2017 年 11 月 27 日）（节录）**

第二十五条　证人出庭作证的，其庭前证言一般不再出示、宣读，但下列情形除外：

（一）证人出庭作证时遗忘或者遗漏庭前证言的关键内容，需要向证人作出必要提示的；

（二）证人的当庭证言与庭前证言存在矛盾，需要证人作出合理解释的。

为核实证据来源、证据真实性等问题，或者帮助证人回忆，经审判长准许，控辩双方可以在询问证人时向其出示物证、书证等证据。

3. 控辩双方当庭示证、质证方式

★**最高人民法院、最高人民检察院、公安部、国家安全部、司法部、全国人大常委会法制工作委员会关于实施刑事诉讼法若干问题的规定（2012 年 12 月 26 日）（节录）**

26. 人民法院开庭审理公诉案件时，出庭的检察人员和辩护人需要出示、宣读、播放已移交人民法院的证据的，可以申请法庭出示、宣读、播放。

★**最高人民法院关于适用《中华人民共和国刑事诉讼法》的解释（2021 年 1 月 26 日）（节录）**

第二百四十七条　控辩双方申请证人出庭作证，出示证据，应当说明证据的名称、来源和拟证明的事实。法庭认为有必要的，应当准许；对方提出异议，认为有关证据与案件无关或者明显重复、不必要，法庭经审查异议成立的，可以不予准许。

第二百四十八条　已经移送人民法院的案卷和证据材料，控辩双方需要出示的，可以向法庭提出申请，法庭可以准许。案卷和证据材料应当在质证后当庭归还。

需要播放录音录像或者需要将证据材料交由法庭、公诉人或者诉讼参与人查看的，法庭可以指令值庭法警或者相关人员予以协助。

第二百七十条　当庭出示的证据，尚未移送人民法院的，应当在质证后当庭移交。

★最高人民法院关于全面推进以审判为中心的刑事诉讼制度改革的实施意见（2017年2月17日）（节录）

11. 证明被告人有罪或者无罪、罪轻或者罪重的证据，都应当在法庭上出示，依法保障控辩双方的质证权。

对影响定罪量刑的关键证据和控辩双方存在争议的证据，一般应当单独质证。

★人民法院办理刑事案件第一审普通程序法庭调查规程（试行）（2017年11月27日）（节录）

第二十九条　控辩双方随案移送或者庭前提交，但没有当庭出示的证据，审判长可以进行必要的提示；对于其中可能影响定罪量刑的关键证据，审判长应当提示控辩双方出示。

对于案件中可能影响定罪量刑的事实、证据存在疑问，控辩双方没有提及的，审判长应当引导控辩双方发表质证意见，并依法调查核实。

第三十一条　对于可能影响定罪量刑的关键证据和控辩双方存在争议的证据，一般应当单独举证、质证，充分听取质证意见。

对于控辩双方无异议的非关键性证据，举证方可以仅就证据的名称及其证明的事项作出说明，对方可以发表质证意见。

召开庭前会议的案件，举证、质证可以按照庭前会议确定的方式进行。根据案件审理需要，法庭可以对控辩双方的举证、质证方式进行必要的提示。

第三十二条　物证、书证、视听资料、电子数据等证据，应当出示原物、原件。取得原物、原件确有困难的，可以出示照片、录像、副本、复制件等足以反映原物、原件外形和特征以及真实内容的材料，并说明理由。

对于鉴定意见和勘验、检查、辨认、侦查实验等笔录，应当出示原件。

第三十三条　控辩双方出示证据，应当重点围绕与案件事实相关的内容或者控辩双方存在争议的内容进行。

出示证据时，可以借助多媒体设备等方式出示、播放或者演示证据内容。

第三十四条　控辩双方对证人证言、被害人陈述、鉴定意见无异议，有关人员不需要出庭的，或者有关人员因客观原因无法出庭且无法通过视频等方式作证的，可以出示、宣读庭前收集的书面证据材料或者作证过程录音录像。

被告人当庭供述与庭前供述的实质性内容一致的，可以不再出示庭前供述；当庭供述与庭前供述存在实质性差异的，可以出示、宣读庭前供述中存在实质性差异的内容。

第三十五条　采用技术侦查措施收集的证据,应当当庭出示。当庭出示、辨认、质证可能危及有关人员的人身安全,或者可能产生其他严重后果的,应当采取不暴露有关人员身份、不公开技术侦查措施和方法等保护措施。

法庭决定在庭外对技术侦查证据进行核实的,可以召集公诉人和辩护律师到场。在场人员应当履行保密义务。

第三十九条　公开审理案件时,控辩双方提出涉及国家秘密、商业秘密或者个人隐私的证据的,法庭应当制止。有关证据确与本案有关的,可以根据具体情况,决定将案件转为不公开审理,或者对相关证据的法庭调查不公开进行。

★人民检察院公诉人出庭举证质证工作指引（2018年7月3日）（节录）

第三十条　出示的物证一般应当是原物。原物不易搬运、不易保存或者已返还被害人的,可以出示反映原物外形和特征的照片、录像、复制品,并向法庭说明情况及与原物的同一性。

出示的书证一般应当是原件,获取书证原件确有困难的,可以出示书证副本或者复制件,并向法庭说明情况及与原件的同一性。

出示物证、书证时,应当对物证、书证所要证明的内容、收集情况作概括说明,可以提请法庭让当事人、证人等诉讼参与人辨认。物证、书证经过技术鉴定的,可以宣读鉴定意见。

第三十七条　鉴定意见以及勘验、检查、辨认和侦查实验等笔录应当当庭宣读,并对鉴定人、勘验人、检查人、辨认人、侦查实验人员的身份、资质、与当事人及本案的关系作出说明,必要时提供证据予以证明。鉴定人、有专门知识的人出庭,公诉人可以根据需要对其发问。发问时适用对证人询问的相关要求。

第三十八条　播放视听资料,应当首先对视听资料的来源、制作过程、制作环境、制作人员以及所要证明的内容进行概括说明。播放一般应当连续进行,也可以根据案情分段进行,但应当保持资料原貌,不得对视听资料进行剪辑。

播放视听资料,应当向法庭提供视听资料的原始载体。提供原始载体确有困难的,可以提供复制件,但应当向法庭说明原因。

出示音频资料,也可以宣读庭前制作的附有声音资料语言内容的文字记录。

第三十九条　出示以数字化形式存储、处理、传输的电子数据证据,应当对该证据的原始存储介质、收集提取过程等予以简要说明,围绕电子数据的真实性、完整性、合法性,以及被告人的网络身份与现实身份的同一性出示证据。

第四十四条　辩护方对公诉方当庭出示、宣读、播放的证据的真实性、关联性、合法性提出的质证意见，公诉人应当进行全面、及时和有针对性地答辩。

辩护方提出的与证据的证据能力或者证明力无关、与公诉主张无关的质证意见，公诉人可以说明理由不予答辩，并提请法庭不予采纳。

公诉人答辩一般应当在辩护方提出质证意见后立即进行。在不影响庭审效果的情况下，也可以根据需要在法庭辩论阶段结合其他证据综合发表意见，但应当向法庭说明。

第四十五条　对辩护方符合事实和法律的质证，公诉人应当实事求是、客观公正地发表意见。

辩护方因对证据内容理解有误而质证的，公诉人可以对证据情况进行简要说明。

第四十六条　公诉人对辩护方质证的答辩，应当重点针对可能动摇或者削弱证据能力、证明力的质证观点进行答辩，对于不影响证据能力、证明力的质证观点可以不予答辩或者简要答辩。

第四十七条　辩护方质疑言词证据之间存在矛盾的，公诉人可以综合全案证据，立足证据证明体系，从认知能力、与当事人的关系、客观环境等角度，进行重点答辩，合理解释证据之间的矛盾。

第四十九条　辩护方质疑证人当庭证言与庭前证言存在矛盾的，公诉人可以有针对性地对证人进行发问，也可以提请法庭决定就有异议的内容由被告人与证人进行对质诘问，在发问或对质诘问过程中，对前后矛盾或者疏漏之处作出合理解释。

第五十二条　辩护方质疑物证、书证的，公诉人可以直接侦查机关收集物证、书证的补正说明，从此类证据客观、稳定、不易失真以及取证主体、程序、手段合法等方面有针对性地予以答辩。

第五十三条　辩护方质疑鉴定意见的，公诉人可以从鉴定机构和鉴定人的法定资质、检材来源、鉴定程序、鉴定意见形式要件符合法律规定等方面，有针对性地予以答辩。

第五十四条　辩护方质疑不同鉴定意见存在矛盾的，公诉人可以阐释不同鉴定意见对同一问题得出不同结论的原因，阐明检察机关综合全案情况，结合案件其他证据，采信其中一份鉴定意见的理由。必要时，可以申请鉴定人、有专门知识的人出庭。控辩双方仍存在重大分歧，且辩护方质疑有合理依据，对案件有实质性影响的，可以建议法庭休庭或者延期审理。

第五十五条　辩护方质疑勘验、检查、搜查笔录的，公诉人可以从勘验、检查、搜查系依法进行，笔录的制作符合法律规定，勘验、检查、搜查人员和见证人有签名或者盖章等方面，有针对性地予以答辩。

第五十六条　辩护方质疑辨认笔录的，公诉人可以从辨认的过程、方法，以及辨认笔录的制作符合有关规定等方面，有针对性地予以答辩。

第五十七条　辩护方质疑侦查实验笔录的，公诉人可以从侦查实验的审批、过程、方法、法律依据、技术规范或者标准、侦查实验的环境条件与原案接近程度、结论的科学性等方面，有针对性地予以答辩。

第五十八条　辩护方质疑视听资料的，公诉人可以从此类证据具有不可增添性、真实性强、内容连续完整，所反映的行为人的言语动作连贯自然、提取、复制、制作过程合法、内容与案件事实关联程度等方面，有针对性地予以答辩。

第五十九条　辩护方质疑电子数据的，公诉人可以从此类证据提取、复制、制作过程、内容与案件事实关联程度等方面，有针对性地予以答辩。

第六十条　辩护方质疑采取技术侦查措施获取的证据材料合法性的，公诉人可以通过说明采取技术侦查措施的法律规定、出示批准采取技术侦查措施的法律文书等方式，有针对性地予以答辩。

第六十二条　辩护人仅采用部分证据或者证据的部分内容，对证据证明的事项发表不同意见的，公诉人可以立足证据认定的全面性、同一性原则，综合全案证据予以答辩。必要时，可以扼要概述已经法庭质证过的其他证据，用以反驳辩护方的质疑。

第六十三条　对单个证据质证的同时，公诉人可以简单点明该证据与其他证据的印证情况，以及在整个证据链条中的作用，通过边质证边论证的方式，使案件事实逐渐清晰，减轻辩论环节综合分析论证的任务。

第六十四条　公诉人应当认真审查辩护方向法庭提交的证据。对于开庭五日前未提交给法庭的，可以当庭指出，并根据情况，决定是否要求查阅该证据或者建议休庭；属于下列情况的，可以提请法庭不予采信：

（一）不符合证据的真实性、关联性、合法性要求的证据；

（二）辩护人提供的证据明显有悖常理的；

（三）其他需要提请法庭不予采信的情况。

对辩护方提出的无罪证据，公诉人应当本着实事求是、客观公正的原则进行质证。对于与案件事实不符的证据，公诉人应当针对辩护方证据的真实性、关联性、合法性提出质疑，否定证据的证明力。

对被告人的定罪、量刑有重大影响的证据，当庭难以判断的，公诉人可以建议法庭休庭或者延期审理。

第六十五条　对辩护方提请出庭的证人，公诉人可以从以下方面进行质证：

（一）证人与案件当事人、案件处理结果有无利害关系；

（二）证人的年龄、认知、记忆和表达能力、生理和精神状态是否影响作证；

（三）证言的内容及其来源；

（四）证言的内容是否为证人直接感知，证人感知案件事实时的环境、条件和精神状态；

（五）证人作证是否受到外界的干扰或者影响；

（六）证人与案件事实的关系；

（七）证言前后是否矛盾；

（八）证言之间以及与其他证据之间能否相互印证，有无矛盾。

第六十六条　辩护方证人未出庭的，公诉人认为其证言对案件的定罪量刑有重大影响的，可以提请法庭通知其出庭。

对辩护方证人不出庭的，公诉人可以从取证主体合法性、取证是否征得证人同意、是否告知证人权利义务、询问未成年人时其法定代理人或者有关人员是否到场、是否单独询问证人等方面质证。质证中可以将证言与已经出示的证据材料进行对比分析，发现并反驳前后矛盾且不能作出合理解释的证人证言。证人证言前后矛盾或者与案件事实无关的，应当提请法庭注意。

第六十七条　对辩护方出示的鉴定意见和提请出庭的鉴定人，公诉人可以从以下方面进行质证：

（一）鉴定机构和鉴定人是否具有法定资质；

（二）鉴定人是否存在应当回避的情形；

（三）检材的来源、取得、保管、送检是否符合法律和有关规定，与相关提取笔录、扣押物品清单等记载的内容是否相符，检材是否充足、可靠；

（四）鉴定意见的形式要件是否完备，是否注明提起鉴定的事由、鉴定委托人、鉴定机构、鉴定要求、鉴定过程、鉴定方法、鉴定日期等相关内容，是否由鉴定机构加盖司法鉴定专用章并由鉴定人签名、盖章；

（五）鉴定程序是否符合法律和有关规定；

（六）鉴定的过程和方法是否符合相关专业的规范要求；

（七）鉴定意见是否明确；

（八）鉴定意见与案件待证事实有无关联；

（九）鉴定意见与勘验、检查笔录及相关照片等其他证据是否矛盾；

（十）鉴定意见是否依法及时告知相关人员，当事人对鉴定意见有无异议。

必要时，公诉人可以申请法庭通知有专门知识的人出庭，对辩护方出示的鉴定意见进行必要的解释说明。

第六十八条　对辩护方出示的物证、书证，公诉人可以从以下方面进行质证：

（一）物证、书证是否为原物、原件；

（二）物证的照片、录像、复制品，是否与原物核对无误；

（三）书证的副本、复制件，是否与原件核对无误；

（四）物证、书证的收集程序、方式是否符合法律和有关规定；

（五）物证、书证在收集、保管、鉴定过程中是否受损或者改变；

（六）物证、书证与案件事实有无关联。

第六十九条　对辩护方出示的视听资料，公诉人可以从以下方面进行质证：

（一）收集过程是否合法，来源及制作目的是否清楚；

（二）是否为原件，是复制件的，是否有复制说明；

（三）制作过程中是否存在威胁、引诱当事人等违反法律、相关规定的情形；

（四）内容和制作过程是否真实，有无剪辑、增加、删改等情形；

（五）内容与案件事实有无关联。

第七十条　对辩护方出示的电子数据，公诉人可以从以下方面进行质证：

（一）是否随原始存储介质移送，在原始存储介质无法封存、不便移动等情形时，是否有提取、复制过程的说明；

（二）收集程序、方式是否符合法律和有关技术规范；

（三）电子数据内容是否真实，有无删除、修改、增加等情形；

（四）电子数据制作过程中是否受到暴力胁迫或者引诱因素的影响；

（五）电子数据与案件事实有无关联。

★人民检察院刑事诉讼规则（2019年12月30日）（节录）

第四百零八条　对于鉴定意见、勘验、检查、辨认、侦查实验等笔录和其他作为证据的文书以及经人民法院通知而未到庭的被害人的陈述笔录，公诉人应当当庭宣读。

第四百零九条　公诉人向法庭出示物证，一般应当出示原物，原物不易搬运、不易保存或者已返还被害人的，可以出示反映原物外形和特征的照片、录像、复制品，并向法庭说明情况及与原物的同一性。

公诉人向法庭出示书证，一般应当出示原件。获取书证原件确有困难的，可以出示书证副本或者复制件，并向法庭说明情况及与原件的同一性。

公诉人向法庭出示物证、书证，应当对该物证、书证所要证明的内容、获取情况作出说明，并向当事人、证人等问明物证的主要特征，让其辨认。对该物证、书证进行鉴定的，应当宣读鉴定意见。

4. 证据收集合法性的调查、证明

★关于办理刑事案件严格排除非法证据若干问题的规定（2017 年 6 月 27 日）（节录）

第二十六条　公诉人、被告人及其辩护人在庭前会议中对证据收集是否合法未达成一致意见，人民法院对证据收集的合法性有疑问的，应当在庭审中进行调查；人民法院对证据收集的合法性没有疑问，且没有新的线索或者材料表明可能存在非法取证的，可以决定不再进行调查。

第二十七条　被告人及其辩护人申请人民法院通知侦查人员或者其他人员出庭，人民法院认为现有证据材料不能证明证据收集的合法性，确有必要通知上述人员出庭作证或者说明情况的，可以通知上述人员出庭。

第二十八条　公诉人宣读起诉书后，法庭应当宣布开庭审理前对证据收集合法性的审查及处理情况。

第二十九条　被告人及其辩护人在开庭审理前未申请排除非法证据，在法庭审理过程中提出申请的，应当说明理由。

对前述情形，法庭经审查，对证据收集的合法性有疑问的，应当进行调查；没有疑问的，应当驳回申请。

法庭驳回排除非法证据申请后，被告人及其辩护人没有新的线索或者材料，以相同理由再次提出申请的，法庭不再审查。

第三十条　庭审期间，法庭决定对证据收集的合法性进行调查的，应当先行当庭调查。但为防止庭审过分迟延，也可以在法庭调查结束前进行调查。

第三十一条　公诉人对证据收集的合法性加以证明，可以出示讯问笔录、提讯登记、体检记录、采取强制措施或者侦查措施的法律文书、侦查终结前对讯问合法性的核查材料等证据材料，有针对性地播放讯问录音录像，提请法庭通知侦查人员或者其他人员出庭说明情况。

被告人及其辩护人可以出示相关线索或者材料，并申请法庭播放特定时段的讯问录音录像。

侦查人员或者其他人员出庭，应当向法庭说明证据收集过程，并就相关情况接受发问。对发问方式不当或者内容与证据收集的合法性无关的，法庭应当制止。

公诉人、被告人及其辩护人可以对证据收集的合法性进行质证、辩论。

第三十二条　法庭对控辩双方提供的证据有疑问的，可以宣布休庭，对证据进行调查核实。必要时，可以通知公诉人、辩护人到场。

第三十三条　法庭对证据收集的合法性进行调查后，应当当庭作出是否排除有关证据的决定。必要时，可以宣布休庭，由合议庭评议或者提交审判委员会讨论，再次开庭时宣布决定。

在法庭作出是否排除有关证据的决定前，不得对有关证据宣读、质证。

第三十四条　经法庭审理，确认存在本规定所规定的以非法方法收集证据情形的，对有关证据应当予以排除。法庭根据相关线索或者材料对证据收集的合法性有疑问，而人民检察院未提供证据或者提供的证据不能证明证据收集的合法性，不能排除存在本规定所规定的以非法方法收集证据情形的，对有关证据应当予以排除。

对依法予以排除的证据，不得宣读、质证，不得作为判决的根据。

第三十五条　人民法院排除非法证据后，案件事实清楚，证据确实、充分，依据法律认定被告人有罪的，应当作出有罪判决；证据不足，不能认定被告人有罪的，应当作出证据不足、指控的犯罪不能成立的无罪判决；案件部分事实清楚，证据确实、充分的，依法认定该部分事实。

第三十六条　人民法院对证据收集合法性的审查、调查结论，应当在裁判文书中写明，并说明理由。

第三十七条　人民法院对证人证言、被害人陈述等证据收集合法性的审查、调查，参照上述规定。

★人民检察院公诉人出庭举证质证工作指引（2018年7月3日）（节录）

第五十条　辩护方质疑被告人庭前供述系非法取得的，公诉人可以综合采取以下方式证明取证的合法性：

（一）宣读被告人在审查（决定）逮捕、审查起诉阶段的讯问笔录，证实其未曾供述过在侦查阶段受到刑讯逼供，或者证实其在侦查机关更换侦查人员且再次讯问时告知诉讼权利和认罪的法律后果后仍自愿供述，或者证实其在检察人员讯问并告知诉讼权利和认罪的法律后果后仍自愿供述；

（二）出示被告人的羁押记录，证实其接受讯问的时间、地点、次数等符合法律规定；

（三）出示被告人出入看守所的健康检查记录、医院病历，证实其体表和健康情况；

（四）出示看守管教人员的谈话记录；

（五）出示与被告人同监舍人员的证言材料；

（六）当庭播放或者庭外核实讯问被告人的录音、录像；

（七）宣读重大案件侦查终结前讯问合法性核查笔录，当庭播放或者庭外核实对讯问合法性进行核查时的录音、录像；

（八）申请侦查人员出庭说明办案情况。

公诉人当庭不能证明证据收集的合法性，需要调查核实的，可以建议法庭休庭或者延期审理。

第五十一条 辩护人质疑收集被告人供述存在程序瑕疵申请排除证据的，公诉人可以宣读侦查机关的补正说明。没有补正说明的，也可以从讯问的时间地点符合法律规定、已进行权利告知、不存在威胁、引诱、欺骗等情形，被告人多份供述内容一致，全案证据能够互相印证，被告人供述自愿性未受影响，程序瑕疵没有严重影响司法公正等方面作出合理解释。必要时，可以提请法庭播放同步录音录像，从被告人供述时情绪正常、表达流畅、能够趋利避害等方面证明庭前供述自愿性，对瑕疵证据作出合理解释。

第六十一条 辩护方在庭前提出排除非法证据申请，经审查被驳回后，在庭审中再次提出排除申请的，或者辩护方撤回申请后再次对有关证据提出排除申请的，公诉人应当审查辩护方是否提出新的线索或者材料。没有新的线索或者材料表明可能存在非法取证的，公诉人可以建议法庭予以驳回。

★人民法院办理刑事案件排除非法证据规程（试行）（2017年11月27日）

第十九条 法庭决定对证据收集的合法性进行调查的，一般按照以下步骤进行：

（一）召开庭前会议的案件，法庭应当在宣读起诉书后，宣布庭前会议中对证据收集合法性的审查情况，以及控辩双方的争议焦点；

（二）被告人及其辩护人说明排除非法证据的申请及相关线索或者材料；

（三）公诉人出示证明证据收集合法性的证据材料，被告人及其辩护人可以对相关证据进行质证，经审判长准许，公诉人、辩护人可以向出庭的侦查人员或者其他人员发问；

（四）控辩双方对证据收集的合法性进行辩论。

第二十条 公诉人对证据收集的合法性加以证明，可以出示讯问笔录、提讯登记、体检记录、采取强制措施或者侦查措施的法律文书、侦查终结前对讯问合法性的核查材料等证据材料，也可以针对被告人及其辩护人提出异议的讯问时段播放讯问录音录像，提请法庭通知侦查人员或者其他人员出庭说明情况。不得以侦查人员签名并加盖公章的说明材料替代侦查人员出庭。

庭审中，公诉人当庭不能举证或者为提供新的证据需要补充侦查，建议延期审理的，法庭可以同意。

第二十一条　被告人及其辩护人可以出示相关线索或者材料，并申请法庭播放特定讯问时段的讯问录音录像。

被告人及其辩护人向人民法院申请调取侦查机关、人民检察院收集但未提交的讯问录音录像、体检记录等证据材料，人民法院经审查认为该证据材料与证据收集的合法性有关的，应当予以调取；认为与证据收集的合法性无关的，应当决定不予调取，并向被告人及其辩护人说明理由。

被告人及其辩护人申请人民法院通知侦查人员或者其他人员出庭说明情况，人民法院认为确有必要的，可以通知上述人员出庭。

第二十二条　法庭对证据收集的合法性进行调查的，应当重视对讯问录音录像的审查，重点审查以下内容：

（一）讯问录音录像是否依法制作。对于可能判处无期徒刑、死刑的案件或者其他重大犯罪案件，是否对讯问过程进行录音录像；

（二）讯问录音录像是否完整。是否对每一次讯问过程录音录像，录音录像是否全程不间断进行，是否有选择性录制、剪接、删改等情形；

（三）讯问录音录像是否同步制作。录音录像是否自讯问开始时制作，至犯罪嫌疑人核对讯问笔录、签字确认后结束；讯问笔录记载的起止时间是否与讯问录音录像反映的起止时间一致；

（四）讯问录音录像与讯问笔录的内容是否存在差异。对与定罪量刑有关的内容，讯问笔录记载的内容与讯问录音录像是否存在实质性差异，存在实质性差异的，以讯问录音录像为准。

第二十三条　侦查人员或者其他人员出庭的，应当向法庭说明证据收集过程，并就相关情况接受发问。对发问方式不当或者内容与证据收集的合法性无关的，法庭应当制止。

经人民法院通知，侦查人员不出庭说明情况，不能排除以非法方法收集证据情形的，对有关证据应当予以排除。

第二十四条　人民法院对控辩双方提供的证据来源、内容等有疑问的，可以告知控辩双方补充证据或者作出说明；必要时，可以宣布休庭，对证据进行调查核实。法庭调查核实证据，可以通知控辩双方到场，并将核实过程记录在案。

对于控辩双方补充的和法庭庭外调查核实取得的证据，未经当庭出示、质证等法庭调查程序查证属实,不得作为证明证据收集合法性的根据。

第二十五条　人民法院对证据收集的合法性进行调查后,应当当庭作出是否排除有关证据的决定。必要时,可以宣布休庭,由合议庭评议或者提交审判委员会讨论,再次开庭时宣布决定。

第二十六条　经法庭审理,具有下列情形之一的,对有关证据应当予以排除:

(一)确认以非法方法收集证据的;

(二)应当对讯问过程录音录像的案件没有提供讯问录音录像,或者讯问录音录像存在选择性录制、剪接、删改等情形,现有证据不能排除以非法方法收集证据的;

(三)侦查机关除紧急情况外没有在规定的办案场所讯问,现有证据不能排除以非法方法收集证据的;

(四)驻看守所检察人员在重大案件侦查终结前未对讯问合法性进行核查,或者未对核查过程同步录音录像,或者录音录像存在选择性录制、剪接、删改等情形,现有证据不能排除以非法方法收集证据的;

(五)其他不能排除存在以非法方法收集证据的。

第二十七条　人民法院对证人证言、被害人陈述、物证、书证等证据收集合法性的审查、调查程序,参照上述规定。

第二十八条　人民法院对证据收集合法性的审查、调查结论,应当在裁判文书中写明,并说明理由。

★人民法院办理刑事案件第一审普通程序法庭调查规程(试行)(2017年11月27日)(节录)

第三十条　法庭应当重视对证据收集合法性的审查,对证据收集的合法性有疑问的,应当调查核实证明取证合法性的证据材料。

对于被告人及其辩护人申请排除非法证据,依法提供相关线索或者材料,法庭对证据收集的合法性有疑问,决定进行调查的,一般应当先行当庭调查。

★人民检察院刑事诉讼规则(2019年12月30日)(节录)

第四百一十条　在法庭审理过程中,被告人及其辩护人提出被告人庭前供述系非法取得,审判人员认为需要进行法庭调查的,公诉人可以通过出示讯问笔录、提讯登记、体检记录、采取强制措施或者侦查措施的法律文书、侦查终结前对讯问合法性进行核查的材料等证据材料,有针对性地播放讯问录音、录像,提请法庭通知调查人员、侦查人员或者其他人员出庭说明情况等方式,对证据收集的合法性加以证明。

审判人员认为可能存在刑事诉讼法第五十六条规定的以非法方法收集其他证据的情形,需要进行法庭调查的,公诉人可以参照前款规定对证据收集的合法性进行证明。

公诉人不能当庭证明证据收集的合法性,需要调查核实的,可以建议法庭休庭或者延期审理。

在法庭审理期间,人民检察院可以要求监察机关或者公安机关对证据收集的合法性进行说明或者提供相关证明材料。必要时,可以自行调查核实。

第四百一十二条 在法庭审理过程中,对证据合法性以外的其他程序事实存在争议的,公诉人应当出示、宣读有关诉讼文书、侦查或者审查起诉活动笔录。

第四百一十三条 对于搜查、查封、扣押、冻结、勘验、检查、辨认、侦查实验等活动中形成的笔录存在争议,需要调查人员、侦查人员以及上述活动的见证人出庭陈述有关情况的,公诉人可以建议合议庭通知其出庭。

第一百九十六条 【休庭调查核实证据】 法庭审理过程中,合议庭对证据有疑问的,可以宣布休庭,对证据进行调查核实。

【调查核实证据的措施】 人民法院调查核实证据,可以进行勘验、检查、查封、扣押、鉴定和查询、冻结。

● 要点及关联法规

1. 法院休庭调查的情形

★最高人民法院、最高人民检察院、公安部、国家安全部、司法部关于规范量刑程序若干问题的意见(2020年11月5日)(节录)

第二十条 被告人及其辩护人、被害人及其诉讼代理人申请人民法院调取在侦查、审查起诉阶段收集的量刑证据材料,人民法院认为确有必要的,应当依法调取;人民法院认为不需要调取的,应当说明理由。

★人民法院量刑程序指导意见(试行)(2009年4月)(节录)

八、被告人及其辩护人确因客观原因未能收集到量刑证据,申请调取证据的,人民法院认为必要时,可以依法调取。

★最高人民检察院关于适用《关于办理死刑案件审查判断证据若干问题的规定》和《关于办理刑事案件排除非法证据若干问题的规定》的指导意见（2010年12月30日）（节录）

24. 对于庭审中经综合举证、质证后认为被告人庭前供述取得的合法性已经能够证实，但法庭仍有疑问的，可以建议法庭休庭对相关证据进行调查核实……

★最高人民法院关于适用《中华人民共和国刑事诉讼法》的解释（2021年1月26日）（节录）

第二百七十一条第一款　法庭对证据有疑问的，可以告知公诉人、当事人及其法定代理人、辩护人、诉讼代理人补充证据或者作出说明；必要时，可以宣布休庭，对证据进行调查核实。

第三款　有关情况，应当记录在案。

第二百七十二条　公诉人申请出示开庭前未移送或者提交人民法院的证据，辩护方提出异议的，审判长应当要求公诉人说明理由；理由成立并确有出示必要的，应当准许。

辩护方提出需要对新的证据作辩护准备的，法庭可以宣布休庭，并确定准备辩护的时间。

辩护方申请出示开庭前未提交的证据，参照适用前两款规定。

★人民检察院公诉人出庭举证质证工作指引（2018年7月3日）（节录）

第七十一条　对于因专门性问题不能对有关证据发表质证意见的，可以建议休庭，向有专门知识的人咨询意见。必要时，可以建议延期审理，进行鉴定或者重新鉴定。

★人民法院办理刑事案件第一审普通程序法庭调查规程（试行）（2017年11月27日）（节录）

第三十七条　控辩双方申请出示庭前未移送或提交人民法院的证据，对方提出异议的，申请方应当说明理由，法庭经审查认为理由成立并确有出示必要的，应当准许。

对方提出需要对新的证据作辩护准备的，法庭可以宣布休庭，并确定准备的时间。

★人民检察院刑事诉讼规则（2019年12月30日）（节录）

第四百一十条第三款　公诉人不能当庭证明证据收集的合法性，需要调查核实的，可以建议法庭休庭或者延期审理。

第四百一十一条 公诉人对证据收集的合法性进行证明后，法庭仍有疑问的，可以建议法庭休庭，由人民法院对相关证据进行调查核实。人民法院调查核实证据，通知人民检察院派员到场的，人民检察院可以派员到场。

2. 检察院对法院调查核实证据的配合

★最高人民检察院关于适用《关于办理死刑案件审查判断证据若干问题的规定》和《关于办理刑事案件排除非法证据若干问题的规定》的指导意见（2010年12月30日）（节录）

24.……法庭进行庭外调查通知检察人员到场的，必要时检察人员应当到场。对法庭调查核实后的证据持有异议的，应当建议法庭重新开庭进行调查。

★最高人民法院、最高人民检察院、公安部、国家安全部、司法部、全国人大常委会法制工作委员会关于实施刑事诉讼法若干问题的规定（2012年12月26日）（节录）

27. 刑事诉讼法第三十九条①规定："辩护人认为在侦查、审查起诉期间公安机关、人民检察院收集的证明犯罪嫌疑人、被告人无罪或者罪轻的证据材料未提交的，有权申请人民检察院、人民法院调取。"第一百九十一条②第一款规定："法庭审理过程中，合议庭对证据有疑问的，可以宣布休庭，对证据进行调查核实。"第一百九十二条③第一款规定："法庭审理过程中，当事人和辩护人、诉讼代理人有权申请通知新的证人到庭，调取新的物证，申请重新鉴定或者勘验。"根据上述规定，自案件移送审查起诉之日起，人民检察院可以根据辩护人的申请，向公安机关调取未提交的证明犯罪嫌疑人、被告人无罪或者罪轻的证据材料。在法庭审理过程中，人民法院可以根据辩护人的申请，向人民检察院调取未提交的证明被告人无罪或者罪轻的证据材料，也可以向人民检察院调取需要调查核实的证据材料。公安机关、人民检察院应当自收到要求调取证据材料决定书后三日内移交。

★人民法院办理刑事案件第一审普通程序法庭调查规程（试行）（2017年11月27日）（节录）

第四十一条 人民法院向人民检察院调取需要调查核实的证据材料，或者

---

① 现为第四十一条。——编者注
② 现为第一百九十六条。——编者注
③ 现为第一百九十七条。——编者注

根据被告人及其辩护人的申请，向人民检察院调取在侦查、审查起诉期间收集的有关被告人无罪或者罪轻的证据材料，应当通知人民检察院在收到调取证据材料决定书后三日内移交。

★**人民检察院刑事诉讼规则**（2019年12月30日）（节录）

第四百一十四条　在法庭审理过程中，合议庭对证据有疑问或者人民法院根据辩护人、被告人的申请，向人民检察院调取在侦查、审查起诉中收集的有关被告人无罪或者罪轻的证据材料的，人民检察院应当自收到人民法院要求调取证据材料决定书后三日以内移交。没有上述材料的，应当向人民法院说明情况。

3. 人民检察院对法院休庭调查程序的监督

★**人民检察院刑事诉讼规则**（2019年12月30日）（节录）

第四百一十五条　在法庭审理过程中，合议庭对证据有疑问并在休庭后进行勘验、检查、查封、扣押、鉴定和查询、冻结的，人民检察院应当依法进行监督，发现上述活动有违法情况的，应当提出纠正意见。

第一百九十七条　【庭审中可以调取新证据和申请有专门知识的人出庭】 法庭审理过程中，当事人和辩护人、诉讼代理人有权申请通知新的证人到庭，调取新的物证，申请重新鉴定或者勘验。

公诉人、当事人和辩护人、诉讼代理人可以申请法庭通知有专门知识的人出庭，就鉴定人作出的鉴定意见提出意见。

法庭对于上述申请，应当作出是否同意的决定。

第二款规定的有专门知识的人出庭，适用鉴定人的有关规定。

● **要点及关联法规**

1. 法院对调取新证据申请进行必要性审查

★**人民法院量刑程序指导意见**（试行）（2009年4月）（节录）

九、在法庭审理过程中，当事人及其辩护人、诉讼代理人申请新的证人到庭，调取新的物证、书证，申请鉴定或者重新鉴定，人民法院认为有必要的，应当同意。

★最高人民法院关于适用《中华人民共和国刑事诉讼法》的解释（2021年1月26日）（节录）

第二百七十三条　法庭审理过程中，控辩双方申请通知新的证人到庭，调取新的证据，申请重新鉴定或者勘验的，应当提供证人的基本信息、证据的存放地点，说明拟证明的事项，申请重新鉴定或者勘验的理由。法庭认为有必要的，应当同意，并宣布休庭；根据案件情况，可以决定延期审理。

人民法院决定重新鉴定的，应当及时委托鉴定，并将鉴定意见告知人民检察院、当事人及其辩护人、诉讼代理人。

★人民法院办理刑事案件第一审普通程序法庭调查规程（试行）（2017年11月27日）（节录）

第三十八条　法庭审理过程中，控辩双方申请通知新的证人到庭，调取新的证据，申请重新鉴定或者勘验的，应当提供证人的基本信息、证据的存放地点，说明拟证明的案件事实、要求重新鉴定或者勘验的理由。法庭认为有必要的，应当同意，并宣布延期审理；不同意的，应当说明理由并继续审理。

2. 有专门知识的人出庭辅助庭审的规定（其他具体规定参考《中华人民共和国刑事诉讼法》第一百九十二条、第一百九十四条、第一百九十五条之要点及相关法规）

★最高人民法院关于适用《中华人民共和国刑事诉讼法》的解释（2021年1月26日）（节录）

第二百五十条　公诉人、当事人及其辩护人、诉讼代理人申请法庭通知有专门知识的人出庭，就鉴定意见提出意见的，应当说明理由。法庭认为有必要的，应当通知有专门知识的人出庭。

申请有专门知识的人出庭，不得超过二人。有多种类鉴定意见的，可以相应增加人数。

★人民法院办理刑事案件第一审普通程序法庭调查规程（试行）（2017年11月27日）（节录）

第十二条　控辩双方可以申请法庭通知证人、鉴定人、侦查人员和有专门知识的人等出庭。

被害人及其法定代理人、诉讼代理人，附带民事诉讼原告人及其诉讼代理人也可以提出上述申请。

第二十六条　控辩双方可以申请法庭通知有专门知识的人出庭，协助本方就鉴定意见进行质证。有专门知识的人可以与鉴定人同时出庭，在鉴定人作证后向鉴定人发问，并对案件中的专门性问题提出意见。

申请有专门知识的人出庭，应当提供人员名单，并不得超过二人。有多种类鉴定意见的，可以相应增加人数。

★**最高人民检察院关于指派、聘请有专门知识的人参与办案若干问题的规定（试行）》（2018年3月21日）（节录）**

第九条　人民检察院在人民法院决定开庭后，可以指派、聘请有专门知识的人，协助公诉人做好下列准备工作：

（一）掌握涉及专门性问题证据材料的情况；

（二）补充审判中可能涉及的专门知识；

（三）拟定讯问被告人和询问证人、鉴定人、其他有专门知识的人的计划；

（四）拟定出示、播放、演示涉及专门性问题证据材料的计划；

（五）制定质证方案；

（六）其他必要的工作。

第十条　刑事案件法庭审理中，人民检察院可以申请人民法院通知有专门知识的人出庭，就鉴定人作出的鉴定意见提出意见。

第十一条　刑事案件法庭审理中，公诉人出示、播放、演示涉及专门性问题的证据材料需要协助的，人民检察院可以指派、聘请有专门知识的人进行操作。

3. 补充和法庭庭外调查核实取得的证据应经当庭质证

★**最高人民法院关于适用《中华人民共和国刑事诉讼法》的解释（2021年1月26日）（节录）**

第二百七十一条第二款　对公诉人、当事人及其法定代理人、辩护人、诉讼代理人补充的和审判人员庭外调查核实取得的证据，应当经过当庭质证才能作为定案的根据。但是，对不影响定罪量刑的非关键证据、有利于被告人的量刑证据以及认定被告人有犯罪前科的裁判文书等证据，经庭外征求意见，控辩双方没有异议的除外。

第三款　有关情况，应当记录在案。

★**最高人民法院关于全面推进以审判为中心的刑事诉讼制度改革的实施意见（2017年2月17日）（节录）**

12. 法庭应当依照法定程序审查、核实、认定证据。证据未经当庭出示、辨认、质证等法庭调查程序查证属实，不得作为定案的根据。

★**人民法院办理刑事案件第一审普通程序法庭调查规程（试行）（2017年11月27日）（节录）**

第三十六条 法庭对证据有疑问的，可以告知控辩双方补充证据或者作出说明；必要时，可以在其他证据调查完毕后宣布休庭，对证据进行调查核实。法庭调查核实证据，可以通知控辩双方到场，并将核实过程记录在案。对于控辩双方补充的和法庭庭外调查核实取得的证据，应当经过庭审质证才能作为定案的根据。但是，对于不影响定罪量刑的非关键性证据和有利于被告人的量刑证据，经庭外征求意见，控辩双方没有异议的除外。

★**人民检察院刑事诉讼规则（2019年12月30日）（节录）**

第四百一十六条 人民法院根据申请收集、调取的证据或者在合议庭休庭后自行调查取得的证据，应当经过庭审出示、质证才能决定是否作为判决的依据。未经庭审出示、质证直接采纳为判决依据的，人民检察院应当提出纠正意见。

第一百九十八条 【法庭调查、法庭辩论的范围】 法庭审理过程中，对与定罪、量刑有关的事实、证据都应当进行调查、辩论。

经审判长许可，公诉人、当事人和辩护人、诉讼代理人可以对证据和案件情况发表意见并且可以互相辩论。

【最后陈述】 审判长在宣布辩论终结后，被告人有最后陈述的权利。

● 要点及关联法规

1. 法庭辩论的范围

★**人民法院量刑程序指导意见（试行）（2009年4月）（节录）**

十、在法庭辩论阶段，审判长应当注意引导控辩双方围绕有争议的量刑事实和刑罚适用问题进行辩论。

在法庭辩论过程中，法庭发现新的量刑事实，认为有必要进行调查的，审判长可以宣布恢复法庭调查，待事实查清后继续法庭辩论。

★最高人民法院关于适用《中华人民共和国刑事诉讼法》的解释（2021年1月26日）（节录）

第二百八十条 合议庭认为案件事实已经调查清楚的，应当由审判长宣布法庭调查结束，开始就定罪、量刑、涉案财物处理的事实、证据、适用法律等问题进行法庭辩论。

第二百八十三条 对被告人认罪的案件，法庭辩论时，应当指引控辩双方主要围绕量刑和其他有争议的问题进行。

对被告人不认罪或者辩护人作无罪辩护的案件，法庭辩论时，可以指引控辩双方先辩论定罪问题，后辩论量刑和其他问题。

第二百八十六条 法庭辩论过程中，合议庭发现与定罪、量刑有关的新的事实，有必要调查的，审判长可以宣布恢复法庭调查，在对新的事实调查后，继续法庭辩论。

★关于推进以审判为中心的刑事诉讼制度改革的意见（2016年7月20日）（节录）

十三、完善法庭辩论规则，确保控辩意见发表在法庭。法庭辩论应当围绕定罪、量刑分别进行，对被告人认罪的案件，主要围绕量刑进行。法庭应当充分听取控辩双方意见，依法保障被告人及其辩护人的辩论辩护权。

★最高人民法院关于全面推进以审判为中心的刑事诉讼制度改革的实施意见（2017年2月17日）（节录）

18. 法庭应当依法保障控辩双方在庭审中的发问、质证、辩论等诉讼权利。对控辩双方当庭提出的申请或者异议，法庭应当作出处理。

法庭可以在审理过程中归纳控辩双方的争议焦点，引导控辩双方针对影响定罪量刑的实质性问题进行辩论。对控辩双方的发言与案件无关、重复或者扰乱法庭秩序等情形，法庭应当予以提醒、制止。

2. **法庭辩论规则**

★最高人民法院关于适用《中华人民共和国刑事诉讼法》的解释（2021年1月26日）（节录）

第二百八十一条 法庭辩论应当在审判长的主持下，按照下列顺序进行：
（一）公诉人发言；
（二）被害人及其诉讼代理人发言；
（三）被告人自行辩护；

（四）辩护人辩护；

（五）控辩双方进行辩论。

★**人民检察院刑事诉讼规则**（2019年12月30日）（节录）

第四百一十七条　在法庭审理过程中，经审判长许可，公诉人可以逐一对正在调查的证据和案件情况发表意见，并同被告人、辩护人进行辩论。证据调查结束时，公诉人应当发表总结性意见。

在法庭辩论中，公诉人与被害人、诉讼代理人意见不一致的，公诉人应当认真听取被害人、诉讼代理人的意见，阐明自己的意见和理由。

3. 被告人最后陈述权利的保障及限制

★**最高人民法院关于适用《中华人民共和国刑事诉讼法》的解释**（2021年1月26日）（节录）

第二百八十七条　审判长宣布法庭辩论终结后，合议庭应当保证被告人充分行使最后陈述的权利。

被告人在最后陈述中多次重复自己的意见的，法庭可以制止；陈述内容蔑视法庭、公诉人，损害他人及社会公共利益，或者与本案无关的，应当制止。

在公开审理的案件中，被告人最后陈述的内容涉及国家秘密、个人隐私或者商业秘密的，应当制止。

第二百八十八条　被告人在最后陈述中提出新的事实、证据，合议庭认为可能影响正确裁判的，应当恢复法庭调查；被告人提出新的辩解理由，合议庭认为可能影响正确裁判的，应当恢复法庭辩论。

4. 量刑程序

（1）庭审应保障量刑程序的独立性

★**最高人民法院、最高人民检察院、公安部、国家安全部、司法部关于规范量刑程序若干问题的意见**（2020年11月5日）（节录）

第一条　人民法院审理刑事案件，在法庭审理中应当保障量刑程序的相对独立性。

人民检察院在审查起诉中应当规范量刑建议。

第二条第一款　侦查机关、人民检察院应当依照法定程序，全面收集、审查、移送证明犯罪嫌疑人、被告人犯罪事实、量刑情节的证据。

第三款　人民检察院在审查起诉时发现侦查机关应当收集而未收集量刑证据的，可以退回侦查机关补充侦查，也可以自行侦查。人民检察院退回补充侦查的，侦查机关应当按照人民检察院退回补充侦查提纲的要求及时收集相关证据。

★**人民法院量刑程序指导意见（试行）**（2009年4月）（节录）

一、人民法院审理刑事案件，应当将量刑纳入法庭审理程序。在法庭调查、法庭辩论等阶段，应当保障量刑活动的相对独立性。

（2）量刑事实法庭调查规则

★**人民检察院开展量刑建议工作的指导意见（试行）**（2010年2月23日）（节录）

第十二条　在法庭调查中，公诉人可以根据案件的不同种类、特点和庭审的实际情况，合理安排和调整举证顺序。定罪证据和量刑证据可以分开出示的，应当先出示定罪证据，后出示量刑证据。

对于有数起犯罪事实的案件，其中涉及每起犯罪中量刑情节的证据，应当在对该起犯罪事实举证时出示；涉及全案综合量刑情节的证据，应当在举证阶段的最后出示。

第十三条　对于辩护方提出的量刑证据，公诉人应当进行质证。辩护方对公诉人出示的量刑证据质证的，公诉人应当答辩。公诉人质证应紧紧围绕案件事实、证据进行，质证应做到目的明确、重点突出、逻辑清楚，如有必要，可以简要概述已经法庭质证的其他证据，用以反驳辩护方的质疑。

第十五条　对于公诉人出庭的简易程序案件和普通程序审理的被告人认罪案件，参照相关司法解释和规范性文件的规定开展法庭调查，可以主要围绕量刑的事实、情节、法律适用进行辩论。

第十六条　在进行量刑辩论过程中，为查明与量刑有关的重要事实和情节，公诉人可以依法申请恢复法庭调查。

★**最高人民法院、最高人民检察院、公安部、国家安全部、司法部关于规范量刑程序若干问题的意见**（2020年11月5日）（节录）

第十三条　适用简易程序审理的案件，在确认被告人对起诉书指控的犯罪事实和罪名没有异议，自愿认罪且知悉认罪的法律后果后，法庭审理可以直接围绕量刑进行，不再区分法庭调查、法庭辩论，但在判决宣告前应当听取被告人的最后陈述意见。

适用简易程序审理的案件，一般应当当庭宣判。

第十四条　适用普通程序审理的被告人认罪案件，在确认被告人了解起诉书指控的犯罪事实和罪名，自愿认罪且知悉认罪的法律后果后，法庭审理主要围绕量刑和其他有争议的问题进行，可以适当简化法庭调查、法庭辩论程序。

第十五条第一款　对于被告人不认罪或者辩护人做无罪辩护的案件，法庭调查和法庭辩论分别进行。

第二款　在法庭调查阶段，应当在查明定罪事实的基础上，查明有关量刑事实，被告人及其辩护人可以出示证明被告人无罪或者罪轻的证据，当庭发表质证意见。

第十六条　在法庭调查中，公诉人可以根据案件的不同种类、特点和庭审的实际情况，合理安排和调整举证顺序。定罪证据和量刑证据分开出示的，应当先出示定罪证据，后出示量刑证据。

对于有数起犯罪事实的案件的量刑证据，可以在对每起犯罪事实举证时分别出示，也可以对同类犯罪事实一并出示；涉及全案综合量刑情节的证据，一般应当在举证阶段最后出示。

第十九条　在法庭审理中，审判人员对量刑证据有疑问的，可以宣布休庭，对证据进行调查核实，必要时也可以要求人民检察院补充调查核实。人民检察院补充调查核实有关证据，必要时可以要求侦查机关提供协助。

对于控辩双方补充的证据，应当经过庭审质证才能作为定案的根据。但是，对于有利于被告人的量刑证据，经庭外征求意见，控辩双方没有异议的除外。

第二十条　被告人及其辩护人、被害人及其诉讼代理人申请人民法院调取在侦查、审查起诉阶段收集的量刑证据材料，人民法院认为确有必要的，应当依法调取；人民法院认为不需要调取的，应当说明理由。

第二十二条　在法庭辩论中，出现新的量刑事实，需要进一步调查的，应当恢复法庭调查，待事实查清后继续法庭辩论。

第二十六条　开庭审理的二审、再审案件的量刑程序，依照有关法律规定进行。法律没有规定的，参照本意见进行。

对于不开庭审理的二审、再审案件，审判人员在阅卷、讯问被告人、听取自诉人、辩护人、被害人及其诉讼代理人的意见时，应当注意审查量刑事实和证据。

★人民法院量刑程序指导意见（试行）（2009年4月）（节录）

四、适用普通程序审理的案件，在法庭调查过程中，可以根据案件具体情况先调查犯罪事实，后调查量刑事实；在法庭辩论过程中，也可以先辩论定罪问题，后辩论量刑问题。

被告人认罪或者虽然不认罪但同意参与审理量刑问题的，按照被告人认罪案件的程序审理量刑问题。

被告人不认罪且不同意参与审理量刑问题的，合议庭应当告知其有权提出从轻、减轻、免除处罚的意见和理由，记录在卷后，法庭审理继续进行。

五、适用简易程序或普通程序审理的被告人认罪案件，在核实犯罪事实后，庭审主要围绕量刑事实、情节和刑罚适用问题进行举证、质证和辩论。

六、量刑事实的调查按照以下顺序进行：

（1）审判人员首先归纳在犯罪事实调查阶段已经查明的量刑事实，并告知公诉人、当事人和辩护人、诉讼代理人不再重复举证和质证；

（2）公诉人、自诉人及其诉讼代理人就其掌握的未经审理的量刑事实举证，并接受质证；

（3）被告人及其辩护人就其掌握的未经审理的量刑事实举证，并接受质证。

被害人及其诉讼代理人到庭参加诉讼的，可以向法庭提交量刑事实证据，并接受质证。

有关方面向法庭提交涉及未成年人量刑的社会调查报告的，调查报告应当当庭宣读，并接受质证。

八、被告人及其辩护人确因客观原因未能收集到量刑证据，申请调取证据的，人民法院认为必要时，可以依法调取。

九、在法庭审理过程中，当事人及其辩护人、诉讼代理人申请新的证人到庭，调取新的物证、书证，申请鉴定或者重新鉴定，人民法院认为有必要的，应当同意。

十二、人民法院审理二审、再审刑事案件的量刑程序，除法律另有规定外，可以参照本意见进行。

★最高人民法院关于适用《中华人民共和国刑事诉讼法》的解释（2021年1月26日）（节录）

第二百七十六条 法庭审理过程中，对与量刑有关的事实、证据，应当进行调查。

人民法院除应当审查被告人是否具有法定量刑情节外，还应当根据案件情况审查以下影响量刑的情节：

（一）案件起因；

（二）被害人有无过错及过错程度，是否对矛盾激化负有责任及责任大小；

（三）被告人的近亲属是否协助抓获被告人；

（四）被告人平时表现，有无悔罪态度；

（五）退赃、退赔及赔偿情况；

（六）被告人是否取得被害人或者其近亲属谅解；

（七）影响量刑的其他情节。

第二百七十七条　审判期间，合议庭发现被告人可能有自首、坦白、立功等法定量刑情节，而人民检察院移送的案卷中没有相关证据材料的，应当通知人民检察院在指定时间内移送。

审判期间，被告人提出新的立功线索的，人民法院可以建议人民检察院补充侦查。

第二百七十八条　对被告人认罪的案件，在确认被告人了解起诉书指控的犯罪事实和罪名，自愿认罪且知悉认罪的法律后果后，法庭调查可以主要围绕量刑和其他有争议的问题进行。

对被告人不认罪或者辩护人作无罪辩护的案件，法庭调查应当在查明定罪事实的基础上，查明有关量刑事实。

★**最高人民法院关于全面推进以审判为中心的刑事诉讼制度改革的实施意见**（2017年2月17日）（节录）

19. 法庭应当充分听取控辩双方的量刑建议和意见，根据查明的事实、情节，参照量刑指导意见规范量刑，保证量刑公正。

★**人民法院办理刑事案件第一审普通程序法庭调查规程（试行）**（2017年11月27日）（节录）

第四十二条　法庭除应当审查被告人是否具有法定量刑情节外，还应当根据案件情况审查以下影响量刑的情节：

（一）案件起因；

（二）被害人有无过错及过错程度，是否对矛盾激化负有责任及责任大小；

（三）被告人的近亲属是否协助抓获被告人；

（四）被告人平时表现，有无悔罪态度；

（五）退赃、退赔及赔偿情况；

（六）被告人是否取得被害人或者其近亲属谅解；

（七）影响量刑的其他情节。

第四十三条　审判期间，被告人及其辩护人提出有自首、坦白、立功等法定量刑情节，或者人民法院发现被告人可能有上述法定量刑情节，而人民检察院移送的案卷中没有相关证据材料的，应当通知人民检察院移送。

审判期间，被告人及其辩护人提出新的立功情节，并提供相关线索或者材料的，人民法院可以建议人民检察院补充侦查。

第四十四条 被告人当庭不认罪或者辩护人作无罪辩护的，法庭对定罪事实进行调查后，可以对与量刑有关的事实、证据进行调查。被告人及其辩护人可以当庭发表质证意见，出示证明被告人罪轻或者无罪的证据。被告人及其辩护人参加量刑事实、证据的调查，不影响无罪辩解或者辩护。

（3）量刑建议、量刑意见的提出方式

★**人民法院量刑程序指导意见（试行）（2009年4月）（节录）**

三、在法庭审理过程中，审判人员应当注意听取公诉人、当事人、辩护人和诉讼代理人提出的量刑意见。

量刑意见应当具有一定幅度，并应当有相应证据和理由。

★**人民检察院开展量刑建议工作的指导意见（试行）（2010年2月23日）（节录）**

第一条 量刑建议是指人民检察院对提起公诉的被告人，依法就其适用的刑罚种类、幅度及执行方式等向人民法院提出的建议。量刑建议是检察机关公诉权的一项重要内容。

第二条 人民检察院提出量刑建议，应当遵循以下原则：

（一）依法建议。应当根据犯罪的事实、犯罪的性质，情节和对于社会的危害程度，依照刑法、刑事诉讼法以及相关司法解释的规定提出量刑建议。

（二）客观公正。应当从案件的实际情况出发，客观、全面地审查证据，严格以事实为根据，提出公正的量刑建议。

（三）宽严相济。应当贯彻宽严相济刑事政策，在综合考虑案件从重、从轻、减轻或者免除处罚等各种情节的基础上，提出量刑建议。

（四）注重效果。提出量刑建议时，既要依法行使检察机关的法律监督职权，也要尊重人民法院独立行使审判权，争取量刑建议的最佳效果。

第三条 人民检察院对向人民法院提起公诉的案件，可以提出量刑建议。

第四条 提出量刑建议的案件应当具备以下条件：

（一）犯罪事实清楚，证据确实充分；

（二）提出量刑建议所依据的各种法定从重、从轻、减轻等量刑情节已查清；

（三）提出量刑建议所依据的重要酌定从重、从轻等量刑情节已查清。

第五条 除有减轻处罚情节外，量刑建议应当在法定量刑幅度内提出，不得兼跨两种以上主刑。

（一）建议判处死刑、无期徒刑的，应当慎重。

(二）建议判处有期徒刑的，一般应当提出一个相对明确的量刑幅度，法定刑的幅度小于3年（含3年）的，建议幅度一般不超过1年；法定刑的幅度大于3年小于5年（含5年）的，建议幅度一般不超过2年；法定刑的幅度大于5年的，建议幅度一般不超过3年。根据案件具体情况，如确有必要，也可以提出确定刑期的建议。

（三）建议判处管制的，幅度一般不超过3个月。

（四）建议判处拘役的，幅度一般不超过1个月。

（五）建议适用缓刑的，应当明确提出。

（六）建议判处附加刑的，可以只提出适用刑种的建议。

对不宜提出具体量刑建议的特殊案件，可以提出依法从重、从轻、减轻处罚等概括性建议。

第六条 人民检察院指控被告人犯有数罪的，应当对指控的各罪分别提出量刑建议，可以不再提出总的建议。

第七条 对于共同犯罪案件，人民检察院应当根据各被告人在共同犯罪中的地位、作用以及应当承担的刑事责任分别提出量刑建议。

第八条 公诉部门承办人在审查案件时，应当对犯罪嫌疑人所犯罪行、承担的刑事责任和各种量刑情节进行综合评估，并提出量刑的意见。

第九条 量刑评估应当全面考虑案件所有可能影响量刑的因素，包括从重、从轻、减轻或者免除处罚等法定情节和犯罪嫌疑人的认罪态度等酌定情节。

一案中多个法定、酌定情节并存时，每个量刑情节均应得到实际评价。

第十条 提出量刑建议，应当区分不同情形，按照以下审批程序进行：

（一）对于主诉检察官决定提起公诉的一般案件，由主诉检察官决定提出量刑建议；公诉部门负责人对于主诉检察官提出的量刑建议有异议的，报分管副检察长决定。

（二）对于特别重大、复杂的案件、社会高度关注的敏感案件或者建议减轻处罚、免除处罚的案件以及非主诉检察官承办的案件，由承办检察官提出量刑的意见，部门负责人审核，检察长或者检察委员会决定。

第十一条 人民检察院提出量刑建议，一般应制作量刑建议书，根据案件具体情况，也可以在公诉意见书中提出。

对于人民检察院不派员出席法庭的简易程序案件，应当制作量刑建议书。

量刑建议书一般应载明检察机关建议人民法院对被告人处以刑罚的种类、刑罚幅度、可以适用的刑罚执行方式以及提出量刑建议的依据和理由等。

第十四条 公诉人应当在法庭辩论阶段提出量刑建议。根据法庭的安排，可以先对定性问题发表意见,后对量刑问题发表意见,也可以对定性与量刑问题一并发表意见。

对于检察机关未提出明确的量刑建议而辩护方提出量刑意见的,公诉人应当提出答辩意见。

第十八条　对于人民检察院派员出席法庭的案件,一般应将量刑建议书与起诉书一并送达人民法院;对庭审中调整量刑建议的,可以在庭审后将修正后的量刑建议书向人民法院提交。

对于人民检察院不派员出席法庭的简易程序案件,应当将量刑建议书与起诉书一并送达人民法院。

第二十条　人民检察院办理刑事二审再审案件,可以参照本意见提出量刑建议。

第二十一条　对于二审或者再审案件,检察机关认为应当维持原审裁判量刑的,可以在出席法庭时直接提出维持意见;认为应当改变原审裁判量刑的,可以另行制作量刑建议书提交法庭审理。

★最高人民法院、最高人民检察院、公安部、国家安全部、司法部关于规范量刑程序若干问题的意见（2020年11月5日）（节录）

第五条　符合下列条件的案件,人民检察院提起公诉时可以提出量刑建议;被告人认罪认罚的,人民检察院应当提出量刑建议:

(一)犯罪事实清楚,证据确实、充分;

(二)提出量刑建议所依据的法定从重、从轻、减轻或者免除处罚等量刑情节已查清;

(三)提出量刑建议所依据的酌定从重、从轻处罚等量刑情节已查清。

第六条　量刑建议包括主刑、附加刑、是否适用缓刑等。主刑可以具有一定的幅度,也可以根据案件具体情况,提出确定刑期的量刑建议。建议判处财产刑的,可以提出确定的数额。

第七条　对常见犯罪案件,人民检察院应当按照量刑指导意见提出量刑建议。对新类型、不常见犯罪案件,可以参照相关量刑规范提出量刑建议。提出量刑建议,应当说明理由和依据。

第八条　人民检察院指控被告人犯有数罪的,应当对指控的个罪分别提出量刑建议,并依法提出数罪并罚后决定执行的刑罚的量刑建议。

对于共同犯罪案件,人民检察院应当根据各被告人在共同犯罪中的地位、作用以及应当承担的刑事责任分别提出量刑建议。

第九条　人民检察院提出量刑建议，可以制作量刑建议书，与起诉书一并移送人民法院；对于案情简单、量刑情节简单的适用速裁程序的案件，也可以在起诉书中写明量刑建议。

量刑建议书中应当写明人民检察院建议对被告人处以的主刑、附加刑、是否适用缓刑等及其理由和依据。

人民检察院以量刑建议书方式提出量刑建议的，人民法院在送达起诉书副本时，应当将量刑建议书一并送达被告人。

第十条　在刑事诉讼中，自诉人、被告人及其辩护人、被害人及其诉讼代理人可以提出量刑意见，并说明理由，人民检察院、人民法院应当记录在案并附卷。

★最高人民法院关于适用《中华人民共和国刑事诉讼法》的解释（2021年1月26日）（节录）

第二百八十二条　人民检察院可以提出量刑建议并说明理由；建议判处管制、宣告缓刑的，一般应当附有调查评估报告，或者附有委托调查函。

当事人及其辩护人、诉讼代理人可以对量刑提出意见并说明理由。

★人民检察院刑事诉讼规则（2019年12月30日）（节录）

第四百一十八条　人民检察院向人民法院提出量刑建议的，公诉人应当在发表公诉意见时提出。

对认罪认罚案件，人民法院经审理认为人民检察院的量刑建议明显不当向人民检察院提出的，或者被告人、辩护人对量刑建议提出异议的，人民检察院可以调整量刑建议。

★人民检察院办理认罪认罚案件监督管理办法（2020年5月11日）（节录）

第五条　办理认罪认罚案件，检察官应当依法在权限范围内提出量刑建议。在确定和提出量刑建议前，应当充分听取犯罪嫌疑人、被告人、辩护人或者值班律师的意见，切实开展量刑协商工作，保证量刑建议依法体现从宽、适当，并在协商一致后由犯罪嫌疑人签署认罪认罚具结书。

第六条　检察官提出量刑建议，应当与审判机关对同一类型、情节相当案件的判罚尺度保持基本均衡。在起诉文书中，应当对量刑建议说明理由和依据，其中拟以速裁程序审理的案件可以在起诉书中概括说明，拟以简易程序、普通程序审理的案件应当在起诉书或者量刑建议书中充分叙明。

第七条　案件提起公诉后，出现新的量刑情节，或者法官经审理认为量刑建议明显不当建议检察官作出调整的,或者被告人、辩护人对量刑建议提出异议的,检察官可以视情作出调整。若原量刑建议由检察官提出的,检察官调整量刑建议后应当向部门负责人报告备案;若原量刑建议由检察长(分管副检察长)决定的,由检察官报请检察长(分管副检察长)决定。

(4)量刑辩论规则

★**最高人民法院、最高人民检察院、公安部、国家安全部、司法部关于规范量刑程序若干问题的意见**(2020年11月5日)(节录)

第二十一条 在法庭辩论中,量刑辩论按照以下顺序进行:

(一)公诉人发表量刑建议,或者自诉人及其诉讼代理人发表量刑意见;

(二)被害人及其诉讼代理人发表量刑意见;

(三)被告人及其辩护人发表量刑意见。

(5)裁判文书应当说明量刑理由

★**最高人民法院、最高人民检察院、公安部、国家安全部、司法部关于规范量刑程序若干问题的意见**(2020年11月5日)(节录)

第二十五条 人民法院应当在刑事裁判文书中说明量刑理由。量刑说理主要包括:

(一)已经查明的量刑事实及其对量刑的影响;

(二)是否采纳公诉人、自诉人、被告人及其辩护人、被害人及其诉讼代理人发表的量刑建议、意见及理由;

(三)人民法院判处刑罚的理由和法律依据。

对于适用速裁程序审理的案件,可以简化量刑说理。

★**人民法院量刑程序指导意见(试行)**(2009年4月)(节录)

二、在刑事裁判文书中,应当说明量刑理由。

十一、裁判文书中的量刑说理,一般包括以下内容:

(1)已经查明的量刑事实及其对量刑的影响;

(2)是否采纳公诉人、当事人和辩护人、诉讼代理人的量刑意见及其理由;

(3)人民法院的量刑理由和法律依据。

> **第一百九十九条 【违反法庭秩序的处罚措施和程序】** 在法庭审判过程中，如果诉讼参与人或者旁听人员违反法庭秩序，审判长应当警告制止。对不听制止的，可以强行带出法庭；情节严重的，处以一千元以下的罚款或者十五日以下的拘留。罚款、拘留必须经院长批准。被处罚人对罚款、拘留的决定不服的，可以向上一级人民法院申请复议。复议期间不停止执行。
>
> 对聚众哄闹、冲击法庭或者侮辱、诽谤、威胁、殴打司法工作人员或者诉讼参与人，严重扰乱法庭秩序，构成犯罪的，依法追究刑事责任。

要点及关联法规

1. 法庭纪律

★最高人民法院关于适用《中华人民共和国刑事诉讼法》的解释（2021年1月26日）（节录）

第三百零六条 庭审期间，全体人员应当服从法庭指挥，遵守法庭纪律，尊重司法礼仪，不得实施下列行为：

（一）鼓掌、喧哗、随意走动；

（二）吸烟、进食；

（三）拨打、接听电话，或者使用即时通讯工具；

（四）对庭审活动进行录音、录像、拍照或者使用即时通讯工具等传播庭审活动；

（五）其他危害法庭安全或者扰乱法庭秩序的行为。

旁听人员不得进入审判活动区，不得随意站立、走动，不得发言和提问。

记者经许可实施第一款第四项规定的行为，应当在指定的时间及区域进行，不得干扰庭审活动。

★中华人民共和国人民法院法庭规则（2016年4月13日）（节录）

第十七条 全体人员在庭审活动中应当服从审判长或独任审判员的指挥，尊重司法礼仪，遵守法庭纪律，不得实施下列行为：

（一）鼓掌、喧哗；

（二）吸烟、进食；
（三）拨打或接听电话；
（四）对庭审活动进行录音、录像、拍照或使用移动通信工具等传播庭审活动；
（五）其他危害法庭安全或妨害法庭秩序的行为。

检察人员、诉讼参与人发言或提问，应当经审判长或独任审判员许可。

旁听人员不得进入审判活动区，不得随意站立、走动，不得发言和提问。

媒体记者经许可实施第一款第四项规定的行为，应当在指定的时间及区域进行，不得影响或干扰庭审活动。

2. 违反法庭纪律的后果

★最高人民法院关于适用《中华人民共和国刑事诉讼法》的解释（2021年1月26日）（节录）

第三百零七条　有关人员危害法庭安全或者扰乱法庭秩序的，审判长应当按照下列情形分别处理：

（一）情节较轻的，应当警告制止；根据具体情况，也可以进行训诫；

（二）训诫无效的，责令退出法庭；拒不退出的，指令法警强行带出法庭；

（三）情节严重的，报经院长批准后，可以对行为人处一千元以下的罚款或者十五日以下的拘留。

未经许可对庭审活动进行录音、录像、拍照或者使用即时通讯工具等传播庭审活动的，可以暂扣相关设备及存储介质，删除相关内容。

有关人员对罚款、拘留的决定不服的，可以直接向上一级人民法院申请复议，也可以通过决定罚款、拘留的人民法院向上一级人民法院申请复议。通过决定罚款、拘留的人民法院申请复议的，该人民法院应当自收到复议申请之日起三日以内，将复议申请、罚款或者拘留决定书和有关事实、证据材料一并报上一级人民法院复议。复议期间，不停止决定的执行。

第三百零八条　担任辩护人、诉讼代理人的律师严重扰乱法庭秩序，被强行带出法庭或者被处以罚款、拘留的，人民法院应当通报司法行政机关，并可以建议依法给予相应处罚。

第三百零九条　实施下列行为之一，危害法庭安全或者扰乱法庭秩序，构成犯罪的，依法追究刑事责任：

（一）非法携带枪支、弹药、管制刀具或者爆炸性、易燃性、毒害性、放射性以及传染病病原体等危险物质进入法庭；

（二）哄闹、冲击法庭；

（三）侮辱、诽谤、威胁、殴打司法工作人员或者诉讼参与人；

（四）毁坏法庭设施，抢夺、损毁诉讼文书、证据；

（五）其他危害法庭安全或者扰乱法庭秩序的行为。

第三百一十条　辩护人严重扰乱法庭秩序，被责令退出法庭、强行带出法庭或者被处以罚款、拘留，被告人自行辩护的，庭审继续进行；被告人要求另行委托辩护人，或者被告人属于应当提供法律援助情形的，应当宣布休庭。

辩护人、诉讼代理人被责令退出法庭、强行带出法庭或者被处以罚款后，具结保证书，保证服从法庭指挥、不再扰乱法庭秩序的，经法庭许可，可以继续担任辩护人、诉讼代理人。

辩护人、诉讼代理人具有下列情形之一的，不得继续担任同一案件的辩护人、诉讼代理人：

（一）擅自退庭的；

（二）无正当理由不出庭或者不按时出庭，严重影响审判顺利进行的；

（三）被拘留或者具结保证书后再次被责令退出法庭、强行带出法庭的。

★中华人民共和国人民法院法庭规则（2016年4月13日）（节录）

第十九条　审判长或独任审判员对违反法庭纪律的人员应当予以警告；对不听警告的，予以训诫；对训诫无效的，责令其退出法庭；对拒不退出法庭的，指令司法警察将其强行带出法庭。

行为人违反本规则第十七条第一款第四项规定的，人民法院可以暂扣其使用的设备及存储介质，删除相关内容。

第二十条　行为人实施下列行为之一，危及法庭安全或扰乱法庭秩序的，根据相关法律规定，予以罚款、拘留；构成犯罪的，依法追究其刑事责任：

（一）非法携带枪支、弹药、管制刀具或者爆炸性、易燃性、放射性、毒害性、腐蚀性物品以及传染病病原体进入法庭；

（二）哄闹、冲击法庭；

（三）侮辱、诽谤、威胁、殴打司法工作人员或诉讼参与人；

（四）毁坏法庭设施，抢夺、损毁诉讼文书、证据；

（五）其他危害法庭安全或扰乱法庭秩序的行为。

第二十一条　司法警察依照审判长或独任审判员的指令维持法庭秩序。

出现危及法庭内人员人身安全或者严重扰乱法庭秩序等紧急情况时，司法警察可以直接采取必要的处置措施。

人民法院依法对违反法庭纪律的人采取的扣押物品、强行带出法庭以及罚款、拘留等强制措施，由司法警察执行。

第二十二条 人民检察院认为审判人员违反本规则的，可以在庭审活动结束后向人民法院提出处理建议。

诉讼参与人、旁听人员认为审判人员、书记员、司法警察违反本规则的，可以在庭审活动结束后向人民法院反映。

第二十三条 检察人员违反本规则的，人民法院可以向人民检察院通报情况并提出处理建议。

第二十四条 律师违反本规则的，人民法院可以向司法行政机关及律师协会通报情况并提出处理建议。

第二十五条 人民法院进行案件听证、国家赔偿案件质证、网络视频远程审理以及在法院以外的场所巡回审判等，参照适用本规则。

第二十六条 外国人、无国籍人旁听庭审活动，外国媒体记者报道庭审活动，应当遵守本规则。

3. 对违反法庭纪律的律师的惩罚措施和程序

★**最高人民法院、司法部关于依法保障律师诉讼权利和规范律师参与庭审活动的通知**（2018年4月21日）（节录）

三、法庭审理过程中，法官应当尊重律师，不得侮辱、嘲讽律师。审判长或者独任审判员认为律师在法庭审理过程中违反法庭规则、法庭纪律的，应当依法给予警告、训诫等，确有必要时可以休庭处置，除当庭攻击党和国家政治制度、法律制度等严重扰乱法庭秩序的，不采取责令律师退出法庭或者强行带出法庭措施。确需司法警察当庭对律师采取措施维持法庭秩序的，有关执法行为要规范、文明，保持必要、合理限度。律师被依法责令退出法庭、强行带出法庭或者被处以罚款后，具结保证书，保证服从法庭指令、不再扰乱法庭秩序的，经法庭许可，可以继续担任同一案件的辩护人、诉讼代理人；具有擅自退庭、无正当理由不按时出庭参加诉讼、被拘留或者具结保证书后再次被依法责令退出法庭、强行带出法庭的，不得继续担任同一案件的辩护人、诉讼代理人。人民法院应当对庭审活动进行全程录像或录音，对律师在庭审活动中违反法定程序的情形应当记录在案。

> **第二百条** 【合议庭评议、判决】在被告人最后陈述后，审判长宣布休庭，合议庭进行评议，根据已经查明的事实、证据和有关的法律规定，分别作出以下判决：
> （一）案件事实清楚，证据确实、充分，依据法律认定被告人有罪的，应当作出有罪判决；
> （二）依据法律认定被告人无罪的，应当作出无罪判决；
> （三）证据不足，不能认定被告人有罪的，应当作出证据不足、指控的犯罪不能成立的无罪判决。

● 要点及关联法规

1. 合议庭评议的内容

★最高人民法院关于适用《中华人民共和国刑事诉讼法》的解释（2021年1月26日）（节录）

第二百九十一条 被告人最后陈述后，审判长应当宣布休庭，由合议庭进行评议。

第二百九十四条 合议庭评议案件，应当根据已经查明的事实、证据和有关法律规定，在充分考虑控辩双方意见的基础上，确定被告人是否有罪、构成何罪，有无从重、从轻、减轻或者免除处罚情节，应否处以刑罚、判处何种刑罚，附带民事诉讼如何解决，查封、扣押、冻结的财物及其孳息如何处理等，并依法作出判决、裁定。

2. 合议庭评议的标准及裁决结果

★最高人民法院、最高人民检察院、公安部、司法部关于进一步严格依法办案确保办理死刑案件质量的意见（2007年3月9日）（节录）

35. 人民法院应当根据已经审理查明的事实、证据和有关的法律规定，依法作出裁判。对案件事实清楚，证据确实、充分，依据法律认定被告人有罪的，应当作出有罪判决；对依据法律认定被告人无罪的，应当作出无罪判决；证据不足，不能认定被告人有罪的，应当作出证据不足、指控的犯罪不能成立的无罪判决；定罪的证据确实，但影响量刑的证据存有疑点，处刑时应当留有余地。

★最高人民法院关于适用《中华人民共和国刑事诉讼法》的解释（2021年1月26日）（节录）

第二百九十五条 对第一审公诉案件，人民法院审理后，应当按照下列情形分别作出判决、裁定：

（一）起诉指控的事实清楚，证据确实、充分，依据法律认定指控被告人的罪名成立的，应当作出有罪判决；

（二）起诉指控的事实清楚，证据确实、充分，但指控的罪名不当的，应当依据法律和审理认定的事实作出有罪判决；

（三）案件事实清楚，证据确实、充分，依据法律认定被告人无罪的，应当判决宣告被告人无罪；

（四）证据不足，不能认定被告人有罪的，应当以证据不足、指控的犯罪不能成立，判决宣告被告人无罪；

（五）案件部分事实清楚，证据确实、充分的，应当作出有罪或者无罪的判决；对事实不清、证据不足部分，不予认定；

（六）被告人因未达到刑事责任年龄，不予刑事处罚的，应当判决宣告被告人不负刑事责任；

（七）被告人是精神病人，在不能辨认或者不能控制自己行为时造成危害结果，不予刑事处罚的，应当判决宣告被告人不负刑事责任；被告人符合强制医疗条件的，应当依照本解释第二十六章的规定进行审理并作出判决；

（八）犯罪已过追诉时效期限且不是必须追诉，或者经特赦令免除刑罚的，应当裁定终止审理；

（九）属于告诉才处理的案件，应当裁定终止审理，并告知被害人有权提起自诉；

（十）被告人死亡的，应当裁定终止审理；但有证据证明被告人无罪，经缺席审理确认无罪的，应当判决宣告被告人无罪。

对涉案财物，人民法院应当根据审理查明的情况，依照本解释第十八章的规定作出处理。

具有第一款第二项规定情形的，人民法院应当在判决前听取控辩双方的意见，保障被告人、辩护人充分行使辩护权。必要时，可以再次开庭，组织控辩双方围绕被告人的行为构成何罪及如何量刑进行辩论。

第二百九十八条 对依照本解释第二百一十九条第一款第五项规定受理的案件，人民法院应当在判决中写明被告人曾被人民检察院提起公诉，因证据不足，指控的犯罪不能成立，被人民法院依法判决宣告无罪的情况；前案依照刑事诉讼法第二百条第三项规定作出的判决不予撤销。

第三百四十条 对应当认定为单位犯罪的案件，人民检察院只作为自然人犯罪起诉的，人民法院应当建议人民检察院对犯罪单位追加起诉。人民检察院仍以自然人犯罪起诉的，人民法院应当依法审理，按照单位犯罪直接负责的主管人员或者其他直接责任人员追究刑事责任，并援引刑法分则关于追究单位犯罪中直接负责的主管人员和其他直接责任人员刑事责任的条款。

第三百四十四条 审判期间，被告单位被吊销营业执照、宣告破产但尚未完成清算、注销登记的，应当继续审理；被告单位被撤销、注销的，对单位犯罪直接负责的主管人员和其他直接责任人员应当继续审理。

第三百四十五条 审判期间，被告单位合并、分立的，应当将原单位列为被告单位，并注明合并、分立情况。对被告单位所判处的罚金以其在新单位的财产及收益为限。

第三百四十六条 审理单位犯罪案件，本章没有规定的，参照适用本解释的有关规定。

★关于推进以审判为中心的刑事诉讼制度改革的意见（2016年7月20日）（节录）

二、（第三款）人民法院作出有罪判决，对于证明犯罪构成要件的事实，应当综合全案证据排除合理怀疑，对于量刑证据存疑的，应当作出有利于被告人的认定。

十五、严格依法裁判。人民法院经审理，对案件事实清楚，证据确实、充分，依据法律认定被告人有罪的，应当作出有罪判决。依据法律规定认定被告人无罪的，应当作出无罪判决。证据不足，不能认定被告人有罪的，应当按照疑罪从无原则，依法作出无罪判决。

★最高人民法院关于全面推进以审判为中心的刑事诉讼制度改革的实施意见（2017年2月17日）（节录）

1. 坚持证据裁判原则，认定案件事实，必须以证据为根据。重证据，重调查研究，不轻信口供，没有证据不得认定案件事实。

2. 坚持非法证据排除原则，不得强迫任何人证实自己有罪。经审查认定的非法证据，应当依法予以排除，不得作为定案的根据。

3. 坚持疑罪从无原则，认定被告人有罪，必须达到犯罪事实清楚，证据确实、充分的证明标准。不得因舆论炒作、上访闹访等压力作出违反法律的裁判。

29. 证人没有出庭作证，其庭前证言真实性无法确认的，不得作为定案的根据。证人当庭作出的证言与其庭前证言矛盾，证人能够作出合理解释，并与相关证据印证的，可以采信其庭审证言；不能作出合理解释，而其庭前证言与相关证据印证的，可以采信其庭前证言。

经人民法院通知，鉴定人拒不出庭作证的，鉴定意见不得作为定案的根据。

30. 人民法院作出有罪判决，对于定罪事实应当综合全案证据排除合理怀疑。

定罪证据不足的案件，不能认定被告人有罪，应当作出证据不足、指控的犯罪不能成立的无罪判决。定罪证据确实、充分，量刑证据存疑的，应当作出有利于被告人的认定。

★人民法院办理刑事案件第一审普通程序法庭调查规程（试行）（2017年11月27日）（节录）

第四十五条 经过控辩双方质证的证据，法庭应当结合控辩双方质证意见，从证据与待证事实的关联程度、证据之间的印证联系、证据自身的真实性程度等方面，综合判断证据能否作为定案的根据。

证据与待证事实没有关联，或者证据自身存在无法解释的疑问，或者证据与待证事实以及其他证据存在无法排除的矛盾的，不得作为定案的根据。

第四十六条 通过勘验、检查、搜查等方式收集的物证、书证等证据，未通过辨认、鉴定等方式确定其与案件事实的关联的，不得作为定案的根据。

法庭对鉴定意见有疑问的，可以重新鉴定。

第四十七条 收集证据的程序、方式不符合法律规定，严重影响证据真实性的，人民法院应当建议人民检察院予以补正或者作出合理解释；不能补正或者作出合理解释的，有关证据不得作为定案的根据。

第四十八条 证人没有出庭作证，其庭前证言真实性无法确认的，不得作为定案的根据。

证人当庭作出的证言与其庭前证言矛盾，证人能够作出合理解释，并与相关证据印证的，应当采信其庭审证言；不能作出合理解释，而其庭前证言与相关证据印证的，可以采信其庭前证言。

第四十九条 经人民法院通知，鉴定人拒不出庭作证的，鉴定意见不得作为定案的根据。

有专门知识的人当庭对鉴定意见提出质疑，鉴定人能够作出合理解释，并与相关证据印证的，应当采信鉴定意见；不能作出合理解释，无法确认鉴定意见可靠性的，有关鉴定意见不能作为定案的根据。

第五十条　被告人的当庭供述与庭前供述、自书材料存在矛盾，被告人能够作出合理解释，并与相关证据印证的，应当采信其当庭供述；不能作出合理解释，而其庭前供述、自书材料与相关证据印证的，可以采信其庭前供述、自书材料。

法庭应当结合讯问录音录像对讯问笔录进行全面审查。讯问笔录记载的内容与讯问录音录像存在实质性差异的，以讯问录音录像为准。

第五十一条　对于控辩双方提出的事实证据争议，法庭应当当庭进行审查，经审查后作出处理的，应当当庭说明理由，并在裁判文书中写明；需要庭后评议作出处理的，应当在裁判文书中说明理由。

第五十二条　法庭认定被告人有罪，必须达到犯罪事实清楚、证据确实、充分，对于定罪事实应当综合全案证据排除合理怀疑。定罪证据不足的案件，不能认定被告人有罪，应当作出证据不足、指控的犯罪不能成立的无罪判决。定罪证据确实、充分，量刑证据存疑的，应当作出有利于被告人的认定。

3. 判决宣告前检察院追加、补充、变更起诉的处理

★**最高人民检察院关于公诉案件撤回起诉若干问题的指导意见**（2007年2月2日）（节录）

第五条　案件提起公诉后出现如下情况的，不得撤回起诉，应当依照有关规定分别作出处理：

（一）人民检察院发现被告人的真实身份或者犯罪事实与起诉书中叙述的身份或者指控犯罪事实不符的，可以要求变更起诉；发现遗漏的同案犯罪嫌疑人或者罪行可以一并起诉和审理的，可以要求追加起诉；

（二）人民法院在审理中发现新的犯罪事实，可能影响定罪量刑，建议人民检察院追加或变更起诉，人民检察院经审查同意的，应当提出追加或变更起诉；不同意的，应当要求人民法院就起诉指控的犯罪事实依法判决；

……

第六条　对于人民检察院决定变更起诉、追加起诉的案件，应当书面通知人民法院，并制作变更起诉书或追加起诉书。变更起诉书、追加起诉书文号分别编为：×检刑变诉（××××）×号、×检刑追诉（××××）×号。在案件提起公诉后、作出判决前，发现被告人存在新的犯罪事实需要追究刑事责任的，人民检察院如果在法定期限内能够追加起诉的，原则上应当合并审理。如果人民法院在法定期限内不能将追加部分与原案件一并审结的，可以另行起诉，原案件诉讼程序继续进行。

★最高人民法院、最高人民检察院、公安部、国家安全部、司法部、全国人大常委会法制工作委员会关于实施刑事诉讼法若干问题的规定（2012年12月26日）（节录）

30. 人民法院审理公诉案件，发现有新的事实，可能影响定罪的，人民检察院可以要求补充起诉或者变更起诉，人民法院可以建议人民检察院补充起诉或者变更起诉。人民法院建议人民检察院补充起诉或者变更起诉的，人民检察院应当在七日以内回复意见。

★最高人民法院关于适用《中华人民共和国刑事诉讼法》的解释（2021年1月26日）（节录）

第二百九十七条 审判期间，人民法院发现新的事实，可能影响定罪量刑的，或者需要补查补证的，应当通知人民检察院，由其决定是否补充、变更、追加起诉或者补充侦查。

人民检察院不同意或者在指定时间内未回复书面意见的，人民法院应当就起诉指控的事实，依照本解释第二百九十五条的规定作出判决、裁定。

★人民检察院刑事诉讼规则（2019年12月30日）（节录）

第四百二十三条 人民法院宣告判决前，人民检察院发现被告人的真实身份或者犯罪事实与起诉书中叙述的身份或者指控犯罪事实不符的，或者事实、证据没有变化，但罪名、适用法律与起诉书不一致的，可以变更起诉。发现遗漏同案犯罪嫌疑人或者罪行的，应当要求公安机关补充移送起诉或者补充侦查；对于犯罪事实清楚，证据确实、充分的，可以直接追加、补充起诉。

第四百二十五条 在法庭审理过程中，人民法院建议人民检察院补充侦查、补充起诉、追加起诉或者变更起诉的，人民检察院应当审查有关理由，并作出是否补充侦查、补充起诉、追加起诉或者变更起诉的决定。人民检察院不同意的，可以要求人民法院就起诉指控的犯罪事实依法作出裁判。

第四百二十六条 变更、追加、补充或者撤回起诉应当以书面方式在判决宣告前向人民法院提出。

4. 检察院撤回起诉情形的处理

★最高人民检察院关于公诉案件撤回起诉若干问题的指导意见（2007年2月2日）（节录）

第二条 撤回起诉是指人民检察院在案件提起公诉后、人民法院作出判决前，因出现一定法定事由，决定对提起公诉的全部或者部分被告人撤回处理的诉讼活动。

第三条　对于提起公诉的案件，发现下列情形之一的，人民检察院可以撤回起诉：

（一）不存在犯罪事实的；

（二）犯罪事实并非被告人所为的；

（三）情节显著轻微、危害不大，不认为是犯罪的；

（四）证据不足或证据发生变化，不符合起诉条件的；

（五）被告人因未达到刑事责任年龄，不负刑事责任的；

（六）被告人是精神病人，在不能辨认或者不能控制自己行为的时候造成危害结果，经法定程序鉴定确认，不负刑事责任的；

（七）法律、司法解释发生变化导致不应当追究被告人刑事责任的；

（八）其他不应当追究被告人刑事责任的。

第四条　对于人民法院建议人民检察院撤回起诉或拟作无罪判决的，人民检察院应当认真审查并与人民法院交换意见；对于符合本意见第三条规定的撤回起诉条件的，可以撤回起诉；认为犯罪事实清楚，证据确实、充分，依法应当追究刑事责任的，由人民法院依法判决。

第五条　案件提起公诉后出现如下情况的，不得撤回起诉，应当依照有关规定分别作出处理：

（一）人民检察院发现被告人的真实身份或者犯罪事实与起诉书中叙述的身份或者指控犯罪事实不符的，可以要求变更起诉；发现遗漏的同案犯罪嫌疑人或者罪行可以一并起诉和审理的，可以要求追加起诉；

（二）人民法院在审理中发现新的犯罪事实，可能影响定罪量刑，建议人民检察院追加或变更起诉，人民检察院经审查同意的，应当提出追加或变更起诉；不同意的，应当要求人民法院就起诉指控的犯罪事实依法判决；

（三）人民法院认为不属于其管辖或者改变管辖的，由人民法院决定将案件退回人民检察院，由原提起公诉的人民检察院移送有管辖权的人民检察院审查起诉；

（四）公诉人符合回避条件的，由人民检察院作出变更公诉人的决定；

（五）因被告人患精神病或者其他严重疾病以及被告人脱逃，致使案件在较长时间内无法继续审理的，由人民法院裁定中止审理；

（六）对于犯罪已过追诉时效期限并且不是必须追诉的，经特赦令免除刑罚的，依照刑法告诉才处理的犯罪没有告诉或者撤回告诉的，或者被告人在宣告判决前死亡的，由人民法院裁定终止审理。

第七条　在法庭审判过程中,人民检察院发现提起公诉的案件证据不足或者证据发生变化,需要补充侦查的,应当要求法庭延期审理;经补充侦查后,仍然认为证据不足,不符合起诉条件的,可以作出撤回起诉决定。

第八条　对于提起公诉的案件拟撤回起诉的,应当由承办人制作撤回起诉报告,写明撤回起诉的理由以及处理意见,经公诉部门负责人审核后报本院检察长或检察委员会决定。

第九条　人民检察院决定撤回起诉的,应当制作《人民检察院撤回起诉决定书》,加盖院章后送达人民法院。人民法院要求书面说明撤回起诉理由的,人民检察院应当书面说明。对于人民法院认为人民检察院决定撤回起诉的理由不充分,不同意撤回起诉并决定继续审理的,人民检察院应当继续参与刑事诉讼,建议人民法院依法裁判。

第十条　对于撤回起诉的案件,没有新的事实或者新的证据,人民检察院不得再行起诉。新的事实,是指原起诉书中未指控的犯罪事实。该犯罪事实触犯的罪名既可以是原指控罪名的同种罪名,也可以是异种罪名;新的证据,是指撤回起诉后收集、调取的足以证明原指控犯罪事实能够认定的证据。因为发现新的证据而重新起诉的,应当重新编号,制作新的起诉书。重新起诉的起诉书应当列明原提起公诉以及撤回起诉等诉讼经过。

第十一条　对于撤回起诉的案件,人民检察院应当在撤回起诉后七日内作出不起诉决定,或者书面说明理由将案卷退回侦查机关(部门)处理,并提出重新侦查或者撤销案件的建议。

第十二条　对于退回侦查机关(部门)提出重新侦查意见的案件,人民检察院应当及时督促侦查机关(部门)作出撤销、解除或者变更强制措施的决定。对于退回侦查机关(部门)提出撤销案件意见的案件,人民检察院应当及时督促侦查机关(部门)作出撤销强制措施的决定,依法处理对财物的扣押、冻结。

第十三条　对于撤回起诉的案件,应当在撤回起诉后三十日内将撤回起诉案件分析报告,连同起诉意见书、起诉书、撤回起诉决定书等相关法律文书报上一级人民检察院公诉部门备案。

★最高人民法院关于适用《中华人民共和国刑事诉讼法》的解释(2021年1月26日)(节录)

第二百九十六条　在开庭后、宣告判决前,人民检察院要求撤回起诉的,人民法院应当审查撤回起诉的理由,作出是否准许的裁定。

★**人民检察院刑事诉讼规则**（2019年12月30日）（节录）

第四百二十四条　人民法院宣告判决前，人民检察院发现具有下列情形之一的，经检察长批准，可以撤回起诉：

（一）不存在犯罪事实的；

（二）犯罪事实并非被告人所为的；

（三）情节显著轻微、危害不大，不认为是犯罪的；

（四）证据不足或证据发生变化，不符合起诉条件的；

（五）被告人因未达到刑事责任年龄，不负刑事责任的；

（六）法律、司法解释发生变化导致不应当追究被告人刑事责任的；

（七）其他不应当追究被告人刑事责任的。

对于撤回起诉的案件，人民检察院应当在撤回起诉后三十日以内作出不起诉决定。需要重新调查或者侦查的，应当在作出不起诉决定后将案卷材料退回监察机关或者公安机关，建议监察机关或者公安机关重新调查或者侦查，并书面说明理由。

对于撤回起诉的案件，没有新的事实或者新的证据，人民检察院不得再行起诉。

新的事实是指原起诉书中未指控的犯罪事实。该犯罪事实触犯的罪名既可以是原指控罪名的同一罪名，也可以是其他罪名。

新的证据是指撤回起诉后收集、调取的足以证明原指控犯罪事实的证据。

第四百二十六条　变更、追加、补充或者撤回起诉应当以书面方式在判决宣告前向人民法院提出。

第二百零一条[①]　**【法院对认罪认罚量刑建议的处理】**对于认罪认罚案件，人民法院依法作出判决时，一般应当采纳人民检察院指控的罪名和量刑建议，但有下列情形的除外：

（一）被告人的行为不构成犯罪或者不应当追究其刑事责任的；

（二）被告人违背意愿认罪认罚的；

（三）被告人否认指控的犯罪事实的；

（四）起诉指控的罪名与审理认定的罪名不一致的；

---

① 该条为2018年修订新增。

（五）其他可能影响公正审判的情形。

人民法院经审理认为量刑建议明显不当，或者被告人、辩护人对量刑建议提出异议的，人民检察院可以调整量刑建议。人民检察院不调整量刑建议或者调整量刑建议后仍然明显不当的，人民法院应当依法作出判决。

● 要点及关联法规

1. 认罪认罚量刑建议的调整与采纳

★最高人民法院、最高人民检察院、公安部、国家安全部、司法部关于适用认罪认罚从宽制度的指导意见（2019年10月11日）（节录）

2. 坚持罪责刑相适应原则。办理认罪认罚案件，既要考虑体现认罪认罚从宽，又要考虑其所犯罪行的轻重、应负刑事责任和人身危险性的大小，依照法律规定提出量刑建议，准确裁量刑罚，确保罚当其罪，避免罪刑失衡。特别是对于共同犯罪案件，主犯认罪认罚，从犯不认罪认罚的，人民法院、人民检察院应当注意两者之间的量刑平衡，防止因量刑失当严重偏离一般的司法认知。

40. 量刑建议的采纳。对于人民检察院提出的量刑建议，人民法院应当依法进行审查。对于事实清楚、证据确实、充分，指控的罪名准确，量刑建议适当的，人民法院应当采纳。具有下列情形之一的，不予采纳：

（一）被告人的行为不构成犯罪或者不应当追究刑事责任的；
（二）被告人违背意愿认罪认罚的；
（三）被告人否认指控的犯罪事实的；
（四）起诉指控的罪名与审理认定的罪名不一致的；
（五）其他可能影响公正审判的情形。

对于人民检察院起诉指控的事实清楚，量刑建议适当，但指控的罪名与审理认定的罪名不一致的，人民法院可以听取人民检察院、被告人及其辩护人对审理认定罪名的意见，依法作出裁判。

人民法院不采纳人民检察院量刑建议的，应当说明理由和依据。

41. 量刑建议的调整。人民法院经审理，认为量刑建议明显不当，或者被告人、辩护人对量刑建议有异议且有理有据的，人民法院应当告知人民检察院，人民检察院可以调整量刑建议。人民法院认为调整后的量刑建议适当的，应当予以采纳；人民检察院不调整量刑建议或者调整后仍然明显不当的，人民法院应当依法作出判决。

适用速裁程序审理的，人民检察院调整量刑建议应当在庭前或者当庭提出。调整量刑建议后，被告人同意继续适用速裁程序的，不需要转换程序处理。

★**人民检察院刑事诉讼规则**（2019年12月30日）（节录）

第四百一十八条　人民检察院向人民法院提出量刑建议的，公诉人应当在发表公诉意见时提出。

对认罪认罚案件，人民法院经审理认为人民检察院的量刑建议明显不当向人民检察院提出的，或者被告人、辩护人对量刑建议提出异议的，人民检察院可以调整量刑建议。

2. 对认罪认罚案件量刑的社会调查

★**最高人民法院、最高人民检察院、公安部、国家安全部、司法部关于适用认罪认罚从宽制度的指导意见**（2019年10月11日）（节录）

37. 审判阶段的社会调查。被告人认罪认罚，人民法院拟判处管制或者宣告缓刑的，可以及时委托被告人居住地的社区矫正机构进行调查评估，也可以自行调查评估。

社区矫正机构出具的调查评估意见，是人民法院判处管制、宣告缓刑的重要参考。对没有委托社区矫正机构进行调查评估或者判决前未收到社区矫正机构调查评估报告的认罪认罚案件，人民法院经审理认为被告人符合管制、缓刑适用条件的，可以判处管制、宣告缓刑。

3. 认罪认罚案件适用普通程序的适当简化

★**最高人民法院、最高人民检察院、公安部、国家安全部、司法部关于适用认罪认罚从宽制度的指导意见**（2019年10月11日）（节录）

47. 普通程序的适用。适用普通程序办理认罪认罚案件，可以适当简化法庭调查、辩论程序。公诉人宣读起诉书后，合议庭当庭询问被告人对指控的犯罪事实、证据及量刑建议的意见，核实具结书签署的自愿性、真实性、合法性。公诉人、辩护人、审判人员对被告人的讯问、发问可以简化。对控辩双方无异议的证据，可以仅就证据名称及证明内容进行说明；对控辩双方有异议，或者法庭认为有必要调查核实的证据，应当出示并进行质证。法庭辩论主要围绕有争议的问题进行，裁判文书可以适当简化。

4. 法院对被告人当庭认罪认罚的处理

★最高人民法院、最高人民检察院、公安部、国家安全部、司法部关于适用认罪认罚从宽制度的指导意见（2019年10月11日）（节录）

49. 被告人当庭认罪认罚案件的处理。被告人在侦查、审查起诉阶段没有认罪认罚，但当庭认罪，愿意接受处罚的，人民法院应当根据审理查明的事实，就定罪和量刑听取控辩双方意见，依法作出裁判。

5. 法院对被告人反悔的处理

★最高人民法院、最高人民检察院、公安部、国家安全部、司法部关于适用认罪认罚从宽制度的指导意见（2019年10月11日）（节录）

53. 审判阶段反悔的处理。案件审理过程中，被告人反悔不再认罪认罚的，人民法院应当根据审理查明的事实，依法作出裁判。需要转换程序的，依照本意见的相关规定处理。

第二百零二条　【公开宣告判决】宣告判决，一律公开进行。【判决书的送达和抄送】当庭宣告判决的，应当在五日以内将判决书送达当事人和提起公诉的人民检察院；定期宣告判决的，应当在宣告后立即将判决书送达当事人和提起公诉的人民检察院。判决书应当同时送达辩护人、诉讼代理人。

● 要点及关联法规

1. 判决宣告方式

★最高人民法院关于加强人民法院审判公开工作的若干意见（2007年6月4日）（节录）

14. 要逐步提高当庭宣判比率，规范定期宣判、委托宣判。人民法院审理案件，能够当庭宣判的，应当当庭宣判。定期宣判、委托宣判的，应当在裁判文书签发或者收到委托函后及时进行，宣判前应当通知当事人和其他诉讼参与人。宣判时允许旁听，宣判后应当立即送达法律文书。

★最高人民法院关于适用《中华人民共和国刑事诉讼法》的解释（2021年1月26日）（节录）

第三百零二条 当庭宣告判决的，应当在五日以内送达判决书。定期宣告判决的，应当在宣判前，先期公告宣判的时间和地点，传唤当事人并通知公诉人、法定代理人、辩护人和诉讼代理人；判决宣告后，应当立即送达判决书。

第六百五十条 人民法院讯问被告人，宣告判决，审理减刑、假释案件等，可以根据情况采取视频方式。

2. 可缺席宣判的情形

★最高人民法院关于适用《中华人民共和国刑事诉讼法》的解释（2021年1月26日）（节录）

第三百零四条 宣告判决，一律公开进行。宣告判决结果时，法庭内全体人员应当起立。

公诉人、辩护人、诉讼代理人、被害人、自诉人或者附带民事诉讼原告人未到庭的，不影响宣判的进行。

3. 判决书的送达对象

★最高人民法院关于适用《中华人民共和国刑事诉讼法》的解释（2021年1月26日）（节录）

第三百零三条 判决书应当送达人民检察院、当事人、法定代理人、辩护人、诉讼代理人，并可以送达被告人的近亲属。被害人死亡，其近亲属申请领取判决书的，人民法院应当及时提供。

判决生效后，还应当送达被告人的所在单位或者户籍地的公安派出所，或者被告单位的注册登记机关。被告人系外国人，且在境内有居住地的，应当送达居住地的公安派出所。

第二百零三条 【判决书的署名和写明上诉期间及法院】 判决书应当由审判人员和书记员署名，并且写明上诉的期限和上诉的法院。

● 要点及关联法规

1. 裁判文书制作规范

★最高人民法院关于加强人民法院审判公开工作的若干意见（2007年6月4日）（节录）

25. 人民法院裁判文书是人民法院公开审判活动、裁判理由、裁判依据和裁判结果的重要载体。裁判文书的制作应当符合最高人民法院颁布的裁判文书样式要求，包含裁判文书的必备要素，并按照繁简得当、易于理解的要求，清楚地反映裁判过程、事实、理由和裁判依据。

★最高人民法院关于裁判文书引用法律、法规等规范性法律文件的规定（2009年11月4日）（节录）

第一条 人民法院的裁判文书应当依法引用相关法律、法规等规范性法律文件作为裁判依据。引用时应当准确完整写明规范性法律文件的名称、条款序号，需要引用具体条文的，应当整条引用。

第二条 并列引用多个规范性法律文件的，引用顺序如下：法律及法律解释、行政法规、地方性法规、自治条例或者单行条例、司法解释。同时引用两部以上法律的，应当先引用基本法律，后引用其他法律。引用包括实体法和程序法的，先引用实体法，后引用程序法。

第三条 刑事裁判文书应当引用法律、法律解释或者司法解释。刑事附带民事诉讼裁判文书引用规范性法律文件，同时适用本规定第四条规定。

第六条 对于本规定第三条、第四条、第五条规定之外的规范性文件，根据审理案件的需要，经审查认定为合法有效的，可以作为裁判说理的依据。

第七条 人民法院制作裁判文书确需引用的规范性法律文件之间存在冲突，根据立法法等有关法律规定无法选择适用的，应当依法提请有决定权的机关做出裁决，不得自行在裁判文书中认定相关规范性法律文件的效力。

第八条 本院以前发布的司法解释与本规定不一致的，以本规定为准。

★最高人民法院、最高人民检察院、公安部、司法部关于对判处管制、宣告缓刑的犯罪分子适用禁止令有关问题的规定（试行）（2011年4月28日）（节录）

第八条 人民法院对判处管制、宣告缓刑的被告人宣告禁止令的，应当在裁判文书主文部分单独作为一项予以宣告。

★最高人民法院关于在裁判文书中如何表述修正前后刑法条文的批复（2012年5月15日）（节录）

一、根据案件情况，裁判文书引用1997年3月14日第八届全国人民代表大会第五次会议修订的刑法条文，应当根据具体情况分别表述：

（一）有关刑法条文在修订的刑法施行后未经修正，或者经过修正，但引用的是现行有效条文，表述为"《中华人民共和国刑法》第××条"。

（二）有关刑法条文经过修正，引用修正前的条文，表述为"1997年修订的《中华人民共和国刑法》第××条"。

（三）有关刑法条文经两次以上修正，引用经修正、且为最后一次修正前的条文，表述为"经×××年《中华人民共和国刑法修正案（×）》修正的《中华人民共和国刑法》第××条"。

二、根据案件情况，裁判文书引用1997年3月14日第八届全国人民代表大会第五次会议修订前的刑法条文，应当表述为"1979年《中华人民共和国刑法》第××条"。

三、根据案件情况，裁判文书引用有关单行刑法条文，应当直接引用相应该条例、补充规定或者决定的具体条款。

四、《最高人民法院关于在裁判文书中如何引用修订前、后刑法名称的通知》（法〔1997〕192号）、《最高人民法院关于在裁判文书中如何引用刑法修正案的批复》（法释〔2007〕7号）不再适用。

★最高人民法院关于适用《中华人民共和国刑事诉讼法》的解释（2021年1月26日）（节录）

第二百九十九条　合议庭成员、法官助理、书记员应当在评议笔录上签名，在判决书、裁定书等法律文书上署名。

第三百条　裁判文书应当写明裁判依据，阐释裁判理由，反映控辩双方的意见并说明采纳或者不予采纳的理由。

适用普通程序审理的被告人认罪的案件，裁判文书可以适当简化。

★最高人民法院关于进一步推进案件繁简分流优化司法资源配置的若干意见（2016年9月12日）（节录）

15.推行裁判文书繁简分流。根据法院审级、案件类型、庭审情况等对裁判文书的体例结构及说理进行繁简分流。复杂案件的裁判文书应当围绕争议焦点进行有针对性地说理。新类型、具有指导意义的简单案件，加强说理；其他简单案件可以使用令状式、要素式、表格式等简式裁判文书，简化说理。当庭宣判的案件，裁判文书可以适当简化。当庭即时履行的民事案件，经征得各方当事人同意，可以在法庭笔录中记录相关情况后不再出具裁判文书。

2. 裁判文书的说理性

★**最高人民法院关于全面推进以审判为中心的刑事诉讼制度改革的实施意见**（2017年2月17日）（节录）

20. 法庭应当加强裁判说理，通过裁判文书展现法庭审理过程。对控辩双方的意见和争议，应当说明采纳与否的理由。对证据采信、事实认定、定罪量刑等实质性问题，应当阐释裁判的理由和依据。

★**最高人民法院关于加强和规范裁判文书释法说理的指导意见**（2018年6月13日）（节录）

一、裁判文书释法说理的目的是通过阐明裁判结论的形成过程和正当性理由，提高裁判的可接受性，实现法律效果和社会效果的有机统一；其主要价值体现在增强裁判行为公正度、透明度，规范审判权行使，提升司法公信力和司法权威，发挥裁判的定分止争和价值引领作用，弘扬社会主义核心价值观，努力让人民群众在每一个司法案件中感受到公平正义，切实维护诉讼当事人合法权益，促进社会和谐稳定。

二、裁判文书释法说理，要阐明事理，说明裁判所认定的案件事实及其根据和理由，展示案件事实认定的客观性、公正性和准确性；要释明法理，说明裁判所依据的法律规范以及适用法律规范的理由；要讲明情理，体现法理情相协调，符合社会主流价值观；要讲究文理，语言规范，表达准确，逻辑清晰，合理运用说理技巧，增强说理效果。

三、裁判文书释法说理，要立场正确、内容合法、程序正当，符合社会主义核心价值观的精神和要求；要围绕证据审查判断、事实认定、法律适用进行说理，反映推理过程，做到层次分明；要针对诉讼主张和诉讼争点、结合庭审情况进行说理，做到有的放矢；要根据案件社会影响、审判程序、诉讼阶段等不同情况进行繁简适度的说理，简案略说，繁案精说，力求恰到好处。

四、裁判文书中对证据的认定，应当结合诉讼各方举证质证以及法庭调查核实证据等情况，根据证据规则，运用逻辑推理和经验法则，必要时使用推定和司法认知等方法，围绕证据的关联性、合法性和真实性进行全面、客观、公正的审查判断，阐明证据采纳和采信的理由。

五、刑事被告人及其辩护人提出排除非法证据申请的，裁判文书应当说明是否对证据收集的合法性进行调查、证据是否排除及其理由。民事、行政案件涉及举证责任分配或者证明标准争议的，裁判文书应当说明理由。

六、裁判文书应当结合庭审举证、质证、法庭辩论以及法庭调查核实证据等情况，重点针对裁判认定的事实或者事实争点进行释法说理。依据间接证据认定事实时，应当围绕间接证据之间是否存在印证关系、是否能够形成完整的证明体系等进行说理。采用推定方法认定事实时，应当说明推定启动的原因、反驳的事实和理由，阐释裁断的形成过程。

七、诉讼各方对案件法律适用无争议且法律含义不需要阐明的，裁判文书应当集中围绕裁判内容和尺度进行释法说理。诉讼各方对案件法律适用存有争议或者法律含义需要阐明的，法官应当逐项回应法律争议焦点并说明理由。法律适用存在法律规范竞合或者冲突的，裁判文书应当说明选择的理由。民事案件没有明确的法律规定作为裁判直接依据的，法官应当首先寻找最相类似的法律规定作出裁判；如果没有最相类似的法律规定，法官可以依据习惯、法律原则、立法目的等作出裁判，并合理运用法律方法对裁判依据进行充分论证和说理。法官行使自由裁量权处理案件时，应当坚持合法、合理、公正和审慎的原则，充分论证运用自由裁量权的依据，并阐明自由裁量所考虑的相关因素。

八、下列案件裁判文书，应当强化释法说理：疑难、复杂案件；诉讼各方争议较大的案件；社会关注度较高、影响较大的案件；宣告无罪、判处法定刑以下刑罚、判处死刑的案件；行政诉讼中对被诉行政行为所依据的规范性文件一并进行审查的案件；判决变更行政行为的案件；新类型或者可能成为指导性案例的案件；抗诉案件；二审改判或者发回重审的案件；重审案件；再审案件；其他需要强化说理的案件。

九、下列案件裁判文书，可以简化释法说理：适用民事简易程序、小额诉讼程序审理的案件；适用民事特别程序、督促程序及公示催告程序审理的案件；适用刑事速裁程序、简易程序审理的案件；当事人达成和解协议的轻微刑事案件；适用行政简易程序审理的案件；适用普通程序审理但是诉讼各方争议不大的案件；其他适宜简化说理的案件。

十、二审或者再审裁判文书应当针对上诉、抗诉、申请再审的主张和理由强化释法说理。二审或者再审裁判文书认定的事实与一审或者原审不同的，或者认为一审、原审认定事实不清、适用法律错误的，应当在查清事实、纠正法律适用错误的基础上进行有针对性的说理；针对一审或者原审已经详尽阐述理由且诉讼各方无争议或者无新证据、新理由的事项，可以简化释法说理。

十一、制作裁判文书应当遵循《人民法院民事裁判文书制作规范》《民事申请再审诉讼文书样式》《涉外商事海事裁判文书写作规范》《人民法院破产程序法律文书样式（试行）》《民事简易程序诉讼文书样式（试行）》《人民法院刑事诉讼文书样式》《行政诉讼文书样式（试行）》《人民法院国家赔偿案件文书样式》等规定的技术规范标准，但是可以根据案件情况合理调整事实认定和说理部分的体例结构。

十二、裁判文书引用规范性法律文件进行释法说理，应当适用《最高人民法院关于裁判文书引用法律、法规等规范性法律文件的规定》等相关规定，准确、完整地写明规范性法律文件的名称、条款项序号；需要加注引号引用条文内容的，应当表述准确和完整。

十三、除依据法律法规、司法解释的规定外，法官可以运用下列论据论证裁判理由，以提高裁判结论的正当性和可接受性：最高人民法院发布的指导性案例；最高人民法院发布的非司法解释类审判业务规范性文件；公理、情理、经验法则、交易惯例、民间规约、职业伦理；立法说明等立法材料；采取历史、体系、比较等法律解释方法时使用的材料；法理及通行学术观点；与法律、司法解释等规范性法律文件不相冲突的其他论据。

十四、为便于释法说理，裁判文书可以选择采用下列适当的表达方式：案情复杂的，采用列明裁判要点的方式；案件事实或数额计算复杂的，采用附表的方式；裁判内容用附图的方式更容易表达清楚的，采用附图的方式；证据过多的，采用附录的方式呈现构成证据链的全案证据或证据目录；采用其他附件方式。

十五、裁判文书行文应当规范、准确、清楚、朴实、庄重、凝炼，一般不得使用方言、俚语、土语、生僻词语、古旧词语、外语；特殊情形必须使用的，应当注明实际含义。裁判文书释法说理应当避免使用主观臆断的表达方式、不恰当的修辞方法和学术化的写作风格，不得使用贬损人格尊严、具有强烈感情色彩、明显有违常识常理常情的用语，不能未经分析论证而直接使用"没有事实及法律依据，本院不予支持"之类的表述作为结论性论断。

十六、各级人民法院应当定期收集、整理和汇编辖区内法院具有指导意义的优秀裁判文书，充分发挥典型案例释法说理的引导、规范和教育功能。

十七、人民法院应当将裁判文书的制作和释法说理作为考核法官业务能力和审判质效的必备内容，确立为法官业绩考核的重要指标，纳入法官业绩档案。

十八、最高人民法院建立符合裁判文书释法说理规律的统一裁判文书质量评估体系和评价机制，定期组织裁判文书释法说理评查活动，评选发布全国性的优秀裁判文书，通报批评瑕疵裁判文书，并作为监督指导地方各级人民法院审判工作的重要内容。

十九、地方各级人民法院应当将裁判文书释法说理作为裁判文书质量评查的重要内容,纳入年度常规性工作之中,推动建立第三方开展裁判文书质量评价活动。

3. 关于裁判文书公开的规定

(1) 裁判文书公开的总要求

★最高人民法院关于加强人民法院审判公开工作的若干意见(2007年6月4日)(节录)

22. 各高级人民法院应当根据本辖区内的情况制定通过出版物、局域网、互联网等方式公布生效裁判文书的具体办法,逐步加大生效裁判文书公开的力度。

★最高人民法院关于人民法院在互联网公布裁判文书的规定(2016年8月29日)(节录)

第一条 人民法院在互联网公布裁判文书,应当依法、全面、及时、规范。

第十五条 在互联网公布的裁判文书,除依照本规定要求进行技术处理的以外,应当与裁判文书的原本一致。

人民法院对裁判文书中的笔误进行补正的,应当及时在互联网公布补正笔误的裁定书。

办案法官对在互联网公布的裁判文书与裁判文书原本的一致性,以及技术处理的规范性负责。

第十六条 在互联网公布的裁判文书与裁判文书原本不一致或者技术处理不当的,应当及时撤回并在纠正后重新公布。

在互联网公布的裁判文书,经审查存在本规定第四条列明情形的,应当及时撤回,并按照本规定第六条处理。

(2) 公开裁判文书的互联网平台

★最高人民法院关于人民法院在互联网公布裁判文书的规定(2016年8月29日)(节录)

第二条 中国裁判文书网是全国法院公布裁判文书的统一平台。各级人民法院在本院政务网站及司法公开平台设置中国裁判文书网的链接。

(3) 公开的裁判文书类型

★最高人民法院关于人民法院在互联网公布裁判文书的规定(2016年8月29日)(节录)

第三条 人民法院作出的下列裁判文书应当在互联网公布:

（一）刑事、民事、行政判决书；
（二）刑事、民事、行政、执行裁定书；
（三）支付令；
（四）刑事、民事、行政、执行驳回申诉通知书；
（五）国家赔偿决定书；
（六）强制医疗决定书或者驳回强制医疗申请的决定书；
（七）刑罚执行与变更决定书；
（八）对妨害诉讼行为、执行行为作出的拘留、罚款决定书，提前解除拘留决定书，因对不服拘留、罚款等制裁决定申请复议而作出的复议决定书；
（九）行政调解书、民事公益诉讼调解书；
（十）其他有中止、终结诉讼程序作用或者对当事人实体权益有影响、对当事人程序权益有重大影响的裁判文书。

第五条　人民法院应当在受理案件通知书、应诉通知书中告知当事人在互联网公布裁判文书的范围，并通过政务网站、电子触摸屏、诉讼指南等多种方式，向公众告知人民法院在互联网公布裁判文书的相关规定。

（4）裁判文书不得公开的情形

★最高人民法院关于人民法院在互联网公布裁判文书的规定（2016年8月29日）（节录）

第四条　人民法院作出的裁判文书有下列情形之一的，不在互联网公布：
（一）涉及国家秘密的；
（二）未成年人犯罪的；
（三）以调解方式结案或者确认人民调解协议效力的，但为保护国家利益、社会公共利益、他人合法权益确有必要公开的除外；
（四）离婚诉讼或者涉及未成年子女抚养、监护的；
（五）人民法院认为不宜在互联网公布的其他情形。

第六条　不在互联网公布的裁判文书，应当公布案号、审理法院、裁判日期及不公开理由，但公布上述信息可能泄露国家秘密的除外。

（5）裁判文书公开的时限要求

★最高人民法院关于人民法院在互联网公布裁判文书的规定（2016年8月29日）（节录）

第七条　发生法律效力的裁判文书，应当在裁判文书生效之日起七个工作日内在互联网公布。依法提起抗诉或者上诉的一审判决书、裁定书，应当在二审裁判生效后七个工作日内在互联网公布。

(6) 关于诉讼参与人信息身份处理的规定

★最高人民法院关于人民法院在互联网公布裁判文书的规定（2016年8月29日）（节录）

第八条 人民法院在互联网公布裁判文书时，应当对下列人员的姓名进行隐名处理：

（一）婚姻家庭、继承纠纷案件中的当事人及其法定代理人；

（二）刑事案件被害人及其法定代理人、附带民事诉讼原告人及其法定代理人、证人、鉴定人；

（三）未成年人及其法定代理人。

第十条 人民法院在互联网公布裁判文书时，应当删除下列信息：

（一）自然人的家庭住址、通讯方式、身份证号码、银行账号、健康状况、车牌号码、动产或不动产权属证书编号等个人信息；

（二）法人以及其他组织的银行账号、车牌号码、动产或不动产权属证书编号等信息；

（三）涉及商业秘密的信息；

（四）家事、人格权益等纠纷中涉及个人隐私的信息；

（五）涉及技术侦查措施的信息；

（六）人民法院认为不宜公开的其他信息。

按照本条第一款删除信息影响对裁判文书正确理解的，用符号"×"作部分替代。

第十一条 人民法院在互联网公布裁判文书，应当保留当事人、法定代理人、委托代理人、辩护人的下列信息：

（一）除根据本规定第八条进行隐名处理的以外，当事人及其法定代理人是自然人的，保留姓名、出生日期、性别、住所地所属县、区；当事人及其法定代理人是法人或其他组织的，保留名称、住所地、组织机构代码，以及法定代表人或主要负责人的姓名、职务；

（二）委托代理人、辩护人是律师或者基层法律服务工作者的，保留姓名、执业证号和律师事务所、基层法律服务机构名称；委托代理人、辩护人是其他人员的，保留姓名、出生日期、性别、住所地所属县、区，以及与当事人的关系。

第二百零四条 【延期审理的情形】 在法庭审判过程中，遇有下列情形之一，影响审判进行的，可以延期审理：

（一）需要通知新的证人到庭，调取新的物证，重新鉴定或者勘验的；

（二）检察人员发现提起公诉的案件需要补充侦查，提出建议的；

（三）由于申请回避而不能进行审判的。

● 要点及关联法规

1. 可以延期审理的情形

★人民检察院开展量刑建议工作的指导意见（试行）（2010年2月23日）（节录）

第十七条 在庭审过程中，公诉人发现拟定的量刑建议不当需要调整的，可以根据授权作出调整；需要报检察长决定调整的，应当依法建议法庭休庭后报检察长决定。出现新的事实、证据导致拟定的量刑建议不当需要调整的，可以依法建议法庭延期审理。

★关于办理刑事案件排除非法证据若干问题的规定（2010年6月13日）（节录）

第七条第一款 经审查，法庭对被告人审判前供述取得的合法性有疑问的，公诉人应当向法庭提供讯问笔录、原始的讯问过程录音录像或者其他证据，提请法庭通知讯问时其他在场人员或者其他证人出庭作证，仍不能排除刑讯逼供嫌疑的，提请法庭通知讯问人员出庭作证，对该供述取得的合法性予以证明。公诉人当庭不能举证的，可以根据刑事诉讼法第一百六十五条①的规定，建议法庭延期审理。

第九条 庭审中，公诉人为提供新的证据需要补充侦查，建议延期审理的，法庭应当同意。

被告人及其辩护人申请通知讯问人员、讯问时其他在场人员或者其他证人

---

① 现为第二百零四条。——编者注

到庭，法庭认为有必要的，可以宣布延期审理。

★最高人民法院、最高人民检察院、公安部、国家安全部、司法部、全国人大常委会法制工作委员会关于实施刑事诉讼法若干问题的规定（2012年12月26日）（节录）

29. 刑事诉讼法第一百八十七条第三款①规定："公诉人、当事人或者辩护人、诉讼代理人对鉴定意见有异议，人民法院认为鉴定人有必要出庭的，鉴定人应当出庭作证。经人民法院通知，鉴定人拒不出庭作证的，鉴定意见不得作为定案的根据。"根据上述规定，依法应当出庭的鉴定人经人民法院通知未出庭作证的，鉴定意见不得作为定案的根据。鉴定人由于不能抗拒的原因或者有其他正当理由无法出庭的，人民法院可以根据案件审理情况决定延期审理。

★最高人民法院关于适用《中华人民共和国刑事诉讼法》的解释（2021年1月26日）（节录）

第二百七十三条　法庭审理过程中，控辩双方申请通知新的证人到庭，调取新的证据，申请重新鉴定或者勘验的，应当提供证人的基本信息、证据的存放地点，说明拟证明的事项，申请重新鉴定或者勘验的理由。法庭认为有必要的，应当同意，并宣布休庭；根据案件情况，可以决定延期审理。

人民法院决定重新鉴定的，应当及时委托鉴定，并将鉴定意见告知人民检察院、当事人及其辩护人、诉讼代理人。

★人民法院办理刑事案件排除非法证据规程（试行）（2017年11月27日）

第二十条第二款　庭审中，公诉人当庭不能举证或者为提供新的证据需要补充侦查，建议延期审理的，法庭可以同意。

★人民法院办理刑事案件第一审普通程序法庭调查规程（试行）（2017年11月27日）（节录）

第三十八条　法庭审理过程中，控辩双方申请通知新的证人到庭，调取新的证据，申请重新鉴定或者勘验的，应当提供证人的基本信息、证据的存放地点，说明拟证明的案件事实、要求重新鉴定或者勘验的理由。法庭认为有必要的，应当同意，并宣布延期审理；不同意的，应当说明理由并继续审理。

---

① 现为第一百九十二条。——编者注

★人民检察院刑事诉讼规则（2019年12月30日）（节录）

第一节 出席第一审法庭

第四百二十条 在法庭审判过程中，遇有下列情形之一的，公诉人可以建议法庭延期审理：

（一）发现事实不清、证据不足，或者遗漏罪行、遗漏同案犯罪嫌疑人，需要补充侦查或者补充提供证据的；

（二）被告人揭发他人犯罪行为或者提供重要线索，需要补充侦查进行查证的；

（三）发现遗漏罪行或者遗漏同案犯罪嫌疑人，虽不需要补充侦查和补充提供证据，但需要补充、追加起诉的；

（四）申请人民法院通知证人、鉴定人出庭作证或者有专门知识的人出庭提出意见的；

（五）需要调取新的证据，重新鉴定或者勘验的；

（六）公诉人出示、宣读开庭前移送人民法院的证据以外的证据，或者补充、追加、变更起诉，需要给予被告人、辩护人必要时间进行辩护准备的；

（七）被告人、辩护人向法庭出示公诉人不掌握的与定罪量刑有关的证据，需要调查核实的；

（八）公诉人对证据收集的合法性进行证明，需要调查核实的。

在人民法院开庭审理前发现具有前款情形之一的，人民检察院可以建议人民法院延期审理。

第二节 简易程序

第四百三十六条 转为普通程序审理的案件，公诉人需要为出席法庭进行准备的，可以建议人民法院延期审理。

第三节 速裁程序

第四百四十四条 转为普通程序审理的案件，公诉人需要为出席法庭进行准备的，可以建议人民法院延期审理。

第四节 出席第二审法庭

第四百四十七条第二款 人民检察院在接到第二审人民法院决定开庭、查阅案卷通知后，可以查阅或者调阅案卷材料。查阅或者调阅案卷材料应当在接到人民法院的通知之日起一个月以内完成。在一个月以内无法完成的，可以商请人民法院延期审理。

2. 检察院建议延期审理的次数及期限

★最高人民法院关于适用《中华人民共和国刑事诉讼法》的解释（2021年1月26日）（节录）

第二百七十四条第一款　审判期间，公诉人发现案件需要补充侦查，建议延期审理的，合议庭可以同意，但建议延期审理不得超过两次。

★人民法院办理刑事案件第一审普通程序法庭调查规程（试行）（2017年11月27日）（节录）

第四十条第一款　审判期间，公诉人发现案件需要补充侦查，建议延期审理的，法庭可以同意，但建议延期审理不得超过两次。

★人民检察院刑事诉讼规则（2019年12月30日）（节录）

第四百二十一条　法庭宣布延期审理后，人民检察院应当在补充侦查期限内提请人民法院恢复法庭审理或者撤回起诉。

公诉人在法庭审理过程中建议延期审理的次数不得超过两次，每次不得超过一个月。

第二百零五条　【庭审中人民检察院补充侦查的期限】 依照本法第二百零四条第二项的规定延期审理的案件，人民检察院应当在一个月以内补充侦查完毕。

● 要点及关联法规

1. 检察院补充侦查的情形、方式、期限和后果

★最高人民法院、最高人民检察院、公安部关于严格执行刑事诉讼法，切实纠防超期羁押的通知（2003年11月12日）（节录）

二、（第二款）凡不符合刑事诉讼法关于重新计算犯罪嫌疑人、被告人羁押期限规定的，不得重新计算羁押期限。严禁滥用退回补充侦查、撤回起诉、改变管辖等方式变相超期羁押犯罪嫌疑人、被告人。

★人民法院量刑程序指导意见（试行）（2009年4月）（节录）

七、人民法院发现影响量刑的情节有遗漏或者事实不清的，可以建议人民检察院补充侦查。

★最高人民法院、最高人民检察院、公安部、国家安全部、司法部、全国人大常委会法制工作委员会关于实施刑事诉讼法若干问题的规定（2012 年 12 月 26 日）（节录）

31. 法庭审理过程中，被告人揭发他人犯罪行为或者提供重要线索，人民检察院认为需要进行查证的，可以建议补充侦查。

★最高人民法院关于适用《中华人民共和国刑事诉讼法》的解释（2021 年 1 月 26 日）（节录）

第二百七十四条第三款　补充侦查期限届满后，人民检察院未将补充的证据材料移送人民法院的，人民法院可以根据在案证据作出判决、裁定。

★人民法院办理刑事案件第一审普通程序法庭调查规程（试行）（2017 年 11 月 27 日）（节录）

第四十条第三款　补充侦查期限届满后，经人民法院通知，人民检察院未建议案件恢复审理，且未说明原因的，人民法院可以决定按人民检察院撤诉处理。

★人民检察院刑事诉讼规则（2019 年 12 月 30 日）（节录）

第四百二十二条　在审判过程中，对于需要补充提供法庭审判所必需的证据或者补充侦查的，人民检察院应当自行收集证据和进行侦查，必要时可以要求监察机关或者公安机关提供协助；也可以书面要求监察机关或者公安机关补充提供证据。

人民检察院补充侦查，适用本规则第六章、第九章、第十章的规定。

补充侦查不得超过一个月。

2. 公安机关应当配合补充侦查

★公安机关办理刑事案件程序规定（2020 年 7 月 20 日）（节录）

第二百九十七条　对于人民检察院在审查起诉过程中以及在人民法院作出生效判决前，要求公安机关提供法庭审判所必需的证据材料的，应当及时收集和提供。

3. 辩护人、诉讼代理人有权查阅、摘抄、复制补充侦查的证据

★最高人民法院关于适用《中华人民共和国刑事诉讼法》的解释（2021 年 1 月 26 日）（节录）

第二百七十四条第二款　人民检察院将补充收集的证据移送人民法院的，人民法院应当通知辩护人、诉讼代理人查阅、摘抄、复制。

★人民法院办理刑事案件第一审普通程序法庭调查规程（试行）（2017年11月27日）（节录）

第四十条第二款　人民检察院将补充收集的证据移送人民法院的，人民法院应当通知辩护人、诉讼代理人查阅、摘抄、复制。辩护方提出需要对补充收集的证据作辩护准备的，法庭可以宣布休庭，并确定准备的时间。

> 第二百零六条　【中止审理】在审判过程中，有下列情形之一，致使案件在较长时间内无法继续审理的，可以中止审理：
> （一）被告人患有严重疾病，无法出庭的；
> （二）被告人脱逃的；
> （三）自诉人患有严重疾病，无法出庭，未委托诉讼代理人出庭的；
> （四）由于不能抗拒的原因。
> 中止审理的原因消失后，应当恢复审理。中止审理的期间不计入审理期限。

● 要点及关联法规

同一案件部分被告人中止审理的程序后果

★最高人民法院关于适用《中华人民共和国刑事诉讼法》的解释（2021年1月26日）（节录）

第三百一十四条　有多名被告人的案件，部分被告人具有刑事诉讼法第二百零六条第一款规定情形的，人民法院可以对全案中止审理；根据案件情况，也可以对该部分被告人中止审理，对其他被告人继续审理。

对中止审理的部分被告人，可以根据案件情况另案处理。

> 第二百零七条　【法庭笔录的制作】法庭审判的全部活动，应当由书记员写成笔录，经审判长审阅后，由审判长和书记员签名。
> 法庭笔录中的证人证言部分，应当当庭宣读或者交给证人阅读。证人在承认没有错误后，应当签名或者盖章。

> 法庭笔录应当交给当事人阅读或者向他宣读。当事人认为记载有遗漏或者差错的，可以请求补充或者改正。当事人承认没有错误后，应当签名或者盖章。

● 要点及关联法规

1. 法庭记录的方式

★最高人民法院关于进一步推进案件繁简分流优化司法资源配置的若干意见（2016年9月12日）（节录）

11. 推行庭审记录方式改革。积极开发利用智能语音识别技术，实现庭审语音同步转化为文字并生成法庭笔录。落实庭审活动全程录音录像的要求，探索使用庭审录音录像简化或者替代书记员法庭记录。

★最高人民法院关于人民法院庭审录音录像的若干规定（2017年2月22日）（节录）

第六条 人民法院通过使用智能语音识别系统同步转换生成的庭审文字记录，经审判人员、书记员、诉讼参与人核对签字后，作为法庭笔录管理和使用。

2. 法庭笔录的制作要求

★最高人民法院关于适用《中华人民共和国刑事诉讼法》的解释（2021年1月26日）（节录）

第二百九十二条 开庭审理的全部活动，应当由书记员制作笔录；笔录经审判长审阅后，分别由审判长和书记员签名。

★人民检察院刑事诉讼规则（2019年12月30日）（节录）

第四百二十七条 出庭的书记员应当制作出庭笔录，详细记载庭审的时间、地点、参加人员、公诉人出庭执行任务情况和法庭调查、法庭辩论的主要内容以及法庭判决结果，由公诉人和书记员签名。

3. 诉讼参与人有权核对法庭笔录

★最高人民法院关于庭审活动录音录像的若干规定（2010年8月16日）（节录）

四、当事人和其他诉讼参与人对法庭笔录有异议并申请补正的，书记员应当播放录音录像进行核对、补正。如果不予补正，应当将申请记录在案。

★最高人民法院关于适用《中华人民共和国刑事诉讼法》的解释（2021年1月26日）（节录）

第二百九十三条　法庭笔录应当在庭审后交由当事人、法定代理人、辩护人、诉讼代理人阅读或者向其宣读。

法庭笔录中的出庭证人、鉴定人、有专门知识的人、调查人员、侦查人员或者其他人员的证言、意见部分，应当在庭审后分别交由有关人员阅读或者向其宣读。

前两款所列人员认为记录有遗漏或者差错的，可以请求补充或者改正；确认无误后，应当签名；拒绝签名的，应当记录在案；要求改变庭审中陈述的，不予准许。

★最高人民法院关于人民法院庭审录音录像的若干规定（2017年2月22日）（节录）

第六条　人民法院通过使用智能语音识别系统同步转换生成的庭审文字记录，经审判人员、书记员、诉讼参与人核对签字后，作为法庭笔录管理和使用。

第七条　诉讼参与人对法庭笔录有异议并申请补正的，书记员可以播放庭审录音录像进行核对、补正；不予补正的，应当将申请记录在案。

第九条　人民法院应当将替代法庭笔录的庭审录音录像同步保存在服务器或者刻录成光盘，并由当事人和其他诉讼参与人对其完整性校验值签字或者采取其他方法进行确认。

4. 法院应当对庭审活动录音、录像

★最高人民法院关于庭审活动录音录像的若干规定（2010年8月16日）（节录）

为加强审判管理，完善法庭记录方式，保护当事人的诉讼权利，促进司法公正，根据有关诉讼法规定，结合人民法院工作实际，现就庭审活动录音录像问题作如下规定：

一、人民法院开庭审理第一审普通程序和第二审程序刑事、民事和行政案件，应当对庭审活动全程同步录音或者录像；简易程序及其他程序案件，应当根据需要对庭审活动录音或者录像。

对于巡回审判等不在审判法庭进行的庭审活动，不具备录音录像条件的，可以不录音录像。

二、人民法院应当在审判法庭安装录音设备；有条件的应当安装录像设备。人民法庭可以根据实际需要在部分审判法庭安装录音或者录像设备。

三、庭审录音录像应当由书记员或者其他工作人员自案件开庭时开始录制，

并告知诉讼参与人,至闭庭时结束。除休庭和不宜录音录像的调解活动外,录音录像不得间断。

书记员应当将庭审录音录像的起始、结束时间及有无间断等情况记入法庭笔录。

五、人民法院应当使用专门设备存储庭审录音录像,并将其作为案件材料以光盘等方式存入案件卷宗;具备当事人、辩护人、代理人等在人民法院查阅条件的,应当将其存入案件卷宗的正卷。未经人民法院许可,任何人不得复制、拍录、传播庭审录音录像。

庭审录音录像的保存期限与案件卷宗的保存期限相同。

六、人民法院应当采取叠加同步录制时间或者其他措施保证庭审录音录像的真实性、完整性。对于毁损庭审录音录像或者篡改其内容的,追究行为人相应的行政或者法律责任。

因设备、技术等原因导致庭审录音录像内容不完整或者不存在的,负责录制的人员应当做出书面说明,经审判长或者庭长审核签字后附卷;内容不完整的庭审录音录像仍应存储并入卷。

七、在庭审中,诉讼参与人或者旁听人员违反法庭纪律或者有关法律规定,破坏法庭秩序、妨碍诉讼活动顺利进行的,庭审录音录像可以作为追究其法律责任的证据。

八、当事人和其他诉讼参与人认为庭审活动不规范或者存在违法现象的,人民法院应当结合庭审录音录像进行调查核实。

九、人民法院院长、庭长或者纪检监察部门,可以根据工作需要调阅庭审录音录像。调阅不公开审理案件的庭审录音录像,应当遵守有关保密规定。

十、高级人民法院可以结合当地实际,在庭审录音录像的技术、管理、应用等方面制定本规定的实施细则。

十一、人民法院进行其他审判、执行、听证、接访等活动,需要录音录像的,参照本规定执行。

★中华人民共和国人民法院法庭规则(2016年4月13日)(节录)

第十条 人民法院应当对庭审活动进行全程录像或录音。

★最高人民法院关于人民法院庭审录音录像的若干规定(2017年2月22日)(节录)

第一条 人民法院开庭审判案件,应当对庭审活动进行全程录音录像。

第二条 人民法院应当在法庭内配备固定或者移动的录音录像设备。

有条件的人民法院可以在法庭安装使用智能语音识别同步转换文字系统。

第三条　庭审录音录像应当自宣布开庭时开始,至闭庭时结束。除下列情形外,庭审录音录像不得人为中断:

(一)休庭;

(二)公开庭审中的不公开举证、质证活动;

(三)不宜录制的调解活动。

负责录音录像的人员应当对录音录像的起止时间、有无中断等情况进行记录并附卷。

第四条　人民法院应当采取叠加同步录制时间或者其他措施保证庭审录音录像的真实和完整。

因设备故障或技术原因导致录音录像不真实、不完整的,负责录音录像的人员应当作出书面说明,经审判长或独任审判员审核签字后附卷。

第五条　人民法院应当使用专门设备在线或离线存储、备份庭审录音录像。因设备故障等原因导致不符合技术标准的录音录像,应当一并存储。

庭审录音录像的归档,按照人民法院电子诉讼档案管理规定执行。

第十条　人民法院应当通过审判流程信息公开平台、诉讼服务平台以及其他便民诉讼服务平台,为当事人、辩护律师、诉讼代理人等依法查阅庭审录音录像提供便利。

对提供查阅的录音录像,人民法院应当设置必要的安全防范措施。

第十一条　当事人、辩护律师、诉讼代理人等可以依照规定复制录音或者誊录庭审录音录像,必要时人民法院应当配备相应设施。

第十二条　人民法院可以播放依法公开审理案件的庭审录音录像。

第十三条　诉讼参与人、旁听人员违反法庭纪律或者有关法律规定,危害法庭安全、扰乱法庭秩序的,人民法院可以通过庭审录音录像进行调查核实,并将其作为追究法律责任的证据。

第十四条　人民检察院、诉讼参与人认为庭审活动不规范或者违反法律规定的,人民法院应当结合庭审录音录像进行调查核实。

第十五条　未经人民法院许可,任何人不得对庭审活动进行录音录像,不得对庭审录音录像进行拍录、复制、删除和迁移。

行为人实施前款行为的,依照规定追究其相应责任。

第十六条　涉及国家秘密、商业秘密、个人隐私等庭审活动的录制,以及对庭审录音录像的存储、查阅、复制、誊录等,应当符合保密管理等相关规定。

第十七条　庭审录音录像涉及的相关技术保障、技术标准和技术规范,由最高人民法院另行制定。

第十八条 人民法院从事其他审判活动或者进行执行、听证、接访等活动需要进行录音录像的，参照本规定执行。

第二百零八条 【人民法院适用普通程序审理第一审公诉案件的审限】 人民法院审理公诉案件，应当在受理后二个月以内宣判，至迟不得超过三个月。对于可能判处死刑的案件或者附带民事诉讼的案件，以及有本法第一百五十八条规定情形之一的，经上一级人民法院批准，可以延长三个月；因特殊情况还需要延长的，报请最高人民法院批准。

人民法院改变管辖的案件，从改变后的人民法院收到案件之日起计算审理期限。

人民检察院补充侦查的案件，补充侦查完毕移送人民法院后，人民法院重新计算审理期限。

● 要点及关联法规

1. 不计入审理期限的情形

★最高人民法院关于适用《中华人民共和国刑事诉讼法》的解释（2021年1月26日）（节录）

第二百一十一条 审判期间，对被告人作精神病鉴定的时间不计入审理期限。

2. 申请上级法院延长审理期限的流程

★最高人民法院关于适用《中华人民共和国刑事诉讼法》的解释（2021年1月26日）（节录）

第二百一十条 对可能判处死刑的案件或者附带民事诉讼的案件，以及有刑事诉讼法第一百五十八条规定情形之一的案件，上一级人民法院可以批准延长审理期限一次，期限为三个月。因特殊情况还需要延长的，应当报请最高人民法院批准。

申请批准延长审理期限的，应当在期限届满十五日以前层报。有权决定的人民法院不同意的，应当在审理期限届满五日以前作出决定。

因特殊情况报请最高人民法院批准延长审理期限，最高人民法院经审查，予以批准的，可以延长审理期限一至三个月。期限届满案件仍然不能审结的，可以再次提出申请。

3. 指定管辖案件审理期限的起算

★最高人民法院关于适用《中华人民共和国刑事诉讼法》的解释（2021年1月26日）（节录）

第二百零九条　指定管辖案件的审理期限，自被指定管辖的人民法院收到指定管辖决定书和案卷、证据材料之日起计算。

第二百零九条　【审判监督】人民检察院发现人民法院审理案件违反法律规定的诉讼程序，有权向人民法院提出纠正意见。

● 要点及关联法规

1. 检察院监督审判活动的方式

★最高人民法院、最高人民检察院、公安部、国家安全部、司法部、全国人大常委会法制工作委员会关于实施刑事诉讼法若干问题的规定（2012年12月26日）（节录）

32. 刑事诉讼法第二百零三条①规定："人民检察院发现人民法院审理案件违反法律规定的诉讼程序，有权向人民法院提出纠正意见。"人民检察院对违反法定程序的庭审活动提出纠正意见，应当由人民检察院在庭审后提出。

★最高人民法院关于适用《中华人民共和国刑事诉讼法》的解释（2021年1月26日）（节录）

第三百一十五条　人民检察院认为人民法院审理案件违反法定程序，在庭审后提出书面纠正意见，人民法院认为正确的，应当采纳。

---

① 现为第二百零九条。——编者注

★**人民检察院办理死刑第二审案件和复核监督工作指引（试行）**（2018年3月31日）（节录）

第七十条　【审判活动监督】人民检察院在审判活动监督中，如果发现人民法院或者审判人员审理案件违反法律规定的诉讼程序的，应当向人民法院提出纠正意见。

出席法庭的检察人员发现法庭审判违反法律规定的诉讼程序的，应当在休庭后及时向检察长报告。需要提出纠正意见的，应当在法庭审理后提出。

第七十一条　【监督意见落实】检察人员对于提出的监督意见，应当逐件跟踪，督促纠正。对于侦查、审判活动中普遍存在的问题，应当归纳、分析并及时提出监督意见。

对于经督促仍不纠正的，可以通过上级人民检察院向被监督单位的上级机关通报，必要时可以向同级人民代表大会常务委员会报告。

第七十二条　【列席审判委员会会议】对于可能判处被告人死刑立即执行或者可能改判无罪的案件以及人民检察院提出抗诉的案件，检察长或者受检察长委托的副检察长可以列席同级人民法院审判委员会会议，发表监督意见。

★**最高人民法院、最高人民检察院、公安部、国家安全部、司法部关于适用认罪认罚从宽制度的指导意见**（2019年10月11日）（节录）

54.人民检察院的法律监督。完善人民检察院对侦查活动和刑事审判活动的监督机制，加强对认罪认罚案件办理全过程的监督，规范认罪认罚案件的抗诉工作，确保无罪的人不受刑事追究、有罪的人受到公正处罚。

★**人民检察院刑事诉讼规则**（2019年12月30日）（节录）

第五百七十一条　人民检察院检察长或者检察长委托的副检察长，可以列席同级人民法院审判委员会会议，依法履行法律监督职责。

第五百七十二条　人民检察院在审判活动监督中，发现人民法院或者审判人员审理案件违反法律规定的诉讼程序，应当向人民法院提出纠正意见。

人民检察院对违反程序的庭审活动提出纠正意见，应当由人民检察院在庭审后提出。出席法庭的检察人员发现法庭审判违反法律规定的诉讼程序，应当在休庭后及时向检察长报告。

2. 检察院监督审判活动的内容

★**人民检察院办理未成年人刑事案件的规定**（2013年12月27日）（节录）

第六十八条　对依法不应当公开审理的未成年人刑事案件公开审理的，人民检察院应当在开庭前提出纠正意见。

公诉人出庭支持公诉时,发现法庭审判有下列违反法律规定的诉讼程序的情形之一的,应当在休庭后及时向本院检察长报告,由人民检察院向人民法院提出纠正意见:

(一)开庭或者宣告判决时未通知未成年被告人的法定代理人到庭的;

(二)人民法院没有给聋、哑或者不通晓当地通用的语言文字的未成年被告人聘请或者指定翻译人员的;

(三)未成年被告人在审判时没有辩护人的;对未成年被告人及其法定代理人依照法律和有关规定拒绝辩护人为其辩护,合议庭未另行通知法律援助机构指派律师的;

(四)法庭未告知未成年被告人及其法定代理人依法享有的申请回避、辩护、提出新的证据、申请重新鉴定或者勘验、最后陈述、提出上诉等诉讼权利的;

(五)其他违反法律规定的诉讼程序的情形。

★人民检察院刑事诉讼规则(2019年12月30日)(节录)

第五百七十条 人民检察院应当对审判活动中是否存在以下违法行为进行监督:

(一)人民法院对刑事案件的受理违反管辖规定的;

(二)人民法院审理案件违反法定审理和送达期限的;

(三)法庭组成人员不符合法律规定,或者依照规定应当回避而不回避的;

(四)法庭审理案件违反法定程序的;

(五)侵犯当事人、其他诉讼参与人的诉讼权利和其他合法权利的;

(六)法庭审理时对有关程序问题所作的决定违反法律规定的;

(七)违反法律规定裁定发回重审的;

(八)故意毁弃、篡改、隐匿、伪造、偷换证据或者其他诉讼材料,或者依据未经法定程序调查、质证的证据定案的;

(九)依法应当调查收集相关证据而不收集的;

(十)徇私枉法,故意违背事实和法律作枉法裁判的;

(十一)收受、索取当事人及其近亲属或者其委托的律师等人财物或者其他利益的;

(十二)违反法律规定采取强制措施或者采取强制措施法定期限届满,不予释放、解除或者变更的;

（十三）应当退还取保候审保证金不退还的；

（十四）对与案件无关的财物采取查封、扣押、冻结措施，或者应当解除查封、扣押、冻结而不解除的；

（十五）贪污、挪用、私分、调换、违反规定使用查封、扣押、冻结的财物及其孳息的；

（十六）其他违反法律规定的行为。

第二节　自诉案件

> **第二百一十条　【自诉案件范围】** 自诉案件包括下列案件：
> （一）告诉才处理的案件；
> （二）被害人有证据证明的轻微刑事案件；
> （三）被害人有证据证明对被告人侵犯自己人身、财产权利的行为应当依法追究刑事责任，而公安机关或者人民检察院不予追究被告人刑事责任的案件。

● 要点及关联法规

1. **告诉才处理的案件范围**

★最高人民法院关于适用《中华人民共和国刑事诉讼法》的解释（2021年1月26日）（节录）

第一条　人民法院直接受理的自诉案件包括：

（一）告诉才处理的案件：

1. 侮辱、诽谤案（刑法第二百四十六条规定的，但严重危害社会秩序和国家利益的除外）；

2. 暴力干涉婚姻自由案（刑法第二百五十七条第一款规定的）；

3. 虐待案（刑法第二百六十条第一款规定的，但被害人没有能力告诉或者

因受到强制、威吓无法告诉的除外）；①

4. 侵占案（刑法第二百七十条规定的）……

2. 被害人有证据证明的轻微刑事案件的范围

★最高人民法院关于适用《中华人民共和国刑事诉讼法》的解释（2021年1月26日）（节录）

第一条 人民法院直接受理的自诉案件包括：

……

（二）人民检察院没有提起公诉，被害人有证据证明的轻微刑事案件：

1. 故意伤害案（刑法第二百三十四条第一款规定的）；
2. 非法侵入住宅案（刑法第二百四十五条规定的）；
3. 侵犯通信自由案（刑法第二百五十二条规定的）；
4. 重婚案（刑法第二百五十八条规定的）；
5. 遗弃案（刑法第二百六十一条规定的）；
6. 生产、销售伪劣商品案（刑法分则第三章第一节规定的，但严重危害社会秩序和国家利益的除外）；
7. 侵犯知识产权案（刑法分则第三章第七节规定的，但严重危害社会秩序和国家利益的除外）；
8. 刑法分则第四章、第五章规定的，可能判处三年有期徒刑以下刑罚的案件。

本项规定的案件，被害人直接向人民法院起诉的，人民法院应当依法受理。对其中证据不足，可以由公安机关受理的，或者认为对被告人可能判处三年有期徒刑以上刑罚的，应当告知被害人向公安机关报案，或者移送公安机关立案侦查。

3. 其他可以提起自诉的案件范围

★最高人民法院关于适用《中华人民共和国刑事诉讼法》的解释（2021年1月26日）（节录）

第一条 人民法院直接受理的自诉案件包括：

……

---

① 《刑法修正案（九）》对刑法第二百六十条进行了修订，原该条第三款规定"第一款罪，告诉的才处理"，现修订为"第一款罪，告诉的才处理，但被害人没有能力告诉，或者因受到强制、威吓无法告诉的除外"。

（三）被害人有证据证明对被告人侵犯自己人身、财产权利的行为应当依法追究刑事责任，且有证据证明曾经提出控告，而公安机关或者人民检察院不予追究被告人刑事责任的案件。

★**最高人民法院关于审理拒不执行判决、裁定刑事案件适用法律若干问题的解释**（2020年12月29日）（节录）

第三条　申请执行人有证据证明同时具有下列情形，人民法院认为符合刑事诉讼法第二百一十条第三项规定的，以自诉案件立案审理：

（一）负有执行义务的人拒不执行判决、裁定，侵犯了申请执行人的人身、财产权利，应当依法追究刑事责任的；

（二）申请执行人曾经提出控告，而公安机关或者人民检察院对负有执行义务的人不予追究刑事责任的。

4. 可以代为告诉的情形

★**最高人民法院关于适用《中华人民共和国刑事诉讼法》的解释**（2021年1月26日）（节录）

第三百一十七条　本解释第一条规定的案件，如果被害人死亡、丧失行为能力或者因受强制、威吓等无法告诉，或者是限制行为能力人以及因年老、患病、盲、聋、哑等不能亲自告诉，其法定代理人、近亲属告诉或者代为告诉的，人民法院应当依法受理。

被害人的法定代理人、近亲属告诉或者代为告诉的，应当提供与被害人关系的证明和被害人不能亲自告诉的原因的证明。

第二百一十一条　【自诉案件审查后的处理】人民法院对于自诉案件进行审查后，按照下列情形分别处理：

（一）犯罪事实清楚，有足够证据的案件，应当开庭审判；

（二）缺乏罪证的自诉案件，如果自诉人提不出补充证据，应当说服自诉人撤回自诉，或者裁定驳回。

自诉人经两次依法传唤，无正当理由拒不到庭的，或者未经法庭许可中途退庭的，按撤诉处理。

法庭审理过程中，审判人员对证据有疑问，需要调查核实的，适用本法第一百九十六条的规定。

● **要点及关联法规**

1. 自诉的提起方式及要求

★最高人民法院关于适用《中华人民共和国刑事诉讼法》的解释（2021年1月26日）（节录）

第三百一十八条　提起自诉应当提交刑事自诉状；同时提起附带民事诉讼的，应当提交刑事附带民事自诉状。

第三百一十九条　自诉状一般应当包括以下内容：

（一）自诉人（代为告诉人）、被告人的姓名、性别、年龄、民族、出生地、文化程度、职业、工作单位、住址、联系方式；

（二）被告人实施犯罪的时间、地点、手段、情节和危害后果等；

（三）具体的诉讼请求；

（四）致送的人民法院和具状时间；

（五）证据的名称、来源等；

（六）证人的姓名、住址、联系方式等。

对两名以上被告人提出告诉的，应当按照被告人的人数提供自诉状副本。

第六百五十一条　向人民法院提出自诉、上诉、申诉、申请等的，应当以书面形式提出。书写有困难的，除另有规定的以外，可以口头提出，由人民法院工作人员制作笔录或者记录在案，并向口述人宣读或者交其阅读。

★最高人民法院关于人民法院登记立案若干问题的规定（2015年4月15日）（节录）

第五条　刑事自诉状应当记明以下事项：

（一）自诉人或者代为告诉人、被告人的姓名、性别、年龄、民族、文化程度、职业、工作单位、住址、联系方式；

（二）被告人实施犯罪的时间、地点、手段、情节和危害后果等；

（三）具体的诉讼请求；

（四）致送的人民法院和具状时间；

（五）证据的名称、来源等；

（六）有证人的，载明证人的姓名、住所、联系方式等。

第六条　当事人提出起诉、自诉的，应当提交以下材料：

（一）起诉人、自诉人是自然人的，提交身份证明复印件；起诉人、自诉人是法人或者其他组织的，提交营业执照或者组织机构代码证复印件、法定代表人或者主要负责人身份证明书；法人或者其他组织不能提供组织机构代码的，应当提供组织机构被注销的情况说明；

（二）委托起诉或者代为告诉的，应当提交授权委托书、代理人身份证明、代为告诉人身份证明等相关材料；

（三）具体明确的足以使被告或者被告人与他人相区别的姓名或者名称、住所等信息；

（四）起诉状原本和与被告或者被告人及其他当事人人数相符的副本；

（五）与诉请相关的证据或者证明材料。

2. 自诉案件立案受理的条件

★最高人民法院关于适用《中华人民共和国刑事诉讼法》的解释（2021年1月26日）（节录）

第三百一十六条 人民法院受理自诉案件必须符合下列条件：

（一）符合刑事诉讼法第二百一十条、本解释第一条的规定；

（二）属于本院管辖；

（三）被害人告诉；

（四）有明确的被告人、具体的诉讼请求和证明被告人犯罪事实的证据。

★最高人民法院关于人民法院登记立案若干问题的规定（2015年4月15日）（节录）

第一条 人民法院对依法应该受理的民事起诉、行政起诉和刑事自诉，实行立案登记制。

第二条 对起诉、自诉，人民法院应当一律接收诉状，出具书面凭证并注明收到日期。

对符合法律规定的起诉、自诉，人民法院应当当场予以登记立案。

对不符合法律规定的起诉、自诉，人民法院应当予以释明。

第七条 当事人提交的诉状和材料不符合要求的，人民法院应当一次性书面告知在指定期限内补正。

当事人在指定期限内补正的，人民法院决定是否立案的期间，自收到补正材料之日起计算。

当事人在指定期限内没有补正的，退回诉状并记录在册；坚持起诉、自诉的，裁定或者决定不予受理、不予立案。

经补正仍不符合要求的，裁定或者决定不予受理、不予立案。

第八条　对当事人提出的起诉、自诉，人民法院当场不能判定是否符合法律规定的，应当作出以下处理：

……

（二）对刑事自诉，应当在收到自诉状次日起十五日内决定是否立案；

……

人民法院在法定期间内不能判定起诉、自诉是否符合法律规定的，应当先行立案。

第十条　人民法院对下列起诉、自诉不予登记立案：

（一）违法起诉或者不符合法律规定的；

（二）涉及危害国家主权和领土完整的；

（三）危害国家安全的；

（四）破坏国家统一和民族团结的；

（五）破坏国家宗教政策的；

（六）所诉事项不属于人民法院主管的。

3. 自诉案件立案审查后的程序处理

★最高人民法院关于适用《中华人民共和国刑事诉讼法》的解释（2021年1月26日）（节录）

第三百二十条　对自诉案件，人民法院应当在十五日以内审查完毕。经审查，符合受理条件的，应当决定立案，并书面通知自诉人或者代为告诉人。

具有下列情形之一的，应当说服自诉人撤回起诉；自诉人不撤回起诉的，裁定不予受理：

（一）不属于本解释第一条规定的案件的；

（二）缺乏罪证的；

（三）犯罪已过追诉时效期限的；

（四）被告人死亡的；

（五）被告人下落不明的；

（六）除因证据不足而撤诉的以外，自诉人撤诉后，就同一事实又告诉的；

（七）经人民法院调解结案后，自诉人反悔，就同一事实再行告诉的；

（八）属于本解释第一条第二项规定的案件，公安机关正在立案侦查或者人民检察院正在审查起诉的；

（九）不服人民检察院对未成年犯罪嫌疑人作出的附条件不起诉决定或者附条件不起诉考验期满后作出的不起诉决定，向人民法院起诉的。

第三百二十一条　对已经立案，经审查缺乏罪证的自诉案件，自诉人提不出补充证据的，人民法院应当说服其撤回起诉或者裁定驳回起诉；自诉人撤回起诉或者被驳回起诉后，又提出了新的足以证明被告人有罪的证据，再次提起自诉的，人民法院应当受理。

第三百二十三条　自诉人明知有其他共同侵害人，但只对部分侵害人提起自诉的，人民法院应当受理，并告知其放弃告诉的法律后果；自诉人放弃告诉，判决宣告后又对其他共同侵害人就同一事实提起自诉的，人民法院不予受理。

共同被害人中只有部分人告诉的，人民法院应当通知其他被害人参加诉讼，并告知其不参加诉讼的法律后果。被通知人接到通知后表示不参加诉讼或者不出庭的，视为放弃告诉。第一审宣判后，被通知人就同一事实又提起自诉的，人民法院不予受理。但是，当事人另行提起民事诉讼的，不受本解释限制。

第三百二十四条　被告人实施两个以上犯罪行为，分别属于公诉案件和自诉案件，人民法院可以一并审理。对自诉部分的审理，适用本章的规定。

★最高人民法院关于人民法院登记立案若干问题的规定（2015年4月15日）（节录）

第九条　人民法院对起诉、自诉不予受理或者不予立案的，应当出具书面裁定或者决定，并载明理由。

4. 自诉人诉权的救济

★最高人民法院关于适用《中华人民共和国刑事诉讼法》的解释（2021年1月26日）（节录）

第三百二十二条　自诉人对不予受理或者驳回起诉的裁定不服的，可以提起上诉。

第二审人民法院查明第一审人民法院作出的不予受理裁定有错误的，应当在撤销原裁定的同时，指令第一审人民法院立案受理；查明第一审人民法院驳回起诉裁定有错误的，应当在撤销原裁定的同时，指令第一审人民法院进行审理。

★最高人民法院关于人民法院登记立案若干问题的规定（2015年4月15日）（节录）

第十三条　对立案工作中存在的不接收诉状、接收诉状后不出具书面凭证，不一次性告知当事人补正诉状内容，以及有案不立、拖延立案、干扰立案、既不立案又不作出裁定或者决定等违法违纪情形，当事人可以向受诉人民法院或者上级人民法院投诉。

人民法院应当在受理投诉之日起十五日内，查明事实，并将情况反馈当事人。发现违法违纪行为的，依法依纪追究相关人员责任；构成犯罪的，依法追究刑事责任。

5. 自诉案件开庭审理的条件及程序

★最高人民法院关于适用《中华人民共和国刑事诉讼法》的解释（2021年1月26日）（节录）

第三百二十六条 对犯罪事实清楚，有足够证据的自诉案件，应当开庭审理。

第三百二十七条 自诉案件符合简易程序适用条件的，可以适用简易程序审理。

不适用简易程序审理的自诉案件，参照适用公诉案件第一审普通程序的有关规定。

6. 自诉人有权申请法院调取证据

★最高人民法院关于适用《中华人民共和国刑事诉讼法》的解释（2021年1月26日）（节录）

第三百二十五条 自诉案件当事人因客观原因不能取得的证据，申请人民法院调取的，应当说明理由，并提供相关线索或者材料。人民法院认为有必要的，应当及时调取。

对通过信息网络实施的侮辱、诽谤行为，被害人向人民法院告诉，但提供证据确有困难的，人民法院可以要求公安机关提供协助。

第二百一十二条 【自诉案件的结案方式】人民法院对自诉案件，可以进行调解；自诉人在宣告判决前，可以同被告人自行和解或者撤回自诉。本法第二百一十条第三项规定的案件不适用调解。

【自诉案件的审限】人民法院审理自诉案件的期限，被告人被羁押的，适用本法第二百零八条第一款、第二款的规定；未被羁押的，应当在受理后六个月以内宣判。

● 要点及关联法规

1. 自诉案件调解结案的情形

★最高人民法院关于适用《中华人民共和国刑事诉讼法》的解释（2021年1月26日）（节录）

第三百二十八条　人民法院审理自诉案件，可以在查明事实、分清是非的基础上，根据自愿、合法的原则进行调解。调解达成协议的，应当制作刑事调解书，由审判人员、法官助理、书记员署名，并加盖人民法院印章。调解书经双方当事人签收后，即具有法律效力。调解没有达成协议，或者调解书签收前当事人反悔的，应当及时作出判决。

刑事诉讼法第二百一十条第三项规定的案件不适用调解。

2. 自诉人自行和解、撤诉的情形

★最高人民法院关于适用《中华人民共和国刑事诉讼法》的解释（2021年1月26日）（节录）

第三百二十九条　判决宣告前，自诉案件的当事人可以自行和解，自诉人可以撤回自诉。

人民法院经审查，认为和解、撤回自诉确属自愿的，应当裁定准许；认为系被强迫、威吓等，并非自愿的，不予准许。

第三百三十条　裁定准许撤诉的自诉案件，被告人被采取强制措施的，人民法院应当立即解除。

第三百三十一条　自诉人经两次传唤，无正当理由拒不到庭，或者未经法庭准许中途退庭的，人民法院应当裁定按撤诉处理。

部分自诉人撤诉或者被裁定按撤诉处理的，不影响案件的继续审理。

★最高人民法院关于审理拒不执行判决、裁定刑事案件适用法律若干问题的解释（2020年12月29日）（节录）

第三条　申请执行人有证据证明同时具有下列情形，人民法院认为符合刑事诉讼法第二百一十条第三项规定的，以自诉案件立案审理：

（一）负有执行义务的人拒不执行判决、裁定，侵犯了申请执行人的人身、财产权利，应当依法追究刑事责任的；

（二）申请执行人曾经提出控告，而公安机关或者人民检察院对负有执行义

务的人不予追究刑事责任的。

第四条 本解释第三条规定的自诉案件,依照刑事诉讼法第二百一十二条的规定,自诉人在宣告判决前,可以同被告人自行和解或者撤回自诉。

3. 自诉案件判决结案的情形

★最高人民法院关于适用《中华人民共和国刑事诉讼法》的解释(2021年1月26日)(节录)

第三百三十三条 对自诉案件,应当参照刑事诉讼法第二百条和本解释第二百九十五条的有关规定作出判决。对依法宣告无罪的案件,有附带民事诉讼的,其附带民事部分可以依法进行调解或者一并作出判决,也可以告知附带民事诉讼原告人另行提起民事诉讼。

4. 自诉案件中止审理的情形

★最高人民法院关于适用《中华人民共和国刑事诉讼法》的解释(2021年1月26日)(节录)

第三百三十二条 被告人在自诉案件审判期间下落不明的,人民法院可以裁定中止审理;符合条件的,可以对被告人依法决定逮捕。

第二百一十三条 【自诉案件中的反诉】 自诉案件的被告人在诉讼过程中,可以对自诉人提起反诉。反诉适用自诉的规定。

● 要点及关联法规

1. 提起反诉的条件

★最高人民法院关于适用《中华人民共和国刑事诉讼法》的解释(2021年1月26日)(节录)

第三百三十四条第一款 告诉才处理和被害人有证据证明的轻微刑事案件的被告人或者其法定代理人在诉讼过程中,可以对自诉人提起反诉。反诉必须符合下列条件:

(一)反诉的对象必须是本案自诉人;

(二)反诉的内容必须是与本案有关的行为;

(三)反诉的案件必须符合本解释第一条第一项、第二项的规定。

2. 反诉的审理方式

★最高人民法院关于适用《中华人民共和国刑事诉讼法》的解释（2021年1月26日）（节录）

第三百三十四条第二款　反诉案件适用自诉案件的规定，应当与自诉案件一并审理。自诉人撤诉的，不影响反诉案件的继续审理。

第三节　简易程序

> 第二百一十四条　【简易程序的适用条件】基层人民法院管辖的案件，符合下列条件的，可以适用简易程序审判：
> （一）案件事实清楚、证据充分的；
> （二）被告人承认自己所犯罪行，对指控的犯罪事实没有异议的；
> （三）被告人对适用简易程序没有异议的。
> 人民检察院在提起公诉的时候，可以建议人民法院适用简易程序。

● 要点及关联法规

1. 检察院建议适用简易程序的情形

★未成年人刑事检察工作指引（试行）（2017年3月2日）（节录）

第二百一十三条　【简易程序】人民检察院对于符合下列条件的未成年人刑事案件，应当建议人民法院适用简易程序审理：
（一）案件事实清楚，证据确实、充分的；
（二）犯罪嫌疑人承认自己所犯罪行，对被指控的犯罪事实没有异议的；
（三）犯罪嫌疑人及其法定代理人或者合适成年人、辩护人对适用简易程序没有异议的。

★**人民检察院刑事诉讼规则**（2019年12月30日）（节录）

第四百三十条　人民检察院对于基层人民法院管辖的案件，符合下列条件的，可以建议人民法院适用简易程序审理：

（一）案件事实清楚、证据充分的；

（二）被告人承认自己所犯罪行，对指控的犯罪事实没有异议的；

（三）被告人对适用简易程序没有异议的。

2. 适用简易程序应征得被告人同意

★**最高人民法院关于适用《中华人民共和国刑事诉讼法》的解释**（2021年1月26日）（节录）

第三百五十九条　基层人民法院受理公诉案件后，经审查认为案件事实清楚、证据充分的，在将起诉书副本送达被告人时，应当询问被告人对指控的犯罪事实的意见，告知其适用简易程序的法律规定。被告人对指控的犯罪事实没有异议并同意适用简易程序的，可以决定适用简易程序，并在开庭前通知人民检察院和辩护人。

对人民检察院建议或者被告人及其辩护人申请适用简易程序审理的案件，依照前款规定处理；不符合简易程序适用条件的，应当通知人民检察院或者被告人及其辩护人。

★**人民检察院刑事诉讼规则**（2019年12月30日）（节录）

第四百三十二条　基层人民检察院审查案件，认为案件事实清楚、证据充分的，应当在讯问犯罪嫌疑人时，了解其是否承认自己所犯罪行，对指控的犯罪事实有无异议，告知其适用简易程序的法律规定，确认其是否同意适用简易程序。

第二百一十五条　【不适用简易程序的情形】有下列情形之一的，不适用简易程序：

（一）被告人是盲、聋、哑人，或者是尚未完全丧失辨认或者控制自己行为能力的精神病人的；

（二）有重大社会影响的；

（三）共同犯罪案件中部分被告人不认罪或者对适用简易程序有异议的；

（四）其他不宜适用简易程序审理的。

● 要点及关联法规

不适用简易程序的具体情形

★**最高人民法院关于适用《中华人民共和国刑事诉讼法》的解释**（2021年1月26日）（节录）

第三百六十条 具有下列情形之一的，不适用简易程序：
（一）被告人是盲、聋、哑人的；
（二）被告人是尚未完全丧失辨认或者控制自己行为能力的精神病人的；
（三）案件有重大社会影响的；
（四）共同犯罪案件中部分被告人不认罪或者对适用简易程序有异议的；
（五）辩护人作无罪辩护的；
（六）被告人认罪但经审查认为可能不构成犯罪的；
（七）不宜适用简易程序审理的其他情形。

★**人民检察院刑事诉讼规则**（2019年12月30日）（节录）

第四百三十一条 具有下列情形之一的，人民检察院不得建议人民法院适用简易程序：
（一）被告人是盲、聋、哑人，或者是尚未完全丧失辨认或者控制自己行为能力的精神病人的；
（二）有重大社会影响的；
（三）共同犯罪案件中部分被告人不认罪或者对适用简易程序有异议的；
（四）比较复杂的共同犯罪案件；
（五）辩护人作无罪辩护或者对主要犯罪事实有异议的；
（六）其他不宜适用简易程序的。

人民法院决定适用简易程序审理的案件，人民检察院认为具有刑事诉讼法第二百一十五条规定情形之一的，应当向人民法院提出纠正意见；具有其他不宜适用简易程序情形的，人民检察院可以建议人民法院不适用简易程序。

第二百一十六条 【适用简易程序审理案件的审判组织】适用简易程序审理案件,对可能判处三年有期徒刑以下刑罚的,可以组成合议庭进行审判,也可以由审判员一人独任审判;对可能判处的有期徒刑超过三年的,应当组成合议庭进行审判。

【出庭支持简易程序审理公诉案件】适用简易程序审理公诉案件,人民检察院应当派员出席法庭。

● 要点及关联法规

简易程序案件检察院应派员出庭

★人民检察院刑事诉讼规则(2019年12月30日)(节录)

第四百三十三条 适用简易程序审理的公诉案件,人民检察院应当派员出席法庭。

第二百一十七条 【简易程序的开庭准备】适用简易程序审理案件,审判人员应当询问被告人对指控的犯罪事实的意见,告知被告人适用简易程序审理的法律规定,确认被告人是否同意适用简易程序审理。

● 要点及关联法规

1. 简易程序案件庭前准备工作

★最高人民法院关于适用《中华人民共和国刑事诉讼法》的解释(2021年1月26日)(节录)

第三百六十一条 适用简易程序审理的案件,符合刑事诉讼法第三十五条第一款规定的,人民法院应当告知被告人及其近亲属可以申请法律援助。

第三百六十二条 适用简易程序审理案件,人民法院应当在开庭前将开庭的时间、地点通知人民检察院、自诉人、被告人、辩护人,也可以通知其他诉讼参与人。

通知可以采用简便方式，但应当记录在案。

第三百六十三条 适用简易程序审理案件，被告人有辩护人的，应当通知其出庭。

2. 法院当庭应确认被告人同意适用简易程序

★最高人民法院关于适用《中华人民共和国刑事诉讼法》的解释（2021年1月26日）（节录）

第三百六十四条 适用简易程序审理案件，审判长或者独任审判员应当当庭询问被告人对指控的犯罪事实的意见，告知被告人适用简易程序审理的法律规定，确认被告人是否同意适用简易程序。

> 第二百一十八条 【简易程序中的法庭辩论】适用简易程序审理案件，经审判人员许可，被告人及其辩护人可以同公诉人、自诉人及其诉讼代理人互相辩论。

> 第二百一十九条 【简易程序的程序简化】适用简易程序审理案件，不受本章第一节关于送达期限、讯问被告人、询问证人、鉴定人、出示证据、法庭辩论程序规定的限制。但在判决宣告前应当听取被告人的最后陈述意见。

● 要点及关联法规

1. 简易程序可简化的庭审环节

★最高人民法院关于适用《中华人民共和国刑事诉讼法》的解释（2021年1月26日）（节录）

第三百六十五条 适用简易程序审理案件，可以对庭审作如下简化：

（一）公诉人可以摘要宣读起诉书；

（二）公诉人、辩护人、审判人员对被告人的讯问、发问可以简化或者省略；

（三）对控辩双方无异议的证据，可以仅就证据的名称及所证明的事项作出说明；对控辩双方有异议或者法庭认为有必要调查核实的证据，应当出示，并进行质证；

（四）控辩双方对与定罪量刑有关的事实、证据没有异议的，法庭审理可以直接围绕罪名确定和量刑问题进行。

适用简易程序审理案件，判决宣告前应当听取被告人的最后陈述。

第三百六十六条 适用简易程序独任审判过程中，发现对被告人可能判处的有期徒刑超过三年的，应当转由合议庭审理。

第三百六十七条 适用简易程序审理案件，裁判文书可以简化。

适用简易程序审理案件，一般应当当庭宣判。

★**人民检察院刑事诉讼规则**（2019年12月30日）（节录）

第四百三十四条 公诉人出席简易程序法庭时，应当主要围绕量刑以及其他有争议的问题进行法庭调查和法庭辩论。在确认被告人庭前收到起诉书并对起诉书指控的犯罪事实没有异议后，可以简化宣读起诉书，根据案件情况决定是否讯问被告人、询问证人、鉴定人和出示证据。

根据案件情况，公诉人可以建议法庭简化法庭调查和法庭辩论程序。

2. 适用简易程序审理认罪认罚案件

★**最高人民法院、最高人民检察院、公安部、国家安全部、司法部关于适用认罪认罚从宽制度的指导意见**（2019年10月11日）（节录）

46. 简易程序的适用。基层人民法院管辖的被告人认罪认罚案件，事实清楚、证据充分，被告人对适用简易程序没有异议的，可以适用简易程序审判。

适用简易程序审理认罪认罚案件，公诉人可以简要宣读起诉书，审判人员当庭询问被告人对指控的犯罪事实、证据、量刑建议及适用简易程序的意见，核实具结书签署的自愿性、真实性、合法性。法庭调查可以简化，但对有争议的事实和证据应当进行调查、质证，法庭辩论可以仅围绕有争议的问题进行。裁判文书可以简化。

第二百二十条 【简易程序的审限】适用简易程序审理案件，人民法院应当在受理后二十日以内审结；对可能判处的有期徒刑超过三年的，可以延长至一个半月。

第二百二十一条 【庭审中发现不宜适用简易程序的处理】人民法院在审理过程中，发现不宜适用简易程序的，应当按照本章第一节或者第二节的规定重新审理。

● **要点及关联法规**

1. 简易程序应当转为普通程序的情形

★最高人民法院关于适用《中华人民共和国刑事诉讼法》的解释（2021年1月26日）（节录）

第三百六十八条 适用简易程序审理案件，在法庭审理过程中，具有下列情形之一的，应当转为普通程序审理：

（一）被告人的行为可能不构成犯罪的；
（二）被告人可能不负刑事责任的；
（三）被告人当庭对起诉指控的犯罪事实予以否认的；
（四）案件事实不清、证据不足的；
（五）不应当或者不宜适用简易程序的其他情形。

决定转为普通程序审理的案件，审理期限应当从作出决定之日起计算。

2. 认罪认罚案件中速裁程序、简易程序与普通程序的转化

★最高人民法院、最高人民检察院、公安部、国家安全部、司法部关于适用认罪认罚从宽制度的指导意见（2019年10月11日）（节录）

48. 程序转换。人民法院在适用速裁程序审理过程中，发现有被告人的行为不构成犯罪或者不应当追究刑事责任、被告人违背意愿认罪认罚、被告人否认指控的犯罪事实情形的，应当转为普通程序审理。发现其他不宜适用速裁程序但符合简易程序适用条件的，应当转为简易程序重新审理。

发现有不宜适用简易程序审理情形的，应当转为普通程序审理。

人民检察院在人民法院适用速裁程序审理案件过程中，发现有不宜适用速裁程序审理情形的，应当建议人民法院转为普通程序或者简易程序重新审理；发现有不宜适用简易程序审理情形的，应当建议人民法院转为普通程序重新审理。

3. 检察院有权建议简易程序变更为普通程序

★人民检察院刑事诉讼规则（2019年12月30日）（节录）

第四百三十五条 适用简易程序审理的公诉案件，公诉人发现不宜适用简易程序审理的，应当建议法庭按照第一审普通程序重新审理。

第四节　速裁程序①

> **第二百二十二条**　【速裁程序的适用条件】基层人民法院管辖的可能判处三年有期徒刑以下刑罚的案件，案件事实清楚，证据确实、充分，被告人认罪认罚并同意适用速裁程序的，可以适用速裁程序，由审判员一人独任审判。
>
> 人民检察院在提起公诉的时候，可以建议人民法院适用速裁程序。

● 要点及关联法规

1. 速裁程序的适用条件

★最高人民法院、最高人民检察院、公安部、国家安全部、司法部关于适用认罪认罚从宽制度的指导意见（2019年10月11日）（节录）

42.（第一款）速裁程序的适用条件。基层人民法院管辖的可能判处三年有期徒刑以下刑罚的案件，案件事实清楚，证据确实、充分，被告人认罪认罚并同意适用速裁程序的，可以适用速裁程序，由审判员一人独任审判。人民检察院提起公诉时，可以建议人民法院适用速裁程序。

2. 检察院建议适用速裁程序的情形

★人民检察院刑事诉讼规则（2019年12月30日）（节录）

第四百三十七条　人民检察院对基层人民法院管辖的案件，符合下列条件的，在提起公诉时，可以建议人民法院适用速裁程序审理：

（一）可能判处三年有期徒刑以下刑罚；

（二）案件事实清楚，证据确实、充分；

（三）被告人认罪认罚、同意适用速裁程序。

---

① 本节为2018年修订新增。

第四百三十九条 公安机关、犯罪嫌疑人及其辩护人建议适用速裁程序，人民检察院经审查认为符合条件的，可以建议人民法院适用速裁程序审理。

公安机关、辩护人未建议适用速裁程序，人民检察院经审查认为符合速裁程序适用条件，且犯罪嫌疑人同意适用的，可以建议人民法院适用速裁程序审理。

第二百二十三条 【不适用速裁程序的情形】有下列情形之一的，不适用速裁程序：

（一）被告人是盲、聋、哑人，或者是尚未完全丧失辨认或者控制自己行为能力的精神病人的；

（二）被告人是未成年人的；

（三）案件有重大社会影响的；

（四）共同犯罪案件中部分被告人对指控的犯罪事实、罪名、量刑建议或者适用速裁程序有异议的；

（五）被告人与被害人或者其法定代理人没有就附带民事诉讼赔偿等事项达成调解或者和解协议的；

（六）其他不宜适用速裁程序审理的。

● **要点及关联法规**

不适用速裁程序的情形

★最高人民法院、最高人民检察院、公安部、国家安全部、司法部关于适用认罪认罚从宽制度的指导意见（2019年10月11日）（节录）

42.（第二款）有下列情形之一的，不适用速裁程序办理：

（一）被告人是盲、聋、哑人，或者是尚未完全丧失辨认或者控制自己行为能力的精神病人的；

（二）被告人是未成年人的；

（三）案件有重大社会影响的；

（四）共同犯罪案件中部分被告人对指控的犯罪事实、罪名、量刑建议或者适用速裁程序有异议的；

（五）被告人与被害人或者其法定代理人没有就附带民事诉讼赔偿等事项达成调解或者和解协议的；

（六）其他不宜适用速裁程序办理的案件。

★人民检察院刑事诉讼规则（2019年12月30日）（节录）

第四百三十八条　具有下列情形之一的，人民检察院不得建议人民法院适用速裁程序：

（一）被告人是盲、聋、哑人，或者是尚未完全丧失辨认或者控制自己行为能力的精神病人的；

（二）被告人是未成年人的；

（三）案件有重大社会影响的；

（四）共同犯罪案件中部分被告人对指控的犯罪事实、罪名、量刑建议或者适用速裁程序有异议的；

（五）被告人与被害人或者其法定代理人没有就附带民事诉讼赔偿等事项达成调解或者和解协议的；

（六）其他不宜适用速裁程序审理的。

第二百二十四条　【速裁程序的程序简化、宣判】 适用速裁程序审理案件，不受本章第一节规定的送达期限的限制，一般不进行法庭调查、法庭辩论，但在判决宣告前应当听取辩护人的意见和被告人的最后陈述意见。

适用速裁程序审理案件，应当当庭宣判。

● **要点及关联法规**

速裁案件的审理程序

★最高人民法院、最高人民检察院、公安部、国家安全部、司法部关于适用认罪认罚从宽制度的指导意见（2019年10月11日）（节录）

44.速裁案件的审理程序。适用速裁程序审理案件，不受刑事诉讼法规定的送达期限的限制，一般不进行法庭调查、法庭辩论，但在判决宣告前应当听取辩护人的意见和被告人的最后陈述意见。

人民法院适用速裁程序审理案件，可以在向被告人送达起诉书时一并送达权利义务告知书、开庭传票，并核实被告人自然信息等情况。根据需要，可以集中送达。

人民法院适用速裁程序审理案件，可以集中开庭、逐案审理。人民检察院可以指派公诉人集中出庭支持公诉。公诉人简要宣读起诉书后，审判人员应当当庭询问被告人对指控事实、证据、量刑建议以及适用速裁程序的意见，核实具结书签署的自愿性、真实性、合法性，并核实附带民事诉讼赔偿等情况。

适用速裁程序审理案件，应当当庭宣判。集中审理的，可以集中当庭宣判。宣判时，根据案件需要，可以由审判员进行法庭教育。裁判文书可以简化。

★人民检察院刑事诉讼规则（2019 年 12 月 30 日）（节录）

第四百四十条　人民检察院建议人民法院适用速裁程序的案件，起诉书内容可以适当简化，重点写明指控的事实和适用的法律。

第四百四十一条　人民法院适用速裁程序审理的案件，人民检察院应当派员出席法庭。

第四百四十二条　公诉人出席速裁程序法庭时，可以简要宣读起诉书指控的犯罪事实、证据、适用法律及量刑建议，一般不再讯问被告人。

第二百二十五条　【速裁程序的审限】适用速裁程序审理案件，人民法院应当在受理后十日以内审结；对可能判处的有期徒刑超过一年的，可以延长至十五日。

● 要点及关联法规

速裁程序的审限

★最高人民法院、最高人民检察院、公安部、国家安全部、司法部关于适用认罪认罚从宽制度的指导意见（2019 年 10 月 11 日）（节录）

43. 速裁程序的审理期限。适用速裁程序审理案件，人民法院应当在受理后十日以内审结；对可能判处的有期徒刑超过一年的，应当在十五日以内审结。

> **第二百二十六条** 【速裁程序变更为第一审普通程序、简易程序】人民法院在审理过程中,发现有被告人的行为不构成犯罪或者不应当追究其刑事责任、被告人违背意愿认罪认罚、被告人否认指控的犯罪事实或者其他不宜适用速裁程序审理的情形的,应当按照本章第一节或者第三节的规定重新审理。

● 要点及关联法规

1. 认罪认罚案件中速裁程序、简易程序与普通程序的转化

★最高人民法院、最高人民检察院、公安部、国家安全部、司法部关于适用认罪认罚从宽制度的指导意见(2019年10月11日)(节录)

48. 程序转换。人民法院在适用速裁程序审理过程中,发现有被告人的行为不构成犯罪或者不应当追究刑事责任、被告人违背意愿认罪认罚、被告人否认指控的犯罪事实情形的,应当转为普通程序审理。发现其他不宜适用速裁程序但符合简易程序适用条件的,应当转为简易程序重新审理。

发现有不宜适用简易程序审理情形的,应当转为普通程序审理。

人民检察院在人民法院适用速裁程序审理案件过程中,发现有不宜适用速裁程序审理情形的,应当建议人民法院转为普通程序或者简易程序重新审理;发现有不宜适用简易程序审理情形的,应当建议人民法院转为普通程序重新审理。

2. 检察院有权建议速裁程序变更为简易、普通程序

★人民检察院刑事诉讼规则(2019年12月30日)(节录)

第四百四十三条 适用速裁程序审理的案件,人民检察院发现有不宜适用速裁程序审理情形的,应当建议人民法院转为普通程序或者简易程序重新审理。

第三章　第二审程序

> **第二百二十七条　【上诉的提起】** 被告人、自诉人和他们的法定代理人，不服地方各级人民法院第一审的判决、裁定，有权用书状或者口头向上一级人民法院上诉。被告人的辩护人和近亲属，经被告人同意，可以提出上诉。
>
> 附带民事诉讼的当事人和他们的法定代理人，可以对地方各级人民法院第一审的判决、裁定中的附带民事诉讼部分，提出上诉。
>
> 对被告人的上诉权，不得以任何借口加以剥夺。

● 要点及关联法规

1. 有权提起上诉的人员范围

★最高人民法院关于适用《中华人民共和国刑事诉讼法》的解释（2021年1月26日）（节录）

第三百七十八条　地方各级人民法院在宣告第一审判决、裁定时，应当告知被告人、自诉人及其法定代理人不服判决和准许撤回起诉、终止审理等裁定的，有权在法定期限内以书面或者口头形式，通过本院或者直接向上一级人民法院提出上诉；被告人的辩护人、近亲属经被告人同意，也可以提出上诉；附带民事诉讼当事人及其法定代理人，可以对判决、裁定中的附带民事部分提出上诉。

被告人、自诉人、附带民事诉讼当事人及其法定代理人是否提出上诉，以其在上诉期满前最后一次的意思表示为准。

2. 上诉的提起方式

★最高人民法院关于适用《中华人民共和国刑事诉讼法》的解释（2021年1月26日）（节录）

第六百五十一条　向人民法院提出自诉、上诉、申诉、申请等的，应当以书面形式提出。书写有困难的，除另有规定的以外，可以口头提出，由人民法院工作人员制作笔录或者记录在案，并向口述人宣读或者交其阅读。

3. 上诉状的内容和要求

★最高人民法院关于适用《中华人民共和国刑事诉讼法》的解释（2021年1月26日）（节录）

第三百七十九条　人民法院受理的上诉案件，一般应当有上诉状正本及副本。

上诉状内容一般包括：第一审判决书、裁定书的文号和上诉人收到的时间，第一审人民法院的名称，上诉的请求和理由，提出上诉的时间。被告人的辩护人、近亲属经被告人同意提出上诉的，还应当写明其与被告人的关系，并应当以被告人作为上诉人。

第二百二十八条　【抗诉的提起】地方各级人民检察院认为本级人民法院第一审的判决、裁定确有错误的时候，应当向上一级人民法院提出抗诉。

● 要点及关联法规

1. 检察院应当提起抗诉的情形

★人民检察院开展量刑建议工作的指导意见（试行）（2010年2月23日）（节录）

第十九条　人民检察院收到人民法院的判决、裁定后，应当对判决、裁定是否采纳检察机关的量刑建议以及量刑理由、依据进行审查，认为判决、裁定量刑确有错误、符合抗诉条件的，经检察委员会讨论决定，依法向人民法院提出抗诉。

人民检察院不能单纯以量刑建议未被采纳作为提出抗诉的理由。人民法院未采纳人民检察院的量刑建议并无不当的，人民检察院在必要时可以向有关当事人解释说明。

★最高人民检察院关于刑事抗诉工作的若干意见（2001年3月2日）（节录）

二、刑事抗诉的范围

（一）人民法院刑事判决或裁定在认定事实、采信证据方面确有下列错误的，人民检察院应当提出抗诉和支持抗诉：

1. 刑事判决或裁定事实有错误，导致定性或者量刑明显不当的。主要包括：刑事判决或裁定认定的事实与证据不一致；认定的事实与裁判结论有重大矛盾；有新的证据证明刑事判决或裁定认定事实确有错误。

2. 刑事判决或裁定采信证据有错误，导致定性或者量刑明显不当的。主要包括：刑事判决或裁定据以认定案件事实的证据不确实；据以定案的证据不足以认定案件事实，或者所证明的案件事实与裁判结论之间缺乏必然联系；据以定案的证据之间存在矛盾；经审查犯罪事实清楚、证据确实充分，人民法院以证据不足为由判决无罪错误的。

（二）人民法院刑事判决或裁定在适用法律方面确有下列错误的，人民检察院应当提出抗诉和支持抗诉：

1. 定性错误，即对案件进行实体评判时发生错误，导致有罪判无罪，无罪判有罪，或者混淆此罪与彼罪、一罪与数罪的界限，造成适用法律错误，罪刑不相适应的。

2. 量刑错误，即重罪轻判或者轻罪重判，量刑明显不当的。主要包括：未认定有法定量刑情节而超出法定刑幅度量刑；认定法定量刑情节错误，导致未在法定刑幅度内量刑或者量刑明显不当；适用主刑刑种错误；应当判处死刑立即执行而未判处，或者不应当判处死刑立即执行而判处；应当并处附加刑而没有并处，或者不应当并处附加刑而并处；不具备法定的缓刑或免予刑事处分条件，而错误适用缓刑或判处免予刑事处分。

3. 对人民检察院提出的附带民事诉讼部分所作判决、裁定明显不当的。

（三）人民法院在审判过程中严重违反法定诉讼程序，有下列情形之一，影响公正判决或裁定的，人民检察院应当提出抗诉和支持抗诉：

1. 违反有关回避规定的；

2. 审判组织的组成严重不合法的；

3. 除另有规定的以外，证人证言未经庭审质证直接作为定案根据，或者人民法院根据律师申请收集、调取的证据材料和合议庭休庭后自行调查取得的证据材料没有经过庭审辨认、质证直接采纳为定案根据的；

4. 剥夺或者限制当事人法定诉讼权利的；

5. 具备应当中止审理的情形而作出有罪判决的；

6. 当庭宣判的案件，合议庭不经过评议直接宣判的；

7. 其他严重违反法律规定的诉讼程序，影响公正判决或裁定的。

（四）审判人员在案件审理期间，有贪污受贿、徇私舞弊、枉法裁判行为，影响公正判决或裁定，造成上述第（一）、（二）、（三）项规定的情形的，人民检察院应当提出抗诉和支持抗诉。

★**最高人民检察院关于加强和改进刑事抗诉工作的意见**（2014年11月26日）（节录）

3. 人民法院刑事判决、裁定在认定事实方面确有下列错误，导致定罪或者量刑明显不当的，人民检察院应当提出抗诉和支持抗诉：

（1）刑事判决、裁定认定的事实与证据证明的事实不一致的；

（2）认定的事实与裁判结论有矛盾的；

（3）有新的证据证明原判决、裁定认定的事实确有错误的。

4. 人民法院刑事判决、裁定在采信证据方面确有下列错误，导致定罪或者量刑明显不当的，人民检察院应当提出抗诉和支持抗诉：

（1）刑事判决、裁定据以认定案件事实的证据不确实的；

（2）据以定案的证据不足以认定案件事实，或者所证明的案件事实与裁判结论之间缺乏必然联系的；

（3）据以定案的证据依法应当予以排除而未被排除的；

（4）不应当排除的证据作为非法证据被排除或者不予采信的；

（5）据以定案的主要证据之间存在矛盾，无法排除合理怀疑的；

（6）因被告人翻供、证人改变证言而不采纳依法收集并经庭审质证为合法、有效的其他证据，判决无罪或者改变事实认定的；

（7）经审查犯罪事实清楚，证据确实、充分，人民法院以证据不足为由判决无罪或者改变事实认定的。

5. 人民法院刑事判决、裁定在适用法律方面确有下列错误的，人民检察院应当提出抗诉和支持抗诉：

（1）定罪错误，即对案件事实进行评判时发生错误。主要包括：有罪判无罪，无罪判有罪；混淆此罪与彼罪、一罪与数罪的界限，造成罪刑不相适应，或者在司法实践中产生重大不良影响的；

（2）量刑错误，即适用刑罚与犯罪的事实、性质、情节和社会危害程度不相适应，重罪轻判或者轻罪重判，导致量刑明显不当。主要包括：不具有法定量刑情节而超出法定刑幅度量刑；认定或者适用法定量刑情节错误，导致未在法定刑幅度内量刑或者量刑明显不当；共同犯罪案件中各被告人量刑与其在共同犯罪中的地位、作用明显不相适应或者不均衡；适用主刑刑种错误；适用附加刑错误；适用免予刑事处罚、缓刑错误；适用刑事禁止令、限制减刑错误的。

6. 人民法院在审判过程中有下列严重违反法定诉讼程序情形之一，可能影响公正裁判的，人民检察院应当提出抗诉和支持抗诉：

（1）违反有关公开审判规定的；

（2）违反有关回避规定的；

（3）剥夺或者限制当事人法定诉讼权利的；

（4）审判组织的组成不合法的；

（5）除另有规定的以外，证据材料未经庭审质证直接采纳作为定案根据，或者人民法院依申请收集、调取的证据材料和合议庭休庭后自行调查取得的证据材料没有经过庭审质证而直接采纳作为定案根据的；

（6）由合议庭进行审判的案件未经过合议庭评议直接宣判的；

（7）其他严重违反法定诉讼程序情形的。

7. 对人民检察院提出的刑事附带民事诉讼部分所作判决、裁定明显不当的，或者当事人提出申诉的已生效刑事附带民事诉讼部分判决、裁定明显不当的，人民检察院应当提出抗诉和支持抗诉。

8. 人民法院适用犯罪嫌疑人、被告人逃匿、死亡案件违法所得的没收程序所作的裁定确有错误的，人民检察院应当提出抗诉和支持抗诉。

9. 审判人员在审理案件的时候，有贪污受贿、徇私舞弊或者枉法裁判行为，影响公正审判的，人民检察院应当提出抗诉和支持抗诉。

★人民检察院刑事抗诉工作指引（2018年2月14日）（节录）

第九条 人民法院的判决、裁定有下列情形之一的，应当提出抗诉：

（一）原审判决或裁定认定事实确有错误，导致定罪或者量刑明显不当的：

1. 刑事判决、裁定认定的事实与证据证明的事实不一致的；

2. 认定的事实与裁判结论有矛盾的；

3. 有新的证据证明原判决、裁定认定的事实确有错误的。

（二）原审判决或裁定采信证据确有错误，导致定罪或者量刑明显不当的：

1. 刑事判决、裁定据以认定案件事实的证据不确实的；

2. 据以定案的证据不足以认定案件事实，或者所证明的案件事实与裁判结论之间缺乏必然联系的；

3. 据以定案的证据依法应当作为非法证据予以排除而未被排除的；

4. 不应当排除的证据作为非法证据被排除或者不予采信的；

5. 据以定案的主要证据之间存在矛盾，无法排除合理怀疑的；

6. 因被告人翻供、证人改变证言而不采纳依法收集并经庭审质证为合法、有效的其他证据，判决无罪或者改变事实认定的；

7. 犯罪事实清楚，证据确实、充分，但人民法院以证据不足为由判决无罪或者改变事实认定的。

（三）原审判决或裁定适用法律确有错误的：

1. 定罪错误，即对案件事实进行评判时发生错误：

（1）有罪判无罪，无罪判有罪的；

（2）混淆此罪与彼罪、一罪与数罪的界限，造成罪刑不相适应，或者在司法实践中产生重大不良影响的。

2. 量刑错误，即适用刑罚与犯罪的事实、性质、情节和社会危害程度不相适应，重罪轻判或者轻罪重判，导致量刑明显不当：

（1）不具有法定量刑情节而超出法定刑幅度量刑的；

（2）认定或者适用法定量刑情节错误，导致未在法定刑幅度内量刑或者量刑明显不当的；

（3）共同犯罪案件中各被告人量刑与其在共同犯罪中的地位、作用明显不相适应或者不均衡的；

（4）适用主刑刑种错误的；

（5）适用附加刑错误的；

（6）适用免予刑事处罚、缓刑错误的；

（7）适用刑事禁止令、限制减刑错误的。

（四）人民法院在审判过程中有下列严重违反法定诉讼程序情形之一，可能影响公正裁判的：

1. 违反有关公开审判规定的；

2. 违反有关回避规定的；

3. 剥夺或者限制当事人法定诉讼权利的；

4. 审判组织的组成不合法的；

5. 除另有规定的以外，证据材料未经庭审质证直接采纳作为定案根据，或者人民法院依申请收集、调取的证据材料和合议庭休庭后自行调查取得的证据材料没有经过庭审质证而直接采纳作为定案根据的；

6. 由合议庭进行审判的案件未经过合议庭评议直接宣判的；

7. 违反审判管辖规定的；

8. 其他严重违反法定诉讼程序情形的。

（五）刑事附带民事诉讼部分所作判决、裁定明显不当的。

（六）人民法院适用犯罪嫌疑人、被告人逃匿、死亡案件违法所得的没收程序所作的裁定确有错误的；

（七）审判人员在审理案件的时候，有贪污受贿、徇私舞弊或者枉法裁判行为，影响公正审判的。

★人民检察院刑事诉讼规则（2019年12月30日）（节录）

第五百八十三条　人民检察院依法对人民法院的判决、裁定是否正确实行法律监督，对人民法院确有错误的判决、裁定，应当依法提出抗诉。

第五百八十四条　人民检察院认为同级人民法院第一审判决、裁定具有下列情形之一的，应当提出抗诉：

（一）认定的事实确有错误或者据以定罪量刑的证据不确实、不充分的；

（二）有确实、充分证据证明有罪判无罪，或者无罪判有罪的；

（三）重罪轻判，轻罪重判，适用刑罚明显不当的；

（四）认定罪名不正确，一罪判数罪、数罪判一罪，影响量刑或者造成严重社会影响的；

（五）免除刑事处罚或者适用缓刑、禁止令、限制减刑等错误的；

（六）人民法院在审理过程中严重违反法律规定的诉讼程序的。

2. 检察院一般不宜提起抗诉的情形

★最高人民检察院关于刑事抗诉工作的若干意见（2001年3月2日）（节录）

三、不宜抗诉的情形

（一）原审刑事判决或裁定认定事实、采信证据有下列情形之一的，一般不宜提出抗诉：

1. 判决或裁定采信的证据不确实、不充分，或者证据之间存在矛盾，但是支持抗诉主张的证据也不确实、不充分，或者不能合理排除证据之间的矛盾的；

2. 被告人提出罪轻、无罪辩解或者翻供后，有罪证据之间的矛盾无法排除，导致起诉书、判决书对事实的认定分歧较大的；

3. 人民法院以证据不足、指控的犯罪不能成立为由，宣告被告人无罪的案件，人民检察院如果发现新的证据材料证明被告人有罪，应当重新起诉，不能提出抗诉；

4. 刑事判决改变起诉定性，导致量刑差异较大，但没有足够证据证明人民法院改变定性错误的；

5. 案件基本事实清楚，因有关量刑情节难以查清，人民法院从轻处罚的。

（二）原审刑事判决或裁定在适用法律方面有下列情形之一的，一般不宜提出抗诉：

1. 法律规定不明确、存有争议，抗诉的法律依据不充分的；
2. 刑事判决或裁定认定罪名不当，但量刑基本适当的；
3. 具法定从轻或者减轻处罚情节，量刑偏轻的；
4. 未成年人犯罪案件量刑偏轻的；
5. 被告人积极赔偿损失，人民法院适当从轻处罚的。

（三）人民法院审判活动违反法定诉讼程序，但是未达到严重程度，不足以影响公正裁判，或者判决书、裁定书存在某些技术性差错，不影响案件实质性结论的，一般不宜提出抗诉。必要时可以以检察建议书等形式，要求人民法院纠正审判活动中的违法情形，或者建议人民法院更正法律文书中的差错。

（四）认为应当判处死刑立即执行而人民法院判处被告人死刑缓期二年执行的案件，具有下列情形之一的，除原判认定事实、适用法律有严重错误或者罪行极其严重、必须判处死刑立即执行，而判处死刑缓期二年执行明显不当的以外，一般不宜按照审判监督程序提出抗诉；

1. 因被告人有自首、立功等法定从轻、减轻处罚情节而判处其死刑缓期二年执行的；
2. 因婚姻家庭、邻里纠纷等民间矛盾激化引发的故意杀人案件，由于被害人一方有明显过错或者对矛盾激化有直接责任，人民法院根据案件具体情况，判处被告人死刑缓期二年执行的；
3. 被判处死刑缓期二年执行的罪犯入监劳动改造后，考验期将满，认罪服法，狱中表现较好的。

★**最高人民检察院关于加强和改进刑事抗诉工作的意见**（2014年11月26日）（节录）

10. 人民法院刑事判决、裁定认定事实、采信证据有下列情形之一的，一般不应当提出抗诉：

（1）被告人提出罪轻、无罪辩解或者翻供后，认定犯罪性质、情节或者有罪的证据之间的矛盾无法排除，导致判决书未认定起诉指控罪名或者相关犯罪事实的；

（2）刑事判决改变起诉指控罪名，导致量刑差异较大，但没有足够证据或者法律依据证明人民法院改变罪名错误的；

（3）案件定罪事实清楚，因有关量刑情节难以查清，人民法院在法定刑幅度内从轻处罚的；

（4）依法排除非法证据后，证明部分或者全部案件事实的证据达不到确实、充分的标准，人民法院不予认定该部分案件事实或者判决无罪的。

11. 人民法院刑事判决、裁定在适用法律方面有下列情形之一的，一般不应当提出抗诉：

（1）法律规定不明确、存有争议，抗诉的法律依据不充分的；

（2）具有法定从轻或者减轻处罚情节，量刑偏轻的；

（3）被告人系患有严重疾病、生活不能自理的人，怀孕或者正在哺乳自己婴儿的妇女，生活不能自理的人的唯一扶养人，量刑偏轻的；

（4）被告人认罪并积极赔偿损失，取得被害方谅解，量刑偏轻的。

12. 人民法院审判活动违反法定诉讼程序，其严重程度不足以影响公正裁判，或者判决书、裁定书存在技术性差错，不影响案件实质性结论的，一般不应当提出抗诉。必要时以纠正审理违法意见书监督人民法院纠正审判活动中的违法情形或者以检察建议书等形式要求人民法院更正法律文书中的差错。

13. 人民法院判处被告人死刑缓期二年执行的案件，具有下列情形之一，除原判决认定事实、适用法律有严重错误或者社会反响强烈的以外，一般不应当提出判处死刑立即执行的抗诉：

（1）被告人有自首、立功等法定从轻、减轻处罚情节的；

（2）定罪的证据确实、充分，但影响量刑的主要证据存有疑问的；

（3）因婚姻家庭、邻里纠纷等民间矛盾激化引发的案件，因被害方的过错行为引起的案件，案发后被告人真诚悔罪、积极赔偿被害方经济损失并取得被害方谅解的；

（4）罪犯被送交监狱执行刑罚后，认罪服法，狱中表现较好，且死缓考验期限将满的。

★人民检察院刑事抗诉工作指引（2018年2月14日）（节录）

第十条　下列案件一般不提出抗诉：

（一）原审判决或裁定认定事实、采信证据有下列情形之一的：

1. 被告人提出罪轻、无罪辩解或者翻供后，认定犯罪性质、情节或者有罪的证据之间的矛盾无法排除，导致人民法院未认定起诉指控罪名或者相关犯罪事实的；

2. 刑事判决改变起诉指控罪名，导致量刑差异较大，但没有足够证据或者法律依据证明人民法院改变罪名错误的；

3. 案件定罪事实清楚，因有关量刑情节难以查清，人民法院在法定刑幅度内从轻处罚的；

4. 依法排除非法证据后，证明部分或者全部案件事实的证据达不到确实、充分的标准，人民法院不予认定该部分案件事实或者判决无罪的。

（二）原审判决或裁定适用法律有下列情形之一的：

1. 法律规定不明确、存有争议，抗诉的法律依据不充分的；

2. 具有法定从轻或者减轻处罚情节，量刑偏轻的；

3. 被告人系患有严重疾病、生活不能自理的人，怀孕或者正在哺乳自己婴儿的妇女，生活不能自理的人的唯一扶养人，量刑偏轻的；

4. 被告人认罪并积极赔偿损失，取得被害方谅解，量刑偏轻的。

（三）人民法院审判活动违反法定诉讼程序，其严重程度不足以影响公正裁判，或者判决书、裁定书存在技术性差错，不影响案件实质性结论的，一般不提出抗诉。必要时以纠正审理违法意见书形式监督人民法院纠正审判活动中的违法情形，或者以检察建议书等形式要求人民法院更正法律文书中的差错。

（四）人民法院判处被告人死刑缓期二年执行的案件，具有下列情形之一，除原判决认定事实、适用法律有严重错误或者社会反响强烈的以外，一般不提出判处死刑立即执行的抗诉：

1. 被告人有自首、立功等法定从轻、减轻处罚情节的；

2. 定罪的证据确实、充分，但影响量刑的主要证据存有疑问的；

3. 因婚姻家庭、邻里纠纷等民间矛盾激化引发的案件，因被害方的过错行为引起的案件，案发后被告人真诚悔罪、积极赔偿被害方经济损失并取得被害方谅解的；

4. 罪犯被送交监狱执行刑罚后，认罪服法，狱中表现较好，且死缓考验期限将满的。

（五）原审判决或裁定适用的刑罚虽与法律规定有偏差，但符合罪刑相适应原则和社会认同的。

（六）未成年人轻微刑事犯罪案件量刑偏轻的。

3. 检察院抗诉案件审查规定

★**最高人民检察院关于刑事抗诉工作的若干意见**（2001年3月2日）（节录）

四、刑事抗诉案件的审查

（一）对刑事抗诉案件的事实，应当重点从以下几个方面进行审查：

1. 犯罪的动机、目的是否明确；

2. 犯罪的手段是否清楚；

3. 与定罪量刑有关的情节是否具备；
4. 犯罪的危害后果否查明；
5. 行为和结果之间是否存刑法上的因果关系。

（二）对刑事抗诉案件的证据，应当重点从以下几个方面进行审查：
1. 认定主体的证据是否确实充分；
2. 认定犯罪行为和证明犯罪要素的证据是否确实充分；
3. 涉及犯罪性质、决定罪名的证据是否确实充分；
4. 涉及量刑情节的相关证据是否确实充分；
5. 提出抗诉的刑事案件，支持抗诉主张的证据是否具备合法性、客观性和关联性；抗诉主张的每一环节是否均有相应的证据予以证实；抗诉主张与抗诉证据之间、抗诉证据与抗诉证据之间是否不存在矛盾；支持抗诉主张的证据是否形成完整的锁链。

（三）对刑事抗诉案件的适用法律，应当重点从以下几个方面进行审查：
1. 适用的法律和法律条文是否正确；
2. 罪与非罪、此罪与彼罪、一罪与数罪的认定是否正确；
3. 具有法定从轻、减轻、从重、免除处罚情节的，适用法律是否正确；
4. 适用刑种和量刑幅度是否正确；
5. 对人民检察院提出的附带民事诉讼部分的判决或裁定是否符合法律规定。

（四）办理刑事抗诉案件时，应当审查人民法院在案件审理中是否存在严重违反法定诉讼程序，影响公正审判的情形。

人民检察院在收到人民法院第一审刑事判决书或者裁定书后，应当指定专人立即进行审查。对确有错误的判决或者裁定，应当及时在法定期限内按照第二审程序依法提出抗诉。

人民检察院对被害人及其法定代理人提出的抗诉请求，应当在法定期限内审查答复；抗诉请求的理由成立的，应当依法及时提出抗诉。

当事人及其法定代理人、近亲属认为人民法院已经发生法律效力的刑事判决、裁定确有错误，向人民检察院申诉的，人民检察院应当依法办理。

人民检察院按照审判监督程序提出抗诉的案件，应当比照第二审程序抗诉案件的标准从严掌握。

提请抗诉的人民检察院应当讯问原审被告人，复核主要证据，必要时上级人民检察院可以到案发地复核主要证据。

人民检察院审查适用审判监督程序的抗诉案件，应当在六个月以内审结；重大、复杂的案件，应当在十个月以内审结。

对终审判处被告人死刑、缓期二年执行的案件，省级人民检察院认为应当判处死刑立即执行的，应当在收到终审判决书后三个月内提请最高人民检察院审查。

★最高人民检察院关于加强和改进刑事抗诉工作的意见（2014年11月26日）（节录）

14. 办理刑事抗诉案件，应当严格按照刑法、刑事诉讼法、相关司法解释和规范性文件的要求，全面、细致地审查案件事实、证据、法律适用以及程序执行，综合考虑犯罪性质、情节和社会危害程度等因素，准确分析认定原审裁判是否确有错误，根据错误的性质和程度，决定是否提出（请）抗诉。

15. 对刑事抗诉案件的事实，应当重点从以下几个方面进行审查：犯罪动机、目的是否明确；犯罪手段是否清楚；与定罪量刑有关的事实、情节是否查明；犯罪的危害后果是否查明；行为和结果之间是否存在刑法上的因果关系。

16. 对刑事抗诉案件的证据，应当重点从以下几个方面进行审查：认定犯罪主体的证据是否确实、充分；认定犯罪事实的证据是否确实、充分；涉及犯罪性质、决定罪名的证据是否确实、充分；涉及量刑情节的证据是否确实、充分；提出抗诉的刑事案件，支持抗诉意见的证据是否具备合法性、客观性和关联性；抗诉证据之间、抗诉意见与抗诉证据之间是否存在矛盾；支持抗诉意见的证据是否确实、充分。

17. 办理刑事抗诉案件，应当讯问原审被告人，并可根据案情需要复核或者补充相关证据。

18. 对刑事抗诉案件的法律适用，应当重点从以下几个方面进行审查：适用的法律和法律条文是否正确；罪与非罪、此罪与彼罪、一罪与数罪的认定是否正确；具有法定从重、从轻、减轻或者免除处罚情节的，适用法律是否正确；适用刑种和量刑幅度是否正确；刑事附带民事诉讼，以及犯罪嫌疑人、被告人逃匿、死亡案件违法所得的没收程序的判决、裁定是否符合法律规定。

19. 人民检察院依照刑事审判监督程序提出抗诉的案件，需要对原审被告人采取强制措施的，由人民检察院依法决定。

20. 按照第二审程序提出抗诉的人民检察院，应当及时将刑事抗诉书和检察卷报送上一级人民检察院。提请上一级人民检察院按照审判监督程序抗诉的人民检察院，应当及时将提请抗诉报告书（一式十份）和侦查卷、检察卷、人民法院审判卷报送上一级人民检察院。经本院检察委员会讨论决定的，应当一并报送本院检察委员会议纪要。刑事抗诉书和提请抗诉报告书应当充分阐述抗诉理由。

21. 上一级人民检察院对下级人民检察院按照第二审程序提出抗诉的案件，支持或者部分支持抗诉意见的，可以变更、补充抗诉理由，及时制作支持刑事抗诉意见书，阐明支持或者部分支持抗诉的意见和理由，送达同级人民法院，同时通知提出抗诉的人民检察院；不支持抗诉的，应当制作撤回抗诉决定书，送达同级人民法院，同时通知提出抗诉的人民检察院，并向提出抗诉的人民检察院书面说明撤回抗诉理由。

上一级人民检察院在抗诉期限内，发现下级人民检察院应当提出抗诉而没有提出抗诉的，可以指令下级人民检察院依法提出抗诉。

22. 承办刑事抗诉案件的检察人员，应当认真履行出席二审或者再审法庭的职责。

出席刑事抗诉案件法庭，承办案件的检察人员应当制作出庭预案，做好庭审前各项准备。庭审中举证、质证、辩论，应当围绕抗诉重点进行，针对原审法院判决、裁定中的错误进行重点阐述和论证。

★ **人民检察院刑事抗诉工作指引**（2018年2月14日）（节录）

第十一条 审查刑事抗诉案件，应当坚持全案审查和重点审查相结合原则，并充分听取辩护人的意见。重点审查抗诉主张在事实、法律上的依据以及支持抗诉主张的证据是否具有合法性、客观性和关联性。

第十二条 办理刑事抗诉案件，应当严格按照刑法、刑事诉讼法、相关司法解释和规范性文件的要求，全面、细致地审查案件事实、证据、法律适用以及诉讼程序，综合考虑犯罪性质、情节和社会危害程度等因素，准确分析认定人民法院原审裁判是否确有错误，根据错误的性质和程度，决定是否提出（请）抗诉。

（一）对刑事抗诉案件的事实，应当重点审查以下内容：

1. 犯罪动机、目的是否明确；
2. 犯罪手段是否清楚；
3. 与定罪量刑有关的事实、情节是否查明；
4. 犯罪的危害后果是否查明；
5. 行为和结果之间是否存在刑法上的因果关系。

（二）对刑事抗诉案件的证据，应当重点审查以下内容：

1. 认定犯罪主体的证据是否确实、充分；
2. 认定犯罪事实的证据是否确实、充分；

3. 涉及犯罪性质、认定罪名的证据是否确实、充分；

4. 涉及量刑情节的证据是否确实、充分；

5. 提出抗诉的刑事案件，支持抗诉意见的证据是否具备合法性、客观性和关联性；

6. 抗诉证据之间、抗诉意见与抗诉证据之间是否存在矛盾；

7. 抗诉证据是否确实、充分。

（三）对刑事抗诉案件的法律适用，应当重点审查以下内容：

1. 适用法律和引用法律条文是否正确；

2. 罪与非罪、此罪与彼罪、一罪与数罪的认定是否正确；

3. 具有法定从重、从轻、减轻或者免除处罚情节的，适用法律是否正确；

4. 适用刑种和量刑幅度是否正确；

5. 刑事附带民事诉讼判决、裁定，犯罪嫌疑人、被告人逃匿、死亡案件违法所得没收程序的裁定是否符合法律规定。

第十三条　审查抗诉案件一般按照下列步骤进行：

（一）认真研究抗诉书或提请抗诉报告书，熟悉案件的基本情况、重点了解不同诉讼阶段认定案件事实的差异，公诉意见、历次判决或裁定结论有何差异，将判决或裁定理由与抗诉理由或提请抗诉的理由进行对比，初步分析案件分歧的焦点所在；

（二）审阅起诉书、判决书或裁定书，核对抗诉书或提请抗诉报告书所列举的公诉意见、判决或裁定结论、判决或裁定理由等内容是否存在错误；

（三）审阅卷中证据材料。在全面审阅的基础上，重点审查判决、裁定认定案件事实所采信的证据，下一级人民检察院提出抗诉或提请抗诉所认定的证据，特别是对认定事实有分歧的，应当仔细审查各分歧意见所认定、采信的证据；

（四）根据卷中证据情况，提出对案件事实的初步认定意见，注意与判决、裁定的认定意见有无不同；

（五）初步列出案件分歧的焦点问题，包括事实认定、证据采信以及法律适用方面的分歧意见等；

（六）分析判决、裁定是否存在错误，提出抗诉或提请抗诉的理由是否成立以及是否存在疏漏，研判是否支持抗诉或决定抗诉；

（七）根据案件具体情况，必要时可以到案发地复核主要证据，对尚不清楚的事实和情节提取新的证据；

（八）根据复核证据的情况，进一步提出认定事实、采信证据和适用法律的意见，分析判决、裁定是否确有错误，抗诉理由是否充分，最后提出是否支持抗诉或者决定抗诉的审查意见。

第十四条　办理刑事抗诉案件，应当讯问原审被告人，并根据案件需要复核或者补充相关证据。

需要原侦查机关补充收集证据的，可以要求原侦查机关补充收集。被告人、辩护人提出自首、立功等可能影响定罪量刑的材料和线索的，人民检察院可以依照管辖规定交侦查机关调查核实，也可以自行调查核实。发现遗漏罪行或者同案犯罪嫌疑人的，应当建议侦查机关侦查。

根据案件具体情况，可以向侦查人员调查了解原案的发破案、侦查取证活动等情况。

在对涉及专门技术问题的证据材料进行审查时，可以委托检察技术人员或者其他具有专门知识的人员进行文证审查，或者请其提供咨询意见。检察技术人员、具有专门知识的人员出具的审查意见或者咨询意见应当附卷，并在案件审查报告中说明。

第十五条　人民检察院办理死刑抗诉案件，除依照本指引第十三条、第十四条规定审查外，还应当重点开展下列工作：

（一）讯问原审被告人，听取原审被告人的辩解；

（二）必要时听取辩护人的意见；

（三）复核主要证据，必要时询问证人；

（四）必要时补充收集证据；

（五）对鉴定意见有疑问的，可以重新鉴定或者补充鉴定；

（六）根据案件情况，可以听取被害人的意见。

第十六条　人民检察院在办理刑事抗诉案件过程中发现职务犯罪线索的，应当对案件线索逐件登记、审查，经检察长批准，及时移送有管辖权的单位办理。

第十七条　承办人审查后，应当制作刑事抗诉案件审查报告，阐明是否提出抗诉或者是否支持抗诉的意见。

刑事抗诉案件审查报告应当符合最高人民检察院规定的格式，并重点把握以下要求：

（一）充分认识审查报告制作质量直接影响对案件的审核和检察长或者检察委员会作出处理决定；

（二）承办人制作审查报告，可以根据案件汇报的需要及案件本身的特点作适当的调整；

（三）事实叙写应当清晰、完整、客观，不遗漏关键的事实、情节；

（四）证据摘录一般按照先客观性证据后主观性证据的顺序进行列举，以客观性证据为基础构建证据体系，对客观性证据优先审查、充分挖掘、科学解释、全面验证；同时，要防止唯客观性证据论的倾向，防止忽视口供，对口供在做到依法审查、客观验证基础上充分合理使用；

（五）引用判决或裁定的理由和结论应当全面客观，分析判决或裁定是否错误应当有理有据；

（六）审查意见应当注重层次性、针对性、逻辑性和说理性；

（七）对存在舆情等风险的案件，应当提出风险评估和预案处置意见。

★人民检察院办理死刑第二审案件和复核监督工作指引（试行）（2018年3月31日）（节录）

第七条　【收案】检察人员接收案件后，应当规范使用统一业务应用系统，在案件审查、决定、审结、出庭、裁判等环节及时填录案卡，制作文书。

第八条　【审查的主要内容】检察人员应当客观全面审查在案证据材料，并重点审查以下内容：

第一审判决认定事实是否清楚，证据是否确实、充分；

适用法律是否正确，对有关量刑情节的认定是否准确，量刑是否适当；

被判处死刑的被告人是否罪行极其严重，是否必须立即执行；

被告人被判处死刑缓期二年执行的，决定限制减刑或者终身监禁是否适当；

抗诉、上诉意见与第一审判决存在的分歧，抗诉、上诉理由是否正确、充分；

抗诉、上诉中是否提出或者第一审判决后是否出现了可能影响定罪量刑的新事实、新证据；

有无遗漏罪行或者其他应当追究刑事责任的人；

涉案财物处理是否妥当；

诉讼活动是否存在影响公正判决的违法情形；

被告方与被害方是否达成赔偿谅解；

是否有涉检信访或者重大舆情等风险；

其他可能影响定罪量刑的内容。

第九条　【审查方式】检察人员审查案件，应当就第一审判决认定的案件事实和适用法律进行全面审查，重点围绕抗诉、上诉理由开展下列工作：

复核主要证据，必要时到案发现场调查；

讯问被告人，听取被告人的上诉理由或者辩解；

必要时听取辩护人、被害人及其法定代理人或者近亲属的意见；

必要时询问证人；

对证据合法性有疑问的，应当进行调查核实；

对鉴定意见有疑问的，可以重新鉴定或者补充鉴定；

需要侦查机关补充调取和完善的证据，可以要求侦查机关提供，必要时可以自行调查核实，补充收集相关证据；

应当开展的其他工作。

第十条　【核查证据】对于影响定罪或者量刑的主要证据应当进行复核，重点核查证据是否客观、真实，取证程序是否合法以及证据之间是否存在矛盾。

第十一条　【对物证、书证等证据的审查】加强对物证、书证等证据的审查。物证、书证的收集、送检、保管等不符合法定程序，可能严重影响司法公正的，应当要求侦查机关予以补正或者作出合理解释；不能补正或者无法作出合理解释的，应当予以排除，不能作为定案的根据。

第十二条　【对鉴定意见的审查】对鉴定意见应当重点审查以下内容：

鉴定机构和鉴定人是否具有法定资质，鉴定人是否存在应当回避的情形；

检材的收集、取得、保管、送检是否符合法律及有关规定，与相关提取笔录、扣押物品清单等记载的内容是否相符，检材是否充足、可靠；

鉴定程序是否符合法律及有关规定，鉴定的过程和方法是否符合相关专业的规范要求，鉴定意见是否告知被告人和被害人及其法定代理人或者近亲属；

鉴定意见形式要件是否完备，鉴定意见是否明确，鉴定意见与案件待证事实有无关联，鉴定意见与勘验、检查笔录及相关照片等其他证据是否矛盾，鉴定意见是否存在无法排除的合理怀疑，检验分析是否科学、全面；

有利于被告人和不利于被告人的鉴定意见是否移送。

第十三条　【对勘验、检查笔录的审查】对勘验、检查笔录应当重点审查以下内容：

勘验、检查是否依法进行，笔录的制作是否符合法律及有关规定，勘验、检查人员和见证人是否签名或者盖章；

勘验、检查笔录的内容是否全面、详细、准确、规范，文字记载与实物或者绘图、录像、照片是否相符，固定证据的形式、方法是否科学、规范，现场物品、痕迹等是否被破坏或者伪造，人身特征、伤害情况、生理状况有无伪装或者变化；

补充进行勘验、检查的，前后勘验、检查的情况是否有矛盾，是否说明了再次勘验、检查的理由；

勘验、检查笔录中记载的情况与被告人供述、被害人陈述、鉴定意见等其他证据能否印证，有无矛盾。

第十四条 【讯问被告人】讯问被告人应当按照以下要求进行：

讯问应当由两名以上检察人员进行；

讯问前认真制作讯问提纲，明确讯问目的，拟定重点解决的问题；

核对被告人的基本情况，告知诉讼权利和义务；

听取被告人的上诉理由、辩解和供述，核查是否有新证据、是否有自首和立功等情节、是否有刑讯逼供等非法取证情况，以及其他需要核实的问题；

规范制作讯问笔录，笔录首部内容应当填写完整，讯问人员应当在讯问笔录上签名；

远程视频提讯的，应当制作同步录音录像。

对讯问过程中出现翻供或者一审阶段曾经翻供的，应当详细讯问翻供的原因和理由，并重点讯问作案动机、目的、手段、工具以及与犯罪有关的时间、地点、人员等细节。

第十五条 【对技术侦查措施收集证据的审查】侦查机关采取技术侦查措施收集的物证、书证、电子数据等证据材料没有移送，影响定罪量刑的，检察人员可以要求侦查机关将相关证据材料连同批准采取技侦措施的法律文书一并移送，必要时可以到侦查机关技术侦查部门核查原始证据。

第十六条 【调查核实证据合法性】经审查，发现侦查人员以非法方法收集证据的，或者被告人及其辩护人申请排除非法证据，并提供相关线索或者材料的，应当依照相关规定，及时进行调查核实。

调查核实证据合法性可以采取以下方式：

讯问被告人；

询问办案人员；

询问在场人员及证人；

听取辩护律师意见；

调取讯问笔录、讯问录音录像；

调取、查询被告人出入看守所的身体检查记录及相关材料；

调取、查询驻看守所检察人员在侦查终结前的核查材料；

调取、查阅、复制相关法律文书或者案件材料；

进行伤情、病情检查或者鉴定；

其他调查核实方式。

第十七条 【审查同步录音录像的一般规定】检察人员对取证合法性产生

疑问的,可以审查相关的录音录像,对于重大、疑难、复杂的案件,必要时可以审查全部录音录像。

第十八条 【审查同步录音录像的主要内容】对同步录音录像应当重点审查以下内容:

是否全程、连续、同步,有无选择性录制,有无剪接、删改;

是否与讯问笔录记载的起止时间一致;

与讯问笔录记载的内容是否存在差异;

是否存在刑讯逼供、诱供等违法行为。

讯问录音录像存在选择性录制、剪接、删改等情形,或者与讯问笔录存在实质性差异,不能排除以非法方法收集证据情形的,对相关证据应当予以排除。

第十九条 【非法证据排除】对采用下列非法方法收集的被告人供述,应当提出依法排除的意见:

采取殴打、违法使用戒具等暴力方法或者变相肉刑的恶劣手段,使被告人遭受难以忍受的痛苦而违背意愿作出的供述;

采用以暴力或者严重损害本人及其近亲属合法权益等进行威胁的方法,使被告人遭受难以忍受的痛苦而违背意愿作出的供述;

采用非法拘禁等非法限制人身自由的方法收集的供述。

采用暴力、威胁以及非法限制人身自由等非法方法收集的证人证言、被害人陈述,应当予以排除。

第二十条 【重复自白的排除及除外情形】采用刑讯逼供方法使被告人作出供述,之后被告人受该刑讯逼供行为影响而作出的与该供述相同的重复性供述,应当提出依法排除的意见,但下列情形除外:

侦查期间,根据控告、举报或者自己发现等,侦查机关确认或者不能排除以非法方法收集证据而更换侦查人员,其他侦查人员再次讯问时告知诉讼权利和认罪的法律后果,犯罪嫌疑人自愿供述的;

审查逮捕、审查起诉和审判期间,检察人员、审判人员讯问时告知诉讼权利和认罪的法律后果,犯罪嫌疑人、被告人自愿供述的。

第二十一条 【对自首、立功等可能影响定罪量刑的材料和线索的审查】被告人、辩护人提出被告人自首、立功或者受到刑讯逼供等可能影响定罪量刑的材料和线索的,人民检察院可以依照管辖规定交侦查机关调查核实,也可以自行调查核实。发现遗漏罪行或者同案犯罪嫌疑人的,应当建议侦查机关侦查。

第二十二条 【案件线索来源存疑、侦破过程不清楚的案件的审查】对于案件线索来源存疑、侦破过程不清楚的,应当要求侦查机关提供相关法律文书或者作出详细的情况说明。

第二十三条 【补充收集证据的一般规定】对死刑第二审案件自行补充收集证据的，应当由两名以上检察人员进行，可以要求侦查机关提供协助，也可以申请本院司法警察协助。上级人民检察院通过下级人民检察院通知侦查机关补充收集证据的，下级人民检察院应当提供协助。

第二十四条 【自行补充收集证据的情形】死刑第二审案件具有下列情形之一的，可以自行补充收集证据：

侦查机关以刑讯逼供等非法方法收集的被告人供述和采用暴力、威胁等非法手段取得的被害人陈述、证人证言，被依法排除后，侦查机关未另行指派侦查人员重新调查取证的；

被告人作出无罪辩解或者辩护人提出无罪辩护意见，经审查后，认为侦查机关取得的言词证据不全面或者有遗漏，或者经审查后认为存在疑问的；

案件在定罪量刑方面存在明显分歧或者较大争议，需要补充关键性言词证据，特别是影响案件定罪量刑的被告人供述、证人证言、被害人陈述等言词类证据的；

认为需要补充收集的事项，侦查机关未补充收集或者补充收集后未达到要求，且自行补充收集具有可行性的；

案件主要事实清楚，主要证据确实、充分，尚需要查明个别事实、情节或者补充个别证据材料的；

其他需要自行补充收集证据的情形。

第二十五条 【保障律师执业权利】检察人员应当依法保障律师的执业权利。

辩护律师要求听取其意见的，应当及时安排在工作时间、工作场所接待，并由两名以上检察人员听取意见、制作笔录。

辩护律师提出的书面意见，或者提交的无罪、罪轻或者减轻、免除刑事责任的证据材料应当附卷，并在审查报告中说明是否采纳及理由。

第二十六条 【保障被害人权益】检察人员应当依法保障被害人及其法定代理人或者近亲属的合法权益。涉及影响案件定罪量刑、社会稳定、司法救助等情况的，应当主动听取被害人及其法定代理人或者近亲属的意见。

第二十七条 【审查报告的内容】死刑第二审案件审查报告一般包括：

被告人及被害人基本情况；

案件诉讼经过；

第一审判决认定的事实及裁判结果、理由；

抗诉或者上诉理由；

辩护人的意见；

审查认定的事实及对证据的综合分析；

对上诉、抗诉理由的分析与意见；

需要说明的问题；

审查意见和理由。

第二十九条 【抗诉案件的处理意见】对于抗诉案件，审查后视情形提出以下处理意见：

具有《人民检察院刑事诉讼规则（试行）》第五百八十四条规定的情形，原判决确有错误，抗诉意见正确的，应当提出支持抗诉的意见；

原判决确有错误，抗诉意见部分正确的，可以变更、补充抗诉理由，提出部分支持抗诉的意见；

原判决并无不当，抗诉意见不当的，应当提出撤回抗诉的意见。

第九十六条 【对改变起诉指控事实、罪名的判决的审查】对于人民法院第一审判决改变起诉指控事实、罪名的死刑案件，人民检察院应当在收到判决书后三日以内，将审查报告、起诉书和判决书等案件材料报送上一级人民检察院备案审查。

上级人民检察院收到备案材料后，应当及时审查。认为应当抗诉的，应当及时通知下级人民检察院依法提出抗诉；对于判决有错误但无抗诉必要的，应当及时通知下级人民检察院依法提出纠正意见；对于具有被告人上诉等其他情形的，应当提前做好相应准备工作。

4. 检察院抗诉工作机制

★最高人民检察院关于刑事抗诉工作的若干意见（2001年3月2日）（节录）

五、刑事抗诉工作制度

（一）刑事抗诉案件必须经检察委员会讨论决定。

（二）按照第二审程序提出抗诉的人民检察院，应当及时将检察内卷报送上一级人民检察院。提请上级人民检察院按照审判监督程序抗诉的人民检察院，应当及时将侦查卷、检察卷、检察内卷和人民法院审判卷以及提请抗诉报告书一式二十份报送上级人民检察院。

（三）刑事抗诉书和提请抗诉报告书应当重点阐述抗诉理由，增强说理性。

（四）上级人民检察院对下级人民检察院按照第二审程序提出抗诉的案件，如果是支持或者部分支持抗诉，应当写出支持抗诉的意见和理由。

（五）办理刑事抗诉案件的检察人员应当制作出庭预案和庭审答辩提纲，做好出庭前的准备。

（六）刑事抗诉案件庭审中的示证和答辩，应当针对原审法院判决、裁定中的错误进行重点阐述和论证。

（七）人民法院审判委员会讨论刑事抗诉案件，同级人民检察院检察长依法应当列席。

★**最高人民检察院关于加强和改进刑事抗诉工作的意见**（2014年11月26日）（节录）

23. 强化办案时限意识，及时办理刑事抗诉案件。对一审或者生效裁判的抗诉，刑事诉讼法、《人民检察院刑事诉讼规则（试行）》和最高人民检察院相关规范性文件规定了明确的期限，经审查认为法院裁判确有错误的，应当在规定期限内提出（请）抗诉，及时启动二审或者再审程序。

24. 严格落实对法院裁判逐案审查机制。人民检察院公诉部门对提起公诉的案件，在收到法院裁判后要指定专人在规定期限内认真审查。

25. 落实刑事抗诉案件审核机制。对于需要提出抗诉的案件，承办人员应当及时提出意见，报部门负责人或者检察官办案组织负责人审核，由检察长决定；案情重大、疑难、复杂的案件，由检察委员会决定。

26. 健全上级检察院对刑事抗诉工作的业务指导机制。上级检察院要加强刑事抗诉个案和类案专项指导，主动帮助下级检察院解决办案中遇到的问题，排除阻力和干扰。要结合本地区实际，组织开展工作情况通报、工作经验推广、案件剖析评查、优秀案件评选、典型案例评析、业务研讨培训、庭审观摩交流等活动，推动刑事抗诉工作发展。

27. 落实检察长列席人民法院审判委员会工作机制。按照最高人民法院、最高人民检察院《关于人民检察院检察长列席人民法院审判委员会会议的实施意见》的相关规定，人民法院审判委员会讨论人民检察院提出的刑事抗诉案件，同级人民检察院检察长或者受检察长委托的副检察长应当依法列席。列席人员应当在会前熟悉案情、准备意见和预案，在会上充分阐述人民检察院的抗诉意见和理由。

28. 健全同级人民检察院与人民法院之间的沟通联系工作机制。地方各级人民检察院要与同级人民法院进行经常性的工作联系，就个案或者类案的认识分歧以及法律政策适用等问题充分交换意见。

29. 建立健全新形势下刑事抗诉案件舆情应对工作机制。对于引起媒体关注的热点敏感刑事抗诉案件，要建立快速反应工作机制，及时采取措施，依法公开相关信息，树立人民检察院维护司法公正的形象。

30. 当事人及其法定代理人、近亲属认为人民法院已经发生法律效力的刑事判决、裁定确有错误，向人民检察院申诉的，适用《最高人民检察院关于办理不服人民法院生效刑事裁判申诉案件若干问题的规定》和《人民检察院复查刑事申诉案件的规定》的规定。

对人民法院作出的职务犯罪案件第一审判决，由上下两级人民检察院同步审查，审查办理案件适用《最高人民检察院关于加强对职务犯罪案件第一审判决法律监督的若干规定（试行）》的规定。

★人民检察院刑事抗诉工作指引（2018年2月14日）（节录）

第五十一条　下级人民检察院对于拟抗诉的重大案件，应当在决定抗诉前向上级人民检察院汇报。上级人民检察院要结合本地区工作实际，组织开展工作情况通报、工作经验推广、案件剖析评查、优秀案件评选、典型案例评析、业务研讨培训、庭审观摩交流等活动，推动刑事抗诉工作发展。

第五十二条　上级人民检察院要加强刑事抗诉个案和类案专项指导，主动帮助下级人民检察院解决办案中遇到的问题，排除阻力和干扰。对于重大普通刑事案件、重大职务犯罪案件、疑难复杂案件、人民群众对司法不公反映强烈的案件以及其他有重大影响的重要抗诉案件，上级人民检察院要加强抗诉前工作指点，必要时可以同步审查，确保抗诉质量。

第五十三条　认真执行最高人民法院、最高人民检察院《关于人民检察院检察长列席人民法院审判委员会会议的实施意见》的相关规定，人民法院审判委员会讨论人民检察院提出的刑事抗诉案件时，同级人民检察院检察长或者受检察长委托的副检察长应当依法列席。列席人员应当在会前熟悉案情、准备意见和预案，在会上充分阐述人民检察院的抗诉意见和理由。承办检察官应当按照列席要求，为检察长或者受委托的副检察长做好准备工作。

第五十四条　各级人民检察院要与同级人民法院有关审判庭加强经常性的工作联系，就办理抗诉案件中认识分歧、法律政策适用等问题充分沟通交流。

第五十五条　各级人民检察院对于引起媒体关注的敏感刑事抗诉案件，应当建立快速反应工作机制，依法查明事实真相，适时公开相关信息，及时回应社会关切，主动接受舆论监督，树立人民检察院维护司法公正的良好形象。

第二百二十九条 【被害人及其法定代理人的请求抗诉权】被害人及其法定代理人不服地方各级人民法院第一审的判决的,自收到判决书后五日以内,有权请求人民检察院提出抗诉。人民检察院自收到被害人及其法定代理人的请求后五日以内,应当作出是否抗诉的决定并且答复请求人。

● 要点及关联法规

检察院应对被害人及其法定代理人的抗诉请求进行审查

★人民检察院刑事抗诉工作指引(2018年2月14日)(节录)

第二十条 被害人及其法定代理人不服人民法院第一审判决,在收到判决书后五日以内请求人民检察院提出抗诉的,人民检察院应当立即进行审查,作出是否抗诉的决定,并制作抗诉请求答复书,在收到请求后五日以内答复请求人。

被害人及其法定代理人在收到人民法院判决书五日以后请求人民检察院提出抗诉的,由人民检察院决定是否受理。

★人民检察院刑事诉讼规则(2019年12月30日)(节录)

第五百八十八条 被害人及其法定代理人不服地方各级人民法院第一审的判决,在收到判决书后五日以内请求人民检察院提出抗诉的,人民检察院应当立即进行审查,在收到被害人及其法定代理人的请求后五日以内作出是否抗诉的决定,并且答复请求人。经审查认为应当抗诉的,适用本规则第五百八十四条至第五百八十七条的规定办理。

被害人及其法定代理人在收到判决书五日以后请求人民检察院提出抗诉的,由人民检察院决定是否受理。

第二百三十条 【上诉、抗诉的期限】不服判决的上诉和抗诉的期限为十日,不服裁定的上诉和抗诉的期限为五日,从接到判决书、裁定书的第二日起算。

● 要点及关联法规

1. 上诉、抗诉期限的规定

★最高人民法院关于适用《中华人民共和国刑事诉讼法》的解释（2021年1月26日）（节录）

第三百八十条第一款　上诉、抗诉必须在法定期限内提出。不服判决的上诉、抗诉的期限为十日；不服裁定的上诉、抗诉的期限为五日。上诉、抗诉的期限，从接到判决书、裁定书的第二日起计算。

★人民检察院刑事抗诉工作指引（2018年2月14日）（节录）

第十九条　人民检察院对同级人民法院第一审判决的抗诉，应当在接到判决书的第二日起十日以内提出；对裁定的抗诉，应当在接到裁定书后的第二日起五日以内提出。提出抗诉应当以抗诉书送达同级人民法院为准，不得采取口头通知抗诉的方式。

★人民检察院刑事诉讼规则（2019年12月30日）（节录）

第五百八十六条　人民检察院对同级人民法院第一审判决的抗诉，应当在接到判决书后第二日起十日以内提出；对第一审裁定的抗诉，应当在接到裁定书后第二日起五日以内提出。

2. 附带民事诉讼案件的上诉、抗诉期限

★最高人民法院关于适用《中华人民共和国刑事诉讼法》的解释（2021年1月26日）（节录）

第三百八十条第二款　对附带民事判决、裁定的上诉、抗诉期限，应当按照刑事部分的上诉、抗诉期限确定。附带民事部分另行审判的，上诉期限也应当按照刑事诉讼法规定的期限确定。

第二百三十一条　【上诉的方式和程序】被告人、自诉人、附带民事诉讼的原告人和被告人通过原审人民法院提出上诉的，原审人民法院应当在三日以内将上诉状连同案卷、证据移送上一级人民法院，同时将上诉状副本送交同级人民检察院和对方当事人。

被告人、自诉人、附带民事诉讼的原告人和被告人直接向第二审人民法院提出上诉的，第二审人民法院应当在三日以内将上诉状交原审人民法院送交同级人民检察院和对方当事人。

● 要点及关联法规

1. 上诉材料的移送期限

★最高人民法院关于适用《中华人民共和国刑事诉讼法》的解释（2021年1月26日）（节录）

第三百八十一条　上诉人通过第一审人民法院提出上诉的，第一审人民法院应当审查。上诉符合法律规定的，应当在上诉期满后三日以内将上诉状连同案卷、证据移送上一级人民法院，并将上诉状副本送交同级人民检察院和对方当事人。

第三百八十二条　上诉人直接向第二审人民法院提出上诉的，第二审人民法院应当在收到上诉状后三日以内将上诉状交第一审人民法院。第一审人民法院应当审查上诉是否符合法律规定。符合法律规定的，应当在接到上诉状后三日以内将上诉状连同案卷、证据移送上一级人民法院，并将上诉状副本送交同级人民检察院和对方当事人。

2. 上诉的撤回及程序后果

★最高人民法院、最高人民检察院关于对死刑判决提出上诉的被告人在上诉期满后宣判前提出撤回上诉人民法院是否准许的批复（2010年9月1日）（节录）

第一审被判处死刑立即执行的被告人提出上诉，在上诉期满后第二审开庭以前申请撤回上诉的，依照《最高人民法院、最高人民检察院关于死刑第二审案件开庭审理程序若干问题的规定（试行）》第四条的规定处理。在第二审开庭以后宣告裁判前申请撤回上诉的，第二审人民法院应当不准许撤回上诉，继续按照上诉程序审理。

最高人民法院、最高人民检察院以前发布的司法解释、规范性文件与本批复不一致的，以本批复为准。

★最高人民法院关于适用《中华人民共和国刑事诉讼法》的解释（2021年1月26日）（节录）

第三百八十三条　上诉人在上诉期限内要求撤回上诉的，人民法院应当准许。

上诉人在上诉期满后要求撤回上诉的,第二审人民法院经审查,认为原判认定事实和适用法律正确,量刑适当的,应当裁定准许;认为原判确有错误的,应当不予准许,继续按照上诉案件审理。

被判处死刑立即执行的被告人提出上诉,在第二审开庭后宣告裁判前申请撤回上诉的,应当不予准许,继续按照上诉案件审理。

第三百八十六条 在上诉、抗诉期满前撤回上诉、抗诉的,第一审判决、裁定在上诉、抗诉期满之日起生效。在上诉、抗诉期满后要求撤回上诉、抗诉,第二审人民法院裁定准许的,第一审判决、裁定应当自第二审裁定书送达上诉人或者抗诉机关之日起生效。

3. 刑事附带民事部分上诉的程序后果

★最高人民法院关于适用《中华人民共和国刑事诉讼法》的解释(2021年1月26日)(节录)

第四百零八条 刑事附带民事诉讼案件,只有附带民事诉讼当事人及其法定代理人上诉的,第一审刑事部分的判决在上诉期满后即发生法律效力。

应当送监执行的第一审刑事被告人是第二审附带民事诉讼被告人的,在第二审附带民事诉讼案件审结前,可以暂缓送监执行。

> 第二百三十二条 【抗诉的方式和程序】地方各级人民检察院对同级人民法院第一审判决、裁定的抗诉,应当通过原审人民法院提出抗诉书,并且将抗诉书抄送上一级人民检察院。原审人民法院应当将抗诉书连同案卷、证据移送上一级人民法院,并且将抗诉书副本送交当事人。
>
> 上级人民检察院如果认为抗诉不当,可以向同级人民法院撤回抗诉,并且通知下级人民检察院。

● 要点及关联法规

1. **检察院作出抗诉决定的程序**

    ★**人民检察院刑事诉讼规则**（2019年12月30日）（节录）

    第五百八十五条　人民检察院在收到人民法院第一审判决书或者裁定书后，应当及时审查。对于需要提出抗诉的案件，应当报请检察长决定。

2. **检察院移送抗诉材料的期限**

    ★**最高人民法院关于适用《中华人民共和国刑事诉讼法》的解释**（2021年1月26日）（节录）

    第三百八十四条　地方各级人民检察院对同级人民法院第一审判决、裁定的抗诉，应当通过第一审人民法院提交抗诉书。第一审人民法院应当在抗诉期满后三日以内将抗诉书连同案卷、证据移送上一级人民法院，并将抗诉书副本送交当事人。

3. **抗诉书的制作**

    ★**人民检察院刑事抗诉工作指引**（2018年2月14日）（节录）

    第二十二条　决定抗诉的案件应当制作刑事抗诉书。刑事抗诉书应当包括下列内容：

    （一）原判决、裁定情况；

    （二）审查意见；

    （三）抗诉理由。

    刑事抗诉书应当充分阐述抗诉理由。

4. **上级检察院对于下级检察院抗诉行为的监督**

    ★**人民检察院刑事抗诉工作指引**（2018年2月14日）（节录）

    第二十一条　办理职务犯罪抗诉案件，应当认真落实最高人民检察院公诉厅《关于加强对职务犯罪案件第一审判决法律监督的若干规定（试行）》和《关于对职务犯罪案件第一审判决进一步加强同步审查监督工作的通知》等要求，重点解决职务犯罪案件重罪轻判问题。

    下级人民检察院审查职务犯罪案件第一审判决，认为应当抗诉的，应当在法定时限内依法提出抗诉，并且报告上一级人民检察院。

    下级人民检察院收到人民法院第一审判决书后，应当在二日以内报送上一级人民检察院。上一级人民检察院认为应当抗诉的，应当及时通知下级人民检察院。下级人民检察院审查后认为不应当抗诉的，应当将不抗诉的意见报上一级人民检察院公诉部门。上一级人民检察院公诉部门不同意下级人民检察院不抗诉意见的，应当根据案件情况决定是否调卷审查。上一级人民检察院公诉部门经调卷审查认为确有抗诉必要的，应当报检察长决定或者检察委员会讨论决定。上一级人民检察院作出的抗诉决定，下级人民检察院应当执行。

上下两级人民检察院对人民法院作出的职务犯罪案件第一审判决已经同步审查的，上一级人民法院针对同一案件作出的第二审裁判，收到第二审裁判书的同级人民检察院依法按照审判监督程序及时审查，一般不再报其上一级人民检察院同步审查。

第二十三条　按照第二审程序提出抗诉的人民检察院，应当及时将刑事抗诉书和检察卷报送上一级人民检察院。经本院检察委员会讨论决定的，应当一并报送本院检察委员会会议纪要。

第二十四条　上一级人民检察院支持或者部分支持抗诉意见的，可以变更、补充抗诉理由，及时制作支持刑事抗诉意见书，阐明支持或者部分支持抗诉的意见和理由，在同级人民法院开庭之前送达人民法院，同时通知提出抗诉的人民检察院。

第二十五条　上一级人民检察院不支持抗诉的，承办部门应当制作撤回抗诉决定书，在同级人民法院开庭之前送达人民法院，同时通知提出抗诉的人民检察院，并向提出抗诉的人民检察院书面说明撤回抗诉理由。

第二十六条　下级人民检察院如果认为上一级人民检察院撤回抗诉不当的，可以提请复议。上一级人民检察院应当复议，并另行指派专人进行审查，提出意见报告检察长或者检察委员会同意后，将复议结果书面通知下级人民检察院。

★人民检察院刑事诉讼规则（2019年12月30日）（节录）

第五百八十七条　人民检察院对同级人民法院第一审判决、裁定的抗诉，应当制作抗诉书，通过原审人民法院向上一级人民法院提出，并将抗诉书副本连同案卷材料报送上一级人民检察院。

第五百八十九条　上一级人民检察院对下级人民检察院按照第二审程序提出抗诉的案件，认为抗诉正确的，应当支持抗诉。

上一级人民检察院认为抗诉不当的，应当听取下级人民检察院的意见。听取意见后，仍然认为抗诉不当的，应当向同级人民法院撤回抗诉，并且通知下级人民检察院。

上一级人民检察院在上诉、抗诉期限内，发现下级人民检察院应当提出抗诉而没有提出抗诉的案件，可以指令下级人民检察院依法提出抗诉。

上一级人民检察院支持或者部分支持抗诉意见的，可以变更、补充抗诉理由，及时制作支持抗诉意见书，并通知提出抗诉的人民检察院。

5. 重审案件的抗诉程序

★人民检察院刑事诉讼规则（2019年12月30日）（节录）

第五百九十条　第二审人民法院发回原审人民法院按照第一审程序重新审判的案件，如果人民检察院认为重新审判的判决、裁定确有错误的，可以按照第二审程序提出抗诉。

6. 检察院撤回抗诉的期限及程序后果

★最高人民法院关于适用《中华人民共和国刑事诉讼法》的解释（2021年1月26日）（节录）

第三百八十五条　人民检察院在抗诉期限内要求撤回抗诉的，人民法院应当准许。

人民检察院在抗诉期满后要求撤回抗诉的，第二审人民法院可以裁定准许，但是认为原判存在将无罪判为有罪、轻罪重判等情形的，应当不予准许，继续审理。

上级人民检察院认为下级人民检察院抗诉不当，向第二审人民法院要求撤回抗诉的，适用前两款规定。

第三百八十六条　在上诉、抗诉期满前撤回上诉、抗诉的，第一审判决、裁定在上诉、抗诉期满之日起生效。在上诉、抗诉期满后要求撤回上诉、抗诉，第二审人民法院裁定准许的，第一审判决、裁定应当自第二审裁定书送达上诉人或者抗诉机关之日起生效。

第二百三十三条　【二审程序中的全面审查原则】 第二审人民法院应当就第一审判决认定的事实和适用法律进行全面审查，不受上诉或者抗诉范围的限制。

共同犯罪的案件只有部分被告人上诉的，应当对全案进行审查，一并处理。

● 要点及关联法规

1. 上诉、抗诉卷宗应当包括的材料内容

★最高人民法院关于适用《中华人民共和国刑事诉讼法》的解释（2021年1月26日）（节录）

第三百八十七条　第二审人民法院对第一审人民法院移送的上诉、抗诉案卷、证据，应当审查是否包括下列内容：

（一）移送上诉、抗诉案件函；

（二）上诉状或者抗诉书；

（三）第一审判决书、裁定书八份（每增加一名被告人增加一份）及其电子文本；

（四）全部案卷、证据，包括案件审理报告和其他应当移送的材料。

前款所列材料齐全的，第二审人民法院应当收案；材料不全的，应当通知第一审人民法院及时补送。

2. 二审法院审查上诉、抗诉案件的原则和内容

★最高人民法院关于对被判处死刑的被告人未提出上诉、共同犯罪的部分被告人或者附带民事诉讼原告人提出上诉的案件应适用何种程序审理的批复（2010年3月17日）（节录）

根据《中华人民共和国刑事诉讼法》第一百八十六条①的规定，中级人民法院一审判处死刑的案件，被判处死刑的被告人未提出上诉，共同犯罪的其他被告人提出上诉的，高级人民法院应当适用第二审程序对全案进行审查，并对涉及死刑之罪的事实和适用法律依法开庭审理，一并处理。

根据《中华人民共和国刑事诉讼法》第二百条②第一款的规定，中级人民法院一审判处死刑的案件，被判处死刑的被告人未提出上诉，仅附带民事诉讼原告人提出上诉的，高级人民法院应当适用第二审程序对附带民事诉讼依法审理，并由同一审判组织对未提出上诉的被告人的死刑判决进行复核，作出是否同意判处死刑的裁判。

---

① 现为第二百三十三条。——编者注
② 现为第二百四十七条。——编者注

★最高人民法院关于适用《中华人民共和国刑事诉讼法》的解释（2021年1月26日）（节录）

第三百八十八条　第二审人民法院审理上诉、抗诉案件，应当就第一审判决、裁定认定的事实和适用法律进行全面审查，不受上诉、抗诉范围的限制。

第三百八十九条　共同犯罪案件，只有部分被告人提出上诉，或者自诉人只对部分被告人的判决提出上诉，或者人民检察院只对部分被告人的判决提出抗诉的，第二审人民法院应当对全案进行审查，一并处理。

第三百九十条　共同犯罪案件，上诉的被告人死亡，其他被告人未上诉的，第二审人民法院应当对死亡的被告人终止审理；但有证据证明被告人无罪，经缺席审理确认无罪的，应当判决宣告被告人无罪。

具有前款规定的情形，第二审人民法院仍应对全案进行审查，对其他同案被告人作出判决、裁定。

第三百九十一条　对上诉、抗诉案件，应当着重审查下列内容：

（一）第一审判决认定的事实是否清楚，证据是否确实、充分；

（二）第一审判决适用法律是否正确，量刑是否适当；

（三）在调查、侦查、审查起诉、第一审程序中，有无违反法定程序的情形；

（四）上诉、抗诉是否提出新的事实、证据；

（五）被告人的供述和辩解情况；

（六）辩护人的辩护意见及采纳情况；

（七）附带民事部分的判决、裁定是否合法、适当；

（八）对涉案财物的处理是否正确；

（九）第一审人民法院合议庭、审判委员会讨论的意见。

第四百零八条　刑事附带民事诉讼案件，只有附带民事诉讼当事人及其法定代理人上诉的，第一审刑事部分的判决在上诉期满后即发生法律效力。

应当送监执行的第一审刑事被告人是第二审附带民事诉讼被告人的，在第二审附带民事诉讼案件审结前，可以暂缓送监执行。

★关于办理刑事案件严格排除非法证据若干问题的规定（2017年6月27日）（节录）

第三十八条　人民检察院、被告人及其法定代理人提出抗诉、上诉，对第一审人民法院有关证据收集合法性的审查、调查结论提出异议的，第二审人民法院应当审查。

被告人及其辩护人在第一审程序中未申请排除非法证据，在第二审程序中提出申请的，应当说明理由。第二审人民法院应当审查。

人民检察院在第一审程序中未出示证据证明证据收集的合法性，第一审人民法院依法排除有关证据的，人民检察院在第二审程序中不得出示之前未出示的证据，但在第一审程序后发现的除外。

第三十九条　第二审人民法院对证据收集合法性的调查，参照上述第一审程序的规定。

★人民法院办理刑事案件排除非法证据规程（试行）（2017年11月27日）

第二十九条　人民检察院、被告人及其法定代理人提出抗诉、上诉，对第一审人民法院有关证据收集合法性的审查、调查结论提出异议的，第二审人民法院应当审查。

第三十条　被告人及其辩护人在第一审程序中未提出排除非法证据的申请，在第二审程序中提出申请，有下列情形之一的，第二审人民法院应当审查：

（一）第一审人民法院没有依法告知被告人申请排除非法证据的权利的；

（二）被告人及其辩护人在第一审庭审后发现涉嫌非法取证的相关线索或者材料的。

第三十一条　人民检察院应当在第一审程序中全面出示证明证据收集合法性的证据材料。

人民检察院在第一审程序中未出示证明证据收集合法性的证据，第一审人民法院依法排除有关证据的，人民检察院在第二审程序中不得出示之前未出示的证据，但在第一审程序后发现的除外。

第三十二条　第二审人民法院对证据收集合法性的调查，参照上述第一审程序的规定。

第二百三十四条　【二审人民法院审理案件的方式】 第二审人民法院对于下列案件，应当组成合议庭，开庭审理：

（一）被告人、自诉人及其法定代理人对第一审认定的事实、证据提出异议，可能影响定罪量刑的上诉案件；

（二）被告人被判处死刑的上诉案件；

（三）人民检察院抗诉的案件；

（四）其他应当开庭审理的案件。

第二审人民法院决定不开庭审理的，应当讯问被告人，听取其他当事人、辩护人、诉讼代理人的意见。

【二审人民法院开庭审理的地点】 第二审人民法院开庭审理上诉、抗诉案件，可以到案件发生地或者原审人民法院所在地进行。

● 要点及关联法规

1. 二审程序中控辩双方阅卷权利的保障

★最高人民法院关于适用《中华人民共和国刑事诉讼法》的解释（2021年1月26日）（节录）

第三百九十五条　第二审期间，人民检察院或者被告人及其辩护人提交新证据的，人民法院应当及时通知对方查阅、摘抄或者复制。

2. 二审应当开庭审理的情形

★最高人民法院关于适用《中华人民共和国刑事诉讼法》的解释（2021年1月26日）（节录）

第三百九十三条　下列案件，根据刑事诉讼法第二百三十四条的规定，应当开庭审理：

（一）被告人、自诉人及其法定代理人对第一审认定的事实、证据提出异议，可能影响定罪量刑的上诉案件；

（二）被告人被判处死刑的上诉案件；

（三）人民检察院抗诉的案件；

（四）应当开庭审理的其他案件。

被判处死刑的被告人没有上诉，同案的其他被告人上诉的案件，第二审人民法院应当开庭审理。

3. 死刑案件二审开庭前的准备工作

★最高人民法院、最高人民检察院、公安部、司法部关于进一步严格依法办案确保办理死刑案件质量的意见（2007年3月9日）（节录）

36. 第二审人民法院应当及时查明被判处死刑立即执行的被告人是否委托了辩护人。没有委托辩护人的，应当告知被告人可以自行委托辩护人或者通知法律援助机构指定承担法律援助义务的律师为其提供辩护。人民法院应当通知人民检察院、被告人及其辩护人在开庭五日以前提供出庭作证的证人、鉴定人名单,在开庭三日以前送达传唤当事人的传票和通知辩护人、证人、鉴定人、翻译人员的通知书。

37. 审理死刑第二审案件,应当依照法律和有关规定实行开庭审理。人民法院必须在开庭十日以前通知人民检察院查阅案卷。同级人民检察院应当按照人民法院通知的时间派员出庭。

★关于充分保障律师依法履行辩护职责确保死刑案件办理质量的若干规定(2008年5月21日)(节录)

八、第二审开庭前,人民检察院提交新证据、进行重新鉴定或者补充鉴定的,人民法院应当至迟在开庭三日以前通知律师查阅。

4. 二审开庭审理程序

★最高人民法院关于适用《中华人民共和国刑事诉讼法》的解释(2021年1月26日)(节录)

第三百九十八条 开庭审理上诉、抗诉案件,除参照适用第一审程序的有关规定外,应当按照下列规定进行:

(一)法庭调查阶段,审判人员宣读第一审判决书、裁定书后,上诉案件由上诉人或者辩护人先宣读上诉状或者陈述上诉理由,抗诉案件由检察员先宣读抗诉书;既有上诉又有抗诉的案件,先由检察员宣读抗诉书,再由上诉人或者辩护人宣读上诉状或者陈述上诉理由;

(二)法庭辩论阶段,上诉案件,先由上诉人、辩护人发言,后由检察员、诉讼代理人发言;抗诉案件,先由检察员、诉讼代理人发言,后由被告人、辩护人发言;既有上诉又有抗诉的案件,先由检察员、诉讼代理人发言,后由上诉人、辩护人发言。

第三百九十九条 开庭审理上诉、抗诉案件,可以重点围绕对第一审判决、裁定有争议的问题或者有疑问的部分进行。根据案件情况,可以按照下列方式审理:

(一)宣读第一审判决书,可以只宣读案由、主要事实、证据名称和判决主文等;

(二)法庭调查应当重点围绕对第一审判决提出异议的事实、证据以及新的证据等进行;对没有异议的事实、证据和情节,可以直接确认;

(三)对同案审理案件中未上诉的被告人,未被申请出庭或者人民法院认为

没有必要到庭的,可以不再传唤到庭;

(四)被告人犯有数罪的案件,对其中事实清楚且无异议的犯罪,可以不在庭审时审理。

同案审理的案件,未提出上诉、人民检察院也未对其判决提出抗诉的被告人要求出庭的,应当准许。出庭的被告人可以参加法庭调查和辩论。

5. 二审不开庭审理的情形及审理方式

★最高人民法院关于适用《中华人民共和国刑事诉讼法》的解释(2021年1月26日)(节录)

第三百九十四条 对上诉、抗诉案件,第二审人民法院经审查,认为原判事实不清、证据不足,或者具有刑事诉讼法第二百三十八条规定的违反法定诉讼程序情形,需要发回重新审判的,可以不开庭审理。

第四百条 第二审案件依法不开庭审理的,应当讯问被告人,听取其他当事人、辩护人、诉讼代理人的意见。合议庭全体成员应当阅卷,必要时应当提交书面阅卷意见。

6. 二审程序中认罪认罚案件的处理

★最高人民法院、最高人民检察院、公安部、国家安全部、司法部关于适用认罪认罚从宽制度的指导意见(2019年10月11日)(节录)

50. 第二审程序中被告人认罪认罚案件的处理。被告人在第一审程序中未认罪认罚,在第二审程序中认罪认罚的,审理程序依照刑事诉讼法规定的第二审程序进行。第二审人民法院应当根据其认罪认罚的价值、作用决定是否从宽,并依法作出裁判。确定从宽幅度时应当与第一审程序认罪认罚有所区别。

第二百三十五条 【人民检察院参与二审开庭审理案件的方式】 人民检察院提出抗诉的案件或者第二审人民法院开庭审理的公诉案件,同级人民检察院都应当派员出席法庭。第二审人民法院应当在决定开庭审理后及时通知人民检察院查阅案卷。人民检察院应当在一个月以内查阅完毕。人民检察院查阅案卷的时间不计入审理期限。

● 要点及关联法规

1. 二审检察人员出庭的任务

★**人民检察院刑事抗诉工作指引**（2018 年 2 月 14 日）（节录）

第三十七条 对提出抗诉的案件，同级人民检察院应当派员出席法庭。人民法院决定召开庭前会议的，同级人民检察院应当派员参加，依法履行职责。

第三十八条 检察员出席刑事抗诉法庭的任务是：

（一）支持抗诉，对原审人民法院作出的错误判决或者裁定提出纠正意见；

（二）维护诉讼参与人的合法权利；

（三）对法庭审理案件有无违反法律规定的诉讼程序的情况进行监督；

（四）依法从事其他诉讼活动。

★**人民检察院办理死刑第二审案件和复核监督工作指引（试行）**（2018 年 3 月 31 日）（节录）

第四十五条 【主要任务】检察人员出席死刑第二审法庭的主要任务是：

（一）支持抗诉或者听取上诉意见，对原审人民法院作出的错误判决或者裁定提出纠正意见；

（二）维护原审人民法院正确的判决或者裁定，建议法庭维持原判；

（三）维护诉讼参与人的合法权利；

（四）对法庭审判活动是否合法进行监督；

（五）依法从事其他诉讼活动。

★**人民检察院刑事诉讼规则**（2019 年 12 月 30 日）（节录）

第四百四十五条 对提出抗诉的案件或者公诉案件中人民法院决定开庭审理的上诉案件，同级人民检察院应当指派检察官出席第二审法庭。检察官助理可以协助检察官出庭。根据需要可以配备书记员担任记录。

第四百四十六条 检察官出席第二审法庭的任务是：

（一）支持抗诉或者听取上诉意见，对原审人民法院作出的错误判决或者裁定提出纠正意见；

（二）维护原审人民法院正确的判决或者裁定，建议法庭维持原判；

（三）维护诉讼参与人的合法权利；

（四）对法庭审理案件有无违反法律规定诉讼程序的情况记明笔录；

（五）依法从事其他诉讼活动。

第四百五十二条 在法庭审理中,检察官应当针对原审判决或者裁定认定事实或适用法律、量刑等方面的问题,围绕抗诉或者上诉理由以及辩护人的辩护意见,讯问原审被告人,询问被害人、证人、鉴定人,出示和宣读证据,并提出意见和进行辩论。

第四百五十三条 需要出示、宣读、播放第一审期间已移交人民法院的证据的,出庭的检察官可以申请法庭出示、宣读、播放。

在第二审法庭宣布休庭后需要移交证据材料的,参照本规则第四百二十八条的规定办理。

2. 二审检察人员出庭前的准备工作

★刑事抗诉案件出庭规则(试行)(2001年3月5日)(节录)

二、庭前准备

第四条 收到刑事抗诉案件开庭通知书后,出席法庭的检察人员应当做好如下准备工作:

(一)熟悉案情和证据情况,了解证人证言、被告人供述等证据材料是否发生变化;

(二)深入研究与本案有关的法律、政策问题,充实相关的专业知识;

(三)拟定出席抗诉法庭提纲;

(四)上级人民检察院对下级人民检察院按照第二审程序提出抗诉的案件决定支持抗诉的,应当制作支持抗诉意见书,并在开庭前送达同级人民法院。

第五条 出席抗诉法庭提纲一般应当包括:

(一)讯问原审被告人提纲;

(二)询问证人、被害人、鉴定人提纲;

(三)出示物证,宣读书证、证人证言、被害人陈述、被告人供述、勘验检查笔录,播放视听资料的举证和质证方案;

(四)支持抗诉的事实、证据和法律意见;

(五)对原审被告人、辩护人辩护内容的预测和答辩要点;

(六)对庭审中可能出现的其他情况的预测和相应的对策。

第六条 上级人民检察院支持下级人民检察院提出的抗诉意见和理由的,支持抗诉意见书应当叙述支持的意见和理由;部分支持的,叙述部分支持的意见和理由,不予支持部分的意见应当说明。

上级人民检察院不支持下级人民检察院提出的抗诉意见和理由,但认为原审判决、裁定确有其他错误的,应当在支持抗诉意见书中表明不同意见和理由,并且提出新的抗诉意见和理由。

第七条 庭审开始前，出席法庭的检察人员应当做好如下预备工作：

（一）核对被告人及其辩护人，附带民事诉讼的原告人及其诉讼代理人，以及其他应当到庭的诉讼参与人是否已经到庭；

（二）审查合议庭的组成是否合法；刑事抗诉书副本等诉讼文书的送达期限是否符合法律规定；被告人是盲、聋、哑、未成年人或者可能被判处死刑而没有委托辩护人的，人民法院是否指定律师为其提供辩护；

（三）审查到庭被告人的身份材料与刑事抗诉书中原审被告人的情况是否相符；审判长告知诉讼参与人的诉讼权利是否清楚、完整；审判长对回避申请的处理是否正确、合法。法庭准备工作结束，审判长征求检察人员对法庭准备工作有无意见时，出庭的检察人员应当就存在的问题提出意见，请审判长予以纠正，或者表明没有意见。

★人民检察院刑事抗诉工作指引（2018年2月14日）（节录）

第三十九条 收到刑事抗诉案件开庭通知书后，出席法庭的检察员应当做好以下准备工作：

（一）熟悉案情和证据情况，了解证人证言、被告人供述等证据材料是否发生变化；

（二）深入研究与本案有关的法律、政策问题，掌握相关的专业知识；

（三）制作出庭预案；

（四）上级人民检察院对下级人民检察院按照第二审程序提出抗诉的案件决定支持抗诉的，应当制作支持抗诉意见书，并在开庭前送达同级人民法院。

第四十条 出庭预案一般应当包括：

（一）讯问原审被告人提纲；

（二）询问证人、被害人、鉴定人、有专门知识的人、侦查人员提纲；

（三）出示物证、宣读书证、证人证言、被害人陈述、被告人供述、勘验检查笔录、辨认笔录、侦查实验笔录，播放视听资料、电子数据的举证和质证方案；

（四）支持抗诉的事实、证据和法律意见；

（五）对原审被告人、辩护人辩护内容的预测和答辩要点；

（六）对庭审中可能出现的其他情况的预测和相应的对策。

第四十一条 庭审开始前，出席法庭的检察员应当做好以下预备工作：

（一）了解被告人及其辩护人，附带民事诉讼的原告人及其诉讼代理人，以及其他应当到庭的诉讼参与人是否已经到庭；

（二）审查合议庭的组成是否合法；刑事抗诉书副本等诉讼文书的送达期限是否符合法律规定；被告人是盲、聋、哑、未成年人或者可能被判处死刑而没有委托辩护人的，人民法院是否指定律师为其提供辩护；

（三）审查到庭被告人的身份材料与刑事抗诉书中原审被告人的情况是否相符；审判长告知诉讼参与人的诉讼权利是否清楚、完整；审判长对回避申请的处理是否正确、合法。法庭准备工作结束，审判长征求检察员对法庭准备工作有无意见时，出庭的检察员应当就存在的问题提出意见，请审判长予以纠正，或者表明没有意见。

★人民检察院办理死刑第二审案件和复核监督工作指引（试行）（2018年3月31日）（节录）

第三十四条　【确定出席法庭人员和制作相关文书】收到人民法院出席法庭通知书后，人民检察院应当及时确定出席法庭履行职务的检察人员，并制作派员出席法庭通知书送达人民法院。

第三十五条　【出席法庭准备工作】检察人员应当做好以下出席法庭准备工作：

进一步熟悉案情和主要证据，及时了解证据的变化情况和辩护人向法庭提供的新证据，确定需要在法庭上出示的证据，研究与本案有关的法律政策问题以及审判中可能涉及的专业知识；

拟定出庭预案，包括讯问提纲、询问提纲、举证质证提纲、答辩提纲和出庭检察员意见书。重大、疑难、复杂的案件可以制作多媒体示证资料；

在开庭前将需要通知到庭的证人、侦查人员、鉴定人、有专门知识的人的名单以及拟在法庭审理中出示的新证据提交人民法院，并与审判人员做好沟通；

需要对出庭证人等诉讼参与人提供保护的，及时向人民法院提出建议，做好相关工作；

对于重大、疑难、复杂和社会高度关注的案件，应当制作临庭处置方案，应对可能出现的各种复杂情况。

第三十六条　【出庭预案】出庭预案应当重点围绕抗诉、上诉理由，针对需要查证的、与定罪量刑有关的事实进行准备，根据具体案件情况，突出针对性和预见性。对于重大、疑难、复杂和社会高度关注的案件，可以召集检察官联席会议对出庭预案进行讨论。

第三十七条　【出庭检察员意见书】出庭检察员意见书的主要内容包括对

第一审判决的全面评价、对抗诉理由的分析或者对上诉理由的评析、对辩解理由和辩护意见的评析等。

出庭检察员意见书应当表明建议法庭维持原判、依法改判或者发回重审的意见。

第三十八条 【与侦查人员、侦查活动相关的庭前准备工作】检察人员认为有必要由侦查人员或者其他人员出席法庭说明情况的，应当通知侦查机关及有关人员做好出席法庭准备；检察人员认为有必要当庭播放侦查活动的相关录音、录像，但录音、录像中有涉及国家秘密、商业秘密、个人隐私或者其他不宜公开的内容的，应当提前做好技术处理。

第四十六条 【对法庭准备工作的监督】在法庭审理开始前，检察人员应当注意发现和纠正以下违法行为：

不公开审理的案件允许旁听；

辩护人没有到庭；

应当配备翻译人员没有配备；

证人、鉴定人、有专门知识的人在旁听席就坐等情形。

检察人员在审判长征求对法庭准备工作的意见时应当表明意见。

★人民检察院刑事诉讼规则（2019年12月30日）（节录）

第四百四十七条 对抗诉和上诉案件，第二审人民法院的同级人民检察院可以调取下级人民检察院与案件有关的材料。

人民检察院在接到第二审人民法院决定开庭、查阅案卷通知后，可以查阅或者调阅案卷材料。查阅或者调阅案卷材料应当在接到人民法院的通知之日起一个月以内完成。在一个月以内无法完成的，可以商请人民法院延期审理。

第四百四十八条 检察人员应当客观全面地审查原审案卷材料，不受上诉或者抗诉范围的限制。应当审查原审判决认定案件事实、适用法律是否正确，证据是否确实、充分，量刑是否适当，审判活动是否合法，并应当审查下级人民检察院的抗诉书或者上诉人的上诉状，了解抗诉或者上诉的理由是否正确、充分，重点审查有争议的案件事实、证据和法律适用问题，有针对性地做好庭审准备工作。

第四百四十九条 检察人员在审查第一审案卷材料时，应当复核主要证据，可以讯问原审被告人。必要时，可以补充收集证据、重新鉴定或者补充鉴定。需要原侦查案件的公安机关补充收集证据的，可以要求其补充收集。

被告人、辩护人提出被告人自首、立功等可能影响定罪量刑的材料和线索的，可以移交公安机关调查核实，也可以自行调查核实。发现遗漏罪行或者同案犯罪嫌疑人的，应当建议公安机关侦查。

对于下列原审被告人，应当进行讯问：

（一）提出上诉的；

（二）人民检察院提出抗诉的；

（三）被判处无期徒刑以上刑罚的。

第四百五十条 人民检察院办理死刑上诉、抗诉案件，应当进行下列工作：

（一）讯问原审被告人，听取原审被告人的上诉理由或者辩解；

（二）听取辩护人的意见；

（三）复核主要证据，必要时询问证人；

（四）必要时补充收集证据；

（五）对鉴定意见有疑问的，可以重新鉴定或者补充鉴定；

（六）根据案件情况，可以听取被害人的意见。

第四百五十一条 出席第二审法庭前，检察人员应当制作讯问原审被告人、询问被害人、证人、鉴定人和出示、宣读、播放证据计划，拟写答辩提纲，并制作出庭意见。

3. 抗诉案件检察院出庭规则

★刑事抗诉案件出庭规则（试行）（2001年3月5日）（节录）

三、法庭调查

第八条 审判长或者审判员宣读原审判决书或者裁定书后，由检察人员宣读刑事抗诉书。宣读刑事抗诉书时应当起立，文号及正文括号内的内容不宣读，结尾读至"此致某某人民法院"止。

按照第二审程序提出抗诉的案件，出庭的检察人员应当在宣读刑事抗诉书后接着宣读支持抗诉意见书，引导法庭调查围绕抗诉重点进行。

第九条 检察人员应当根据抗诉案件的不同情况分别采取以下举证方式：

（一）对于事实清楚，证据确实、充分，只是由于原审判决、裁定定性不准、适用法律错误导致量刑明显不当，或者因人民法院审判活动违反法定诉讼程序而提起抗诉的案件，如果原审事实、证据没有变化，在宣读支持抗诉意见书后由检察人员提请，并经审判长许可和辩护方同意，除了对新的辩论观点所依据的证据进行举证、质证以外，可以直接进入法庭辩论。

（二）对于因原审判决、裁定认定部分事实不清、运用部分证据错误，导致定性不准，量刑明显不当而抗诉的案件，出庭的检察人员对经过原审举证、质证并成为判决、裁定依据，且诉讼双方没有异议的证据，不必逐一举证、质证，应当将法庭调查、辩论的焦点放在检察机关认为原审判决、裁定认定错误的事实和运用错误的证据上，并就有关事实和证据进行详细调查、举证和论证。对原审未质证清楚，二审、再审对犯罪事实又有争议的证据，或者在二审、再审期间收集的新的证据，应当进行举证、质证。

（三）对于因原审判决、裁定认定事实不清、证据不足，导致定性不准、量刑明显不当而抗诉的案件，出庭的检察人员应当对案件的事实、证据、定罪、量刑等方面的问题进行全面举证。庭审中应当注意围绕抗诉重点举证、质证、答辩，充分阐明抗诉观点，详实、透彻地论证抗诉理由及其法律依据。

第十条 检察人员在审判长的主持下讯问被告人，讯问应当围绕抗诉理由以及对原审判决、裁定认定事实有争议的部分进行，对没有异议的事实不再全面讯问。

讯问前应当先就原审被告人过去所作的供述是否属实进行讯问。如果被告人回答不属实，应当讯问哪些不属实。针对翻供，可以进行政策攻心和法制教育，或者利用被告人供述的前后矛盾进行讯问，或者适时举出相关证据予以反驳。

讯问时应当注意方式、方法，讲究技巧和策略。对被告人供述不清、不全、前后矛盾，或者供述明显不合情理，或者供述与已查证属实的证据相矛盾的问题，应当讯问。与案件无关、被告人已经供述清楚或者无争议的问题，不应当讯问。

讯问被告人应当有针对性，语言准确、简练、严密。

对辩护人已经提问而被告人作出客观回答的问题，一般不进行重复讯问。辩护人提问后，被告人翻供或者回答含糊不清的，如果涉及案件事实、性质的认定或者影响量刑的，检察人员必须有针对性重复讯问。辩护人提问的内容与案件无关，或者采取不适当的发问语言和态度的，检察人员应当及时请求合议庭予以制止。

在法庭调查结束前，检察人员可以根据辩护人、诉讼代理人、审判长（审判员）发问的情况，进行补充讯问。

第十一条 证人、鉴定人应当由人民法院通知并负责安排出庭作证。对证人的询问，应当按照刑事诉讼法第一百五十六条①规定的顺序进行，但对辩方提

---

① 现为第一百九十四条。——编者注

供的证人,公诉人认为由辩护人先行发问更为适当的,可以由辩护人先行发问。

检察人员对证人发问,应当针对证言中有遗漏、矛盾、模糊不清的有争议的内容,并着重围绕与定罪量刑紧密相关的事实进行。发问应当采取一问一答的形式,做到简洁清楚。

证人进行虚假陈述的,应当通过发问澄清事实,必要时还应当出示、宣读证据配合发问。

第十二条　询问鉴定人参照第十一条的规定进行。

第十三条　检察人员应当在提请合议庭同意宣读有关证言、书证或者出示物证时,说明该证据的证明对象。合议庭同意后,在举证前,检察人员应当说明取证主体、取证对象以及取证时间和地点,说明取证程序合法。

对检察人员收集的新证据,向法庭出示时也应当说明证据的来源和证明作用以及证人的有关情况,提请法庭质证。

第十四条　二审期间审判人员通过调查核实取得的新证据,应当由审判人员在法庭上出示,检察人员应当进行质证。

第十五条　检察人员对辩护人在法庭上出示的证据材料,无论是新的证据材料还是原审审庭时已经举证、质证的证据材料,均应积极参与质证。既要对辩护人所出示证据材料的真实性发表意见,也要注意辩护人的举证意图。如果辩护人运用该证据材料所说明观点不能成立,应当及时予以反驳。对辩护人、当事人、原审被告人出示的新的证据材料,检察人员认为必要时,可以进行讯问、质证,并就该证据材料的合法性证明力提出意见。

第十六条　法庭审理过程中,对证据有疑问或者需要补充新的证据、重新鉴定或勘验现场等,检察人员可以向审判长提出休庭或延期审理的建议。

四、法庭辩论

第十七条　审判长宣布法庭调查结束,开始进行法庭辩论时,检察人员应当发表支持抗诉的意见。

出庭支持抗诉的意见包括以下内容:

(一)原审判决、裁定认定的事实、证据及当庭质证的情况进行概括,论证原审判决认定的事实是否清楚,证据是否确实充分;

(二)论证原审判决、裁定定罪量刑、适用法律的错误之处,阐述正确观点,明确表明支持抗诉的意见;

(三)揭露被告人犯罪行为的性质和危害程度。

第十八条　检察人员对原审被告人、辩护人提出的观点,认为需要答辩的,应当在法庭上进行答辩。答辩应当抓住重点,主次分明。对与案件无关或者已经辩论过的观点和内容，不再答辩。

第十九条　法庭辩论结束后，检察人员应当认真听取原审被告人的最后陈述。

★人民检察院刑事抗诉工作指引（2018年2月14日）（节录）

第四十二条　审判长或者审判员宣读原审判决书或者裁定书后，由检察员宣读刑事抗诉书。宣读刑事抗诉书时应当起立，文号及正文括号内的内容不宣读，结尾读至"此致某某人民法院"止。

按照第二审程序提出抗诉的案件，出庭检察员应当在宣读刑事抗诉书后宣读支持抗诉意见书，引导法庭调查围绕抗诉重点进行。

第四十三条　检察员在审判长的主持下讯问被告人。讯问应当围绕抗诉理由以及对原审判决、裁定认定事实有争议的部分进行，对没有异议的事实不再全面讯问。

讯问时应当先就原审被告人过去所作的供述和辩解是否属实进行讯问。如果被告人回答不属实，应当讯问哪些不属实。针对翻供，可以讯问翻供理由，利用被告人供述的前后矛盾进行讯问，或者适时举出相关证据予以反驳。

讯问时应当注意方式、方法，讲究技巧和策略。对被告人供述和辩解不清、不全、前后矛盾，或者供述和辩解明显不合情理，或者供述和辩解与已查证属实的证据相矛盾的问题，应当讯问。与案件无关、被告人已经供述清楚或者无争议的问题，不再讯问。

讯问被告人应当有针对性，语言准确、简练、严密。

对辩护人已经发问而被告人作出客观回答的问题，一般不进行重复讯问。辩护人发问后，被告人翻供或者回答含糊不清的，如果涉及案件事实、性质的认定或者影响量刑的，检察员必须有针对性再讯问。辩护人发问的内容与案件无关，或者采取不适当的发问语言和态度的，检察员应当及时请求合议庭予以制止。

在法庭调查结束前，检察员可以根据辩护人、诉讼代理人、审判长（审判员）发问的情况，进行补充讯问。

第四十四条　证人、鉴定人、有专门知识的人需要出庭的，人民检察院应当申请人民法院通知并安排出庭作证。

对于经人民法院通知而未到庭的证人或者出庭后拒绝作证的证人的证言笔录，检察员应当当庭宣读。对于经人民法院通知而未到庭的证人的证言笔录存在疑问、确实需要证人出庭作证，且可以强制其到庭的，检察员应当建议人民法院强制证人到庭作证和接受质证。

向证人发问,应当先由提请通知的一方进行;发问时可以要求证人就其所了解的与案件有关的事实进行陈述,也可以直接发问。发问完毕后,经审判长准许,对方也可以发问。

检察员对证人发问,应当针对证言中有遗漏、矛盾、模糊不清和有争议的内容,并着重围绕与定罪量刑紧密相关的事实进行。发问应当采取一问一答的形式,做到简洁清楚。

证人进行虚假陈述的,应当通过发问澄清事实,必要时还应当出示、宣读证据配合发问。

询问鉴定人、有专门知识的人参照询问证人的规定进行。

第四十五条　需要出示、宣读、播放原审期间已移交人民法院的证据的,出庭的检察员可以申请法庭出示、宣读、播放。

需要移送证据材料的,在审判长宣布休庭后,检察员应当与审判人员办理交接手续。无法当庭移交的,应当在休庭后三日以内移交。

第四十六条　审判人员通过调查核实取得并当庭出示的新证据,检察员应当进行质证。

第四十七条　检察员对辩护人在法庭上出示的证据材料,应当积极参与质证。质证时既要对辩护人所出示证据材料的真实性发表意见,也要注意辩护人的举证意图。如果辩护人运用该证据材料所说明的观点不能成立,应当及时予以反驳。对辩护人、当事人、原审被告人出示的新的证据材料,检察员认为必要时,可以进行讯问、质证,并就该证据材料的合法性、证明力提出意见。

第四十八条　审判长宣布法庭调查结束,开始进行法庭辩论时,检察员应当发表抗诉案件出庭检察员意见书,主要包括以下内容:

(一)论证本案犯罪事实清楚,证据确实充分,或者原审人民法院认定事实、证据错误之处;

(二)指明被告人犯罪行为性质、严重程度,评析抗诉理由;

(三)论证原审判决书适用法律、定罪量刑是否正确,有误的,应提出改判的建议。

第四十九条　检察员对原审被告人、辩护人提出的观点,认为需要答辩的,应当在法庭上进行答辩。答辩应当抓住重点,主次分明。与案件无关或者已经辩论过的观点和内容,不再答辩。

第五十条　对按照审判监督程序提出抗诉的案件,人民检察院认为人民法院作出的判决、裁定仍然确有错误的,如果案件是依照第一审程序审判的,同级人民检察院应当向上一级人民法院提出抗诉,如果案件是依照第二审程序审判的,上一级人民检察院应当按照审判监督程序向同级人民法院提出抗诉。

对按照审判监督程序提出抗诉的申诉案件,人民检察院认为人民法院作出的判决、裁定仍然确有错误的,由派员出席法庭的人民检察院刑事申诉检察部门适用本条第一款的规定办理。

★ **人民检察院办理死刑第二审案件和复核监督工作指引(试行)(2018 年 3 月 31 日)(节录)**

第四十七条 【对申请检察人员回避的处理】当事人及其法定代理人、辩护人、诉讼代理人申请检察人员回避的,对符合刑事诉讼法第二十八条①、第二十九条②规定情形的回避申请,应当在人民法院决定休庭后,由人民检察院作出是否回避的决定。对不符合刑事诉讼法第二十八条、第二十九条规定情形的回避申请,检察人员应当建议法庭继续开庭审理。

第四十八条 【对开庭后宣告裁判前申请撤回上诉的处理】被判处死刑立即执行的上诉人,在第二审开庭后宣告裁判前申请撤回上诉的,检察人员应当建议人民法院不予准许撤回上诉,继续按照上诉案件审理。

第四十九条 【对审判长概括内容的意见】审判长就抗诉、上诉未涉及的事实归纳总结后,检察人员认为该部分事实清楚、证据确实充分的,应当表示无异议,当庭予以确认;认为有异议的,应当指出,并提请法庭进行调查。

对于审判长概括的审理重点和焦点问题,检察人员认为需要补充的,应当及时提出。

第五十条 【对已认定为非法证据的处理】人民检察院认定的非法证据,应当予以排除。被排除的非法证据应当随案移送,并写明为依法排除的证据。

第五十一条 【对当事人在法庭审理中申请排除非法证据的处理】被告人及其辩护人在开庭审理前未申请排除非法证据,在法庭审理过程中提出申请的,检察人员应当建议法庭要求其说明理由。

第五十二条 【建议驳回排除非法证据申请的情形】对于被告人及其辩护人法庭审理中申请排除非法证据,但没有提供相关线索或者材料的,或者申请排除的理由明显不符合法律规定的,检察人员可以建议法庭当庭驳回申请。

第五十三条 【建议对排除非法证据申请进行审查的情形】被告人及其辩

---

① 现为第二十九条。——编者注
② 现为第三十条。——编者注

护人在法庭审理期间发现相关线索或者材料,在法庭审理中申请排除非法证据的,检察人员可以建议合议庭对相关证据的合法性进行审查。

第五十四条 【检察人员对证据合法性的证明方式】对于被告人及其辩护人在法庭审理期间申请排除非法证据,法庭决定进行调查的,检察人员可以出示讯问笔录、提讯登记、体检记录、采取强制措施或者侦查措施的法律文书、侦查终结前对讯问合法性的核查材料等证据材料,有针对性地播放讯问录音录像,提请法庭通知侦查人员或者其他人员出席法庭说明情况。

第五十五条 【法庭审理阶段讯问被告人】检察人员讯问被告人应当根据法庭确定的审理重点和焦点问题,围绕抗诉、上诉理由以及对原审判决、裁定认定事实有争议的部分进行,对没有异议的事实不再全面讯问。上诉案件先由辩护人发问,抗诉案件以及既有上诉又有抗诉的案件先由检察人员讯问。讯问应当注意以下方面:

被告人当庭辩解之前所作的供述不属实的,应当就其提出的不属实部分和翻供理由,进行有针对性的讯问,翻供理由不成立的,应当结合相关证据当庭指出;

被告人供述不清楚、不全面、不合理,或者与案件第一审判决查证属实的证据相矛盾的,应当进行讯问,与案件抗诉、上诉部分的犯罪事实无关的问题可以不讯问;

对于辩护人已经发问而被告人作出客观回答的问题,不进行重复讯问,但是被告人供述矛盾、含糊不清或者翻供,影响对案件事实、性质的认定或者量刑的,应当有针对性地进行讯问;

在法庭调查结束前,可以根据辩护人或者诉讼代理人发问、审判长(审判员)讯问的情况,进行补充讯问。

讯问共同犯罪案件的被告人应当个别进行,讯问中应当注意讯问被告人在共同犯罪中的地位、作用。被告人对同一事实的供述存在矛盾的,检察人员可以建议法庭传唤有关被告人到庭对质。

第五十六条 【禁止诱导性及不当的讯问、发问】检察人员讯问被告人,应当避免可能影响陈述客观真实的诱导性讯问或者其他不当讯问。

辩护人采用诱导性发问或者其他不当发问可能影响陈述的客观真实的,检察人员应当提请审判长予以制止或者要求对该项发问所获得的当庭供述不予采信。

第五十七条 【举证质证的一般规定】检察人员举证质证应当围绕对抗诉、上诉意见及理由具有重要影响的关键事实和证据进行。上诉案件先由被告人及其辩护人举证；抗诉案件以及既有上诉又有抗诉的案件，先由检察人员举证。

第五十八条 【举证】检察人员举证应当注意以下方面：

对于原判决已经确认的证据，如果检察人员、被告人及其辩护人均无异议，可以概括说明证据的名称和证明事项；

对于有争议且影响定罪量刑的证据，应当重新举证；

对于新收集的与定罪量刑有关的证据，应当当庭举证。

第五十九条 【质证】检察人员质证应当注意以下方面：

对于诉讼参与人提交的新证据和原审法院未经质证而采信的证据，应当要求当庭质证；

发表质证意见、答辩意见应当简洁、精练，一般应当围绕证据的合法性、客观性、关联性进行；

对于被告人及其辩护人提出的与证据证明无关的质证意见，可以说明理由不予答辩，并提请法庭不予采纳；

被告人及其辩护人对证人证言、被害人陈述提出质疑的，应当根据证言、陈述情况，针对证言、陈述中有争议的内容重点答辩；

被告人及其辩护人对物证、书证、勘验检查笔录、鉴定意见提出质疑的，应当从证据是否客观、取证程序是否合法等方面有针对性地予以答辩。

第六十条 【举证质证应当采取保护措施的情形】采取技术侦查措施收集的物证、书证及其他证据材料，如果可能危及特定人员的人身安全、涉及国家秘密，或者公开后可能暴露侦查秘密或者严重损害商业秘密、个人隐私的，检察人员应当采取或者建议法庭采取避免暴露有关人员身份、技术方法等保护措施。在必要的时候，可以建议不在法庭上质证，由审判人员在庭外对证据进行核实。

第六十一条 【询问证人】检察人员应当按照审判长确定的顺序询问证人。询问时应当围绕与定罪量刑紧密相关的事实进行，对证人证言中有虚假、遗漏、矛盾、模糊不清、有争议的内容，应当重点询问，必要时宣读证人在侦查、审查起诉阶段提供的证言笔录或者出示、宣读其他证据。

询问证人应当避免可能影响证言客观真实的诱导性询问以及其他不当询问。

第六十二条 【侦查人员出庭作证】对于侦查人员就其执行职务过程中目击的犯罪情况出庭作证的，检察人员可以参照证人出庭有关规定进行询问；侦查人员为证明证据收集的合法性出庭作证的，检察人员应当主要围绕证人证言、被告人供述、被害人陈述的取得，物证、书证的收集、保管及送检等程序、方式是否符合法律及有关规定进行询问。

第六十三条 【鉴定人出庭作证】对于鉴定人出庭作证的，检察人员应当重点围绕下列问题发问：

鉴定人所属鉴定机构的资质情况，包括核准机关、业务范围、有效期限等；

鉴定人的资质情况，包括执业范围、执业证使用期限、专业技术职称、执业经历等；

委托鉴定的机关、时间以及事项，鉴定对象的基本情况，鉴定时间，鉴定程序等；

鉴定意见及依据。

第六十四条 【有专门知识的人出庭作证】有专门知识的人出庭对鉴定意见发表意见的，检察人员应当重点询问鉴定的程序、方法、分析过程是否符合本专业的检验鉴定规程和技术方法要求，鉴定意见是否科学等内容。

第六十五条 【法庭辩论】法庭辩论阶段，检察人员应当在法庭调查的基础上，围绕控辩双方在案件事实、证据、法律适用和量刑方面的争议焦点，依据事实和法律，客观公正地发表出庭意见。

第六十六条 【答辩】对于被告人、辩护人提出的意见可能影响被告人的定罪或者量刑的，检察人员应当答辩。答辩应当观点明确、重点突出、主次分明、有理有据。对于与案件无关或者已经发表意见的问题，可以不再答辩。

第六十七条 【建议延期审理的情形】法庭审理过程中遇有下列情形之一的，检察人员可以建议法庭延期审理：

发现事实不清、证据不足，或者遗漏罪行、遗漏同案犯罪嫌疑人，需要补充侦查或者补充提供证据的；

被告人揭发他人犯罪行为或者提供重要线索，需要查证的；

需要申请人民法院通知证人、鉴定人出庭作证或者有专门知识的人出庭提出意见的；

需要调取新的证据，重新鉴定或者勘验的；

被告人、辩护人向法庭出示检察人员还未掌握的与定罪量刑有关的证据，需要调查核实的；

不能当庭证明证据收集的合法性，需要调查核实的。

第六十八条 【开庭后证据出现新情况的处理】第二审开庭后宣告裁判前，检察人员发现被告人有立功情节、与被害方达成赔偿协议、取得谅解等情形，或者案件证据发生重大变化的，应当及时调查核实，并将有关材料移送人民法院。

上述情形经查证，可能对被告人定罪量刑有影响，可以补充举证质证；也可以变更处理意见，报请检察长审批后，书面送达人民法院。

4. 抗诉案件检察院不派员出庭的程序后果

★最高人民法院关于适用《中华人民共和国刑事诉讼法》的解释（2021年1月26日）（节录）

第三百九十六条　开庭审理第二审公诉案件，应当在决定开庭审理后及时通知人民检察院查阅案卷。自通知后的第二日起，人民检察院查阅案卷的时间不计入审理期限。

第二百三十六条　【二审人民法院对上诉、抗诉案件的处理】 第二审人民法院对不服第一审判决的上诉、抗诉案件，经过审理后，应当按照下列情形分别处理：

（一）原判决认定事实和适用法律正确、量刑适当的，应当裁定驳回上诉或者抗诉，维持原判；

（二）原判决认定事实没有错误，但适用法律有错误，或者量刑不当的，应当改判；

（三）原判决事实不清楚或者证据不足的，可以在查清事实后改判；也可以裁定撤销原判，发回原审人民法院重新审判。

原审人民法院对于依照前款第三项规定发回重新审判的案件作出判决后，被告人提出上诉或者人民检察院提出抗诉的，第二审人民法院应当依法作出判决或者裁定，不得再发回原审人民法院重新审判。

● 要点及关联法规

1. 二审发回重审只能一次原则

★关于规范上下级人民法院审判业务关系的若干意见（2010年12月28日）（节录）

第六条　第一审人民法院已经查清事实的案件，第二审人民法院原则上不得以事实不清、证据不足为由发回重审。

第二审人民法院作出发回重审裁定时，应当在裁定书中详细阐明发回重审的理由及法律依据。

第七条 第二审人民法院因原审判决事实不清、证据不足将案件发回重审的，原则上只能发回重审一次。

★最高人民法院关于适用《中华人民共和国刑事诉讼法》的解释（2021年1月26日）（节录）

第四百零五条 原判事实不清、证据不足，第二审人民法院发回重新审判的案件，原审人民法院重新作出判决后，被告人上诉或者人民检察院抗诉的，第二审人民法院应当依法作出判决、裁定，不得再发回重新审判。

2. 刑事附带民事诉讼二审后的程序结果

★最高人民法院关于适用《中华人民共和国刑事诉讼法》的解释（2021年1月26日）（节录）

第四百零七条 第二审人民法院审理对刑事部分提出上诉、抗诉，附带民事部分已经发生法律效力的案件，发现第一审判决、裁定中的附带民事部分确有错误的，应当依照审判监督程序对附带民事部分予以纠正。

第四百零九条 第二审人民法院审理对附带民事部分提出上诉，刑事部分已经发生法律效力的案件，应当对全案进行审查，并按照下列情形分别处理：

（一）第一审判决的刑事部分并无不当的，只需就附带民事部分作出处理；

（二）第一审判决的刑事部分确有错误的，依照审判监督程序对刑事部分进行再审，并将附带民事部分与刑事部分一并审理。

第四百一十条 第二审期间，第一审附带民事诉讼原告人增加独立的诉讼请求或者第一审附带民事诉讼被告人提出反诉的，第二审人民法院可以根据自愿、合法的原则进行调解；调解不成的，告知当事人另行起诉。

3. 自诉案件二审后的程序结果

★最高人民法院关于适用《中华人民共和国刑事诉讼法》的解释（2021年1月26日）（节录）

第四百一十一条 对第二审自诉案件，必要时可以调解，当事人也可以自行和解。调解结案的，应当制作调解书，第一审判决、裁定视为自动撤销。当事人自行和解的，依照本解释第三百二十九条的规定处理；裁定准许撤回自诉的，应当撤销第一审判决、裁定。

第四百一十二条 第二审期间，自诉案件的当事人提出反诉的，应当告知其另行起诉。

4. 认罪认罚案件适用速裁程序的上诉处理

★**最高人民法院、最高人民检察院、公安部、国家安全部、司法部关于适用认罪认罚从宽制度的指导意见**（2019年10月11日）（节录）

45. 速裁案件的二审程序。被告人不服适用速裁程序作出的第一审判决提出上诉的案件，可以不开庭审理。第二审人民法院审查后，按照下列情形分别处理：

（一）发现被告人以事实不清、证据不足为由提出上诉的，应当裁定撤销原判，发回原审人民法院适用普通程序重新审理，不再按认罪认罚案件从宽处罚；

（二）发现被告人以量刑不当为由提出上诉的，原判量刑适当的，应当裁定驳回上诉，维持原判；原判量刑不当的，经审理后依法改判。

5. 二审中的非法证据排除

★**关于办理刑事案件严格排除非法证据若干问题的规定**（2017年6月27日）（节录）

第四十条　第一审人民法院对被告人及其辩护人排除非法证据的申请未予审查，并以有关证据作为定案根据，可能影响公正审判的，第二审人民法院可以裁定撤销原判，发回原审人民法院重新审判。

第一审人民法院对依法应当排除的非法证据未予排除的，第二审人民法院可以依法排除非法证据。排除非法证据后，原判决认定事实和适用法律正确、量刑适当的，应当裁定驳回上诉或者抗诉，维持原判；原判决认定事实没有错误，但适用法律有错误，或者量刑不当的，应当改判；原判决事实不清楚或者证据不足的，可以裁定撤销原判，发回原审人民法院重新审判。

★**人民法院办理刑事案件排除非法证据规程（试行）**（2017年11月27日）

第三十三条　第一审人民法院对被告人及其辩护人排除非法证据的申请未予审查，并以有关证据作为定案的根据，可能影响公正审判的，第二审人民法院应当裁定撤销原判，发回原审人民法院重新审判。

第三十四条　第一审人民法院对依法应当排除的非法证据未予排除的，第二审人民法院可以依法排除相关证据。排除非法证据后，应当按照下列情形分别作出处理：

（一）原判决认定事实和适用法律正确、量刑适当的，应当裁定驳回上诉或者抗诉，维持原判；

（二）原判决认定事实没有错误，但适用法律有错误，或者量刑不当的，应当改判；

（三）原判决事实不清或者证据不足的，可以在查清事实后改判；也可以裁定撤销原判，发回原审人民法院重新审判。

第三十五条　审判监督程序、死刑复核程序中对证据收集合法性的审查、调查，参照上述规定。

6. 二审判决、裁定的宣判、送达方式

★最高人民法院、最高人民检察院、公安部、司法部关于进一步严格依法办案确保办理死刑案件质量的意见（2007年3月9日）（节录）

38. 第二审人民法院作出判决、裁定后，当庭宣告的，应当在五日以内将判决书或者裁定书送达当事人、辩护人和同级人民检察院；定期宣告的，应当在宣告后立即送达。

★最高人民法院关于适用《中华人民共和国刑事诉讼法》的解释（2021年1月26日）（节录）

第四百一十三条　第二审人民法院可以委托第一审人民法院代为宣判，并向当事人送达第二审判决书、裁定书。第一审人民法院应当在代为宣判后五日以内将宣判笔录送交第二审人民法院，并在送达完毕后及时将送达回证送交第二审人民法院。

委托宣判的，第二审人民法院应当直接向同级人民检察院送达第二审判决书、裁定书。

第二审判决、裁定是终审的判决、裁定的，自宣告之日起发生法律效力。

第二百三十七条　【上诉不加刑原则及其限制】第二审人民法院审理被告人或者他的法定代理人、辩护人、近亲属上诉的案件，不得加重被告人的刑罚。第二审人民法院发回原审人民法院重新审判的案件，除有新的犯罪事实，人民检察院补充起诉的以外，原审人民法院也不得加重被告人的刑罚。

人民检察院提出抗诉或者自诉人提出上诉的，不受前款规定的限制。

● 要点及关联法规

上诉不加刑原则的具体内容

★最高人民法院关于适用《中华人民共和国刑事诉讼法》的解释（2021 年 1 月 26 日）（节录）

第四百零一条　审理被告人或者其法定代理人、辩护人、近亲属提出上诉的案件，不得对被告人的刑罚作出实质不利的改判，并应当执行下列规定：

（一）同案审理的案件，只有部分被告人上诉的，既不得加重上诉人的刑罚，也不得加重其他同案被告人的刑罚；

（二）原判认定的罪名不当的，可以改变罪名，但不得加重刑罚或者对刑罚执行产生不利影响；

（三）原判认定的罪数不当的，可以改变罪数，并调整刑罚，但不得加重决定执行的刑罚或者对刑罚执行产生不利影响；

（四）原判对被告人宣告缓刑的，不得撤销缓刑或者延长缓刑考验期；

（五）原判没有宣告职业禁止、禁止令的，不得增加宣告；原判宣告职业禁止、禁止令的，不得增加内容、延长期限；

（六）原判对被告人判处死刑缓期执行没有限制减刑、决定终身监禁的，不得限制减刑、决定终身监禁；

（七）原判判处的刑罚不当、应当适用附加刑而没有适用的，不得直接加重刑罚、适用附加刑。原判判处的刑罚畸轻，必须依法改判的，应当在第二审判决、裁定生效后，依照审判监督程序重新审判。

人民检察院抗诉或者自诉人上诉的案件，不受前款规定的限制。

第四百零二条　人民检察院只对部分被告人的判决提出抗诉，或者自诉人只对部分被告人的判决提出上诉的，第二审人民法院不得对其他同案被告人加重刑罚。

第四百零三条　被告人或者其法定代理人、辩护人、近亲属提出上诉，人民检察院未提出抗诉的案件，第二审人民法院发回重新审判后，除有新的犯罪事实且人民检察院补充起诉的以外，原审人民法院不得加重被告人的刑罚。

对前款规定的案件，原审人民法院对上诉发回重新审判的案件依法作出判决后，人民检察院抗诉的，第二审人民法院不得改判为重于原审人民法院第一次判处的刑罚。

第二百三十八条 【二审人民法院对一审违反法定程序案件的处理】第二审人民法院发现第一审人民法院的审理有下列违反法律规定的诉讼程序的情形之一的,应当裁定撤销原判,发回原审人民法院重新审判:

(一)违反本法有关公开审判的规定的;

(二)违反回避制度的;

(三)剥夺或者限制了当事人的法定诉讼权利,可能影响公正审判的;

(四)审判组织的组成不合法的;

(五)其他违反法律规定的诉讼程序,可能影响公正审判的。

● 要点及关联法规

一审程序违法二审发回重审的规定

★最高人民法院关于适用《中华人民共和国刑事诉讼法》的解释(2021年1月26日)(节录)

第四百零六条 第二审人民法院发现原审人民法院在重新审判过程中,有刑事诉讼法第二百三十八条规定的情形之一,或者违反第二百三十九条规定的,应当裁定撤销原判,发回重新审判。

第二百三十九条 【二审程序中被发回重审案件的审理组织、程序及对重审结果的上诉、抗诉】原审人民法院对于发回重新审判的案件,应当另行组成合议庭,依照第一审程序进行审判。对于重新审判后的判决,依照本法第二百二十七条、第二百二十八条、第二百二十九条的规定可以上诉、抗诉。

● 要点及关联法规

重审案件另行组成合议庭的规定

★最高人民法院关于适用《中华人民共和国刑事诉讼法》的解释（2021年1月26日）（节录）

第四百三十二条　最高人民法院裁定不予核准死刑，发回重新审判的案件，原审人民法院应当另行组成合议庭审理，但本解释第四百二十九条第四项、第五项规定的案件除外。

第二百四十条　【二审人民法院对不服一审裁定的上诉、抗诉的处理】第二审人民法院对不服第一审裁定的上诉或者抗诉，经过审查后，应当参照本法第二百三十六条、第二百三十八条和第二百三十九条的规定，分别情形用裁定驳回上诉、抗诉，或者撤销、变更原裁定。

第二百四十一条　【二审发回重审案件审限的计算规则】第二审人民法院发回原审人民法院重新审判的案件，原审人民法院从收到发回的案件之日起，重新计算审理期限。

第二百四十二条　【二审审判程序参照一审程序】第二审人民法院审判上诉或者抗诉案件的程序，除本章已有规定的以外，参照第一审程序的规定进行。

第二百四十三条　【二审审限】第二审人民法院受理上诉、抗诉案件，应当在二个月以内审结。对于可能判处死刑的案件或者附带民事诉讼的案件，以及有本法第一百五十八条规定情形之一的，经省、自治区、直辖市高级人民法院批准或者决定，可以延长二个月；因特殊情况还需要延长的，报请最高人民法院批准。

> 最高人民法院受理上诉、抗诉案件的审理期限，由最高人民法院决定。

● 要点及关联法规

法定刑以下判处刑罚的报请程序

★最高人民法院关于适用《中华人民共和国刑事诉讼法》的解释（2021年1月26日）（节录）

第四百一十四条　报请最高人民法院核准在法定刑以下判处刑罚的案件，应当按照下列情形分别处理：

（一）被告人未上诉、人民检察院未抗诉的，在上诉、抗诉期满后三日以内报请上一级人民法院复核。上级人民法院同意原判的，应当书面层报最高人民法院核准；不同意的，应当裁定发回重新审判，或者按照第二审程序提审；

（二）被告人上诉或者人民检察院抗诉的，上一级人民法院维持原判，或者改判后仍在法定刑以下判处刑罚的，应当依照前项规定层报最高人民法院核准。

第四百一十六条　报请最高人民法院核准在法定刑以下判处刑罚的案件，应当报送判决书、报请核准的报告各五份，以及全部案卷、证据。

第四百一十七条　对在法定刑以下判处刑罚的案件，最高人民法院予以核准的，应当作出核准裁定书；不予核准的，应当作出不核准裁定书，并撤销原判决、裁定，发回原审人民法院重新审判或者指定其他下级人民法院重新审判。

第四百一十八条　依照本解释第四百一十四条、第四百一十七条规定发回第二审人民法院重新审判的案件，第二审人民法院可以直接改判；必须通过开庭查清事实、核实证据或者纠正原审程序违法的，应当开庭审理。

第四百一十九条　最高人民法院和上级人民法院复核在法定刑以下判处刑罚案件的审理期限，参照适用刑事诉讼法第二百四十三条的规定。

> **第二百四十四条　【二审判决、裁定和最高人民法院判决、裁定的效力】**第二审的判决、裁定和最高人民法院的判决、裁定，都是终审的判决、裁定。

第二百四十五条 【对查封、扣押、冻结财物及其孳息的处理】
公安机关、人民检察院和人民法院对查封、扣押、冻结的犯罪嫌疑人、被告人的财物及其孳息，应当妥善保管，以供核查，并制作清单，随案移送。任何单位和个人不得挪用或者自行处理。对被害人的合法财产，应当及时返还。对违禁品或者不宜长期保存的物品，应当依照国家有关规定处理。

对作为证据使用的实物应当随案移送，对不宜移送的，应当将其清单、照片或者其他证明文件随案移送。

人民法院作出的判决，应当对查封、扣押、冻结的财物及其孳息作出处理。

人民法院作出的判决生效以后，有关机关应当根据判决对查封、扣押、冻结的财物及其孳息进行处理。对查封、扣押、冻结的赃款赃物及其孳息，除依法返还被害人的以外，一律上缴国库。

司法工作人员贪污、挪用或者私自处理查封、扣押、冻结的财物及其孳息的，依法追究刑事责任；不构成犯罪的，给予处分。

● 要点及关联法规

1. 公、检、法查封、扣押、冻结的款物范围

★最高人民法院关于适用《中华人民共和国刑事诉讼法》的解释（2021年1月26日）（节录）

第三百四十一条 被告单位的违法所得及其他涉案财物，尚未被依法追缴或者查封、扣押、冻结的，人民法院应当决定追缴或者查封、扣押、冻结。

第三百四十二条 为保证判决的执行，人民法院可以先行查封、扣押、冻结被告单位的财产，或者由被告单位提出担保。

★人民检察院刑事诉讼涉案财物管理规定（2015年3月6日）（节录）

第二条 本规定所称人民检察院刑事诉讼涉案财物，是指人民检察院在刑事诉讼过程中查封、扣押、冻结的与案件有关的财物及其孳息以及从其他办案机关接收的财物及其孳息，包括犯罪嫌疑人的违法所得及其孳息、供犯罪所用的财物、非法持有的违禁品以及其他与案件有关的财物及其孳息。

第三条 违法所得的一切财物，应当予以追缴或者责令退赔。对被害人的合法财产，应当依照有关规定返还。违禁品和供犯罪所用的财物，应当予以查封、扣押、冻结，并依法处理。

第四条 人民检察院查封、扣押、冻结、保管、处理涉案财物，必须严格依照刑事诉讼法、《人民检察院刑事诉讼规则（试行）》（现为《人民检察院刑事诉讼规则》）以及其他相关规定进行。不得查封、扣押、冻结与案件无关的财物。凡查封、扣押、冻结的财物，都应当及时进行审查；经查明确实与案件无关的，应当在三日内予以解除、退还，并通知有关当事人。

严禁以虚假立案或者其他非法方式采取查封、扣押、冻结措施。对涉案单位违规的账外资金但与案件无关的，不得查封、扣押、冻结，可以通知有关主管机关或者其上级单位处理。

查封、扣押、冻结涉案财物，应当为犯罪嫌疑人、被告人及其所扶养的亲属保留必需的生活费用和物品，减少对涉案单位正常办公、生产、经营等活动的影响。

第六条 犯罪嫌疑人到案后，其亲友受犯罪嫌疑人委托或者主动代为向检察机关退还或者赔偿涉案财物的，参照《人民检察院刑事诉讼规则（试行）》（现为《人民检察院刑事诉讼规则》）关于查封、扣押、冻结的相关程序办理。符合相关条件的，人民检察院应当开具查封、扣押、冻结决定书，并由检察人员、代为退还或者赔偿的人员和有关规定要求的其他人员在清单上签名或者盖章。

代为退还或者赔偿的人员应当在清单上注明系受犯罪嫌疑人委托或者主动代为犯罪嫌疑人退还或者赔偿。

★公安机关涉案财物管理若干规定（2015年7月22日）（节录）

第二条 本规定所称涉案财物，是指公安机关在办理刑事案件和行政案件过程中，依法采取查封、扣押、冻结、扣留、调取、先行登记保存、抽样取证、追缴、收缴等措施提取或者固定，以及从其他单位和个人接收的与案件有关的物品、文件和款项，包括：

（一）违法犯罪所得及其孳息；

（二）用于实施违法犯罪行为的工具；

（三）非法持有的淫秽物品、毒品等违禁品；

（四）其他可以证明违法犯罪行为发生、违法犯罪行为情节轻重的物品和文件。

2. 刑事涉案款物的移送与接收

★最高人民法院关于适用《中华人民共和国刑事诉讼法》的解释（2021年1月26日）（节录）

第四百四十条 对作为证据使用的实物，应当随案移送。第一审判决、裁定宣告后，被告人上诉或者人民检察院抗诉的，第一审人民法院应当将上述证据移送第二审人民法院。

第四百四十一条 对实物未随案移送的，应当根据情况，分别审查以下内容：

（一）大宗的、不便搬运的物品，是否随案移送查封、扣押清单，并附原物照片和封存手续，注明存放地点等；

（二）易腐烂、霉变和不易保管的物品，查封、扣押机关变卖处理后，是否随案移送原物照片、清单、变价处理的凭证（复印件）等；

（三）枪支弹药、剧毒物品、易燃易爆物品以及其他违禁品、危险物品，查封、扣押机关根据有关规定处理后，是否随案移送原物照片和清单等。

上述未随案移送的实物，应当依法鉴定、估价的，还应当审查是否附有鉴定、估价意见。

对查封、扣押的货币、有价证券等，未移送实物的，应当审查是否附有原物照片、清单或者其他证明文件。

★人民检察院刑事诉讼涉案财物管理规定（2015年3月6日）（节录）

第十条 人民检察院办案部门查封、扣押、冻结涉案财物及其孳息后，应当及时按照下列情形分别办理，至迟不得超过三日，法律和有关规定另有规定的除外：

（一）将扣押的款项存入唯一合规账户；

（二）将扣押的物品和相关权利证书、支付凭证以及具有一定特征能够证明案情的现金等，送案件管理部门入库保管；

（三）将查封、扣押、冻结涉案财物的清单和扣押款项存入唯一合规账户的存款凭证等，送案件管理部门登记；案件管理部门应当对存款凭证复印保存，并将原件送计划财务装备部门。

扣押的款项或物品因特殊原因不能按时存入唯一合规账户或者送案件管理部门保管的，经检察长批准，可以由办案部门暂时保管，在原因消除后及时存入或者移交，但应当将扣押清单和相关权利证书、支付凭证等依照本条第一款规定的期限送案件管理部门登记、保管。

第十一条　案件管理部门接收人民检察院办案部门移送的涉案财物或者清单时，应当审查是否符合下列要求：

（一）有立案决定书和相应的查封、扣押、冻结法律文书以及查封、扣押清单，并填写规范、完整，符合相关要求；

（二）移送的财物与清单相符；

（三）移送的扣押物品清单，已经依照《人民检察院刑事诉讼规则（试行）》有关扣押的规定注明扣押财物的主要特征；

（四）移送的外币、金银珠宝、文物、名贵字画以及其他不易辨别真伪的贵重物品，已经依照《人民检察院刑事诉讼规则（试行）》有关扣押的规定予以密封，检察人员、见证人和被扣押物品持有人在密封材料上签名或者盖章，经过鉴定的，附有鉴定意见复印件；

（五）移送的存折、信用卡、有价证券等支付凭证和具有一定特征能够证明案情的现金，已经依照《人民检察院刑事诉讼规则（试行）》有关扣押的规定予以密封，注明特征、编号、种类、面值、张数、金额等，检察人员、见证人和被扣押物品持有人在密封材料上签名或者盖章；

（六）移送的查封清单，已经依照《人民检察院刑事诉讼规则（试行）》有关查封的规定注明相关财物的详细地址和相关特征，检察人员、见证人和持有人签名或者盖章，注明已经拍照或者录像及其权利证书是否已被扣押，注明财物被查封后由办案部门保管或者交持有人或者其近亲属保管，注明查封决定书副本已送达相关的财物登记、管理部门等。

第十二条　人民检察院办案部门查封、扣押的下列涉案财物不移送案件管理部门保管，由办案部门拍照或者录像后妥善管理或者及时按照有关规定处理：

（一）查封的不动产和置于该不动产上不宜移动的设施等财物，以及涉案的车辆、船舶、航空器和大型机械、设备等财物，及时依照《人民检察院刑事诉讼规则（试行）》有关查封、扣押的规定扣押相关权利证书，将查封决定书副本送达有关登记、管理部门，并告知其在查封期间禁止办理抵押、转让、出售等权属关系变更、转移登记手续；

（二）珍贵文物、珍贵动物及其制品、珍稀植物及其制品，按照国家有关规定移送主管机关；

（三）毒品、淫秽物品等违禁品，及时移送有关主管机关，或者根据办案需要严格封存，不得擅自使用或者扩散；

（四）爆炸性、易燃性、放射性、毒害性、腐蚀性等危险品，及时移送有关部门或者根据办案需要委托有关主管机关妥善保管；

（五）易损毁、灭失、变质等不宜长期保存的物品，易贬值的汽车、船艇等物品，经权利人同意或者申请，并经检察长批准，可以及时委托有关部门先行变卖、拍卖，所得款项存入唯一合规账户。先行变卖、拍卖应当做到公开、公平。

人民检察院办案部门依照前款规定不将涉案财物移送案件管理部门保管的，应当将查封、扣押清单以及相关权利证书、支付凭证等依照本规定第十条第一款的规定送案件管理部门登记、保管。

第十三条　人民检察院案件管理部门接收其他办案机关随案移送的涉案财物的，参照本规定第十一条、第十二条的规定进行审查和办理。

对移送的物品、权利证书、支付凭证以及具备一定特征能够证明案情的现金，案件管理部门审查后认为符合要求的，予以接收并入库保管。对移送的涉案款项，由其他办案机关存入检察机关指定的唯一合规账户，案件管理部门对转账凭证进行登记并联系计划财务装备部门进行核对。其他办案机关直接移送现金的，案件管理部门可以告知其存入指定的唯一合规账户，也可以联系计划财务装备部门清点、接收并及时存入唯一合规账户。计划财务装备部门应当在收到款项后三日以内将收款凭证复印件送案件管理部门登记。

对于其他办案机关移送审查起诉时随案移送的有关实物，案件管理部门经商公诉部门后，认为属于不宜移送的，可以依照刑事诉讼法第二百三十四条①第一款、第二款的规定，只接收清单、照片或者其他证明文件。必要时，人民检察院案件管理部门可以会同公诉部门与其他办案机关相关部门进行沟通协商，确定不随案移送的实物。

第十四条　案件管理部门应当指定专门人员，负责有关涉案财物的接收、管理和相关信息录入工作。

第十五条　案件管理部门接收密封的涉案财物，一般不进行拆封。移送部门或者案件管理部门认为有必要拆封的，由移送人员和接收人员共同启封、检查、重新密封，并对全过程进行录像。根据《人民检察院刑事诉讼规则（试行）》（现为《人民检察院刑事诉讼规则》）有关扣押的规定应当予以密封的涉案财物，启封、检查、重新密封时应当依照规定有见证人、持有人或者单位负责人等在场并签名或者盖章。

第十六条　案件管理部门对于接收的涉案财物、清单及其他相关材料，认为符合条件的，应当及时在移送清单上签字并制作入库清单，办理入库手续。

———————
① 现为第二百四十五条。——编者注

认为不符合条件的,应当将原因告知移送单位,由移送单位及时补送相关材料,或者按照有关规定进行补正或者作出合理解释。

3. 刑事涉案款物的保管

★最高人民法院关于适用《中华人民共和国刑事诉讼法》的解释(2021年1月26日)(节录)

第四百三十七条 人民法院对查封、扣押、冻结的涉案财物及其孳息,应当妥善保管,并制作清单,附卷备查;对人民检察院随案移送的实物,应当根据清单核查后妥善保管。任何单位和个人不得挪用或者自行处理。

查封不动产、车辆、船舶、航空器等财物,应当扣押其权利证书,经拍照或者录像后原地封存,或者交持有人、被告人的近亲属保管,登记并写明财物的名称、型号、权属、地址等详细信息,并通知有关财物的登记、管理部门办理查封登记手续。

扣押物品,应当登记并写明物品名称、型号、规格、数量、重量、质量、成色、纯度、颜色、新旧程度、缺损特征和来源等。扣押货币、有价证券,应当登记并写明货币、有价证券的名称、数额、面额等,货币应当存入银行专门账户,并登记银行存款凭证的名称、内容。扣押文物、金银、珠宝、名贵字画等贵重物品以及违禁品,应当拍照,需要鉴定的,应当及时鉴定。对扣押的物品应当根据有关规定及时估价。

冻结存款、汇款、债券、股票、基金份额等财产,应当登记并写明编号、种类、面值、张数、金额等。

★人民检察院刑事诉讼涉案财物管理规定(2015年3月6日)(节录)

第十七条 人民检察院对于查封、扣押、冻结的涉案财物及其孳息,应当如实登记,妥善保管。

第十八条 人民检察院计划财务装备部门对扣押款项及其孳息应当逐案设立明细账,严格收付手续。

计划财务装备部门应当定期对唯一合规账户的资金情况进行检查,确保账实相符。

第十九条 案件管理部门对收到的物品应当建账设卡,一案一账,一物一卡(码)。对于贵重物品和细小物品,根据物品种类实行分袋、分件、分箱设卡和保管。

案件管理部门应当定期对涉案物品进行检查,确保账实相符。

第二十条 涉案物品专用保管场所应当符合下列防火、防盗、防潮、防尘

等要求:
(一) 安装防盗门窗、铁柜和报警器、监视器;
(二) 配备必要的储物格、箱、袋等设备设施;
(三) 配备必要的除湿、调温、密封、防霉变、防腐烂等设备设施;
(四) 配备必要的计量、鉴定、辨认等设备设施;
(五) 需要存放电子存储介质类物品的,应当配备防磁柜;
(六) 其他必要的设备设施。

第二十一条　人民检察院办案部门人员需要查看、临时调用涉案财物的,应当经办案部门负责人批准;需要移送、处理涉案财物的,应当经检察长批准。案件管理部门对于审批手续齐全的,应当办理查看、出库手续并认真登记。

对于密封的涉案财物,在查看、出库、归还时需要拆封的,应当遵守本规定第十五条的要求。

★公安机关涉案财物管理若干规定(2015年7月22日)(节录)

第八条　公安机关应当完善涉案财物管理制度,建立办案部门与保管部门、办案人员与保管人员相互制约制度。

公安机关应当指定一个部门作为涉案财物管理部门,负责对涉案财物实行统一管理,并设立或者指定专门保管场所,对各办案部门经手的全部涉案财物或者价值较大、管理难度较高的涉案财物进行集中保管。涉案财物集中保管的范围,由地方公安机关根据本地区实际情况确定。

对于价值较低、易于保管,或者需要作为证据继续使用,以及需要先行退还被害人、被侵害人的涉案财物,可以由办案部门设置专门的场所进行保管。

办案部门应当指定不承担办案工作的民警负责本部门涉案财物的接收、保管、移交等管理工作;严禁由办案人员自行保管涉案财物。

第九条　公安机关应当设立或者指定账户,作为本机关涉案款项管理的唯一合规账户。

办案部门扣押涉案款项后,应当立即将其移交涉案财物管理部门。涉案财物管理部门应当对涉案款项逐案设立明细账,存入唯一合规账户,并将存款回执交办案部门附卷保存。但是,对于具有特定特征、能够证明某些案件事实而需要作为证据使用的现金,应当交由涉案财物管理部门或者办案部门涉案财物管理人员,作为涉案物品进行管理,不再存入唯一合规账户。

第十条　公安机关应当建立涉案财物集中管理信息系统,对涉案财物信息进行实时、全程录入和管理,并与执法办案信息系统关联。涉案财物管理人员应当对所有涉案财物逐一编号，并将案由、来源、财物基本情况、保管状态、场所和去向等信息录入信息系统。

第十一条 对于不同案件、不同种类的涉案财物，应当分案、分类保管。

涉案财物保管场所和保管措施应当适合被保管物的特性，符合防火、防盗、防潮、防蛀、防磁、防腐蚀等安全要求。涉案财物保管场所应当安装视频监控设备，并配备必要的储物容器、一次性储物袋、计量工具等物品。有条件的地方，可以会同人民法院、人民检察院等部门，建立多部门共用的涉案财物管理中心，对涉案财物进行统一管理。

对于易燃、易爆、毒害性、放射性等危险物品，鲜活动植物，大宗物品，车辆、船舶、航空器等大型交通工具，以及其他对保管条件、保管场所有特殊要求的涉案财物，应当存放在符合条件的专门场所。公安机关没有具备保管条件的场所的，可以委托具有相应条件、资质或者管理能力的单位代为保管。

依法对文物、金银、珠宝、名贵字画等贵重财物采取查封、扣押、扣留等措施的，应当拍照或者录像，并及时鉴定、估价；必要时，可以实行双人保管。

未经涉案财物管理部门或者管理涉案财物的办案部门负责人批准，除保管人员以外的其他人员不得进入涉案财物保管场所。

第十二条 办案人员依法提取涉案财物后，应当在二十四小时以内按照规定将其移交涉案财物管理部门或者本部门的涉案财物管理人员，并办理移交手续。

对于采取查封、冻结、先行登记保存等措施后不在公安机关保管的涉案财物，办案人员应当在采取有关措施后的二十四小时以内，将相关法律文书和清单的复印件移交涉案财物管理人员予以登记。

第十三条 因情况紧急，需要在提取后的二十四小时以内开展鉴定、辨认、检验、检查等工作的，经办案部门负责人批准，可以在上述工作完成后的二十四小时以内将涉案财物移交涉案财物管理人员，并办理移交手续。

异地办案或者在偏远、交通不便地区办案的，应当在返回办案单位后的二十四小时以内办理移交手续；行政案件在提取后的二十四小时以内已将涉案财物处理完毕的，可以不办理移交手续，但应当将处理涉案财物的相关手续附卷保存。

第十四条 涉案财物管理人员对办案人员移交的涉案财物，应当对照有关法律文书当场查验核对、登记入册，并与办案人员共同签名。

对于缺少法律文书、法律文书对必要事项记载不全或者实物与法律文书记载严重不符的，涉案财物管理人员可以拒绝接收涉案财物，并应当要求办案人员补齐相关法律文书、信息或者财物。

第十五条 因讯问、询问、鉴定、辨认、检验、检查等办案工作需要,经办案部门负责人批准,办案人员可以向涉案财物管理人员调用涉案财物。调用结束后,应当在二十四小时以内将涉案财物归还涉案财物管理人员。

因宣传教育等工作需要调用涉案财物的,应当经公安机关负责人批准。

涉案财物管理人员应当详细登记调用人、审批人、时间、事由、期限、调用的涉案财物状况等事项。

第十六条 调用人应当妥善保管和使用涉案财物。调用人归还涉案财物时,涉案财物管理人员应当进行检查、核对。对有损毁、短少、调换、灭失等情况的,涉案财物管理人员应当如实记录,并报告调用人所属部门负责人和涉案财物管理部门负责人。因鉴定取样等事由导致涉案财物出现合理损耗的,不需要报告,但调用人应当向涉案财物管理人员提供相应证明材料和书面说明。

调用人未按照登记的调用时间归还涉案财物的,涉案财物管理人员应当报告调用人所属部门负责人;有关负责人应当责令调用人立即归还涉案财物。确需继续调用涉案财物的,调用人应当按照原批准程序办理延期手续,并交由涉案财物管理人员留存。

第十七条 办案部门扣押、扣留涉案车辆时,应当认真查验车辆特征,并在清单或者行政强制措施凭证中详细载明当事人的基本情况、案由、厂牌型号、识别代码、牌照号码、行驶里程、重要装备、车身颜色、车辆状况等情况。

对车辆内的物品,办案部门应当仔细清点。对与案件有关、需要作为证据使用的,应当依法扣押;与案件无关的,通知当事人或者其家属、委托的人领取。

公安机关应当对管理的所有涉案车辆进行专门编号登记,严格管理,妥善保管,非因法定事由并经公安机关负责人批准,不得调用。

对船舶、航空器等交通工具采取措施和进行管理,参照前三款规定办理。

4. 刑事涉案款物的处理

★最高人民法院关于严格执行有关走私案件涉案财物处理规定的通知(2006年4月30日)

关于刑事案件赃款赃物的处理问题,相关法律、司法解释已经规定的很明确。《海关法》第九十二条规定,"海关依法扣留的货物、物品、运输工具,在人民法院判决或者海关处罚决定作出之前,不得处理";"人民法院判决没收或者海关决定没收的走私货物、物品、违法所得、走私运输工具、特制设备,由海关依法统一处理，所得价款和海关决定处以的罚款，全部上缴中央国库。"《最高人民法院、最高人民检察院、海关总署关于办理走私刑事案件适用法律若干问题的意见》第二十三条规定，"人民法院在判决走私罪案件时，应当对随案清单、证明文件中载明的款、物审查确认并依法判决予以追缴、没收；海关根据人民法院的判决和海关法的有关规定予以处理，上缴中央国库。"

据此，地方各级人民法院在审理走私犯罪案件时，对涉案的款、物等，应当严格遵循并切实执行上述法律、司法解释的规定，依法作出追缴、没收的判决。对于在审理走私犯罪案件中遇到的新情况、新问题，要加强与海关等相关部门的联系和协调，对于遇到的适用法律的新问题，应当及时报告最高人民法院。

★最高人民法院、最高人民检察院、公安部、国家安全部、司法部、全国人大常委会法制工作委员会关于实施刑事诉讼法若干问题的规定（2012年12月26日）（节录）

36. 对于依照刑法规定应当追缴的违法所得及其他涉案财产，除依法返还被害人的财物以及依法销毁的违禁品外，必须一律上缴国库。查封、扣押的涉案财产，依法不移送的，待人民法院作出生效判决、裁定后，由人民法院通知查封、扣押机关上缴国库，查封、扣押机关应当向人民法院送交执行回单；冻结在金融机构的违法所得及其他涉案财产，待人民法院作出生效判决、裁定后，由人民法院通知有关金融机构上缴国库，有关金融机构应当向人民法院送交执行回单。

对于被扣押、冻结的债券、股票、基金份额等财产，在扣押、冻结期间权利人申请出售，经扣押、冻结机关审查，不损害国家利益、被害人利益，不影响诉讼正常进行的，以及扣押、冻结的汇票、本票、支票的有效期即将届满的，可以在判决生效前依法出售或者变现，所得价款由扣押、冻结机关保管，并及时告知当事人或者其近亲属。

★最高人民法院关于适用《中华人民共和国刑事诉讼法》的解释（2021年1月26日）（节录）

第四百三十八条　对被害人的合法财产，权属明确的，应当依法及时返还，但须经拍照、鉴定、估价，并在案卷中注明返还的理由，将原物照片、清单和被害人的领取手续附卷备查；权属不明的，应当在人民法院判决、裁定生效后，按比例返还被害人，但已获退赔的部分应予扣除。

第四百三十九条　审判期间，对不宜长期保存、易贬值或者市场价格波动大的财产,或者有效期即将届满的票据等,经权利人申请或者同意,并经院长批准,可以依法先行处置,所得款项由人民法院保管。

涉案财物先行处置应当依法、公开、公平。

第四百四十二条 法庭审理过程中,应当依照本解释第二百七十九条的规定,依法对查封、扣押、冻结的财物及其孳息进行审查。

第四百四十四条 对查封、扣押、冻结的财物及其孳息,应当在判决书中写明名称、金额、数量、存放地点及其处理方式等。涉案财物较多,不宜在判决主文中详细列明的,可以附清单。

判决追缴违法所得或者责令退赔的,应当写明追缴、退赔的金额或者财物的名称、数量等情况;已经发还的,应当在判决书中写明。

第四百四十五条 查封、扣押、冻结的财物及其孳息,经审查,确属违法所得或者依法应当追缴的其他涉案财物的,应当判决返还被害人,或者没收上缴国库,但法律另有规定的除外。

对判决时尚未追缴到案或者尚未足额退赔的违法所得,应当判决继续追缴或者责令退赔。

判决返还被害人的涉案财物,应当通知被害人认领;无人认领的,应当公告通知;公告满一年无人认领的,应当上缴国库;上缴国库后有人认领,经查证属实的,应当申请退库予以返还;原物已经拍卖、变卖的,应当返还价款。

对侵犯国有财产的案件,被害单位已经终止且没有权利义务继受人,或者损失已经被核销的,查封、扣押、冻结的财物及其孳息应当上缴国库。

第四百四十六条 第二审期间,发现第一审判决未对随案移送的涉案财物及其孳息作出处理的,可以裁定撤销原判,发回原审人民法院重新审判,由原审人民法院依法对涉案财物及其孳息一并作出处理。

判决生效后,发现原判未对随案移送的涉案财物及其孳息作出处理的,由原审人民法院依法对涉案财物及其孳息另行作出处理。

第四百四十七条 随案移送的或者人民法院查封、扣押的财物及其孳息,由第一审人民法院在判决生效后负责处理。

实物未随案移送、由扣押机关保管的,人民法院应当在判决生效后十日以内,将判决书、裁定书送达扣押机关,并告知其在一个月以内将执行回单送回,确因客观原因无法按时完成的,应当说明原因。

第四百四十八条 对冻结的存款、汇款、债券、股票、基金份额等财产判决没收的,第一审人民法院应当在判决生效后,将判决书、裁定书送达相关金融机构和财政部门,通知相关金融机构依法上缴国库并在接到执行通知书后十五日以内,将上缴国库的凭证、执行回单送回。

第四百四十九条 查封、扣押、冻结的财物与本案无关但已列入清单的,应当由查封、扣押、冻结机关依法处理。

查封、扣押、冻结的财物属于被告人合法所有的,应当在赔偿被害人损失、执行财产刑后及时返还被告人。

第四百五十条 查封、扣押、冻结财物及其处理,本解释没有规定的,参照适用其他司法解释的有关规定。

★公安机关办理刑事案件程序规定(2020年7月20日)(节录)

第二百三十四条 有关犯罪事实查证属实后,对于有证据证明权属明确且无争议的被害人合法财产及其孳息,且返还不损害其他被害人或者利害关系人的利益,不影响案件正常办理的,应当在登记、拍照或者录音录像和估价后,报经县级以上公安机关负责人批准,开具发还清单返还,并在案卷材料中注明返还的理由,将原物照片、发还清单和被害人的领取手续存卷备查。

领取人应当是涉案财物的合法权利人或者其委托的人;委托他人领取的,应当出具委托书。侦查人员或者公安机关其他工作人员不得代为领取。

查找不到被害人,或者通知被害人后,无人领取的,应当将有关财产及其孳息随案移送。

第二百三十五条 对查封、扣押的财物及其孳息、文件,公安机关应当妥善保管,以供核查。任何单位和个人不得违规使用、调换、损毁或者自行处理。

县级以上公安机关应当指定一个内设部门作为涉案财物管理部门,负责对涉案财物实行统一管理,并设立或者指定专门保管场所,对涉案财物进行集中保管。

对价值较低、易于保管,或者需要作为证据继续使用,以及需要先行返还被害人的涉案财物,可以由办案部门设置专门的场所进行保管。办案部门应当指定不承担办案工作的民警负责本部门涉案财物的接收、保管、移交等管理工作;严禁由侦查人员自行保管涉案财物。

★人民检察院刑事诉讼涉案财物管理规定(2015年3月6日)(节录)

第二十二条 对于查封、扣押、冻结的涉案财物及其孳息,除按照有关规定返还被害人或者经查明确实与案件无关的以外,不得在诉讼程序终结之前上缴国库或者作其他处理。法律和有关规定另有规定的除外。

在诉讼过程中,对权属明确的被害人合法财产,凡返还不损害其他被害人或者利害关系人的利益、不影响诉讼正常进行的,人民检察院应当依法及时返还。权属有争议的,应当在决定撤销案件、不起诉或者由人民法院判决时一并处理。

在扣押、冻结期间,权利人申请出售被扣押、冻结的债券、股票、基金份额等财产的,以及扣押、冻结的汇票、本票、支票的有效期即将届满的,人民检察院办案部门应当依照《人民检察院刑事诉讼规则(试行)》的有关规定及时办理。

第二十三条 人民检察院作出撤销案件决定、不起诉决定或者收到人民法院作出的生效判决、裁定后,应当在三十日以内对涉案财物作出处理。情况特殊的,经检察长批准,可以延长三十日。

前款规定的对涉案财物的处理工作,人民检察院决定撤销案件的,由侦查部门负责办理;人民检察院决定不起诉或者人民法院作出判决、裁定的案件,由公诉部门负责办理;对人民检察院直接立案侦查的案件,公诉部门可以要求侦查部门协助配合。

人民检察院按照本规定第五条第二款的规定先行接收涉案财物,如果决定不予立案的,侦查部门应当按照本条第一款规定的期限对先行接收的财物作出处理。

第二十四条 处理由案件管理部门保管的涉案财物,办案部门应当持经检察长批准的相关文书或者报告,到案件管理部门办理出库手续;处理存入唯一合规账户的涉案款项,办案部门应当持经检察长批准的相关文书或者报告,经案件管理部门办理出库手续后,到计划财务装备部门办理提现或者转账手续。案件管理部门或者计划财务装备部门对于符合审批手续的,应当及时办理。

对于依照本规定第十条第二款、第十二条的规定未移交案件管理部门保管或者未存入唯一合规账户的涉案财物,办案部门应当依照本规定第二十三条规定的期限报经检察长批准后及时作出处理。

第二十五条 对涉案财物,应当严格依照有关规定,区分不同情形,及时作出相应处理:

(一)因犯罪嫌疑人死亡而撤销案件、决定不起诉,依照刑法规定应当追缴其违法所得及其他涉案财产的,应当按照《人民检察院刑事诉讼规则(试行)》有关犯罪嫌疑人逃匿、死亡案件违法所得的没收程序的规定办理;对于不需要追缴的涉案财物,应当依照本规定第二十三条规定的期限及时返还犯罪嫌疑人、被不起诉人的合法继承人;

(二)因其他原因撤销案件、决定不起诉,对于查封、扣押、冻结的犯罪嫌疑人违法所得及其他涉案财产需要没收的,应当依照《人民检察院刑事诉讼规则（试行）》有关撤销案件时处理犯罪嫌疑人违法所得的规定提出检察建议或者依照刑事诉讼法第一百七十三条①第三款的规定提出检察意见，移送有关主管机关处理；未认定为需要没收并移送有关主管机关处理的涉案财物，应当依照本规定第二十三条规定的期限及时返还犯罪嫌疑人、被不起诉人；

（三）提起公诉的案件，在人民法院作出生效判决、裁定后，对于冻结在金融机构的涉案财产，由人民法院通知该金融机构上缴国库；对于查封、扣押且依法未随案移送人民法院的涉案财物，人民检察院根据人民法院的判决、裁定上缴国库；

（四）人民检察院侦查部门移送审查起诉的案件，起诉意见书中未认定为与犯罪有关的涉案财物；提起公诉的案件，起诉书中未认定或者起诉书认定但人民法院生效判决、裁定中未认定为与犯罪有关的涉案财物，应当依照本条第二项的规定移送有关主管机关处理或者及时返还犯罪嫌疑人、被不起诉人、被告人；

（五）对于需要返还被害人的查封、扣押、冻结涉案财物，应当按照有关规定予以返还。

人民检察院应当加强与人民法院、公安机关、国家安全机关的协调配合，共同研究解决涉案财物处理工作中遇到的突出问题，确保司法工作顺利进行，切实保障当事人合法权益。

第二十六条 对于应当返还被害人的查封、扣押、冻结涉案财物，无人认领的，应当公告通知。公告满六个月无人认领的，依法上缴国库。上缴国库后有人认领，经查证属实的，人民检察院应当向人民政府财政部门申请退库予以返还。原物已经拍卖、变卖的，应当退回价款。

第二十七条 对于贪污、挪用公款等侵犯国有资产犯罪案件中查封、扣押、冻结的涉案财物，除人民法院判决上缴国库的以外，应当归还原单位或者原单位的权利义务继受单位。犯罪金额已经作为损失核销或者原单位已不存在且无权利义务继受单位的，应当上缴国库。

第二十八条 查封、扣押、冻结的涉案财物应当依法上缴国库或者返还有关单位和个人的，如果有孳息，应当一并上缴或者返还。

★**公安机关涉案财物管理若干规定**（2015年7月22日）（节录）

第十八条 公安机关应当依据有关法律规定，及时办理涉案财物的移送、

---

① 现为第一百七十七条。——编者注

返还、变卖、拍卖、销毁、上缴国库等工作。

对刑事案件中作为证据使用的涉案财物,应当随案移送;对于危险品、大宗大型物品以及容易腐烂变质等不宜随案移送的物品,应当移送相关清单、照片或者其他证明文件。

第十九条　有关违法犯罪事实查证属实后,对于有证据证明权属明确且无争议的被害人、被侵害人合法财产及其孳息,凡返还不损害其他被害人、被侵害人或者利害关系人的利益,不影响案件正常办理的,应当在登记、拍照或者录像和估价后,报经县级以上公安机关负责人批准,开具发还清单并返还被害人、被侵害人。办案人员应当在案卷材料中注明返还的理由,并将原物照片、发还清单和被害人、被侵害人的领取手续存卷备查。

领取人应当是涉案财物的合法权利人或者其委托的人,办案人员或者公安机关其他工作人员不得代为领取。

第二十条　对于刑事案件依法撤销、行政案件因违法事实不能成立而作出不予行政处罚决定的,除依照法律、行政法规有关规定另行处理的以外,公安机关应当解除对涉案财物采取的相关措施并返还当事人。

人民检察院决定不起诉、人民法院作出无罪判决,涉案财物由公安机关管理的,公安机关应当根据人民检察院的书面通知或者人民法院的生效判决,解除对涉案财物采取的相关措施并返还当事人。

人民法院作出有罪判决,涉案财物由公安机关管理的,公安机关应当根据人民法院的生效判决,对涉案财物作出处理。人民法院的判决没有明确涉案财物如何处理的,公安机关应当征求人民法院意见。

第二十一条　对于因自身材质原因易损毁、灭失、腐烂、变质而不宜长期保存的食品、药品及其原材料等物品,长期不使用容易导致机械性能下降、价值贬损的车辆、船舶等物品,市场价格波动大的债券、股票、基金份额等财产和有效期即将届满的汇票、本票、支票等,权利人明确的,经其本人书面同意或者申请,并经县级以上公安机关主要负责人批准,可以依法变卖、拍卖,所得款项存入本单位唯一合规账户;其中,对于冻结的债券、股票、基金份额等财产,有对应的银行账户的,应当将变现后的款项继续冻结在对应账户中。

对涉案财物的变卖、拍卖应当坚持公开、公平原则,由县级以上公安机关商本级人民政府财政部门统一组织实施,严禁暗箱操作。

善意第三人等案外人与涉案财物处理存在利害关系的,公安机关应当告知其相关诉讼权利。

第二十二条　公安机关在对违法行为人、犯罪嫌疑人依法作出限制人身自由的处罚或者采取限制人身自由的强制措施时,对其随身携带的与案件无关的财物,应当按照《公安机关代为保管涉案人员随身财物若干规定》有关要求办理。

第二十三条　对于违法行为人、犯罪嫌疑人或者其家属、亲友给予被害人、被侵害人退、赔款物的,公安机关应当通知其向被害人、被侵害人或者其家属、委托的人直接交付,并将退、赔情况及时书面告知公安机关。公安机关不得将退、赔款物作为涉案财物扣押或者暂存,但需要作为证据使用的除外。

被害人、被侵害人或者其家属、委托的人不愿意当面接收的,经其书面同意或者申请,公安机关可以记录其银行账号,通知违法行为人、犯罪嫌疑人或者其家属、亲友将退、赔款项汇入该账户。

公安机关应当将双方的退赔协议或者交付手续复印附卷保存,并将退赔履行情况记录在案。

★人民检察院刑事诉讼规则（2019年12月30日）（节录）

第四百二十九条　人民检察院对查封、扣押、冻结的被告人财物及其孳息,应当根据不同情况作以下处理：

（一）对作为证据使用的实物,应当依法随案移送;对不宜移送的,应当将其清单、照片或者其他证明文件随案移送。

（二）冻结在金融机构、邮政部门的违法所得及其他涉案财产,应当向人民法院随案移送该金融机构、邮政部门出具的证明文件。待人民法院作出生效判决、裁定后,由人民法院通知该金融机构上缴国库。

（三）查封、扣押的涉案财物,对依法不移送的,应当随案移送清单、照片或者其他证明文件。待人民法院作出生效判决、裁定后,由人民检察院根据人民法院的通知上缴国库,并向人民法院送交执行回单。

（四）对于被扣押、冻结的债券、股票、基金份额等财产,在扣押、冻结期间权利人申请出售的,参照本规则第二百一十四条的规定办理。

5. 关于电信网络犯罪案件冻结资金返还的规定

★电信网络新型违法犯罪案件冻结资金返还若干规定（2016年8月4日）（节录）

第二条　本规定所称电信网络新型违法犯罪案件,是指不法分子利用电信、互联网等技术,通过发送短信、拨打电话、植入木马等手段,诱骗（盗取）被害人资金汇（存）入其控制的银行账户,实施的违法犯罪案件。

本规定所称冻结资金,是指公安机关依照法律规定对特定银行账户实施冻结措施,并由银行业金融机构协助执行的资金。

本规定所称被害人,包括自然人、法人和其他组织。

第三条 公安机关应当依照法律、行政法规和本规定的职责、范围、条件和程序,坚持客观、公正、便民的原则,实施涉案冻结资金返还工作。

银行业金融机构应当依照有关法律、行政法规和本规定,协助公安机关实施涉案冻结资金返还工作。

第四条 公安机关负责查清被害人资金流向,及时通知被害人,并作出资金返还决定,实施返还。

银行业监督管理机构负责督促、检查辖区内银行业金融机构协助查询、冻结、返还工作,并就执行中的问题与公安机关进行协调。

银行业金融机构依法协助公安机关查清被害人资金流向,将所涉资金返还至公安机关指定的被害人账户。

第五条 被害人在办理被骗(盗)资金返还过程中,应当提供真实有效的信息,配合公安机关和银行业金融机构开展相应的工作。

被害人应当由本人办理冻结资金返还手续。本人不能办理的,可以委托代理人办理;公安机关应当核实委托关系的真实性。

被害人委托代理人办理冻结资金返还手续的,应当出具合法的委托手续。

第六条 对电信网络新型违法犯罪案件,公安机关冻结涉案资金后,应当主动告知被害人。

被害人向冻结公安机关或者受理案件地公安机关提出冻结涉案资金返还请求的,应当填写《电信网络新型违法犯罪涉案资金返还申请表》(附件1)。

冻结公安机关应当对被害人的申请进行审核,经查明冻结资金确属被害人的合法财产,权属明确无争议的,制作《电信网络新型违法犯罪涉案资金流向表》和《呈请返还资金报告书》(附件2),由设区的市一级以上公安机关批准并出具《电信网络新型违法犯罪冻结资金返还决定书》(附件3)。

受理案件地公安机关与冻结公安机关不是同一机关的,受理案件地公安机关应当及时向冻结公安机关移交受、立案法律手续、询问笔录、被骗盗银行卡账户证明、身份信息证明、《电信网络新型违法犯罪涉案资金返还申请表》等相关材料,冻结公安机关按照前款规定进行审核决定。

冻结资金应当返还至被害人原汇出银行账户,如原银行账户无法接受返还,也可以向被害人提供的其他银行账户返还。

第七条 冻结公安机关对依法冻结的涉案资金,应当以转账时间戳(银行电子系统记载的时间点)为标记,核查各级转账资金走向,一一对应还原资金流向，制作《电信网络新型违法犯罪案件涉案资金流向表》。

第八条 冻结资金以溯源返还为原则，由公安机关区分不同情况按以下方式返还：

（一）冻结账户内仅有单笔汇（存）款记录，可直接溯源被害人的，直接返还被害人；

（二）冻结账户内有多笔汇（存）款记录，按照时间戳记载可以直接溯源被害人的，直接返还被害人；

（三）冻结账户内有多笔汇（存）款记录，按照时间戳记载无法直接溯源被害人的，按照被害人被骗（盗）金额占冻结在案资金总额的比例返还（返还计算公式见附件4）。

按比例返还的，公安机关应当发出公告，公告期为30日，公告期间内被害人、其他利害关系人可就返还冻结提出异议，公安机关依法进行审核。

冻结账户返还后剩余资金在原冻结期内继续冻结；公安机关根据办案需要可以在冻结期满前依法办理续冻手续。如查清新的被害人，公安机关可以按照本规定启动新的返还程序。

第九条 被害人以现金通过自动柜员机或者柜台存入涉案账户内的，涉案账户交易明细账中的存款记录与被害人笔录核对相符的，可以依照本规定第八条的规定，予以返还。

第十条 公安机关办理资金返还工作时，应当制作《电信网络新型违法犯罪冻结资金协助返还通知书》（附件5），由两名以上公安机关办案人员持本人有效人民警察证和《电信网络新型违法犯罪冻结资金协助返还通知书》前往冻结银行办理返还工作。

第十一条 立案地涉及多地，对资金返还存在争议的，应当由共同上级公安机关确定一个公安机关负责返还工作。

第十二条 银行业金融机构办理返还时，应当对办案人员的人民警察证和《电信网络新型违法犯罪冻结资金协助返还通知书》进行审查。对于提供的材料不完备的，有权要求办案公安机关补正。

银行业金融机构应当及时协助公安机关办理返还。能够现场办理完毕的，应当现场办理；现场无法办理完毕的，应当在三个工作日内办理完毕。银行业金融机构应当将回执反馈公安机关。

银行业金融机构应当留存《电信网络新型违法犯罪冻结资金协助返还通知书》原件、人民警察证复印件，并妥善保管留存，不得挪作他用。

第十三条 银行业金融机构应当指定专门机构和人员，承办电信网络新型违法犯罪涉案资金返还工作。

第十四条 公安机关违法办理资金返还，造成当事人合法权益损失的，依法承担法律责任。

第十五条 中国银监会和公安部应当加强对新型电信网络违法犯罪冻结资金返还工作的指导和监督。

银行业金融机构违反协助公安机关资金返还义务的，按照《银行业金融机构协助人民检察院公安机关国家安全机关查询冻结工作规定》第二十八条的规定，追究相应机构和人员的责任。

第十六条 本规定由中国银监会和公安部共同解释。执行中遇有具体应用问题，可以向银监会法律部门和公安部刑事侦查局报告。

6. 对于刑事涉案物品查扣、处理的监督与救济

★最高人民法院、最高人民检察院、公安部、国家安全部、司法部、全国人大常委会法制工作委员会关于实施刑事诉讼法若干问题的规定（2012年12月26日）（节录）

39. 对于人民法院依法作出的没收违法所得的裁定，犯罪嫌疑人、被告人的近亲属和其他利害关系人或者人民检察院可以在五日内提出上诉、抗诉。

★人民检察院刑事诉讼涉案财物管理规定（2015年3月6日）（节录）

第二十九条 人民检察院监察部门应当对本院和下级人民检察院的涉案财物工作进行检查或者专项督察，每年至少一次，并将结果在本辖区范围内予以通报。发现违纪违法问题的，应当依照有关规定作出处理。

第三十条 人民检察院案件管理部门可以通过受案审查、流程监控、案件质量评查、检察业务考评等途径，对本院和下级人民检察院的涉案财物工作进行监督管理。发现违法违规问题的，应当依照有关规定督促相关部门依法及时处理。

第三十一条 案件管理部门在涉案财物管理工作中，发现办案部门或者办案人员有下列情形之一的，可以进行口头提示；对于违规情节较重的，应当发送案件流程监控通知书；认为需要追究纪律或者法律责任的，应当移送本院监察部门处理或者向检察长报告：

（一）查封、扣押、冻结的涉案财物与清单存在不一致，不能作出合理解释或者说明的；

（二）查封、扣押、冻结涉案财物时，未按照有关规定进行密封、签名或者盖章，影响案件办理的；

（三）查封、扣押、冻结涉案财物后，未及时存入唯一合规账户、办理入库

保管手续,或者未及时向案件管理部门登记,不能作出合理解释或者说明的;

(四)在立案之前采取查封、扣押、冻结措施的,或者未依照有关规定开具法律文书而采取查封、扣押、冻结措施的;

(五)对明知与案件无关的财物采取查封、扣押、冻结措施的,或者对经查明确实与案件无关的财物仍不解除查封、扣押、冻结或者不予退还的,或者应当将被查封、扣押、冻结的财物返还被害人而不返还的;

(六)违反有关规定,在诉讼程序依法终结之前将涉案财物上缴国库或作其他处理的;

(七)在诉讼程序依法终结之后,未按照有关规定及时、依法处理涉案财物,经督促后仍不及时、依法处理的;

(八)因不负责任造成查封、扣押、冻结的涉案财物丢失、损毁或者泄密的;

(九)贪污、挪用、截留、私分、调换、违反规定使用查封、扣押、冻结的涉案财物的;

(十)其他违反法律和有关规定的情形。人民检察院办案部门收到案件管理部门的流程监控通知书后,应当在十日以内将核查情况书面回复案件管理部门。

人民检察院侦查监督、公诉、控告检察、刑事申诉检察等部门发现本院办案部门有本条第一款规定的情形的,应当依照刑事诉讼法和其他相关规定履行监督职责。案件管理部门发现办案部门有上述情形,认为有必要的,可以根据案件办理所处的诉讼环节,告知侦查监督、公诉、控告检察或者刑事申诉检察等部门。

第三十二条　人民检察院查封、扣押、冻结、保管、处理涉案财物,应当按照有关规定做好信息查询和公开工作,并为当事人和其他诉讼参与人行使权利提供保障和便利。善意第三人等案外人与涉案财物处理存在利害关系的,人民检察院办案部门应当告知其相关诉讼权利。

当事人及其法定代理人和辩护人、诉讼代理人、利害关系人对人民检察院的查封、扣押、冻结不服或者对人民检察院撤销案件决定、不起诉决定中关于涉案财物的处理部分不服的,可以依照刑事诉讼法和《人民检察院刑事诉讼规则(试行)》的有关规定提出申诉或者控告;人民检察院控告检察部门对申诉或者控告应当依照有关规定及时受理和审查办理并反馈处理结果。人民检察院提起公诉的案件,被告人、自诉人、附带民事诉讼的原告人和被告人对涉案财物处理决定不服的,可以依照有关规定就财物处理部分提出上诉,被害人或者其他利害关系人可以依照有关规定请求人民检察院抗诉。

第三十三条 人民检察院刑事申诉检察部门在办理国家赔偿案件过程中，可以向办案部门调查核实相关查封、扣押、冻结等行为是否合法。国家赔偿决定对相关涉案财物作出处理的，有关办案部门应当及时执行。

第三十四条 人民检察院查封、扣押、冻结、保管、处理涉案财物，应当接受人民监督员的监督。

第三十五条 人民检察院及其工作人员在查封、扣押、冻结、保管、处理涉案财物工作中违反相关规定的，应当追究纪律责任；构成犯罪的，应当依法追究刑事责任；导致国家赔偿的，应当依法向有关责任人员追偿。

★公安机关涉案财物管理若干规定（2015年7月22日）（节录）

第二十四条 公安机关应当将涉案财物管理工作纳入执法监督和执法质量考评范围；定期或者不定期组织有关部门对本机关及办案部门负责管理的涉案财物进行核查，防止涉案财物损毁、灭失或者被挪用、不按规定及时移交、移送、返还、处理等；发现违法采取措施或者管理不当的，应当责令有关部门及时纠正。

第二十五条 公安机关纪检、监察、警务督察、审计、装备财务、警务保障、法制等部门在各自职权范围内对涉案财物管理工作进行监督。

公安机关负责人在审批案件时，应当对涉案财物情况一并进行严格审查，发现对涉案财物采取措施或者处理不合法、不适当的，应当责令有关部门立即予以纠正。

法制部门在审核案件时，发现对涉案财物采取措施或者处理不合法、不适当的，应当通知办案部门及时予以纠正。

第二十六条 办案人员有下列行为之一的，应当根据其行为的情节和后果，依照有关规定追究责任；涉嫌犯罪的，移交司法机关依法处理：

（一）对涉案财物采取措施违反法定程序的；

（二）对明知与案件无关的财物采取查封、扣押、冻结等措施的；

（三）不按照规定向当事人出具有关法律文书的；

（四）提取涉案财物后，在规定的时限内无正当理由不向涉案财物管理人员移交涉案财物的；

（五）擅自处置涉案财物的；

（六）依法应当将有关财物返还当事人而拒不返还，或者向当事人及其家属等索取费用的；

（七）因故意或者过失，致使涉案财物损毁、灭失的；

（八）其他违反法律规定的行为。

案件审批人、审核人对于前款规定情形的发生负有责任的，依照前款规定处理。

第二十七条　涉案财物管理人员不严格履行管理职责，有下列行为之一的，应当根据其行为的情节和后果，依照有关规定追究责任；涉嫌犯罪的，移交司法机关依法处理：

（一）未按照规定严格履行涉案财物登记、移交、调用等手续的；

（二）因故意或者过失，致使涉案财物损毁、灭失的；

（三）发现办案人员不按照规定移交、使用涉案财物而不及时报告的；

（四）其他不严格履行管理职责的行为。

调用人有前款第一项、第二项行为的，依照前款规定处理。

第二十八条　对于贪污、挪用、私分、调换、截留、坐支、损毁涉案财物，以及在涉案财物拍卖、变卖过程中弄虚作假、中饱私囊的有关领导和直接责任人员，应当依照有关规定追究责任；涉嫌犯罪的，移交司法机关依法处理。

第二十九条　公安机关及其工作人员违反涉案财物管理规定，给当事人造成损失的，公安机关应当依法予以赔偿，并责令有故意或者重大过失的有关领导和直接责任人员承担部分或者全部赔偿费用。

第三十条　在对涉案财物采取措施、管理和处置过程中，公安机关及其工作人员存在违法违规行为，损害当事人合法财产权益的，当事人和辩护人、诉讼代理人、利害关系人有权向公安机关提出投诉、控告、举报、复议或者国家赔偿。公安机关应当依法及时受理，并依照有关规定进行处理；对于情况属实的，应当予以纠正。

上级公安机关发现下级公安机关存在前款规定的违法违规行为，或者对投诉、控告、举报或者复议事项不按照规定处理的，应当责令下级公安机关限期纠正，下级公安机关应当立即执行。

第四章　死刑复核程序

第二百四十六条　**【死刑核准权】**死刑由最高人民法院核准。

● 要点及关联法规

最高院统一行使死刑核准权

★**最高人民法院关于统一行使死刑案件核准权有关问题的决定**（2007 年 1 月 1 日）（节录）

第十届全国人民代表大会常务委员会第二十四次会议通过了《关于修改〈中华人民共和国人民法院组织法〉的决定》，将人民法院组织法原第十三条修改为第十二条："死刑除依法由最高人民法院判决的以外，应当报请最高人民法院核准。"修改人民法院组织法的决定自 2007 年 1 月 1 日起施行。根据修改后的人民法院组织法第十二条的规定，现就有关问题决定如下：

（一）自 2007 年 1 月 1 日起，最高人民法院根据全国人民代表大会常务委员会有关决定和人民法院组织法原第十三条的规定发布的关于授权高级人民法院和解放军军事法院核准部分死刑案件的通知（见附件），一律予以废止。

（二）自 2007 年 1 月 1 日起，死刑除依法由最高人民法院判决的以外，各高级人民法院和解放军军事法院依法判决和裁定的，应当报请最高人民法院核准。

（三）2006 年 12 月 31 日以前，各高级人民法院和解放军军事法院已经核准的死刑立即执行的判决、裁定，依法仍由各高级人民法院、解放军军事法院院长签发执行死刑的命令。

★**最高人民法院关于适用《中华人民共和国刑事诉讼法》的解释**（2021 年 1 月 26 日）（节录）

第四百九十七条　被判处死刑缓期执行的罪犯，在死刑缓期执行期间犯罪的，应当由罪犯服刑地的中级人民法院依法审判，所作的判决可以上诉、抗诉。

认定故意犯罪，情节恶劣，应当执行死刑的，在判决、裁定发生法律效力后，应当层报最高人民法院核准执行死刑。

对故意犯罪未执行死刑的，不再报高级人民法院核准，死刑缓期执行的期间重新计算，并层报最高人民法院备案。备案不影响判决、裁定的生效和执行。

最高人民法院经备案审查，认为原判不予执行死刑错误，确需改判的，应当依照审判监督程序予以纠正。

> **第二百四十七条 【死刑复核程序】**中级人民法院判处死刑的第一审案件，被告人不上诉的，应当由高级人民法院复核后，报请最高人民法院核准。高级人民法院不同意判处死刑的，可以提审或者发回重新审判。
>
> 高级人民法院判处死刑的第一审案件被告人不上诉的，和判处死刑的第二审案件，都应当报请最高人民法院核准。

● 要点及关联法规

1. 报请死刑复核的期限

★ 最高人民法院关于适用《中华人民共和国刑事诉讼法》的解释（2021年1月26日）（节录）

第四百一十四条 报请最高人民法院核准在法定刑以下判处刑罚的案件，应当按照下列情形分别处理：

（一）被告人未上诉、人民检察院未抗诉的，在上诉、抗诉期满后三日以内报请上一级人民法院复核。上级人民法院同意原判的，应当书面层报最高人民法院核准；不同意的，应当裁定发回重新审判，或者按照第二审程序提审；

（二）被告人上诉或者人民检察院抗诉的，上一级人民法院维持原判，或者改判后仍在法定刑以下判处刑罚的，应当依照前项规定层报最高人民法院核准。

2. 报请死刑复核的材料

★ 最高人民法院关于报送复核被告人在死缓考验期内故意犯罪应当执行死刑案件时应当一并报送原审判处和核准被告人死缓案件的通知（2004年6月15日）（节录）

为贯彻我院2003年11月26日，法〔2003〕177号《关于报送按照审判监督程序改判死刑和被告人在死缓考验期内故意犯罪应当执行死刑的复核案件的通知》，正确适用法律、确保死刑案件质量，对报送复核被告人在死缓考验期内故意犯罪，应当执行死刑案件的有关事项通知如下：

一、各高级人民法院在审核下级人民法院报送复核被告人在死缓考验期限内故意犯罪，应当执行死刑案件时，应当对原审判处和核准该被告人死刑缓期二年执行是否正确一并进行审查，并在报送我院的复核报告中写明结论。

二、各高级人民法院报请核准被告人在死缓考验期限内故意犯罪，应当执行死刑的案件，应当一案一报。报送的材料应当包括：报请核准执行死刑的报告，在死缓考验期限内故意犯罪应当执行死刑的综合报告和判决书各十五份；全部诉讼案卷和证据；原审判处和核准被告人死刑缓期二年执行，剥夺政治权利终身的全部诉讼案卷和证据。

★**最高人民法院关于适用《中华人民共和国刑事诉讼法》的解释**（2021年1月26日）（节录）

第四百二十五条　报请复核的死刑、死刑缓期执行案件，应当一案一报。报送的材料包括报请复核的报告，第一、二审裁判文书，案件综合报告各五份以及全部案卷、证据。案件综合报告，第一、二审裁判文书和审理报告应当附送电子文本。

同案审理的案件应当报送全案案卷、证据。

曾经发回重新审判的案件，原第一、二审案卷应当一并报送。

第四百二十六条　报请复核死刑、死刑缓期执行的报告，应当写明案由、简要案情、审理过程和判决结果。

案件综合报告应当包括以下内容：

（一）被告人、被害人的基本情况。被告人有前科或者曾受过行政处罚、处分的，应当写明；

（二）案件的由来和审理经过。案件曾经发回重新审判的，应当写明发回重新审判的原因、时间、案号等；

（三）案件侦破情况。通过技术调查、侦查措施抓获被告人、侦破案件，以及与自首、立功认定有关的情况，应当写明；

（四）第一审审理情况。包括控辩双方意见，第一审认定的犯罪事实，合议庭和审判委员会意见；

（五）第二审审理或者高级人民法院复核情况。包括上诉理由、人民检察院的意见，第二审审理或者高级人民法院复核认定的事实，证据采信情况及理由，控辩双方意见及采纳情况；

（六）需要说明的问题。包括共同犯罪案件中另案处理的同案犯的处理情况，案件有无重大社会影响，以及当事人的反应等情况；

（七）处理意见。写明合议庭和审判委员会的意见。

3. 死刑复核全面审查原则

★最高人民法院、最高人民检察院、公安部、司法部关于进一步严格依法办案确保办理死刑案件质量的意见（2007年3月9日）（节录）

39. 复核死刑案件，应当对原审裁判的事实认定、法律适用和诉讼程序进行全面审查。

★最高人民法院关于对被判处死刑的被告人未提出上诉、共同犯罪的部分被告人或者附带民事诉讼原告人提出上诉的案件应适用何种程序审理的批复（2010年3月17日）（节录）

根据《中华人民共和国刑事诉讼法》第一百八十六条①的规定，中级人民法院一审判处死刑的案件，被判处死刑的被告人未提出上诉，共同犯罪的其他被告人提出上诉的，高级人民法院应当适用第二审程序对全案进行审查，并对涉及死刑之罪的事实和适用法律依法开庭审理，一并处理。

根据《中华人民共和国刑事诉讼法》第二百条②第一款的规定，中级人民法院一审判处死刑的案件，被判处死刑的被告人未提出上诉，仅附带民事诉讼原告人提出上诉的，高级人民法院应当适用第二审程序对附带民事诉讼依法审理，并由同一审判组织对未提出上诉的被告人的死刑判决进行复核，作出是否同意判处死刑的裁判。

★最高人民法院关于适用《中华人民共和国刑事诉讼法》的解释（2021年1月26日）（节录）

第四百二十七条　复核死刑、死刑缓期执行案件，应当全面审查以下内容：

（一）被告人的年龄，被告人有无刑事责任能力、是否系怀孕的妇女；

（二）原判认定的事实是否清楚，证据是否确实、充分；

（三）犯罪情节、后果及危害程度；

（四）原判适用法律是否正确，是否必须判处死刑，是否必须立即执行；

（五）有无法定、酌定从重、从轻或者减轻处罚情节；

（六）诉讼程序是否合法；

（七）应当审查的其他情况。

复核死刑、死刑缓期执行案件，应当重视审查被告人及其辩护人的辩解、辩护意见。

---

① 现为第二百三十三条。——编者注
② 现为第二百四十七条。——编者注

> **第二百四十八条 【死缓核准权】**中级人民法院判处死刑缓期二年执行的案件，由高级人民法院核准。

● 要点及关联法规

1. 高级人民法院负责死缓复核

★最高人民法院关于适用《中华人民共和国刑事诉讼法》的解释（2021年1月26日）（节录）

第四百二十四条第一款 中级人民法院判处死刑缓期执行的第一审案件，被告人未上诉、人民检察院未抗诉的，应当报请高级人民法院核准。

2. 报请死缓复核的材料

★最高人民法院关于适用《中华人民共和国刑事诉讼法》的解释（2021年3月1日）

第四百二十五条 报请复核的死刑、死刑缓期执行案件，应当一案一报。报送的材料包括报请复核的报告，第一、二审裁判文书，案件综合报告各五份以及全部案卷、证据。案件综合报告，第一、二审裁判文书和审理报告应当附送电子文本。

同案审理的案件应当报送全案案卷、证据。

曾经发回重新审判的案件，原第一、二审案卷应当一并报送。

第四百二十六条 报请复核死刑、死刑缓期执行的报告，应当写明案由、简要案情、审理过程和判决结果。

案件综合报告应当包括以下内容：

（一）被告人、被害人的基本情况。被告人有前科或者曾受过行政处罚、处分的，应当写明；

（二）案件的由来和审理经过。案件曾经发回重新审判的，应当写明发回重新审判的原因、时间、案号等；

（三）案件侦破情况。通过技术调查、侦查措施抓获被告人、侦破案件，以及与自首、立功认定有关的情况，应当写明；

（四）第一审审理情况。包括控辩双方意见，第一审认定的犯罪事实，合议庭和审判委员会意见；

（五）第二审审理或者高级人民法院复核情况。包括上诉理由、人民检察院的意见，第二审审理或者高级人民法院复核认定的事实，证据采信情况及理由，控辩双方意见及采纳情况；

（六）需要说明的问题。包括共同犯罪案件中另案处理的同案犯的处理情况，案件有无重大社会影响，以及当事人的反应等情况；

（七）处理意见。写明合议庭和审判委员会的意见。

3. 死缓复核应当讯问被告人

★最高人民法院关于适用《中华人民共和国刑事诉讼法》的解释（2021年1月26日）（节录）

第四百二十四条第二款　高级人民法院复核死刑缓期执行案件，应当讯问被告人。

4. 死缓复核的程序结果

★最高人民法院关于适用《中华人民共和国刑事诉讼法》的解释（2021年1月26日）（节录）

第四百二十八条　高级人民法院复核死刑缓期执行案件，应当按照下列情形分别处理：

（一）原判认定事实和适用法律正确、量刑适当、诉讼程序合法的，应当裁定核准；

（二）原判认定的某一具体事实或者引用的法律条款等存在瑕疵，但判处被告人死刑缓期执行并无不当的，可以在纠正后作出核准的判决、裁定；

（三）原判认定事实正确，但适用法律有错误，或者量刑过重的，应当改判；

（四）原判事实不清、证据不足的，可以裁定不予核准，并撤销原判，发回重新审判，或者依法改判；

（五）复核期间出现新的影响定罪量刑的事实、证据的，可以裁定不予核准，并撤销原判，发回重新审判，或者依照本解释第二百七十一条的规定审理后依法改判；

（六）原审违反法定诉讼程序，可能影响公正审判的，应当裁定不予核准，并撤销原判，发回重新审判。

复核死刑缓期执行案件，不得加重被告人的刑罚。

第二百四十九条 【死刑复核合议庭的组成】最高人民法院复核死刑案件，高级人民法院复核死刑缓期执行的案件，应当由审判员三人组成合议庭进行。

第二百五十条 【死刑复核的结果】最高人民法院复核死刑案件，应当作出核准或者不核准死刑的裁定。对于不核准死刑的，最高人民法院可以发回重新审判或者予以改判。

● 要点及关联法规

最高人民法院死刑复核后的程序结果

★最高人民法院关于适用《中华人民共和国刑事诉讼法》的解释（2021年1月26日）（节录）

第四百二十九条　最高人民法院复核死刑案件，应当按照下列情形分别处理：

（一）原判认定事实和适用法律正确、量刑适当、诉讼程序合法的，应当裁定核准；

（二）原判认定的某一具体事实或者引用的法律条款等存在瑕疵，但判处被告人死刑并无不当的，可以在纠正后作出核准的判决、裁定；

（三）原判事实不清、证据不足的，应当裁定不予核准，并撤销原判，发回重新审判；

（四）复核期间出现新的影响定罪量刑的事实、证据的，应当裁定不予核准，并撤销原判，发回重新审判；

（五）原判认定事实正确、证据充分，但依法不应当判处死刑的，应当裁定不予核准，并撤销原判，发回重新审判；根据案件情况，必要时，也可以依法改判；

（六）原审违反法定诉讼程序，可能影响公正审判的，应当裁定不予核准，并撤销原判，发回重新审判。

第四百三十条　最高人民法院裁定不予核准死刑的，根据案件情况，可以发回第二审人民法院或者第一审人民法院重新审判。

对最高人民法院发回第二审人民法院重新审判的案件，第二审人民法院一般不得发回第一审人民法院重新审判。

第一审人民法院重新审判的,应当开庭审理。第二审人民法院重新审判的,可以直接改判;必须通过开庭查清事实、核实证据或者纠正原审程序违法的,应当开庭审理。

第四百三十一条　高级人民法院依照复核程序审理后报请最高人民法院核准死刑,最高人民法院裁定不予核准,发回高级人民法院重新审判的,高级人民法院可以依照第二审程序提审或者发回重新审判。

第四百三十二条　最高人民法院裁定不予核准死刑,发回重新审判的案件,原审人民法院应当另行组成合议庭审理,但本解释第四百二十九条第四项、第五项规定的案件除外。

第二百五十一条　【死刑复核的调查】最高人民法院复核死刑案件,应当讯问被告人,辩护律师提出要求的,应当听取辩护律师的意见。

【死刑复核中的检察监督】在复核死刑案件过程中,最高人民检察院可以向最高人民法院提出意见。最高人民法院应当将死刑复核结果通报最高人民检察院。

● 要点及关联法规

1. 死刑复核对证据的调查核实

★最高人民法院、最高人民检察院、公安部、司法部关于进一步严格依法办案确保办理死刑案件质量的意见(2007年3月9日)(节录)

41. 复核死刑案件,合议庭成员应当阅卷,并提出书面意见存查。对证据有疑问的,应当对证据进行调查核实,必要时到案发现场调查。

2. 死刑复核应当讯问被告人

★最高人民法院、最高人民检察院、公安部、司法部关于进一步严格依法办案确保办理死刑案件质量的意见(2007年3月9日)(节录)

42. 高级人民法院复核死刑案件,应当讯问被告人。最高人民法院复核死刑案件,原则上应当讯问被告人。

3. 死刑复核应当听取辩护人意见

★最高人民法院、最高人民检察院、公安部、司法部关于进一步严格依法办案确保办理死刑案件质量的意见（2007年3月9日）（节录）

40. 死刑案件复核期间，被告人委托的辩护人提出听取意见要求的，应当听取辩护人的意见，并制作笔录附卷。辩护人提出书面意见的，应当附卷。

★关于充分保障律师依法履行辩护职责确保死刑案件办理质量的若干规定（2008年5月21日）（节录）

十六、人民法院审理案件过程中，律师提出会见法官请求的，合议庭根据案件具体情况，可以在工作时间和办公场所安排会见、听取意见。会见活动，由书记员制作笔录，律师签名后附卷。

十七、死刑案件复核期间，被告人的律师提出当面反映意见要求或者提交证据材料的，人民法院有关合议庭应当在工作时间和办公场所接待，并制作笔录附卷。律师提出的书面意见，应当附卷。

★最高人民法院关于适用《中华人民共和国刑事诉讼法》的解释（2021年1月26日）（节录）

第四百三十四条　死刑复核期间，辩护律师要求当面反映意见的，最高人民法院有关合议庭应当在办公场所听取其意见，并制作笔录；辩护律师提出书面意见的，应当附卷。

★最高人民法院关于死刑复核及执行程序中保障当事人合法权益的若干规定（2019年8月8日）（节录）

第一条　高级人民法院在向被告人送达依法作出的死刑裁判文书时，应当告知其在最高人民法院复核死刑阶段有权委托辩护律师，并将告知情况记入宣判笔录；被告人提出由其近亲属代为委托辩护律师的，除因客观原因无法通知的以外，高级人民法院应当及时通知其近亲属，并将通知情况记录在案。

第二条　最高人民法院复核死刑案件，辩护律师应当自接受委托或者受指派之日起十日内向最高人民法院提交有关手续，并自接受委托或者指派之日起一个半月内提交辩护意见。

第三条　辩护律师提交相关手续、辩护意见及证据等材料的，可以经高级人民法院代收并随案移送，也可以寄送至最高人民法院。

第四条　最高人民法院复核裁定作出后，律师提交辩护意见及证据材料的，应当接收并出具接收清单；经审查，相关意见及证据材料可能影响死刑复核结果的,应当暂停交付执行或者停止执行,但不再办理接收委托辩护手续。

第五条 最高人民法院复核裁定下发后,受委托进行宣判的人民法院应当在宣判后五日内将裁判文书送达辩护律师。

对被害人死亡的案件,被害人近亲属申请获取裁判文书的,受委托进行宣判的人民法院应当提供。

4. 检察院对于死刑复核的监督

★最高人民法院关于适用《中华人民共和国刑事诉讼法》的解释(2021年1月26日)(节录)

第四百三十五条 死刑复核期间,最高人民检察院提出意见的,最高人民法院应当审查,并将采纳情况及理由反馈最高人民检察院。

★人民检察院办理死刑第二审案件和复核监督工作指引(试行)(2018年3月31日)(节录)

第七十五条 【死刑复核监督案件范围】人民检察院承办下列死刑复核监督案件:

人民法院通报的死刑复核案件;

死刑复核期间下级人民检察院提请监督或者报告重大情况的案件;

死刑复核期间当事人及其近亲属或者受委托的律师向人民检察院申请监督的案件;

人民检察院认为应当监督的其他死刑复核案件。

第七十六条 【死刑复核监督的主要任务】人民检察院办理死刑复核监督案件的主要任务是:

审查人民法院的死刑适用是否适当,根据案件事实、法律及刑事政策提出监督意见;

审查下级人民检察院的监督意见和重大情况报告,以及当事人及其近亲属或者受委托的律师申请监督的理由;

对人民法院死刑复核活动是否合法进行监督;

发现和纠正侦查、审查起诉和第一审、第二审审判活动中的违法行为;

维护诉讼参与人的合法权益,依法保障人权。

第七十七条 【最高人民法院通报案件受理和审查】最高人民法院向最高人民检察院通报的死刑复核案件,由办理死刑复核案件的公诉部门直接受理、审查。

第七十八条 【提请抗诉与监督】对于高级人民法院第二审判处被告人死

刑缓期二年执行的案件，省级人民检察院审查后认为被告人罪行极其严重，应当判处死刑立即执行或者第二审裁判认定事实、适用法律严重错误，应当及时向最高人民检察院提请抗诉。

对于高级人民法院第二审判处死刑立即执行或者维持死刑立即执行判决，且已报最高人民法院复核的案件，省级人民检察院审查后认为不应判处死刑立即执行的，应当及时向最高人民检察院提请监督。

第七十九条　【提请监督、报告重大情况的受理和审查】省级人民检察院对死刑复核案件提请监督或者报告重大情况，由本院案件管理部门报送。最高人民检察院案件管理部门经审查认为案件材料齐全的，移送办理死刑复核案件的公诉部门审查。

第八十条　【申请监督案件的受理和审查】当事人及其近亲属或者受委托的律师向最高人民检察院申请监督的死刑复核案件，由最高人民检察院控告检察部门受理。对于有明确请求和具体理由的，移送办理死刑复核案件的公诉部门审查。

第八十一条　【提请监督的情形】省级人民检察院对高级人民法院死刑第二审裁判进行审查后，发现有下列情形之一的，应当及时向最高人民检察院提请监督：

案件事实不清、证据不足，依法应当发回重新审判或者改判，高级人民法院第二审判处死刑或者维持死刑判决的；

被告人具有从宽处罚情节，依法不应当判处死刑，高级人民法院第二审判处死刑或者维持死刑判决的；

适用法律错误，高级人民法院第二审判处死刑或者维持死刑判决的；

违反法律规定的诉讼程序，可能影响公正审判的；

其他应当提请监督的情形。

第八十二条　【报告重大情况的情形】省级人民检察院发现进入死刑复核程序的被告人有立功、怀孕或者达成赔偿协议、被害方谅解等新的重大情况，可能影响死刑适用的，应当及时向最高人民检察院报告。

第八十三条　【提请监督、报告重大情况的要求】省级人民检察院提请监督或者报告重大情况，应当制作死刑复核案件提请监督意见书或者重大情况报告，加盖印章，连同该案第一审和第二审裁判文书、第二审案件审查报告及新的证据材料等报送最高人民检察院。

第八十四条　【报送备案的要求】对于适用死刑存在较大分歧或者在全国有重大影响的死刑第二审案件，省级人民检察院公诉部门在收到第二审裁判文书后，应当制作死刑复核案件备案函，说明备案理由，加盖印章，连同起诉书、上诉状、抗诉书、第一审和第二审裁判文书、第二审案件审查报告等及时报最高人民检察院公诉部门备案。

第八十五条 【分、州、市级院向省级院提请监督、报告重大情况、备案的程序】在高级人民法院死刑复核期间，分、州、市人民检察院向省级人民检察院提请监督、报告重大情况、备案等程序，参照本指引第七十九条至第八十四条的相关规定办理。

第八十六条 【死刑复核监督案件的审查内容】办理死刑复核监督案件，应当重点审查以下内容：

据以定罪量刑的事实是否清楚，证据是否确实、充分；

人民法院适用死刑的理由、下级人民检察院提请监督的理由、当事人及其近亲属或者受委托的律师申请监督的理由是否正确、充分；

适用法律是否正确；

是否必须判处死刑；

程序是否合法；

其他应当审查的内容。

第八十七条 【死刑复核监督案件的审查方式】对死刑复核监督案件可以采取以下方式进行审查：

书面审查人民法院移送的材料、下级人民检察院报送的相关案件材料、当事人及其近亲属或者受委托的律师提交的申诉材料；

向下级人民检察院调取案件审查报告、出庭检察员意见书等材料，了解案件相关情况；

向人民法院调阅或者查阅案件材料；

核实或者委托核实主要证据，就有关技术性问题向专门机构或者专家咨询，或者委托其进行证据审查；

讯问被告人或者听取受委托的律师的意见；

需要采取的其他方式。

第八十八条 【听取下级院意见的情形】审查死刑复核监督案件，具有下列情形之一的，应当听取下级人民检察院的意见：

对案件主要事实、证据有疑问的；

对适用死刑存在较大争议的；

可能引起司法办案重大风险的；

其他应当听取意见的情形。

第八十九条 【死刑复核监督案件审查报告的内容】死刑复核监督案件审查报告,应当重点对案件焦点问题进行分析,提出明确的处理意见,并阐明理由和依据。

第九十条 【提交检察官联席会议讨论的情形】下列死刑复核监督案件应当提交检察官联席会议讨论:

在全国或者当地有重大社会影响的;

案件重大、疑难、复杂,存在较大争议的;

拟向人民法院提出检察意见的;

其他应当讨论的情形。

讨论死刑复核监督案件,可以通知有关下级人民检察院公诉部门派员参加。

第九十一条 【提出检察意见的情形】死刑复核监督案件具有下列情形之一的,人民检察院应当向人民法院提出检察意见:

认为死刑适用确有错误的;

发现新情况、新证据,可能影响被告人定罪量刑的;

严重违反法律规定的诉讼程序,可能影响公正审判的;

司法工作人员在办理案件中,有贪污受贿、徇私舞弊、枉法裁判等行为的;

其他应当提出意见的情形。

第九十二条 【提出检察意见的程序】拟对死刑复核监督案件提出检察意见的,应当提请检察长或者检察委员会决定。

★人民检察院刑事诉讼规则(2019年12月30日)(节录)

第六百零一条 最高人民检察院依法对最高人民法院的死刑复核活动实行法律监督。

省级人民检察院依法对高级人民法院复核未上诉且未抗诉死刑立即执行案件和死刑缓期二年执行案件的活动实行法律监督。

第六百零三条 最高人民检察院、省级人民检察院通过办理下列案件对死刑复核活动实行法律监督:

(一)人民法院向人民检察院通报的死刑复核案件;

(二)下级人民检察院提请监督或者报告重大情况的死刑复核案件;

(三)当事人及其近亲属或者受委托的律师向人民检察院申请监督的死刑复核案件;

(四)认为应当监督的其他死刑复核案件。

第六百零四条 省级人民检察院对于进入最高人民法院死刑复核程序的案

件，发现具有下列情形之一的，应当及时向最高人民检察院提请监督：

（一）案件事实不清、证据不足，依法应当发回重新审判或者改判的；

（二）被告人具有从宽处罚情节，依法不应当判处死刑的；

（三）适用法律错误的；

（四）违反法律规定的诉讼程序，可能影响公正审判的；

（五）其他应当提请监督的情形。

第六百零五条　省级人民检察院发现死刑复核案件被告人有自首、立功、怀孕或者被告人家属与被害人家属达成赔偿谅解协议等新的重大情况，影响死刑适用的，应当及时向最高人民检察院报告。

第六百零六条　当事人及其近亲属或者受委托的律师向最高人民检察院提出不服死刑裁判的申诉，由负责死刑复核监督的部门审查。

第六百零七条　对于适用死刑存在较大分歧或者在全国有重大影响的死刑第二审案件，省级人民检察院应当及时报最高人民检察院备案。

第六百零八条　高级人民法院死刑复核期间，设区的市级人民检察院向省级人民检察院报告重大情况、备案等程序，参照本规则第六百零五条、第六百零七条规定办理。

第六百零九条　对死刑复核监督案件的审查可以采取下列方式：

（一）审查人民法院移送的材料、下级人民检察院报送的相关案卷材料、当事人及其近亲属或者受委托的律师提交的材料；

（二）向下级人民检察院调取案件审查报告、公诉意见书、出庭意见书等，了解案件相关情况；

（三）向人民法院调阅或者查阅案卷材料；

（四）核实或者委托核实主要证据；

（五）讯问被告人、听取受委托的律师的意见；

（六）就有关技术性问题向专门机构或者有专门知识的人咨询，或者委托进行证据审查；

（七）需要采取的其他方式。

第六百一十条　审查死刑复核监督案件，具有下列情形之一的，应当听取下级人民检察院的意见：

（一）对案件主要事实、证据有疑问的；

（二）对适用死刑存在较大争议的；

（三）可能引起司法办案重大风险的；

（四）其他应当听取意见的情形。

第六百一十一条　最高人民检察院经审查发现死刑复核案件具有下列情形之一的，应当经检察长决定，依法向最高人民法院提出检察意见：

（一）认为适用死刑不当，或者案件事实不清、证据不足，依法不应当核准死刑的；

（二）认为不予核准死刑的理由不成立，依法应当核准死刑的；

（三）发现新的事实和证据，可能影响被告人定罪量刑的；

（四）严重违反法律规定的诉讼程序，可能影响公正审判的；

（五）司法工作人员在办理案件时，有贪污受贿、徇私舞弊、枉法裁判等行为的；

（六）其他需要提出检察意见的情形。

同意最高人民法院核准或者不核准意见的，应当经检察长批准，书面回复最高人民法院。

对于省级人民检察院提请监督、报告重大情况的案件，最高人民检察院认为具有影响死刑适用情形的，应当及时将有关材料转送最高人民法院。

第五章　审判监督程序

第二百五十二条　【申诉的主体、客体、对象和效力】当事人及其法定代理人、近亲属，对已经发生法律效力的判决、裁定，可以向人民法院或者人民检察院提出申诉，但是不能停止判决、裁定的执行。

● 要点及关联法规

1. 律师代理申诉制度

★最高人民法院、最高人民检察院、司法部关于逐步实行律师代理申诉制度的意见（2017年4月1日）（节录）

一、坚持平等、自愿原则。当事人对人民法院、人民检察院作出的生效裁判、决定不服，提出申诉的，可以自行委托律师；人民法院、人民检察院可以引导申诉人、被申诉人委托律师代为进行。

申诉人因经济困难没有委托律师的，可以向法律援助机构提出申请。

二、完善便民工作机制。依托公益性法律服务机构和法律援助机构，运用网络平台，法律服务热线等多种形式，为当事人寻求律师服务和法律援助提供多元渠道。

三、探索建立律师驻点工作制度。人民法院、人民检察院可以在诉讼服务大厅等地开辟专门场所，提供必要的办公设施，由律师协会派驻律师开展法律咨询等工作。对未委托律师的申诉人到人民法院、人民检察院反映诉求的，可以先行引导由驻点律师提供法律咨询。法律援助机构安排律师免费为申诉人就申诉事项提供法律咨询。

四、明确法律援助范围条件。申诉人申请法律援助应当符合《法律援助条例》、地方法律援助法规规章规定的法律援助经济困难标准和事项范围，且具有法定申诉理由及明确事实依据。

扩大法律援助范围，进一步放宽经济困难标准，使法律援助范围逐步拓展至低收入群体。

五、规范律师代理申诉法律援助程序。申诉人申请法律援助，应当向作出生效裁判、决定的人民法院所在地同级司法行政机关所属法律援助机构提出，或者向作出人民检察院诉讼终结的刑事处理决定的人民检察院所在地同级司法行政机关所属法律援助机构提出。申诉已经人民法院或者人民检察院受理的，应当向该人民法院或者人民检察院所在地同级司法行政机关所属法律援助机构提出。

法律援助机构经审查认为符合法律援助条件的，为申诉人指派律师，并将律师名单函告人民法院或者人民检察院。

六、扩大律师服务工作范围。律师在代理申诉过程中，可以开展以下工作：听取申诉人诉求，询问案件情况，提供法律咨询；对经审查认为不符合人民法院或者人民检察院申诉立案条件的，做好法律释明工作；对经审查符合人民法院或者人民检察院申诉立案条件的，为申诉人代写法律文书，接受委托代为申诉；经审查认为可能符合法律援助条件的，协助申请法律援助；接受委托后，代为提交申诉材料，接收法律文书，代理参加听证、询问、讯问和开庭等。

七、完善申诉立案审查程序。律师接受申诉人委托，可以到人民法院、人民检察院申诉接待场所或者通过来信、网上申诉平台、远程视频接访系统、律师服务平台等提交申诉材料。

提交的材料不符合要求的，人民法院或人民检察院可以通知其限期补充或者补正，并一次性告知应当补充或者补正的全部材料。未在通知期限内提交的，人民法院或者人民检察院不予受理。

对符合法律规定条件的申诉，人民法院、人民检察院应当接收材料，依法立案审查。经审查认为不符合立案条件的，应当以书面形式告知申诉人及代理律师。

八、尊重代理申诉律师意见。人民法院、人民检察院应认真审查律师代为提出的申诉意见，并在法律规定期限内审查完毕。

对经审查认为申诉不能成立的，依法向申诉人出具法律文书，同时送达代理律师。认为案件确有错误的，依法予以纠正。认为案件存在瑕疵的，依法采取相应补正、补救措施。

九、依法保障代理申诉律师的阅卷权、会见权。在诉讼服务大厅或者信访接待场所建立律师阅卷室、会见室。为律师查阅、摘抄、复制案卷材料等提供方便和保障。对法律援助机构指派的律师复制相关材料的费用予以免收。有条件的地区，可以提供网上阅卷服务。

十、依法保障代理申诉律师人身安全。对在驻点或者代理申诉过程中出现可能危害律师人身安全的违法行为，人民法院或人民检察院要依法及时制止，固定证据，并做好相关处置工作。

十一、完善律师代理申诉公开机制。对律师代理的申诉案件，除法律规定不能公开、当事人不同意公开或者其他不适宜公开的情形，人民法院、人民检察院可以公开立案、审查程序，并告知申诉人及其代理律师审查结果。案件疑难、复杂的，申诉人及其代理律师可以申请举行公开听证，人民法院、人民检察院可以依申请或者依职权进行公开听证，并邀请相关领域专家、人大代表、政协委员及群众代表等社会第三方参加。

十二、探索建立律师代理申诉网上工作平台。运用信息技术，探索建立律师事务所、法律援助机构与人民法院、人民检察院之间视频申诉系统，鼓励律师通过视频形式开展工作；开发律师申诉接待平台，实现与人民法院、人民检察院可公开申诉信息的互联互通、共享共用。

十三、建立多层次经费保障机制。对符合法律援助条件的申诉人，纳入法律援助范围。律师代理申诉属于公益性质的，依靠党委政法委，协调有关部门争取经费，购买服务。全额支付律师在提供服务过程中产生的费用，并给予适当补助及奖励。

对申诉人自行聘请律师代理的，可以按照《律师服务收费管理办法》，由双方自愿协商代理费用。

加强法律援助经费保障，明确申诉法律援助案件补贴标准，确保经费保障水平适应开展法律援助参与申诉案件代理工作需要。

十四、建立申诉案件代理质量监管机制。司法行政部门指导当地律师协会将律师代理申诉业绩作为律师事务所检查考核和律师执业年度考核的重要指标。

十五、强化律师代理申诉执业管理。对律师在代理申诉过程中，违反《中华人民共和国律师法》《律师执业管理办法》等规定，具有煽动、教唆和组织申诉人以违法方式表达诉求；利用代理申诉案件过程中获得的案件信息进行歪曲、有误导性的宣传和评论，恶意炒作案件；与申诉人签订风险代理协议；在人民法院或者人民检察院驻点提供法律服务时接待其他当事人，或者通过虚假承诺、明示或暗示与司法机关的特殊关系等方式诱使其他当事人签订委托代理协议等行为的，司法行政部门或者律师协会应当相应给予行业处分和行政处罚。构成犯罪的，依法追究刑事责任。

人民法院、人民检察院发现律师存在违法违规行为的，应当向司法行政部门、律师协会提出处罚、处分建议。司法行政部门、律师协会核查后，应当将结果及时通报建议机关。

十六、建立健全律师代理申诉激励机制。人民法院、人民检察院、司法行政部门要营造支持律师开展代理申诉工作的良好氛围。全面加强律师代理申诉业务培训和指导，通过将代理申诉业绩作为评选优秀律师事务所、优秀律师等重要条件，定期开展专项表彰，在人才培养、项目分配、扶持发展、办案补贴等方面给予倾斜，同等条件下优先招录表现优异的律师作为法官、检察官等措施，调动律师代理申诉的积极性。

2. 向法院提出申诉的主体范围

★最高人民法院关于适用《中华人民共和国刑事诉讼法》的解释（2021年1月26日）（节录）

第四百五十一条 当事人及其法定代理人、近亲属对已经发生法律效力的判决、裁定提出申诉的，人民法院应当审查处理。

案外人认为已经发生法律效力的判决、裁定侵害其合法权益，提出申诉的，人民法院应当审查处理。

申诉可以委托律师代为进行。

3. 向法院提出申诉的方式

★最高人民法院关于适用《中华人民共和国刑事诉讼法》的解释（2021年1月26日）（节录）

第六百五十一条 向人民法院提出自诉、上诉、申诉、申请等的，应当以书面形式提出，书写有困难的，除另有规定的以外，可以口头提出，由人民法院工作人员制作笔录或者记录在案，并向口述人宣读或者交其阅读。

4. 向法院申诉时应当提交的材料

★ **最高人民法院关于适用《中华人民共和国刑事诉讼法》的解释**（2021年1月26日）（节录）

第四百五十二条　向人民法院申诉，应当提交以下材料：

（一）申诉状。应当写明当事人的基本情况、联系方式以及申诉的事实与理由；

（二）原一、二审判决书、裁定书等法律文书。经过人民法院复查或者再审的，应当附有驳回申诉通知书、再审决定书、再审判决书、裁定书；

（三）其他相关材料。以有新的证据证明原判决、裁定认定的事实确有错误为由申诉的，应当同时附有相关证据材料；申请人民法院调查取证的，应当附有相关线索或者材料。

申诉符合前款规定的，人民法院应当出具收到申诉材料的回执。申诉不符合前款规定的，人民法院应当告知申诉人补充材料；申诉人拒绝补充必要材料且无正当理由的，不予审查。

5. 法院申诉审查的主体

★ **最高人民法院关于适用《中华人民共和国刑事诉讼法》的解释**（2021年1月26日）（节录）

第四百五十二条　申诉由终审人民法院审查处理。但是，第二审人民法院裁定准许撤回上诉的案件，申诉人对第一审判决提出申诉的，可以由第一审人民法院审查处理。

上一级人民法院对未经终审人民法院审查处理的申诉，可以告知申诉人向终审人民法院提出申诉，或者直接交终审人民法院审查处理，并告知申诉人；案件疑难、复杂、重大的，也可以直接审查处理。

对未经终审人民法院及其上一级人民法院审查处理，直接向上级人民法院申诉的，上级人民法院应当告知申诉人向下级人民法院提出。

第四百五十四条　最高人民法院或者上级人民法院可以指定终审人民法院以外的人民法院对申诉进行审查。被指定的人民法院审查后，应当制作审查报告，提出处理意见，层报最高人民法院或者上级人民法院审查处理。

第四百五十五条　对死刑案件的申诉，可以由原核准的人民法院直接审查处理，也可以交由原审人民法院审查。原审人民法院应当制作审查报告，提出处理意见，层报原核准的人民法院审查处理。

6. 检察院申诉审查的主体

★人民检察院刑事诉讼规则（2019年12月30日）（节录）

第五百九十三条　当事人及其法定代理人、近亲属认为人民法院已经发生法律效力的判决、裁定确有错误，向人民检察院申诉的，由作出生效判决、裁定的人民法院的同级人民检察院依法办理。

当事人及其法定代理人、近亲属直接向上级人民检察院申诉的，上级人民检察院可以交由作出生效判决、裁定的人民法院的同级人民检察院受理；案情重大、疑难、复杂的，上级人民检察院可以直接受理。

当事人及其法定代理人、近亲属对人民法院已经发生法律效力的判决、裁定提出申诉，经人民检察院复查决定不予抗诉后继续提出申诉的，上一级人民检察院应当受理。

7. 检察院申诉审查的程序结果

★人民检察院刑事诉讼规则（2019年12月30日）（节录）

第五百九十五条　人民检察院对已经发生法律效力的判决、裁定的申诉复查后，认为需要提请或者提出抗诉的，报请检察长决定。

地方各级人民检察院对不服同级人民法院已经发生法律效力的判决、裁定的申诉复查后，认为需要提出抗诉的，应当提请上一级人民检察院抗诉。

上级人民检察院对下一级人民检察院提请抗诉的申诉案件进行审查后，认为需要提出抗诉的，应当向同级人民法院提出抗诉。

人民法院开庭审理时，同级人民检察院应当派员出席法庭。

第五百九十六条　人民检察院对不服人民法院已经发生法律效力的判决、裁定的申诉案件复查终结后，应当制作刑事申诉复查通知书，在十日以内通知申诉人。

经复查向上一级人民检察院提请抗诉的，应当在上一级人民检察院作出是否抗诉的决定后制作刑事申诉复查通知书。

8. 检察院公开审查申诉的规定

（1）检察院公开审查申诉的原则

★人民检察院刑事申诉案件公开审查程序规定（2012年1月11日）（节录）

第二条　本规定所称公开审查是人民检察院在办理不服检察机关处理决定

的刑事申诉案件过程中，根据办案工作需要，采取公开听证以及其他公开形式，依法公正处理案件的活动。

第三条 人民检察院公开审查刑事申诉案件应当遵循下列原则：

（一）依法、公开、公正；

（二）维护当事人合法权益；

（三）维护国家法制权威；

（四）方便申诉人及其他参加人。

第四条 人民检察院公开审查刑事申诉案件包括公开听证、公开示证、公开论证和公开答复等形式。

同一案件可以采用一种公开形式，也可以多种公开形式并用。

（2）检察院公开审查申诉的例外情形

★人民检察院刑事申诉案件公开审查程序规定（2012年1月11日）（节录）

第五条 对于案件事实、适用法律存在较大争议，或者有较大社会影响等刑事申诉案件，人民检察院可以适用公开审查程序，但下列情形除外：

（一）案件涉及国家秘密、商业秘密或者个人隐私的；

（二）申诉人不愿意进行公开审查的；

（三）未成年人犯罪的；

（四）具有其他不适合进行公开审查情形的。

第六条 刑事申诉案件公开审查程序应当公开进行，但应当为举报人保密。

第三十条 根据《人民检察院办理不起诉案件公开审查规则》举行过公开审查的，同一案件复查申诉时可以不再举行公开听证。

第三十一条 根据《人民检察院信访工作规定》举行过信访听证的，同一案件复查申诉时可以不再举行公开听证。

（3）检察院启动申诉公开审查的方式

★人民检察院刑事申诉案件公开审查程序规定（2012年1月11日）（节录）

第十四条 人民检察院征得申诉人同意，可以主动提起公开审查，也可以根据申诉人及其委托代理人的申请，决定进行公开审查。

第十五条 人民检察院拟进行公开审查的，复查案件承办人应当填写《提请公开审查审批表》，经部门负责人审核，报分管检察长批准。

(4) 检察院申诉公开审查场所

★**人民检察院刑事申诉案件公开审查程序规定**（2012年1月11日）（节录）

第十六条 公开审查活动应当在人民检察院进行。为了方便申诉人及其他参加人，也可以在人民检察院指定的场所进行。

(5) 检察院公开申诉审查的参加人员及责任

★**人民检察院刑事申诉案件公开审查程序规定**（2012年1月11日）（节录）

第七条 公开审查活动由承办案件的人民检察院组织并指定主持人。

第八条 人民检察院进行公开审查活动应当根据案件具体情况，邀请与案件没有利害关系的人大代表、政协委员、人民监督员、特约检察员、专家咨询委员、人民调解员或者申诉人所在单位、居住地的居民委员会、村民委员会人员以及专家、学者等其他社会人士参加。

接受人民检察院邀请参加公开审查活动的人员称为受邀人员，参加听证会的受邀人员称为听证员。

第九条 参加公开审查活动的人员包括：案件承办人、书记员、受邀人员、申诉人及其委托代理人、原案其他当事人及其委托代理人。

经人民检察院许可的其他人员，也可以参加公开审查活动。

第十条 原案承办人或者原复查案件承办人负责阐明原处理决定或者原复查决定认定的事实、证据和法律依据。

复查案件承办人负责阐明复查认定的事实和证据，并对相关问题进行解释和说明。

书记员负责记录公开审查的全部活动。

根据案件需要可以录音录像。

第十一条 申诉人、原案其他当事人及其委托代理人认为受邀人员与案件有利害关系，可能影响公正处理的，有权申请回避。申请回避的应当说明理由。

受邀人员的回避由分管检察长决定。

第十二条 申诉人、原案其他当事人及其委托代理人可以对原处理决定提出质疑或者维持的意见，可以陈述事实、理由和依据；经主持人许可，可以向案件承办人提问。

第十三条 受邀人员可以向参加公开审查活动的相关人员提问，对案件事实、证据、适用法律及处理发表意见。受邀人员参加公开审查活动应当客观公正。

(6) 检察院申诉公开审查前的准备工作

★人民检察院刑事申诉案件公开审查程序规定（2012年1月11日）（节录）

第十七条　进行公开审查活动前，应当做好下列准备工作：

（一）确定参加公开审查活动的受邀人员，将公开审查举行的时间、地点以及案件基本情况，在活动举行七日之前告知受邀人员，并为其熟悉案情提供便利。

（二）将公开审查举行的时间、地点和受邀人员在活动举行七日之前通知申诉人及其他参加人。

对未委托代理人的申诉人，告知其可以委托代理人。

（三）通知原案承办人或者原复查案件承办人，并为其重新熟悉案情提供便利。

（四）制定公开审查方案。

(7) 检察院公开审查的程序

★人民检察院刑事申诉案件公开审查程序规定（2012年1月11日）（节录）

第十八条　人民检察院对于下列刑事申诉案件可以召开听证会，对涉案事实和证据进行公开陈述、示证和辩论，充分听取听证员的意见，依法公正处理案件：

（一）案情重大复杂疑难的；

（二）采用其他公开审查形式难以解决的；

（三）其他有必要召开听证会的。

第十九条　听证会应当在刑事申诉案件立案后、复查决定作出前举行。

第二十条　听证会应当邀请听证员，参加听证会的听证员为三人以上的单数。

第二十一条　听证会应当按照下列程序举行：

（一）主持人宣布听证会开始；宣布听证员和其他参加人员名单、申诉人及其委托代理人享有的权利和承担的义务、听证会纪律。

（二）主持人介绍案件基本情况以及听证会的议题。

（三）申诉人、原案其他当事人及其委托代理人陈述事实、理由和依据。

（四）原案承办人、原复查案件承办人阐述原处理决定、原复查决定认定的事实和法律依据，并出示相关证据。复查案件承办人出示补充调查获取的相关证据。

（五）申诉人、原案其他当事人及其委托代理人与案件承办人经主持人许可，可以相互发问或者作补充发言。对有争议的问题，可以进行辩论。

（六）听证员可以向案件承办人、申诉人、原案其他当事人提问，就案件的事实和证据发表意见。

（七）主持人宣布休会，听证员对案件进行评议。

听证员根据听证的事实、证据，发表对案件的处理意见并进行表决，形成听证评议意见。听证评议意见应当是听证员多数人的意见。

（八）由听证员代表宣布听证评议意见。

（九）申诉人、原案其他当事人及其委托代理人最后陈述意见。

（十）主持人宣布听证会结束。

第二十二条　听证记录经参加听证会的人员审阅后分别签名或者盖章。听证记录应当附卷。

第二十三条　复查案件承办人应当根据已经查明的案件事实和证据，结合听证评议意见，依法提出对案件的处理意见。经部门集体讨论，负责人审核后，报分管检察长决定。案件的处理意见与听证评议意见不一致时，应当提交检察委员会讨论。

第二十四条　人民检察院采取除公开听证以外的公开示证、公开论证和公开答复等形式公开审查刑事申诉案件的，可以参照公开听证的程序进行。

采取其他形式公开审查刑事申诉案件的，可以根据案件具体情况，简化程序，注重实效。

第二十五条　申诉人对案件事实和证据存在重大误解的刑事申诉案件，人民检察院可以进行公开示证，通过展示相关证据，消除申诉人的疑虑。

第二十六条　适用法律有争议的疑难刑事申诉案件，人民检察院可以进行公开论证，解决相关争议，以正确适用法律。

第二十七条　刑事申诉案件作出决定后，人民检察院可以进行公开答复，做好解释、说明和教育工作，预防和化解社会矛盾。

（8）检察院申诉公开审查中止情形

★人民检察院刑事申诉案件公开审查程序规定（2012年1月11日）（节录）

第二十九条　在公开审查刑事申诉案件过程中，出现致使公开审查无法进行的情形的，可以中止公开审查。

中止公开审查的原因消失后，人民检察院可以根据案件情况决定是否恢复公开审查活动。

（9）检察院申诉公开审查应限定期限

★**人民检察院刑事申诉案件公开审查程序规定**（2012年1月11日）（节录）

第二十八条 公开审查刑事申诉案件应当在规定的办案期限内进行。

9. 检察院复查刑事申诉案件的规定

（1）检察院复查刑事申诉案件的情形及限制

★**人民检察院刑事诉讼规则**（2019年12月30日）（节录）

第五百九十四条 对不服人民法院已经发生法律效力的判决、裁定的申诉，经两级人民检察院办理且省级人民检察院已经复查的，如果没有新的证据，人民检察院不再复查，但原审被告人可能被宣告无罪或者判决、裁定有其他重大错误可能的除外。

（2）检察院复查刑事申诉案件的原则

★**人民检察院复查刑事申诉案件规定**（2014年10月27日）（节录）

第三条 人民检察院复查刑事申诉案件，应当遵循下列原则：

（一）原案办理权与申诉复查权相分离；

（二）依照法定程序复查；

（三）全案复查，公开公正；

（四）实事求是，依法纠错。

（3）检察院复查申诉案件的方式

★**人民检察院复查刑事申诉案件规定**（2014年10月27日）（节录）

第四条 人民检察院复查刑事申诉案件，根据办案工作需要，可以采取公开听证、公开示证、公开论证和公开答复等形式，进行公开审查。

（4）检察院复查申诉案件的管辖

★**人民检察院复查刑事申诉案件规定**（2014年10月27日）（节录）

第六条 人民检察院刑事申诉检察部门管辖下列刑事申诉：

（一）不服人民检察院因犯罪嫌疑人没有犯罪事实，或者符合《中华人民共和国刑事诉讼法》第十五条①规定情形而作出的不批准逮捕决定的申诉；

---

① 现为第十六条。——编者注

（二）不服人民检察院不起诉决定的申诉；

（三）不服人民检察院撤销案件决定的申诉；

（四）不服人民检察院其他诉讼终结的刑事处理决定的申诉；

（五）不服人民法院已经发生法律效力的刑事判决、裁定的申诉，本规定另有规定的除外。

第七条　对不服人民检察院下列处理决定的申诉，不属于刑事申诉检察部门管辖，应当分别由人民检察院相关职能部门根据《人民检察院刑事诉讼规则（试行）》等规定办理：

（一）不服人民检察院因事实不清、证据不足，需要补充侦查而作出的不批准逮捕决定的；

（二）不服人民检察院因虽有证据证明有犯罪事实，但是不可能判处犯罪嫌疑人徒刑以上刑罚，或者可能判处徒刑以上刑罚，但是不逮捕不致发生社会危险性而作出的不批准逮捕决定的；

（三）不服人民检察院因应当逮捕的犯罪嫌疑人患有严重疾病、生活不能自理，或者是怀孕、正在哺乳自己婴儿的妇女，或者系生活不能自理的人的唯一扶养人而作出的不批准逮捕决定的；

（四）不服人民检察院作出的不立案决定的；

（五）不服人民检察院作出的附条件不起诉决定的；

（六）不服人民检察院作出的查封、扣押、冻结涉案款物决定的；

（七）不服人民检察院对上述决定作出的复议、复核、复查决定的。

第八条　不服人民法院死刑终审判决、裁定尚未执行的申诉，由人民检察院监所检察部门办理。

第九条　基层人民检察院管辖下列刑事申诉：

（一）不服本院诉讼终结的刑事处理决定的申诉，本规定另有规定的除外；

（二）不服同级人民法院已经发生法律效力的刑事判决、裁定的申诉。

第十条　分、州、市以上人民检察院管辖下列刑事申诉：

（一）不服本院诉讼终结的刑事处理决定的申诉，本规定另有规定的除外；

（二）不服同级人民法院已经发生法律效力的刑事判决、裁定的申诉；

（三）被害人不服下一级人民检察院不起诉决定，在收到不起诉决定书后七日以内提出的申诉；

（四）不服原处理决定、判决、裁定且经过下一级人民检察院审查或者复查的申诉。

第十一条　上级人民检察院在必要时，可以将本院管辖的刑事申诉案件交下级人民检察院办理，也可以直接办理由下级人民检察院管辖的刑事申诉案件。

（5）检察院受理复查申诉案件的情形

★**人民检察院复查刑事申诉案件规定**（2014年10月27日）（节录）

第十二条　人民检察院对符合下列条件的刑事申诉，应当受理，本规定另有规定的除外：

（一）属于本规定第五条规定的刑事申诉；

（二）符合本规定第二章管辖规定；

（三）申诉人是原案的当事人及其法定代理人、近亲属；

（四）申诉材料齐备。

申诉人委托律师代理申诉，且符合上述条件的，应当受理。

第十五条　自诉案件当事人及其法定代理人、近亲属对人民法院已经发生法律效力的刑事判决、裁定不服提出的申诉，刑事附带民事诉讼当事人及其法定代理人、近亲属对人民法院已经发生法律效力的刑事附带民事判决、裁定不服提出的申诉，人民检察院应当受理，但是申诉人对人民法院因原案当事人及其法定代理人自愿放弃诉讼权利或者没有履行相应诉讼义务而作出的判决、裁定不服的申诉除外。

（6）申诉人向检察院提起复查申诉申请的材料

★**人民检察院复查刑事申诉案件规定**（2014年10月27日）（节录）

第十三条　申诉人向人民检察院提出申诉时，应当递交申诉书、身份证明、相关法律文书及证据材料或者证据线索。

身份证明是指自然人的居民身份证、军官证、士兵证、护照等能够证明本人身份的有效证件；法人或者其他组织的营业执照副本、组织机构代码证和法定代表人或者主要负责人的身份证明等有效证件。对身份证明，人民检察院经核对无误留存复印件。

相关法律文书是指人民检察院作出的决定书、刑事申诉复查决定书、刑事申诉复查通知书、刑事申诉审查结果通知书或者人民法院作出的判决书、裁定书等法律文书。

第十四条　申诉人递交的申诉书应当记明下列事项：

（一）申诉人的姓名、性别、出生日期、民族、职业、工作单位、住所、有效联系方式，法人或者其他组织的名称、住所和法定代表人或者主要负责人的姓名、职务、有效联系方式；

（二）申诉请求和所依据的事实与理由；

（三）申诉人签名、盖章或者捺指印及申诉时间。

申诉人不具备书写能力而口头提出申诉的，应当制作笔录，并由申诉人签名或者捺指印。

(7) 检察院对于申请复查申诉的处理

★**人民检察院复查刑事申诉案件规定**（2014年10月27日）（节录）

第十六条　刑事申诉由人民检察院控告检察部门统一负责接收。控告检察部门对接收的刑事申诉应当在七日以内分别情况予以处理：

（一）属于本院管辖，并符合受理条件的，移送本院相关部门办理；

（二）属于人民检察院管辖但是不属于本院管辖的，应当告知申诉人向有管辖权的人民检察院提出，或者将申诉材料移送有管辖权的人民检察院处理。移送申诉材料的，应当告知申诉人；

（三）不属于人民检察院管辖的，应当告知申诉人向有关机关反映。

第十七条　对符合受理条件的刑事申诉，应当指定承办人员审查，并分别情况予以处理：

（一）经审查，认为符合立案复查条件的，应当制作刑事申诉提请立案复查报告，提出立案复查意见；

（二）经审查，认为不符合立案复查条件的，可以提出审查结案意见。对调卷审查的，应当制作刑事申诉审查报告。

第十八条　对符合下列条件之一的刑事申诉，应当经部门负责人或者检察长批准后立案复查：

（一）原处理决定、判决、裁定有错误可能的；

（二）被害人、被不起诉人对不起诉决定不服，在收到不起诉决定书后七日以内提出申诉的；

（三）上级人民检察院或者本院检察长交办的。

第十九条　原处理决定、判决、裁定是否有错误可能，应当从以下方面进行审查：

（一）原处理决定、判决、裁定认定事实是否有错误；

（二）申诉人是否提出了可能改变原处理结论的新的事实或者证据；

（三）据以定案的证据是否确实、充分；

（四）据以定案的证据是否存在矛盾或者可能是非法证据；

（五）适用法律是否正确；

（六）处理是否适当。

（七）是否存在严重违反诉讼程序的情形；

（八）办案人员在办理该案件过程中是否存在贪污受贿、徇私舞弊、枉法裁判行为；

（九）原处理决定、判决、裁定是否存在其他错误。

第二十条　对不服人民检察院诉讼终结的刑事处理决定的申诉，经两级人民检察院立案复查且采取公开审查形式复查终结，申诉人没有提出新的充足理由的，不再立案复查。

对不服人民法院已经发生法律效力的刑事判决、裁定的申诉，经两级人民检察院办理且省级人民检察院已经复查的，如果没有新的事实、证据和理由，不再立案复查，但是原审被告人可能被宣告无罪或者判决、裁定有其他重大错误可能的除外。

第二十一条　对不符合立案复查条件的刑事申诉，经部门负责人或者检察长批准，可以审查结案。

第二十二条　审查结案的案件，应当将审查结果告知申诉人。对调卷审查的，可以制作刑事申诉审查结果通知书，并在十日以内送达申诉人。

第二十三条　对控告检察部门移送的案件，应当将审查结果书面回复控告检察部门。

第二十四条　审查刑事申诉，应当在受理后二个月以内作出审查结案或者立案复查的决定。

调卷审查的，自卷宗调取齐备之日起计算审查期限。

重大、疑难、复杂案件，经部门负责人或者检察长批准，可以适当延长审查期限。

（8）检察院复查刑事申诉案件的具体方式

★人民检察院复查刑事申诉案件规定（2014年10月27日）（节录）

第二十五条　复查刑事申诉案件应当由二名以上检察人员进行，原案承办人员和原复查申诉案件承办人员不再参与办理。

第二十六条　复查刑事申诉案件应当全面审查申诉材料和全部案卷，并制作阅卷笔录。

第二十七条　经审查，具有下列情形之一，认为需要调查核实的，应当拟定调查提纲进行补充调查：

（一）原案事实不清、证据不足的；

（二）申诉人提供了新的事实、证据或者证据线索的；

（三）有其他问题需要调查核实的。

第二十八条 对与案件有关的勘验、检查、辨认、侦查实验等笔录和鉴定意见，认为需要复核的，可以进行复核，也可以对专门问题进行鉴定或者补充鉴定。

第二十九条 复查刑事申诉案件可以询问原案当事人、证人和其他有关人员。

对原判决、裁定确有错误，认为需要提请抗诉、提出抗诉的刑事申诉案件，应当询问或者讯问原审被告人。

第三十条 复查刑事申诉案件应当听取申诉人意见，核实相关问题。

第三十一条 复查刑事申诉案件可以听取原案承办部门、原复查部门或者原承办人员意见，全面了解原案办理情况。

第三十二条 办理刑事申诉案件过程中进行的询问、讯问等调查活动，应当制作调查笔录。调查笔录应当经被调查人确认无误后签名或者捺指印。调查人员也应当在调查笔录上签名。

第三十三条 复查终结的刑事申诉案件，应当是案件事实、证据、适用法律和诉讼程序以及其他可能影响案件处理的情形已经审查清楚，能够得出明确的复查结论。

第三十四条 复查终结刑事申诉案件，承办人员应当制作刑事申诉复查终结报告，提出处理意见，经部门集体讨论后报请检察长决定；重大、疑难、复杂案件，报请检察长或者检察委员会决定。

经检察委员会决定的案件，应当将检察委员会决定事项通知书及讨论记录附卷。

第三十五条 下级人民检察院对上级人民检察院交办的刑事申诉案件应当依法办理，并向上级人民检察院报告结果。

下级人民检察院对上级人民检察院交办的属于本级人民检察院管辖的刑事申诉案件应当立案复查，不得再向下交办。

(9) 检察院复查刑事申诉案件的期限

★人民检察院复查刑事申诉案件规定（2014年10月27日）（节录）

第三十六条 复查刑事申诉案件，应当在立案后三个月以内办结。案件重大、疑难、复杂的，最长不得超过六个月。

对交办的刑事申诉案件，有管辖权的下级人民检察院应当在收到交办文书后十日以内立案复查，复查期限适用前款规定。逾期不能办结的，应当向交办的上级人民检察院书面说明情况。

（10）关于不服人民检察院诉讼终结刑事处理决定申诉案件的复查

★人民检察院复查刑事申诉案件规定（2014年10月27日）（节录）

第三十七条　被害人不服不起诉决定，在收到不起诉决定书后七日以内申诉的，由作出不起诉决定的人民检察院的上一级人民检察院刑事申诉检察部门立案复查。

被害人向作出不起诉决定的人民检察院提出申诉的，作出决定的人民检察院应当将申诉材料连同案卷一并报送上一级人民检察院。

第三十八条　被害人不服不起诉决定，在收到不起诉决定书七日以后提出申诉的，由作出不起诉决定的人民检察院刑事申诉检察部门审查后决定是否立案复查。

第三十九条　被不起诉人不服不起诉决定，在收到不起诉决定书后七日以内提出申诉的，由作出不起诉决定的人民检察院刑事申诉检察部门立案复查；在收到不起诉决定书七日以后提出申诉的，由作出不起诉决定的人民检察院刑事申诉检察部门审查后决定是否立案复查。

第四十条　对不服人民检察院不起诉决定的申诉复查后，应当分别作出如下处理：

（一）不起诉决定正确的，予以维持；

（二）不起诉决定认定的事实或者适用法律错误，需要变更的，应当变更不起诉决定；

（三）不起诉决定认定的事实或者适用法律错误，应当对被不起诉人提起公诉的，应当撤销不起诉决定，将案件移送有管辖权的人民检察院或者本院有关部门向人民法院提起公诉。

第四十一条　对不服人民检察院不批准逮捕决定的申诉复查后，应当分别作出如下处理：

（一）不批准逮捕决定正确的，予以维持；

（二）不批准逮捕决定正确，但是需要依法追究刑事责任的，应当维持不批准逮捕决定，将案件移送有管辖权的人民检察院或者本院有关部门依法办理；

（三）不批准逮捕决定错误，需要依法批准逮捕的，应当撤销不批准逮捕决定，将案件移送有管辖权的人民检察院或者本院有关部门依法办理。

第四十二条　对不服人民检察院撤销案件决定的申诉复查后，应当分别作出如下处理：

(一)撤销案件决定正确的,予以维持;

(二)撤销案件决定正确,但是所认定的部分事实或者适用法律错误的,应当纠正原撤销案件决定书中错误的部分,维持原撤销案件决定;

(三)撤销案件决定错误,需要依法追究刑事责任的,应当撤销原撤销案件决定,将案件移送有管辖权的人民检察院或者本院有关部门重新立案侦查。

第四十三条 对不服人民检察院诉讼终结的刑事处理决定的申诉复查后,认为应当维持原决定的,报请检察长决定;认为应当改变原决定的,报请检察长或者检察委员会决定。

第四十四条 对不服人民检察院诉讼终结的刑事处理决定的申诉复查后,应当制作刑事申诉复查决定书,并在十日以内送达申诉人、原案当事人,同时抄送有关部门。

上级人民检察院作出的复查决定,可以委托下级人民检察院送达。

刑事申诉复查决定书应当公开宣布,并制作宣布笔录。

第四十五条 下级人民检察院对上级人民检察院的复查决定应当执行,并将执行情况书面报告上级人民检察院。

上级人民检察院必要时可以制作纠正案件错误通知书,指令下级人民检察院执行。

下级人民检察院对上级人民检察院的复查决定有异议的,应当在执行的同时向上级人民检察院报告。

(11)关于不服人民法院已经发生法律效力刑事判决、裁定申诉案件的复查

★人民检察院复查刑事申诉案件规定(2014年10月27日)(节录)

第四十六条 最高人民检察院对不服各级人民法院已经发生法律效力的刑事判决、裁定的申诉,上级人民检察院对不服下级人民法院已经发生法律效力的刑事判决、裁定的申诉,经复查决定提出抗诉的,应当按照审判监督程序向同级人民法院提出抗诉,或者指令作出生效判决、裁定的人民法院的上一级人民检察院向同级人民法院提出抗诉。

第四十七条 经复查认为人民法院已经发生法律效力的刑事判决、裁定确有错误,具有下列情形之一的,应当按照审判监督程序向人民法院提出抗诉:

(一)有新的证据证明原判决、裁定认定的事实确有错误,可能影响定罪量刑的;

(二)据以定罪量刑的证据不确实、不充分的;

(三)据以定罪量刑的证据依法应当予以排除的;

（四）据以定罪量刑的主要证据之间存在矛盾的；
（五）原判决、裁定的主要事实依据被依法变更或者撤销的；
（六）认定罪名错误且明显影响量刑的；
（七）违反法律关于追诉时效期限的规定的；
（八）量刑明显不当的；
（九）违反法律规定的诉讼程序，可能影响公正审判的；
（十）审判人员在审理案件的时候有贪污受贿、徇私舞弊、枉法裁判行为的。

第四十八条　对不服人民法院已经发生法律效力的刑事判决、裁定的申诉，经复查认为需要向同级人民法院提出抗诉的，由刑事申诉检察部门提出意见，报请检察长或者检察委员会决定。

第四十九条　人民检察院决定抗诉后，刑事申诉检察部门应当制作刑事抗诉书，向同级人民法院提出抗诉。

以有新的证据证明原判决、裁定认定事实确有错误提出抗诉的，提出抗诉时应当随附相关证据材料。

第五十条　地方各级人民检察院刑事申诉检察部门对不服同级人民法院已经发生法律效力的刑事判决、裁定的申诉复查后，认为需要抗诉的，应当提出意见，经检察长或者检察委员会决定后，提请上一级人民检察院抗诉。提请上一级人民检察院抗诉的案件，应当制作提请抗诉报告书，连同案卷报送上一级人民检察院。

上一级人民检察院刑事申诉检察部门在接到提请抗诉报告书后，应当指定检察人员进行审查，并制作审查提请抗诉案件报告，经部门集体讨论，报请检察长审批。

上级人民检察院对下一级人民检察院提请抗诉的刑事申诉案件作出决定后，应当制作审查提请抗诉通知书，通知提请抗诉的人民检察院。

第五十一条　上级人民检察院审查下一级人民检察院提请抗诉的刑事申诉案件，应当自收案之日起三个月以内作出决定。

对可能属于冤错等事实证据有重大变化的刑事申诉案件，可以不受上述期限限制。

对不服人民法院已经发生法律效力的死刑缓期二年执行判决、裁定的申诉案件，需要加重原审被告人刑罚的，应当在死刑缓期执行期限届满前作出决定。

第五十二条　地方各级人民检察院经复查提请上一级人民检察院抗诉的案件，上级人民检察院审查案件的期限不计入提请抗诉的人民检察院的复查期限。

第五十三条　经复查认为人民法院已经发生法律效力的刑事判决、裁定确有错误,符合本规定第四十七条规定的情形,需要人民法院通过再审方式纠正的,刑事申诉检察部门可以提出意见,经本院检察委员会决定后,向同级人民法院提出再审检察建议。

对不适宜由同级人民法院再审纠正,或者再审检察建议未被人民法院采纳的,可以按照审判监督程序向人民法院提出抗诉。

第五十四条 人民检察院刑事申诉检察部门办理按照审判监督程序抗诉的案件,认为需要对原审被告人采取逮捕措施的,应当提出意见,移送侦查监督部门审查决定;认为需要对原审被告人采取取保候审、监视居住措施的,应当提出意见,报请检察长决定。

第五十五条 对不服人民法院已经发生法律效力的刑事判决、裁定的申诉复查后,不论是否决定提出抗诉或者提出再审检察建议,立案复查的人民检察院均应制作刑事申诉复查通知书,并在十日以内送达申诉人。

经复查向上一级人民检察院提请抗诉的,应当在上一级人民检察院作出是否抗诉的决定后制作刑事申诉复查通知书。

第五十六条 对按照审判监督程序提出抗诉的刑事申诉案件,或者人民法院依据人民检察院再审检察建议决定再审的刑事申诉案件,人民法院开庭审理时,由同级人民检察院刑事申诉检察部门派员出席法庭,并对人民法院再审活动实施法律监督。

第五十七条 对按照审判监督程序提出抗诉的刑事申诉案件,人民法院经重新审理作出的判决、裁定,由派员出席再审法庭的人民检察院刑事申诉检察部门审查并提出意见。

刑事申诉检察部门经审查认为人民法院作出的判决、裁定仍然确有错误,需要提出抗诉的,报请检察长或者检察委员会决定。如果案件是依照第一审程序审判的,同级人民检察院应当向上一级人民法院提出抗诉;如果案件是依照第二审程序审判的,上一级人民检察院应当按照审判监督程序向同级人民法院提出抗诉。

(12) 检察院复查刑事申诉备案的规定
★人民检察院复查刑事申诉案件规定(2014年10月27日)(节录)

第五十八条 地方各级人民检察院刑事申诉检察部门应当在刑事申诉案件复查结案后十日以内,将刑事申诉复查终结报告、刑事申诉复查决定书或者刑事申诉复查通知书、讨论案件记录等材料的复印件或者电子文档报上一级人民检察院刑事申诉检察部门备案。

对提请抗诉、提出抗诉或者提出再审检察建议的刑事申诉案件，地方各级人民检察院刑事申诉检察部门应当在复查结案后十日以内，将刑事申诉复查终结报告、刑事申诉复查通知书、讨论案件记录、提请抗诉报告书、审查提请抗诉案件报告、审查提请抗诉通知书、刑事抗诉书或者再审检察建议书等材料的复印件或者电子文档层报最高人民检察院刑事申诉检察厅备案。

第五十九条　上级人民检察院刑事申诉检察部门应当指定人员审查下级人民检察院报送的备案材料，认为存在错误时可以调卷审查或者听取下级人民检察院刑事申诉检察部门汇报案件的相关情况，并分别情况予以处理：

（一）案件存在错误但是不影响处理结论的，上级人民检察院应当指令下级人民检察院纠正；

（二）案件存在错误并且可能影响处理结论的，上级人民检察院可以自行办理，也可以指令下级人民检察院重新办理。对指令重新办理的案件，下级人民检察院应当重新立案复查。

（13）复查申诉案件中止办理情形

★人民检察院复查刑事申诉案件规定（2014年10月27日）（节录）

第六十条　人民检察院对具有下列情形之一的刑事申诉案件，经部门负责人或者检察长批准，可以中止办理：

（一）人民法院对原判决、裁定调卷审查的；

（二）无法与申诉人及其代理人取得联系的；

（三）申诉的自然人死亡，需要等待其他申诉权利人表明是否继续申诉的；

（四）申诉的法人或者其他组织终止，尚未确定权利义务承受人的；

（五）由于其他原因，致使案件在较长时间内无法继续办理的。

决定中止办理的案件，应当制作刑事申诉中止审查通知书，通知申诉人；确实无法通知的，应当记录在案。

中止办理的事由消除后，经部门负责人或者检察长批准，应当恢复办理。中止办理的期间不计入办理期限。

（14）复查申诉案件终止办理情形

★人民检察院复查刑事申诉案件规定（2014年10月27日）（节录）

第六十一条　人民检察院对具有下列情形之一的刑事申诉案件，经检察长批准，应当终止办理：

（一）人民检察院因同一案件事实对撤销案件的犯罪嫌疑人重新立案侦查的，对不批准逮捕的犯罪嫌疑人重新作出批准逮捕决定的，或者对不起诉案件的被不起诉人重新起诉的；

（二）人民检察院接到人民法院受理被害人对被不起诉人起诉的通知的；

（三）人民法院对原判决、裁定决定再审的；

（四）申诉人自愿撤回申诉，且不损害国家利益、社会公共利益或者他人合法权益的；

（五）申诉的自然人死亡，没有其他申诉权利人或者申诉权利人明确表示放弃申诉的，但是有证据证明原案被告人是无罪的除外；

（六）申诉的法人或者其他组织终止，没有权利义务承受人或者权利义务承受人明确表示放弃申诉的，但是有证据证明原案被告人是无罪的除外；

（七）案件中止办理后超过六个月仍不能恢复办理的；

（八）其他应当终止办理的情形。

决定终止办理的案件，应当制作刑事申诉终止审查通知书，通知申诉人；确实无法通知的，应当记录在案。

终止办理的事由消除后，申诉人再次提出申诉，符合刑事申诉受理条件的，应当予以受理。

（15）复查申诉案件中的检察监督

★人民检察院复查刑事申诉案件规定（2014年10月27日）（节录）

第六十二条 办理刑事申诉案件中发现原案办理过程中存在执法瑕疵等问题的，可以向原办案部门提出检察建议或者整改意见。

第六十三条 办理刑事申诉案件中发现原案办理过程中有贪污贿赂、渎职等违法违纪行为的，应当移送有关部门处理。

第六十四条 办理刑事申诉案件中发现原案遗漏罪行、遗漏同案犯罪嫌疑人的，应当移送有关部门处理。

10. 未成年人刑事案件申诉的规定

★人民检察院办理未成年人刑事案件的规定（2013年12月27日）（节录）

第七十五条 人民检察院依法受理未成年人及其法定代理人提出的刑事申诉案件和国家赔偿案件。

人民检察院对未成年人刑事申诉案件和国家赔偿案件，应当指定专人及时办理。

第七十六条 人民检察院复查未成年人刑事申诉案件，应当直接听取未成年人及其法定代理人的陈述或者辩解，认真审核、查证与案件有关的证据和线索，查清案件事实，依法作出处理。

案件复查终结作出处理决定后，应当向未成年人及其法定代理人当面送达法律文书，做好释法说理和教育工作。

第七十七条　对已复查纠正的未成年人刑事申诉案件，应当配合有关部门做好善后工作。

> **第二百五十三条　【因申诉导致重新审判的法定事由】**当事人及其法定代理人、近亲属的申诉符合下列情形之一的，人民法院应当重新审判：
> （一）有新的证据证明原判决、裁定认定的事实确有错误，可能影响定罪量刑的；
> （二）据以定罪量刑的证据不确实、不充分、依法应当予以排除，或者证明案件事实的主要证据之间存在矛盾的；
> （三）原判决、裁定适用法律确有错误的；
> （四）违反法律规定的诉讼程序，可能影响公正审判的；
> （五）审判人员在审理该案件的时候，有贪污受贿，徇私舞弊，枉法裁判行为的。

● 要点及关联法规

1. **法院作出申诉审查结果的期限**

★最高人民法院关于适用《中华人民共和国刑事诉讼法》的解释（2021年1月26日）（节录）

第四百五十七条第一款　对立案审查的申诉案件，应当在三个月以内作出决定，至迟不得超过六个月。因案件疑难、复杂、重大或者其他特殊原因需要延长审查期限的，参照本解释第二百一十条的规定处理。

2. **法院决定重新审判的具体情形**

★最高人民法院关于适用《中华人民共和国刑事诉讼法》的解释（2021年1月26日）（节录）

第四百五十七条第二款　经审查，具有下列情形之一的，应当根据刑事诉讼法第二百五十三条的规定，决定重新审判：

（一）有新的证据证明原判决、裁定认定的事实确有错误，可能影响定罪量刑的；

（二）据以定罪量刑的证据不确实、不充分、依法应当排除的；

（三）证明案件事实的主要证据之间存在矛盾的；

（四）主要事实依据被依法变更或者撤销的；

（五）认定罪名错误的；

（六）量刑明显不当的；

（七）对违法所得或者其他涉案财物的处理确有明显错误的；

（八）违反法律关于溯及力规定的；

（九）违反法定诉讼程序，可能影响公正裁判的；

（十）审判人员在审理该案件时有贪污受贿、徇私舞弊、枉法裁判行为的。

第三款　申诉不具有上述情形的，应当说服申诉人撤回申诉；对仍然坚持申诉的，应当书面通知驳回。

3. "新的证据"的认定标准

★最高人民法院关于审理人民检察院按照审判监督程序提出的刑事抗诉案件若干问题的规定（2011年10月14日）（节录）

第三条　本规定所指的新证据，是指具有下列情形之一，指向原起诉事实并可能改变原判决、裁定据以定罪量刑的事实的证据：

（一）原判决、裁定生效后新发现的证据；

（二）原判决、裁定生效前已经发现，但由于客观原因未予收集的证据；

（三）原判决、裁定生效前已经收集，但庭审中未予质证、认证的证据；

（四）原生效判决、裁定所依据的鉴定结论，勘验、检查笔录或其他证据被改变或者否定的。

★最高人民法院关于适用《中华人民共和国刑事诉讼法》的解释（2021年1月26日）（节录）

第四百五十八条　具有下列情形之一，可能改变原判决、裁定据以定罪量刑的事实的证据，应当认定为刑事诉讼法第二百五十三条第一项规定的"新的证据"：

（一）原判决、裁定生效后新发现的证据；

（二）原判决、裁定生效前已经发现，但未予收集的证据；

（三）原判决、裁定生效前已经收集，但未经质证的证据；

（四）原判决、裁定所依据的鉴定意见，勘验、检查等笔录被改变或者否定的；

（五）原判决、裁定所依据的被告人供述、证人证言等证据发生变化，影响定罪量刑，且有合理理由的。

4. 驳回申诉的程序救济

★最高人民法院关于适用《中华人民共和国刑事诉讼法》的解释（2021年1月26日）（节录）

第四百五十九条　申诉人对驳回申诉不服的，可以向上一级人民法院申诉。上一级人民法院经审查认为申诉不符合刑事诉讼法第二百五十三条和本解释第四百五十七条第二款规定的，应当说服申诉人撤回申诉；对仍然坚持申诉的，应当驳回或者通知不予重新审判。

> 第二百五十四条　【提起审判监督程序的主体及理由】各级人民法院院长对本院已经发生法律效力的判决和裁定，如果发现在认定事实上或者在适用法律上确有错误，必须提交审判委员会处理。
>
> 最高人民法院对各级人民法院已经发生法律效力的判决和裁定，上级人民法院对下级人民法院已经发生法律效力的判决和裁定，如果发现确有错误，有权提审或者指令下级人民法院再审。
>
> 最高人民检察院对各级人民法院已经发生法律效力的判决和裁定，上级人民检察院对下级人民法院已经发生法律效力的判决和裁定，如果发现确有错误，有权按照审判监督程序向同级人民法院提出抗诉。
>
> 人民检察院抗诉的案件，接受抗诉的人民法院应当组成合议庭重新审理，对于原判决事实不清楚或者证据不足的，可以指令下级人民法院再审。

● 要点及关联法规

1. 人大提起审判监督程序的情形及方式

★最高人民法院关于人民法院接受人民代表大会及其常委会监督的若干意见（1998年12月24日）（节录）

（七）认真复查人大及其常委会依照法定监督程序提出的案件。人大及其常委会对人民法院已审结的重大案件或者在当地有重大影响的案件,通过法定监督程序要求人民法院审查的,人民法院应当认真进行审查;对确属错判的案件,应当按照法定审判监督程序予以纠正;对裁判并无不当的,应当书面报告结果和理由。

2. 检察院应当按照审判监督程序提出抗诉的情形

★人民检察院刑事诉讼规则(2019年12月30日)(节录)

第五百九十一条　人民检察院认为人民法院已经发生法律效力的判决、裁定确有错误,具有下列情形之一的,应当按照审判监督程序向人民法院提出抗诉:

(一)有新的证据证明原判决、裁定认定的事实确有错误,可能影响定罪量刑的;

(二)据以定罪量刑的证据不确实、不充分的;

(三)据以定罪量刑的证据依法应当予以排除的;

(四)据以定罪量刑的主要证据之间存在矛盾的;

(五)原判决、裁定的主要事实依据被依法变更或者撤销的;

(六)认定罪名错误且明显影响量刑的;

(七)违反法律关于追诉时效期限的规定的;

(八)量刑明显不当的;

(九)违反法律规定的诉讼程序,可能影响公正审判的;

(十)审判人员在审理案件的时候有贪污受贿,徇私舞弊,枉法裁判行为的。

对于同级人民法院已经发生法律效力的判决、裁定,人民检察院认为可能有错误的,应当另行指派检察官或者检察官办案组进行审查。经审查,认为有前款规定情形之一的,应当提请上一级人民检察院提出抗诉。

对已经发生法律效力的判决、裁定的审查,参照本规则第五百八十五条的规定办理。

第五百九十七条　最高人民检察院发现各级人民法院已经发生法律效力的判决或者裁定,上级人民检察院发现下级人民法院已经发生法律效力的判决或者裁定确有错误时,可以直接向同级人民法院提出抗诉,或者指令作出生效判决、裁定人民法院的上一级人民检察院向同级人民法院提出抗诉。

3. 检察院应当按照审判监督程序提出抗诉的期限

★人民检察院刑事抗诉工作指引（2018年2月14日）（节录）

第三十条 提请上级人民检察院按照审判监督程序抗诉的案件，原则上应当自人民法院作出裁判之日起二个月以内作出决定；需要复核主要证据的，可以延长一个月。属于冤错可能等事实证据有重大变化的案件，可以不受上述期限限制。

对于高级人民法院判处死刑缓期二年执行的案件，省级人民检察院认为确有错误提请抗诉的，一般应当在收到生效判决、裁定后三个月以内提出，至迟不得超过六个月。

对于人民法院第一审宣判后人民检察院在法定期限内未提出抗诉，或者判决、裁定发生法律效力后六个月内未提出抗诉的案件，没有发现新的事实或者证据的，一般不得为加重被告人刑罚向依照审判监督程序提出抗诉，但被害人提出申诉或上级人民检察院指令抗诉的除外。

★人民检察院刑事诉讼规则（2019年12月30日）（节录）

第五百九十二条 对于高级人民法院判处死刑缓期二年执行的案件，省级人民检察院认为确有错误提请抗诉的，一般应当在收到生效判决、裁定后三个月以内提出，至迟不得超过六个月。

4. 检察院再次按照审判监督程序提出抗诉的情形

★人民检察院刑事诉讼规则（2019年12月30日）（节录）

第五百九十九条 对按照审判监督程序提出抗诉的案件，人民检察院认为人民法院再审作出的判决、裁定仍然确有错误的，如果案件是依照第一审程序审判的，同级人民检察院应当按照第二审程序向上一级人民法院提出抗诉；如果案件是依照第二审程序审判的，上一级人民检察院应当按照审判监督程序向同级人民法院提出抗诉。

5. 提请上级人民检察院按照审判监督程序提出抗诉的程序

★人民检察院刑事抗诉工作指引（2018年2月14日）（节录）

第三十一条 提请上一级人民检察院按照审判监督程序抗诉的案件，应当制作提请抗诉报告书。提请抗诉报告书应当依次写明原审被告人基本情况、诉讼经过，审查认定后的犯罪事实，一审人民法院、二审人民法院的审判情况，判决、裁定错误之处，提请抗诉的理由和法律依据，本院检察委员会讨论情况等。

第三十二条　提请抗诉的人民检察院应当及时将提请抗诉报告书一式十份和侦查卷、检察卷、人民法院审判卷报送上一级人民检察院。经本院检察委员会讨论决定的，应当一并报送本院检察委员会会议纪要。

调阅人民法院的案卷，依据《最高人民法院办公厅、最高人民检察院办公厅关于调阅诉讼卷宗有关问题的通知》有关规定执行。

第三十三条　上级人民检察院审查审判监督程序抗诉案件，原则上应当自收案之日起一个半月以内作出决定；需要复核主要证据或者侦查卷宗在十五册以上的，可以延长一个月；需要征求其他单位意见或者召开专家论证会的，可以再延长半个月。

上级人民检察院审查下一级人民检察院提请抗诉的刑事申诉案件，应当自收案之日起三个月以内作出决定。

属于冤错可能等事实证据有重大变化的案件，可以不受上述期限限制。

有条件的地方，应当再自行缩短办案期限；对原判死缓而抗诉要求改判死刑立即执行的案件，原则上不得延长期限。

第三十四条　上一级人民检察院决定抗诉后，应当制作刑事抗诉书，向同级人民法院提出抗诉。以有新的证据证明原判决、裁定认定事实确有错误为由提出的抗诉，提出抗诉时应向人民法院移送新证据。

人民检察院按照审判监督程序向人民法院提出抗诉的，应当将抗诉书副本报送上一级人民检察院。

第三十六条　上级人民检察院决定不抗诉的，应当向提请抗诉的人民检察院做好不抗诉理由的解释说明工作，一般采用书面方式。

上级人民检察院对下一级人民检察院提请抗诉的刑事申诉案件作出决定后，应当制作审查提请抗诉通知书，通知提请抗诉的人民检察院。

6. 上级检察院对于下级检察院抗诉行为的监督

★人民检察院刑事诉讼规则（2019年12月30日）（节录）

第五百九十八条　人民检察院按照审判监督程序向人民法院提出抗诉的，应当将抗诉书副本报送上一级人民检察院。

7. 法院对于检察院依照审判监督程序提出抗诉的程序处理

★最高人民法院关于审理人民检察院按照审判监督程序提出的刑事抗诉案件若干问题的规定（2011年10月14日）（节录）

第一条　人民法院收到人民检察院的抗诉书后，应在一个月内立案。经审

查,具有下列情形之一的,应当决定退回人民检察院:

（一）不属于本院管辖的;

（二）按照抗诉书提供的住址无法向被提出抗诉的原审被告人送达抗诉书的;

（三）以有新证据为由提出抗诉,抗诉书未附有新的证据目录、证人名单和主要证据复印件或者照片的;

（四）以有新证据为由提出抗诉,但该证据并不是指向原起诉事实的。

人民法院决定退回的刑事抗诉案件,人民检察院经补充相关材料后再次提出抗诉,经审查符合受理条件的,人民法院应当予以受理。

★最高人民法院关于适用《中华人民共和国刑事诉讼法》的解释（2021年1月26日）（节录）

第四百六十二条　对人民检察院依照审判监督程序提出抗诉的案件,人民法院应当在收到抗诉书后一个月以内立案。但是,有下列情形之一的,应当区别情况予以处理:

（一）不属于本院管辖的,应当将案件退回人民检察院;

（二）按照抗诉书提供的住址无法向被抗诉的原审被告人送达抗诉书的,应当通知人民检察院在三日以内重新提供原审被告人的住址;逾期未提供的,将案件退回人民检察院;

（三）以有新的证据为由提出抗诉,但未附相关证据材料或者有关证据不是指向原起诉事实的,应当通知人民检察院在三日以内补送相关材料;逾期未补送的,将案件退回人民检察院。

决定退回的抗诉案件,人民检察院经补充相关材料后再次提出抗诉,经审查符合受理条件的,人民法院应当受理。

第四百六十三条　对人民检察院依照审判监督程序提出抗诉的案件,接受抗诉的人民法院应当组成合议庭审理。对原判事实不清、证据不足,包括有新的证据证明原判可能有错误,需要指令下级人民法院再审的,应当在立案之日起一个月以内作出决定,并将指令再审决定书送达抗诉的人民检察院。

8.上级法院对于下级法院的生效裁判的监督

★最高人民法院关于适用《中华人民共和国刑事诉讼法》的解释（2021年1月26日）（节录）

第四百六十一条　上级人民法院发现下级人民法院已经发生法律效力的判决、裁定确有错误的,可以指令下级人民法院再审;原判决、裁定认定事实正确但适用法律错误,或者案件疑难、复杂、重大,或者有不宜由原审人民法院审理情形的,也可以提审。

上级人民法院指令下级人民法院再审的,一般应当指令原审人民法院以外的下级人民法院审理;由原审人民法院审理更有利于查明案件事实、纠正裁判错误的,可以指令原审人民法院审理。

第二百五十五条　【被指令再审的人民法院】 上级人民法院指令下级人民法院再审的,应当指令原审人民法院以外的下级人民法院审理;由原审人民法院审理更为适宜的,也可以指令原审人民法院审理。

第二百五十六条　【再审的审判组织、适用程序】 人民法院按照审判监督程序重新审判的案件,由原审人民法院审理的,应当另行组成合议庭进行。如果原来是第一审案件,应当依照第一审程序进行审判,所作的判决、裁定,可以上诉、抗诉;如果原来是第二审案件,或者是上级人民法院提审的案件,应当依照第二审程序进行审判,所作的判决、裁定,是终审的判决、裁定。

【人民检察院派员出席法庭】 人民法院开庭审理的再审案件,同级人民检察院应当派员出席法庭。

● 要点及关联法规

1. 法院再审的审理重点

★最高人民法院关于适用《中华人民共和国刑事诉讼法》的解释(2021年1月26日)(节录)

第四百六十五条　依照审判监督程序重新审判的案件,人民法院应当重点针对申诉、抗诉和决定再审的理由进行审理。必要时,应当对原判决、裁定认定的事实、证据和适用法律进行全面审查。

2. 再审开庭审理情形

★最高人民法院关于刑事再审案件开庭审理程序的具体规定（2002年1月1日）（节录）

第五条 人民法院审理下列再审案件，应当依法开庭审理：

（一）依照第一审程序审理的；

（二）依照第二审程序需要对事实或者证据进行审理的；

（三）人民检察院按照审判监督程序提出抗诉的；

（四）可能对原审被告人（原审上诉人）加重刑罚的；

（五）有其他应当开庭审理情形的。

3. 再审不开庭审理情形

★最高人民法院关于刑事再审案件开庭审理程序的具体规定（2002年1月1日）（节录）

第六条 下列再审案件可以不开庭审理：

（一）原判决、裁定认定事实清楚，证据确实、充分，但适用法律错误，量刑畸重的；

（二）1979年《中华人民共和国刑事诉讼法》施行以前裁判的；

（三）原审被告人（原审上诉人）、原审自诉人已经死亡、或者丧失刑事责任能力的；

（四）原审被告人（原审上诉人）在交通十分不便的边远地区监狱服刑，提押到庭确有困难的；但人民检察院提出抗诉的，人民法院应征得人民检察院的同意；

（五）人民法院按照审判监督程序决定再审，按本规定第九条（四）项规定，经两次通知，人民检察院不派员出庭的。

4. 再审开庭审理部分被告人可不出庭

★最高人民法院关于适用《中华人民共和国刑事诉讼法》的解释（2021年1月26日）（节录）

第四百六十八条 开庭审理再审案件，再审决定书或者抗诉书只针对部分原审被告人，其他同案原审被告人不出庭不影响审理的，可以不出庭参加诉讼。

5. 检察院出席再审法庭

★人民检察院刑事诉讼规则（2019年12月30日）（节录）

第四百五十四条 人民法院开庭审理再审案件，同级人民检察院应当派员出席法庭。

第四百五十五条 人民检察院对于人民法院按照审判监督程序重新审判的案件,应当对原判决、裁定认定的事实、证据、适用法律进行全面审查,重点审查有争议的案件事实、证据和法律适用问题。

第四百五十六条 人民检察院派员出席再审法庭,如果再审案件按照第一审程序审理,参照本章第一节有关规定执行;如果再审案件按照第二审程序审理,参照本章第四节有关规定执行。

6. 再审不加刑原则

★最高人民法院关于适用《中华人民共和国刑事诉讼法》的解释(2021年1月26日)(节录)

第四百六十九条 除人民检察院抗诉的以外,再审一般不得加重原审被告人的刑罚。再审决定书或者抗诉书只针对部分原审被告人的,不得加重其他同案原审被告人的刑罚。

7. 再审程序中撤回抗诉、申诉的处理

★最高人民法院关于适用《中华人民共和国刑事诉讼法》的解释(2021年1月26日)(节录)

第四百七十条 人民法院审理人民检察院抗诉的再审案件,人民检察院在开庭审理前撤回抗诉的,应当裁定准许;人民检察院接到出庭通知后不派员出庭,且未说明原因的,可以裁定按撤回抗诉处理,并通知诉讼参与人。

人民法院审理申诉人申诉的再审案件,申诉人在再审期间撤回申诉的,可以裁定准许;但认为原判确有错误的,应当不予准许,继续按照再审案件审理。申诉人经依法通知无正当理由拒不到庭,或者未经法庭许可中途退庭的,可以裁定按撤回申诉处理,但申诉人不是原审当事人的除外。

8. 再审案件重新审理后的程序后果

★最高人民法院关于审理人民检察院按照审判监督程序提出的刑事抗诉案件若干问题的规定(2011年10月14日)(节录)

第四条 对于原判决、裁定事实不清或者证据不足的案件,接受抗诉的人民法院进行重新审理后,应当按照下列情形分别处理:

(一)经审理能够查清事实的,应当在查清事实后依法裁判;

(二)经审理仍无法查清事实,证据不足,不能认定原审被告人有罪的,应当判决宣告原审被告人无罪;

（三）经审理发现有新证据且超过刑事诉讼法规定的指令再审期限的，可以裁定撤销原判，发回原审人民法院重新审判。

★最高人民法院关于适用《中华人民共和国刑事诉讼法》的解释（2021年1月26日）（节录）

第四百七十二条 再审案件经过重新审理后，应当按照下列情形分别处理：

（一）原判决、裁定认定事实和适用法律正确、量刑适当的，应当裁定驳回申诉或者抗诉，维持原判决、裁定；

（二）原判决、裁定定罪准确、量刑适当，但在认定事实、适用法律等方面有瑕疵的，应当裁定纠正并维持原判决、裁定；

（三）原判决、裁定认定事实没有错误，但适用法律错误或者量刑不当的，应当撤销原判决、裁定，依法改判；

（四）依照第二审程序审理的案件，原判决、裁定事实不清、证据不足的，可以在查清事实后改判，也可以裁定撤销原判，发回原审人民法院重新审判。

原判决、裁定事实不清或者证据不足，经审理事实已经查清的，应当根据查清的事实依法裁判；事实仍无法查清，证据不足，不能认定被告人有罪的，应当撤销原判决、裁定，判决宣告被告人无罪。

第四百七十三条 原判决、裁定认定被告人姓名等身份信息有误，但认定事实和适用法律正确、量刑适当的，作出生效判决、裁定的人民法院可以通过裁定对有关信息予以更正。

第四百七十四条 对再审改判宣告无罪并依法享有申请国家赔偿权利的当事人，人民法院宣判时，应当告知其在判决发生法律效力后可以依法申请国家赔偿。

9. 再审程序中止审理情形

★最高人民法院关于审理人民检察院按照审判监督程序提出的刑事抗诉案件若干问题的规定（2011年10月14日）（节录）

第七条 在送达抗诉书后被提出抗诉的原审被告人未到案的，人民法院应当裁定中止审理；原审被告人到案后，恢复审理。

10. 再审裁判文书的送达方式

★最高人民法院关于审理人民检察院按照审判监督程序提出的刑事抗诉案件若干问题的规定（2011年10月14日）（节录）

第九条 人民法院作出裁判后，当庭宣告判决的，应当在五日内将裁判文书送达当事人、法定代理人、诉讼代理人、提出抗诉的人民检察院、辩护人和原审被告人的近亲属;定期宣告判决的,应当在判决宣告后立即将裁判文书送达当事人、法定代理人、诉讼代理人、提出抗诉的人民检察院、辩护人和原审被告人的近亲属。

> **第二百五十七条 【再审案件中的强制措施】** 人民法院决定再审的案件,需要对被告人采取强制措施的,由人民法院依法决定;人民检察院提出抗诉的再审案件,需要对被告人采取强制措施的,由人民检察院依法决定。
>
> **【再审决定对原裁判执行的效力】** 人民法院按照审判监督程序审判的案件,可以决定中止原判决、裁定的执行。

● 要点及关联法规

再审决定对原裁判执行的效力

★最高人民法院关于适用《中华人民共和国刑事诉讼法》的解释(2021年1月26日)(节录)

第四百六十四条 对决定依照审判监督程序重新审判的案件,人民法院应当制作再审决定书。再审期间不停止原判决、裁定的执行,但被告人可能经再审改判无罪,或者可能经再审减轻原判刑罚而致刑期届满的,可以决定中止原判决、裁定的执行,必要时,可以对被告人采取取保候审、监视居住措施。

> **第二百五十八条 【重新审判的审限】** 人民法院按照审判监督程序重新审判的案件,应当在作出提审、再审决定之日起三个月以内审结,需要延长期限的,不得超过六个月。
>
> 接受抗诉的人民法院按照审判监督程序审判抗诉的案件,审理期限适用前款规定;对需要指令下级人民法院再审的,应当自接受抗诉之日起一个月以内作出决定,下级人民法院审理案件的期限适用前款规定。

第四编 执 行

第二百五十九条 【执行的依据】判决和裁定在发生法律效力后执行。

下列判决和裁定是发生法律效力的判决和裁定：

（一）已过法定期限没有上诉、抗诉的判决和裁定；

（二）终审的判决和裁定；

（三）最高人民法院核准的死刑的判决和高级人民法院核准的死刑缓期二年执行的判决。

第二百六十条 【一审被判无罪、免除刑事处罚应立即释放在押被告人】第一审人民法院判决被告人无罪、免除刑事处罚的，如果被告人在押，在宣判后应当立即释放。

● 要点及关联法规

1. 无罪、免除处罚案件释放手续的办理

★公安机关办理刑事案件程序规定（2020年7月20日）（节录）

第二百九十八条第二款 对人民法院作出无罪或者免除刑事处罚的判决，如果被告人在押，公安机关在收到相应的法律文书后应当立即办理释放手续；对人民法院建议给予行政处理的，应当依照有关规定处理或者移送有关部门。

2. 有关帮扶免除处罚的未成年罪犯的规定

★最高人民法院关于适用《中华人民共和国刑事诉讼法》的解释（2021年1月26日）（节录）

第五百八十五条 人民法院可以适时走访被判处管制、宣告缓刑、免予刑事处罚、裁定假释、决定暂予监外执行等的未成年罪犯及其家庭，了解未成年罪犯的管理和教育情况，引导未成年罪犯的家庭承担管教责任，为未成年罪犯改过自新创造良好环境。

第五百八十六条　被判处管制、宣告缓刑、免予刑事处罚、裁定假释、决定暂予监外执行等的未成年罪犯，具备就学、就业条件的，人民法院可以就其安置问题向有关部门提出建议，并附送必要的材料。

第二百六十一条①　【死刑执行命令的签发】最高人民法院判处和核准的死刑立即执行的判决，应当由最高人民法院院长签发执行死刑的命令。

【死缓的执行】被判处死刑缓期二年执行的罪犯，在死刑缓期执行期间，如果没有故意犯罪，死刑缓期执行期满，应当予以减刑，由执行机关提出书面意见，报请高级人民法院裁定；如果故意犯罪，情节恶劣，查证属实，应当执行死刑，由高级人民法院报请最高人民法院核准；对于故意犯罪未执行死刑的，死刑缓期执行的期间重新计算，并报最高人民法院备案。

● 要点及关联法规

1. 死刑的执行机关

★最高人民法院关于适用《中华人民共和国刑事诉讼法》的解释（2021年1月26日）（节录）

第四百九十九条　最高人民法院的执行死刑命令，由高级人民法院交付第一审人民法院执行。第一审人民法院接到执行死刑命令后，应当在七日以内执行。

在死刑缓期执行期间故意犯罪，最高人民法院核准执行死刑的，由罪犯服刑地的中级人民法院执行。

★公安机关办理刑事案件程序规定（2020年7月20日）（节录）

第二百九十九条　对被判处死刑的罪犯，公安机关应当依据人民法院执行

---

① 该条2018年修订在原第二百五十条的基础上增加了"对于故意犯罪未执行死刑的，死刑缓期执行的期间重新计算，并报最高人民法院备案"的内容。

死刑的命令，将罪犯交由人民法院执行。

2. 死缓执行期间的计算方式

★最高人民法院关于适用《中华人民共和国刑事诉讼法》的解释（2021年1月26日）（节录）

第四百九十八条第一款 死刑缓期执行的期间，从判决或者裁定核准死刑缓期执行的法律文书宣告或者送达之日起计算。

第二百六十二条 【死刑的交付执行、停止执行和恢复执行】
下级人民法院接到最高人民法院执行死刑的命令后，应当在七日以内交付执行。但是发现有下列情形之一的，应当停止执行，并且立即报告最高人民法院，由最高人民法院作出裁定：

（一）在执行前发现判决可能有错误的；

（二）在执行前罪犯揭发重大犯罪事实或者有其他重大立功表现，可能需要改判的；

（三）罪犯正在怀孕。

前款第一项、第二项停止执行的原因消失后，必须报请最高人民法院院长再签发执行死刑的命令才能执行；由于前款第三项原因停止执行的，应当报请最高人民法院依法改判。

● 要点及关联法规

1. 死刑执行停止的具体情形

★最高人民法院关于适用《中华人民共和国刑事诉讼法》的解释（2021年1月26日）（节录）

第五百条 下级人民法院在接到执行死刑命令后、执行前，发现有下列情形之一的，应当暂停执行，并立即将请求停止执行死刑的报告和相关材料层报最高人民法院：

（一）罪犯可能有其他犯罪的；

（二）共同犯罪的其他犯罪嫌疑人到案，可能影响罪犯量刑的；

（三）共同犯罪的其他罪犯被暂停或者停止执行死刑，可能影响罪犯量刑的；

（四）罪犯揭发重大犯罪事实或者有其他重大立功表现，可能需要改判的；

（五）罪犯怀孕的；

（六）判决、裁定可能有影响定罪量刑的其他错误的。

最高人民法院经审查，认为可能影响罪犯定罪量刑的，应当裁定停止执行死刑；认为不影响的，应当决定继续执行死刑。

2. 死刑执行停止后的案件处理

★最高人民法院关于适用《中华人民共和国刑事诉讼法》的解释（2021年1月26日）（节录）

第五百零一条　最高人民法院在执行死刑命令签发后、执行前，发现有前条第一款规定情形的，应当立即裁定停止执行死刑，并将有关材料移交下级人民法院。

第五百零二条　下级人民法院接到最高人民法院停止执行死刑的裁定后，应当会同有关部门调查核实停止执行死刑的事由，并及时将调查结果和意见层报最高人民法院审核。

第五百零三条　对下级人民法院报送的停止执行死刑的调查结果和意见，由最高人民法院原作出核准死刑判决、裁定的合议庭负责审查；必要时，另行组成合议庭进行审查。

第五百零四条　最高人民法院对停止执行死刑的案件，应当按照下列情形分别处理：

（一）确认罪犯怀孕的，应当改判；

（二）确认罪犯有其他犯罪，依法应当追诉的，应当裁定不予核准死刑，撤销原判，发回重新审判；

（三）确认原判决、裁定有错误或者罪犯有重大立功表现，需要改判的，应当裁定不予核准死刑，撤销原判，发回重新审判；

（四）确认原判决、裁定没有错误，罪犯没有重大立功表现，或者重大立功表现不影响原判决、裁定执行的，应当裁定继续执行死刑，并由院长重新签发执行死刑的命令。

第二百六十三条 【死刑执行程序】人民法院在交付执行死刑前，应当通知同级人民检察院派员临场监督。

死刑采用枪决或者注射等方法执行。

死刑可以在刑场或者指定的羁押场所内执行。

指挥执行的审判人员，对罪犯应当验明正身，讯问有无遗言、信札，然后交付执行人员执行死刑。在执行前，如果发现可能有错误，应当暂停执行，报请最高人民法院裁定。

执行死刑应当公布，不应示众。

执行死刑后，在场书记员应当写成笔录。交付执行的人民法院应当将执行死刑情况报告最高人民法院。

执行死刑后，交付执行的人民法院应当通知罪犯家属。

● 要点及关联法规

1. 死刑罪犯被执行前的会见权

★最高人民法院、最高人民检察院、公安部、司法部关于进一步严格依法办案确保办理死刑案件质量的意见（2007年3月9日）（节录）

45. 人民法院向罪犯送达核准死刑的裁判文书时，应当告知罪犯有权申请会见其近亲属。罪犯提出会见申请并提供具体地址和联系方式的，人民法院应当准许；原审人民法院应当通知罪犯的近亲属。罪犯近亲属提出会见申请的，人民法院应当准许，并及时安排会见。

★最高人民法院关于适用《中华人民共和国刑事诉讼法》的解释（2021年1月26日）（节录）

第五百零五条第一款 第一审人民法院在执行死刑前，应当告知罪犯有权会见其近亲属。罪犯申请会见并提供具体联系方式的，人民法院应当通知其近亲属。确实无法与罪犯近亲属取得联系，或者其近亲属拒绝会见的，应当告知罪犯。罪犯申请通过录音录像等方式留下遗言的，人民法院可以准许。

★最高人民法院关于死刑复核及执行程序中保障当事人合法权益的若干规定（2019年8月8日）（节录）

第六条 第一审人民法院在执行死刑前，应当告知罪犯可以申请会见其近亲属。

罪犯申请会见并提供具体联系方式的，人民法院应当通知其近亲属。对经查找确实无法与罪犯近亲属取得联系的，或者其近亲属拒绝会见的，应当告知罪犯。罪犯提出通过录音录像等方式留下遗言的，人民法院可以准许。

通知会见的相关情况，应当记录在案。

第七条　罪犯近亲属申请会见的，人民法院应当准许，并在执行死刑前及时安排，但罪犯拒绝会见的除外。

罪犯拒绝会见的情况，应当记录在案并及时告知其近亲属，必要时应当进行录音录像。

2. 死刑执行方式

★最高人民法院关于适用《中华人民共和国刑事诉讼法》的解释（2021年1月26日）（节录）

第五百零七条　死刑采用枪决或者注射等方法执行。

采用注射方法执行死刑的，应当在指定的刑场或者羁押场所内执行。

采用枪决、注射以外的其他方法执行死刑的，应当事先层报最高人民法院批准。

3. 死刑罪犯的人格保护

★最高人民法院、最高人民检察院、公安部、司法部关于进一步严格依法办案确保办理死刑案件质量的意见（2007年3月9日）（节录）

48. 执行死刑应当公布。禁止游街示众或者其他有辱被执行人人格的行为。禁止侮辱尸体。

★最高人民法院关于适用《中华人民共和国刑事诉讼法》的解释（2021年1月26日）（节录）

第五百零八条第二款　执行死刑应当公布，禁止游街示众或者其他有辱罪犯人格的行为。

4. 执行死刑后上报最高人民法院执行情况的期限

★最高人民法院关于适用《中华人民共和国刑事诉讼法》的解释（2021年1月26日）（节录）

第五百零九条　执行死刑后，应当由法医验明罪犯确实死亡，在场书记员制作笔录。负责执行的人民法院应当在执行死刑后十五日以内将执行情况，包括罪犯被执行死刑前后的照片，上报最高人民法院。

5. 死刑执行后的有关通知事项

★**最高人民法院关于适用《中华人民共和国刑事诉讼法》的解释**（2021年1月26日）（节录）

第五百一十条 执行死刑后，负责执行的人民法院应当办理以下事项：

（一）对罪犯的遗书、遗言笔录，应当及时审查；涉及财产继承、债务清偿、家事嘱托等内容的，将遗书、遗言笔录交给家属，同时复制附卷备查；涉及案件线索等问题的，抄送有关机关；

（二）通知罪犯家属在限期内领取罪犯骨灰；没有火化条件或者因民族、宗教等原因不宜火化的，通知领取尸体；过期不领取的，由人民法院通知有关单位处理，并要求有关单位出具处理情况的说明；对罪犯骨灰或者尸体的处理情况，应当记录在案；

（三）对外国籍罪犯执行死刑后，通知外国驻华使领馆的程序和时限，根据有关规定办理。

6. 检察院对死刑执行的监督

★**人民检察院刑事诉讼规则**（2019年12月30）（节录）

第六百四十七条 被判处死刑立即执行的罪犯在被执行死刑时，人民检察院应当指派检察官临场监督。

死刑执行临场监督由人民检察院负责刑事执行检察的部门承担。人民检察院派驻看守所、监狱的检察人员应当予以协助，负责捕诉的部门应当提供有关情况。

执行死刑过程中，人民检察院临场监督人员根据需要可以进行拍照、录像。执行死刑后，人民检察院临场监督人员应当检查罪犯是否确已死亡，并填写死刑执行临场监督笔录，签名后入卷归档。

★**最高人民法院、最高人民检察院、公安部、司法部关于进一步严格依法办案确保办理死刑案件质量的意见**（2007年3月9日）（节录）

46. 第一审人民法院将罪犯交付执行死刑前，应当将核准死刑的裁判文书送同级人民检察院，并在交付执行三日以前通知同级人民检察院派员临场监督。

47. 第一审人民法院在执行死刑前，发现有刑事诉讼法第二百一十一条[①]规定的情形的，应当停止执行，并且立即报告最高人民法院，由最高人民法院作

---

① 现为第二百六十二条。——编者注

出裁定。临场监督执行死刑的检察人员在执行死刑前,发现有刑事诉讼法第二百一十一条规定的情形的,应当建议人民法院停止执行。

★最高人民法院关于适用《中华人民共和国刑事诉讼法》的解释(2021年1月26日)(节录)

第五百零六条 第一审人民法院在执行死刑三日以前,应当通知同级人民检察院派员临场监督。

第二百六十四条 【死缓、无期徒刑、有期徒刑和拘役判决的执行】 罪犯被交付执行刑罚的时候,应当由交付执行的人民法院在判决生效后十日以内将有关的法律文书送达公安机关、监狱或者其他执行机关。

对被判处死刑缓期二年执行、无期徒刑、有期徒刑的罪犯,由公安机关依法将该罪犯送交监狱执行刑罚。对被判处有期徒刑的罪犯,在被交付执行刑罚前,剩余刑期在三个月以下的,由看守所代为执行。对被判处拘役的罪犯,由公安机关执行。

对未成年犯应当在未成年犯管教所执行刑罚。

执行机关应当将罪犯及时收押,并且通知罪犯家属。

判处有期徒刑、拘役的罪犯,执行期满,应当由执行机关发给释放证明书。

● 要点及关联法规

1. 送监执行手续

★最高人民法院关于适用《中华人民共和国刑事诉讼法》的解释(2021年1月26日)(节录)

第五百一十一条 被判处死刑缓期执行、无期徒刑、有期徒刑、拘役的罪犯,第一审人民法院应当在判决、裁定生效后十日以内,将判决书、裁定书、起诉书副本、自诉状复印件、执行通知书、结案登记表送达公安机关、监狱或者其他执行机关。

2. 公安机关送监执行的期限

★公安机关办理刑事案件程序规定（2020年7月20日）（节录）

第二百九十八条第一款　对被依法判处刑罚的罪犯，如果罪犯已被采取强制措施的，公安机关应当依据人民法院生效的判决书、裁定书以及执行通知书，将罪犯交付执行。

第三百条　公安机关接到人民法院生效的判处死刑缓期二年执行、无期徒刑、有期徒刑的判决书、裁定书以及执行通知书后，应当在一个月以内将罪犯送交监狱执行。

对未成年犯应当送交未成年犯管教所执行刑罚。

3. 看守所作为刑罚执行场所的规定

★公安机关办理刑事案件程序规定（2020年7月20日）（节录）

第三百零一条　对被判处有期徒刑的罪犯，在被交付执行刑罚前，剩余刑期在三个月以下的，由看守所根据人民法院的判决代为执行。

对被判处拘役的罪犯，由看守所执行。

第三百零三条　对被判处有期徒刑由看守所代为执行和被判处拘役的罪犯，执行期间如果没有再犯新罪，执行期满，看守所应当发给刑满释放证明书。

4. 暂缓送监执行情形

★最高人民法院关于适用《中华人民共和国刑事诉讼法》的解释（2021年1月26日）（节录）

第四百零八条第二款　应当送监执行的第一审刑事被告人是第二审附带民事诉讼被告人的，在第二审附带民事诉讼案件审结前，可以暂缓送监执行。

第五百一十二条　同案审理的案件中，部分被告人被判处死刑，对未被判处死刑的同案被告人需要羁押执行刑罚的，应当根据前条规定及时交付执行。但是，该同案被告人参与实施有关死刑之罪的，应当在复核讯问被判处死刑的被告人后交付执行。

第二百六十五条　【暂予监外执行的情形、决定、批准机关及程序】对被判处有期徒刑或者拘役的罪犯，有下列情形之一的，可以暂予监外执行：

（一）有严重疾病需要保外就医的；

> (二) 怀孕或者正在哺乳自己婴儿的妇女；
> (三) 生活不能自理，适用暂予监外执行不致危害社会的。
>
> 对被判处无期徒刑的罪犯，有前款第二项规定情形的，可以暂予监外执行。
>
> 对适用保外就医可能有社会危险性的罪犯，或者自伤自残的罪犯，不得保外就医。
>
> 对罪犯确有严重疾病，必须保外就医的，由省级人民政府指定的医院诊断并开具证明文件。
>
> 在交付执行前，暂予监外执行由交付执行的人民法院决定；在交付执行后，暂予监外执行由监狱或者看守所提出书面意见，报省级以上监狱管理机关或者设区的市一级以上公安机关批准。

● 要点及关联法规

1. 罪犯生活不能自理的鉴别标准

★罪犯生活不能自理鉴别标准（2016年7月26日）

前　言

根据《中华人民共和国刑事诉讼法》《全国人民代表大会常务委员会关于〈中华人民共和国刑事诉讼法〉第二百五十四条①第五款、第二百五十七条②第二款的解释》《暂予监外执行规定》制定本标准。

本标准参考了世界卫生组织《国际功能、残疾和健康分类》（International Classification of Functioning, Disability, and Health, ICF, 中文简称为《国际功能分类》）有关"自理"的国际分类以及《劳动能力鉴定职工工伤与职业病致残等级》（GB/T16180—2014）、《残疾人残疾分类与分级》（GB/T26341—2010）、《人体损伤程度鉴定标准》等。

本标准主要起草人：李永良、孙欣、徐俊波、徐洪新、李路明、徐丽英、

---

① 现为第二百六十五条。——编者注
② 现为第二百六十八条。——编者注

张冉、唐亚青、王连生、郑四龙、魏婵娟、李洁、王娟、邢东升。

罪犯生活不能自理鉴别标准

1. 范围

1.1 本标准规定了罪犯生活不能自理鉴别的原则、方法和条款。

1.2 本标准适用于罪犯在被交付执行前生活不能自理的鉴别。

2. 术语和定义

2.1 罪犯生活不能自理是指罪犯因疾病、残疾、年老体弱等原因造成身体机能下降不能自主处理自己的日常生活。包括进食、大小便、穿衣洗漱、行动（翻身、自主行动）四项内容，其中一项完全不能自主完成或者三项以上大部分不能自主完成的可以认定为生活不能自理。

2.2 生活不能自理的鉴别是指对罪犯在被交付执行前生活自理能力作出的技术性判定意见。

3. 总则

3.1 鉴别原则

依据罪犯在被交付执行前，因疾病、损伤治疗终结后遗留器官缺损、严重功能障碍或者年老体弱导致生活不能自理程度进行的综合鉴别。

3.2 生活自理范围主要包括下列四项：

1）进食：拿取食物，放入口中，咀嚼，咽下。

2）大、小便：到规定的地方，解系裤带，完成排便、排尿。用厕包括：a）蹲（坐）起；b）拭净；c）冲洗（倒掉）；d）整理衣裤。

3）穿衣：a）穿脱上身衣服；b）穿脱下身衣服。

洗漱：a）洗（擦）脸；b）刷牙；c）梳头；d）剃须。以上4项指使用放在身边的洗漱用具。e）洗澡进入浴室，完成洗澡。

4）行动：包括翻身和自主行动。a）床上翻身；b）平地行走；c）上楼梯；d）下楼梯。

3.3 生活自理影响程度：

a）完全不能自主完成：不能完成进食、大小便、穿衣洗漱、行动四项内容中任一项全过程。

b）大部分不能自主完成：能够完成进食、大小便、穿衣洗漱、行动四项内容中任一项全过程，但十分困难。

c）部分不能自主完成：完成进食、大小便、穿衣洗漱、行动四项内容中任一项全过程有困难。

4. 生活不能自理鉴别条款

4.1 智力残疾二级以上；

4.2 精神残疾二级以上；

4.3 完全感觉性或混合性失语，完全性失用或失认；

4.4 不完全失写、失读、失认、失用具有三项以上者；

4.5 偏瘫或截瘫肌力≤3级；

4.6 双手全肌瘫肌力≤3级；

4.7 双手大部分肌瘫肌力≤2级（拇指均受累）；

4.8 双足全肌瘫肌力≤2级；

4.9 中度运动障碍（非肢体瘫）；

4.10 脊柱并两个以上主要关节（肩、肘、髋、膝）强直畸形，功能丧失；

4.11 手或足部分缺失及关节功能障碍累积分值＞150；

4.12 双手部分缺失以及关节功能障碍累积分值均＞40并伴双前足以上缺失；

4.13 一手或一足缺失，另一肢体两个以上大关节功能完全丧失或达不到功能位；

4.14 双手功能完全丧失；

4.15 肩、肘、髋、膝关节之一对称性非功能位僵直；

4.16 肩、肘、髋、膝中有三个关节功能丧失或达不到功能位；

4.17 双侧前庭功能丧失，不能并足站立，睁眼行走困难；

4.18 张口困难Ⅱ度以上；

4.19 无吞咽功能；

4.20 双侧上或下颌骨完全缺失；

4.21 一侧上颌骨及对侧下颌骨完全缺失；

4.22 一侧上或下颌骨缺失，伴对侧颌面部软组织缺损大于30平方厘米；

4.23 咽喉损伤、食管闭锁或者切除术后，摄食依赖胃造口或者空肠造口；

4.24 食管重建术吻合口狭窄，仅能进流食者；

4.25 消化吸收功能丧失，完全依赖肠外营养；

4.26 肺功能中度损伤或中度低氧血症；

4.27 心功能三级以上；

4.28 大、小便失禁；

4.29 年老体弱生活不能自理；

4.30 上述条款未涉及的残疾，影响进食、大小便、穿衣洗漱、行动（翻身、自主行动）四项内容，其中一项完全不能自主完成或者三项以上大部分不能自主完成的可以认定为生活不能自理。

附录

附录A：生活不能自理程度鉴别技术基准和方法（此处略）

附录B：生活不能自理程度对照表（此处略）

2. 交付执行前监外执行的决定程序

★**最高人民法院、最高人民检察院、公安部、国家安全部、司法部、全国人大常委会法制工作委员会关于实施刑事诉讼法若干问题的规定**（2012年12月26日）（节录）

33. 刑事诉讼法第二百五十四条①第五款中规定："在交付执行前，暂予监外执行由交付执行的人民法院决定。"对于被告人可能被判处拘役、有期徒刑、无期徒刑，符合暂予监外执行条件的，被告人及其辩护人有权向人民法院提出暂予监外执行的申请，看守所可以将有关情况通报人民法院。人民法院应当进行审查，并在交付执行前作出是否暂予监外执行的决定。

★**最高人民法院关于适用《中华人民共和国刑事诉讼法》的解释**（2021年1月26日）（节录）

第五百一十五条第一款 被判处无期徒刑、有期徒刑或者拘役的罪犯，符合刑事诉讼法第二百六十五条第一款、第二款的规定，人民法院决定暂予监外执行的，应当制作暂予监外执行决定书，写明罪犯基本情况、判决确定的罪名和刑罚、决定暂予监外执行的原因、依据等。

★**全国人民代表大会常务委员会关于《中华人民共和国刑事诉讼法》第二百五十四条②第五款、第二百五十七条③第二款的解释**（2014年4月24日）（节录）

罪犯在被交付执行前，因有严重疾病、怀孕或者正在哺乳自己婴儿的妇女、生活不能自理的原因，依法提出暂予监外执行的申请的，有关病情诊断、妊娠检查和生活不能自理的鉴别，由人民法院负责组织进行。……

---

① 现为第二百六十五条。——编者注
② 现为第二百六十五条。——编者注
③ 现为第二百六十八条。——编者注

3. 暂予监外执行的罪犯禁止外出经商

★**最高人民检察院、公安部、司法部关于不允许暂予监外执行的罪犯外出经商问题的通知**（1988年7月9日）

各省、自治区、直辖市人民检察院、公安厅（局）、司法厅（局）：

据一些地方反映，近来发现有一些被准许暂予监外执行的罪犯擅自离开居住地外出经商，有的借此逃避监管，干扰了刑事判决的执行，并给社会治安管理工作带来了困难。为此，特通知如下：

一、对于暂予监外执行的罪犯、不允许离开所在住地域外出经商。被准许暂予监外执行的罪犯，因生活确有困难和谋生需要的，在不影响对其实行监督考察的情况下，经执行机关批准，可以在居住地自谋生计，家在农村的，可以就地从事一些农副业和小商品生产。

二、暂予监外执行的罪犯确因医治疾病或接受护理而离开居住地到本县、市以外地方的，必须经过执行机关批准；离开居住地到本县、市内其他地方的，由监督单位批准。经过批准外出的暂予监外执行罪犯，其外出期间应计入服刑期；对于未经批准，擅自离开居住地的，不能计入服刑期，情节严重的，要严肃处理。

三、对在押的罪犯需要准许暂予监外执行的，应当严格审查，依法办事。对暂予监外执行的罪犯，在其暂予监外执行条件消失时，应当及时收监执行。

第二百六十六条　【暂予监外执行决定或批准的检察监督】 监狱、看守所提出暂予监外执行的书面意见的，应当将书面意见的副本抄送人民检察院。人民检察院可以向决定或者批准机关提出书面意见。

● 要点及关联法规

1. 暂予监外执行工作实施细则

★**暂予监外执行规定**（2014年10月24日）

第一条　为了规范暂予监外执行工作，严格依法适用暂予监外执行，根据刑事诉讼法、监狱法等有关规定，结合刑罚执行工作实际，制定本规定。

第二条　对罪犯适用暂予监外执行，分别由下列机关决定或者批准：

（一）在交付执行前，由人民法院决定；

（二）在监狱服刑的，由监狱审查同意后提请省级以上监狱管理机关批准；

（三）在看守所服刑的，由看守所审查同意后提请设区的市一级以上公安机关批准。

对有关职务犯罪罪犯适用暂予监外执行，还应当依照有关规定逐案报请备案审查。

第三条　对暂予监外执行的罪犯，依法实行社区矫正，由其居住地的社区矫正机构负责执行。

第四条　罪犯在暂予监外执行期间的生活、医疗和护理等费用自理。

罪犯在监狱、看守所服刑期间因参加劳动致伤、致残被暂予监外执行的，其出监、出所后的医疗补助、生活困难补助等费用，由其服刑所在的监狱、看守所按照国家有关规定办理。

第五条　对被判处有期徒刑、拘役或者已经减为有期徒刑的罪犯，有下列情形之一，可以暂予监外执行：

（一）患有属于本规定所附《保外就医严重疾病范围》的严重疾病，需要保外就医的；

（二）怀孕或者正在哺乳自己婴儿的妇女；

（三）生活不能自理的。

对被判处无期徒刑的罪犯，有前款第二项规定情形的，可以暂予监外执行。

第六条　对需要保外就医或者属于生活不能自理，但适用暂予监外执行可能有社会危险性，或者自伤自残，或者不配合治疗的罪犯，不得暂予监外执行。

对职务犯罪、破坏金融管理秩序和金融诈骗犯罪、组织（领导、参加、包庇、纵容）黑社会性质组织犯罪的罪犯适用保外就医应当从严审批，对患有高血压、糖尿病、心脏病等严重疾病，但经诊断短期内没有生命危险的，不得暂予监外执行。

对在暂予监外执行期间因违法违规被收监执行或者因重新犯罪被判刑的罪犯，需要再次适用暂予监外执行的，应当从严审批。

第七条　对需要保外就医或者属于生活不能自理的累犯以及故意杀人、强奸、抢劫、绑架、放火、爆炸、投放危险物质或者有组织的暴力性犯罪的罪犯，原被判处死刑缓期二年执行或者无期徒刑的，应当在减为有期徒刑后执行有期徒刑七年以上方可适用暂予监外执行；原被判处十年以上有期徒刑的，应当执行原判刑期三分之一以上方可适用暂予监外执行。

对未成年罪犯、六十五周岁以上的罪犯、残疾人罪犯，适用前款规定可以适度从宽。

对患有本规定所附《保外就医严重疾病范围》的严重疾病，短期内有生命危险的罪犯，可以不受本条第一款规定关于执行刑期的限制。

第八条　对在监狱、看守所服刑的罪犯需要暂予监外执行的，监狱、看守所应当组织对罪犯进行病情诊断、妊娠检查或者生活不能自理的鉴别。罪犯本人或者其亲属、监护人也可以向监狱、看守所提出书面申请。

监狱、看守所对拟提请暂予监外执行的罪犯，应当核实其居住地。需要调查其对所居住社区影响的，可以委托居住地县级司法行政机关进行调查。

监狱、看守所应当向人民检察院通报有关情况。人民检察院可以派员监督有关诊断、检查和鉴别活动。

第九条　对罪犯的病情诊断或者妊娠检查，应当委托省级人民政府指定的医院进行。医院出具的病情诊断或者检查证明文件，应当由两名具有副高以上专业技术职称的医师共同作出，经主管业务院长审核签名，加盖公章，并附化验单、影像学资料和病历等有关医疗文书复印件。

对罪犯生活不能自理情况的鉴别，由监狱、看守所组织有医疗专业人员参加的鉴别小组进行。鉴别意见由组织鉴别的监狱、看守所出具，参与鉴别的人员应当签名，监狱、看守所的负责人应当签名并加盖公章。

对罪犯进行病情诊断、妊娠检查或者生活不能自理的鉴别，与罪犯有亲属关系或者其他利害关系的医师、人员应当回避。

第十条　罪犯需要保外就医的，应当由罪犯本人或者其亲属、监护人提出保证人，保证人由监狱、看守所审查确定。

罪犯没有亲属、监护人的，可以由其居住地的村（居）民委员会、原所在单位或者社区矫正机构推荐保证人。

保证人应当向监狱、看守所提交保证书。

第十一条　保证人应当同时具备下列条件：

（一）具有完全民事行为能力，愿意承担保证人义务；

（二）人身自由未受到限制；

（三）有固定的住处和收入；

（四）能够与被保证人共同居住或者居住在同一市、县。

第十二条　罪犯在暂予监外执行期间，保证人应当履行下列义务：

（一）协助社区矫正机构监督被保证人遵守法律和有关规定；

（二）发现被保证人擅自离开居住的市、县或者变更居住地，或者有违法犯罪行为，或者需要保外就医情形消失，或者被保证人死亡的，立即向社区矫正机构报告；

（三）为被保证人的治疗、护理、复查以及正常生活提供帮助；

（四）督促和协助被保证人按照规定履行定期复查病情和向社区矫正机构报告的义务。

第十三条　监狱、看守所应当就是否对罪犯提请暂予监外执行进行审议。经审议决定对罪犯提请暂予监外执行的，应当在监狱、看守所内进行公示。对病情严重必须立即保外就医的，可以不公示，但应当在保外就医后三个工作日以内在监狱、看守所内公告。

公示无异议或者经审查异议不成立的，监狱、看守所应当填写暂予监外执行审批表，连同有关诊断、检查、鉴别材料、保证人的保证书，提请省级以上监狱管理机关或者设区的市一级以上公安机关批准。已委托进行核实、调查的，还应当附县级司法行政机关出具的调查评估意见书。

监狱、看守所审议暂予监外执行前，应当将相关材料抄送人民检察院。决定提请暂予监外执行的，监狱、看守所应当将提请暂予监外执行书面意见的副本和相关材料抄送人民检察院。人民检察院可以向决定或者批准暂予监外执行的机关提出书面意见。

第十四条　批准机关应当自收到监狱、看守所提请暂予监外执行材料之日起十五个工作日以内作出决定。批准暂予监外执行的，应当在五个工作日以内将暂予监外执行决定书送达监狱、看守所，同时抄送同级人民检察院、原判人民法院和罪犯居住地社区矫正机构。暂予监外执行决定书应当上网公开。不予批准暂予监外执行的，应当在五个工作日以内将不予批准暂予监外执行决定书送达监狱、看守所。

第十五条　监狱、看守所应当向罪犯发放暂予监外执行决定书，及时为罪犯办理出监、出所相关手续。

在罪犯离开监狱、看守所之前，监狱、看守所应当核实其居住地，书面通知其居住地社区矫正机构，并对其进行出监、出所教育，书面告知其在暂予监外执行期间应当遵守的法律和有关监督管理规定。罪犯应当在告知书上签名。

第十六条　监狱、看守所应当派员持暂予监外执行决定书及有关文书材料，将罪犯押送至居住地，与社区矫正机构办理交接手续。监狱、看守所应当及时将罪犯交接情况通报人民检察院。

第十七条　对符合暂予监外执行条件的，被告人及其辩护人有权向人民法院提出暂予监外执行的申请，看守所可以将有关情况通报人民法院。对被告人、罪犯的病情诊断、妊娠检查或者生活不能自理的鉴别，由人民法院依照本规定程序组织进行。

第十八条　人民法院应当在执行刑罚的有关法律文书依法送达前,作出是否暂予监外执行的决定。

人民法院决定暂予监外执行的,应当制作暂予监外执行决定书,写明罪犯基本情况、判决确定的罪名和刑罚、决定暂予监外执行的原因、依据等,在判决生效后七日以内将暂予监外执行决定书送达看守所或者执行取保候审、监视居住的公安机关和罪犯居住地社区矫正机构,并抄送同级人民检察院。

人民法院决定不予暂予监外执行的,应当在执行刑罚的有关法律文书依法送达前,通知看守所或者执行取保候审、监视居住的公安机关,并告知同级人民检察院。监狱、看守所应当依法接收罪犯,执行刑罚。

人民法院在作出暂予监外执行决定前,应当征求人民检察院的意见。

第十九条　人民法院决定暂予监外执行,罪犯被羁押的,应当通知罪犯居住地社区矫正机构,社区矫正机构应当派员持暂予监外执行决定书及时与看守所办理交接手续,接收罪犯档案;罪犯被取保候审、监视居住的,由社区矫正机构与执行取保候审、监视居住的公安机关办理交接手续。

第二十条　罪犯原服刑地与居住地不在同一省、自治区、直辖市,需要回居住地暂予监外执行的,原服刑地的省级以上监狱管理机关或者设区的市一级以上公安机关监所管理部门应当书面通知罪犯居住地的监狱管理机关、公安机关监所管理部门,由其指定一所监狱、看守所接收罪犯档案,负责办理罪犯收监、刑满释放等手续,并及时书面通知罪犯居住地社区矫正机构。

第二十一条　社区矫正机构应当及时掌握暂予监外执行罪犯的身体状况以及疾病治疗等情况,每三个月审查保外就医罪犯的病情复查情况,并根据需要向批准、决定机关或者有关监狱、看守所反馈情况。

第二十二条　罪犯在暂予监外执行期间因犯新罪或者发现判决宣告以前还有其他罪没有判决的,侦查机关应当在对罪犯采取强制措施后二十四小时以内,将有关情况通知罪犯居住地社区矫正机构;人民法院应当在判决、裁定生效后,及时将判决、裁定的结果通知罪犯居住地社区矫正机构和罪犯原服刑或者接收其档案的监狱、看守所。

罪犯按前款规定被判处监禁刑罚后,应当由原服刑的监狱、看守所收监执行;原服刑的监狱、看守所与接收其档案的监狱、看守所不一致的,应当由接收其档案的监狱、看守所收监执行。

第二十三条　社区矫正机构发现暂予监外执行罪犯依法应予收监执行的,应当提出收监执行的建议,经县级司法行政机关审核同意后,报决定或者批准机关。决定或者批准机关应当进行审查，作出收监执行决定的，将有关的法律文书送达罪犯居住地县级司法行政机关和原服刑或者接收其档案的监狱、看守所，并抄送同级人民检察院、公安机关和原判人民法院。

人民检察院发现暂予监外执行罪犯依法应予收监执行而未收监执行的，由决定或者批准机关同级的人民检察院向决定或者批准机关提出收监执行的检察建议。

第二十四条　人民法院对暂予监外执行罪犯决定收监执行的，决定暂予监外执行时剩余刑期在三个月以下的，由居住地公安机关送交看守所收监执行；决定暂予监外执行时剩余刑期在三个月以上的，由居住地公安机关送交监狱收监执行。

监狱管理机关对暂予监外执行罪犯决定收监执行的，原服刑或者接收其档案的监狱应当立即赴羁押地将罪犯收监执行。

公安机关对暂予监外执行罪犯决定收监执行的，由罪犯居住地看守所将罪犯收监执行。

监狱、看守所将罪犯收监执行后，应当将收监执行的情况报告决定或者批准机关，并告知罪犯居住地县级人民检察院和原判人民法院。

第二十五条　被决定收监执行的罪犯在逃的，由罪犯居住地县级公安机关负责追捕。公安机关将罪犯抓捕后，依法送交监狱、看守所执行刑罚。

第二十六条　被收监执行的罪犯有法律规定的不计入执行刑期情形的，社区矫正机构应当在收监执行建议书中说明情况，并附有关证明材料。批准机关进行审核后，应当及时通知监狱、看守所向所在地的中级人民法院提出不计入执行刑期的建议书。人民法院应当自收到建议书之日起一个月以内依法对罪犯的刑期重新计算作出裁定。

人民法院决定暂予监外执行的，在决定收监执行的同时应当确定不计入刑期的期间。

人民法院应当将有关的法律文书送达监狱、看守所，同时抄送同级人民检察院。

第二十七条　罪犯暂予监外执行后，刑期即将届满的，社区矫正机构应当在罪犯刑期届满前一个月以内，书面通知罪犯原服刑或者接收其档案的监狱、看守所按期办理刑满释放手续。

人民法院决定暂予监外执行罪犯刑期届满的，社区矫正机构应当及时解除社区矫正，向其发放解除社区矫正证明书，并将有关情况通报原判人民法院。

第二十八条　罪犯在暂予监外执行期间死亡的，社区矫正机构应当自发现之日起五日以内,书面通知决定或者批准机关,并将有关死亡证明材料送达罪犯原服刑或者接收其档案的监狱、看守所,同时抄送罪犯居住地同级人民检察院。

第二十九条 人民检察院发现暂予监外执行的决定或者批准机关、监狱、看守所、社区矫正机构有违法情形的,应当依法提出纠正意见。

第三十条 人民检察院认为暂予监外执行不当的,应当自接到决定书之日起一个月以内将书面意见送交决定或者批准暂予监外执行的机关,决定或者批准暂予监外执行的机关接到人民检察院的书面意见后,应当立即对该决定进行重新核查。

第三十一条 人民检察院可以向有关机关、单位调阅有关材料、档案,可以调查、核实有关情况,有关机关、单位和人员应当予以配合。

人民检察院认为必要时,可以自行组织或者要求人民法院、监狱、看守所对罪犯重新组织进行诊断、检查或者鉴别。

第三十二条 在暂予监外执行执法工作中,司法工作人员或者从事诊断、检查、鉴别等工作的相关人员有玩忽职守、徇私舞弊、滥用职权等违法违纪行为的,依法给予相应的处分;构成犯罪的,依法追究刑事责任。

第三十三条 本规定所称生活不能自理,是指罪犯因患病、身体残疾或者年老体弱,日常生活行为需要他人协助才能完成的情形。

生活不能自理的鉴别参照《劳动能力鉴定—职工工伤与职业病致残等级分级》(GB/T16180—2006)执行。进食、翻身、大小便、穿衣洗漱、自主行动等五项日常生活行为中有三项需要他人协助才能完成,且经过六个月以上治疗、护理和观察,自理能力不能恢复的,可以认定为生活不能自理。六十五周岁以上的罪犯,上述五项日常生活行为有一项需要他人协助才能完成即可视为生活不能自理。

第三十四条 本规定自2014年12月1日起施行。最高人民检察院、公安部、司法部1990年12月31日发布的《罪犯保外就医执行办法》同时废止。

附件:保外就医严重疾病范围(略)

★最高人民法院、最高人民检察院、公安部、司法部关于进一步加强社区矫正工作衔接配合管理的意见(2016年8月30日)(节录)

4. 人民法院在作出暂予监外执行决定前征求人民检察院意见时,应当附罪犯的病情诊断、妊娠检查或者生活不能自理的鉴别意见等有关材料。

2. 监狱办理暂予监外执行的程序规定

★监狱暂予监外执行程序规定（2016年8月22日）

第一章 总 则

第一条 为规范监狱办理暂予监外执行工作程序，根据《中华人民共和国刑事诉讼法》、《中华人民共和国监狱法》、《暂予监外执行规定》等有关规定，结合刑罚执行工作实际，制定本规定。

第二条 监狱办理暂予监外执行，应当遵循依法、公开、公平、公正的原则，严格实行办案责任制。

第三条 省、自治区、直辖市监狱管理局与监狱分别成立暂予监外执行评审委员会，由局长和监狱长任主任，分管暂予监外执行工作的副局长和副监狱长任副主任，刑罚执行、狱政管理、教育改造、狱内侦查、生活卫生、劳动改造等有关部门负责人为成员，监狱管理局、监狱暂予监外执行评审委员会成员不得少于9人。

监狱成立罪犯生活不能自理鉴别小组，由监狱长任组长，分管暂予监外执行工作的副监狱长任副组长，刑罚执行、狱政管理、生活卫生等部门负责人及2名以上医疗专业人员为成员，对因生活不能自理需要办理暂予监外执行的罪犯进行鉴别，鉴别小组成员不得少于7人。

第四条 监狱办理暂予监外执行，应当由监区人民警察集体研究，监区长办公会议审核，监狱刑罚执行部门审查，监狱暂予监外执行评审委员会评审，监狱长办公会议决定。

省、自治区、直辖市监狱管理局刑罚执行部门审查监狱依法定程序提请的暂予监外执行建议并出具意见，报请局长召集暂予监外执行评审委员会审核，必要时可以召开局长办公会议决定。

第五条 违反法律规定和本规定办理暂予监外执行，涉嫌违纪的，依照有关处分规定追究相关人员责任；涉嫌犯罪的，移送司法机关追究刑事责任。

第二章 暂予监外执行的诊断、检查、鉴别程序

第六条 对在监狱服刑的罪犯需要暂予监外执行的，监狱应当组织对罪犯进行病情诊断、妊娠检查或者生活不能自理的鉴别。罪犯本人或者其亲属、监护人也可以向监狱提出书面申请。

第七条 监狱组织诊断、检查或者鉴别，应当由监区提出意见，经监狱刑

罚执行部门审查，报分管副监狱长批准后进行诊断、检查或者鉴别。

对于患有严重疾病或者怀孕需要暂予监外执行的罪犯，委托省级人民政府指定的医院进行病情诊断或者妊娠检查。

对于生活不能自理需要暂予监外执行的罪犯，由监狱罪犯生活不能自理鉴别小组进行鉴别。

第八条 对罪犯的病情诊断或妊娠检查证明文件，应当由两名具有副高以上专业技术职称的医师共同作出，经主管业务院长审核签名，加盖公章，并附化验单、影像学资料和病历等有关医疗文书复印件。

第九条 对于生活不能自理的鉴别，应当由监狱罪犯生活不能自理鉴别小组审查下列事项：

（一）调取并核查罪犯经六个月以上治疗、护理和观察，生活自理能力仍不能恢复的材料；

（二）查阅罪犯健康档案及相关材料；

（三）询问主管人民警察，并形成书面材料；

（四）询问护理人员及其同一监区2名以上罪犯，并形成询问笔录；

（五）对罪犯进行现场考察，观察其日常生活行为，并形成现场考察书面材料；

（六）其他能够证明罪犯生活不能自理的相关材料。

审查结束后，鉴别小组应当及时出具意见并填写《罪犯生活不能自理鉴别书》，经鉴别小组成员签名以后，报监狱长审核签名，加盖监狱公章。

第十条 监狱应当向人民检察院通报对罪犯进行病情诊断、妊娠检查和生活不能自理鉴别工作情况。人民检察院可以派员监督。

第三章 暂予监外执行的提请程序

第十一条 罪犯需要保外就医的，应当由罪犯本人或其亲属、监护人提出保证人。无亲属、监护人的，可以由罪犯居住地的村（居）委会、原所在单位或者县级司法行政机关社区矫正机构推荐保证人。监狱刑罚执行部门对保证人的资格进行审查，填写《保证人资格审查表》，并告知保证人在罪犯暂予监外执行期间应当履行的义务，由保证人签署《暂予监外执行保证书》。

第十二条 对符合办理暂予监外执行条件的罪犯，监区人民警察应当集体研究，提出提请暂予监外执行建议，经监区长办公会议审核同意后，报送监狱刑罚执行部门审查。

第十三条 监区提出提请暂予监外执行建议的，应当报送下列材料：

（一）《暂予监外执行审批表》；

（二）终审法院裁判文书、执行通知书、历次刑罚变更执行法律文书；

（三）《罪犯病情诊断书》、《罪犯妊娠检查书》及相关诊断、检查的医疗文书复印件，《罪犯生活不能自理鉴别书》及有关证明罪犯生活不能自理的治疗、护理和现场考察、询问笔录等材料；

（四）监区长办公会议记录；

（五）《保证人资格审查表》、《暂予监外执行保证书》及相关材料。

第十四条　监狱刑罚执行部门收到监区对罪犯提请暂予监外执行的材料后，应当就下列事项进行审查：

（一）提交的材料是否齐全、完备、规范；

（二）罪犯是否符合法定暂予监外执行的条件；

（三）提请暂予监外执行的程序是否符合规定。

经审查，对材料不齐全或者不符合提请条件的，应当通知监区补充有关材料或者退回；对相关材料有疑义的，应当进行核查。对材料齐全、符合提请条件的，应当出具审查意见，由科室负责人在《暂予监外执行审批表》上签署意见，连同监区报送的材料一并提交监狱暂予监外执行评审委员会评审。

第十五条　监狱刑罚执行部门应当核实暂予监外执行罪犯拟居住地，对需要调查评估其对所居住社区影响或核实保证人具保条件的，填写《拟暂予监外执行罪犯调查评估委托函》，附带原刑事判决书、减刑裁定书复印件以及罪犯在服刑期间表现情况材料，委托居住地县级司法行政机关进行调查，并出具调查评估意见书。

第十六条　监狱暂予监外执行评审委员会应当召开会议，对刑罚执行部门审查提交的提请暂予监外执行意见进行评审，提出评审意见。

监狱可以邀请人民检察院派员列席监狱暂予监外执行评审委员会会议。

第十七条　监狱暂予监外执行评审委员会评审后同意对罪犯提请暂予监外执行的，应当在监狱内进行公示。公示内容应当包括罪犯的姓名、原判罪名及刑期、暂予监外执行依据等。

公示期限为三个工作日。公示期内，罪犯对公示内容提出异议的，监狱暂予监外执行评审委员会应当进行复核，并告知其复核结果。

对病情严重必须立即保外就医的，可以不公示，但应当在保外就医后三个工作日内在监狱公告。

第十八条　公示无异议或者经复核异议不成立的，监狱应当将提请暂予监外执行相关材料送人民检察院征求意见。

征求意见后，监狱刑罚执行部门应当将监狱暂予监外执行评审委员会暂予监外执行建议和评审意见连同人民检察院意见，一并报请监狱长办公会议审议。

监狱对人民检察院意见未予采纳的，应当予以回复，并说明理由。

第十九条 监狱长办公会议决定提请暂予监外执行的，由监狱长在《暂予监外执行审批表》上签署意见，加盖监狱公章，并将有关材料报送省、自治区、直辖市监狱管理局。

人民检察院对提请暂予监外执行提出的检察意见，监狱应当一并移送办理暂予监外执行的省、自治区、直辖市监狱管理局。

决定提请暂予监外执行的，监狱应当将提请暂予监外执行书面意见的副本和相关材料抄送人民检察院。

第二十条 监狱决定提请暂予监外执行的，应当向省、自治区、直辖市监狱管理局提交提请暂予监外执行书面意见及下列材料：

（一）《暂予监外执行审批表》；

（二）终审法院裁判文书、执行通知书、历次刑罚变更执行法律文书；

（三）《罪犯病情诊断书》、《罪犯妊娠检查书》及相关诊断、检查的医疗文书复印件，《罪犯生活不能自理鉴别书》及有关证明罪犯生活不能自理的治疗、护理和现场考察、询问笔录等材料；

（四）监区长办公会议、监狱评审委员会会议、监狱长办公会议记录；

（五）《保证人资格审查表》、《暂予监外执行保证书》及相关材料；

（六）公示情况；

（七）根据案件情况需要提交的其他材料。

已委托县级司法行政机关进行核实、调查的，应当将调查评估意见书一并报送。

第四章 暂予监外执行的审批程序

第二十一条 省、自治区、直辖市监狱管理局收到监狱报送的提请暂予监外执行的材料后，应当进行审查。

对病情诊断、妊娠检查或者生活不能自理情况的鉴别是否符合暂予监外执行条件，由生活卫生部门进行审查；对上报材料是否符合法定条件、法定程序及材料的完整性等，由刑罚执行部门进行审查。

审查中发现监狱报送的材料不齐全或者有疑义的，刑罚执行部门应当通知监狱补交有关材料或者作出说明，必要时可派员进行核实；对诊断、检查、鉴别有疑议的，生活卫生部门应当组织进行补充鉴定或者重新鉴定。

审查无误后，应当由刑罚执行部门出具审查意见，报请局长召集评审委员会进行审核。

第二十二条　监狱管理局局长认为案件重大或者有其他特殊情况的，可以召开局长办公会议审议决定。

监狱管理局对罪犯办理暂予监外执行作出决定的，由局长在《暂予监外执行审批表》上签署意见，加盖监狱管理局公章。

第二十三条　对于病情严重需要立即保外就医的，省、自治区、直辖市监狱管理局收到监狱报送的提请暂予监外执行材料后，应当由刑罚执行部门、生活卫生部门审查，报经分管副局长审核后报局长决定，并在罪犯保外就医后三日内召开暂予监外执行评审委员会予以确认。

第二十四条　监狱管理局应当自收到监狱提请暂予监外执行材料之日起十五个工作日内作出决定。

批准暂予监外执行的，应当在五个工作日内，将《暂予监外执行决定书》送达监狱，同时抄送同级人民检察院、原判人民法院和罪犯居住地县级司法行政机关社区矫正机构。

不予批准暂予监外执行的，应当在五个工作日内将《不予批准暂予监外执行决定书》送达监狱。

人民检察院认为暂予监外执行不当提出书面意见的，监狱管理局应当在接到书面意见后十五日内对决定进行重新核查，并将核查结果书面回复人民检察院。

第二十五条　监狱管理局批准暂予监外执行的，应当在十个工作日内，将暂予监外执行决定上网公开。

第五章　暂予监外执行的交付程序

第二十六条　省、自治区、直辖市监狱管理局批准暂予监外执行后，监狱应当核实罪犯居住地，书面通知罪犯居住地县级司法行政机关社区矫正机构并协商确定交付时间，对罪犯进行出监教育，书面告知罪犯在暂予监外执行期间应当遵守的法律和有关监督管理规定。

罪犯应当在《暂予监外执行告知书》上签名，如果因特殊原因无法签名的，可由其保证人代为签名。

监狱将《暂予监外执行告知书》连同《暂予监外执行决定书》交予罪犯本人或保证人。

第二十七条　监狱应当派员持《暂予监外执行决定书》及有关文书材料，将罪犯押送至居住地，与县级司法行政机关社区矫正机构办理交接手续。

罪犯因病情严重需要送入居住地的医院救治的，监狱可与居住地县级司法行政机关协商确定在居住地的医院交付并办理交接手续，暂予监外执行罪犯的保证人应当到场。

罪犯交付执行后，监狱应当在五个工作日内将罪犯交接情况通报人民检察院。

第二十八条 罪犯原服刑地与居住地不在同一省、自治区、直辖市，需要回居住地暂予监外执行的，监狱应当及时办理出监手续并将交接情况通报罪犯居住地的监狱管理局，原服刑地的监狱管理局应当自批准暂予监外执行三个工作日内将《罪犯档案转递函》、《暂予监外执行决定书》以及罪犯档案等材料送达罪犯居住地的监狱管理局。

罪犯居住地的监狱管理局应当在十个工作日内指定一所监狱接收罪犯档案，负责办理该罪犯的收监、刑满释放等手续，并书面通知罪犯居住地县级司法行政机关社区矫正机构。

第六章 暂予监外执行的收监和释放程序

第二十九条 对经县级司法行政机关审核同意的社区矫正机构提出的收监建议，批准暂予监外执行的监狱管理局应当进行审查。

决定收监执行的，将《暂予监外执行收监决定书》送达罪犯居住地县级司法行政机关和原服刑或接收其档案的监狱，并抄送同级人民检察院、公安机关和原判人民法院。

第三十条 监狱收到《暂予监外执行收监决定书》后，应当立即赴羁押地将罪犯收监执行，并将《暂予监外执行收监决定书》交予罪犯本人。

罪犯收监后，监狱应当将收监执行的情况报告批准收监执行的监狱管理局，并告知罪犯居住地县级人民检察院和原判人民法院。

被决定收监执行的罪犯在逃的，由罪犯居住地县级司法行政机关通知罪犯居住地县级公安机关负责追捕。

第三十一条 被收监执行的罪犯有法律规定的不计入执行刑期情形的，县级司法行政机关社区矫正机构应当在收监执行建议书中说明情况，并附有关证明材料。

监狱管理局应当对前款材料进行审核，对材料不齐全的，应当通知县级司法行政机关社区矫正机构在五个工作日内补送；对不符合法律规定的不计入执行刑期情形的或者逾期未补送材料的，应当将结果告知县级司法行政机关社区矫正机构；对材料齐全、符合法律规定的不计入执行刑期情形的，应当通知监狱向所在地中级人民法院提出不计入刑期的建议书。

第三十二条　暂予监外执行罪犯刑期即将届满的，监狱收到县级司法行政机关社区矫正机构书面通知后，应当按期办理刑满释放手续。

第三十三条　罪犯在暂予监外执行期间死亡的，县级司法行政机关社区矫正机构应当自发现其死亡之日起五日以内，书面通知批准暂予监外执行的监狱管理局，并将有关死亡证明材料送达该罪犯原服刑或者接收其档案的监狱，同时抄送罪犯居住地同级人民检察院。

第七章　附　则

第三十四条　监区人民警察集体研究会议、监区长办公会议、监狱暂予监外执行评审委员会会议、监狱长办公会议、监狱管理局暂予监外执行评审委员会会议、监狱管理局局长办公会议的记录和本规定第二十条规定的材料，应当存入档案并永久保存。会议记录应当载明不同意见，并由与会人员签名。

第三十五条　监狱办理职务犯罪罪犯暂予监外执行案件，应当按照有关规定报请备案审查。

第三十六条　司法部直属监狱办理暂予监外执行工作程序，参照本规定办理。

第三十七条　本规定自2016年10月1日起施行。

第二百六十七条　【对暂予监外执行决定的监督】决定或者批准暂予监外执行的机关应当将暂予监外执行决定抄送人民检察院。人民检察院认为暂予监外执行不当的，应当自接到通知之日起一个月以内将书面意见送交决定或者批准暂予监外执行的机关，决定或者批准暂予监外执行的机关接到人民检察院的书面意见后，应当立即对该决定进行重新核查。

● 要点及关联法规

检察院对于监外执行的监督

★人民检察院刑事诉讼规则（2019年12月30日）（节录）

第三节　减刑、假释、暂予监外执行监督

第六百二十九条　人民检察院发现人民法院、监狱、看守所、公安机关暂予监外执行的活动具有下列情形之一的，应当依法提出纠正意见：

（一）将不符合法定条件的罪犯提请、决定暂予监外执行的；

（二）提请、决定暂予监外执行的程序违反法律规定或者没有完备的合法手续，或者对于需要保外就医的罪犯没有省级人民政府指定医院的诊断证明和开具的证明文件的；

（三）监狱、看守所提出暂予监外执行书面意见，没有同时将书面意见副本抄送人民检察院的；

（四）罪犯被决定或者批准暂予监外执行后，未依法交付罪犯居住地社区矫正机构实行社区矫正的；

（五）对符合暂予监外执行条件的罪犯没有依法提请暂予监外执行的；

（六）人民法院在作出暂予监外执行决定前，没有依法征求人民检察院意见的；

（七）发现罪犯不符合暂予监外执行条件，在暂予监外执行期间严重违反暂予监外执行监督管理规定，或者暂予监外执行的条件消失且刑期未满，应当收监执行而未及时收监执行的；

（八）人民法院决定将暂予监外执行的罪犯收监执行，并将有关法律文书送达公安机关、监狱、看守所后，监狱、看守所未及时收监执行的；

（九）对不符合暂予监外执行条件的罪犯通过贿赂、欺骗等非法手段被暂予监外执行以及在暂予监外执行期间脱逃的罪犯，监狱、看守所未建议人民法院将其监外执行期间、脱逃期间不计入执行刑期或者对罪犯执行刑期计算的建议违法、不当的；

（十）暂予监外执行的罪犯刑期届满，未及时办理释放手续的；

（十一）其他违法情形。

第六百三十条 人民检察院收到监狱、看守所抄送的暂予监外执行书面意见副本后，应当逐案进行审查，发现罪犯不符合暂予监外执行法定条件或者提请暂予监外执行违反法定程序的，应当在十日以内报经检察长批准，向决定或者批准机关提出书面检察意见，同时抄送执行机关。

第六百三十一条 人民检察院接到决定或者批准机关抄送的暂予监外执行决定书后，应当及时审查下列内容：

（一）是否属于被判处有期徒刑或者拘役的罪犯；

（二）是否属于有严重疾病需要保外就医的罪犯；

（三）是否属于怀孕或者正在哺乳自己婴儿的妇女；

（四）是否属于生活不能自理，适用暂予监外执行不致危害社会的罪犯；

（五）是否属于适用保外就医可能有社会危险性的罪犯，或者自伤自残的罪犯；

（六）决定或者批准机关是否符合刑事诉讼法第二百六十五条第五款的规定；

（七）办理暂予监外执行是否符合法定程序。

第六百三十二条　人民检察院经审查认为暂予监外执行不当的，应当自接到通知之日起一个月以内，向决定或者批准暂予监外执行的机关提出纠正意见。下级人民检察院认为暂予监外执行不当的，应当立即层报决定或者批准暂予监外执行的机关的同级人民检察院，由其决定是否向决定或者批准暂予监外执行的机关提出纠正意见。

第六百三十三条　人民检察院向决定或者批准暂予监外执行的机关提出不同意暂予监外执行的书面意见后，应当监督其对决定或者批准暂予监外执行的结果进行重新核查，并监督重新核查的结果是否符合法律规定。对核查不符合法律规定的，应当依法提出纠正意见，并向上一级人民检察院报告。

第六百三十四条　对于暂予监外执行的罪犯，人民检察院发现罪犯不符合暂予监外执行条件、严重违反有关暂予监外执行的监督管理规定或者暂予监外执行的情形消失而罪犯刑期未满的，应当通知执行机关收监执行，或者建议决定或者批准暂予监外执行的机关作出收监执行决定。

★人民检察院监外执行检察办法（2008年3月23日）（节录）

第一章　总　　则

第一条　为规范监外执行检察工作，根据《中华人民共和国刑法》、《中华人民共和国刑事诉讼法》等法律规定，结合监外执行检察工作实际，制定本办法。

第二条　人民检察院监外执行检察的任务是：保证国家法律法规在刑罚执行活动中的正确实施，维护监外执行罪犯合法权益，维护社会和谐稳定。

第三条　人民检察院监外执行检察的职责是：

（一）对人民法院、监狱、看守所交付执行活动是否合法实行监督；

（二）对公安机关监督管理监外执行罪犯活动是否合法实行监督；

（三）对公安机关、人民法院、监狱、看守所变更执行活动是否合法实行监督；

（四）对监外执行活动中发生的职务犯罪案件进行侦查，开展职务犯罪预防工作；

（五）其他依法应当行使的监督职责。

第四条　人民检察院在监外执行检察工作中，应当坚持依法独立行使检察权，坚持以事实为根据、以法律为准绳。

检察人员履行法律监督职责，应当严格遵守法律，恪守检察职业道德，忠于职守，清正廉洁；应当坚持原则，讲究方法，注重实效。

第二章　交付执行检察

第五条　交付执行检察的内容：

（一）人民法院、监狱、看守所交付执行活动是否符合有关法律规定；

（二）人民法院、监狱、看守所交付执行的相关法律手续是否完备；

（三）人民法院、监狱、看守所交付执行是否及时。

第六条　交付执行检察的方法：

（一）监所检察部门收到本院公诉部门移送的人民法院判处管制、独立适用剥夺政治权利、宣告缓刑、决定暂予监外执行的法律文书后，应当认真审查并登记，掌握人民法院交付执行的情况；

（二）通过对人民检察院派驻监狱、看守所检察机构的《监外执行罪犯出监（所）告知表》内容进行登记，掌握监狱、看守所向执行地公安机关交付执行被裁定假释、批准暂予监外执行以及刑满释放仍需执行附加剥夺政治权利的罪犯情况；

（三）向执行地公安机关了解核查监外执行罪犯的有关法律文书送达以及监外执行罪犯报到等情况。

第七条　发现在交付执行活动中有下列情形的，应当及时提出纠正意见：

（一）人民法院、监狱、看守所没有向执行地公安机关送达监外执行罪犯有关法律文书或者送达的法律文书不齐全的；

（二）监狱没有派员将暂予监外执行罪犯押送至执行地公安机关的；

（三）人民法院、监狱、看守所没有将监外执行罪犯的有关法律文书抄送人民检察院的；

（四）人民法院、监狱、看守所因交付执行不及时等原因造成监外执行罪犯漏管的；

（五）其他违反交付执行规定的。

第八条　县、市、区人民检察院对辖区内的监外执行罪犯，应当逐一填写《罪犯监外执行情况检察台账》，并记录有关检察情况。

第三章 监管活动检察

第九条 监管活动检察的内容：
（一）公安机关监督管理监外执行罪犯活动是否符合有关法律规定；
（二）监外执行罪犯是否发生脱管现象；
（三）监外执行罪犯的合法权益是否得到保障。

第十条 监管活动检察的方法：
（一）查阅公安机关监外执行罪犯监督管理档案；
（二）向协助公安机关监督考察监外执行罪犯的单位和基层组织了解、核实有关情况；
（三）与监外执行罪犯及其亲属谈话，了解情况，听取意见。

第十一条 发现公安机关在监管活动中有下列情形的，应当及时提出纠正意见：
（一）没有建立监外执行罪犯监管档案和组织的；
（二）没有向监外执行罪犯告知应当遵守的各项规定的；
（三）监外执行罪犯迁居，迁出地公安机关没有移送监督考察档案，迁入地公安机关没有接续监管的；
（四）对监外执行罪犯违法或者重新犯罪，没有依法予以治安处罚或者追究刑事责任的；
（五）公安民警对监外执行罪犯有打骂体罚、侮辱人格等侵害合法权益行为的；
（六）公安机关没有及时向人民检察院通报对监外执行罪犯的监督管理情况的；
（七）其他违反监督管理规定的。

第十二条 人民检察院监所检察部门应当与公安机关、人民法院的有关部门建立联席会议制度，及时通报有关情况，分析交付执行、监督管理活动和检察监督中存在的问题，研究改进工作的措施。联席会议可每半年召开一次，必要时可以随时召开。

第四章 变更执行检察

第一节 收监执行检察

第十三条 收监执行检察的内容：

（一）公安机关撤销缓刑、假释的建议和对暂予监外执行罪犯的收监执行是否符合有关法律规定；

（二）人民法院撤销缓刑、假释裁定是否符合有关法律规定；

（三）监狱、看守所收监执行活动是否符合有关法律规定。

第十四条　收监执行检察的方法：

（一）查阅公安机关记录缓刑、假释、暂予监外执行罪犯违法违规情况的相关材料；

（二）向与缓刑、假释、暂予监外执行罪犯监管有关的单位、基层组织了解有关情况；

（三）必要时可以与违法违规的缓刑、假释、暂予监外执行罪犯谈话，了解情况。

第十五条　发现在收监执行活动中有下列情形的，应当及时提出纠正意见：

（一）公安机关对缓刑罪犯在考验期内违反法律、行政法规或者公安部门监督管理规定，情节严重，没有及时向人民法院提出撤销缓刑建议的；

（二）公安机关对假释罪犯在考验期内违反法律、行政法规或者公安部门监督管理规定，尚未构成新的犯罪，没有及时向人民法院提出撤销假释建议的；

（三）原作出缓刑、假释裁判的人民法院收到公安机关提出的撤销缓刑、假释的建议书后没有依法作出裁定的；

（四）公安机关对人民法院裁定撤销缓刑、假释的罪犯，没有及时送交监狱或者看守所收监执行的；

（五）公安机关对具有下列情形之一的暂予监外执行罪犯，没有及时通知监狱、看守所收监执行的：

1. 未经公安机关批准擅自外出，应当收监执行的；
2. 骗取保外就医的；
3. 以自伤、自残、欺骗等手段故意拖延保外就医时间的；
4. 办理保外就医后无故不就医的；
5. 违反监督管理规定经教育不改的；
6. 暂予监外执行条件消失且刑期未满的。

（六）监狱、看守所收到公安机关对暂予监外执行罪犯的收监执行通知后，没有及时收监执行的；

（七）不应当收监执行而收监执行的；

（八）其他违反收监执行规定的。

第二节 减刑检察

第十六条 减刑检察的内容：

（一）提请、裁定减刑罪犯是否符合法律规定条件；

（二）提请、裁定减刑的程序是否符合法律和有关规定；

（三）对依法应当减刑的罪犯是否提请、裁定减刑。

第十七条 减刑检察的方法：

（一）查阅被提请减刑罪犯的案卷材料；

（二）向有关人员了解被提请减刑罪犯的表现等情况；

（三）必要时向提请、裁定减刑的机关了解有关情况。

第十八条 本办法对管制、缓刑罪犯的减刑检察的未尽事项，参照《人民检察院监狱检察办法》第三章刑罚变更执行检察的有关规定执行。

第十九条 县、市、区人民检察院监所检察部门应当将提请、裁定减刑检察活动情况，填入《监外执行罪犯减刑情况登记表》。

第五章 终止执行检察

第二十条 终止执行检察的内容：

（一）终止执行的罪犯是否符合法律规定条件；

（二）终止执行的程序是否合法，是否具备相关手续。

第二十一条 终止执行检察的方法：

（一）查阅刑事判决（裁定）书等法律文书中所确定的监外执行罪犯的刑期、考验期；

（二）了解公安机关对终止执行罪犯的释放、解除等情况；

（三）与刑期、考验期届满的罪犯谈话，了解情况，听取意见。

第二十二条 发现在终止执行活动中有下列情形的，应当及时提出纠正意见：

（一）公安机关对执行期满的管制罪犯，没有按期宣布解除并发给《解除管制通知书》的；

（二）公安机关对执行期满的剥夺政治权利罪犯，没有按期向其本人和所在单位、居住地群众宣布恢复其政治权利的；

（三）公安机关对考验期满的缓刑、假释罪犯没有按期予以公开宣告的；

（四）公安机关对刑期届满的暂予监外执行罪犯没有通报监狱的；监狱对刑期届满的暂予监外执行罪犯没有办理释放手续的；

（五）公安机关对死亡的监外执行罪犯，没有及时向原判人民法院或者原关押监狱、看守所通报的；

（六）公安机关、人民法院、监狱、看守所对刑期、考验期限未满的罪犯提前释放、解除、宣告的；

（七）其他违反终止执行规定的。

第六章 纠正违法和检察建议

第二十三条 纠正违法的程序：

（一）监所检察人员发现轻微违法情况，可以当场提出口头纠正意见，并及时向监所检察部门负责人报告，填写《检察纠正违法情况登记表》；

（二）监所检察部门发现严重违法情况，或者在提出口头纠正意见后被监督单位七日内未予纠正且不说明理由的，应当报经本院检察长批准，及时发出《纠正违法通知书》；

（三）人民检察院发出《纠正违法通知书》后十五日内，被监督单位仍未纠正或者回复意见的，应当及时向上一级人民检察院报告。

对严重违法情况，监所检察部门应当填写《严重违法情况登记表》，向上一级人民检察院监所检察部门报送并续报检察纠正情况。

第二十四条 被监督单位对人民检察院的纠正违法意见书面提出异议的，人民检察院应当复议。被监督单位对于复议结论仍然提出异议的，由上一级人民检察院复核。

第二十五条 发现对于监外执行罪犯的交付执行、监督管理活动中存在执法不规范、管理不严格等可能导致执法不公等苗头性、倾向性问题的，应当报经本院检察长批准，向有关单位提出检察建议。

第七章 其它规定

第二十六条 人民检察院开展监外执行检察工作，可以采取定期与不定期检察，全面检察与重点检察，会同有关部门联合检查等方式进行。

县、市、区人民检察院在监外执行检察工作中，每半年至少开展一次全面检察。

第二十七条 检察人员在工作中，故意违反法律和有关规定，或者严重不负责任，造成严重后果的，应当追究法律责任、纪律责任。

第二十八条 人民检察院监外执行检察工作实行"一账三表"的检察业务登记制度。"一账三表"是指《罪犯监外执行情况检察台账》、《检察纠正违法情况登记表》、《严重违法情况登记表》、《监外执行罪犯减刑情况登记表》。

监所检察部门登记"一账三表",应当按照"微机联网、动态监督"的要求,实现办公自动化管理。

★最高人民法院关于适用《中华人民共和国刑事诉讼法》的解释(2021年1月26日)(节录)

第五百一十五条 被判处无期徒刑、有期徒刑或者拘役的罪犯,符合刑事诉讼法第二百六十五条第一款、第二款的规定,人民法院决定暂予监外执行的,应当制作暂予监外执行决定书,写明罪犯基本情况、判决确定的罪名和刑罚、决定暂予监外执行的原因、依据等。

人民法院在作出暂予监外执行决定前,应当征求人民检察院的意见。

人民检察院认为人民法院的暂予监外执行决定不当,在法定期限内提出书面意见的,人民法院应当立即对该决定重新核查,并在一个月以内作出决定。

对暂予监外执行的罪犯,适用本解释第五百一十九条的有关规定,依法实行社区矫正。

人民法院决定暂予监外执行的,由看守所或者执行取保候审、监视居住的公安机关自收到决定之日起十日以内将罪犯移送社区矫正机构。

第二百六十八条 【终止暂予监外执行的情形和程序】对暂予监外执行的罪犯,有下列情形之一的,应当及时收监:

(一)发现不符合暂予监外执行条件的;

(二)严重违反有关暂予监外执行监督管理规定的;

(三)暂予监外执行的情形消失后,罪犯刑期未满的。

对于人民法院决定暂予监外执行的罪犯应当予以收监的,由人民法院作出决定,将有关的法律文书送达公安机关、监狱或者其他执行机关。

【非法暂予监外执行的期间不计入刑期】不符合暂予监外执行条件的罪犯通过贿赂等非法手段被暂予监外执行的,在监外执行的期间不计入执行刑期。罪犯在暂予监外执行期间脱逃的,脱逃的期间不计入执行刑期。

【罪犯死亡的处理】罪犯在暂予监外执行期间死亡的,执行机关应当及时通知监狱或者看守所。

● 要点及关联法规

1. 收监执行的具体情形

★最高人民法院关于适用《中华人民共和国刑事诉讼法》的解释（2021年1月26日）（节录）

第五百一十六条　人民法院收到社区矫正机构的收监执行建议书后，经审查，确认暂予监外执行的罪犯具有下列情形之一的，应当作出收监执行的决定：

（一）不符合暂予监外执行条件的；

（二）未经批准离开所居住的市、县，经警告拒不改正，或者拒不报告行踪，脱离监管的；

（三）因违反监督管理规定受到治安管理处罚，仍不改正的；

（四）受到执行机关两次警告，仍不改正的；

（五）保外就医期间不按规定提交病情复查情况，经警告拒不改正的；

（六）暂予监外执行的情形消失后，刑期未满的；

（七）保证人丧失保证条件或者因不履行义务被取消保证人资格，不能在规定期限内提出新的保证人的；

（八）违反法律、行政法规和监督管理规定，情节严重的其他情形。

2. 送监执行文书的送达

★最高人民法院关于适用《中华人民共和国刑事诉讼法》的解释（2021年1月26日）（节录）

第五百一十七条　人民法院应当在收到社区矫正机构的收监执行建议书后三十日以内作出决定。收监执行决定书一经作出，立即生效。

人民法院应当将收监执行决定书送达社区矫正机构和公安机关，并抄送人民检察院，由公安机关将罪犯交付执行。

3. 不计入执行刑期建议的提出及处理

★最高人民法院、最高人民检察院、公安部、国家安全部、司法部、全国人大常委会法制工作委员会关于实施刑事诉讼法若干问题的规定（2012年12月26日）（节录）

34. 刑事诉讼法第二百五十七条①第三款规定："不符合暂予监外执行条件

---

① 现为第二百六十八条。——编者注

的罪犯通过贿赂等非法手段被暂予监外执行的,在监外执行的期间不计入执行刑期。罪犯在暂予监外执行期间脱逃的,脱逃的期间不计入执行刑期。"对于人民法院决定暂予监外执行的罪犯具有上述情形的,人民法院在决定予以收监的同时,应当确定不计入刑期的期间。对于监狱管理机关或者公安机关决定暂予监外执行的罪犯具有上述情形的,罪犯被收监后,所在监狱或者看守所应当及时向所在地的中级人民法院提出不计入执行刑期的建议书,由人民法院审核裁定。

★公安机关办理刑事案件程序规定(2020年7月20日)(节录)

第三百一十条　对暂予监外执行的罪犯,有下列情形之一的,批准暂予监外执行的公安机关应当作出收监执行决定:

(一)发现不符合暂予监外执行条件的;

(二)严重违反有关暂予监外执行监督管理规定的;

(三)暂予监外执行的情形消失后,罪犯刑期未满的。

对暂予监外执行的罪犯决定收监执行的,由暂予监外执行地看守所将罪犯收监执行。

不符合暂予监外执行条件的罪犯通过贿赂等非法手段被暂予监外执行的,或者罪犯在暂予监外执行期间脱逃的,罪犯被收监执行后,所在看守所应当提出不计入执行刑期的建议,经设区的市一级以上公安机关审查同意后,报请所在地中级以上人民法院审核裁定。

第二百六十九条　【非监禁罪犯的社区矫正】对被判处管制、宣告缓刑、假释或者暂予监外执行的罪犯,依法实行社区矫正,由社区矫正机构负责执行。

● 要点及关联法规

1.《中华人民共和国社区矫正法》

★中华人民共和国社区矫正法(2019年12月28日)

第一章　总　　则

第一条　为了推进和规范社区矫正工作,保障刑事判决、刑事裁定和暂予监外执行决定的正确执行,提高教育矫正质量,促进社区矫正对象顺利融入社会，预防和减少犯罪，根据宪法，制定本法。

第二条　对被判处管制、宣告缓刑、假释和暂予监外执行的罪犯，依法实行社区矫正。

对社区矫正对象的监督管理、教育帮扶等活动，适用本法。

第三条　社区矫正工作坚持监督管理与教育帮扶相结合，专门机关与社会力量相结合，采取分类管理、个别化矫正，有针对性地消除社区矫正对象可能重新犯罪的因素，帮助其成为守法公民。

第四条　社区矫正对象应当依法接受社区矫正，服从监督管理。

社区矫正工作应当依法进行，尊重和保障人权。社区矫正对象依法享有的人身权利、财产权利和其他权利不受侵犯，在就业、就学和享受社会保障等方面不受歧视。

第五条　国家支持社区矫正机构提高信息化水平，运用现代信息技术开展监督管理和教育帮扶。社区矫正工作相关部门之间依法进行信息共享。

第六条　各级人民政府应当将社区矫正经费列入本级政府预算。

居民委员会、村民委员会和其他社会组织依法协助社区矫正机构开展工作所需的经费应当按照规定列入社区矫正机构本级政府预算。

第七条　对在社区矫正工作中做出突出贡献的组织、个人，按照国家有关规定给予表彰、奖励。

第二章　机构、人员和职责

第八条　国务院司法行政部门主管全国的社区矫正工作。县级以上地方人民政府司法行政部门主管本行政区域内的社区矫正工作。

人民法院、人民检察院、公安机关和其他有关部门依照各自职责，依法做好社区矫正工作。人民检察院依法对社区矫正工作实行法律监督。

地方人民政府根据需要设立社区矫正委员会，负责统筹协调和指导本行政区域内的社区矫正工作。

第九条　县级以上地方人民政府根据需要设置社区矫正机构，负责社区矫正工作的具体实施。社区矫正机构的设置和撤销，由县级以上地方人民政府司法行政部门提出意见，按照规定的权限和程序审批。

司法所根据社区矫正机构的委托，承担社区矫正相关工作。

第十条　社区矫正机构应当配备具有法律等专业知识的专门国家工作人员（以下称社区矫正机构工作人员），履行监督管理、教育帮扶等执法职责。

第十一条　社区矫正机构根据需要，组织具有法律、教育、心理、社会工作等专业知识或者实践经验的社会工作者开展社区矫正相关工作。

第十二条　居民委员会、村民委员会依法协助社区矫正机构做好社区矫正工作。

社区矫正对象的监护人、家庭成员，所在单位或者就读学校应当协助社区矫正机构做好社区矫正工作。

第十三条　国家鼓励、支持企业事业单位、社会组织、志愿者等社会力量依法参与社区矫正工作。

第十四条　社区矫正机构工作人员应当严格遵守宪法和法律，忠于职守，严守纪律，清正廉洁。

第十五条　社区矫正机构工作人员和其他参与社区矫正工作的人员依法开展社区矫正工作，受法律保护。

第十六条　国家推进高素质的社区矫正工作队伍建设。社区矫正机构应当加强对社区矫正工作人员的管理、监督、培训和职业保障，不断提高社区矫正工作的规范化、专业化水平。

第三章　决定和接收

第十七条　社区矫正决定机关判处管制、宣告缓刑、裁定假释、决定或者批准暂予监外执行时应当确定社区矫正执行地。

社区矫正执行地为社区矫正对象的居住地。社区矫正对象在多个地方居住的，可以确定经常居住地为执行地。

社区矫正对象的居住地、经常居住地无法确定或者不适宜执行社区矫正的，社区矫正决定机关应当根据有利于社区矫正对象接受矫正、更好地融入社会的原则，确定执行地。

本法所称社区矫正决定机关，是指依法判处管制、宣告缓刑、裁定假释、决定暂予监外执行的人民法院和依法批准暂予监外执行的监狱管理机关、公安机关。

第十八条　社区矫正决定机关根据需要，可以委托社区矫正机构或者有关社会组织对被告人或者罪犯的社会危险性和对所居住社区的影响，进行调查评估，提出意见，供决定社区矫正时参考。居民委员会、村民委员会等组织应当提供必要的协助。

第十九条　社区矫正决定机关判处管制、宣告缓刑、裁定假释、决定或者批准暂予监外执行，应当按照刑法、刑事诉讼法等法律规定的条件和程序进行。

社区矫正决定机关应当对社区矫正对象进行教育，告知其在社区矫正期间应当遵守的规定以及违反规定的法律后果，责令其按时报到。

第二十条 社区矫正决定机关应当自判决、裁定或者决定生效之日起五日内通知执行地社区矫正机构，并在十日内送达有关法律文书，同时抄送人民检察院和执行地公安机关。社区矫正决定地与执行地不在同一地方的，由执行地社区矫正机构将法律文书转送所在地的人民检察院、公安机关。

第二十一条 人民法院判处管制、宣告缓刑、裁定假释的社区矫正对象，应当自判决、裁定生效之日起十日内到执行地社区矫正机构报到。

人民法院决定暂予监外执行的社区矫正对象，由看守所或者执行取保候审、监视居住的公安机关自收到决定之日起十日内将社区矫正对象移送社区矫正机构。

监狱管理机关、公安机关批准暂予监外执行的社区矫正对象，由监狱或者看守所自收到批准决定之日起十日内将社区矫正对象移送社区矫正机构。

第二十二条 社区矫正机构应当依法接收社区矫正对象，核对法律文书、核实身份、办理接收登记、建立档案，并宣告社区矫正对象的犯罪事实、执行社区矫正的期限以及应当遵守的规定。

第四章 监督管理

第二十三条 社区矫正对象在社区矫正期间应当遵守法律、行政法规，履行判决、裁定、暂予监外执行决定等法律文书确定的义务，遵守国务院司法行政部门关于报告、会客、外出、迁居、保外就医等监督管理规定，服从社区矫正机构的管理。

第二十四条 社区矫正机构应当根据裁判内容和社区矫正对象的性别、年龄、心理特点、健康状况、犯罪原因、犯罪类型、犯罪情节、悔罪表现等情况，制定有针对性的矫正方案，实现分类管理、个别化矫正。矫正方案应当根据社区矫正对象的表现等情况相应调整。

第二十五条 社区矫正机构应当根据社区矫正对象的情况，为其确定矫正小组，负责落实相应的矫正方案。

根据需要，矫正小组可以由司法所、居民委员会、村民委员会的人员，社区矫正对象的监护人、家庭成员，所在单位或者就读学校的人员以及社会工作者、志愿者等组成。社区矫正对象为女性的，矫正小组中应有女性成员。

第二十六条 社区矫正机构应当了解掌握社区矫正对象的活动情况和行为表现。社区矫正机构可以通过通信联络、信息化核查、实地查访等方式核实有关情况，有关单位和个人应当予以配合。

社区矫正机构开展实地查访等工作时,应当保护社区矫正对象的身份信息和个人隐私。

第二十七条　社区矫正对象离开所居住的市、县或者迁居,应当报经社区矫正机构批准。社区矫正机构对于有正当理由的,应当批准;对于因正常工作和生活需要经常性跨市、县活动的,可以根据情况,简化批准程序和方式。

因社区矫正对象迁居等原因需要变更执行地的,社区矫正机构应当按照有关规定作出变更决定。社区矫正机构作出变更决定后,应当通知社区矫正决定机关和变更后的社区矫正机构,并将有关法律文书抄送变更后的社区矫正机构。变更后的社区矫正机构应当将法律文书转送所在地的人民检察院、公安机关。

第二十八条　社区矫正机构根据社区矫正对象的表现,依照有关规定对其实施考核奖惩。社区矫正对象认罪悔罪、遵守法律法规、服从监督管理、接受教育表现突出的,应当给予表扬。社区矫正对象违反法律法规或者监督管理规定的,应当视情节依法给予训诫、警告、提请公安机关予以治安管理处罚,或者依法提请撤销缓刑、撤销假释、对暂予监外执行的收监执行。

对社区矫正对象的考核结果,可以作为认定其是否确有悔改表现或者是否严重违反监督管理规定的依据。

第二十九条　社区矫正对象有下列情形之一的,经县级司法行政部门负责人批准,可以使用电子定位装置,加强监督管理:

(一)违反人民法院禁止令的;

(二)无正当理由,未经批准离开所居住的市、县的;

(三)拒不按照规定报告自己的活动情况,被给予警告的;

(四)违反监督管理规定,被给予治安管理处罚的;

(五)拟提请撤销缓刑、假释或者暂予监外执行收监执行的。

前款规定的使用电子定位装置的期限不得超过三个月。对于不需要继续使用的,应当及时解除;对于期限届满后,经评估仍有必要继续使用的,经过批准,期限可以延长,每次不得超过三个月。

社区矫正机构对通过电子定位装置获得的信息应当严格保密,有关信息只能用于社区矫正工作,不得用于其他用途。

第三十条　社区矫正对象失去联系的,社区矫正机构应当立即组织查找,公安机关等有关单位和人员应当予以配合协助。查找到社区矫正对象后,应当区别情形依法作出处理。

第三十一条　社区矫正机构发现社区矫正对象正在实施违反监督管理规定的行为或者违反人民法院禁止令等违法行为的,应当立即制止;制止无效的,应当立即通知公安机关到场处置。

第三十二条 社区矫正对象有被依法决定拘留、强制隔离戒毒、采取刑事强制措施等限制人身自由情形的,有关机关应当及时通知社区矫正机构。

第三十三条 社区矫正对象符合刑法规定的减刑条件的,社区矫正机构应当向社区矫正执行地的中级以上人民法院提出减刑建议,并将减刑建议书抄送同级人民检察院。

人民法院应当在收到社区矫正机构的减刑建议书后三十日内作出裁定,并将裁定书送达社区矫正机构,同时抄送人民检察院、公安机关。

第三十四条 开展社区矫正工作,应当保障社区矫正对象的合法权益。社区矫正的措施和方法应当避免对社区矫正对象的正常工作和生活造成不必要的影响;非依法律规定,不得限制或者变相限制社区矫正对象的人身自由。

社区矫正对象认为其合法权益受到侵害的,有权向人民检察院或者有关机关申诉、控告和检举。受理机关应当及时办理,并将办理结果告知申诉人、控告人和检举人。

第五章 教育帮扶

第三十五条 县级以上地方人民政府及其有关部门应当通过多种形式为教育帮扶社区矫正对象提供必要的场所和条件,组织动员社会力量参与教育帮扶工作。

有关人民团体应当依法协助社区矫正机构做好教育帮扶工作。

第三十六条 社区矫正机构根据需要,对社区矫正对象进行法治、道德等教育,增强其法治观念,提高其道德素质和悔罪意识。

对社区矫正对象的教育应当根据其个体特征、日常表现等实际情况,充分考虑其工作和生活情况,因人施教。

第三十七条 社区矫正机构可以协调有关部门和单位,依法对就业困难的社区矫正对象开展职业技能培训、就业指导,帮助社区矫正对象中的在校学生完成学业。

第三十八条 居民委员会、村民委员会可以引导志愿者和社区群众,利用社区资源,采取多种形式,对有特殊困难的社区矫正对象进行必要的教育帮扶。

第三十九条 社区矫正对象的监护人、家庭成员,所在单位或者就读学校应当协助社区矫正机构做好对社区矫正对象的教育。

第四十条 社区矫正机构可以通过公开择优购买社区矫正社会工作服务或者其他社会服务,为社区矫正对象在教育、心理辅导、职业技能培训、社会关系改善等方面提供必要的帮扶。

社区矫正机构也可以通过项目委托社会组织等方式开展上述帮扶活动。国家鼓励有经验和资源的社会组织跨地区开展帮扶交流和示范活动。

第四十一条　国家鼓励企业事业单位、社会组织为社区矫正对象提供就业岗位和职业技能培训。招用符合条件的社区矫正对象的企业，按照规定享受国家优惠政策。

第四十二条　社区矫正机构可以根据社区矫正对象的个人特长，组织其参加公益活动，修复社会关系，培养社会责任感。

第四十三条　社区矫正对象可以按照国家有关规定申请社会救助、参加社会保险、获得法律援助，社区矫正机构应当给予必要的协助。

第六章　解除和终止

第四十四条　社区矫正对象矫正期满或者被赦免的，社区矫正机构应当向社区矫正对象发放解除社区矫正证明书，并通知社区矫正决定机关、所在地的人民检察院、公安机关。

第四十五条　社区矫正对象被裁定撤销缓刑、假释，被决定收监执行，或者社区矫正对象死亡的，社区矫正终止。

第四十六条　社区矫正对象具有刑法规定的撤销缓刑、假释情形的，应当由人民法院撤销缓刑、假释。

对于在考验期限内犯新罪或者发现判决宣告以前还有其他罪没有判决的，应当由审理该案件的人民法院撤销缓刑、假释，并书面通知原审人民法院和执行地社区矫正机构。

对于有第二款规定以外的其他需要撤销缓刑、假释情形的，社区矫正机构应当向原审人民法院或者执行地人民法院提出撤销缓刑、假释建议，并将建议书抄送人民检察院。社区矫正机构提出撤销缓刑、假释建议时，应当说明理由，并提供有关证据材料。

第四十七条　被提请撤销缓刑、假释的社区矫正对象可能逃跑或者可能发生社会危险的，社区矫正机构可以在提出撤销缓刑、假释建议的同时，提请人民法院决定对其予以逮捕。

人民法院应当在四十八小时内作出是否逮捕的决定。决定逮捕的，由公安机关执行。逮捕后的羁押期限不得超过三十日。

第四十八条　人民法院应当在收到社区矫正机构撤销缓刑、假释建议书后三十日内作出裁定，将裁定书送达社区矫正机构和公安机关，并抄送人民检察院。

人民法院拟撤销缓刑、假释的,应当听取社区矫正对象的申辩及其委托的律师的意见。

人民法院裁定撤销缓刑、假释的,公安机关应当及时将社区矫正对象送交监狱或者看守所执行。执行以前被逮捕的,羁押一日折抵刑期一日。

人民法院裁定不予撤销缓刑、假释的,对被逮捕的社区矫正对象,公安机关应当立即予以释放。

第四十九条　暂予监外执行的社区矫正对象具有刑事诉讼法规定的应当予以收监情形的,社区矫正机构应当向执行地或者原社区矫正决定机关提出收监执行建议,并将建议书抄送人民检察院。

社区矫正决定机关应当在收到建议书后三十日内作出决定,将决定书送达社区矫正机构和公安机关,并抄送人民检察院。

人民法院、公安机关对暂予监外执行的社区矫正对象决定收监执行的,由公安机关立即将社区矫正对象送交监狱或者看守所收监执行。

监狱管理机关对暂予监外执行的社区矫正对象决定收监执行的,监狱应当立即将社区矫正对象收监执行。

第五十条　被裁定撤销缓刑、假释和被决定收监执行的社区矫正对象逃跑的,由公安机关追捕,社区矫正机构、有关单位和个人予以协助。

第五十一条　社区矫正对象在社区矫正期间死亡的,其监护人、家庭成员应当及时向社区矫正机构报告。社区矫正机构应当及时通知社区矫正决定机关、所在地的人民检察院、公安机关。

第七章　未成年人社区矫正特别规定

第五十二条　社区矫正机构应当根据未成年社区矫正对象的年龄、心理特点、发育需要、成长经历、犯罪原因、家庭监护教育条件等情况,采取针对性的矫正措施。

社区矫正机构为未成年社区矫正对象确定矫正小组,应当吸收熟悉未成年人身心特点的人员参加。

对未成年人的社区矫正,应当与成年人分别进行。

第五十三条　未成年社区矫正对象的监护人应当履行监护责任,承担抚养、管教等义务。

监护人怠于履行监护职责的,社区矫正机构应当督促、教育其履行监护责任。监护人拒不履行监护职责的,通知有关部门依法作出处理。

第五十四条　社区矫正机构工作人员和其他依法参与社区矫正工作的人员对履行职责过程中获得的未成年人身份信息应当予以保密。

除司法机关办案需要或者有关单位根据国家规定查询外，未成年社区矫正对象的档案信息不得提供给任何单位或者个人。依法进行查询的单位，应当对获得的信息予以保密。

第五十五条　对未完成义务教育的未成年社区矫正对象，社区矫正机构应当通知并配合教育部门为其完成义务教育提供条件。未成年社区矫正对象的监护人应当依法保证其按时入学接受并完成义务教育。

年满十六周岁的社区矫正对象有就业意愿的，社区矫正机构可以协调有关部门和单位为其提供职业技能培训，给予就业指导和帮助。

第五十六条　共产主义青年团、妇女联合会、未成年人保护组织应当依法协助社区矫正机构做好未成年人社区矫正工作。

国家鼓励其他未成年人相关社会组织参与未成年人社区矫正工作，依法给予政策支持。

第五十七条　未成年社区矫正对象在复学、升学、就业等方面依法享有与其他未成年人同等的权利，任何单位和个人不得歧视。有歧视行为的，应当由教育、人力资源和社会保障等部门依法作出处理。

第五十八条　未成年社区矫正对象在社区矫正期间年满十八周岁的，继续按照未成年人社区矫正有关规定执行。

第八章　法律责任

第五十九条　社区矫正对象在社区矫正期间有违反监督管理规定行为的，由公安机关依照《中华人民共和国治安管理处罚法》的规定给予处罚；具有撤销缓刑、假释或者暂予监外执行收监情形的，应当依法作出处理。

第六十条　社区矫正对象殴打、威胁、侮辱、骚扰、报复社区矫正机构工作人员和其他依法参与社区矫正工作的人员及其近亲属，构成犯罪的，依法追究刑事责任；尚不构成犯罪的，由公安机关依法给予治安管理处罚。

第六十一条　社区矫正机构工作人员和其他国家工作人员有下列行为之一的，应当给予处分；构成犯罪的，依法追究刑事责任：

（一）利用职务或者工作便利索取、收受贿赂的；

（二）不履行法定职责的；

（三）体罚、虐待社区矫正对象，或者违反法律规定限制或者变相限制社区矫正对象的人身自由的；

（四）泄露社区矫正工作秘密或者其他依法应当保密的信息的；

（五）对依法申诉、控告或者检举的社区矫正对象进行打击报复的；

（六）有其他违纪违法行为的。

第六十二条 人民检察院发现社区矫正工作违反法律规定的，应当依法提出纠正意见、检察建议。有关单位应当将采纳纠正意见、检察建议的情况书面回复人民检察院，没有采纳的应当说明理由。

第九章 附 则

第六十三条 本法自2020年7月1日起施行。

2. 关于社区矫正前居住地核实工作的规定

★**中华人民共和国社区矫正法实施办法**（2020年6月18日）（节录）

第十二条 对拟适用社区矫正的，社区矫正决定机关应当核实社区矫正对象的居住地。社区矫正对象在多个地方居住的，可以确定经常居住地为执行地。没有居住地，居住地、经常居住地无法确定或者不适宜执行社区矫正的，应当根据有利于社区矫正对象接受矫正、更好地融入社会的原则，确定社区矫正执行地。被确定为执行地的社区矫正机构应当及时接收。

社区矫正对象的居住地是指其实际居住的县（市、区）。社区矫正对象的经常居住地是指其经常居住的，有固定住所、固定生活来源的县（市、区）。

社区矫正对象应如实提供其居住、户籍等情况，并提供必要的证明材料。

3. 关于社区矫正前调查评估工作的规定

★**中华人民共和国社区矫正法实施办法**（2020年6月18日）（节录）

第十三条 社区矫正决定机关对拟适用社区矫正的被告人、罪犯，需要调查其社会危险性和对所居住社区影响的，可以委托拟确定为执行地的社区矫正机构或者有关社会组织进行调查评估。社区矫正机构或者有关社会组织收到委托文书后应当及时通知执行地县级人民检察院。

第十四条 社区矫正机构、有关社会组织接受委托后，应当对被告人或者罪犯的居所情况、家庭和社会关系、犯罪行为的后果和影响、居住地村（居）民委员会和被害人意见、拟禁止的事项、社会危险性、对所居住社区的影响等情况进行调查了解，形成调查评估意见，与相关材料一起提交委托机关。调查评估时，相关单位、部门、村（居）民委员会等组织、个人应当依法为调查评估提供必要的协助。

社区矫正机构、有关社会组织应当自收到调查评估委托函及所附材料之日起十个工作日内完成调查评估,提交评估意见。对于适用刑事案件速裁程序的,应当在五个工作日内完成调查评估,提交评估意见。评估意见同时抄送执行地县级人民检察院。需要延长调查评估时限的,社区矫正机构、有关社会组织应当与委托机关协商,并在协商确定的期限内完成调查评估。因被告人或者罪犯的姓名、居住地不真实、身份不明等原因,社区矫正机构、有关社会组织无法进行调查评估的,应当及时向委托机关说明情况。社区矫正决定机关对调查评估意见的采信情况,应当在相关法律文书中说明。

对调查评估意见以及调查中涉及的国家秘密、商业秘密、个人隐私等信息,应当保密,不得泄露。

★最高人民法院、最高人民检察院、公安部、司法部关于进一步加强社区矫正工作衔接配合管理的意见(2016年8月30日)(节录)

一、加强社区矫正适用前的衔接配合管理

1. 人民法院、人民检察院、公安机关、监狱对拟适用或者提请适用社区矫正的被告人、犯罪嫌疑人或者罪犯,需要调查其对所居住社区影响的,可以委托其居住地县级司法行政机关调查评估。对罪犯提请假释的,应当委托其居住地县级司法行政机关调查评估。对拟适用社区矫正的被告人或者罪犯,裁定或者决定机关应当核实其居住地。

委托调查评估时,委托机关应当发出调查评估委托函,并附下列材料:

(1)人民法院委托时,应当附带起诉书或者自诉状;

(2)人民检察院委托时,应当附带起诉意见书;

(3)看守所、监狱委托时,应当附带判决书、裁定书、执行通知书、减刑裁定书复印件以及罪犯在服刑期间表现情况材料。

2. 调查评估委托函应当包括犯罪嫌疑人、被告人、罪犯及其家属等有关人员的姓名、住址、联系方式、案由以及委托机关的联系人、联系方式等内容。

调查评估委托函不得通过案件当事人、法定代理人、诉讼代理人或者其他利害关系人转交居住地县级司法行政机关。

3. 居住地县级司法行政机关应当自收到调查评估委托函及所附材料之日起10个工作日内完成调查评估,提交评估意见。对于适用刑事案件速裁程序的,居住地县级司法行政机关应当在5个工作日内完成调查评估,提交评估意见。评估意见同时抄送居住地县级人民检察院。

需要延长调查评估时限的,居住地县级司法行政机关应当与委托机关协商,并在协商确定的期限内完成调查评估。

调查评估意见应当客观公正反映被告人、犯罪嫌疑人、罪犯适用社区矫正对其所居住社区的影响。委托机关应当认真审查调查评估意见,作为依法适用或者提请适用社区矫正的参考。

4. 社区矫正人员交付执行的规定

★最高人民法院关于适用《中华人民共和国刑事诉讼法》的解释(2021年1月26日)(节录)

第五百二十条 对单处剥夺政治权利的罪犯,人民法院应当在判决、裁定生效后十日以内,将判决书、裁定书、执行通知书等法律文书送达罪犯居住地的县级公安机关,并抄送罪犯居住地的县级人民检察院。

第五百八十条 将未成年罪犯送监执行刑罚或者送交社区矫正时,人民法院应当将有关未成年罪犯的调查报告及其在案件审理中的表现材料,连同有关法律文书,一并送达执行机关。

第五百八十四条 对被判处管制、宣告缓刑、裁定假释、决定暂予监外执行的未成年罪犯,人民法院可以协助社区矫正机构制定帮教措施。

★公安机关办理刑事案件程序规定(2020年7月20日)(节录)

第三百零二条第一款 对被判处管制、宣告缓刑、假释或者暂予监外执行的罪犯,已被羁押的,由看守所将其交付社区矫正机构执行。

★中华人民共和国社区矫正法实施办法(2020年6月18日)(节录)

第十五条 社区矫正决定机关应当对社区矫正对象进行教育,书面告知其到执行地县级社区矫正机构报到的时间期限以及逾期报到或者未报到的后果,责令其按时报到。

第十六条 社区矫正决定机关应当自判决、裁定或者决定生效之日起五日内通知执行地县级社区矫正机构,并在十日内将判决书、裁定书、决定书、执行通知书等法律文书送达执行地县级社区矫正机构,同时抄送人民检察院。收到法律文书后,社区矫正机构应当在五日内送达回执。

社区矫正对象前来报到时,执行地县级社区矫正机构未收到法律文书或者法律文书不齐全,应当先记录在案,为其办理登记接收手续,并通知社区矫正决定机关在五日内送达或者补齐法律文书。

第十七条 被判处管制、宣告缓刑、裁定假释的社区矫正对象到执行地县级社区矫正机构报到时,社区矫正机构应当核对法律文书、核实身份,办理登记接收手续。对社区矫正对象存在因行动不便、自行报到确有困难等特殊情况的，社区矫正机构可以派员到其居住地等场所办理登记接收手续。

暂予监外执行的社区矫正对象，由公安机关、监狱或者看守所依法移送至执行地县级社区矫正机构，办理交付接收手续。罪犯原服刑地与居住地不在同一省、自治区、直辖市，需要回居住地暂予监外执行的，原服刑地的省级以上监狱管理机关或者设区的市一级以上公安机关应当书面通知罪犯居住地的监狱管理机关、公安机关，由其指定一所监狱、看守所接收社区矫正对象档案，负责办理其收监、刑满释放等手续。对看守所留所服刑罪犯暂予监外执行，原服刑地与居住地在同一省、自治区、直辖市的，可以不移交档案。

★最高人民法院、最高人民检察院、公安部、司法部关于进一步加强社区矫正工作衔接配合管理的意见（2016年8月30日）（节录）

二、加强对社区服刑人员交付接收的衔接配合管理

5. 对于被判处管制、宣告缓刑、假释的罪犯，人民法院、看守所、监狱应当书面告知其到居住地县级司法行政机关报到的时间期限以及逾期报到的后果，并在规定期限内将有关法律文书送达居住地县级司法行政机关，同时抄送居住地县级人民检察院和公安机关。

社区服刑人员前来报到时，居住地县级司法行政机关未收到法律文书或者法律文书不齐全，可以先记录在案，并通知人民法院、监狱或者看守所在5日内送达或者补齐法律文书。

6. 人民法院决定暂予监外执行或者公安机关、监狱管理机关批准暂予监外执行的，交付时应当将罪犯的病情诊断、妊娠检查或者生活不能自理的鉴别意见等有关材料复印件一并送达居住地县级司法行政机关。

7. 人民法院、公安机关、司法行政机关在社区服刑人员交付接收工作中衔接脱节，或者社区服刑人员逃避监管、未按规定时间期限报到，造成没有及时执行社区矫正的，属于漏管。

8. 居住地社区矫正机构发现社区服刑人员漏管，应当及时组织查找，并由居住地县级司法行政机关通知有关人民法院、公安机关、监狱、居住地县级人民检察院。

社区服刑人员逃避监管、不按规定时间期限报到导致漏管的，居住地县级司法行政机关应当给予警告；符合收监执行条件的，依法提出撤销缓刑、撤销假释或者对暂予监外执行收监执行的建议。

9. 人民检察院应当加强对社区矫正交付接收中有关机关履职情况的监督，

发现有下列情形之一的,依法提出纠正意见:

(1) 人民法院、公安机关、监狱未依法送达交付执行法律文书,或者未向社区服刑人员履行法定告知义务;

(2) 居住地县级司法行政机关依法应当接收社区服刑人员而未接收;

(3) 社区服刑人员未在规定时间期限报到,居住地社区矫正机构未及时组织查找;

(4) 人民法院决定暂予监外执行,未通知居住地社区矫正机构与有关公安机关,致使未办理交接手续;

(5) 公安机关、监狱管理机关批准罪犯暂予监外执行,罪犯服刑的看守所、监狱未按规定与居住地社区矫正机构办理交接手续;

(6) 其他未履行法定交付接收职责的情形。

5. 社区矫正的具体程序和内容

★中华人民共和国社区矫正法实施办法(2020年6月18日)(节录)

第十八条 执行地县级社区矫正机构接收社区矫正对象后,应当建立社区矫正档案,包括以下内容:

(一) 适用社区矫正的法律文书;

(二) 接收、监管审批、奖惩、收监执行、解除矫正、终止矫正等有关社区矫正执行活动的法律文书;

(三) 进行社区矫正的工作记录;

(四) 社区矫正对象接受社区矫正的其他相关材料。

接受委托对社区矫正对象进行日常管理的司法所应当建立工作档案。

第十九条 执行地县级社区矫正机构、受委托的司法所应当为社区矫正对象确定矫正小组,与矫正小组签订矫正责任书,明确矫正小组成员的责任和义务,负责落实矫正方案。

矫正小组主要开展下列工作:

(一) 按照矫正方案,开展个案矫正工作;

(二) 督促社区矫正对象遵纪守法,遵守社区矫正规定;

(三) 参与对社区矫正对象的考核评议和教育活动;

(四) 对社区矫正对象走访谈话,了解其思想、工作和生活情况,及时向社区矫正机构或者司法所报告;

(五) 协助对社区矫正对象进行监督管理和教育帮扶;

(六) 协助社区矫正机构或者司法所开展其他工作。

第二十条　执行地县级社区矫正机构接收社区矫正对象后，应当组织或者委托司法所组织入矫宣告。

入矫宣告包括以下内容：

（一）判决书、裁定书、决定书、执行通知书等有关法律文书的主要内容；

（二）社区矫正期限；

（三）社区矫正对象应当遵守的规定、被剥夺或者限制行使的权利、被禁止的事项以及违反规定的法律后果；

（四）社区矫正对象依法享有的权利；

（五）矫正小组人员组成及职责；

（六）其他有关事项。

宣告由社区矫正机构或者司法所的工作人员主持，矫正小组成员及其他相关人员到场，按照规定程序进行。宣告后，社区矫正对象应当在书面材料上签字，确认已经了解所宣告的内容。

第二十一条　社区矫正机构应当根据社区矫正对象被判处管制、宣告缓刑、假释和暂予监外执行的不同裁判内容和犯罪类型、矫正阶段、再犯罪风险等情况，进行综合评估，划分不同类别，实施分类管理。

社区矫正机构应当把社区矫正对象的考核结果和奖惩情况作为分类管理的依据。

社区矫正机构对不同类别的社区矫正对象，在矫正措施和方法上应当有所区别，有针对性地开展监督管理和教育帮扶工作。

第二十二条　执行地县级社区矫正机构、受委托的司法所要根据社区矫正对象的性别、年龄、心理特点、健康状况、犯罪原因、悔罪表现等具体情况，制定矫正方案，有针对性地消除社区矫正对象可能重新犯罪的因素，帮助其成为守法公民。

矫正方案应当包括社区矫正对象基本情况、对社区矫正对象的综合评估结果、对社区矫正对象的心理状态和其他特殊情况的分析、拟采取的监督管理、教育帮扶措施等内容。

矫正方案应当根据分类管理的要求、实施效果以及社区矫正对象的表现等情况，相应调整。

第二十三条　执行地县级社区矫正机构、受委托的司法所应当根据社区矫正对象的个人生活、工作及所处社区的实际情况，有针对性地采取通信联络、信息化核查、实地查访等措施，了解掌握社区矫正对象的活动情况和行为表现。

第二十四条　社区矫正对象应当按照有关规定和社区矫正机构的要求，定期报告遵纪守法、接受监督管理、参加教育学习、公益活动和社会活动等情况。发生居所变化、工作变动、家庭重大变故以及接触对其矫正可能产生不利影响人员等情况时，应当及时报告。被宣告禁止令的社区矫正对象应当定期报告遵守禁止令的情况。

暂予监外执行的社区矫正对象应当每个月报告本人身体情况。保外就医的，应当到省级人民政府指定的医院检查，每三个月向执行地县级社区矫正机构、受委托的司法所提交病情复查情况。执行地县级社区矫正机构根据社区矫正对象的病情及保证人等情况，可以调整报告身体情况和提交复查情况的期限。延长一个月至三个月以下的，报上一级社区矫正机构批准；延长三个月以上的，逐级上报省级社区矫正机构批准。批准延长的，执行地县级社区矫正机构应当及时通报同级人民检察院。

社区矫正机构根据工作需要，可以协调对暂予监外执行的社区矫正对象进行病情诊断、妊娠检查或者生活不能自理的鉴别。

第二十五条　未经执行地县级社区矫正机构批准，社区矫正对象不得接触其犯罪案件中的被害人、控告人、举报人，不得接触同案犯等可能诱发其再犯罪的人。

第二十六条　社区矫正对象未经批准不得离开所居住市、县。确有正当理由需要离开的，应当经执行地县级社区矫正机构或者受委托的司法所批准。

社区矫正对象外出的正当理由是指就医、就学、参与诉讼、处理家庭或者工作重要事务等。

前款规定的市是指直辖市的城市市区、设区的市的城市市区和县级市的辖区。在设区的同一市内跨区活动的，不属于离开所居住的市、县。

第二十七条　社区矫正对象确需离开所居住的市、县的，一般应当提前三日提交书面申请，并如实提供诊断证明、单位证明、入学证明、法律文书等材料。

申请外出时间在七日内的，经执行地县级社区矫正机构委托，可以由司法所批准，并报执行地县级社区矫正机构备案；超过七日，由执行地县级社区矫正机构批准。执行地县级社区矫正机构每次批准外出的时间不超过三十日。

因特殊情况确需外出超过三十日的，或者两个月内外出时间累计超过三十日的，应报上一级社区矫正机构审批。上一级社区矫正机构批准社区矫正对象外出的，执行地县级社区矫正机构应当及时通报同级人民检察院。

第二十八条　在社区矫正对象外出期间，执行地县级社区矫正机构、受委托的司法所应当通过电话通讯、实时视频等方式实施监督管理。

执行地县级社区矫正机构根据需要,可以协商外出目的地社区矫正机构协助监督管理,并要求社区矫正对象在到达和离开时向当地社区矫正机构报告,接受监督管理。外出目的地社区矫正机构在社区矫正对象报告后,可以通过电话通讯、实地查访等方式协助监督管理。

社区矫正对象应在外出期限届满前返回居住地,并向执行地县级社区矫正机构或者司法所报告,办理手续。因特殊原因无法按期返回的,应及时向社区矫正机构或者司法所报告情况。发现社区矫正对象违反外出管理规定的,社区矫正机构应当责令其立即返回,并视情节依法予以处理。

第二十九条 社区矫正对象确因正常工作和生活需要经常性跨市、县活动的,应当由本人提出书面申请,写明理由、经常性去往市县名称、时间、频次等,同时提供相应证明,由执行地县级社区矫正机构批准,批准一次的有效期为六个月。在批准的期限内,社区矫正对象到批准市、县活动的,可以通过电话、微信等方式报告活动情况。到期后,社区矫正对象仍需要经常性跨市、县活动的,应当重新提出申请。

第三十条 社区矫正对象因工作、居所变化等原因需要变更执行地的,一般应当提前一个月提出书面申请,并提供相应证明材料,由受委托的司法所签署意见后报执行地县级社区矫正机构审批。

执行地县级社区矫正机构收到申请后,应当在五日内书面征求新执行地县级社区矫正机构的意见。新执行地县级社区矫正机构接到征求意见函后,应当在五日内核实有关情况,作出是否同意接收的意见并书面回复。执行地县级社区矫正机构根据回复意见,作出决定。执行地县级社区矫正机构对新执行地县级社区矫正机构的回复意见有异议的,可以报上一级社区矫正机构协调解决。

经审核,执行地县级社区矫正机构不同意变更执行地的,应在决定作出之日起五日内告知社区矫正对象。同意变更执行地的,应对社区矫正对象进行教育,书面告知其到新执行地县级社区矫正机构报到的时间期限以及逾期报到或者未报到的后果,责令其按时报到。

第三十一条 同意变更执行地的,原执行地县级社区矫正机构应当在作出决定之日起五日内,将有关法律文书和档案材料移交新执行地县级社区矫正机构,并将有关法律文书抄送社区矫正决定机关和原执行地县级人民检察院、公安机关。新执行地县级社区矫正机构收到法律文书和档案材料后,在五日内送达回执,并将有关法律文书抄送所在地县级人民检察院、公安机关。

同意变更执行地的,社区矫正对象应当自收到变更执行地决定之日起七日内,到新执行地县级社区矫正机构报到。新执行地县级社区矫正机构应当核实身份、办理登记接收手续。发现社区矫正对象未按规定时间报到的,新执行地县级社区矫正机构应当立即通知原执行地县级社区矫正机构,由原执行地县级社区矫正机构组织查找。未及时办理交付接收,造成社区矫正对象脱管漏管的,原执行地社区矫正机构会同新执行地社区矫正机构妥善处置。

对公安机关、监狱管理机关批准暂予监外执行的社区矫正对象变更执行地的,公安机关、监狱管理机关在收到社区矫正机构送达的法律文书后,应与新执行地同级公安机关、监狱管理机关办理交接。新执行地的公安机关、监狱管理机关应指定一所看守所、监狱接收社区矫正对象档案,负责办理其收监、刑满释放等手续。看守所、监狱在接收档案之日起五日内,应当将有关情况通报新执行地县级社区矫正机构。对公安机关批准暂予监外执行的社区矫正对象在同一省、自治区、直辖市变更执行地的,可以不移交档案。

6. 关于对社区矫正人员实施禁止令的程序规定

★**中华人民共和国社区矫正法实施办法**(2020年6月18日)(节录)

第三十九条 社区矫正机构根据执行禁止令的需要,可以协调有关的部门、单位、场所、个人协助配合执行禁止令。

对禁止令确定需经批准才能进入的特定区域或者场所,社区矫正对象确需进入的,应当经执行地县级社区矫正机构批准,并通知原审人民法院和执行地县级人民检察院。

★**最高人民法院、最高人民检察院、公安部、司法部关于对判处管制、宣告缓刑的犯罪分子适用禁止令有关问题的规定**(试行)(2011年4月28日)(节录)

第九条 禁止令由司法行政机关指导管理的社区矫正机构负责执行。

第十条 人民检察院对社区矫正机构执行禁止令的活动实行监督。发现有违反法律规定的情况,应当通知社区矫正机构纠正。

第十一条 判处管制的犯罪分子违反禁止令,或者被宣告缓刑的犯罪分子违反禁止令尚不属情节严重的,由负责执行禁止令的社区矫正机构所在地的公安机关依照《中华人民共和国治安管理处罚法》第六十条的规定处罚。

第十二条 被宣告缓刑的犯罪分子违反禁止令,情节严重的,应当撤销缓刑,执行原判刑罚。原作出缓刑裁判的人民法院应当自收到当地社区矫正机构提出的撤销缓刑建议书之日起一个月内依法作出裁定。人民法院撤销缓刑的裁定一经作出,立即生效。

违反禁止令,具有下列情形之一的,应当认定为"情节严重":

(一)三次以上违反禁止令的;

（二）因违反禁止令被治安管理处罚后，再次违反禁止令的；

（三）违反禁止令，发生较为严重危害后果的；

（四）其他情节严重的情形。

7. 轻微违反矫正规定的后果和处理程序

★**中华人民共和国社区矫正法实施办法**（2020年6月18日）（节录）

第三十四条　社区矫正对象具有下列情形之一的，执行地县级社区矫正机构应当给予训诫：

（一）不按规定时间报到或者接受社区矫正期间脱离监管，未超过十日的；

（二）违反关于报告、会客、外出、迁居等规定，情节轻微的；

（三）不按规定参加教育学习等活动，经教育仍不改正的；

（四）其他违反监督管理规定，情节轻微的。

第三十五条　社区矫正对象具有下列情形之一的，执行地县级社区矫正机构应当给予警告：

（一）违反人民法院禁止令，情节轻微的；

（二）不按规定时间报到或者接受社区矫正期间脱离监管，超过十日的；

（三）违反关于报告、会客、外出、迁居等规定，情节较重的；

（四）保外就医的社区矫正对象无正当理由不按时提交病情复查情况，经教育仍不改正的；

（五）受到社区矫正机构两次训诫，仍不改正的；

（六）其他违反监督管理规定，情节较重的。

第三十六条　社区矫正对象违反监督管理规定或者人民法院禁止令，依法应予治安管理处罚的，执行地县级社区矫正机构应当及时提请同级公安机关依法给予处罚，并向执行地同级人民检察院抄送治安管理处罚建议书副本，及时通知处理结果。

8. 对社区矫正人员撤销缓刑、假释的情形和处理程序

★**中华人民共和国社区矫正法实施办法**（2020年6月18日）（节录）

第四十六条　社区矫正对象在缓刑考验期内，有下列情形之一的，由执行地同级社区矫正机构提出撤销缓刑建议：

（一）违反禁止令，情节严重的；

（二）无正当理由不按规定时间报到或者接受社区矫正期间脱离监管，超过一个月的；

（三）因违反监督管理规定受到治安管理处罚，仍不改正的；

（四）受到社区矫正机构两次警告，仍不改正的；

（五）其他违反有关法律、行政法规和监督管理规定，情节严重的情形。

社区矫正机构一般向原审人民法院提出撤销缓刑建议。如果原审人民法院与执行地同级社区矫正机构不在同一省、自治区、直辖市的，可以向执行地人民法院提出建议，执行地人民法院作出裁定的，裁定书同时抄送原审人民法院。

社区矫正机构撤销缓刑建议书和人民法院的裁定书副本同时抄送社区矫正执行地同级人民检察院。

★最高人民法院、最高人民检察院、公安部、司法部关于进一步加强社区矫正工作衔接配合管理的意见（2016年8月30日）（节录）

四、加强对社区服刑人员收监执行的衔接配合管理

16. 社区服刑人员符合收监执行条件的，居住地社区矫正机构应当及时按照规定，向原裁判人民法院或者公安机关、监狱管理机关送达撤销缓刑、撤销假释建议书或者对暂予监外执行的收监执行建议书并附相关证明材料。人民法院、公安机关、监狱管理机关应当在规定期限内依法作出裁定或者决定，并将法律文书送达居住地县级司法行政机关，同时抄送居住地县级人民检察院、公安机关。

17. 社区服刑人员因违反监督管理规定被依法撤销缓刑、撤销假释或者暂予监外执行被决定收监执行的，应当本着就近、便利、安全的原则，送交其居住地所属的省（区、市）的看守所、监狱执行刑罚。

18.（第一款）社区服刑人员被裁定撤销缓刑的，居住地社区矫正机构应当向看守所、监狱移交撤销缓刑裁定书和执行通知书、撤销缓刑建议书以及原判决书、裁定书和执行通知书、起诉书副本、结案登记表以及社区矫正期间表现情况等文书材料。

（第二款）社区服刑人员被裁定撤销假释的，居住地社区矫正机构应当向看守所、监狱移交撤销假释裁定书和执行通知书、撤销假释建议书、社区矫正期间表现情况材料、原判决书、裁定书和执行通知书、起诉书副本、结案登记表复印件等文书材料。罪犯收监后，居住地社区矫正机构通知罪犯原服刑看守所、监狱将罪犯假释前的档案材料移交撤销假释后的服刑看守所、监狱。

19. 撤销缓刑、撤销假释裁定书或者对暂予监外执行罪犯收监执行决定书应当在居住地社区矫正机构教育场所公示。属于未成年或者犯罪的时候不满十八周岁被判处五年有期徒刑以下刑罚的社区服刑人员除外。

9. 对社区矫正人员收监执行的情形和处理程序

★中华人民共和国社区矫正法实施办法（2020年6月18日）（节录）

第四十九条　暂予监外执行的社区矫正对象有下列情形之一的，由执行地县级社区矫正机构提出收监执行建议：

（一）不符合暂予监外执行条件的；

（二）未经社区矫正机构批准擅自离开居住的市、县，经警告拒不改正，或者拒不报告行踪，脱离监管的；

（三）因违反监督管理规定受到治安管理处罚，仍不改正的；

（四）受到社区矫正机构两次警告的；

（五）保外就医期间不按规定提交病情复查情况，经警告拒不改正的；

（六）暂予监外执行的情形消失后，刑期未满的；

（七）保证人丧失保证条件或者因不履行义务被取消保证人资格，不能在规定期限内提出新的保证人的；

（八）其他违反有关法律、行政法规和监督管理规定，情节严重的情形。

社区矫正机构一般向执行地社区矫正决定机关提出收监执行建议。如果原社区矫正决定机关与执行地县级社区矫正机构在同一省、自治区、直辖市的，可以向原社区矫正决定机关提出建议。

社区矫正机构的收监执行建议书和决定机关的决定书，应当同时抄送执行地县级人民检察院。

第五十条　人民法院裁定撤销缓刑、撤销假释或者决定暂予监外执行收监执行的，由执行地县级公安机关本着就近、便利、安全的原则，送交社区矫正对象执行地所属的省、自治区、直辖市管辖范围内的看守所或者监狱执行刑罚。

公安机关决定暂予监外执行收监执行的，由执行地县级公安机关送交存放或者接收罪犯档案的看守所收监执行。

监狱管理机关决定暂予监外执行收监执行的，由存放或者接收罪犯档案的监狱收监执行。

★最高人民法院、最高人民检察院、公安部、司法部关于进一步加强社区矫正工作衔接配合管理的意见（2016年8月30日）（节录）

四、加强对社区服刑人员收监执行的衔接配合管理

20. 被裁定、决定收监执行的社区服刑人员在逃的，居住地社区矫正机构应当在收到人民法院、公安机关、监狱管理机关的裁定、决定后，立即通知居住地县级公安机关，由其负责实施追捕。

撤销缓刑、撤销假释裁定书和对暂予监外执行罪犯收监执行决定书,可以作为公安机关网上追逃依据。公安机关根据案情决定是否实施网上追逃。

21. 社区服刑人员被行政拘留、司法拘留、收容教育、强制隔离戒毒等行政处罚或者强制措施期间,人民法院、公安机关、监狱管理机关依法作出对其撤销缓刑、撤销假释的裁定或者收监执行决定的,居住地社区矫正机构应当将人民法院、公安机关、监狱管理机关的裁定书、决定书送交作出上述决定的机关,由有关部门依法收监执行刑罚。

10. 关于社区矫正人员脱逃的处理程序规定

★最高人民法院、最高人民检察院、公安部、司法部关于进一步加强社区矫正工作衔接配合管理的意见(2016年8月30日)(节录)

三、加强对社区服刑人员监督管理的衔接配合

10. 社区服刑人员在社区矫正期间脱离居住地社区矫正机构的监督管理下落不明,或者虽能查找到其下落但拒绝接受监督管理的,属于脱管。

11. 居住地社区矫正机构发现社区服刑人员脱管,应当及时采取联系本人、其家属亲友、走访有关单位和人员等方式组织追查,做好记录,并由县级司法行政机关视情形依法给予警告、提请治安管理处罚、提请撤销缓刑、撤销假释或者对暂予监外执行的提请收监执行。

11. 社区矫正人员减刑的规定

★中华人民共和国社区矫正法实施办法(2020年6月18日)(节录)

第四十二条 社区矫正对象符合法定减刑条件的,由执行地县级社区矫正机构提出减刑建议书并附相关证据材料,报经地(市)社区矫正机构审核同意后,由地(市)社区矫正机构提请执行地的中级人民法院裁定。

依法应由高级人民法院裁定的减刑案件,由执行地县级社区矫正机构提出减刑建议书并附相关证据材料,逐级上报省级社区矫正机构审核同意后,由省级社区矫正机构提请执行地的高级人民法院裁定。

人民法院应当自收到减刑建议书和相关证据材料之日起三十日内依法裁定。

社区矫正机构减刑建议书和人民法院减刑裁定书副本,应当同时抄送社区矫正执行地同级人民检察院、公安机关及罪犯原服刑或者接收其档案的监狱。

12. 检察院对于社区矫正的监督

★人民检察院刑事诉讼规则（2019年12月30日）（节录）

第四节　社区矫正监督

第六百四十二条　人民检察院发现社区矫正决定机关、看守所、监狱、社区矫正机构在交付、接收社区矫正对象活动中违反有关规定的，应当依法提出纠正意见。

第六百四十三条　人民检察院发现社区矫正执法活动具有下列情形之一的，应当依法提出纠正意见：

（一）社区矫正对象报到后，社区矫正机构未履行法定告知义务，致使其未按照有关规定接受监督管理的；

（二）违反法律规定批准社区矫正对象离开所居住的市、县，或者违反人民法院禁止令的内容批准社区矫正对象进入特定区域或者场所的；

（三）没有依法监督管理而导致社区矫正对象脱管的；

（四）社区矫正对象违反监督管理规定或者人民法院的禁止令，未依法予以警告、未提请公安机关给予治安管理处罚的；

（五）对社区矫正对象有殴打、体罚、虐待、侮辱人格、强迫其参加超时间或者超体力社区服务等侵犯其合法权利行为的；

（六）未依法办理解除、终止社区矫正的；

（七）其他违法情形。

第六百四十四条　人民检察院发现对社区矫正对象的刑罚变更执行活动具有下列情形之一的，应当依法提出纠正意见：

（一）社区矫正机构未依法向人民法院、公安机关、监狱管理机关提出撤销缓刑、撤销假释建议或者对暂予监外执行的收监执行建议，或者未依法向人民法院提出减刑建议的；

（二）人民法院、公安机关、监狱管理机关未依法作出裁定、决定，或者未依法送达的；

（三）公安机关未依法将罪犯送交看守所、监狱，或者看守所、监狱未依法收监执行的；

（四）公安机关未依法对在逃的罪犯实施追捕的；

（五）其他违法情形。

★人民检察院关于办理未成年人刑事案件的规定（2013年12月27日）（节录）

第七十三条　人民检察院依法对未成年人的社区矫正进行监督，发现有下

列情形之一的,应当依法向公安机关、人民法院、监狱、社区矫正机构等有关部门提出纠正意见:

(一)没有将未成年人的社区矫正与成年人分开进行的;

(二)对实行社区矫正的未成年人脱管、漏管或者没有落实帮教措施的;

(三)没有对未成年社区矫正人员给予身份保护,其矫正宣告公开进行,矫正档案未进行保密,公开或者传播其姓名、住所、照片等可能推断出该未成年人的其他资料以及矫正资料等情形的;

(四)未成年社区矫正人员的矫正小组没有熟悉青少年成长特点的人员参加的;

(五)没有针对未成年人的年龄、心理特点和身心发育需要等特殊情况采取相应的监督管理和教育矫正措施的;

(六)其他违法情形。

> **第二百七十条 【剥夺政治权利的执行】**对被判处剥夺政治权利的罪犯,由公安机关执行。执行期满,应当由执行机关书面通知本人及其所在单位、居住地基层组织。

● 要点及关联法规

1. 法院送达剥夺政治权利文书的期限

★最高人民法院关于适用《中华人民共和国刑事诉讼法》的解释(2021年1月26日)(节录)

第五百二十条 对单处剥夺政治权利的罪犯,人民法院应当在判决、裁定生效后十日以内,将判决书、裁定书、执行通知书等法律文书送达罪犯居住地的县级公安机关,并抄送罪犯居住地的县级人民检察院。

2. 执行机关宣布执行剥夺政治权利的程序

★公安机关办理刑事案件程序规定(2020年7月20日)(节录)

第三百一十一条 负责执行剥夺政治权利的派出所应当按照人民法院的判决,向罪犯及其所在单位、居住地基层组织宣布其犯罪事实、被剥夺政治权利的期限,以及罪犯在执行期间应当遵守的规定。

3. **被剥夺政治权利的具体内容**

★公安机关办理刑事案件程序规定（2020年7月20日）（节录）

第三百一十二条　被剥夺政治权利的罪犯在执行期间应当遵守下列规定：
（一）遵守国家法律、行政法规和公安部制定的有关规定，服从监督管理；
（二）不得享有选举权和被选举权；
（三）不得组织或者参加集会、游行、示威、结社活动；
（四）不得出版、制作、发行书籍、音像制品；
（五）不得接受采访，发表演说；
（六）不得在境内外发表有损国家荣誉、利益或者其他具有社会危害性的言论；
（七）不得担任国家机关职务；
（八）不得担任国有公司、企业、事业单位和人民团体的领导职务。

4. **违反规定的后果**

★公安机关办理刑事案件程序规定（2020年7月20日）（节录）

第三百一十三条　被剥夺政治权利的罪犯违反本规定第三百一十二条的规定，尚未构成新的犯罪的，公安机关依法可以给予治安管理处罚。

5. **剥夺政治权利期满后的解除工作**

★公安机关办理刑事案件程序规定（2020年7月20日）（节录）

第三百一十四条　被剥夺政治权利的罪犯，执行期满，公安机关应当书面通知本人及其所在单位、居住地基层组织。

第二百七十一条　【罚金的执行】被判处罚金的罪犯，期满不缴纳的，人民法院应当强制缴纳；如果由于遭遇不能抗拒的灾祸缴纳确实有困难的，经人民法院裁定，可以延期缴纳、酌情减少或者免除。

要点及关联法规

1. 罚金等财产刑的执行主体

★最高人民法院关于适用财产刑若干问题的规定（2000年12月19日）（节录）

第十条　财产刑由第一审人民法院执行。

犯罪分子的财产在异地的，第一审人民法院可以委托财产所在地人民法院代为执行。

★最高人民法院关于刑事裁判涉财产部分执行的若干规定（2014年11月6日）（节录）

第二条　刑事裁判涉财产部分，由第一审人民法院执行。第一审人民法院可以委托财产所在地的同级人民法院执行。

★最高人民法院关于适用《中华人民共和国刑事诉讼法》的解释（2021年1月26日）（节录）

第五百二十二条　刑事裁判涉财产部分和附带民事裁判应当由人民法院执行的，由第一审人民法院负责裁判执行的机构执行。

第五百二十三条　罚金在判决规定的期限内一次或者分期缴纳。期满无故不缴纳或者未足额缴纳的，人民法院应当强制缴纳。经强制缴纳仍不能全部缴纳的，在任何时候，包括主刑执行完毕后，发现被执行人有可供执行的财产的，应当追缴。

行政机关对被告人就同一事实已经处以罚款的，人民法院判处罚金时应当折抵，扣除行政处罚已执行的部分。

2. 罚金减少、免除的决定主体及程序

★中华人民共和国刑法（2020年12月26日）（节录）

第五十三条　罚金在判决指定的期限内一次或者分期缴纳。期满不缴纳的，强制缴纳。对于不能全部缴纳罚金的，人民法院在任何时候发现被执行人有可以执行的财产，应当随时追缴。

由于遭遇不能抗拒的灾祸等原因缴纳确实有困难的，经人民法院裁定，可以延期缴纳、酌情减少或者免除。

★最高人民法院关于适用财产刑若干问题的规定（2000年12月19日）（节录）

第六条第二款　具有刑法第五十三条规定"可以酌情减少或者免除"事由

的，由罪犯本人、亲属或者犯罪单位向负责执行的人民法院提出书面申请，并提供相应的证明材料。人民法院审查以后，根据实际情况，裁定减少或者免除应当缴纳的罚金数额。

★最高人民法院关于适用《中华人民共和国刑事诉讼法》的解释（2021年1月26日）（节录）

第五百二十四条　因遭遇不能抗拒的灾祸等原因缴纳罚金确有困难，被执行人申请延期缴纳、酌情减少或者免除罚金的，应当提交相关证明材料。人民法院应当在收到申请后一个月以内作出裁定。符合法定条件的，应当准许；不符合条件的，驳回申请。

3. "不能抗拒的灾祸"的认定标准

★最高人民法院关于适用财产刑若干问题的规定（2000年12月19日）（节录）

第六条第一款　刑法第五十三条规定的"由于遭遇不能抗拒的灾祸缴纳确实有困难的"，主要是指因遭受火灾、水灾、地震等灾祸而丧失财产；罪犯因重病、伤残等而丧失劳动能力，或者需要罪犯抚养的近亲属患有重病，需支付巨额医药费等，确实没有财产可供执行的情形。

4. 一事不再罚原则

★最高人民法院关于适用《中华人民共和国刑事诉讼法》的解释（2021年1月26日）（节录）

第五百二十三条第二款　行政机关对被告人就同一事实已经处以罚款的，人民法院判处罚金时应当折抵，扣除行政处罚已执行的部分。

5. 多重执行事项中罚金执行的顺序

★最高人民法院关于适用《中华人民共和国刑事诉讼法》的解释（2021年1月26日）（节录）

第五百二十七条　被判处财产刑，同时又承担附带民事赔偿责任的被执行人，应当先履行民事赔偿责任。

★最高人民法院关于刑事裁判涉财产部分执行的若干规定（2014年11月6日）（节录）

第十三条　被执行人在执行中同时承担刑事责任、民事责任，其财产不足以支付的，按照下列顺序执行：

（一）人身损害赔偿中的医疗费用；

（二）退赔被害人的损失；
（三）其他民事债务；
（四）罚金；
（五）没收财产。

债权人对执行标的依法享有优先受偿权，其主张优先受偿的，人民法院应当在前款第（一）项规定的医疗费用受偿后，予以支持。

6. 执行罚金保留必需生活费用原则

★最高人民法院关于刑事裁判涉财产部分执行的若干规定（2014年11月6日）（节录）

第九条第二款　执行没收财产或罚金刑，应当参照被扶养人住所地政府公布的上年度当地居民最低生活费标准，保留被执行人及其所扶养家属的生活必需费用。

7. 罚金终止执行情形

★最高人民法院关于适用《中华人民共和国刑事诉讼法》的解释（2021年1月26日）（节录）

第五百二十九条　执行刑事裁判涉财产部分、附带民事裁判过程中，具有下列情形之一的，人民法院应当裁定终结执行：

（一）据以执行的判决、裁定被撤销的；
（二）被执行人死亡或者被执行死刑，且无财产可供执行的；
（三）被判处罚金的单位终止，且无财产可供执行的；
（四）依照刑法第五十三条规定免除罚金的；
（五）应当终结执行的其他情形。

裁定终结执行后，发现被执行人的财产有被隐匿、转移等情形的，应当追缴。

8. 罚金执行回转情形

★最高人民法院关于适用《中华人民共和国刑事诉讼法》的解释（2021年1月26日）（节录）

第五百三十一条　刑事裁判涉财产部分、附带民事裁判全部或者部分被撤销的，已经执行的财产应当全部或者部分返还被执行人；无法返还的，应当依法赔偿。

> 第二百七十二条 【没收财产的执行】没收财产的判决，无论附加适用或者独立适用，都由人民法院执行；在必要的时候，可以会同公安机关执行。

● 要点及关联法规

1. 没收财产的执行期限

★最高人民法院关于适用《中华人民共和国刑事诉讼法》的解释（2021年1月26日）（节录）

第五百二十五条 判处没收财产的，判决生效后，应当立即执行。

2. 没收财产的执行财产范围关于没收财产的执行顺序、中止、终止等法规，参见第二百六十条的相关部分

★最高人民法院关于刑事裁判涉财产部分执行的若干规定（2014年11月6日）（节录）

第九条第一款 判处没收财产的，应当执行刑事裁判生效时被执行人合法所有的财产。

3. 人民检察院对刑事裁判涉财产部分执行监督

★人民检察院刑事诉讼规则（2019年12月30日）（节录）

第六百四十五条 人民检察院发现人民法院执行刑事裁判涉财产部分具有下列情形之一的，应当依法提出纠正意见：

（一）执行立案活动违法的；

（二）延期缴纳、酌情减少或者免除罚金违法的；

（三）中止执行或者终结执行违法的；

（四）被执行人有履行能力，应当执行而不执行的；

（五）损害被执行人、被害人、利害关系人或者案外人合法权益的；

（六）刑事裁判全部或者部分被撤销后未依法返还或者赔偿的；

（七）执行的财产未依法上缴国库的；

（八）其他违法情形。

人民检察院对人民法院执行刑事裁判涉财产部分进行监督，可以对公安机关查封、扣押、冻结涉案财物的情况，人民法院审判部门、立案部门、执行部

门移送、立案、执行情况，被执行人的履行能力等情况向有关单位和个人进行调查核实。

第六百四十六条　人民检察院发现被执行人或者其他人员有隐匿、转移、变卖财产等妨碍执行情形的，可以建议人民法院及时查封、扣押、冻结。

公安机关不依法向人民法院移送涉案财物、相关清单、照片和其他证明文件，或者对涉案财物的查封、扣押、冻结、返还、处置等活动存在违法情形的，人民检察院应当依法提出纠正意见。

第二百七十三条　【对新罪、漏罪的追诉】罪犯在服刑期间又犯罪的，或者发现了判决的时候所没有发现的罪行，由执行机关移送人民检察院处理。

【减刑、假释的报请程序和检察监督】被判处管制、拘役、有期徒刑或者无期徒刑的罪犯，在执行期间确有悔改或者立功表现，应当依法予以减刑、假释的时候，由执行机关提出建议书，报请人民法院审核裁定，并将建议书副本抄送人民检察院。人民检察院可以向人民法院提出书面意见。

● 要点及关联法规

1. 看守所提请减刑、假释的程序

★公安机关办理刑事案件程序规定（2020年7月20日）（节录）

第三百零五条　对依法留看守所执行刑罚的罪犯，符合减刑条件的，由看守所制作减刑建议书，经设区的市一级以上公安机关审查同意后，报请所在地中级以上人民法院审核裁定。

第三百零六条　对依法留看守所执行刑罚的罪犯，符合假释条件的，由看守所制作假释建议书，经设区的市一级以上公安机关审查同意后，报请所在地中级以上人民法院审核裁定。

2. 监狱提请减刑、假释的程序

★监狱提请减刑假释工作程序规定（2014年10月11日）（节录）

第一章 总 则

第二条 监狱提请减刑、假释，应当根据法律规定的条件和程序进行，遵循公开、公平、公正的原则，严格实行办案责任制。

第三条 被判处有期徒刑和被减刑为有期徒刑的罪犯的减刑、假释，由监狱提出建议，提请罪犯服刑地的中级人民法院裁定。

第四条 被判处死刑缓期二年执行的罪犯的减刑，被判处无期徒刑的罪犯的减刑、假释，由监狱提出建议，经省、自治区、直辖市监狱管理局审核同意后，提请罪犯服刑地的高级人民法院裁定。

第五条 省、自治区、直辖市监狱管理局和监狱分别成立减刑假释评审委员会，由分管领导及刑罚执行、狱政管理、教育改造、狱内侦查、生活卫生、劳动改造、政工、监察等有关部门负责人组成，分管领导任主任。监狱管理局、监狱减刑假释评审委员会成员不得少于9人。

第六条 监狱提请减刑、假释，应当由分监区或者未设分监区的监区人民警察集体研究，监区长办公会议审核，监狱刑罚执行部门审查，监狱减刑假释评审委员会评审，监狱长办公会议决定。

省、自治区、直辖市监狱管理局刑罚执行部门审查监狱依法定程序提请的减刑、假释建议并出具意见，报请分管副局长召集减刑假释评审委员会审核后，报局长审定，必要时可以召开局长办公会议决定。

第二章 监狱提请减刑、假释的程序

第七条 提请减刑、假释，应当根据法律规定的条件，结合罪犯服刑表现，由分监区人民警察集体研究，提出提请减刑、假释建议，报经监区长办公会议审核同意后，由监区报送监狱刑罚执行部门审查。

直属分监区或者未设分监区的监区，由直属分监区或者监区人民警察集体研究，提出提请减刑、假释建议，报送监狱刑罚执行部门审查。

分监区、直属分监区或者未设分监区的监区人民警察集体研究以及监区长办公会议审核情况，应当有书面记录，并由与会人员签名。

第八条 监区或者直属分监区提请减刑、假释，应当报送下列材料：

（一）《罪犯减刑（假释）审核表》；

（二）监区长办公会议或者直属分监区、监区人民警察集体研究会议的记录；

（三）终审法院裁判文书、执行通知书、历次减刑裁定书的复印件；

（四）罪犯计分考核明细表、罪犯评审鉴定表、奖惩审批表和其他有关证明材料；

（五）罪犯确有悔改表现或者立功、重大立功表现的具体事实的书面证明材料。

第九条　监狱刑罚执行部门收到监区或者直属分监区对罪犯提请减刑、假释的材料后，应当就下列事项进行审查：

（一）需提交的材料是否齐全、完备、规范；

（二）罪犯确有悔改或者立功、重大立功表现的具体事实的书面证明材料是否来源合法；

（三）罪犯是否符合法定减刑、假释的条件；

（四）提请减刑、假释的建议是否适当。

经审查，对材料不齐全或者不符合提请条件的，应当通知监区或者直属分监区补充有关材料或者退回；对相关材料有疑义的，应当提讯罪犯进行核查；对材料齐全、符合提请条件的，应当出具审查意见，连同监区或者直属分监区报送的材料一并提交监狱减刑假释评审委员会评审。提请罪犯假释的，还应当委托县级司法行政机关对罪犯假释后对所居住社区影响进行调查评估，并将调查评估报告一并提交。

第十条　监狱减刑假释评审委员会应当召开会议，对刑罚执行部门审查提交的提请减刑、假释建议进行评审，提出评审意见。会议应当有书面记录，并由与会人员签名。

监狱可以邀请人民检察院派员列席减刑假释评审委员会会议。

第十一条　监狱减刑假释评审委员会经评审后，应当将提请减刑、假释的罪犯名单以及减刑、假释意见在监狱内公示。公示内容应当包括罪犯的个人情况、原判罪名及刑期、历次减刑情况、提请减刑假释的建议及依据等。公示期限为5个工作日。公示期内，如有监狱人民警察或者罪犯对公示内容提出异议，监狱减刑假释评审委员会应当进行复核，并告知复核结果。

第十二条　监狱应当在减刑假释评审委员会完成评审和公示程序后，将提请减刑、假释建议送人民检察院征求意见。征求意见后，监狱减刑假释评审委员会应当将提请减刑、假释建议和评审意见连同人民检察院意见，一并报请监狱长办公会议审议决定。监狱对人民检察院意见未予采纳的，应当予以回复，并说明理由。

第十三条　监狱长办公会议决定提请减刑、假释的，由监狱长在《罪犯减刑（假释）审核表》上签署意见，加盖监狱公章，并由监狱刑罚执行部门根据法律规定制作《提请减刑建议书》或者《提请假释建议书》，连同有关材料一并提请人民法院裁定。人民检察院对提请减刑、假释提出的检察意见，应当一并移送受理减刑、假释案件的人民法院。

对本规定第四条所列罪犯决定提请减刑、假释的，监狱应当将《罪犯减刑（假释）审核表》连同有关材料报送省、自治区、直辖市监狱管理局审核。

第十四条　监狱在向人民法院提请减刑、假释的同时，应当将提请减刑、假释的建议书副本抄送人民检察院。

第十五条　监狱提请人民法院裁定减刑、假释，应当提交下列材料：

（一）《提请减刑建议书》或者《提请假释建议书》；

（二）终审法院裁判文书、执行通知书、历次减刑裁定书的复印件；

（三）罪犯计分考核明细表、评审鉴定表、奖惩审批表；

（四）罪犯确有悔改或者立功、重大立功表现的具体事实的书面证明材料；

（五）提请假释的，应当附有县级司法行政机关关于罪犯假释后对所居住社区影响的调查评估报告；

（六）根据案件情况需要提交的其他材料。

对本规定第四条所列罪犯提请减刑、假释的，应当同时提交省、自治区、直辖市监狱管理局签署意见的《罪犯减刑（假释）审核表》。

第三章　监狱管理局审核提请减刑、假释建议的程序

第十六条　省、自治区、直辖市监狱管理局刑罚执行部门收到监狱报送的提请减刑、假释建议的材料后，应当进行审查。审查中发现监狱报送的材料不齐全或者有疑义的，应当通知监狱补充有关材料或者作出说明。审查无误后，应当出具审查意见，报请分管副局长召集评审委员会进行审核。

第十七条　监狱管理局分管副局长主持完成审核后，应当将审核意见报请局长审定；分管副局长认为案件重大或者有其他特殊情况的，可以建议召开局长办公会议审议决定。

监狱管理局审核同意对罪犯提请减刑、假释的，由局长在《罪犯减刑（假释）审核表》上签署意见，加盖监狱管理局公章。

第四章　附　则

第十八条　人民法院开庭审理减刑、假释案件的，监狱应当派员参加庭审，

宣读提请减刑、假释建议书并说明理由，配合法庭核实相关情况。

第十九条　分监区、直属分监区或者未设分监区的监区人民警察集体研究会议、监区长办公会议、监狱评审委员会会议、监狱长办公会议、监狱管理局评审委员会会议、监狱管理局局长办公会议的记录和本规定第十五条所列的材料，应当存入档案并永久保存。

第二十条　违反法律规定和本规定提请减刑、假释，涉嫌违纪的，依照有关处分规定追究相关人员责任；涉嫌犯罪的，移送司法机关依法追究刑事责任。

第二十一条　监狱办理职务犯罪罪犯减刑、假释案件，应当按照有关规定报请备案审查。

3. 减刑、假释案件的管辖及审理期限

★最高人民法院关于适用《中华人民共和国刑事诉讼法》的解释（2021年1月26日）（节录）

第五百三十四条　对减刑、假释案件，应当按照下列情形分别处理：

（一）对被判处死刑缓期执行的罪犯的减刑，由罪犯服刑地的高级人民法院在收到同级监狱管理机关审核同意的减刑建议书后一个月以内作出裁定；

（二）对被判处无期徒刑的罪犯的减刑、假释，由罪犯服刑地的高级人民法院在收到同级监狱管理机关审核同意的减刑、假释建议书后一个月以内作出裁定，案情复杂或者情况特殊的，可以延长一个月；

（三）对被判处有期徒刑和被减为有期徒刑的罪犯的减刑、假释，由罪犯服刑地的中级人民法院在收到执行机关提出的减刑、假释建议书后一个月以内作出裁定，案情复杂或者情况特殊的，可以延长一个月；

（四）对被判处管制、拘役的罪犯的减刑，由罪犯服刑地的中级人民法院在收到同级执行机关审核同意的减刑建议书后一个月以内作出裁定。

对社区矫正对象的减刑，由社区矫正执行地的中级以上人民法院在收到社区矫正机构减刑建议书后三十日以内作出裁定。

4. 法院审查提请减刑、假释案件的材料内容

★最高人民法院关于适用《中华人民共和国刑事诉讼法》的解释（2021年1月26日）（节录）

第五百三十五条　受理减刑、假释案件，应当审查执行机关移送的材料是否包括下列内容：

（一）减刑、假释建议书；

（二）原审法院的裁判文书、执行通知书、历次减刑裁定书的复制件；
（三）证明罪犯确有悔改、立功或者重大立功表现具体事实的书面材料；
（四）罪犯评审鉴定表、奖惩审批表等；
（五）罪犯假释后对所居住社区影响的调查评估报告；
（六）刑事裁判涉财产部分、附带民事裁判的执行、履行情况；
（七）根据案件情况需要移送的其他材料。

人民检察院对报请减刑、假释案件提出意见的，执行机关应当一并移送受理减刑、假释案件的人民法院。

经审查，材料不全的，应当通知提请减刑、假释的执行机关在三日以内补送；逾期未补送的，不予立案。

★最高人民法院关于减刑、假释案件审理程序的规定（2014年4月23日）（节录）

第二条第三款　人民检察院对报请减刑、假释案件提出检察意见的，执行机关应当一并移送受理减刑、假释案件的人民法院。

第四款　经审查，材料齐备的，应当立案；材料不齐的，应当通知执行机关在三日内补送，逾期未补送的，不予立案。

5. 减刑、假释公示原则

★最高人民法院关于适用《中华人民共和国刑事诉讼法》的解释（2021年1月26日）（节录）

第五百二十七条　审理减刑、假释案件，应当在立案后五日以内对下列事项予以公示：
（一）罪犯的姓名、年龄等个人基本情况；
（二）原判认定的罪名和刑期；
（三）罪犯历次减刑情况；
（四）执行机关的减刑、假释建议和依据。

公示应当写明公示期限和提出意见的方式。

★最高人民法院关于减刑、假释案件审理程序的规定（2014年4月23日）（节录）

第三条　人民法院审理减刑、假释案件，应当在立案后五日内将执行机关报请减刑、假释的建议书等材料依法向社会公示。

公示内容应当包括罪犯的个人情况、原判认定的罪名和刑期、罪犯历次减刑情况、执行机关的建议及依据。

公示应当写明公示期限和提出意见的方式。公示期限为五日。

6. 减刑、假释案件的审判组织

★最高人民法院关于减刑、假释案件审理程序的规定（2014年4月23日）（节录）

第四条 人民法院审理减刑、假释案件，应当依法由审判员或者由审判员和人民陪审员组成合议庭进行。

7. 减刑、假释案件的审查重点及政策

★最高人民法院关于适用《中华人民共和国刑事诉讼法》的解释（2021年1月26日）（节录）

第五百三十六条 审理减刑、假释案件，对罪犯积极履行刑事裁判涉财产部分、附带民事裁判确定的义务的，可以认定有悔改表现，在减刑、假释时从宽掌握；对确有履行能力而不履行或者不全部履行的，在减刑、假释时从严掌握。

★最高人民法院关于减刑、假释案件审理程序的规定（2014年4月23日）（节录）

第五条 人民法院审理减刑、假释案件，除应当审查罪犯在执行期间的一贯表现外，还应当综合考虑犯罪的具体情节、原判刑罚情况、财产刑执行情况、附带民事裁判履行情况、罪犯退赃退赔等情况。

人民法院审理假释案件，除应当审查第一款所列情形外，还应当综合考虑罪犯的年龄、身体状况、性格特征、假释后生活来源以及监管条件等影响再犯罪的因素。

执行机关以罪犯有立功表现或重大立功表现为由提出减刑的，应当审查立功或重大立功表现是否属实。涉及发明创造、技术革新或者其他贡献的，应当审查该成果是否系罪犯在执行期间独立完成，并经有关主管机关确认。

8. 需开庭审理的减刑、假释案件

★最高人民法院关于适用《中华人民共和国刑事诉讼法》的解释（2021年1月26日）（节录）

第五百三十五条 受理减刑、假释案件，应当审查执行机关移送的材料是否包括下列内容：

（一）减刑、假释建议书；

（二）原审法院的裁判文书、执行通知书、历次减刑裁定书的复制件；
（三）证明罪犯确有悔改、立功或者重大立功表现具体事实的书面材料；
（四）罪犯评审鉴定表、奖惩审批表等；
（五）罪犯假释后对所居住社区影响的调查评估报告；
（六）刑事裁判涉财产部分、附带民事裁判的执行、履行情况；
（七）根据案件情况需要移送的其他材料。

人民检察院对报请减刑、假释案件提出意见的，执行机关应当一并移送受理减刑、假释案件的人民法院。

经审查，材料不全的，应当通知提请减刑、假释的执行机关在三日以内补送；逾期未补送的，不予立案。

9. 减刑、假释案件开庭审理程序

★**最高人民法院关于减刑、假释案件审理程序的规定**（2014年4月23日）（节录）

第七条 人民法院开庭审理减刑、假释案件，应当通知人民检察院、执行机关及被报请减刑、假释罪犯参加庭审。

人民法院根据需要，可以通知证明罪犯确有悔改表现或者立功、重大立功表现的证人，公示期间提出不同意见的人，以及鉴定人、翻译人员等其他人员参加庭审。

第八条 开庭审理应当在罪犯刑罚执行场所或者人民法院确定的场所进行。有条件的人民法院可以采取视频开庭的方式进行。

在社区执行刑罚的罪犯因重大立功被报请减刑的，可以在罪犯服刑地或者居住地开庭审理。

第九条 人民法院对于决定开庭审理的减刑、假释案件，应当在开庭三日前将开庭的时间、地点通知人民检察院、执行机关、被报请减刑、假释罪犯和有必要参加庭审的其他人员，并于开庭三日前进行公告。

第十条 减刑、假释案件的开庭审理由审判长主持，应当按照以下程序进行：

（一）审判长宣布开庭，核实被报请减刑、假释罪犯的基本情况；
（二）审判长宣布合议庭组成人员、检察人员、执行机关代表及其他庭审参加人；
（三）执行机关代表宣读减刑、假释建议书，并说明主要理由；
（四）检察人员发表检察意见；

（五）法庭对被报请减刑、假释罪犯确有悔改表现或立功表现、重大立功表现的事实以及其他影响减刑、假释的情况进行调查核实；

（六）被报请减刑、假释罪犯作最后陈述；

（七）审判长对庭审情况进行总结并宣布休庭评议。

第十一条　庭审过程中，合议庭人员对报请理由有疑问的，可以向被报请减刑、假释罪犯、证人、执行机关代表、检察人员提问。

庭审过程中，检察人员对报请理由有疑问的，在经审判长许可后，可以出示证据，申请证人到庭，向被报请减刑、假释罪犯及证人提问并发表意见。被报请减刑、假释罪犯对报请理由有疑问的，在经审判长许可后，可以出示证据，申请证人到庭，向证人提问并发表意见。

第十二条　庭审过程中，合议庭对证据有疑问需要进行调查核实，或者检察人员、执行机关代表提出申请的，可以宣布休庭。

第十三条　人民法院开庭审理减刑、假释案件，能够当庭宣判的应当当庭宣判；不能当庭宣判的，可以择期宣判。

★最高人民法院关于适用《中华人民共和国刑事诉讼法》的解释（2021年1月26日）（节录）

第六百五十条　人民法院讯问被告人，宣告判决，审理减刑、假释案件等，可以根据情况采取视频方式。

★人民检察院办理减刑、假释案件规定（2014年8月1日）（节录）

第十一条　人民法院开庭审理减刑、假释案件的，人民检察院应当指派检察人员出席法庭，发表检察意见，并对法庭审理活动是否合法进行监督。

第十二条　出席法庭的检察人员不得少于二人，其中至少一人具有检察官职务。

第十三条　检察人员应当在庭审前做好下列准备工作：

（一）全面熟悉案情，掌握证据情况，拟定法庭调查提纲和出庭意见；

（二）对执行机关提请减刑、假释有异议的案件，应当收集相关证据，可以建议人民法院通知相关证人出庭作证。

第十四条　庭审开始后，在执行机关代表宣读减刑、假释建议书并说明理由之后，检察人员应当发表检察意见。

第十五条　庭审过程中，检察人员对执行机关提请减刑、假释有疑问的，经审判长许可，可以出示证据，申请证人出庭作证，要求执行机关代表出示证据或者作出说明，向被提请减刑、假释的罪犯及证人提问并发表意见。

第十六条 法庭调查结束时，在被提请减刑、假释罪犯作最后陈述之前，经审判长许可，检察人员可以发表总结性意见。

第十七条 庭审过程中，检察人员认为需要进一步调查核实案件事实、证据，需要补充鉴定或者重新鉴定，或者需要通知新的证人到庭的，应当建议休庭。

10. 减刑、假释案件的书面审理

★最高人民法院关于减刑、假释案件审理程序的规定（2014年4月23日）（节录）

第十四条 人民法院书面审理减刑、假释案件，可以就被报请减刑、假释罪犯是否符合减刑、假释条件进行调查核实或听取有关方面意见。

第十五条 人民法院书面审理减刑案件，可以提讯被报请减刑罪犯；书面审理假释案件，应当提讯被报请假释罪犯。

11. 减刑、假释裁定的作出

★最高人民法院关于减刑、假释案件审理程序的规定（2014年4月23日）（节录）

第十六条第一款 人民法院审理减刑、假释案件，应当按照下列情形分别处理：

（一）被报请减刑、假释罪犯符合法律规定的减刑、假释条件的，作出予以减刑、假释的裁定；

（二）被报请减刑的罪犯符合法律规定的减刑条件，但执行机关报请的减刑幅度不适当的，对减刑幅度作出相应调整后作出予以减刑的裁定；

（三）被报请减刑、假释罪犯不符合法律规定的减刑、假释条件的，作出不予减刑、假释的裁定。

第十七条 减刑、假释裁定书应当写明罪犯原判和历次减刑情况，确有悔改表现或者立功、重大立功表现的事实和理由，以及减刑、假释的法律依据。

裁定减刑的，应当注明刑期的起止时间；裁定假释的，应当注明假释考验期的起止时间。

裁定调整减刑幅度或者不予减刑、假释的，应当在裁定书中说明理由。

12. 减刑、假释裁定公开原则

★最高人民法院关于减刑、假释案件审理程序的规定（2014年4月23日）（节录）

第十九条 减刑、假释裁定书应当通过互联网依法向社会公布。

13. 法院对撤回提请减刑、假释建议的程序处理

★最高人民法院关于适用《中华人民共和国刑事诉讼法》的解释（2021年1月26日）（节录）

第五百四十条 减刑、假释裁定作出前，执行机关书面提请撤回减刑、假释建议的，人民法院可以决定是否准许。

14. 死缓执行限制减刑的规定

★最高人民法院关于死刑缓期执行限制减刑案件审理程序若干问题的规定（2011年4月25日）

第一条 根据刑法第五十条第二款的规定，对被判处死刑缓期执行的累犯以及因故意杀人、强奸、抢劫、绑架、放火、爆炸、投放危险物质或者有组织的暴力性犯罪被判处死刑缓期执行的犯罪分子，人民法院根据犯罪情节、人身危险性等情况，可以在作出裁判的同时决定对其限制减刑。

第二条 被告人对第一审人民法院作出的限制减刑判决不服的，可以提出上诉。被告人的辩护人和近亲属，经被告人同意，也可以提出上诉。

第三条 高级人民法院审理或者复核判处死刑缓期执行并限制减刑的案件，认为原判对被告人判处死刑缓期执行适当，但判决限制减刑不当的，应当改判，撤销限制减刑。

第四条 高级人民法院审理判处死刑缓期执行没有限制减刑的上诉案件，认为原判事实清楚、证据充分，但应当限制减刑的，不得直接改判，也不得发回重新审判。确有必要限制减刑的，应当在第二审判决、裁定生效后，按照审判监督程序重新审判。

高级人民法院复核判处死刑缓期执行没有限制减刑的案件，认为应当限制减刑的，不得以提高审级等方式对被告人限制减刑。

第五条 高级人民法院审理判处死刑的第二审案件，对被告人改判死刑缓期执行的，如果符合刑法第五十条第二款的规定，可以同时决定对其限制减刑。

高级人民法院复核判处死刑后没有上诉、抗诉的案件，认为应当改判死刑缓期执行并限制减刑的，可以提审或者发回重新审判。

第六条 最高人民法院复核死刑案件，认为对被告人可以判处死刑缓期执行并限制减刑的，应当裁定不予核准，并撤销原判，发回重新审判。

一案中两名以上被告人被判处死刑，最高人民法院复核后，对其中部分被告人改判死刑缓期执行的，如果符合刑法第五十条第二款的规定，可以同时决定对其限制减刑。

第七条 人民法院对被判处死刑缓期执行的被告人所作的限制减刑决定,应当在判决书主文部分单独作为一项予以宣告。

第八条 死刑缓期执行限制减刑案件审理程序的其他事项,依照刑事诉讼法和有关司法解释的规定执行。

15. 特殊情况下假释案件办理的程序

★最高人民法院关于适用《中华人民共和国刑事诉讼法》的解释(2021年1月26日)(节录)

第四百二十条 报请最高人民法院核准因罪犯具有特殊情况,不受执行刑期限制的假释案件,应当按照下列情形分别处理:

(一)中级人民法院依法作出假释裁定后,应当报请高级人民法院复核。高级人民法院同意的,应当书面报请最高人民法院核准;不同意的,应当裁定撤销中级人民法院的假释裁定;

(二)高级人民法院依法作出假释裁定的,应当报请最高人民法院核准。

第四百二十一条 报请最高人民法院核准因罪犯具有特殊情况,不受执行刑期限制的假释案件,应当报送报请核准的报告、罪犯具有特殊情况的报告、假释裁定书各五份,以及全部案卷。

第四百二十二条 对因罪犯具有特殊情况,不受执行刑期限制的假释案件,最高人民法院予以核准的,应当作出核准裁定书;不予核准的,应当作出不核准裁定书,并撤销原裁定。

第二百七十四条 【对减刑、假释的检察监督】人民检察院认为人民法院减刑、假释的裁定不当,应当在收到裁定书副本后二十日以内,向人民法院提出书面纠正意见。人民法院应当在收到纠正意见后一个月以内重新组成合议庭进行审理,作出最终裁定。

● 要点及关联法规

1. 减刑、假释裁定文书的送达及检察监督意见的提出期限

★最高人民法院关于适用《中华人民共和国刑事诉讼法》的解释(2021年1月26日)(节录)

第五百三十九条 人民法院作出减刑、假释裁定后,应当在七日以内送达

提请减刑、假释的执行机关、同级人民检察院以及罪犯本人。人民检察院认为减刑、假释裁定不当，在法定期限内提出书面纠正意见的，人民法院应当在收到意见后另行组成合议庭审理，并在一个月以内作出裁定。

对假释的罪犯，适用本解释第五百一十九条的有关规定，依法实行社区矫正。

★**最高人民法院关于减刑、假释案件审理程序的规定**（2014年4月23日）（节录）

第十八条　人民法院作出减刑、假释裁定后，应当在七日内送达报请减刑、假释的执行机关、同级人民检察院以及罪犯本人。作出假释裁定的，还应当送达社区矫正机构或者基层组织。

2. 法院对于减刑、假释案件的审判监督

★**最高人民法院关于适用《中华人民共和国刑事诉讼法》的解释**（2021年1月26日）（节录）

第五百四十一条　人民法院发现本院已经生效的减刑、假释裁定确有错误的，应当另行组成合议庭审理；发现下级人民法院已经生效的减刑、假释裁定确有错误的，可以指令下级人民法院另行组成合议庭审理，也可以自行组成合议庭审理。

3. 检察院对于减刑、假释案件的监督

★**人民检察院刑事诉讼规则**（2019年12月30日）（节录）

第六百三十五条　人民检察院收到执行机关抄送的减刑、假释建议书副本后，应当逐案进行审查。发现减刑、假释建议不当或者提请减刑、假释违反法定程序的，应当在十日以内报经检察长批准，向审理减刑、假释案件的人民法院提出书面检察意见，同时也可以向执行机关提出书面纠正意见。案情复杂或者情况特殊的，可以延长十日。

第六百三十六条　人民检察院发现监狱等执行机关提请人民法院裁定减刑、假释的活动具有下列情形之一的，应当依法提出纠正意见：

（一）将不符合减刑、假释法定条件的罪犯，提请人民法院裁定减刑、假释的；

（二）对依法应当减刑、假释的罪犯，不提请人民法院裁定减刑、假释的；

（三）提请对罪犯减刑、假释违反法定程序，或者没有完备的合法手续的；

（四）提请对罪犯减刑的减刑幅度、起始时间、间隔时间或者减刑后又假释

的间隔时间不符合有关规定的；

（五）被提请减刑、假释的罪犯被减刑后实际执行的刑期或者假释考验期不符合有关法律规定的；

（六）其他违法情形。

第六百三十七条　人民法院开庭审理减刑、假释案件，人民检察院应当指派检察人员出席法庭，发表意见。

第六百三十八条　人民检察院收到人民法院减刑、假释的裁定书副本后，应当及时审查下列内容：

（一）被减刑、假释的罪犯是否符合法定条件，对罪犯减刑的减刑幅度、起始时间、间隔时间或者减刑后又假释的间隔时间、罪犯被减刑后实际执行的刑期或者假释考验期是否符合有关规定；

（二）执行机关提请减刑、假释的程序是否合法；

（三）人民法院审理、裁定减刑、假释的程序是否合法；

（四）人民法院对罪犯裁定不予减刑、假释是否符合有关规定；

（五）人民法院减刑、假释裁定书是否依法送达执行并向社会公布。

第六百三十九条　人民检察院经审查认为人民法院减刑、假释的裁定不当，应当在收到裁定书副本后二十日以内，向作出减刑、假释裁定的人民法院提出纠正意见。

第六百四十条　对人民法院减刑、假释裁定的纠正意见，由作出减刑、假释裁定的人民法院的同级人民检察院书面提出。

下级人民检察院发现人民法院减刑、假释裁定不当的，应当向作出减刑、假释裁定的人民法院的同级人民检察院报告。

第六百四十一条　人民检察院对人民法院减刑、假释的裁定提出纠正意见后，应当监督人民法院是否在收到纠正意见后一个月以内重新组成合议庭进行审理，并监督重新作出的裁定是否符合法律规定。对最终裁定不符合法律规定的，应当向同级人民法院提出纠正意见。

★人民检察院办理减刑、假释案件规定（2014年8月1日）（节录）

第二条　人民检察院依法对减刑、假释案件的提请、审理、裁定等活动是否合法实行法律监督。

第三条　人民检察院办理减刑、假释案件，应当按照下列情形分别处理：

（一）对减刑、假释案件提请活动的监督，由对执行机关承担检察职责的人民检察院负责；

（二）对减刑、假释案件审理、裁定活动的监督，由人民法院的同级人民检察院负责；同级人民检察院对执行机关不承担检察职责的，可以根据需要指定对执行机关承担检察职责的人民检察院派员出席法庭；下级人民检察院发现减刑、假释裁定不当的，应当及时向作出减刑、假释裁定的人民法院的同级人民检察院报告。

第四条　人民检察院办理减刑、假释案件，依照规定实行统一案件管理和办案责任制。

第五条　人民检察院收到执行机关移送的下列减刑、假释案件材料后，应当及时进行审查：

（一）执行机关拟提请减刑、假释意见；

（二）终审法院裁判文书、执行通知书、历次减刑裁定书；

（三）罪犯确有悔改表现、立功表现或者重大立功表现的证明材料；

（四）罪犯评审鉴定表、奖惩审批表；

（五）其他应当审查的案件材料。

对拟提请假释案件，还应当审查社区矫正机构或者基层组织关于罪犯假释后对所居住社区影响的调查评估报告。

第六条　具有下列情形之一的，人民检察院应当进行调查核实：

（一）拟提请减刑、假释罪犯系职务犯罪罪犯，破坏金融管理秩序和金融诈骗犯罪罪犯，黑社会性质组织犯罪罪犯，严重暴力恐怖犯罪罪犯，或者其他在社会上有重大影响、社会关注度高的罪犯；

（二）因罪犯有立功表现或者重大立功表现拟提请减刑的；

（三）拟提请减刑、假释罪犯的减刑幅度大、假释考验期长、起始时间早、间隔时间短或者实际执行刑期短的；

（四）拟提请减刑、假释罪犯的考核计分高、专项奖励多或者鉴定材料、奖惩记录有疑点的；

（五）收到控告、举报的；

（六）其他应当进行调查核实的。

第七条　人民检察院可以采取调阅复制有关材料、重新组织诊断鉴别、进行文证鉴定、召开座谈会、个别询问等方式，对下列情况进行调查核实：

（一）拟提请减刑、假释罪犯在服刑期间的表现情况；

（二）拟提请减刑、假释罪犯的财产刑执行、附带民事裁判履行、退赃退赔等情况；

（三）拟提请减刑罪犯的立功表现、重大立功表现是否属实，发明创造、技术革新是否系罪犯在服刑期间独立完成并经有关主管机关确认；

（四）拟提请假释罪犯的身体状况、性格特征、假释后生活来源和监管条件等影响再犯罪的因素；

（五）其他应当进行调查核实的情况。

第八条　人民检察院可以派员列席执行机关提请减刑、假释评审会议，了解案件有关情况，根据需要发表意见。

第九条　人民检察院发现罪犯符合减刑、假释条件，但是执行机关未提请减刑、假释的，可以建议执行机关提请减刑、假释。

第十条　人民检察院收到执行机关抄送的减刑、假释建议书副本后，应当逐案进行审查，可以向人民法院提出书面意见。发现减刑、假释建议不当或者提请减刑、假释违反法定程序的，应当在收到建议书副本后十日以内，依法向审理减刑、假释案件的人民法院提出书面意见，同时将检察意见书副本抄送执行机关。案情复杂或者情况特殊的，可以延长十日。

第十八条　检察人员发现法庭审理活动违反法律规定的，应当在庭审后及时向本院检察长报告，依法向人民法院提出纠正意见。

第十九条　人民检察院收到人民法院减刑、假释裁定书副本后，应当及时审查下列内容：

（一）人民法院对罪犯裁定予以减刑、假释，以及起始时间、间隔时间、实际执行刑期、减刑幅度或者假释考验期是否符合有关规定；

（二）人民法院对罪犯裁定不予减刑、假释是否符合有关规定；

（三）人民法院审理、裁定减刑、假释的程序是否合法；

（四）按照有关规定应当开庭审理的减刑、假释案件，人民法院是否开庭审理；

（五）人民法院减刑、假释裁定书是否依法送达执行并向社会公布。

第二十条　人民检察院经审查认为人民法院减刑、假释裁定不当的，应当在收到裁定书副本后二十日以内，依法向作出减刑、假释裁定的人民法院提出书面纠正意见。

第二十一条　人民检察院对人民法院减刑、假释裁定提出纠正意见的，应当监督人民法院在收到纠正意见后一个月以内重新组成合议庭进行审理并作出最终裁定。

第二十二条　人民检察院发现人民法院已经生效的减刑、假释裁定确有错误的，应当向人民法院提出书面纠正意见，提请人民法院按照审判监督程序依法另行组成合议庭重新审理并作出裁定。

第二十三条 人民检察院收到控告、举报或者发现司法工作人员在办理减刑、假释案件中涉嫌违法的，应当依法进行调查，并根据情况，向有关单位提出纠正违法意见，建议更换办案人，或者建议予以纪律处分；构成犯罪的，依法追究刑事责任。

第二十四条 人民检察院办理职务犯罪罪犯减刑、假释案件，按照有关规定实行备案审查。

4. 检察院对于职务犯罪罪犯减刑、假释的监督

★最高人民检察院关于对职务犯罪罪犯减刑、假释、暂予监外执行案件实行备案审查的规定（2014年6月23日）（节录）

第二条 人民检察院对职务犯罪罪犯减刑、假释、暂予监外执行案件实行备案审查，按照下列情形分别处理：

（一）对原厅局级以上职务犯罪罪犯减刑、假释、暂予监外执行的案件，人民检察院应当在收到减刑、假释裁定书或者暂予监外执行决定书后十日以内，逐案层报最高人民检察院备案审查；

（二）对原县处级职务犯罪罪犯减刑、假释、暂予监外执行的案件，人民检察院应当在收到减刑、假释裁定书或者暂予监外执行决定书后十日以内，逐案层报省级人民检察院备案审查。

第三条 人民检察院报请备案审查减刑、假释案件，应当填写备案审查登记表，并附下列材料的复印件：

（一）刑罚执行机关提请减刑、假释建议书；

（二）人民法院减刑、假释裁定书；

（三）人民检察院向刑罚执行机关、人民法院提出的书面意见；

罪犯有重大立功表现裁定减刑、假释的案件，还应当附重大立功表现相关证明材料的复印件。

第四条 人民检察院报请备案审查暂予监外执行案件，应当填写备案审查登记表，并附下列材料的复印件：

（一）刑罚执行机关提请暂予监外执行意见书或者审批表；

（二）决定或者批准机关暂予监外执行决定书；

（三）人民检察院向刑罚执行机关、暂予监外执行决定或者批准机关提出的书面意见；

（四）罪犯的病情诊断、鉴定意见以及相关证明材料。

第五条 上级人民检察院认为有必要的，可以要求下级人民检察院补报相

关材料。下级人民检察院应当在收到通知后三日以内，按照要求报送。

第六条　最高人民检察院和省级人民检察院收到备案审查材料后，应当指定专人进行登记和审查，并在收到材料后十日以内，分别作出以下处理：

（一）对于职务犯罪罪犯减刑、假释、暂予监外执行不当的，应当通知下级人民检察院依法向有关单位提出纠正意见。其中，省级人民检察院认为高级人民法院作出的减刑、假释裁定或者省级监狱管理局、省级公安厅（局）作出的暂予监外执行决定不当的，应当依法提出纠正意见；

（二）对于职务犯罪罪犯减刑、假释、暂予监外执行存在疑点或者可能存在违法违规问题的，应当通知下级人民检察院依法进行调查核实。

第七条　下级人民检察院收到上级人民检察院对备案审查材料处理意见的通知后，应当立即执行，并在收到通知后三十日以内，报告执行情况。

第八条　省级人民检察院应当将本年度原县处级以上职务犯罪罪犯减刑、假释、暂予监外执行的名单，以及本年度职务犯罪罪犯减刑、假释、暂予监外执行的数量和比例对比情况，与人民法院、公安机关、监狱管理机关等有关单位核对后，于次年一月底前，报送最高人民检察院。

第九条　对于职务犯罪罪犯减刑、假释、暂予监外执行的比例明显高于其他罪犯的相应比例的，人民检察院应当对职务犯罪罪犯减刑、假释、暂予监外执行案件进行逐案复查，查找和分析存在的问题，依法向有关单位提出意见或者建议。

第十条　最高人民检察院和省级人民检察院应当每年对职务犯罪罪犯减刑、假释、暂予监外执行情况进行分析和总结，指导和督促下级人民检察院落实有关要求。

第十一条　本规定中的职务犯罪，是指贪污贿赂犯罪，国家工作人员的渎职犯罪，国家机关工作人员利用职权实施的非法拘禁、非法搜查、刑讯逼供、暴力取证、虐待被监管人、报复陷害、破坏选举的侵犯公民人身权利、公民民主权利的犯罪。

5. 减刑、假释裁定的撤销

★最高人民法院关于适用《中华人民共和国刑事诉讼法》的解释（2021年1月26日）（节录）

第五百四十二条　罪犯在缓刑、假释考验期限内犯新罪或者被发现在判决宣告前还有其他罪没有判决，应当撤销缓刑、假释的，由审判新罪的人民法院撤销原判决、裁定宣告的缓刑、假释，并书面通知原审人民法院和执行机关。

第五百四十三条　人民法院收到社区矫正机构的撤销缓刑建议书后，经审查，确认罪犯在缓刑考验期限内具有下列情形之一的，应当作出撤销缓刑的裁定：

（一）违反禁止令，情节严重的；

（二）无正当理由不按规定时间报到或者接受社区矫正期间脱离监管，超过一个月的；

（三）因违反监督管理规定受到治安管理处罚，仍不改正的；

（四）受到执行机关二次警告，仍不改正的；

（五）违反法律、行政法规和监督管理规定，情节严重的其他情形。

人民法院收到社区矫正机构的撤销假释建议书后，经审查，确认罪犯在假释考验期限内具有前款第二项、第四项规定情形之一，或者有其他违反监督管理规定的行为，尚未构成新的犯罪的，应当作出撤销假释的裁定。

第二百七十五条　【刑罚执行机关对错案、申诉的处理】 监狱和其他执行机关在刑罚执行中，如果认为判决有错误或者罪犯提出申诉，应当转请人民检察院或者原判人民法院处理。

● 要点及关联法规

公安机关发现判决有误的程序处理

★**公安机关办理刑事案件程序规定**（2020年7月20日）（节录）

第三百零四条　公安机关在执行刑罚中，如果认为判决有错误或者罪犯提出申诉，应当转请人民检察院或者原判人民法院处理。

第二百七十六条　【对刑罚执行活动的检察监督】 人民检察院对执行机关执行刑罚的活动是否合法实行监督。如果发现有违法的情况，应当通知执行机关纠正。

要点及关联法规

检察院对于刑罚执行的监督

★最高人民法院、最高人民检察院、公安部、司法部关于对判处管制、宣告缓刑的犯罪分子适用禁止令有关问题的规定（试行）（2011年4月28日）（节录）

第十条 人民检察院对社区矫正机构执行禁止令的活动实行监督。发现有违反法律规定的情况，应当通知社区矫正机构纠正。

★人民检察院刑事诉讼规则（2019年12月30日）（节录）

第十四章 刑罚执行和监管执法监督

第一节 一般规定

第六百二十一条 人民检察院依法对刑事判决、裁定和决定的执行工作以及监狱、看守所等的监管执法活动实行法律监督。

第六百二十二条 人民检察院根据工作需要，可以对监狱、看守所等场所采取巡回检察、派驻检察等方式进行监督。

第六百二十三条 人民检察院对监狱、看守所等场所进行监督，除可以采取本规则第五百五十一条规定的调查核实措施外，还可以采取实地查看禁闭室、会见室、监区、监舍等有关场所，列席监狱、看守所有关会议，与有关监管民警进行谈话，召开座谈会，开展问卷调查等方式。

第六百二十四条 人民检察院对刑罚执行和监管执法活动实行监督，可以根据下列情形分别处理：

（一）发现执法瑕疵、安全隐患，或者违法情节轻微的，口头提出纠正意见，并记录在案；

（二）发现严重违法，发生重大事故，或者口头提出纠正意见后七日以内未予纠正的，书面提出纠正意见；

（三）发现存在可能导致执法不公问题，或者存在重大监管漏洞、重大安全隐患、重大事故风险等问题的，提出检察建议。

对于在巡回检察中发现的前款规定的问题、线索的整改落实情况，通过巡回检察进行督导。

第二节 交付执行监督

第六百二十五条 人民检察院发现人民法院、公安机关、看守所等机关的交付执行活动具有下列情形之一的,应当依法提出纠正意见:

(一)交付执行的第一审人民法院没有在法定期间内将判决书、裁定书、人民检察院的起诉书副本、自诉状复印件、执行通知书、结案登记表等法律文书送达公安机关、监狱、社区矫正机构等执行机关的;

(二)对被判处死刑缓期二年执行、无期徒刑或者有期徒刑余刑在三个月以上的罪犯,公安机关、看守所自接到人民法院执行通知书等法律文书后三十日以内,没有将成年罪犯送交监狱执行刑罚,或者没有将未成年罪犯送交未成年犯管教所执行刑罚的;

(三)对需要收监执行刑罚而判决、裁定生效前未被羁押的罪犯,第一审人民法院没有及时将罪犯收监送交公安机关,并将判决书、裁定书、执行通知书等法律文书送达公安机关的;

(四)公安机关对需要收监执行刑罚但下落不明的罪犯,在收到人民法院的判决书、裁定书、执行通知书等法律文书后,没有及时抓捕、通缉的;

(五)对被判处管制、宣告缓刑或者人民法院决定暂予监外执行的罪犯,在判决、裁定生效后或者收到人民法院暂予监外执行决定后,未依法交付罪犯居住地社区矫正机构执行,或者对被单处剥夺政治权利的罪犯,在判决、裁定生效后,未依法交付罪犯居住地公安机关执行的,或者人民法院依法交付执行,社区矫正机构或者公安机关应当接收而拒绝接收的;

(六)其他违法情形。

第六百二十六条 人民法院判决被告人无罪、免予刑事处罚、判处管制、宣告缓刑、单处罚金或者剥夺政治权利,被告人被羁押的,人民检察院应当监督被告人是否被立即释放。发现被告人没有被立即释放的,应当立即向人民法院或者看守所提出纠正意见。

第六百二十七条 人民检察院发现公安机关未依法执行拘役、剥夺政治权利,拘役执行期满未依法发给释放证明,或者剥夺政治权利执行期满未书面通知本人及其所在单位、居住地基层组织等违法情形的,应当依法提出纠正意见。

第六百二十八条 人民检察院发现监狱、看守所对服刑期满或者依法应当予以释放的人员没有按期释放,对被裁定假释的罪犯依法应当交付罪犯居住地社区矫正机构实行社区矫正而不交付,对主刑执行完毕仍然需要执行附加剥夺政治权利的罪犯依法应当交付罪犯居住地公安机关执行而不交付,或者对服刑期未满又无合法释放根据的罪犯予以释放等违法行为的，应当依法提出纠正意见。

第三节 减刑、假释、暂予监外执行监督

第六百二十九条 人民检察院发现人民法院、监狱、看守所、公安机关暂予监外执行的活动具有下列情形之一的，应当依法提出纠正意见：

（一）将不符合法定条件的罪犯提请、决定暂予监外执行的；

（二）提请、决定暂予监外执行的程序违反法律规定或者没有完备的合法手续，或者对于需要保外就医的罪犯没有省级人民政府指定医院的诊断证明和开具的证明文件的；

（三）监狱、看守所提出暂予监外执行书面意见，没有同时将书面意见副本抄送人民检察院的；

（四）罪犯被决定或者批准暂予监外执行后，未依法交付罪犯居住地社区矫正机构实行社区矫正的；

（五）对符合暂予监外执行条件的罪犯没有依法提请暂予监外执行的；

（六）人民法院在作出暂予监外执行决定前，没有依法征求人民检察院意见的；

（七）发现罪犯不符合暂予监外执行条件，在暂予监外执行期间严重违反暂予监外执行监督管理规定，或者暂予监外执行的条件消失且刑期未满，应当收监执行而未及时收监执行的；

（八）人民法院决定将暂予监外执行的罪犯收监执行，并将有关法律文书送达公安机关、监狱、看守所后，监狱、看守所未及时收监执行的；

（九）对不符合暂予监外执行条件的罪犯通过贿赂、欺骗等非法手段被暂予监外执行以及在暂予监外执行期间脱逃的罪犯，监狱、看守所未建议人民法院将其监外执行期间、脱逃期间不计入执行刑期或者对罪犯执行刑期计算的建议违法、不当的；

（十）暂予监外执行的罪犯刑期届满，未及时办理释放手续的；

（十一）其他违法情形。

第六百三十条 人民检察院收到监狱、看守所抄送的暂予监外执行书面意见副本后，应当逐案进行审查，发现罪犯不符合暂予监外执行法定条件或者提请暂予监外执行违反法定程序的，应当在十日以内报经检察长批准，向决定或者批准机关提出书面检察意见，同时抄送执行机关。

第六百三十一条 人民检察院接到决定或者批准机关抄送的暂予监外执行

决定书后,应当及时审查下列内容:

(一)是否属于被判处有期徒刑或者拘役的罪犯;

(二)是否属于有严重疾病需要保外就医的罪犯;

(三)是否属于怀孕或者正在哺乳自己婴儿的妇女;

(四)是否属于生活不能自理,适用暂予监外执行不致危害社会的罪犯;

(五)是否属于适用保外就医可能有社会危险性的罪犯,或者自伤自残的罪犯;

(六)决定或者批准机关是否符合刑事诉讼法第二百六十五条第五款的规定;

(七)办理暂予监外执行是否符合法定程序。

第六百三十二条 人民检察院经审查认为暂予监外执行不当的,应当自接到通知之日起一个月以内,向决定或者批准暂予监外执行的机关提出纠正意见。下级人民检察院认为暂予监外执行不当的,应当立即层报决定或者批准暂予监外执行的机关的同级人民检察院,由其决定是否向决定或者批准暂予监外执行的机关提出纠正意见。

第六百三十三条 人民检察院向决定或者批准暂予监外执行的机关提出不同意暂予监外执行的书面意见后,应当监督其对决定或者批准暂予监外执行的结果进行重新核查,并监督重新核查的结果是否符合法律规定。对核查不符合法律规定的,应当依法提出纠正意见,并向上一级人民检察院报告。

第六百三十四条 对于暂予监外执行的罪犯,人民检察院发现罪犯不符合暂予监外执行条件、严重违反有关暂予监外执行的监督管理规定或者暂予监外执行的情形消失而罪犯刑期未满的,应当通知执行机关收监执行,或者建议决定或者批准暂予监外执行的机关作出收监执行决定。

第六百三十五条 人民检察院收到执行机关抄送的减刑、假释建议书副本后,应当逐案进行审查。发现减刑、假释建议不当或者提请减刑、假释违反法定程序的,应当在十日以内报经检察长批准,向审理减刑、假释案件的人民法院提出书面检察意见,同时也可以向执行机关提出书面纠正意见。案情复杂或者情况特殊的,可以延长十日。

第六百三十六条 人民检察院发现监狱等执行机关提请人民法院裁定减刑、假释的活动具有下列情形之一的,应当依法提出纠正意见:

(一)将不符合减刑、假释法定条件的罪犯,提请人民法院裁定减刑、假释的;

(二)对依法应当减刑、假释的罪犯,不提请人民法院裁定减刑、假释的;

（二）提请对罪犯减刑、假释违反法定程序，或者没有完备的合法手续的；

（四）提请对罪犯减刑的减刑幅度、起始时间、间隔时间或者减刑后又假释的间隔时间不符合有关规定的；

（五）被提请减刑、假释的罪犯被减刑后实际执行的刑期或者假释考验期不符合有关法律规定的；

（六）其他违法情形。

第六百三十七条　人民法院开庭审理减刑、假释案件，人民检察院应当指派检察人员出席法庭，发表意见。

第六百三十八条　人民检察院收到人民法院减刑、假释的裁定书副本后，应当及时审查下列内容：

（一）被减刑、假释的罪犯是否符合法定条件，对罪犯减刑的减刑幅度、起始时间、间隔时间或者减刑后又假释的间隔时间、罪犯被减刑后实际执行的刑期或者假释考验期是否符合有关规定；

（二）执行机关提请减刑、假释的程序是否合法；

（三）人民法院审理、裁定减刑、假释的程序是否合法；

（四）人民法院对罪犯裁定不予减刑、假释是否符合有关规定；

（五）人民法院减刑、假释裁定书是否依法送达执行并向社会公布。

第六百三十九条　人民检察院经审查认为人民法院减刑、假释的裁定不当，应当在收到裁定书副本后二十日以内，向作出减刑、假释裁定的人民法院提出纠正意见。

第六百四十条　对人民法院减刑、假释裁定的纠正意见，由作出减刑、假释裁定的人民法院的同级人民检察院书面提出。

下级人民检察院发现人民法院减刑、假释裁定不当的，应当向作出减刑、假释裁定的人民法院的同级人民检察院报告。

第六百四十一条　人民检察院对人民法院减刑、假释的裁定提出纠正意见后，应当监督人民法院是否在收到纠正意见后一个月以内重新组成合议庭进行审理，并监督重新作出的裁定是否符合法律规定。对最终裁定不符合法律规定的，应当向同级人民法院提出纠正意见。

第四节　社区矫正监督

第六百四十二条　人民检察院发现社区矫正决定机关、看守所、监狱、社区矫正机构在交付、接收社区矫正对象活动中违反有关规定的，应当依法提出纠正意见。

第六百四十三条　人民检察院发现社区矫正执法活动具有下列情形之一的，应当依法提出纠正意见：

（一）社区矫正对象报到后，社区矫正机构未履行法定告知义务，致使其未按照有关规定接受监督管理的；

（二）违反法律规定批准社区矫正对象离开所居住的市、县，或者违反人民法院禁止令的内容批准社区矫正对象进入特定区域或者场所的；

（三）没有依法监督管理而导致社区矫正对象脱管的；

（四）社区矫正对象违反监督管理规定或者人民法院的禁止令，未依法予以警告、未提请公安机关给予治安管理处罚的；

（五）对社区矫正对象有殴打、体罚、虐待、侮辱人格、强迫其参加超时间或者超体力社区服务等侵犯其合法权利行为的；

（六）未依法办理解除、终止社区矫正的；

（七）其他违法情形。

第六百四十四条　人民检察院发现对社区矫正对象的刑罚变更执行活动具有下列情形之一的，应当依法提出纠正意见：

（一）社区矫正机构未依法向人民法院、公安机关、监狱管理机关提出撤销缓刑、撤销假释建议或者对暂予监外执行的收监执行建议，或者未依法向人民法院提出减刑建议的；

（二）人民法院、公安机关、监狱管理机关未依法作出裁定、决定，或者未依法送达的；

（三）公安机关未依法将罪犯送交看守所、监狱，或者看守所、监狱未依法收监执行的；

（四）公安机关未依法对在逃的罪犯实施追捕的；

（五）其他违法情形。

第六节　死刑执行监督

第六百四十七条　被判处死刑立即执行的罪犯在被执行死刑时，人民检察院应当指派检察官临场监督。

死刑执行临场监督由人民检察院负责刑事执行检察的部门承担。人民检察院派驻看守所、监狱的检察人员应当予以协助，负责捕诉的部门应当提供有关情况。

执行死刑过程中，人民检察院临场监督人员根据需要可以进行拍照、录像。执行死刑后，人民检察院临场监督人员应当检查罪犯是否确已死亡，并填写死刑执行临场监督笔录，签名后入卷归档。

第六百四十八条　省级人民检察院负责案件管理的部门收到高级人民法院报请最高人民法院复核的死刑判决书、裁定书副本后，应当在三日以内将判决书、裁定书副本移送本院负责刑事执行检察的部门。

判处死刑的案件一审是由中级人民法院审理的，省级人民检察院应当及时将死刑判决书、裁定书副本移送中级人民法院的同级人民检察院负责刑事执行检察的部门。

人民检察院收到同级人民法院执行死刑临场监督通知后，应当查明同级人民法院是否收到最高人民法院核准死刑的裁定或者作出的死刑判决、裁定和执行死刑的命令。

第六百四十九条　执行死刑前，人民检察院发现具有下列情形之一的，应当建议人民法院立即停止执行，并层报最高人民检察院负责死刑复核监督的部门：

（一）被执行人并非应当执行死刑的罪犯的；

（二）罪犯犯罪时不满十八周岁，或者审判的时候已满七十五周岁，依法不应当适用死刑的；

（三）罪犯正在怀孕的；

（四）共同犯罪的其他犯罪嫌疑人到案，共同犯罪的其他罪犯被暂停或者停止执行死刑，可能影响罪犯量刑的；

（五）罪犯可能有其他犯罪的；

（六）罪犯揭发他人重大犯罪事实或者有其他重大立功表现，可能需要改判的；

（七）判决、裁定可能有影响定罪量刑的其他错误的。

在执行死刑活动中，发现人民法院有侵犯被执行死刑罪犯的人身权、财产权或者其近亲属、继承人合法权利等违法情形的，人民检察院应当依法提出纠正意见。

第六百五十条　判处被告人死刑缓期二年执行的判决、裁定在执行过程中，人民检察院监督的内容主要包括：

（一）死刑缓期执行期满，符合法律规定应当减为无期徒刑、有期徒刑条件的，监狱是否及时提出减刑建议提请人民法院裁定，人民法院是否依法裁定；

（二）罪犯在缓期执行期间故意犯罪，监狱是否依法侦查和移送起诉；罪犯确系故意犯罪，情节恶劣，查证属实，应当执行死刑的，人民法院是否依法核准或者裁定执行死刑。

被判处死刑缓期二年执行的罪犯在死刑缓期执行期间故意犯罪，执行机关向人民检察院移送起诉的，由罪犯服刑所在地设区的市级人民检察院审查决定是否提起公诉。

人民检察院发现人民法院对被判处死刑缓期二年执行的罪犯减刑不当的，应当依照本规则第六百三十九条、第六百四十条的规定，向人民法院提出纠正意见。罪犯在死刑缓期执行期间又故意犯罪，经人民检察院起诉后，人民法院仍然予以减刑的，人民检察院应当依照本规则相关规定，向人民法院提出抗诉。

第七节 强制医疗执行监督

第六百五十一条 人民检察院发现人民法院、公安机关、强制医疗机构在对依法不负刑事责任的精神病人的强制医疗的交付执行、医疗、解除等活动中违反有关规定的，应当依法提出纠正意见。

第六百五十二条 人民检察院在强制医疗执行监督中发现被强制医疗的人不符合强制医疗条件或者需要依法追究刑事责任，人民法院作出的强制医疗决定可能错误的，应当在五日以内将有关材料转交作出强制医疗决定的人民法院的同级人民检察院。收到材料的人民检察院负责捕诉的部门应当在二十日以内进行审查，并将审查情况和处理意见反馈负责强制医疗执行监督的人民检察院。

第六百五十三条 人民检察院发现公安机关在对涉案精神病人采取临时保护性约束措施时有违法情形的，应当依法提出纠正意见。

第八节 监管执法监督

第六百五十四条 人民检察院发现看守所收押活动和监狱收监活动中具有下列情形之一的，应当依法提出纠正意见：

（一）没有收押、收监文书、凭证，文书、凭证不齐全，或者被收押、收监人员与文书、凭证不符的；

（二）依法应当收押、收监而不收押、收监，或者对依法不应当关押的人员收押、收监的；

（三）未告知被收押、收监人员权利、义务的；

（四）其他违法情形。

第六百五十五条 人民检察院发现监狱、看守所等执行机关在管理、教育改造罪犯等活动中有违法行为的，应当依法提出纠正意见。

第六百五十六条 看守所对收押的犯罪嫌疑人进行身体检查时，人民检察院驻看守所检察人员可以在场。发现收押的犯罪嫌疑人有伤或者身体异常的，应当要求看守所进行拍照或者录像，由送押人员、犯罪嫌疑人说明原因，在体检记录中写明,并由送押人员、收押人员和犯罪嫌疑人签字确认。必要时,驻看守所检察人员可以自行拍照或者录像,并将相关情况记录在案。

第六百五十七条 人民检察院发现看守所、监狱等监管场所有殴打、体罚、虐待、违法使用戒具、违法适用禁闭等侵害在押人员人身权利情形的,应当依法提出纠正意见。

第六百五十八条 人民检察院发现看守所违反有关规定,有下列情形之一的,应当依法提出纠正意见:

(一)为在押人员通风报信,私自传递信件、物品,帮助伪造、毁灭、隐匿证据或者干扰证人作证、串供的;

(二)违反规定同意侦查人员将犯罪嫌疑人提出看守所讯问的;

(三)收到在押犯罪嫌疑人、被告人及其法定代理人、近亲属或者辩护人的变更强制措施申请或者其他申请、申诉、控告、举报,不及时转交、转告人民检察院或者有关办案机关的;

(四)应当安排辩护律师依法会见在押的犯罪嫌疑人、被告人而没有安排的;

(五)违法安排辩护律师或者其他人员会见在押的犯罪嫌疑人、被告人的;

(六)辩护律师会见犯罪嫌疑人、被告人时予以监听的;

(七)其他违法情形。

第六百五十九条 人民检察院发现看守所代为执行刑罚的活动具有下列情形之一的,应当依法提出纠正意见:

(一)将被判处有期徒刑剩余刑期在三个月以上的罪犯留所服刑的;

(二)将留所服刑罪犯与犯罪嫌疑人、被告人混押、混管、混教的;

(三)其他违法情形。

第六百六十条 人民检察院发现监狱没有按照规定对罪犯进行分押分管、监狱人民警察没有对罪犯实行直接管理等违反监管规定情形的,应当依法提出纠正意见。

人民检察院发现监狱具有未按照规定安排罪犯与亲属或者监护人会见、对伤病罪犯未及时治疗以及未执行国家规定的罪犯生活标准等侵犯罪犯合法权益情形的,应当依法提出纠正意见。

第六百六十一条 人民检察院发现看守所出所活动和监狱出监活动具有下列情形之一的,应当依法提出纠正意见:

(一)没有出所、出监文书、凭证,文书、凭证不齐全,或者出所、出监人员与文书、凭证不符的;

（二）应当释放而没有释放，不应当释放而释放，或者未依照规定送达释放通知书的；

（三）对提押、押解、转押出所的在押人员，特许离监、临时离监、调监或者暂予监外执行的罪犯，未依照规定派员押送并办理交接手续的；

（四）其他违法情形。

第九节 事故检察

第六百六十二条 人民检察院发现看守所、监狱、强制医疗机构等场所具有下列情形之一的，应当开展事故检察：

（一）被监管人、被强制医疗人非正常死亡、伤残、脱逃的；

（二）被监管人破坏监管秩序，情节严重的；

（三）突发公共卫生事件的；

（四）其他重大事故。

发生被监管人、被强制医疗人非正常死亡的，应当组织巡回检察。

第六百六十三条 人民检察院应当对看守所、监狱、强制医疗机构等场所或者主管机关的事故调查结论进行审查。具有下列情形之一的，人民检察院应当调查核实：

（一）被监管人、被强制医疗人及其法定代理人、近亲属对调查结论有异议的，人民检察院认为有必要调查的；

（二）人民检察院对调查结论有异议的；

（三）其他需要调查的。

人民检察院应当将调查核实的结论书面通知监管场所或者主管机关和被监管人、被强制医疗人的近亲属。认为监管场所或者主管机关处理意见不当，或者监管执法存在问题的，应当提出纠正意见或者检察建议；认为可能存在违法犯罪情形的，应当移送有关部门处理。

第五编　特别程序

第一章　未成年人刑事案件诉讼程序

> **第二百七十七条**　【办理未成年人刑事案件的方针、原则】对犯罪的未成年人实行教育、感化、挽救的方针，坚持教育为主、惩罚为辅的原则。
>
> 人民法院、人民检察院和公安机关办理未成年人刑事案件，应当保障未成年人行使其诉讼权利，保障未成年人得到法律帮助，并由熟悉未成年人身心特点的审判人员、检察人员、侦查人员承办。

● 要点及关联法规

1. **未成年人刑事案件的认定**

★最高人民法院关于审理未成年人刑事案件具体应用法律若干问题的解释（2006年1月23日）（节录）

第一条　本解释所称未成年人刑事案件，是指被告人实施被指控的犯罪时已满十四周岁不满十八周岁的案件。

第二条　刑法第十七条规定的"周岁"，按照公历的年、月、日计算，从周岁生日的第二天起算。

第三条　审理未成年人刑事案件，应当查明被告人实施被指控的犯罪时的年龄。裁判文书中应当写明被告人出生的年、月、日。

第四条　对于没有充分证据证明被告人实施被指控的犯罪时已经达到法定刑事责任年龄且确实无法查明的，应当推定其没有达到相应法定刑事责任年龄。

相关证据足以证明被告人实施被指控的犯罪时已经达到法定刑事责任年龄，

但是无法准确查明被告人具体出生日期的,应当认定其达到相应法定刑事责任年龄。

★**人民检察院刑事诉讼规则**(2019年12月30日)(节录)

第四百五十七条 人民检察院办理未成年人刑事案件,应当贯彻"教育、感化、挽救"方针和"教育为主、惩罚为辅"的原则,坚持优先保护、特殊保护、双向保护,以帮助教育和预防重新犯罪为目的。

人民检察院可以借助社会力量开展帮助教育未成年人的工作。

第四百五十八条 人民检察院应当指定熟悉未成年人身心特点的检察人员办理未成年人刑事案件。

第四百五十九条 人民检察院办理未成年人与成年人共同犯罪案件,一般应当对未成年人与成年人分案办理、分别起诉。不宜分案处理的,应当对未成年人采取隐私保护、快速办理等特殊保护措施。

★**人民检察院办理未成年人刑事案件的规定**(2013年12月27日)(节录)

第七十九条 本规定所称未成年人刑事案件,是指犯罪嫌疑人、被告人实施涉嫌犯罪行为时已满十四周岁、未满十八周岁的刑事案件,但在有关未成年人诉讼权利和体现对未成年人程序上特殊保护的条文中所称的未成年人,是指在诉讼过程中未满十八周岁的人。犯罪嫌疑人实施涉嫌犯罪行为时未满十八周岁,在诉讼过程中已满十八周岁的,人民检察院可以根据案件的具体情况适用本规定。

第八十条 实施犯罪行为的年龄,一律按公历的年、月、日计算。从周岁生日的第二天起,为已满××周岁。

2. 办理未成年人刑事案件的原则

★**公安机关办理未成年人违法犯罪案件的规定**(1995年10月23日)(节录)

第二条 办理未成年人违法犯罪案件,必须以事实为根据,以法律为准绳,贯彻教育、感化、挽救的方针,应当照顾未成年人的身心特点,尊重其人格尊严,保障其合法权益。

★**最高人民法院关于审理未成年人刑事案件具体应用法律若干问题的解释**(2006年1月23日)(节录)

第十一条 对未成年罪犯适用刑罚,应当充分考虑是否有利于未成年罪犯的教育和矫正。

对未成年罪犯量刑应当依照刑法第六十一条的规定,并充分考虑未成年人实施犯罪行为的动机和目的、犯罪时的年龄、是否初次犯罪、犯罪后的悔罪表现、个人成长经历和一贯表现等因素。对符合管制、缓刑、单处罚金或者免予刑事处罚适用条件的未成年罪犯,应当依法适用管制、缓刑、单处罚金或者免予刑事处罚。

★最高人民法院关于贯彻宽严相济刑事政策的若干意见(2010年2月8日)(节录)

三、准确把握和正确适用依法从"宽"的政策要求

15. 被告人的行为已经构成犯罪,但犯罪情节轻微,或者未成年人、在校学生实施的较轻犯罪,或者被告人具有犯罪预备、犯罪中止、从犯、胁从犯、防卫过当、避险过当等情节,依法不需要判处刑罚的,可以免予刑事处罚。对免予刑事处罚的,应当根据刑法第三十七条规定,做好善后、帮教工作或者交由有关部门进行处理,争取更好的社会效果。

20. 对于未成年人犯罪,在具体考虑其实施犯罪的动机和目的、犯罪性质、情节和社会危害程度的同时,还要充分考虑其是否属于初犯,归案后是否悔罪,以及个人成长经历和一贯表现等因素,坚持"教育为主、惩罚为辅"的原则和"教育、感化、挽救"的方针进行处理。对于偶尔盗窃、抢夺、诈骗,数额刚达到较大的标准,案发后能如实交代并积极退赃的,可以认定为情节显著轻微,不作为犯罪处理。对于罪行较轻的,可以依法适当多适用缓刑或者判处管制、单处罚金等非监禁刑;依法可免予刑事处罚的,应当免予刑事处罚。对于犯罪情节严重的未成年人,也应当依照刑法第十七条第三款的规定予以从轻或者减轻处罚。对于已满十四周岁不满十六周岁的未成年犯罪人,一般不判处无期徒刑。

五、完善贯彻宽严相济刑事政策的工作机制

39. 要建立健全符合未成年人特点的刑事案件审理机制,寓教于审,惩教结合,通过科学、人性化的审理方式,更好地实现"教育、感化、挽救"的目的,促使未成年犯罪人早日回归社会。要积极推动有利于未成年犯罪人改造和管理的各项制度建设。对公安部门针对未成年人在缓刑、假释期间违法犯罪情况报送的拟撤销未成年犯罪人的缓刑或假释的报告,要及时审查,并在法定期限内及时做出决定,以真正形成合力,共同做好未成年人犯罪的惩戒和预防工作。

★最高人民检察院关于进一步加强未成年人刑事检察工作的决定（2012年10月22日）（节录）

二、着力贯彻党和国家对涉罪未成年人特殊的方针、原则和法律、政策

4. 坚持把"教育、感化、挽救"方针贯穿于办案始终。要在依法的前提下，充分体现未成年人刑事检察工作的特殊性，认真贯彻"教育、感化、挽救"方针、"教育为主、惩罚为辅"原则和"两扩大、两减少"政策。要以是否有利于涉罪未成年人教育、感化、挽救为标准，慎重决定是否批捕、起诉、如何提量刑建议、是否开展诉讼监督。要坚持在审查逮捕、审查起诉和出庭公诉等各个环节对涉罪未成年人进行教育、感化、挽救，寓教于审，并注重用科学的方式、方法提高帮教效果。要加强与涉罪未成年人家长、有关部门和社会力量的配合，认真分析涉罪未成年人犯罪原因、身心特点和帮教条件，制定帮教方案，落实帮教措施，有针对性地开展帮助教育和心理矫正。

5. 坚持依法少捕、慎诉、少监禁。要综合犯罪事实、情节及帮教条件等因素，进一步细化审查逮捕、审查起诉和诉讼监督标准，最大限度地降低对涉罪未成年人的批捕率、起诉率和监禁率。对于罪行较轻，具备有效监护条件或者社会帮教措施，没有社会危险性或者社会危险性较小的，一律不捕；对于罪行较重，但主观恶性不大，真诚悔罪，具备有效监护条件或者社会帮教措施，并具有一定从轻、减轻情节的，一般也可不捕；对已经批准逮捕的未成年犯罪嫌疑人，经审查没有继续羁押必要的，及时建议释放或者变更强制措施；对于犯罪情节轻微的初犯、过失犯、未遂犯、被诱骗或者被教唆实施犯罪，确有悔罪表现的，可以依法不起诉；对于必须起诉但可以从轻、减轻处理的，依法提出量刑建议；对于可以不判处监禁刑的，依法提出适用非监禁刑的建议。要把诉讼监督的重点放在强化对涉罪未成年人刑事政策的贯彻落实上，防止和纠正侵犯未成年犯罪嫌疑人、被告人合法权益的违法诉讼行为和错误判决裁定。对未成年人轻微刑事案件的立案监督、追捕、追诉以及对量刑偏轻判决的抗诉，要严格把握条件，充分考虑监督的必要性。要重视对诉后法院判决情况的分析，进一步改进工作方式，完善质量规范，不断提高审查批捕、审查起诉、提出量刑建议的能力和水平。

6. 注重矛盾化解，坚持双向保护。要加强对被告人认罪服法教育，促其认罪悔罪，主动向被害人赔礼道歉、赔偿损失。要加强与被害人的联系，听取其意见，做好释法说理工作，并注重对未成年被害人的同等保护，充分维护其合法权益。对于符合刑事和解条件的，要发挥检调对接平台作用，积极促进双方当事人达成和解，及时化解矛盾，修复社会关系。要加强办案风险评估预警工

作,特别是对社会关注的重大未成年人刑事案件,主动采取适当措施,积极回应和引导社会舆论,有效防范执法办案风险。

三、着力加强未成年人刑事检察队伍专业化建设

7. 大力推进专门机构建设。省级、地市级检察院和未成年人刑事案件较多的基层检察院,原则上都应争取设立独立的未成年人刑事检察机构;条件暂不具备的,省级院必须在公诉部门内部设立专门负责业务指导、案件办理的未成年人刑事检察工作办公室,地市级院原则上应设立这一机构,县级院应根据本地工作量的大小,在公诉科内部设立未成年人刑事检察工作办公室或者办案组或者指定专人。对于专门办案组或者专人,必须保证其集中精力办理未成年人犯罪案件,研究未成年人犯罪规律,落实对涉罪未成年人的帮教措施。有些地方也可以根据本地实际,指定一个基层院设立独立机构,统一办理全市(地区)的未成年人犯罪案件。

8. 科学设定专门机构的工作模式。设立未成年人刑事检察独立机构的检察院,一般应实行捕、诉、监(法律监督)、防(犯罪预防)一体化工作模式,由同一承办人负责同一案件的批捕、起诉、诉讼监督和预防帮教等工作。要健全内外部监督制约机制,充分发挥部门负责人、分管检察长和案件管理部门的职能作用,严格案件的流程管理和质量管理,组织开展案件评查、备案审查等业务活动,严格办案纪律,确保依法公正办理好未成年人犯罪案件。

9. 合理确定受案范围。犯罪嫌疑人是未成年人或者以未成年人为主的共同犯罪案件,由未成年人刑事检察部门或者专人办理。对不以未成年人为主的共同犯罪案件、被害人是未成年人的案件以及在校成年学生犯罪的案件,各地可根据自身的情况,在保证办案质量和效率,不影响特殊政策和制度落实的前提下,确定是否由未成年人刑事检察部门或者专人办理。

10. 选好配强未成年人刑事检察干部。要挑选懂得未成年人心理、富有爱心、耐心细致、善于做思想工作,具有犯罪学、心理学、教育学、社会学等方面知识的同志从事未成年人刑事检察工作。既要配备具有一定生活阅历、经验丰富的干部,也要注重吸收、培养充满朝气活力、了解时尚潮流、熟悉网络语言、能够与涉罪未成年人顺利沟通的年轻干部。

11. 提高未成年人刑事检察干部的综合素质。要加强敬业爱岗教育,增强未成年人刑事检察干部的使命感和光荣感。要加强业务培训,既要组织未成年人刑事检察干部参加侦查监督、公诉等业务培训,又要学习未成年人刑事检察特有的业务,鼓励学习犯罪学、心理学、教育学、社会学等方面的知识,参加有关专业特别是心理咨询方面的培训和考试晋级活动,熟练掌握办理未成年人刑

事案件的程序、技能和思想教育的方法。要开展具有未成年人刑事检察工作特点的岗位练兵活动。侦查监督、公诉部门开展岗位练兵时,要安排未成年人刑事检察部门的干部参加。

四、着力加强未成年人刑事检察工作制度化建设

12. 认真落实未成年人刑事检察工作的各项制度。要按照刑法、刑事诉讼法、《人民检察院办理未成年人刑事案件的规定》、《关于进一步建立和完善办理未成年人刑事案件配套工作体系的若干意见》等法律和制度规定,结合当地实际,认真研究,及时制定、完善实施细则,逐步建立健全未成年人刑事检察工作的特殊制度体系。

13. 建立健全逮捕必要性证明制度和社会调查报告制度。要进一步加强对逮捕必要性证据、社会调查报告等材料的审查。公安机关没有收集移送上述材料的,应当要求其收集移送。人民检察院也可以根据情况,自行或者委托有关部门、社会组织进行社会调查,并制作社会调查报告。要综合未成年犯罪嫌疑人性格特点、家庭情况、社会交往、成长经历、犯罪原因、犯罪后态度、帮教条件等因素,考量逮捕、起诉的必要性,依法慎重作出决定,并以此作为帮教的参考和依据。

14. 建立健全法律援助制度和听取律师意见制度。审查逮捕或审查起诉时发现未成年犯罪嫌疑人未委托辩护人的,应当依法通知法律援助机构指派律师为其提供法律援助,并认真听取律师关于无罪、罪轻或者无批捕、起诉必要的意见。要监督公安机关、人民法院保障未成年人得到法律帮助。有条件的地方,可以推动司法行政机关建立专业化的未成年人法律援助律师队伍,并将法律援助对象范围扩大到未成年被害人。

15. 建立健全法定代理人、合适成年人到场制度。对于未成年人刑事案件,在讯(询)问和审判的时候,应当通知未成年人的法定代理人到场。法定代理人不能到场或者法定代理人是共犯的,可以通知未成年人的其他成年亲属,所在学校、单位、居住地基层组织或者未成年人保护组织的代表到场。要加强与有关单位的协调,选聘一些热心未成年人工作,掌握一定未成年人心理或者法律知识,具有奉献精神和责任感的人士担任合适成年人,并开展相关培训,健全运行管理机制,逐步建立起一支稳定的合适成年人队伍。

16. 建立健全亲情会见制度。在审查起诉环节,对于案件事实已基本查清,主要证据确实、充分,而且未成年犯罪嫌疑人有认罪、悔罪表现,或者虽尚未认罪、悔罪,但通过会见有可能促其转化,其法定代理人、近亲属等能积极配合检察机关进行教育的,可以安排在押未成年犯罪嫌疑人与其法定代理人、近

亲属等会见，进行亲情感化。

17. 建立健全快速办理机制。对未成年犯罪嫌疑人被羁押的案件，要在确保案件质量和落实特殊检察制度的前提下，严格控制补充侦查和延长审查起诉的次数和期限，尽可能快地办结案件。对未被羁押的案件，也应当加快办理速度，避免不必要的拖延。

18. 建立健全刑事和解制度。对于符合法定条件的涉及未成年人的犯罪案件，应当及时告知当事人双方有刑事和解的权利和可能引起的法律后果，引导双方达成刑事和解，并对和解协议的自愿性、合法性进行审查，主持制作和解协议书。对于达成刑事和解的未成年犯罪嫌疑人，一般不予批准逮捕和起诉。必须起诉的，可以建议法院从宽处罚。

19. 建立健全分案起诉制度。对于受理的未成年人和成年人共同犯罪案件，在不妨碍查清案件事实和相关案件开庭审理的情况下，应当将成年人和未成年人分案提起公诉，由法院分庭审理和判决。对涉外、重大、疑难、复杂的案件，未成年人系犯罪团伙主犯的案件，刑事附带民事诉讼案件，分案后不利于审理的，也可以不分案起诉，但应对未成年人采取适当的保护措施。对分案起诉的案件，一般要由同一部门、同一承办人办理。要加强与审判机关的沟通协调，确保案件事实认定及法律政策适用的准确和统一。

20. 建立健全量刑建议制度。对提起公诉的未成年人犯罪案件，可以综合衡量犯罪事实、情节和未成年被告人的具体情况，依法提出量刑建议。对符合法定条件的，可以提出适用非监禁刑或缓刑的建议，并视情况建议判处禁止令。要在庭审时围绕量刑建议出示有关证据材料，进一步阐述具体理由和根据。

21. 建立健全不起诉制度。要准确把握未成年犯罪嫌疑人"情节显著轻微危害不大"和"犯罪情节轻微，不需要判处刑罚"的条件，对于符合条件的，应当作出不起诉决定。要依法积极适用附条件不起诉，规范工作流程，认真做好对被附条件不起诉人的监督考察。对于既可相对不起诉也可附条件不起诉的，优先适用相对不起诉。要完善不起诉宣布、教育的程序和方式。对相对不起诉和经附条件不起诉考验期满不起诉的，在向被不起诉的未成年人及其法定代理人宣布不起诉决定书时，要充分阐明不起诉的理由和法律依据，并对被不起诉的未成年人开展必要的教育。宣布时，要严格控制参与人范围，如果侦查人员、合适成年人、辩护人、社工等参加有利于教育被不起诉未成年人的，可以邀请他们参加。

22. 建立健全未成年人犯罪记录封存制度。要依法监督和配合有关单位落实未成年人犯罪前科报告免除和犯罪记录封存制度，积极开展未成年人不起诉记录封存工作，完善相关工作程序。

23. 积极探索新的办案机制、制度。要在落实现有制度的基础上，不断探索、建立新的未成年人案件办理机制、制度。要根据各地未成年人犯罪的新情况、新特点，针对外来未成年犯罪嫌疑人实行平等保护、对留守未成年犯罪嫌疑人开展有效帮教、未成年被害人保护等问题，主动调研，研究对策。

五、着力促进政法机关办理未成年人刑事案件配套工作体系和未成年人犯罪社会化帮教预防体系建设

24. 促进政法机关办理未成年人刑事案件配套工作体系建设。要加强与人民法院、公安机关和司法行政机关的联系，争取在社会调查、逮捕必要性证据收集与移送、法定代理人或合适成年人到场、法律援助、分案起诉、亲情会见等制度上达成共识，联合出台实施细则。要完善与有关政法机关日常沟通机制，采取定期召开联席会议、联合开展调查研究等形式，共同研究未成年人犯罪形势、特点，解决遇到的问题，统一执法标准，形成对涉罪未成年人教育、感化、挽救的工作合力。

25. 促进未成年人权益保护和犯罪预防帮教社会化体系建设。要加强与综治、共青团、关工委、妇联、民政、社工管理、学校、社区、企业等方面的联系配合，整合社会力量，促进党委领导、政府支持、社会协同、公众参与的未成年人权益保护、犯罪预防帮教社会化、一体化体系建设，实现对涉罪未成年人教育、感化、挽救的无缝衔接。有条件的地方要积极建议、促进建立健全社工制度、观护帮教制度等机制，引入社会力量参与对被不批捕、不起诉的未成年人进行帮教。

26. 认真落实检察环节社会管理综合治理各项措施。要坚持以担任法制副校长等形式，以案释法，开展对未成年人的法制宣传工作。要积极参与校园周边环境整治、对重点青少年群体教育管理等工作，深挖和严厉打击成年人引诱、胁迫、组织未成年人犯罪、向未成年人传授犯罪方法等犯罪行为，为未成年人健康成长营造良好环境。要加强对未成年人犯罪原因的分析，采取检察建议等方式向党委、政府或有关方面提出预防犯罪的意见和建议，促进加强和创新社会管理工作。

六、着力加强对未成年人刑事检察工作的领导

27. 认真谋划部署未成年人刑事检察工作。要把未成年人刑事检察工作纳入各级检察院整体工作规划，进一步加强组织领导，坚持定期听取专题汇报，在领导精力、工作部署、人员配备、检务保障等方面确保未成年人刑事检察工作的需要。要把近期任务和长远目标有机结合起来，既从实际出发，脚踏实地地

做好当前工作,又要把握未成年人刑事检察工作发展规律和方向,增强工作的预见性和创造性,推动未成年人刑事检察工作的科学发展。

28. 强化业务指导。上级院要加强对未成年人刑事检察工作的全面指导,提出普遍适用的工作要求和工作标准,并抓好检查落实。要针对各地不同情况,实施分类指导,经常派员深入基层调研,及时掌握情况,帮助解决突出问题,逐步提高未成年人刑事检察工作整体水平。对各地已经成熟、具有普遍意义的创新成果和经验,要认真总结推行。同时,各地在落实上级院工作要求的同时,要突出重点,突破难点,创出特色,探索符合本地特点的发展模式。

29. 做好外部协调工作。要在未成年人刑事检察专门机构设置、建立健全政法机关办案配套体系和社会化帮教预防体系等方面,强化与有关部门、单位的沟通协调。必要时,各级院检察长要亲自出面协调,争取理解和支持。

30. 建立健全符合未成年人刑事检察工作特点的考评机制。要建立完善符合未成年人刑事检察工作特点的考评机制,抓紧构建以办案质量和帮教效果为核心,涵盖少捕慎诉、帮教挽救、落实特殊制度、开展犯罪预防等内容的考评机制,改变单纯以办案数量为标准的考核模式,科学、全面地评价未成年人刑事检察工作实绩。

31. 加强对未成年人刑事检察工作的宣传。要大力宣传未成年人刑事检察工作经验、工作成效、典型案例和先进模范人物,推出具有影响力和品牌效应的"检察官妈妈"等帮教典型,展示检察机关亲民、爱民和理性、平和、文明、规范执法的良好形象,促进社会各界了解、关心和支持未成年人刑事检察工作。

32. 加强对未成年人刑事检察理论研究。有条件的检察院可以采取与专家学者、高等院校共同召开研讨会、共同承担课题、引进专家学者到检察机关挂职等方式加强合作,对未成年人刑事检察工作的执法理念、职能定位、发展思路、基本原则和工作机制等问题进行深入、系统的研究。要积极借鉴国外关于未成年人司法的理论实践成果,不断发展和完善中国特色社会主义未成年人刑事检察制度,为未成年人刑事检察工作的深入发展提供理论支持。

★最高人民法院关于适用《中华人民共和国刑事诉讼法》的解释(2021年1月26日)(节录)

第五百四十六条 人民法院审理未成年人刑事案件,应当贯彻教育、感化、挽救的方针,坚持教育为主、惩罚为辅的原则,加强对未成年人的特殊保护。

第五百四十七条 人民法院应当加强同政府有关部门、人民团体、社会组织等的配合，推动未成年人刑事案件人民陪审、情况调查、安置帮教等工作的开展，充分保障未成年人的合法权益，积极参与社会治安综合治理。

★公安机关办理刑事案件程序规定（2020年7月20日）（节录）

第三百一十七条　公安机关办理未成年人刑事案件，实行教育、感化、挽救的方针，坚持教育为主、惩罚为辅的原则。

第三百一十八条　公安机关办理未成年人刑事案件，应当保障未成年人行使其诉讼权利并得到法律帮助，依法保护未成年人的名誉和隐私，尊重其人格尊严。

★人民检察院办理未成年人刑事案件的规定（2013年12月27日）（节录）

第二条　人民检察院办理未成年人刑事案件，实行教育、感化、挽救的方针，坚持教育为主、惩罚为辅和特殊保护的原则。在严格遵守法律规定的前提下，按照最有利于未成年人和适合未成年人身心特点的方式进行，充分保障未成年人合法权益。

第三条　人民检察院办理未成年人刑事案件，应当保障未成年人依法行使其诉讼权利，保障未成年人得到法律帮助。

第四条　人民检察院办理未成年人刑事案件，应当在依照法定程序和保证办案质量的前提下，快速办理，减少刑事诉讼对未成年人的不利影响。

第五条　人民检察院办理未成年人刑事案件，应当依法保护涉案未成年人的名誉，尊重其人格尊严，不得公开或者传播涉案未成年人的姓名、住所、照片、图像及可能推断出该未成年人的资料。

人民检察院办理刑事案件，应当依法保护未成年被害人、证人以及其他与案件有关的未成年人的合法权益。

第六条　人民检察院办理未成年人刑事案件，应当加强与公安机关、人民法院以及司法行政机关的联系，注意工作各环节的衔接和配合，共同做好对涉案未成年人的教育、感化、挽救工作。

人民检察院应当加强同政府有关部门、共青团、妇联、工会等人民团体、学校、基层组织以及未成年人保护组织的联系和配合，加强对违法犯罪的未成年人的教育和挽救，共同做好未成年人犯罪预防工作。

第七条　人民检察院办理未成年人刑事案件，发现有关单位或者部门在预防未成年人违法犯罪等方面制度不落实、不健全，存在管理漏洞的，可以采取检察建议等方式向有关单位或者部门提出预防违法犯罪的意见和建议。

3. 办理未成年人刑事案件的专门机构

★中央综治委预防青少年违法犯罪工作领导小组、最高人民法院、最高人民检察院、公安部、司法部、共青团中央关于进一步建立和完善办理未成年人刑事案件配套工作体系的若干意见（2010年8月28日）（节录）

一、进一步建立、巩固和完善办理未成年人刑事案件专门机构

建立健全办理未成年人刑事案件的专门机构，是做好未成年人司法保护、预防、矫治、减少未成年人违法犯罪工作的重要保障。各级公安机关、人民检察院、人民法院、司法行政机关应当充分重视，加强办理未成年人刑事案件专门机构和专门队伍建设。

1. 公安部、省级和地市级公安机关应当指定相应机构负责指导办理未成年人刑事案件。区县级公安机关一般应当在派出所和刑侦部门设立办理未成年人刑事案件的专门小组，未成年人刑事案件数量较少的，可以指定专人办理。

2. 最高人民检察院和省级人民检察院应当设立指导办理未成年人刑事案件的专门机构。地市级人民检察院和区县级人民检察院一般应当设立办理未成年人刑事案件的专门机构或专门小组，条件不具备的，应当指定专人办理。

3. 最高人民法院和高级人民法院应当设立少年法庭工作办公室。中级人民法院和基层人民法院一般应当建立审理未成年人刑事案件的专门机构，条件不具备的，应当指定专人办理。

4. 司法部和省级司法行政机关应当加强对办理未成年人刑事案件配套工作的指导，成立相关工作指导小组。地市级和区县级司法行政机关所属法律援助机构应当成立未成年人法律援助事务部门，负责组织办理未成年人的法律援助事务，条件不具备的，应当指定专人办理。司法行政机关社区矫正工作部门一般应当设立专门小组或指定专人负责未成年人的社区矫正工作。

5. 各级公安机关、人民检察院、人民法院、司法行政机关应当选任政治、业务素质好，熟悉未成年人特点，具有犯罪学、社会学、心理学、教育学等方面知识的人员办理未成年人刑事案件，并注意通过加强培训、指导，提高相关人员的专业水平。对办理未成年人刑事案件的专门人员应当根据具体工作内容采用不同于办理成年人刑事案件的工作绩效指标进行考核。

6. 有条件的地区，办理未成年人刑事案件的专门机构可以根据实际情况办理被害人系未成年人的刑事案件。

★公安机关办理刑事案件程序规定（2020年7月20日）（节录）

第二百一十九条　公安机关应当设置专门机构或者配备专职人员办理未成

年人刑事案件。

未成年人刑事案件应当由熟悉未成年人身心特点、善于做未成年人思想教育工作、具有一定办案经验的人员办理。

★人民检察院办理未成年人刑事案件的规定（2013年12月27日）（节录）

第八条第一款 省级、地市级人民检察院和未成年人刑事案件较多的基层人民检察院，应当设立独立的未成年人刑事检察机构。地市级人民检察院也可以根据当地实际，指定一个基层人民检察院设立独立机构，统一办理辖区范围内的未成年人刑事案件；条件暂不具备的，应当成立专门办案组或者指定专人办理。对于专门办案组或者专人，应当保证其集中精力办理未成年人刑事案件，研究未成年人犯罪规律，落实对涉案未成年人的帮教措施等工作。

4. 未成年人刑事案件办理人员选择原则

★公安机关办理未成年人违法犯罪案件的规定（1995年10月23日）（节录）

第六条 公安机关应当设置专门机构或者专职人员承办未成年人违法犯罪案件。办理未成年人违法犯罪案件的人员应当具有心理学、犯罪学、教育学等专业基本知识和有关法律知识，并具有一定的办案经验。

★最高人民法院关于适用《中华人民共和国刑事诉讼法》的解释（2021年1月26日）（节录）

第五百四十九条 人民法院应当确定专门机构或者指定专门人员，负责审理未成年人刑事案件。审理未成年人刑事案件的人员应当经过专门培训，熟悉未成年人身心特点、善于做未成年人思想教育工作。

参加审理未成年人刑事案件的人民陪审员，可以从熟悉未成年人身心特点、关心未成年人保护工作的人民陪审员名单中随机抽取确定。

★人民检察院办理未成年人刑事案件的规定（2013年12月27日）（节录）

第八条第二款 各级人民检察院应当选任经过专门培训，熟悉未成年人身心特点，具有犯罪学、社会学、心理学、教育学等方面知识的检察人员承办未成年人刑事案件，并加强对办案人员的培训和指导。

5. 少年法庭审理案件的范围

★最高人民法院关于适用《中华人民共和国刑事诉讼法》的解释（2021年1月26日）（节录）

第五百五十条 被告人实施被指控的犯罪时不满十八周岁、人民法院立案时不满二十周岁的案件，由未成年人案件审判组织审理。

下列案件可以由未成年人案件审判组织审理：
（一）人民法院立案时不满二十二周岁的在校学生犯罪案件；
（二）强奸、猥亵、虐待、遗弃未成年人等侵害未成年人人身权利的犯罪案件；
（三）由未成年人案件审判组织审理更为适宜的其他案件。

共同犯罪案件有未成年被告人的或者其他涉及未成年人的刑事案件，是否由未成年人案件审判组织审理，由院长根据实际情况决定。

6. 未成年人与成年人共同犯罪案件的办理

★最高人民法院关于适用《中华人民共和国刑事诉讼法》的解释（2021年1月26日）（节录）

第五百五十一条　对分案起诉至同一人民法院的未成年人与成年人共同犯罪案件，可以由同一个审判组织审理；不宜由同一个审判组织审理的，可以分别审理。

未成年人与成年人共同犯罪案件，由不同人民法院或者不同审判组织分别审理的，有关人民法院或者审判组织应当互相了解共同犯罪被告人的审判情况，注意全案的量刑平衡。

★人民检察院办理未成年人刑事案件的规定（2013年12月27日）（节录）

第五十一条　人民检察院审查未成年人与成年人共同犯罪案件，一般应当将未成年人与成年人分案起诉。但是具有下列情形之一的，可以不分案起诉：
（一）未成年人系犯罪集团的组织者或者其他共同犯罪中的主犯的；
（二）案件重大、疑难、复杂，分案起诉可能妨碍案件审理的；
（三）涉及刑事附带民事诉讼，分案起诉妨碍附带民事诉讼部分审理的；
（四）具有其他不宜分案起诉情形的。

对分案起诉至同一人民法院的未成年人与成年人共同犯罪案件，由未成年人刑事检察机构一并办理更为适宜的，经检察长决定，可以由未成年人刑事检察机构一并办理。

分案起诉的未成年人与成年人共同犯罪案件，由不同机构分别办理的，应当相互了解案件情况，提出量刑建议时，注意全案的量刑平衡。

第五十二条　对于分案起诉的未成年人与成年人共同犯罪案件，一般应当同时移送人民法院。对于需要补充侦查的，如果补充侦查事项不涉及未成年犯罪嫌疑人所参与的犯罪事实，不影响对未成年犯罪嫌疑人提起公诉的，应当对未成年犯罪嫌疑人先予提起公诉。

第五十三条　对于分案起诉的未成年人与成年人共同犯罪案件，在审查起诉过程中可以根据全案情况制作一个审结报告，起诉书以及出庭预案等应当分别制作。

第五十四条 人民检察院对未成年人与成年人共同犯罪案件分别提起公诉后，在诉讼过程中出现不宜分案起诉情形的，可以建议人民法院并案审理。

7. 未成年人刑事案件的移送管辖

★最高人民法院关于适用《中华人民共和国刑事诉讼法》的解释（2021年1月26日）（节录）

第五百五十二条 对未成年人刑事案件，必要时，上级人民法院可以根据刑事诉讼法第二十七条的规定，指定下级人民法院将案件移送其他人民法院审判。

第二百七十八条 【指定辩护】未成年犯罪嫌疑人、被告人没有委托辩护人的，人民法院、人民检察院、公安机关应当通知法律援助机构指派律师为其提供辩护。

● 要点及关联法规

指定辩护

★中央综治委预防青少年违法犯罪工作领导小组、最高人民法院、最高人民检察院、公安部、司法部、共青团中央关于进一步建立和完善办理未成年人刑事案件配套工作体系的若干意见（2010年8月28日）（节录）

二、进一步加强对涉案未成年人合法权益的保护

（一）对未成年犯罪嫌疑人、被告人、罪犯合法权益的保护

8.（第二款）在审查批捕和审查起诉阶段，人民检察院应当告知未成年犯罪嫌疑人及其法定代理人有关诉讼权利和义务，在告知其有权委托辩护人的同时，应当告知其如果经济困难，可以向法律援助机构申请法律援助，并提供程序上的保障。

9. 未成年犯罪嫌疑人及其法定代理人提出委托辩护人意向，但因经济困难或者其他原因没有委托的，公安机关、人民检察院应当依法为其申请法律援助提供帮助。

开庭时未满十八周岁的未成年被告人没有委托辩护人的，人民法院应当指

定承担法律援助义务的律师为其提供辩护。

12. 对于未成年犯罪嫌疑人、被告人及其法定代理人的法律援助申请，法律援助机构应当优先审查；经审查符合条件的，应当提供法律援助。人民法院为未成年被告人指定辩护的，法律援助机构应当提供法律援助。

★最高人民法院、最高人民检察院、公安部、国家安全部、司法部、全国人大常委会法制工作委员会关于实施刑事诉讼法若干问题的规定（2012年12月26日）（节录）

5. 刑事诉讼法第三十四条①、第二百六十七条②、第二百八十六条③对法律援助作了规定。对于人民法院、人民检察院、公安机关根据上述规定，通知法律援助机构指派律师提供辩护或者法律帮助的，法律援助机构应当在接到通知后三日以内指派律师，并将律师的姓名、单位、联系方式书面通知人民法院、人民检察院、公安机关。

★关于刑事诉讼法律援助工作的规定（2013年2月4日）（节录）

第九条　犯罪嫌疑人、被告人具有下列情形之一没有委托辩护人的，公安机关、人民检察院、人民法院应当自发现该情形之日起3日内，通知所在地同级司法行政机关所属法律援助机构指派律师为其提供辩护：

（一）未成年人；

（二）盲、聋、哑人；

（三）尚未完全丧失辨认或者控制自己行为能力的精神病人；

（四）可能被判处无期徒刑、死刑的人。

第十条　公安机关、人民检察院、人民法院通知辩护的，应当将通知辩护公函和采取强制措施决定书、起诉意见书、起诉书、判决书副本或者复印件送交法律援助机构。

通知辩护公函应当载明犯罪嫌疑人或者被告人的姓名、涉嫌的罪名、羁押场所或者住所、通知辩护的理由、办案机关联系人姓名和联系方式等。

第十三条第二款　对于未成年人案件，应当指派熟悉未成年人身心特点的律师担任辩护人。

---

① 现为第三十五条。——编者注
② 现为第二百七十八条。——编者注
③ 现为第三百零四条。——编者注

★最高人民法院关于适用《中华人民共和国刑事诉讼法》的解释（2021年1月26日）（节录）

第五百六十四条　审判时不满十八周岁的未成年被告人没有委托辩护人的，人民法院应当通知法律援助机构指派熟悉未成年人身心特点的律师为其提供辩护。

第五百六十五条　未成年被害人及其法定代理人因经济困难或者其他原因没有委托诉讼代理人的，人民法院应当帮助其申请法律援助。

★最高人民检察院关于进一步加强未成年人刑事检察工作的决定（2012年10月22日）（节录）

14. 建立健全法律援助制度和听取律师意见制度。审查逮捕或审查起诉时发现未成年犯罪嫌疑人未委托辩护人的，应当依法通知法律援助机构指派律师为其提供法律援助，并认真听取律师关于无罪、罪轻或者无批捕、起诉必要的意见。要监督公安机关、人民法院保障未成年人得到法律帮助。有条件的地方，可以推动司法行政机关建立专业化的未成年人法律援助律师队伍，并将法律援助对象范围扩大到未成年被害人。

★人民检察院刑事诉讼规则（2019年12月30日）（节录）

第四百六十条　人民检察院受理案件后，应当向未成年犯罪嫌疑人及其法定代理人了解其委托辩护人的情况，并告知其有权委托辩护人。

未成年犯罪嫌疑人没有委托辩护人的，人民检察院应当书面通知法律援助机构指派律师为其提供辩护。

对于公安机关未通知法律援助机构指派律师为未成年犯罪嫌疑人提供辩护的，人民检察院应当提出纠正意见。

★人民检察院办理未成年人刑事案件的规定（2013年12月27日）（节录）

第十一条第一款　人民检察院受理案件后，应当向未成年犯罪嫌疑人及其法定代理人了解其委托辩护人的情况，并告知其有权委托辩护人。

★公安机关办理刑事案件程序规定（2020年7月20日）（节录）

第三百二十条　未成年犯罪嫌疑人没有委托辩护人的，公安机关应当通知法律援助机构指派律师为其提供辩护。

> **第二百七十九条【未成年人刑事案件中的社会调查制度】** 公安机关、人民检察院、人民法院办理未成年人刑事案件，根据情况可以对未成年犯罪嫌疑人、被告人的成长经历、犯罪原因、监护教育等情况进行调查。

● 要点及关联法规

1. 社会调查的内容和机构

★中央综治委预防青少年违法犯罪工作领导小组、最高人民法院、最高人民检察院、公安部、司法部、共青团中央关于进一步建立和完善办理未成年人刑事案件配套工作体系的若干意见（2010年8月28日）（节录）

二、进一步加强对涉案未成年人合法权益的保护

（一）对未成年犯罪嫌疑人、被告人、罪犯合法权益的保护

6. 办理未成年人刑事案件，应当结合对未成年犯罪嫌疑人背景情况的社会调查，注意听取未成年人本人、法定代理人、辩护人、被害人等有关人员的意见。应当注意未成年犯罪嫌疑人、被告人是否有被胁迫情节，是否存在成年人教唆犯罪、传授犯罪方法或者利用未成年人实施犯罪的情况。

三、进一步加强公安机关、人民检察院、人民法院、司法行政机关的协调与配合

（一）对未成年犯罪嫌疑人、被告人的社会调查

公安机关、人民检察院、人民法院、司法行政机关在办理未成年人刑事案件和执行刑罚时，应当综合考虑案件事实和社会调查报告的内容。

1. 社会调查由未成年人犯罪嫌疑人、被告人户籍所在地或居住地的司法行政机关社区矫正工作部门负责。司法行政机关社区矫正工作部门可联合相关部门开展社会调查，或委托共青团组织以及其他社会组织协助调查。

社会调查机关应当对未成年犯罪嫌疑人的性格特点、家庭情况、社会交往、成长经历、是否具备有效监护条件或者社会帮教措施，以及涉嫌犯罪前后表现等情况进行调查，并作出书面报告。

对因犯罪嫌疑人不讲真实姓名、住址，身份不明，无法进行社会调查的，社会调查机关应当作出书面说明。

6. 司法行政机关社区矫正工作部门、共青团组织或其他社会组织应当接受

公安机关、人民检察院、人民法院的委托,承担对未成年人的社会调查和社区矫正可行性评估工作,及时完成并反馈调查评估结果。

社会调查过程中,公安机关、人民检察院、人民法院应为社会调查员提供必要的便利条件。

2. 公安机关办理案件期间的社会调查

★中央综治委预防青少年违法犯罪工作领导小组、最高人民法院、最高人民检察院、公安部、司法部、共青团中央关于进一步建立和完善办理未成年人刑事案件配套工作体系的若干意见(2010年8月28日)(节录)

三、进一步加强公安机关、人民检察院、人民法院、司法行政机关的协调与配合

(一)对未成年犯罪嫌疑人、被告人的社会调查

2. 公安机关在办理未成年人刑事案件时,应当收集有关犯罪嫌疑人办案期间表现或者具有逮捕必要性的证据,并及时通知司法行政机关社区矫正工作部门开展社会调查;在收到社会调查机关作出的社会调查报告后,应当认真审查,综合案情,作出是否提请批捕、移送起诉的决定。

公安机关提请人民检察院审查批捕或移送审查起诉的未成年人刑事案件,应当将犯罪嫌疑人办案期间表现等材料和经公安机关审查的社会调查报告等随案移送人民检察院。社区矫正工作部门无法进行社会调查的或无法在规定期限内提供社会调查报告的书面说明等材料也应当随案移送人民检察院。

★公安机关办理刑事案件程序规定(2020年7月20日)(节录)

第三百二十一条 公安机关办理未成年人刑事案件时,应当重点查清未成年犯罪嫌疑人实施犯罪行为时是否已满十四周岁、十六周岁、十八周岁的临界年龄。

第三百二十二条 公安机关办理未成年人刑事案件,根据情况可以对未成年犯罪嫌疑人的成长经历、犯罪原因、监护教育等情况进行调查并制作调查报告。

作出调查报告的,在提请批准逮捕、移送审查起诉时,应当结合案情综合考虑,并将调查报告与案卷材料一并移送人民检察院。

3. 人民检察院办理案件期间的社会调查

★中央综治委预防青少年违法犯罪工作领导小组、最高人民法院、最高人民检察院、公安部、司法部、共青团中央关于进一步建立和完善办理未成年人刑事案件配套工作体系的若干意见(2010年8月28日)(节录)

三、进一步加强公安机关、人民检察院、人民法院、司法行政机关的协调

与配合

（一）对未成年犯罪嫌疑人、被告人的社会调查

3. 人民检察院在办理未成年人刑事案件时，应当认真审查公安机关移送的社会调查报告或无法进行社会调查的书面说明、办案期间表现等材料，全面掌握案情和未成年人的身心特点，作为教育和办案的参考。对于公安机关没有随案移送上述材料的，人民检察院可以要求公安机关提供，公安机关应当提供。

人民检察院提起公诉的未成年人刑事案件，社会调查报告、办案期间表现等材料应当随案移送人民法院。

★最高人民检察院关于进一步加强未成年人刑事检察工作的决定（2012年10月22日）（节录）

13. 建立健全逮捕必要性证明制度和社会调查报告制度。要进一步加强对逮捕必要性证据、社会调查报告等材料的审查。公安机关没有收集移送上述材料的，应当要求其收集移送。人民检察院也可以根据情况，自行或者委托有关部门、社会组织进行社会调查，并制作社会调查报告。要综合未成年犯罪嫌疑人性格特点、家庭情况、社会交往、成长经历、犯罪原因、犯罪后态度、帮教条件等因素，考量逮捕、起诉的必要性，依法慎重作出决定，并以此作为帮教的参考和依据。

★人民检察院刑事诉讼规则（2019年12月30日）（节录）

第四百六十一条　人民检察院根据情况可以对未成年犯罪嫌疑人的成长经历、犯罪原因、监护教育等情况进行调查，并制作社会调查报告，作为办案和教育的参考。

人民检察院开展社会调查，可以委托有关组织和机构进行。开展社会调查应当尊重和保护未成年人隐私，不得向不知情人员泄露未成年犯罪嫌疑人的涉案信息。

人民检察院应当对公安机关移送的社会调查报告进行审查。必要时，可以进行补充调查。

人民检察院制作的社会调查报告应当随案移送人民法院。

★人民检察院办理未成年人刑事案件的规定（2013年12月27日）（节录）

第九条　人民检察院根据情况可以对未成年犯罪嫌疑人的成长经历、犯罪原因、监护教育等情况进行调查，并制作社会调查报告，作为办案和教育的参考。

人民检察院开展社会调查，可以委托有关组织和机构进行。开展社会调查

应当尊重和保护未成年人名誉,避免向不知情人员泄露未成年犯罪嫌疑人的涉罪信息。

人民检察院应当对公安机关移送的社会调查报告进行审查,必要时可以进行补充调查。

提起公诉的案件,社会调查报告应当随案移送人民法院。

4. 人民法院办理案件期间的社会调查

★中央综治委预防青少年违法犯罪工作领导小组、最高人民法院、最高人民检察院、公安部、司法部、共青团中央关于进一步建立和完善办理未成年人刑事案件配套工作体系的若干意见(2010年8月28日)(节录)

三、进一步加强公安机关、人民检察院、人民法院、司法行政机关的协调与配合

(一)对未成年犯罪嫌疑人、被告人的社会调查

4. 人民法院在办理未成年人刑事案件时,应当全面审查人民检察院移送的社会调查报告或无法进行社会调查的书面说明、办案期间表现等材料,并将社会调查报告作为教育和量刑的参考。对于人民检察院没有随案移送上述材料的,人民法院可以要求人民检察院提供,人民检察院应当提供。

人民法院应当在判决生效后,及时将社会调查报告、办案期间表现等材料连同刑罚执行文书,送达执行机关。

★最高人民法院关于适用《中华人民共和国刑事诉讼法》的解释(2021年1月26日)(节录)

第五百六十八条 对人民检察院移送的关于未成年被告人性格特点、家庭情况、社会交往、成长经历、犯罪原因、犯罪前后的表现、监护教育等情况的调查报告,以及辩护人提交的反映未成年被告人上述情况的书面材料,法庭应当接受。

必要时,人民法院可以委托社区矫正机构、共青团、社会组织等对未成年被告人的上述情况进行调查,或者自行调查。

5. 对未成年犯进行个别化教育矫治

★中央综治委预防青少年违法犯罪工作领导小组、最高人民法院、最高人民检察院、公安部、司法部、共青团中央关于进一步建立和完善办理未成年人刑事案件配套工作体系的若干意见(2010年8月28日)(节录)

三、进一步加强公安机关、人民检察院、人民法院、司法行政机关的协调

与配合

（一）对未成年犯罪嫌疑人、被告人的社会调查

5. 执行机关在执行刑罚时应当根据社会调查报告、办案期间表现等材料，对未成年罪犯进行个别化教育矫治。人民法院没有随案移送上述材料的，执行机关可以要求人民法院移送，人民法院应当移送。

> **第二百八十条** 【未成年人刑事案件中适用逮捕的原则、程序】对未成年犯罪嫌疑人、被告人应当严格限制适用逮捕措施。人民检察院审查批准逮捕和人民法院决定逮捕，应当讯问未成年犯罪嫌疑人、被告人，听取辩护律师的意见。
>
> 【分案处理原则】对被拘留、逮捕和执行刑罚的未成年人与成年人应当分别关押、分别管理、分别教育。

● 要点及关联法规

1 对未成年犯罪嫌疑人严格限制使用羁押措施

★**公安机关办理未成年人违法犯罪案件的规定**（1995年10月23日）（节录）

第十五条　办理未成年人违法犯罪案件，应当严格限制和尽量减少使用强制措施。

严禁对违法犯罪的未成年人使用收容审查。

★**中央综治委预防青少年违法犯罪工作领导小组、最高人民法院、最高人民检察院、公安部、司法部、共青团中央关于进一步建立和完善办理未成年人刑事案件配套工作体系的若干意见**（2010年8月28日）（节录）

二、进一步加强对涉案未成年人合法权益的保护

（一）对未成年犯罪嫌疑人、被告人、罪犯合法权益的保护

7. （第一款）公安机关办理未成年人刑事案件，对未成年人应优先考虑适用非羁押性强制措施，加强有效监管；羁押性强制措施应依法慎用，比照成年人严格适用条件。办理未成年人刑事案件不以拘留率、逮捕率或起诉率作为工作考核指标。

（第三款）未成年犯罪嫌疑人、被告人入所后服从管理、依法变更强制措施

不致发生社会危险性,能够保证诉讼正常进行的,公安机关、人民检察院、人民法院应当及时变更强制措施;看守所应提请有关办案部门办理其他非羁押性强制措施。

8.(第一款)人民检察院办理未成年人刑事案件,应当讯问未成年犯罪嫌疑人,坚持依法少捕慎诉。对于必须起诉的未成年人刑事案件,查明未成年被告人具有法定从轻、减轻情节及悔罪表现的,应当提出从轻或者减轻处罚的建议;符合法律规定的缓刑条件的,应当明确提出适用缓刑的量刑建议。办理未成年人刑事案件不以批捕率、起诉率等情况作为工作考核指标。

三、进一步加强公安机关、人民检察院、人民法院、司法行政机关的协调与配合

(二)未成年犯罪嫌疑人、被告人年龄的查证与审核

2.人民检察院在办理未成年人刑事案件时,如发现年龄证据缺失或者不充分,或者未成年犯罪嫌疑人及其法定代理人基于相关证据对年龄证据提出异议等情况,可能影响案件认定的,在审查批捕时,应当要求公安机关补充证据,公安机关不能提供充分证据的,应当作出不予批准逮捕的决定,并通知公安机关补充侦查;在审查起诉过程中,应当退回公安机关补充侦查或自行侦查。补充侦查仍不能证明未成年人作案时已达到法定刑事责任年龄的,人民检察院应当依法作出有利于未成年犯罪嫌疑人的认定和处理。

★最高人民检察院关于进一步加强未成年人刑事检察工作的决定(2012年10月22日)(节录)

5.坚持依法少捕、慎诉、少监禁。要综合犯罪事实、情节及帮教条件等因素,进一步细化审查逮捕、审查起诉和诉讼监督标准,最大限度地降低对涉罪未成年人的批捕率、起诉率和监禁率。对于罪行较轻,具备有效监护条件或者社会帮教措施,没有社会危险性或者社会危险性较小的,一律不捕;对于罪行较重,但主观恶性不大,真诚悔罪,具备有效监护条件或者社会帮教措施,并具有一定从轻、减轻情节的,一般也可不捕;对已经批准逮捕的未成年犯罪嫌疑人,经审查没有继续羁押必要的,及时建议释放或者变更强制措施;对于犯罪情节轻微的初犯、过失犯、未遂犯、被诱骗或者被教唆实施犯罪,确有悔罪表现的,可以依法不起诉;对于必须起诉但可以从轻、减轻处理的,依法提出量刑建议;对于可以不判处监禁刑的,依法提出适用非监禁刑的建议。要把诉讼监督的重点放在强化对涉罪未成年人刑事政策的贯彻落实上,防止和纠正侵犯未成年犯罪嫌疑人、被告人合法权益的违法诉讼行为和错误判决裁定。对未

成年人轻微刑事案件的立案监督、追捕、追诉以及对量刑偏轻判决的抗诉，要严格把握条件，充分考虑监督的必要性。要重视对诉后法院判决情况的分析，进一步改进工作方式，完善质量规范，不断提高审查批捕、审查起诉、提出量刑建议的能力和水平。

13. 建立健全逮捕必要性证明制度和社会调查报告制度。要进一步加强对逮捕必要性证据、社会调查报告等材料的审查。公安机关没有收集移送上述材料的，应当要求其收集移送。人民检察院也可以根据情况，自行或者委托有关部门、社会组织进行社会调查，并制作社会调查报告。要综合未成年犯罪嫌疑人性格特点、家庭情况、社会交往、成长经历、犯罪原因、犯罪后态度、帮教条件等因素，考量逮捕、起诉的必要性，依法慎重作出决定，并以此作为帮教的参考和依据。

★人民检察院刑事诉讼规则（2019年12月30日）（节录）

第四百六十二条　人民检察院对未成年犯罪嫌疑人审查逮捕，应当根据未成年犯罪嫌疑人涉嫌犯罪的性质、情节、主观恶性、有无监护与社会帮教条件、认罪认罚等情况，综合衡量其社会危险性，严格限制适用逮捕措施。

★公安机关办理刑事案件程序规定（2020年7月20日）（节录）

第三百二十七条　对未成年犯罪嫌疑人应当严格限制和尽量减少使用逮捕措施。

未成年犯罪嫌疑人被拘留、逮捕后服从管理，依法变更强制措施不致发生社会危险性，能够保证诉讼正常进行的，公安机关应当依法及时变更强制措施；人民检察院批准逮捕的案件，公安机关应当将变更强制措施情况及时通知人民检察院。

★人民检察院办理未成年人刑事案件的规定（2013年12月27日）（节录）

第十三条　人民检察院办理未成年犯罪嫌疑人审查逮捕案件，应当根据未成年犯罪嫌疑人涉嫌犯罪的事实、主观恶性、有无监护与社会帮教条件等，综合衡量其社会危险性，严格限制适用逮捕措施，可捕可不捕的不捕。

第十五条　审查逮捕未成年犯罪嫌疑人，应当审查公安机关依法提供的证据和社会调查报告等材料。公安机关没有提供社会调查报告的，人民检察院根据案件情况可以要求公安机关提供，也可以自行或者委托有关组织和机构进行调查。

第二十一条　对未成年犯罪嫌疑人作出批准逮捕决定后，应当依法进行羁押必要性审查。对不需要继续羁押的，应当及时建议予以释放或者变更强制措施。

2. 对未成年犯罪嫌疑人不批准逮捕的情形

★人民检察院刑事诉讼规则（2019年12月30日）（节录）

第四百六十三条　对于罪行较轻，具备有效监护条件或者社会帮教措施、没有社会危险性或者社会危险性较小的未成年犯罪嫌疑人，应当不批准逮捕。

对于罪行比较严重，但主观恶性不大，有悔罪表现，具备有效监护条件或者社会帮教措施，具有下列情形之一，不逮捕不致发生社会危险性的未成年犯罪嫌疑人，可以不批准逮捕：

（一）初次犯罪、过失犯罪的；

（二）犯罪预备、中止、未遂的；

（三）防卫过当、避险过当的；

（四）有自首或者立功表现的；

（五）犯罪后认罪认罚，或者积极退赃，尽力减少和赔偿损失，被害人谅解的；

（六）不属于共同犯罪的主犯或者集团犯罪中的首要分子的；

（七）属于已满十四周岁不满十六周岁的未成年人或者系在校学生的；

（八）其他可以不批准逮捕的情形。

对于没有固定住所、无法提供保证人的未成年犯罪嫌疑人适用取保候审的，可以指定合适的成年人作为保证人。

★未成年人刑事检察工作指引（试行）（2017年3月2日）

第三节　作出决定

第一百五十八条　对具有下列情形之一的未成年犯罪嫌疑人，应当作出不批准逮捕决定：

（一）未达刑事责任年龄的；

（二）不存在犯罪事实或者犯罪事实非其所为的；

（三）情节显著轻微、危害不大，不认为是犯罪的；

（四）犯罪已过追诉时效期限的；

（五）经特赦令免除刑罚的；

（六）依照刑法规定告诉才处理的犯罪，没有告诉或者撤回告诉的；

（七）其他法律规定免予追究刑事责任的情形。

第一百五十九条　对于现有证据不足以证明有犯罪事实，或者不足以证明犯罪行为系未成年犯罪嫌疑人所为的，应当作出不批准逮捕决定。

对犯罪嫌疑人实际年龄难以判断，影响对该犯罪嫌疑人是否应当负刑事责任认定的，应当不批准逮捕。需要补充侦查的，同时通知公安机关。

第一百六十条 对于未成年犯罪嫌疑人可能被判处三年有期徒刑以下刑罚，具备有效监护条件或者社会帮教措施，不逮捕不致再危害社会和妨害诉讼正常进行的，人民检察院一般应当不批准逮捕。

对于罪行较重，但主观恶性不大，有悔罪表现，具备有效监护条件或者社会帮教措施，具有下列情形之一，不逮捕不致再危害社会和妨害诉讼正常进行的，可以不批准逮捕：

（一）初次犯罪、过失犯罪的；

（二）犯罪预备、中止、未遂的；

（三）防卫过当、避险过当的；

（四）犯罪后有自首或者立功表现的；

（五）犯罪后如实交待罪行，真诚悔罪，积极退赃，尽力减少和赔偿损失，与被害人达成和解的；

（六）不属于共同犯罪的主犯或者集团犯罪中的首要分子的；

（七）属于已满十四周岁不满十六周岁的未成年人或者系在校学生的；

（八）身体状况不适宜羁押的；

（九）系生活不能自理人的唯一扶养人的；

（十）其他可以不批准逮捕的情形。

对于罪行较轻，具备有效监护条件或者社会帮教措施，没有社会危险性或者社会危险性较小，不逮捕不致妨害诉讼正常进行的，应当不批准逮捕。

依据在案证据不能认定未成年犯罪嫌疑人符合逮捕社会危险性条件的，应当要求公安机关补充相关证据，公安机关没有补充移送的，应当作出不批准逮捕的决定。

第一百六十一条 人民检察院对于不批准逮捕的案件，应当制作不批准逮捕理由说明书，连同案卷材料送达公安机关。需要补充侦查的，应当同时通知公安机关。必要时可以向被害人释法说理。

不批准逮捕理由说明书一般应当从事实、证据和法律等方面阐明，但侧重点应当有所不同：

（一）应当不批准逮捕案件。重点围绕不具备犯罪构成要件或者符合刑事诉讼法第十五条[①]规定的不追究刑事责任情形进行说理。

[①] 现为第十六条。——编者注

（二）证据不足不批准逮捕案件。重点围绕证据客观性、关联性、合法性进行说理。证据不足的，应当向公安机关提出补充侦查建议；存在瑕疵证据的，应当要求公安机关说明情况予以补证；因非法证据而予以排除的，应当指出违法行为，并说明排除的理由。

（三）无社会危险性不捕案件。重点围绕涉嫌犯罪的性质、社会危害程度、认罪悔罪表现、法定从轻或者减轻、免除处罚情节，以及具备取保候审、监视居住条件、不羁押不致危害社会或者妨碍诉讼、存在不适宜羁押情形等进行说理。因公安机关不移送证明逮捕必要性的证据决定不捕的，应当明确指出。

第一百六十二条　公安机关认为人民检察院不批准逮捕决定有错误要求复议的，人民检察院应当另行指派检察人员进行全面审查，并在收到提请复议意见书和案卷材料后七日内作出决定，并通知公安机关。

公安机关因复议意见不被接受向上一级人民检察院提请复核的，上级人民检察院应当在收到提请复核意见书和案卷材料后十五日内，作出是否变更的决定，通知下级人民检察院和公安机关执行。

第一百六十三条　对于作出不批准逮捕决定的未成年犯罪嫌疑人，人民检察院应当进行帮教。必要时可以会同家庭、学校、公安机关或者社会组织等组成帮教小组，制定帮教计划，共同开展帮教。

（一）对于犯罪情节轻微，无逮捕必要而不批准逮捕的，帮助其稳定思想和情绪，促使其认罪悔罪，保障刑事诉讼的顺利进行。

（二）对于确有违法行为，且认知和行为偏差已达到一定程度，因证据不足而未被批准逮捕的，在敦促其配合侦查取证的同时，应加强教育矫治。

（三）对于因未达刑事责任年龄而作出不批准逮捕决定的，责令其家长或者监护人加以管教。根据案件的不同情况，予以训诫或者责令赔礼道歉、赔偿损失、具结悔过等，并开展教育矫治工作。必要时，可以交由政府收容教养。

（四）对于情节显著轻微，危害不大，不认为是犯罪的未成年人，应当对其加强法治教育，预防其违法犯罪。

第一百六十四条　人民检察院对有证据证明有犯罪事实，可能判处徒刑以上刑罚的未成年犯罪嫌疑人，采取取保候审尚不足以防止发生下列情形的，应当予以逮捕：

（一）可能实施新的犯罪的；

（二）有危害国家安全、公共安全或者社会秩序的现实危险的；

（三）可能毁灭、伪造证据，干扰证人作证或者串供的；

（四）可能对被害人、举报人、控告人实施打击报复的；

（五）企图自杀或者逃跑的。

有证据证明有犯罪事实是指同时具备下列情形：

（一）有证据证明发生了犯罪事实；

（二）有证据证明该犯罪事实是犯罪嫌疑人实施的；

（三）证明犯罪嫌疑人实施犯罪行为的证据已经查证属实的。

犯罪事实既可以是单一犯罪行为的事实，也可以是数个犯罪行为中任何一个犯罪行为的事实。

对有证据证明有犯罪事实，可能判处十年有期徒刑以上刑罚的，或者有证据证明有犯罪事实，可能判处徒刑以上刑罚，曾经故意犯罪或者身份不明的，应当予以逮捕。但是，曾经故意犯罪被判处五年有期徒刑以下刑罚，经帮教真诚悔罪的，可以不予逮捕。

身份不明是指犯罪嫌疑人不讲身份信息，通过指纹比对、网上户籍信息查询等方式无法确定其真实身份或者虽有供述，但经调查，明显虚假或者无法核实的。

第一百六十五条　未成年犯罪嫌疑人有下列违反监视居住、取保候审规定行为，人民检察院可以予以逮捕：

（一）故意实施新的犯罪的；

（二）企图自杀、自残的；

（三）毁灭、伪造证据、串供或者企图逃跑的；

（四）对被害人、证人、举报人、控告人及其他人员实施打击报复的。

未成年犯罪嫌疑人有下列违反取保候审、监视居住规定的行为，属于刑事诉讼法第七十九条①第三款规定中的"情节严重"，人民检察院可以予以逮捕：

（一）未经批准，擅自离开所居住的市、县或者执行监视居住的处所，造成严重后果的；

（二）两次未经批准，无正当理由擅自离开所居住的市、县或者执行监视居住的处所的；

（三）未经批准，擅自会见他人或者通信，造成严重后果的；

（四）经传讯无正当理由两次不到案的；

（五）经过批评教育后依然违反规定进入特定场所、从事特定活动，或者发现隐藏有关证件，严重妨碍诉讼程序正常进行的。

---

① 现为第八十一条。——编者注

对于符合上述规定情形的,人民检察院应当核实原因,并结合帮教效果等有关情况慎重作出逮捕决定。

第一百六十六条 人民检察院办理未成年犯罪嫌疑人审查逮捕案件,应当制作审查逮捕意见书,作出批准逮捕决定的,应当制作批准逮捕决定书,连同案卷材料送达公安机关执行,执行回执附卷。

★人民检察院办理未成年人刑事案件的规定(2013年12月27日)(节录)

第十九条 对于罪行较轻,具备有效监护条件或者社会帮教措施,没有社会危险性或者社会危险性较小,不逮捕不致妨害诉讼正常进行的未成年犯罪嫌疑人,应当不批准逮捕。

对于罪行比较严重,但主观恶性不大,有悔罪表现,具备有效监护条件或者社会帮教措施,具有下列情形之一,不逮捕不致妨害诉讼正常进行的未成年犯罪嫌疑人,可以不批准逮捕:

(一)初次犯罪、过失犯罪的;

(二)犯罪预备、中止、未遂的;

(三)有自首或者立功表现的;

(四)犯罪后如实交待罪行,真诚悔罪,积极退赃,尽力减少和赔偿损失,被害人谅解的;

(五)不属于共同犯罪的主犯或者集团犯罪中的首要分子的;

(六)属于已满十四周岁不满十六周岁的未成年人或者系在校学生的;

(七)其他可以不批准逮捕的情形。

对于不予批准逮捕的案件,应当说明理由,连同案卷材料送达公安机关执行。需要补充侦查的,应当同时通知公安机关。必要时可以向被害方作说明解释。

3. 审查逮捕时实际年龄难以判断且影响嫌疑人是否应负刑事责任的,应当不批准逮捕

★人民检察院刑事诉讼规则(2019年12月30日)(节录)

第四百六十四条 审查逮捕未成年犯罪嫌疑人,应当重点查清其是否已满十四、十六、十八周岁。

对犯罪嫌疑人实际年龄难以判断,影响对该犯罪嫌疑人是否应当负刑事责任认定的,应当不批准逮捕。需要补充侦查的,同时通知公安机关。

★人民检察院办理未成年人刑事案件的规定（2013年12月27日）（节录）

第十四条 审查逮捕未成年犯罪嫌疑人，应当重点查清其是否已满十四、十六、十八周岁。

对犯罪嫌疑人实际年龄难以判断，影响对该犯罪嫌疑人是否应当负刑事责任认定的，应当不批准逮捕。需要补充侦查的，同时通知公安机关。

4. 讯问未成年犯罪嫌疑人一般不得使用戒具

★人民检察院刑事诉讼规则（2019年12月30日）（节录）

第四百六十五条第一款 在审查逮捕、审查起诉中，人民检察院应当讯问未成年犯罪嫌疑人，听取辩护人的意见，并制作笔录附卷。……

第四百六十六条第二款 讯问未成年犯罪嫌疑人一般不得使用戒具。对于确有人身危险性必须使用戒具的，在现实危险消除后应当立即停止使用。

第四百八十九条第二款 本节第四百六十条、第四百六十五条、第四百六十六条、第四百六十七条、第四百六十八条所称的未成年犯罪嫌疑人，是指在诉讼过程中未满十八周岁的人。犯罪嫌疑人实施涉嫌犯罪行为时未满十八周岁，在诉讼过程中已满十八周岁的，人民检察院可以根据案件的具体情况适用上述规定。

★人民检察院办理未成年人刑事案件的规定（2013年12月27日）（节录）

第十八条 讯问未成年犯罪嫌疑人一般不得使用械具。对于确有人身危险性，必须使用械具的，在现实危险消除后，应当立即停止使用。

5. 对未成年犯罪案件应加快办理速度

★最高人民检察院关于进一步加强未成年人刑事检察工作的决定（2012年10月22日）（节录）

17. 建立健全快速办理机制。对未成年犯罪嫌疑人被羁押的案件，要在确保案件质量和落实特殊检察制度的前提下，严格控制补充侦查和延长审查起诉的次数和期限，尽可能快地办结案件。对未被羁押的案件，也应当加快办理速度，避免不必要的拖延。

6. 达成刑事和解的未成年犯罪嫌疑人一般不予批准逮捕

★最高人民检察院关于进一步加强未成年人刑事检察工作的决定（2012年10月22日）（节录）

18. 建立健全刑事和解制度。对于符合法定条件的涉及未成年人的犯罪案件，应当及时告知当事人双方有刑事和解的权利和可能引起的法律后果，引导双方达成刑事和解，并对和解协议的自愿性、合法性进行审查，主持制作和解协议书。对于达成刑事和解的未成年犯罪嫌疑人，一般不予批准逮捕和起诉。必须起诉的，可以建议法院从宽处罚。

7. 未满16周岁的人实施刑法第十七条第二款规定之罪以外的犯罪的不得刑事拘留

★最高人民检察院关于对涉嫌盗窃的不满16周岁未成年人采取刑事拘留强制措施是否违法问题的批复（2011年1月25日）（节录）

根据刑法、刑事诉讼法、未成年人保护法等有关法律规定，对于实施犯罪时未满16周岁的未成年人，且未犯刑法第十七条第二款规定之罪的，公安机关查明犯罪嫌疑人实施犯罪时年龄确系未满16周岁依法不负刑事责任后仍予以刑事拘留的，检察机关应当及时提出纠正意见。

8. 分别关押、分别管理、分别教育原则

★公安机关办理未成年人违法犯罪案件的规定（1995年10月23日）（节录）

第二十一条　对于被羁押的未成年人应当与成年人犯分别关押、管理，并根据其生理和心理特点在生活和学习等方面给予照顾。

★中央综治委预防青少年违法犯罪工作领导小组、最高人民法院、最高人民检察院、公安部、司法部、共青团中央关于进一步建立和完善办理未成年人刑事案件配套工作体系的若干意见（2010年8月28日）（节录）

二、进一步加强对涉案未成年人合法权益的保护

（一）对未成年犯罪嫌疑人、被告人、罪犯合法权益的保护

7.（第二款）对被羁押的未成年人应当与成年人分别关押、管理，有条件的看守所可以设立专门的未成年人监区。有条件的看守所可以对被羁押的未成年人区分被指控犯罪的轻重、类型分别关押、管理。

★公安机关办理刑事案件程序规定（2020年7月20日）（节录）

第三百二十八条　对被羁押的未成年人应当与成年人分别关押、分别管理、分别教育，并根据其生理和心理特点在生活和学习方面给予照顾。

9. 可以采取强制措施的未成年犯罪嫌疑人范围

★公安机关办理未成年人违法犯罪案件的规定（1995年10月23日）（节录）

第十七条　对正在实施犯罪或者犯罪后有行凶、逃跑、自杀等紧急情况的未成年被告人，可以依法予以拘留。

第十八条　对惯犯、累犯，共同犯罪或者集团犯罪中的首犯、主犯、杀人、重伤、抢劫、放火等严重破坏社会秩序的未成年被告人，采取取保候审、监视居住等方法，尚不足以防止发生社会危险性，确有逮捕必要的，应当提请逮捕。

10. 拘留、逮捕未成年人后应在 24 小时内通知其监护人或所在学校、单位

★**公安机关办理未成年人违法犯罪案件的规定**（1995 年 10 月 23 日）（节录）

第十九条　拘留、逮捕后，应当在二十四小时内，将拘留、逮捕的原因和羁押的处所，通知其家长、监护人或者所在学校、单位。有碍侦查或者无法通知的情形除外。

★**中央综治委预防青少年违法犯罪工作领导小组、最高人民法院、最高人民检察院、公安部、司法部、共青团中央关于进一步建立和完善办理未成年人刑事案件配套工作体系的若干意见**（2010 年 8 月 28 日）（节录）

二、进一步加强对涉案未成年人合法权益的保护

（一）对未成年犯罪嫌疑人、被告人、罪犯合法权益的保护

5.（第二款）对未成年人采取拘留、逮捕等强制措施后，除有碍侦查或者无法通知的情形以外，应当在 24 小时以内通知其法定代理人或家属。

第二百八十一条　【对未成年人的讯问与审判】 对于未成年人刑事案件，在讯问和审判的时候，应当通知未成年犯罪嫌疑人、被告人的法定代理人到场。无法通知、法定代理人不能到场或者法定代理人是共犯的，也可以通知未成年犯罪嫌疑人、被告人的其他成年亲属，所在学校、单位、居住地基层组织或者未成年人保护组织的代表到场，并将有关情况记录在案。到场的法定代理人可以代为行使未成年犯罪嫌疑人、被告人的诉讼权利。

到场的法定代理人或者其他人员认为办案人员在讯问、审判中侵犯未成年人合法权益的，可以提出意见。讯问笔录、法庭笔录应当交给到场的法定代理人或者其他人员阅读或者向他宣读。

讯问女性未成年犯罪嫌疑人，应当有女工作人员在场。

审判未成年人刑事案件，未成年被告人最后陈述后，其法定代理人可以进行补充陈述。

询问未成年被害人、证人，适用第一款、第二款、第三款的规定。

● 要点及关联法规

1. 犯罪嫌疑人、被告人的法定代理人到场

（1）讯问时

★最高人民检察院关于进一步加强未成年人刑事检察工作的决定（2012年10月22日）（节录）

15. 建立健全法定代理人、合适成年人到场制度。对于未成年人刑事案件，在讯（询）问和审判的时候，应当通知未成年人的法定代理人到场。法定代理人不能到场或者法定代理人是共犯的，可以通知未成年人的其他成年亲属，所在学校、单位、居住地基层组织或者未成年人保护组织的代表到场。要加强与有关单位的协调，选聘一些热心未成年人工作，掌握一定未成年人心理或者法律知识，具有奉献精神和责任感的人士担任合适成年人，并开展相关培训，健全运行管理机制，逐步建立起一支稳定的合适成年人队伍。

★人民检察院刑事诉讼规则（2019年12月30日）（节录）

第四百六十五条 在审查逮捕、审查起诉中，人民检察院应当讯问未成年犯罪嫌疑人，听取辩护人的意见，并制作笔录附卷。辩护人提出书面意见的，应当附卷。对于辩护人提出犯罪嫌疑人无罪、罪轻或者减轻、免除刑事责任、不适宜羁押或者侦查活动有违法情形等意见的，检察人员应当进行审查，并在相关工作文书中叙明辩护人提出的意见，说明是否采纳的情况和理由。

讯问未成年犯罪嫌疑人，应当通知其法定代理人到场，告知法定代理人依法享有的诉讼权利和应当履行的义务。到场的法定代理人可以代为行使未成年犯罪嫌疑人的诉讼权利，代为行使权利时不得损害未成年犯罪嫌疑人的合法权益。

无法通知、法定代理人不能到场或者法定代理人是共犯的，也可以通知未成年犯罪嫌疑人的其他成年亲属，所在学校、单位或者居住地的村民委员会、居民委员会、未成年人保护组织的代表到场，并将有关情况记录在案。未成年犯罪嫌疑人明确拒绝法定代理人以外的合适成年人到场，且有正当理由的，人民检察院可以准许，但应当在征求其意见后通知其他合适成年人到场。

到场的法定代理人或者其他人员认为检察人员在讯问中侵犯未成年犯罪嫌疑人合法权益提出意见的，人民检察院应当记录在案。对合理意见，应当接受并纠正。讯问笔录应当交由到场的法定代理人或者其他人员阅读或者向其宣读，

并由其在笔录上签名或者盖章,并捺指印。

讯问女性未成年犯罪嫌疑人,应当有女性检察人员参加。

询问未成年被害人、证人,适用本条第二款至第五款的规定。询问应当以一次为原则,避免反复询问。

第四百六十七条　未成年犯罪嫌疑人认罪认罚的,人民检察院应当告知本人及其法定代理人享有的诉讼权利和认罪认罚的法律规定,并依照刑事诉讼法第一百七十三条的规定,听取、记录未成年犯罪嫌疑人及其法定代理人、辩护人、被害人及其诉讼代理人的意见。

第四百六十八条　未成年犯罪嫌疑人认罪认罚的,应当在法定代理人、辩护人在场的情况下签署认罪认罚具结书。法定代理人、辩护人对认罪认罚有异议的,不需要签署具结书。

因未成年犯罪嫌疑人的法定代理人、辩护人对其认罪认罚有异议而不签署具结书的,人民检察院应当对未成年人认罪认罚情况,法定代理人、辩护人的异议情况如实记录。提起公诉的,应当将该材料与其他案卷材料一并移送人民法院。

未成年犯罪嫌疑人的法定代理人、辩护人对认罪认罚有异议而不签署具结书的,不影响从宽处理。

法定代理人无法到场的,合适成年人可以代为行使到场权、知情权、异议权等。法定代理人未到场的原因以及听取合适成年人意见等情况应当记录在案。

★公安机关办理未成年人违法犯罪案件的规定（1995年10月23日）（节录）

第十一条　讯问违法犯罪的未成年人时,根据调查案件的需要,除有碍侦查或者无法通知的情形外,应当通知其家长或者监护人或者教师到场。

★公安机关办理刑事案件程序规定（2020年7月20日）（节录）

第三百二十三条　讯问未成年犯罪嫌疑人,应当通知未成年犯罪嫌疑人的法定代理人到场。无法通知、法定代理人不能到场或者法定代理人是共犯的,也可以通知未成年犯罪嫌疑人的其他成年亲属,所在学校、单位、居住地或者办案单位所在地基层组织或者未成年人保护组织的代表到场,并将有关情况记录在案。到场的法定代理人可以代为行使未成年犯罪嫌疑人的诉讼权利。

到场的法定代理人或者其他人员提出侦查人员在讯问中侵犯未成年人合法权益的,公安机关应当认真核查,依法处理。

第三百二十四条　讯问未成年犯罪嫌疑人应当采取适合未成年人的方式,

耐心细致地听取其供述或者辩解，认真审核、查证与案件有关的证据和线索，并针对其思想顾虑、恐惧心理、抵触情绪进行疏导和教育。

讯问女性未成年犯罪嫌疑人，应当有女工作人员在场。

第三百二十五条　讯问笔录应当交未成年犯罪嫌疑人、到场的法定代理人或者其他人员阅读或者向其宣读；对笔录内容有异议的，应当核实清楚，准予更正或者补充。

第三百二十六条　询问未成年被害人、证人，适用本规定第三百二十三条、第三百二十四条、第三百二十五条的规定。

询问未成年被害人、证人，应当以适当的方式进行，注意保护其隐私和名誉，尽可能减少询问频次，避免造成二次伤害。必要时，可以聘请熟悉未成年人身心特点的专业人员协助。

（2）开庭时

★**中央综治委预防青少年违法犯罪工作领导小组、最高人民法院、最高人民检察院、公安部、司法部、共青团中央关于进一步建立和完善办理未成年人刑事案件配套工作体系的若干意见**（2010年8月28日）（节录）

二、进一步加强对涉案未成年人合法权益的保护

（一）对未成年犯罪嫌疑人、被告人、罪犯合法权益的保护

5.（第一款）在未成年犯罪嫌疑人、被告人被讯问或者开庭审理时，应当通知其法定代理人到场。看守所经审核身份无误后，应当允许法定代理人与办案人员共同进入讯问场所。

（第三款）法定代理人无法或不宜到场的，可以经未成年犯罪嫌疑人、被告人同意或按其意愿通知其他关系密切的亲属朋友、社会工作者、教师、律师等合适成年人到场。讯问未成年犯罪嫌疑人、被告人，应当根据该未成年人的特点和案件情况，制定详细的讯问提纲，采取适宜该未成年人的方式进行，讯问用语应当准确易懂。讯问时，应当告知其依法享有的诉讼权利，告知其如实供述案件事实的法律规定和意义，核实其是否有自首、立功、检举揭发等表现，听取其有罪的供述或者无罪、罪轻的辩解。讯问女性未成年犯罪嫌疑人、被告人，应当由女性办案人员进行或者有女性办案人员参加。讯问未成年犯罪嫌疑人、被告人一般不得使用戒具，对于确有人身危险性，必须使用戒具的，在现实危险消除后，应当立即停止使用。

★最高人民法院关于适用《中华人民共和国刑事诉讼法》的解释（2021年1月26日）（节录）

第五百五十五条 人民法院审理未成年人刑事案件，在讯问和开庭时，应当通知未成年被告人的法定代理人到场。法定代理人无法通知、不能到场或者是共犯的，也可以通知合适成年人到场，并将有关情况记录在案。

到场的法定代理人或者其他人员，除依法行使刑事诉讼法第二百八十一条第二款规定的权利外，经法庭同意，可以参与对未成年被告人的法庭教育等工作。

适用简易程序审理未成年人刑事案件，适用前两款规定。

第五百七十一条 人民法院应当在辩护台靠近旁听区一侧为未成年被告人的法定代理人或者合适成年人设置席位。

审理可能判处五年有期徒刑以下刑罚或者过失犯罪的未成年人刑事案件，可以采取适合未成年人特点的方式设置法庭席位。

(3) 宣判时

★最高人民法院关于适用《中华人民共和国刑事诉讼法》的解释（2021年1月26日）（节录）

第五百七十九条 定期宣告判决的未成年人刑事案件，未成年被告人的法定代理人无法通知、不能到场或是共犯的，法庭可以通知合适成年人到庭，并在宣判后向未成年被告人的成年亲属送达判决书。

2. 被害人、证人的法定代理人到场

★中央综治委预防青少年违法犯罪工作领导小组、最高人民法院、最高人民检察院、公安部、司法部、共青团中央关于进一步建立和完善办理未成年人刑事案件配套工作体系的若干意见（2010年8月28日）（节录）

二、进一步加强对涉案未成年人合法权益的保护

（二）未成年被害人、证人合法权益的保护

3. 对未成年人被害人、证人，特别是性犯罪被害人进行询问时，应当依法选择有利于未成年人的场所，采取和缓的询问方式进行，并通知法定代理人到场。

对性犯罪被害人进行询问，一般应当由女性办案人员进行或者有女性办案人员在场。

法定代理人无法或不宜到场的，可以经未成年被害人、证人同意或按其意愿通知有关成年人到场。应当注意避免因询问方式不当而可能对其身心产生的不利影响。

3. 未成年被害人、证人一般不出庭作证

★中央综治委预防青少年违法犯罪工作领导小组、最高人民法院、最高人民检察院、公安部、司法部、共青团中央关于进一步建立和完善办理未成年人刑事案件配套工作体系的若干意见（2010年8月28日）（节录）

二、进一步加强对涉案未成年人合法权益的保护

（二）未成年被害人、证人合法权益的保护

6. 未成年被害人、证人经人民法院准许的，一般可以不出庭作证；或在采取相应保护措施后出庭作证。

★最高人民法院关于适用《中华人民共和国刑事诉讼法》的解释（2021年1月26日）（节录）

第五百五十八条　开庭审理涉及未成年人的刑事案件，未成年被害人、证人一般不出庭作证；必须出庭的，应当采取保护其隐私的技术手段和心理干预等保护措施。

★人民检察院办理未成年人刑事案件的规定（2013年12月27日）（节录）

第五十七条第二款　公诉人一般不提请未成年证人、被害人出庭作证。确有必要出庭作证的，应当建议人民法院采取相应的保护措施。

4. 办理未成年人刑事案件不得向外界披露其身份资料

★中央综治委预防青少年违法犯罪工作领导小组、最高人民法院、最高人民检察院、公安部、司法部、共青团中央关于进一步建立和完善办理未成年人刑事案件配套工作体系的若干意见（2010年8月28日）（节录）

二、进一步加强对涉案未成年人合法权益的保护

（二）未成年被害人、证人合法权益的保护

2. 办理未成年人刑事案件，应当注意保护未成年被害人的名誉，尊重未成年被害人的人格尊严，新闻报道、影视节目、公开出版物、网络等不得公开或传播该未成年被害人的姓名、住所、照片、图像以及可能推断出该未成年人的资料。

对违反此规定的单位，广播电视管理及新闻出版等部门应当提出处理意见，作出相应处理。

★最高人民法院关于适用《中华人民共和国刑事诉讼法》的解释（2021年1月26日）（节录）

第五百五十九条　审理涉及未成年人的刑事案件，不得向外界披露未成年人的姓名、住所、照片以及可能推断出未成年人身份的其他资料。

查阅、摘抄、复制的案卷材料，涉及未成年人的，不得公开和传播。

5. 对未成年人进行心理疏导、心理测评

★中央综治委预防青少年违法犯罪工作领导小组、最高人民法院、最高人民检察院、公安部、司法部、共青团中央关于进一步建立和完善办理未成年人刑事案件配套工作体系的若干意见（2010年8月28日）（节录）

二、进一步加强对涉案未成年人合法权益的保护

（二）未成年被害人、证人合法权益的保护

1. 办理未成年人刑事案件，应当注意保护未成年被害人的合法权益，注意对未成年被害人进行心理疏导和自我保护教育。

★最高人民法院关于适用《中华人民共和国刑事诉讼法》的解释（2021年1月26日）（节录）

第五百六十九条　人民法院根据情况，可以对未成年被告人、被害人、证人进行心理疏导；根据实际需要并经未成年被告人及其法定代理人同意，可以对未成年被告人进行心理测评。

心理疏导、心理测评可以委托专门机构、专业人员进行。

心理测评报告可以作为办理案件和教育未成年人的参考。

★人民检察院办理未成年人刑事案件的规定（2013年12月27日）（节录）

第十二条第三款　人民检察院根据需要，可以对未成年犯罪嫌疑人、未成年被害人进行心理疏导。必要时，经未成年犯罪嫌疑人及其法定代理人同意，可以对未成年犯罪嫌疑人进行心理测评。

6. 亲情会见制度

★最高人民检察院关于进一步加强未成年人刑事检察工作的决定（2012年10月22日）（节录）

16. 建立健全亲情会见制度。在审查起诉环节，对于案件事实已基本查清，主要证据确实、充分，而且未成年犯罪嫌疑人有认罪、悔罪表现，或者虽尚未认罪、悔罪，但通过会见有可能促其转化，其法定代理人、近亲属等能积极配合检察机关进行教育的，可以安排在押未成年犯罪嫌疑人与其法定代理人、近亲属等会见，进行亲情感化。

★最高人民法院关于适用《中华人民共和国刑事诉讼法》的解释（2021年1月26日）（节录）

第五百七十条　开庭前和休庭时，法庭根据情况，可以安排未成年被告人

与其法定代理人或者合适成年人会见。

★人民检察院办理未成年人刑事案件的规定（2013年12月27日）（节录）

第二十四条　移送审查起诉的案件具备以下条件之一，且其法定代理人、近亲属等与本案无牵连的，经公安机关同意，检察人员可以安排在押的未成年犯罪嫌疑人与其法定代理人、近亲属等进行会见、通话：

（一）案件事实已基本查清，主要证据确实、充分，安排会见、通话不会影响诉讼活动正常进行；

（二）未成年犯罪嫌疑人有认罪、悔罪表现，或者虽尚未认罪、悔罪，但通过会见、通话有可能促使其转化，或者通过会见、通话有利于社会、家庭稳定；

（三）未成年犯罪嫌疑人的法定代理人、近亲属对其犯罪原因、社会危害性以及后果有一定的认识，并能配合司法机关进行教育。

第二十五条　在押的未成年犯罪嫌疑人同其法定代理人、近亲属等进行会见、通话时，检察人员应当告知其会见、通话不得有串供或者其他妨碍诉讼的内容，会见、通话时检察人员可以在场。会见、通话结束后，检察人员应当将有关内容及时整理并记录在案。

7. 拓宽对未成年被害人刑事被害人救助的条件、范围

★人民检察院办理未成年人刑事案件的规定（2013年12月27日）（节录）

第十二条第二款　人民检察院应当充分维护未成年被害人的合法权益。对于符合条件的被害人，应当及时启动刑事被害人救助程序，对其进行救助。对于未成年被害人，可以适当放宽救助条件、扩大救助的案件范围。

8. 适用简易程序应征求未成年被告人及其法定代理人、辩护人的意见

★最高人民法院关于适用《中华人民共和国刑事诉讼法》的解释（2021年1月26日）（节录）

第五百六十六条　对未成年人刑事案件，人民法院决定适用简易程序审理的，应当征求未成年被告人及其法定代理人、辩护人的意见。上述人员提出异议的，不适用简易程序。

9. 未成年被告人及其法定代理人拒绝辩护的处理

★最高人民法院关于适用《中华人民共和国刑事诉讼法》的解释（2021年1月26日）（节录）

第五百七十二条　未成年被告人或者其法定代理人当庭拒绝辩护人辩护的，适用本解释第三百一十一条第二款、第三款的规定。

重新开庭后，未成年被告人或者其法定代理人再次当庭拒绝辩护人辩护的，不予准许。重新开庭时被告人已满十八周岁的，可以准许，但不得再另行委托辩护人或者要求另行指派律师，由其自行辩护。

10. 对未成年被告人的法庭教育

★最高人民法院关于适用《中华人民共和国刑事诉讼法》的解释（2021年1月26日）（节录）

第五百七十六条　法庭辩论结束后，法庭可以根据未成年人的生理、心理特点和案件情况，对未成年被告人进行法治教育；判决未成年被告人有罪的，宣判后，应当对未成年被告人进行法治教育。

对未成年被告人进行教育，其法定代理人以外的成年亲属或者教师、辅导员等参与有利于感化、挽救未成年人的，人民法院应当邀请其参加有关活动。

适用简易程序审理的案件，对未成年被告人进行法庭教育，适用前两款规定。

11. 犯罪时不满18周岁，开庭时已满18周岁、不满20周岁的，一般应通知其近亲属到庭

★最高人民法院关于适用《中华人民共和国刑事诉讼法》的解释（2021年1月26日）（节录）

第五百六十七条　被告人实施被指控的犯罪时不满十八周岁，开庭时已满十八周岁、不满二十周岁的，人民法院开庭时，一般应当通知其近亲属到庭。经法庭同意，近亲属可以发表意见。近亲属无法通知、不能到场或者是共犯的，应当记录在案。

12. 讯问、审判时一般不得对未成年被告人使用戒具

★人民检察院刑事诉讼规则（2019年12月30日）（节录）

第四百六十六条第二款　讯问未成年犯罪嫌疑人一般不得使用戒具。对于确有人身危险性必须使用戒具的，在现实危险消除后应当立即停止使用。

★最高人民法院关于适用《中华人民共和国刑事诉讼法》的解释（2021年1月26日）（节录）

第三百零五条第二款　庭审期间不得对被告人使用戒具，但法庭认为其人身危险性大，可能危害法庭安全的除外。

13. 未成年人刑事案件宣告判决应公开进行

★最高人民法院关于适用《中华人民共和国刑事诉讼法》的解释（2021年1月26日）（节录）

第五百七十八条　对未成年人刑事案件，宣告判决应当公开进行。

对依法应当封存犯罪记录的案件，宣判时，不得组织人员旁听；有旁听人员的，应当告知其不得传播案件信息。

14. 未成年被害人及其法定代理人的知情权

★中央综治委预防青少年违法犯罪工作领导小组、最高人民法院、最高人民检察院、公安部、司法部、共青团中央关于进一步建立和完善办理未成年人刑事案件配套工作体系的若干意见（2010年8月28日）（节录）

二、进一步加强对涉案未成年人合法权益的保护

（二）未成年被害人、证人合法权益的保护

4. 办理未成年人刑事案件，应当告知未成年被害人及其法定代理人诉讼权利义务、参与诉讼方式。除有碍案件办理的情形外，应当告知未成年被害人及其法定代理人案件进展情况、案件处理结果，并对有关情况予以说明。

对于可能不立案或撤销案件、不起诉、判处非监禁刑的未成年人刑事案件，应当听取被害人及其法定代理人的意见。

15. 未成年被告人最后陈述后，经审判长许可，法定代理人可以发表意见

★最高人民法院关于适用《中华人民共和国刑事诉讼法》的解释（2021年1月26日）（节录）

第五百七十七条　未成年被告人最后陈述后，法庭应当询问其法定代理人是否补充陈述。

第二百八十二条　【未成年人附条件不起诉制度的适用条件、程序】 对于未成年人涉嫌刑法分则第四章、第五章、第六章规定的犯罪，可能判处一年有期徒刑以下刑罚，符合起诉条件，但有悔罪表现的，人民检察院可以作出附条件不起诉的决定。人民检察院在作出附条件不起诉的决定以前，应当听取公安机关、被害人的意见。

【公安机关的复议复核权、被害人的申诉权】 对附条件不起诉的决定，公安机关要求复议、提请复核或者被害人申诉的，适用本法

第一百七十九条、第一百八十条的规定。

【未成年犯罪嫌疑人及其法定代理人的异议权】未成年犯罪嫌疑人及其法定代理人对人民检察院决定附条件不起诉有异议的，人民检察院应当作出起诉的决定。

● 要点及关联法规

1. 未成年犯罪嫌疑人附条件不起诉的适用条件

★最高人民检察院关于在检察工作中贯彻宽严相济刑事司法政策的若干意见（2007年1月15日）（节录）

8. 正确把握起诉和不起诉条件，依法适用不起诉。在审查起诉工作中，严格依法掌握起诉条件，充分考虑起诉的必要性，可诉可不诉的不诉。对于初犯、从犯、预备犯、中止犯、防卫过当、避险过当、未成年人犯罪、老年人犯罪以及亲友、邻里、同学同事等纠纷引发的案件，符合不起诉条件的，可以依法适用不起诉，并可以根据案件的不同情况，对被不起诉人予以训诫或者责令具结悔过、赔礼道歉、赔偿损失。确需提起公诉的，可以依法向人民法院提出从宽处理、适用缓刑等量刑方面的意见。

★人民检察院办理未成年人刑事案件的规定（2013年12月27日）（节录）

第二十九条 对于犯罪时已满十四周岁不满十八周岁的未成年人，同时符合下列条件的，人民检察院可以作出附条件不起诉决定：

（一）涉嫌刑法分则第四章、第五章、第六章规定的犯罪；

（二）根据具体犯罪事实、情节，可能被判处一年有期徒刑以下刑罚；

（三）犯罪事实清楚，证据确实、充分，符合起诉条件；

（四）具有悔罪表现。

★未成年人刑事检察工作指引（试行）（2017年3月2日）（节录）

第一百八十一条 对于符合以下条件的案件，人民检察院可以作出附条件不起诉的决定：

（一）犯罪嫌疑人实施犯罪行为时系未成年人的；

（二）涉嫌刑法分则第四章、第五章、第六章规定的犯罪的；

（三）可能被判处一年有期徒刑以下刑罚的；

（四）犯罪事实清楚，证据确实、充分，符合起诉条件的；

（五）犯罪嫌疑人具有悔罪表现的。

人民检察院可以参照《最高人民法院关于常见犯罪的量刑指导意见》并综合考虑全案情况和量刑情节，衡量是否"可能判处一年有期徒刑以下刑罚"。

具有下列情形之一的，一般认为具有悔罪表现：

（一）犯罪嫌疑人认罪认罚的；

（二）向被害人赔礼道歉、积极退赃、尽力减少或者赔偿损失的；

（三）取得被害人谅解的；

（四）具有自首或者立功表现的；

（五）犯罪中止的；

（六）其他具有悔罪表现的情形。

对于符合附条件不起诉条件，实施犯罪行为时未满十八周岁，但诉讼时已成年的犯罪嫌疑人，人民检察院可以作出附条件不起诉决定。

第一百八十二条 人民检察院对于符合条件的未成年人刑事案件，应当依法积极适用附条件不起诉，促使未成年犯罪嫌疑人积极自我改造，从而达到教育挽救的目的。对于不具备有效监护条件或者社会帮教措施的未成年犯罪嫌疑人，人民检察院应当积极为其创造条件，实现对未成年人的平等保护。

第一百八十三条 人民检察院可以将附条件不起诉制度与当事人和解制度相结合，通过促使未成年犯罪嫌疑人认真悔罪、赔礼道歉或者赔偿损失等方式，化解矛盾纠纷，修复受损的社会关系，达到对被害人精神抚慰、物质补偿的同时，加速未成年犯罪嫌疑人回归社会的进程。

第一百八十四条 人民检察院对于既可以附条件不起诉也可以起诉的未成年犯罪嫌疑人，应当优先适用附条件不起诉。

对于既可以相对不起诉也可以附条件不起诉的未成年犯罪嫌疑人，应当优先适用相对不起诉。如果未成年犯罪嫌疑人存在一定的认知偏差等需要矫正，确有必要接受一定时期监督考察的，可以适用附条件不起诉。

第一百八十五条 人民检察院在作出附条件不起诉决定前，应当征求未成年犯罪嫌疑人及其法定代理人、辩护人的意见。征求意见时应当让其全面获知和理解拟附条件不起诉决定的基本内容，包括适用附条件不起诉的法律依据、适用程序、救济程序、考察程序、附加义务及附条件不起诉的法律后果等，并给予一定的时间保障。必要时，可以建议未成年犯罪嫌疑人及其法定代理人与其辩护人进行充分沟通，在准确理解和全面权衡的基础上，提出意见。

未成年犯罪嫌疑人及其法定代理人应当在人民检察院书面征求意见书上签

署意见,明确表明真实意愿,且一般应当由未成年犯罪嫌疑人及其法定代理人同时签署。确因特殊情况只能以口头方式提出的,人民检察院应当记录在案。

对于未成年犯罪嫌疑人与其法定代理人意见存在分歧的,人民检察院可以综合案件情况,本着有利于对未成年犯罪嫌疑人教育挽救的原则作出决定。

2. 附条件不起诉的决定程序

★人民检察院刑事诉讼规则(2019年12月30日)(节录)

第四百六十九条 对于符合刑事诉讼法第二百八十二条第一款规定条件的未成年人刑事案件,人民检察院可以作出附条件不起诉的决定。

人民检察院在作出附条件不起诉的决定以前,应当听取公安机关、被害人、未成年犯罪嫌疑人及其法定代理人、辩护人的意见,并制作笔录附卷。

★公安机关办理刑事案件程序规定(2020年7月20日)(节录)

第三百二十九条 人民检察院在对未成年人作出附条件不起诉的决定前,听取公安机关意见时,公安机关应当提出书面意见,经县级以上公安机关负责人批准,移送同级人民检察院。

★人民检察院办理未成年人刑事案件的规定(2013年12月27日)(节录)

第三十二条 适用附条件不起诉的审查意见,应当由办案人员在审查起诉期限届满十五日前提出,并根据案件的具体情况拟定考验期限和考察方案,连同案件审查报告、社会调查报告等,经部门负责人审核,报检察长或者检察委员会决定。

第三十三条 人民检察院作出附条件不起诉的决定后,应当制作附条件不起诉决定书,并在三日以内送达公安机关、被害人或者其近亲属及其诉讼代理人、未成年犯罪嫌疑人及其法定代理人、辩护人。

送达时,应当告知被害人或者其近亲属及其诉讼代理人,如果对附条件不起诉决定不服,可以自收到附条件不起诉决定书后七日以内向上一级人民检察院申诉。

人民检察院应当当面向未成年犯罪嫌疑人及其法定代理人宣布附条件不起诉决定,告知考验期限、在考验期内应当遵守的规定和违反规定应负的法律责任,以及可以对附条件不起诉决定提出异议,并制作笔录附卷。

第三十九条 人民检察院在作出附条件不起诉决定后,应当在十日内将附条件不起诉决定书报上级人民检察院主管部门备案。

上级人民检察院认为下级人民检察院作出的附条件不起诉决定不适当的,

应当及时撤销下级人民检察院作出的附条件不起诉决定,下级人民检察院应当执行。

3. 公安机关或被害人对附条件不起诉有异议或争议较大的,检察院可举行不公开听证会

★人民检察院办理未成年人刑事案件的规定(2013年12月27日)(节录)

第三十一条 公安机关或者被害人对附条件不起诉有异议或争议较大的案件,人民检察院可以召集侦查人员、被害人及其法定代理人、诉讼代理人、未成年犯罪嫌疑人及其法定代理人、辩护人举行不公开听证会,充分听取各方的意见和理由。

对于决定附条件不起诉可能激化矛盾或者引发不稳定因素的,人民检察院应当慎重适用。

★未成年人刑事检察工作指引(试行)(2017年3月2日)(节录)

第一百七十七条 人民检察院对于社会影响较大或者争议较大的案件,在作出相对不起诉决定前,可以邀请侦查人员、未成年犯罪嫌疑人及其法定代理人、合适成年人、辩护人、被害人及其法定代理人、诉讼代理人、社会调查员、帮教人员等,召开不起诉听证会,充分听取各方的意见和理由,并制作听证笔录,由参与人员签字确认。

不起诉听证会应当不公开进行。人民检察院应当告知参与人员不得泄露涉案信息,注意保护未成年人的隐私。

4. 作出附条件不起诉决定后,人民检察院应释放在押嫌疑人或者变更强制措施

★人民检察院办理未成年人刑事案件的规定(2013年12月27日)(节录)

第三十四条 未成年犯罪嫌疑人在押的,作出附条件不起诉决定后,人民检察院应当作出释放或者变更强制措施的决定。

5. 附条件不起诉决定的复议、复核和申诉

★人民检察院刑事诉讼规则(2019年12月30日)(节录)

第四百七十条 未成年犯罪嫌疑人及其法定代理人对拟作出附条件不起诉决定提出异议的,人民检察院应当提起公诉。但是,未成年犯罪嫌疑人及其法定代理人提出无罪辩解,人民检察院经审查认为无罪辩解理由成立的,应当按照本规则第三百六十五条的规定作出不起诉决定。

未成年犯罪嫌疑人及其法定代理人对案件作附条件不起诉处理没有异议,仅对所附条件及考验期有异议的,人民检察院可以依法采纳其合理的意见,对考察的内容、方式、时间等进行调整；其意见不利于对未成年犯罪嫌疑人帮教，人民检察院不采纳的，应当进行释法说理。

人民检察院作出起诉决定前，未成年犯罪嫌疑人及其法定代理人撤回异议的，人民检察院可以依法作出附条件不起诉决定。

第四百七十一条　人民检察院作出附条件不起诉的决定后，应当制作附条件不起诉决定书，并在三日以内送达公安机关、被害人或者其近亲属及其诉讼代理人、未成年犯罪嫌疑人及其法定代理人、辩护人。

人民检察院应当当面向未成年犯罪嫌疑人及其法定代理人宣布附条件不起诉决定，告知考验期限、在考验期内应当遵守的规定以及违反规定应负的法律责任，并制作笔录附卷。

第四百七十二条　对附条件不起诉的决定，公安机关要求复议、提请复核或者被害人提出申诉的，具体程序参照本规则第三百七十九条至第三百八十三条的规定。被害人不服附条件不起诉决定的，应当告知其不适用刑事诉讼法第一百八十条关于被害人可以向人民法院起诉的规定，并做好释法说理工作。

前款规定的复议、复核、申诉由相应人民检察院负责未成年人检察的部门进行审查。

★未成年人刑事检察工作指引（试行）（2017年3月2日）（节录）

第一百八十六条　对于未成年犯罪嫌疑人及其法定代理人对附条件不起诉决定提出异议的，应当区别对待：

（一）未成年犯罪嫌疑人及其法定代理人对于犯罪事实认定、法律适用有异议并提出无罪意见或辩解的，人民检察院应当认真审查后依法提起公诉。

（二）未成年犯罪嫌疑人及其法定代理人对案件作附条件不起诉处理没有异议，仅对所附条件及考验期有异议的，人民检察可以依法采纳其合理的意见，对考察的内容、方式、时间等进行调整。但其意见不利于对未成年犯罪嫌疑人帮教的，应当进行耐心的释法说理工作。经说理解释后，若未成年犯罪嫌疑人及其法定代理人仍有异议坚持要起诉的，应当提起公诉。

（三）未成年犯罪嫌疑人及其法定代理人对于适用附条件不起诉有异议的，应当审查后决定是否起诉。

人民检察院作出起诉决定前，未成年犯罪嫌疑人及其法定代理人可以撤回异议。撤回异议的，应当制作笔录附卷，由未成年犯罪嫌疑人及其法定代理人签字确认。

第一百九十一条　公安机关认为附条件不起诉决定有错误的，可以向同级人民检察院要求复议。人民检察院应当另行指定检察人员进行审查并提出审查意见，报请检察长或者检察委员会决定。人民检察院应当在收到要求复议意见书后的三十日内作出复议决定，并通知公安机关。

公安机关对人民检察院的复议结果不服的，可以向上一级人民检察院提请复核。上一级人民检察院收到公安机关对附条件不起诉决定提请复核的意见书后，应当交由未成年人检察部门办理。未成年人检察部门应当指定检察人员进行审查并提出审查意见，报请检察长或者检察委员会决定。上一级人民检察院应当在收到提请复核意见书后的三十日内作出决定，制作复核决定书送交提请复核的公安机关和下级人民检察院。经复核改变下级人民检察院附条件不起诉决定的，应当撤销下级人民检察院作出的附条件不起诉决定，交由下级人民检察院执行。

第一百九十二条 被害人不服附条件不起诉决定，在收到附条件不起诉决定书后七日以内申诉的，由作出附条件不起诉决定的人民检察院的上一级人民检察院立案复查。

被害人向作出附条件不起诉决定的人民检察院提出申诉的，作出决定的人民检察院应当将申诉材料连同案卷一并报送上一级人民检察院受理。

上述申诉的审查由未成年人检察部门负责。承办人员审查后应当提出意见，报请检察长决定后制作复查决定书。

复查决定书应当送达被害人、被附条件不起诉的未成年犯罪嫌疑人及其法定代理人和作出附条件不起诉决定的人民检察院。

被害人不服附条件不起诉决定，在收到附条件不起诉决定书七日后提出申诉的，由作出附条件不起诉决定的人民检察院未成年人检察部门另行指定检察人员审查后决定是否立案复查。

上级人民检察院经复查作出起诉决定的，应当撤销下级人民检察院的附条件不起诉决定，由下级人民检察院提起公诉，并将复查决定抄送移送审查起诉的公安机关。

被害人不能向人民法院提起自诉。

第一百九十三条 未成年犯罪嫌疑人在押的，作出附条件不起诉决定后，人民检察院应当作出释放或者变更强制措施的决定。

考验期未满、取保候审期限届满的，应当解除取保候审强制措施，继续进行监督考察。

★公安机关办理刑事案件程序规定（2020年7月20日）（节录）

第三百三十条　认为人民检察院作出的附条件不起诉决定有错误的，应当在收到不起诉决定书后七日以内制作要求复议意见书，经县级以上公安机关负责人批准，移送同级人民检察院复议。

要求复议的意见不被接受的，可以在收到人民检察院的复议决定书后七日以内制作提请复核意见书，经县级以上公安机关负责人批准后，连同人民检察院的复议决定书，一并提请上一级人民检察院复核。

第三百八十六条　当事人及其法定代理人、诉讼代理人、辩护律师提出的复议复核请求，由公安机关法制部门办理。

办理刑事复议、复核案件的具体程序，适用《公安机关办理刑事复议复核案件程序规定》。

★人民检察院办理未成年人刑事案件的规定（2013年12月27日）（节录）

第三十五条　公安机关认为附条件不起诉决定有错误，要求复议的，人民检察院未成年人刑事检察机构应当另行指定检察人员进行审查并提出审查意见，经部门负责人审核，报请检察长或者检察委员会决定。

人民检察院应当在收到要求复议意见书后的三十日以内作出复议决定，通知公安机关。

第三十六条　上一级人民检察院收到公安机关对附条件不起诉决定提请复核的意见书后，应当交由未成年人刑事检察机构办理。未成年人刑事检察机构应当指定检察人员进行审查并提出审查意见，经部门负责人审核，报请检察长或者检察委员会决定。

上一级人民检察院应当在收到提请复核意见书后的三十日以内作出决定，制作复核决定书送交提请复核的公安机关和下级人民检察院。经复核改变下级人民检察院附条件不起诉决定的，应当撤销下级人民检察院作出的附条件不起诉决定，交由下级人民检察院执行。

第三十七条　被害人不服附条件不起诉决定，在收到附条件不起诉决定书后七日以内申诉的，由作出附条件不起诉决定的人民检察院的上一级人民检察院未成年人刑事检察机构立案复查。

被害人向作出附条件不起诉决定的人民检察院提出申诉的，作出决定的人民检察院应当将申诉材料连同案卷一并报送上一级人民检察院受理。

被害人不服附条件不起诉决定，在收到附条件不起诉决定书七日后提出申诉的，由作出附条件不起诉决定的人民检察院未成年人刑事检察机构另行指定检察人员审查后决定是否立案复查。

未成年人刑事检察机构复查后应当提出复查意见,报请检察长决定。

复查决定书应当送达被害人、被附条件不起诉的未成年犯罪嫌疑人及其法定代理人和作出附条件不起诉决定的人民检察院。

上级人民检察院经复查作出起诉决定的,应当撤销下级人民检察院的附条件不起诉决定,由下级人民检察院提起公诉,并将复查决定抄送移送审查起诉的公安机关。

第二百八十三条 【附条件不起诉的监督考察主体】 在附条件不起诉的考验期内,由人民检察院对被附条件不起诉的未成年犯罪嫌疑人进行监督考察。未成年犯罪嫌疑人的监护人,应当对未成年犯罪嫌疑人加强管教,配合人民检察院做好监督考察工作。

【附条件不起诉的考验期限】 附条件不起诉的考验期为六个月以上一年以下,从人民检察院作出附条件不起诉的决定之日起计算。

【被附条件不起诉人应遵守的规定】 被附条件不起诉的未成年犯罪嫌疑人,应当遵守下列规定:

(一)遵守法律法规,服从监督;

(二)按照考察机关的规定报告自己的活动情况;

(三)离开所居住的市、县或者迁居,应当报经考察机关批准;

(四)按照考察机关的要求接受矫治和教育。

● 要点及关联法规

1. 考验期的确定及起算

★人民检察院刑事诉讼规则(2019年12月30日)(节录)

第四百七十三条 人民检察院作出附条件不起诉决定的,应当确定考验期。考验期为六个月以上一年以下,从人民检察院作出附条件不起诉的决定之日起计算。

★人民检察院办理未成年人刑事案件的规定(2013年12月27日)(节录)

第四十条 人民检察院决定附条件不起诉的,应当确定考验期。考验期为六个月以上一年以下,从人民检察院作出附条件不起诉的决定之日起计算。考验期不计入案件审查起诉期限。

考验期的长短应当与未成年犯罪嫌疑人所犯罪行的轻重、主观恶性的大小和人身危险性的大小、一贯表现及帮教条件等相适应,根据未成年犯罪嫌疑人在考验期的表现,可以在法定期限范围内适当缩短或者延长。

2. 考验期内,检察院对被附条件不起诉的未成年犯罪嫌疑人进行监督考察、跟踪帮教

★**人民检察院刑事诉讼规则**(2019年12月30日)(节录)

第四百七十四条 在附条件不起诉的考验期内,由人民检察院对被附条件不起诉的未成年犯罪嫌疑人进行监督考察。人民检察院应当要求未成年犯罪嫌疑人的监护人对未成年犯罪嫌疑人加强管教,配合人民检察院做好监督考察工作。

人民检察院可以会同未成年犯罪嫌疑人的监护人、所在学校、单位、居住地的村民委员会、居民委员会、未成年人保护组织等的有关人员,定期对未成年犯罪嫌疑人进行考察、教育,实施跟踪帮教。

★**人民检察院办理未成年人刑事案件的规定**(2013年12月27日)(节录)

第四十三条 在附条件不起诉的考验期内,人民检察院应当对被附条件不起诉的未成年犯罪嫌疑人进行监督考察。未成年犯罪嫌疑人的监护人应当对未成年犯罪嫌疑人加强管教,配合人民检察院做好监督考察工作。

人民检察院可以会同未成年犯罪嫌疑人的监护人、所在学校、单位、居住地的村民委员会、居民委员会、未成年人保护组织等的有关人员定期对未成年犯罪嫌疑人进行考察、教育,实施跟踪帮教。

3. 被不起诉人应当遵守的规定

★**人民检察院刑事诉讼规则**(2019年12月30日)(节录)

第四百七十五条 人民检察院对于被附条件不起诉的未成年犯罪嫌疑人,应当监督考察其是否遵守下列规定:

(一)遵守法律法规,服从监督;

(二)按照规定报告自己的活动情况;

(三)离开所居住的市、县或者迁居,应当报经批准;

(四)按照要求接受矫治和教育。

第四百七十六条 人民检察院可以要求被附条件不起诉的未成年犯罪嫌疑

人接受下列矫治和教育：

（一）完成戒瘾治疗、心理辅导或者其他适当的处遇措施；

（二）向社区或者公益团体提供公益劳动；

（三）不得进入特定场所，与特定的人员会见或者通信，从事特定的活动；

（四）向被害人赔偿损失、赔礼道歉等；

（五）接受相关教育；

（六）遵守其他保护被害人安全以及预防再犯的禁止性规定。

★人民检察院办理未成年人刑事案件的规定（2013年12月27日）（节录）

第四十一条　被附条件不起诉的未成年犯罪嫌疑人，应当遵守下列规定：

（一）遵守法律法规，服从监督；

（二）按照考察机关的规定报告自己的活动情况；

（三）离开所居住的市、县或者迁居，应当报经考察机关批准；

（四）按照考察机关的要求接受矫治和教育。

★未成年人刑事检察工作指引（试行）（2017年3月2日）（节录）

第一百九十六条　在附条件不起诉的考验期内，人民检察院应当对被附条件不起诉的未成年犯罪嫌疑人进行监督考察。监督未成年犯罪嫌疑人履行义务、接受帮教的情况，并督促未成年犯罪嫌疑人的监护人对未成年犯罪嫌疑人加强管教，配合人民检察院做好监督考察工作。

人民检察院可以会同司法社工、社会观护基地、公益组织或者未成年犯罪嫌疑人所在学校、单位、居住地的村民委员会、居民委员会、未成年人保护组织等相关机构成立考察帮教小组，明确分工及职责，定期进行考察、教育，实施跟踪帮教。

考察帮教小组应当为考察对象制作个人帮教档案，对考察帮教活动情况及时、如实、全面记录，并在考察期届满后三个工作日内对考察对象进行综合评定，出具书面报告。

第一百九十七条　人民检察院在附条件不起诉决定适用、监督考察等过程中，可以运用心理测评、心理疏导等方式，提高决策的科学性和考察帮教的针对性。

第二百八十四条　【附条件不起诉的撤销】被附条件不起诉的未成年犯罪嫌疑人，在考验期内有下列情形之一的，人民检察院应当撤销附条件不起诉的决定，提起公诉：

> （一）实施新的犯罪或者发现决定附条件不起诉以前还有其他犯罪需要追诉的；
> （二）违反治安管理规定或者考察机关有关附条件不起诉的监督管理规定，情节严重的。
> 【最终不起诉决定的作出】被附条件不起诉的未成年犯罪嫌疑人，在考验期内没有上述情形，考验期满的，人民检察院应当作出不起诉的决定。

● 要点及关联法规

1. 考验期届满的处理

★人民检察院刑事诉讼规则（2019年12月30日）（节录）

第四百七十七条　考验期届满，检察人员应当制作附条件不起诉考察意见书，提出起诉或者不起诉的意见，报请检察长决定。

考验期满作出不起诉的决定以前，应当听取被害人意见。

第四百八十条　被附条件不起诉的未成年犯罪嫌疑人，在考验期内没有本规则第四百七十九条规定的情形，考验期满的，人民检察院应当作出不起诉的决定。

★人民检察院办理未成年人刑事案件的规定（2013年12月27日）（节录）

第四十五条　考验期届满，办案人员应当制作附条件不起诉考察意见书，提出起诉或者不起诉的意见，经部门负责人审核，报请检察长决定。

人民检察院应当在审查起诉期限内作出起诉或者不起诉的决定。

作出附条件不起诉决定的案件，审查起诉期限自人民检察院作出附条件不起诉决定之日起中止计算，自考验期限届满之日起或者人民检察院作出撤销附条件不起诉决定之日起恢复计算。

第四十八条　被附条件不起诉的未成年犯罪嫌疑人，在考验期内没有本规定第四十六条规定的情形，考验期满的，人民检察院应当作出不起诉的决定。

★未成年人刑事检察工作指引（试行）（2017年3月2日）（节录）

第一百九十八条　考验期届满，检察人员应当制作附条件不起诉考察意见书，提出起诉或者不起诉的意见，报请检察长决定。

人民检察院应当在审查起诉期限内作出起诉或者不起诉的决定。

作出附条件不起诉决定的案件,审查起诉期限自人民检察院作出附条件不起诉的决定之日起中止计算,自考验期届满之日起或者撤销附条件不起诉决定之日起恢复计算。

第一百九十九条 被附条件不起诉的未成年犯罪嫌疑人在考验期内没有本指引所列撤销附条件不起诉的情形,考验期满后,承办人应当制作附条件不起诉考察意见书,报请检察长作出不起诉决定。作出不起诉决定之前,应当听取被害人意见。

第二百条 人民检察院对于考验期满后决定不起诉的,应当制作不起诉决定书,并在三日内送达公安机关、被害人或者其近亲属及其诉讼代理人、被不起诉的未成年犯罪嫌疑人及其法定代理人、辩护人。

送达时,应当告知被送达人,检察机关将对未成年犯罪嫌疑人涉嫌犯罪的不起诉记录予以封存,被送达人不得泄露未成年犯罪嫌疑人的隐私;告知未成年犯罪嫌疑人及其法定代理人,如有单位或者个人泄露已被封存的不起诉记录,可以向检察机关投诉;告知被害人及其诉讼代理人或者其近亲属,如果对不起诉决定不服,可以自收到不起诉决定书后七日以内向上一级人民检察院申诉。上述告知情况应当记录在案。

2. 撤销附条件不起诉的决定的情形

★**人民检察院刑事诉讼规则**(2019年12月30日)(节录)

第四百七十九条 被附条件不起诉的未成年犯罪嫌疑人,在考验期内具有下列情形之一的,人民检察院应当撤销附条件不起诉的决定,提起公诉:

(一)实施新的犯罪的;

(二)发现决定附条件不起诉以前还有其他犯罪需要追诉的;

(三)违反治安管理规定,造成严重后果,或者多次违反治安管理规定的;

(四)违反有关附条件不起诉的监督管理规定,造成严重后果,或者多次违反有关附条件不起诉的监督管理规定的。

★**未成年人刑事检察工作指引**(试行)(2017年3月2日)(节录)

第二百零四条 在考验期内,发现被附条件不起诉的未成年犯罪嫌疑人有下列情形之一的,案件承办人应当制作附条件不起诉考察意见书,报请检察长或者检察委员会作出撤销附条件不起诉、提起公诉的决定:

(一)实施新的犯罪并经人民检察院查证属实的;

(二)发现决定附条件不起诉以前还有其他犯罪需要追诉并经人民检察院查证属实的;

（三）违反治安管理规定，造成严重后果，或者多次违反治安管理规定的；

（四）违反考察机关有关附条件不起诉的监督管理规定，造成严重后果，或者多次违反的。

未成年犯罪嫌疑人如实供述其他犯罪行为，但因证据不足不予认定，在被作出附条件不起诉决定后查证属实的，可以不作出撤销附条件不起诉、提起公诉的决定。

第二百零五条　人民检察院发现被附条件不起诉的未成年犯罪嫌疑人在考验期内实施新的犯罪或者在决定附条件不起诉以前还有其他犯罪需要追诉的，应当将案件线索依法移送有管辖权的公安机关立案侦查。

被附条件不起诉的未成年犯罪嫌疑人在考验期内实施新的犯罪或者在决定附条件不起诉以前还有其他犯罪，经查证属实的，人民检察院应当将案件退回公安机关补充侦查。原移送审查起诉的公安机关对新罪或者漏罪无管辖权的，应当通知其与有管辖权的公安机关协商，依法确定管辖权，并案侦查。

对于被附条件不起诉的未成年犯罪嫌疑人在考验期内因实施新的犯罪或者因决定附条件不起诉以前实施的其他犯罪被公安机关立案侦查，能够在审查起诉期间内将新罪、漏罪查清的，人民检察院可以一并提起公诉；不能查清的，应当对前罪作出不起诉处理，新罪、漏罪查清后另行起诉。

★**人民检察院办理未成年人刑事案件的规定**（2013年12月27日）（节录）

第四十六条　被附条件不起诉的未成年犯罪嫌疑人，在考验期内有下列情形之一的，人民检察院应当撤销附条件不起诉的决定，提起公诉：

（一）实施新的犯罪的；

（二）发现决定附条件不起诉以前还有其他犯罪需要追诉的；

（三）违反治安管理规定，造成严重后果，或者多次违反治安管理规定的；

（四）违反考察机关有关附条件不起诉的监督管理规定，造成严重后果，或者多次违反考察机关有关附条件不起诉的监督管理规定的。

第四十七条　对于未成年犯罪嫌疑人在考验期内实施新的犯罪或者在决定附条件不起诉以前还有其他犯罪需要追诉的，人民检察院应当移送侦查机关立案侦查。

3. **附条件不起诉人经批准离开所居住的市、县或者迁居，作出附条件不起诉决定的人民检察院可要求迁入地的人民检察院协助进行考察**

★**人民检察院办理未成年人刑事案件的规定**（2013年12月27日）（节录）

第四十四条　未成年犯罪嫌疑人经批准离开所居住的市、县或者迁居，作出附条件不起诉决定的人民检察院可以要求迁入地的人民检察院协助进行考察，并将考察结果函告作出附条件不起诉决定的人民检察院。

4. 回访制度

★**人民检察院办理未成年人刑事案件的规定**（2013年12月27日）（节录）

第四十九条　对于附条件不起诉的案件，不起诉决定宣布后六个月内，办案人员可以对被不起诉的未成年人进行回访，巩固帮教效果，并做好相关记录。

★**未成年人刑事检察工作指引（试行）**（2017年3月2日）（节录）

第二百零三条　人民检察院对于经过附条件不起诉考察后作出不起诉决定的，可以与被不起诉的未成年人及其监护人、学校、单位等建立定期联系，在不起诉决定宣布后的六个月内，随时掌握未成年人的思想状态和行为表现，共同巩固帮教成果，并做好相关记录。经被不起诉的未成年人同意，可以在三年以内跟踪了解其回归社会情况，但应当注意避免对其造成负面影响。

5. 作出的不起诉决定和经附条件不起诉考验期满不起诉的，应宣布不起诉决定

★**人民检察院办理未成年人刑事案件的规定**（2013年12月27日）（节录）

第五十条　对人民检察院依照刑事诉讼法第一百七十三条①第二款规定作出的不起诉决定和经附条件不起诉考验期满不起诉的，在向被不起诉的未成年人及其法定代理人宣布不起诉决定书时，应充分阐明不起诉的理由和法律依据，并结合社会调查，围绕犯罪行为对被害人、对本人及家庭、对社会等造成的危害，导致犯罪行为发生的原因及应当吸取的教训等，对被不起诉的未成年人开展必要的教育。如果侦查人员、合适成年人、辩护人、社工等参加有利于教育被不起诉未成年人的，经被不起诉的未成年人及其法定代理人同意，可以邀请他们参加，但要严格控制参与人范围。

对于犯罪事实清楚，但因未达刑事责任年龄不起诉、年龄证据存疑而不起诉的未成年犯罪嫌疑人，参照上述规定举行不起诉宣布教育仪式。

★**未成年人刑事检察工作指引（试行）**（2017年3月2日）（节录）

第二百条　人民检察院对于考验期满后决定不起诉的，应当制作不起诉决定书，并在三日内送达公安机关、被害人或者其近亲属及其诉讼代理人、被不起诉的未成年犯罪嫌疑人及其法定代理人、辩护人。

送达时，应当告知被送达人，检察机关将对未成年犯罪嫌疑人涉嫌犯罪的

---

① 现为第一百七十七条。——编者注

不起诉记录予以封存，被送达人不得泄露未成年犯罪嫌疑人的隐私；告知未成年犯罪嫌疑人及其法定代理人，如有单位或者个人泄露已被封存的不起诉记录，可以向检察机关投诉；告知被害人及其诉讼代理人或者其近亲属，如果对不起诉决定不服，可以自收到不起诉决定书后七日以内向上一级人民检察院申诉。上述告知情况应当记录在案。

第二百零一条　对被不起诉人应当举行宣布教育仪式，具体依照本指引第一百七十九条规定办理。

第二百八十五条　【未成年刑事案件不公开审理原则】 审判的时候被告人不满十八周岁的案件，不公开审理。但是，经未成年被告人及其法定代理人同意，未成年被告人所在学校和未成年人保护组织可以派代表到场。

● 要点及关联法规

1. 刑事责任年龄的确定

★最高人民法院关于适用《中华人民共和国刑事诉讼法》的解释（2021年1月26日）（节录）

第一百四十六条　审查被告人实施被指控的犯罪时或者审判时是否达到相应法定责任年龄，应当根据户籍证明、出生证明文件、学籍卡、人口普查登记、无利害关系人的证言等证据综合判断。

证明被告人已满十二周岁、十四周岁、十六周岁、十八周岁或者不满七十五周岁的证据不足的，应当作出有利于被告人的认定。

2. 被告人不满18周岁的案件一律不公开审理

★最高人民法院关于适用《中华人民共和国刑事诉讼法》的解释（2021年1月26日）（节录）

第五百五十七条　开庭审理时被告人不满十八周岁的案件，一律不公开审理。经未成年被告人及其法定代理人同意，未成年被告人所在学校和未成年人保护组织可以派代表到场。到场代表的人数和范围，由法庭决定。经法庭同意，到场代表可以参与对未成年被告人的法庭教育工作。

对依法公开审理，但可能需要封存犯罪记录的案件，不得组织人员旁听；有旁听人员的，应当告知其不得传播案件信息。

> **第二百八十六条** 【未成年人犯罪记录封存制度】犯罪的时候不满十八周岁，被判处五年有期徒刑以下刑罚的，应当对相关犯罪记录予以封存。
>
> 犯罪记录被封存的，不得向任何单位和个人提供，但司法机关为办案需要或者有关单位根据国家规定进行查询的除外。依法进行查询的单位，应当对被封存的犯罪记录的情况予以保密。

● 要点及关联法规

1. 对未成年犯罪嫌疑人作出不起诉决定后应当对相关记录予以封存

★**人民检察院刑事诉讼规则**（2019年12月30日）（节录）

第四百八十二条 犯罪的时候不满十八周岁，被判处五年有期徒刑以下刑罚的，人民检察院应当在收到人民法院生效判决、裁定后，对犯罪记录予以封存。

生效判决、裁定由第二审人民法院作出的，同级人民检察院依照前款规定封存犯罪记录时，应当通知下级人民检察院对相关犯罪记录予以封存。

第四百八十三条 人民检察院应当将拟封存的未成年人犯罪记录、案卷等相关材料装订成册，加密保存，不予公开，并建立专门的未成年人犯罪档案库，执行严格的保管制度。

第四百八十四条 除司法机关为办案需要或者有关单位根据国家规定进行查询的以外，人民检察院不得向任何单位和个人提供封存的犯罪记录，并不得提供未成年人有犯罪记录的证明。

司法机关或者有关单位需要查询犯罪记录的，应当向封存犯罪记录的人民检察院提出书面申请。人民检察院应当在七日以内作出是否许可的决定。

第四百八十五条 未成年人犯罪记录封存后，没有法定事由、未经法定程序不得解封。

对被封存犯罪记录的未成年人，符合下列条件之一的，应当对其犯罪记录解除封存：

（一）实施新的犯罪，且新罪与封存记录之罪数罪并罚后被决定执行五年有

期徒刑以上刑罚的;

(二)发现漏罪,且漏罪与封存记录之罪数罪并罚后被决定执行五年有期徒刑以上刑罚的。

第四百八十六条 人民检察院对未成年犯罪嫌疑人作出不起诉决定后,应当对相关记录予以封存。除司法机关为办案需要进行查询外,不得向任何单位和个人提供。封存的具体程序参照本规则第四百八十三条至第四百八十五条的规定。

第四百八十七条 被封存犯罪记录的未成年人或者其法定代理人申请出具无犯罪记录证明的,人民检察院应当出具。需要协调公安机关、人民法院为其出具无犯罪记录证明的,人民检察院应当予以协助。

2. 未成年人犯罪记录封存的范围

★中央综治委预防青少年违法犯罪工作领导小组、最高人民法院、最高人民检察院、公安部、司法部、共青团中央关于进一步建立和完善办理未成年人刑事案件配套工作体系的若干意见(2010年8月28日)(节录)

三、进一步加强公安机关、人民检察院、人民法院、司法行政机关的协调与配合

(三)对未成年犯罪嫌疑人、被告人的教育、矫治

8. 对未成年犯的档案应严格保密,建立档案的有效管理制度;对违法和轻微犯罪的未成年人,有条件的地区可以试行行政处罚和轻罪记录消灭制度。非有法定事由,不得公开未成年人的行政处罚记录和被刑事立案、采取刑事强制措施、不起诉或因轻微犯罪被判处刑罚的记录。

★关于建立犯罪人员犯罪记录制度的意见(2012年5月10日)(节录)

二、犯罪人员犯罪记录制度的主要内容

(一)建立犯罪人员信息库

为加强对犯罪人员信息的有效管理,依托政法机关现有网络和资源,由公安机关、国家安全机关、人民检察院、司法行政机关分别建立有关记录信息库,并实现互联互通,待条件成熟后建立全国统一的犯罪信息库。

犯罪人员信息登记机关录入的信息应当包括以下内容:犯罪人员的基本情况、检察机关(自诉人)和审判机关的名称、判决书编号、判决确定日期、罪名、所判处刑罚以及刑罚执行情况等。

(二)建立犯罪人员信息通报机制

人民法院应当及时将生效的刑事裁判文书以及其他有关信息通报犯罪人员信息登记机关。

监狱、看守所应当及时将《刑满释放人员通知书》寄送被释放人员户籍所在地犯罪人员信息登记机关。

县级司法行政机关应当及时将《社区服刑人员矫正期满通知书》寄送被解除矫正人员户籍所在地犯罪人员信息登记机关。

国家机关基于办案需要，向犯罪人员信息登记机关查询有关犯罪信息，有关机关应当予以配合。

（三）规范犯罪人员信息查询机制

公安机关、国家安全机关、人民检察院和司法行政机关分别负责受理、审核和处理有关犯罪记录的查询申请。

上述机关在向社会提供犯罪信息查询服务时，应当严格依照法律法规关于升学、入伍、就业等资格、条件的规定进行。

辩护律师为依法履行辩护职责，要求查询本案犯罪嫌疑人、被告人的犯罪记录的，应当允许，涉及未成年人的犯罪记录被执法机关依法封存的除外。

（四）建立未成年人犯罪记录封存制度

为深入贯彻落实党和国家对违法犯罪未成年人的"教育、感化、挽救"方针和"教育为主、惩罚为辅"原则，切实帮助失足青少年回归社会，根据刑事诉讼法的有关规定，结合我国未成年人保护工作的实际，建立未成年人轻罪犯罪记录封存制度，对于犯罪时不满十八周岁，被判处五年有期徒刑以下刑罚的未成年人的犯罪记录，应当予以封存。犯罪记录被封存后，不得向任何单位和个人提供，但司法机关为办案需要或者有关单位根据国家规定进行查询的除外。依法进行查询的单位，应当对被封存的犯罪记录的情况予以保密。

执法机关对未成年人的犯罪记录可以作为工作记录予以保存。

（五）明确违反规定处理犯罪人员信息的责任

负责提供犯罪人员信息的部门及其工作人员应当及时、准确地向犯罪人员信息登记机关提供有关信息。不按规定提供信息，或者故意提供虚假、伪造信息，情节严重或者造成严重后果的，应当依法追究相关人员的责任。

负责登记和管理犯罪人员信息的部门及其工作人员应当认真登记、妥善管理犯罪人员信息。不按规定登记犯罪人员信息、提供查询服务，或者违反规定泄露犯罪人员信息，情节严重或者造成严重后果的，应当依法追究相关人员的责任。

使用犯罪人员信息的单位和个人应当按照查询目的使用有关信息并对犯罪人员信息予以保密。不按规定使用犯罪人员信息，情节严重或者造成严重后果的，应当依法追究相关人员的责任。

★**最高人民法院关于适用《中华人民共和国刑事诉讼法》的解释**（2021年1月26日）（节录）

第五百八十一条 犯罪时不满十八周岁，被判处五年有期徒刑以下刑罚以及免予刑事处罚的未成年人的犯罪记录，应当封存。

司法机关或者有关单位向人民法院申请查询封存的犯罪记录的，应当提供查询的理由和依据。对查询申请，人民法院应当及时作出是否同意的决定。

★**公安机关办理刑事案件程序规定**（2020年7月20日）（节录）

第三百三十一条第一款 未成年人犯罪的时候不满十八周岁，被判处五年有期徒刑以下刑罚的，公安机关应当依据人民法院已经生效的判决书，将该未成年人的犯罪记录予以封存。

第二款 犯罪记录被封存的，除司法机关为办案需要或者有关单位根据国家规定进行查询外，公安机关不得向其他任何单位和个人提供。

★**人民检察院办理未成年人刑事案件的规定**（2013年12月27日）（节录）

第六十二条 犯罪的时候不满十八周岁，被判处五年有期徒刑以下刑罚的，人民检察院应当在收到人民法院生效判决后，对犯罪记录予以封存。

对于二审案件，上级人民检察院封存犯罪记录时，应当通知下级人民检察院对相关犯罪记录予以封存。

第六十三条 人民检察院应当将拟封存的未成年人犯罪记录、卷宗等相关材料装订成册，加密保存，不予公开，并建立专门的未成年人犯罪档案库，执行严格的保管制度。

第六十四条 除司法机关为办案需要或者有关单位根据国家规定进行查询的以外，人民检察院不得向任何单位和个人提供封存的犯罪记录，并不得提供未成年人有犯罪记录的证明。

司法机关或者有关单位需要查询犯罪记录的，应当向封存犯罪记录的人民检察院提出书面申请，人民检察院应当在七日以内作出是否许可的决定。

3. 应当封存犯罪记录的案件宣判时不得组织人员旁听，旁听人员不得传播案件信息

★**最高人民法院关于适用《中华人民共和国刑事诉讼法》的解释**（2021年1月26日）（节录）

第五百五十七条第二款 对依法公开审理，但可能需要封存犯罪记录的案件，不得组织人员旁听；有旁听人员的，应当告知其不得传播案件信息。

4. 未成年人犯罪前科报告免除

★**中华人民共和国刑法**（2020年12月26日）（节录）

第一百条 依法受过刑事处罚的人，在入伍、就业的时候，应当如实向有关单位报告自己曾受过刑事处罚，不得隐瞒。

犯罪的时候不满十八周岁被判处五年有期徒刑以下刑罚的人，免除前款规定的报告义务。

5. 办理未成年人刑事案件过程中不得公开或传播未成年人的个人信息

★**关于审理未成年人刑事案件的若干规定**（2001年4月12日）（节录）

第十三条 未成年人刑事案件判决前，审判人员不得向外界披露该未成年人的姓名、住所、照片及可能推断出该未成年人的资料。

未成年人刑事案件的诉讼案卷材料，除依法查阅、摘抄、复制以外，未经本院院长批准，不得查询和摘录，并不得公开和传播。

★**最高人民检察院关于进一步加强未成年人刑事检察工作的决定**（2012年10月22日）（节录）

22. 建立健全未成年人犯罪记录封存制度。要依法监督和配合有关单位落实未成年人犯罪前科报告免除和犯罪记录封存制度，积极开展未成年人不起诉记录封存工作，完善相关工作程序。

★**中央综治委预防青少年违法犯罪工作领导小组、最高人民法院、最高人民检察院、公安部、司法部、共青团中央关于进一步建立和完善办理未成年人刑事案件配套工作体系的若干意见**（2010年8月28日）（节录）

二、进一步加强对涉案未成年人合法权益的保护

（一）对未成年犯罪嫌疑人、被告人、罪犯合法权益的保护

2. 办理未成年人刑事案件过程中，应当注意保护未成年人的名誉，尊重未成年人的人格尊严，新闻报道、影视节目、公开出版物、网络等不得公开或传播未成年人的姓名、住所、照片、图像以及可能推断出该未成年人的其他资料。

对违反此规定的单位，广播电视管理及新闻出版等部门应当提出处理意见，作出相应处理。

★**人民检察院刑事诉讼规则**（2019年12月30日）（节录）

第四百八十一条 人民检察院办理未成年人刑事案件过程中，应当对涉案未成年人的资料予以保密，不得公开或者传播涉案未成年人的姓名、住所、照片、图像及可能推断出该未成年人的其他资料。

6. 犯罪记录解除封存的情形

★人民检察院刑事诉讼规则（2019年12月30日）（节录）

第四百八十五条　未成年人犯罪记录封存后，没有法定事由、未经法定程序不得解封。

对被封存犯罪记录的未成年人，符合下列条件之一的，应当对其犯罪记录解除封存：

（一）实施新的犯罪，且新罪与封存记录之罪数罪并罚后被决定执行五年有期徒刑以上刑罚的；

（二）发现漏罪，且漏罪与封存记录之罪数罪并罚后被决定执行五年有期徒刑以上刑罚的。

第四百八十六条　人民检察院对未成年犯罪嫌疑人作出不起诉决定后，应当对相关记录予以封存。除司法机关为办案需要进行查询外，不得向任何单位和个人提供。封存的具体程序参照本规则第四百八十三条至第四百八十五条的规定。

第四百八十七条　被封存犯罪记录的未成年人或者其法定代理人申请出具无犯罪记录证明的，人民检察院应当出具。需要协调公安机关、人民法院为其出具无犯罪记录证明的，人民检察院应当予以协助。

★公安机关办理刑事案件程序规定（2020年7月20日）（节录）

第三百三十一条第三款　被封存犯罪记录的未成年人，如果发现漏罪，合并被判处五年有期徒刑以上刑罚的，应当对其犯罪记录解除封存。

★人民检察院办理未成年人刑事案件的规定（2013年12月27日）（节录）

第六十五条　对被封存犯罪记录的未成年人，符合下列条件之一的，应当对其犯罪记录解除封存：

（一）实施新的犯罪，且新罪与封存记录之罪数罪并罚后被决定执行五年有期徒刑以上刑罚的；

（二）发现漏罪，且漏罪与封存记录之罪数罪并罚后被决定执行五年有期徒刑以上刑罚的。

第二百八十七条　【适用其他法律的规定】办理未成年人刑事案件，除本章已有规定的以外，按照本法的其他规定进行。

● 要点及关联法规

1. 行为人在达到法定刑事责任年龄前后均实施了犯罪行为的处理

★最高人民法院关于审理未成年人刑事案件具体应用法律若干问题的解释（2006年1月23日）（节录）

第十二条第一款 行为人在达到法定刑事责任年龄前后均实施了犯罪行为，只能依法追究其达到法定刑事责任年龄后实施的犯罪行为的刑事责任。

2. 行为人在年满18周岁前后实施了不同种犯罪行为的处理

★最高人民法院关于审理未成年人刑事案件具体应用法律若干问题的解释（2006年1月23日）（节录）

第十二条第二款 行为人在年满十八周岁前后实施了不同种犯罪行为，对其年满十八周岁以前实施的犯罪应当依法从轻或者减轻处罚。行为人在年满十八周岁前后实施了同种犯罪行为，在量刑时应当考虑对年满十八周岁以前实施的犯罪，适当给予从轻或者减轻处罚。

3. 未成年人犯罪中无期徒刑的适用

★最高人民法院关于审理未成年人刑事案件具体应用法律若干问题的解释（2006年1月23日）（节录）

第十三条 未成年人犯罪只有罪行极其严重的，才可以适用无期徒刑。对已满十四周岁不满十六周岁的人犯罪一般不判处无期徒刑。

4. 未成年人犯罪中附加剥夺政治权利的适用

★最高人民法院关于审理未成年人刑事案件具体应用法律若干问题的解释（2006年1月23日）（节录）

第十四条 除刑法规定"应当"附加剥夺政治权利外，对未成年罪犯一般不判处附加剥夺政治权利。

如果对未成年罪犯判处附加剥夺政治权利的，应当依法从轻判处。

对实施被指控犯罪时未成年、审判时已成年的罪犯判处附加剥夺政治权利，适用前款的规定。

5. 未成年人犯罪中财产刑的适用

★**最高人民法院关于审理未成年人刑事案件具体应用法律若干问题的解释**（2006年1月23日）（节录）

第十五条　对未成年罪犯实施刑法规定的"并处"没收财产或者罚金的犯罪，应当依法判处相应的财产刑；对未成年罪犯实施刑法规定的"可以并处"没收财产或者罚金的犯罪，一般不判处财产刑。

对未成年罪犯判处罚金刑时，应当依法从轻或者减轻判处，并根据犯罪情节，综合考虑其缴纳罚金的能力，确定罚金数额。但罚金的最低数额不得少于五百元人民币。

对被判处罚金刑的未成年罪犯，其监护人或者其他人自愿代为垫付罚金的，人民法院应当允许。

6. 未成年罪犯应当宣告缓刑的情形

★**最高人民法院关于审理未成年人刑事案件具体应用法律若干问题的解释**（2006年1月23日）（节录）

第十六条　对未成年罪犯符合刑法第七十二条第一款规定的，可以宣告缓刑。如果同时具有下列情形之一，对其适用缓刑确实不致再危害社会的，应当宣告缓刑：

（一）初次犯罪；

（二）积极退赃或赔偿被害人经济损失；

（三）具备监护、帮教条件。

★**人民检察院办理未成年人刑事案件的规定**（2013年12月27日）（节录）

第五十九条　对于具有下列情形之一，依法可能判处拘役、三年以下有期徒刑，有悔罪表现，宣告缓刑对所居住社区没有重大不良影响，具备有效监护条件或者社会帮教措施、适用缓刑确实不致再危害社会的未成年被告人，人民检察院应当建议人民法院适用缓刑：

（一）犯罪情节较轻，未造成严重后果的；

（二）主观恶性不大的初犯或者胁从犯、从犯；

（三）被害人同意和解或者被害人有明显过错的；

（四）其他可以适用缓刑的情节。

建议宣告缓刑，可以根据犯罪情况，同时建议禁止未成年被告人在缓刑考验期限内从事特定活动，进入特定区域、场所，接触特定的人。

人民检察院提出对未成年被告人适用缓刑建议的，应当将未成年被告人能够获得有效监护、帮教的书面材料于判决前移送人民法院。

★未成年人刑事检察工作指引（试行）（2017年3月2日）（节录）

第二百一十四条　对于具有下列情形之一，依法可能判处拘役、三年以下有期徒刑，有悔罪表现，宣告缓刑对所居住社区没有重大不良影响，具备有效监护条件或者社会帮教措施，适用缓刑确实不致再危害社会的未成年被告人，人民检察院应当建议人民法院适用缓刑：

（一）犯罪情节较轻，未造成严重后果的；

（二）主观恶性不大的初犯或者胁从犯、从犯；

（三）被害人同意和解或者被害人有明显过错；

（四）其他可以适用缓刑的情形。

人民检察院提出对未成年被告人适用缓刑建议的，应当将未成年被告人能够获得有效监护、帮教的书面材料于判决前移送人民法院。

第二百一十五条　人民检察院根据未成年被告人的犯罪原因、犯罪性质、犯罪手段、犯罪后的认罪悔罪表现、个人一贯表现等情况，充分考虑与未成年被告人所犯罪行的关联程度，可以有针对性地建议人民法院判处未成年被告人在管制执行期间、缓刑考验期限内适用禁止令：

（一）禁止从事以下一项或者几项活动：

1. 因无监护人监管或监护人监管不力，经常夜不归宿的，禁止在未经社区矫正机构批准的情况下在外留宿过夜；

2. 因沉迷暴力、色情等网络游戏诱发犯罪的，禁止接触网络游戏；

3. 附带民事赔偿义务未履行完毕，违法所得未追缴、退赔到位，或者罚金尚未足额缴纳的，禁止进行高消费活动。高消费的标准可根据当地居民人均收入和支出水平确定；

4. 其他确有必要禁止从事的活动。

（二）禁止进入以下一类或者几类区域、场所：

1. 因出入未成年人不宜进入的场所导致犯罪的，禁止进入夜总会、歌舞厅、酒吧、迪厅、营业性网吧、游戏机房、溜冰场等场所；

2. 经常以大欺小、以强凌弱进行寻衅滋事，在学校周边实施违法犯罪行为的，禁止进入中小学校区、幼儿园园区及周边地区。确因本人就学、居住等原因的除外；

3. 其他确有必要禁止进入的区域、场所。

（三）禁止接触以下一类或者几类人员：

1. 因受同案犯不良影响导致犯罪的，禁止除正常工作、学习外接触同案犯；

2. 为保护特定人员，禁止在未经对方同意的情况下接触被害人、证人、控告人、举报人及其近亲属；

3. 禁止接触其他可能遭受其侵害、滋扰的人或者可能诱发其再次危害社会的人。

建议适用禁止令，应当把握好禁止令的针对性、可行性和预防性，并向未成年被告人及其法定代理人阐明适用禁止令的理由，督促法定代理人协助司法机关加强监管，促进未成年被告人接受矫治和回归社会。

7. 未成年罪犯应当免予刑事处罚的情形

★最高人民法院关于审理未成年人刑事案件具体应用法律若干问题的解释（2006年1月23日）（节录）

第十七条　未成年罪犯根据其所犯罪行，可能被判处拘役、三年以下有期徒刑，如果悔罪表现好，并具有下列情形之一的，应当依照刑法第三十七条的规定免予刑事处罚：

（一）系又聋又哑的人或者盲人；

（二）防卫过当或者避险过当；

（三）犯罪预备、中止或者未遂；

（四）共同犯罪中从犯、胁从犯；

（五）犯罪后自首或者有立功表现；

（六）其他犯罪情节轻微不需要判处刑罚的。

8. 未成年罪犯减刑、假释的适用

★最高人民法院关于审理未成年人刑事案件具体应用法律若干问题的解释（2006年1月23日）（节录）

第十八条　对未成年罪犯的减刑、假释，在掌握标准上可以比照成年罪犯依法适度放宽。

未成年罪犯能认罪服法，遵守监规，积极参加学习、劳动的，即可视为"确有悔改表现"予以减刑，其减刑的幅度可以适当放宽，间隔的时间可以相应缩短。符合刑法第八十一条第一款规定的，可以假释。

未成年罪犯在服刑期间已经成年的，对其减刑、假释可以适用上述规定。

9. 未成年人刑事附带民事案件中民事赔偿责任的承担

★最高人民法院关于审理未成年人刑事案件具体应用法律若干问题的解释（2006年1月23日）（节录）

第十九条 刑事附带民事案件的未成年被告人有个人财产的，应当由本人承担民事赔偿责任，不足部分由监护人予以赔偿，但单位担任监护人的除外。

被告人对被害人物质损失的赔偿情况，可以作为量刑情节予以考虑。

10. 未成年被告人的法定代理人在诉讼中享有的权利

★关于审理未成年人刑事案件的若干规定（2001年4月12日）（节录）

第十四条 未成年被告人的法定代理人在诉讼中享有申请回避、辩护、发问、提出新的证据、要求重新鉴定或者勘验、提出上诉等诉讼权利。在未成年被告人最后陈述后，经审判长许可，法定代理人可以发表意见。

11. 对未成年犯罪嫌疑人不予起诉的情形

★人民检察院办理未成年人刑事案件的规定（2013年12月27日）（节录）

第二十六条 对于犯罪情节轻微，具有下列情形之一，依照刑法规定不需要判处刑罚或者免除刑罚的未成年犯罪嫌疑人，一般应当依法作出不起诉决定：

（一）被胁迫参与犯罪的；

（二）犯罪预备、中止、未遂的；

（三）在共同犯罪中起次要或者辅助作用的；

（四）系又聋又哑的人或者盲人的；

（五）因防卫过当或者紧急避险过当构成犯罪的；

（六）有自首或者立功表现的；

（七）其他依照刑法规定不需要判处刑罚或者免除刑罚的情形。

第二十七条 对于未成年人实施的轻伤害案件、初次犯罪、过失犯罪、犯罪未遂的案件以及被诱骗或者被教唆实施的犯罪案件等，情节轻微，犯罪嫌疑人确有悔罪表现，当事人双方自愿就民事赔偿达成协议并切实履行或者经被害人同意并提供有效担保，符合刑法第三十七条规定的，人民检察院可以依照刑事诉讼法第一百七十三条①第二款的规定作出不起诉决定，并可以根据案件的不同情况，予以训诫或者责令具结悔过、赔礼道歉、赔偿损失，或者由主管部门予以行政处罚。

---

① 现为第一百七十七条。——编者注

12. 办理未成年人刑事案件的出席法庭的准备工作

★人民检察院办理未成年人刑事案件的规定（2013年12月27日）（节录）

第五十六条 对提起公诉的未成年人刑事案件，应当认真做好下列出席法庭的准备工作：

（一）掌握未成年被告人的心理状态，并对其进行接受审判的教育，必要时，可以再次讯问被告人；

（二）与未成年被告人的法定代理人、合适成年人、辩护人交换意见，共同做好教育、感化工作；

（三）进一步熟悉案情，深入研究本案的有关法律政策问题，根据案件性质，结合社会调查情况，拟定讯问提纲、询问被害人、证人、鉴定人提纲、举证提纲、答辩提纲、公诉意见书和针对未成年被告人进行法制教育的书面材料。

★未成年人刑事检察工作指引（试行）（2017年3月2日）（节录）

第二百一十八条 提起公诉的未成年人刑事案件，可以在开庭前与未成年被告人的法定代理人、合适成年人、辩护人等交换意见，共同做好教育、感化工作。

充分听取未成年被告人及其法定代理人意见后，可以与审判人员沟通是否有选择地通知未成年被告人所在学校、单位、居住地基层组织或者未成年人保护组织代表、社区矫正部门人员等到场。

第二百一十九条 人民法院通知人民检察院派员参加庭前会议的，由出席法庭的检察人员参加，必要时可以配备书记员担任记录。

人民检察院可以根据案件具体情况，建议人民法院通知未成年被告人及其法定代理人参加庭前会议。

第二百二十条 出席未成年人刑事案件法庭，出庭检察人员应当根据未成年被告人的智力发育程度和心理状态，使用适合未成年人的语言表达方式。发言时应当语调平和，所提问题简要、明确，并注意用语文明、准确，通俗易懂。

出庭检察人员在庭审活动中，既要严格执行庭审程序，树立法律权威，体现法律的严肃性；又要结合未成年人的身心特点，避免给未成年被告人造成不良影响。遇到未成年被告人及其法定代理人、辩护人等辩护意见不正确时，以正面说理为主，做到有理、有节。必要时，可以建议审判长休庭，针对法定代理人、辩护人的错误行为，在庭下予以纠正，并引导他们从未成年人长远利益的角度考虑问题，帮助未成年被告人树立法治观念和正确价值观。

对于与被害人、诉讼代理人意见不一致的，应当认真听取被害人、诉讼代理人的意见,并阐明检察机关的意见和理由。说理时要温和、理性,避免造成二次伤害。

对于未成年被告人情绪严重不稳定,不宜继续接受审判的,出庭检察人员应当建议休庭。休庭后及时安抚未成年被告人的情绪,在法定代理人或者合适成年人、辩护人的协助下消除上述情形后继续开庭审理。必要时,由具有心理咨询师资质的检察人员或委托专门的心理咨询师进行心理干预和疏导。

13. 未成年人刑事案件的法律监督

★**人民检察院办理未成年人刑事案件的规定**(2013年12月27日)(节录)

第六十七条 人民检察院审查批准逮捕、审查起诉未成年犯罪嫌疑人,应当同时依法监督侦查活动是否合法,发现有下列违法行为的,应当提出纠正意见;构成犯罪的,依法追究刑事责任:

(一)违法对未成年犯罪嫌疑人采取强制措施或者采取强制措施不当的;

(二)未依法实行对未成年犯罪嫌疑人与成年犯罪嫌疑人分别关押、管理的;

(三)对未成年犯罪嫌疑人采取刑事拘留、逮捕措施后,在法定时限内未进行讯问,或者未通知其家属的;

(四)讯问未成年犯罪嫌疑人或者询问未成年被害人、证人时,未依法通知其法定代理人或者合适成年人到场的;

(五)讯问或者询问女性未成年人时,没有女性检察人员参加的;

(六)未依法告知未成年犯罪嫌疑人有权委托辩护人的;

(七)未依法通知法律援助机构指派律师为未成年犯罪嫌疑人提供辩护的;

(八)对未成年犯罪嫌疑人威胁、体罚、侮辱人格、游行示众,或者刑讯逼供、指供、诱供的;

(九)利用未成年人认知能力低而故意制造冤、假、错案的;

(十)对未成年被害人、证人以暴力、威胁、诱骗等非法手段收集证据或者侵害未成年被害人、证人的人格尊严及隐私权等合法权益的;

(十一)违反羁押和办案期限规定的;

(十二)已作出不批准逮捕、不起诉决定,公安机关不立即释放犯罪嫌疑人的;

(十三)在侦查中有其他侵害未成年人合法权益行为的。

第六十八条 对依法不应当公开审理的未成年人刑事案件公开审理的,人民检察院应当在开庭前提出纠正意见。

公诉人出庭支持公诉时，发现法庭审判有下列违反法律规定的诉讼程序的情形之一的，应当在休庭后及时向本院检察长报告，由人民检察院向人民法院提出纠正意见：

（一）开庭或者宣告判决时未通知未成年被告人的法定代理人到庭的；

（二）人民法院没有给聋、哑或者不通晓当地通用的语言文字的未成年被告人聘请或者指定翻译人员的；

（三）未成年被告人在审判时没有辩护人的；对未成年被告人及其法定代理人依照法律和有关规定拒绝辩护人为其辩护，合议庭未另行通知法律援助机构指派律师的；

（四）法庭未告知未成年被告人及其法定代理人依法享有的申请回避、辩护、提出新的证据、申请重新鉴定或者勘验、最后陈述、提出上诉等诉讼权利的；

（五）其他违反法律规定的诉讼程序的情形。

第六十九条　人民检察院发现有关机关对未成年人犯罪记录应当封存而未封存的，不应当允许查询而允许查询的或者不应当提供犯罪记录而提供的，应当依法提出纠正意见。

第七十条　人民检察院依法对未成年犯管教所实行驻所检察。在刑罚执行监督中，发现关押成年罪犯的监狱收押未成年罪犯的，未成年犯管教所违法收押成年罪犯的，或者对年满十八周岁时余刑在二年以上的罪犯留在未成年犯管教所执行剩余刑期的，应当依法提出纠正意见。

第七十一条　人民检察院在看守所检察中，发现没有对未成年犯罪嫌疑人、被告人与成年犯罪嫌疑人、被告人分别关押、管理或者对未成年犯留所执行刑罚的，应当依法提出纠正意见。

第七十二条　人民检察院应当加强对未成年犯管教所、看守所监管未成年罪犯活动的监督，依法保障未成年罪犯的合法权益，维护监管改造秩序和教学、劳动、生活秩序。

人民检察院配合未成年犯管教所、看守所加强对未成年罪犯的政治、法律、文化教育，促进依法、科学、文明监管。

第七十三条　人民检察院依法对未成年人的社区矫正进行监督，发现有下列情形之一的，应当依法向公安机关、人民法院、监狱、社区矫正机构等有关部门提出纠正意见：

（一）没有将未成年人的社区矫正与成年人分开进行的；

（二）对实行社区矫止的未成年人脱管、漏管或者没有落实帮教措施的；

（三）没有对未成年社区矫正人员给予身份保护，其矫正宣告公开进行，矫正档案未进行保密，公开或者传播其姓名、住所、照片等可能推断出该未成年人的其他资料以及矫正资料等情形的；

（四）未成年社区矫正人员的矫正小组没有熟悉青少年成长特点的人员参加的；

（五）没有针对未成年人的年龄、心理特点和身心发育需要等特殊情况采取相应的监督管理和教育矫正措施的；

（六）其他违法情形。

第七十四条 人民检察院依法对未成年犯的减刑、假释、暂予监外执行等活动实行监督。对符合减刑、假释、暂予监外执行法定条件的，应当建议执行机关向人民法院、监狱管理机关或者公安机关提请；发现提请或者裁定、决定不当的，应当依法提出纠正意见；对徇私舞弊减刑、假释、暂予监外执行等构成犯罪的，依法追究刑事责任。

14. 未成年人案件的刑事申诉办理

★**人民检察院办理未成年人刑事案件的规定**（2013年12月27日）（节录）

第七十五条 人民检察院依法受理未成年人及其法定代理人提出的刑事申诉案件和国家赔偿案件。

人民检察院对未成年人刑事申诉案件和国家赔偿案件，应当指定专人及时办理。

第七十六条 人民检察院复查未成年人刑事申诉案件，应当直接听取未成年人及其法定代理人的陈述或者辩解，认真审核、查证与案件有关的证据和线索，查清案件事实，依法作出处理。

案件复查终结作出处理决定后，应当向未成年人及其法定代理人当面送达法律文书，做好释法说理和教育工作。

第七十七条 对已复查纠正的未成年人刑事申诉案件，应当配合有关部门做好善后工作。

第七十八条 人民检察院办理未成年人国家赔偿案件，应当充分听取未成年人及其法定代理人的意见，对于依法应当赔偿的案件，应当及时作出和执行赔偿决定。

15. 未成年人刑事案件的法律文书和工作文书内容要求

★**人民检察院办理未成年人刑事案件的规定**（2013年12月27日）（节录）

第八十一条 未成年人刑事案件的法律文书和工作文书，应当注明未成年人的出生年月日、法定代理人或者到场的合适成年人、辩护人基本情况。

对未成年犯罪嫌疑人、被告人、未成年罪犯的有关情况和办案人员开展教育感化工作的情况，应当记录在卷，随案移送。

16. 办理性侵害未成年人犯罪的规定

★最高人民法院、最高人民检察院、公安部、司法部关于依法惩治性侵害未成年人犯罪的意见（2013年10月23日）（节录）

一、基本要求

1. 本意见所称性侵害未成年人犯罪，包括刑法第二百三十六条、第二百三十七条、第三百五十八条、第三百五十九条、第三百六十条第二款规定的针对未成年人实施的强奸罪，强制猥亵、侮辱妇女罪，猥亵儿童罪，组织卖淫罪，强迫卖淫罪，引诱、容留、介绍卖淫罪，引诱幼女卖淫罪，嫖宿幼女罪等。

2. 对于性侵害未成年人犯罪，应当依法从严惩治。

3. 办理性侵害未成年人犯罪案件，应当充分考虑未成年被害人身心发育尚未成熟、易受伤害等特点，贯彻特殊、优先保护原则，切实保障未成年人的合法权益。

4. 对于未成年人实施性侵害未成年人犯罪的，应当坚持双向保护原则，在依法保护未成年被害人的合法权益时，也要依法保护未成年犯罪嫌疑人、未成年被告人的合法权益。

5. 办理性侵害未成年人犯罪案件，对于涉及未成年被害人、未成年犯罪嫌疑人和未成年被告人的身份信息及可能推断出其身份信息的资料和涉及性侵害的细节等内容，审判人员、检察人员、侦查人员、律师及其他诉讼参与人应当予以保密。

对外公开的诉讼文书，不得披露未成年被害人的身份信息及可能推断出其身份信息的其他资料，对性侵害的事实注意以适当的方式叙述。

6. 性侵害未成年人犯罪案件，应当由熟悉未成年人身心特点的审判人员、检察人员、侦查人员办理，未成年被害人系女性的，应当有女性工作人员参与。

人民法院、人民检察院、公安机关设有办理未成年人刑事案件专门工作机构或者专门工作小组的，可以优先由专门工作机构或者专门工作小组办理性侵害未成年人犯罪案件。

7. 各级人民法院、人民检察院、公安机关和司法行政机关应当加强与民政、教育、妇联、共青团等部门及未成年人保护组织的联系和协作，共同做好性侵害未成年人犯罪预防和未成年被害人的心理安抚、疏导工作，从有利于未成年人身心健康的角度，对其给予必要的帮助。

8. 上级人民法院、人民检察院、公安机关和司法行政机关应当加强对下指导和业务培训。各级人民法院、人民检察院、公安机关和司法行政机关要增强对未成年人予以特殊、优先保护的司法理念，完善工作机制，提高办案能力和水平。

二、办案程序要求

9. 对未成年人负有监护、教育、训练、救助、看护、医疗等特殊职责的人员（以下简称负有特殊职责的人员）以及其他公民和单位，发现未成年人受到性侵害的，有权利也有义务向公安机关、人民检察院、人民法院报案或者举报。

10. 公安机关接到未成年人被性侵害的报案、控告、举报，应当及时受理，迅速进行审查。经审查，符合立案条件的，应当立即立案侦查。

公安机关发现可能有未成年人被性侵害或者接报相关线索的，无论案件是否属于本单位管辖，都应当及时采取制止违法犯罪行为、保护被害人、保护现场等紧急措施，必要时，应当通报有关部门对被害人予以临时安置、救助。

11. 人民检察院认为公安机关应当立案侦查而不立案侦查的，或者被害人及其法定代理人、对未成年人负有特殊职责的人员据此向人民检察院提出异议的，人民检察院应当要求公安机关说明不立案的理由。人民检察院认为不立案理由不成立的，应当通知公安机关立案，公安机关接到通知后应当立案。

12. 公安机关侦查未成年人被性侵害案件，应当依照法定程序，及时、全面收集固定证据。及时对性侵害犯罪现场进行勘查，对未成年被害人、犯罪嫌疑人进行人身检查，提取体液、毛发、被害人和犯罪嫌疑人指甲内的残留物等生物样本，指纹、足迹、鞋印等痕迹、衣物、纽扣等物品；及时提取住宿登记表等书证，现场监控录像等视听资料；及时收集被害人陈述、证人证言和犯罪嫌疑人供述等证据。

13. 办案人员到未成年被害人及其亲属、未成年证人所在学校、单位、居住地调查取证的，应当避免驾驶警车、穿着制服或者采取其他可能暴露被害人身份、影响被害人名誉、隐私的方式。

14. 询问未成年被害人，审判人员、检察人员、侦查人员和律师应当坚持不伤害原则，选择未成年人住所或者其他让未成年人心理上感到安全的场所进行，并通知其法定代理人到场。无法通知、法定代理人不能到场或者法定代理人是性侵害犯罪嫌疑人、被告人的，也可以通知未成年被害人的其他成年亲属或者所在学校、居住地基层组织、未成年人保护组织的代表等有关人员到场，并将相关情况记录在案。

询问未成年被害人，应当考虑其身心特点，采取和缓的方式进行。对与性侵害犯罪有关的事实应当进行全面询问，以一次询问为原则，尽可能避免反复询问。

15. 人民法院、人民检察院办理性侵害未成年人案件，应当及时告知未成年被害人及其法定代理人或者近亲属有权委托诉讼代理人，并告知其如果经济困难，可以向法律援助机构申请法律援助。对需要申请法律援助的，应当帮助其申请法律援助。法律援助机构应当及时指派熟悉未成年人身心特点的律师为其提供法律帮助。

16. 人民法院、人民检察院、公安机关安机关办理性侵害未成年人犯罪案件，除有碍案件办理的情形外，应当将案件进展情况、案件处理结果及时告知被害人及其法定代理人，并对有关情况予以说明。

17. 人民法院确定性侵害未成年人犯罪案件开庭日期后，应当将开庭的时间、地点通知未成年被害人及其法定代理人。未成年被害人的法定代理人可以陪同或者代表未成年被害人参加法庭审理，陈述意见，法定代理人是性侵害犯罪被告人的除外。

18. 人民法院开庭审理性侵害未成年人犯罪案件，未成年被害人、证人确有必要出庭的，应当根据案件情况采取不暴露外貌、真实声音等保护措施。有条件的，可以采取视频等方式播放未成年人的陈述、证言，播放视频亦应采取保护措施。

四、其他事项

28. 对于强奸未成年人的成年犯罪分子判处刑罚时，一般不适用缓刑。

对于性侵害未成年人的犯罪分子确定是否适用缓刑，人民法院、人民检察院可以委托犯罪分子居住地的社区矫正机构，就对其宣告缓刑对所居住社区是否有重大不良影响进行调查。受委托的社区矫正机构应当及时组织调查，在规定的期限内将调查评估意见提交委托机关。

对于判处刑罚同时宣告缓刑的，可以根据犯罪情况，同时宣告禁止令，禁止犯罪分子在缓刑考验期内从事与未成年人有关的工作、活动，禁止其进入中小学校区、幼儿园园区及其他未成年人集中的场所，确因本人就学、居住等原因，经执行机关批准的除外。

29. 外国人在我国领域内实施强奸、猥亵未成年人等犯罪的，应当依法判处，在判处刑罚时，可以独立适用或者附加适用驱逐出境。对于尚不构成犯罪但构成违反治安管理行为的，或者因实施性侵害未成年人犯罪不适宜在中国境内继续停留居留的，公安机关可以依法适用限期出境或者驱逐出境。

30. 对于判决已生效的强奸、猥亵未成年人犯罪案件,人民法院在依法保护被害人隐私的前提下,可以在互联网公布相关裁判文书,未成年人犯罪的除外。

31. 对于未成年人因被性侵害而造成的人身损害,为进行康复治疗所支付的医疗费、护理费、交通费、误工费等合理费用,未成年被害人及其法定代理人、近亲属提出赔偿请求的,人民法院依法予以支持。

32. 未成年人在幼儿园、学校或者其他教育机构学习、生活期间被性侵害而造成人身损害,被害人及其法定代理人、近亲属据此向人民法院起诉要求上述单位承担赔偿责任的,人民法院依法予以支持。

33. 未成年人受到监护人性侵害,其他具有监护资格的人员、民政部门等有关单位和组织向人民法院提出申请,要求撤销监护人资格,另行指定监护人的,人民法院依法予以支持。

34. 对未成年被害人因性侵害犯罪而造成人身损害,不能及时获得有效赔偿,生活困难的,各级人民法院、人民检察院、公安机关可会同有关部门,优先考虑予以司法救助。

第二章 当事人和解的公诉案件诉讼程序

第二百八十八条 【当事人和解的公诉案件诉讼程序的适用条件、案件范围】下列公诉案件,犯罪嫌疑人、被告人真诚悔罪,通过向被害人赔偿损失、赔礼道歉等方式获得被害人谅解,被害人自愿和解的,双方当事人可以和解:

(一)因民间纠纷引起,涉嫌刑法分则第四章、第五章规定的犯罪案件,可能判处三年有期徒刑以下刑罚的;

(二)除渎职犯罪以外的可能判处七年有期徒刑以下刑罚的过失犯罪案件。

犯罪嫌疑人、被告人在五年以内曾经故意犯罪的,不适用本章规定的程序。

● 要点及关联法规

1. 当事人和解的途径

★人民检察院刑事诉讼规则（2019年12月30日）（节录）

第四百九十六条 双方当事人可以自行达成和解，也可以经人民调解委员会、村民委员会、居民委员会、当事人所在单位或者同事、亲友等组织或者个人调解后达成和解。

人民检察院对于本规则第四百九十二条规定的公诉案件，可以建议当事人进行和解，并告知相应的权利义务，必要时可以提供法律咨询。

★最高人民检察院关于办理当事人达成和解的轻微刑事案件的若干意见（2011年1月29日）（节录）

四、关于当事人达成和解的途径与检调对接

当事人双方的和解，包括当事人双方自行达成和解，也包括经人民调解委员会、基层自治组织、当事人所在单位或者同事、亲友等组织或者个人调解后达成和解。

人民检察院应当与人民调解组织积极沟通、密切配合，建立工作衔接机制，及时告知双方当事人申请委托人民调解的权利、申请方法和操作程序以及达成调解协议后的案件处理方式，支持配合人民调解组织的工作。……

★最高人民法院关于适用《中华人民共和国刑事诉讼法》的解释（2021年1月26日）（节录）

第五百八十七条 对符合刑事诉讼法第二百八十八条规定的公诉案件，事实清楚、证据充分的，人民法院应当告知当事人可以自行和解；当事人提出申请的，人民法院可以主持双方当事人协商以达成和解。

根据案件情况，人民法院可以邀请人民调解员、辩护人、诉讼代理人、当事人亲友等参与促成双方当事人和解。

2. 参与和解的被害人方的确定

★最高人民法院关于适用《中华人民共和国刑事诉讼法》的解释（2021年1月26日）（节录）

第五百八十八条 符合刑事诉讼法第二百八十八条规定的公诉案件，被害人死亡的，其近亲属可以与被告人和解。近亲属有多人的，达成和解协议，应当经处于最先继承顺序的所有近亲属同意。

被害人系无行为能力或者限制行为能力人的,其法定代理人、近亲属可以代为和解。

第五百八十九条　被告人的近亲属经被告人同意,可以代为和解。

被告人系限制行为能力人的,其法定代理人可以代为和解。

被告人的法定代理人、近亲属依照前两款规定代为和解的,和解协议约定的赔礼道歉等事项,应当由被告人本人履行。

★**人民检察院刑事诉讼规则**（2019年12月30日）（节录）

第四百九十三条　被害人死亡的,其法定代理人、近亲属可以与犯罪嫌疑人和解。

被害人系无行为能力或者限制行为能力人的,其法定代理人可以代为和解。

第四百九十四条　犯罪嫌疑人系限制行为能力人的,其法定代理人可以代为和解。

犯罪嫌疑人在押的,经犯罪嫌疑人同意,其法定代理人、近亲属可以代为和解。

3. 当事人和解的案件范围和条件

★**最高人民检察院关于办理当事人达成和解的轻微刑事案件的若干意见**（2011年1月29日）（节录）

二、关于适用范围和条件

对于依法可能判处三年以下有期徒刑、拘役、管制或者单处罚金的刑事公诉案件,可以适用本意见。

上述范围内的刑事案件必须同时符合下列条件:

1. 属于侵害特定被害人的故意犯罪或者有直接被害人的过失犯罪;

2. 案件事实清楚,证据确实、充分;

3. 犯罪嫌疑人、被告人真诚认罪,并且已经切实履行和解协议。对于和解协议不能即时履行的,已经提供有效担保或者调解协议经人民法院确认;

4. 当事人双方就赔偿损失、恢复原状、赔礼道歉、精神抚慰等事项达成和解;

5. 被害人及其法定代理人或者近亲属明确表示对犯罪嫌疑人、被告人予以谅解,要求或者同意对犯罪嫌疑人、被告人依法从宽处理。

以下案件不适用本意见:

1. 严重侵害国家、社会公共利益,严重危害公共安全或者危害社会公共秩序的犯罪案件；

2. 国家工作人员职务犯罪案件；

3. 侵害不特定多数人合法权益的犯罪案件。

四、关于当事人达成和解的途径与检调对接

……人民检察院对于符合本意见适用范围和条件的下列案件，可以建议当事人进行和解，并告知相应的权利义务，必要时可以提供法律咨询：

1. 由公安机关立案侦查的刑事诉讼法第一百七十条[①]第二项规定的案件；

2. 未成年人、在校学生犯罪的轻微刑事案件；

3. 七十周岁以上老年人犯罪的轻微刑事案件。

……

★人民检察院刑事诉讼规则（2019年12月30日）（节录）

第四百九十二条　下列公诉案件，双方当事人可以和解：

（一）因民间纠纷引起，涉嫌刑法分则第四章、第五章规定的犯罪案件，可能判处三年有期徒刑以下刑罚的；

（二）除渎职犯罪以外的可能判处七年有期徒刑以下刑罚的过失犯罪案件。

当事人和解的公诉案件应当同时符合下列条件：

（一）犯罪嫌疑人真诚悔罪，向被害人赔偿损失、赔礼道歉等；

（二）被害人明确表示对犯罪嫌疑人予以谅解；

（三）双方当事人自愿和解，符合有关法律规定；

（四）属于侵害特定被害人的故意犯罪或者有直接被害人的过失犯罪；

（五）案件事实清楚，证据确实、充分。

犯罪嫌疑人在五年以内曾经故意犯罪的，不适用本节规定的程序。

犯罪嫌疑人在犯刑事诉讼法第二百八十八条第一款规定的犯罪前五年内曾经故意犯罪，无论该故意犯罪是否已经追究，均应当认定为前款规定的五年以内曾经故意犯罪。

★公安机关办理刑事案件程序规定（2020年7月20日）（节录）

第三百三十三条　下列公诉案件，犯罪嫌疑人真诚悔罪，通过向被害人赔偿损失、赔礼道歉等方式获得被害人谅解，被害人自愿和解的，经县级以上公安机关负责人批准，可以依法作为当事人和解的公诉案件办理：

（一）因民间纠纷引起，涉嫌刑法分则第四章、第五章规定的犯罪案件，可

---

① 现为第二百一十条。——编者注

能判处三年有期徒刑以下刑罚的；

（二）除渎职犯罪以外的可能判处七年有期徒刑以下刑罚的过失犯罪案件。

犯罪嫌疑人在五年以内曾经故意犯罪的，不得作为当事人和解的公诉案件办理。

第三百三十四条　有下列情形之一的，不属于因民间纠纷引起的犯罪案件：

（一）雇凶伤害他人的；

（二）涉及黑社会性质组织犯罪的；

（三）涉及寻衅滋事的；

（四）涉及聚众斗殴的；

（五）多次故意伤害他人身体的；

（六）其他不宜和解的。

4. 当事人和解的内容

★**最高人民检察院关于办理当事人达成和解的轻微刑事案件的若干意见**（2011年1月29日）（节录）

三、关于当事人和解的内容

当事人双方可以就赔偿损失、恢复原状、赔礼道歉、精神抚慰等民事责任事项进行和解，并且可以就被害人及其法定代理人或者近亲属是否要求或者同意公安、司法机关对犯罪嫌疑人、被告人依法从宽处理达成一致，但不得对案件的事实认定、证据和法律适用、定罪量刑等依法属于公安、司法机关职权范围的事宜进行协商。

双方当事人或者其法定代理人有权达成和解，当事人的近亲属、聘请的律师以及其他受委托的人，可以代为进行协商和解等事宜。双方达成和解的，应当签订书面协议，并且必须得到当事人或者其法定代理人的确认。犯罪嫌疑人、被告人必须当面或者书面向被害人一方赔礼道歉、真诚悔罪。

和解协议中的损害赔偿一般应当与其承担的法律责任和对被害人造成的损害相适应，并且可以酌情考虑犯罪嫌疑人、被告人及其法定代理人的赔偿、补救能力。

★**人民检察院刑事诉讼规则**（2019年12月30日）（节录）

第四百九十五条　双方当事人可以就赔偿损失、赔礼道歉等民事责任事项进行和解，并且可以就被害人及其法定代理人或者近亲属是否要求或者同意公安机关、人民检察院、人民法院对犯罪嫌疑人依法从宽处理进行协商，但不得对案件的事实认定、证据采信、法律适用和定罪量刑等依法属于公安机关、人民检察院、人民法院职权范围的事宜进行协商。

★公安机关办理刑事案件程序规定（2020年7月20日）（节录）

第三百三十七条　和解协议书应当包括以下内容：

（一）案件的基本事实和主要证据；

（二）犯罪嫌疑人承认自己所犯罪行，对指控的犯罪事实没有异议，真诚悔罪；

（三）犯罪嫌疑人通过向被害人赔礼道歉、赔偿损失等方式获得被害人谅解；涉及赔偿损失的，应当写明赔偿的数额、方式等；提起附带民事诉讼的，由附带民事诉讼原告人撤回附带民事诉讼；

（四）被害人自愿和解，请求或者同意对犯罪嫌疑人依法从宽处罚。

和解协议应当及时履行。

5. 未成年人和解

★未成年人刑事检察工作指引（试行）（2017年3月2日）（节录）

第六十五条　人民检察院办理未成年人刑事案件，应当注重化解矛盾，修复社会关系，鼓励未成年犯罪嫌疑人及其法定代理人通过赔礼道歉、赔偿损失等方式获得被害人谅解，积极促成双方当事人达成和解。

第六十六条　对于未成年人刑事案件的和解，人民检察院应当在充分关注被害人需要、促进恢复被损害的社会关系同时，注重对未成年犯罪嫌疑人的教育、感化和挽救，促使其认识错误、真诚悔悟，从而为其重新回归社会、健康成长创造有利条件。

第六十七条　对于符合下列条件的未成年人刑事案件，一方当事人请求和解，或者未成年犯罪嫌疑人真诚悔罪的，人民检察院可以主动征求未成年犯罪嫌疑人及其法定代理人、被害人及其法定代理人适用和解程序的意见，告知其相关法律依据、法律后果以及当事人的权利、义务等，并记入笔录附卷：

（一）案件事实清楚、证据确实充分；

（二）涉嫌刑法分则第四章、第五章规定的犯罪，可能被判处三年有期徒刑以下刑罚；

（三）过失犯罪。

被害人死亡的，其法定代理人、近亲属可以与未成年犯罪嫌疑人和解。被害人系无行为能力或者限制行为能力人的，其法定代理人可以代为和解。

第六十八条　对于符合条件的未成年人刑事案件，人民检察院可以应双方当事人的申请促成和解或者通过人民调解委员会等中立的第三方进行和解。申请可以口头提出，也可以书面提出，均应记录在案。

开展和解应当不公开进行。人民检察院应当告知参与人不得泄露未成年人的案件信息。

第二百八十九条　【公检法三机关对和解协议的审查与制作】
双方当事人和解的，公安机关、人民检察院、人民法院应当听取当事人和其他有关人员的意见，对和解的自愿性、合法性进行审查，并主持制作和解协议书。

● 要点及关联法规

1. 当事人和解协议的审查内容

★最高人民检察院关于办理当事人达成和解的轻微刑事案件的若干意见（2011年1月29日）（节录）

五、关于对当事人和解协议的审查

人民检察院对当事人双方达成的和解协议，应当重点从以下几个方面进行审查：

1. 当事人双方是否自愿；
2. 加害方的经济赔偿数额与其所造成的损害是否相适应，是否酌情考虑其赔偿能力。犯罪嫌疑人、被告人是否真诚悔罪并且积极履行和解协议或者是否为协议履行提供有效担保或者调解协议经人民法院确认；
3. 被害人及其法定代理人或者近亲属是否明确表示对犯罪嫌疑人、被告人予以谅解；
4. 是否符合法律规定；
5. 是否损害国家、集体和社会公共利益或者他人的合法权益；
6. 是否符合社会公德。

审查时，应当当面听取当事人双方对和解的意见、告知被害人刑事案件可能从轻处理的法律后果和双方的权利义务，并记录在案。

★最高人民法院关于适用《中华人民共和国刑事诉讼法》的解释（2021年1月26日）（节录）

第五百九十条　对公安机关、人民检察院主持制作的和解协议书，当事人提出异议的，人民法院应当审查。经审查，和解自愿、合法的，予以确认，无需重新制作和解协议书；和解违反自愿、合法原则的，应当认定无效。和解协议被认定无效后，双方当事人重新达成和解的，人民法院应当主持制作新的和解协议书。

★人民检察院刑事诉讼规则（2019年12月30日）（节录）

第四百九十七条　人民检察院应当对和解的自愿性、合法性进行审查，重点审查以下内容：

（一）双方当事人是否自愿和解；

（二）犯罪嫌疑人是否真诚悔罪，是否向被害人赔礼道歉，赔偿数额与其所造成的损害和赔偿能力是否相适应；

（三）被害人及其法定代理人或者近亲属是否明确表示对犯罪嫌疑人予以谅解；

（四）是否符合法律规定；

（五）是否损害国家、集体和社会公共利益或者他人的合法权益；

（六）是否符合社会公德。

审查时，应当听取双方当事人和其他有关人员对和解的意见，告知刑事案件可能从宽处理的法律后果和双方的权利义务，并制作笔录附卷。

★未成年人刑事检察工作指引（试行）（2017年3月2日）（节录）

第七十条　对于双方当事人自行达成和解，或者在人民调解组织、村（居）民委员会、当事人所在单位等相关组织调解后达成和解的，人民检察院应当对和解的自愿性、合法性、真实性进行审查，对符合条件的，认可其效力，并将和解协议书附卷备查；对不符合条件的，不予认可。

人民检察院在和解过程中，应当充分尊重当事人和解的意愿，尤其要维护和解协议达成的自愿性、合法性。

★公安机关办理刑事案件程序规定（2020年7月20日）（节录）

第三百三十五条　双方当事人和解的，公安机关应当审查案件事实是否清楚，被害人是否自愿和解，是否符合规定的条件。

公安机关审查时，应当听取双方当事人的意见，并记录在案；必要时，可以听取双方当事人亲属、当地居民委员会或者村民委员会人员以及其他了解案件情况的相关人员的意见。

第三百三十六条　达成和解的，公安机关应当主持制作和解协议书，并由双方当事人及其他参加人员签名。

当事人中有未成年人的，未成年当事人的法定代理人或者其他成年亲属应当在场。

2. 审判期间的和解

★最高人民法院关于适用《中华人民共和国刑事诉讼法》的解释（2021年1月26日）（节录）

第五百九十一条　审判期间，双方当事人和解的，人民法院应当听取当事人及其法定代理人等有关人员的意见。双方当事人在庭外达成和解的，人民法院应当通知人民检察院，并听取其意见。经审查，和解自愿、合法的，应当主持制作和解协议书。

3. 和解协议书的内容

★最高人民法院关于适用《中华人民共和国刑事诉讼法》的解释（2021年1月26日）（节录）

第五百九十二条　和解协议书应当包括以下内容：

（一）被告人承认自己所犯罪行，对犯罪事实没有异议，并真诚悔罪；

（二）被告人通过向被害人赔礼道歉、赔偿损失等方式获得被害人谅解；涉及赔偿损失的，应当写明赔偿的数额、方式等；提起附带民事诉讼的，由附带民事诉讼原告人撤回起诉；

（三）被害人自愿和解，请求或者同意对被告人依法从宽处罚。

和解协议书应当由双方当事人和审判人员签名，但不加盖人民法院印章。

和解协议书一式三份，双方当事人各持一份，另一份交人民法院附卷备查。

对和解协议中的赔偿损失内容，双方当事人要求保密的，人民法院应当准许，并采取相应的保密措施。

★人民检察院刑事诉讼规则（2019年12月30日）（节录）

第四百九十八条　经审查认为双方自愿和解，内容合法，且符合本规则第四百九十二条规定的范围和条件的，人民检察院应当主持制作和解协议书。

和解协议书的主要内容包括：

（一）双方当事人的基本情况；

（二）案件的主要事实；

（三）犯罪嫌疑人真诚悔罪，承认自己所犯罪行，对指控的犯罪没有异议，向被害人赔偿损失、赔礼道歉等。赔偿损失的，应当写明赔偿的数额、履行的方式、期限等；

（四）被害人及其法定代理人或者近亲属对犯罪嫌疑人予以谅解，并要求或者同意公安机关、人民检察院、人民法院对犯罪嫌疑人依法从宽处理。

和解协议书应当由双方当事人签字，可以写明和解协议书系在人民检察院主持下制作。检察人员不在当事人和解协议书上签字，也不加盖人民检察院印章。

和解协议书一式三份，双方当事人各持一份，另一份交人民检察院附卷备查。

★未成年人刑事检察工作指引（试行）（2017年3月2日）（节录）

第六十九条 对于当事人双方自愿达成和解协议的，人民检察院可以依法主持制作和解协议书。

协议书应当包括如下内容：

（一）未成年犯罪嫌疑人认罪并向被害方赔礼道歉；

（二）有赔偿或补偿内容的，明确具体数额、履行方式和具体时间；

（三）被害方（包括未成年被害人）表示对未成年犯罪嫌疑人的谅解，以及对犯罪嫌疑人从宽处理的明确意见。

和解协议书一式三份，当事人及代理人签字、盖章确认后，涉案双方各持一份，另一份附卷。

4. 和解协议的履行与反悔

★人民检察院刑事诉讼规则（2019年12月30日）（节录）

第四百九十九条 和解协议书约定的赔偿损失内容，应当在双方签署协议后立即履行，至迟在人民检察院作出从宽处理决定前履行。确实难以一次性履行的，在提供有效担保并且被害人同意的情况下，也可以分期履行。

★最高人民法院关于适用《中华人民共和国刑事诉讼法》的解释（2021年1月26日）（节录）

第五百九十三条 和解协议约定的赔偿损失内容，被告人应当在协议签署后即时履行。

和解协议已经全部履行，当事人反悔的，人民法院不予支持，但有证据证明和解违反自愿、合法原则的除外。

第五百九十四条 双方当事人在侦查、审查起诉期间已经达成和解协议并全部履行，被害人或者其法定代理人、近亲属又提起附带民事诉讼的，人民法院不予受理，但有证据证明和解违反自愿、合法原则的除外。

5. 提起附带民事诉讼后双方和解，但被告人不能即时履行全部赔偿义务的，人民法院应当制作附带民事调解书

★最高人民法院关于适用《中华人民共和国刑事诉讼法》的解释（2021年1月26日）（节录）

第五百九十五条　被害人或者其法定代理人、近亲属提起附带民事诉讼后，双方愿意和解，但被告人不能即时履行全部赔偿义务的，人民法院应当制作附带民事调解书。

6. 和解协议无效的情形

★最高人民检察院关于办理当事人达成和解的轻微刑事案件的若干意见（2011年1月29日）（节录）

四、关于当事人达成和解的途径与检调对接

……犯罪嫌疑人、被告人或者其亲友、辩护人以暴力、威胁、欺骗或者其他非法方法强迫、引诱被害人和解，或者在协议履行完毕之后威胁、报复被害人的，不适用有关不捕不诉的规定，已经作出不逮捕或者不起诉决定的，人民检察院应当撤销原决定，依法对犯罪嫌疑人、被告人逮捕或者提起公诉。

犯罪嫌疑人、被告人或者其亲友、辩护人实施前款行为情节严重的，依法追究其法律责任。

★人民检察院刑事诉讼规则（2019年12月30日）（节录）

第五百零四条　犯罪嫌疑人或者其亲友等以暴力、威胁、欺骗或者其他非法方法强迫、引诱被害人和解，或者在协议履行完毕之后威胁、报复被害人的，应当认定和解协议无效。已经作出不批准逮捕或者不起诉决定的，人民检察院根据案件情况可以撤销原决定，对犯罪嫌疑人批准逮捕或者提起公诉。

第二百九十条　【当事人和解的法律效果】对于达成和解协议的案件，公安机关可以向人民检察院提出从宽处理的建议。人民检察院可以向人民法院提出从宽处罚的建议；对于犯罪情节轻微，不需要判处刑罚的，可以作出不起诉的决定。人民法院可以依法对被告人从宽处罚。

● 要点及关联法规

1. 和解的法律效果

★最高人民检察院关于办理当事人达成和解的轻微刑事案件的若干意见（2011年1月29日）（节录）

六、关于检察机关对当事人达成和解案件的处理

对于公安机关提请批准逮捕的案件，符合本意见规定的适用范围和条件的，应当作为无逮捕必要的重要因素予以考虑，一般可以作出不批准逮捕的决定；已经批准逮捕，公安机关变更强制措施通知人民检察院的，应当依法实行监督；审查起诉阶段，在不妨碍诉讼顺利进行的前提下，可以依法变更强制措施。

对于公安机关立案侦查并移送审查起诉的刑事诉讼法第一百七十条①第二项规定的轻微刑事案件，符合本意见规定的适用范围和条件的，一般可以决定不起诉。

对于其他轻微刑事案件，符合本意见规定的适用范围和条件的，作为犯罪情节轻微，不需要判处刑罚或者免除刑罚的重要因素予以考虑，一般可以决定不起诉。对于依法必须提起公诉的，可以向人民法院提出在法定幅度范围内从宽处理的量刑建议。

对被不起诉人需要给予行政处罚、行政处分或者需要没收其违法所得的，应当提出检察意见，移送有关主管机关处理。

对于当事人双方达成和解、决定不起诉的案件，在宣布不起诉决定前应当再次听取双方当事人对和解的意见，并且查明犯罪嫌疑人是否真诚悔罪、和解协议是否履行或者为协议履行提供有效担保或者调解协议经人民法院确认。

对于依法可能判处三年以上有期徒刑刑罚的案件，当事人双方达成和解协议的，在提起公诉时，可以向人民法院提出在法定幅度范围内从宽处理的量刑建议。对于情节特别恶劣，社会危害特别严重的犯罪，除了考虑和解因素，还应注重发挥刑法的教育和预防作用。

★最高人民法院关于适用《中华人民共和国刑事诉讼法》的解释（2021年1月26日）（节录）

第五百九十六条　对达成和解协议的案件，人民法院应当对被告人从轻处

---

① 现为第二百一十条。——编者注

罚；符合非监禁刑适用条件的，应当适用非监禁刑；判处法定最低刑仍然过重的，可以减轻处罚；综合全案认为犯罪情节轻微不需要判处刑罚的，可以免予刑事处罚。

共同犯罪案件，部分被告人与被害人达成和解协议的，可以依法对该部分被告人从宽处罚，但应当注意全案的量刑平衡。

★**人民检察院刑事诉讼规则**（2019年12月30日）（节录）

第五百条 双方当事人在侦查阶段达成和解协议，公安机关向人民检察院提出从宽处理建议的，人民检察院在审查逮捕和审查起诉时应当充分考虑公安机关的建议。

第五百零一条 人民检察院对于公安机关提请批准逮捕的案件，双方当事人达成和解协议的，可以作为有无社会危险性或者社会危险性大小的因素予以考虑。经审查认为不需要逮捕的，可以作出不批准逮捕的决定；在审查起诉阶段可以依法变更强制措施。

第五百零二条 人民检察院对于公安机关移送起诉的案件，双方当事人达成和解协议的，可以作为是否需要判处刑罚或者免除刑罚的因素予以考虑。符合法律规定的不起诉条件的，可以决定不起诉。

对于依法应当提起公诉的，人民检察院可以向人民法院提出从宽处罚的量刑建议。

第五百零三条 人民检察院拟对当事人达成和解的公诉案件作出不起诉决定的，应当听取双方当事人对和解的意见，并且查明犯罪嫌疑人是否已经切实履行和解协议、不能即时履行的是否已经提供有效担保，将其作为是否决定不起诉的因素予以考虑。

当事人在不起诉决定作出之前反悔的，可以另行达成和解。不能另行达成和解的，人民检察院应当依法作出起诉或者不起诉决定。

当事人在不起诉决定作出之后反悔的，人民检察院不撤销原决定，但有证据证明和解违反自愿、合法原则的除外。

★**公安机关办理刑事案件程序规定**（2020年7月20日）（节录）

第三百三十八条 对达成和解协议的案件，经县级以上公安机关负责人批准，公安机关将案件移送人民检察院审查起诉时，可以提出从宽处理的建议。

2. 裁判文书应当叙述达成和解协议

★最高人民法院关于适用《中华人民共和国刑事诉讼法》的解释（2021年1月26日）（节录）

第五百九十七条　达成和解协议的，裁判文书应当叙明，并援引刑事诉讼法的相关条文。

3. 拟对当事人达成和解的轻微刑事案件作出不批准逮捕或者不起诉决定的，应由检察委员会讨论决定

★最高人民检察院关于办理当事人达成和解的轻微刑事案件的若干意见（2011年1月29日）（节录）

七、依法规范当事人达成和解案件的办理工作

人民检察院适用本意见办理案件，应当遵守《中华人民共和国刑事诉讼法》、《人民检察院刑事诉讼规则》等有关办案期限的规定。

根据本意见，拟对当事人达成和解的轻微刑事案件作出不批准逮捕或者不起诉决定的，应当由检察委员会讨论决定。

人民检察院应当加强对审查批捕、审查起诉工作中办理当事人达成和解案件的监督检查，发现违法违纪，情节轻微的，应当给予批评教育；情节严重的，应当根据有关规定给予组织处理或者纪律处分；构成犯罪的，依法追究刑事责任。

第三章　缺席审判程序[①]

第二百九十一条　**【适用缺席审判案件的类型及条件】**对于贪污贿赂犯罪案件，以及需要及时进行审判，经最高人民检察院核准的严重危害国家安全犯罪、恐怖活动犯罪案件，犯罪嫌疑人、被告人在境外，监察机关、公安机关移送起诉，人民检察院认为犯罪事实已经查清、证据确实、充分，依法应当追究刑事责任的，可以向人民法院提起公诉。人民法院进行审查后，对于起诉书中有明确的

---

① 该章特别程序为2018年修订新增。

指控犯罪事实，符合缺席审判程序适用条件的，应当决定开庭审判。

【缺席审判案件的管辖】前款案件，由犯罪地、被告人离境前居住地或者最高人民法院指定的中级人民法院组成合议庭进行审理。

● 要点及关联法规

人民检察院处理适用缺席审判案件的程序

★ 人民检察院刑事诉讼规则（2019年12月30日）（节录）

第五百零五条 对于监察机关移送起诉的贪污贿赂犯罪案件，犯罪嫌疑人、被告人在境外，人民检察院认为犯罪事实已经查清，证据确实、充分，依法应当追究刑事责任的，可以向人民法院提起公诉。

对于公安机关移送起诉的需要及时进行审判的严重危害国家安全犯罪、恐怖活动犯罪案件，犯罪嫌疑人、被告人在境外，人民检察院认为犯罪事实已经查清，证据确实、充分，依法应当追究刑事责任的，经最高人民检察院核准，可以向人民法院提起公诉。

前两款规定的案件，由有管辖权的中级人民法院的同级人民检察院提起公诉。

人民检察院提起公诉的，应当向人民法院提交被告人已出境的证据。

第五百零六条 人民检察院对公安机关移送起诉的需要报请最高人民检察院核准的案件，经检察委员会讨论提出提起公诉意见的，应当层报最高人民检察院核准。报送材料包括起诉意见书、案件审查报告、报请核准的报告及案件证据材料。

第五百零七条 最高人民检察院收到下级人民检察院报请核准提起公诉的案卷材料后，应当及时指派检察官对案卷材料进行审查，提出核准或者不予核准的意见，报检察长决定。

第五百零八条 报请核准的人民检察院收到最高人民检察院核准决定书后，应当提起公诉，起诉书中应当载明经最高人民检察院核准的内容。

第二百九十二条　【传票、起诉书副本的送达】人民法院应当通过有关国际条约规定的或者外交途径提出的司法协助方式，或者被告人所在地法律允许的其他方式，将传票和人民检察院的起诉书副本送达被告人。传票和起诉书副本送达后，被告人未按要求到案的，人民法院应当开庭审理，依法作出判决，并对违法所得及其他涉案财产作出处理。

第二百九十三条　【辩护权的行使和保障】人民法院缺席审判案件，被告人有权委托辩护人，被告人的近亲属可以代为委托辩护人。被告人及其近亲属没有委托辩护人的，人民法院应当通知法律援助机构指派律师为其提供辩护。

第二百九十四条　【上诉、抗诉】人民法院应当将判决书送达被告人及其近亲属、辩护人。被告人或者其近亲属不服判决的，有权向上一级人民法院上诉。辩护人经被告人或者其近亲属同意，可以提出上诉。

人民检察院认为人民法院的判决确有错误的，应当向上一级人民法院提出抗诉。

第二百九十五条　【重新审理的条件】在审理过程中，被告人自动投案或者被抓获的，人民法院应当重新审理。

罪犯在判决、裁定发生法律效力后到案的，人民法院应当将罪犯交付执行刑罚。交付执行刑罚前，人民法院应当告知罪犯有权对判决、裁定提出异议。罪犯对判决、裁定提出异议的，人民法院应当重新审理。

依照生效判决、裁定对罪犯的财产进行的处理确有错误的，应当予以返还、赔偿。

● 要点及关联法规

人民检察院对重新审理案件的处理

★人民检察院刑事诉讼规则（2019年12月30日）（节录）

第五百零九条　审查起诉期间，犯罪嫌疑人自动投案或者被抓获的，人民检察院应当重新审查。

对严重危害国家安全犯罪、恐怖活动犯罪案件报请核准期间，犯罪嫌疑人自动投案或者被抓获的，报请核准的人民检察院应当及时撤回报请，重新审查案件。

第五百一十条　提起公诉后被告人到案，人民法院拟重新审理的，人民检察院应当商人民法院将案件撤回并重新审查。

第二百九十六条　【被告人患有严重疾病时缺席审判的条件】 因被告人患有严重疾病无法出庭，中止审理超过六个月，被告人仍无法出庭，被告人及其法定代理人、近亲属申请或者同意恢复审理的，人民法院可以在被告人不出庭的情况下缺席审理，依法作出判决。

● 要点及关联法规

人民检察院对缺席审判案件的建议

★人民检察院刑事诉讼规则（2019年12月30日）（节录）

第五百一十一条　因被告人患有严重疾病无法出庭，中止审理超过六个月，被告人仍无法出庭，被告人及其法定代理人、近亲属申请或者同意恢复审理的，人民检察院可以建议人民法院适用缺席审判程序审理。

第二百九十七条　【被告人死亡情形下缺席审判的适用】 被告人死亡的，人民法院应当裁定终止审理，但有证据证明被告人无罪，人民法院经缺席审理确认无罪的，应当依法作出判决。

人民法院按照审判监督程序重新审判的案件，被告人死亡的，人民法院可以缺席审理，依法作出判决。

第四章 犯罪嫌疑人、被告人逃匿、死亡案件违法所得的没收程序

> **第二百九十八条 【没收违法所得程序的案件范围、启动条件与申请程序】** 对于贪污贿赂犯罪、恐怖活动犯罪等重大犯罪案件，犯罪嫌疑人、被告人逃匿，在通缉一年后不能到案，或者犯罪嫌疑人、被告人死亡，依照刑法规定应当追缴其违法所得及其他涉案财产的，人民检察院可以向人民法院提出没收违法所得的申请。
>
> 公安机关认为有前款规定情形的，应当写出没收违法所得意见书，移送人民检察院。
>
> 没收违法所得的申请应当提供与犯罪事实、违法所得相关的证据材料，并列明财产的种类、数量、所在地及查封、扣押、冻结的情况。
>
> 人民法院在必要的时候，可以查封、扣押、冻结申请没收的财产。

● 要点及关联法规

1. 犯罪案件的认定

★公安机关办理刑事案件程序规定（2020年7月20日）（节录）

第三百八十五条 ……"恐怖活动犯罪"，包括以制造社会恐慌、危害公共安全或者胁迫国家机关、国际组织为目的，采取暴力、破坏、恐吓等手段，造成或者意图造成人员伤亡、重大财产损失、公共设施损坏、社会秩序混乱等严重社会危害的犯罪，以及煽动、资助或者以其他方式协助实施上述活动的犯罪。

★最高人民法院、最高人民检察院关于适用犯罪嫌疑人、被告人逃匿、死亡案件违法所得没收程序若干问题的规定（2017年1月5日）（节录）

第一条 下列犯罪案件，应当认定为刑事诉讼法第二百八十条①第一款规定的"犯罪案件"：

（一）贪污、挪用公款、巨额财产来源不明、隐瞒境外存款、私分国有资产、私分罚没财物犯罪案件；

（二）受贿、单位受贿、利用影响力受贿、行贿、对有影响力的人行贿、对单位行贿、介绍贿赂、单位行贿犯罪案件；

（三）组织、领导、参加恐怖组织，帮助恐怖活动，准备实施恐怖活动，宣扬恐怖主义、极端主义、煽动实施恐怖活动，利用极端主义破坏法律实施，强制穿戴宣扬恐怖主义、极端主义服饰、标志，非法持有宣扬恐怖主义、极端主义物品犯罪案件；

（四）危害国家安全、走私、洗钱、金融诈骗、黑社会性质的组织、毒品犯罪案件。

电信诈骗、网络诈骗犯罪案件，依照前款规定的犯罪案件处理。

第二条 在省、自治区、直辖市或者全国范围内具有较大影响，或者犯罪嫌疑人、被告人逃匿境外的，应当认定为刑事诉讼法第二百八十条②第一款规定的"重大"。

第三条 犯罪嫌疑人、被告人为逃避侦查和刑事追究潜逃、隐匿，或者在刑事诉讼过程中脱逃的，应当认定为刑事诉讼法第二百八十条③第一款规定的"逃匿"。

犯罪嫌疑人、被告人因意外事故下落不明满二年，或者因意外事故下落不明，经有关机关证明其不可能生存的，依照前款规定处理。

2. "违法所得及其他涉案财产"的认定

★人民检察院刑事诉讼规则（2019年12月30日）（节录）

第五百一十五条 犯罪嫌疑人、被告人通过实施犯罪直接或者间接产生、获得的任何财产，应当认定为"违法所得"。

违法所得已经部分或者全部转变、转化为其他财产的，转变、转化后的财

---

① 现为第二百九十八条。——编者注
② 现为第二百九十八条。——编者注
③ 现为第二百九十八条。——编者注

产应当视为前款规定的"违法所得"。

来自违法所得转变、转化后的财产收益，或者来自已经与违法所得相混合财产中违法所得相应部分的收益，也应当视为第一款规定的违法所得。

第五百一十六条 犯罪嫌疑人、被告人非法持有的违禁品、供犯罪所用的本人财物，应当认定为"其他涉案财产"。

★最高人民法院、最高人民检察院关于适用犯罪嫌疑人、被告人逃匿、死亡案件违法所得没收程序若干问题的规定（2017年1月5日）（节录）

第四条 犯罪嫌疑人、被告人死亡，依照刑法规定应当追缴其违法所得及其他涉案财产的，人民检察院可以向人民法院提出没收违法所得的申请。

第五条 公安机关发布通缉令或者公安部通过国际刑警组织发布红色国际通报，应当认定为刑事诉讼法第二百八十条[①]第一款规定的"通缉"。

第六条 通过实施犯罪直接或者间接产生、获得的任何财产，应当认定为刑事诉讼法第二百八十条[②]第一款规定的"违法所得"。

违法所得已经部分或者全部转变、转化为其他财产的，转变、转化后的财产应当视为前款规定的"违法所得"。

来自违法所得转变、转化后的财产收益，或者来自已经与违法所得相混合财产中违法所得相应部分的收益，应当视为第一款规定的"违法所得"。

第二十四条 单位实施本规定第一条规定的犯罪后被撤销、注销，单位直接负责的主管人员和其他直接责任人员逃匿、死亡，导致案件无法适用刑事诉讼普通程序进行审理的，依照本规定第四条的规定处理。

3. 追缴违法所得及其他涉案财产的适用条件

★人民检察院刑事诉讼规则（2019年12月30日）（节录）

第五百一十二条 对于贪污贿赂犯罪、恐怖活动犯罪等重大犯罪案件，犯罪嫌疑人、被告人逃匿，在通缉一年后不能到案，依照刑法规定应当追缴其违法所得及其他涉案财产的，人民检察院可以向人民法院提出没收违法所得的申请。

对于犯罪嫌疑人、被告人死亡，依照刑法规定应当追缴其违法所得及其他涉案财产的，人民检察院也可以向人民法院提出没收违法所得的申请。

---

① 现为第二百九十八条。——编者注
② 现为第二百九十八条。——编者注

★公安机关办理刑事案件程序规定（2020年7月20日）（节录）

第三百三十九条　有下列情形之一，依照刑法规定应当追缴其违法所得及其他涉案财产的，经县级以上公安机关负责人批准，公安机关应当写出没收违法所得意见书，连同相关证据材料一并移送同级人民检察院：

（一）恐怖活动犯罪等重大犯罪案件，犯罪嫌疑人逃匿，在通缉一年后不能到案的；

（二）犯罪嫌疑人死亡的。

犯罪嫌疑人死亡，现有证据证明其存在违法所得及其他涉案财产应当予以没收的，公安机关可以进行调查。公安机关进行调查，可以依法进行查封、扣押、查询、冻结。

4. 追缴违法所得及其他涉案财产的程序性规定

★最高人民法院关于适用《中华人民共和国刑事诉讼法》的解释（2021年1月26日）（节录）

第六百二十六条　在审理案件过程中，被告人脱逃或者死亡，符合刑事诉讼法第二百九十八条第一款规定的，人民检察院可以向人民法院提出没收违法所得的申请；符合刑事诉讼法第二百九十一条第一款规定的，人民检察院可以按照缺席审判程序向人民法院提起公诉。

人民检察院向原受理案件的人民法院提出没收违法所得申请的，可以由同一审判组织审理。

第六百五十一条　向人民法院提出自诉、上诉、申诉、申请等的，应当以书面形式提出。书写有困难的，除另有规定的以外，可以口头提出，由人民法院工作人员制作笔录或者记录在案，并向口述人宣读或者交其阅读。

★人民检察院刑事诉讼规则（2019年12月30日）（节录）

第五百一十八条　人民检察院审查监察机关或者公安机关移送的没收违法所得意见书，向人民法院提出没收违法所得的申请以及对违法所得没收程序中调查活动、审判活动的监督，由负责捕诉的部门办理。

第五百一十九条　没收违法所得的申请，应当由有管辖权的中级人民法院的同级人民检察院提出。

第五百二十一条　监察机关或者公安机关向人民检察院移送没收违法所得意见书，应当由有管辖权的人民检察院的同级监察机关或者公安机关移送。

第五百二十二条　人民检察院审查监察机关或者公安机关移送的没收违法所得意见书，应当审查下列内容：

（一）是否属于本院管辖；
（二）是否符合刑事诉讼法第二百九十八条第一款规定的条件；
（三）犯罪嫌疑人基本情况，包括姓名、性别、国籍、出生年月日、职业和单位等；
（四）犯罪嫌疑人涉嫌犯罪的事实和相关证据材料；
（五）犯罪嫌疑人逃匿、下落不明、被通缉或者死亡的情况，通缉令或者死亡证明是否随案移送；
（六）违法所得及其他涉案财产的种类、数量、所在地以及查封、扣押、冻结的情况，查封、扣押、冻结的财产清单和相关法律手续是否随案移送；
（七）违法所得及其他涉案财产的相关事实和证据材料；
（八）有无近亲属和其他利害关系人以及利害关系人的姓名、身份、住址、联系方式。

对于与犯罪事实、违法所得及其他涉案财产相关的证据材料，不宜移送的，应当审查证据的清单、复制件、照片或者其他证明文件是否随案移送。

第五百二十三条　人民检察院应当在接到监察机关或者公安机关移送的没收违法所得意见书后三十日以内作出是否提出没收违法所得申请的决定。三十日以内不能作出决定的，可以延长十五日。

对于监察机关或者公安机关移送的没收违法所得案件，经审查认为不符合刑事诉讼法第二百九十八条第一款规定条件的，应当作出不提出没收违法所得申请的决定，并向监察机关或者公安机关书面说明理由；认为需要补充证据的，应当书面要求监察机关或者公安机关补充证据，必要时也可以自行调查。

监察机关或者公安机关补充证据的时间不计入人民检察院办案期限。

第五百二十四条　人民检察院发现公安机关应当启动违法所得没收程序而不启动的，可以要求公安机关在七日以内书面说明不启动的理由。

经审查，认为公安机关不启动理由不能成立的，应当通知公安机关启动程序。

第五百二十五条　人民检察院发现公安机关在违法所得没收程序的调查活动中有违法情形的，应当向公安机关提出纠正意见。

第五百二十六条　在审查监察机关或者公安机关移送的没收违法所得意见书的过程中，在逃的犯罪嫌疑人、被告人自动投案或者被抓获的，人民检察院应当终止审查，并将案卷退回监察机关或者公安机关处理。

第五百二十七条　人民检察院直接受理侦查的案件，犯罪嫌疑人死亡而撤销案件，符合刑事诉讼法第二百九十八条第一款规定条件的，负责侦查的部门应当启动违法所得没收程序进行调查。

负责侦查的部门进行调查应当查明犯罪嫌疑人涉嫌的犯罪事实，犯罪嫌疑人死亡的情况，以及犯罪嫌疑人的违法所得及其他涉案财产的情况，并可以对违法所得及其他涉案财产依法进行查封、扣押、查询、冻结。

负责侦查的部门认为符合刑事诉讼法第二百九十八条第一款规定条件的，应当写出没收违法所得意见书，连同案卷材料一并移送有管辖权的人民检察院负责侦查的部门，并由有管辖权的人民检察院负责侦查的部门移送本院负责捕诉的部门。

负责捕诉的部门对没收违法所得意见书进行审查，作出是否提出没收违法所得申请的决定，具体程序按照本规则第五百二十二条、第五百二十三条的规定办理。

第五百二十八条 在人民检察院审查起诉过程中，犯罪嫌疑人死亡，或者贪污贿赂犯罪、恐怖活动犯罪等重大犯罪案件的犯罪嫌疑人逃匿，在通缉一年后不能到案，依照刑法规定应当追缴其违法所得及其他涉案财产的，人民检察院可以直接提出没收违法所得的申请。

在人民法院审理案件过程中，被告人死亡而裁定终止审理，或者被告人脱逃而裁定中止审理，人民检察院可以依法另行向人民法院提出没收违法所得的申请。

第五百二十九条 人民法院对没收违法所得的申请进行审理，人民检察院应当承担举证责任。

人民法院对没收违法所得的申请开庭审理的，人民检察院应当派员出席法庭。

★**最高人民法院、最高人民检察院、公安部、国家安全部、司法部、全国人大常委会法制工作委员会关于实施刑事诉讼法若干问题的规定**（2012年12月26日）（节录）

37. 刑事诉讼法第一百四十二条①第一款中规定："人民检察院、公安机关根据侦查犯罪的需要，可以依照规定查询、冻结犯罪嫌疑人的存款、汇款、债券、股票、基金份额等财产。"根据上述规定，人民检察院、公安机关不能扣划存款、汇款、债券、股票、基金份额等财产。对于犯罪嫌疑人、被告人死亡，依照刑法规定应当追缴其违法所得及其他涉案财产的，适用刑事诉讼法第五编第三章（现为第四章）规定的程序，由人民检察院向人民法院提出没收违法所

---

① 现为第一百四十四条。——编者注

得的申请。

38. 犯罪嫌疑人、被告人死亡,现有证据证明存在违法所得及其他涉案财产应当予以没收的,公安机关、人民检察院可以进行调查。公安机关、人民检察院进行调查,可以依法进行查封、扣押、查询、冻结。

人民法院在审理案件过程中,被告人死亡的,应当裁定终止审理;被告人脱逃的,应当裁定中止审理。人民检察院可以依法另行向人民法院提出没收违法所得的申请。

5. 没收违法所得意见书的内容

★ **人民检察院刑事诉讼规则**(2019年12月30日)(节录)

第五百二十二条 人民检察院审查监察机关或者公安机关移送的没收违法所得意见书,应当审查下列内容:

(一)是否属于本院管辖;

(二)是否符合刑事诉讼法第二百九十八条第一款规定的条件;

(三)犯罪嫌疑人基本情况,包括姓名、性别、国籍、出生年月日、职业和单位等;

(四)犯罪嫌疑人涉嫌犯罪的事实和相关证据材料;

(五)犯罪嫌疑人逃匿、下落不明、被通缉或者死亡的情况,通缉令或者死亡证明是否随案移送;

(六)违法所得及其他涉案财产的种类、数量、所在地以及查封、扣押、冻结的情况,查封、扣押、冻结的财产清单和相关法律手续是否随案移送;

(七)违法所得及其他涉案财产的相关事实和证据材料;

(八)有无近亲属和其他利害关系人以及利害关系人的姓名、身份、住址、联系方式。

对于与犯罪事实、违法所得及其他涉案财产相关的证据材料,不宜移送的,应当审查证据的清单、复制件、照片或者其他证明文件是否随案移送。

★ **公安机关办理刑事案件程序规定**(2020年7月20日)(节录)

第三百四十条 没收违法所得意见书应当包括以下内容:

(一)犯罪嫌疑人的基本情况;

(二)犯罪事实和相关的证据材料;

(三)犯罪嫌疑人逃匿、被通缉或者死亡的情况;

(四)犯罪嫌疑人的违法所得及其他涉案财产的种类、数量、所在地;

(五)查封、扣押、冻结的情况等。

6. 没收违法所得申请书的主要内容

★人民检察院刑事诉讼规则（2019年12月30日）（节录）

第五百二十条 人民检察院向人民法院提出没收违法所得的申请，应当制作没收违法所得申请书。没收违法所得申请书应当载明以下内容：

（一）犯罪嫌疑人、被告人的基本情况，包括姓名、性别、出生年月日、出生地、户籍地、公民身份号码、民族、文化程度、职业、工作单位及职务、住址等；

（二）案由及案件来源；

（三）犯罪嫌疑人、被告人的犯罪事实及相关证据材料；

（四）犯罪嫌疑人、被告人逃匿、被通缉或者死亡的情况；

（五）申请没收的财产种类、数量、价值、所在地以及查封、扣押、冻结财产清单和相关法律手续；

（六）申请没收的财产属于违法所得及其他涉案财产的相关事实及证据材料；

（七）提出没收违法所得申请的理由和法律依据；

（八）有无近亲属和其他利害关系人以及利害关系人的姓名、身份、住址、联系方式；

（九）其他应当写明的内容。

上述材料需要翻译件的，人民检察院应当随没收违法所得申请书一并移送人民法院。

★最高人民法院关于适用《中华人民共和国刑事诉讼法》的解释（2021年1月26日）（节录）

第六百一十二条 对人民检察院提出的没收违法所得申请，人民法院应当审查以下内容：

（一）是否属于可以适用违法所得没收程序的案件范围；

（二）是否属于本院管辖；

（三）是否写明犯罪嫌疑人、被告人基本情况，以及涉嫌有关犯罪的情况，并附证据材料；

（四）是否写明犯罪嫌疑人、被告人逃匿、被通缉、脱逃、下落不明、死亡等情况，并附证据材料；

（五）是否列明违法所得及其他涉案财产的种类、数量、价值、所在地等，并附证据材料；

（六）是否附有查封、扣押、冻结违法所得及其他涉案财产的清单和法律手续；

（七）是否写明犯罪嫌疑人、被告人有无利害关系人，利害关系人的姓名、身份、住址、联系方式及其要求等情况；

（八）是否写明申请没收的理由和法律依据；

（九）其他依法需要审查的内容和材料。

前款规定的材料需要翻译件的，人民法院应当要求人民检察院一并移送。

7. 审查没收违法所得的申请的结果

★**最高人民法院、最高人民检察院关于适用犯罪嫌疑人、被告人逃匿、死亡案件违法所得没收程序若干问题的规定**（2017年1月5日）（节录）

第九条　对于没收违法所得的申请，人民法院应当在三十日内审查完毕，并根据以下情形分别处理：

（一）属于没收违法所得申请受案范围和本院管辖，且材料齐全、有证据证明有犯罪事实的，应当受理；

（二）不属于没收违法所得申请受案范围或者本院管辖的，应当退回人民检察院；

（三）对于没收违法所得申请不符合"有证据证明有犯罪事实"标准要求的，应当通知人民检察院撤回申请，人民检察院应当撤回；

（四）材料不全的，应当通知人民检察院在七日内补送，七日内不能补送的，应当退回人民检察院。

第十条　同时具备以下情形的，应当认定为本规定第九条规定的"有证据证明有犯罪事实"：

（一）有证据证明发生了犯罪事实；

（二）有证据证明该犯罪事实是犯罪嫌疑人、被告人实施的；

（三）证明犯罪嫌疑人、被告人实施犯罪行为的证据真实、合法。

8. 对没收违法所得裁定的上诉、抗诉

★**最高人民法院、最高人民检察院、公安部、国家安全部、司法部、全国人大常委会法制工作委员会关于实施刑事诉讼法若干问题的规定**（2012年12月26日）（节录）

39. 对于人民法院依法作出的没收违法所得的裁定，犯罪嫌疑人、被告人的近亲属和其他利害关系人或者人民检察院可以在五日内提出上诉、抗诉。

★**人民检察院刑事诉讼规则**（2019年12月30日）（节录）

第五百三十一条　人民检察院发现人民法院或者审判人员审理没收违法所

得案件违反法律规定的诉讼程序，应当向人民法院提出纠正意见。

人民检察院认为同级人民法院按照违法所得没收程序所作的第一审裁定确有错误的，应当在五日以内向上一级人民法院提出抗诉。

最高人民检察院、省级人民检察院认为下级人民法院按照违法所得没收程序所作的已经发生法律效力的裁定确有错误的，应当按照审判监督程序向同级人民法院提出抗诉。

第二百九十九条　【没收违法所得案件的审判管辖、审判组织】没收违法所得的申请，由犯罪地或者犯罪嫌疑人、被告人居住地的中级人民法院组成合议庭进行审理。

【公告程序】人民法院受理没收违法所得的申请后，应当发出公告。公告期间为六个月。犯罪嫌疑人、被告人的近亲属和其他利害关系人有权申请参加诉讼，也可以委托诉讼代理人参加诉讼。

【审理程序】人民法院在公告期满后对没收违法所得的申请进行审理。利害关系人参加诉讼的，人民法院应当开庭审理。

● 要点及关联法规

1. 没收违法所得案件的公告内容、公告方式

★最高人民法院、最高人民检察院关于适用犯罪嫌疑人、被告人逃匿、死亡案件违法所得没收程序若干问题的规定（2017年1月5日）（节录）

第十一条　人民法院受理没收违法所得的申请后，应当在十五日内发布公告，公告期为六个月。公告期间不适用中止、中断、延长的规定。

公告应当载明以下内容：

（一）案由、案件来源以及属于本院管辖；

（二）犯罪嫌疑人、被告人的基本情况；

（三）犯罪嫌疑人、被告人涉嫌犯罪的事实；

（四）犯罪嫌疑人、被告人逃匿、被通缉、脱逃、下落不明、死亡的情况；

（五）申请没收的财产的种类、数量、价值、所在地以及已查封、扣押、冻结财产的清单和相关法律手续；

（六）申请没收的财产属于违法所得及其他涉案财产的相关事实；

（七）申请没收的理由和法律依据；

（八）利害关系人申请参加诉讼的期限、方式以及未按照该期限、方式申请参加诉讼可能承担的不利法律后果；

（九）其他应当公告的情况。

第十二条　公告应当在全国公开发行的报纸、信息网络等媒体和最高人民法院的官方网站刊登、发布，并在人民法院公告栏张贴。必要时，公告可以在犯罪地、犯罪嫌疑人、被告人居住地或者被申请没收财产所在地张贴。公告最后被刊登、发布、张贴日期为公告日期。人民法院张贴公告的，应当采取拍照、录像等方式记录张贴过程。

人民法院已经掌握境内利害关系人联系方式的，应当直接送达含有公告内容的通知；直接送达有困难的，可以委托代为送达、邮寄送达。经受送达人同意的，可以采用传真、电子邮件等能够确认其收悉的方式告知其公告内容，并记录在案；人民法院已经掌握境外犯罪嫌疑人、被告人、利害关系人联系方式，经受送达人同意的，可以采用传真、电子邮件等能够确认其收悉的方式告知其公告内容，并记录在案；受送达人未作出同意意思表示，或者人民法院未掌握境外犯罪嫌疑人、被告人、利害关系人联系方式，其所在地国（区）主管机关明确提出应当向受送达人送达含有公告内容的通知的，受理没收违法所得申请案件的人民法院可以决定是否送达。决定送达的，应当将公告内容层报最高人民法院，由最高人民法院依照刑事司法协助条约、多边公约，或者按照对等互惠原则，请求受送达人所在地国（区）的主管机关协助送达。

★最高人民法院关于适用《中华人民共和国刑事诉讼法》的解释（2021年1月26日）（节录）

第六百一十四条　人民法院受理没收违法所得的申请后，应当在十五日以内发布公告。公告应当载明以下内容：

（一）案由、案件来源；

（二）犯罪嫌疑人、被告人的基本情况；

（三）犯罪嫌疑人、被告人涉嫌犯罪的事实；

（四）犯罪嫌疑人、被告人逃匿、被通缉、脱逃、下落不明、死亡等情况；

（五）申请没收的财产的种类、数量、价值、所在地等以及已查封、扣押、冻结财产的清单和法律手续；

（六）申请没收的财产属于违法所得及其他涉案财产的相关事实；

（七）申请没收的理由和法律依据；

（八）利害关系人申请参加诉讼的期限、方式以及未按照该期限、方式申请参加诉讼可能承担的不利法律后果；

（九）其他应当公告的情况。

公告期为六个月，公告期间不适用中止、中断、延长的规定。

2. 利害关系人申请参加诉讼的时间

★最高人民法院关于适用《中华人民共和国刑事诉讼法》的解释（2021年1月26日）（节录）

第六百一十六条 刑事诉讼法第二百九十九条第二款、第三百条第二款规定的"其他利害关系人"，是指除犯罪嫌疑人、被告人的近亲属以外的，对申请没收的财产主张权利的自然人和单位。

第六百一十七条 犯罪嫌疑人、被告人的近亲属和其他利害关系人申请参加诉讼的，应当在公告期间内提出。犯罪嫌疑人、被告人的近亲属应当提供其与犯罪嫌疑人、被告人关系的证明材料，其他利害关系人应当提供证明其对违法所得及其他涉案财产主张权利的证据材料。

利害关系人可以委托诉讼代理人参加诉讼。委托律师担任诉讼代理人的，应当委托具有中华人民共和国律师资格并依法取得执业证书的律师；在境外委托的，应当依照本解释第四百八十六条的规定对授权委托进行公证、认证。

利害关系人在公告期满后申请参加诉讼，能够合理说明理由的，人民法院应当准许。

★最高人民法院、最高人民检察院关于适用犯罪嫌疑人、被告人逃匿、死亡案件违法所得没收程序若干问题的规定（2017年1月5日）（节录）

第十三条 利害关系人申请参加诉讼的，应当在公告期间内提出，并提供与犯罪嫌疑人、被告人关系的证明材料或者证明其可以对违法所得及其他涉案财产主张权利的证据材料。

利害关系人可以委托诉讼代理人参加诉讼。利害关系人在境外委托的，应当委托具有中华人民共和国律师资格并依法取得执业证书的律师，依照《最高人民法院关于适用〈中华人民共和国刑事诉讼法〉的解释》第四百零三条的规定对授权委托进行公证、认证。

利害关系人在公告期满后申请参加诉讼，能够合理说明理由的，人民法院应当准许。

3. 没收违法所得案件的审理程序

★**最高人民法院、最高人民检察院关于适用犯罪嫌疑人、被告人逃匿、死亡案件违法所得没收程序若干问题的规定**（2017年1月5日）（节录）

第十四条　人民法院在公告期满后由合议庭对没收违法所得申请案件进行审理。

利害关系人申请参加及委托诉讼代理人参加诉讼的，人民法院应当开庭审理。利害关系人及其诉讼代理人无正当理由拒不到庭，且无其他利害关系人和其他诉讼代理人参加诉讼的，人民法院可以不开庭审理。

人民法院对没收违法所得申请案件开庭审理的，人民检察院应当派员出席。

人民法院确定开庭日期后，应当将开庭的时间、地点通知人民检察院、利害关系人及其诉讼代理人、证人、鉴定人员、翻译人员。通知书应当依照本规定第十二条第二款规定的方式至迟在开庭审理三日前送达；受送达人在境外的，至迟在开庭审理三十日前送达。

第十五条　出庭的检察人员应当宣读没收违法所得申请书，并在法庭调查阶段就申请没收的财产属于违法所得及其他涉案财产等相关事实出示、宣读证据。

对于确有必要出示但可能妨碍正在或者即将进行的刑事侦查的证据，针对该证据的法庭调查不公开进行。

利害关系人及其诉讼代理人对申请没收的财产属于违法所得及其他涉案财产等相关事实及证据有异议的，可以提出意见；对申请没收的财产主张权利的，应当出示相关证据。

第十八条　利害关系人非因故意或者重大过失在第一审期间未参加诉讼，在第二审期间申请参加诉讼的，人民法院应当准许，并发回原审人民法院重新审判。

第十九条　犯罪嫌疑人、被告人逃匿境外，委托诉讼代理人申请参加诉讼，且违法所得或者其他涉案财产所在国（区）主管机关明确提出意见予以支持的，人民法院可以准许。

人民法院准许参加诉讼的，犯罪嫌疑人、被告人的诉讼代理人依照本规定关于利害关系人的诉讼代理人的规定行使诉讼权利。

★**人民检察院刑事诉讼规则**（2019年12月30日）（节录）

第五百二十九条　人民法院对没收违法所得的申请进行审理，人民检察院应当承担举证责任。

人民法院对没收违法所得的申请开庭审理的，人民检察院应当派员出席法庭。

第五百三十条　出席法庭的检察官应当宣读没收违法所得申请书，并在法庭调查阶段就申请没收的财产属于违法所得及其他涉案财产等相关事实出示、宣读证据。

★最高人民法院关于适用《中华人民共和国刑事诉讼法》的解释（2021年1月26日）（节录）

第六百一十九条　公告期满后，人民法院应当组成合议庭对申请没收违法所得的案件进行审理。

利害关系人申请参加或者委托诉讼代理人参加诉讼的，应当开庭审理。没有利害关系人申请参加诉讼的，或者利害关系人及其诉讼代理人无正当理由拒不到庭的，可以不开庭审理。

人民法院确定开庭日期后，应当将开庭的时间、地点通知人民检察院、利害关系人及其诉讼代理人、证人、鉴定人、翻译人员。通知书应当依照本解释第六百一十五条第二款、第三款规定的方式，至迟在开庭审理三日以前送达；受送达人在境外的，至迟在开庭审理三十日以前送达。

第六百二十条　开庭审理申请没收违法所得的案件，按照下列程序进行：

（一）审判长宣布法庭调查开始后，先由检察员宣读申请书，后由利害关系人、诉讼代理人发表意见；

（二）法庭应当依次就犯罪嫌疑人、被告人是否实施了贪污贿赂犯罪、恐怖活动犯罪等重大犯罪并已经通缉一年不能到案，或者是否已经死亡，以及申请没收的财产是否依法应当追缴进行调查；调查时，先由检察员出示证据，后由利害关系人、诉讼代理人出示证据，并进行质证；

（三）法庭辩论阶段，先由检察员发言，后由利害关系人、诉讼代理人发言，并进行辩论。

利害关系人接到通知后无正当理由拒不到庭，或者未经法庭许可中途退庭的，可以转为不开庭审理，但还有其他利害关系人参加诉讼的除外。

第六百二十九条　人民法院审理申请没收违法所得的案件，本章没有规定的，参照适用本解释的有关规定。

4. 审理期限

★最高人民法院关于适用《中华人民共和国刑事诉讼法》的解释（2021年1月26日）（节录）

第六百二十七条　审理申请没收违法所得案件的期限，参照公诉案件第一审普通程序和第二审程序的审理期限执行。

公告期间和请求刑事司法协助的时间不计入审理期限。

第三百条　【没收违法所得审理的结果】 人民法院经审理，对经查证属于违法所得及其他涉案财产，除依法返还被害人的以外，应当裁定予以没收；对不属于应当追缴的财产的，应当裁定驳回申请，解除查封、扣押、冻结措施。

【没收裁定的救济】 对于人民法院依照前款规定作出的裁定，犯罪嫌疑人、被告人的近亲属和其他利害关系人或者人民检察院可以提出上诉、抗诉。

● 要点及关联法规

1. 审理结果

★最高人民法院关于适用《中华人民共和国刑事诉讼法》的解释（2021年1月26日）（节录）

第六百二十一条第一款　对申请没收违法所得的案件，人民法院审理后，应当按照下列情形分别处理：

（一）申请没收的财产属于违法所得及其他涉案财产的，除依法返还被害人的以外，应当裁定没收；

（二）不符合刑事诉讼法第二百九十八条第一款规定的条件的，应当裁定驳回申请，解除查封、扣押、冻结措施。

★最高人民法院、最高人民检察院关于适用犯罪嫌疑人、被告人逃匿、死亡案件违法所得没收程序若干问题的规定（2017年1月5日）（节录）

第十六条　人民法院经审理认为，申请没收的财产属于违法所得及其他涉案财产的，除依法应当返还被害人的以外，应当予以没收；申请没收的财产不属于违法所得或者其他涉案财产的，应当裁定驳回申请，解除查封、扣押、冻结措施。

第十七条　申请没收的财产具有高度可能属于违法所得及其他涉案财产的，应当认定为本规定第十六条规定的"申请没收的财产属于违法所得及其他涉案财产"。

巨额财产来源不明犯罪案件中，没有利害关系人对违法所得及其他涉案财产主张权利，或者利害关系人对违法所得及其他涉案财产虽然主张权利但提供的相关证据没有达到相应证明标准的，应当视为本规定第十六条规定的"申请没收的财产属于违法所得及其他涉案财产"。

第二十二条 违法所得或者其他涉案财产在境外的，负责立案侦查的公安机关、人民检察院等侦查机关应当制作查封、扣押、冻结的法律文书以及协助执行查封、扣押、冻结的请求函，层报公安、检察院等各系统最高上级机关后，由公安、检察等各系统最高上级机关依照刑事司法协助条约、多边公约，或者按照对等互惠原则，向违法所得或者其他涉案财产所在地国（区）的主管机关请求协助执行。

被请求国（区）的主管机关提出，查封、扣押、冻结法律文书的制发主体必须是法院的，负责立案侦查的公安机关、人民检察院等侦查机关可以向同级人民法院提出查封、扣押、冻结的申请，人民法院经审查同意后制作查封、扣押、冻结令以及协助执行查封、扣押、冻结令的请求函，层报最高人民法院后，由最高人民法院依照刑事司法协助条约、多边公约，或者按照对等互惠原则，向违法所得或者其他涉案财产所在地国（区）的主管机关请求协助执行。

请求函应当载明以下内容：

（一）案由以及查封、扣押、冻结法律文书的发布主体是否具有管辖权；

（二）犯罪嫌疑人、被告人涉嫌犯罪的事实及相关证据，但可能妨碍正在或者即将进行的刑事侦查的证据除外；

（三）已发布公告的，发布公告情况、通知利害关系人参加诉讼以及保障诉讼参与人依法行使诉讼权利等情况；

（四）请求查封、扣押、冻结的财产的种类、数量、价值、所在地等情况以及相关法律手续；

（五）请求查封、扣押、冻结的财产属于违法所得及其他涉案财产的相关事实及证据材料；

（六）请求查封、扣押、冻结财产的理由和法律依据；

（七）被请求国（区）要求载明的其他内容。

第二十三条 违法所得或者其他涉案财产在境外，受理没收违法所得申请案件的人民法院经审理裁定没收的，应当制作没收令以及协助执行没收令的请求函，层报最高人民法院后，由最高人民法院依照刑事司法协助条约、多边公约，或者按照对等互惠原则，向违法所得或者其他涉案财产所在地国（区）的主管机关请求协助执行。

请求函应当载明以下内容：

（一）案由以及没收令发布主体具有管辖权；

（二）属于生效裁定；

（三）犯罪嫌疑人、被告人涉嫌犯罪的事实及相关证据，但可能妨碍正在或者即将进行的刑事侦查的证据除外；

（四）犯罪嫌疑人、被告人逃匿、被通缉、脱逃、死亡的基本情况；

（五）发布公告情况、通知利害关系人参加诉讼以及保障诉讼参与人依法行使诉讼权利等情况；

（六）请求没收违法所得及其他涉案财产的种类、数量、价值、所在地等情况以及查封、扣押、冻结相关法律手续；

（七）请求没收的财产属于违法所得及其他涉案财产的相关事实及证据材料；

（八）请求没收财产的理由和法律依据；

（九）被请求国（区）要求载明的其他内容。

2. 一审裁定的上诉、抗诉

★最高人民法院关于适用《中华人民共和国刑事诉讼法》的解释（2021年1月26日）（节录）

第六百二十二条　对没收违法所得或者驳回申请的裁定，犯罪嫌疑人、被告人的近亲属和其他利害关系人或者人民检察院可以在五日以内提出上诉、抗诉。

★人民检察院刑事诉讼规则（2019年12月30日）（节录）

第五百三十一条　人民检察院发现人民法院或者审判人员审理没收违法所得案件违反法律规定的诉讼程序，应当向人民法院提出纠正意见。

人民检察院认为同级人民法院按照违法所得没收程序所作的第一审裁定确有错误的，应当在五日以内向上一级人民法院提出抗诉。

最高人民检察院、省级人民检察院认为下级人民法院按照违法所得没收程序所作的已经发生法律效力的裁定确有错误的，应当按照审判监督程序向同级人民法院提出抗诉。

3. 二审法院的审理结果

★最高人民法院关于适用《中华人民共和国刑事诉讼法》的解释（2021年1月26日）（节录）

第六百二十三条　对不服第一审没收违法所得或者驳回申请裁定的上诉、抗诉案件，第二审人民法院经审理，应当按照下列情形分别处理：

（一）第一审裁定认定事实清楚和适用法律正确的，应当驳回上诉或者抗诉，维持原裁定；

（二）第一审裁定认定事实清楚，但适用法律有错误的，应当改变原裁定；

（三）第一审裁定认定事实不清的，可以在查清事实后改变原裁定，也可以撤销原裁定，发回原审人民法院重新审判；

（四）第一审裁定违反法定诉讼程序，可能影响公正审判的，应当撤销原裁定，发回原审人民法院重新审判。

第一审人民法院对发回重新审判的案件作出裁定后，第二审人民法院对不服第一审人民法院裁定的上诉、抗诉，应当依法作出裁定，不得再发回原审人民法院重新审判；但是，第一审人民法院在重新审判过程中违反法定诉讼程序，可能影响公正审判的除外。

★最高人民法院、最高人民检察院关于适用犯罪嫌疑人、被告人逃匿、死亡案件违法所得没收程序若干问题的规定（2017年1月5日）（节录）

第二十条　人民检察院、利害关系人对第一审裁定认定的事实、证据没有争议的，第二审人民法院可以不开庭审理。

第二审人民法院决定开庭审理的，应当将开庭的时间、地点书面通知同级人民检察院和利害关系人。

第二审人民法院应当就上诉、抗诉请求的有关事实和适用法律进行审查。

第二十一条　第二审人民法院对不服第一审裁定的上诉、抗诉案件，经审理，应当按照下列情形分别处理：

（一）第一审裁定认定事实清楚和适用法律正确的，应当驳回上诉或者抗诉，维持原裁定；

（二）第一审裁定认定事实清楚，但适用法律有错误的，应当改变原裁定；

（三）第一审裁定认定事实不清的，可以在查清事实后改变原裁定，也可以撤销原裁定，发回原审人民法院重新审判；

（四）第一审裁定违反法定诉讼程序，可能影响公正审判的，应当撤销原裁定，发回原审人民法院重新审判。

第一审人民法院对于依照前款第三项规定发回重新审判的案件作出裁定后，第二审人民法院对不服第一审人民法院裁定的上诉、抗诉，应当依法作出裁定，不得再发回原审人民法院重新审判。

第三百零一条　【没收程序的终止审理】 在审理过程中，在逃的犯罪嫌疑人、被告人自动投案或者被抓获的，人民法院应当终止审理。

【错误没收时的返还与赔偿】 没收犯罪嫌疑人、被告人财产确有错误的，应当予以返还、赔偿。

● 要点及关联法规

1. 没收程序的终止

★最高人民法院关于适用《中华人民共和国刑事诉讼法》的解释（2021年1月26日）（节录）

第六百二十五条　在审理申请没收违法所得的案件过程中，在逃的犯罪嫌疑人、被告人到案的，人民法院应当裁定终止审理。人民检察院向原受理申请的人民法院提起公诉的，可以由同一审判组织审理。

★人民检察院刑事诉讼规则（2019年12月30日）（节录）

第五百二十六条　在审查监察机关或者公安机关移送的没收违法所得意见书的过程中，在逃的犯罪嫌疑人、被告人自动投案或者被抓获的，人民检察院应当终止审查，并将案卷退回监察机关或者公安机关处理。

第五百三十二条　在审理案件过程中，在逃的犯罪嫌疑人、被告人自动投案或者被抓获，人民法院按照刑事诉讼法第三百零一条第一款的规定终止审理的，人民检察院应当将案卷退回监察机关或者公安机关处理。

★公安机关办理刑事案件程序规定（2020年7月20日）（节录）

第三百四十一条　公安机关将没收违法所得意见书移送人民检察院后，在逃的犯罪嫌疑人自动投案或者被抓获的，公安机关应当及时通知同级人民检察院。

2. 审理案件过程中被告人死亡或者脱逃的，检察院向原受理案件的人民法院提出没收违法所得申请

★最高人民法院关于适用《中华人民共和国刑事诉讼法》的解释（2021年1月26日）（节录）

第六百二十六条　在审理案件过程中，被告人脱逃或者死亡，符合刑事诉讼法第二百九十八条第一款规定的，人民检察院可以向人民法院提出没收违法所得的申请；符合刑事诉讼法第二百九十一条第一款规定的，人民检察院可以按照缺席审判程序向人民法院提起公诉。

人民检察院向原受理案件的人民法院提出没收违法所得申请的，可以由同一审判组织审理。

3. 没收财产错误的处理

★最高人民法院关于适用《中华人民共和国刑事诉讼法》的解释（2021年1月26日）（节录）

第六百二十八条　没收违法所得裁定生效后，犯罪嫌疑人、被告人到案并对没收裁定提出异议，人民检察院向原作出裁定的人民法院提起公诉的，可以由同一审判组织审理。

人民法院经审理，应当按照下列情形分别处理：

（一）原裁定正确的，予以维持，不再对涉案财产作出判决；

（二）原裁定确有错误的，应当撤销原裁定，并在判决中对有关涉案财产一并作出处理。

人民法院生效的没收裁定确有错误的，除第一款规定的情形外，应当依照审判监督程序予以纠正。

第五章　依法不负刑事责任的精神病人的强制医疗程序

第三百零二条　【强制医疗程序的适用条件】实施暴力行为，危害公共安全或者严重危害公民人身安全，经法定程序鉴定依法不负刑事责任的精神病人，有继续危害社会可能的，可以予以强制医疗。

● 要点及关联法规

1. 强制医疗的对象

★中华人民共和国刑法（2020年12月26日）（节录）

第十八条第一款　精神病人在不能辨认或者不能控制自己行为的时候造成危害结果，经法定程序鉴定确认的，不负刑事责任，但是应当责令他的家属或者监护人严加看管和医疗；在必要的时候，由政府强制医疗。

★最高人民法院关于适用《中华人民共和国刑事诉讼法》的解释（2021年1月26日）（节录）

第六百三十条　实施暴力行为，危害公共安全或者严重危害公民人身安全，社会危害性已经达到犯罪程度，但经法定程序鉴定依法不负刑事责任的精神病人，有继续危害社会可能的，可以予以强制医疗。

★人民检察院刑事诉讼规则（2019年12月30日）（节录）

第五百三十四条　对于实施暴力行为，危害公共安全或者严重危害公民人身安全，已经达到犯罪程度，经法定程序鉴定依法不负刑事责任的精神病人，有继续危害社会可能的，人民检察院应当向人民法院提出强制医疗的申请。

提出强制医疗的申请以及对强制医疗决定的监督，由负责捕诉的部门办理。

★公安机关办理刑事案件程序规定（2020年7月20日）（节录）

第三百四十二条　公安机关发现实施暴力行为，危害公共安全或者严重危害公民人身安全的犯罪嫌疑人，可能属于依法不负刑事责任的精神病人的，应当对其进行精神病鉴定。

2. 精神疾病司法鉴定

（1）鉴定目的

★精神疾病司法鉴定暂行规定（1989年7月11日）（节录）

第二条　精神疾病的司法鉴定，根据案件事实和被鉴定人的精神状态，作出鉴定结论，为委托鉴定机关提供有关法定能力的科学证据。

（2）鉴定委员会

★精神疾病司法鉴定暂行规定（1989年7月11日）（节录）

第三条　为开展精神疾病的司法鉴定工作，各省、自治区、直辖市、地区、地级市，应当成立精神疾病司法鉴定委员会，负责审查、批准鉴定人，组织技术鉴定组，协调、开展鉴定工作。

第四条　鉴定委员会由人民法院、人民检察院和公安、司法、卫生机关的有关负责干部和专家若干人组成，人选由上述机关协商确定。

第五条　鉴定委员会根据需要，可以设置若干个技术鉴定组，承担具体鉴定工作，其成员由鉴定委员会聘请、指派。技术鉴定组不得少于两名成员参加鉴定。

（3）委托鉴定

★精神疾病司法鉴定暂行规定（1989年7月11日）（节录）

第六条　对疑难案件，在省、自治区、直辖市内难以鉴定的，可以由委托鉴定机关重新委托其他省、自治区、直辖市鉴定委员会进行鉴定。

(4) 鉴定对象

★**精神疾病司法鉴定暂行规定**（1989年7月11日）（节录）

第七条 对可能患有精神疾病的下列人员应当进行鉴定：

（一）刑事案件的被告人、被害人；

（二）民事案件的当事人；

（三）行政案件的原告人（自然人）；

（四）违反治安管理应当受拘留处罚的人员；

（五）劳动改造的罪犯；

（六）劳动教养人员；

（七）收容审查人员；

（八）与案件有关需要鉴定的其他人员。

(5) 补充鉴定、重新鉴定、复核鉴定

★**精神疾病司法鉴定暂行规定**（1989年7月11日）（节录）

第八条 鉴定委员会根据情况可以接受被鉴定人补充鉴定、重新鉴定、复核鉴定的要求。

(6) 鉴定内容

★**精神疾病司法鉴定暂行规定**（1989年7月11日）（节录）

第九条 刑事案件中，精神疾病司法鉴定包括：

（一）确定被鉴定人是否患有精神疾病，患何种精神疾病，实施危害行为时的精神状态，精神疾病和所实施的危害行为之间的关系，以及有无刑事责任能力。

（二）确定被鉴定人在诉讼过程中的精神状态以及有无诉讼能力。

（三）确定被鉴定人在服刑期间的精神状态以及对应当采取的法律措施的建议。

第十一条 确定各类案件的被害人等，在其人身、财产等合法权益遭受侵害时的精神状态，以及对侵犯行为有无辨认能力或者自我防卫、保护能力。

第十二条 确定案件中有关证人的精神状态，以及有无作证能力。

第十九条 刑事案件被鉴定人责任能力的评定：

被鉴定人实施危害行为时，经鉴定患有精神疾病，由于严重的精神活动障碍，致使不能辨认或者不能控制自己行为的，为无刑事责任能力。

被鉴定人实施危害行为时，经鉴定属于下列情况之一的，为具有责任能力：

1. 具有精神疾病的既往史，但实施危害行为时并无精神异常；

2. 精神疾病的间歇期，精神症状已经完全消失。

第二十一条　诉讼过程中有关法定能力的评定：

（一）被鉴定人为刑事案件的被告人，在诉讼过程中，经鉴定患有精神疾病，致使不能行使诉讼权利的，为无诉讼能力。

（二）被鉴定人为民事案件的当事人或者是刑事案件的自诉人，在诉讼过程中经鉴定患有精神疾病，致使不能行使诉讼权利的，为无诉讼能力。

（三）控告人、检举人、证人等提供不符合事实的证言，经鉴定患有精神疾病，致使缺乏对客观事实的理解力或判断力的，为无作证能力。

第二十二条　其他有关法定能力的评定：

（一）被鉴定人是女性，经鉴定患有精神疾病，在她的性不可侵犯权遭到侵害时，对自身所受的侵害或严重后果缺乏实质性理解能力的，为无自我防卫能力。

（二）被鉴定人在服刑、劳动教养或者被裁决受治安处罚中，经鉴定患有精神疾病，由于严重的精神活动障碍，致使其无辨认能力或控制能力，为无服刑、受劳动教养能力或者无受处罚能力。

（7）鉴定监督

★人民检察院刑事诉讼规则（2019年12月30日）（节录）

第五百四十一条　人民检察院对公安机关移送的强制医疗案件，发现公安机关对涉案精神病人进行鉴定违反法律规定，具有下列情形之一的，应当依法提出纠正意见：

（一）鉴定机构不具备法定资质的；

（二）鉴定人不具备法定资质或者违反回避规定的；

（三）鉴定程序违反法律或者有关规定，鉴定的过程和方法违反相关专业规范要求的；

（四）鉴定文书不符合法定形式要件的；

（五）鉴定意见没有依法及时告知相关人员的；

（六）鉴定人故意作虚假鉴定的；

（七）其他违反法律规定的情形。

人民检察院对精神病鉴定程序进行监督，可以要求公安机关补充鉴定或者重新鉴定。必要时，可以询问鉴定人并制作笔录，或者委托具有法定资质的鉴定机构进行补充鉴定或者重新鉴定。

> **第三百零三条** 【强制医疗的决定机关、申请机关】根据本章规定对精神病人强制医疗的,由人民法院决定。
>
> 公安机关发现精神病人符合强制医疗条件的,应当写出强制医疗意见书,移送人民检察院。对于公安机关移送的或者在审查起诉过程中发现的精神病人符合强制医疗条件的,人民检察院应当向人民法院提出强制医疗的申请。人民法院在审理案件过程中发现被告人符合强制医疗条件的,可以作出强制医疗的决定。
>
> 【临时的保护性约束措施】对实施暴力行为的精神病人,在人民法院决定强制医疗前,公安机关可以采取临时的保护性约束措施。

● 要点及关联法规

1. 强制医疗的申请与管辖

(1) 公安机关

★**公安机关办理刑事案件程序规定**(2020年7月20日)(节录)

第三百四十三条 对经法定程序鉴定依法不负刑事责任的精神病人,有继续危害社会可能,符合强制医疗条件的,公安机关应当在七日以内写出强制医疗意见书,经县级以上公安机关负责人批准,连同相关证据材料和鉴定意见一并移送同级人民检察院。

(2) 检察院

★**人民检察院刑事诉讼规则**(2019年12月30日)(节录)

第五百三十四条第二款 提出强制医疗的申请以及对强制医疗决定的监督,由负责捕诉的部门办理。

第五百三十五条 强制医疗的申请由被申请人实施暴力行为所在地的基层人民检察院提出;由被申请人居住地的人民检察院提出更为适宜的,可以由被申请人居住地的基层人民检察院提出。

第五百三十六条 人民检察院向人民法院提出强制医疗的申请,应当制作强制医疗申请书。强制医疗申请书的主要内容包括:

(一) 涉案精神病人的基本情况,包括姓名、性别、出生年月日、出生地、户籍地、公民身份号码、民族、文化程度、职业、工作单位及职务、住址,采取临时保护性约束措施的情况及处所等；

（二）涉案精神病人的法定代理人的基本情况，包括姓名、住址、联系方式等；

（三）案由及案件来源；

（四）涉案精神病人实施危害公共安全或者严重危害公民人身安全的暴力行为的事实，包括实施暴力行为的时间、地点、手段、后果等及相关证据情况；

（五）涉案精神病人不负刑事责任的依据，包括有关鉴定意见和其他证据材料；

（六）涉案精神病人继续危害社会的可能；

（七）提出强制医疗申请的理由和法律依据。

第五百四十三条　在审查起诉中，犯罪嫌疑人经鉴定系依法不负刑事责任的精神病人的，人民检察院应当作出不起诉决定。认为符合刑事诉讼法第三百零二条规定条件的，应当向人民法院提出强制医疗的申请。

（3）法院

★**最高人民法院关于适用《中华人民共和国刑事诉讼法》的解释**（2021年1月26日）（节录）

第六百三十一条　人民检察院申请对依法不负刑事责任的精神病人强制医疗的案件，由被申请人实施暴力行为所在地的基层人民法院管辖；由被申请人居住地的人民法院审判更为适宜的，可以由被申请人居住地的基层人民法院管辖。

第六百三十二条　对人民检察院提出的强制医疗申请，人民法院应当审查以下内容：

（一）是否属于本院管辖；

（二）是否写明被申请人的身份，实施暴力行为的时间、地点、手段、所造成的损害等情况，并附证据材料；

（三）是否附有法医精神病鉴定意见和其他证明被申请人属于依法不负刑事责任的精神病人的证据材料；

（四）是否列明被申请人的法定代理人的姓名、住址、联系方式；

（五）需要审查的其他事项。

2. 检察院对强制医疗意见书的处理

★**人民检察院刑事诉讼规则**（2019年12月30日）（节录）

第五百三十七条　人民检察院审查公安机关移送的强制医疗意见书，应当查明：

（一）是否属于本院管辖；

（二）涉案精神病人身份状况是否清楚，包括姓名、性别、国籍、出生年月日、职业和单位等；

（三）涉案精神病人实施危害公共安全或者严重危害公民人身安全的暴力行为的事实；

（四）公安机关对涉案精神病人进行鉴定的程序是否合法，涉案精神病人是否依法不负刑事责任；

（五）涉案精神病人是否有继续危害社会的可能；

（六）证据材料是否随案移送，不宜移送的证据的清单、复制件、照片或者其他证明文件是否随案移送；

（七）证据是否确实、充分；

（八）采取的临时保护性约束措施是否适当。

第五百三十八条　人民检察院办理公安机关移送的强制医疗案件，可以采取以下方式开展调查，调查情况应当记录并附卷：

（一）会见涉案精神病人，听取涉案精神病人的法定代理人、诉讼代理人意见；

（二）询问办案人员、鉴定人；

（三）向被害人及其法定代理人、近亲属了解情况；

（四）向涉案精神病人的主治医生、近亲属、邻居、其他知情人员或者基层组织等了解情况；

（五）就有关专门性技术问题委托具有法定资质的鉴定机构、鉴定人进行鉴定。

第五百三十九条　人民检察院应当在接到公安机关移送的强制医疗意见书后三十日以内作出是否提出强制医疗申请的决定。

对于公安机关移送的强制医疗案件，经审查认为不符合刑事诉讼法第三百零二条规定条件的，应当作出不提出强制医疗申请的决定，并向公安机关书面说明理由。认为需要补充证据的，应当书面要求公安机关补充证据，必要时也可以自行调查。

公安机关补充证据的时间不计入人民检察院办案期限。

第五百四十条　人民检察院发现公安机关应当启动强制医疗程序而不启动的，可以要求公安机关在七日以内书面说明不启动的理由。

经审查，认为公安机关不启动理由不能成立的，应当通知公安机关启动强制医疗程序。

公安机关收到启动强制医疗程序通知书后，未按要求启动强制医疗程序的，人民检察院应当提出纠正意见。

第五百四十三条　在审查起诉中，犯罪嫌疑人经鉴定系依法不负刑事责任的精神病人的，人民检察院应当作出不起诉决定。认为符合刑事诉讼法第三百零二条规定条件的，应当向人民法院提出强制医疗的申请。

3. 法院对强制医疗申请书的处理

★最高人民法院关于适用《中华人民共和国刑事诉讼法》的解释（2021年1月26日）（节录）

第六百三十三条　对人民检察院提出的强制医疗申请，人民法院应当在七日以内审查完毕，并按照下列情形分别处理：

（一）属于强制医疗程序受案范围和本院管辖，且材料齐全的，应当受理；

（二）不属于本院管辖的，应当退回人民检察院；

（三）材料不全的，应当通知人民检察院在三日以内补送；三日以内不能补送的，应当退回人民检察院。

4. 临时保护性约束措施

★中华人民共和国人民警察法（2012年10月26日）（节录）

第十四条　公安机关的人民警察对严重危害公共安全或者他人人身安全的精神病人，可以采取保护性约束措施。需要送往指定的单位、场所加以监护的，应当报请县级以上人民政府公安机关批准，并及时通知其监护人。

★人民检察院刑事诉讼规则（2019年12月30日）（节录）

第五百四十一条　人民检察院发现公安机关对涉案精神病人不应当采取临时保护性约束措施而采取的，应当提出纠正意见。

认为公安机关应当采取临时保护性约束措施而未采取的，应当建议公安机关采取临时保护性约束措施。

★公安机关办理刑事案件程序规定（2020年7月20日）（节录）

第三百四十四条　对实施暴力行为的精神病人，在人民法院决定强制医疗前，经县级以上公安机关负责人批准，公安机关可以采取临时的保护性约束措施。必要时，可以将其送精神病医院接受治疗。

第三百四十五条　采取临时的保护性约束措施时，应当对精神病人严加看管，并注意约束的方式、方法和力度，以避免和防止危害他人和精神病人的自身安全为限度。

对于精神病人已没有继续危害社会可能，解除约束后不致发生社会危险性的，公安机关应当及时解除保护性约束措施。

第三百零四条 【强制医疗的审判组织】人民法院受理强制医疗的申请后,应当组成合议庭进行审理。

【法定代理人到场和法律援助制度】人民法院审理强制医疗案件,应当通知被申请人或者被告人的法定代理人到场。被申请人或者被告人没有委托诉讼代理人的,人民法院应当通知法律援助机构指派律师为其提供法律帮助。

● 要点及关联法规

1. 强制医疗案件的审理程序和要求

★最高人民法院关于适用《中华人民共和国刑事诉讼法》的解释(2021年1月26日)(节录)

第六百三十五条 审理强制医疗案件,应当组成合议庭,开庭审理。但是,被申请人、被告人的法定代理人请求不开庭审理,并经人民法院审查同意的除外。

审理强制医疗案件,应当会见被申请人,听取被害人及其法定代理人的意见。

第六百三十六条 开庭审理申请强制医疗的案件,按照下列程序进行:

(一)审判长宣布法庭调查开始后,先由检察员宣读申请书,后由被申请人的法定代理人、诉讼代理人发表意见;

(二)法庭依次就被申请人是否实施了危害公共安全或者严重危害公民人身安全的暴力行为、是否属于依法不负刑事责任的精神病人、是否有继续危害社会的可能进行调查;调查时,先由检察员出示证据,后由被申请人的法定代理人、诉讼代理人出示证据,并进行质证;必要时,可以通知鉴定人出庭对鉴定意见作出说明;

(三)法庭辩论阶段,先由检察员发言,后由被申请人的法定代理人、诉讼代理人发言,并进行辩论。

被申请人要求出庭,人民法院经审查其身体和精神状态,认为可以出庭的,应当准许。出庭的被申请人,在法庭调查、辩论阶段,可以发表意见。

检察员宣读申请书后,被申请人的法定代理人、诉讼代理人无异议的,法庭调查可以简化。

第六百四十九条 审理强制医疗案件,本章没有规定的,参照适用本解释的有关规定。

★**人民检察院刑事诉讼规则**（2019年12月30日）（节录）

第五百四十四条　人民法院对强制医疗案件开庭审理的，人民检察院应当派员出席法庭。

第五百四十五条　人民检察院发现人民法院强制医疗案件审理活动具有下列情形之一的，应当提出纠正意见：

（一）未通知被申请人或者被告人的法定代理人到场的；

（二）被申请人或者被告人没有委托诉讼代理人，未通知法律援助机构指派律师为其提供法律帮助的；

（三）未组成合议庭或者合议庭组成人员不合法的；

（四）未经被申请人、被告人的法定代理人请求直接作出不开庭审理决定的；

（五）未会见被申请人的；

（六）被申请人、被告人要求出庭且具备出庭条件，未准许其出庭的；

（七）违反法定审理期限的；

（八）收到人民检察院对强制医疗决定不当的书面纠正意见后，未另行组成合议庭审理或者未在一个月以内作出复议决定的；

（九）人民法院作出的强制医疗决定或者驳回强制医疗申请决定不当的；

（十）其他违反法律规定的情形。

第五百四十六条　出席法庭的检察官发现人民法院或者审判人员审理强制医疗案件违反法律规定的诉讼程序，应当记录在案，并在休庭后及时向检察长报告，由人民检察院在庭审后向人民法院提出纠正意见。

第五百四十七条　人民检察院认为人民法院作出的强制医疗决定或者驳回强制医疗申请的决定，具有下列情形之一的，应当在收到决定书副本后二十日以内向人民法院提出纠正意见：

（一）据以作出决定的事实不清或者确有错误的；

（二）据以作出决定的证据不确实、不充分的；

（三）据以作出决定的证据依法应当予以排除的；

（四）据以作出决定的主要证据之间存在矛盾的；

（五）有确实、充分的证据证明应当决定强制医疗而予以驳回的，或者不应当决定强制医疗而决定强制医疗的；

（六）审理过程中严重违反法定诉讼程序，可能影响公正审理和决定的。

第五百四十八条　人民法院在审理案件过程中发现被告人符合强制医疗条件，适用强制医疗程序对案件进行审理的，人民检察院应当在庭审中发表意见。

人民法院作出宣告被告人无罪或者不负刑事责任的判决和强制医疗决定的，

人民检察院应当进行审查。对判决确有错误的，应当依法提出抗诉；对强制医疗决定不当或者未作出强制医疗的决定不当的，应当提出纠正意见。

第五百四十九条　人民法院收到被决定强制医疗的人、被害人及其法定代理人、近亲属复议申请后，未组成合议庭审理，或者未在一个月以内作出复议决定，或者有其他违法行为的，人民检察院应当提出纠正意见。

2. 强制医疗案件被申请人或者被告人没有委托诉讼代理人的，应当为其提供法律援助

★最高人民法院关于适用《中华人民共和国刑事诉讼法》的解释（2021年1月26日）（节录）

第六百三十四条　审理强制医疗案件，应当通知被申请人或者被告人的法定代理人到场；被申请人或者被告人的法定代理人经通知未到场的，可以通知被申请人或者被告人的其他近亲属到场。

被申请人或者被告人没有委托诉讼代理人的，应当自受理强制医疗申请或者发现被告人符合强制医疗条件之日起三日以内，通知法律援助机构指派律师担任其诉讼代理人，为其提供法律帮助。

★最高人民法院、最高人民检察院、公安部、国家安全部、司法部、全国人大常委会法制工作委员会关于实施刑事诉讼法若干问题的规定（2012年12月26日）（节录）

5. 刑事诉讼法第三十四条①、第二百六十七条②、第二百八十六条③对法律援助作了规定。对于人民法院、人民检察院、公安机关根据上述规定，通知法律援助机构指派律师提供辩护或者法律帮助的，法律援助机构应当在接到通知后三日以内指派律师，并将律师的姓名、单位、联系方式书面通知人民法院、人民检察院、公安机关。

> 第三百零五条　【强制医疗案件的审限】人民法院经审理，对于被申请人或者被告人符合强制医疗条件的，应当在一个月以内作出强制医疗的决定。

---

①　现为第三十五条。——编者注
②　现为第二百七十八条。——编者注
③　现为第三百零四条。——编者注

> **【不服强制医疗的复议】**被决定强制医疗的人、被害人及其法定代理人、近亲属对强制医疗决定不服的,可以向上一级人民法院申请复议。

● 要点及关联法规

1. 强制医疗案件审理后的处理

★最高人民法院关于适用《中华人民共和国刑事诉讼法》的解释(2021年1月26日)(节录)

第六百三十七条 对申请强制医疗的案件,人民法院审理后,应当按照下列情形分别处理:

(一)符合刑事诉讼法第三百零二条规定的强制医疗条件的,应当作出对被申请人强制医疗的决定;

(二)被申请人属于依法不负刑事责任的精神病人,但不符合强制医疗条件的,应当作出驳回强制医疗申请的决定;被申请人已经造成危害结果的,应当同时责令其家属或者监护人严加看管和医疗;

(三)被申请人具有完全或者部分刑事责任能力,依法应当追究刑事责任的,应当作出驳回强制医疗申请的决定,并退回人民检察院依法处理。

2. 审理案件过程中发现被告人可能符合强制医疗条件的处理

★最高人民法院关于适用《中华人民共和国刑事诉讼法》的解释(2021年1月26日)(节录)

第六百三十八条 第一审人民法院在审理刑事案件过程中,发现被告人可能符合强制医疗条件的,应当依照法定程序对被告人进行法医精神病鉴定。经鉴定,被告人属于依法不负刑事责任的精神病人的,应当适用强制医疗程序,对案件进行审理。

开庭审理前款规定的案件,应当先由合议庭组成人员宣读对被告人的法医精神病鉴定意见,说明被告人可能符合强制医疗的条件,后依次由公诉人和被告人的法定代理人、诉讼代理人发表意见。经审判长许可,公诉人和被告人的法定代理人、诉讼代理人可以进行辩论。

第六百三十九条 对前条规定的案件,人民法院审理后,应当按照下列情形分别处理：

（一）被告人符合强制医疗条件的，应当判决宣告被告人不负刑事责任，同时作出对被告人强制医疗的决定；

（二）被告人属于依法不负刑事责任的精神病人，但不符合强制医疗条件的，应当判决宣告被告人无罪或者不负刑事责任；被告人已经造成危害结果的，应当同时责令其家属或者监护人严加看管和医疗；

（三）被告人具有完全或者部分刑事责任能力，依法应当追究刑事责任的，应当依照普通程序继续审理。

第六百四十条　第二审人民法院在审理刑事案件过程中，发现被告人可能符合强制医疗条件的，可以依照强制医疗程序对案件作出处理，也可以裁定发回原审人民法院重新审判。

第六百四十四条　对本解释第六百三十九条第一项规定的判决、决定，人民检察院提出抗诉，同时被决定强制医疗的人、被害人及其法定代理人、近亲属申请复议的，上一级人民法院应当依照第二审程序一并处理。

3. 对强制医疗决定申请复议及复议处理结果

★最高人民法院关于适用《中华人民共和国刑事诉讼法》的解释（2021年1月26日）（节录）

第六百四十二条　被决定强制医疗的人、被害人及其法定代理人、近亲属对强制医疗决定不服的，可以自收到决定书第二日起五日以内向上一级人民法院申请复议。复议期间不停止执行强制医疗的决定。

第六百四十三条　对不服强制医疗决定的复议申请，上一级人民法院应当组成合议庭审理，并在一个月以内，按照下列情形分别作出复议决定：

（一）被决定强制医疗的人符合强制医疗条件的，应当驳回复议申请，维持原决定；

（二）被决定强制医疗的人不符合强制医疗条件的，应当撤销原决定；

（三）原审违反法定诉讼程序，可能影响公正审判的，应当撤销原决定，发回原审人民法院重新审判。

第三百零六条　【对被强制医疗人的定期诊断评估】 强制医疗机构应当定期对被强制医疗的人进行诊断评估。对于已不具有人身危险性，不需要继续强制医疗的，应当及时提出解除意见，报决定

强制医疗的人民法院批准。

【强制医疗的解除】 被强制医疗的人及其近亲属有权申请解除强制医疗。

● 要点及关联法规

1. 强制医疗的解除程序

★**最高人民法院关于适用《中华人民共和国刑事诉讼法》的解释**（2021年1月26日）（节录）

第六百四十五条　被强制医疗的人及其近亲属申请解除强制医疗的，应当向决定强制医疗的人民法院提出。

被强制医疗的人及其近亲属提出的解除强制医疗申请被人民法院驳回，六个月后再次提出申请的，人民法院应当受理。

第六百四十六条　强制医疗机构提出解除强制医疗意见，或者被强制医疗的人及其近亲属申请解除强制医疗的，人民法院应当审查是否附有对被强制医疗的人的诊断评估报告。

强制医疗机构提出解除强制医疗意见，未附诊断评估报告的，人民法院应当要求其提供。

被强制医疗的人及其近亲属向人民法院申请解除强制医疗，强制医疗机构未提供诊断评估报告的，申请人可以申请人民法院调取。必要时，人民法院可以委托鉴定机构对被强制医疗的人进行鉴定。

2. 解除强制医疗意见或申请解除强制医疗处理的处理结果

★**最高人民法院关于适用《中华人民共和国刑事诉讼法》的解释**（2021年1月26日）（节录）

第六百四十七条　强制医疗机构提出解除强制医疗意见，或者被强制医疗的人及其近亲属申请解除强制医疗的，人民法院应当组成合议庭进行审查，并在一个月以内，按照下列情形分别处理：

（一）被强制医疗的人已不具有人身危险性，不需要继续强制医疗的，应当作出解除强制医疗的决定，并可责令被强制医疗的人的家属严加看管和医疗；

（二）被强制医疗的人仍具有人身危险性，需要继续强制医疗的，应当作出继续强制医疗的决定。

对前款规定的案件，必要时，人民法院可以开庭审理，通知人民检察院派员出庭。

人民法院应当在作出决定后五日以内，将决定书送达强制医疗机构、申请解除强制医疗的人、被决定强制医疗的人和人民检察院。决定解除强制医疗的，应当通知强制医疗机构在收到决定书的当日解除强制医疗。

> **第三百零七条　【强制医疗的检察监督】**人民检察院对强制医疗的决定和执行实行监督。

● 要点及关联法规

强制医疗的检察监督

★最高人民法院关于适用《中华人民共和国刑事诉讼法》的解释（2021年1月26日）（节录）

第六百四十八条　人民检察院认为强制医疗决定或者解除强制医疗决定不当，在收到决定书后二十日以内提出书面纠正意见的，人民法院应当另行组成合议庭审理，并在一个月以内作出决定。

★人民检察院刑事诉讼规则（2019年12月30日）（节录）

第五百四十五条　人民检察院发现人民法院强制医疗案件审理活动具有下列情形之一的，应当提出纠正意见：

（一）未通知被申请人或者被告人的法定代理人到场的；

（二）被申请人或者被告人没有委托诉讼代理人，未通知法律援助机构指派律师为其提供法律帮助的；

（三）未组成合议庭或者合议庭组成人员不合法的；

（四）未经被申请人、被告人的法定代理人请求直接作出不开庭审理决定的；

（五）未会见被申请人的；

（六）被申请人、被告人要求出庭且具备出庭条件，未准许其出庭的；

（七）违反法定审理期限的；

（八）收到人民检察院对强制医疗决定不当的书面纠正意见后，未另行组成合议庭审理或者未在一个月以内作出复议决定的；

（九）人民法院作出的强制医疗决定或者驳回强制医疗申请决定不当的；

（十）其他违反法律规定的情形。

第五百四十六条　出席法庭的检察官发现人民法院或者审判人员审理强制医疗案件违反法律规定的诉讼程序，应当记录在案，并在休庭后及时向检察长报告，由人民检察院在庭审后向人民法院提出纠正意见。

第五百四十七条　人民检察院认为人民法院作出的强制医疗决定或者驳回强制医疗申请的决定，具有下列情形之一的，应当在收到决定书副本后二十日以内向人民法院提出纠正意见：

（一）据以作出决定的事实不清或者确有错误的；

（二）据以作出决定的证据不确实、不充分的；

（三）据以作出决定的证据依法应当予以排除的；

（四）据以作出决定的主要证据之间存在矛盾的；

（五）有确实、充分的证据证明应当决定强制医疗而予以驳回的，或者不应当决定强制医疗而决定强制医疗的；

（六）审理过程中严重违反法定诉讼程序，可能影响公正审理和决定的。

第五百四十八条　人民法院在审理案件过程中发现被告人符合强制医疗条件，适用强制医疗程序对案件进行审理的，人民检察院应当在庭审中发表意见。

人民法院作出宣告被告人无罪或者不负刑事责任的判决和强制医疗决定的，人民检察院应当进行审查。对判决确有错误的，应当依法提出抗诉；对强制医疗决定不当或者未作出强制医疗的决定不当的，应当提出纠正意见。

第五百四十九条　人民法院收到被决定强制医疗的人、被害人及其法定代理人、近亲属复议申请后，未组成合议庭审理，或者未在一个月以内作出复议决定，或者有其他违法行为的，人民检察院应当提出纠正意见。

第五百五十条　人民检察院对于人民法院批准解除强制医疗的决定实行监督，发现人民法院解除强制医疗的决定不当的，应当提出纠正意见。

第六百五十一条　人民检察院发现人民法院、公安机关、强制医疗机构在对依法不负刑事责任的精神病人的强制医疗的交付执行、医疗、解除等活动中违反有关规定的，应当依法提出纠正意见。

第六百五十二条　人民检察院在强制医疗执行监督中发现被强制医疗的人不符合强制医疗条件或者需要依法追究刑事责任，人民法院作出的强制医疗决定可能错误的，应当在五日以内将有关材料转交作出强制医疗决定的人民法院的同级人民检察院。收到材料的人民检察院负责捕诉的部门应当在二十日以内进行审查，并将审查情况和处理意见反馈负责强制医疗执行监督的人民检察院。

第六百五十三条　人民检察院发现公安机关在对涉案精神病人采取临时保护性约束措施时有违法情形的，应当依法提出纠正意见。

附 则

> **第三百零八条**[①] 【军队内部、监狱发生案件的侦查】军队保卫部门对军队内部发生的刑事案件行使侦查权。
>
> 中国海警局履行海上维权执法职责,对海上发生的刑事案件行使侦查权。
>
> 对罪犯在监狱内犯罪的案件由监狱进行侦查。
>
> 军队保卫部门、中国海警局、监狱办理刑事案件,适用本法的有关规定。

● 要点及关联法规

1. 法律适用

★人民检察院刑事诉讼规则(2019年12月30日)(节录)

第六百八十条 人民检察院办理国家安全机关、海警机关、监狱移送的刑事案件以及对国家安全机关、海警机关、监狱立案、侦查活动的监督,适用本规则关于公安机关的规定。

★最高人民法院关于适用《中华人民共和国刑事诉讼法》的解释(2021年1月26日)(节录)

第六百五十三条 本解释的有关规定适用于军事法院等专门人民法院。

---

① 该条2018年修订在原第二百九十条基础上增加了"中国海警局履行海上维权执法职责,对海上发生的刑事案件行使侦查权"。

2. 公安机关和军队互涉刑事案件的管辖分工

★**公安机关办理刑事案件程序规定**（2020年7月20日）（节录）

第三十一条 公安机关和军队互涉刑事案件的管辖分工按照有关规定办理。

公安机关和武装警察部队互涉刑事案件的管辖分工依照公安机关和军队互涉刑事案件的管辖分工的原则办理。

图书在版编目（CIP）数据

刑事诉讼法适用全指引 / 王迎龙主编. —北京：中国法制出版社，2021.10
ISBN 978-7-5216-1973-7

Ⅰ.①刑… Ⅱ.①王… Ⅲ.①刑事诉讼法-法律适用-中国 Ⅳ.①D925.205

中国版本图书馆 CIP 数据核字（2021）第120454号

策划编辑：胡艺（ngaihu@gmail.com）
责任编辑：胡艺 周熔希　　　　　　　　　　　　　　封面设计：周黎明

刑事诉讼法适用全指引
XINGSHI SUSONGFA SHIYONG QUANZHIYIN

主编/王迎龙
经销/新华书店
印刷/三河市紫恒印装有限公司
开本/880毫米×1230毫米　32开　　　　　印张/35.5　字数/983千
版次/2021年10月第1版　　　　　　　　　2021年10月第1次印刷

中国法制出版社出版
书号 ISBN 978-7-5216-1973-7　　　　　　　　　　　　　定价：148.00元
北京市西城区西便门西里甲16号西便门办公区
邮政编码：100053　　　　　　　　　　　　　传真：010-63141852
网址：http://www.zgfzs.com　　　　　　　编辑部电话：010-63141839
市场营销部电话：010-63141612　　　　　印务部电话：010-63141606

（如有印装质量问题，请与本社印务部联系。）